NomosKommentar

Dr. Christoph J. Partsch [Hrsg.]

Bundesarchivgesetz

Handkommentar

2. Auflage

Dr. Sven Berger, Referatsleiter im Bundesministerium des Innern, für Bau und Heimat, Berlin | **Dr. Norman Koschmieder**, Rechtsanwalt, Berlin/Düsseldorf | **Axel Mütze**, Rechtsanwalt, Fachanwalt für Urheber- und Medienrecht, Berlin | **Dr. Christoph J. Partsch**, LL.M. (Duke), Rechtsanwalt, Berlin

Nomos

Zitiervorschlag: HK-BArchG/Autor

Die Deutsche Nationalbibliothek verzeichnet diese Publikation in der Deutschen Nationalbibliografie; detaillierte bibliografische Daten sind im Internet über http://dnb.d-nb.de abrufbar.

ISBN 978-3-8487-6931-5

2. Auflage 2021

Vorwort zur 2. Auflage

Mit dem Gesetz zur Änderung des Bundesarchivgesetzes, des Stasi-Unterlagen-Gesetzes und zur Einrichtung einer oder eines SED-Opferbeauftragten hat der Gesetzgeber neben der Eingliederung des Archivs des Bundesbeauftragten für die Unterlagen der Staatsicherheit auch die Anpassung des Bundesarchivgesetzes an die Datenschutzgesetzgebung durchgeführt. Ebenso hat die höchstrichterliche Rechtsprechung des BVerwG mit einer Reihe von wegweisenden Urteilen (so zum Beispiel im Fall „Alois Brunner“ gegen das BVerfSch) eine Überarbeitung der ersten Auflage erforderlich gemacht. Der Kritik haben wir uns mit Freude gestellt und diese, wo berechtigt, in die neue Auflage aufgenommen. Wir danken allen wohlmeinenden Kritikern für deren Hinweise. In einer Zeit, in der auch die Narrative zu zeitgenössischen Fragen immer unterschiedlicher werden, kommt dem Archivrecht eine immer größere Bedeutung bei der Bewertung und Neubewertung der Vergangenheit zu.

Ich danke meinen Mitarbeitern Frau Dr. Weronika Hyjek und Herrn Balthasar von Stülpnagel für ihre umsichtige und genaue Arbeit.

Berlin, Mai 2021 *Dr. Christoph J. Partsch*

Vorwort

„Alle auf das Recht anderer Menschen bezogene Handlungen, deren Maxime sich nicht mit der Publizität verträgt, sind unrecht."[1]

Deutschland hat bis heute nicht die Vorstellungen erreicht, die die Aufklärung im 18. und 19. Jahrhundert an die Publizität öffentlichen Handelns gestellt hat. Erst mit der Verabschiedung des BArchG 1988 begann ein vorsichtiger Prozess der Annäherung an die eigene Geschichte. Das Bundesarchiv als Gedächtnis des Staates wie als Ort der Selbstvergewisserung eines demokratischen Rechtsstaats gewann an Bedeutung. Mit dem neuen BArchG von 2017 wurde diese positive Entwicklung abgebrochen und ein Schlussstrich unter die Aufklärung der nationalsozialistischen Verbrechen und Vergangenheit im sensiblen Bereich der Nachrichtendienste gezogen. Parallel wird eine staatsautoritäre Forschung zu diesen Bereichen angeboten, die ohne Quellen und pluralistische Forschungsfreiheit auskommen will. Es bleibt abzuwarten, ob die Gerichte diesen Schlussstrich ebenso kritiklos wie bisher auch zukünftig nachvollziehen.

Die Digitalisierung stellt die zweite grosse Herausforderung für das Archivwesen dar. Auch hier ist noch nicht klar, ob die Chancen dieser Entwicklung für die Auswertung von Dokumenten zu Gunsten der Forschung ausreichend verstanden und genutzt werden.

Die Zivilgesellschaft hat mit einer Reihe von innovativen Klagen gezeigt, dass sie die Monopolisierung des historischen Wissens in staatlicher Hand und den damit verbundenen Verlust an Erkenntnis immer weniger akzeptiert. Die durch das neue BArchG beabsichtigte Erschwerung des archivrechtlichen Zugangs riskiert somit auch die Legitimität staatlichen Handelns.

Ich danke daher meinen Mitkommentatoren, dass es ihnen angesichts dieser divergierenden Bestrebungen gelungen ist, eine klare Wegführung durch das BArchG zu erstellen. Ich danke insbesondere Frau Referendarin in spe Claudia Schindler, die maßgeblich zur Erstellung dieses Kommentars beigetragen hat, sowie Frau Rechtsanwältin Katharina Rogge. Weiterhin danke ich Frau Desens-Mahrhofer sowie Frau Nestmann für die Unterstützung bei der Erstellung dieses Kommentars.

Insbesondere danke ich der Justiziarin der Axel Springer SE Frau Karina Hesse, ohne die die Führung der archivrechtlichen Verfahren nicht möglich gewesen wäre, und Herrn Hans Wilhelm Saure, der als investigativer Journalist der Bild Zeitung und Forscher immer wieder das Recht auf Recherche durchgesetzt hat.

Für Anregung und Kritik zur Verbesserung bin ich jederzeit dankbar.

Berlin, Februar 2019 *Dr. Christoph J. Partsch*

---

1 *Kant*, Vom Ewigen Frieden, abgedruckt in Über den Gemeinspruch: Das mag in der Theorie richtig sein, taugt aber nicht für die Praxis, Philosophische Bibliothek Bd. 443, Hamburg 1992, S. 97.

Inhaltsverzeichnis

Bearbeiterverzeichnis

Dr. Sven Berger, Referatsleiter im Bundesministerium des Innern, für Bau und Heimat, Berlin § 1 Nr. 1, 2, 5, 9, 10, §§ 2, 19

Dr. Norman Koschmieder, Rechtsanwalt, Berlin/Düsseldorf
§ 1 Nr. 4, 6, 7, §§ 13, 14, 17, 18

Axel Mütze, Rechtsanwalt, Fachanwalt für Urheber- und Medienrecht, Berlin, § 1 Nr. 11, §§ 7, 8, 9, 12

Dr. Christoph J. Partsch, Rechtsanwalt, LL.M. (Duke), Berlin
Einleitung, § 1 Nr. 3, 8, §§ 2, 3, 3 b, 4, 5, 6, 10, 11, 15, 16, 19

Literaturverzeichnis

Ahlberg, Hartwig/Götting Hans-Peter, Beck´scher Online-Kommentar Urheberrecht, 22. Edition 2018 (zit.: BeckOK UrhR/*Autor*)

Akademiebeiträge zur Politischen Bildung, Band 15, Datenschutz und Forschungsfreiheit, Die Archivgesetzgebung des Bundes auf dem Prüfstand, Bearbeitet und eingeleitet von Jürgen Weber, Olzog Verlag GmbH, München 1986 (zit.: Autor in Akademiebeiträge zur Politischen Bildung, 1986)

Angelov, Jean, Grundlagen und Grenzen eines staatsbürgerlichen Informationsanspruchs (Studien zum Öffentlichen Recht, Völker- und Europarecht), 2000

Aust, Stefan, Der Baader Meinhof Komplex, 1. Aufl. 2017

Bannasch, Hermann (Hrsg.), Zeitgeschichte in den Schranken des Archivrechts, Beiträge eines Symposiums zu Ehren von Professor Dr. Gregor Richter, Serie A Landesarchivdirektion, Heft 4, 1995 (zit.: *Autor in* Zeitgeschichte in den Schranken des Archivrechts, 1995)

Bannasch/Maisch/Richter, Archivrecht in Baden-Württemberg. Texte, Materialien, Erläuterungen, 1990

Baresel-Brand, Andrea u. a., Leitfaden Provenienzforschung, Stand Oktober 2019 (zit.: *Baresel-Brand* in Leitfaden der Provenienzforschung 2019)

Beck, Friedrich, Provenienz und Bestandsbildung bei Urkundenbeständen im Brandenburgischen Landeshauptarchiv, Archiv und Geschichte, in: Festschrift für Friedrich P. Kahlenberg, hrsg. v. Oldenhage/Schreyer/Werner, 2000 (zit: *Beck* FS Friedrich P. Kahlenberg)

Beck, Friedrich/Henning, Eckart, Die archivischen Quellen, Mit einer Einführung in die Historischen Wissenschaften, 5. Aufl. 2012

Becker, Siegfried/Oldenhage, Klaus, Bundesarchivgesetz, Handkommentar, 1. Aufl. 2007 (zit.: *Autor*, HK-BArchG)

Becker, Siegried/Schierz, Dagobert, Organisatorische und personalwirtschaftliche Probleme des Integrationsprozesses der DDR-Archive in das Bundesarchiv, in: Festschrift für Friedrich P. Kahlenberg, hrsg. v. Oldenhage/Schreyer/Werner, 2000 (zit.: *Becker/Schierz* FS Friedrich P. Kahlenberg)

Becker, Irmgard Christa/Rehm, Clemens (Hrsg.), Archivrecht für die Praxis, Ein Handbuch, 2017

Becker, Irmgard Christa/Rehm, Clemens/Schäfer, Udo, Nicht nur Archivgesetze ... Archivarinnen und Archivare auf schwankendem rechtlichem Boden? Best Practice – Kollisionen – Perspektiven, Veröffentlichung der Archivschule Marburg 2019, Nr. 66 (zit.: *Autor* in Becker/Rehm/Schäfer)

Becker, Irmgard Christa, Schutzfristen – Festlegung und Verkürzung, Beiträge zum Workshop der Archivschule, Marburg, Nr. 54, 2011

Berger, Sven/Partsch, Christoph/Roth, Jürgen/Scheel, Christopher, Informationsfreiheitsgesetz, Kommentar, 2. Aufl. 2013 (zit.: *Autor* in Berger/Partsch/Roth/Scheel)

Biewer, Ludwig, Das Politische Archiv des Auswärtigen Amts. Plädoyer für ein Ressortarchiv, Archivalische Zeitschrift 2005, 137

Boberach, Heinz/Booms, Hans (Hrsg.), Aus der Arbeit des Bundesarchivs, Beiträge zum Archivwesen, zur Quellenkunde und Zeitgeschichte, 1977

Boberach, Heinz, Die Beteiligung des Bundesarchivs an der Verfolgung und Wiedergutmachung nationalszialistischen Unrechts in den sechziger Jahren, in: Festschrift für Friedrich P. Kahlenberg, hrsg. v. Oldenhage/Schreyer/Werner, 2000 (zit.: *Boberach* FS Friedrich P. Kahlenberg)

Bohmbach, Jürgen, Rechtliche Probleme im Archiv – ein Überblick, Archivnachrichten Niedersachsen 2000, 77

Bonitz, Kai, Persönlichkeitsrechtsschutz im Stasi-Unterlagen-Gesetz, 2009

Booms, Hans: Georg Winters Weg zum Gründungsdirektor des Bundesarchivs. Hoffnungen und Enttäuschungen des früheren preußischen Staatsarchivdirektors, in: Festschrift für Friedrich P. Kahlenberg, hrsg. v. Oldenhage/Schreyer/Werner, 2000 (zit.: *Booms* FS Friedrich P. Kahlenberg)

Brachmann-Teubner, Elisabeth, Die Neubearbeitung des Gedenkbuchs „Opfer der Verfolgung der Juden" unter der nationalsozialistischen Gewaltherrschaft in Deutschland 1933-1945, in: Festschrift für Friedrich P. Kahlenberg, hrsg. v. Oldenhage/Schreyer/Werner, 2000 (zit.: *Booms* FS Friedrich P. Kahlenberg)

Brereton, Gareth (Hrsg.), I am Ashubanipal King of the World, King of Assyria, 2018 (zit: *Autor* in I am Ashurbanipal King of the World, King of Assyria)
Brink, Stefan/Polenz, Sven/Blatt, Hennig Informationsfreiheitsgesetz: IFG, Kommentar, 2017 (zit.: *Autor* in Brink/Polenz/Blatt)
Brübach, Nils, Von Urkunden zu elektronischen Akten: Die Wirkung von Strukturreformen von Verwaltungsschriftgut auf seine Aussagekraft, Veröffentlichungen der Archivschule Marburg 2000, Nr. 33, 51
Brüdegam, Julia, Festsetzung von Schutzfristen, Veröffentlichungen der Archivschule Marburg 2011, Nr. 54, 61
Bundesverband deutscher Stiftungen, Archive in Stiftungen, Ein Wegweiser, 1. Aufl. 2015*Bungert, Mario*, Flucht, Verkauf und Verschleppung. Die Bestände des SPD-Parteiarchivs 1933–1945, S. 90, Verband deutscher Archivarinnen und Archivare, 75. Deutscher Archivtag in Stuttgart 2005, Das deutsche Archivwesen und der Nationalsozialismus, Essen 2007

Calker v., Wilhelm, Die Amtsverschwiegenheitspflicht im Deutschen Staatsrecht, 1916
Caspar, Johannes, Informationsfreiheit als Verfassungsgrundrecht – Analyse und Argumente für ein Grundrecht auf staatliche Transparenz, Informationsfreiheit und Informationsrecht, Jahrbuch 2011, 297
Christner, Agnes, Das Stadtarchiv Heilbronn, Gedächtnis der Stadt – Informationsdienstleister – Grundpfeiler der Stadtidentität, Der Archivar 2015, 128
Coelln, Christian v., Auskunftsansprüche der Medien gegenüber Bundesbehörden, juris Praxisreport IT-Recht, 23/2013

Debus, Alfred G. (Hrsg.), Informationszugangsrecht Baden-Württemberg, 1. Aufl. 2017
Denkhaus, Wolfgang/Geiger, Klaus, Das neue Onlinezugangsgesetz des Bundes, online einsehbar: https://www.rehm-verlag.de/__STATIC__/themen/haushalt-und-kaemmerei/services-haushalt-undkaemmerei/pdf/self/broschuere_onlinezugangsgesetz_1515047073000.pdf
Dietrich, Jan-Hendrik/Eiffler, Sven-R. (Hrsg.), Handbuch des Rechts der Nachrichtendienste, 1. Aufl. 2017 (zit.: *Autor* in Dietrich/Eiffler)
Dillgard, Georg, Die Zentralnachweisstelle des Bundesarchivs und die Abwicklung wehr- und militärrechtlicher personeller Angelegenheiten aus der Zeit bis 8. Mai 1945, Aus der Arbeit der Archive, Festschrift für Hans Booms, Boppard am Rhein 1996, 257 (zit.: *Dillgard* FS Hans Booms)

Epping, Volker/Hillgruber, Christian, Grundgesetz Kommentar, 3. Auflage 2020 (zit: *Autor* in Epping/Hillgruber GG)
Erichsen, Hans-Uwe, Freiheit – Gleichheit – Teilhabe –Prolegomena zu einem Verwaltungsrecht des Leistungsstaates, DVBl 1983, 2

Fluck, Jürgen/Fischer, Kristian/Martini, Mario, IFG- SH, Band 1 und 2, Stand 2020 (zit.: InfoFreiheitsR)
Freys, Alexander, Das Recht der Nutzung und des Unterhalts von Archiven, 1. Aufl. 1989
Frowein, Jochen Abraham/Peukert, Wolfgang, Europäische Menschenrechtskonvention, EMRK – Kommentar, 3. Aufl. 2009 (zit.: Frohwein/Peukert)

Geiger, Hansjörg/Klinghardt, Heinz (Begründer), Stasi-Unterlagen-Gesetz, Kommentar, 2. Aufl. 2006
Gersdorf, Hubertus/Paal, Boris P., Beck´scher Online-Kommentar Informations- und Medienrecht, 31. Edition 2021(zit.: BeckOK InfoMedienR/*Autor*)
Gießler, Klaus-Volker, Verschlusssachen im Spannungsfeld zwischen Sicherheit und Forschungsfreiheit – Erfahrungen aus dem Bundesarchiv, Archiv und Geschichte, in: Festschrift für Friedrich P. Kahlenberg, hrsg. v. Oldenhage/Schreyer/Werner, 2000 (zit.: *Gießler* FS Friedrich P. Kahlenberg)
Gönner, Eberhard, Land Baden-Württemberg, Der Archivar 1984, 338
Goethe, Johann Wolfgang v., Archiv des Dichters und Schriftstellers, Ästhetische Schriften 1821–1824, Über Kunst und Altertum III–IV, Greif, Stefan/Ruhlig, Andrea (Hrsg.), 1998
Goschler, Constantin/Wala, Michael, Keine neue Gestapo, das Bundesamt für Verfassungsschutz und die NS Vergangenheit, 1. Aufl. 2015

Greve, Holger, Presseauskunftsanspruch – aktuelle Herausforderungen und Umbrüche im digitalen Zeitalter, Informationsfreiheit und Informationsrecht, Jahrbuch 2015, 133

Groß, Gerhard, Das Recht auf informationelle Selbstbestimmung mit Blick auf die Volkzählung 1987, das neue Bundesstatistikgesetz und die Amtshilfe, Archiv des öffentlichen Rechts, Bd. 113, Tübingen 1988, 162–185

Günther, Herbert, Rechtsprobleme der Archivbenutzung, Archivgesetzgebung in Deutschland, Veröffentlichungen der Archivschule Marburg 1991, 120

Günther, Herbert, Archive und Verwaltung oder: Über die Grenzen des Archivrechts, Archiv – Recht – Geschichte, Festschrift für Rainer Polley, Marburg 2014, 195 (zit.: *Günther* FS Rainer Poley)

Gurlit, Elke, Rechtsprechungsanalyse, Informationsfreiheitsrecht, Die Verwaltung 50, 2017, 97

Gusy, Christoph, Transparenz – Verfassungstheoretische und verfassungsrechtliche Aspekte, Informationsfreiheit und Informationsrecht, Jahrbuch 2015, 1

Hartung, Markus/Bues, Micha-Manuel/Halbleib, Gernot, Legal Tech, Die Digitalisierung des Rechtsmarkts, 2018 (zit.: *Autor* in Hartung/Bues/Halbleib)

Hau, Wolfgang/Poseck, Roman, Beck´scher Online-Kommentar BGB, 57. Edition 2021 (zit.: BeckOK BGB/*Autor*)

Hausmann, Jost, Archivrecht, Ein Leitfaden, 2016

Herrmann, Hans-Walter, Land Saarland, Der Archivar 1984, 373

Herrmann, Matthias, Das Reichsarchiv (1919–1945) – Eine archivische Institution im Spannungsfeld der deutschen Politik, 2019

Hertel, Wolfram/Müller, Judith/Schapiro, Leo, Filmförderungsgesetz, FFG, Kommentar, 1. Aufl. 2012

Hevers, Erik, Informationszugangsansprüche des forschenden Wissenschaftlers, Beiträge zum Informationsrecht Bd. 36, 2015

Heyen, Franz-Josef, Land Rheinland-Pfalz, Der Archivar 1984, 370

Hirsch, Volker, Musterverfahren zur Feststellung von Schutzfristen, in: Schutzfristen – Festlegung und Verkürzung, Veröffentlichungen der Archivschule Marburg 2011, 109

Hoeren, Thomas/Dreyer, Julia, Interkultureller Austausch von Archivgut https://www.unimuenster.de/Jura.itm/hoeren/itm/wp-content/uploads/Hoeren-Dreyer-Interkultureller-Austausch-von-Archivgut.pdf

Höing, Hubert, Land Niedersachsen, Der Archivar 1984, 359

Hömig, Dieter/Wolff, Heinrich Amadeus, Grundgesetz für die Bundesrepublik Deutschland, Kommentar, 12. Aufl. 2018 (zit.: HK-GG/*Autor*)

Hofmann, Rainer/Rail, Hans, Recht an Lichtbildern, Aus der Arbeit der Archive, Festschrift für Hans Booms, Boppard am Rhein 1996, 318 (zit.: *Hofmann/Rail* FS Hans Booms)

Hollmann, Michael, Archivgut im Zeitalter seiner digitalen Verfügbarkeit, Artikel für eine Ausgabe der Archivalischen Zeitschrift, Ausschussdrs. 18(22)209 e

Huber, Bertold, Anmerkungen vom Vors. Richter Dr. Bertold Huber zu BVerwG Urteil vom 20.2.2013 - 6 A 2/12, NVwZ 2013, 1010

Huber, Bertold, Rechtsfragen des Zugangs zu Daten der Bankenaufsicht, Informationsfreiheit und Informationsrecht, Jahrbuch 2014, 237

Hurwitz, Harold, U.S. Military Government in Germany: Press Reorientation, 1950

Hurwitz, Harold, Die Stunde Null der deutschen Presse, Die amerikanische Pressepolitik in Deutschland 1945–1949, 1972

Ingold, Albert, Desinformationsrecht: Verfassungsrechtliche Vorgaben für staatliche Desinformationstätigkeit, 2011

Jarass, Hans D./Pieroth, Bodo, Grundgesetz für die Bundesrepublik Deutschland, Kommentar, 16. Aufl. 2020 (zit.: *Autor* in Jarass/Pieroth)

Jastrow, Serge-Daniel/Schlatmann, Arne, Informationsfreiheitsgesetz, Kommentar, 2006

Jena, Kai v., Die Rückführung deutscher Akten aus Rußland – eine unerledigte Aufgabe, Archiv und Geschichte. Festschrift für Friedrich P. Kahlenberg, S. 39, 2000 (zit.: *Jena* FS Friedrich P. Kahlenberg)

Jochmann, Carl Gustav, Die unzeitige Wahrheit, Aphorismen, Glossen, 1990

Kahl, Wolfgang/Waldhoff, Christian/Walter, Christian (Hrsg.), Bonner Kommentar zum Grundgesetz, 199. Aufl. 2021 (BK-GG)

Kant, Immanuel, Beantwortung der Frage: Was ist Aufklärung, Berlinische Monatsschrift Heft No.4, 1784, 481

Kant, Immanuel, Über den Gemeinspruch: Das mag in der Theorie richtig sein, taugt aber nicht für die Praxis, Zum ewigen Frieden, Ein philosophischer Entwurf, 1992

Karpenstein, Ulrich/Mayer, Franz (Hrsg.), Konvention zum Schutz der Menschenrechte und Grundfreiheiten: EMRK, 2. Aufl. 2015

Katz, Alfred, Staatsrecht, Grundkurs im öffentlichen Recht, 18. Aufl. 2010

Keller-Kühne, Angela, Unterlagen von Fraktionen im Archiv für christlich-demokratische Politik der Konrad-Adenauer-Stiftung, Verband der Archivarinnen und Archivare e.V., 2012, Mitteilungen 36, 77

Klatzkin, Jakob/Elbogen, I. (Redaktion), Encyclopaedia Judaica, Das Judentum in Geschichte und Gegenwart, 1929

Kleifeld, Helge, Archive und Demokratie, Demokratische Defizite der öffentlichen Archive im politischen System der Bundesrepublik Deutschland, Beiträge zur Geschichte der Stadt Mönchengladbach, Beiheft 1, akadpress Druck und Verlag, Essen, Dissertation, Philipps-Universität Marburg

Kleinlein, Thomas, Konstitutionalisierung im Völkerrecht: Konstruktion und Elemente einer idealistischen Völkerrechtslehre, 2011

Kloepfer, Michael, Anmerkung zu BVerwG Urteil vom 20.2.2013 – 6 A 2/12, JZ 2013, 892

Kloepfer, Michael/Michael, Gerhard, Das Stasi-Unterlagen-Gesetz und die Pressefreiheit, Verfassungsfragen über die Unterlagen des Staatssicherheitsdienstes der ehemaligen DDR, 1993

Koreng, Ansgar, Rechtsprechung BVerwG: Kein Auskunftsanspruch der Presse gegen BND aus Landesrecht, in: Kommentar, K & R 2013, 510

Koszyk, Kurt, Pressepolitik für Deutsche 1945–1949, 1986

Kopp, Ferdinand O./Ramsauer, Ulrich (Begründer), Verwaltungsverfahrensgesetz: VwVfG, Kommentar, 21. Aufl. 2020 (zit.: Kopp/Ramsauer)

Krawietz, Werner, Gewährt Art. 1 Abs. 1 GG dem Menschen ein Grundrecht auf Achtung und Schutz seiner Würde? (Wilke, Dieter/Weber, Harald, Hrsg.), Gedächtnisschrift für Friedrich Klein, München 1977, S. 245 ff.
(zit.: Krawitz GS Friedrich Klein)

Kreikamp, Hans-Dieter, Europäische Ansätze bei der Präsentation von Online-Findmitteln, Veröffentlichung der Archivschule Marburg 2000, Nr. 33, 121

Kretschmar, Robert, Überlieferungsbildung im Nationalsozialismus und in der unmittelbaren Nachkriegszeit, 34, Verband deutscher Archivarinnen und Archivare (Hrsg.), Das deutsche Archivwesen und der Nationalsozialismus, 75. Deutscher Archivtag 2005, 2007

Kröger, Martin/Thimme, Roland, Das Politische Archiv des Auswärtigen Amts im Zweiten Weltkrieg. Sicherung, Flucht, Verlust, Rückführung, Vierteljahresheft für Zeitgeschichte, Nr. 47/1999, 243

Krüger, Dieter, Datenschutz oder ‚Täterschutz'? Die Anonymisierung historischer Quellen als Problem des Stasi-Unterlagen-Gesetzes und der Archivgesetze, Der Archivar 2000, 34

Kühling, Jürgen/Buchner, Benedikt, Datenschutz-Grundverordnung/BDSG, Kommentar, 3. Aufl. 2020 (zit.: Kühling/Buchner)

Küsters, Hanns Jürgen, VS-Materialien als Herausforderung für Archive, Verband deutscher Archivarinnen und Archivare e.V., Mitteilung 36

Küsters, Hanns Jürgen, Zeithistorische Quellen im Internet als Beitrag zur politischen Bildung, Verband deutscher Archivarinnen und Archivare e.V., 2010, Mitteilungen 34, 29

Kunzmann, Sven, Paperless Office – Leitfaden zur Einführung einer digitalen Aktenablage am Beispiel der digitalen Personalakte, Diplomarbeit, 2010

Larenz, Karl/Canaris, Claus-Wilhelm, Methodenlehre der Rechtswissenschaft, 3. Aufl. 1995

Lepper, Marcel/Raulff, Ulrich, Handbuch Archiv, Geschichte, Aufgaben, Perspektive, 2016

Loose, Hans-Dieter, Freie Hansestadt Hamburg, Der Archivar 1984, 353

Loewenheim, Ulrich/ Leistner, Matthias/Ohly, Ansgar (Hrsg.), Urheberrecht, Kommentar, 6. Aufl. 2020 (zit.: Schricker/Loewenheim)
Lührs, Wilhelm, Freie Hansestadt Bremen, Der Archivar 1984, 351

Maier, Gerald, Präsentation archivischer Tektronik im Internet – Archivinformationen, online-Findmittel, digitalisiertes Archivgut. Ein Werkstattbericht, Veröffentlichungen der Archivschule Marburg 2000, Nr. 33, 93
Manegold, Bartholomäus, Archivrecht, Die Archivierungspflicht öffentlicher Stellen und das Archivzugangsrecht des historischen Forschers im Licht der Forschungsfreiheitsverbürgung des Art. 5 III GG, 2002
Mangoldt v., Hermann/Klein, Friedrich/Starck, Christian, Kommentar zu Grundgesetz, 7. Aufl. 2018 (zit.: Mangoldt/Klein/Starck)
Maunz, Theodor/Schmidt-Bleibtreu, Bruno/Klein, Franz/Bethge, Herbert, Bundesverfassungsgerichtsgesetz, Kommentar, 60. Ergänzungslieferung, 2020 (zit.: *Autor* in MSKB)
Maunz, Theodor/Dürig, Günter (Begr.), Grundgesetz Kommentar, 92. Ergänzungslieferung 2020 (zit.: Maunz/Dürig)
Maurer, Hartmut/Waldhoff, Christian, Allgemeines Verwaltungsrecht, 20. Aufl. 2020 (zit.: Maurer/Waldhoff AllgVerwR)
Mayen, Thomas, Der grundrechtliche Informationsanspruch des Forschers gegenüber dem Staat, 1992
Menne-Haritz, Angelika, Schlüsselbegriffe der Archivterminologie, Institut für Archivwissenschaft Nr. 20, Veröffentlichungen der Archivschule Marburg, 1. Aufl. 2006
Metzdorf, Jens, Aufgeweckte Wächter – Die internationale Diskussion um elektronische Aufzeichnungen, Postkustoden und archivische Verantwortung, Veröffentlichungen der Archivschule Marburg 2000, Nr. 33, 29
Meyer-Ladewig, Jens/Nettesheim, Martin/Raumer, Stefan v. EMRK Europäische Menschenrechtskonvention, 4. Aufl. 2017
Möllers, Thomas M.J., Juristische Methodenlehre, 2. Aufl. 2019
Morsey, Rudolf, Einschränkung historischer Forschung durch Datenschutz, Datenschutz und Forschungsfreiheit, Die Archivgesetzgebung des Bundes auf dem Prüfstand, Akademiebeiträge zur Politischen Bildung Bd. 15, 1986
Müller, Rolf-Dieter, Reinhard Gehlen, Geheimdienstchef im Hintergrund der Bonner Republik, Die Biografie. Teil 2: 1950– 1979, 1. Aufl. 2017
Mutius v., Albert, Deutschland auf dem Weg zu einem Informationsgrundrecht, Informationsfreiheit und Informationsrecht, Jahrbuch 2010, 45

Nadler, Andreas, Die Archivierung und Benutzung staatlichen Archivgutes nach den Archivgesetzen des Bundes und der Länder, Inaugural – Dissertation zur Erlangung des Grades eines Doktors der Rechte durch die Rechts- und Staatswissenschaftliche Fakultät der Rheinischen Friedrich-Wilhelm-Universität, 1995
Nau, Petra, Verfassungsrechtliche Anforderungen an Archivgesetze des Bundes und der Länder, 2000
Neitmann, Klaus, Zwischen Scylla und Charybdis: Das Brandenburgische Landeshauptarchiv unter den Anforderungen von Wissenshaft und Verwaltung in zehn Jahren deutscher Einheit, in: Festschrift für Friedrich P. Kahlenberg, hrsg. v. Oldenhage/Schreyer/Werner, 2000 (zit.: *Neitmann* FS Friedrich P. Kahlenberg)
Neumann, Conrad, Geodatenzugangsrecht versus Datenschutz, Informationsfreiheit und Informationsrecht, Jahrbuch 2013, 169
Neumann, Thomas, Der Recht der Filmförderung in Deutschland, 2017
Nowack, Sabrina, Sicherheitsrisiko NS-Belastung, Personalüberprüfungen im Bundesnachrichtendienst in den 1960er-Jahren, 1. Aufl. 2016

Odendahl, Kerstin, Das Normensystem zum Schutz von Kulturgütern in Deutschland – unter besonderer Berücksichtigung von Archivgütern, Der Archivar 2006, 23
Olbertz, Susanne, Informationsfreiheit und Stasi-Unterlagen, Informationsfreiheit und Informationsrecht, Jahrbuch 2009, 225
Oldenhage, Klaus, Archive im Konflikt zwischen Forschungsfreiheit und Persönlichkeitsschutz – Erläuterungen zum Entwurf für ein Bundesarchivgesetz, Akademie für politische Bildung, Datenschutz und Forschungsfreiheit – Die Archivgesetzgebung des Bundes auf dem Prüfstand, 1986, 11 (zit.: *Oldenhage*, Archive im Konflikt)

Open Society Justice Initiative, Weltweite Prinzipien zur Nationalen Sicherheit und dem Recht auf Informationen, Informationsfreiheit und Informationsrecht, Jahrbuch 2013, 251

Ovenden, Richard, Burning the books. A history of Knowledge Under Attack, John Murray (Publishers) 2020

Paal, Boris P./Pauly, Daniel A., Datenschutz-Grundverordnung/BDSG, Kommentar, 2. Aufl. 2018 (zit.: *Autor* in Paal/Pauly)

Paul, Saskia/Stiehl, Diana, Das Archiv Bürgerbewegung Leipzig e.V. Seine Geschichte und seine Bestände, Der Archivar 2017, 158

Partsch, Christoph, Die Freiheit des Zugangs zu Verwaltungsinformationen, Akteneinsichtsrecht in Deutschland, Europa und den USA, 2002

Partsch, Christoph, Die Entwicklung eines presserechtlichen Auskunftsanspruchs in der Rechtsprechung des EGMR, AfP 2013, 211

Pernice, Ingolf, Verfassungs- und europarechtliche Aspekte der Transparenz staatlichen Handelns, Informationsfreiheit und Informationsrecht, Jahrbuch 2013, 17

Peterson, Edward N., The American Occupation of Germany: Retreat To Victory, 1977

Pickert, Carsten/Schumann, Rainer, Der Archivar im Dschungel der Gesetze, Anmerkungen zur Fortbildungsveranstaltung, Archivrecht in Sankt Augustin http://docplayer.org/14490708-Der-archivar-im-dschungel-der-gesetze.html

Pilger, Kathrin, Ausstellung über die türkischen ‚Gastarbeiter' in Deutschland im Landesarchiv: ‚So fing es an…', Der Archivar 2017, 226

Pilger, Kathrin, Öffentlichkeitsarbeit im Landesarchiv Nordrhein-Westfalen. Ziele und Maßnahmen, Der Archivar 2017, 284

Polley, Rainer, Die gesetzgeberische Entwicklung zu dem Akteneinsichts- und Informationszugangsgesetz in Brandenburg und zu den Informationsfreiheitsgesetzen in Berlin und Schleswig-Holstein, Veröffentlichungen der Archivschule Marburg 2000, Nr. 33, 227

Polley, Rainer, Die Entwicklung und Ergebnisse der Gesetzgebung auf dem Gebiete der elektronischen Aktenbearbeitung bei den öffentlichen Stellen und im Archivwesen, Veröffentlichungen der Archivschule Marburg 2008, Nr. 50, 21

Polley, Rainer (Hrsg.), Archivgesetzgebung in Deutschland – – Ungeklärte Rechtsfragen und neue Herausforderungen. Beiträge eines Symposiums, Veröffentlichung der Archivschule Marburg 1991, Nr. 18 (zit.: Autor in Polley, Archivgesetzgebung)

Polley, Rainer, Zeitgeschichte in den Schranken des Archivrechts 1995, S. 71 f. (zit.: Polley, Zeitgeschichte)

Pons, Rouven, Mitten in der Gesellschaft. Neue Wege der Öffentlichkeitsarbeit im Hessischen Landesarchiv, Der Archivar 2017, 280

Posser, Herbert/Wolff, Heinrich Amadeus, Beck´scher Online-Kommentar VwGO, 56. Edition, Stand 2021 (zit.: BeckOK VwGO/*Autor*)

Prange, Wolfgang, Land Schleswig-Holstein, Der Archivar 1984, 375

Rathje, Ulf, Die Nachlässe im zentralen Staatsarchiv Potsdam 1946–1990, Der Archivar 2017, 168

Reimann, Norbert, Archivgesetzgebung im Nationalsozialismus. Ein gescheiterter Versuch, S. 45, Verband deutscher Archivarinnen und Archivare, 75. Deutscher Archivtag in Stuttgart 2005, Das deutsche Archivwesen und der Nationalsozialismus, 2007

Rossi, Matthias, Informationsfreiheitsgesetz, Handkommentar, 2. Aufl. 2014 (zit. HK-IFG/*Autor*)

Rossi, Matthias, Informationszugangsfreiheit und Verfassungsrecht: zu den Wechselwirkungen zwischen Informationsfreiheitsgrenzen und der Verfassungsordnung in Deutschland, Beiträge zum Informationsrecht Bd. 11, 2004

Rotteck v., Carl/Welcker, Carl, Staats-Lexikon oder Encyklopädie der Staatswissenschaften Bd. 12, Altona 1856–1866

Rüthers, Bernd, Deutsche Funktionseliten als Wende-Experten? Erinnerungskulturen im Wandel der Systeme und Ideologien 1933, 1945/49 und 1989, 2017

Rüthers, Bernd, Geschönte Geschichten – Geschonte Biographien: Sozialisationskohorten in Wendeliteraturen, 3. Aufl. 2015

Rumschöttel, Hermann, Zum Stand und zu den Problemen der Archivgesetzgebung in den Ländern, Datenschutz und Forschungsfreiheit, Die Archivgesetzgebung des Bundes auf dem Prüfstand, Akademiebeiträge zur politischen Bildung, Bd. 15, 1986, 27

Sachs, Michael, Grundgesetz, Kommentar, 9. Aufl. 2021 (zit.: *Autor* in Sachs)
Sachs, Michael, Grundrechte und Staatsorganisationsrecht: Pressefreiheit und Gesetzgebungskompetenz, JuS 2014, 91
Säcker, Franz Jürgen/Rixecker, Roland/Oetker, Hartmut/Limperg, Bettina (Hrsg.), Münchner Kommentar zum BGB, 8. Aufl. 2021 (zit.: MüKoBGB/*Autor*)
Schäfer, Udo, Die deutsche Gesetzgebung im Sog nationaler und internationaler Transparenzregelungen in Europa, Veröffentlichungen der Archivschule Marburg, 2000 Nr. 33, 209
Schäfer, Udo, Verschriftlichung von Verfahrenshandlungen vor kirchlichen Gerichten durch Protokollierung, Archiv – Recht – Geschichte, Festschrift für Rainer Polley, 2014, 275 (zit.: *Schäfer U.* FS Rainer Polley)
Schäfer, Udo, Aus der Werkstatt: Das Verhältnis des Grundbuchrechts zum Archivrecht – Regelungen und Regelungsbedarfe, Veröffentlichungen der Archivschule Marburg 2011, Nr. 50, 101
Scherer, Joachim, Verwaltung und Öffentlichkeit, Materialien zur interdisziplinären Medienforschung, 1978
Schmidt-Bleibtreu, Bruno/Hoffmann, Hans/Henneke, Hans-Günter (Hrsg.), GG, Grundgesetz Kommentar, 14. Aufl. 2017 (zit.: *Autor* in Schmidt-Bleibtreu/Hofmann/Henneke)
Schmitz, Hans, Archive zwischen Wissenschaftsfreiheit und Persönlichkeitsschutz. Anmerkungen zur Archivgesetzgebung in der Bundesrepublik Deutschland unter besonderer Berücksichtigung der Archivalienbenutzung, Aus der Arbeit der Archive, Festschrift für Hans Booms, Boppard am Rhein 1996, 95 (zit.: *Schmitz* FS Hans Booms)
Schmitz, Hans/Vollmer, Gisela, Land Nordrhein-Westfalen Der Archivar 1984, 364
Schneppen, Heinz, Der Fall des Generalkonsuls a.D. Franz Nüßlein, Zeitschrift für Geschichtswissenschaft 60, 12, 2012, 1007
Schoch, Friedrich, Informationsfreiheitsgesetz: IFG, Kommentar, 2. Aufl. 2016 (zit.: *Schoch* IFG)
Schoch, Friedrich/Kloepfer, Michael/Garstka, Hansjürgen, Archivgesetz (ArchG-ProfE), Entwurf eines Archivgesetzes des Bundes, Beiträge zum Informationsrecht, Bd. 21, 2007
Schoch, Friedrich/Schneider, Jens-Peter/, Verwaltungsrecht – Verwaltungsgerichtsordnung: VwGO, Kommentar, 39. Ergänzungslieferung 2020 (zit.: Schoch/Schneider/*Autor*)
Schönke, Adolf/Schröder, Horst (Begründer), Strafgesetzbuch, Kommentar, 30. Aufl. 2019
Schram, Frankie, The First International Convention on Access to Official Documents in the World, Informationsfreiheit und Informationsrecht, Jahrbuch 2009, 21
Schreckenbach, Hans-Joachim, Archivgesetze und Archivterminologie, Archiv und Geschichte, in: Festschrift für Friedrich P. Kahlenberg, hrsg. v. Oldenhage/Schreyer/Werner, 2000 (zit.: *Schreckenbach* FS Friedrich P. Kahlenberg)
Schüler, Winfried, Land Hessen, Der Archivar 1984, 355
Schwan, Eggert, Amtsgeheimnis oder Aktenöffentlichkeit? Der Auskunftsanspruch der Betroffenen, das Grundrecht auf Datenschutz und das Prinzip der Aktenöffentlichkeit, 1983
Schweizer, Verena/Neuburger, Andreas, Für Spurensucher, Stöberer und historisch Interessierte. Bildungsarbeit im Landesarchiv Baden-Württemberg, Der Archivar 2017, 275
Seggern, Jessica v., Die Novellierung des Personenstandsrechts und die Auswirkung auf die Archive, Veröffentlichungen der Archivschule Marburg 2011, Nr. 50, 79
Seibel Wolfgang/Klamann, Kevin/Treis, Hannah, Verwaltungsdesaster: Von der Loveparade bis zu den NSU-Ermittlungen, 2017
Seitz, Walter, Der Gegendarstellungsanspruch, 5. Aufl. 2017
Siehr, Kurt, Internationales Privatrecht, Deutsches und europäisches Kollisionsrecht, Für Studium und Praxis, 2001
Simitis, Spiros (Hrsg.), Datenschutzrecht, Kommentar, 2019
Stelkens, Paul/Joachim, Bonk/Michael, Sachs, Verwaltungsverfahrensgesetz: VwVfG, Kommentar, 9. Aufl. 2018 (zit.: SBS/*Autor*)
Sodan, Helge/ Ziekow, Jan, Grundkurs Öffentliches Recht, Staats- und Verwaltungsrecht, 9. Aufl. 2020
Stahleder, Erich, Freistaat Bayern, Der Archivar 1984, 344

Stein, Ekkehart/Denninger, Erhard/Hoffmann-Riem, Wolfgang/Schneider, Hans-Peter, Kommentar zum Grundgesetz für die Bundesrepublik Deutschland (AK-GG/*Autor*), 2001

Steiner, Udo, Kulturauftrag im staatlichen Gemeinwesen, Veröffentlichungen der Vereinigung der Deutschen Staatsrechtslehrer, 1984, Heft 42, 8

Stoltenberg, Klaus/Bossack, Carolin, Stasi-Unterlagen-Gesetz Kommentar, 1. Aufl. 2012

Storm, Monika, Parlamentsarchive – Eine vom Aussterben bedrohte Spezies? Verband deutscher Archivarinnen und Archivare (VdA), Mitteilungen 36, 2012, 119

Tenfelde, Klaus, Sozialgeschichte und Datenschutz. Aktuelle Probleme der Forschung, Datenschutz und Forschungsfreiheit, Die Archivgesetzgebung des Bundes auf dem Prüfstand, Akademiebeiträge zur politischen Bildung 1986, Bd. 15, 73

Thimme, Hans, Die Notwendigkeit eines Archivalienschutzgesetzes für das Reich, Archiv für Politik und Geschichte, Bd. 5, 1925, 202

Trantas, Georgios, Akteneinsicht und Geheimhaltung im Verwaltungsrecht. Eine vergleichende Untersuchung zum deutschen und französischen Verwaltungsverfahrensrecht, 1998

Treffeisen, Jürgen, Die Transparenz der Archivierung – Entscheidungsdokumentation bei der archivischen Bewertung, Veröffentlichung der Archivschule Marburg 2000, Nr. 33, 177

Treffeisen, Jürgen, Anbietungspflicht staatlicher Unterlagen zwischen Theorie und Praxis, Veröffentlichungen der Archivschule Marburg 2008, Nr. 50, 45

Ullrich, Rainer, Verwaltungsreform in der Praxis – der Blick von außen, Erfahrungen eines externen Beraters, Der Archivar 2003, Beiband 9, 75

Unverhau, Dagmar, Das Stasi-Unterlagen-Gesetz im Lichte von Datenschutz und Archivgesetzgebung, Referate der Tagung des BStU vom 26.–28.11.1997, Archiv zur DDR-Staatssicherheit

Vanja, Christina, Archivierung und Nutzung von Krankenunterlagen beim Landeswohlfahrtsverband Hessen, Veröffentlichungen der Archivschule Marburg 2011, Nr. 50, 149

Verband deutscher Archivarinnen und Archivare e.V. Zur Zukunft der Archive von Protest-, Freiheits- und Emanzipationsbewegungen, Positionspapier des VdA zu den Überlieferungen der Neuen Sozialen Bewegung, Der Archivar 2016, 179

Vollmer, Bernhard ?nDie Bedeutung der Schutzfristen im archivrechtlichen Kontext, in: Schutzfristen – Festlegung und Verkürzung, Veröffentlichungen der Archivschule Marburg 2011, 11 (34)

Von der Decken, Kerstin/Fechner, Frank/Weller, Matthias (Hrsg.), Kulturgutschutzgesetz, Kommentar, 2021 (zit.: NK-KGSG/Bearbeiter)

Wahl, Volker, Der Kongress der Deutschen Demokratischen Republik 1952 in Weimar, Archiv und Geschichte in: Festschrift für Friedrich P. Kahlenberg, hrsg. v. Oldenhage/Schreyer/Werner, 2000 (zit.: *Wahl* FS Friedrich P. Kahlenberg)

Walberg, Hartwig, Elektronische Aufzeichnung in Archiven! Archiv und Geschichte, in: Festschrift für Friedrich P. Kahlenberg, hrsg. v. Oldenhage/Schreyer/Werner, 2000 (zit.: *Walberg* FS Friedrich P. Kahlenberg)

Walter, Christian/Grünewald, Benedikt, Beck´scher Online-Kommentar BVerfGG, 10. Edition 2021, (zit.: BeckOK BVerfGG/*Autor*)

Weber, Hartmut, Nur was sich ändert hat Bestand, Neue Regelungserfordernisse beim Bundesarchivgesetz, Archivalische Zeitschrift 2008, 119

Weber, Max, Wirtschaft und Gesellschaft, Grundriss der verstehenden Soziologie, 2002

Weberling, Johannes, Zum Recht des Wissenschaftlers auf Zugang zu den Stasi-Akten, DVBl 1991, 681

Wegener, Bernhard W., Der Geheime Staat, 2006

Wegener, Bernhard W., Datenschutz Der Archivar 1979, 379

Werner, Wolfram, Zur Überlieferungsbildung im Bereich des staatlichen Schriftgutes der Bundesrepublik Deutschland. Versuch einer Zwischenbilanz, Archiv und Geschichte in: Festschrift für Friedrich P. Kahlenberg, hrsg. v. Oldenhage/Schreyer/Werner, 2000 (zit.: *Werner* FS Friedrich P. Kahlenberg)

Wetzel, Jürgen, Land Berlin, Der Archivar 1984, 349

Wewer, Göttrik, Wundermittel Transparenz? Über Informationsfreiheit und Transparenzgesetze, Informationsfreiheit und Informationsrecht, Jahrbuch 2014, 161

Wolff, Heinrich Amadeus/Brink, Stefan, Beck´scher Online-Kommentar Datenschutzrecht, 35. Edition 2021 (zit.: BeckOK DatenschutzR/*Autor)*

Wustmann, Ulrich, Praxisprobleme bei der Umsetzung des VIG, Informationsfreiheit und Informationsrecht, Jahrbuch 2009, 205

Zilien, Johann, Die Archivierung von Unterlagen freiberuflicher Notare – Rechtslagen, Probleme, Lösungswege, Veröffentlichungen der Archivschule Marburg 2011, Nr. 50, 117

Abkürzungsverzeichnis

abl.	ablehnend
ABl.	Amtblatt
Abs.	Absatz
a.Chr.n	ante Christum natum
aF	alte/r Fassung
allgA	allgemeine/r Auffassung/Ansicht
allgM	allgemeine/r Meinung
Alt.	Alternative
Anm.	Anmerkung
AO	Abgabenordnung
ArchG Berlin	Archivgesetz Berlin
ArchivG NRW	Archivgesetz Nordrhein-Westfalen
Art.	Artikel
ausf.	ausführlich
BAG	Bundesarbeitsgericht
BArchBV	Verordnung über die Benutzung von Archivgut beim Bundesarchiv
BArchG	Bundesarchivgesetz
BArchKostV	Bundesarchiv-Kostenverordnung
BBG	Bundesbeamtengesetz
BDSG	Bundesdatenschutzgesetz
BfV	Bundesamt für Verfassungsschutz
BGB	Bürgerliches Gesetzbuch
BGBl.	Bundesgesetzblatt
BGebG	Bundesgebührengesetz
BGH	Bundesgerichtshof
BFH	Bundesfinanzhof
BND	Bundesnachrichtendienst
BNDG	Gesetz über den Bundesnachrichtendienst
BPatG	Bundespatentgericht
BremArchivG	Bremisches Archivgesetz
BRJ (Zeitschrift)	Bonner Rechtsjournal
BSG	Bundessozialgericht
BSI-Gesetz	Gesetzes über das Bundesamt für Sicherheit in der Informationstechnik
bspw.	beispielsweise
BStU	Bundesbeauftragten für Stasi-Unterlagen
BT-Drs.	Bundestags-Drucksache
BVerfG	Bundesverfassungsgericht
BVerfGE	Entscheidungen des Bundesverfassungsgerichts
BVerfSchG	Bundesverfassungsschutzgesetz
BVerwG	Bundesverwaltungsgericht
bzw.	beziehungsweise
dh	das heißt
DNBG	Gesetz über die Deutsche Nationalbibliothek
Drs.	Drucksache
DSAnpUG-EU	Datenschutz-Anpassungs- und Umsetzungsgesetz EU

DSGVO	Datenschutzgrundverordnung
DZAB	Digitales Zwischenarchiv des Bundes
EGovG	E-Government-Gesetz
eID-Gesetz	Gesetz zur Förderung des elektronischen Identitätsnachweises
EGMR	Europäischer Gerichtshof für Menschenrechte
EMRK	Europäische Menschenrechtskonvention
f./ff.	folgend/fortfolgend/e
FFA	Filmförderungsanstalt
FFG	Filmförderungsgesetz
FS	Festschrift
GAD	Gesetz über den Auswärtigen Dienst
gem.	gemäß
GeoZG	Geodatenzugangsgesetz
GG	Grundgesetz
ggf.	gegebenenfalls
GGO I	Gemeinsame Geschäftsordnung der Bundesministerien
HessArchivG	Hessisches Archivgesetz
Hs.	Halbsatz
HZ	Historische Zeitschrift
ICA	International Council on Archives
IFG	Informationsfreiheitsgesetz
insbes.	insbesondere
iSd	im Sinne des/der
iSv	im Sinne von
iVm	in Verbindung mit
IWG	Informationsweiterverwendungsgesetz
Jh.	Jahrhundert
KGSG	Kulturgutschutzgesetz
krit.	kritisch
KUG	Kunsturhebergesetz
KWG	Kreditwesengesetz
Ls.	Leitsatz
mAnm	mit Anmerkung/en
MAD	Militärischer Abschirmdienst
MADG	Gesetz über den Militärischen Abschirmdienst
mwN	mit weiteren Nachweisen
MZwA	Militärisches Zwischenarchiv
NetzDG	Gesetz zur Verbesserung der Rechtsdurchsetzung in sozialen Netzwerken
nF	neue/r Fassung
Nr.	Nummer/n
OWiG	Ordnungswidrigkeitengesetz
OZG	Onlinezugangsgesetz
PAA	Principles of Access to Archives
PatG	Patentgesetz
PKGrG	Gesetz über die parlamentarische Kontrolle nachrichtendienstlicher Tätigkeit des Bundes
s.	siehe

s. a.	siehe auch
SächsArchivG	Sächsisches Archivgesetz
SAPMO	Stiftung Archiv der Parteien und Massenorganisationen der DDR
SchrAG	Schriftgutaufbewahrungsgesetz
SGB I	Sozialgesetzbuch Allgemeiner Teil
sog.	sogenannt/e/er/es
StPO	Strafprozessordnung
StGB	Strafgesetzbuch
stRspr	ständige/r Rechtsprechung
StUG	Stasi-Unterlagen-Gesetz
SÜG	Sicherheitsüberprüfungsgesetz
SÜG-AVV	Allgemeinen Verwaltungsvorschriften des Bundesministeriums des Innern zur Ausführung des Gesetzes über die Voraussetzungen und das Verfahren von Sicherheitsüberprüfungen des Bundes
ua	unter anderem
UIG	Umweltinformationsgesetz
UrhG	Urheberrechtsgesetz
vgl.	vergleiche
VIG	Verbraucherinformationsgesetz
Vorb.	Vorbemerkung
VS	Verschlusssache
VSA	Verschlusssachen-Anweisung
VwVfG	Verwaltungsverfahrensgesetz
zB	zum Beispiel
zust.	zustimmend
zutr.	zutreffend

Gesetz über die Nutzung und Sicherung von Archivgut des Bundes (Bundesarchivgesetz – BArchG)

Vom 10. März 2017 (BGBl. I S. 410)
(FNA 224-28)

zuletzt geändert durch Art. 1 G zur Änd. des BundesarchivG, des Stasi-Unterlagen-G und zur Einrichtung einer oder eines SED-Opferbeauftragten vom 9. April 2021
(BGBl. I S. 750)

Einleitung

Literatur

Bacia, Jürgen/Wenzel, Cornelia, Die Archive der Protest-, Freiheits- und Emanzipationsbewegungen. Ein Überblick, Der Archivar 2017, 130; *Baier, Helmut*, Kirchliche Archive, Der Archivar 1984, 401; *Benninghoven, Friedrich*, Geheimes Staatsarchiv der Stiftung Preußischer Kulturbesitz, Der Archivar 1984, 335; *Berg, Wilfried*, Informationelle Selbstbestimmung und Forschungsfreiheit, Zum Spannungsverhältnis zwischen zwei verfassungsrechtlichen Prinzipien, CuR 1988, 234 ff.; *Berger, Beate*, Stadtarchiv und Geschichtsverein in Leipzig, Der Archivar 2012, 372; *Bizer, Johann*, Postmortaler Persönlichkeitsschutz? – Rechtsgrund und Länge der Schutzfristen für personenbezogener Daten Verstorbener nach den Archivgesetzen des Bundes und der Länder, NVwZ 1993, 653; *Boberach, Heinz*, Bund, Der Archivar 1984, 325 ff.; *Bradler, Günther*, Parlamentsarchive, Der Archivar 1984, 427; *Breidenbach, Rolf/Palenda, Bernd*, Das Akteneinsichts- und Inforationszugangsgesetz des Landes Brandenburg – Ein Vorbild für Deutschland, NJW 1999, 1307; *Breidenbach, Rolf/Palenda, Bernd*, Das neue Akteneinsichts- und Informationszugangsgesetz des Landes Brandenburg, LKV 1998, 252; *Buchstab, Günter*, Archive politischer Verbände und Parteien, Der Archivar 1984, 431; *Buschmann, Arno*, Zur Fortwirkung des Persönlichkeitsrechts nach dem Tode, NJW 1970, 2081;

Caspar, Johannes, Informationsfreiheit, Transparenz und Datenschutz, DÖV 2013, 371 ff.; *Christner, Agnes*, Das Stadtarchiv Heilbronn, Gedächtnis der Stadt – Informationsdienstleister – Grundpfeiler der Stadtidentität, Der Archivar 2015, 128;

Dascher, Ottfried, Archive der Wirtschaft, Der Archivar 1984, 419; *Dietrich, Gerhilt*, Das Archiv der Sozialversicherungsträger in Bochum, Der Archivar 2015, 41; *Dittrich, Lars*, Reformiert die Archivgesetze – aber richtig! ZRP 2017, 183; *Dohrmann, Alke/Siegel, Almut/Schöne, Katrin*, Kultur! Gut! Schützen! Sicherheit und Katastrophenschutz für Museen, Archive und Bibliotheken, Der Archivar 2013, 192;

Eikemeier, Dominik/Hofmann, Ruben A./Fries, Peter, Blick nach Brüssel, Bericht, AfP 2017, 140; *Einert, Professor Emil*, Die Vernachlässigung von Archiven in Thüringen, Archivalische Zeitschrift 1887, 238; *Englert, Marianne*, Pressearchive, Der Archivar 1984, 435; *Enzel, Kathrin*, Das Wirtschaftsarchiv für den Norddeutschen Raum besteht seit einem Jahr, Der Archivar 2009, 34;

Fechner, Frank/Krischok, Heike/Pelz, Cordula, Auskunftsanspruch der Medien gegenüber Bundesbehörden – Ein Zwischenruf, AfP 2014, 213; *Fischer, Bettina*, Thüringer Archive, gemeinsam im Netz, www.archive-in-thüringen.de, Der Archivar 2015, 32; *Fischer, Ulrich/Thiel, Nadine/Henningsen, Imke*, Zerrissen – verschmutzt – zerknickt, Die Restaurierung und Konservierung des Gesamtbestandes des Historischen Archivs der Stadt Köln, Der Archivar 2001, 15; *Fitschen, Thomas*, Archive im modernen Völkervertragsrecht – ein problematischer Begriff, Der Archivar 2005, 255; Forum – Das Fachmagazin des Bundesarchivs, 100 Jahre Reichsarchiv, 2019 (zit.: *Autor* in Forum – Das Fachmagazin des Bundesarchivs 2019)

Granier, Gerhard, Archive und Datenschutz, Der Archivar 1981, 59; *Grau, Bernhard*, Im bayerischen Archivwesen gehört ausgemistet – Die Staatlichen Archive Bayerns im

Nationalsozialismus. Erste Ergebnisse eines archivgeschichtlichen Kolloquiums, Der Archivar 2017, 365; *Groß, Reiner*, Die Überlieferungssicherung der Archive in ihrer Bedeutung für die demokratische Gesellschaftsordnung, Der Archivar 1995, 15 ff.; *Gulde-Druet, Franziska/Vobiller, Katja/March, Jutta/Küssner, Walter,* Das Archiv der Berliner Philharmoniker, Der Archivar 2016, 332;

Hallauer, Anna, Digitalisierungsprozess in der Plakatsammlung der Konrad-Adenauer-Stiftung e.V., Der Archivar 2015, 158; *Hartge, Dagmar*, Die Entwicklung des Informationsfreiheitsrechts in Brandenburg, LKV 2008, 7; *Heizmann, Uwe*, Strategie zur Archivierung digitaler Objekte im Kreisarchiv Reutlingen, Der Archivar 2017, 300; *Helbach, Ulrich*, 'Weniger ist mehr' – Die schwarzen Stäbe im Historischen Archiv des Erzbistums Köln, Der Archivar 2016, 127; *Hering, Rainer,* Archivische Kooperation zwischen Schleswig-Holstein und Dänemark, Der Archivar 2014, 360; *Herrmann, Sabine*, Zwischen Bestandserhaltung und Bühnennebel, deutsche Kolonialakten in Kamerun, Der Archivar 2014, 346; *Herrmann, Tobias,* Öffentlichkeitsarbeit im Bundesarchiv. Rahmenbedingungen, Schwerpunkte und Perspektiven, Der Archivar 2017, 269; *Herrmann, Tobias*, Der Archivarsaustausch mit Mittel- und Osteuropa, Möglichkeiten, Erfahrungen und Perspektiven, Der Archivar 2014, 341; *Herzog, Günter*, Das Zentralarchiv des Internationalen Kunsthandels e.V. ZADIK, Der Archivar 2016, 114; *Heydenreuter, Reinhard*, Die rechtlichen Grundlagen des Archivwesens, Der Archivar 1979, 157; *Heydenreuter, Reinhard*, Datenschutz und Wissenschaftsfreiheit, Historische Forschung in Kommunalarchiven, CuR 1988, 241 ff.; *Heydenreuter, Reinhard,* Der mögliche Inhalt einer kommunalen Archivsatzung, Die Entscheidung des Bayerischen Verwaltungsgerichtshofs vom 13. Februar 1985, Der Archivar 1988, 123 ff.; *Höroldt, Dietrich*, Kommunale Archive, Der Archivar 1984, 387; *Hollmann, Michael*, Internationale Archivbeziehungen, einführende Überlegungen, Der Archivar 2014, 338; *Holznagel, Bernd*, Phänomen ‚Fake News' – Was ist zu tun? Ausmaß und Durchschlagskraft von Desinformationskampagnen, MMR 2018, 18;

Jaitner, Klaus, Das Historische Archiv der Europäischen Gemeinschaften in Florenz, Der Archivar 1988, 545; *Jaroschka, Walter*, Die Aufgaben der Archive in unserer Zeit, Der Archivar 1987, 21;

Kahlenberg, Friedrich P., Das Bundesarchiv nach dem 3. Oktober 1990, Der Archivar 1991, 525; *Kall, Maximilian,* Aktuelle Rechtsprechung des Europäischen Gerichtshofs für Menschenrecht zur Meinungsfreiheit des Art. 10 EMRK, AfP 2014, 116 ff.; *Kluttig, Thekla,* Archivgut aus Stadt- und Staatsarchiven in den ostdeutschen Bundesländern bei FamilySearch, Der Archivar 2017, 26; *Kneifel-Haferkamp, Reiner,* Das Akteneinsichts- und Informationszugangsgesetz in Brandenburg, DuD 1998, 438; *König, Stefan*, Archivgesetzgebung zwischen Datenschutz und Informationsfreiheit, Der Archivar 1985, 193; *Krämer, Walter,* Das Recht der kommunalen Archive, VBlBW 2005, 43; *Kraus, Alexander*, Das kommunale Archiv als Ort geschichtswissenschaftlicher Produktivität sichtbar machen. Eine Zeitung für Wolfsburger Stadtgeschichte, Der Archivar 2017, 294; *Krause, Detlef*, Wirtschaftsarchivportal WAP, Der Archivar 2015, 28; *Krejsa, Michael*, Das Archiv Bildende Kunst, Schriftgutbestände von Künstlerinnen und Künstlern im Archiv der Akademie der Künste, Der Archivar 2016, 118;

Lehnstaedt, Stephan/Stemmer, Bastian, Informationsfreiheit, über die Einsicht in staatliche Dokumente vor deren Archivierung, Der Archivar 2014, 46; *Lepper, Manfred*, Die staatlichen Archive und ihre Benutzung, DVBl 1963, 315 ff.; *Liebold, Marcus*, Ein halbes Jahr im Norwegischen Reichsarchiv, Der Archivar 2007, 136; *Lübbe, Hermann*, Der Nationalsozialismus im deutschen Nachkriegsbewusstsein, Historische Zeitschrift (HZ) 236, 1983, 579;

Metz, Axel, Das deutsch-niederländische Archivsymposium, ein bewährtes Forum des internationalen Archivaustauschs, Der Archivar 2014, 362; *Möllers, Christoph,* Von der Kernbereichsgarantie zur exekutiven Notstandsprärogative: zum BND-Selektoren-Beschluss des BVerfG, JZ 2017, 271; *Müller-Baur, Harald,* Archion – Ein Internetportal für Kirchenbücher und mehr, Der Archivar 2015, 30; *Müller-Neuhof, Jost*, Von der Presseauskunft zum Informationsverwaltungshandeln, AfP 2013, 304;

Nelles, Brigitte, Das Archiv des Deutschen Bundestages – Organisation und Aufgaben, Der Archivar, 2007, 229 ff;

Oldenhage, Klaus, Bemerkungen zum Bundesarchivgesetz, Der Archivar 1988, 477 f.; *Oldenhage, Klaus*, Brauchen wir Archivgesetze?, Normung und Planung im Archivwesen, Der Archivar 1980, 166; *Oldenhage, Klaus*, Bundesarchivgesetz und Informationsfreiheitsgesetz, Der Archivar 2005, 291; *Oldenhage, Klaus*, Persönlichkeitsschutz und Datenschutz, Der Archivar 1981, 469;

Partsch, Christoph, Zum Stand der Informationsfreiheit in Deutschland, AfP 2012, 516; *Partsch, Christoph*, Das Brandenburger Akteneinsichts- und Informationszugangsgesetz (AIG) – Vorbild für Deutschland, NJW 1998, 346 ff., 2559 ff.; *Partsch, Christoph.*, Informationsfreiheitsgesetze – bessere Recherchemittel für die Presse, AfP 2002, 198; *Partsch, Christoph,* Zum Stand der Informationsfreiheit in Deutschland, AfP 2012, 516; *Partsch, Christoph*, Der Auskunftsanspruch der Presse – Neujustierung durch das BVerwG, NJW 2013, 2858; *Partsch, Christoph/Koschmieder, Norman*, Der archivrechtliche Informationszugang nach der Novelle des BArchG, NJW 2017, 3416 ff.; *Paul, Saskia/Stiehl, Diana*, Das Archiv Bürgerbewegung Leipzig e.V. Seine Geschichte und seine Bestände, Der Archivar 2017, 158; *Pawelletz, Jörg/Straßenburg, Anke*, Nutzungsorientierung als Leitlinie der französischen Archivpolitik, Erfahrungen aus den STIA 2015, Der Archivar 2015, 352; *Polley, Rainer*, Das Gesetz über die Sicherung und Nutzung von Archivgut des Bundes, NJW 1988, 2026 ff.; *Potthoff, Anne*, (K)eine sprachliche Herausforderung – vier Wochen Informatorium beim Ungarischen Nationalarchiv (UNA), Der Archivar 2018, 92; *Potthoff, Herbert*, Mit Leidenschaft in die Vergangenheit, Das ‚Centrum Schwule Geschichte Köln E.V', Der Archivar 2017, 155; *Prügel, Roland*, Das Deutsche Kunstarchiv im Germanischen Nationalmuseum, Der Archivar 2016, 110;

Raum, Bertram, Die Regelunge der Benutzung und Aufbewahrung der Unterlagen der SED, der Blockparteien und der Massenorganisationen der ehemaligen DDR, DtZ 1992, 105; *Richter, Gregor*, Staatliche Archive, Der Archivar 1984, 325; *Richtering, Helmut*, Herrschafts-, Familien- und Hausarchive, Der Archivar 1984, 413; *Richter-Langwitz, Grit*, Sächsisch-tschechische Zusammenarbeit, Der Archivar 2014, 364; *Roden von, Günter*, Archivverordnungen und -richtlinien im Gebiet der Deutschen Bundesrepublik, Der Archivar 1954, 29; *Runde, Ingo*, Auffindung und Rückführung einer Papstbulle aus der Gründungszeit der Universität Heidelberg, Der Archivar 2015, 49;

Sachs, Michael, Grundrechte: Verfassungsunmittelbarer Auskunftsanspruch der Presse, JuS 2016, 85; *Sachs, Michael/Jasper, Christian*, Bundeskompetenz für ein Presseinformationsgesetz?, NRW VBl. 2013, 389 ff.; *Sagstetter, Maria Rita*, Alles was Recht ist. Archivische Fragen – juristische Antworten, Der Archivar 2012, 90; *Schack, Haimo*, Das Persönlichkeitsrecht der Urheber und ausübenden Künstler nach dem Tode, GRUR 1985, 352; *Schäfer, Raphael,* Soft law im System des Völkerrechts, JuS 2020, 827; *Schäfer, Volker*, Universitätsarchive, Der Archivar 1984, 449; *Scherzberg, Arno*, Von den arcana imperii zur freedom of information – Der lange Weg zur Öffentlichkeit der Verwaltung, ThürVBl. 2003, 193 ff.; *Schmerbauch, Maik*, Die Kirchenbücher des Breslauer Diözesanarchivs und der Nationalsozialismus 1933–1945, Der Archivar 2017, 391; *Schmidt-Czaia, Bettina/Fischer, Ulrich/Plassmann, Max*, Zum Einsturz des Historischen Archivs der Stadt Köln, Der Archivar 2009, 148; *Schmitt, Heiner*, Rundfunkarchive Der Archivar 1984, 441; *Schmitz, Heribert*, Moderner Staat – Modernes Verwaltungsverfahrensrecht, NVwZ 2000, 1238 ff.; *Schmitz, Heribert/Jastrow, Serge-Daniel*, Das Informationsfreiheitsgesetz des Bundes, NVwZ 2005, 984; *Schneider, Daniel*, Zwischen Bewegungs- und Poparchiv, Das Archiv der Jugendkulturen e.V., Der Archivar 2017, 164; *Schoch, Friedrich,* Öffentlichrechtliche Rahmenbedingungen einer Informationsordnung, VVDStRL 57 (1998), 160 ff.; *Sielemann, Jürgen*, Skrupellose Denunziation. Die personenkundliche Arbeit des Staatsarchivs Hamburg im ‚Dritten Reich', Der Archivar 2017, 385; *Soenius, Ulrich,* Archive in der lokalen und regionalen Kulturpolitik – engagiert und gemeinsam, Der Archivar 2015, 125; *Spille, Anke/Pöschl, Stefanie,* Das Digitale Deutsche Frauenarchiv – Frauenbewegung vernetzt, Der Archivar 2017, 152; *Steffen, Joachim*, Stiftung Schleswig-Holsteinische Cinematheque, Der Archivar 1993, 157;

Thorausch, Thomas, Leidenschaftlich! Das Deutsche Tanzarchiv Köln, Der Archivar 2016, 328; *Thurmann-Jajes, Anne,* Kulturarchive in Deutschland, Der Archivar 2016, 310; *Toussaint, Angela*, Das Hessische Wirtschaftsarchiv nimmt seine Arbeit auf, Der Archivar 1993, 103; *Tiemann, Katharina*, Kommunalarchive und Verwaltungsreform, Der Archivar 2005, 193;

Ullmann, Angela, In eigener Zuständigkeit, Der Deutsche Bundestag hat eine neue Archivordnung, Der Archivar 2009, 260;

Verband der Historiker Deutschlands, Erklärungen des Verbandes der Historiker Deutschlands zu Fragen des Datenschutzes und der Archivgesetzgebung, Der Archivar 1989, 658; *Vollmer, Bernhard*, Der Stand der Archivalienschutzgesetzgebung, Der Archivar 1952, 115;

Waidmann, Susanne, Das Archivportal Europa, Der Archivar 2015, 22; *Walter, Andrea*, Das Archiv Aktiv, Der Archivar 2017, 167; *Walther, Christine/Pantförder, Sebastian*, Das Vereinsarchiv des FC Schalke 04, Der Archivar 2016, 339; *Weinert, Sebastian*, Öffentlichkeitsarbeit im Archiv – Natürlich barrierefrei! Zum 100-jährigen Jubiläum der Fürst Donnersmarck-Stiftung, Der Archivar 2017, 296; *Weiß, Peter Ulrich*, Das Potsdamer Reichsarchiv in der Zeit des Nationalsozialismus. Ausgewählte Beobachtungen und Befunde zur NS-Belastung, Der Archivar 2017, 376; *Wiemers, Gerald*, Archiv und Bestände, Traugott-Fuchs-Nachlass in Istanbul, Der Archivar 2007, 243; *Willems, Martin*, Kassation im Literaturarchiv: Praxis oder Tabu? Der Archivar 2013, 165; *Wirtz, Sonja/Brink, Stefan*, Die verfassungsrechtliche Verankerung der Informationszugangsfreiheit, NVwZ 2015, 1166; *Wöhler, Jürgen*, Rechte an kommunalen Archiven, VBlBW 1985, 171; *Wolff, Kerstin/Günther, Barbara*, Warum so spät? Das Archiv der Deutschen Frauenbewegung (AddF) in Kassel, Der Archivar 2017, 149; *Wurster, Herbert W.*, Katholische Kirche, Der Archivar 1984, 408; *Wyduckel, Dieter*, Archivgesetzgebung im Spannungsfeld von Informationeller Selbstbestimmung und Forschungsfreiheit, DVBl 1989, 327 ff.;

Zeglinska, Anna, Abriss der Geschichte der ostpreußischen Archive von Familie Finck von Finckenstein, Der Archivar 2018, 58; *Zeller, Bernhard*, Literatur- und Kunstarchive, Der Archivar 1984, 453

I. Zweck von Archiven

Wofür und zu welchem Ende haben wir **Archive?**[1] Archive gehören zum traditionellen Bestand staatlicher Einrichtungen.[2] Gleichwohl nennt nur 1

1 Nach *Friedrich Schiller,* Wofür und zu welchem Ende studiert man Universalgeschichte? Der Teutsche Merkur 1773–89, 4. Bd. 1789, S. 105 ff.

2 *Manegold*, S. 43.

die sächsische Landesverfassung Archive in Art. 11 als kulturelle Einrichtungen, zu deren Unterhalt der Staat zur Verwirklichung und Förderung wissenschaftlichen Lebens verpflichtet sei. Art. 9 Abs. 2 der Landesverfassung von Schleswig-Holstein nennt immerhin noch das Büchereiwesen im Rahmen seines Förderauftrags für die Wissenschaft. Der Bundesgesetzgeber der Novelle von 2017 hat dagegen – wie beim Informationsfreiheitsgesetz 2006 – keinen Gesetzeszweck genannt, obwohl dies moderner Gesetzgebungstechnik entspricht[3] und die spätere Auslegung erleichtern könnte. Ein politisch öffentlich vertretbarer Zweck wäre wohl zu sehr durch den Gesetzestext konterkariert worden.[4] Gerade im demokratischen Rechtsstaat bedarf jede Institution der Legitimierung. Die Legitimierung eines Archivs ergibt sich aus den Aufgaben, die es erfüllen soll und ob es dazu in der Lage ist. Die **Aufgaben der Archive** haben sich in den vergangenen Jahrhunderten entscheidend verändert. Nach neuerer Auffassung leitet sich die Legitimierung eines Archivs im demokratischen Rechtsstaat aus dessen Funktion zur Erinnerung und als Gedächtnis seiner Vorgänge und seiner Verfahren und der damit verbundenen Verantwortungszuordnung ab.[5] Spiegelbildlich folgt daraus und aus dem Rechtsstaatsprinzip eine Pflicht zur Einrichtung, Verwaltung und Erhaltung von Archiven.

1. Registratur

2 Nach der bisherigen deutschen Rechtsliteratur waren Archive zunächst nur **Registraturbehörden**, also reine Aufbewahrungsorte, für die aus der Arbeit der Regierungen und Behörden hervorgegangenen Schriftstücke.[6] Ein Archiv diente also allein dem Zweck, Dokumente für die Verwaltung zu verwahren und sie für die Zukunft zu bewahren. Die Geschichte der Archive ist eng verflochten mit der Entwicklung der Verwaltung, denn Archive entstehen, seitdem es eine Verwaltung gibt, wie die der Antike, die historisch und kulturell große Bedeutung erlangt haben.[7] Archive gehören zu den ältesten Behörden überhaupt, indem sie als Dokumentations- und Sammelstellen für öffentliches Schriftgut fungieren.[8] Die **ersten Beispiele staatlicher**

---

3 Vgl. § 1 StUG; *Larenz/Canaris*, S. 151; *Möllers*, S. 164.

4 „Von dem Ziel einer Verbesserung des Informationszugangs, das der Gesetzgeber in anderer Hinsicht verfolgt haben mag (vgl. BT-Drs. 18/9633, 2 f.), hat er sich in dem hier in Rede stehenden Zusammenhang nicht leiten lassen", BVerwG 12.9.2017 – 6 A 1/15, juris Rn. 7. So auch die Parteien Die Linke und Bündnis 90/Die Grünen im Gesetzgebungsprozess der Novellierung des BArchG von 2017, 3. Beratung, BT-PlPr 18/212, S. 21262 ff., vgl. MdB Sigrid Hupach: „Mit der heute zu beschließenden Novelle soll das 30 Jahre alte Bundesarchivgesetz an die Herausforderungen des digitalen Zeitalters und an die modernen Anforderungen an Transparenz und Informationsfreiheit angepasst werden. Leider sind aber im Gesetz Regelungen enthalten, die dem formulierten Anspruch entgegenstehen.", vgl. MdB Tabea Rößner: „Der Zugang zu Akten ist die Voraussetzung für eine lebendige Demokratie, die von einer kritischen und informierten Öffentlichkeit lebt. Und hierfür soll das Bundesarchivgesetz die rechtlichen Grundlagen legen. Statt aber das Bundesarchivgesetz nutzerfreundlicher zu machen, wird es den Behörden leicht gemacht, ihre Akten der Öffentlichkeit zu entziehen".

5 *Manegold*, S. 44 f. mwN in Fn 5; *Partsch/Koschmieder* NJW 2017, 3416 (3418).

6 *Lepper* DVBl 1963, 315 (316); ausf. zu den Rollen des Archivs *Polley* NJW 1988, 2026.

7 *Lepper* DVBl 1963, 315.

8 *Manegold*, S. 41.

Archive finden sich nicht erst im antiken Griechenland[9], sondern bereits in den babylonischen und ägyptischen Reichen sowie in den israelitischen Archiven vom 15. Jh. a.D. an.[10] Im Mittelalter gab es in Deutschland, im Gegensatz zu England und Frankreich, aufgrund der historischen Entwicklung nur regionale Archive, die vor allem dazu dienten, die Stellung der Herrscher zu sichern.[11]

2. Forschungseinrichtung

Erst im 19. Jahrhundert wurden Archive zudem als **Aufbewahrungsort historischen Schriftmaterials** entdeckt.[12] Historische Forschung ist ohne Archive nicht möglich. Ua hat der Reformer Karl August von Hardenberg im Preußen nach 1820 eine Öffnung aller staatlichen Archive für die historische Forschung gefordert.[13] Dies ging einher mit dem Wunsch des jungen Staates Preußen, sich nach dem Kampf gegen das Frankreich Napoleons neu zu erfinden, darzustellen und zu erforschen. 1875 standen dann die Archive in Preußen für Forschungszwecke frei.[14] Gerade die deutsche Geschichte der letzten hundert Jahre benötigt die archivalischen Quellen in Form amtlicher Dokumente und schriftlicher Zeugnisse der handelnden Personen.[15] Der widersprüchliche Umgang im heutigen rechtsstaatlichen Deutschland mit dem archivrechtlichen Zugangsanspruch spiegelt daher auch die Brüche und Nachwirkungen der deutschen Diktaturen bis heute wider. 3

3. Stätte des Archivalienschutzes und der Konfiskation

Eine gesetzliche Regelung für Archivgut hat in Deutschland lange gedauert. 4
Eine Diskussion um die Vor- und Nachteile archivgesetzlicher Regelungen beschränkte sich zunächst auf den **Archivalienschutz**, dh, die Sicherung wertvollen nichtstaatlichen Überlieferungsguts und das Vermeiden des unkontrollierten Fortschaffens ins Ausland.[16] Schon immer haben Regierungen versucht, über die Archivgesetzgebung unter dem Deckmantel des **Kulturgüterschutzes**, private Archive und sog. Archivalien, dh fremdes Eigentum, an sich zu binden, dessen Fungibilität zu verringern oder gar entschädigungslos zu enteignen. Es ist daher bezeichnend, dass sich der Gesetzgeber auf Bundesebene zwar bis 1988 weigerte, ein Bundesarchivgesetz zu erlassen, aber bereits 1955 ein Bundesgesetz zum Schutz deutschen Kulturguts gegen Abwanderung mit konfiskatorischen Wirkungen beschloss.[17] Im demokratischen Rechtsstaat sollten solche Instrumente keinen Platz ha-

9 So aber *Manegold*, S. 21 mwN.
10 Encylopedia Judaica, Berlin 1929, Bd. 3, S. 238 ff. mit ausf. Darstellung speziell der jüdischen Archive in Europa und dem Vorderen Orient; *Ovenden*, Burning the Books. A History of Knowledge Under Attack, 2020, S. 17 ff. zu den Archiven des Assyrischen Königs Ashurbanipal.
11 *Manegold*, S. 22 mwN.
12 *Manegold*, S. 23.
13 *Manegold*, S. 41.
14 *Lepper* DVBl 1963, 315 (316).
15 *Groß* Der Archivar 1995, 15 (18).
16 *Wyduckel* DVBl 1989, 327.
17 Gesetz vom 6.8.1956 (BGBl. 1956 I 501), idF der Bekanntmachung vom 8.7.1999 (BGBl. 1999 I 1754), geänd. durch Gesetz vom 18.5.2007 (BGBl. 2007 I 757). Kul-

ben. Dies gilt umso mehr, wenn die jeweilige Verwaltung nicht gewillt ist, ihr eigenes Archivgut angemessen zu sichern, wie dies beim Einsturz des Kölner Stadtarchivs oder beim Brand der Anna Amalie Bibliothek in Weimar offenbar wurde. Der Gesetzgebungsprozess[18] zur Verabschiedung des Kulturgüterschutzgesetzes wie das Gesetz selbst haben deutlich gezeigt, dass die Bundesregierung dieser konfiskatorischen Rolle[19] eine starke Rolle unter dem Vorwand des Kampfes gegen Raubkunst und Terrorismus gibt, wenn auch nun außerhalb des Archivrechts. Der auch nur informatorische Zugang zu Raubkunst in Bundes- oder Landesbesitz wird dagegen weiterhin verweigert bis behindert.[20]

4. Stätte der demokratischen Vergewisserung eines Rechtsstaats

5 In Frankreich entstand bereits in der Revolutionszeit ein anerkanntes Recht des Bürgers, Archivalien amtlichen Ursprungs einzusehen.[21] Damit blieb es der **französischen Revolution** vorbehalten, die ua aus Königsberg stammenden Ideen der Aufklärung[22] im Gesetz vom 25.6.1794 umzusetzen und ein Nationalarchiv mit einem Zugangsrecht für alle Bürger zu schaffen. Dieser revolutionäre Akt, die einst königlichen Archive für die Forschung und die französischen Bürger zu öffnen, wurde in Frankreich zum Menschenrecht erklärt.[23]

6 Preußische Staatsreformer wie von Hardenberg[24] wie auch die bürgerlichen Liberalen der März-Revolution haben den Gedanken des **Zugangs zu Archiven als Menschenrecht** in Deutschland aufgenommen. Die Idee einer transparenten Gesellschaft und das Prinzip der Offenheit wurden erstmals in der Encyklopädie von Rotteck/Welcker 1841[25] umfassend definiert. Dabei verbinden Rotteck/Welcker das Prinzip der Öffentlichkeit eng mit dem

---

turgutschutzgesetz vom 31.7.2016 (BGBl. 2016 I 1914), geänd. durch Art. 6 Abs. 13 des Gesetzes vom 13.4.2017 (BGBl. 2017 I 872).

18 Titel: Denn die Gesetzgeber wissen nicht, was sie tun, Die Welt, abgedruckt in https://www.welt.de/kultur/kunst-und-architektur/article143806716/Denn-die-Gesetzgeber-wissen-nicht-was-sie-tun.html.

19 *Peter Raue*: „Und das soll keine Enteignung sein?" https://www.tagesspiegel.de/kultur/peter-raue-zum-neuen-kulturgutschutzgesetz-und-das-soll-keine-enteignung-sein/12045352.html; aA *Winand/List* KuR 2016, 198 ff.

20 VGH Bayern 27.3.2014 – 7 CE 14.253, juris, „Schwabinger Kunstfund"; VG Berlin 8.4.2014 – VG 27 L 33.14, Provenienzforschung zu Raubkunst im deutschen Bundestag.

21 *Oldenhage* Der Archivar 1988, 477 (478) mit einem Abdruck des Art. 37 des Gesetzes vom 7. Messidor des Jahres II (1794).

22 „Aufklärung ist der Ausgang des Menschen aus seiner selbstverschuldeten Unmündigkeit. Unmündigkeit ist das Unvermögen, sich seines Verstandes ohne Leitung eines anderen zu bedienen. Selbstverschuldet ist diese Unmündigkeit, wenn die Ursache derselben nicht am Mangel des Verstandes, sondern der Entschließung und des Muthes liegt, sich seiner ohne Leitung eines anderen zu bedienen. Sapere aude! Habe Muth, dich deines eigenen Verstandes zu bedienen! ist also der Wahlspruch der Aufklärung." *Kant*, Beantwortung der Frage: Was ist Aufklärung, Berlinische Monatsschrift Heft No.4, 1784, 481.

23 *Manegold*, S. 26.

24 Vgl. die ausf. Darstellung der Bemühungen des preußischen Staatsreformers Karl August Freiherr von Hardenberg zur Öffnung der preußischen Geheimarchive bei *Manegold*, S. 27 ff.

25 *v. Rotteck/Welcker*, „Öffentlichkeit" in Staats-Lexikon oder Enzyklopädie der Staatswissenschaften, Bd. 12, S. 252–309; in diesem Werk abgedruckt in **Anlage 1**.

der Meinungsfreiheit und stellen es als sich gegenseitig bedingend dar.[26] Dieser Gedanke ging in der nachfolgenden Zeit der Restauration verloren und wurde durch die Zeit des Nationalsozialismus[27] bis heute verschüttet.

7 Archive sind eine wichtige und unverzichtbare **Dokumentationsstelle der Demokratie**, denn jeder Interessierte, egal ob Forscher, Journalist oder „Normalbürger" weiß, dass er oder sie ein Thema ohne die Quellen eines Archivs nicht bearbeiten kann.[28]

8 *Schoch* hat als Erster ausführlich begründet, dass bei Zusammenschau der Grundrechte des Art. 5 GG und des Demokratieprinzips aus Art. 20 GG zudem ein verfassungsrechtlicher Gestaltungsauftrag für ein Recht der öffentlichen Informationsbeziehungen entwickelt werden kann.[29] Daraus könne ein **Recht auf eine informationelle Grundversorgung** abgeleitet werden. Die Informationsgesellschaft setze die Pflege von Verfassungsvoraussetzungen voraus.[30] Hierzu gehöre auch die Einrichtung von, die Unterhaltung[31] von, aber auch die Zugangsgewährung zu Archiven (→ Rn. 49). Soll der Bürger politische Entscheidungen treffen, muss er umfassend informiert sein.[32] Ein demokratischer Staat kann nicht ohne freie und möglichst gut informierte öffentliche Meinung bestehen.[33] Für diese Information sind ua Archive und der Zugang zu ihnen unerlässlich.

II. Ableitung des Anspruchs auf Nutzungszugang zu Archiven

9 Dass am Anfang des Archivwesens nur die Rolle als Registratur im Vordergrund stand, entspricht einer in Deutschland verbreiteten Auffassung, ist jedoch historisch falsch. Archive dienten seit alters her auch als **Orte der Selbstvergewisserung der Gesellschaft** wie bereits bei den Assyrern[34], Israeliten[35] und Griechen.[36] Archive hatten anfangs und haben immer noch eine wichtige Aufgabe für die **Legitimierung der Herrschaft von Staaten.** Für den demokratischen Rechtsstaat bedeutet dies, dass Archive öffentlich zugänglich sein müssen, wollen sie diese Selbstvergewisserungsfunktion erfüllen. Ein Instrument einer pluralistisch verstandenen demokratischen Öffentlichkeit ist ein jedermann und -frau zugängliches Archivwesen.[37]

---

26 „Ein Grund freilich für die Geheimregierung und Meinungsunterdrückung ist der Praxis ebenso mächtig, als er in der Vernunft schwach ist." *v. Rotteck/Welcker*, „Öffentlichkeit" in Staats-Lexikon Enzyklopädie der Staatswissenschaften, Bd. 12, S. 252, 275 ff.; in diesem Werk abgedruckt in **Anlage 1.**
27 Hierzu ausf. *Kretschmar*, S. 34 (35).
28 *Groß* Der Archivar 1995, 15 (17, 21).
29 *Schoch* VVDStRL 57 (1998), 160 ff. (200 ff.).
30 *Schoch* VVDStRL 57 (1998), 160 ff. (201).
31 *Manegold*, S. 56.
32 BVerfG 5.8.1966 – 1 BvR 586/62, BVerfGE 20, 162, Rn. 36.
33 BVerfG 3.10.1969 – 1 BvR 46/65, BVerfGE 27, 71, Rn. 28.
34 Vgl. *Ovenden*, Burning the Books. A History of Knowledge Under Attack, 2020, S. 26 ff. zur Bibliothek des assyrischen Königs Ashurbanipal.
35 Encylopedia Judaica, Berlin 1929, Bd. 3, S. 238 ff.
36 *Rehm* in Debus, Informationszugangsrecht Baden-Württemberg, S. 136 f.; *Becker/Rehm*, Archivrecht für die Praxis, S. 4; *Manegold*, S. 21 mwN; *Ovenden*, Burning the Books. A History of Knowledge Under Attack, 2020, S. 29 ff., ausführliche Darstellung zur Bibliothek von Alexandria.
37 *Manegold*, S. 49 mwN.

1. Historische Vorbelastung in Deutschland

10 Die normierte und auch pönalisierte **Amtsverschwiegenheit** wurde erst mit Gründung des deutschen Reiches eingeführt, dem preußischen Beamtenrecht war sie fern.[38] Die Zeit des Nationalsozialismus wie auch die Erfahrungen mit dem Ministerium für Staatssicherheit haben dazu geführt, eine Kultur des Verschweigens[39] als Staatsraison der Bundesrepublik Deutschland und ihrer Beamten-[40] und Richterschaft[41] zu entwickeln, die bis heute – wenn auch eingeschränkt – andauert. Selten wird die dahinter liegende Motivation so deutlich wie bei Lepper ausgesprochen: „*Ebenso verbietet sich eine Freigabe von Archivalien an Privatpersonen zu propagandistischen und politischen Zwecken. Die Aufklärung von politischen Straftaten oder Unregelmäßigkeiten auf Grund der Durchsicht von amtlichen Akten obliegt allein den dafür zuständigen staatlichen Dienststellen. Fussnote 38: Benutzungsanträge von Privatpersonen zu diesem Zweck betreffen in der Regel die nationalsozialistische Zeit.*“[42] Ziel ist weiterhin, die Verhinderung einer Evaluation staatlichen Handelns und besonders die seiner Akteure. Die heutige Argumentation einiger Vertreter der Exekutive ist feinsinniger und führt über die Delegitimierung der Interessen von Bürgern, Presse und Interessengruppen bei der Wahrnehmung ihrer Recherche zu einer Generalabwehr von Transparenz.[43] Neuerdings stellt eine Autorengruppe aus dem Bundeskanzleramt und dem BND die historisch von den USA zur Wiedereinführung der Demokratie geforderte Implementierung von Pressegesetzen und die grundrechtlich verbürgte Sonderrolle der Presse völlig in Frage.[44]

38 Vgl. nur van *Calker*, Die Amtsverschwiegenheitspflicht im Deutschen Staatsrecht, S. 128.

39 *Lübbe* HZ 236, 1983, 579.

40 Vgl. nur *Lepper* DVBl 1963, 315 (319); vgl. auch die Verfügung des OStA im Protektorat Böhmen und Mähren Franz Nüsslein von 1945, alle Akten zu vernichten, um die Wiederverwendung nach dem Krieg nicht zu gefährden, Staatsarchiv Prag. Nüsslein wurde später Generalkonsul in Barcelona und war Auslöser der Nachruf-Affäre, *Müller/Partsch*, „*Denn das sind Sie: ein Mörder. Der Fall des deutschen Diplomaten Franz Nüßlein*“, Die Zeit vom 26.1.2006, S. 92; Nüsslein wirkte an ca. 900 Todesurteilen mit. Der Leiter der Parteikanzlei Martin Bormann beurteilte ihn wie folgt: „*Der Stellv. Reichsprotektor* (Heydrich, Anm. des Verfassers) *hat sich bei mir vor seinem Tode außerordentliche für die Beförderung des Ersten Staatsanwalts Dr. Nüßlein eingesetzt. Er hat darauf hingewiesen, dass Dr. Nüßlein bei der Handhabung des Kriegsstrafrechts und bei der Durchführung der politischen Strafsachen besonderes Verständnis für die Notwendigkeit einer entschlossenen Bekämpfung der Rechtsbrecher und Staatsfeinde bewiesen hat.*“ PA AA 54512; gleichwohl wird Nüsslein bis heute erbittert und mit allen Mitteln bis hin zur Denunziation der Whistleblowerin verteidigt: *Schneppen*, Der Fall des Generalkonsuls a.D. Franz Nüßlein, Zeitschrift für Geschichtswissenschaft 60, 12, 2012, S. 1007 ff.; *Blasius*, Der Generalkonsul und das Auswärtige Amt, http://www.faz.net/aktuell/feuilleton/das-auswaertige-amt-und-das-dritte-reich/joseph-fischer-und-die-nachrufaffaere-nuesslein-der-generalkonsul-und-das-auswaertige-amt-1572148.html.

41 Vgl. nur VGH Bayern 13.2.1985 – 4 N 84A/545 mit welchem eine kommunale Satzung der Stadt Passau aufrechterhalten wurde, die den einzigen Sinn hatte, die Sperrfristen für Akten mit Bezug zum Nationalsozialismus zu verlängern.

42 *Lepper* DVBl 1963, 315 (319).

43 Vgl. die Argumentation von *Schmitz/Jastrow* NVwZ 2005, 984 (995) zum IFG.

44 *Wolff* in Dietrich/Eiffler, VIII, C Rn. 44 ff. und G Rn. 85; *Wolff* soll mittlerweile Resident des BND in Paris sein.

2. Anspruch auf ermessensfehlerfreie Entscheidung

In der Verwaltungspraxis wurde daher selbst den Beteiligten eines Verwaltungsverfahrens **Akteneinsicht** zunächst erst im Rahmen eines gerichtlichen Verfahrens nach § 29 VwVfG eingeräumt.[45] Akteneinsicht zu gewähren, stehe im Ermessen der jeweiligen Behörde.[46] Auch spezielle Einsichtsregelungen stellten und stellen teils heute noch auf besondere Interessen des Antragstellers ab.[47] Als erster Schritt kam ein Anspruch auf Einsicht in Verwaltungsakten bei **Darlegung eines berechtigten Interesses** hinzu.[48] 11

Daher wurde auch ein Rechtsanspruch auf die Benutzung von Archiven lange verneint. Selbst die Benutzungsordnungen gäben keinen Rechtsanspruch. Es bestehe lediglich ein **Anspruch auf ermessensfehlerfreie Bescheidung.**[49] Entsprechend diesem tradierten staatsautoritären Verständnis leitete man in der Bundesrepublik Deutschland denn auch ab, dass ein **verfassungsunmittelbarer Anspruch auf Nutzung des Bundesarchivs** allein den Behörden des Bundes gem. Art. 35 GG zustehe, ausgenommen wiederum den Behörden der SBZ.[50] 12

Noch 1961 wurde selbst ein **einfachgesetzlicher Rechtsanspruch auf Archivnutzung** abgelehnt.[51] Diese Haltung war mit Inkrafttreten des Bundesarchivgesetzes und dessen § 5 am 1.1.1988 nicht mehr zu halten.[52] 13

3. Anspruch aus Art. 5 Abs. 1 Satz 1 Hs. 2 GG

a) Herrschende Meinung

Gehalten hat sich jedoch bisher die Ansicht, dass sich aus Art. 5 Abs. 1 Satz 1 Hs. 2 GG kein **allgemeiner Zugangsanspruch** zu den Informationen im Besitz der Behörden ableiten lasse, da *„Behördenakten … keine allgemein zugänglichen Quellen"* seien.[53] Der Zugangsanspruch sei nur dort gegeben, wo durch Gesetz oder den Staat oder auch nur den einzelnen Beamten der Zugangsanspruch eröffnet werde. Geschützt werde nach dem Wortlaut nur eine Verhaltensweise des Rezipienten, nämlich das sich Unterrichten aus allgemein zugänglichen Informationsquellen.[54] Es komme hinzu, dass die Existenz einer allgemein zugänglichen Quelle vorausgesetzt wird. Art. 5 Abs. 1 begründe also, zumindest dem Wortlaut nach, keinen 14

45 Vgl. Nachweise bei *Trantas*, S. 257, insbes. 261.

46 So die allgA unter kritischer Berufung auf *Ernst Forsthoff*, Lehrbuch des Verwaltungsrechts, Bd.1 – Allgemeiner Teil, S. 236. *Forsthoff* war Autor des Werks „Der totale Staat", Hamburg 1934.

47 *Schmitz* NVwZ 2000, 1238 (1243).

48 SBS/*Bonk*/*Kallerhoff* VwVfG § 29 Rn. 3.

49 *Lepper* DVBl 1963, 315 (316).

50 Dort sei das Gesetz über innerdeutsche Rechts- und Amtshilfe vom 2.5.1962 (BGBl. 1962 I 161) zu beachten, *Lepper* DVBl 1963, 315 (317), Fn. 25. Es ist nicht bekannt, dass es je zu einer Auskunft an die DDR kam.

51 *Lepper* DVBl 1963, 315 (316).

52 Dazu ausf. *Wyduckel* DVBl 1989, 327.

53 BVerfG(K) 30.1.1986 – 1 BvR 1352/85, juris Rn. 6; mwN *Berger*, Öffentliche Archive und staatliches Wissen, S. 68.

54 BVerfGE 27, 71 (83 f.); BVerwGE 61, 15 (22); *Herzog* in Maunz/Dürig GG Art. 5 Abs. 1, 2, Rn. 996 ff.; *Degenhardt* in Bonner Kommentar, Art. 5 Abs. 1 u. 2 Rn. 270; AK-GG/*Hoffmann-Riem* GG Art. 5 Abs. 1, 2 Rn. 93; *Starck* in v. Mangoldt/Klein GG Art. 5. Abs. 1, 2 Rn. 34.

Anspruch auf Erschließung einer Informationsquelle.[55] Diese Theorie vom normgeprägten Grundrecht auf Informationsfreiheit ist bis heute herrschend. Die Informationsfreiheit schützt nach dieser Ansicht allein den Zugang zu **allgemein zugänglichen Informationsquellen.** Allgemein zugänglich sei eine Informationsquelle dann, wenn sie geeignet und bestimmt sei, der Allgemeinheit, also einem individuell nicht bestimmbaren Personenkreis, Informationen zu verschaffen.[56] Das Grundrecht gewährleiste insoweit grds. nur das Recht, sich ungehindert aus einer solchen für die allgemeine Zugänglichkeit bestimmten Quelle zu unterrichten. Fehle es an dieser Bestimmung, sei die Informationsbeschaffung nicht vom Grundrecht der Informationsfreiheit geschützt. Dementsprechend umfasse das Grundrecht ein gegen den Staat gerichtetes Recht auf Informationszugang dann, wenn eine im staatlichen Verantwortungsbereich liegende Informationsquelle auf Grund rechtlicher Vorgaben zur öffentlichen Zugänglichkeit bestimmt sei.[57] Lege der Gesetzgeber die grundsätzliche Zugänglichkeit von staatlichen Vorgängen und damit zugleich deren Öffnung als Informationsquelle fest, werde in diesem Umfang auch der Schutzbereich der Informationsfreiheit eröffnet; dieser sei mithin normgeprägt.[58]

b) Kritik an der herrschenden Meinung

15 Diese Ansicht überrascht, weil sie bereits unhistorisch ist. Wie bereits dargelegt finden sich in der deutschen Geschichte bei Kant und den Vertretern des Vormärz die intellektuellen Wegbereiter der Informationsfreiheit. Dabei befruchteten sich angloamerikanische und deutsche Vorstellungen gegenseitig: „*In keinem Lande weiss man von den höheren Regierungsbeamten soviel, und in keinem Lande tun sie, und vielleicht eben darum, sowenig Böses als in England und Nordamerika*“ formulierte 1828 der Rigaer Gelehrte Jochmann.[59] Auch legte die US-amerikanische Besatzung besonderen Wert auf die Einrichtung von Presseauskunftsrechten und Freedom of Information-Ansätzen[60], um Deutschland wieder zu demokratisieren. Diese Informationsfreiheit kannten die USA seit ca. 1804[61], inspiriert

55 *Mayen*, S. 303.

56 BVerfGE 27, 71 (83); 33, 52 (65); 47, 246 (252); 90, 27 (32); 103, 44 (60); *Bethge* in Sachs GG Art. 5 Rn. 59 a; *v.d. Decken* in Schmidt-Bleibtreu/Hofmann/Henneke GG Art. 5 Rn. 15.

57 MwN *Berger*, Öffentliche Archive und staatliches Wissen, S. 69.

58 VGH Rheinland-Pfalz 27.10.2017 – VGH B 37/16, juris Rn. 13.

59 *Carl Gustav Jochmann,* Die unzeitige Wahrheit, Aphorismen, Glossen, S. 62.

60 Law No. 1032 concerning the press, Declassified E.O. 12065, section 3-402/NNDC No.115015 vom 5.7.1949; Office of Military Government for Germany, 17.4.1948, Declassified E.O. 12065, section 3-402/NNDC No. 155031 vom 30.9.1948, 115039 vom 29.11.1946; Regional Government Coordinating Office, declassified E.O. 12065, section 3-402/NNDC No. 115052 vom 22.7.1946 und 12.3.1947; Enactment of Law Guaranteeing Freedom of Press by Bavarian Landtag, declassified E.O. 12065, section 3-402/NNDC No. 115031, 115015 vom 5.7.1949; Legislation on Freedom of the Press, 30.9.1948, AG 000.76: “Such legislation shall guarantee the prerogatives of a free press in obtaining and publishing information of public interest.”.

61 “Man may be governed by reason and truth. Our first object should therefore be to leave open to him all the avenues of truth. The most effectual hitherto found is the freedom of the press.” Thomas Jefferson and Richter Tyler, zitiert nach Cross, The People´s. Right to Know, 1953, 49 ff.

durch den deutschen Philosophen Kant. Denn der Gedanke der Informationsfreiheit, dem unbeschränkten Zugang zu staatlichen Informationen, haben insbes. die von emigrierten deutschen Revolutionsflüchtlingen beeinflussten Demokraten in den USA verbreitet. Dass sich die **Meinungs-, Presse- und die Forschungsfreiheit in Art. 5 GG** versammelt finden, geht auf die Vorstellungen aus den USA zurück. Die Abwehrhaltung der traditionellen deutschen Meinung kann aber auch mit den Biographien der Staatsrechtslehrer begründet werden und der Furcht vor deren Offenlegung, danach mit den Schweigespiralen ihrer jeweiligen Zitier-Familien.[62] Diese wirken bis heute.[63] Möglicherweise kann man es auch einfach in der unterschiedlich motivierten staatsaffirmativen Grundeinstellung vieler noch durch die Lehre von Carl Schmitt oder Forsthoff geprägten Juristen verorten.[64] Die **Ansicht eines normgeprägten Grundrechts** sollte daher bereits nicht überzeugen, da sie nicht auf das liberale deutsche Verfassungsdenken nach Kant, Jochmann oder von Welcker[65] zurückgreift, sondern weiterhin dem Denken der Herrschaft der Bürokratie[66] und deren Exzess, dem des Nationalsozialismus, verhaftet ist, welches dem geheimen Staat huldigt.[67]

Dogmatisch fand sich für die Abwehrhaltung nach traditioneller deutscher Meinung der Ansatz in der zurückhaltenden Entwicklung von Leistungsrechten aus dem Grundgesetz. Die **Reduktion von Grundrechten auf reine Abwehrrechte** überzeugt aber desto weniger, je mehr der Staat über die Grundrechtsverwirklichung entscheiden kann. Daher kam es bald zur Entwicklung der Grundrechte als Institutsgarantie und bald auch zur Ableitung von Leistungsansprüchen aus Grundrechten. Nur bei Art. 5 GG tun sich Rechtsprechung und Lehre bis heute schwer mit Leistungsansprüchen.[68] Dieses dogmatische Argument überzeugt aber spätestens mit dem Urteil des BVerwG vom 20.2.2013[69] nicht mehr. Dieses hatte ausgerechnet bei einer Presseanfrage nach der Weiterbeschäftigung von NS-Eliten beim 16

62 *Rüthers*, Deutsche Funktionseliten als Wende-Experten, S. 34 f.; *Rüthers*, Geschönte Geschichten – Geschonte Biographien: Sozialisationskohorten in Wendeliteraturen.

63 Vgl. etwa die Weigerung des Beck Verlages, den BGB Kommentar Palandt umzubenennen.

64 „Jene Gelehrsamkeit, welche alles, was die Macht wünscht, selbst bis zur Umkehrung aller gesunden Begriffe philosophisch und juristisch verteidigt, sie findet auch hier noch die genügende Öffentlichkeit, wenn nur etwa beliebig ausgewählte und zurecht gestellte fragmentarische Nachrichten über die Verhandlungen, oder auch nur einzelne Resultate. öffentlich verkündet … werden. Selbst eine unvermeidliche Folge und ein getreues Abbild unserer der Öffentlichkeit beraubten Zustände, zeigt solche mitleidswerte deutsche Gelehrsamkeit, zugleich, wie die Beraubung der Öffentlichkeit der Nation, ihre Beamten und Schriftsteller entadelt, sie einfältig und unwahr, unmännlich und niederträchtig macht. Die Gelehrsamkeit wird zur lügnerischen Sklavin des Wortes, desselben Wortes, welches selbst schon gefesselt und zur Lüge gemacht wurde.", *v. Rotteck/Welcker*, aaO, zit. nach *Schwan*, S. XIV.

65 *Wegener*, S. 174 ff.

66 *Weber*, Wirtschaft und Gesellschaft, S. 572.

67 *Wegener*, S. 356.

68 Vgl. nur *Mayen*, Der grundrechtliche Informationsanspruch des Forschers gegenüber dem Staat, der auf 316 Seiten darlegt, warum es keinen Anspruch gibt, weder aus Art. 5 Abs. 3 noch aus Art. 5 Abs. 1 GG.

69 BVerwG 20.2.2013 – 6 A 2/12, NVwZ 2013, 1006 ff. – Nazis beim BND; dazu BVerfG 27.7.2015 – 1 BvR 1452/13, dazu *Sachs* JuS 2016, 85.

BND nach Ablehnung des bis dahin fünfzig Jahre lang geltenden landesrechtlichen Presseauskunftsrechts gegen Bundesbehörden einen **verfassungsunmittelbaren Auskunftsanspruch aus Art. 5 Abs. 1 GG** abgeleitet und damit das Dogma der Verneinung jeglichen Leistungsanspruchs aus Art. 5 beendet.[70]

17 Eine Mindermeinung in der Literatur hat früh die Argumentation der traditionellen deutschen Meinung als zirkelschlüssig kritisiert.[71] Arno Scherzberg hat diesen Zirkelschluss immer wieder pointiert dargestellt und ein subjektives Recht gegen die Exekutive auf Herstellung des ihr von der Verfassung abverlangten Informationszugangs abgeleitet.[72] Dies muss umso mehr gelten, wenn der Staat durch die Schaffung eines Bundesarchivs und eines BArchG dafür sorgt, dass er Monopolist der staatlichen Informationen ist und bleibt.

c) Neue Ansätze

aa) Aktivierung des Art. 5 Abs. 1 Hs. 2 GG durch Inkrafttreten des Informationsfreiheitsgesetzes

18 Mit der Einführung allgemeiner Informationsfreiheitsgesetze wird der **Zugang zu Informationen der öffentlichen Verwaltung** nach einer im Vordringen begriffene Ansicht nicht nur gesetzlich gewährleistet, sondern auch vom Grundrecht der in Art. 5 Abs. 1 Satz 1 Hs. 2 GG normierten Informationsfreiheit umfasst. Der Gesetzgeber übe sein Bestimmungsrecht aus und aktiviere damit das **Grundrecht der Informationsfreiheit.**[73] Nach Schoch und Rossi sind Behördenakten und sonstige Träger amtlicher Informationen durch gesetzliche Widmung zu allgemein zugänglichen Quellen iSd Art. 5 Abs. 1 Satz 1 Hs. 2 GG geworden.[74] Mit der Einführung des Informationsfreiheitsgesetzes 2006 habe der Gesetzgeber über die öffentliche Zugänglichkeit in Ausübung seines Bestimmungsrechts entschieden.[75] Damit sei auch der Schutzbereich des Art. 5 Abs. 1 Satz 1 Hs. 2 GG für die durch das Informationsfreiheitsgesetz eröffneten Akten eröffnet.[76]

70 BVerwG 20.2.2013 – 6 A 2/12, NVwZ 20013, 1006 ff. – Nazis beim BND, scharf abl.: *Huber* Anm. Urt. v. 20.2.2013, NVwZ 2013, 1010; *Kloepfer*, Anm. Urt. v. 20.2.2013 – 6 A 2/12, JZ 2013, 892; *Koreng*, Kommentar, K & R 2013, 513; *Sachs* JuS 2016, 85; *Sachs/Jasper* NRW VBl. 2013, 389; *von Coelln*, Auskunftsansprüche der Medien gegenüber Bundesbehörden, jurisPR-ITR 23/2103; befürwortend wohl *Fechner/Krischok/Pelz* AfP 2014, 213.

71 *Scherer*, S. 3, 27; *Angelov*, S. 85 ff., S. 99; *Partsch*, S. 104; *Caspar* DÖV 2013, 371 ff.; *Wirtz/Brink* NVwZ 2015, 1166 ff.; *Caspar*, Jahrbuch 2011, 297; aA *Schwan*, S. 112; *Wewer* Jahrbuch 2014, 161; *Berger*, Öffentliche Archive und staatliches Wissen, S. 70 ff., mit ausf. Darstellung der Mindermeinung.

72 So zB *Scherzberg*, Die Öffentlichkeit der Verwaltung, ThürVBl. 2003, 193 (200).

73 *Rossi*, Informationszugangsfreiheit und Verfassungsrecht, S. 215.

74 *Schoch* IFG Einl. Rn. 283 ff.; Rossi, Informationsfreiheit und Verfassungsrecht, S. 205 ff.

75 *Schoch* IFG Einl. Rn. 287; *Partsch* AfP 2012, 516 (517).

76 BVerfG 20.6.2017 – 1 BvR 1978/13, juris Rn. 21, ausdr. bestätigt für § 1 Abs. 1 S. 1 IFG.

bb) Aktivierung des Art. 5 Abs. 1 Hs. 2 GG durch Inkrafttreten des Archivgesetzes

Diese Gedanken finden – weniger streitig – Anwendung auf die durch das Archivgesetz eröffneten Unterlagen.[77] In Konsequenz der Rechtsprechung des BVerfG[78] hat der Gesetzgeber also bereits mit dem Archivgesetz für eine im staatlichen Verantwortungsbereich liegende Informationsquelle die Art der Zugänglichkeit durch das Archivrecht bestimmt, soweit denn die Schutzfristen verstrichen waren.[79] Somit ist das Archivgesetz als **Widmungsakt** zu sehen, womit archivwürdige Unterlagen, gleich ob sie bei der abgebenden Stelle oder dem Bundesarchiv aufbewahrt werden, als **allgemein zugängliche Quelle** anzusehen sind.[80] Denn insoweit hat der Gesetzgeber über § 10 und § 11 Abs. 6 den Anwendungsbereich des Art. 5 Abs. 1 Satz 1 Hs. 2 GG aktiviert bzw. zumindest eröffnet. Dies betrifft auch die archivwürdigen Unterlagen, die noch bei den Behörden lagern, obwohl sie hätten abgeliefert werden müssen. 19

d) Rechtsvergleichung

aa) Entwicklung von Art. 10 EMRK

Der EGMR hat **Art. 10 EMRK** zu einem **Leistungsanspruch auf Information** entwickelt. Anfangs sah die EMRK nach dem Willen Englands und Frankreichs wohl kein Leistungsrecht auf Information vor.[81] Dies hat sich durch die Rechtsprechung des Hofes verändert. Entgegen der Rezeption[82] in Deutschland hat auch der EGMR ein Recht auf Zugang für die Presse und NGOs, wie auch für alle, die diese Information an Dritte weitergeben wollen, festgestellt.[83] Der EGMR bejaht also gerade für die Gruppe von Antragstellern einen Informationszugangsanspruch, denen die herkömmliche Ansicht, weil sie nur „agitieren“[84] wollen, den Zugang verweigern 20

77 BVerfG(K) 30.1.1986 – 1 BvR 1352/85, juris Rn. 6; *Schoch* IFG Einl. Rn. 285; *Jarass* in Jarass/Pieroth GG Art. 5 führt weder in Rn. 24 noch in Rn. 16 dazu aus; *Starck* in v. Mangoldt/Klein/Starck GG Art. 5 Abs. 1, 2 Rn. 46; *Degenhardt* in Bonner Kommentar Art. 5 Abs. 1, 2, Rn. 292; *Berger*, Öffentliche Archive und staatliches Wissen, S. 73 f.

78 BVerfG 24.1.2001 – 1 BvR 2623/95, 1 BvR 622/99, NJW 2001, 1633 (1634).

79 *Berger*, Öffentliche Archive und staatliches Wissen, S. 74 f., hinsichtlich des Zugangs zu öffentlichen Archivgütern wird Art. 5 Abs. 1 S. 1 Hs. 2 GG sogar nach allen Ansichten eröffnet.

80 AA OVG NRW 15.5.2018 – 15 A 25/17, UA S. 33, das in § 6 Abs. 1 S. 2 unverständlicherweise die teilbereichsweise Sperrung zu nicht allgemein zugänglichen Akten hineinliest.

81 Vgl. *Karl Josef Partsch* in Pressefreiheit und Persönlichkeitsrecht, Verhandlungen des 1. Deutsch-Italienischen Juristenkongresses, 1968, S. 129. Danach sei die aktive Informationsfreiheit auf Wunsch von England und Frankreich in Art. 10 wieder gestrichen worden.

82 Offengelassen jeweils von BVerwG 20.2.2013 – 6 A 2/12, BVerwGE 146, 56, Rn. 33; BVerwG 20.7.2015 – 6 VR 1/15, NVwZ 2015, 1383, Rn. 14; BVerwG 16.3.2016 – 6 C65/14, BVerwGE 154, 222, Rn. 29; *Meyer-Ladwig*, HK-EMRK, Art. 100 Rn. 9: klassisches Freiheitsrecht (Abwehrrecht, negatives Recht); falsch daher *Gurlit* Die Verwaltung 50, 2017, 97 (103), die die Entscheidung EGMR 8.11.2016 – Appl. No. 18030/11 – „Magyar Helsinki Bizottsag gegen Ungarn“ übersieht.

83 EGMR 8.11.2016 – RS 18030/11 – Magyar Helsinki Bizottsag gegen Ungarn, Rn. 156.

84 *Lepper* DVBl 1963, 315 (319).

wollte. Denn gerade diese Personen üben nach Ansicht des EGMR eine für die Demokratie wesentliche Rolle als „*public watchdog*“ aus. Dem ist zuzustimmen. Der EGMR hat darüber hinaus eine Reihe von archivrechtlichen Verfahren des deutschen Journalisten Hans-Wilhelm Saure zu den Adolf Eichmann-Akten[85], der Frage der NS-belasteten Mitarbeiter des BND[86] und zu einer Sperrfristverkürzung in Sachen Uwe Barschel[87] zur Entscheidung angenommen[88], so dass mit grundlegenden Entscheidungen zu rechnen ist.

21 Die EMRK ist, ebenso wie die sog. Zusatzprotokolle, ein völkerrechtlicher Vertrag. In der Bundesrepublik Deutschland ist die EMRK am 3.9.1953 in Kraft getreten. Innerstaatlich hat die Konvention den Rang einfachen Bundesgesetzes gem. Art. 59 Abs. 2 GG.[89] Darüber hinaus sind bei der Auslegung der bestehenden Gesetze wegen des Grundsatzes der Völkerrechtsfreundlichkeit des Grundgesetzes die Wertentscheidungen der Menschenrechtskonvention stets zu berücksichtigen.[90]

22 Der EGMR hat anfangs jeden Auskunftsanspruch auf der Grundlage des Art. 10 EMRK abgelehnt.[91] Problematisch ist, dass die Rezeption der Rechtsprechung in Deutschland bei diesem Stand endet.[92] In mehreren jüngeren Entscheidungen hat der EGMR der Presse und jedem, der im öffentlichen Interesse Informationen sucht, jedoch ein **Recht auf Auskunft und sogar auf Zugang zu Informationen aus Art. 10 Abs. 1 Satz 2 EMRK** mit der Begründung zugesprochen, dass die Presse u. a. die Rolle eines „*public watchdog*“ und die Bevölkerung ein Recht auf Empfang von Informationen habe. Art. 10 Abs. 1 Satz 2 EMRK verbriefe das Recht, Informationen und Ideen ohne behördliche Eingriffe zu empfangen.[93]

23 In der Entscheidung *Tarsasag a Szabadsagjogokert v. Hungary* aus dem Jahre 2009 legte der Gerichtshof die in Art. 10 Abs. 1 Satz 2 EMRK verankerte Meinungsfreiheit weit aus und nahm erstmalig einen Anspruch auf Zugang zu staatlichen Informationen von öffentlichem Interesse an.[94] Der Gerichtshof betonte dabei die grundsätzliche Rolle der Presse in der Demokratie, durch die die Öffentlichkeit über Fragen von allgemeinem Interesse informiert werde. Damit erfülle die Presse eine Aufgabe, auf deren Erfüllung die Öffentlichkeit nach der Formulierung des EGMR aus der Informationsfreiheit ein echtes, in der Konvention gewährleistetes Recht habe.[95] Dies sei jedoch nur der Fall, sofern ein öffentliches Interesse an den Informationen bestehe und die Informationen „*ready and available*“ seien. Die

---

85 BVerwG 27.6.2013 – 7 A 15/10.
86 BVerwG 20.2.2013 – 6 A 2/12, BVerwGE 146, 56.
87 BVerwG 27.11.2013 – 6 A 5/13.
88 EGMR – RS 4550/15, 6091/16, 8819/16.
89 Vgl. BVerfG 14.10.2004 – 2 BvR 1481/04, BVerfGE 111, 307.
90 StRspr des BVerfG, zB BVerfG 4.5.2011 – 2 BvR 2333/08; BVerfG 10.4.2004 – 2 BvR 1481/04.
91 EGMR 26.3.1987 – RS 9248/81 – Leander gegen Schweden.
92 Vgl. *Frowein/Peukert* EMRK Art. 10 Rn. 16.
93 *Frowein/Peuker* EMRK Art. 10 Rn. 13.
94 EGMR 14.4.2009 – Nr. 37374/05 – Tarsasag a Szabadsagjogokert/Ungarn; ausf. dazu *Partsch* AfP 2013, 211 (214 f.) mwN; *Wirtz/Brink* NVwZ 2015, 1166 (1171); vorsichtiger *Mensching* in Karpenstein/Mayer EMRK Art. 10 Rn. 21.
95 EGMR 14.4.2009 – Nr. 37374/05 – Tarsasag a Szabadsagjogokert/Ungarn.

Ansicht, dass **Art. 10 EMRK nicht nur ein Abwehrrecht gebe, sondern auch ein aktives Informationszugangsrecht**, ist seitdem stRspr des EGMR.

In dem Fall *Youth Initiative for Human Rights v. Serbia* von 2013 ging der Gerichtshof davon aus, dass das Recht auf Empfang von Informationen das Recht auf Zugang zu Informationen mit umfasst.[96] Bei dieser Annahme verweist er auf die Entscheidung *Tarsasag a Szabadsagjogokert v. Hungary* und führt aus, dass „dass der Begriff *„Freiheit, Informationen zu empfangen“* ein Recht auf Zugang zu Informationen umfasse.[97] 24

Im Anhang dieser Entscheidung heben die Richter Sajó und Vucinic in einer sog. **„Joint Concurring Opinion“** hervor, dass Art. 10 EMRK entsprechend der internationalen Entwicklung zu einem Informationszugangsrecht betreffend bei den Behörden vorliegender Informationen zu interpretieren sei. Die Annahme eines Auskunftsrechts aus Art. 10 Abs. 1 Satz 2 EMRK sei besonders für die Länder von großer Bedeutung, in denen noch heute Gewohnheiten es schwer machen, ungehinderten Zugang zu Daten zu bekommen, die aus einer totalitären Zeit stammen, in der diese Daten zu Gewaltverbrechen und Unterdrückungsmaßnahmen von Geheimdiensten genutzt wurden. Durch den wachsenden Bedarf von Demokratie in einer **Informationsgesellschaft** sei Transparenz unerlässlich. 25

In der Entscheidung *Österreichische Vereinigung zur Erhaltung, Stärkung und Schaffung eines wirtschaftlichen gesunden land- und forstwirtschaftlichen Grundbesitzes v. Austria* ging der EGMR noch einen Schritt weiter und entschied, dass auch dann ein **Recht auf Informationszugang besteht, wenn die Informationen vor einer Herausgabe bearbeitet werden müssen**, etwa um personenbezogene Daten unkenntlich zu machen.[98] 26

Mit der Entscheidung *Magyar Helsinki v. Hungary* aus 2016 hat der EGMR Art. 10 EMRK als Anspruchsgrundlage eines Informationszugangsanspruchs bestätigt.[99] Dies setze allein voraus, dass mit dem Informationsersuchen verbunden sei, journalistisch oder durch Beiträge zur öffentlichen Willensbildung tätig werden zu wollen. Die Rolle des Antragstellers als 27

96 EGMR 25.6.2013 – 48135/06 – Youth Initiative for Human Rights v. Serbia, EuGRZ 2014, 520, (522), dazu *Kall*, Aktuelle Rechtsprechung des Europäischen Gerichtshofs für Menschenrecht zur Meinungsfreiheit des Art. 10 EMRK, AfP 2014, 116 (120).

97 EGMR 25.6.2013 – 48135/06 – Youth Initiative for Human Rights v. Serbia, EuGRZ 2014, 520, (522).

98 Im Fall *Österreichische Vereinigung zur Erhaltung, Stärkung und Schaffung eines wirtschaftlichen gesunden land- und forstwirtschaftlichen Grundbesitzes v. Austria* klagte eine Nichtregierungsorganisation, nachdem ihr der Zugang zu anonymisierten Entscheidungen der Tiroler Landes-Grundverkehrskommission versagt wurde. Der EGMR entschied, dass der von der Tiroler Grundverkehrskommission geltend gemachte Aufwand, der durch Zusammenstellen der einzelnen Entscheidungen und die Unkenntlichmachung der personenbezogenen Daten entstehe, einen Anspruch auf Informationszugang aus Art. 10 Abs. 1 EMRK nicht ausschließe, da dieser Aufwand bereits durch eine aktive Veröffentlichung der einzelnen Entscheidungen hätte vermeiden werden können.
EGMR 28.11.2013 – 39534/07 – Österreichische Vereinigung zur Erhaltung, Stärkung und Schaffung eines wirtschaftlichen gesunden land- und forstwirtschaftlichen Grundbesitzes v. Austria, Rn. 46, 47.

99 EGMR 8.11.2016 – RS 18030/11 – Magyar Helsinki v. Hungary, Rn. 156, AfP 2017, 139 (140).

„watch dog“ sei entscheidend und die Information müsse **zugänglich** und **verfügbar** sein. Damit erkennt der EGMR Art. 10 Abs. 1 Satz 2 EMRK als Leistungsrecht des Bürgers auf Zugang zu Informationen gegenüber dem Staat an, wenn die erlangte Information zum Zweck der Meinungsbildung veröffentlicht wird.[100]

bb) Internationale Entwicklung

(1) Völkerrechtlicher Verpflichtung

28 Die Bundesrepublik Deutschland ist völkerrechtlich die Verpflichtung eingegangen, die **Akten betreffend den Nationalsozialismus öffentlich zugänglich** zu lassen.[101] Jedoch können sich nach herkömmlicher Ansicht darauf nur die beteiligten Völkerrechtssubjekte berufen, nicht aber der Einzelne.[102] Jedoch ist diese Verpflichtung bei der völkerrechtskonformen Auslegung von Normen zu berücksichtigen. Auch sind die Akten zum ersten Frankfurter Auschwitz-Verfahren mittlerweile von der UNESCO zum **Weltkulturerbe** ernannt worden.[103] Hieraus ergeben sich Erhaltungspflichten für die übergebenen Tonbänder, nicht jedoch Zugangspflichten für andere Dokumente. Jedoch zeigen diese Rechtsakte, dass zur Selbstvergewisserung des deutschen Rechtsstaats auch die völkerrechtliche Verpflichtung zur Erinnerung an das NS-Regime gehört, wohl auch, weil sie Voraussetzung der Wiedergewinnung der Souveränität war.

(a) Aarhus-Konvention

29 1998 ist die **Aarhus-Konvention** als völkerrechtliches Abkommen im dänischen Aarhus von fünfunddreißig Staaten und der EU unterzeichnet worden.[104] Alle Mitgliedstaaten der EU und die EU selbst haben die Konvention ratifiziert.[105]Auf EU-Ebene hat die Konvention zu drei Richtlinien und einer Verordnung zur Umsetzung geführt.[106] Das Ziel der Konvention wird in Art. 1 beschrieben: *„Um zum Schutz des Rechts jeder männlichen/weiblichen Person gegenwärtige und künftiger Generationen auf ein Leben in einer seiner/ihrer Gesundheit und seinem/ihrem Wohlbefinden zuträglichen Umwelt beizutragen, gewährleistet jede Vertragspartei das Recht auf Zugang zu Informationen, auf Öffentlichkeitsbeteiligung an Entscheidungsverfahren und auf Zugang zu Gerichten in Umweltangelegenheiten in Übereinstimmung mit diesem Übereinkommen*“. Der Anspruch ist voraus-

---

100 EGMR 8.11.2016 – RS 18030/11 – Magyar Helsinki v. Hungary, Rn. 156, AfP 2017, 139 (140); zul. EGMR 26.3.2020 – RS10090/16 – Centre for Democracy and the Rule of Law v. Ukraine, Rn. 96, NVwZ 2021, 89 (91).

101 Vgl. Schreiben des Staatssekretärs Hallstein vom 14.3.1956, sowie Annahme durch US Botschafter Dowling, abgedruckt in *Henke* VfZ 4/1982, 557 (594, 595).

102 Zu Archiven im Völkerrecht, s. *Fitschen* Der Archivar 2005, 255.

103 http://www.zeit.de/wissen/geschichte/2017-10/unesco-auschwitz-prozess-akten-weltdokumentenerbe, eingesehen am 19.4.2018.

104 Einsehbar über den Link auf der Website: http://aarhus-konvention-initiative.de/vertragstext-un-aarhus-konvention/, eingesehen am 3.5.2018.

105 http://www.bmu.de/themen/umweltinformation-bildung/umweltinformation/aarhus-konvention/, eingesehen am 7.5.2018.

106 *Schoch* IFG Einl. Rn. 181.

setzungslos gem. Art. 4 Abs. 1, Verweigerungsgründe sind abschließend aufgelistet, Art. 4 Abs. 3 und 4.

(b) Konvention des Europarats über den Zugang zu amtlichen Dokumenten

Das **Übereinkommen des Europarates über den Zugang zu amtlichen Dokumenten** ist am **27.11.2008** vom Ministerkomitee angenommen worden.[107] Die Konvention ist das erste völkerrechtliche Instrument zur Anerkennung eines allgemeinen Rechts auf Zugang zu amtlichen Dokumenten der öffentlichen Verwaltung. Der Grund dafür ist die **Transparenz öffentlicher Behörden** im Rahmen der sog. „*good governance*“ und Maßstab für eine demokratische und pluralistische Gesellschaft; ebenso ist sie ein Zeichen dafür, dass eine Gesellschaft offen ist für die Teilnahme der Bürger an Selbstentwicklung und Ausübung der grundlegenden Menschenrechte, und sie stärkt die Legitimität der öffentlichen Verwaltung und festigt das Vertrauen in sie.[108] 30

Eingeschränkt kann das Recht, Einsicht in amtliche Dokumente zu nehmen, werden, wenn ein besonderes Interesse gemäß des Art. 3 Abs. 1 der Konvention vorliegt, so zB für a) die nationale Sicherheit und Verteidigung, b) die öffentliche Sicherheit, c) die Vorbeugung, Untersuchung, Verfolgung von Straftaten, d) Disziplinaruntersuchungen, f.) der Schutz der Privatsphäre und so weiter. Aber auch im Fall einer Schutzgutgefährdung muss abgewogen werden, denn **wenn ein übergeordnetes öffentliches Interesse an der Offenlegung besteht, darf der Zugang nicht verweigert werden**, Art. 3 Abs. 2 der Konvention. 31

Die Konvention setzt dabei nur **Mindeststandards für eine gemeinsame Grundlage** für die jeweiligen nationalen Gesetze fest, die den einzelnen Gesetzgebern aber auch die Möglichkeit einräumen soll, noch weitergehenden Zugangs zu amtlichen Dokumenten zu schaffen.[109] In Deutschland haben die Informationsfreiheitsbeauftragten die Bundesregierung aufgefordert, die Konvention zu unterzeichnen und zu ratifizieren.[110] Dies ist bis jetzt nicht geschehen.[111] Zuerst hat sich das Bundesministerium des Inneren ablehnend geäußert[112], dann auch die Bundesregierung. So führt sie in ihrem Bericht mit Hinweis auf das IFG des Bundes aus, dass „*keine Notwendigkeit zur Zeichnung und Ratifizierung des Übereinkommens durch die Bundesrepublik Deutschland gesehen (werde)*“.[113] 32

107 The Council of Europe, Convention on Access to Official Documents, CETS No 2005 (Sammlung der Europarechtsverträge – SEV – Nr. 205); s. a. *Schram*, The First International Convention on Access to Official Documents in the World, Informationsfreiheit und Informationsrecht, Jahrbuch 2009, 21.

108 Zusammenfassung des Europarates, einsehbar unter: https://www.coe.int/de/web/conventions/full-list/-/conventions/treaty/205, eingesehen am 4.5.2018.

109 https://www.coe.int/de/web/conventions/full-list/-/conventions/treaty/205, eingesehen am 4.5.2018.

110 *Schoch* IFG Einl. Rn. 196 mwN.

111 Ratifiziert haben Bosnien/Herzegowina, Estland, Finnland, Litauen, Montenegro, Norwegen, Republik Moldau, Schweden, Ungarn, einsehbar in: https://www.coe.int/de/web/conventions/search-on-treaties/-/conventions/treaty/205/signatures?p_auth=LQ2NN2aQ, eingesehen am 4.5.2018.

112 *Schoch* IFG Einl. Rn. 196 mwN.

113 BT-Drs. 17/5315, 9.

(2) Weltbank

33 Die Weltbank[114] hat am **1.7.2010** eine **Richtlinie zum Zugang von Informationen der Weltbank** in Kraft gesetzt.[115] Die Idee der Informationsrichtlinie der Weltbank ist damit Transparenz und der Grundsatz der Öffentlichkeit von Informationen der Weltbank.[116] Einschränkungen gibt es wegen des Schutzes besonderer Interessen und zum Schutz des behördeninternen Entscheidungsprozesses.[117] Die Informationen sollen einfach und erschwinglich zugänglich sein und im Fall einer Ablehnung, kann der Antragsteller von einem Beschwerderecht Gebrauch machen.[118]

(3) Tshwane Principles

34 Die weltweiten Prinzipien zur Nationalen Sicherheit und dem Recht auf Informationen (**Tshwane Principles**) sind fünfzig Prinzipien zur Informationsfreiheit und zur nationalen Sicherheit.[119] Sie wurden in Tshwane, Südafrika am **12.6.2013** veröffentlich und von zweiundzwanzig Organisationen und wissenschaftlichen Zentren in vierzehn Treffen verfasst.[120] Es handelt sich um ein internationales Abkommen von mehr als fünfhundert Experten aus mehr als siebzig Ländern.[121] Darin findet eine Abwägung zwischen dem Geheimhaltungsbedürfnis einer Regierung aus Gründen der nationalen Sicherheit und dem Recht der Öffentlichkeit auf Zugang zu diesen Informationen. Dabei führt die Open Society Justice Initiative aus, „ein unverstellter Blick auf die jüngste Vergangenheit legt jedoch nahe, dass legitime Interessen der öffentlichen Sicherheit in der Praxis am besten gewahrt werden, wenn die Öffentlichkeit über die Aktivitäten des Staates umfassend informiert ist, einschließlich jener Aktivitäten, die zum Schutz der nationalen Sicherheit durchgeführt werden".[122]

(4) Die ICA Prinzipien des Zugangs zu Archiven

35 Das **International Council on Archives** („ICA") ist eine nichtstaatliche internationale Organisation, welche verschiedene archivische Institutionen und Praktiker in sich vereint. Die ICA hat sich dem Ziel verschrieben die archivische Praxis zu verbessern, Archivgut zu schützen, seriöse Standards hervorzubringen, den Dialog zu fördern und Wissen und Erfahrungen aus-

---

114 Amtliche Bezeichnung: Internationale Bank für Wiederaufbau und Entwicklung; vgl. Einführungsartikel zum Weltbank-Abkommen, BGBl. 1952 II 664.

115 Vgl. Website der Weltbank: http://www.worldbank.org/, eingesehen am 3.5.2018.

116 *Schoch* IFG Einl. Rn. 197.

117 *Schoch* IFG Einl. Rn. 197.

118 *Schoch* IFG Einl. Rn. 197 mwN. Die Umsetzung hat auf EU-Ebene zur Umsetzung von drei Richtlinien und einer Verordnung geführt: VO 1049/2001/EG, VO 1367/2006/EG.

119 Open Society Justice Initiative, abgedruckt in: Informationsfreiheit und Informationsrecht, Jahrbuch 2013, 251–300.

120 Aufgeführt in der Anlage, Jahrbuch 2013, S. 300.

121 Open Society Justice Initiative, Informationsfreiheit und Informationsrecht, Jahrbuch 2013, 252.

122 Open Society Justice Initiative, Informationsfreiheit und Informationsrecht, Jahrbuch 2013, 252.

zutauschen.[123] Mit den Principles of Access to Archives vom 24.8.2012 („PAA“) will die ICA Archivaren eine Vergleichsgrundlage geben, anhand derer die nationale archivische Zugangspolitik mit internationalen Standards bewertet werden kann. Die PAA sollen als Gerüst dienen, wenn bestehende Regeln modifiziert werden, oder neue entwickelt werden.[124] Den Grundsätzen der ICA nach sollen Staaten mit gemeinsamer Geschichte gegenseitig Zugang und Kopierrechte zu ihren Archiven haben.[125] Opfer von Verbrechen die nach internationalem Recht schwer wiegen, sollen Zugang zu Archiven haben, um nach Beweisen zu suchen, auch wenn diese Archive der breiten Öffentlichkeit nicht zugänglich sind.[126] Dies sind nur einige Ausformungen des Verlangens eines extensiven Zugangs, das auch als erstes Prinzip Eingang in die PAA gefunden hat.[127] Nach Ansicht der ICA sind Archive systemrelevant für die Demokratiekontrolle.[128] Die PAA haben keine rechtliche Bindungswirkung und begründen keine subjektiv öffentlichen Rechte in den einzelnen Ländern. Dies ergibt sich aus der nichtstaatlichen Natur der Organisation. Es handelt sich vielmehr um „Soft Law“.[129] Die Nichtbeachtung stellt zwar keinen Rechtsbruch dar, die handlungsleitende Funktion der PAA und deren Einfluss auf Praxis und Gesetzgebung begründen jedoch eine gewisse normative Relevanz. Aufgrund der in der ICA versammelten Kompetenz internationaler archivarischer Praxis sollten die PAA zumindest Vorbildwirkung haben und als Auslegungs- und Entscheidungshilfe in archivrechtlichen Problemen verwendet werden.[130]

4. Ableitung aus Art. 5 Abs. 3 GG, Forschungsfreiheit

Die **Forschungsfreiheit** nach Art. 5 Abs. 3 GG schützt die Forschung. Forschung ist eine geistige Tätigkeit mit dem Ziel, in methodischer, systematischer und nachprüfbarer Weise neue Erkenntnisse zu gewinnen.[131] Der Schutzbereich umfasst alle Aktivitäten der Forschung mit allen vorbereitenden und unterstützenden Tätigkeiten[132] und steht jedem zu, der wissenschaftlich tätig ist oder tätig werden will.[133] 36

123 Vgl. Website der ICA: https://www.ica.org/en/international-council-archives-0, eingesehen am 30.7.2020.

124 Vgl. Website der ICA: https://www.ica.org/en/principles-access-archives, eingesehen am 30.7.2020, S. 6.

125 *Cox* in Lowry, Displaced Archives, S. 204, *Cox* bezieht sich dabei auf ein Positionspapier der ICA.

126 Vgl. Website der ICA: https://www.ica.org/en/principles-access-archives, eingesehen am 30.7.2020, S. 10.

127 Vgl. Website der ICA: https://www.ica.org/en/principles-access-archives, eingesehen am 30.7.2020, S. 8.

128 *Rehm* in Becker/Rehm/Schäfer, S. 12; ICA Universal Declaration on Archives 2011, https://www.ica.org/sites/default/files/UDA_Sept%202013_press_GE.pdf, eingesehen am 26.8.2020.

129 Zum Begriff des Soft Law, *Schäfer R.* JuS 2020, 827 (828).

130 *Schäfer* in Wettengel, S. 60, die Expertise der ICA wird bestätigt durch ihre Einbindung bei der Vorbereitung von Empfehlungen für europäische Harmonisierungsvorhaben.

131 BVerfG 29.5.1973 – 1 BvR 424/71, 1BvR 325/72, BVerfGE 35, 79 (112).

132 *Von der Decken* in Schmidt-Bleibtreu/Hofmann/Henneke GG Art. 5 Rn. 45.

133 BVerfG 16.1.1963 – 1 BvR 316/60, juris Rn. 30.

a) Abwehrrecht

37 Das BVerfG sieht **Art. 5 Abs. 3 GG** als **Freiheitsrecht** an und führt aus, dass Art. 5 Abs. 3 ein „Recht auf Abwehr jeder staatlichen Einwirkung auf den Prozess der Gewinnung und Vermittlung wissenschaftlicher Erkenntnisse" gewährt.[134] Es handelt sich somit in erster Linie um ein **klassisches Abwehrrecht.** Außerdem hat das BVerfG in seinem Hochschulurteil ausgeführt, „jeder, der in Wissenschaft, Forschung und Lehre tätig ist, hat (...) ein Recht auf Abwehr jeder staatlichen Einwirkung auf den Prozess der Gewinnung und Vermittlung wissenschaftlicher Erkenntnisse. Damit sich Forschung und Lehre ungehindert an dem Bemühen um Wahrheit als ‚etwas noch nicht ganz Gefundenes und nie ganz Aufzufindendes' (Wilhelm von Humboldt[135]) ausrichten können, ist die Wissenschaft zu einem von staatlicher Fremdbestimmung freien Bereich persönlicher und autonomer Verantwortung des Einzelnen Wissenschaftlers erklärt worden".[136]

38 Aus dem Inhalt eines Abwehrrechts folgen jedoch nicht nur **Unterlassungsansprüche,** sondern auch **Ansprüche auf positives Tun** des Staates, denn die Abwehr von Eingriffen verlangt einerseits die Unterlassung bevorstehender und andererseits die Beseitigung bestehender Eingriffe.[137] Dieser Störungsbeseitigungsanspruch ist charakteristisch für den abwehrrechtlichen Schutz eines Grundrechts.[138] Ein Forscher, der vom Archivzugang ausgeschlossen wurde, hat damit also einen grundsätzlichen Anspruch auf Beseitigung der Verbotswirkung und damit auf Zugangsgewährung.[139]

b) Institutsgarantie

39 In den Grundrechten verkörpert sich eine objektive Werteordnung, die die Geltungskraft der Grundrechte prinzipiell verstärkt.[140] Diese besonderen Wertentscheidungen des Grundgesetzes schränken die Gestaltungsfreiheit des Gesetzgebers ein, indem sie "Unterscheidungen verbieten, die dem in der Wertentscheidung ausgedrückten Willen des Verfassungsgebers zuwiderlaufen würden, einem bestimmten Lebensbereich oder Lebensverhältnis seinen besonderen Schutz angedeihen zu lassen".[141] Dies gilt auch für Art. 5 Abs. 3 GG. Die Wertentscheidung beruht auf der Schlüsselfunktion, die einer freien Wissenschaft sowohl für die **Selbstverwirklichung des Einzelnen** als auch für die **gesamtgesellschaftliche Entwicklung** zukommt.[142] Sie bedeutet nicht nur die Absage an staatliche Eingriffe in den zuvor gekennzeichneten Eigenbereich der Wissenschaft, denn ein Staat, der sich als **Kulturstaat**[143] versteht, hat für die Idee einer freien Wissenschaft und seine

134 BVerfG 29.5.1973 – 1 BvR 424/71, 1BvR 325/72, BVerfGE 35, 79 (111 f.).
135 Nachzulesen zB bei *Borsche*, Wilhelm von Humboldt, Beck'sche Reihe: Große Denker, 1990.
136 BVerfG 29.5.1973 – 1 BvR 424/71, 1 BvR 325/72, juris Rn. 92.
137 Ausf. *Mayen*, S. 63 ff.; *Manegold*, S. 104.
138 *Manegold*, S. 104 mwN.
139 *Manegold*, S. 104.
140 StRspr des BVerfG, vgl. BVerfGE 6, 55 (72); 6, 386 (388); 7, 198 (205); 21, 362 (371 f.); 30, 173 (188 ff.); 33, 303 (371 f.).
141 BVerfG 12.2.1964 – 1 BvL 12/62, BVerfGE 17, 210 (217).
142 BVerfG 29.5.1973 – 1 BvR 424/71, 1 BvR 325/72, juris Rn. 95.
143 Ausf. zum Kulturstaat *Steiner* Veröffentlichungen der Vereinigung der Deutschen Staatsrechtslehrer, Heft 42, 1984, 8 ff.

Mitwirkung an ihrer Verwirklichung einzustehen und ist verpflichtet, schützend und fördernd einer Aushöhlung dieser Freiheitsgarantie vorzubeugen.[144] Somit besteht auch eine **Institutsgarantie in Form einer objektivrechtlichen Wertentscheidung.**[145]

Art. 5 Abs. 3 GG kommt zum Tragen, wenn dies zum Schutz der Wissenschaftsfreiheit unerlässlich ist und die wissenschaftliche Arbeit durch die Teilhabe überhaupt erst möglich wird.[146] Daher kann bereits aus dem abwehrrechtlichen Gehalt der Forschungsfreiheit und ihrer Institutsgarantie ein **Anspruch auf Archivzugang** abgeleitet werden. Denn wenn der Staat den Zugang zu seinen Daten verhindert, wirkt sich das als eine Verhinderung der Forschung aus und verletzt damit die Institutsgarantie.[147] Wird dies auf den Archivzugang übertragen, ergibt sich, dass dem Forscher ein verfassungsmäßiges Recht auf eine verfahrensmäßige Ausgestaltung der Organisationsabläufe der Archive verbürgt ist, so dass er von der Forschungsfreiheit auch Gebrauch machen kann.[148] Bei einer Zugangsverweigerung wäre dies aber unmöglich. Richtigerweise muss sich ein grundrechtlich verbürgter Zugangsanspruch des Forschers zu archivwürdigen Unterlagen aus Art. 5 Abs. 3 GG ergeben, denn der Zugang zu Archivgut zu wissenschaftlichen Forschungszwecken ist grds. vom Schutzbereich der Forschungsfreiheit als Abwehrrecht und Institutsgarantie umfasst.[149] 40

Die Problematik zeigt der **Passauer Stadtarchivfall aus 1985.**[150] Eine Studentin wollte für ihre wissenschaftliche Arbeit im Passauer Stadtarchiv Unterlagen nutzen, die von einem inzwischen verstorbenen Bürgermeister und seiner Tätigkeit während der Nationalsozialistischen Zeit handelten. Obwohl der einzige Angehörige seine Zustimmung gegeben hatte, verweigerte das Stadtarchiv Passau die Einsicht, und nachdem sich die Studentin diese vor Gericht erstritten hatte, änderte die Stadt ihre Satzung und verlängerte die Schutzfrist.[151] Der Bayerische VGH wies eine Normenkontrollklage gegen die Gemeinde ab, da der grundsätzliche Zulassungsanspruch nach § 21 Abs. 1 Satz 1 BayGO[152] durch eine Archivsatzung eingeschränkt werden könne.[153] Außerdem war der VGH der Ansicht, dass die Studentin für ihre Forschung doch einfach andere Quellen benutzen solle.[154] 41

144 BVerfG 29.5.1973 – 1 BvR 424/71, 1BvR 325/72, BVerfGE 35, 79 (113).
145 BVerfGE 35, 79, 114 ff.; *Mayen*, S. 47.
146 BVerfG 29.5.1973 – 1 BvR 424/71, 1BvR 325/72, BVerfGE 35, 79 (115 f.).
147 *Manegold*, S. 75 mwN; aA wenig überzeugend wohl *Mayen*, S. 115–128.
148 *Wyduckel* DVBl 1989, 327 (335).
149 *Manegold*, S. 96; *Wyduckel* DVBl 1989, 327 (335), der eine Erstreckung von Art. 5 Abs. 3 auf Archivgut grds. befürwortet; ebenso *Berg* CuR 1988, 234 (236), der das Grundrecht auf Forschungsfreiheit nur erfüllt sieht, wenn der Staat dem Forscher Daten zur Verfügung stellt, *Heydenreuter* CuR 1988, 241 (244), der dieser Frage am Beispiel eines Kommunalarchivs nachgeht.
150 VGH München 13.2.1985 – 4 N 84 A/545.
151 *Heydenreuter* Der Archivar 1988, 123; zum Thema Kommunalarchive *Wöhler* VBlBW 1985, 171.
152 § 21 Abs. 1 S. 1 BayGO: Alle Gemeindeangehörigen sind nach den bestehenden allgemeinen Vorschriften berechtigt, die öffentlichen Einrichtungen der Gemeinde zu benutzen.
153 *Heydenreuter* Der Archivar 1988, 123 (128).
154 „Im Allgemeinen aber ist es für die Betätigung eines Historikers, Soziologen oder Heimatforschers nicht unabweisbar, auf Quellen gerade des Stadtarchivs P. zu-

42 2013 hat jedoch das BVerwG[155] einen Anspruch auf Einsicht oder Vorlage von Kopien aus Art. 5 Abs. 3 GG verneint. „Die Weigerung, dem Kläger Einsicht in die begehrten Archivunterlagen zu gewähren, beruht nicht auf einer Verkennung der in Art. 5 Abs. 3 Satz 1 GG gewährleisteten Wissenschaftsfreiheit. Dem Kläger geht es hier weder um die Abwehr eines Eingriffs in dieses Freiheitsrecht noch um die Teilhabe am staatlichen Wissenschaftsbetrieb. Er begehrt vielmehr zu einem Forschungsvorhaben, dessen Gegenstand eine staatliche Einrichtung ist, die Hilfestellung eben dieser Einrichtung. Als Forschungsobjekt spielt der Staat aber keine Sonderrolle wie im Wissenschaftsbetrieb; er ist einer unter vielen anderen möglichen Forschungsgegenständen. Aus Art. 5 Abs. 3 Satz 1 GG lässt sich daher nach hM kein Anspruch des Klägers auf Unterstützung seiner Forschung durch Gewährung von Akteneinsicht ableiten."

43 Diesem Argument kann nicht gefolgt werden. „Die Bindungswirkung juristischer Argumente zeigt sich auch an den Mühen, die es einem Gericht macht, ein anderes Ergebnis zu begründen als jenes, das aus seiner eigenen Rechtsprechung folgen würde."[156] Denn wenn das BVerfG urteilt,[157] dass der Staat keine „Sonderrolle im Wissenschaftsbetrieb" für die Forschung spielen dürfe, dann gilt dieses Argument ausschließlich für die Institution der Hochschuleinrichtung und lässt sich nicht auf die abwehrrechtliche Funktion der Forschungsfreiheit übertragen.[158] Die Ansicht des BVerwG übersieht auch, dass der Staat nicht nur Forschungsobjekt ist, sondern auch Monopolist der für diese Forschung erforderlichen Information. Der Anspruch auf Informationszugang ergibt sich somit bereits aus der abwehrrechtlichen Dimension des Art. 5 GG, die es dem Staat untersagt, dem Bürger staatliche Informationen vorzuenthalten. Die überkommene Argumentation des BVerwG kollidiert neuerdings auch mit dessen eigener Ableitung eines grundrechtsunmittelbaren presserechtlichen Auskunftsanspruchs.

c) Leistungs- und Teilhaberecht

44 Bei der Frage nach Grundrechten, die als Leistungsrechte und staatsbürgerliche Teilhaberechte gelten, ist zu unterscheiden zwischen dem „*Status relativus*" und dem „*Status positivus*". Der **Status positivus** regelt, ob ein Grundrecht einen Anspruch auf Teilhabe an staatlichen Leistungen, Einrichtungen oder Gütern begründet, der **Status relativus** ist auf ein relatives Verhalten des Staates gerichtet, das die von den Gleichheitsrechten geforderte gleiche rechtliche Bewertung der Menschen verlangt.[159] Aus den Gleichheitsrechten lassen sich somit derivative Leistungs- und Teilhabe-

rückzugreifen." VGH München 13.2.1985 – 4 N 84 A/545, NJW 1985, 1663 (1664).

155 BVerwG 27.11.2013 – 6 A 5/13, juris Rn. 26; ebenso schon das OVG Koblenz 27.10.1982 – 2 A 47/82, NJW 1984, 1135, das auch urteilte, dass die Verweigerung einer Einsichtnahme für einen Forscher kein Eingriff des Staates in die Forschungsfreiheit sei.

156 *Möllers* JZ 2017, 271.

157 BVerfG 30.1.1986 – 1 BvR 1352/85, NJW 1986, 1243 (1243 f.).

158 *Manegold*, S. 93.

159 *Müller-Franken* in Schmidt-Bleibtreu/Hofmann/Henneke, GG Vorb. Art. 1 Rn. 18, 19.

rechte herleiten, so etwa Ansprüche auf Gleichbehandlung in Bezug auf bestehende öffentliche Leistungen, wie Zugang zu öffentlichen Einrichtungen.[160] Für die Zulassung zu Hochschulen führt das BVerfG[161] dazu aus, dass selbst wenn es grds. dem Gesetzgeber überlassen sei, wem er im Rahmen der darreichenden Verwaltung Teilhaberechte gewähren will, sich aus dem Gleichheitssatz in Verbindung mit anderen Grundrechten und dem Sozialstaatsprinzip Ansprüche auf Zugang zu Einrichtungen ergeben können. Das gelte besonders, dort, wo der Staat ein faktisches, Monopol für sich in Anspruch genommen habe und wo die Beteiligung an staatlichen Leistungen zugleich notwendige Voraussetzung für die Verwirklichung von Grundrechten ist. Dies ist auf das Bundesarchiv übertragbar.[162]

So enthält also Art. 5 Abs. 3 GG neben dem Abwehrrecht und der Institutsgarantie auch eine **staatliche Leistungspflicht** in Form einer das Verhältnis der Wissenschaft zum Staat regelnden „*wertentscheidenden Grundsatznorm*".[163] „*Danach hat der Staat im Bereich des mit öffentlichen Mitteln eingerichteten und unterhaltenen Wissenschaftsbetriebs durch geeignete organisatorische Maßnahmen dafür zu sorgen, daß das Grundrecht der freien wissenschaftlichen Betätigung soweit unangetastet bleibt, wie das unter Berücksichtigung der anderen legitimen Aufgaben der Wissenschaftseinrichtungen und der Grundrechte der verschiedenen Beteiligten möglich ist.*"[164] 45

Das BVerwG selbst hat seinen zurückhaltenden Umgang mit der Anerkennung von Leistungs- und Teilhaberechten bei Art. 5 GG durch sein Urteil vom 20.2.2013 „*Nazis beim BND*" durchbrochen und **Art. 5 Abs. 1 Satz 2 GG als grundrechtsunmittelbaren Leistungsanspruch und Anspruchsgrundlage** anerkannt.[165] Damit hat es aber die eigenen dogmatischen Hürden gegen eine Ausgestaltung von Art. 5 GG als Anspruchsgrundlage widerlegt. Es ist daher naheliegend, auch in **Art. 5 Abs. 3 GG ein Leistungs- und Teilhaberecht** anzusehen.[166] Die Recherche im staatlichen Archiv ist für die Forschung ein „*wesentliches, wissenschaftskonstituierendes Merkmal*" und damit wirkt sich eine Archivzugangsverweigerung unmittelbar auf den Schutzbereich der Forschungsfreiheit aus Art. 5 Abs. 3 GG aus.[167] 46

5. Ableitung aus Art. 20 Abs. 3 GG, Rechtsstaatsgedanke

Der Begriff des Rechtsstaats findet sich im Grundgesetz nur in Art. 28 Abs. 1 Satz 1 und in Art. 23 Abs. 1 Satz 1. Das **Rechtsstaatsprinzip** wird deshalb in erster Linie auf Art. 20 Abs. 3 GG, die Rechtsbindung der 47

160 *Sodan/Ziekow*, Grundkurs Öffentliches Recht, § 22 Rn. 12.
161 BVerfG 18.7.1972 – 1 BvL 32/7ß, 1 BvL 25/71, juris Rn. 60.
162 AA Mayen, S. 224–249.
163 BVerfG 29.5.1973 – 1 BvR 424/71, 1BvR 325/72, BVerfGE 35, 79 (113).
164 BVerfG 29.5.1973 – 1 BvR 424/71, 1BvR 325/72, BVerfGE 35, 79 (Ls.).
165 BVerwG 29.6.2017 – 7 C 24/15, juris Rn. 63; BVerwG 25.3.2015 – 6 C 12/14, juris Rn. 24; OVG NRW 20.9.2018 – 15 A 3070/15, juris Rn. 138, 139, 140; OVG NRW 17.3.2017 – 15 B 1112/15, juris Rn. 12 f.
166 AA OVG NRW 15.5.2018 – 15 A 25/17, UA S. 40, das keinen Anspruch auf Unterstützung einer journalistischen Tätigkeit in Art. 5 Abs. 3 GG sehen will; ebenso OVG NRW 5.7.2018 – 15 A 2147/13, Rn. 79 f.
167 *Manegold*, S. 96.

Staatsgewalten, zurückgeführt. Art. 20 Abs. 3 regelt aber nur die wichtigsten Teilelemente des Rechtsstaats, so dass auch die Gewaltenteilung, Art. 20 Abs. 2 Satz 2, die Grundrechtsbindung, Art. 1 Abs. 3, die Rechtsschutzgarantie, Art. 19 Abs. 4, die Homogenitätsklausel, Art. 28 Abs. 1 Satz 1, die Staatshaftung, Art. 34 und die prozessualen Grundrechte, Art. 101 ff. zu einer Gesamtschau der Verfassung führen, aus der das Rechtsstaatsprinzip abgeleitet wird.[168] Dieser Rechtsgedanke beruht auf dem Anspruch und den Grundsätzen des formellen und materiellen Rechts, dass der Staat seine Macht dem Recht unterwirft, in rechtlich vorgegebenen Formen handelt und um Gerechtigkeit bemüht ist.[169] Doch trotzdem muss die Möglichkeit des staatlichen Unrechts mit einkalkuliert werden, weshalb es für den Bürger umfassenden Rechtsschutz gegen staatliche Maßnahmen geben muss.[170]

48 Dieses Prinzip der Rechtssicherheit erfordert die Sicherung und Nachweisbarkeit des Handelns des Staates durch die **Aufbewahrung** und **Archivierung** der entsprechenden Unterlagen.[171] Dies gilt nicht nur für die betroffenen Rechte, sondern auch für den konkreten Bedarf im laufenden Verfahren und darüber hinaus für die unmittelbar erkennbaren Interessen der Verwaltung und Beteiligter.[172] Die Aufbewahrung von Unterlagen in Registraturen und in Archiven ist in erster Linie eine *„juristische Hilfsfunktion staatlicher Verwaltung"*.[173]

49 Es lässt sich auch eine historische **Aufbewahrungspflicht** inhaltlich aus dem Rechtsstaatsprinzip ableiten, wenn für das Rechtsstaatsprinzip die Verpflichtung zur historischen Selbstvergewisserung von Belang ist.[174] Davon ist auszugehen, denn zur Idee des Rechtsstaats gehört die Vorstellung der jeweiligen Geschichte. Ohne ein öffentliches Archivwesen käme es zu einem Verlust historischer Legitimation und des historisch gewachsenen Charakters des Rechtsstaates.[175] Aus dem Demokratiegebot kann somit eine objektive abgeleitet werden. Somit besteht auch ein grundrechtlich verbürgter Informationszugangsanspruch aus Art. 5 iVm Art. 20 GG.[176]

168 *Sodan/Ziekow*, Grundkurs Öffentliches Recht, § 7 Rn. 2.

169 StRspr des BVerfG, zB BVerfG 18.12.1953 – 1 BvL 106/53, juris Rn. 32; BVerfG 9.8.1978 – 2 BvR 831/76, juris Rn. 37; BVerfG 17.6.2004 – 2 BvR 383/03, juris Rn. 117.

170 *Hopfauf* in Schmidt-Bleibtreu/Hofmann/Henneke, GG Einl. Rn. 275 mwN.

171 *Manegold*, S. 44.

172 *Manegold*, S. 44; *Troidl*, S. 6 Rn. 28, das aus dem Rechtsstaatsprinzip abgeleitete Recht auf ein faires Verwaltungsverfahren und der Grundsatz der Parteiöffentlichkeit erfordern ein Recht auf Akteneinsicht, damit der Bürger nicht über die Grundlagen der ihn betreffenden Entscheidung im Unklaren gelassen wird. Deshalb ist das Akteneinsichtsrecht über das Verwaltungsverfahren hinaus in jedem rechtsstaatlichen Verfahren notwendig.

173 *Manegold*, S. 45.

174 *Manegold*, S. 45.

175 *Manegold*, S. 45; vgl. auch unter I. 4. Stätte der demokratischen Vergewisserung eines Rechtsstaats und III. Entstehungsgeschichte des Bundesarchivgesetzes; aA wenig überzeugend *Mayen*, S. 285–291.

176 So bereits *Scherer*, Verwaltung und Öffentlichkeit, S. 30, 40; aA *Mayen*, S. 288.

III. Geschichte der Archive

Die **Encyclopaedia Judaica**[177] berichtet über die Geschichte der Archive.Im Altertum bedeutete das Wort Archiv ursprünglich Amtshaus, kam aber auch bereits in alter Zeit in seiner heutigen Bedeutung vor. In den **babylonischen und ägyptischen Reichen** waren Archive meist in den Haupttempeln des Landes enthalten. Die Bibliotheken und Archive von Mesopotamien, insbes. die Bibliothek von Ashurbanipal, zeigen, dass bereits in der Antike die Funktion von Archiven zur Akkumulation und Bewahrung von Wissen verstanden wurde.[178] In **Palästina** gibt es aus der vorisraelitischen Zeit Zeugnisse über Archive aus dem 15. Jahrhundert a. Chr. n. Die damaligen Städte Palästinas unterhielten Hofschreiber und es gab Sammlungen historischer Urkunden. So wurden zB Sammlungen von Gesetzen, staatsrechtliche Verträge, Bundesverträge, diplomatische Schriftstücke, wie Drohbriefe und Freundschaftsbezeugungen von König zu König, historisch-politische Urkunden und Verzeichnisse aller Art aufbewahrt. 50

Im **Orient** gab es ab dem Mittelalter zu jeder Zeit Archive, die aber nicht Eigentum der Gemeinde waren, sondern das Archivgut wurde von einzelnen Gemeindebeamten aufbewahrt. Leider ist der Großteil davon verloren gegangen. 51

Die Encyclopaedia berichtet von Archiven in Spanien, Portugal, Deutschland, Österreich, der Tschechoslowakischen Republik, Ungarn, Rumänien, Polen, Russland, der Ukraine, Frankreich, Italien und Holland. Alle dieser Länder unterhielten Archive, die Material der jüdischen Gemeinden sammelten. 52

In **Spanien** zB gab es Archivmaterial schon im 13. Jahrhundert. Die Spanier unterhielten kirchliche Archive in Kastilien, Archive des Adels und insbes. Inquisitionsakten. In Italien dagegen reicht das Archivgut nur bis ins 16. Jahrhundert zurück. In **Frankreich** wurde zur Zeit der Revolution das große Staatsarchiv gegründet, zur Aufbewahrung aller in Paris befindlichen Akten und Urkunden des Ancien Regime. 53

Die Staatsarchive in **Deutschland** enthielten zu Beginn des 20. Jahrhunderts „den schriftlichen Niederschlag der Verwaltung aus vielen Territorien, die allmählich in die großen deutschen Staaten aufgegangen sind“. Die Bestände der **kirchlichen Archive** aus den vergangenen Jahrhunderten waren zu dieser Zeit in die Staatsarchive übergegangen. 1906 entstand in Berlin das „Gesamtarchiv der deutschen Juden“ mit der Pflicht, die zur laufenden Geschäftsführung nicht mehr benötigten Urkunden und Akten der jüdischen Gemeinden, Stiftungen und Vereine innerhalb der politischen Grenzen des Deutschen Reiches zusammenzutragen. Als ältestes deutsches Archivgut der jüdischen Gemeindegeschichte gilt das im Jahr **1298** angelegte **Nürnberger Memorbuch**. 54

177 *Klatzkin/Elbogen*, Encyclopaedia Judaica, Archive und Archivwesen, Sp. 236–295.

178 *Ovenden*, Burning the Books. A History of Knowledge Under Attack, 2020, S. 26 f; *Finkel* in: I am Ashurbanipal King of the World, King of Assyria, 2018, S. 88 ff. mwN zum assyrischen König Ashurbanipal und seiner Bibliothek.

Das **Reichsarchiv** entstand erst 1919 infolge des durch den Versailler Vertrag aufgelösten Großen Generalstabs und der daraufhin freiwerdenden Bestände an militärischen Archivalien.[179] Zu diesem Zeitpunkt lag die Bedeutung eines gesamtdeutschen Archivs zur gesamtgesellschaftlichen Erinnerungsbildung in weiter Ferne. Obwohl noch während des Krieges die Idee eines von der Wehrmacht abgetrennten wissenschaftlichen Forschungsinstitutes skizziert wurde,[180] diente die Gründung des Reichsarchivs insbes. der Beeinflussung der Kriegsschuldfrage[181] und stand deutlich unter dem Einfluss des Militärs.[182] Diese Bedeutung nahm nach der nationalsozialistischen Machtergreifung 1933 wieder deutlich zu.[183]

Das **Bundesarchiv** nahm seine Arbeit im **Juni 1952 in Koblenz** auf.[184] Sein Zweck bestand zunächst allein darin, die Alliierten zur Rückgabe erbeuteten Schriftgutes zu animieren. Der Aufbau des Archivbestandes verlief, bedingt durch die Zustände der Nachkriegszeit, nur schleppend.[185] Erst im Juni 1953 erhielt das Bundesarchiv eine erste und bis dahin einzige Überlieferung Archivgutes des Deutschen Reiches. Sie beinhaltete Archivgut von vor 1806, des Deutschen Bundes, der Deutschen Nationalversammlung und der Reichsministerien von 1848/1849. Dem marginalen Archivbestand des Bundesarchivs und seiner damit einhergehenden geringen Bedeutung konnte erst 1962/63 nach Abschluss der Rückführung der Archivalien der Westalliierten entgegengetreten werden. Diese Bestände waren zu weiten Teilen unvollständig und die zugehörigen, weitaus größeren Teile, befanden sich noch im zentralen Staatsarchiv der DDR.[186] Dort waren sie kaum zugänglich.[187] Daher bestand die Hauptaufgabe des Bundesarchivs und seiner Archivare bis in die 1970er Jahre in der **Rekonstruktion des Aktenbestandes der Zeit vor 1945.**[188] Eine Überlieferungsbildung des aktuellen politischen und gesellschaftlichen Geschehens fand währenddessen kaum statt. Erst in den 1970er und 1980er Jahren entwickelte sich der Anspruch

179 *Grundlegend zur Geschichte des Reichsarchivs: Hermann, Das Reichsarchiv (1919-1945), Berlin 1994; Hollmann, Die Gründung des Reichsarchivs im Jahre 1919,* in Forum - Das Fachmagazin des Bundesarchivs 2019, S. 36 ff., in Art. 160 Abs. 3 des Versailler Vertrags ist bestimmt, dass der Große Generalstab mit Wirkung vom 1. Oktober 1919 aufgelöst werden soll und nicht wieder aufgestellt werden darf.

180 *Hollmann, Die Gründung des Reichsarchivs im Jahre 1919,* in Forum – Das Fachmagazin des Bundesarchivs 2019, 37.

181 *Leonhard*, Geschichtskämpfe: Die Auseinandersetzung um die Kriegsschuld und die Gründung des Reichsarchivs nach dem ersten Weltkrieg, in Forum – Das Fachmagazin des Bundesarchivs 2019, 13 ff., mwN *Herrmann*, Das Reichsarchiv 1919–1945.

182 *Pöhlmann*, Das Reichsarchiv und das Militär, in Forum – Das Fachmagazin des Bundesarchivs 2019, 49 ff.

183 *Kriese*, Reichsarchiv, Preußische Archivverwaltung und Preußisches Geheimes Staatsarchiv, in Forum – Das Fachmagazin des Bundesarchivs 2019, 57, 64 ff.

184 *Hänger*, Die Geschichte des Bundesarchivs, in Forum – Das Fachmagazin des Bundesarchivs 2019, 107 ff.

185 *Hollmann* in Forum – Das Fachmagazin des Bundesarchivs 2019, 36, „Das tatsächlich 1952 in Koblenz errichtete Bundesarchiv war anfangs buchstäblich ein Archiv ohne Akten"; vgl. auch *Booms*, FS Friedrich P. Kahlenberg, S. 240 ff.

186 *Wahl* FS Friedrich P. Kahlenberg, S. 120 f.; *Walther von Jena*, Das zentrale Staatsarchiv der DDR, in Forum – Das Fachmagazin des Bundesarchivs 2019, 95 ff.

187 *Neitmann* FS Friedrich P. Kahlenberg, S. 203, 204.

188 *Becker/Schierz* FS Friedrich P. Kahlenberg, S. 291 ff.

einer gesamtgesellschaftlichen Überlieferungsbildung,[189] in dessen Folge sich das Aufgabenspektrum des Bundesarchivs stark ausweitete und nicht mehr nur herkömmliche Archivaufgaben erfasste. Mit Integration der staatlichen Archive der DDR ab 1990 und Übernahme des Berlin Document Centers von der amerikanischen Regierung im Juli 1994, erweiterte sich der Bestand des Bundesarchivs um ein Vielfaches.[190] Die hieraus erlangten Archivalien zum Nationalsozialismus und der DDR sind bis heute von überragender gesamtgesellschaftlicher Bedeutung geblieben.[191] Sie dienen der Gesellschaft zur Erinnerung und Mahnung.[192]

IV. Entstehungsgeschichte des Bundesarchivgesetzes

Die Entwicklung eines Archivgesetzes dauerte in Deutschland sehr lange. 55
Erstmals wurde **1907** die **Kodifizierung des Archivrechts** auf dem **deutschen Archivtag** gefordert.[193] 1925 versammelten sich die Vertreter der Staatlichen Archivbehörden zur Besprechung eines Archivgesetzes des damaligen Reiches, denn es bestand der Wunsch, einheitlich zu handeln, um der Verwahrlosung von Archivalien in kleinen Kommunen, Selbstverwaltungskörpern und von Privatpersonen entgegenzuwirken.[194] Vorbild war Frankreich, das nach der französischen Revolution Einrichtungen der Ordnung und Inventare durch Fachbeamte führen ließ.[195] Die Länder Baden, Württemberg und Hessen orientierten sich als erste in den 1920er Jahren am Vorbild Frankreichs, zB in der badischen Gemeinde-Registratur-Ordnung vom 12.12.1905[196]. Auch laut der Württemberger Gemeindeordnung vom 28.7.1906 durften Urkunden und geschichtlich wertvolle Akten nur nach Benachrichtigung des Staatsarchivs veräußert oder vernichtet werden.[197]

Bis in die Mitte des 20. Jahrhunderts befand man in Westdeutschland die 56
gesetzliche Verankerung oder Legitimierung von Archiven für unwesentlich.[198] Auch nach 1945 muss die Entwicklung des Archivrechts in

189 *Werner* FS Friedrich P. Kahlenberg, S. 348 ff.
190 *Becker/Schierz* FS Friedrich P. Kahlenberg, S. 291 ff.
191 *Boberach* FS Friedrich P. Kahlenberg, S. 264 ff.; *Brachmann-Teubner* FS Friedrich P. Kahlenberg, S. 275 ff.
192 *Hänger*, aaO; *Neitmann*, aaO; *Brachmann-Teubner* aaO.
193 *Manegold*, S. 21–42; *Rehm* in Debus, Informationszugangsrecht Baden-Württemberg, S. 136 f.; *Becker/Oldenhage*, HK-BArchG, Einl. Rn. 1; *Oldenhage*, Archive im Konflikt, Bd. 15, S. 11.
194 *Thimme*, S. 202 (202, 203).
195 *Thimme*, S. 202 (204).
196 Diese besagte in § 34: „Die Gemeinden sind nicht nur verpflichtet, die bereits von den Pflegern der historischen Kommission ausgeschiedenen und geordneten Archivalien vor Verschleuderung zu bewahren, sondern es sind auch andere Archivalien, welche für die geschichtliche Forschung Bedeutung haben, in der Registratur gut aufzubewahren. Jede beabsichtigte Veräußerung ist der badischen historischen Kommission und dem General-Landesarchiv durch Vermittlung des Bezirksamts anzuzeigen, und es ist zunächst dem Staate selbst der Kauf derselben anheimzustellen." Abgedruckt in *Thimme*, S. 202 (204).
197 *Thimme*, S. 202 (204), s. a. *Reimann*, S. 45.
198 *Lepper* DVBl 1963, 315; zur Entwicklung der Archivgesetzgebung in den Ländern s. *Rumschöttel*, Zum Stand und zu den Problemen der Archivgesetzgebung in den Ländern, Akademiebeiträge zur politischen Bildung, Bd. 15, 1986, S. 27 ff.

Deutschland weiterhin als „unterentwickelt" angesehen werden.[199] Selbst das Bundesarchiv verdankt sein Dasein nur einem **Beschluss der Bundesregierung vom 24.3.1952**, der nicht einmal offiziell veröffentlicht wurde.[200] Der Beschluss besagt: „Die Bundesregierung errichtet ein Bundesarchiv". Am 9.6.1952 teilte dann das Bundesarchiv mit: „Das Bundesarchiv hat seine Tätigkeit als Archiv der Bundesrepublik Deutschland und ihrer Dienststellen am 3.6.1952 in Koblenz aufgenommen".[201] Erstmals soll der erste Direktor des Bundesarchivs Georg Winter gefordert haben, die Aufgaben des Bundesarchivs gesetzlich zu regeln.[202] Das Bundesarchiv unterstand damals dem Ministerium des Inneren und wurde 1988 in die seinerzeit neu geschaffene Behörde des Beauftragten der Bundesregierung für Kultur und Medien eingegliedert.

57 Bis in die achtziger Jahre wurde in Westdeutschland die Notwendigkeit von Archivgesetzen von Archivaren über einen langen Zeitraum hinweg diskutiert.[203] Dass ein Gesetz so lange ausblieb, lag auch daran, dass Archive weder als wissenschaftliche Forschungseinrichtungen noch als deutsches Gedächtnis bis dahin anerkannt waren.[204] Die Vergangenheit zu erhalten, gehörte nicht zu den obersten Zielen der staatlichen Verwaltung[205] – im Gegenteil.

58 Die Bundesregierung übernahm Anfang der 50er Jahre in großen Teilen die Gemeinsame Geschäftsordnung der Reichsregierung von 1926, inklusive der Regelung, dass Akten aus Ministerien, die älter als 30 Jahre waren, der Forschung zur Verfügung gestellt werden sollten, während die Einsicht in jüngere Akten, allerdings nur durch den jeweiligen Minister oder Staatssekretär, recht häufig auch so genehmigt wurde.[206]

59 Die Diskussion um ein Archivgesetz änderte sich in den 70er Jahren mit dem Aufkommen der **elektronischen Datenverarbeitung** und der daraus resultierenden Datenschutzgesetzen. Bis dahin war die Benutzung von Archivgut in der **Benutzungsordnung für das Bundesarchiv von 1969** geregelt und die Abgabe von Registraturgut an die Archive richtete sich nach verwaltungsinternen Vorschriften.[207] Die Einführung von **Datenschutzgesetzen** verursachte erhebliche Verunsicherung. So wurde die Abgabe personenbezogener Daten an die Archive abgelehnt, obwohl sie keinen Geheimhaltungsvorschriften unterlagen. Die Benutzung der Archive wurde aus Datenschutzgründen versagt, obwohl es sich bei den begehrten Unterlagen um Archivgut lange verstorbener Personen handelte und es bestand insgesamt eine Verunsicherung für Behörden, Benutzer und Archivare.[208]

199 *Freys*, S. 23.
200 Abgedruckt in: Der Archivar 1954, 29 (29) sowie **Anlage 2**.
201 *Von Roden* Der Archivar 1954, 29 (31).
202 *Becker/Oldenhage,* HK-BArchG, Vorwort S. 5; *Rehm* in Debus, Informationszugangsrecht Baden-Württemberg, LArchG Vorb. S. 137.
203 *Heydenreuter* Der Archivar 1979, 157; Lepper DVBl 1963, 315; *Polley* NJW 1988, 2026; *Thimme,* S. 202; *Vollmer* Der Archivar 1952, 115; *Oldenhage* Der Archivar 1980, 166; *König* Der Archivar 1985, 193; *Tenfelde* Bd. 15, 73.
204 *Oldenhage* Der Archivar 1980, 166.
205 *Granier* Der Archivar 1981, 59.
206 *Becker/Oldenhage,* HK-BArchG, Einl. Rn. 3.
207 *Manegold*, S. 131.
208 *Jaroschka* Der Archivar 1987, 19 (20).

Mit der **Entwicklung des Datenschutzes** wurde erkannt, dass in den Archiven eine Vielzahl personenbezogener Daten enthalten war, die dort – streng genommen – rechtswidrig verwaltet wurden, weil, zumindest im Falle des Bundesarchivs, eine gesetzliche Ermächtigungsgrundlage fehlte.[209] Forderungen wurden laut, die Stellung der Archive innerhalb der Verwaltung und die Benutzerrechte zu regeln und historisch bedeutsame Archivalien zu schützen.[210] Im Verhältnis des Bürgers zum Archiv ging es darum, die Archivbenutzung zu einem subjektiv-öffentlichen Recht zu machen und die Wahrnehmung des Bürgers über das Archiv als Geheimarchiv für Staatsorgane zu verändern.[211] In der DDR hingegen wurden Verordnungen erlassen, die keinen Anspruch auf Zugang zu Archivgut erlaubten.[212] 60

Zwar verfolgten Archivare und Datenschutzbeauftragte unterschiedliche Interessen, doch Ende der 70er Jahre kam es von beiden Seiten zu einer Forderung nach Archivgesetzen, die 1982 zu einem Referentenentwurf des Bundesministers des Inneren führte.[213] Dazu kam 1983 das sog. **„Volkszählungsurteil“ des BVerfG.**[214] Das dort beschriebene **Recht auf informationelle Selbstbestimmung** als Teil des allgemeinen Persönlichkeitsrechts aus Art. 2 Abs. 1, 1 Abs. 1 GG darf seitdem nur eingeschränkt werden aufgrund einer verfassungsgemäßen gesetzlichen Grundlage.[215] Die Ausführungen des BVerfG führten dazu, dass sich der Verdacht erhärtete, die Archive würden persönliche Daten unter der Gefährdung oder der Verletzung des Grundrechts auf informationelle Selbstbestimmung sozusagen *„gesetzesfrei“* verwalten, und dass damit auch die Archive zu den Bereichen zählten, die laut BVerfG einer eigenen gesetzlichen Grundlage bedürften.[216] Dies war auch 1985 in einem Gesetzesentwurf der Bundesregierung zu lesen, der die rechtlichen Möglichkeiten schaffen sollte, Archivgut zu nutzen und bereichsspezifische gesetzliche Regelungen in Ergänzung des allgemeinen Datenschutzes vorsah.[217] 61

Nach dem Volkszählungsurteil wurde klar, dass die Archive zu den Bereichen zählten, die einer Regelung iSd BVerfG bedurften.[218] Zur **ersten Beratung im Bundestag für den Entwurf des Bundesarchivgesetzes** kam es am **13.6.1985.**[219] Sich zu einigen, gestaltete sich als schwierig, so dass im Innenausschuss des Bundestages eine öffentliche Anhörung mit Datenschützern, Archivaren und Historikern stattfand, die ihre unterschiedlichen Auffassungen vortrugen.[220] Der Gesetzesentwurf konnte nicht mehr in der 62

209 *Granier* Der Archivar 1981, 59 (59 ff.).
210 *Heydenreuter* Der Archivar 1979, 157 (170).
211 *Polley* NJW 1988, 2026 (2027).
212 *Becker/Oldenhage*, HK-BArchG, Einl. Rn. 2 mwN.
213 *Wyduckel* DVBl 1989, 327 (328).
214 BVerfG 15.12.1983 – 1 BvR 209, 269, 362, 420, 440, 484/83; ausf. zum Urteil und zur Volkszählung *Groß* Bd. 113, S. 162.
215 BVerfG 15.12.1983 – 1 BvR 209. 269, 362, 420, 440, 484/83; BVerfGE 65, 1; dazu *Rehm* in Debus, Informationszugangsrecht Baden-Württemberg, LArchG Vorb. S. 137.
216 *Wyduckel* DVBl 1989, 327 (328).
217 BT-Drs. 10/3072, 1.
218 BT-Drs. 10/3072, 7.
219 *Wyduckel* DVBl 1989, 327 (329).
220 BT-Innenausschuss-Drs. 10/112.

zehnten Wahlperiode verabschiedet werden.[221] Beim Bundesarchivgesetz handelt es sich um ein zustimmungspflichtiges Gesetz iSd Art. 84 Abs. 1 GG, weil es inhaltlich und verfahrensrechtlich das Archivwesen der Länder berührt. Regelt aber ein Bundesgesetz, das die Länder selbst ausführen, das Verwaltungsverfahren der Behörden eines Landes, so bedarf es als Ganzes der Zustimmung des Bundesrates.[222] Da es nicht sofort gelang, sich über den Gesetzesentwurf zu einigen, wurde der Gesetzesentwurf erst in der nächsten Legislaturperiode am 17.6.1987 eingebracht[223], mit der Zustimmung des Bundesrates[224] beschlossen, am 6.1.1988 ausgefertigt und am 14.1.1988 verkündet. Das **Bundesarchivgesetz trat am 15.1.1988 in Kraft.**[225] Völlig unterschiedlich betreffend Inhalt und Terminologie verläuft die Entwicklung der im Zeitraum 1987 bis 1997 in der Bundesrepublik Deutschland verabschiedeten Landesarchivgesetze.[226]

63 Nach dem Mauerfall wurde es notwendig, auch die **Aufbewahrung der Unterlagen der ehemaligen DDR** zu regeln.[227] Die Regierung der DDR hatte im Einigungsvertrag ausdrücklich eine Übergabe von Unterlagen nicht nur amtlicher Stellen, sondern auch der SED und den Massenorganisationen der DDR an das Bundesarchiv verweigert.[228] Es gab somit keine ausreichende gesetzliche Grundlage, denn vom Einigungsvertrag wurden nur die Unterlagen erfasst, die bei staatlichen Stellen lagen, jedoch nicht solche, die bei anderen Institutionen während staatlicher Aufgaben entstanden und dort noch vorhanden waren.[229] Die Bundesregierung hatte aber auch schon kurz vor der Wiedervereinigung überlegt, wie es möglich wäre, das Archivgut der SED, der Blockparteien und der Massenorganisationen zu sichern. Dafür wurden schon in diesem Zeitraum von der Bundesregierung Eigentumsrechte daran angemeldet.[230] **1992 verabschiedete der Bundestag ein Gesetz zur Änderung des Bundesarchivgesetzes**, das den Umgang mit den Unterlagen der SED, den sog. Blockparteien und den Massenorganisationen der ehemaligen DDR regelte.[231] Dem damals geltenden Bundesarchivgesetz wurde § 2 a aF (§ 4 nF) beigefügt, der die Voraussetzung schuf für den Aufbau einer unselbstständigen Stiftung des Öffentlichen Rechts im Bundesarchiv mit dem Namen „Stiftung Archiv der Parteien und Massenorganisationen der DDR"[232] Damit sollte dem Umstand Rechnung getragen werden, dass die Staatsunterlagen der ehemaligen DDR kaum von denen der Partei zu trennen sein sollten. Außerdem war eine Überführung

221 *Polley* NJW 1988, 2026.
222 BVerfG 12.11.1958 – 2 BvL 4/56, 26/56, 40/56, 1/57, 7/57; BVerfGE 8, 274 (294).
223 11. Bundestag, BT-Drs. 11/498.
224 Zustimmung wurde am 18.12.1987 erteilt, Stenografischer Bericht 11/46, 3229, C.
225 BGBl. 1988 I 62; so auch *Oldenhage* Der Archivar 1988, 477.
226 *Schreckenbach* FS Friedrich P. Kahlenberg, S. 157 ff.
227 S. a. *Kahlenberg* Der Archivar 1991, 525.
228 Vgl. BT-Drs. 11/8457, 9, Antwort *Dr. Waffenschmidt.*
229 *Raum* DtZ 1992, 105.
230 *Raum* DtZ 1992, 105 (106).
231 BGBl. 1992 I 506.
232 *Raum* DtZ 1992, 105 (107).

der Unterlagen ins Bundesarchiv im Bundestag heftig umstritten, was dann zur Gründung der Stiftung führte.[233] Auf Antrag der Fraktionen der Großen Koalition vom 7.6.2016 „Die Aufarbeitung der SED-Diktatur konsequent fortführen“[234] hat der Bundesbeauftragte für die Unterlagen des Staatssicherheitsdienstes der ehemaligen Deutschen Demokratischen Republik dem Bundestag am **13.3.2019 eine „Unterrichtung“ über ein gemeinsames Konzept mit dem Bundesarchiv für die dauerhafte Sicherung der Stasi-Unterlagen** durch Überführung des Stasi-Unterlagen-Archivs in das Bundesarchiv vorgelegt.[235] Dem hatte der Bundestag mit Beschluss vom 26.9.2019 zugestimmt.[236] Danach werden alle Unterlagen des Ministeriums für Staatssicherheit der DDR in die Verantwortung des Bundesarchivs überführt . Rechtliche Grundlage des Zugangs zu Stasi-Unterlagen bleibt auch weiterhin das StUG.[237] Vorteile einer solchen Überführung sollen ein verbesserter Aktenzugang und die Stärkung des Themas durch Erhebung zur gesamtdeutschen Aufgabe sein.[238] Auch erhofft man sich Synergieeffekte und Effizienzvorteile.[239] Die Entscheidung führte zu heftiger Kritik nicht nur der Linken, sondern auch von Opferverbänden.[240] Diese kritisierten auch die Auswechslung des unabhängigen Bundesbeauftragten gegen den weisungsabhängigen Präsidenten des Bundesarchivs. Teils sprachen sie von einem „Schlussstrich“.[241] Richtig ist, dass mit der Entscheidung die Stasi-Unterlagen einen Großteil ihrer Strahl- und Symbolkraft für die friedliche Bürgerrevolution 1990 verlieren werden, was aber auch dem Zeitablauf und der historischen Einordnung geschuldet ist. Die schwierige Quellenqualität verlangt in jedem Fall eine sorgfältige grundrechtsabwägende Betrachtung des Archivbestandes.[242] Mit der aktuellen Änderung des BArchG und des StUG, die am 17.6.2021 in Kraft tritt, wird die organisatorische Unabhängigkeit des BStU beendet.[243] Die Stasi-Unterlagen werden dann vom Bundesarchiv mitverwaltet nach den Maßgaben des StUG. Da die Gebühren beim BStU bisher geringer sind als die des Bundes-

233 *Raum* DtZ 1992, 105 (107).
234 BT-Drs. 18/705.
235 BT-Drs. 19/8201.
236 BT Plenarprotokoll 19/115 zu TOP 7.
237 Pressemitteilung: Überführung des Stasi-Unterlagen-Archivs in das Bundesarchiv: https://www.bundesarchiv.de/DE/Content/Pressemitteilungen/ueberfuehrung-stasi-unterlagen.html, eingesehen am 31.7.2020.
238 BT-Drs. 19/12115, 1.
239 BT-Drs. 19/12115, 7, 9.
240 Stellungnahme: Aufarbeitungsverein Bürgerkomitee 15. Januar eV zur Überführung der Stasi-Akten ins Bundesarchiv: http://www.buergerkomitee1501berlin.de/abwicklung-der-stasiunterlagenbehoerde/kritik-aufarbeitugnsverein-buergerkomitee-1501/, eingesehen am 31.7.2020.
241 Kowalczuk, Auflösung der Stasi-Unterlagen-Behörde, Spiegel Online: https://www.spiegel.de/politik/deutschland/ilko-sascha-kowalczuk-zur-moeglichen-aufloesung-der-stasi-unterlagen-behoerde-a-1288652.html, eingesehen am 31.7.2020.
242 *Booß*, Erbstück der Revolution, F.A.Z.NET: https://www.faz.net/aktuell/feuilleton/debatten/verwaltung-der-stasi-dokumente-das-archiv-wird-abgewickelt-17090139.html, eingesehen am 18.3.2020, krit. Stellungnahme des Historikers, Journalisten und ehemaligen Pressesprechers der Birthler-Behörde zur Überführung der Stasi-Akten ins Bundesarchiv.
243 Kabinettsache Datenblatt Nr. 19/45010.

archivs, stellt sich die Frage, ob mit der Überführung der Stasi-Unterlagen in das Bundesarchiv mit einer Kostensteigerung für Nutzer zu rechnen ist.

64 Das neue Bundesarchivgesetz ist am 16.3.2017 in Kraft getreten. Mit ihm erfolgten eine Neuordnung des Gesetzes und eine sprachliche Überarbeitung. Im Gesetzgebungsprozess wurde auch der Eintritt in das digitale Zeitalter als Ziel dargestellt.[244] Die Novelle ist aber vornehmlich eine Reaktion auf Entscheidungen des BVerwG[245], die zu etwas mehr Transparenz bei der historischen Bewertung ihrer Tätigkeiten und der der Nachrichtendienste geführt haben.[246] Eines dieser Verfahren des Journalisten Hans-Wilhelm Saure brachte im Wege der Akteneinsicht zu Tage, dass der Operation Gehlen, einer Vorgängerorganisation des BND, der Aufenthaltsort von Adolf Eichmann bereits seit 1952 bekannt war, ohne dass sie dies an die Ermittlungsbehörden weitergab. Dies wurde eine weltweit verbreitete Nachricht und führte zur Änderung der bisherigen Geschichtsschreibung.[247] Eine solche Entdeckung soll es nach dem Willen des Gesetzgebers des neuen BArchG nicht mehr geben.[248] Mit dem neuen BArchG wird versucht, der Debatte zur Verquickung von NS-Eliten und Nachrichtendiensten der Bundesrepublik ein Ende zu setzen. Weiterhin soll wohl vorausschauend eine Aufklärung der Verantwortlichkeiten bei den NSU-Verbrechen vorgebeugt werden. Vergleichbare Tendenzen gab es bei der Novellierung des Thüringer Archivgesetzes[249] oder in der Archivierungspraxis des Landes Hessen, welches einen Bericht zur NSU für 120 Jahre sperren wollte.[250] Es ist zweifelhaft, ob dies mit dem Selbstverständnis Deutschlands, sich der eigenen Vergangenheit zu stellen, wie auch mit den Prinzipien eines transparenten Verfassungsstaats vereinbar ist.[251]

Zur Überführung des BStU in das Bundesarchiv und zur Anpassung des BArchG an die Notwendigkeiten der Datenschutz-Grundverordnung hat

244 *Dittrich* ZRP 2017, 183.

245 BVerwG 20.2.2013 – 6 A 2/12, NVwZ 20013, 1006–1010 mAnm *Huber* 1010 – Nazis beim BND; BVerwG 27.6.2013 – 7 A 15.10 – Adolf Eichmann; BVerwG 20.12.2016 – 20 F 10/15 mAnm *Kugele*, juris PR-BVerwG 3/2017 – in camera Beschluss zu Adolf Eichmann; BVerwG 21.9.2016 – 6 A 8/14, ZD 2017, 483 (484) – Quellen im Springer Verlag; BVerwG 26.10.2017 – 6 VR 1/17, NVwZ 20018, 414 (417) mAnm *Hofmann*, Hintergrundgespräche des BND mit Journalisten.

246 *Partsch/Koschmieder* NJW 2017, 3416; aA *Hänger, aa.*, S. 114, wonach die Gesetzesnovellierung des Archivgesetzes von 2017 letztlich auf eine Initiative des ehemaligen Präsidenten des Bundesarchivs *Hartmut Weber* zurückzuführen ist. *Hartmut Weber* habe bereits 2004 um eine zügige Anpassung des Archivgesetzes gebeten, um die digital entstehende Überlieferung sichern zu können.

247 *Hans Wilhelm Saure*, BND kannte Versteck von Nazi-Monster Eichmann, Bild Zeitung vom 8.1.2011, S. 11.

248 *Fabian Michl*, FAZ Nr. 187, 13.8.2020, S. 6, dagegen hat das BVerfG Anfang 2020 beschlossen, die Verflechtung seiner ersten Richtergeneration mit dem nationalsozialistischen Regime erforschen zu lassen.

249 Vgl. Stellungnahme der Deutschen Gesellschaft für Informationsfreiheit zum Entwurf des Thüringer Archivgesetzes, Thüringer Landtag, Zuschrift 6/1796 zu Drs. 6/4942, 11.

250 *Stefan Aust/Dirk Laabs*, Staatsgeheimnisse, die die öffentliche Sicherheit unterminieren, Die Welt vom 1.7.2019.

251 BT-Drs. 18/10890, mit deutlicher Kritik auch der Entschließungsantrag der Fraktion Bündnis 90/Die Grünen bezüglich der Ausnahmen für Geheimdienste.

das Bundeskanzleramt mit Schreiben vom 25.8.2020 einen Entwurf eines Gesetzes zur Änderung des BArchG und des Stasi-Unterlagengesetzes vorgelegt. Dieser mündete in einen Gesetzesentwurf zu dem Gesetz zur Änderung des Bundesarchivgesetzes, des Stasi-Unterlagen-Gesetzes und zur Einrichtung einer oder eines SED-Opferbeauftragten zur BT-Drs. 19/23709 vom 27.10.2020 aller Fraktionen des Bundestags mit Ausnahme der AfD, welches nach nur sehr geringen Änderungen im Gesetzgebungsprozess[252] am 9. April 2021 verkündet wurde[253] und nach Art. VI am 17. Juni 2021 in Kraft tritt.

V. Verhältnis zu anderen Informationszugangsrechten

Grds. soll es im Archivrecht keine größeren Hürden für einen Zugang geben, als es sie für Registraturgut gibt.[254] Die wenigsten Zugangsnormkomplexe werden als abschließend angesehen, deshalb sind die Konkurrenzen öffentlich-rechtlicher Informationszugangsregelungen ein sehr umstrittener Bereich.[255] Eine Vorrangigkeit kommt in Betracht, wenn zwei Normen die gleichen Anliegen verfolgen und/oder identische Zielgruppen erfassen, und somit den gleichen Sachverhalt regeln.[256] 65

1. Berechtigtenunspezifische, bereichsunspezifische Zugangsrechte, Gesetz zur Regelung des Zugang zu Informationen des Bundes (IFG)

Deutschland hat sich sehr spät erst zur **Verabschiedung von Informationsfreiheitsgesetzen** entschlossen.[257] Vorreiter war das **Land Brandenburg mit dem Akteinsichts- und Informationsfreiheitsgesetz von 1996.**[258] Brandenburg ist auch das einzige Bundesland, welches die Informationsfreiheit in die Verfassung aufgenommen hat, Art. 19 LV Bbg. Erst 2006 entschied sich Deutschland, dem internationalen Trend zu folgen und verabschiedete ein immer noch von der Exekutive heftig bekämpftes und bis heute nicht akzeptiertes Informationsfreiheitsgesetz.[259] Vor Inkrafttreten des IFG waren Behördenakten bis auf wenige Ausnahmen[260] grds. nicht zugänglich. 66

Archivgesetze waren dagegen schon **Informationszugangsgesetze**, noch bevor diese Begrifflichkeit existierte.[261] Im Gegensatz zu den **Informationsfreiheitsgesetzen** betreffen die Archivgesetze einen zeitlich definierten Be- 67

252 Vgl. BT-Drs. 19/24484.
253 BGBl. 2021 I 750 ff.
254 *Hevers* Bd. 36, S. 291 mwN.
255 *Hevers* Bd. 36, S. 290.
256 Vgl. zum IFG: BVerwG 9.11.2010 – 7 B 43/10, juris Rn. 8; OVG Münster 19.6.2002 – 21 B 589/02, juris Rn. 20; OVG Münster 31.1.2005 – 21 E 1487/04, juris Rn. 14.
257 *Partsch* NJW 1998, 346 (347); *Partsch* AfP 2002, 198.
258 *Partsch* NJW 1998, 2559 ff.; *Partsch* NJW 1998, 346 ff.; dagegen *Breidenbach/Palenda* NJW 1999, 1307 ff.; *Breidenbach/Palenda* LKV 1998, 252 ff.; *Kneifel-Haverkamp* DuD 1998, 438 ff.; *Hartge* LKV 2008, 7 ff.
259 *Schmitz/Jastrow* NVwZ 2005, 984; *Oldenhage* Der Archivar 2005, 291; *Partsch* AfP 2012, 516 ff.
260 Am Verwaltungsverfahren Beteiligte nach § 29 VwVfG, datenschutzrechtlich Betroffene nach § 19 BDSG oder presserechtliche Auskunftsansprüche.
261 *Rehm* in Debus, Informationszugangsrecht Baden-Württemberg, S. 138; s. a. *Lehnstaedt/Stemmer* Der Archivar 2014, 46.

reich.[262] Der Zugang ist möglich nach der Umwidmung in Archivgut und dem Ablauf der Schutzfristen. Die Harmonisierung von Informationsfreiheitsgesetz und Archivgesetzen stellt eine Herausforderung dar.[263] Prinzipiell sollte das Archivgesetz als **lex specialis** vorgehen. Dies ist im Gesetzgebungsverfahren für das BArchG jedoch nicht völlig durchgehalten worden. Rehm spricht von einer Durchbrechung des Archivrechts durch das IFG.[264] Das BArchG genießt aber grds. Vorrang gegenüber dem IFG, § 1 Abs. 3 IFG. Die Einstufung, welches Gesetz das einschlägige ist, hängt davon ab, ob es sich um Unterlagen oder Archivgut handelt.[265] Informationen, die gegenwärtig amtlichen Zwecken dienen, also solche der laufenden Verwaltung sind, unterliegen dem IFG.[266] Dh, das BArchG erfasst eine Teilmenge von Informationen des IFG, nämlich Archivgut des Bundes. Dort verdrängt der Zugang nach § 10 Abs. 1 den Zugang nach § 1 Abs. 1 IFG.[267] Eine Ausnahme gilt für die Schutzfristen des § 11 Abs. 1–3, die nicht einschlägig sind für Unterlagen, die vor der Übergabe an das Bundesarchiv bereits einem Zugang nach einem Informationsfreiheitsgesetz offen gestanden haben, § 11 Abs. 5. Dort überlagert das IFG das BarchG.

68 Nach § 3 gehört es zu den Aufgaben des Bundesarchivs, das Archivgut nutzbar zu machen und zu verwerten. Der Zugang zu Unterlagen nach der Abgabe an das Bundesarchiv kann sinnvollerweise keinen höheren Anforderungen unterliegen als nach IFG. Damit die höheren Anforderungen nicht eintreten, gibt es in § 11 Abs. 5 Nr. 2 eine entsprechende Änderung. Der Zweck des Führens von Verwaltungsakten bleibt auch nach Erlass des IFG die **rechtsstaatliche Dokumentation des Handelns der Verwaltung**, denn die Tatsache, dass Informationen allgemein zugänglich sind, bedeutet nicht automatisch, dass sie auch veröffentlicht werden sollen.[268] Der Gesetzgeber hat nun die Zugangsmöglichkeit nach IFG in § 11 Abs. 5 Nr. 2 gleichberechtigt neben die Veröffentlichung in Nr. 1 gestellt.[269]

2. Berechtigtenunspezifische, bereichsspezifische Zugangsrechte

69 Gemeinsam ist allen diesen Gesetzen das Ziel, den **Bürgerinnen und Bürgern mehr Transparenz zu ermöglichen.**[270] Darüber hinaus überwiegen allerdings die Unterschiede, denn die Antragsvoraussetzungen und das An-

262 Zur Notwendigkeit eines Archivgesetzes im Allgemeinen vgl. *Oldenhage*, Archive im Konflikt, Bd. 15, S. 12.

263 *Rehm* in Debus, Informationszugangsrecht Baden-Württemberg, S. 139; *Klein* in Polley, Archivgesetzgebung in Deutschland – Ungeklärte Rechtsfragen und neue Herausforderungen, S. 99 ff., mwN zur Notwendigkeit eines klaren Verhältnisses zwischen IFG und Archivgesetz am Beispiel des IFG Berlin idF vom 19.10.1999.

264 *Rehm* in Debus, Informationszugangsrecht Baden-Württemberg, S. 139 mN.

265 *Partsch/Koschmieder* NJW 2017, 3416 (3417).

266 *Olbertz* S. 225 (229).

267 OVG Bln-Bbg 16.1.2014 – 12 B 50/09, juris Rn. 36.

268 *Schnabel* in Gersdorf/Paal, BeckOK InfoMedienR, IFG § 13 Rn. 11.

269 *Schnabel* in Gersdorf/Paal, BeckOK InfoMedienR, IFG § 13 Rn. 11.

270 S. dazu *Schäfer* Veröffentlichungen der Archivschule Marburg 2000, Nr. 33, 209; s. zu den Ländern auch *Polley* Veröffentlichungen der Archivschule Marburg 2000, Nr. 33, 227.

tragsverfahren, die Ausnahmetatbestände und die Gebührenregelungen sind völlig verschieden geregelt.[271]

a) Gesetz über die Unterlagen des Staatssicherheitsdienstes der ehemaligen Deutschen Demokratischen Republik (StUG)

Das sog. **Stasi-Unterlagengesetz** regelt den Umgang mit den Unterlagen der Staatssicherheit der ehemaligen DDR.[272] Das StUG ist ***lex specialis*** zum BArchG, dies ergibt sich aus § 4 Abs. 1 Satz 1 StUG.[273] Es hat trotz des sachlich engen Geltungsbereichs einen hohen Antragseingang. So wurden zB im Jahr 2012 88.231 Anträge gestellt, 2017 immer noch 48.855 Anträge von Bürgerinnen und Bürgern.[274] Dazu kommen die Anträge von Forschung und Medien und die Anträge auf Verwendung durch öffentliche und nichtöffentliche Stellen.[275] 70

Den Zweck des Gesetzes hat der Gesetzgeber in § 1 Abs. 1 Nr. 1 StUG normiert, nämlich dem Einzelnen Zugang zu den vom Staatssicherheitsdienst zu seiner Person gespeicherten Informationen zu ermöglichen, damit er die Einflussnahme des Staatssicherheitsdienstes auf sein persönliches Schicksal aufklären kann. Außerdem soll gem. § 1 Abs. 1 Nr. 2 der Einzelne davor geschützt werden, dass er durch den Umgang mit den vom Staatssicherheitsdienst zu seiner Person gespeicherten Informationen in seinem Persönlichkeitsrecht beeinträchtigt wird. Damit handelt es sich beim StUG vorrangig um ein **Opferschutzgesetz.**[276] Das StUG ist kein Jederrecht, sondern beruht auf einem generellen Zugangsverbot mit Erlaubnisvorbehalten nach Personengruppen.[277] Zwar spricht § 3 Abs. 1 Nr. 1 StUG von dem „Einzelnen“, gemeint ist damit aber, dass ein Anspruch auf Auskunft nur besteht, wenn in den Unterlagen Informationen zum Antragsteller vorliegen.[278] 71

Die Nutzung der Stasi-Unterlagen wird aufgrund der Fragwürdigkeit und Brisanz der in ihnen enthaltenen Informationen eingeschränkt.[279] Das BVerwG ist der Ansicht, dass sich Unterlagen der Staatssicherheit zu sehr von dem üblichen Archivgut nach Entstehung, Inhalt und Verwendung unterscheiden, dazu zähle insbes. die Erhebung zu rechtsstaatswidrigen Zwecken und die Verwendung zu propagandistischen Zwecken.[280] Deshalb sei es nicht einmal zu Forschungszwecken erlaubt, einen Informationszugang über das Archivrecht zu gestatten. Diese Ansicht wird der Aktenwirklich- 72

271 *Wustmann* Jahrbuch 2009, 205 (212).

272 StUG idF vom 21.11.2019 (BGBl. 2019 I 1564); zur Geschichte: *Geiger/Klinghardt*, S. 1 ff.; *Unverhau* S. 2; das Bundeskanzleramt hat mit Schreiben vom 25.8.2020 einen Entwurf eines Gesetzes zur Änderung des BArchG und des StUG vorgelegt, Kabinettsache 19/45010. Der Entwurf ist mit wenigen Änderungen am 9.4.2021 verkündet worden und tritt am 17.6.2021 in Kraft.

273 *Schoch* IFG § 1 Rn. 313, 315; *Stoltenberg/Bossack* StUG § 43 Rn. 1.

274 https://www.bstu.bund.de/DE/BundesbeauftragterUndBehoerde/BStUZahlen/_inhalt.html, eingesehen am 3.5.2018.

275 Tätigkeitsbericht BStU; BT-Drs. 16/13020, 50 ff., Anhang 11.

276 BVerwG 23.6.2004 – 3 C 41/03, juris Rn. 67; zum Personenkreis s. a. *Pietrkiewicz/Burth* in Geiger/Klinghardt StUG § 3 Rn. 9 f.

277 *Olbertz* S. 225 (228).

278 *Olbertz* S. 225 (229).

279 VG Berlin 21.3.2007 – VG 1 A 216/05.

280 BVerwG 23.6.2004 – 3C 41/03, NJW 2004, 2462 (2467).

keit beim StUG nicht gerecht.[281] Der **Anwendungsvorrang** ist nach § 4 Abs. 1 StUG verfassungskonform einzugrenzen, zumal in § 3 Abs. 1 Nr. 3 als weiterer Zweck des StUG die historische, politische und juristische Aufarbeitung der Tätigkeit des Staatssicherheitsdienstes gewährleistet und gefördert werden soll (ausf. dazu → § 10 Rn. 34).

b) Umweltinformationsgesetz (UIG)

73 Ansprüche nach BArchG und UIG stehen in **Normenkonkurrenz**. Das UIG gilt allgemein und unterschiedslos für Umweltinformationen und beruht auf zwingenden europarechtlichen Vorgaben.[282] Das UIG kennt weder Schutzfristen, noch unterscheidet es zwischen Unterlagen und Archivgut, sondern gilt ganz allgemein für Umweltinformationen.[283] Der Zugang zu diesen Umweltinformationen bestimmt sich ausschließlich nach dem UIG. Dh, der Personenkreis, der die Informationen begehrt, kann identisch sein mit dem Kreis, der einen Anspruch nach BArchG hat, aber die Informationen beschränken sich auf den bestimmten Teilbereich der Umweltinformationen.[284] Die Definition der Umweltinformationen, § 2 Abs. 3 UIG, bestimmt die Reichweite des Anspruchs. Für sonstige Informationen kommt dann das BArchG in Betracht, denn § 3 Abs. 1 Satz 2 UIG stellt klar, dass andere Ansprüche neben § 3 Abs. 1 UIG unberührt bleiben.

c) Verbraucherinformationsgesetz (VIG)

74 Das Verhältnis zwischen BArchG und VIG entspricht dem zwischen BArchG und UIG, sie stehen in **Normenkonkurrenz**. Das VIG ist einschlägig, wenn es um Zugang zu Verbraucherinformationen geht. Auch hier kann der Personenkreis, der die Information begehrt, identisch sein mit der Person, die einen Anspruch nach BArchG hat. Die Informationen beschränken sich dann auf den Teilbereich der Verbraucherinformationen. Verbraucherinformationen sind Informationen über bestimmte Erzeugnisse und Verbraucherprodukte nach § 1 VIG, der damit auch die Reichweite des Anspruchs bestimmt. Der Anspruch nach § 2 Abs. 1 Satz 1 VIG ist wie der nach § 10 Abs. 1 unabhängig von materiellen Voraussetzungen und steht jeder Person zu.

d) Geodatenzugangsgesetz (GeoZG), angeblich kein Zugangsgesetz

75 Der Zugang zu **Geodaten** ist durch das **Geodatengesetz des Bundes**[285] und durch die entsprechenden Landesgesetze geregelt. Das GeoZG beruht auf der INSPIRE[286]-Richtlinie der EU.[287] Geodaten sind dort nach § 3 Abs. 1 GeoZG alle Daten mit direktem oder indirektem Bezug zu einem bestimmten Standort oder geografischen Gebiet. Dabei sind Geoda-

281 So auch *Schoch* IFG Einl. Rn. 316 mwN.
282 RL 2003/4/EG und Übereinkommen über den Zugang zu Informationen, die Öffentlichkeitsbeteiligung an entscheidungsverfahren und den Zugang zu Gerichten in Umweltangelegenheiten (1998).
283 BT-Drs. 18/9633, 66.
284 Für das IFG *Scheel* in Berger/Partsch/Roth/Scheel IFG § 1 Rn. 131.
285 Gesetz über den Zugang zu digitalen Geodaten (Geodatenzugangsgesetz – GeoZG) vom 10.2.2009 (BGBl. 2009 I 278).
286 = Infrastructure for Spatial Information Community.
287 RL 2007/2/EG vom 14.3.2007 (ABl. 2007 L 108/1).

ten und Geodatendienste, einschließlich zugehöriger Metadaten, nach § 11 GeoZG öffentlich zur Verfügung zu stellen. Auch hier gibt es die Ausnahmen, der Schutz öffentlicher Belange und private Interessen Dritter, § 12 GeoZG.

Der wesentliche Unterschied zu den anderen Informationszugangsrechten ist, dass der Zugang hier nicht durch einen individuellen Zugangsanspruch erfolgt, sondern durch eine aktive Bereitstellung der Informationen der geodatenhaltenden Stelle, § 3 Abs. 8 GeoZG.[288] Das Zugangsrecht für Geodaten beruht somit auf einer Zwischenstation zwischen individuellem Anspruch[289] und aktiver Publikumsinformation und soll sich als informationelle Daseinsvorsorge verstehen.[290] 76

e) Atomisierung des Informationszugangs

Eine Einheit bei den Informationszugangsrechten ist in Deutschland in weiter Ferne. Nicht nur, dass es gravierende Unterschiede zwischen Bundesgesetzen und Landesgesetzen gibt[291], auch zwischen den einzelnen Bundesgesetzen ist keine einheitliche Struktur auszumachen. Zum Teil beruht dies auf der Einwirkung des EU-Rechts, dem aber nur ein Teil der Schuld für die Atomisierung der allgemeinen Informationszugangsrechte gegeben werden kann.[292] In verfassungsrechtlicher Sicht kann dies jedoch aufgrund des Föderalismus nicht gerügt werden, denn es ist das Recht der Länder, den Informationszugang im jeweiligen Bundesland selbst zu regeln und auszugestalten, Art. 70 Abs. 1 GG. Machen die Länder ohne Abstimmung mit den anderen Ländern davon Gebrauch, kommt es zwangsläufig zu sehr unterschiedlichen Regelungen.[293] Anderes gilt für die Regelung von Zugangsrechten auf Bundesebene und in dem jeweiligen Land. 77

So hätte es eine Möglichkeit zur Vereinheitlichung gegeben, wenn die Bundesregierung das Übereinkommen des Europarates über den Zugang zu amtlichen Dokumenten unterzeichnet und ratifiziert hätte → Rn. 32–34). Diese Chance wurde jedoch vertan. Auch die Archivgesetzgebung ist durch eine große **Uneinheitlichkeit** gekennzeichnet. Schon die archivgesetzliche Terminologie weist eine erstaunliche Fülle von unterschiedlichen Bezeichnungen auf.[294] Staatsrechtlich ist allerdings eine Vereinheitlichung nicht erforderlich, solange das Archivwesen funktionstüchtig bleibt und die Zusammenarbeit der Archive nicht gefährdet ist.[295] Für die Auskunft und Einsicht suchenden Bürger ist die Uneinheitlichkeit dagegen eine Zumutung. 78

---

288 *Schoch* IFG Einl. Rn. 178.
289 *Neumann* spricht von "informationeller Zwangsbeglückung", Jahrbuch 2013, 169 (171).
290 *Neumann*, Jahrbuch 2013, 169 (171).
291 S. allein nur für die Archivgesetze die Ausführungen zur Schutzfrist unter § 11.
292 *Schoch* IFG Einl. Rn. 241 mwN.
293 *Schoch* IFG Einl. Rn. 243 mwN.
294 Vgl. *Schreckenbach* FS Kahlenberg 157 ff.
295 *Schoch/Kloepfer/Garstka* ArchG-ProfE Einl. Rn. 6.

3. Berechtigtenspezifische, bereichsunspezifische Zugangsrechte

a) Presseauskunftsrecht, §§ 4, 5 Landespressegesetze, Art. 5 Abs. 1 Satz 1 Hs. 2 GG

79 Die historischen Wurzeln der **Landespressegesetze** fußen in dem ausdrücklichen Wunsch der US-Militärregierung nach mehr Transparenz in Deutschland (→ Rn. 15). Die vier Besatzungsmächte hatten unterschiedliche Konzepte für die Medien in Deutschland, mit einer Gemeinsamkeit; die an der nationalsozialistischen Propaganda beteiligte NS-Presse auszuschliessen.[296] Einzig die USA hatten zusätzlich den Plan, die Demokratie mit Hilfe einer freien Presse neu aufzubauen. Dafür sahen sie eine freie Presse mit entsprechenden Rechercherechten als unabdingbar an: „*Such legislation shall guarantee the prerogatives of a free press in obtaining and publishing information of public interest*“[297]. Der Militärgouverneur der amerikanischen Besatzungszone entschied selbst, dass die Pressegesetze ausschließlich Landesgesetze[298] werden und der Presse ein Recht auf Recherche gewähren sollten.[299] Mit dem landespresserechtlichen Auskunftsanspruch werden die jeweiligen Behörden verpflichtet, den Vertretern der Presse die Auskünfte zu erteilen, die zur Erfüllung ihrer Aufgaben notwendig sind. Übergreifend in allen Bundesländern[300] normiert der landespresserechtliche Auskunftsanspruch den Kreis der Informationsberechtigten, der Informationsverpflichteten und die Voraussetzungen und Schranken des Anspruchs. Bei einer Abwägung mit gegenläufigen schutzwürdigen In-

---

296 *Koszyk* S. 10.

297 OMGUS APO 742 of 30 September 1948 AG 000.76 (IS) Subject: Legislation on Freedom of the Press.

298 Schreiben an Colonel Winning vom März 1947, OMGUS, IfZ 3/429–2/39: „*I approve the purpose of the approved legislations and I believe that the general aims of the Laenderrat proposals can be served through legislation bye ach individual state...*“; Office of Military Government for Germany, Schreiben vom 30.9.1948, AG 000.76: “*Such legislation shall guarantee the prerogatives of a free press in obtaining and publishing information of public interest*”.

299 Office of Military Government for Germany, Schreiben vom 30.9.1948, AG 000.76: “Such legislation shall guarantee the prerogatives of a free press in obtaining and publishing information of public interest”.
Edward N. Peterson, The American Occupation of Germany: Retreat To Victory: „Another delay was brought on by the conflict over a ‚press law' first suggested to the Laenderrat by Clay in 1946 but not enacted until 1949 [Footnote 114]. German official opposed the suggested law because it gave fuller protection to the press and required public officials to disclose information. In 1949, in eight months of disappointing debate, the MG defenders of a free press retreated from one position to another. They tried for a radical revision toward U.S. precedent, only to discover that 'they were insufficiently prepared, out-classed, and well-advised to rely on the German press tradition which protected the freedom of the press in some fashion.' At the end of the debate the German press was legally better protected than in 1945, but in many ways it lacked the security it had under Bismarck. [Footnote 115]
Footnote 114: “Clay told the Laenderrat in March 1947 he had changed his mind.; this was a matter for each Land. Since it took the states two years to produce press laws, the delay had the effect of extending U.S. licensing for as long (Hurwitz, U.S. 144, 228)”
Footnote 115: “Hurwitz, in Pross, Press 49, Gross saw this new law as a base on one of 1848, which prohibited newspaper chains. Some in MG wanted laws against former NS owners, yet the final decision was to restore full freedom.”.

300 *Greve*, Jahrbuch 2015, 133 (144).

teressen im Einzelfall darf es dabei zu keiner Bewertung des Informationsinteresses der Presse kommen.[301]

Zurzeit gibt es **kein Bundespressegesetz.**[302] Trotzdem hat das BVerwG entschieden, dass die Länder durch ihre Pressegesetze Bundesbehörden nicht zu Auskünften gegenüber der Presse verpflichten können, da ihnen die Gesetzgebungskompetenz fehle.[303] Diese Entscheidung war und ist heftig umstritten.[304] Das OVG Nordrhein-Westfalen hat der Entscheidung des BVerwG zunächst überzeugend widersprochen und entschieden, dass der Anspruch nach Presserecht der Länder auch Bundesbehörden verpflichte.[305] Aufgrund des weiten Wortlauts des § 4 Abs. 1 LPG NRW seien alle Behörden im Geltungsbereich des Landespressegesetzes betroffen, unabhängig ob Landes- oder Bundesbehörde. Doch dieser Auffassung ist das BVerwG ausdrücklich entgegengetreten und hat seine ursprüngliche Grundsatzentscheidung bestätigt, der Auskunftsanspruch gegen Bundesbehörden sei vom Bundesgesetzgeber im Wege der Annexkompetenz oder kraft Natur der Sache – hier ist sich das BVerwG unschlüssig, welche der sich gegenseitig ausschließenden Kompetenzbegründung Anwendung findet – zu normieren.[306] Das BVerfG hat diese Rechtsprechung in einem Nichtannahmebeschluss für solange als verfassungsgemäß angesehen, wie die Fachgerichte den Presseangehörigen im Ergebnis einen Auskunftsanspruch einräumen, der hinter dem Gehalt der Auskunftsansprüche der Landespressegesetze nicht zurückbleibt.[307] Somit ist weiterhin der Bundesgesetzgeber gefordert.[308] Das BVerwG hat später seine Ansicht vorsichtig eingegrenzt, wonach nur dann ein Anspruch nach Art. 5 GG Anwendung findet, wenn das GG dem Bund eine ausdrückliche Kompetenz zuweist, wie Art. 73 Abs. 1 Nr. 1 GG für die auswärtigen Angelegenheiten. Der konstitutiven Bedeutung der Presse für die Demokratie und dem Bedarf der Presse aber auch der Verwaltung nach klaren Regelungen werden weder Rechtsprechung noch Gesetzgebung damit gerecht. 80

b) Presseeinsichtsrecht, Art. 5 Abs. 1 Satz 1 Hs. 2 GG

Nach neuerer Auffassung ergibt sich ein grundrechtlich verbürgter Zugangsanspruch als Jederrecht aus **Art. 5 Abs. 1 Satz 1 Hs. 2 GG** insoweit, wie der Schutzbereich des Art. 5 GG durch das Inkrafttreten des Archivgesetzes und des Informationsfreiheitsgesetzes aktiviert worden ist.[309] Verfassungsinterpretation ist auch immer zeitbedingt, dh, dass ein Gesetz ein be- 81

301 BVerwG 26.10.2017 – 6 VR 1/17, NVwZ 2018, 414.

302 Vgl. Entwurf eines Presseauskunftsgesetzes des Bundes, BT-Drs. 17/12484, der scheiterte.

303 Dies erfolgte am Beispiel eines Auskunftsanspruchs gegenüber dem BND, BVerwG 20.2.2013 – 6 A 2/12, juris Rn. 17; s. a. *Sachs* JuS 2014, 91, der die Entscheidung auswertet.

304 So zB *Huber*, Anm. zu BVerwG 20.2.2013 – 6 A 2/12, NVwZ 2013, 1010; *Kloepfer*, Anm. zu BVerwG 20.2.2013 – 6 A 2/12, JZ 2013, 892; *Partsch* NJW 2013, 2858; eher neutral *Müller-Neuhof* AfP 2013, 304.

305 OVG NRW 18.12.2013 – 5 A 413/11, AfP 2014, 179 (180).

306 BVerwG 25.3.2015 – 6C 12/14, AfP 2015, 362.

307 BVerfG Nichtannahmebeschluss vom 27.7.2015 – 1 BvR 1452/13.

308 *Müller-Neuhof* AfP 2013, 304 (306).

309 *Pernice*, Jahrbuch 2013, 17; *Mutius v.*, Jahrbuch 2010, 45.

reits verändertes Verständnis des Grundrechts normativ umsetzt und konkretisiert.[310]

82 Die Rechtsprechung hat begonnen, grundrechtsunmittelbare Einsichtsansprüche aus Art. 5 GG abzuleiten, nicht jedoch bisher aus Art. 5 Abs. 1 Satz 1 Hs. 2 GG. Dies begann mit der Entscheidung des BVerwG zum grundrechtsunmittelbaren Auskunftsanspruch der Presse gegen Bundesbehörden.[311] Wenig später hat das BVerfG einen **Einsichtsanspruch der Presse** in Urteilen aus Art. 5 Abs. 1 Satz 2 GG und Art. 19 Abs. 4 GG abgeleitet.[312] Auch wenn diese Ansprüche die Pressefreiheit betrafen, so ist angesichts der Ausweitung der Rechte, die bisher nur der Presse vorbehalten waren, auf Antragsteller im Drittinteresse durch den EGMR und der Aufweichung des Pressebegriffs durch Blogs, Foren und NGOs davon auszugehen, dass der bisher der Presse vorbehaltene Informationszugangsanspruch sich immer mehr zu einem allgemeinen Informationsfreiheitsanspruch wandelt. Dieser Informationszugangsanspruch ist von Rotteck/Welcker im Prinzip der Öffentlichkeit und von den Verfassern des Grundgesetzes vorausschauend jeweils verbunden mit dem Gedanken der Meinungsfreiheit in Art. 5 GG angelegt worden.

VI. Gefährdungen des Archivzwecks

1. Datenvolumina durch Datengesellschaft

83 Das **Rechtstaatsprinzip** aus Art. 20 Abs. 2 GG verlangt die Möglichkeit, nicht nur das Verwaltungshandeln, sondern auch Gesetzgebungs- und Gerichtsverfahren überprüfen zu können. Durch die Aufbewahrung und späteren Archivierung von Unterlagen wird der **Rechtssicherung** und der **Rechtsnachweisbarkeit** Rechnung getragen,[313] denn ein Staat, der den Einblick in amtliche Informationen vorenthält, kennt nur Untertanen, keine Bürger.[314]

84 Das **Sammeln von Daten**, die dann geschützt werden müssen, ist zu einem Selbstzweck geworden, und die öffentliche Diskussion darüber bewegt sich zwischen Datenschutz und Effizienzsteigerung.[315] So ist die Frage, wer zu welchen Daten Zugang hat, auf welche Weise und wozu sie genutzt wer-

310 *Pernice*, Jahrbuch 2013, 17 (29).
311 BVerwG 20.2.2013 – 6 A 2/12, BVerwGE 146, 56.
312 BVerfG 14.9.2015 – 1 BvR 857/15, juris Rn. 15.
313 *Manegold*, S. 44 f.
314 *Caspar* DÖV 2013, 371, der dort Gustav von Rochow (1792–1847) zitiert: „Es ziemt dem Untertanen, seinem Könige und Landesherrn schuldigen Gehorsam zu leisten und sich bei Befolgung der an ihn ergehenden Befehle mit der Verantwortlichkeit zu beruhigen, welche die von Gott eingesetzte Obrigkeit dafür übernimmt; aber es ziemt ihm nicht, die Handlungen des Staatsoberhauptes an den Maßstab seiner beschränkten Einsicht anzulegen und sich in dünkelhaftem Übermute ein öffentliches Urteil über die Rechtmäßigkeit derselben anzumaßen“ mwN.
315 *Geißler/Schwietring*, Wer weiß was? – Auf dem Weg in die Datengesellschaft, Einführung zur Ad hoc-Gruppe auf dem Kongress der Deutschen Gesellschaft für Soziologie, Frankfurt a.M. 11.–15.10.2010, S. 2; einsehbar unter: https://www.uni-due.de/imperia/md/content/soziologie/schulz-schaeffer/schwietring_gei__ler_wer_wei___was.pdf, eingesehen am 4.5.2018.

den, keine Organisations-, sondern eine Machtfrage.[316] Denn auch wenn es gelingt, Daten im Verborgenen zu halten, verändert ihre bloße Existenz das soziale Gefüge und alle technischen Lösungen von Datenschutzfragen erzeugen neue Daten. Vielleicht ist die Vorstellung, Daten durch Geheimhaltung zu schützen ein „gefährlicher Irrtum", denn „Daten sind möglicherweise besonders gefährlich, wenn es geheime Daten sind"; die radikale Alternative wäre, Daten durch allgemeine öffentliche Zugänglichkeit zu schützen und darauf zu vertrauen, dass die öffentliche Kontrolle der beste Schutz ist."[317]

Doch trotz dieses Gedankens wird der Zugang zu Archivgut bis heute 85
durch den **Datenschutz** stark und überbordend eingeschränkt:

a) Eingriff durch die Nutzung von Archivgut in das Grundrecht auf informationelle Selbstbestimmung

aa) Eingriff

Das **Recht auf informationelle Selbstbestimmung** ist eine Schranke der In- 86
formations-, Presse- und Wissenschaftsfreiheit aus Art. 5 GG. Das BVerfG hat das Recht auf informationelle Selbstbestimmung im „Volkszählungsurteil"[318] aus dem allgemeinen Persönlichkeitsrecht aus Art. 2 Abs. 1 GG in Verbindung mit der Menschenwürde aus Art. 1 Abs. 1 GG entwickelt. Es umfasst „*die aus dem Gedanken der Selbstbestimmung folgende Befugnis des Einzelnen, grundsätzlich selbst zu entscheiden, wann und innerhalb welcher Grenzen persönliche Lebenssachverhalte offenbart werden*". Das Grundrecht auf informationelle Selbstbestimmung darf die anderen Grundrechte aus Art. 5 GG nicht mehr als notwendig beeinträchtigen und umgekehrt. Es muss in einen schonenden Ausgleich zwischen den konkurrierenden gesetzlich geschützten Positionen unter Berücksichtigung des Art. 19 Abs. 2 GG gebracht werden.[319]

bb) Sachliche Grenzen

Sachliche Grenzen des Schutzbereichs finden sich zum einen in der **fakti-** 87
schen Anonymisierung: wenn die Daten keiner konkreten Person mehr zugeordnet werden können, ist eine Nutzung von Archivgut ohne weiteres zulässig.[320]

Sie finden sich auch in einem **Einverständnis:** wenn der Betroffene willentlich und bewusst sein Einverständnis erklärt, liegt nicht nur eine rechtferti-

316 *Geißler/Schwietring,* Wer weiß was? – Auf dem Weg in die Datengesellschaft, Einführung zur Ad hoc-Gruppe auf dem Kongress der Deutschen Gesellschaft für Soziologie, Frankfurt a.M. 11.–15.10.2010, S. 3; einsehbar unter: https://www.uni-due.de/imperia/md/content/soziologie/schulz-schaeffer/schwietring_gei__ler_wer_wei___was.pdf, eingesehen am 4.5.2018.

317 *Geißler/Schwietring,* Wer weiß was? – Auf dem Weg in die Datengesellschaft, Einführung zur Ad hoc-Gruppe auf dem Kongress der Deutschen Gesellschaft für Soziologie, Frankfurt a.M. 11.–15.10.2010, S. 4; einsehbar unter: https://www.uni-due.de/imperia/md/content/soziologie/schulz-schaeffer/schwietring_gei__ler_wer_wei___was.pdf, eingesehen am 4.5.2018.

318 BVerfG 15.12.1983 – 1 BvR 209, 269, 362, 420, 440, 484/83, BVerfGE 65, 1.

319 BVerfG 25.2.1975 – 1 BvF 1/74, 1 BvF 2/74, 1 BvF 3/74, 1 BvF 4/74, 1 BvF 5/74, 1 BvF 6/74, juris Rn. 155.

320 *Manegold,* S. 110.

gende Einwilligung, sondern auch ein tatbestandsausschließendes Einverständnis vor, das auch in den Bereich der Archivgutnutzung einwirkt.[321] Es bleibt dann kein Raum mehr für entgegenstehende Auslegung durch die Behörde.

Bagatelldaten ohne Relevanz: davon sind belanglose Daten erfasst, die sich auf äußerlich erkennbare Merkmale einer Person beschränken, wie Name, Geschlecht, Alter und Adresse.[322]

88 Bereits vor der Einführung des Bundesarchivgesetzes wurde die **Spannung zwischen der Forschungsfreiheit auf der einen und dem Datenschutz auf der anderen Seite** diskutiert.[323] Mit der Einführung des BArchG hat der Gesetzgeber versucht, diesem Spannungsverhältnis Rechnung zu tragen. So finden sich nun in § 11 die Regelung zu Schutzfristen, in § 12 die Verkürzung oder Verlängerung derselben und in § 13 die Regelung der Einschränkungs- und Versagungsgründe.

89 Der **berechtigte Schutz personenbezogener Daten** darf aber nicht dazu missbraucht werden, zeitgeschichtliche Forschung zu behindern oder gar unmöglich zu machen.[324] Geschichte, gerade die deutsche Geschichte, muss erforschbar sein.[325] Während hierzu Einigkeit besteht, wird in der Praxis der Informationszugang immer wieder unter fehlerhafter Berufung auf den Datenschutz vereitelt.[326]

b) Eingriff in das postmortale Grundrecht durch Nutzung von Archivgut

90 In seiner **„Mephisto“-Entscheidung**[327] stellt das BVerfG fest, dass die Fortwirkung eines Persönlichkeitsrechts aus Art. 2 Abs. 1 GG nach dem Tode zu verneinen ist. Träger dieses Grundrechts könne nur die lebende Person sein; mit ihrem Tode erlösche aber der Schutz aus diesem Grundrecht. Das Grundrecht aus Art. 2 Abs. 1 GG setze die Existenz einer wenigstens potentiell handlungsfähigen Person als unabdingbar voraus. Das BVerfG leitet verfassungsrechtliche Vorgaben über den Umgang mit Verstorbenen aus der in Art. 1 Abs. 1 GG verbürgten Menschenwürde ab: „Es würde mit dem verfassungsverbürgten Gebot der Unverletzlichkeit der Menschenwürde, das allen Grundrechten zugrunde liegt, unvereinbar sein, wenn der Mensch, dem Würde kraft seines Personseins zukommt, in diesem allgemeinen Achtungsanspruch auch nach seinem Tode herabgewürdigt oder erniedrigt werden dürfte. Dementsprechend endet die in Art. 1 Abs. 1 GG aller staatlichen Gewalt auferlegte Verpflichtung, dem Einzelnen Schutz gegen Angriffe auf seine Menschenwürde zu gewähren, nicht mit dem To-

321 *Manegold*, S. 111 mwN.
322 *Manegold*, S. 113 mwN.
323 *Heydenreuter* CuR 1988, 241; *Morsey*, Bd.15, 1986, 61; *Oldenhage* Der Archivar 1981, 469; *Granier* Der Archivar 1981, 59; *Verband der Historiker Deutschlands* Der Archivar 1989, 658.
324 *Schmitz* FS Hans Booms 1996, 95 (96).
325 *Schmitz* FS Hans Booms 1996, 95 (96).
326 Vgl. die absurde Entscheidung des VG Stuttgart 20.1.2016 – 11 K 1508/15, UA S. 11, die einem Pressevertreter den Nutzungszugang nach LArchG und eine Sperrfristverkürzung verweigerte, da er sich entgegen anderer Pressevertreter nicht als Forscher ausgeben wollte.
327 BVerfG 24.2.1971 – 1 BvR 435/68, BVerfGE 30, 173 (194).

de".[328] Vor der Entscheidung des BVerfG wurde das **postmortale Persönlichkeitsrecht** in Rechtsprechung[329] und Literatur[330] durchaus auf Art. 2 Abs. 1 GG gestützt.

Der Datenschutz hat seine Wurzeln im Persönlichkeitsrecht, das aber einen lebenden Menschen als Rechtsträger voraussetzt.[331] Für die Archivnutzung folgt daraus, dass es zu keiner Kollision mit dem postmortalen Geheimnisschutz kommt, denn die Schutzfristen des BArchG sind geeignet, die Menschenwürde zu schützen.[332] Für die Forschung mit archivierten Daten von Verstorbenen sind es in erster Linie die Grundrechte lebender Angehöriger, die eine Beschränkung zu Archivgut einfordern, wenn sich die Arbeit mit dem Archivgut auf die Angehörigen auswirkt.[333] Dem Schutz der Angehörigen wird aber mit den Schutzfristen des BArchG durchaus genüge getan.[334] 91

2. Vernachlässigung von Archiven

Das Archivwesen sieht sich heute vielen **Gefährdungen** ausgesetzt.[335] Auf kommunaler Ebene wird die Bedeutung von Archiven verkannt und viele kleine Archive fallen Sparvorgaben zum Opfer.[336] Daneben führt die sinkende Qualität des Verwaltungshandelns immer wieder zu Verlusten. Am 3.3.2009 stürzte das Historische Archiv der Stadt Köln über einer Baustelle der Kölner U-Bahn in sich zusammen.[337] Es war das größte kommunale Archiv nördlich der Alpen. Die Einsturzursache ist bis heute nicht genau geklärt.[338] Die Restaurierung der Archivalien wird voraussichtlich dreißig 92

328 BVerfG 24.2.1971 – 1 BvR 435/68, BVerfGE 30, 173 (194); BVerwG 29.6.2017 – 7 C 24/15, juris Rn. 53; s. a. zur Menschenwürde *Krawietz* GS Friedrich Klein 245 ff.

329 BGH 26.11.1954 – I ZR 266/52, juris Rn. 40.

330 *Schack* GRUR 1985, 353 (355); schon damals gegen eine Fortwirkung: *Buschmann* NJW 1970, 2081; *Bizer* NVwZ 1993, 653 (656), der den Schutz einschränkt auf die zu Lebzeiten ausgeübte Befugnis, über die Verwendung der Daten, aber einen Anspruch aus Art. 1 Abs. 1 GG ablehnt.

331 *Schoch* IFG § 5 Rn. 26.

332 *Manegold*, S. 118 f.; *Bizer* NVwZ 1993, 653 (656).

333 *Bizer* NVwZ 1993, 653 (656); *Manegold*, S. 119.

334 So auch *Bizer* NVwZ 1993, 653 (656).

335 „Alexandria is a cautionary tale of the danger of creeping decline, through the underfunding, low prioritisation and general disregard for the institutions that preserve and share knowledge", *Ovenden*, Burning the Books. A History of Knowledge Under Attack, 2020, S. 36.

336 *Hausmann* in Becker/Rehm/Schäfer, S. 57, 68 ff., vgl. die Beispiele von *Hausmann*; *Rehm* in Becker/Rehm/Schäfer S. 85 ff.; vgl. die Beispiele von *Ovenden*, Burning the Books. A History of Knowledge Under Attack, 2020, S. 107 ff.

337 *Fischer/Thiel/Henningsen* Der Archivar 2001, 15; *Schmidt-Czaia/Fischer/Plassmann* Der Archivar 2009, 148; s. a. *Dohrmann/Siegel/Schöne* Der Archivar 2013, 192.

338 Das Unglück führte zu dem Theaterstück „Der Sturz" von Elfriede Jelinek. Dabei geht es um einen Chor, der keine Verantwortung übernehmen will, sondern die Schuld der Natur zuweist. Es geht um Profitgier und die Finanznot der Kommunen, um das Sparen am falschen Ende und um Baufirmen, die noch an der Katastrophe verdienen; von den Menschenleben und den historischen Schätzen hingegen ist nur am Rande die Rede.
Vgl. http://www.spiegel.de/kultur/gesellschaft/jelinek-stueck-zum-stadtarchiv-einsturz-koeln-am-abgrund-a-724823.html, eingesehen am 4.5.2018.

bis vierzig Jahre dauern, außerdem besteht die Befürchtung, dass viele Archivalien dauerhaft zerstört sind.[339]

93 Im Mai 2010 kam es zu einem Großfeuer in der zum Weltkulturerbe zählenden **Anna-Amalia-Bibliothek** in Weimar.[340] Dabei wurden 30.000 der wertvollen Bestände der berühmten Sammlung mit Bänden von Goethe, Luther und Humboldt zerstört, 40.000 Bände wurden schwer beschädigt. Der Leiter der Stiftung führte dies auf höchst mangelhaften Brandschutz zurück; eine Beräumung der Bibliothek vor Durchführung der Schweißarbeiten hatte er nicht in Betracht gezogen.[341]

94 1887 wurde der Zustand von Archivalien in einem **Thüringer Archiv** wie folgt beschrieben: „Noch immer arbeiten die dem Schriftthum feindlichen Mächte der Natur, wie Motte, Moder, Maus, und anderseits muthwillige Menschenhand, Gleichgültigkeit und Unwissenheit gemeinsam am Zerstörungswerk."[342]

95 Die **Erhaltung historischer Archivalien** ist ein **Gebot des Rechtsstaatsprinzips** (→ Rn. 46). Deshalb muss die Verwaltung vermehrt darauf achten, ihre Archivalien zu schützen und zB den Brandschutz wirksam und vorausschauend betreiben.

3. Gegenbewegungen

96 In Europa gibt es aufgrund verschiedener Verwaltungstraditionen in den einzelnen Staaten **unterschiedliche Verwaltungskulturen.** Im Gegensatz zu Frankreich,[343] das seit der Revolution ein Archivzugangsrecht als Grundrecht kennt, war in Deutschland **Transparenz** kein Ziel der Verwaltung.[344] Da der Grundsatz des „Aktengeheimnisses" noch immer nachwirkt, muss sich in erster Linie das Denken darüber ändern.[345] Der Bundesbeauftragte für Datenschutz und Informationsfreiheit fordert mehr Offenheit und Transparenz in Form eines Kulturwandels in Politik und Verwaltung.[346]

97 Das IFG enthält in § 3 Nr. 8 eine **Bereichsausnahme für die Nachrichtendienste und andere vergleichbare Stellen.** Eine weitere Bereichsausnahme sollte daraufhin für die Bundesanstalt für Finanzdienstleistungsaufsicht (BaFin) auf Wunsch des Bundesrates eingeführt werden.[347] Ebenfalls bemühte sich darum das Bundesministerium der Finanzen, unterstützt durch

339 Pressebericht, zB: https://reportage.wdr.de/einsturz-koelner-stadtarchiv#24997, eingesehen am 4.5.2018.

340 Vgl. Presse: http://www.faz.net/aktuell/gesellschaft/weimar-verheerender-grossbrand-in-anna-amalia-bibliothek-1177234.html, eingesehen am 4.5.2018; http://www.sueddeutsche.de/kultur/weimar-brand-in-historischer-anna-amalia-bibliothek-1.893557, eingesehen am 4.5.2018.

341 Zitiert unter: http://www.faz.net/aktuell/gesellschaft/weimar-verheerender-grossbrand-in-anna-amalia-bibliothek-1177234.html, eingesehen am 4.5.2018.

342 *Einert* Archivalische Zeitschrift 1887, 238 (239); vgl. auch die Kritik von *Wahl*, Zuschrift Thüringer LT-Drs. 6/1769; https://forum-landtag.thueringen.de/dokument/novellierung-des-thueringer-archivgesetzes.

343 *Manegold*, Archivrecht S. 23 ff.

344 *Schoch* IFG Einl. Rn. 405.

345 *Schoch* IFG Einl. Rn. 405.

346 BfDI, 3. Tätigkeitbericht zur Informationsfreiheit 2010/2011, Textziffer 2.4.

347 BT-Drs. 827/08, 3; dazu *Partsch*, Keine Black Box im Finanzbereich, NJW Editorial Heft 15/2009.

Lobbyverbände wie den Bundesverband der Banken.[348] Die BaFin versuchte für einen begehrten Informationszugang hohe Hürden zu errichten, da sie befürchtete, der ihr obliegenden Aufsichtspflicht nicht mehr nachkommen zu können und sie sah ihre Funktionsfähigkeit bedroht.[349] Anlass dafür war die Entscheidung des VG Frankfurt[350], der besagt, dass die BaFin einen beantragten Informationszugang ermöglichen musste, wenn sie nicht hinreichend darlegen konnte, dass für sie konkrete nachteilige Auswirkungen zu erwarten waren. Der Gesetzentwurf scheiterte dann an der ablehnenden Haltung des Bundestages.[351] Allerdings wird die BaFin noch heute kritisiert, dass sie zu einer gewissen Intransparenz neige und sehr an einer Bereichsausnahme im IFG interessiert gewesen wäre.[352]

4. Schlussstrichdebatte in Deutschland betreffend NS, NSU etc.

Das **Recht auf Nutzung von Archivgut** ist nach derzeitiger Rechtsprechung der einzige gesetzliche Anspruch auf Nutzung von Unterlagen der Nachrichtendienste durch die Öffentlichkeit, sieht man von dem wenig relevanten UIG ab. Alle anderen Informationszugangs- und Transparenzgesetze gewähren nach hM grds. nur ein **Recht auf Auskunft.** Nur durch den Anspruch aus dem BArchG können historische Quellen eingesehen und bewertet werden.[353] In der Praxis werden Unterlagen des BND aber auch bei **Einsichtsansprüchen der Presse** nach Art. 5 Abs. 1 Satz 2 GG herausgegeben.[354] Beim Staatsgerichtshof Hessen ist eine Grundrechtsklage des Journalisten Stefan Aust zum Az. P.St. 2729 anhängig, ob sich aus der Hessischen Verfassung ein Einsichtsrecht der Presse ableiten lasse. 98

Allerdings sorgt eine **Ausnahme zur Anbietungspflicht für nachrichtendienstliche Unterlagen** nach § 6 Abs. 1 dafür, dass die Nachrichtendienste selbst zunächst über die Archivtauglichkeit ihrer Unterlagen entscheiden können. Damit sollen die Nachrichtendienste in den in § 6 genannten Ausnahmefällen entscheiden können, ob Unterlagen **archivwürdig** sind. Diese Regelung ist stark umstritten und dürfte wegen Verstoß gegen Art. 5 sowie 19 Abs. 1 GG verfassungswidrig sein. Nach der Vernichtung der Akten zu Alois Brunner durch den BND, der zum NSU durch das BVerfSch oder der als Aktion „Konfetti“[355] bekannten Vernichtung von NSU-relevanten Akten durch den Thüringischen Verfassungsschutz,[356] ist es unverständlich, 99

348 *Huber* Jahrbuch 2014, 237.
349 *Huber* Jahrbuch 2014, 237.
350 VG Frankfurt 12.3.2008 – 7 E 5426/06, juris Rn. 36.
351 BT-Finanzausschuss, BT-Drs. 16/12487, 3, 4.
352 *Schoch* IFG Einl. Rn. 404 mwN.
353 *Wolff* in Dietrich/Eiffler, VIII, § 1 Rn. 49.
354 Vgl. Axel Springer SE gg BND, BVerwG 6 A 6.19, in welchem es um Zugang zu den Unterlagen zu dem Informanten des BND Horst Mahnke bei Spiegel und Axel Springer Ag ging. Das Verfahren wurde durch Erledigung abgeschlossen.
355 Der Thüringische Verfassungsschutz hat Akten vernichtet: http://www.sueddeutsche.de/politik/vernichtung-von-nsu-akten-durch-verfassungsschuetzer-schreddern-ohne-folgen-1.1707766, eingesehen am 19.4.2018.
356 So hat der Zeuge Lingen vor dem Untersuchungsausschuss die vorsätzliche Vernichtung von Akten zugegeben: „Mir war bereits am 10./11. November 2011 völlig klar, dass sich die Öffentlichkeit sehr für die Quellenlage des BfV in Thüringen interessieren wird. Die bloße Bezifferung der seinerzeit in Thüringen vom BfV geführten Quellen mit acht, neun oder zehn Fällen hätte zu der – ja nun auch

warum der Gesetzgeber bei der Novellierung des BArchG, die Anbietungspflicht für die Nachrichtendienste nicht ausnahmefrei geregelt und deren Verletzung pönalisiert hat. Mitarbeiter von Nachrichtendiensten werden nunmehr unter Berufung auf § 6 auch dem Vorwurf der Aktenunterdrückung entgehen können, was wohl gesetzgeberisch intendiert war. Den Archiven wird damit die Möglichkeit genommen, ihre Aufgabe zur Feststellung der Archivwürdigkeit von Unterlagen, wahrzunehmen. Die Einstufung von Unterlagen zu Archivgut durch die Nachrichtendienste wird regelmäßig iSd Nachrichtendienste ausfallen.[357] Die Überprüfung und Erforschung staatlichen Handelns wird damit konterkariert.[358] Ziel der Novellierung des BArchG und auch des Thüringer ArchivG scheint die Ausschaltung der Aufklärung der NSU-Morde zu sein. Das Land Hessen hatte hier einen anderen Weg gewählt und einen Bericht zur Verwicklung des eigenen Landesverfassungsschutzes mit dem NSU zunächst für 120 Jahre als Verschlusssache eingestuft,.[359] Während eines presserechtlichen Auskunftsverfahrens wurde die Einstufung auf 30 Jahre begrenzt.[360]

100 *Wolff*[361], möchte in § 6 Abs. 1 Satz 2 eine Bereichsausnahme hineinlesen, die die Nachrichtendienste von einer Anbietungspflicht an das Bundesarchiv weitgehend befreit.[362] Gegen andere Zugangsgrundlagen führen Bundesnachrichtendienst und Verfassungsschutz bei vielen Anfragen der Presse gegenläufige schutzwürdige Interessen an, bei denen laut BVerwG entscheidend sein soll, „ob dem Informationsinteresse der Presse schutzwürdige Interessen von solchem Gewicht entgegenstehen, die den presserechtlichen Auskunftsanspruch ausschließen“.[363] Dies soll dann in der Regel auch der Fall sein. Nachdem auch Auskunftsansprüche der Presse gegen den BND nicht mehr auf die Landespressegesetze (→ Rn. 16) gestützt werden kön-

heute noch intensiv gestellten – Frage geführt, aus welchem Grunde die Verfassungsschutzbehörden über die terroristischen Aktivitäten der drei eigentlich nicht informiert worden sind. Die nackten Zahlen sprachen ja dafür, dass wir wussten, was da läuft, was aber nicht der Fall war. Und da habe ich mir gedacht, wenn der quantitative Aspekt, also die Anzahl unserer Quellen im Bereich des THS (Thüringer Heimatschutz) und in Thüringen, nicht bekannt wird, dass dann die Frage, warum das BfV von nichts gewusst hat, vielleicht gar nicht auftaucht.“ Veröffentlicht in: https://verfassungsblog.de/skandal-ohne-oeffentlichen-aufschrei-verfassungsschutz-hat-im-nsu-komplex-vorsaetzlich-akten-vernichtet/, eingesehen am 19.4.2018.

357 *Partsch/Koschmieder* NJW 2017, 3416 (3419).

358 *Berger* ZRP 2017, 15 (17).

359 Vgl. VG Wiesbaden 19.8.2019 – 2 L 1168/19Wi, BA S. 11; http://www.taz.de/!5423654/, eingesehen am 19.4.2018.

360 „Es sei im Vorgriff auf eine Neufassung der Verschlusssachenanordnung (VSA) des Landes Hessen verfügt worden, die flexible Regelung der VSA des Bundes anzuwenden. Aus diesem Grund seien vom Landesamt für Verfassungsschutz Hessen alle Einstufungen von Verschlusssachen grundsätzlich auf 30 Jahre zu befristen.“ VG Wiesbaden 19.8.2019 – 2 L 1168/19Wi, BA S. 11.

361 *Wolff* war als StA an das BVerfG abgeordnet, dann an das Bundeskanzleramt, er war Vertreter der Bundesregierung im Geheimdienst-Untersuchungsausschuss, „Der Geheimhalter“ https://www.zeit.de/politik/deutschland/2015-11/nsa-bnd-nsaua-geheimdienst-ausschuss-wolff, eingesehen am 8.5.2018.

362 *Wolff* in Dietrich/Eiffler, S. 1688.

363 BVerwG 16.3.2016 – 6 C 65/14, juris Rn. 65, auch BVerwG 26.10.2017 – 6 VR 1/17, NJW 2018, 414; BVerwG 20.12.2016 – 20 F 10/15; BVerwG 20.7.2015 – 6 VR 1/15.

nen, bliebe nur noch die **Kontrollfunktion des Parlaments.** Leider hat das BVerfG[364] auch die parlamentarische Kontrolle eingeschränkt: „*Dem Beweiserhebungsrecht des Untersuchungsausschusses steht das Interesse der Bundesregierung an funktionsgerechter und organadäquater Aufgabenwahrnehmung gegenüber. Zu diesen Aufgaben gehört auch die Zusammenarbeit der Nachrichtendienste zur Gewährleistung eines wirksamen Staats- und Verfassungsschutzes*". Das Geheiminteresse der Bundesregierung soll das parlamentarische Informationsinteresse überwiegen, denn die Funktions- und Kooperationsfähigkeit deutscher Nachrichtendienste könne sonst erheblich beeinträchtigt werden.[365] Damit wären die Geheimdienste vollständig einer späteren Kontrolle entzogen. Dies dürfte ua gegen Art. 5 Abs. 1 und 38 GG verstoßen. Es ist wenig verständlich, warum diese Argumente insbes. bei der Erforschung und Veröffentlichung der NS-Vergangenheit wie auch des Versagens vieler Behörden bei der Bekämpfung des NSU vorgebracht werden. Zusammen mit eigentümlich verschärften Anforderungen beim Datenschutz erschwert dies die Erforschung zB des Nationalsozialismus und des NSU erheblich. Dies kann nicht im Sinne des Gesetzgebers und der Eigenverortung der Bundesrepublik als vergangenheitsbewußtem Rechtsstaat liegen.

5. Die Vernichtung von Unterlagen

Die **Vernichtung von Unterlagen** stellt ebenfalls eine Gefährdung des Archivzwecks dar.[366] Auf Bundes- und Landesebene stehen neben dem og fahrlässigen Umgang mit archivierungswürdigen Unterlagen eher deren politisch motivierte vorsätzliche Vernichtung im Vordergrund. Bekannt wurden beispielsweise die Vernichtung von Unterlagen des BVerfSch zum NSU[367], die Vernichtung der Unterlagen durch den BND zu Alois Brunner, angeblich aus Datenschutzgründen kurz nach Ausschreibung eines internationalen Haftbefehls, oder das Verschwinden der Unterlagen des aufgelösten Landesamts für Verfassungsschutz Berlin wohl in einem Privatarchiv. In den Ministerien und dem Bundeskanzleramt tritt neben die früher praktizierte Löschung von unliebsamen Unterlagen[368] immer mehr die Praxis der rechtswidrigen Aktenvermeidung. Beispielhaft für diese Gefährdung und die Folgen für das Vertrauen in die demokratische Legitimation des Staates, sowie der Untergrabung der Grundsätze der Aktenvollständigkeit und Aktenwahrheit ist der Umgang mit den „Rosenholz-Unterlagen". Dahinter verbergen sich die Personenkarteien des DDR-Auslandsgeheimdiens- 101

364 BVerfG 13.10.2016 – 2 BvE 2/15.

365 BVerfG 13.10.2016 – 2 BvE 2/15, juris Rn. 173; ausf. zu diesem Urteil *Möllers* JZ 2017, 271.

366 Zur Geschichte der Zerstörung von Archiven, vgl. *Ovenden*, Burning the Books. A History of Knowledge Under Attack, 2020, S. 153 ff.

367 *Hausmann* in Becker/Rehm/Schäfer, S. 57, 63.

368 Vgl. *Thomas Kleine-Brockhoff*, „Operation Löschtaste" Zeit vom 20.7.2000 zu den Leuna Unterlagen der Regierung Kohl. Das Bundesministerium des Inneren, für Bau und Heimat behauptete, eigene Twitter-Nachrichten nicht speichern zu können bzw. nicht darüber zu verfügen, vgl. Verfahren vor dem VG Berlin 2 K 163/18; das Bundesministerium für Verkehr und Infrastruktur behauptete, keine Unterlagen zum sog. Diesel-Skandal zu besitzen, vgl. Verfahren vor dem VG Berlin 2K 291/16.

tes HV A. Von Dezember 1989 bis April 1990 hatte die HV A im Rahmen ihrer Abwicklung und mit Billigung der DDR- Regierung fast alle Unterlagen zu Operationen und Personen, unter anderem den Rosenholz-Unterlagen, vernichtet. Unentdeckt blieb die Existenz von Mikrofilmen, den heutigen Rosenholz-Unterlagen.[369] Obwohl die Existenz dieser Unterlagen der Regierung Kohl bekannt war, überließ sie diese dem US-amerikanischen Auslandsgeheimdienst CIA zur Auswertung, um innenpolitische Verwicklungen und Folgerungen zu vermeiden.[370] Eine Forschungsgruppe der BStU stieß auf Hinweise, dass von 1969–1972 bei 43 Bundestagabgeordneten Stasi-Kontakte bestanden hatten.[371] Außerdem entdeckte man Hinweise auf Manipulation von Namen, Zahlen und Registriernummern.[372] Die Forschungsgruppe wurde frühzeitig aufgelöst.

102 Das Bundeskanzleramt behauptete 2020, keine Unterlagen zum Thema „Migrationspolitik der Bundesregierung, der Flüchtlingssituation in Deutschland bzw. die Migrantenbewegung über die sog. Balkanroute nach Europa, insbes. nach Deutschland" zu haben.[373] Die Entscheidungen der Bundeskanzlerin waren offenbar ohne jede dokumentierte Unterlage gefallen.

103 Neben diesem Terrainverlust längst sicher geglaubter Verwaltungsqualität wird international die **Digitalisierung** und **der Verlust der Verfügungsbefugnis von Informationen an private Dritte** als weitere Gefahr für die demokratischen Selbstvergewisserung eines Rechtsstaats angesehen.[374]

6. Kontrafaktizität und Fakes

104 Der Begriff der **Fake News** ist ein Anglizismus, der neu in den deutschen Sprachgebrauch eingegangen ist. Er ist eng mit der US-Präsidentschaftswahl 2016 und Präsident Trump verknüpft, der ihn benutze, um qualitativ hochwertige Medien zu kritisieren, die nicht seine Sicht der Dinge wiedergaben.[375] Inzwischen wird der Begriff international benutzt, zur Umschreibung verschiedenster Phänomene von Satire bis hin zu Propaganda und gezielter Manipulation und wird im EU-Bericht gleichgesetzt mit einer Bedrohung.[376] Fake News sind somit bewusste unwahre Tatsachenbehauptun-

---

369 *Livingston, R. G.* in Friis/Macrakis/Müller-Enbergs, East German Foreign Intelligence, 2010, P. 74.

370 *Müller-Enbergs,* „Rosenholz"- Eine Quellenkritik, 2. Aufl. 2007, S. 26 ff.

371 *Staud*, Wer hat Angst vor Rosenholz? Zeit Online: https://www.zeit.de/2006/26/Rosenholz, eingesehen am 31.7.2020.

372 *Staud*, Wer hat Angst vor Rosenholz?, Zeit Online: https://www.zeit.de/2006/26/Rosenholz, eingesehen am 31.7.2020; Selbst von offizieller Seite des BStU wird nicht abgestritten, dass die Unterlagen verändert wurden, mit dem Zusatz, es gäbe keine Hinweise auf vorsätzliche Manipulation: https://www.bstu.de/informationen-zur-stasi/themen/beitrag/die-rosenholz-dateien/

373 Vgl. Verfahren vor dem VG Berlin 27 K 95/20 und 27 L 94/20.

374 *Ovenden*, Burning the Books: A History of Knowledge Under Attack, 2020, S. 197 ff.

375 *Holznagel* MMR 2018, 18.

376 A multi dimensional approach to disinformation, Report of the independence High level Group on fake news and online disinformation, EU, S. 10, einsehbar unter: https://ec.europa.eu/digital-single-market/en/news/final-report-high-level-expert-group-fake-news-and-online-disinformation, eingesehen am 8.5.2018; *Holznagel* MMR 2018, 18 mwN.

gen.[377] Bei Tatsachenbehauptungen fällt grds. ihr Wahrheitsgehalt ins Gewicht, denn sie werden charakterisiert durch die objektive Beziehung zwischen der Äußerung und der Wirklichkeit.[378]

Falschmeldungen oder **Desinformation** erfolgen auch durch den Staat und sind vor allem in totalitären Regimen ein weit verbreitetes Mittel, auf die Öffentlichkeit einzuwirken und sie zu manipulieren.[379] Ein Blick auf konkrete Beispiele in Deutschland zeigt aber auch, dass Desinformation[380] oder **Teilinformation**[381] nicht auf totalitäre Systeme beschränkt sind. Im Rechtsstaat braucht Desinformation eine Rechtsgrundlage, was zur Reduzierung staatlicher Desinformationsoptionen führt. [382] 105

Neu ist allerdings, welche Durchschlagskraft Falschmeldungen durch die Verbreitung im Internet erfahren, da sie durch die „Teilen"-Funktion schnell und kostengünstig global verbreitet werden können.[383] Zudem informieren sich immer mehr Menschen ausschließlich über soziale Netzwerke und Internetportale, was aufgrund der Fakes zu einer großen Gefahr für die öffentliche Meinungsbildung führt.[384] 106

In Europa befürchtete man 2016 im Wahljahr von Frankreich, Deutschland, Norwegen und den Niederlanden durch Fake News eine Gefahr für den Prozess der demokratischen Meinungsbildung.[385] Seitens der EU-Kommission wurde daraufhin die Herausgabe von Leitlinien für freiwillige Maßnahmen an Online-Plattformen geplant.[386] In Deutschland kündigte Facebook im Januar 2017 an, mit dem Recherchebüro Correctiv zusammenzuarbeiten und einige neue Funktionen herauszubringen, die den Umgang und die Bekämpfung von Falschnachrichten durch die Nutzer vereinfachen sollen.[387] 107

Am **1.1.2018** ist das **Gesetz zur Verbesserung der Rechtsdurchsetzung in sozialen Netzwerken** (NetzDG) in Kraft getreten. Es verlangt von den Netzbetreibern, dass rechtswidrige Inhalte innerhalb einer bestimmten Frist gelöscht werden müssen, § 3 NetzDG. Rechtswidrige Inhalte sind die in § 1 Abs. 3 NetzDG aufgeführten Straftatbestände. Von diesen richten 108

377 *Holznagel* MMR 2018, 18 mwN.

378 BVerfG 13.2.1996 – 1 BvR 262/91, juris Rn. 27, 28.

379 *Ingold*, S. 19.

380 1978 verübten Beamte der GSG-9 einen öffentlichkeitswirksamen Sprengstoffanschlag auf die Außenmauer der JVA Celle, um eine Befreiungsaktion für einen inhaftierten Terroristen zu simulieren und dadurch einen V-Mann in den terroristischen Strukturen zu etablieren. *Ingold*, S. 19 mwN.

381 So zB die Aussage des damaligen Ministers des Inneren, *Thomas de Maziere*, dass „ein Teil der Antworten die Bevölkerung verunsichern würde" zum abgesagten Länderspiel wegen Terrorgefahr, einsehbar zB unter: http://www.spiegel.de/politik/deutschland/de-maiziere-zu-laenderspiel-absage-wuerde-die-bevoelkerung-verunsichern-a-1063439.html, eingesehen am 7.5.2018.

382 *Ingold*, S. 101.

383 *Holznagel* MMR 2018, 18 (19).

384 *Holznagel* MMR 2018, 18 (19).

385 *Eikemeier/Hofmann/Fries* AfP 2017, 140.

386 EU-Digitalkommissar begründete die passive Herangehensweise mit den Worten, dass Fake News zwar schlimm, ein Ministerium der Wahrheit jedoch schlimmer sei; in: Blick nach Brüssel, Bericht, AfP 2017, 140.

387 *Eikemeier/Hofmann/Fries* AfP 2017, 140; https://de.newsroom.fb.com/news/2017/01/umgang-mit-falschmeldungen/, eingesehen am 4.5.2018.

sich leider nur wenige gegen Falschmeldungen, womit nur ein geringer Gewinn im Konflikt mit Fake News zu erwarten ist.[388]

109 Gerade aus den oben genannten Gründen ist es wichtig, dass Fakes und Desinformation durch Informationszugang, im speziellen auch durch das BArchG, widerlegt werden können. Auch die EU setzt zur Bekämpfung von Fake News auf **Transparenz** und nennt diese ein „Schlüsselelement".[389] So soll Transparenz dazu führen, dass Menschen den Wahrheitsgehalt von Nachrichten besser beurteilen können und die Beweggründe von denen, die Desinformationen öffentlich zugänglich machen, besser verstehen.[390]

VII. Archive als Beitrag zur Bewahrung des demokratisch legitimierten Rechtsstaats

110 Demokratie erfordert die **Legitimation der Staatsgewalt durch das Wahlvolk.** Das Volk kann aber nur wählen und abstimmen, wenn die Bürger und Bürgerinnen sowie die gewählten Vertreter Kenntnis über das Handeln der Staatsgewalt erlangen.[391] Nur dann erfüllen Wahlen ihren Zweck, den Wählerauftrag für die neue Legislaturperiode zu erteilen, und deshalb beschränkt sich demokratische Kontrolle nicht allein auf das **Parlament**, sondern bezieht die **Wahlbürger** mit ein.[392]

111 Neben der **Rolle der Registratur und der Forschung** übernehmen Archive im demokratischen Rechtsstaat immer mehr die **Funktion der demokratischen Selbstvergewisserung** und der **Legitimation.** Grundrechtsausübung bei der Meinungsvielfalt ist nur dem informierten Bürger möglich. *„Soll der Bürger politische Entscheidungen treffen, muss er umfassend informiert sein, aber auch die Meinungen kennen und gegeneinander abwägen können, die andere sich gebildet haben."*[393] Ihren Beitrag zur Information müssen daher auch Archive leisten. Dem korreliert ein Zugangsanspruch des Bürgers.[394]

---

388 *Holznagel* MMR 2018, 18 (21).

389 "Transparency is a key element in the response to digital disinformation. It is a cross-cutting issue that concerns the whole digital media value chain and aims at making news production and distribution less opaque with a view to supporting users' ability to better discern between journalistic quality content and various kinds of disinformation. Furthermore, transparency may strengthen the impact of media literacy actions by providing users, both professionals and citizens, with relevant information, i.a. on patterns of circulation, necessary to critically assess the material facts quoted in news articles by journalists or in posts and blogs by citizens." A multi dimensional approach to disinformation, Report of the independence High level Group on fake news and online disinformation, S. 22, einsehbar unter: https://ec.europa.eu/digital-single-market/en/news/final-report-high-level-expert-group-fake-news-and-online-disinformation, eingesehen am 8.5.2018.

390 A multi dimensional approach to disinformation, Report of the independence High level Group on fake news and online disinformation, S. 22, einsehbar unter: https://ec.europa.eu/digital-single-market/en/news/final-report-high-level-expert-group-fake-news-and-online-disinformation, eingesehen am 8.5.2018.

391 *Gusy*, Jahrbuch 2015, 1 (15).

392 *Gusy*, Jahrbuch 2015, 1 (15).

393 BVerfG 5.8.1966 – 1 BvR 586/62, BVerfGE 20, 162, Rn. 36.

394 BVerfG 15.12.1983 – 1 BvR 209, 269, 362, 420, 440, 484/83, BVerfGE 65, 1 (42).

Die Nutzung des Archivguts hat aber einen staatspolitischen Aspekt, der über die Funktion der Archive als "Gedächtnis der Verwaltung" hinausreicht:

„Die aus dem Archivgut gewonnenen Erkenntnisse fördern das Verständnis für die historisch gewachsenen Bedingtheiten der Gegenwart und geben Orientierungshilfen für die Zukunft. Die Archivbenutzung liegt damit im Interesse der Öffentlichkeit; sie dient der Allgemeinheit und dem einzelnen Bürger auf vielfältige Weise: Sie ermöglicht historisch-wissenschaftliche Forschung sowie die Vermittlung historischer Kenntnisse in den Bereichen Schule, Hochschule und Erwachsenenbildung. Sie fördert die Identifikation mit der engeren Heimat durch Heimat- und Ortsforschung, dient der Beschäftigung mit der Geschichte der eigenen Familie, der sinnvollen Freizeitgestaltung durch Pflege allgemeiner historischer Interessen oder dem persönlichen Nutzen durch den Nachweis von Daten, wie sie zum Beispiel für Renten-, Pensions- und Wiedergutmachungsansprüche erforderlich sind."[395]

VIII. Archivvielfalt in Deutschland und Europa

1. Deutschland

Der föderalistische Aufbau Deutschlands wirkt sich auch auf das Archivwesen in Deutschland aus. Die Landesarchive agieren unabhängig vom Bundesarchiv, und es gibt Unterschiede zwischen den einzelnen Landesarchivverwaltungen.[396] Hinzu kommen eine **Vielzahl an privaten Archiven** wie die Parteiarchive, Unternehmensarchive usw Erhebliche Bedeutung haben in Deutschland weiterhin die **kommunalen Archive.** Zwischen den Archiven besteht untereinander eine intensive Kooperation.[397] 112

a) Staatsarchive

Bei den **Staatsarchiven**[398] handelt es sich ua um das Bundesarchiv[399], das politische Archiv des Auswärtigen Amtes, das Geheime Staatsarchiv Preußischer Kulturbesitz, das dem Bundesarchiv untergliederte Archiv für die Unterlagen des Staatssicherheitsdienstes, die Archivschule Marburg, das Kunstarchiv des Germanische Nationalmuseums[400] und die Landes- bzw. Staatsarchive der Länder[401]. 113

395 Gesetzesentwurf der Landesregierung (17.7.1986), Zielsetzung, Inhalt, Alternativen, Kosten., Begründung S. 102 f. und Gesetzentwurf der Bundesregierung (19.6.1987), Zielsetzung, Lösung, Alternativen, Kosten., Begründung S. 185, in: *Bannasch/Maisch/Richter*, Archivrecht in Baden-Württemberg. Texte, Materialien, Erläuterungen.

396 *Richter* Der Archivar 1984, 325.

397 *Richter* Der Archivar 1984, 325.

398 *Grau* Der Archivar 2017, 365; *Weiß* Der Archivar 2017, 376; *Sielemann* Der Archivar 2017, 385.

399 *Herrmann T.* Der Archivar 2017, 269.

400 *Prügel* Der Archivar 2016, 110.

401 Zu den westdeutschen Landesarchiven, Der Archivar, Das Archivwesen in der Bundesrepublik Deutschland, ein Überblick, 1984, 322 ff.: *Gönner*, Land Baden-Württemberg, 338; *Stahleder*, Freistaat Bayern, 344; *Wetzel*, Land Berlin, 349; *Lührs*, Freie Hansestadt Bremen, 351; *Loose*, Freie Hansestadt Hamburg, 353; *Schüler*, Land Hessen, 355; *Höing*, Land Niedersachsen, 359; *Schmitz/Vollmer*,

114 Das **zentrale Archiv Deutschlands** ist das **Bundesarchiv mit seinen Außenstellen.** Die ältesten Unterlagen des Bundesarchivs stammen aus der Zeit des Heiligen Römischen Reiches von 1495–1806, allerdings nur in Form von Dokumenten des Reichskammergerichts.[402] Ältere Dokumente sind keine vorhanden, der größte Teil der Bestände stammt aus dem 20. Jahrhundert.[403] Das Bundesarchiv unterstützt auch Länder wie Togo, Tansania und Kamerun bei der Erschließung und Pflege von **Archivgut aus der Zeit der deutschen Kolonialherrschaft.**[404]

115 Die **Stiftung preußischer Kulturbesitz** wird von Bund und Ländern finanziert, eine von fünf seiner Einrichtungen ist das **Geheime Staatsarchiv** in Berlin.[405] Dort wird Archivgut der ehemaligen preußischen Zentralbehörden, der historischen preußischen Ostprovinzen, des Brandenburg-Preußischen Hausarchivs sowie der Stiftung und ihrer fünf Einrichtungen aufbewahrt.[406]

b) Kommunalarchive

116 Zu den **Kommunalarchiven**[407] gehören die Stadt-[408], Gemeinde-, Kreis-, Markt- und Amtsarchive, außerdem zB auch die Kunstsammlung Augsburg und das Faustarchiv Knittlingen. Wie alle öffentlichen Stellen müssen auch Kommunen ihre Unterlagen, die sie für den laufenden Betrieb nicht mehr benötigen, den dafür zuständigen Kommunalarchiven anbieten.[409] Diese haben die Aufgabe, das historische Erbe der Gemeinden und Kreise zu bewahren und für die Zukunft weiterzugeben, denn die Erinnerungen an die eigenen Wurzeln in Form sowohl des baulichen Erbes einer Gemeinde als auch des geistigen Erbes sollen bewahrt werden.[410] Kommunalarchive finden sich in großer Zahl in Deutschland und unterscheiden sich in

---

Land Nordrhein-Westfalen, 364; *Heyen*, Land Rheinland-Pfalz, 370; *Herrmann H.-W.* Der Archivar 1984, 373; *Prange*, Land Schleswig-Holstein, 375. Bei den Staats- bzw. Landesarchiven in den neuen Ländern handelt es sich um das Brandenburgische Landeshauptarchiv, das Landeshauptarchiv Schwerin, das Sächsische Staatsarchiv, das Landesarchiv Sachsen-Anhalt und das Landesarchiv Thüringen. *Rathje* Der Archivar 2017, 168; *Pilger* Der Archivar 2017, 226; *Schweizer/Neuburger* Der Archivar 2017, 275; *Pons* Der Archivar 2017, 280; *Pilger* Der Archivar 2017, 284; *Zilien* Veröffentlichungen der Archivschule Marburg 2011, Nr. 50, 117; *Schäfer U.* Veröffentlichungen der Archivschule Marburg 2011, Nr. 50, 101.

402 https://www.bundesarchiv.de/DE/Navigation/Finden/Epochen/Heiliges-Roemisches-Reich/heiliges-roemisches-reich.html, eingesehen am 19.6.2018.

403 *Boberach* Der Archivar 1984, 325.

404 *Boberach* Der Archivar 1984, 325 (334); *Herrmann S.* Der Archivar 2014, 346.

405 *Benninghoven* Der Archivar 1984, 335.

406 *Benninghoven* Der Archivar 1984, 335.

407 Eine Übersicht s. unter: https://www.archivportal-d.de/struktur?filterValues=sector_Kommunale_Archive; *Kraus* Der Archivar 2017, 294; *Heizmann* Der Archivar 2017, 300; *Heydenreuter* CuR 1988, 241; *Heydenreuter* Der Archivar 1988, 123; *Wöhler* VBlBW 1985, 171; *Vanja* Veröffentlichungen der Archivschule Marburg 2011, Nr. 50, 149; *Tiemann* Der Archivar 2005, 193; *Höroldt* Der Archivar 1984, 387; *Soenius* Der Archivar 2015, 125.

408 *Kluttig* Der Archivar 2017, 26; *Christner* Der Archivar 2015, 128; *Berger* Der Archivar 2012, 372.

409 *Krämer* VBlBW 2005, 43.

410 Beschluss des Kulturausschusses des Deutschen Städtetags vom 21./22.3.2002, DSD-Umdruck-Nr. V3242, 2.

Größe, Besetzung, Aufgabenstellung und Eingliederung in die Verwaltung.[411]

c) Parlamentsarchive, Archive der politischen Stiftungen und Verbände[412]

Die **Parlamentsarchive** wurden nach dem Zweiten Weltkrieg als eigenstän- 117
dige staatliche Archive mit hauptsächlich dokumentarischen Funktionen in Westdeutschland bei fast allen gesetzgebenden Behörden sowohl des Bundes als auch der Länder neu eingerichtet.[413] Die Parlamentsarchive des Bundestages und des Bundesrates sind jedoch keine Archive im klassischen Sinne, denn dort steht weniger die Archivierung als die möglichst tagesaktuelle Erschließung und Bereitstellung der eigenen Parlamentspapiere im Vordergrund[414] (→ § 3 Rn. 7). Sie sind zwar keine Geheimarchive, zeichnen sich jedoch dadurch aus, dass – abgesehen von Informationsfreiheitsgesetzen – kein Zugangsanspruch auf Unterlagen des Parlamentsarchivs bestehen soll.[415] Zur Anbietungspflicht enthält das BArchG eine Ausnahme (→ § 5 Rn. 41), weshalb der Anspruch nach § 10 Abs. 1 BArchG nicht greift.[416] Mit Einrichtung und Betrieb des Parlamentsarchivs ist eine Entscheidung nach § 5 Abs. 4 BArchG gegen Anbietung und Abgabe an das Bundesarchiv getroffen worden. Diese Entscheidungsautonomie in archivrechtlicher Hinsicht begründet die Möglichkeit des Parlaments, sein eigenes Archiv zu unterhalten.[417] Die Archivordnung für den Deutschen Bundestag, sowie die Benutzungsordnung des Parlamentsarchivs kennen ebenfalls kein subjektives Nutzungsrecht. Insbesondere ergibt sich aus § 3 Abs. 1 der Archivordnung trotz der Formulierung „Jede Person" kein subjektives Recht, da es sich um parlamentarisches Binnenrecht handelt.[418] Bereits die erste Archivordnung des Deutschen Bundestags kannte kein Nutzungsrecht. Dies ergab sich sogar, anders als in der aktuellen Archivordnung, direkt aus dem Wortlaut des § 2 Abs. 1 Archivordnung des Deutschen Bundestags idF von 1976. Darin stand wörtlich: „Archivalien, die der Verfügungsgewalt des Parlamentsarchivs unterliegen, stehen einer Benutzung offen......". Vor der Archivordnung von 1976 existierte das Parlamentsarchiv mehr als 26 Jahre ohne Regelungswerk.[419] Die Geschichte des

411 *Höroldt* Der Archivar 1984, 387; *Fischer*, Thüringer Archive, gemeinsam im Netz, www.archive-in-thüringen.de, Der Archivar 2015, 32.

412 Übersicht unter: https://www.archivportal-d.de/struktur?filterValues=sector_Archive_der_Parlamente__politischen_Parteien__Stiftungen_und_Verbaende.

413 *Bradler* Der Archivar 1984, 427 (430).

414 *Freys*, S. 19; zu den Parlamentsarchiven, S. 19.

415 Auch dies ist streitig, befürwortend *Rhein*, Informationsansprüche gegen Parlamente, 2019, S. 167.

416 AA *Blatt* in Brink/Polenz/Blatt IFG § 13 Rn. 12.

417 BT- Drs. 18/9633.

418 *Rhein*, Informationsansprüche gegen Parlamente, 2019, S. 167; Die Archivordnung für den Deutschen Bundestag, einsehbar unter: https://www.bundestag.de/resource/blob/190272/a49121cb9bad2029c592f4475b6dcadc/archivordnung-data.pdf, eingesehen am 18.9.2020. Benutzungsordnung des Parlamentsarchivs, einsehbar unter: https://www.bundestag.de/resource/blob/189826/fbe6dee25b11422a3a97997e6dde5c1a/anerk_tonnutz-data.pdf, eingesehen am 18.9.2020.

419 Das Parlamentsarchiv nahm seine Arbeit im September 1949 auf, und war zunächst eine Sammlungs- und Dokumentationsstelle für Parlamentsmaterialien, Website des *Parlamentsarchivs*, einsehbar unter: https://www.bundestag.de/dokumente/parlamentsarchiv/gesch-245218, eingesehen am 21.9.2020.

Parlamentsarchivs und seiner Archivordnungen bestätigt, dass ein gesetzlicher Anspruch auf Nutzung des Archivgutes des Parlamentsarchivs nie bestanden hat und auch nicht vorgesehen war.

In Betracht kommt ein Anspruch aus § 1 Abs. 1 Satz 1, 2 IFG. Das Parlamentsarchiv müsste Behörde im Sinne des IFG sein. Mangels einer Definition des Behördenbegriffes im IFG, ist auf den allgemeinen Behördenbegriff des VwVfG zurückzugreifen. Nach dem nach § 1 IFG entscheidenden funktionellen Behördenbegriff ist das Parlamentsarchiv Behörde, wenn es eine Verwaltungstätigkeit ausführt.[420] Der Begriff der Verwaltung ist dabei grds. negativ durch Abgrenzung zu anderen Staatsfunktionen abzugrenzen.[421] Das Parlamentsarchiv ist kein Teil der Legislative, denn es nimmt keine gesetzgeberischen Aufgaben wahr. Es nimmt auch sonst keine parlamentarischen Aufgaben wie Repräsentation, Budgetrecht oder Kontrolle des Bundestags wahr.[422] Die Aufgabe des Parlamentsarchivs ist vornehmlich die **Bereitstellung von Parlamentspapieren für das Parlament**, § 3 Abs. 1 **Archivordnung für den Deutschen Bundestag.**[423] Die Zuarbeit begründet zwar einen Zusammenhang mit der Parlamentstätigkeit, nicht jedoch die Ausnahme von der Informationspflicht.[424] Somit unterfällt das Parlamentsarchiv dem funktionalen Behördenbegriff. Da in der Praxis regelmäßig Einsicht gewährt wird, kommt auch ein Einsichtsanspruch aus wiederholter tatsächlicher Übung in Verbindung mit dem allgemeinen Gleichbehandlungsgrundsatz in Betracht, Art. 3 Abs. 1 GG. Durch die regelmäßige Gewährungspraxis liegt eine Selbstbindung der Verwaltung vor.[425] Jedoch besteht die Möglichkeit, durch sachgerechte Gründe den Zugang zu verweigern[426]. Denkbar wäre auch ein direkter Zugangsanspruch aus Art. 5 Abs. 3 GG (Näheres dazu → Einl. Rn. 36 ff.). Sollte die Rechtsprechung zu dem Ergebnis kommen, dass es keinen Anspruch auf Nutzung gegenüber dem Parlamentsarchiv gibt, stellt sich die Frage nach der Verfassungswidrigkeit eines solchen vollständigen Anspruchsausschlusses wegen der Unvereinbarkeit mit Art. 5 Abs. 3 GG. Die Verfassungswidrigkeit eines vollständigen Anspruchsausschlusses liegt dann vor, wenn ein Informationsbereich vollkommen unzugänglich bleibt und damit Wissen-

420 BVerwG 25.6.2015 – 7 C 1/14, juris Rn. 13, *Ramsauer* in Kopp/Ramsauer VwVfG § 1 Rn. 51.

421 BVerwG 25.6.2015 – 7 C 1/14, juris Rn. 15.

422 BVerwG 25.6.2015 – 7 C 1/14, juris Rn. 16.

423 *Nelles*, Der Archivar 2007, 229 (231), die Hauptaufgabe des Parlamentsarchivs ist die Gewährleistung von Informationssicherheit für die parlamentarische Arbeit; *Ullmann*, Der Archivar 2009, 260 (261), das Parlamentsarchiv ist vorrangig Dienstleister für seinen Archivträger den deutschen Bundestag.

424 BVerwG 25.6.2015 – 7 C 1/14, juris Rn. 17, so die Entscheidung des BVerwG für den wissenschaftlichen Dienst des Bundestags; Für eine Verwaltungstätigkeit des Parlamentsarchiv spricht auch, dass der Bundestagspräsident die Archivordnung unterzeichnet hat und nicht der Bundespräsident, https://www.bundestag.de/resource/blob/190272/a49121cb9bad2029c592f4475b6dcadc/archivordnung-data.pdf, eingesehen am 14.8.2020; aA *Becker/Oldenhage* BArchG § 2 Rn. 29.

425 *Maurer/Waldhoff* AllgVerwR § 24 Rn. 27, 28.

426 *Krieger* in Schmidt-Bleibtreu/Hofmann/Henneke GG Art. 3 Rn. 29.

schaft, Forschung und Lehre in diesem Bereich keine Entfaltung finden.[427] Der Staat hat im Wissenschaftsbereich eine Monopolstellung.[428] Daher hat er auch die Pflicht, abstrakt Zugangsmöglichkeiten zu schaffen.[429]

Parteien werden in Deutschland über Art. 21 GG besonders geschützt. Die Stiftungen der Parteien[430] sollen den Auftrag der Parteien, die Demokratie im Bewusstsein der Bevölkerung zu stärken, miterfüllen.[431] Die Archive der Stiftungen sichern Unterlagen ihrer Parteien und Parteimitglieder, die sonst wahrscheinlich vernichtet werden würden und betreiben eigenständige Forschung.[432] Im Idealfall finden sich in den Archiven der politischen Stiftungen, den sog. **Parteiarchiven**, nur private Unterlagen der jeweiligen Parteien[433] (→ § 3 Rn. 8). Staatliche Unterlagen dagegen gehören ins Bundesarchiv und nicht in die privaten Archive der Parteien (→ § 11 Rn. 51). Dies ist erstaunlicherweise bis heute heftig umstritten. Der Versuch der rechtswidrigen Aneignung staatlicher Unterlagen durch die Parteiarchive wird fälschlich mit dem Argument des Erhalts der Archivvielfalt verteidigt. Damit hat er nichts zu tun. 118

d) Kirchenarchive[434]

Die staatlich anerkannten **Religionsgemeinschaften** sind formellrechtlich gem. Art. 140 GG iVm Art. 136 Abs. 5 WRV juristische Personen des öffentlichen Rechts.[435] Da sie aber nicht in den Funktionsbereich der mittelbaren Staatsverwaltung eingegliedert sind, sind sie auch nicht wirklich Träger öffentlicher Gewalt, weshalb ihre Archive nur teilweise dem öffentlichen Bereich zuzuordnen sind.[436] 119

In der **evangelischen Kirche** unterhalten die meisten der 22 Landeskirchen ein eigenes Archiv, dazu gibt es noch das Evangelische Zentralarchiv in 120

427 AA *Hevers*, S. 81, mit der Feststellung, staatlich exklusiv produziertes Material könne keinen Eingriff in Art. 5 Abs. 3 GG darstellen, da dem Forscher auch ohne staatliches Zusammentragen die Informationen nicht zur Verfügung gestanden hätten.

428 BVerfG 29.5.1973 – 1 BvR 424/71, 1 BvR 325/72, juris Rn. 96.

429 BVerwG 20.2.2013 – 6 A 2/12, juris Rn. 29; BVerwG 29.6.2017 – 7 C 24/15, juris Rn. 63; OVG NRW 20.9.2018 – 15 A 3070/15, juris Rn. 140, nach der Rspr. des BVerwG ist ein verfassungsunmittelbarer Auskunftsanspruch nach Art. 5 Abs. 1 S. 2 GG ein Minimalstandard für den Fall, dass der Gesetzgeber untätig bleibt, damit die Pressefreiheit nicht leerläuft. Diese Erwägungen sind auch im Bereich des Art. 5 Abs. 3 GG anwendbar. Demnach müsste im Falle eines vollständigen Anspruchsausschluss gegenüber dem Parlamentsarchiv zumindest ein verfassungsunmittelbarer Anspruch aus Art. 5 Abs. 3 GG als Minimalstandard bestehen. Könne ein solcher nicht angenommen werden, liefe in diesem Bereich die Wissenschaftsfreiheit leer und der Anspruchsausschluss wäre verfassungswidrig.

430 *Hallauer* Der Archivar 2015, 158.

431 *Buchstab* Der Archivar 1984, 431.

432 *Buchstab* Der Archivar 1984, 431 (432).

433 *Freys*, S. 21.

434 *Runde* Der Archivar 2015, 49; s. a. *Müller-Baur* Der Archivar 2015, 30.

435 Übersicht unter: http://m.archivschule.de/DE/service/archive-im-internet/archive-in-deutschland/kirchenarchive/Helbach Der Archivar 2016, 127; *Schmerbauch* Der Archivar 2017, 391; zur Auswertung kirchlichen Archivguts s. *Schäfer U.* FS Rainer Polley 2014, 275.

436 *Freys*, S. 19; zu den Parlamentsarchiven, S. 19.

Berlin.[437] Auch kirchlich eigenständige Werke können ein eigenes Archiv führen, so wie das Archiv des Diakonischen Werkes der Evangelischen Kirche in Deutschland (EKD).[438] In der Hauptsache umfassen die zum Teil sehr umfangreichen Sammlungen Archivgut des 19. und 20. Jahrhunderts.[439]

121 Die **katholische Kirche** verfügt über eine Vielzahl an unterschiedlichen Archiven, so gibt es Pfarrarchive, Dekanatsarchive, Bistumsarchive, Klosterarchive, Ordensarchive und Archive der kirchlichen Institute und Institutionen, zB Wallfahrtskirchen, Domkapitel, ua.[440] Die 27 Erzbistümer und Bistümer unterhalten meist eigene Archive, die zum Teil mit verwandten Institutionen wie einer Bibliothek oder einem Museum zusammenarbeiten.[441] Die Bistumsarchive enthalten vor allem die Kernbestände der Diözesanverwaltung, die bis in das Mittelalter zurückreichen.[442] Die jüdischen Gemeinden in Deutschland verfügten über eine Vielzahl von Archiven. Diese sind durch die Verfolgungen und Zerstörungen während der Zeit des Nationalsozialismus zum Teil untergegangen. Zum Teil wurden sie von der sowjetischen Besatzungsmacht in die Sowjetunion verbracht und bis heute nicht restituiert. Zum Teil wurden sie nach Israel, Großbritannien oder in die USA gerettet und sind dort zugänglich.

e) Freie Archive, sog. Bewegungsarchive

122 Die deutsche Gesellschaft wurde seit 1945 von der Protest-, Freiheits- und Emanzipationsbewegungen nachhaltig geformt. Zu den **Freien bzw. den Bewegungsarchiven**[443] gehören die unabhängigen Archive, die in den 1960er Jahren aus den Protest- und Oppositionsbewegungen entstanden sind, zB die Frauen-, Friedens-, Ökologie- und Alternativbewegungen, die Oppositionsgruppen der ehemaligen DDR, Geschichtsinitiativen, Bürgerinitiativen, Selbsthilfe- und Eine-Welt-Gruppen, Jugend- und Kulturinitiativen und andere mehr.[444] Fast alle dieser Gruppen und Initiativen der Bewegungen hatten Konflikte mit den Institutionen der Mehrheitsgesellschaft, weshalb es zu deren politischen Selbstverständnis gehörte, die Dokumente der eigenen Arbeit und die der Auseinandersetzung mit dem Staat, mit Politik und Verwaltungen aufzubewahren.[445] Diese Archive dienen als unabhängige Orte der Überlieferung der eigenen Geschichte, der eigenen Aktivi-

---

437 *Baier* Der Archivar 1984, 401 ff.
438 *Baier* Der Archivar 1984, 401 (403).
439 *Baier* Der Archivar 1984, 401 (403).
440 *Wurster* Der Archivar 1984, 408; *Kühnel* in Polley, Archivgesetzgebung in Deutschland – Ungeklärte Rechtsfragen und neue Herausforderungen, S. 115 ff., mit näheren Erläuterungen zur archivrechtlichen Situation am Beispiel des Archivs der Vereinigung Deutscher Ordensobern und des Deutschen Katholischen Missionsrats.
441 *Wurster* Der Archivar 1984, 408.
442 *Wurster* Der Archivar 1984, 408.
443 *Bacia/Wenzel* Der Archivar 2017, 130.
444 http://www.bewegungsarchive.de/ueber, eingesehen am 15.6.2018. S. a. Interview der Soziologin Julia Hartung, https://www.freie-radios.net/79475.
445 Verband deutscher Archivarinnen und Archivare eV, Zur Zukunft der Archive von Protest-, Freiheits- und Emanzipationsbewegungen, Der Archivar 2016, 179 (180).

täten und der politischen Identität, um die Dokumente zu sichern und um sie nicht dem Staat und seinen Archiven zu überlassen.[446]

Zum Archivgut gehören Flugblätter, Broschüren, Dokumentationen, Samisdat-Publikationen,[447] Zeitungen und Zeitschriften aus Selbst- oder alternativen Verlagen, Fotos, Plakate, Tondokumente, Handakten, Filme, Interviews, Presseartikel, und auch Personen-, Gruppen- oder Redaktionsnachlässe; gelegentlich auch Demonstrationstransparente, Anstecker, Aufkleber und ähnliches.[448] 123

Die Überlieferungen der sozialen Bewegungen ermöglichen einen Einblick in Strukturen, die sich entgegengesetzt zu den staatlichen Strukturen entwickelt haben, weshalb sie Ausdruck einer lebendigen demokratischen Kultur und Teil der deutschen Identität sind.[449] 124

f) Medienarchive

Medienarchive sind ua die Archive der öffentlich-rechtlichen Rundfunk- und Fernsehanstalten, Archive der Printmedien und Bildarchive, aber auch die Archive einiger Museen, Filmarchive und auch das Afro-Karibische Musikarchiv.[450] 125

Die Geschichte der **Pressearchive** beginnt Mitte des 19. Jahrhunderts als traditionsreiche Zeitungen anfingen, ihre eigenen Artikel und später auch fremde Zeitungsinhalte systematisch zu erfassen.[451] Erst nach dem Zweiten Weltkrieg entstand eine Vielzahl von Pressearchiven, zum Teil aufgeteilt in Sacharchiv und Biografisches Archiv.[452] 126

Der Rundfunk nahm 1923 seinen Sendebetrieb in Deutschland auf, und zunächst wurden eher unorganisiert die benötigten Tonträger und die produzierten Tonkonserven gesammelt.[453] Zuerst ein „Farbtupfer (…) in der eher grauen Welt der klassischen Archive“[454], ist die Bedeutung der audiovisuellen Medien als wissenschaftliches Quellenmaterial immer größer und zahlreiche Abschnitte der Geschichte könnten ohne deren Analyse nicht mehr geschrieben werden.[455] 127

---

446 Verband deutscher Archivarinnen und Archivare eV, Zur Zukunft der Archive von Protest-, Freiheits- und Emanzipationsbewegungen, Der Archivar 2016, 179 (180).

447 = illegale, an der staatlichen Zensur vorbei verbreitete und vervielfältigte Publikationen.

448 Verband deutscher Archivarinnen und Archivare eV, Zur Zukunft der Archive von Protest-, Freiheits- und Emanzipationsbewegungen, Der Archivar 2016, 179 (180).

449 Verband deutscher Archivarinnen und Archivare eV, Zur Zukunft der Archive von Protest-, Freiheits- und Emanzipationsbewegungen, Der Archivar 2016, 179 (183). Auch mit einer (unvollständigen) Übersicht der über 90 (Stand 2016) Freien Archive in Deutschland.

450 Übersicht unter: https://www.archivportal-d.de/struktur?filterValues=sector_Medienarchive.

451 *Englert* Der Archivar 1984, 435.

452 *Englert* Der Archivar 1984, 435 (438).

453 *Schmitt* Der Archivar 1984, 441.

454 *Schmitt* Der Archivar 1984, 441.

455 ARD Pressemeldung Stand 9.4.2014, Erstmals einheitlicher Zugang zu öffentlich-rechtlichen Archiven für Forscher und Wissenschaftler, einsehbar unter: http://ww

g) Wirtschaftsarchive

128 Bei den **Wirtschaftsarchiven**[456] handelt es sich um regionale Archive, die oft von der Industrie- und Handelskammer getragen werden. Außerdem fallen darunter Unternehmens- und Firmenarchive, ebenso wie die Archive der städtischen Verkehrsbetriebe.[457] Archive der Wirtschaft gab es schon in der vorindustriellen Gesellschaft Europas, wie zB die Archive kaufmännischer Firmen, Handelsgesellschaften und Kompanien im west- und südeuropäischen Raum.[458] Mit der Industrialisierung entstanden dann Registraturen großen Ausmaßes und neue Organisations- und Verbandsformen sorgten für zusätzliche Überlieferungen.[459] Wenn man im Interesse der Forschung die gesellschaftliche Wirklichkeit adäquat überliefern will, kann man auf die Unterlagen der Wirtschaft nicht verzichten.[460]

h) Archive der Hochschulen und wissenschaftlicher Institutionen

129 Dazu gehören die Hochschularchive, Literaturarchive[461] und Archive der Theater, Museen und des Films[462], Kulturarchive[463], die Archive der wissenschaftlichen Institutionen[464] wie der Forschung, aber auch das Feministische Archiv und das Archiv der Volksmusik[465], ebenso wie private Kunstarchive[466].

130 Hochschulen können als juristische Personen des öffentlichen Rechts ihre eigenen Archive einrichten, da sie keine kommunalen Gebietskörperschaften darstellen.[467] Das **Archivgut der Hochschulen** beschränkt sich in der Regel nicht nur auf wissenschaftshistorische und bildungspolitische Quellen mit lokalem Bezug, sondern in den Akten der alten Universitäten finden sich auch reichs- und territorialgeschichtliche relevante Bezüge, da diese auch immer Landesuniversitäten waren.[468] Die Archive der Hochschulen verdienen aufgrund dieser überregionalen Komponente, ihres Alters und ihrer reichhaltigen Bestände Beachtung.[469]

---

w.ard.de/home/die-ard/presse-kontakt/pressearchiv/Einheitlicher_Zugang_zu_Archiven_fuer_Wissenschaftler/900322/index.html.

456 *Toussaint* Der Archivar 1993, 103; s. a. *Krause* Der Archivar 2015, 28; *Enzel* Der Archivar 2009, 34.

457 Übersicht unter: https://www.archivportal-d.de/struktur?filterValues=sector_Wirtschaftsarchive&query=bergbauarchiv&offset=0.

458 *Dascher* Der Archivar 1984, 419.

459 *Dascher* Der Archivar 1984, 419.

460 *Dascher* Der Archivar 1984, 419.

461 *Willems* Der Archivar 2013, 165.

462 S. a. *Steffen* Der Archivar 1993, 157.

463 *Thurmann-Jajes* Der Archivar 2016, 310; *Gulde-Druet/Vobiller/March/Küssner* Der Archivar 2016, 332.

464 *Krejsa* Der Archivar 2016, 118; *Thurmann-Jajes* Der Archivar 2016, 310.

465 Übersicht unter: https://www.archivportal-d.de/struktur?filterValues=sector_Archive_der_Hochschulen_sowie_wissenschaftlicher_Institutionen.

466 *Herzog* Der Archivar 2016, 114.

467 *Hausmann*, Archivrecht, S. 23.

468 *Schäfer V.* Der Archivar 1984, 449.

469 *Schäfer V.* Der Archivar 1984, 449.

Schon Goethe machte in seinem Aufsatz „Archiv des Dichters und Schriftstellers“[470] nachdrücklich auf die Pflege und Archivwürdigkeit literarischer Sammlungen aufmerksam und ließ seine eigene Sammlung nach gewissen Archivprinzipien ordnen.[471] Eines der bedeutendsten **Literaturarchive** weltweit ist das Deutsche Literaturarchiv Marbach, das Quellen der Literatur- und Geistesgeschichte von 1750 bis heute archiviert.[472] 131

In Berlin haben sich die **Archive der Theater** zu einem runden Tisch zusammengetan, um der Vielfalt der Materialien und der Vielfalt der Theater gerecht zu werden.[473] Leider werden für diese wichtige Arbeit nicht ausreichend Finanzen zur Verfügung gestellt, so dass für die Sammlungen der Theater, die bis ins 19. Jahrhundert zurückreichen, nicht genügend Personal vorhanden ist.[474] Für die Freien Theater ist ein Archiv des Freien Theaters im Entstehen. Dafür wurde 2018 der Verein „Archive des Freien Theaters e.V.“ gegründet, um das Projekt in den nächsten Jahren richtig koordinieren zu können.[475] 132

i) Andere private Archive

Unter **private Archive**[476] fallen Herrschafts- und Familienarchive[477], aber auch das Deutsche Tanzarchiv Köln[478] oder Vereinsarchive[479] wie zB das Vereinsarchiv des FC Schalke 04[480] und Archive von privaten Stiftungen[481]. 133

Die **privaten Herrschaft- und Familienarchive** (auch Adelsarchive) enthalten im Wesentlichen Dokumente zum Adel, den Standesherren und den in den Jahren 1866–1918 entthronten Herrscherhäusern, haben aber zum Teil ihre Selbstständigkeit verloren, da sie ihre Bestände auch in den zu- 134

470 *Goethe*, Archiv des Dichters und Schriftstellers in Ästhetische Schriften 1821–1824, über Kunst und Altertum III–IV.

471 *Zeller* Der Archivar 1984, 453.

472 https://www.dla-marbach.de/ueber-uns/, eingesehen am 19.6.2018.

473 S. http://www.theaterarchive.iti-germany.de/index.php?id=198, eingesehen am 19.6.2018, mit einer Übersicht der teilnehmenden Theater.

474 "Das archivarische Tagesgeschäft: kontinuierliches Erfassen, Verzeichnen, Pflegen und Digitalisieren der Bestände, liegt mangels finanzieller und personeller Ressourcen an der Mehrzahl der Berliner Theater- und Opernhäuser weitestgehend brach. An Besucherpflege und wissenschaftliche Begleitung von Rechercheprozessen ist hier gar nicht zu denken", Thilo Wittenbecher vom deutschen Zentrum des Internationalen Theaterinstituts (ITI) stellvertretend für den Runden Tisch Berliner Theaterarchive. Nachzulesen unter: https://www.nachtkritik.de/index.php?option=com_content&view=article&id=15081:iti-bemaengelt-situation-der-berliner-theaterarchive&catid=126:meldungen-k&Itemid=100089, vom 19.6.2018.

475 https://www.iti-germany.de/projekte/archiv-des-freien-theaters/, eingesehen am 19.6.2018.

476 Übersicht unter: https://www.archivportal-d.de/struktur?filterValues=sector_Sonstige_Archive.

477 Übersicht unter: https://www.archivportal-d.de/struktur?filterValues=sector_Herrschafts_und_Familienarchive.

478 *Thorausch* Der Archivar 2016, 328.

479 *Dietrich* Der Archivar 2015, 41.

480 *Walther/Pantförder* Der Archivar 2016, 339.

481 *Wolff/Günther* Der Archivar 2017, 149; *Spille/Pöschl* Der Archivar 2017, 152; *Potthoff H.*, Der Archivar 2017, 155; *Paul/Stiehl* Der Archivar 2017, 158; *Schneider D.* Der Archivar 2017, 164; *Walter A.* Der Archivar 2017, 167; *Weinert* Der Archivar 2017, 296.

ständigen Staats- und Kommunalarchiven eingegliedert haben.[482] Ursprünglich wurden in den Adelsarchiven die Urkunden gesammelt und aufbewahrt, die das Eigentumsrecht und alle von den Herrschern verliehenen Privilegien bestätigen, außerdem entstanden durch den Besitz von Landgütern eine Vielzahl für Verwaltung, Rechnungswesen und Wirtschaft benötigte Dokumente.[483] So besaß zB die Adelsfamilie Finckenstein ein Gutsarchiv, wo sie ihre Verwaltungs- und Wirtschaftsakten sammelten.[484]

135 **Archive von privaten Stiftungen** präsentieren ein umfangreiches Spektrum an Themen. So befindet sich im Hanseatischen Wirtschaftsarchiv Hamburg ein Exemplar des Rechenschaftsberichts von Christoph Kolumbus über seine amerikanische Entdeckungsreise, im Archiv der Robert Bosch Stiftung in Stuttgart die weltweit umfangreichste Sammlung zur Geschichte der Homöopathie und in Eisenach das umfangreiche Archiv der Lippmann-und-Rau-Stiftung für Jazz-, Rock- und Popmusik-Interessierte.[485] Die dort verwahrten Unterlagen stehen im Privateigentum, die jeweiligen Eigentümer bestimmen über die Aufbewahrung und die Nutzung.[486]

2. Europa[487]

136 Lange Zeit wurden die Archivbeziehungen vor allem zu den ost- und mitteleuropäischen Staaten durch das Thema der Rückführung von Archivgut beherrscht.[488] Heute gibt es zwischen deutschen Archiven und anderen europäischen Archiven **Kooperationsvereinbarungen**, um die europäische Zusammenarbeit von Archiven zu fördern.[489]

a) Europäische Union

137 Auch die EU unterhält Archive[490], die alle vom europäischen Hochschulinstitut in Florenz verwaltet werden.[491] Dabei hat jede Institution und Einrichtung ihren eigenen Archivdienst, der für die Verwaltung der Dokumente zuständig ist; der Zugang zu den **historischen Archiven der EU** unterliegt einer dreißigjährigen Schutzfrist, vom Zeitpunkt der Anfertigung des Doku-

482 *Freys*, S. 21; *Richtering* Der Archivar 1984, 413.
483 *Zeglinska* Der Archivar 2018, 58.
484 *Zeglinska* Der Archivar 2018, 58.
485 *Bundesverband deutscher Stiftungen*, Archive in Stiftungen, S. 8.
486 *Hausmann*, Archivrecht, S. 19.
487 Eine Übersicht s. unter: https://www.archivschule.de/DE/service/archive-im-internet/archive-in-europa/archive-in-europaarchives-in-europe.html, mit weiteren Links.
488 *Hermann T.* Der Archivar 2014, 341; s. a. *Henke* VfZ 4/1982, 557; *Jena* FS Friedrich P. Kahlenberg 39.
489 *Potthoff A.* Der Archivar 2018, 92; *Hollmann*, Internationale Archivbeziehungen, einführende Überlegungen, Der Archivar 2014, 338; *Hering* Der Archivar 2014, 360; *Metz* Der Archivar 2014, 362; *Richter-Langwitz* Der Archivar 2014, 364; *Liebold* Der Archivar 2007, 136; *Wiemers* Der Archivar 2007, 243.
490 S. a. *Schäfer U.*, Veröffentlichungen der Archivschule Marburg Nr. 33, S. 209 (219 ff.); *Waidmann* Der Archivar 2015, 22.
491 Eine Übersicht s.: https://europa.eu/european-union/documents-publications/libraries-archives_de; s. a. Zugang zu den Dokumenten des Europäischen Parlaments, des Rates, der Kommission, EU, Gebrauchsanleitung 2002, einsehbar unter: http://www.consilium.europa.eu/media/30991/accesdocsde.pdf.

ments an gerechnet.[492] Der Zugang zu den historischen Archiven der EU wurde erstmals 1983 festgelegt.[493]

Das **Historische Archiv der Europäischen Union** wurde 1983 als „Historisches Archiv der Europäischen Gemeinschaften" gegründet, aufgrund einer Verordnung des Rates der Europäischen Gemeinschaften[494] und der Entscheidung der Kommission[495], ihr Archivgut zur Benutzung freizugeben. Das Archiv ist das Zentralarchiv der EU, und als historisch-politische Forschungsstelle mit einem umfassenden Dienstleistungsangebot für die wissenschaftliche Forschung und die interessierte Öffentlichkeit angelegt.[496] Es wird dort Schriftgut aufbewahrt, das von den Gemeinschaftsorganen aus Luxemburg und Brüssel abgegeben worden ist, ebenso die Akten der Kommission, die den Großteil des Archivguts bilden.[497] Somit handelt es sich um Schriftstücke, die die Organe in Wahrnehmung ihrer Aufgaben angefertigt oder empfangen haben, sofern sie zur ständigen Aufbewahrung ausgewählt wurden und älter als 30 Jahre sind.[498] Auch der EUGH hat beschlossen, Zugang nicht nur zu Schriftstücken administrativer Art, sondern auch zu Gerichtsakten zu gewähren.[499] Das gesamte historische Archiv des Gerichtshofs, das zugänglich ist, ist in das Inventar der historischen Archive der Europäischen Union (HAEU) aufgenommen worden.[500] 138

b) Archive in europäischen Ländern

Frankreich war führend bei der Entstehung von Archiven, die schon in ihrer jetzigen Funktion auf die Zeit der französischen Revolution zurückgehen.[501] In Frankreich wird die eigene Geschichte sehr positiv wahrgenommen, was dazu führt, dass Archive deutlich stärker im Bewusstsein der Öffentlichkeit stehen als in Deutschland, positiv konnotiert und sehr gut ausgestattet sind.[502] Frankreich hat mit seinen Archiven ua das Ziel, Archivgut als Kulturgut im Rahmen eines Bildungsauftrags bei den Bürgern im Bewusstsein zu verankern und die archivrechtlichen Bestimmungen in Frankreich sind Bürger- und Nutzerorientiert.[503] Anders als in Deutschland gibt es in 139

492 https://europa.eu/european-union/documents-publications/libraries-archives_de, eingesehen am 18.6.2018.
493 Verordnung (EWG, Euratom) Nr. 354/83 des Rates vom 1.2.1983 (ABl. 1983 L 43). Heute bestimmt sich der Zugang nach: Council Regulation (EU) 2015/496 of 17.3.2015 amending Regulation (EEC, Euratom) No 354/83 as regards the deposit of the historical archives of the Institutions at the European University Institute in Florence.
494 http://eur-lex.europa.eu/legal-content/DE/TXT/?uri=CELEX:31983R0354, eingesehen am 22.5.2018.
495 http://eur-lex.europa.eu/legal-content/DE/TXT/?uri=CELEX:31983S0359, eingesehen am 22.5.2018.
496 *Jaitner* Der Archivar 1988, 545 (550).
497 *Jaitner* Der Archivar 1988, 545 (550).
498 http://eur-lex.europa.eu/legal-content/DE/TXT/?uri=CELEX:31983S0359, eingesehen am 22.5.2018.
499 https://curia.europa.eu/jcms/jcms/P_184647/de/, eingesehen am 22.5.2018.
500 https://curia.europa.eu/jcms/jcms/P_184647/de/, eingesehen am 22.5.2018.
501 *Manegold*, S. 25 ff.
502 *Pawelletz/Straßenburg* Der Archivar 2015, 352.
503 *Pawelletz/Straßenburg* Der Archivar 2015, 352 (533).

Frankreich, aber auch in Großbritannien, für die Archive die Kompetenz, die Einhaltung der archivgesetzlichen Bestimmungen durchzusetzen.[504]

140 Im Laufe der Jahrhunderte sind von den ostpreußischen Adelsfamilien Urkunden gesammelt und in Gutsarchiven aufbewahrt worden, die durch die geschichtlichen Wirren und vor allem den Zweiten Weltkrieg sehr gelitten haben.[505] Das erhalten gebliebene Archivgut befindet sich heute in verschiedenen **ausländischen und polnischen Archiven.** Ein großer Teil des Archivguts befindet sich gegenwärtig im **Staatsarchiv in Olsztyn** (Allenstein)[506] und wurde bisher leider nicht genau erschlossen.

141 Das **österreichische Staatsarchiv** ist eines der bedeutendsten Archive Europas. Es bewahrt in seinen Beständen Überlieferung der Zentralbehörden der ehemaligen Habsburgermonarchie von 1526–1918 und der obersten Organe des Heiligen Römischen Reichs bis 1806 auf.[507] Außerdem gibt es eine babenbergisch-habsburgische Urkundensammlung, die bis in das Jahr 816 zurückreicht.[508]

IX. Zusammenfassung

142 Archive stellen die **Selbstvergewisserung eines Staatswesens** dar. Das deutsche Archivrecht spiegelt die **historische Entwicklung Deutschlands** wider. Die **deutsche Archivvielfalt** ist Ausdruck des gelebten Föderalismus und eine Stärke Deutschlands. Das Bundesarchivgesetz ist relativ neu und zeigt die **Transparenzhoffnungen** einer neuen, nicht in den NS-Staat verwickelten Generation. In der Rechtspraxis treffen diese Erwartungen auf die Abneigung der Exekutive gegen Transparenz und verwaltungsexterne Kontrolle. Die **historische Forschung** wird dadurch an den neuralgischen Punkten der Geschichte der Bundesrepublik Deutschland zunehmend erschwert. **Aktenverluste** und **Aktenvermeidung** bedrohen den Archivzweck. Hinzu kommen die neuen Herausforderungen durch die **Digitalisierung** durch den **Verlust von speicherbaren Informationen an private Akteure** meist im Ausland. Das BArchG nimmt diese Entwicklungen nur zum Teil auf.

„As knowledge and true continue to be targets of attack we must continue to put faith in our archives. Preservation should be seen as a service to society, for it underpins integrity, a sense of place and ensures diversity of ideas, opinions and memory. Libraries and archives are highly trusted by the general public, yet they are experiencing declining levels of funding. This is happening when the preservation of knowledge held in digital form is a major requirement for open, democratic societies. There is no time for complacency,the next attack on knowledge is about to happen, but if we can give libraries, archives and the people who work in them enough support they will continue to protect knowledge and make it available for everyone".[509]

504 *Sagstetter* Der Archivar 2012, 90 (91), zit. Manegold.
505 *Zeglinska* Der Archivar 2018, 58.
506 Übersicht der vorhandenen Archivalien auf Deutsch: http://allenstein.vffow.de/alle.php?ArchivID=42, eingesehen am 19.6.2018.
507 http://www.oesta.gv.at/site/4979/default.aspx, eingesehen am 20.6.2018.
508 http://www.oesta.gv.at/site/4979/default.aspx, eingesehen am 20.6.2018.
509 *Ovenden*, Burning the Books. A History of Knowledge Under Attack, 2020, S. 223.

§ 1 Begriffsbestimmungen

Im Sinne dieses Gesetzes ist oder sind

1. Angehörige: Ehegatten, Lebenspartner sowie Kinder, Enkelkinder, Großeltern, Eltern und Geschwister der Betroffenen;
2. Archivgut des Bundes: Unterlagen von bleibendem Wert, die das Bundesarchiv nach Ablauf der Aufbewahrungsfristen dauerhaft übernommen hat; Unterlagen aus dem Zwischenarchiv des Bundesarchivs, deren Aufbewahrungsfristen bereits abgelaufen sind, deren bleibender Wert jedoch noch nicht festgestellt worden ist, werden wie Archivgut des Bundes behandelt;
3. Betroffene: betroffene Personen gemäß Artikel 4 Nummer 1 der Verordnung (EU) 2016/679 des Europäischen Parlaments und des Rates vom 27. April 2016 zum Schutz natürlicher Personen bei der Verarbeitung personenbezogener Daten, zum freien Datenverkehr und zur Aufhebung der Richtlinie 95/46/EG (Datenschutz-Grundverordnung) (ABl. L 119 vom 4.5.2016, S. 1; L 314 vom 22.11.2016, S. 72; L 127 vom 23.5.2018, S. 2) sowie verstorbener Personen, zu denen Informationen vorliegen;
4. deutsche Kinofilme: Kinofilme, deren Hersteller ihren Wohnsitz, Sitz oder eine Niederlassung in Deutschland haben; im Fall einer Koproduktion muss einer der Hersteller seinen Wohnsitz, seinen Sitz oder eine Niederlassung in Deutschland haben;
5. Entstehung: der Zeitpunkt der letzten inhaltlichen Bearbeitung der Unterlagen eines Vorgangs;
6. Kinofilme: Filmwerke,
   a) die für eine öffentliche Aufführung in einem Kino bestimmt sind oder auf einem national oder international bedeutsamen Festival oder bei einer national oder international bedeutsamen Preisverleihung öffentlich aufgeführt werden und
   b) bei denen nicht im Sinne von § 3 Absatz 4 des Gesetzes über die Deutsche Nationalbibliothek vom 22. Juni 2006 (BGBl. I S. 1338), das durch Artikel 15 Absatz 62 des Gesetzes vom 5. Februar 2009 (BGBl. I S. 160) geändert worden ist, die Musik im Vordergrund steht;
7. national oder international bedeutsame Festivals und Preisverleihungen: die Festivals und Preisverleihungen, einschließlich sämtlicher Festivalreihen, die genannt werden in der jeweils geltenden Fassung
   a) des Filmförderungsgesetzes vom 23. Dezember 2016 (BGBl. I S. 3413) und
   b) der zum Filmförderungsgesetz gehörenden Richtlinien;
8. personenbezogene Informationen im Sinne dieses Gesetzes: Einzelangaben über persönliche oder sachliche Verhältnisse einer bestimmten oder bestimmbaren lebenden oder verstorbenen Person;
9. öffentliche Stellen des Bundes: die Verfassungsorgane des Bundes, die Behörden und Gerichte des Bundes, die bundesunmittelbaren Körperschaften, Anstalten und Stiftungen des öffentlichen Rechts und die sonstigen Stellen des Bundes;

10. Unterlagen: Aufzeichnungen jeder Art, unabhängig von der Art ihrer Speicherung;
11. Unterlagen von bleibendem Wert: Unterlagen,
    a) denen insbesondere wegen ihrer politischen, rechtlichen, wirtschaftlichen, sozialen oder kulturellen Inhalte besondere Bedeutung zukommt
        aa) für die Erforschung und das Verständnis von Geschichte und Gegenwart, auch im Hinblick auf künftige Entwicklungen,
        bb) für die Sicherung berechtigter Interessen der Bürger und Bürgerinnen oder
        cc) für die Gesetzgebung, vollziehende Gewalt oder Rechtsprechung, oder
    b) die nach einer Rechtsvorschrift oder Vereinbarung dauerhaft aufzubewahren sind;
12. Zwischenarchivgut des Bundes: Unterlagen, die das Bundesarchiv vor Ablauf der Aufbewahrungsfristen vorläufig übernommen hat und in einem Zwischenarchiv oder digitalen Zwischenarchiv verwahrt.

Literatur

Görl, Simone, Digitalisierung und Nutzungsmöglichkeiten historischen Filmguts, Der Archivar 2009, 16; *Grundmann, Cornelia /Greve, Holger,* Löschung und Vernichtung von Akten, NVwZ 2015, 1726; *Koppe, Egbert*, Bestandserhaltung im Filmarchiv des Bundesarchivs, Beschreibung technischer Aspekte, Der Archivar 2009, 6; *Meiburg, Anette*, Die Zwischenarchive des Bundesarchivs. Ein Gewinn für Verwaltung und Archiv, Forum, Das Fachmagazin des Bundesarchivs, Ausgabe 2015, 20; *Partsch/Koschmieder*, Der archivrechtliche Informationszugang nach der Novelle des BArchG, NJW 2017, 3416 ff.; *Scheffczyk, Fabian/Wolff, Heinrich Amadeus*, Das Recht der Auskunftserteilung gegenüber den Nachrichtendiensten, NVwZ 2008, 1316; *Schenke, Kerstin*, Zwischen ‚Niemandsland' und Rechtsanspruch. Zur Praxis der Zwischenarchive, Forum, Das Fachmagazin des Bundesarchivs, Ausgabe 2015, 26; *Ziegler, Reiner*, Die Welt im Auge des Filmamateurs, private Filmüberlieferung in der Landesfilmsammlung, Der Archivar 2009, 26

I. Angehörige (Nr. 1)

1 Die Definition des **Angehörigenbegriffs** ist neu und hat bislang keine Verwendung im BArchG gefunden. Dem Angehörigenbegriff kommt insbes. im Zusammenhang mit der Gewährung von Auskunftsrechten gem. § 14 Abs. 2 und auch im Zusammenhang mit evtl. Gegendarstellungsansprüchen gem. § 14 Abs. 4 entscheidende Bedeutung zu.[1] Der Gesetzgeber hat hier nicht auf bereits gesetzlich geregelte Angehörigenbegriffe abgestellt (vgl. zB § 11 Abs. 1 Nr. 1 StGB), sondern eine archivrechtliche Regelung geschaffen, die auf nahe Angehörige abstellt.

2 § 14 Abs. 2 verweist nunmehr für die Wahrnehmung der Betroffenenrechte nach § 14 Abs. 1 auf die Angehörigen gem. § 1 Nr. 1 und nicht mehr auf die **Erben**, wie noch § 4 Abs. 3 BArchG aF. Mit der Regelung wird Kritik an der bisherigen Wahrnehmung der Betroffenenrechte nur durch Erben aufgenommen, da die Wahrnehmung von fortwirkenden Persönlichkeitsrechten nur durch nahe Familienangehörige in Betracht kommt und dafür die vermögensrechtliche Gesamtrechtsnachfolge irrelevant ist.[2] Der Begriff **„Kinder"** umfasst nach der Gesetzesbegründung[3] neben leiblichen Kindern auch Adoptivkinder, was insoweit auf § 1754 BGB und die Rechtswirkung der Adoption verweist.

II. Archivgut und De facto Unterlagen (Nr. 2)

1. Archivgut

3 § 1 Nr. 2 weist nunmehr eine Legaldefinition des Begriffs **Archivgut**[4] auf. An der bisherigen Rechtslage ändert sich dadurch nichts. Mit der Umwidmung werden aus Behördenunterlagen Archivgut in der alleinigen Verfügungsgewalt des Bundesarchivs, womit der Zugang zu diesem Archivgut allein nach dem BArchG erfolgt.[5] Archivgut entsteht durch die **Umwidmung von Behördenunterlagen**, deren bleibender Wert gem. § 1 Nr. 10 festgestellt wird und die nach Ablauf der Aufbewahrungsfristen dauerhaft übernommen werden.[6] Entscheidend ist hierbei aber nicht die **materielle Archivwürdigkeit** der Unterlagen allein, sondern die **formelle Umwidmung.** Die Umwidmung erfolgt durch Verwaltungsakt in der Form der Allgemeinverfügung gem. § 35 Satz 2 2. Alt. VwVfG. Es handelt sich um eine sachbezogene Allgemeinverfügung in der Form der intransitiven Zustandsrege-

1 Vgl. die Gesetzesbegründung BT-Drs. 18/9633, 41.
2 So auch *Becker/Oldenhage*, HK-BArchG, § 4 Rn. 17 mit Verweisen auf BGH 20.3.1968 – I ZR 44/66, BGHZ 50, 133 (140); 20.3.1992 – V ZB 7/92, 117, 382 (390).
3 Gesetzesbegründung BT-Drs. 18/9633, 40.
4 Zur Archivterminologie: *Schreckenbach* FS Kahlenberg 157 ff.
5 So auch *Becker/Oldenhage*, HK-BArchG, § 3 Rn. 11; unberührt bleibt der presserechtliche Auskunftsanspruch oder der des Abgeordneten nach Art. 38 GG.
6 So zutr. *Schoch* IFG § 13 Rn. 18.

lung, da mit der Verfügung rechtserhebliche Eigenschaften der Behördenunterlagen geändert werden.[7] Verwaltungspraktisch erfolgt diese Widmung konkludent durch die Erklärung der dauerhaften Übernahme der Unterlagen nach Feststellung der Archivwürdigkeit durch das Bundesarchiv nach Feststellung des bleibenden Wertes.[8] Eine **Umwidmung vollzieht sich in drei Schritten.** Zunächst muss gewährleistet sein, dass die abgebende Stelle die Unterlagen nicht mehr benötigt und dass die Schutzfristen abgelaufen sind.[9] Die allgemeine Schutzfrist bemisst sich auf 30 Jahre nach § 11 Abs. 1 Satz 1. Der zweite Schritt besteht in der Übergabe, § 5 Abs. 1, mit der die Unterlagen von öffentlichen Sachen im Verwaltungsgebrauch zu öffentlichen Sachen im Gemeingebrauch werden.[10] In einem dritten Schritt muss das Bundesarchiv den bleibenden Wert der Unterlagen feststellen, § 5 Abs. 2. Das Bundesarchiv und seine Archivare sind dabei in ihrer Entscheidung an die Dienst- und Fachaufsicht der Bundesregierung gebunden (→ § 2 Rn. 3). Das in Art. 20 Abs. 3 GG verankerte Rechtsstaatsprinzip und das in Art. 5 Abs. 3 GG verankerte Gebot der Sicherstellung objektiver Forschungsergebnisse lassen Bedenken an der gesetzgeberischen Entscheidung aufkommen.

Im KultgSchG galt eine Differenzierung zwischen Archiv- (§ 10 Abs. 1 KultgSchG) und Kulturgütern (§ 1 Abs. 1 KultgSchG). Diese Trennung wurde in das KGSG nicht übernommen. Der neue Oberbegriff **„Kulturgut"** umfasst sowohl Kultur- als auch Archivgut[11] (→ § 5 Rn. 1). Künftig soll nicht mehr zwischen den beiden Verzeichnissen „national wertvolles Kulturgut" und „national wertvolle Archive" unterschieden werden, es ist in jedem Land lediglich ein „Verzeichnis national wertvollen Kulturgutes" zu führen.[12] Ein Archiv ist ein einmaliges Kulturgut und die gesetzliche Regelung hat daher den Schutz dieses Kulturgutes gegen Vernichtung und Zersplitterung sowie seine öffentliche Nutzung zu gewährleisten.[13]

2. De facto Unterlagen

4 § 1 Nr. 2 Hs. 2 erstreckt nunmehr die Regelungen des BArchG auch auf **Behördenunterlagen**, die sich bereits vor Ablauf der Aufbewahrungsfristen beim Bundesarchiv befinden, deren Archivwürdigkeit aber noch nicht festgestellt wurde. Die Formulierung ist unglücklich, da entscheidend die Umwidmung ist, deren Voraussetzung die Feststellung der Archivwürdigkeit ist. Im Ergebnis werden für den Übergangszeitraum zwischen Anbietung der Unterlagen gem. § 5 und ihrer Umwidmung die Archivregeln auf Behördenunterlagen erstreckt, um keinen rechtsfreien Raum entstehen zu lassen.[14]

---

7 Vgl. *Ramsauer* in Kopp VwVfG § 35 Rn. 164.
8 So die Gesetzesbegründung BT-Drs. 18/9633, 41.
9 *Partsch/Koschmieder* NJW 2017, 3416 (3417).
10 *Becker/Oldenhage*, HK-BArchG, § 2 Rn. 18.
11 Gesetzesbegründung, BT-Drs. 18/7456, 45; NK-KGSG/*von der Decken* § 7 Rn. 8.
12 Gesetzesbegründung, BT-Drs. 18/7456, 67 f.; NK-KGSG/*Peters* § 90 Rn. 10.
13 Gesetzesentwurf der Landesregierung (17.7.86), Zielsetzung, Inhalt, Alternativen, Kosten., Begründung S. 103, in: *Bannasch/Maisch/Richter*, Archivrecht in Baden-Württemberg. Texte, Materialien, Erläuterungen.
14 So die Gesetzesbegründung BT-Drs. 18/9633, 42.

Die Regelung verwundert, da doch § 5 Abs. 2 die Abgabe der Unterlagen an das Bundesarchiv erst nach Feststellung der Archivwürdigkeit vorsieht und damit der hier geregelte **Sonderfall der Abgabe vor Feststellung der Archivwürdigkeit und Umwidmung** gar nicht eintreten sollte. 5

III. Betroffene (Nr. 3)

§ 1 Nr. 3 ist eine Legaldefinition, die bestimmt, wer **Betroffener** iSd Bundesarchivrechts ist. Von besonderer Bedeutung ist diese Begriffsbestimmung für § 6 Abs. 3 Nr. 2 und für die §§ 10–14.[15] 6

Betroffene sind natürliche Personen, gleich ob sie noch leben oder nicht. 7

Ausgenommen von den Betroffenen sind **Amtsträger in Ausübung ihrer Ämter**, was sich aus § 11 Abs. 4 ergibt. 8

Bestimmt oder **bestimmbar** ist eine natürliche Person, wenn mit einem hohen Grad an Wahrscheinlichkeit eine Verwechslung ausgeschlossen werden kann. Eindeutigkeit ist dabei nicht erforderlich. Dh, es muss nicht unbedingt ein Geburtsdatum vorliegen, was den Betroffenen bestimmbar werden lässt. Es können auch andere Daten dazu führen, dass der Betroffene mit hoher Wahrscheinlichkeit bestimmbar ist, dies reicht aus. 9

Juristische Personen sind keine Betroffenen, was sich aus dem Wortlaut des § 1 Nr. 3 ergibt. Auch rechtliche Gesellschaften, wie Parteien, sind keine Betroffenen. 10

Die **schutzwürdigen Belange der Betroffenen**, dh der Schutz von deren allgemeinem Persönlichkeitsrecht aus Art. 2 Abs. 1 iVm Art. 1 Abs. 1 GG, werden mit dem Informationsinteresse der Nutzer im Rahmen der jeweiligen Normen abgewogen. Dabei soll das Geheimhaltungsinteresse des Betroffenen mit der Sensibilität der Information zunehmen.[16] Wenn keine schutzwürdigen Belange Betroffener entgegenstehen, ist schon die **automatische Verarbeitung personenbezogener Daten** für Archivzwecke in der Zwischenarchivierung erlaubt, § 8 Abs. 2 Satz 3 iVm § 5 Abs. 5. Der Begriff der personenbezogenen Daten im BArchG ist angelehnt an § 3 BDSG und umfasst sämtliche Informationen in Bezug auf eine Person, zB auch eine Abbildung auf einem Gruppenfoto.[17] 11

Dem Interesse der Betroffenen dient auch § 10 Abs. 2, der Nutzungsbeschränkungen normiert und dem Schutz Betroffener unabhängig von der Schutzfrist des § 11 Abs. 2 dient. Die schutzwürdigen Belange Betroffener im Rahmen des § 10 Abs. 3 sollten aber zumindest nicht über den Schutzgehalt des § 13 hinausgehen. Nach § 14 steht Betroffenen ein Auskunfts-, Einsichtnahme- und Gegendarstellungsanspruch zu. Dies ist angelehnt an das Datenschutzrecht, denn der Betroffene kann über die im Archivgut zu seiner Person enthaltenen Daten Auskunft erhalten, was sich in allen Archivgesetzen findet.[18] 12

15 BT-Drs. 18/9633, 42.
16 BVerwG 17.3.2016 – 7 C 2/15, juris Rn. 26.
17 BT-Drs. 18/9633, 42.
18 *Becker/Rehm*, S. 171, mwN.

13 Auch andere Gesetze normieren den Schutz und Ansprüche von Betroffenen. **Betroffenenauskunftsrechte** sind dabei Ausdruck des Rechts auf informationelle Selbstbestimmung.[19] Sie finden sich zB in Kapitel 2 der BDSG (neu).[20] Datenschutzrechtliche Auskunftsansprüche finden sich in Art. 15 DS-GVO und für Betroffene, die die Unterlagen der ehemaligen Staatssicherheit nutzen wollen, gelten ua die §§ 12–18 StUG. Auch die StPO normiert Betroffenenrechte. So kann ein Beschuldigter Akteneinsicht verlangen, § 147 StPO und ebenso Privatpersonen mit berechtigtem Interesse, § 475 StPO. § 22 BNDG[21] erteilt dem Betroffenen gegenüber dem Bundesnachrichtendienst auf Antrag Auskunft über gespeicherte Daten zu seiner Person unter den Voraussetzungen des § 15 BVerfSchG.[22] Dabei wird der Bundesnachrichtendienst zu einer vollständigen und richtigen Auskunft über die gespeicherten Daten verpflichtet und der Inhalt der Auskunft muss mit dem Inhalt der gespeicherten Daten identisch sein. [23] Und nach § 9 MADG erteilt der Militärische Abschirmdienst dem Betroffenen über zu seiner Person gespeicherte Daten Auskunft ebenfalls gem. § 15 BVerfSchG, an die Stelle des dort genannten Bundesministeriums des Innern tritt in diesem Fall das Bundesministerium der Verteidigung.

IV. Deutsche Kinofilme (Nr. 4)

14 § 1 Nr. 4 bestimmt den Begriff des deutschen Kinofilms. Deutsche Kinofilme unterliegen einer Pflichtregistrierung gem. § 17; Verstöße gegen § 17 sind gem. § 18 bußgeldbewehrt.

15 Der Begriff des Kinofilms wird in § 1 Nr. 6 näher definiert. Hierzu gehören die öffentliche Aufführung eines Filmwerks in einem Kino, auf einem national oder international bedeutsamen Festival oder bei einer national oder international bedeutsamen Preisverleihung, § 1 Nr. 6 a). § 1 Nr. 6 b) enthält zudem ein negatives Tatbestandsmerkmal, wonach die Musik nicht im Vordergrund des Filmwerks stehen darf.[24]

16 § 1 Nr. 4 bestimmt, wann ein deutscher Kinofilm vorliegt. Es werden die Fälle der deutschen (**„Allein-"**) **Produktion**, § 1 Nr. 4 Hs. 1, sowie der deutschen Koproduktion, § 1 Nr. 4 Hs. 2, unterschieden. Der von nur einem einzigen Hersteller produzierte Kinofilm ist eine deutsche Produktion iSd § 1 Nr. 4 Hs. 1, wenn dieser seinen Wohnsitz, Sitz oder eine Niederlassung in Deutschland hat. Eine **Koproduktion** liegt hingegen vor, wenn mehrere Hersteller – vielfach aus verschiedenen Ländern – gemeinsam einen Kinofilm produzieren. Im Rahmen einer solchen Koproduktion ist ein Kinofilm gem. § 1 Nr. 4 Hs. 2 als deutsche Produktion anzusehen, wenn zumindest

19 *Nadler*, S. 96; zum StUG s. a. *Geiger/Klinghardt* Stasi-Unterlagen-Gesetz Einl. Rn. 23.

20 Gesetz zur Anpassung des Datenschutzrechts an die Verordnung (EU) 2016/679 und zur Umsetzung der Richtlinie (EU) 2016/680 (Datenschutz-Anpassungs- und -Umsetzungsgesetz EU – DSAnpUG-EU), BGBl. 2017 I 2097. Die nF des BDSG ist seit 25.5.2018 mit der DSGVO anwendbar; s. a. *Schwan*, S. 1 ff.

21 Zum Umfang des Anspruchs s. a. BVerwG 24.1.2018 – 6 A 8/16.

22 S. dazu BVerwG 14.9.2010 – 20 F 15/09, BeckRS 2010, 54146; s. a. *Scheffczyk/Wolff* NVwZ 2008, 1316.

23 BVerwG 24.1.2018 – 6 A 8/16, NVwZ 2018, 590 (Ls.).

24 Dazu näher §§ 1 Nr. 6, Nr. 7.

einer der Hersteller seinen Wohnsitz, seinen Sitz oder eine Niederlassung in Deutschland hat. Dieser Hersteller wird im Falle einer Koproduktion auch als „Mithersteller" bezeichnet (vgl. § 17).

17 Nach der Gesetzesbegründung umfasst der Begriff des „Herstellers" deutscher Kinofilme ausschließlich den **Produzenten** des Films, der sowohl eine **natürliche Person** als auch eine **juristische Person** sein kann.[25] Produzent eines Films ist typischerweise der „Filmhersteller" iSv § 94 UrhG. Entsprechend dem urheberrechtlichen Begriffsverständnis trägt der Hersteller eines Films die wirtschaftliche Verantwortung und steuert den Herstellungsprozess.[26] Übernehmen mehrere natürliche oder juristische Personen diese Verantwortung bzw. leitende Tätigkeiten und leisten diese natürlichen oder juristischen Personen gleichwertige Produktionsbeiträge, sind sie gemeinsam Hersteller des Films; es handelt sich dann um eine **Koproduktion** im urheberrechtlichen Sinne.[27] Filmherstellern stehen die in **§ 94 UrhG** normierten Schutzrechte zu. Der **Herstellerbegriff** in § 1 Nr. 4 ist allerdings noch weiter zu verstehen. Die Gesetzesbegründung weist insoweit eine Unklarheit auf. Einerseits soll Hersteller eines deutschen Kinofilms ausschließlich dessen Produzent sein.[28] Andererseits stellt die Gesetzesbegründung ausdrücklich klar, dass es sich auch dann um einen deutschen Kinofilm handelt, wenn sich im Falle einer Koproduktion eine natürliche oder juristische Person aus Deutschland mit einem minoritären Finanzierungsanteil an der Produktion beteiligt.[29] In der Konsequenz müssen dann auch diese natürlichen oder juristischen Personen als Hersteller iSv § 1 Nr. 4 angesehen werden. Für ein weites Verständnis spricht der Sinn und Zweck der nach § 17 erforderlichen Pflichtregistrierung für deutsche Kinofilme. Dieser besteht darin, eine möglichst vollständige Übersicht über das deutsche Filmproduktionsvolumen zu erhalten.[30]

V. Entstehung von Unterlagen (Nr. 5)

18 Mit der Vorschrift wird eine Legaldefinition für die **Entstehung von Unterlagen** im BArchG neu geschaffen. Die Regelung zur Entstehung von Unterlagen steht im Zusammenhang mit der in § 5 Abs. 1 Satz 2 geschaffenen Sollanbietungspflicht von Unterlagen nach Ablauf von 30 Jahren nach Unterlagenentstehung. Die Vorschrift definiert den für die Fristbestimmung erforderlichen Fristbeginn.

19 Allen Archivgesetzen ist gemein, dass sie auf den Zeitpunkt der „Entstehung" der Unterlagen für die Berechnung zB der 30-jährigen Frist für die Vermutung der Aufgabenerledigung abstellen.[31] Die Terminologie ist je-

25 Vgl. BT-Drs. 17/12012, 8.
26 Vgl. BGH 22.10.1992 – I ZR 300/90, juris Rn. 18; BeckOK UrhR/*Diesbach/Vohwinke* UrhG § 94 Rn. 12.
27 Vgl. OLG Bremen 15.12.2008 – 3 U 7/08, juris Rn. 62 f. Ähnl. *Schulze* in Dreier/Schulze UrhG § 94 Rn. 10. Vgl. zur mitunter schwierigen Einordnung der diversen Kooperationsformen im Bereich der Filmherstellung als Koproduktion nur *Mangold/Czernik* in Wandtke/Bullinger UrhG § 94 Rn. 55 ff.
28 Vgl. BT-Drs. 17/12012, 8.
29 Vgl. BT-Drs. 17/12012, 9.
30 Vgl. BT-Drs. 17/12012, 9.
31 So auch *Manegold*, S. 206.

doch uneinheitlich. Verwendet werden die Begriffe „Entstehung[32]“, „letzte inhaltliche Bearbeitung“ oder „Schließung“. Augenfällig ist, dass neben dem BArchG nur das Landesarchivgesetz Mecklenburg-Vorpommern und das Niedersächsisches Archivgesetz eine Legaldefinition der Entstehung aufweisen und jeweils auf die *„letzte inhaltliche Bearbeitung“* verweisen.[33]

20 § 1 Nr. 5 stellt für die Entstehung der Unterlage auf die **letzte inhaltliche Bearbeitung der Unterlage eines Vorgangs** ab. Ausweislich der Gesetzesbegründung wird der Zeitpunkt der Entstehung von Unterlagen auf den Zeitpunkt der letzten inhaltlichen Bearbeitung des Originals bei den öffentlichen Stellen des Bundes vor der Abgabe an das Bundesarchiv fixiert. Maßgebend ist die letzte substantielle inhaltliche Bearbeitung eines Vorgangs iSv § 3 RegR, die formal durch eine Verfügung mit Datumsangabe kenntlich gemacht wird.[34] Als letzte inhaltliche Bearbeitung iSd § 1 Nr. 5 ist der Zeitpunkt zu verstehen, in dem die Unterlage zur Akte („zdA“) genommen wurde, ohne dass weitere Bearbeitungsschritte beabsichtigt waren.[35] Durch die Bearbeitung eines solchen „zdA“ Vorgangs wird dieser nicht fortgesetzt oder wieder aufgenommen, sondern es entsteht dadurch ggf. ein neuer Vorgang.[36] Demnach liegt keine inhaltliche Bearbeitung in der Bearbeitung eines IFG-Antrages oder eines BArchG-Antrags zu einem Vorgang. Auch gelegentliche Anfragen der Amtsleitung oder anderer Behörden nach dem Fortgang eines Verfahrens führen nicht dazu, dass der betroffene Vorgang dadurch zu einem nicht abgeschlossenen Vorgang wird. Dies muss auch Ausdruck in der Zuordnung eines Aktenzeichens finden, vgl. die Kommentierung zu § 1 Nr. 9. Keine inhaltliche Bearbeitung ist damit eine Wiedervorlage, eine Anfrage eines dritten Amts oder Aufsichtsbehörde (zB StA, Rechnungshof oÄ). Damit ist als Entstehungszeitpunkt iSd § 1 Nr. 5 BArchG nF nicht die letzte inhaltliche Bearbeitung der Gesamtakte anzusehen; vielmehr ist die Entstehung und damit auch das Alter für jede Unterlage, die in einer Gesamtakte enthalten ist, gesondert festzustellen.[37] Auch die Registraturrichtlinie geht davon aus, dass durch die Verfügung „zdA“ der Vorgang abgeschlossen wird (vgl. Anlage 1 zur Registraturrichtlinie).[38] Die Unterlage ist damit in dem Augenblick im Sinne des Archivrechts entstanden, in dem sie Teil der in der Akte enthaltenen Informationssammlung geworden ist. Eine spätere erneute Befassung mit dem entsprechenden Dokument – etwa eine Auswertung mit Hinblick auf neu eingegangene Erkenntnisse – aktualisiert den Entstehungszeitpunkt der Unterlage nicht; die Unterlage kann denklogisch nur einmal entstehen“.[39]

32 § 3 Abs. 1 LArchG BW, Art. 6 Abs. 1 BayArchivG, § 5 Abs. 1 ArchGBln, § 4 Abs. 1, **BbgArchivG, § 3 Abs. 1,** BremArchivG, § 3 Abs. 1 HmbArchG, § 8 Abs. 1 HessArchivG, § 4 Abs. 1 ArchG NRW, § 3 Abs. 3 LArchG RhPf, § 8 Abs. 1 SaarlArchG, § 17 Abs. 1 ThürArchivG.

33 § 3 Abs. 5 **LArchivG MV, § 3 Abs. 1** Nds ArchG.

34 BT-Drs. 18/9633, 43, so auch OVG NRW 5.7.2018 – 15 A 2147/13, Rn. 35.

35 BVerwG 11.12.2019 – 6 C 21/18, juris Rn. 17, Im Verfahren Saure ./. Bundesrepublik Deutschland.

36 BVerwG 11.12.2019 – 6 C 21/18, juris Rn. 34

37 OVG NRW 5.7.2018 – 15 A 2147/13, juris Rn. 40 f; bestätigt durch BVerwG 11.12.2019 – 6 C 21/18, juris Rn. 21.

38 BVerwG 11.12.2019 – 6 C 21/18, juris Rn. 17 und 33.

39 OVG NRW 5.7.2018 – 15 A 2147/13, juris Rn. 50.

Nur eine geordnete Aktenführung ermöglicht einen rechtsstaatlichen Verwaltungsvollzug, eine Rechtskontrolle durch Gerichte sowie Aufsichtsbehörden und eine Überprüfung durch die Parlamente. Eine **ordnungsmäße Aktenführung** umfasst die Pflicht der Behörde zur objektiven Dokumentation des wesentlichen sachbezogenen Geschehensablaufs.[40] Die öffentliche Verwaltung ist verpflichtet, Akten zu führen (**Gebot der Aktenmäßigkeit**), alle wesentlichen Verfahrenshandlungen vollständig und nachvollziehbar abzubilden (**Gebot der Vollständigkeit und Nachvollziehbarkeit**) und diese wahrheitsgemäß aktenkundig zu machen (**Gebot der wahrheitsgetreuen Aktenführung**).[41] Die rechtsstaatliche Pflicht zur ordnungsgemäßen Aktenführung bedarf keines ausdrücklichen Ausspruchs im Gesetz.[42] Alle Bundesverwaltungen haben sich daher an die RegR zu halten.[43] Die RegR ist laut Vorwort Rahmenrichtlinie für die Bundesministerien und eine Leitlinie für die nachgeordneten Stellen des Bundes. Abweichende Vorschriften (zB VS-Anweisung, Personalakten) bleiben unberührt. Nach dem Grundsatz der ordnungsgemäßen Aktenführung hat die Unterscheidung zwischen Rahmenrichtlinie und Leitlinie keine Bedeutung. Dies ergibt sich auch aus dem Grundsatz ordnungsgemäßer Aktenführung, welcher auf dem Rechtsstaatsprinzip nach Art. 20 Abs. 3 GG beruht. Darüber hinaus kommt es auf die formale Bindungswirkung der Registraturrichtlinie für nachgeordnete Stellen des Bundes auch deshalb nicht an, da die Begründung zu § 1 Nr. 5 zur Auslegung des Begriffs des Vorgangs unterschiedslos für alle Bundesbehörden auf die Registraturrichtlinie Bezug nimmt.[44] 21

Nach § 3 RegR ist ein Vorgang die kleinste Sammlung von zusammengehörenden Dokumenten aus der Bearbeitung eines Geschäftsvorfalls; die **Teileinheit einer Akte.**[45] Es handelt sich um die unterste, sachlich nicht mehr teilbare Stufe der Aktenbildung.[46] Dies zugrunde gelegt, ist als „Vorgang" iSd § 1 Nr. 5 nicht die Gesamtakte als Abbild der gesamten, unter Umständen jahrzehntelangen Beobachtungstätigkeit betreffend ein Beobachtungsobjekt zu verstehen, sondern eine Teileinheit dieser Gesamtakte.[47] Keine Rolle spielt für den Unterlagenbegriff, ob es durch die Einsicht zu einer Gefährdung für andere Rechtsziele kommt.[48] Dem BArchG liegt ein materieller Vorgangsbegriff zugrunde, der nicht an die formale Zusammenfassung von Dokumenten in einer Akte anknüpft, sondern auf die inhaltliche Zu- 22

40 BAG 21.9.2016 – 10 ABR 48/15, BAGE 156, 289–358, Rn. 149.
41 BVerwG 16.3.1988 – 1 B 153.87.
42 BVerfG 6.6.1983 – 2 BvR 244/83, 2 BvR 310/83 – zu zwei der Gründe; *Grundmann/Greve* NVwZ 2015, 1726 (1727).
43 AA BVerfSch im Verfahren VG Köln 13 K 12066/17, Schriftsatz vom 23.4.2018, S. 2. Offengelassen von OVG NRW 5.7.2018 – 15 A 2147/13, Rn. 38.
44 BVerwG 11.12.2019 – 6 C 21/18, juris Rn. 24.
45 OVG NRW 5.7.2018 – 15 A 2147/13, Rn. 37; so bestätigt von BVerwG 11.12.2019 – 6 C 21/18, juris Rn. 22.
46 BVerwG 11.12.2019 – 6 C 21/18, juris Rn. 22, m. Verw. a. Archivschule Marburg, Begriff "Vorgang": http://m.archivschule.de/DE/forschung/schriftgut/terminologie/vorgang.html, eingesehen am 9.9.2020.
47 OVG NRW 5.7.2018 – 15 A 2147/13, juris Rn. 38, so bestätigt von BVerwG 11.12.2019 – 6 C 21/18, juris Rn. 21.
48 OVG NRW 5.7.2018 – 15 A 2147/13, juris Rn. 39.

sammenfassung von Dokumenten als Verkörperung eines abgegrenzten Verwaltungsablaufs.[49]

VI. Kinofilme, Festivals, Preisverleihungen (Nr. 6 und Nr. 7)

1. Regelungsstruktur des § 1 Nr. 6 und 7

23 § 1 Nr. 6 bestimmt den Begriff des Kinofilms.[50] Kinofilme sind Gegenstand einer Pflichtregistrierung gem. § 17; Verstöße gegen § 17 sind gem. § 18 bußgeldbewehrt.

24 Entgegen ihrer formellen Trennung sind § 1 Nr. 6 a) und b) als einheitlicher Tatbestand zu lesen. Während § 1 Nr. 6 a) die öffentliche Aufführung eines Filmwerks in einem Kino, auf einem national oder international bedeutsamen Festival oder bei einer national oder international bedeutsamen Preisverleihung als positive Tatbestandsvoraussetzungen des Begriffs „Kinofilm" festlegt, enthält § 1 Nr. 6 b) eine Negativvoraussetzung, wonach die Musik nicht im Vordergrund des Filmwerks stehen darf. § 1 Nr. 6 b) verweist hierfür sinngemäß auf § 3 Abs. 4 Alt. 1 DNBG, der Filmwerke, bei denen nicht die Musik im Vordergrund steht, vom Anwendungsbereich des DNBG ausnimmt. Filme, bei denen die Musik im Vordergrund steht (zB Konzertaufzeichnungen), werden nicht beim Bundesarchiv,[51] sondern bei der Deutschen Nationalbibliothek archiviert. Einen Grenzfall bilden Musicalfilme, bei denen sowohl die schauspielerischen und filmästhetischen als auch musikalische Aspekte im Vordergrund des Filmwerks stehen. Um das Ziel des Gesetzgebers, das „nationale Filmerbe zu sichern"[52], umfassend zu gewährleisten, sind auch Musicalfilme vom Begriff des Filmwerks iSd § 1 Nr. 6 erfasst, da hier jedenfalls nicht allein die Musik im Vordergrund steht. Neben den musikalischen Aspekten kommt bei Musicalfilmen auch den schauspielerischen und filmästhetischen Elementen eine nicht bloß nachrangige Bedeutung zu.

25 § 1 Nr. 7 verweist seinerseits zur Bestimmung der bedeutsamen Festivals und Preisverleihungen iSd § 1 Nr. 6 a) auf das Filmförderungsgesetz (FFG) und die dazu gehörenden Richtlinien.

2. Öffentliche Aufführung

26 Ein Filmwerk ist dann ein Kinofilm, wenn es zur öffentlichen Aufführung in einem Kino bestimmt ist (1. Alt.). Kinos (auch Lichtspielhäuser, Lichtspieltheater oder Filmtheater) sind Orte, an denen Filmwerke mittels Projektion oder durch andere Digitaltechniken auf eine Leinwand gebracht und einem Publikum vorgeführt werden. Der Zweck der Filmproduktion oder des fertig gestellten Films muss schwerpunktmäßig auf eine solche Vorführung abzielen. Filmwerke, die für das Fernsehen, Streaming-Dienste oder etwa zu Ausbildungs- und Freizeitzwecken produziert werden und damit nicht im Schwerpunkt auf eine Aufführung in einem Kino abzielen, sind dann als Kinofilme iSv § 1 Nr. 6 lit. a) anzusehen, wenn sie auf einem

49 So BVerwG 11.12.2019 – 6 C 21/18, juris Rn. 25
50 S. a. *Görl* Der Archivar 2009, 16; *Ziegler* Der Archivar 2009, 26.
51 S. a. *Koppe* Der Archivar 2009, 6.
52 BT-Drs. 17/2012, 1.

national oder international bedeutsamen Festival oder bei einer national oder international bedeutsamen Preisverleihung öffentlich aufgeführt werden (2. Alt.).

Das Tatbestandsmerkmal der Öffentlichkeit der Aufführung ist im urheberrechtlichen Sinne zu verstehen. Kinofilme sind gem. § 2 Nr. 6 UrhG urheberrechtlich geschützte Werke. Dem Filmhersteller steht gem. § 94 Abs. 1 Satz 1 UrhG das ausschließliche Recht der öffentlichen Wiedergabe, insbes. das Vorführungsrecht (vgl. § 19 Abs. 4 UrhG), zu. Der terminologische Anknüpfungspunkt in § 1 Nr. 6 a) an die öffentliche Aufführung ist vor diesem Hintergrund missglückt, bezieht er sich in der Diktion des UrhG doch allein auf das Recht, ein Werk der Musik durch persönliche Darbietung öffentlich zu Gehör zu bringen oder ein Werk öffentlich bühnenmäßig darzustellen (vgl. § 19 Abs. 2 UrhG). Kinofilme iSd § 1 Nr. 6 sind ausweislich § 1 Nr. 6 b) jedoch gerade keine Musikvideos. Das Tatbestandsmerkmal der Aufführung ist daher aus Gründen der Einheit der Rechtsordnung vorzugswürdig als Vorführung iSd § 19 Abs. 4 UrhG auszulegen. 27

Macht der Filmhersteller von seinem Vorführungsrecht Gebrauch, unterwirft das BArchG den öffentlich vorgeführten deutschen Kinofilm einer Registrierungspflicht nach § 17. Der Begriff der Öffentlichkeit richtet sich nach der Legaldefinition des § 15 Abs. 3 UrhG. Danach ist die Wiedergabe öffentlich, wenn sie für eine Mehrzahl von Mitgliedern der Öffentlichkeit bestimmt ist. Eine Mehrzahl von Personen lässt nicht bereits zwei Personen ausreichen, sondern bemisst sich nach der Rechtsprechung des EuGH aus einer „unbestimmten Zahl potenzieller Leistungsempfänger und recht vieler Personen“.[53] Die Mehrzahl der Personen, an die sich die Vorführung des Kinofilms richtet, muss der Öffentlichkeit angehören.[54] Regelmäßig wird die Vorführung eines Kinofilms in einem Kino mit der gleichzeitigen Anwesenheit des Empfängerkreises einhergehen. 28

3. Bedeutsame Festivals und Preisverleihungen

Neben der öffentlichen Vorführung in einem Kino stuft § 1 Nr. 6 auch solche Filmwerke als Kinofilme ein, die auf einem national oder international bedeutsamen Festival oder bei einer national oder international bedeutsamen Preisverleihung öffentlich aufgeführt werden. Zur Klassifizierung solcher Festivals und Preisverleihungen verweist § 1 Nr. 7 auf das FFG und den dazu gehörenden Richtlinien. Das FFG nennt in §§ 75, 92 FFG verschiedene Veranstaltungen. Gem. § 78 Abs. 2 FFG bestimmt der Verwaltungsrat der Filmförderungsanstalt (FFA) durch Richtlinie weitere bedeutsame nationale und internationale Festivals. Die Richtlinie ist auf der Homepage der FFA abrufbar.[55] 29

53 Vgl. EuGH, GRUR 2012, 593 Rn. 84; GRUR 2012, 597 Rn. 33; GRUR 2013, 500 Rn. 32; GRUR 2014, 360, Rn. 21; GRUR 2014, 473, Rn. 27.
54 Ausf. zur Abgrenzung BeckOK UrhR/*Kroitzsch/Götting* UrhG § 15 Rn. 25 ff.
55 www.ffa.de/richtlinien.html.

VII. Öffentliche Stellen des Bundes (Nr. 8)

1. Allgemeines

30 Die aufgezählten **öffentlichen Stellen des Bundes** wurden ua in § 2 Abs. 1 Satz 1, Abs. 8 BArchG aF genannt. Aus Gründen der Systematik und der Vereinfachung werden die öffentlichen Stellen des Bundes nun in § 1 Begriffsbestimmungen sinnvollerweise legal definiert.[56] Das BArchG als bereichsspezifisches Datenschutzrecht orientiert sich dabei an § 2 Abs. 1 BArchG aF.[57]

31 Zu beachten ist, dass nicht alle öffentlichen Stellen des Bundes **anbietungspflichtig** sind; für die gesetzgebenden Körperschaften gilt die Sonderregel des § 5 Abs. 4.[58] Darüber hinaus kann das Bundesarchiv nach § 3 Abs. 3 auch Unterlagen anderer öffentlicher Stellen sowie Unterlagen nichtöffentlicher Einrichtungen und natürlicher Personen als Bundesarchiv übernehmen. Diese sind jedoch nicht anbietungspflichtig, sondern die Anbietung der Unterlagen steht im Ermessen der jeweiligen Stelle.[59] Dieses wird auf Null dahingehend reduziert sein, wenn die nicht anbietungspflichtige Behörde selbst nicht zur Archivierung gewillt oder in der Lage ist. Dann muss auch diese öffentliche Stelle anbieten.

Die Vorschrift enthält eine **abschließende Aufzählung der abgabepflichtigen Stellen des Bundes.**[60]

Da privatrechtlich organisierte Einrichtungen und natürliche Personen nicht unter die in § 1 Nr. 8 BArchG genannten öffentlichen Stellen fallen (vgl. auch Entwurf eines Gesetzes zur Neuregelung des Bundesarchivrechts vom 15.9.2016, BT-Drs. 18/9633, 44), sind diese auch nicht verpflichtet, dem Bundesarchiv Unterlagen als Archivgut anzubieten.[61]

Andere als die in § 1 Nr. 8 genannten öffentlichen Stellen sowie nichtöffentliche Einrichtungen und natürliche Personen könnten dem Bundesarchiv ihre Unterlagen auf freiwilliger Basis anbieten; nur unter dieser Voraussetzung solle eine Übernahme auch solcher Unterlagen durch das Bundesarchiv möglich sein (vgl. Beschlussempfehlung und Bericht des Ausschusses für Kultur und Medien zu dem Entwurf eines Gesetzes zur Neuregelung des Bundesarchivrechts vom 11.1.2017, BT-Drs. 18/10813, 3, 9).[62]

2. Verfassungsorgane des Bundes

32 Die **Verfassungsorgane des Bundes** sind die wichtigsten Staatsorgane Deutschlands. Dazu gehören der Deutsche Bundestag, der Bundesrat, die Bundesregierung, der Bundespräsident sowie das BVerfG.[63] Davon erfasst werden auch der Bundeskanzler und die Bundesminister als Mitglieder der

56 BT-Drs. 18/9633, 43.
57 BT-Drs. 18/9633, 43, 44.
58 BT-Drs. 18/9633, 44.
59 BT-Drs. 18/9633, 44.
60 BT-Drs. 18/9633 43.
61 VG Berlin 2652020 – 2 K 218.17, juris Rn. 44.
62 VG Berlin 26.5.2020 – 2 K 218.17, juris Rn. 45.
63 *Sodan/Ziekow,* Grundkurs Öffentliches Recht, Vor § 12, S. 116.

Bundesregierung.[64] Die Bundesministerien sind zugleich Oberste Bundesbehörden.[65]

3. Behörden und Gerichte des Bundes

a) Behörden

Die Aufgabenwahrnehmung des Staates durch eigene **Behörden** nennt man unmittelbare Staatsverwaltung.[66] Regelmäßig haben Behörden keine eigene Rechtspersönlichkeit, sondern handeln als eine Körperschaft, Anstalt oder Stiftung des öffentlichen Rechts.[67] 33

Der Behördenbegriff wird nicht einheitlich verwendet; man unterscheidet zwischen dem organisatorischen und dem funktionellen Behördenbegriff.[68] Nach dem **organisatorischen Behördenbegriff** ist eine Behörde eine Organisationseinheit, die in den einschlägigen Organisationsnormen als solche bezeichnet wird.[69] 34

Im Rahmen des BArchG gilt der **funktionelle Behördenbegriff**.[70] Der funktionelle bzw. verfahrensrechtliche Behördenbegriff liegt auch der Legaldefinition der Behörde in § 1 Abs. 4 VwVfG zu Grunde.[71] Danach ist eine Behörde iSd VwVfG jede Stelle, die Aufgaben der öffentlichen Verwaltung wahrnimmt. Unabhängig von der Bezeichnung als Behörde bzw. Behördenleitung ist eine Behörde eine „vom Wechsel der in ihnen tätigen Personen unabhängigen, mit hinreichender organisatorischer Selbstständigkeit ausgestattete Einrichtung, der Aufgabe der öffentlichen Verwaltung und entsprechende Zuständigkeit zur eigenverantwortlichen Wahrnehmung, dh zum Handeln mit Außenwirkung in eigener Zuständigkeit und im eigenen Namen übertragen sind".[72] 35

Nach dem funktionellen Behördenbegriff kann die Aufgabenwahrnehmung daher auch durch Private erfolgen; dabei ist jedoch zwischen Beliehenen und Verwaltungshelfern zu unterscheiden.[73] 36

Der **Beliehene** ist eine natürliche oder juristische Person des Privatrechts, die durch Gesetz oder aufgrund eines Gesetzes zur Wahrnehmung von Verwaltungsaufgaben im eigenen Namen mit Hoheitsbefugnissen ausgestattet worden ist.[74] Der Beliehene handelt als Behörde iSd § 1 Abs. 4 VwVfG, soweit er im Rahmen der ihm übertragenen öffentlich-rechtlichen Befugnisse und Zuständigkeiten handelt.[75] Privatisierte Einrichtungen sind daher nur abgabepflichtige Beliehene, wenn sie aufgrund spezieller verwaltungsrechtlicher Regelungen, die ihnen einen öffentlich-rechtlichen Sonderstatus ver- 37

64 *Becker/Oldenhage*, HK-BArchG, § 2 Rn. 12.
65 https://www.dbb.de/lexikon/themenartikel/b/bundesbehoerden.html.
66 *Sodan/Ziekow* § 59 Rn. 1.
67 *Ramsauer* in Kopp/Ramsauer VwVfG § 1 Rn. 51.
68 *Sodan/Ziekow* § 58 Rn. 3.
69 *Ramsauer* in Kopp/Ramsauer VwVfG § 1 Rn. 51 d.
70 *Becker/Oldenhage*, HK-BArchG, § 2 Rn. 3.
71 *Sodan/Ziekow* § 58 Rn. 3.
72 *Ramsauer* in Kopp/Ramsauer VwVfG § 1 Rn. 51; BVerwGE 10, 48.
73 *Sodan/Ziekow* § 58 Rn. 4.
74 *Sodan/Ziekow* § 60 Rn. 30.
75 *Ramsauer* in Kopp/Ramsauer VwVfG § 1 Rn. 63.

leihen, tätig werden.[76] Andernfalls sind die jeweiligen Aufsichts- und Regulierungsbehörden abgabepflichtige öffentliche Stellen des Bundes.[77]

38 **Verwaltungshelfer** sind Private, die nicht im eigenen Namen tätig werden, sondern die Behörde bei der Wahrnehmung von Verwaltungsaufgaben unterstützen und dabei im Auftrag und nach Weisung der Behörde handeln.[78] Ein Verwaltungshelfer ist keine Behörde, sondern sein Handeln wird der beauftragenden Behörde zugerechnet, soweit die Behörde den Verwaltungshelfer durch bindende Weisungen und andere starke Einflussnahmen so kontrolliert als führe sie durch den Verwaltungshelfer als Werkzeug die hoheitliche Maßnahme selbst aus.[79]

39 **Personalvertretungen** werden als Teil der Behörde auch erfasst.[80] Ferner gliedern sich die Bundesbehörden in Oberste Bundesbehörden, Bundesoberbehörden, Bundesmittelbehörden und Bundesunterbehörden.[81]

40 **Oberste Bundesbehörden** sind ua das Bundespräsidialamt,[82] der Bundesrechnungshof,[83] die deutsche Bundesbank,[84] der/die Bundesbeauftragte für den Datenschutz und die Informationsfreiheit,[85] das Bundeskanzleramt und der/die Beauftragte der Bundesregierung für Kultur und Medien.[86] Als **Bundesoberbehörden** seien hier beispielhaft genannt der/die Bundesbeauftragte für die Unterlagen des Staatssicherheitsdienstes der Deutschen Demokratischen Republik, das Statistische Bundesamt, das Deutsche Patent- und Markenamt, die Bundesprüfstelle für jugendgefährdende Medien, das Bundesverwaltungsamt, das Bundeszentralamt für Steuern, der Bundesnachrichtendienst[87], das Bundesamt für Migration und Flüchtlinge, das Bundespolizeipräsidium, das Bundesamt für Güterverkehr, das Bundekriminalamt und das Bundesamt für Verfassungsschutz[88] genannt.[89] **Bundesmittelbehörden** sind ua die Bundesfinanzdirektion, das Zollkriminalamt, die Wehrbereichsverwaltungen.[90] **Bundesunterbehörden** sind Hauptzollämter, Zollfahndungsämter, Bundespolizeidirektionen und Kreiswehrersatzämter.[91]

b) Gerichte

41 Die **obersten Bundesgerichte** sind abschließend in Art. 95 Abs. 1 GG aufgeführt; weitere oberste Bundesgerichte dürfen nicht errichtet werden.[92] Da-

76 BT-Drs. 18/ 9633, 44.
77 BT-Drs. 18/9633, 44.
78 Sodan/Ziekow § 60 Rn. 31.
79 *Ramsauer* in Kopp/Ramsauer VwVfG § 1 Rn. 64; BGH 18.5.1967 – 3 ZR 94/65.
80 *Becker/Oldenhage*, HK-BArchG, § 2 Rn. 4.
81 https://www.dbb.de/lexikon/themenartikel/b/bundesbehoerden.html.
82 *Schoch* IFG § 1 Rn. 136.
83 *Schoch* IFG § 1 Rn. 148.
84 *Schoch* IFG § 1 Rn. 144.
85 *Schoch* IFG § 1 Rn. 152.
86 https://www.dbb.de/lexikon/themenartikel/b/bundesbehoerden.html.
87 § 1 Abs. 1 BNDG.
88 § 2 Abs. 1 S. 1 BVerfSchG; OVG NRW 15.5.2018 – 15 A 25/17, UA S. 14.
89 *Schoch* IFG § 1 Rn. 154, 155.
90 *Schoch* IFG § 1 Rn. 158.
91 *Schoch* IFG § 1 Rn. 159.
92 *Pieroth* in Jarass/Pieroth GG Art. 95 Rn. 1.

nach errichtet der Bund für die Gebiete der ordentlichen, der Verwaltungs-, der Finanz-, der Arbeits- und der Sozialgerichtsbarkeit als oberste Gerichtshöfe den BGH, den BFH, das BAG und das BSG. Die obersten Bundesgerichte sind grds. höchstinstanzliche Rechtsmittelgerichte.[93]

Die **Bundesgerichte** sind in Art. 96 GG geregelt. Danach können fakultativ Bundesgerichte errichtet werden für Angelegenheiten des gewerblichen Rechtsschutzes, Wehrstrafgerichte für die Streitkräfte und für Personen, die zum Bund in einem öffentlich-rechtlichen Dienstverhältnis stehen. Das BPatG wurde entsprechend der Regelung des Art. 96 Abs. 1 GG am 1.7.1961 gegründet.[94] 42

4. Bundesunmittelbaren Körperschaften, Anstalten und Stiftungen des öffentlichen Rechts

Die **bundesunmittelbaren Körperschaften, Anstalten und Stiftungen des öffentlichen Rechts** sind Behörden der mittelbaren Bundesverwaltung, deren Träger eine aufgrund von Bundesrecht errichtete und der Aufsicht des Bundes unterstellte selbstständige juristische Person des Bundesrechts ist.[95] 43

a) Bundesunmittelbare Körperschaften

Körperschaften des öffentlichen Rechts sind „durch einen staatlichen Hoheitsakt geschaffene, rechtsfähig, mitgliedschaftlich verfasste Organisationen des öffentlichen Rechts, die öffentlichen Aufgaben mit idR hoheitlichen Mitteln unter staatlicher Aufsicht wahrnehmen".[96] Sie werden durch Gesetz oder aufgrund eines Gesetzes errichtet und dienen regelmäßig der Erfüllung von Selbstverwaltungsaufgaben und damit der Entlastung der staatlichen Verwaltung.[97] Die Körperschaften bestehen zwar aus Mitgliedern, sind jedoch vom Bestand der Mitglieder unabhängig.[98] 44

Beispiele für **bundesunmittelbare Körperschaften** sind die Bundesagentur für Arbeit, die gesetzlichen Krankenkassen, der Spitzenverband der Krankenkassen, die Kassenärztlichen Bundesvereinigungen, die Bundesrechtsanwaltskammer, die Bundesnotarkammer, die Wirtschaftsprüferkammer.[99] 45

b) Bundesunmittelbare Anstalten

Die **öffentliche Anstalt** ist ein Bestand von sächlichen wie persönlichen Mitteln, welche in der Hand eines Trägers öffentlicher Verwaltung einem besonderen Zweck dauernd zu dienen bestimmt sind.[100] Anstalten des öffentlichen Rechts werden durch Gesetz oder aufgrund eines Gesetzes errichtet.[101] Sie werden zur Erfüllung von Verwaltungsaufgaben – regelmäßig der Leistungsverwaltung[102] – geschaffen und mit einer eigenen Organi- 46

93 *Pieroth* in Jarass/Pieroth GG Art. 95 Rn. 2.
94 https://www.bundespatentgericht.de/cms/.
95 *Ramsauer* in Kopp/Ramsauer VwVfG § 1 Rn. 24.
96 *Maurer/Waldhoff* AllgVerwR § 23 Rn. 43.
97 *Sodan/Ziekow* § 60 Rn. 2.
98 *Sodan/Ziekow* § 60 Rn. 2.
99 *Schoch* IFG § 1 Rn. 164, 165, 166.
100 *Maurer/Waldhoff* AllgVerwR § 23 Rn. 53 unter Verweis auf Otto Mayer.
101 *Sodan/Ziekow* § 60 Rn. 27.
102 *Maurer/Waldhoff* AllgVerwR § 23 Rn. 53.

sationsstruktur ausgestattet.[103] Die Anstalt hat in der Regel Benutzer, die die durch die Anstalt an gebotenen Leistungen empfangen.[104]

47 Beispiele für **bundesunmittelbare Anstalten** sind die Bundesanstalt der Finanzdienstleistungsaufsicht, die Kreditanstalt für Wiederaufbau, die Finanzmarktstabilisierungsanstalt, die Bundesanstalt für Immobilienaufgaben, die Bundesanstalt für vereinigungsbedingte Sonderaufgaben, die Bundesanstalt für den Digitalfunk der BOS, die Deutsche Welle und der Deutsche Wetterdienst.[105]

c) Bundesunmittelbare Stiftungen des öffentlichen Rechts

48 Eine **Stiftung des öffentlichen Rechts** ist eine rechtsfähige Verwaltungseinheit, die der Verwaltung eines von einem Stifter zweckgebundenen übergebenen Bestands an Vermögenswerten dient.[106] Stiftungen des öffentlichen Rechts werden durch Gesetz oder aufgrund eines Gesetzes errichtet.[107] Die Erträge der Vermögensmassen sollen bestimmten Personen zugutekommen.[108] Die Stiftung hat Nutznießer.[109]

49 **Bundesunmittelbare Stiftungen des öffentlichen Recht** sind ua die Stiftung Preußischer Kulturbesitz, die Otto-von-Bismarck- Stiftung, die Stiftung Bundespräsident-Theodor-Heuss-Haus, die Stiftung Reichspräsident Friedrich-Ebert-Gedenkstätte, die Stiftung Bundeskanzler-Adenauer-Haus, Bundeskanzler-Willy-Brandt-Stiftung, die Stiftung zur Aufarbeitung der SED-Diktatur, die Stiftung Jüdisches Museum Berlin.[110]

50 Dagegen werden **private Stiftungen**, die politischen Parteien nahestehen nicht erfasst.[111]

5. Sonstige Stellen des Bundes

51 Dies stellt einen Auffangtatbestand für Stellen des Bundes dar, die Verwaltungstätigkeiten ausüben, aber keinem der in Art. 86 GG genannten Verwaltungstypen zugeordnet werden können.[112]

52 **Politische Parteien und deren Stiftungen** sind keine öffentlichen Stellen des Bundes.[113]

53 Auch **rein privatwirtschaftliche Unternehmen** sind keine öffentlichen Stellen des Bundes.[114] Dagegen sind sog. **gemischtwirtschaftliche Unternehmen**, dh Unternehmen, an denen die öffentliche Hand zusammen mit Privaten Anteile hält, öffentliche Stellen des Bundes, wenn sie Aufgaben der öffentlichen Verwaltung wahrnehmen und dem Bund die absolute Mehr-

103 *Kopp/Ramsauer* VwVfG § 1 Rn. 24.
104 *Maurer/Waldhoff* AllgVerwR § 23 Rn. 54.
105 *Schoch* IFG § 1 Rn. 167–171.
106 *Sodan/Ziekow* § 60 Rn. 28; *Kopp/Ramsauer* VwVfG § 1 Rn. 24.
107 *Maurer/Waldhoff* AllgVerwR § 23 Rn. 62.
108 *Maurer/Waldhoff* AllgVerwR § 23 Rn. 62.
109 *Sodan/Ziekow* § 60 Rn. 28.
110 *Schoch* IFG § 1 Rn. 172.
111 *Becker/Oldenhage*, HK-BArchG, § 2 Rn. 15.
112 Vgl. *Schoch* IFG § 1 Rn. 160.
113 *Becker/Oldenhage*, HK-BArchG, § 2 Rn. 15.
114 *Becker/Oldenhage*, HK-BArchG, § 2 Rn. 16.

heit der Anteile gehört.[115] In der Gesetzesbegründung werden die Deutsche Bahn AG und die Deutsche Flugsicherung GmbH beispielhaft aufgeführt.[116]

VIII. Unterlagen (Nr. 9)

Nach der Gesetzesbegründung tritt die Vorschrift an die Stelle der exemplarischen Aufzählung einzelner Dokumente des bisherigen § 2 Abs. 8 und enthält wie auch § 2 Abs. 1 des IFG des Bundes eine weite Begriffsbestimmung, mit der einerseits potenzielles Archivgut umfassend benannt wird und die andererseits technikoffen formuliert ist und damit offen für neue Informationsträger. Auf den Informationsträger bzw. die Speicherungsform kommt es daher nicht an.[117] **Unterlage** ist dennoch die einzelne Aufzeichnung, nicht eine Sammlung von Aufzeichnungen in Form einer Akte oÄ.[118] Dieses Begriffsverständnis deckt sich auch mit der Definition der Unterlagen in § 2 Abs. 8 BArchG aF. Hierzu gehörten Akten, Schriftstücke, Karten, Pläne sowie Träger von Daten-, Bild-, Film-, Ton- und sonstigen Aufzeichnungen. Während unter „Akten" eine in der Verwaltung bewusst formierte Sachgesamtheit von Schriftstücken zu verstehen war, sollte die zusätzliche Nennung von „Schriftstücken" klarstellen, dass auch Teile einer solchen Sachgesamtheit der Anbietungspflicht unterlagen[119]. Dass der Gesetzgeber an diesem auf das einzelne Schriftstück abstellenden Begriffsverständnis etwas ändern wollte, ist nicht ersichtlich. Der Verzicht auf eine § 2 Abs. 8 BArchG aF entsprechende Aufzählung im neuen Bundesarchivgesetz erfolgte nach der Gesetzbegründung vor allem, um für neue Informationsträger offen zu sein.[120] 54

Die Gesetzesbegründung verweist zur Ausfüllung des unbestimmten Rechtsbegriffs der „Unterlage" auf die **Registraturrichtlinie.**[121] § 3 Satz 3 RegR definiert einen Vorgang als „kleinste Sammlung von zusammengehörigen Dokumenten aus der Bearbeitung eines Geschäftsvorfalls; Teileinheit einer Akte." Für die Fristberechnung kommt es daher entscheidend auf die Bestimmung der zu einem Vorgang gehörigen Unterlagen und dann auf die letzte inhaltliche Bearbeitung von Unterlagen dieses Vorgangs an. 55

Der **Vorgang** beschreibt die Unterlagen, die zu einem konkreten und abgrenzbaren Lebenssachverhalt gehören, der auch in einem überschaubaren Zeitraum abgearbeitet wird. Beispielhaft könnte es sich zB um eine parlamentarische Anfrage handeln, so dass die im Zusammenhang mit der Beantwortung dieser Anfrage stehenden Unterlagen einen „Vorgang" gem. § 1 Nr. 5 darstellen würden. Für den Fristbeginn wäre daher in diesem Beispielsfall auf die letzte Bearbeitung dieser Anfrage abzustellen. Es kann 56

115 BT-Drs. 18/9633, 44.
116 BT-Drs. 18/9633, 44.
117 BT-Drs. 18/9633, 45.
118 OVG NRW 5.7.2018 – 15 A 2147/13, Rn. 30.
119 Vgl. *Becker/Oldenhage*, HK-BArchG, § 2 Rn. 66.
120 Vgl. BT-Drs. 18/9633, 44 f.; so auch OVG NRW 5.7.2018 – 15 A 2147/13, Rn. 30–33.
121 BT-Drs. 18/9633, 43; auf den Begriff der Unterlage nach § 6 StUG wurde sinnvollerweise nicht zurückgegriffen.

sich damit im Ergebnis bei einem Vorgang nicht um einen „fluktuierenden“ Datenbestand handeln, der kontinuierlich fortgeschrieben wird. Ein Vorgang ist beendet, sowie hierzu inhaltlich die Möglichkeit besteht (→ § 1 Rn. 70 ff.).

1. Aufbau

57 Gem. § 10 RegR ist jedes aktenrelevante Dokument mit einem **Geschäftszeichen** zu versehen, das nach § 11 Abs. 1 RegR auch ein **Vorgangskennzeichen** enthält.

58 So besteht das **Aktenzeichen** aus dem Kennzeichen des Aktenplans, der Ordnungsnummer der Sachakte und der sog. Vorgangsnummer.[122]

59 Der Aufbau des Aktenzeichens gliedert sich daher wie folgt:[123]

O1	-	30000	/	9999	#	9999
Organisationseinheit	Trennzeichen	Aktenplanzeichen	Trennzeichen	laufende Nummer der Sachakte	Trennzeichen	laufende Nummer des Vorgangs

2. Aktenführung

60 Bei **ordnungsgemäßer Aktenführung** sind die Vorgänge aktenzeichenmäßig einfach zu identifizieren, womit auch der Fristbeginn für die „Entstehung“ der Unterlagen gem. § 1 Nr. 5 unproblematisch feststellbar sein sollte.

61 In der Verwaltungspraxis ist jedoch sehr weitverbreitet festzustellen, dass bei der Bearbeitung eines Geschäftsvorfalls sog. Vorgänge mit eigenem Geschäftszeichen nicht angelegt werden, sondern dass Unterlagen größeren Aktenbeständen zugeschrieben werden und damit im Ergebnis doch, entgegen der Registraturrichtlinie, fluktuierende Datenbestände entstehen, die nicht förmlich abgeschlossen werden.[124] Im Zweifel ist jedes Dokument oder auf einem Datenträger enthaltende Information als eigene Unterlage anzusehen.

62 Die Verwaltungspraxis wird weiter kompliziert durch die Anlage von Papierakten und teilidentischen elektronischen Akten.[125] Auch führt der Grundsatz ordnungsgemäßer Aktenführung zu einer Pflicht zur einheitli-

122 Ziffer 3.3 der Hausanordnung des BMI Gruppe 8, Blatt 1, Verwaltung des Schriftguts im Bundesministerium des Innern.
123 S. Anlage 2, zur Hausanordnung Gruppe 8 Blatt 1 des BMI.
124 Vgl. auch *Manegold,* S. 208.
125 Sog. Hybridakten sind eine Kombination aus elektronischer Akte und Papierakte, dh aus Dokumenten in elektronischer und in Papierform. Sie entstehen, wenn aus rechtlichen, technischen oder wirtschaftlichen Gründen nicht auf Papier verzichtet werden kann. Bei der Nutzung von Hybridakten kommt es zu einem erhöhten organisatorischen wie technischen Aufwand zur Erhaltung der Vollständigkeit der Akten, da die einzelnen Dokumente nicht an einem Aufbewahrungsort vorliegen. http://m.archivschule.de/DE/forschung/schriftgut/terminologie/hybridakte.html, eingesehen am 11.6.2018.

chen Behandlung und Vergabe von Aktenzeichen und zur ordnungsgemäßen Führung dieser sog. **Hybridakten.**[126]

IX. Unterlagen von bleibendem Wert (Nr. 10)

63 Der Vorschrift kommt entscheidende Bedeutung bei der **Umwidmung** von Behördenunterlagen zu Archivgut zu, da die **archivarische Bewertung**[127] Tatbestandsvoraussetzung für den Umwidmungsakt zu Archivgut ist. Bei den verwendeten Begriffen handelt es sich um unbestimmte Rechtsbegriffe.[128] Dem Bundesarchiv kommt bei der archivarischen Bewertung kein Ermessensspielraum zu, die Bewertung des Archivguts ist auch kein Verwaltungsakt, sondern eine Wertungsfrage, die entscheidungssteuernde Wirkung hat und selbstständig nicht anfechtbar ist.[129] Die **positive Bewertung** führt zur Umwidmung der Unterlagen und damit zur Entstehung von Archivgut. Die **negative Bewertung** der Unterlagen berechtigt zur Vernichtung (Kassation) der Unterlagen oder zur Rückgabe an die abgebende Behörde, da kein weiterer Rechtsgrund für die weitere Aufbewahrung mehr vorliegt.[130]

64 Die archivarische **Bewertungskompetenz** ist gem. § 3 Abs. 2 alleine dem Bundesarchiv zugewiesen.

65 Die Vorschrift tritt an die Stelle des § 3 BArchG aF. Im Gegensatz zur alten Regelung verwendet Nr. 10 nunmehr den unbestimmten Rechtsbegriff des bleibenden Werts und konkretisiert diesen durch eine nicht abschließende Aufzählung von Regelbeispielen. Im Ergebnis weitet Nr. 10 den Anwendungsbereich der bisherigen Regelung aus, da zB die bisherige Beschränkung auf die deutsche Geschichte entfällt.

66 Die Grundstruktur des bisherigen § 3 wird beibehalten, der drei **Merkmalsgruppen für die archivarische Bewertung** vorgibt, die nunmehr als Regelbeispiele ausgestaltet sind: Gruppe eins erfasst den wissenschaftlichen, kulturellen und auch politischen Wert der Unterlagen, die Gruppe zwei beschreibt den Wert für den Schutz berechtigter Individualinteressen und Gruppe drei erfasst den Wert der Unterlagen für die Aufgabenerfüllung der drei Staatsgewalten.

67 Neu geschaffen wurde mit Buchst. b) die **Rechtsfiktion des bleibenden Wertes** für Unterlagen, die aufgrund von Rechtsvorschriften oder Vereinbarungen, insbes. zwischen dem Bundesarchiv und Privaten, zB Nachlassgebern, dauerhaft aufbewahrt werden müssen, zB Unterlagen aus dem Bereich der Statistik oder Unterlagen über die Zahlungen, Buchführung und Rechnungslegung des Bundes.[131]

---

126 Vgl. Rechnungshöfe des Bundes und der Länder, Positionspapier zum Thema Aktenführung.
127 S. a. *Treffeisen* Veröffentlichungen der Archivschule Marburg Nr. 33, 177.
128 So *Becker* in Becker/Rehm, S. 69.
129 So auch *Becker/Oldenhage*, HK-BArchG, § 3 Rn. 6; stRspr BVerwG: BVerwGE 3, 258 (262); 81, 258 (260).
130 AA *Becker/Oldenhage*, HK-BArchG, § 3 Rn. 4, der von einer Pflicht zur Vernichtung ausgeht.
131 So die Gesetzesbegründung BT-Drs. 18/9633, 45.

X. Zwischenarchivgut des Bundes (Nr. 11)

1. Zwischenarchivgut

68 Die Begriffe des **Zwischenarchivs** und des **Zwischenarchivguts** wurden der vorhandenen Archivfachsprache entnommen. So finden sich in den Lehrmaterialien als Beispiel folgende Definitionen:

- **Zwischenarchiv:** Teil eines Archivs zur vorübergehenden Aufnahme von nur noch selten benutztem Schriftgut aus größeren Verwaltungen zur Erleichterung einer frühzeitigen Vorbereitung der Archivierung durch Bewertung und Erschließung, jedoch mit jederzeitigem Zugriff durch die Ursprungsbehörde bis zum Ablauf der Aufbewahrungsfrist (=Auftragsarchivierung).[132]
- **Zwischenarchivgut:** Unterlagen, deren Aufbewahrungsfristen noch nicht abgelaufen sind, können als sog. „Zwischenarchivgut" im Auftrag der abgebenden Stellen und im Einvernehmen mit dem zuständigen Archiv in diesem aufbewahrt werden,[133] sowie die vom Bundesarchiv zur vorläufigen Aufbewahrung übernommenen Unterlagen, deren Verwahrungsfrist noch nicht abgelaufen und aus denen das Archivgut noch nicht ausgewählt worden ist.[134]

69 **Schriftgut, das nicht mehr laufend benötigt wird,** kann an das Zwischenarchiv ausgesondert werden und dient so der Entlastung der Behörden. Anders als in der Definition von *Menne-Haritz* findet eine Bewertung dieser Unterlagen in der Regel erst nach Ablauf der Aufbewahrungsfristen statt, allerdings kann das Bundesarchiv gem. § 8 Abs. 2 das Archivgut auch früher bewerten. Auf Anforderung der abgebenden Stellen werden die Akten diesen Stellen auch wieder zur Verfügung gestellt.[135] Auf Dauer können Unterlagen aber nicht zu Zwischenarchivgut erklärt werden, sondern nur bis zum **Ende der Aufbewahrungsfristen**. Die Verantwortung des Zwischenarchivs für das zu verwahrende Gut besteht somit ausschließlich für die Aufbewahrung und die Sicherung. Nach Ablauf der Aufbewahrungsfrist werden nichtarchivwürdige Akten vernichtet oder an die abgebende Behörde zurückgegeben, und archivwürdige in das Bundesarchiv überführt. Die Auswahl treffen die Archivare aufgrund übermittelter Aussonderungsverzeichnisse oder durch eine Bewertung vor Ort.[136]

2. Zugang zu Zwischenarchivgut

70 **Zugangsansprüche zum Zwischenarchivgut** richten sich gegen den jeweiligen Träger des Zwischenarchivs und leiten sich ab aus den jeweiligen Informationszugangsansprüchen nach IFG, UIG, VIG etc oder aus den berechtigtenspezifischen Ansprüchen gem. Art. 5 GG im Fall des verfassungsunmittelbaren Auskunftsanspruchs der Presse. Da dem Auskunftsrecht der Presse nicht immer durch Auskunft sinnvoll nachgekommen werden kann,

---

132 *Menne-Haritz*, S. 59.
133 *Hausmann*, Archivrecht, 5.2, S. 36.
134 *Schoch* IFG § 13 Rn. 20.
135 *Schenke* Forum 2015, 26 (28).
136 *Meiburg* Forum 2015, 20.

besteht in Ausnahmefällen auch ein Einsichtsrecht der Presse in die betroffenen Unterlagen.[137]

Unterlagen, deren Fristen gem. § 11 Nr. 1 abgelaufen sind, aber noch nicht in Archivgut umgewidmet wurden, bleiben Zwischenarchivgut. Ein Zugangsanspruch ergibt sich dann aus § 11 Abs. 6 iVm § 10. AA war das OVG Mecklenburg-Vorpommern. Es begründete seine ablehnende Entscheidung damit, dass dadurch ein allgemeines Akteneinsichtsrecht geschaffen werde. Ein Benutzer, der einen Einsichtsanspruch in noch nicht übernommene Unterlagen anmeldet, habe es in der Hand, Unterlagen einsehen zu können, die noch nicht geprüft sind und bei denen auch noch nicht festgestellt werden konnte, inwieweit schutzwürdige Interessen Dritter betroffen sind. Der Benutzer könne außerdem der Archivbehörde die Reihenfolge der Bearbeitung der Schriftstücke aufzwingen, weil davon auszugehen sei, dass ungeprüftes Material auf keinen Fall herausgegeben werden dürfe.[138] Zum Zeitpunkt jener Entscheidung war das IFG indes noch nicht erlassen.[139] Die Entscheidung ist deshalb obsolet, da der Gesetzgeber durch den Erlass des IFG bestimmt hat, dass Informationen aus den Händen der Verwaltung grds. zur Veröffentlichung vorgesehen sind.[140] 71

3. Vorarchivgut

Der Begriff des **Vorarchivguts** ist noch neu in der Archivsprache und hat sich bis jetzt in den Gesetzen kaum durchgesetzt. Vorarchivgut sind Unterlagen, die von einem Archiv bereits bewertet und endgültig übernommen wurden, deren Aufbewahrungsfrist aber noch nicht abgelaufen ist.[141] Eine Umwidmung hat schon stattgefunden, deshalb ist Vorarchivgut vollgültiges Archivgut im Rechtssinne.[142] Soll für das Vorarchivgut das verwahrende Archiv zuständig sein, so bedarf es einer gesetzlichen Regelung, ansonsten entscheidet auch hier die abgebende Stelle über den Zugang.[143] Allein Nordrhein-Westfalen unterscheidet in seinem Landesarchivgesetz zwischen Zwischenarchivgut und Vorarchivgut und hat den Begriff des Vorarchivguts gesetzlich verankert. [144] Für Vorarchivgut besteht Normenkonkurrenz zwischen dem archivrechtlichen und dem informationsfreiheitlichen Zugangsanspruch. 72

4. Zwischenarchivgut in den Ländern

Auch in einigen Landesgesetzen gibt es Legaldefinitionen für das Zwischenarchivgut, so in Brandenburg, Hamburg, Mecklenburg-Vorpommern 73

137 Vgl. VG Cottbus 15.1.2001 – 1 L 783/01; BVerfG 14.9.2015 – 1 BvR 857/15; BVerwG 27.11.2013 – 6 A 5/13; VGH BW 1.7.2015 – 1 S 802/15; 6.11.2007 – 1 L 392/07; VG Dresden 7.5.2009 – 5 L 42/09; VG Hannover 12.9.1983 – 6 A 37/81.
138 OVG Mecklenburg-Vorpommern 16.5.2001 – 1 L 1/00, juris Rn. 35, 37.
139 Vom 10.7.2006 (GVOBl. M-V 2006, 556).
140 *Rossi* IFG § 13 Rn. 14.
141 *Hausmann*, Archivrecht, 5.2, S. 36.
142 *Schoch* IFG § 13 Rn. 20.
143 *Rehm* in Becker/Rehm, S. 139, 140.
144 § 2 Abs. 4 und 5 ArchivG NRW.

und Nordrhein-Westfalen.[145] Die Definitionen sind zum Teil identisch, zum Teil ausführlicher als die Legaldefinition des Bundes. Die Gesetze von Hessen und Thüringen verwenden zwar keine Legaldefinition, aber sie erwähnen das Zwischenarchivgut unter der „Aufbewahrung im Rahmen laufender Fristen".[146] Im Bayerischen Archivgesetz findet sich ein Artikel über die „Auftragsarchivierung", der den Umgang mit Zwischenarchivgut regelt, ohne den Begriff zu benennen.[147] Auch im Archivgesetz des Landes Berlin ist eine ähnliche Stelle vorhanden.[148]

74 Obwohl also der Bund eine Legaldefinition im BArchG eingefügt hat, ist diese bisher nicht von den Ländern übernommen worden. Es gibt keine einheitliche Archivterminologie, die allgemein anerkannt ist. Dies führt zu einer Vielfalt von Definitionen in den Archivgesetzen, was darauf zurückzuführen ist, dass die Frage der **Archivterminologie** in der Gesetzesdiskussion der Archivgesetze nur eine geringe Rolle gespielt hat.[149] Dazu kommt, dass die Bundeskompetenz für das Archivwesen umstritten ist, und sich die Länder in ihrer Hoheit begrenzt fühlen.[150] Beim Gesetzgebungsverfahren wurde auf eine Abstimmung mit den Ländern verzichtet und somit eine Chance zur Harmonisierung verpasst.[151]

145 § 2 Abs. 4 BbgArchivG, § 2 Abs. 3 HmbArchG, § 2 Abs. 4 LArchivG MV, § 2 Abs. 4 ArchivG NRW.
146 § 7 Abs. 2 HessArchivG, § 14 Abs. 3 ThürArchivG.
147 Art. 8 BayArchivG.
148 § 6 Abs. 2 ArchGB.
149 *Schreckenbach* FS Friedrich P. Kahlenberg 157 (180).
150 *Manegold*, S. 141, 142 mwN.
151 Vgl. die Kritik daran beim Gesetzgebungsverfahren zum neuen Archivgesetz des Freistaats Thüringen, https://forum-landtag.thueringen.de/dokument/novellierung-des-thueringer-archivgesetzes; insbes. Stellungnahme der Deutschen Gesellschaft für Informationsfreiheit, LT-Drs. 6/1796.

§ 2 Organisation des Bundesarchivs

Der Bund unterhält ein Bundesarchiv als selbstständige Bundesoberbehörde, die der Dienst- und Fachaufsicht der für Kultur und Medien zuständigen obersten Bundesbehörde untersteht.

Die Regelung zur Rechtsform des Bundesarchivs im Verhältnis zum bisherigen Gesetz ist zwar neu, soll aber laut Gesetzesbegründung lediglich die bereits bestehenden Organisationsverhältnisse[1] beschreiben.[2] 1

Dies ist nicht ganz zutreffend. Bislang war das Bundesarchiv nichtrechtsfähige Bundesanstalt.[3] Eine ausdrückliche Regelung zur Dienst- und Fachaufsicht war bislang nicht vorhanden. Die Dienst- und Fachaufsicht wird der für Kultur und Medien zuständigen obersten Bundesbehörde zugeschrieben und nicht *ad personam* der derzeitigen Bundesbeauftragten. 2

Die Regelung stellt nunmehr zweifelsfrei klar, dass das Bundesarchiv der **Dienst- und Fachaufsicht** der Bundesregierung untersteht. Der Begriff der Dienst- und Fachaufsicht wird im Gesetz nicht definiert, sondern vorausgesetzt. Auch die Gesetzesbegründung schweigt sich hier aus. Allgemein versteht man unter Dienstaufsicht die Aufsicht über die innere Organisation einschließlich der Verteilung von Personal- und Sachmitteln, die allgemeine Geschäftsführung und die Personalangelegenheiten. Die Fachaufsicht erfasst alle Fragen der Rechtmäßigkeit und Zweckmäßigkeit der Wahrnehmung der fachlichen Angelegenheit der Behörde.[4] Im Ergebnis steht damit das Bundesarchiv unter der ausnahmslosen Kontrolle der Bundesregierung. Das schließt insbes. auch Einzelentscheidungen zur Übernahme von Archivgut und hier insbes. auch die Bewertung der Archivwürdigkeit von Behördenunterlagen ein. 3

Der Gesetzgeber hat damit Argumenten für eine Stellung des Bundesarchivs als unabhängiger Sachwalter einer freien historischen Forschung[5] und der Weisungsfreiheit des Bundesarchivs insbes. bei der Entscheidung über den bleibenden Wert von Unterlagen[6] den Boden entzogen. 4

1 Zur Organisation von Archiven *Boberach* Der Archivar 1984, 332 ff.
2 Gesetzesbegründung BT-Drs. 18/9633, 46.
3 So *Manegold*, S. 63.
4 Vgl. zB zur Begriffsbedeutung *Maurer/Waldhoff* AllgVerwR § 22 Rn. 31; § 3 Abs. 2 Landesverwaltungsgesetz Baden-Württemberg.
5 So *Becker/Oldenhage*, HK-BArchG, § 3 Rn. 2.
6 *Becker/Oldenhage*, HK-BArchG, § 3 Rn. 3 m. Verw. auf *Manegold*, S. 177; zur Forderung nach organisationsrechtlicher Abschottung der Archive gegenüber der Exekutive s. *Manegold*, S. 63 ff.

§ 3 Aufgaben des Bundesarchivs

(1) [1]Das Bundesarchiv hat die Aufgabe, das Archivgut des Bundes auf Dauer zu sichern, nutzbar zu machen und wissenschaftlich zu verwerten. [2]Es gewährleistet den Zugang zum Archivgut des Bundes unter Wahrung des Schutzes privater oder öffentlicher Belange. [3]Dies kann auch durch Digitalisierung und öffentliche Zugänglichmachung im Internet geschehen.

(2) [1]Das Bundesarchiv verwahrt Unterlagen der folgenden Stellen als Archivgut des Bundes, wenn es den bleibenden Wert dieser Unterlagen festgestellt hat:
1. Unterlagen der öffentlichen Stellen des Bundes,
2. Unterlagen der Stellen des Deutschen Reiches und des Deutschen Bundes,
3. Unterlagen der Stellen der Besatzungszonen,
4. Unterlagen der Stellen der Deutschen Demokratischen Republik,
5. Unterlagen der Sozialistischen Einheitspartei Deutschlands, der mit dieser Partei verbundenen Organisationen und juristischen Personen sowie der Massenorganisationen der Deutschen Demokratischen Republik und
6. Unterlagen der anderen Parteien und der mit diesen Parteien verbundenen Organisationen und juristischen Personen der Deutschen Demokratischen Republik.

[2]Das Bundesarchiv stellt den bleibenden Wert der Unterlagen im Benehmen mit der anbietenden Stelle fest.

(3) Das Bundesarchiv kann auch Unterlagen anderer als der in § 1 Nummer 8 genannten öffentlichen Stellen sowie Unterlagen nichtöffentlicher Einrichtungen und natürlicher Personen als Archivgut des Bundes übernehmen oder erwerben, wenn ihm diese Unterlagen angeboten werden und es den bleibenden Wert dieser Unterlagen festgestellt hat.

(4) [1]Das Bundesarchiv berät die öffentlichen Stellen des Bundes im Rahmen seiner Zuständigkeit bei der Verwaltung und Sicherung ihrer Unterlagen. [2]Bei der Einführung neuer Systeme der Informationstechnologie insbesondere zur Führung elektronischer Akten gemäß § 6 des E-Government-Gesetzes vom 25. Juli 2013 (BGBl. I S. 2749), das zuletzt durch Artikel 15 des Gesetzes vom 20. November 2019 (BGBl. I S. 1626) geändert worden ist, oder bei der wesentlichen Änderung solcher Systeme ist das Bundesarchiv rechtzeitig zu informieren, wenn hierbei anbietungspflichtige Unterlagen entstehen können.

(5) Die Bundesregierung kann dem Bundesarchiv andere als in diesem Gesetz oder in anderen Gesetzen genannte Aufgaben des Bundes übertragen, wenn
1. diese Aufgaben in unmittelbarem sachlichem Zusammenhang mit dem Archivwesen des Bundes oder mit der Erforschung der deutschen Geschichte anhand des Archivguts des Bundes stehen und
2. es erforderlich ist, dass diese Aufgaben zentral durch das Bundesarchiv wahrgenommen werden.

(6) Rechtsvorschriften des Bundes, durch die anderen Stellen Archivaufgaben übertragen sind, bleiben unberührt.

Literatur

Berger, Hannes, Neuregelung des Bundesarchivrechts, ZRP 2017, 15; *Berger, Hannes,* Zur Reform des Thüringer Archivgesetzes, ThürVBl 5/2018, 105; *Biewer, Ludwig,* Das Politische Archiv des Auswärtigen Amts. Plädoyer für ein Ressortarchiv, Archivalische Zeitschrift 2005, 137; *Bradler, Günther,* Parlamentsarchive, Der Archivar 1984, 427; *Buchstab, Günter,* Archive politischer Verbände und Parteien, Der Archivar 1984, 431; *Granier, Gerhard,* Zwanzig Jahre Bundesarchiv-Militärarchiv in Freiburg, Der Archivar 1987, 533; *Hoffmann, Heinz,* Die staatlichen Archive und die behördliche Schriftgutverwaltung: zur Neufassung der Bestimmungen zur Schriftgutverwaltung in der gemeinsamen Geschäftsordnung der Bundesministerien, Der Archivar 1997, 259; *Kleifeld, Helge,* Demokratiekonform? Archive im politischen System der Bundesrepublik Deutschland, Verband deutscher Archivarinnen und Archivare (VdA), Mitteilungen 35, 2011, 7; *Oldenhage, Klaus,* Bemerkungen zum Bundesarchivgesetz, Der Archivar 1988, 477; *Pretsch, Hans Jochen,* Das Politische Archiv des Auswärtigen Amts, Der Archivar 1979; *Pretsch, Hans Jochen,* Die Rechtsstellung des Politischen Archivs, Der Archivar 1990, 597; *Schneider, Michael,* Von zentraler Bedeutung für die Zeitgeschichtsforschung: Die Archive der politischen Stiftungen, Der Archivar 2002, Beiband 8, 123; *Wyduckel, Dieter,* Archivgesetzgebung im Spannungsfeld von Informationeller Selbstbestimmung und Forschungsfreiheit, DVBl 1989, 327 ff.

I. Archive[1]

1. Das Bundesarchiv

Das Bundesarchiv ist die Fachbehörde für die Übertragung **archivfachlicher Aufgaben** durch den Bund. Es soll Archivgut vor unkontrollierter Vernichtung, Zersplitterung und Veruntreuung bewahren oder gegen Verfall konservatorisch sichern und restaurieren.[2] Der Gesetzgeber hat es dem Bundearchiv und seinen Mitarbeitern überlassen, die fachlichen Methoden und ihre Umsetzung zu bestimmen, ohne dies im BArchG zu regeln. 1

1 Zur Vielzahl der Archive in Deutschland s. *Rumschöttel* Der Archivar 1984, 5 ff.
2 *Oldenhage* Der Archivar 1988, 477 (479).

2. Die Abteilung Militärarchiv des Bundesarchivs

2 Das **Militärarchiv** des Bundesarchivs hat seinen Sitz in Freiburg. Der Bestand umfasst die „Überlieferung (insbes. Sachakten, Karten, Konstruktionspläne, Fotos) staatlicher militärischer Stellen seit dem Jahre 1867 bis in die Gegenwart: die erhalten gebliebenen Unterlagen der preußisch-deutschen Armee, der Kaiserlichen Marine, der Schutztruppen und der Freikorps, der Reichswehr sowie der Wehrmacht"; außerdem werden dort die Unterlagen der Nationalen Volksarmee und der Grenztruppen der DDR aufbewahrt.[3] Der größte Teil der Unterlagen des Militärarchivs stammt vom Bundesministerium der Verteidigung und der nachgeordneten militärischen und zivilen Bereiche, dazu werden sehr viele Nachlässe deutscher Militärangehöriger und thematische Sammlungen zur deutschen Militärgeschichte seit der Mitte des 19. Jahrhunderts der Sammlung beigesteuert.[4]

3 Schon seit 1967 versuchte das Militärarchiv, die Entscheidung über die Abgabe von Schriftgut als Regel anzusehen, die Vernichtung als Ausnahme und diese Entscheidung selbst zu treffen.[5] Das Militärarchiv hat auch die zurückgegebenen Unterlagen der Siegermächte nach dem Zweiten Weltkrieg erhalten, deren Rückgabe noch bis in die 1980er Jahre erfolgte.[6]

3. Das politische Archiv des Auswärtigen Amtes

4 Nach § 10 des Gesetzes über den Auswärtigen Dienst (GAD) werden im **Politischen Archiv des Auswärtigen Amts** die Urschriften oder beglaubigten Abschriften der völkerrechtlichen Vereinbarungen des Deutschen Reiches und der Bundesrepublik Deutschland sowie alle Unterlagen aufbewahrt, die der Auswärtige Dienst zur Erfüllung seiner Aufgaben benötigt. Die Vorschriften des Bundesarchivgesetzes über die Nutzung von Archivgut des Bundes sind entsprechend anzuwenden.

5 Zwar soll ein enger Kontakt mit dem Bundesarchiv bestehen,[7] allerdings leuchtet es nicht ein, warum das Bundesarchiv für die Schriftstücke nicht die **Bewertungshoheit** hat und warum die Unterlagen nicht an das Bundesarchiv abgegeben werden. Das Bundesarchiv ist eine neutrale Behörde und ohne Vorbehalt Forschenden gegenüber. Im Politischen Archiv dominierte dagegen der „innere Vorbehalt".[8] „Vernichtete Akten, verschwundene Dokumente, nicht zugängliche Unterlagen: Für die Historikerkommission und

3 https://www.bundesarchiv.de/DE/Navigation/Meta/Ueber-uns/Dienstorte/Freiburg-im-Breisgau/freiburg-im-breisgau.html, eingesehen am 22.5.2018. Personenbezogene Unterlagen militärischer Herkunft bis 1945 wurden früher in der ehemaligen Zentralnachweisstelle verwahrt, s. dazu *Dillgard* FS Hans Booms 1996, 257 ff.

4 https://www.bundesarchiv.de/DE/Navigation/Meta/Ueber-uns/Dienstorte/Freiburg-im-Breisgau/freiburg-im-breisgau.html, eingesehen am 22.5.2018.

5 *Granier* Der Archivar 1987, 533 (538).

6 *Granier* Der Archivar 1987, 533 (537).

7 *Pretsch* Der Archivar 1979, 299 (302); *Pretsch*,. Der Archivar 1990, 597; *Biewer* Vierteljahresschrift der Vereinigung Deutscher Auslandsbeamten eV 58/1997, 21; *Biewer*,. Archivalische Zeitschrift 2005, 137; *Kröger/Thimme* Vierteljahresheft für Zeitgeschichte 47/1999, 243.

8 *Conze/Frei/Hayes/Zimmermann*, „Panzerschrank der Schande", FAZ, aktualisiert vom 5.5.2012, einzusehen unter http://www.faz.net/aktuell/das-archiv-des-auswaerti gen-amtes-panzerschrank-der-schande-11740633.html, eingesehen am 22.5.2018; vgl. auch die wütenden Attacken des ehemaligen Leiters des Politischen Archivs

ihre Mitarbeiter waren das Alltagserfahrungen in der mehrjährigen Forschung im Politischen Archiv des Auswärtigen Amts."[9]

6 Der Grund für diese Sonderstellung soll sein, dass für die **Funktionsfähigkeit des Auswärtigen Amtes** ein Zugriff auf die Unterlagen jederzeit möglich sein soll.[10] Diese Argumentation erscheint nicht schlüssig, da die Notwendigkeit, gelegentlich auf archivierte Unterlagen zugreifen zu müssen, auch für andere Ministerien gilt.[11] Außerdem müsste es beim heutigen Stand der Technik dem Bundesarchiv problemlos möglich sein, die archivierten Dokumente des Auswärtigen Amtes digital zugänglich zu machen.[12]

4. Parlamentsarchive

7 Die **Parlamentsarchive**[13] des Bundestags und des Bundesrats nehmen innerhalb der staatlichen Archive eine Sonderstellung ein, da sie ihr Archivgut selbst verwalten.[14] Zwar sind Bundestag und Bundesrat auch öffentliche Stellen iSd § 3 Abs. 2 Nr. 1 BArchG, aber der verfassungsrechtlichen Stellung des Parlaments und seiner Abgeordneten soll eine Gleichsetzung mit anderen Behörden nicht gerecht werden.[15] Hauptaufgabe der Parlamentsarchive ist weniger die Archivierung als die Erschließung und Bereitstellung der tagesaktuellen eigenen Parlamentspapiere.[16] Entstanden ist das Parlamentsarchiv des Bundestages als der Ältestenrat des Deutschen Bundestages 1949 beschloss, bei der Verwaltung des Deutschen Bundestages ein „lebendiges Archiv" einzurichten.[17] Zur damaligen Zeit existierte noch kein Bundesarchiv. Heute wird die Verbleibung der Unterlagen in den Parlamentsarchiven damit begründet, dass ein ungehinderter unmittelbarer Zugriff jederzeit möglich sein soll.[18] Aber ebenso wie beim Archiv des Auswärtigen Amtes kann dem angesichts des technischen Fortschritts bei der Dokumentenverarbeitung und Datenübertragung nicht zugestimmt werden (→ Rn. 4–6).

Blasius, in seiner Rolle als Redakteur der FAZ gegen Whistleblower und Vergangenheitsaufklärung im Auswärtigen Amt.

9 *Conze/Frei/Hayes/Zimmermann*, „Panzerschrank der Schande", FAZ, aktualisiert vom 5.5.2012, einzusehen unter http://www.faz.net/aktuell/das-archiv-des-auswaertigen-amtes-panzerschrank-der-schande-11740633.html, eingesehen am 22.5.2018.

10 *Wyduckel* DVBl 1989, 327 (329).

11 *Wyduckel* DVBl 1989, 327 (329).

12 Ebenso *Wyduckel* DVBl 1989, 327 (329).

13 Eine sehr positive Beschreibung der Arbeit der Parlamentsarchive in *Storm* VdA Mitteilungen 36, 2012, 53.

14 *Manegold*, S. 184; nach *Manegold* handelt es sich um ein staatliches Sonderarchiv wegen seiner Sonderstellung innerhalb der staatlichen Archive.

15 Zum BDSG: 20 Tätigkeitsbericht 2003, 2004 des Bundesbeauftragten für den Datenschutz, S. 117.

16 *Freys*, S. 19.

17 *Bradler* Der Archivar 1984, 427 (429); Das Parlamentsarchiv nahm seine Arbeit im September 1949 auf, und war zunächst eine Sammlungs- und Dokumentationsstelle für Parlamentsmaterialien, Website des *Parlamentsarchivs*, einsehbar unter: https://www.bundestag.de/dokumente/parlamentsarchiv/gesch-245218, eingesehen am 21.9.2020.

18 *Manegold*, S. 186.

5. Archive der politischen Parteien

8 Bei den **Archiven der politischen Parteien**[19] handelt sich um das „Archiv der sozialen Demokratie" der Friedrich-Ebert-Stiftung[20], das „Archiv des deutschen Liberalismus" der Friedrich-Naumann-Stiftung, das „Archiv für Christlich-Soziale Politik" der Hanns-Seidel-Stiftung und das „Archiv für Christlich-Demokratische Politik" der Konrad-Adenauer-Stiftung[21]. Die Archive der politischen Parteien sind private Archive, womit das BArchG auf sie nicht anwendbar ist.[22] Soweit aber diese Archive archivwürdige Unterlagen von Behörden[23] aufbewahren, sind diese an das Bundesarchiv herauszugeben. [24] Die entgegenstehende Praxis der Entwendung von öffentlichen Dokumenten und Verbringung in die Parteiarchive, sowie die mit der Verwaltung verbundene mögliche Kassierung von Unterlagen erfüllt eine Reihe von Straftatbeständen,[25] wird aber von den Vertretern der Parteistiftungen mit dem fehlerhaften Argument der Erhaltung der Pluralität von Archiven offensiv verteidigt.[26]

II. Aufgaben (Abs. 1)

9 Durch das BArchG aF wurden die Aufgaben des Bundesarchivs zum ersten Mal gesetzlich geregelt. Diese Aufgaben werden jetzt in § 3 Abs. 1 S. 1 gesondert erwähnt. Dabei fungiert das Bundesarchiv als kollektives, objektives Gedächtnis des Staates und der Gesellschaft und übt somit eine **Kontrollfunktion** aus.[27]

10 § 3 Abs. 1 S. 2 gewährleistet die **öffentliche Nutzung des Archivguts.** Dies soll auch den eigentlichen Zweck des Bundesarchivs in Form eines Gewährleistungsauftrags in der Informationsgesellschaft darstellen.[28] Dabei ist die Nutzung nicht auf die historisch-wissenschaftliche Forschung beschränkt, sondern kann auch von anderen Bereichen, wie zB der politischen Bildungsarbeit genutzt werden und steht jeder einzelnen Person of-

19 Positiv sei zu sagen, dass vielfach großzügige Zugangsregelungen mit kurzen Sperrfristen beständen, so *Schneider* Der Archivar 2002, Beiband 8, 123 (129).
20 Zu seiner Geschichte: *Bungert*, Flucht, Verkauf und Verschleppung. Die Bestände des SPD-Parteiarchivs 1933–1945, VdA 2005, 90.
21 S. dazu auch *Keller-Kühne,* Verband der Archivarinnen und Archivare eV, 2012, Mitteilungen 36, 77.
22 *Manegold*, S. 189; *Buchstab* Der Archivar 1984, 431.
23 So war es regelmäßig zu beklagen, dass die Bundeskanzler Adenauer, Kiesinger, Brandt, Schmidt und Kohl Schriftstücke dem Bundesarchiv entzogen und in die privaten Archive ihrer Parteien gebracht haben; *Manegold*, S. 190.
24 *Manegold*, S. 190.
25 Vgl. *Archivschule Marburg*, Forum Archivrecht 2018 – Die Archivierung amtlicher Unterlagen in Parteiarchiven, Diskussionsbeitrag *Dr. Hollmann* und *Dr. Partsch* 11.9.2018.
26 Vgl. *Archivschule Marburg*, Forum Archivrecht 2018 – Die Archivierung amtlicher Unterlagen in Parteiarchiven, Diskussionsbeitrag *Dr. Küsters* 11.9.2018; *Veröffentlichung des Verbandes deutscher Archivare und Archivarinnen*, Der Archivar 2020, 178.
27 Ausf. *Kleifeld*, VdA, Mitteilungen 35, 2011, 7 (11 ff.); s. a. *Treffeisen* Veröffentlichung der Archivschule Marburg Nr. 33, S. 177 ff.
28 BT-Drs. 18/9633, 46.

fen.[29] Der Schutz privater und öffentlicher Belange[30] muss dabei gewahrt werden.

1. Aufgabe des Bundesarchivs (Satz 1)

Die **Verantwortung des Bundesarchivs für Archivgut** des Bundes ist umfassend und in S. 1 in drei Gesetzesbefehlen festgelegt.[31] 11

a) Sicherung auf Dauer

Das Bundesarchiv sichert und verwahrt das Archivgut des Bundes dauerhaft.[32] Darunter sind alle gebotenen Maßnahmen zu verstehen, um die Vernichtung, Zersplitterung oder Veruntreuung zu verhindern.[33] Dazu gehört auch die sachgerechte Lagerung, konservatorische Aufbereitung und der Schutz gegen unbefugte Benutzung.[34] Außerdem soll die **sichere Aufbewahrung** dazu beitragen, die Politik früherer Regierungen des Deutschen Reiches und der Bundesrepublik Deutschland anhand der fortlaufenden Edition besonders wichtiger Dokumente oder durch Ausstellungen übersichtlich und für die Allgemeinheit verständlich darzustellen.[35] 12

b) Nutzbar machen

Das Bundesarchiv erschließt das Archivgut für **unterschiedliche Nutzungszwecke.**[36] Um eine Benutzung zu ermöglichen, muss das Bundesarchiv das Archivgut zeitnah erfassen, ordnen und verständlich beschreiben.[37] Auch gehört es seit jeher zu den Aufgaben des Bundesarchivs, Archivgut im Rahmen der historisch-politischen Bildungsarbeit zB für Schulen zugänglich zu machen.[38] Diese Bildungsarbeit soll auch das Verständnis breiter Bevölkerungskreise für die deutsche Geschichte zu fördern.[39] 13

c) Wissenschaftliche Verwertung

Die **wissenschaftliche Verwertung** ist gleichrangig gegenüber den anderen beiden Gesetzesaufgaben aufgrund des Rechtsstaatsgedankens aus dem Grundgesetz und der Forschungsfreiheit aus Art. 5 Abs. 3 GG.[40] Sie darf nicht als „staatliche Lenkung der Wissenschaft" ausgelegt werden.[41] Die Vorschrift soll ursprünglich notwendig gewesen sein, um bei Haushaltsverhandlungen die Mittel für die wissenschaftliche Tätigkeit des Bundesarchivs begründen zu können.[42] Dies offenbart ein befremdliches Verständnis 14

29 BT-Drs. 18/9633, 46.
30 S. dazu die Ausführungen unter § 13.
31 *Becker/Oldenhage*, HK-BArchG, § 1 Rn. 17 f.
32 BT-Drs. 18/9633, 46.
33 *Becker/Oldenhage*, HK-BArchG, § 1 Rn. 18.
34 *Becker/Oldenhage*, HK-BArchG, § 1 Rn. 18.
35 Zu § 1 aF BT-Drs. 11/498, 8.
36 BT-Drs. 18/9633, 46.
37 *Becker/Oldenhage*, HK-BArchG, § 1 Rn. 19.
38 BT-Drs. 18/9633, 46.
39 Zu § 1 aF BT-Drs. 11/498, 8.
40 *Henne*, Gleich- oder Nachrangig? Die Auswertung von Archivgut als Aufgabe von Archiven – Die gesetzlichen Vorgaben, Archivwelt: https://archivwelt.hypotheses.org/2338, eingesehen am 31.7.2020.
41 Dieser Ansicht *Becker/Oldenhage*, HK-BArchG, § 1 Rn. 20.
42 *Oldenhage* Der Archivar 1988, 477 (479).

über die Forschungs- und Wissenschaftsfreiheit. Zu den gleichberechtigten Nutzungszwecken des Archivguts gehört auch die **wissenschaftliche Tätigkeit** des Bundesarchivs selbst, die auch wissenschaftliche Veröffentlichungen möglich machen soll.[43] Die wissenschaftliche Verwertung dient zum einen der besseren späteren Nutzung durch Antragsteller, und zum anderen leistet das Bundesarchiv einen eigenständigen Beitrag zum besseren Verständnis der Geschichte, in Form von Ausstellungen, Führungen und ähnlichem.[44] Zu den wichtigen Veröffentlichungen des Bundesarchivs gehören zB die Kabinettsprotokolle der Bundesregierung.[45]

2. Zugangsgewährleistung (Satz 2)

15 § 3 Abs. 1 S. 2 gewährleistet die **öffentliche Nutzung des Archivguts.** Dies soll auch den eigentlichen Zweck des Bundesarchivs in Form eines Gewährleistungsauftrags in der Informationsgesellschaft darstellen.[46] Dabei ist die Nutzung nicht auf die historisch-wissenschaftliche Forschung beschränkt, sondern kann auch von anderen Bereichen, wie zB der politischen Bildungsarbeit genutzt werden und steht jeder einzelnen Person offen.[47] Der Schutz privater und öffentlicher Belange[48] muss dabei gewahrt werden.

3. Zugangsalternativen (Satz 3)

16 Mit S. 3 wird dargelegt, dass auch die **Digitalisierung** und die **Möglichkeit des Online-Stellens von Archivgut** zum Auftrag des Bundesarchivs gehören. Damit wird nicht nur das Bundesarchivrecht an die Anforderungen der Informationsgesellschaft angepasst, sondern es werden auch europäische und deutsche Rechtsentwicklungen in Betracht gezogen.[49] Archive profitieren von dem neu geschaffenen § 61 Abs. 2 UrhG, der Archive ausdrücklich nennt und der die Digitalisierung und öffentliche Zugänglichmachung von Werken regelt, deren Rechteinhaber nicht ermittelt werden können.[50]

III. Verwahrungsauftrag (Abs. 2)

1. Verwahrungsvoraussetzungen (Satz 1)

17 Das Bundesarchiv muss den **bleibenden Wert der Unterlagen** nach § 3 Abs. 2 Satz 1 feststellen und **verwahrt das Archivgut.** S. 1 zählt die Stel-

---

43 *Becker/Oldenhage*, HK-BArchG, § 1 Rn. 20.
44 *Schoch/Kloepfer/Garstka*, ArchG-ProfE, § 5 Rn. 18.
45 Die Bände dieser Edition werden zuerst als Bücher veröffentlicht und erscheinen dann online unter: http://www.bundesarchiv.de/cocoon/barch/0000/index.html, eingesehen am 23.5.2018.
46 BT-Drs. 18/9633, 46.
47 BT-Drs. 18/9633, 46.
48 S. dazu die Ausführungen unter § 13.
49 BT-Drs. 18/10813, 9.
50 Die neu geschaffenen §§ 61–61 c UrhG beruhen auf der RL 2012/28/EU vom 25.10.2012. Gem. Art. 6 Abs. 2 der Richtlinie ist die Nutzung verwaister Werke durch Archive und andere Einrichtungen nur zulässig, wenn es um die Erfüllung ihrer im Gemeinwohl liegenden Aufgaben geht, wozu die Bewahrung, die Restaurierung sowie die Bereitstellung des kulturellen und bildungspolitischen Zwecken dienenden Zugangs zu Werken und Tonträgern, die in ihrer Sammlung enthalten sind, gehört.

len auf, von denen das Bundesarchiv seine archivwürdigen Unterlagen erhält, Öffentliche Stellen des Bundes (Nr. 1) sind dabei solche des § 1 Nr. 8 BArchG.

2. Bewertungskompetenz (Satz 2)

Satz 2 entspricht im Kern § 3 BArchG aF und wonach die Bewertungskompetenz beim Bundesarchiv liegt.[51] Das Bundesarchiv entscheidet über den **bleibenden Wert der angebotenen Unterlagen** und dessen Entscheidung ist bei einem Konflikt mit der abgebenden Stelle abschließend.[52] Die anbietende Stelle ist nur ins Benehmen zu setzen. Das bedeutet, sie wird zu ihrer Einschätzung der Archivwürdigkeit der Unterlagen befragt, und ist verpflichtet, ihre fachliche Kompetenz mit einzubringen.[53] Die Aufgabe des Bundesarchiv als **„unabhängiger Sachwalter einer freien unabhängigen historischen Forschung"** beruht auf dem Rechtsstaatsprinzip aus Art. 20 Abs. 3 GG und auf der Forschungsfreiheit aus Art. 5 Abs. 3 GG.[54] Beide Maximen verlangen die Unabhängigkeit und Weisungsfreiheit der ausgebildeten Archivmitarbeiter in Form einer alleinigen und weisungsfreien Bewertungskompetenz.[55] Der klare gesetzgeberische Wille, das Bundesarchiv unter die Dienst- und Fachaufsicht der Bundesregierung zu stellen, lässt nunmehr für eine solche Auslegung keinen Raum mehr (→ § 2 Rn. 3).[56] 18

Die jeweils getroffene **Entscheidung des Bundesarchivs ist gerichtlich nicht anfechtbar.**[57] Außerdem ist die Bewertungsentscheidung kein Verwaltungsakt iSd § 35 S. 1 VwVfG, da sie keine subjektiv-öffentlichen Rechte verletzt und vor allem keine unmittelbare Außenwirkung entfaltet.[58] Die Entscheidung der Bewertung ist auch keine Ermessensfrage, sondern eine Wertungsfrage, die zu mehreren Ergebnissen führen kann.[59] Dazu hat der Nutzer kein Mitspracherecht und es gibt auch kein Recht auf eine gesellschaftliche Kontrolle der Bewertung.[60] Allerdings unterliegen die Entscheidungen einem uneingeschränkten Auskunftsrecht nach § 10 BArchG. 19

Liegt **kein bleibender Wert** vor, werden die Unterlagen kassiert.[61] Sie können aber auch an die abgebende Behörde zurückgegeben werden, falls diese dazu bereit ist. Auf diese Unterlagen findet dann § 11 Abs. 6 iVm § 10 wieder Anwendung. 20

---

51 BT-Drs. 18/9633, 47.
52 *Becker/Oldenhage*, HK-BArchG, § 3 Rn. 7.
53 *Nadler*, S. 31; *Becker/Oldenhage*, HK-BArchG, § 3 Rn. 7.
54 *Manegold*, S. 65.
55 *Becker/Oldenhage*, HK-BArchG, § 3 Rn. 3; *Manegold*, S. 177.
56 *Rehm* in Becker/Rehm/Schäfer, S. 36, auch nach Ansicht von *Rehm* sollten und dürften Archive nicht weisungsgebunden arbeiten.
57 BVerwG 15.2.1989 – 6 A 2/87, BVerwGE 81, 258 (260); VG Darmstadt 15.10.2003 – 5 E 1395/97(3), NJW 2004, 1471.
58 *Becker/Oldenhage*, HK-BArchG, § 3 Rn. 6.
59 *Becker/Oldenhage*, HK-BArchG, § 3 Rn. 6, mwN.
60 *Becker/Oldenhage*, HK-BArchG, § 3 Rn. 8.
61 *Becker/Oldenhage*, HK-BArchG, § 3 Rn. 4.

IV. Freiwillige Archivverwahrung (Abs. 3)

21 § 3 Abs. 3 soll als Klarstellung im Verhältnis zur Anbietungspflicht nach § 5 Abs. 1 dienen und eine möglichst lückenlose Erfassung des Archivguts ermöglichen.[62] Andere öffentliche Stellen als die in § 3 Abs. 2 S. 1 Nr. 1, ebenso alle nichtöffentlichen Einrichtungen und natürliche Personen können dem Bundesarchiv ihre Unterlagen auf freiwilliger Basis anbieten.[63] Unter den Begriff der **„anderen öffentlichen Stellen"** fallen alle Stellen außerhalb der Bundesverwaltung, bei den **„nichtöffentlichen Einrichtungen"** handelt es sich um privatrechtlich organisierte Personenvereinigungen unabhängig von deren Rechtsfähigkeit.[64]

22 Die **Freiwilligkeit** ergibt sich aus der „kann"-Regelung des Abs. 3. Bei diesen Unterlagen handelt es sich zB um Unterlagen von Kirchen, Unternehmen, Verbänden und Vereinen mit überregionaler Bedeutung, politischer Parteien, schriftliche Nachlässe bedeutender Personen sowie publizistische Quellen.[65] Das Bundesarchiv kann diese Unterlagen durch Kauf, Schenkung oder Vermächtnis erhalten.[66]

V. Informationsrechte und -pflichten (Abs. 4)

1. Beratungspflicht, -recht (Satz 1)

23 Satz 1 entspricht im Wesentlichen § 2 Abs. 10 aF. Das Bundesarchiv hat das Recht und die Pflicht, die öffentlichen Stellen des Bundes zu unterstützen. Somit hat es eine **Beraterfunktion** inne.[67] Diese Aufgabe betrifft die elektronische Schriftgutverwaltung, zB durch Dokumentenmanagementsysteme.[68] Das Bundesarchiv steht den Bundesbehörden für Fragen der Integrität, Authentizität, Vertraulichkeit und Langzeitspeicherung elektronischer Unterlagen aufgrund seines Wissens als beratende Stelle zur Verfügung.[69]

24 Es handelte sich um den Versuch des Gesetzgebers, die Einheit aus Registratur und Archiv, die im 19. Jahrhundert verloren ging, wieder herzustellen.[70] Mit den Anforderungen des S. 1 sollen auch schon in der laufenden Registratur archivfachliche Anforderungen Beachtung finden.[71] Die Beratungstätigkeit des Bundesarchivs, ihre Art und ihr Umfang, haben aber keinen Gesetzesrang.[72]

2. Informationspflicht gegenüber dem Bundesarchiv (Satz 2)

25 Satz 2 ist neu im BArchG, ist eine Reaktion auf die Herausforderungen der **elektronischen Aktenführung** und soll im Rahmen der archivrechtlichen

62 BT-Drs. 18/10813, 9.
63 BT-Drs. 18/10813, 9.
64 BT-Drs. 18/9633, 47.
65 BT-Drs. 18/9633, 47.
66 BT-Drs. 18/9633, 47.
67 *Becker/Oldenhage*, HK-BArchG, § 2 Rn. 97.
68 *Berger* ZRP 2017, 15 (17).
69 *Berger* ZRP 2017, 15 (17).
70 BT-Drs. 10/3072, 10.
71 *Hoffmann* Der Archivar 1997, 259.
72 *Becker/Oldenhage*, HK-BArchG, § 2 Rn. 99.

Möglichkeit die Beratungskompetenz des Bundesarchivs stärken.[73] Die Beratungsfunktion des Bundesarchivs gilt hauptsächlich dann, wenn Bundesbehörden ein System für die elektronische Aktenführung nach § 6 E-Government-Gesetz (EGovG)[74] einrichten, denn dann ist das Bundesarchiv unbedingt zu unterrichten.[75] Schon der Entscheidung für ein bestimmtes System der Informationstechnologie kommt eine besondere Bedeutung für die spätere Archivierung oder Aussonderung von Unterlagen zu, wobei der beratenden und unterstützenden Kompetenz des Bundesarchivs eine Informationspflicht der abgebenden Stelle gegenübersteht.[76] Auch **elektronische Unterlagen** können rechtsgestaltende Inhalte enthalten und historisch wertvoll sein.[77]

VI. Aufgabenübertragung (Abs. 5)

§ 3 Abs. 5 entspricht im Kern dem § 7 aF, wurde aber bezüglich des Wortlauts betreffs der möglichen Aufgaben, die dem Bundesarchiv übertragen werden können, genauer gefasst; die **Aufgabenübertragung** geschieht mit einem Kabinettsbeschluss der Bundesregierung.[78] Es hat sich als zweckmäßig erwiesen, dem Bundesarchiv Aufgaben zu übertragen, die in Zusammenhang mit dem Archivwesen stehen oder der Erforschung der deutschen Geschichte dienen.[79] Das Bundesarchiv wird aber auch davor geschützt, zusätzliche Aufgaben ohne Absicherung durch den Haushalt übernehmen zu müssen, da im Zweifelsfall ein förmlicher Beschluss der Bundesregierung notwendig ist.[80] 26

Schon in der Vergangenheit wurden dem Bundesarchiv Aufgaben durch Kabinettsbeschluss übertragen: zB betreibt das Bundesarchiv seit 2009 eine Datenbank, die im Geschäftsbereich des Beauftragten der Bundesregierung für Kultur und Medien errichtet wurde; 2004 hat das Bundesarchiv zusammen mit der Stiftung „Erinnerung, Verantwortung und Zukunft" im Auftrag der Bundesregierung eine Liste der ca. 600 000 jüdischen Einwohner erstellt, die aufgrund ihrer Abstammung oder ihres Glaubens von den Nationalsozialisten verfolgt wurden oder sich verfolgt fühlten; außerdem führt das Bundesarchiv seit 2008 selbstständig die Ergänzung und Erweiterung der „Liste der jüdischen Einwohner im Deutschen Reich 1933–1945".[81] 27

Ein wichtiges Beispiel für eine übertragene Aufgabe war außerdem die als Außenstelle des Bundesarchivs gegründete „Erinnerungsstätte für die Frei- 28

73 BT-Drs. 18/9633, 48.
74 § 6 EGovG besagt: *Die Behörden des Bundes sollen ihre Akten elektronisch führen.* S. 1 gilt nicht für solche Behörden, bei denen das Führen elektronischer Akten bei langfristiger Betrachtung unwirtschaftlich ist. Wird eine Akte elektronisch geführt, ist durch geeignete technisch-organisatorische Maßnahmen nach dem Stand der Technik sicherzustellen, dass die Grundsätze ordnungsgemäßer Aktenführung eingehalten werden.
75 *Berger* ZRP 2017, 15 (17).
76 BT-Drs. 18/9633, 48.
77 *Berger* ThürVBl 5/2018, 105 (107).
78 BT-Drs. 18/9633, 48.
79 *Becker/Oldenhage*, HK-BArchG, § 7 Rn. 2.
80 *Becker/Oldenhage*, HK-BArchG, § 7 Rn. 3.
81 BT-Drs. 18/9633, 49.

heitsbewegungen in der deutschen Geschichte“ im Schloss Rastatt. 1974 hat der damalige Bundespräsident Gustav Heinemann die Einrichtung angeregt, um die freiheitlichen und demokratischen Traditionen in der deutschen Geschichte in Erinnerung zu bringen.[82] Es gibt dort eine Dauerausstellung, die über die Geschichte der Freiheitsbewegungen im 19. Jahrhundert informiert und seit 2009 auch über Opposition und Widerstand in der DDR bis zur Friedlichen Revolution 1989.

VII. Ausnahmenormenvorbehalt (Abs. 6)

29 Abs. 6 entspricht § 2 Abs. 1 S. 3 aF und stellt fest, dass Rechtsvorschriften, nach denen anderen Stellen des Bundes Archivaufgaben übertragen sind, unberührt bleiben. Dies gilt besonders für das Geheime Staatsarchiv Stiftung preußischer Kulturbesitz[83], die Stiftungen zur Erinnerung an bedeutende deutsche Staatsmänner[84], für die Behörde der Bundesbeauftragten für die Unterlagen des Staatssicherheitsdienstes der ehemaligen DDR[85] und eingeschränkt für das politische Archiv des Auswärtigen Amtes[86]. Die Entstehung von **Ressort- und Spezialarchiven** ist gem. § 3 Abs. 6 nur durch eine Rechtsvorschrift möglich.

30 Im Falle einer **Auflösung eines dieser Spezialarchive** würde das Archivgut dem Bundesarchiv zufallen, solange der Gesetzgeber keine andere Regelung trifft.[87]

---

82 http://www.bundesarchiv.de/DE/Navigation/Meta/Ueberuns/Dienstorte/Rastatt/rastatt.html, eingesehen am 23.5.2018.

83 Gesetz zur Errichtung einer Stiftung „Preußischer Kulturbesitz“ und zur Übertragung von Vermögenswerten des ehemaligen Landes Preußen auf die Stiftung vom 25.7.1957 (BGBl. 1957 I 841).

84 Stiftung Bundeskanzler-Adenauer-Haus, Gesetz vom 24.11.1978 (BGBl. 1978 I 1821); Reichspräsident Friedrich-Ebert-Stiftung, Gesetz vom 19.12.1986 (BGBl. 1986 I 1553), Stiftung Bundespräsident Theodor-Heuss-Haus, Gesetz vom 27.5.1994 (BGBl. 1994 I 1166); Bundeskanzler Willy-Brandt-Stiftung, Gesetz vom 25.10.1994 (BGBl. 1994 I 3138); Otto-von-Bismarck-Stiftung, Gesetz vom 23.10.1997 (BGBl. 1997 I 2582).

85 StUG vom 20.12.1991 (BGBl. 1991 I 2272).

86 Das Gesetz über den Auswärtigen Dienst (GAD) vom 30.8.1990 (BGBl. 1980 I 1842, 1844) lässt nur § 10 GAD als lex specialis gegenüber dem BArchG gelten, für die Verwahrung der völkerrechtlichen Vereinbarungen und für die Verwahrung von Unterlagen, die der Auswärtige Dienst zur Erfüllung seiner Aufgaben benötigt.

87 *Becker/Oldenhage*, HK-BArchG, § 2 Rn. 27.

§ 3 a Wahrnehmung besonderer Aufgaben[1]

(1) [1]Die Aufgaben der aufgelösten „Deutschen Dienststelle für die Benachrichtigung der nächsten Angehörigen von Gefallenen der ehemaligen deutschen Wehrmacht (WASt)“ werden vom Bundesarchiv wahrgenommen. [2]Das Bundesarchiv verwahrt deren Unterlagen zum Schicksal von Militärpersonen und diesen in personenstandsrechtlicher Hinsicht gleichgestellten Personen infolge des Ersten und Zweiten Weltkrieges und führt die anhängigen Verwaltungsverfahren fort.

(2) [1]Das Bundesarchiv verwahrt die in Absatz 1 bezeichneten Unterlagen im öffentlichen Interesse. [2]Es nimmt darüber hinaus insbesondere folgende Aufgaben wahr:

1. Klärung von Einzelschicksalen,
2. Kriegssterbefallanzeigen,
3. Kriegsgräberangelegenheiten und
4. Erteilung sonstiger personenbezogener Auskünfte.

[3]Zur Erfüllung seiner Aufgaben nach Satz 2 erteilt das Bundesarchiv mündliche und schriftliche Auskünfte einschließlich erforderlicher Bescheinigungen oder Stellungnahmen an betroffene Personen, Angehörige, öffentliche und nicht öffentliche Stellen.

(3) [1]Ergänzend zu Absatz 2 gelten für die Unterlagen die Zugangsvorschriften der §§ 10 bis 16 entsprechend. [2]Soweit in Absatz 1 bezeichnete Unterlagen nicht mehr bearbeitet werden und ihnen bleibender Wert zukommt, können sie als Archivgut gewidmet werden.

(nicht kommentiert)

1 Die Vorschrift, eingefügt durch G v. 4.12.2018 (BGBl. 2018 I 2257), tritt erst an dem Tag in Kraft, an dem der Staatsvertrag über den Übergang der Aufgaben der Deutschen Dienststelle für die Benachrichtigung der nächsten Angehörigen der Gefallenen der ehemaligen deutschen Wehrmacht (WASt) in Kraft tritt. Der Tag des Inkrafttretens wird im Bundesgesetzblatt bekannt gemacht.

§ 3 b Wahrnehmung der Aufgaben nach dem Stasi-Unterlagen-Gesetz

[1]Das Bundesarchiv erfasst, verwahrt, verwaltet und verwendet die in ihrem Gesamtbestand zu erhaltenden Unterlagen des Staatssicherheitsdienstes als Archivgut des Bundes nach Maßgabe des Stasi-Unterlagen-Gesetzes. [2]Soweit das Stasi-Unterlagen-Gesetz nicht entgegensteht, unterfallen die Stasi-Unterlagen den archivrechtlichen Bestimmungen des Bundes.

1 Das BArchG soll nur dann keine Anwendung finden, wenn das StUG dem entgegensteht. Die Anwendbarkeit des StUG wäre als Ausnahmeregelung daher eng auszulegen. Zwei Fälle sind denkbar, in denen das StUG einer Anwendbarkeit des BArchG entgegensteht. Erstens, soweit im StUG die Anwendbarkeit des BArchG ausdrücklich ausgeschlossen ist. Zweitens, soweit bezüglich eines bestimmten Regelungsbereiches das BArchG und das StUG miteinander unvereinbare Regelungen treffen.

Die Neuregelung soll wohl den nicht auflösbaren Wertungskonflikten begegnen, die in der Vergangenheit eine Erforschbarkeit verhinderten.[1] Da die Gebühren beim BStU bisher gering sind, die des BArch dagegen teils prohibitiv, stellt sich die Frage, ob mit der Überführung der Stasi-Unterlagen in das Bundesarchiv mit einer Kostensteigerung für Nutzer zu rechnen ist. Auf Anfrage des Journalisten Hans-Wilhelm Saure hat die BStU dies verneint. Die Gebühren und Auslagen rund um das Stasi-Unterlagen-Archiv seien in § 42 StUG geregelt und würden durch den Gesetzesentwurf nicht berührt. Jedoch tritt ab 1.10.2021 das Bundesgebührengesetz (BGebG) in Kraft treten und ist damit Grundlage aller Gebühren und Kostenverordnungen der Behörden des Bundes. Alle Ressorts seien daher aufgerufen, ihre Gebührenordnung neu zu regeln.

1 Vgl. VG Berlin 8.9.2009 – 2 A 8/07, juris ua Rn. 47 ff., zu den sog. „Meta-Daten“, die aus der Auswertung von Stasi-Unterlagen entstanden sind.

§ 4 Stiftung „Archiv der Parteien und Massenorganisationen der DDR"

(1) Die „Stiftung Archiv der Parteien und Massenorganisationen der DDR" ist eine unselbständige Stiftung des öffentlichen Rechts im Bundesarchiv.

(2) [1]Die Stiftung hat die Aufgabe, Unterlagen von Stellen nach § 3 Absatz 2 Nummer 5 und 6 als Archivgut des Bundes zu übernehmen, auf Dauer zu sichern, nutzbar zu machen und zu ergänzen. [2]Dies gilt auch für Bibliotheksbestände zur deutschen Geschichte, insbesondere für solche, die in historischem oder sachlichem Zusammenhang mit der deutschen und internationalen Arbeiterbewegung stehen. [3]§ 3 Absatz 1 Satz 2 ist entsprechend anzuwenden.

(3) Die in § 11 Absatz 1 genannte Schutzfrist ist nicht auf die Bestände der Stiftung anzuwenden.

(4) Einzelheiten zu Organisation, Aufgaben und Vermögen der Stiftung werden durch die für Kultur und Medien zuständige oberste Bundesbehörde geregelt.

Literatur

Birthler, Marianne, Stasi-Unterlagen für Forschung und Medien – zum Rechtsstreit um den Aktenzugang und zur Novellierung des Stasi-Unterlagen-Gesetzes, Der Archivar 2002, 298; *Brunner, Wolfgang*, Nutzung der Akten des Staatssicherheitsdienstes der DDR zur Rehabilitierung von Betroffenen, Vermissten und Verstorbenen, Der Archivar 2001, Beiband 7, 252; *Oldenhage, Klaus*, Was bringt das neue ‚Stasi-Aktengesetz'?, Der Archivar 2002, 335; *Raum, Bertram*, Die Regelung der Benutzung und Aufbewahrung der Unterlagen der SED, der Blockparteien und der Massenorganisationen der ehemaligen DDR, DtZ 1992, 105; *Rauschenbach, Petra*, Auf dem Weg zum bedarfsgerechten Angebot: Retrokonversion von Findkarteien in der Stiftung Archiv der Parteien und Massenorganisationen der DDR (SAMPO) im Bundesarchiv, Der Archivar 2003, Beiband 9, 217

I. Geschichte

Das Bundesarchiv berichtet[1] über die Entstehung der Stiftung Archiv der Parteien und Massenorganisationen der DDR (SAPMO): 1

Mit dem **Zusammenbruch der DDR** 1989 veränderte sich auch deren Parteienlandschaft. Dadurch verloren wichtige Archive und Bibliotheken der DDR ihre Träger und dadurch ihre Existenzgrundlage. Die Versuche, zur Sicherung der Unterlagen der Parteien und Massenorganisationen eine gesetzliche Grundlage zu schaffen, waren aufgrund der Weigerung des Ministerrats zum Scheitern verurteilt. Die Ideen der Volkskammerfraktionen fanden im Parlament keine Mehrheit, weshalb eine unabhängige Kommis-

1 Einsehbar unter: http://www.bundesarchiv.de/DE/Content/Artikel/Ueber-uns/Organisation/Unterseiten-SAPMO/sapmo-gruendung.html, eingesehen am 29.5.2018.

sion durch den Ministerpräsidenten eingesetzt wurde, die die Archiv- und Bibliotheksbestände treuhänderisch verwalten sollte.

2 Bei den Verhandlungen zum **Einigungsvertrag** kam es zu keiner Einigung über eine Reglung für das Archivgut der Parteien und Massenorganisationen im Einigungsvertragsgesetz[2] aufzunehmen. Durch das Einigungsvertragsgesetz wurden dann nur die Unterlagen unter den Schutz des Bundesarchivs gestellt, die bei staatlichen Stellen der DDR entstanden waren.

3 Mit dem Gesetzesentwurf zur Änderung des BArchG von 1991 sollten im Bundesarchiv die Unterlagen verwaltet werden, die bei der Wahrnehmung staatlicher Aufgaben entstanden waren.[3] Umstritten waren vor allem die Akten aus dem zentralen **Parteiarchiv der SED**, die zwar einerseits staatlichen Charakter hatten, aber andererseits auch Parteischriftgut waren. Es war keine Trennung möglich, ohne jede einzelne Akte zu überprüfen. Der Gedanke an eine Aufteilung nach rechtlichen Gesichtspunkten entgegen dem Grundsatz der Provenienz wurde dann auch nicht übernommen. Kurzfristig wurde über eine Enteignung nachgedacht, aber eine entschädigungslose Enteignung kam aus rechtstaatlichen Gründen nicht in Betracht und eine Enteignung mit Entschädigung war von der Politik nicht gewollt. Es kam dann zur Änderung des BArchG[4], die die Zuständigkeit des Bundesarchivs auf die Archivbestände staatlicher Aufgabe der Parteien und Massenorganisationen der DDR erweiterte, sowie auf die Bibliotheksbestände und andere Materialien. Das Gesetz stellte damit die Eigentumsverhältnisse klar, ohne sie zu ändern.

4 Bei **nichtstaatlichen Unterlagen** musste die Stiftung mit den jeweiligen Eigentümern gesonderte Vereinbarungen schließen. Jetzt sind in der Stiftung die strittigen Unterlagen, Materialien und Bibliotheksbestände zur deutschen Geschichte, insbes. zur Geschichte der deutschen und internationalen Arbeiterbewegung vollständig vorhanden.

II. Allgemeines

5 Mit der Norm werden die Regelungen des § 2 a BArchG aF im Wesentlichen unverändert übernommen.[5] Mit der **„Stiftung Archiv der Parteien und Massenorganisationen der DDR“** ist eine Sondereinrichtung geschaffen worden zur Aufnahme von Unterlagen der Parteien und sog. Massenorganisationen der ehemaligen DDR.[6] Formell hat es sich bei den Unterlagen, weder zu DDR-Zeiten noch nach der Wiedervereinigung um Unterlagen staatlicher Behörden gehandelt. Wegen des Charakters der SED als faktisch staatsleitendem Verfassungsorgan sollen nach dem Willen des Gesetzgebers die Unterlagen der SED und der von ihr kontrollierten Organi-

2 Gesetz zu dem Vertrag vom 31. August 1990 zwischen der Bundesrepublik Deutschland und der Deutschen Demokratischen Republik über die Herstellung der Einheit Deutschlands – Einigungsvertragsgesetz – und der Vereinbarung vom 18.9.1990 (BGBl. 1990 II 885).
3 BT-Drs. 12/288.
4 Änderungsgesetz vom 13.3.1992 (BGBl. 1992 I 506).
5 Vgl. Gesetzesbegründung BT-Drs. 18/9633, 49 f.
6 Zur Errichtung der Stiftung und zur damaligen Diskussion vgl. *Becker/Oldenhage*, HK-BArchG, § 2 a Rn. 1 ff.

sationen (sog. Blockparteien und Massenorganisationen) wie staatliches Archivgut behandelt werden.[7] Von der Regelung betroffen sind die Unterlagen der ehemaligen SED und der sog. Blockparteien der DDR, wie der CDU, der Demokratischen Bauernpartei Deutschlands (DBD), der Liberal-Demokratischen Partei Deutschlands (LDPD) und der National-Demokratischen Partei Deutschlands (NDPD). Als Massenorganisationen erfasst waren ebenfalls zB der Freie Deutsche Gewerkschaftsbund (FDGB), die Freie Deutsche Jugend (FDJ), die Gesellschaft für Deutsch-Sowjetische Freundschaft (DSF) und die Gesellschaft für Sport und Technik (GST).[8]

Nicht fortgeschrieben wurde die Regelung des § 2 a Abs. 3 BArchG aF, der die Übernahme der Unterlagen der DDR-Parteien und Massenorganisationen regelte. Dies erscheint nachvollziehbar, da die Übernahme dieser Unterlagen durch das Bundesarchiv abgeschlossen ist und es damit einer Vorschrift zu einem evtl. Nacherwerb nicht mehr bedarf.[9] 6

Die Einsetzung des Bundesarchivs als Träger der Stiftung soll berücksichtigen, dass zwischen den fraglichen Unterlagen und den auf gesetzlicher Grundlage im Bundesarchiv befindlichen Unterlagen enge archivfachliche und historisch-wissenschaftliche Zusammenhänge bestehen.[10] Die Stiftung des Bundesarchivs führt eine Findmittelliste im Internet,[11] mit der eine schnelle Recherche möglich ist.[12] 7

Die Unterlagen der Staatsicherheit der ehemaligen DDR befinden sich dagegen im sog. Stasi-Unterlagen-Archiv der BStU. Der Zugang zu diesem Archivgut bestimmt sich nach dem StUG.[13] Bei einer Einsicht in diese Unterlagen und zur Aufarbeitung der Geschichte sollte es grds. keine Einschränkung geben. Die Rechtsprechung hat hier durch den Fall Kohl zweimal eine andere Wertung gefunden[14] 8

III. Unselbstständige Stiftung des öffentlichen Rechts (Abs. 1)

Eine **Stiftung des öffentlichen Rechts** ist ein vom Staat zu einem öffentlichen Zweck gewidmetes Vermögen.[15] Eine unselbstständige Stiftung ent- 9

---

7 Zur Entstehung der Vorschrift und zu den Hintergründen sehr instruktiv *Becker/Oldenhage*, HK-BArchG, § 2 Rn. 93 ff.

8 Vgl. Schlussbericht der Unabhängigen Kommission zur Überprüfung des Vermögens der Parteien und Massenorganisationen der DDR, 2006, S. 21 ff.

9 Zu den Besonderheiten bei der Übernahme der Unterlage vgl. *Becker/Oldenhage*, HK-BArchG, § 2 a Rn. 10.

10 BT-Drs. 12/19667, 11.

11 Einsehbar unter: https://www.bundesarchiv.de/imperia/md/content/abteilungen/sapmo/findmittel-_bersicht_der_sapmo.pdf, eingesehen am 30.5.2018.

12 *Rauschenbach* Der Archivar 2003, Beiband 9, 217; *Kreikamp* Veröffentlichung der Archivschule Marburg Nr. 33, S. 121.

13 *Brunner* Der Archivar 2001, Beiband 7, 252 ff.

14 Zum Fall Kohl und dem Zugang zu Unterlagen der Stasi über ihn *Birthler* Der Archivar 2002, 298; *Geiger/Klinghardt* StUG § 32 Rn. 38 ff.; s. a. *Oldenhage* Der Archivar 2002, 335, der eine Vernichtung von Akten befürchtete; ebenso https://www.zeit.de/2002/03/Nachrichten_aus_Orwells_Unterwelt, eingesehen am 30.5.2018; aA BVerwG 8.3.2002 – 3 C 46/01, NJW 2002, 1815 und nach der Novellierung BVerwG 23.6.2004 – 3 C 41/03, BVerwGE 121, 115, bei dem das BVerwG in den Grundzügen an seiner Rspr. festhält und die informationelle Selbstbestimmung höher wertet als die Zeitgeschichtsforschung.

15 *Sodan/Ziekow* § 60 Rn. 28.

steht durch die Übertragung von Vermögenswerten an eine natürliche oder einen mit Rechtsfähigkeit ausgestatteten Rechtsträger, der die Vermögenswerte verwalten und dauerhaft zu den vorgegebenen Zwecken nutzen muss.[16] Die Stiftung wird durch einen staatlichen Hoheitsakt ins Leben gerufen, dh durch Gesetz oder aufgrund eines Gesetzes und dient öffentlichen Aufgaben.[17] Auch die unselbstständige Stiftung ist eine Stiftung im funktionalen Sinn und unterscheidet sich von der selbstständigen Stiftung durch die Art der Entstehung und das Fehlen der eigenen Rechtspersönlichkeit, denn es erfordert einen Rechtsträger, der das Stiftungsvermögen verwaltet.[18]

IV. Aufgabe der Stiftung (Abs. 2)

10 Im Rahmen der **Aufgabenstellung der Stiftung** geht es darum, Unterlagen zu übernehmen, dauerhaft zu sichern, nutzbar zu machen und zu ergänzen. Bei den Unterlagen handelt es sich zum einen um die Unterlagen der Sozialistischen Einheitspartei Deutschlands, der mit dieser Partei verbundenen Organisationen und juristischen Personen sowie der Massenorganisationen der Deutschen Demokratischen Republik, § 3 Abs. 2 Nr. 5. Zum anderen handelt es sich um Unterlagen der anderen Parteien und der mit diesen Parteien verbundenen Organisationen und juristischen Personen der Deutschen Demokratischen Republik, § 3 Abs. 2 Nr. 6.

11 Es handelt sich somit vor allem um Unterlagen des Generalsekretärs, des Politbüros, des Zentralkomitees sowie sonstige Unterlagen, die staatliches Handeln betreffen, insbes. auch zur Vorbereitung von Parteitagsbeschlüssen.[19] Außerdem können im Rahmen der Aufgabe der Stiftung auch Veröffentlichungen und wissenschaftliche Untersuchungen zu Archivbeständen vorgenommen und Neuerwerbungen getätigt werden.[20]

12 Zudem können Unterlagen in die Stiftung übernommen werden, wenn sie in historischem oder sachlichen Zusammenhang stehen, wie zB Originaldokumente von Karl Marx, Friedrich Engels, die Archive der SPD und der KPD aus der Zeit vor 1945 sowie persönliche Nachlässe früherer SED-Größen wie Walter Ulbricht.[21]

13 Die Stiftung nimmt im Ergebnis die gleichen Aufgaben wahr wie das Bundesarchiv. Neben den geschriebenen Aufgaben des § 4 Abs. 2 Satz 1 kommt auch noch der Auftrag, die **wissenschaftliche Verwertung des Archivguts zu fördern** und den **Zugang zu gewährleisten.**[22]

14 Ausdrücklich einbezogen werden auch **Bibliotheksbestände**, die das Bundesarchiv übernehmen darf. Grund dafür war zum einen der Wunsch der Eigentümer, ihre Archive und Bibliotheken unter einem Dach zu vereinigen, zum anderen aber die allgemeine Einsicht, dass ein Übergang zwi-

---

16 BeckOK BGB/*Backert* § 80 Rn. 22.
17 *Maurer* AllgVerwR § 23 Rn. 62; § 21 Rn. 8.
18 BeckOK BGB/*Backert* § 80 Rn. 22.
19 BT-Drs. 12/288, 3.
20 BT-Drs. 12/1967, 11.
21 *Raum* DtZ 1992, 105 (107).
22 BT-Drs. 18/9633, 50.

schen Archiv- und Bibliotheksgut oft fließend ist.[23] Das Bibliotheksgut gesondert zu verwahren, hätte auch zu einem Zerreißen der historischen Entstehungszusammenhänge führen können, was nicht gewollt war.[24]

V. Entbehrlichkeit der Schutzfrist (Abs. 3)

Abs. 3 entspricht dem § 2 a Abs. 4 S. 1 aF. Die Unterlagen, die sich in der Stiftung befinden, dienen keiner weiteren staatlichen Aufgabenwahrnehmung, so dass die generelle Schutzfrist des § 11 Abs. 1 von dreißig Jahren entbehrlich ist. Dies entsprach schon 1992 dem allgemeinen öffentlichen Interesse an einer schnellen und objektiven wissenschaftlichen Aufarbeitung der Geschichte der DDR.[25] Die **Schutzfrist** für personenbezogene Unterlagen ist allerdings zu beachten[26], kann aber nach § 12 verkürzt werden. So dürften Menschen, die in der SED weisungsbefugt waren, als Personen der Zeitgeschichte oder als Amtsträger gelten, bei denen die Stiftung ihr Ermessen dahin gehend ausübt, diese Unterlagen der Forschung bei Bedarf zugänglich zu machen.[27] Die Einsicht in diese Unterlagen dient auch der „Aufarbeitung des zusammengebrochenen totalitären Regimes“ und sollte zu keiner Schlussstrichdebatte wie im Fall des Nationalsozialismus führen.[28] 15

VI. Regelungsermächtigung (Abs. 4)

Die oberste Bundesbehörde, die für Kultur und Medien zuständig ist, kann durch Erlass Einzelheiten für Organisation, Aufgaben und Vermögen der Stiftung regeln.[29] 16

23 *Becker/Oldenhage*, HK-BArchG, § 2 a Rn. 8.
24 *Becker/Oldenhage*, HK-BArchG, § 2 a Rn. 8.
25 BT-Drs. 12/1967, 12.
26 BT-Drs. 12/1967, 12.
27 *Raum* DtZ 1992, 105 (108).
28 *Krüger* Der Archivar 2000, 34 (36).
29 BT-Drs. 18/9633, 50.

§ 5 Anbietung und Abgabe von Unterlagen

(1) [1]Die öffentlichen Stellen des Bundes haben dem Bundesarchiv oder, im Fall des § 7, dem zuständigen Landes- oder Kommunalarchiv alle Unterlagen, die bei ihnen vorhanden sind, in ihr Eigentum übergegangen sind oder ihnen zur Nutzung überlassen worden sind, zur Übernahme anzubieten, wenn

1. sie die Unterlagen zur Erfüllung ihrer öffentlichen Aufgaben einschließlich der Wahrung der Sicherheit der Bundesrepublik Deutschland oder eines ihrer Länder nicht mehr benötigen und
2. ihnen die weitere Aufbewahrung der Unterlagen nicht durch besondere Rechtsvorschriften gestattet ist.

[2]Vorbehaltlich des Satzes 1 sollen Unterlagen spätestens 30 Jahre nach ihrer Entstehung dem Bundesarchiv angeboten werden.

(2) [1]Zur Feststellung des bleibenden Werts ist den Mitarbeitern des Bundesarchivs im Einvernehmen mit der zuständigen öffentlichen Stelle des Bundes Einsicht in die nach Maßgabe des Absatzes 1 anzubietenden Unterlagen und die dazugehörigen Registraturhilfsmittel zu gewähren. [2]Wird der bleibende Wert der Unterlagen festgestellt, hat die anbietende öffentliche Stelle die Unterlagen mit Ablieferungsverzeichnissen an das Bundesarchiv abzugeben. [3]Das Bundesarchiv kann auf die Anbietung und Abgabe von Unterlagen ohne bleibenden Wert verzichten.

(3) [1]Werden elektronische Unterlagen zur Übernahme angeboten, legt das Bundesarchiv den Zeitpunkt der Übermittlung vorab im Einvernehmen mit der anbietenden öffentlichen Stelle des Bundes fest. [2]Die Form der Übermittlung und das Datenformat richten sich nach den für die Bundesverwaltung verbindlich festgelegten Standards. [3]Sofern für die Form der Übermittlung und das Datenformat kein Standard für die Bundesverwaltung verbindlich festgelegt wurde, sind diese im Einvernehmen mit der abgebenden öffentlichen Stelle des Bundes festzulegen. [4]Stellt das Bundesarchiv den bleibenden Wert der elektronischen Unterlagen fest, hat die anbietende öffentliche Stelle des Bundes nach Ablauf der Aufbewahrungsfrist die bei ihr verbliebenen Kopien dieser Unterlagen nach dem Stand der Technik zu löschen, es sei denn, sie benötigt die Kopien noch für Veröffentlichungen; über die Löschung ist ein Nachweis zu fertigen. [5]Elektronische Unterlagen, die einer laufenden Aktualisierung unterliegen, sind unter den Voraussetzungen der Sätze 1 bis 3 zu bestimmten, einvernehmlich zwischen Bundesarchiv und abgebender Stelle festzulegenden Stichtagen ebenfalls anzubieten. [6]Satz 5 ist nicht auf Unterlagen anzuwenden, die nach § 6 Absatz 1 Satz 2 und Absatz 2 von der Anbietungspflicht ausgenommen sind.

(4) Die gesetzgebenden Körperschaften entscheiden in eigener Zuständigkeit, ob sie dem Bundesarchiv Unterlagen anbieten und als Archivgut des Bundes abgeben.

(5) Die Verarbeitung personenbezogener Informationen für archivische Zwecke ist zulässig, wenn schutzwürdige Belange Betroffener nicht beeinträchtigt werden. Für die Verarbeitung besonderer Kategorien personenbezogener Daten im Sinne des Artikels 9 Absatz 1 der Verordnung (EU) 2016/679 gilt § 28 Absatz 1 des Bundesdatenschutzgesetzes. § 28 Absatz 1

des Bundesdatenschutzgesetzes findet entsprechende Anwendung auf die Verarbeitung besonderer Kategorien personenbezogener Daten im Sinne des Artikels 9 Absatz 1 der Verordnung (EU) 2016/679 über verstorbene Personen.

Literatur

Belli, Peter, Quod non est in actis..., Der Archivar 2001, 378; *Blaha, Dagmar*, Das Digitale Archiv Reformation – Schriftzeugnisse aus den staatlichen Archiven in der Mitte Deutschlands, Der Archivar 2016, 10; *Bradler, Günther*, Parlamentsarchive, Der Archivar 1984, 427; *Bussmann, Benjamin*, Verbündete gegen den Verlust elektronischer Informationen, Der Archivar 2017, 194; *Ernst, Katharina*, Unterstützung der behördlichen Schriftgutverwaltung durch Onlinedienstleistungen der Archive, Der Archivar 2003, Beiband 9, 243; *Filthaut, Jörg,* Online-Benutzernavigation für genealogische Forschungen, ein Optimierungskonzept für Benutzungsabläufe, Der Archivar 2003, Beiband 9, 221; *Hollmann, Michael*, Deutschland in zwei Nachkriegszeiten. Der Einstieg in das Online-Archiv des Bundesarchivs, Der Archivar 2016, 6; *Martin-Weber, Bettina*, Spezialgesetzliche Löschungsgebote und archivgesetzliche Anbietungspflicht – kein Gegensatz!, Forum 2013, Das Fachmagazin des Bundesarchivs; *Moritz, Werner,* Wofür Datenbanken? Zum Stand der archivischen EDV-Ausstattung und den Perspektiven für die Nachlassverzeichnung, Der Archivar 1987, 515; *Oldenhage, Klaus,* Archivgut als Gegenstand des Kulturschutzes, Der Archivar 2006, 21; *Schäfer, Udo,* Kulturschutzgut im Wandel?, Der Archivar 1999, 233; *Schäfer, Udo,* Archivgut als bewegliches Kulturgut, Der Archivar 2006, 19; *Ullmann, Angela*, In eigener Zuständigkeit, Der Deutsche Bundestag hat eine neue Archivordnung, Der Archivar 2009, 260; *Weber, Hartmut*, Der Computer im Archiv, Der Archivar 1987, 485

I. Allgemeines

1 § 5 regelt die **Anbietung** und **Abgabe von Unterlagen** der öffentlichen Stellen des Bundes und trägt spätestens seit Inkrafttreten des BArchG aF dazu bei, dass das Bundesarchiv als **Gedächtnis des Staates** und damit als **Natio-**

nalarchiv anerkannt ist.[1] Dies gilt ebenso für Archivgut als **Kulturgut**[2], das von § 304 StGB als öffentliches Denkmal und als Gegenstand der Wissenschaft, der in einer öffentlichen Einrichtung verwahrt ist, vor Beschädigung und Zerstörung geschützt wird.[3] Archivgut ist unumstritten eine Teilmenge des Kulturguts, da es nach positiver Wertermittlung auf Dauer aufbewahrt wird und als kulturelles Erbe zu schützen ist[4] (→ § 1 Rn. 3). Dies führt auch zu einer Herausforderung für die Archivare, die für die Folgen der digitalen Entwicklung, bezogen auf ihre gesetzliche Verantwortung für eine unbegrenzte zeitliche Sicherung des Archivguts, verantwortlich sind.[5]

2 Die Vorschrift soll eine Zersplitterung von Unterlagenbeständen verhindern und dem Interesse des Nutzers dienen, insbes. der Forschungs- und Wissenschaftsfreiheit durch einen Zugang zu Archivgut bei einer neutralen Behörde[6], denn das Bundesarchiv ist von den Unterlagen nicht selbst betroffen und wertet sie nach objektiven Gesichtspunkten aus.

3 Die Länder haben sehr **unterschiedliche Begriffe zur Anbietungspflicht.** Wie im BArchG „haben ... anzubieten“, wird zwar auch im Großteil der Archivgesetze der Länder formuliert.[7] Manche Länder verwenden dagegen die Formulierung „sind verpflichtet“[8], Baden-Württemberg und Mecklenburg-Vorpommern verwenden die Formulierung „bieten ... an“[9]. Bedeutungsunterschiede sind damit nicht verbunden. Die Landesarchivgesetze und das BArchG regeln zum Teil in den Benutzungsordnungen eine Gebühr bei Nutzung und teilweise die Herausgabe eines Belegexemplars, Jedoch regelt keines der Gesetze eine Rechtsfolge für einen Verstoß gegen die Anbietungspflicht mit Ausnahme von § 11 Abs. 6.[10] Es wird somit auf die Freiwilligkeit der Behörden vertraut.

4 Die Behörden scheinen in der Vergangenheit der Anbietungspflicht des § 2 Abs. 1 aF nur in geringem Umfang nachgekommen zu sein. So räumte der Bundesverfassungsschutz freimütig ein, dass er erst seit 2015 (!) der Anbietungspflicht nachkomme.[11]

---

1 BT-Drs. 18/9633, 50; s. a. *Treffeisen* Veröffentlichungen der Archivschule Marburg 2008, Nr. 50, 45.
2 Vgl. Gesetzesbegründung zu § 9 BArchG, BT-Drs. 18/9633, 65; ebenso *Schäfer* Der Archivar 1999, 233.
3 *Stree/Hecker* in Schönke/Schröder StGB § 304 Rn. 5, 7.
4 *Oldenhage* Der Archivar 2006, 21; *Schäfer* Der Archivar 2006, 19; *Odendahl* Der Archivar 2006, 23.
5 *Polley* Veröffentlichungen der Archivschule Marburg 2008, Nr. 50, 21 (25).
6 BT-Drs. 18/9633, 50.
7 Art. 6 BayArchivG; § 3 BremArchivG; § 3 ArchG Nds; § 4 ArchG NRW; § 7 LArchG RhPf; § 8 SaarlArchG; § 5 SächsArchivG; § 9 ArchG LSA; § 6 LArchG SchlH.
8 § 5 ArchG Bln; § 4 BbgArchivG; § 3 HmbArchG; § 8 HessArchivG; § 11 ThürArchivG.
9 § 3 LArchG BW; § 6 LArchG MV.
10 S. a. *Günther* FS Rainer Polley 2014, 195.
11 OVG NRW 15.5.2018 – 15 A 25/17, UA S. 10. Das BfV behauptet dort zudem, das Bundesarchiv würde 80 bis 90 % der Akten des BfV als zeitgeschichtlich nicht bedeutsam und damit als kassabel bewerten. Dem widerspricht die Ansicht des Bundesarchivs, dass Akten des Verfassungsschutzes, die vernichtet werden, öffentliches Misstrauen erzeugten. Deshalb sei Archivierung der Weg, das Vertrauen der Gesellschaft in die Rechtsförmlichkeit des Verwaltungshandelns zu schaffen. *Martin-Weber* Forum 2013, 16 (20).

II. Anbietungspflicht (Abs. 1)

5 Abs. 1 entspricht zum Teil § 2 Abs. 1 aF und begründet eine **allgemeine Anbietungspflicht aller Stellen des Bundes** gegenüber dem Bundesarchiv oder im Falle des § 7 gegenüber den zuständigen Landes- oder Kommunalarchiven. Die Stellen müssen dabei öffentliche Aufgaben erfüllen, unabhängig davon, um welche Art von öffentlicher Stelle[12] es sich handelt.[13] Darunter fallen auch die Personalräte, da sie ein Teil der Verwaltung sind.[14]

6 Das **Auswärtige Amt** nimmt unverständlicherweise eine Sonderrolle bei der Anbietungspflicht ein.[15] Es archiviert seine Unterlagen im hauseigenen Politischen Archiv des Auswärtigen Amtes[16], dem eine Sonderstellung als einzigem Ressortarchiv gegenüber dem Bundesarchiv zugestanden wird[17]. § 10 GAD formuliert aber nur eine Ausnahme für völkerrechtliche Vereinbarungen und Unterlagen, die der Auswärtige Dienst zur Erfüllung seiner Aufgaben benötigt.

7 Der Wortlaut der Norm („haben… anzubieten") verlangt von den öffentlichen Stellen des Bundes, dass sie ihre Unterlagen dem Bundesarchiv anbieten müssen. Die Neufassung des § 5 Abs. 1 übersieht dabei das seit langem bekannte Problem, dass gegen die Anbietungspflicht verstoßen wird oder Archivgut in private Archive verbracht oder gar vernichtet wird.[18] Einzige Möglichkeit scheint § 11 Abs. 6 zu sein. Hinzu kommt eine **Rückforderungspflicht gegenüber privaten Stellen** und deren **Durchsetzung mit den Mitteln des Strafrechts.** Solange dieses Verhalten nicht stärker sanktioniert wird, ist mit einem Umdenken der Behörden nicht zu rechnen.[19]

---

12 S. Legaldefinition der öffentlichen Stelle, § 1 Nr. 8.

13 *Becker/Oldenhage*, HK-BArchG, § 2 Rn. 3.

14 *Bohmbach* Archivnachrichten Niedersachsen 2000, 77 (80).

15 *Manegold*, S. 186 f.; *Freys*, S. 16 f.

16 Einsehbar unter: https://www.auswaertiges-amt.de/blob/215198/e0bc5247d374f87f851256d73915be57/politischesarchiv-data.pdf, eingesehen am 1.6.2018.

17 Gerügt von *Manegold*, S. 186 f.; *Becker/Oldenhage*, HK-BArchG, § 2 Rn. 5 f.; aA *Nau*, S. 4 f.

18 Stellungnahme der Netzwerk Recherche eV zum Gesetzentwurf vom 5.10.2016, einsehbar unter: https://netzwerkrecherche.org/wp-content/uploads/2016/10/Stellungnahme-Novelle-Bundesarchivgesetz-von-Netzwerk-Recherche-eV-Oktober-2016.pdf, eingesehen am 29.5.2018; ebenso *Belli* Der Archivar 2001, 378 zur Leuna-Affäre; dazu auch: http://www.spiegel.de/politik/deutschland/sonderermittler-leuna-akten-wurden-planmaessig-vernichtet-a-80520.html, eingesehen am 30.5.2018.

19 So hat Netzwerk Recherche vorgeschlagen, folgende Vorschriften in die Neufassung des BArchG zu übernehmen: § 18 Abs. 1 Nr. 3 (neu): [Ordnungswidrig handelt, wer], *als Mitarbeiter oder Mitarbeiterin einer nach § 5 Abs. 1 verpflichteten Stelle des Bundes entgegen § 5 Abs. 1 dem Bundesarchiv Unterlagen nicht anbietet, diese vernichtet oder einem Privatarchiv zuführt.*; krit. bereits *Polley* zur Vorgängerregelung, da die Nichteinhaltung weder Straf- noch Ordnungswidrigkeitstatbestände enthalte und die Archivgesetze auch solche nicht kennen, *Polley* in Polley, Archivgesetzgebung in Deutschland – Ungeklärte Rechtsfragen, S. 23.
§ 18 Abs. 2: Ordnungswidrig handelt, wer eine in Absatz 1 bezeichnete Handlung als gewerblich registrierungspflichtige Person *oder als Mitarbeiter oder Mitarbeiterin einer Stelle des Bundes* fahrlässig begeht.
§ 18 Abs. 3: Die Ordnungswidrigkeit kann mit einer Geldbuße bis zu zehntausend Euro geahndet werden, in den *Fällen des Absatz 1 Alternative 2 oder 3 auch bis zu zwanzigtausend Euro.*

1. Anbietungsvoraussetzung. Wegfall der Verwendung (Satz 1 Nr. 1)

8 § 5 Abs. 1 Satz 1 Nr. 1 entspricht dem § 2 Abs. 1 aF. Die Vorschrift soll theoretisch einen ausdrücklichen Handlungsauftrag an die gesamte Bundesverwaltung enthalten, ohne dass das Bundesarchiv tätig werden muss.[20] Die Wahrung der Sicherheit der Bundesrepublik Deutschland oder eines ihrer Länder entspricht der des § 13 Abs. 1 Nr. 1 (→ § 13 Rn. 12 ff.).

9 § 5 Abs. 1 Nr. 1 bezieht grds. auch den Bundesnachrichtendienst, das Bundesamt für Verfassungsschutz[21] und den Militärischen Abschirmdienst in die Anbietungs- und Abgabepflicht mit ein.[22]

10 Nur **die vom Generalbundesanwalt im Zusammenhang mit eigener Ermittlungstätigkeit angelegten Strafakten** und die **Senatsakten des BGH** unterliegen der Anbietungs- und Abgabepflicht nach BArchG; die **übrigen Strafakten** gehören in den Zuständigkeitsbereich der Länder und ihrer Archive.[23]

2. Anbietungsvoraussetzung, keine Gestaltungsnorm (Satz 1 Nr. 2)

11 Will die anbietungspflichtige Stelle die Unterlagen in ihrer Verfügungsgewalt behalten, dann muss das durch besondere Rechtsvorschriften geregelt sein. Die Norm soll zur Klarstellung des Verhältnisses entsprechender Regelungen zum BArchG dienen, denn wenn es diese Regelungen gibt, dann sollen sie dem BArchG vorgehen.[24] Insbes. soll § 10 GAD[25] unberührt bleiben und auch § 1 Abs. 1 SchrAG[26] soll eine Vorschrift iSd Abs. 1 Nr. 2 sein.[27]

---

20 BT-Drs. 18/9633, 51.

21 So erstattete schon der Verband Deutscher Archivarinnen und Archivare eV Strafanzeige gegen den Verfassungsschutz wegen Verwahrungsbruchs, jedoch stellte die Staatsanwaltschaft die Ermittlungen ein (Bescheid vom 18.6.2013, Az. 121 Js 572/12). Es ging um eine Aktenvernichtung, die der Verfassungsschutz gegenüber der Staatsanwaltschaft sogar zugab aber mit innerdienstlichen Gründen rechtfertigte. Die Staatsanwaltschaft behauptete, dass ein Verstoß gegen gesetzliche Vorschriften oder dienstliche Vorgaben nicht belegbar sei, vergaß dabei jedoch, das BArchG zu prüfen. Nachzulesen unter: https://archivalia.hypotheses.org/6604, eingesehen am 1.6.2018.

22 *Oldenhage*, Archive im Konflikt, 1986, 11 (15); ebenso *Becker/Oldenhage*, HK-BArchG, § 2 Rn. 11.

23 BT-Drs. 18/9633, 52.

24 BT-Drs. 18/9633, 52.

25 *§ 10 GAD Politisches Archiv*
Im Politischen Archiv des Auswärtigen Amts werden die Urschriften oder beglaubigten Abschriften der völkerrechtlichen Vereinbarungen des Deutschen Reiches und der Bundesrepublik Deutschland sowie alle Unterlagen aufbewahrt, die der Auswärtige Dienst zur Erfüllung seiner Aufgaben benötigt. Die Vorschriften des Bundesarchivgesetzes über die Nutzung von Archivgut des Bundes sind entsprechend anzuwenden.

26 *§ 1 SchrAG Aufbewahrung und Speicherung von Akten*
Akten der Gerichte und der Staatsanwaltschaften, die für das Verfahren nicht mehr erforderlich sind, dürfen nach Beendigung des Verfahrens nur so lange aufbewahrt oder gespeichert werden, wie schutzwürdige Interessen der Verfahrensbeteiligten oder sonstiger Personen oder öffentliche Interessen dies erfordern. Dasselbe gilt für Aktenregister, Namens- und sonstige Verzeichnisse und Karteien, auch wenn diese elektronisch geführt werden. Aufbewahrungs- und Speicherungsregelungen in anderen Rechtsvorschriften sowie die Anbietungs- und Übergabepflichten nach den Vorschriften der Archivgesetze des Bundes und der Länder bleiben unberührt.

27 BT-Drs. 18/9633, 52.

3. Soll-Anbietungspflicht nicht 30 Jahre (Satz 2)

§ 5 Abs. 1 Satz 2 ist neu im BArchG und enthält eine **Soll-Anbietungspflicht nach Ablauf von dreißig Jahren.** Es war ein Anliegen des Bundesarchivs, sich frühzeitig um die Bestanderhaltung der betreffenden Unterlagen kümmern zu können.[28] Die Regelung ist erforderlich, um der fahrlässigen oder gewollten Verzögerung der Abgabe der Unterlagen durch die abgebende Stelle entgegenzuwirken.[29] Es wäre allerdings besser gewesen, der Gesetzgeber hätte eine „Muss-Vorschrift" geschaffen, wie fast[30] alle Landesarchivgesetze[31] dies vorsehen. So ist zu befürchten, dass einer „Mauertaktik" auf Seiten der Behörden Vorschub geleistet wird. [32] Im Fall einer "Muss-Regelung" steht einer Behörde kein Ermessen zu.[33] Bei einer „Soll-Regelung" bedeutet dies im Regelfall eine strikte Bindung und erlaubt der Behörde ein Ermessen nur in divergierenden Fällen, in denen konkrete Gründe, die nicht aus der Behörde selbst resultieren, für eine Abweichung sprechen.[34] Auch das BVerwG ist der Ansicht, dass, „im Regelfall (...) das "Soll" ein "Muß" (bedeutet). Nur bei Vorliegen von Umständen, die den Fall als atypisch erscheinen lassen, darf die Behörde anders verfahren als im Gesetz vorgesehen und den atypischen Fall nach pflichtgemäßem Ermessen entscheiden."[35] Die Frage, ob ein atypischer Fall vorliegt, ist von den Gerichten voll überprüfbar.[36] Grds. sollten die Behörden die Vorschrift des § 5 Abs. 1 S. 2 dahin gehend verstehen, dass bis auf die Ausnahmegründe des Satz 1 Nr. 1 und 2 eine **Ermessensreduzierung auf Null** vorliegt, denn mit dem Zweck des § 5 Abs. 1 Satz 2, der frühzeitigen Bestandserhaltung von Unterlagen, ist nur diese eine Entscheidung zu vereinbaren. 12

III. Zugangsrecht und Abgabe (Abs. 2)

1. Einsichtsrecht (Satz 1)

Satz 1 normiert ein **Einsichtsrecht für die Mitarbeiter des Bundesarchivs** in die Unterlagen, die noch von der abgebenden Stelle verwaltet, aber nicht mehr zur Aufgabenwahrnehmung benötigt werden und deren Anbietung 13

28 BT-Drs. 18/9633, 52.

29 *Schoch/Kloepfer/Garstka*, ArchG-ProfE, § 6 Rn. 15, mwN.

30 § 3 Abs. 1 HmbArchG.

31 § 3 Abs. 1 LArchG BW; Art. 6 Abs. 1 BayArchivG; § 5 Abs. 1 ArchG Bln; § 4 Abs. 1 BbgArchivG; § 3 Abs. 1 BremArchivG; § 8 Abs. 1 HessArchivG; § 6 Abs. 1 S. 2 LArchivG MV; § 3 Abs. 1 S. 3 NdsArchG; § 4 Abs. 1 S. 3 ArchivG NRW; § 7 Abs. 1 LArchG RhPf; § 8 Abs. 1 S. 2 SaarlArchG; § 5 Abs. 1 S. 2 SächsArchivG; § 9 Abs. 1 ArchG LSA; § 6 Abs. 1 S. 2 LArchG SchlH; § 11 Abs. 1 ThürArchivG.

32 *Dr. Clemens Rehm*, stellv. Vorsitzender des Ausschusses Archiv und Recht, Protokoll der 69. Sitzung des Ausschusses für Kultur und Medien vom 19.10.2016, S. 15.

33 *Maurer/Waldhoff* AllgVerwR § 7 Rn. 10.

34 *Ramsauer* in Kopp/Ramsauer VwVfG § 40 Rn. 64.

35 BVerwG 2.7.1992 – 5 C 39/90, juris Rn. 15.

36 BVerwG 2.7.1992 – 5 C 39/90, juris Rn. 19; BSG 16.1.1986 – 4 b RV 25/85, juris Rn. 26; VGH Kassel 10.8.1992 – 12 UE 2254/89, juris Rn. 36.

unmittelbar bevorsteht.[37] Damit besteht für das Bundesarchiv eine frühzeitige Orientierung zur Sichtung und Bewertung der Unterlagen.[38]

a) Bleibender Wert

14 Nicht alle Unterlagen, die dem Bundesarchiv von den verpflichteten Stellen angeboten werden, werden automatisch zu Archivgut. Bevor ein **Umwidmungsakt** durch das Bundesarchiv stattfinden kann, dürfen die Unterlagen bei der abgebenden Stelle nicht mehr benötigt werden, die Aufbewahrungsfristen müssen abgelaufen sein und das Bundesarchiv muss den bleibenden Wert der Unterlagen festgestellt haben.[39] Der **bleibende Wert** ist in § 1 Nr. 10 legaldefiniert.

15 Stellt das Bundesarchiv **keinen bleibenden Wert** fest, können die Unterlagen von der abgebenden Stelle nicht einfach kassiert werden. „Eine Vernichtung von Akten kann nur für einen Zeitpunkt in Betracht gezogen werden, in dem mit Sicherheit feststeht, dass die Akten ihre die Gesetzmäßigkeit der Verwaltung sichernde Dokumentationsfunktion nicht mehr erfüllen“.[40] Dh, selbst wenn die Akten nicht an das Bundesarchiv abgegeben werden müssen, dürfen sie nicht vernichtet werden und es muss somit eine Nutzung nach § 11 Abs. 6 möglich sein.[41]

b) Im Einvernehmen mit der zuständigen öffentlichen Stelle des Bundes

16 Aufgrund der Verfügungsgewalt der abgebenden Stelle, bei der sich die Unterlagen zu dem Zeitpunkt noch befinden, soll die **Einsichtnahme durch das Bundesarchiv nur mit Zustimmung der abgebenden Stelle** möglich sein.[42] Allerdings gab es einen Änderungsantrag des Ausschusses für Kultur und Medien, in dem das Einvernehmen mit der abgebenden Stelle für überflüssig betrachtet wurde, da es für eine unabhängige Überlieferungsbildung nicht erforderlich und auch nicht förderlich sei.[43] So wird „die Selbstsicht der Behörden auf die eigene Tätigkeit (…) zum Leitmotiv und entscheidenden Kriterium erhoben“.[44] Die Bewertungskompetenz der Archivare bezüglich des bleibenden Wertes leidet darunter, dass der abgebenden Behörde ein **Veto-Recht für die Einsichtnahme durch Archivare** zusteht, denn so lässt sich mittelbar Einfluss nehmen auf eine Entscheidung die unabhängig und frei sein sollte.[45] Um eine möglichst fundierte Bewertung des bleibenden Wertes von Unterlagen vornehmen zu können, müsste der Archivar frühzeitig Einsicht sowohl in anstehende, als auch in laufende

37 BT-Drs. 18/9633, 52.
38 BT-Drs. 18/9633, 52.
39 BT-Drs. 18/9633, 51.
40 BVerwG 16.3.1988 – 1 B 153/87, juris Rn. 13.
41 AA Bundesamt für Verfassungsschutz, Az. – 13 K 12067/17 (unveröffentlicht).
42 BT-Drs. 18/9633, 53.
43 Änderungsantrag vom 13.12.2016, Ausschussdrs. 18(22)234.
44 *Prof. Dr. Eva Schlotheuber*, Vorsitzende des Verbandes der Historiker und Historikerinnen Deutschlands eV Protokoll der 69. Sitzung des Ausschusses für Kultur und Medien vom 19.10.2016, S. 16.
45 *Treffeisen* in Polley, Archivgesetzgebung in Deutschland – Ungeklärte Rechtsfragen, S. 161, nach Ansicht von *Treffeisen* besteht im Falle des Einvernehmens ein Veto-Recht der abliefernden Stelle; *Rehm* in Becker/Rehm/Schäfer, S. 90, auch nach Ansicht von *Rehm* kann ohne Zustimmung der abgebenden Stelle keine Einsicht genommen werden, zudem kann die Stelle selber auswählen, was vorgelegt wird.

gerade entstehende Akten nehmen können.[46] Durch die Situation de lege lata kann gerade in Konfliktsituationen nicht einmal geprüft werden, ob zu einem Themenkomplex überhaupt Akten bestehen, was dazu führt, dass die Behörden Unterlagen dauerhaft zurückhalten, oder vernichten können, ohne dass dies überhaupt bemerkt wird. Dies ist mit dem **Grundsatz der Gesetzmäßigkeit** der Verwaltung nicht vereinbar, Art. 20 Abs. 3 GG.[47]

c) Registraturhilfsmittel

Eine **Registratur** ist eine räumliche oder funktionelle Institution für die Verwaltung von Schriftgut, in deren Rahmen in laufende Registratur und Altregistratur unterschieden wird.[48] Die Altregistratur verwaltet dabei die Unterlagen, deren Bearbeitung beendet ist und die kaum noch zur Bearbeitung benötigt werden.[49] Bei **Registraturhilfsmitteln** handelt es um Adresslisten, Karteikarten, Einsenderkarteien und Tagebüchern.[50] Dabei dienen die als Registraturhilfsmittel meist für ein Jahr angelegte Tagebücher dienstlichen Zwecken, dem Nachweis der eingegangenen Schreiben in zeitlicher Reihenfolge, dem Auffinden in der Behörde, der Kontrolle bei der Erledigung von Eingängen und dem Überblick über den Betrieb.[51] 17

2. Rechtsfolge der Archivwürdigkeit (Satz 2 und 3)

Die anbietende öffentliche Stelle muss die Unterlagen dem Bundesarchiv mit einem **Ablieferungsverzeichnis**[52] abgeben, wenn der bleibende Wert der Unterlagen festgestellt ist. 18

Unterlagen, die erkennbar von geringer Bedeutung sind, müssen dem Bundesarchiv nicht angeboten und abgegeben werden. Es soll der Vereinfachung des Verwaltungshandelns dienen, diese Unterlagen nicht anbieten zu müssen, wenn von vornherein ohne Zweifel feststeht, dass sie nicht von bleibendem Wert sind.[53] Dazu gehören Unterlagen wie Lieferscheine, Weglegesachen[54], Rechnungsunterlagen und ähnliches.[55] Die **Nichtanbietung** kann aber auch zu Problemen führen. So fallen die Unterlagen des Auslän- 19

46 *Treffeisen* in Polley, Archivgesetzgebung in Deutschland – Ungeklärte Rechtsfragen, S. 165; *Rehm* in Becker/Rehm/Schäfer, S. 89, 90.
47 *Rehm* in Becker/Rehm/Schäfer, S. 91.
48 http://m.archivschule.de/DE/forschung/schriftgut/terminologie/registratur.html, eingesehen am 12.6.2018.
49 http://m.archivschule.de/DE/forschung/schriftgut/terminologie/registratur.html, eingesehen am 12.6.2018.
50 *Kunzmann*, Paperless Office, S. 7.
51 *Henning* in Beck/Henning, „Selbsterzeugnisse", 135 (136).
52 Ablieferungsverzeichnisse des Bundesarchivs sind einsehbar unter: http://www.argus.bstu.bundesarchiv.de/dr2/index.htm?kid=0005E6835DEC4C7DA51AA388535C971A, eingesehen am 1.6.2018.
53 *Becker/Oldenhage*, HK-BArchG, § 2 Rn. 61.
54 Weglegesachen sind Dokumente oder Vorgänge, die für eine Behörde von keinem oder nur sehr untergeordnetem Interesse sind und daher von einer dazu berechtigten Person durch Anbringen einer entsprechenden Verfügung als W. eingestuft und nach Ablauf einer bestimmten, in der Regel ein Jahr dauernden Frist ohne weitere Prüfung vernichtet werden können. http://m.archivschule.de/DE/forschung/schriftgut/terminologie/weglegesache.html, eingesehen am 8.6.2018; s. a. *Menne-Haritz*, S. 97.
55 *Becker/Oldenhage*, HK-BArchG, § 2 Rn. 61.

derzentralregisters unter die Norm, denn dessen Daten müssen zehn Jahre nach Ausreise der Ausländer gelöscht werden. Diese Daten könnten aber notwendig sein, um bspw. später würdigen zu können, ob Integration gelungen ist oder nicht oder auch um eine Versachlichung in die Diskussion um die Flüchtlingskrise zu bringen.[56]

IV. Archivierung von digitalem Archivgut (Abs. 3)

1. Allgemeines

20 **Digitales Archivgut** führt zu neuen Möglichkeiten und Ansätzen. So wird Archivgut schon seit einigen Jahren digitalisiert und im Internet als Themenseite oder Galerie zugänglich gemacht.[57] Auch Editionen zeitgeschichtlicher Quellen werden vom Bundesarchiv und aus dessen Beständen erstellt.[58] Solche **kommentierten Quelleneditionen**, die zur Grundlagenforschung wichtig sind, sind in Deutschland bisher nur wenige im Internet vorhanden.[59] Grds. erhält Archivgut seinen Wert vor allem dadurch, dass es von Nutzern wahrgenommen wird[60], das Internet bietet neue Formen und Möglichkeiten für die Nutzung von Archivgut.[61]

21 Auch die Behörden stellen von der Papierakte auf die **Elektronische Akte** um. 2014 kam es bei der elektronischen Aktenführung noch zu Mängeln, weshalb die Verwaltungsprozesse zu überprüfen und zu optimieren waren und sind.[62]

22 Für das Bundesarchiv bedeutet der **Umgang mit elektronischem Archivgut**, dass die digitale Aufzeichnung in genau der Verknüpfung von Inhalt und Bezug, die dem Stand der Sache entspricht, für eine nächste Bearbeitung in stabilisierter Form bereitgestellt, wieder aufgefunden und rückgriffsfähig gehalten werden müssen.[63] Dabei ist nicht nur die Bewertung, sondern auch der Zugang zu digitalen Unterlagen aus komplexen und oft instabilen Verwaltungsprozessen durch das Bundesarchiv nur mit hoher Konzentration auf die ursprüngliche Funktion der Unterlage im Entstehungsprozess zu erreichen.[64]

---

56 *Prof. Dr. Eva Schlotheuber*, Vorsitzende des Verbandes der Historiker und Historikerinnen Deutschlands eV Protokoll der 69. Sitzung des Ausschusses für Kultur und Medien vom 19.10.2016, S. 16.

57 *Hollmann*, Archivgut im Zeitalter seiner digitalen Verfügbarkeit, Ausschussdrs. 18(22)209 e, 4; *Filthaut* Der Archivar 2003, Beiband 9, 221; *Ernst* Der Archivar 2003, Beiband 9, 243; *Blaha* Der Archivar 2016, 10; *Hollmann* Der Archivar 2016, 6; s. a. zu den virtuellen Ausstellungen des Bundesarchivs unter: http://www.bundesarchiv.de/DE/Navigation/Entdecken/Virtuelle-Ausstellungen/virtuelle-ausstellungen.html, eingesehen am 14.6.2018.

58 S. zB zu den Kabinettsprotokollen: http://www.bundesarchiv.de/cocoon/barch/0000/index.html, eingesehen am 14.6.2018.

59 *Küsters*, Zeithistorische Quellen im Internet, Vol AA 2010, Mitteilungen 34, 29 (36).

60 *Hollmann*, Archivgut im Zeitalter seiner digitalen Verfügbarkeit, Ausschussdrs. 18(22)209 e, 9.

61 *Maier* Veröffentlichungen der Archivschule Marburg 2000, Nr. 33, 93.

62 Rechnungshöfe des Bundes und der Länder, Positionspapier zum Thema Aktenführung 2014, 6.

63 *Brübach* Veröffentlichungen der Archivschule Marburg 2000, Nr. 33, 51 (62); *Bussmann* Der Archivar 2017, 194.

64 *Metzdorf* Veröffentlichungen der Archivschule Marburg 2000, Nr. 33, 29 (33).

Auch im Rahmen der **elektronischen Unterlagen** sind besonders bei Vervielfältigungen sowohl von der abgebenden Stelle als auch vom Bundesarchiv **urheberrechtliche Vorschriften** zu beachten, sofern die Unterlagen durch Urheber- und Leistungsschutzrechte geschützt sind.[65] 23

2. Übermittlungszeitpunkt (Satz 1)

§ 5 Abs. 3 S. 1 ist angelehnt an § 2 Abs. 5 S. 2 aF und soll dem Bedürfnis des Bundesarchivs nach einer Regelung Rechnung tragen, die ein sachgerechtes Verfahren bei Angebot und Übermittlung für Unterlagen aus elektronischer Bürokommunikation ermöglicht.[66] Die Norm soll auch offen für den technischen Wandel sein und dem Bundesarchiv eine frühzeitige Verständigung und Vorbereitung der Übergabe mit der abgebenden Stelle ermöglichen.[67] 24

Auch für die elektronischen Unterlagen ist die Legaldefinition des § 1 Nr. 9 anwendbar, aber es werden auch strukturierte, gleichartig aufgebaute Datensammlungen erfasst, insbes. mit personenbezogenen Daten.[68] 25

Abs. 3 Satz 1 ist im Kontext des § 5 zu sehen, mit der Folge, dass auch bei elektronischen Unterlagen dem Bundesarchiv keine über § 5 Abs. 1 hinaus gehenden Befugnisse eingeräumt werden, ausgenommen der in Abs. 3 Satz 5 normierten Sonderregelungen.[69] Die **Aufbewahrungsfristen** sind auch bei elektronischen Unterlagen einzuhalten, der spätmöglichste Zeitpunkt der Anbietung bleibt der gem. § 5 Abs. 1 Satz 2.[70] 26

3. Übermittlungsform (Satz 2 und 3)

Die **Form der Datenübertragung** und **die zu übertragenden Datenformate** sollen im Einvernehmen mit der abgebenden Stelle festgelegt werden, wenn kein für die Bundesverwaltung verbindlich festgelegter Standard vorhanden ist.[71] Der Gesetzgeber will durch die Einführung des Art. 91 c GG[72] und dem darauf basierenden OZG[73] die bundesgesetzlichen Regelungsvorhaben im Bereich des E-Government verstärken.[74] Auch das EGovG[75] soll durch den Abbau bundesrechtlicher Hindernisse eine elektronische Kommunikation mit der Verwaltung erleichtern. Das Gesetz soll einerseits Bund, Ländern und Kommunen die Gelegenheit bieten, eine unkompliziertere, nutzerfreundlichere und effektivere elektronische Verwaltung anzu- 27

65 BT-Drs. 18/9633, 54, 56.
66 BT-Drs. 18/9633, 53.
67 BT-Drs. 18/9633, 53.
68 BT-Drs. 18/9633, 54.
69 BT-Drs. 18/9633, 54.
70 BT-Drs. 18/9633, 54.
71 BT-Drs. 18/9633, 54.
72 Gesetz zur Änderung des Grundgesetzes vom 13.7.2017 (BGBl. 2017 I 2347); s. a. BT-Drs. 18/12588.
73 Onlinezugangsgesetz vom 14.8.2017 (BGBl. 2017 I 3122, 3138).
74 *Denkhaus/Geiger*, Das neue Online-Zugangsgesetz des Bundes, S. 4, einsehbar unter: https://www.rehm-verlag.de/__STATIC__/themen/haushalt-und-kaemmerei/services-haushalt-und-kaemmerei/pdf/self/broschuere_onlinezugangsgesetz_1515047073000.pdf.
75 Vom 25.7.2013, zul. geänd. am 5.7.2017 (BGBl. 2017 I 2206).

bieten und andererseits soll den „medienbruchfreien Prozessen vom Antrag bis zur Archivierung" der Weg geebnet werden.[76]

28 Für die Übermittlung von Akten, Vorgängen und Dokumenten befand sich 2016 ein Standard im Rahmen des IT-Planungsrats in Abstimmung, mit Einbeziehung des Bundesarchivs.[77] Dieser Standard besteht heute zwischen den Bundesbehörden in Form des **Datenaustauschstandards XDOMEA.**[78] Ein **einheitliches Dokumentenmanagementsystem** in Bundesbehörden zur Bildung von elektronischen Akten ist in Planung.

29 Der **IT-Planungsrat** hat in seiner Sitzung vom 16.4.2018 die Arbeitsschwerpunkte für 2018 dahin gehend formuliert, dass es zu einer Förderung von E-Partizipation[79] kommen soll, die Sicherheit des bestehenden IT-Sicherheits-Verbundes und der Weiterentwicklung des verbindlichen Meldeverfahrens bei Cyberangriffen ausgebaut werden soll und der Portalverbund weiterentwickelt werden soll.[80] Beim Portalverbund handelt es sich um eine intelligente Verknüpfung der Portale von Bund und Ländern, die als Prototyp im Herbst 2018 zur Verfügung steht, und bis 2022 alle onlinefähigen Verwaltungsleistungen über die mit diesem Portalverbund verknüpften Verwaltungsportale angeboten werden sollen.[81]

30 Aufgrund des OZG werden die Verwaltungsportale von Bund und Ländern zu Digitalisierungsplattformen auf- und ausgebaut und bis Mitte 2018 will der Bund die Infrastruktur errichten, um diese miteinander zu verknüpfen und allmählich sollen dann alle Länderportale angeschlossen werden.[82]

---

76 BMI, Referat O2, Minikommentar zum Gesetz zur Förderung der elektronischen Verwaltung sowie zur Änderung weiterer Vorschriften, S. 3; einsehbar unter: https://www.bmi.bund.de/SharedDocs/downloads/DE/veroeffentlichungen/themen/moderne-verwaltung/e-government-gesetz-minikommentar.pdf?__blob=publicationFile&v.=2.

77 BT-Drs.18/9633, 54.

78 https://www.xoev.de/die_standards/xoev_standards_und__vorhaben/xdomea_xoev_zertifiziert-11406, eingesehen am 19.6.2018.

79 „Der Begriff E-Partizipation bezeichnet Formen politischer Teilhabe, bei denen sich Bürger(innen) elektronischer Informations- und Kommunikationstechnologien bedienen, um mit staatlichen Organen oder untereinander an allen möglichen Stellen politischer Prozesse in Kontakt zu treten. Das starre Top-down-Modell elitärer, undurchsichtiger Entscheidungsprozesse soll damit für die Bürgerschaft geöffnet werden."
http://imblickpunkt.grimme-institut.de/wp/wp-content/uploads/2014/12/IB-E-Partizipation.pdf, eingesehen am 18.6.2018.

80 S. Pressemitteilung des IT-Planungsrats vom 16.4.2018, https://www.it-planungsrat.de/SharedDocs/Pressemitteilungen/DE/2018/PM30_25Sitzung.html, eingesehen am 18.6.2018.

81 S. Pressemitteilung des IT-Planungsrats vom 16.4.2018, https://www.it-planungsrat.de/SharedDocs/Pressemitteilungen/DE/2018/PM30_25Sitzung.html, eingesehen am 18.6.2018.

82 https://www.it-planungsrat.de/DE/ITPlanungsrat/Veranstaltungen/CeBIT/CeBIT2018/CeBIT2018.html, eingesehen am 19.6.2018.

4. Rechtsfolgen der Archivwürdigkeit (Satz 4)

31 Die **Zahl der elektronischen Unterlagen** wird weiter zunehmen.[83] Bei diesem Unterlagentypus lässt sich nicht mehr ohne Weiteres zwischen einer Kopie und dem Original unterscheiden. Durch die Regelung des S. 4 soll das Alleinstellungsmerkmal des Bundesarchivs als Nationalarchiv berücksichtigt werden und es soll vermieden werden, dass Kopien elektronischer Unterlagen, nachdem sie zu Archivgut geworden sind, zulasten von Wissenschaft und Forschung sowie sonstigen Nutzern nach verschiedenen Gesetzen zugänglich gemacht werden.[84] Es soll sichergestellt werden, dass nur das Bundesarchiv über Archivgut verfügen kann und die abgebende Stelle keine Kopien mehr davon aufbewahrt.

32 Von der **Löschungsverpflichtung** ausgenommen sind Unterlagen, die in persönlichen elektronischen Ablagen der Bearbeiterinnen und Bearbeiter oder in sonstigen Dateiablagen außerhalb der elektronischen Aktenführung bei der abgebenden Stelle gespeichert sind, wobei Löschpflichten aufgrund des Datenschutzes unberührt bleiben.[85] Ebenfalls nicht erfasst von S. 4 sind Kopien elektronischer Unterlagen, die von der abgebenden Stelle noch für eine Veröffentlichung gebraucht werden, wie zB elektronische Kopien von Gesetzestexten oder Gerichtsentscheidungen.[86]

33 Die **Löschung** muss gemäß des Wortlauts der Norm dem Stand der Technik entsprechen, dh, sie muss physikalisch erfolgen, so dass die Daten nicht mehr lesbar sind und eine Erstellung eines **Löschnachweises** muss der Technik entsprechend umgesetzt werden.[87] Es geht dabei allerdings nur um eine verwaltungsmäßige Bestätigung des Löschens durch die abgebende Stelle gegenüber dem Bundesarchiv, das die Bestätigung zusammen mit dem Ablieferungsverzeichnis aufbewahren soll.[88]

34 Durch eine selbstverantwortete Löschung durch Behörden drohen gravierende Überlieferungslücken.[89] Die Löschpflicht birgt auch die Gefahr der Abschottung der Behörden und der Betonung des Amtsgeheimnisses, was zu einer problematischen **Löschkultur** führen kann.[90]

83 Zum Stand der EDV von 1987 s. *Moritz* Der Archivar 1987, 515; *Weber* Der Archivar 1987, 485.
84 BT-Drs. 18/9633, 54.
85 BT-Drs. 18/9633, 55.
86 BT-Drs. 18/9633, 55.
87 BT-Drs. 18/9633, 55.
88 BT-Drs. 18/9633, 55.
89 *Prof. Dr. Eva Schlotheuber*, Vorsitzende des Verbandes der Historiker und Historikerinnen Deutschlands eV, Protokoll der 69. Sitzung des Ausschusses für Kultur und Medien vom 19.10.2016, S. 16, die diese Überlieferungslücken einer „Demenz" gleichsetzt.
90 So die Hauptzollämter in Kassel und Fulda, die aufgelöst wurden und dabei alle Unterlagen vernichtet haben, *Dr. Clemens Rehm*, stellv. Vorsitzender des Ausschusses Archiv und Recht, Protokoll der 69. Sitzung des Ausschusses für Kultur und Medien vom 19.10.2016, S. 15; oder der Berliner Verfassungsschutz, dessen Mitarbeiter angeblich nicht erkannt hatten, welche Akten über rechtsextreme Gruppierungen archiviert und welche vernichtet werden sollten und dann alle vernichtet haben. https://www.bz-berlin.de/artikel-archiv/berlin-liess-nazi-akten-vernichten, eingesehen am 7.6.2018.

5. Archivierung bei sich aktualisierenden elektronischen Unterlagen (Satz 5)

35 Satz 5 ist eine Sonderregelung für elektronische Unterlagen, die nicht abgeschlossen werden, sondern einer laufenden Veränderung und Aktualisierung durch die Verwaltung unterliegen oder dauerhaft benötigt werden. Da diese Unterlagen sich noch in Gebrauch befinden, unterliegen sie nicht der Anbietungspflicht nach § 5 Abs. 1 Satz 1 und auch nicht ohne Weiteres der Verpflichtung des § 5 Abs. 1 Satz 2.[91]

36 Unter diese Sonderregelung fallen vor allem Aufzeichnungen aus laufend aktualisierten Datenbanken wie Registrierdaten, die nicht auf spezialgesetzlicher, bereichsspezifischer Grundlage erhoben werden und Fachanwendungen, die bei der fachlichen Aufgabenerledigung der abgebenden Stelle entstehen, ohne dass sie einer gesetzlichen Grundlage bedürfen, die nie abgeschlossen sein werden.[92]

37 Durch die stetige Veränderung durch Aktualisierung kommt es zu einem unwiederbringlichen **Verlust der Aufzeichnungen** für künftige Forscher und ohne die gesetzliche Anbietungspflicht, kommt es zu **Lücken in der archivischen Überlieferung.**[93]

38 Das Bundesarchiv kann im Einvernehmen mit der abgebenden Stelle die Anbietung dieser Unterlagen zu einem bestimmten **Stichtag in einem bestimmten Rhythmus** festlegen.[94] Diese Stichtagsregelung ist flexibel, aber auf ein festes Intervall ausgerichtet und berücksichtigt den individuellen Charakter der jeweiligen Unterlagen.[95] Kommt es zu keiner Einigung, so hat das Bundesarchiv als sachnächste Behörde das Recht zur Festlegung von Stichtagen. Keinesfalls darf die Aktualisierung genutzt werden um eine Abgabepflicht zu unterlaufen.

6. Ausnahmen (Satz 6)

39 Von der Anbietungspflicht nach S. 5 sind nur Unterlagen der Nachrichtendienste, die unter § 6 Abs. 1 Satz 2 und Abs. 2 fallen, nicht erfasst, ebenso wenig Unterlagen, die nach gesetzlichen Vorschriften gelöscht oder vernichtet werden müssen und nicht ersatzweise dem Bundesarchiv angeboten werden. Die Regelung ist als **Ausnahmevorschrift** nach den herkömmlichen Auslegungsregeln **eng auszulegen.** Es ist allerdings nach Art. 17 Abs. 3 lit. d) EU-DGSVO auch weiterhin möglich, dem Bundesarchiv personenbezogene Daten, denen bleibender Wert iSd § 1 Nr. 10 zukommt, anzubieten und zu übergeben.

40 Zu **elektronischen Unterlagen, die einer laufenden Aktualisierung unterliegen**, gehören auch Register, die bereichsspezifisch auf Grundlage von spezialgesetzlichen Regelungen geführt werden und innerhalb bestimmter Fristen gelöscht werden müssen.[96] Diese Datenbanken sind von der Anbietungspflicht ausgenommen. Die zuständigen obersten Bundesbehörden sollen dies

91 BT-Drs. 18/9633, 56.
92 BT-Drs. 18/9633, 56.
93 BT-Drs. 18/9633, 56.
94 BT-Drs. 18/9633, 56.
95 BT-Drs. 18/9633, 56.
96 BT-Drs. 18/9633, 60.

aber prüfen können und auf eine dahin gehende Regelung in den Spezialgesetzen hinwirken, wenn die Archivierung aufgrund von insbes. sozialhistorischer und genealogischer Forschung und Wissenschaft wünschenswert ist.[97] Damit wird ausgerechnet in dem höchst archivierungswürdigen Bereich der Register letztlich der aufbewahrenden Behörde die Entscheidung über die Archivierung überlassen. So konnte 2006 nur per Zufall das Nachlassgericht Berlin von der Kassierung des Testaments von Samuel S. Fischer abgehalten werden. Der mit der Kassierung beauftragte Hausmeister konnte mit dem Namen nichts anfangen. Vergleichbares ist für Standesregister zu befürchten. Dies erscheint verantwortungslos. Es gibt eine Vielzahl von Vernichtungs- und Löschvorschriften ohne Regelung eines Löschsurrogats. Ebenso gibt es eine Vielzahl von Bundesregistern, wie zB das Bundeszentral-, das Melde-, das Ausländer-, das Vorsorge- und das Handelsregister. Es ist kaum vorstellbar, dass die jeweilige oberste Bundesbehörde zu jedem dieser Gesetze eine Änderung desselben auf den Weg bringt, weil sie feststellt, dass ein Register für das Bundesarchiv besonders interessant sein könnte.

V. Die Chance zur Sicherung und Regelung wurde vertan (Abs. 4)

§ 5 Abs. 4 entspricht im Grunde § 2 Abs. 2 aF. Zu den gesetzgebenden Körperschaften gehören die Verfassungsorgane Deutscher Bundestag und Bundesrat. Diese haben für ihre Unterlagen die Entscheidungsautonomie auch in archivfachlicher Hinsicht und können in der Konsequenz ihre eigenen Archive, die **Parlamentsarchive**, weiter unterhalten. Für die Parlamentsarchive findet das BArchG keine Anwendung (s. a. zu den Parlamentsarchiven → § 3 Rn. 8). 41

Entstanden ist das **Parlamentsarchiv des Bundestages**[98] als der Ältestenrat des Deutschen Bundestages 1949 beschloss, bei der Verwaltung des Deutschen Bundestages ein „lebendiges Archiv" einzurichten, da zur damaligen Zeit das Bundesarchiv noch nicht existierte.[99] Das Archiv fungierte als Organisationseinheit der Bundestagsverwaltung und war zunächst eine Sammlungs- und Dokumentationsstelle für Parlamentsmaterialien.[100] Es sammelte Dokumentationen zum Grundgesetz und zu den Bundesgesetzen; seit 1958 gehört das Bildarchiv, das Ton- und Videostudio und seit 1960 das sog. Politikerarchiv dazu.[101] 42

Im **Parlamentsarchiv des Bundesrates** werden alle wichtigen Unterlagen aus dem Plenum und den Ausschüssen inhaltlich erschlossen, aufbewahrt und erhalten.[102] 43

Es ist widersprüchlich, wenn der Gesetzgeber einerseits in der Gesetzesbegründung betont, dass das Bundesarchiv eine neutrale Behörde zur Bewer- 44

97 BT-Drs. 18/9633, 60.
98 Erklärend *Ullmann* Der Archivar 2009, 260.
99 *Bradler* Der Archivar 1984, 427 (429).
100 https://www.bundestag.de/dokumente/parlamentsarchiv/gesch/245218, eingesehen am 29.5.2018.
101 https://www.bundestag.de/dokumente/parlamentsarchiv/gesch/245218, eingesehen am 29.5.2018.
102 https://www.bundesrat.de/SharedDocs/texte/13/20130710-archivar.html, eingesehen am 29.5.2018.

tung der Unterlagen sei[103] und andererseits den Parlamentsarchiven als nichtneutralen Behörden eine Sonderstellung zubilligt. Seit der Errichtung des Bundesarchivs sind die Parlamentsarchive obsolet. Die **Atomisierung von Archivbeständen** wird offenbar weiter als probates Mittel zur Intransparenz bei Regierungsdokumenten angesehen. Die Unterlagen des Bundespräsidialamtes und des Kanzleramtes, der Bundesministerien und der Volkskammer befinden sich im Bundesarchiv oder in Privatarchiven wie der Konrad-Adenauer-Stiftung oder dem Konrad-Adenauer-Haus; die Unterlagen des Vermittlungsausschusses im Parlamentsarchiv des Bundesrates, während die Unterlagen der anderen Ausschüsse sich beim Parlamentsarchiv des Bundestags befinden, Unterlagen des Parlamentarischen Rates von 1948–49 sind beim Bundestag hinterlegt, ebenso die Unterlagen des Plenums, zu guter Letzt sind die Unterlagen der Fraktionen in den Archiven der parteinahen Stiftungen. [104] Der Gesetzgeber hat hier unter dem Druck der Parteistiftungen und von Partikularinteressen die Chance einer Verbesserung des Nutzungszugangs vertan.

VI. Verarbeitung personenbezogener Daten (Abs. 5)

45 § 5 Abs. 5 wurde an die Terminologie des BDSG angepasst und erlaubt die **automatisierte Verarbeitung personenbezogener Daten für archivische Zwecke.**[105] Dabei dürfen die schutzwürdigen Belange Betroffener (dies sind solche des § 13 Abs. 1 Nr. 2, → § 13 Rn. 19 ff.) nicht beeinträchtigt werden. Die automatisierte Verarbeitung umfasst auch die Genehmigung zur Führung von Erschließungsdaten, die zum Zweck der Aufgabenerfüllung des Bundesarchivs notwendig sind.[106] Das Bundeskanzleramt hat eine Formulierungshilfe vorgelegt, wonach § 5 Abs. 5 neu gefasst wird und wie folgt lauten soll: *„Die Verarbeitung personenbezogener Informationen für archivische Zwecke ist zulässig, wenn schutzwürdige Belange Betroffener nicht beeinträchtigt werden. Für die Verarbeitung besonderer Kategorien personenbezogener Daten im Sinne des Artikels 9 Abs. 1 der Verordnung (EU) 2016/679 gilt § 28 Abs. 1 des Bundesdatenschutzgesetzes. § 28 Abs. 1 des Bundesdatenschutzgesetzes findet entsprechende Anwendung auf die Verarbeitung besonderer Kategorien personenbezogener Daten im Sinne des Artikels 9 Abs. 1 der Verordnung (EU) 2016/679 über verstorbene Personen.“* Das BArchG als bereichsspezifisches Datenschutzrecht und auf der Grundlage der Öffnungsklausel des Art. 89 Abs. 3 der VO (EU) 2016/679 sieht Ausnahmen von den Betroffenenrechten der Verordnung (EU) 2016/679 vor, die die Regelungen des § 28 Abs. 2 bis 4 BDSchG aufgreifen und erweitern. Im BArchG soll deshalb eine **Anpassung des Begriffs „Betroffene“** an die in der VO (EU) 2016/679 verwendete Terminologie „betroffene Personen“ unter gleichzeitiger Einbeziehung verstorbener Personen erfolgen.[107]

---

103 BT-Drs. 18/9633, 50.
104 S. die Links auf der Seite des Parlamentsarchivs des Bundestages: https://www.bundestag.de/dokumente/parlamentsarchiv/bestand/245222, eingesehen am 29.5.2018.
105 BT-Drs. 18/9633, 57.
106 BT-Drs. 18/9633, 57.
107 Formulierungshilfe vom 25.8.2020, Kabinettsache 19/45010, S. 30.

§ 6 Anbietung und Abgabe von Unterlagen, die einer Geheimhaltungs-, Vernichtungs- oder Löschungspflicht unterliegen

(1) [1]Die öffentlichen Stellen des Bundes haben dem Bundesarchiv oder, im Fall des § 7, dem zuständigen Landes- oder Kommunalarchiv auch Unterlagen zur Übernahme anzubieten, die den Rechtsvorschriften des Bundes über die Geheimhaltung oder § 30 der Abgabenordnung in der Fassung der Bekanntmachung vom 1. Oktober 2002 (BGBl. I S. 3866; 2003 I S. 61), die zuletzt durch Artikel 1 des Gesetzes vom 21. Dezember 2019 (BGBl. I S. 2875) geändert worden ist, unterliegen. [2]Unterlagen der Nachrichtendienste sind anzubieten, wenn sie deren Verfügungsberechtigung unterliegen und zwingende Gründe des nachrichtendienstlichen Quellen- und Methodenschutzes sowie der Schutz der Identität der bei ihnen beschäftigten Personen einer Abgabe nicht entgegenstehen.

(2) Von der Anbietungspflicht ausgenommen sind

1. Unterlagen, deren Offenbarung gegen das Brief-, Post- oder Fernmeldegeheimnis verstößt, sowie
2. Unterlagen, die nach gesetzlichen Vorschriften vernichtet oder gelöscht werden müssen und die nach diesen gesetzlichen Vorschriften nicht ersatzweise den zuständigen öffentlichen Archiven angeboten werden dürfen.

(3) [1]Das Bundesarchiv hat vom Zeitpunkt der Übernahme an

1. die Geheimhaltungsvorschriften im Sinne des Absatzes 1 sowie der Verschlusssachenanweisung vom 10. August 2018 (GMBl. 2018, S. 826) und der SÜG-Ausführungsvorschrift vom 15. Februar 2018 (GMBl. 2018 Nr. 16, S. 270)
2. die schutzwürdigen Belange Betroffener in gleicher Weise zu beachten wie die abgebende Stelle.

[2]Amtsträger und für den öffentlichen Dienst besonders Verpflichtete in öffentlichen Archiven unterliegen allen für die Bediensteten der abgebenden Stellen geltenden Geheimhaltungsvorschriften.

(4) Unterlagen, die den Rechtsvorschriften des Bundes über die Geheimhaltung oder dem Steuergeheimnis nach § 30 der Abgabenordnung unterliegen oder Angaben über Verhältnisse eines anderen oder fremde Betriebs- oder Geschäftsgeheimnisse enthalten, dürfen dem Bundesarchiv oder, im Fall des § 7, dem zuständigen Landes- oder Kommunalarchiv auch von anderen Stellen als den öffentlichen Stellen des Bundes zur Archivierung angeboten und abgegeben werden.

Literatur

Alberts, Hans-W., Die Bedeutung des Zitiergebots, Art. 19 Abs. 1 S. 2, insbesondere für die neuere Polizeigesetzgebung JA 1986, 72 ff.; *Berger, Hannes*, Neuregelung des Bundesarchivrechts ZRP 2017, 1 ff.; *Carrier, Martin*, Forschungsfreiheit und Forschungsbedarf. Wissenschaft zwischen Autonomie und gesellschaftlichen Ansprüchen, Information Philosophie, Heft 3/2016, 8 ff.; *Henke, Josef*, Das Schicksal deutscher zeitgeschichtlicher Quellen in Kriegs- und Nachkriegszeit, Beschlagnahme-Rückforderung-Verbleib, VfZ 4/1982, 557; *Möllers, Christoph*, Von der Kernbereichsgarantie zur exekutiven Notstandsprärogative: zum BND-Selektoren-Beschluss des BVerfG, JZ 2017, 271 ff.; *Selk, Michael*, Zum heutigen Stand der Diskussion um das Zitiergebot, Art. 19 I 2 GG,

JuS 1992, 816 ff.; *Singer, Jörg,* Das Bundesverfassungsgericht und das Zitiergebot – Versöhnung nach einer gestörten Beziehung?, DÖV 2007, 496 ff.; *Werkmeister, Christoph,* Das verfassungsrechtliche Zitiergebot, BRJ 2012, 41 ff.; *Wyduckel, Dieter,* Archivgesetzgebung im Spannungsfeld von Informationeller Selbstbestimmung und Forschungsfreiheit, DVBl 1989, 327 ff.

1 Diese Vorschrift enthält wohl die umstrittensten Neuregelungen des BArchG – die **eingeschränkte Anbietungspflicht von Unterlagen der Nachrichtendienste und von Unterlagen, die Vernichtungs- und Löschungsvorschriften unterliegen.** Sie fasst die §§ 2 Abs. 1 Satz 2, 2 Abs. 4, 8, 9 und 11 BArchG aF unsystematisch in einer Vorschrift zusammen.[1]

---

1 BT-Drs. 18/9633, 57.

I. Anbietungspflicht (Abs. 1)

Satz 1 bestätigt die grundsätzliche **Anbietungspflicht für Unterlagen, die den Rechtsvorschriften der Geheimhaltung und des § 30 Abgabenordnung (AO) unterfallen**, Satz 2 bestätigt die Anbietungspflicht der Nachrichtendienste und definiert Ausnahmen. Damit unterstreicht § 6 das **Regel-Ausnahmeverhältnis.** 2

1. Keine Einschränkung der Anbietungspflicht bei Geheimhaltungsvorschriften (Satz 1)

a) Entstehungsgeschichte der Norm

Die Regelung des Satz 1 war inhaltlich bereits in § 2 Abs. 4 BArchG aF enthalten. Schon diese Vorschrift regelte, dass die **Anbietungspflicht** der öffentlichen Stellen des Bundes auch **für Unterlagen** bestehen, **die Rechtsvorschriften des Bundes über die Geheimhaltung unterfallen.** In § 2 Abs. 4 Nr. 1 BArchG aF wurden Geheimhaltungsvorschriften aufgezählt. Neben dem noch heute in § 6 Abs. 1 Satz 1 enthaltenen § 30 AO wurden § 35 SGB I, § 32 des Gesetzes über die Deutsche Bundesbank und § 9 KWG genannt. Diese wurde jedoch in der aktuellen Fassung aufgrund der häufigen Gesetzesänderungen ersatzlos gestrichen.[2] Nr. 2 aF enthielt einen Auffangtatbestand für andere als die in Nr. 1 aF genannten Geheimhaltungsvorschriften. 3

b) Öffentliche Stellen des Bundes

Der Begriff der **öffentlichen Stellen des Bundes** ist in § 1 Nr. 8 legaldefiniert. 4

c) Unterlagen

Der Begriff der **Unterlagen** ist in § 1 Nr. 9 legaldefiniert. 5

d) Rechtsvorschriften des Bundes über die Geheimhaltung

Zunächst stellt die Vorschrift klar, dass eine **umfassende Anbietungspflicht der öffentlichen Stellen des Bundes** besteht und alle bundesgesetzlichen **Geheimhaltungsvorschriften zurücktreten.**[3] Viele Landesarchivgesetze enthalten vergleichbare **abstrakte Öffnungsklauseln.**[4] 6

Die Vorschrift entspricht den Anforderungen einfacher Geheimhaltungsvorschriften, die lediglich eine „unbefugte" Offenbarung des „Geheimnisses" verbieten.[5] Die **Offenbarungsbefugnis der „Geheimnisse"** ist sodann durch eine einfache allgemeine, abstrakte Regelung der Anbietungspflichten im BArchG geregelt worden.[6] 7

---

2 BT-Drs. 18/9633, 58.
3 BT-Drs. 18/9633, 57.
4 § 3 Abs. 1 S. 2 LArchG BW; Art. 6 Abs. 1 Nr. 2 BayArchivG; § 4 Abs. 2 Nr. 2 BbgArchivG; § 3 Abs. 3 Nr. 2 BremArchivG; § 3 Abs. 3 Nr. 2 HmbArchG; § 8 Abs. 2 HessArchivG; § 6 Abs. 2 Nr. 2 LArchivG MV; § 3 Abs. 1 S. 2 NdsArchG; § 4 Abs. 2 Nr. 2 ArchivG NRW; § 8 Abs. 2 Nr. 2 SaarlArchG; § 5 Abs. 2 S. 1 SächsArchivG; § 9 Abs. 2 Nr. 2 ArchG LSA; § 6 Abs. 2 LArchG SchlH; § 11 Abs. 3 Nr. 1 ThürArchivG.
5 *Manegold*, S. 139.
6 *Manegold*, S. 139.

8 Der Anwendungsbereich der Norm beschränkt sich auf **Rechtvorschriften.** Rechtsvorschriften müssen Rechtsnormcharakter besitzen, dh nur Satzungen, Rechtsverordnungen oder Gesetze werden in den Anwendungsbereich einbezogen.[7] Daher werden Verwaltungsvorschriften wie zB die Allgemeine Verwaltungsvorschrift des Bundesministeriums des Innern zum materiellen und organisatorischen Schutz von Verschlusssachen und die Allgemeine Verwaltungsvorschrift des Bundesministeriums des Innern zur Ausführung des Gesetzes über die Voraussetzungen und das Verfahren von Sicherheitsüberprüfungen des Bundes mangels Außenwirkung nicht erfasst.[8] Ferner setzt die Regelung voraus, dass die Rechtsvorschrift vom Bundesgesetzgeber erlassen wurde. Landesgesetzliche Geheimhaltungsvorschriften werden nicht erfasst.

9 Eine **Rechtsvorschrift über die Geheimhaltung** liegt vor, wenn die Vorschrift im Kern darauf gerichtet ist, die Information lediglich einem geringen und kontrollierbaren Personenkreis zugänglich zu machen; es genügt nicht, wenn dies lediglich eine Nebenfolge der Rechtsvorschrift ist.[9] Jedoch setzt dies nicht voraus, dass die Informationen direkt und umfassend geschützt werden; ausreichend ist auch der mittelbare Schutz der Informationen.[10] Es existieren spezialgesetzliche, sachgebietsbezogene Geheimhaltungsvorschriften.[11]

10 Der Begriff der Geheimhaltungsvorschriften ist als Ausnahmevorschrift **eng auszulegen.** Er umfasst den öffentlichen Geheimnisschutz wie Staats- oder Dienstgeheimnisse, das Individualinteresse an der Geheimhaltung bestimmter Tatsachen zB § 203 StGB sowie das richterliche Beratungsgeheimnis.[12]

11 Für Unterlagen, die der Geheimhaltungspflicht nach § 6 Abs. 1 Satz 1 unterliegen, gilt die **Schutzfrist** des § 11 Abs. 3. Es ist daher unklar, warum der Gesetzgeber nicht dort die geheimhaltungsbedürftigen Unterlagen definiert hat. Dieses Archivgut des Bundes darf grds. erst 60 Jahre nach seiner Entstehung genutzt werden. Die Schutzfrist kann jedoch um maximal 30 Jahre **verkürzt** oder **verlängert** werden, wenn dies im öffentlichen Interesse liegt, § 12 Abs. 3. Das öffentliche Interesse unterliegt der richterlichen Überprüfung. Die Behörde hat hier wegen Art. 5 Abs. 3 GG keinen Beurteilungsspielraum.

e) Unterlagen, die § 30 der Abgabenordnung unterliegen

12 Die Vorschrift des § 30 AO soll einen Ausgleich im Spannungsverhältnis zwischen dem Geheimhaltungsinteresse des Auskunfts- bzw. Steuerpflichtigen und der Effizienz des Steuerverfahrens schaffen.[13] Das **Steuergeheimnis** ist das „Gegenstück“ zu den umfassenden steuerlichen Offenbarungspflichten; grds. unterfallen ihm Unterlagen, die in einem in § 30 Abs. 2 AO

7 *Hevers*, S. 362.
8 BT-Drs. 18/9633, 58.
9 *Hevers*, S. 364.
10 *Hevers*, S. 363.
11 *Manegold*, S. 138.
12 BT-Drs. 18/9633, 57; *Schäfer* in Polley, Archivgesetzgebung, S. 49 ff., mwN zu § 203 StGB.
13 BT-Drs. 18/9633, 58.

genannten Verfahren erlangt bzw. gefertigt werden.[14] Dieser Schutz des Steuergeheimnisses wird aus dem allgemeinen Persönlichkeitsrecht aus Art. 2 Abs. 1 iVm Art. 1 Abs. 1 GG und dem Recht auf Eigentum aus Art. 14 GG ggf. iVm Art. 19 Abs. 3 GG abgeleitet.[15]

Grds. ist die Offenbarung oder Verwertung von Unterlagen, die dem Steuergeheimnis unterliegen, unzulässig und stellt eine Verletzung des Steuergeheimnisses dar, die nach § 355 StGB strafbar ist.[16] Ausnahmetatbestände sind in § 30 Abs. 4 AO geregelt, der die Voraussetzungen für eine zulässige Offenbarung des „Steuergeheimnisses“ normiert. 13

Nach § 30 Abs. 4 Nr. 2 AO ist die Offenbarung der nach Abs. 2 erlangten Kenntnisse zulässig, soweit sie durch Gesetz ausdrücklich zugelassen ist. Dies setzt eine eindeutige Regelung voraus; es genügt nicht, wenn die Offenbarungsbefugnis nur durch Auslegung der Norm ermittelt werden kann.[17] Aus diesem Grund ist § 30 AO ausdrücklich in § 6 Abs. 1 Satz 1 aufgeführt. Daher dürfen auch erlangte Kenntnisse iSd § 30 Abs. 2 AO, die dem Steuergeheimnis unterfallen, an das Bundesarchiv abgegeben werden. Die Regelung entspricht damit den Anforderungen der qualifizierten Geheimhaltungsvorschrift des § 30 Abs. 4 Nr. 2 AO. **Qualifizierte Geheimhaltungsvorschriften** setzen eine ausdrückliche Befugnis zur Übermittlung der Unterlagen an das Bundesarchiv voraus, die durch ausdrückliche Nennung der Geheimnishaltungsvorschrift im BArchG oder durch Nennung einer Archivklausel im jeweiligen Fachgesetz erfolgen kann.[18] 14

2. Einschränkung der Anbietungspflicht für Nachrichtendienste (Satz 2)

a) Entstehungsgeschichte der Norm

Das BArchG ist eines von weiteren Bundesgesetzen, die die Befugnisse der Nachrichtendienste erweitern.[19] Die Unterlagen der Nachrichtendienste unterfielen nach § 2 Abs. 1 BArchG aF der umfassenden Anbietungs- und Übergabepflicht an das Bundesarchiv, da sie dem Anwendungsbereich der „Unterlagen der Wahrung der Sicherheit der Bundesrepublik Deutschland“ unterlagen.[20] 15

Die Regelung der **eingeschränkten Anbietungspflicht der Nachrichtendienste** in Satz 2 wurde neu in das BArchG aufgenommen. Die Vorschrift wurde in Anlehnung an § 6 Abs. 2 PKGrG gefasst.[21] Im Rahmen des Gesetzgebungsverfahrens wurde die Vorschrift auf Forderung der SPD-Fraktion in der großen Koalition hin geändert – von „überwiegenden Gründen“ zu „zwingenden Gründen“, die einer Abgabe entgegenstehen. Die Regelung 16

14 BT-Drs. 18/9633, 58.
15 BT-Drs. 18/9633, 59.
16 BT-Drs. 18/9633, 58.
17 BT-Drs. 18/9633, 59.
18 *Manegold*, S. 139.
19 https://netzpolitik.org/2017/behoerde-nimmersatt-geheimdienste-ausbauen-ohne-dass-es-jemand-merkt/; unter Verweis auf eID-Gesetz, BNDG, DSAnpUG-EU, Datenaustauschverbesserungsgesetz ua.
20 *Becker/Oldenhage*, HK-BArchG, § 2 Rn. 11.
21 BT-Drs. 18/9633, 56.

soll die **Funktionsfähigkeit der Nachrichtendienste des Bundes sicherstellen und aufrechterhalten.**[22]

17 Die Vorschrift ist höchst **umstritten** und bereits im Gesetzgebungsverfahren sprachen sich diverse Sachverständige für eine ersatzlose Streichung der Vorschrift aus.[23]

b) Rechtspolitische Diskussion

aa) Meinungsstand

18 Nach Auffassung der Sachverständigen der öffentlichen Anhörung zum neuen Gesetzesentwurf des BArchG gibt es keinen Grund für **Sicherheitsbedenken bei der Abgabe nachrichtendienstlicher Unterlagen.**[24] Dafür spricht bereits, dass die Ausübung der Rechte nach BArchG aF bisher nicht die Arbeit der Nachrichtendienste gefährden konnte. Dafür sorgten eher ihre problematische personelle Zusammenstellung aus nationalsozialistischen Eliten und deren damit verbundene Erpressbarkeit[25] sowie die Ineffizienz deutscher Verwaltungen im Allgemeinen.[26] Denn bereits vor der Novellierung des BArchG sind entsprechende Unterlagen in Archiven aufbewahrt und durch gesonderte **VS-Register** gesichert worden.[27] Im Übrigen widerspricht die Regelung der seit Jahrzehnten bewährten Praxis, dass die Archive als „Sachwalter einer freien und unabhängigen Forschung frei von archivrechtlich fremden Einflüssen" über die Übernahme von Unterlagen entscheiden.[28]

19 Durch diese Neuregelung könnten die Nachrichtendienste eine Sonderrolle erhalten, die zu einer Abschottung, und dazu führen könnte, dass einzelne Mitarbeiter die Kompetenz erhalten zu entscheiden, welche Unterlagen **archivwürdig** seien.[29] Zudem bestehe nun die Möglichkeit, der Öffentlichkeit mithilfe von Schutzbehauptungen Akten vorzuenthalten; Erfahrungen aus

22 BT-Drs. 18/9633, 59.

23 Änderungsantrag DIE LINKE im Ausschuss für Kultur und Medien am 14.12.2016; Stellungnahme zum Gesetzesentwurf des Verbands deutscher Archivarinnen und Archivare eV; Stellungnahme des netzwerk recherche eV zum Gesetzesentwurf; Stellungnahme Bundesbeauftragte für den Datenschutz und die Informationsfreiheit.

24 BT-Drs. 18/10890, 2.

25 Vgl. *Nowack*, S. 57 ff. für BND, 51 ff. für BVerfSch, sowie die Einschätzung der Effektivität von *Le Carré*, The Pigeon Tunnel, 2016, S. 58: „But Gehlen, always a poseur and something of a fantasist, contrived to sit tight until 1968, at the end of which time 90 percent of his agents in East Germany were working for the Stasi, while back home in Pullach sixteen members of his extended family were on the BND payroll. Nobody can do corporate rot more discreetly than the spies. Nobody does better mission creep Nobody knows better how to create an image of mysterious omniscience and hide behind it. Nobody does a better job of pretending to be cut above a public that has no choice but to pay top price for second rate intelligence whose lure lies in the gothic secrecy of its procurement, rather that its intrinsic worth.".

26 *Seibel/Klamman/Treis*, S. 5 ff.

27 BT-Drs. 18/10890, 2; auch non-paper, Stellungnahme BKA November 2016 sieht eine Abgabe an das Bundesarchiv als unproblematisch, aber nicht zielführend, da Identitäten-, Quellen- und Methodenschutz eine Einzelfallprüfung erfordern, die nicht von Bundesarchiv geleistet werden könne.

28 *Hausmann*, S. 47.

29 BT-Drs. 18/10813, 8.

Untersuchungsausschüssen belegten, dass die Nachrichtendienste diese Möglichkeit nutzen.[30] Damit würden die Nachrichtendienste jeder demokratischen Kontrolle entzogen, denn § 3 Nr. 8 IFG nehme die Nachrichtendienste von Informationszugangsansprüchen aus. Dies widerspreche dem Sinn und Zweck des BArchG, Transparenz und Informationsfreiheit zu sichern. Das Bundesarchiv diene im Kern der Informationsfreiheit und ermögliche die **nachträgliche demokratische Kontrolle der öffentlichen Stellen.**[31]

Außerdem werde durch die Neuregelung die Rechtsschutzmöglichkeit der Nutzer verkürzt.[32] Dies stelle einen Eingriff in das **Gebot effektiven Rechtsschutzes** aus Art. 19 Abs. 4 GG dar. Gegen die Zugangsverwehrung durch das Bundesarchiv könne der Rechtsweg beschritten werden, gegen die unterlassene Anbietung und Übergabe der Unterlagen durch die Nachrichtendienste bestehe hingegen kein Rechtsschutz, womit die Auswahlentscheidung nicht gerichtlich überprüfbar sei.[33] Dies trifft jedoch nur zu, wenn man § 6 Abs. 1 Satz 2 als Bereichsausnahme für die Nutzung liest.[34] 20

Als eine solche **Teilbereichsausnahme** sieht *Wolff*, Vertreter der Bundesregierung im Geheimdienst-Untersuchungsausschuss, die Vorschrift des § 6 Abs. 1 Satz 2.[35] Auch der Kultur- und Medienausschuss empfahl, dass die dort normierten Zurückbehaltungsgründe entsprechend für die Nutzung des Archivguts gem. §§ 10 ff. gelten sollen.[36] Dies würde dazu führen, dass ein Nutzungsanspruch gegenüber den Nachrichtendiensten gem. § 11 Abs. 6 iVm § 10 Abs. 1 nach Ablauf der Schutzfristen aus zwingenden Gründen des Quellen-, Methoden- und Identitätsschutzes verwehrt werden könnte. 21

Auch das BVerwG hat mittlerweile mehrfach entschieden, dass „in einem Rechtsstreit über einen geltend gemachten Nutzungsanspruch aus § 11 Abs. 6, in dem sich ein Nachrichtendienst für einzelne Unterlagen auf die in § 6 Abs. 1 Satz 2 geregelte Ausnahme von der Anbietungspflicht nach § 5 und § 6 berief, (...) die Voraussetzungen des Ausnahmetatbestands inzident zu prüfen (sind)".[37] Das BVerwG begründet dies mit dem **Konnex** zwischen der Anbietungspflicht der öffentlichen Stellen und dem 22

30 BT-Drs. 18/10813, 9.
31 BT-Drs. 18/10813, 8.
32 Protokoll der 69. Sitzung des Ausschusses für Kultur und Medien vom 19.10.2016, 18.
33 Protokoll der 69. Sitzung des Ausschusses für Kultur und Medien vom 19.10.2016, 18; anders: non-paper Stellungnahme BKA November 2016 mit Verweis auf § 11 Abs. 6, der einen Anspruch gegenüber Nachrichtendiensten vermittelt und der Vermutung, dass Nachrichtendienste abgabebereit seien, um den mit § 11 Abs. 6 einhergehenden Verwaltungsaufwand zu vermeiden.
34 So das OVG NRW, das in § 6 Abs. 1 S. 2 eine Bereichsausnahme sieht wie in § 3 Nr. 8 IFG, hinsichtlich der Verfassungsmäßigkeit keine Bedenken hat und deshalb eine Vorlagepflicht an das BVerfG nach Art. 100 Abs. 1 S. 1 GG ausschließt, OVG NRW 15.5.2018 – 15 A 25/17, UA S. 33, 37.
35 *Wolff* in Dietrich/Eiffler, S. 1688.
36 BT-Drs. 18/10813, 10.
37 Einstweiliges Rechtsschutzverfahren, BVerwG 12.9.2017 – 6 A 1/15; weiterführend in BVerwG 28.2.2018 – 6 A 1/18; BVerwG 28.2.2019 – 6 B 140/18, juris Rn. 23; OVG NRW 15.5.2018 – 15 A 25/17, juris Rn. 83 f.; BVerwG 11.12.2019 – 6 C 21/18, juris Rn. 45; OVG NRW 5.7.2018 – 15 A 2147/13, juris Rn. 45;

ihm gegenüber bestehenden Nutzungsanspruch. Die Anbietungsbereitschaft der öffentlichen Stellen werde durch den gegen sie gerichteten Nutzungsanspruch gefördert. Das Normverständnis sei auch in der Gesetzesbegründung angelegt, nach der nicht anbietungspflichtige Unterlagen „geheim gehalten werden", „längerfristig unter Verschluss bleiben" und „auch bei den Dienst- und Fachaufsichtsbehörden längerfristig öffentlichem Zugriff entzogen bleiben" sollen. Auch die Beschlussempfehlung des Ausschusses für Kultur und Medien spreche sich für eine entsprechende Anwendung der Vorschrift auf die Nutzung des Archivguts nach §§ 11 ff. aus. Ferner solle die Vorschrift sicherstellen, dass hochgradig schutzbedürftige Unterlagen nicht in Anwendung des § 13 Abs. 1 Nr. 1 eingeschränkt herausgegeben werden müssen, sondern die Herausgabe absolut ausgeschlossen sei. Der Gesetzgeber habe in den Fällen des § 6 Abs. 1 Satz 2 ein erhöhtes Geheimhaltungsbedürfnis für erforderlich gehalten, das über das durch §§ 11 und 13 vermittelte Schutzniveau hinausgehe.[38] Eine Anwendung des § 6 Abs. 1 Satz 2 finde deshalb nicht statt, wenn der Zweck eines erhöhten Schutzniveaus nicht mehr erreicht werden kann. Dies soll dann der Fall sein, wenn die Unterlagen bereits vorgelegt wurden, mit teils geschwärzten Passagen und es nur noch darum gehen kann, ob die restlichen Schwärzungen offenzulegen sind, oder §§ 11 oder 13 dem entgegenstehen.[39] Ein anderer denkbarer Fall einer **Schutzzweckverfehlung** wäre die Offenlegung von Unterlagen durch Dritte, zB durch eine investigativjournalistische Enthüllung. Ist der Inhalt der Unterlagen im Wesentlichen offengelegt und geht es nur noch um zugehörige Einzelheiten, ist die Lage vergleichbar mit ersterem Fall.

Der Verweis auf zwingende Gründe des nachrichtendienstlichen Quellen- und Methodenschutz lässt sich leicht behaupten und nur schwer widerlegen.[40] Deshalb muss bei einer solchen Behauptung eine gerichtliche Überprüfung erfolgen.[41] Für die **Bewertung des Quellenschutzes** hat die Rechtsprechung Maßgaben entwickelt. Der Einwand des postmortalen Ehrenschutzes einer nachrichtendienstlichen Verbindung kann bei wahren Tatsachenangaben nicht greifen.[42] Der Schutz der Grundrechte von Angehörigen vermutlich verstorbener Informanten bedarf nach BVerwG einer konkreten **Gefahrenprognose.** Eine schematische und nur theoretische Darlegung reicht nicht.[43] Der Zeitablauf ist bedeutend für die Bewertung des Quellen-

BVerwG 30.1.2019 – 6 A 1/17, juris Rn. 27, im Verfahren Harbusch ./. Bundesrepublik Deutschland.

38 BVerwG 12.9.2017 – 6 A 1/15, juris Rn. 7; BVerwG 30.1.2019 – 6 A 1/17, juris Rn. 27.

39 BVerwG 12.9.2017 – 6 A 1/15, juris Rn. 8; BVerwG 30.1.2019 – 6 A 1/17, juris Rn. 28.

40 So hat das BfV unter Leitung von Herrn Hans-Georg Maaßen der Bundestagsabgeordneten und Mitglied des Innenausschusses Frau Martina Renner mit einfachem Verweis auf den Quellenschutz, ohne nähere Begründung, einen Antrag auf Nutzung der Akten zur Wehrsportgruppe Hoffmann verweigert.

41 BVerwG 28.2.2018 – 6 A 3/18, juris Rn. 3, 4.

42 BVerwG 13.5.2020 – 6 A 3/20, juris Rn. 9; BVerwG 13.5.2020 – 6 A 14/19, juris Rn. 7; BVerwG 18.9.2019 – 20 F 4/18, juris Rn. 15.

43 BVerwG 13.5.2020 – 6 A 3/20, juris Rn. 11; BVerwG 13.5.2020 – 6 A 14/19, juris Rn. 9; BVerwG 18.9.2019 – 20 F 4/18, juris Rn. 16; BVerwG 20.9.2019 – 20 F 12/17, juris Rn. 19; BVerwG 24.10.2018 – 20 F 15/16, juris Rn. 23, 24.

und Methodenschutzes. Je länger der Informant verstorben ist, desto weniger wirkt das Argument des Quellenschutzes. Der Ablauf von 30 Jahren nach Abschluss des Vorgangs und dem Tod des Informanten sei grds. ein ausreichender Grund für das Entfallen von Geheimhaltungsgründen.[44] Das Wohl der Angehörigen sei bei Jahrzehnten zurückliegenden Ereignissen selten noch in Gefahr. Zumindest wird eine konkrete Gefahrenprognose in den wenigsten Fällen einen zwingenden Grund des Quellenschutzes ergeben (näheres zum Begründungsaufwand für einen zwingenden Grund → Rn. 48). Auch ist nicht nachvollziehbar, warum der Methodenschutz gefährdet sein sollte, wenn die Identität eines lang verstorbenen Informanten offengelegt wird. Potenzielle neue Informanten werden kaum von einer möglichen Enttarnung mehrere Jahrzehnte nach ihrem Tod stärker abgeschreckt sein, als von den üblichen Risiken einer Tätigkeit als Informant.[45] Auch sind Rückschlüsse auf die Arbeitsweise der Geheimdienste nach Jahrzehnten nicht ohne weiteres anzunehmen. Bis auf allgemeine Anwerbungs- und Arbeitsweisen, die bereits der Öffentlichkeit bekannt sein dürften, werden wirklich geheimhaltungsbedürftige Arbeitsweisen nach Jahrzehnten veraltet sein und nicht mehr den aktuellen Stand widerspiegeln.[46]

23 Das BVerwG hat seine in der Vorauflage dieses Kommentars erst durch zwei Eilentscheidungen vertretene Ansicht, § 6 Abs. 1 Satz 2 stelle eine Bereichsausnahme auch des Nutzungsrechts dar, in der Zwischenzeit in mehreren Entscheidungen bekräftigt.[47] Diese Auslegung des § 6 Abs. 1 Satz 2 widerspricht jedoch weiterhin Wortlaut, Systematik und Normzweck. Nach § 6 Abs. 1 Satz 2 sind Unterlagen der Nachrichtendienste anzubieten, wenn sie deren Verfügungsberechtigung unterliegen und zwingende Gründe des nachrichtendienstlichen Quellen- und Methodenschutzes sowie der Schutz der Identitäten der bei ihnen beschäftigten Personen einer Abgabe nicht entgegenstehen. Auch die Systematik der Norm widerspricht der Auslegung durch das BVerwG. § 6 regelt ausdrücklich nur die Anbietungspflicht der Unterlagen an das Bundesarchiv, die **Nutzung der Unterlagen dagegen ist in § 10 geregelt**. Die Vorschriften der §§ 5 ff. regeln die Anbietungspflicht, die Vorschriften des §§ 10 ff. die Nutzung der Unterlagen.

Zweck der Norm ist es, § 6 Abs. 1 Satz 2 unterfallenden Unterlagen von der Anbietungspflicht auszunehmen. Über die Nutzung hat dann der betroffene Nachrichtendienst zu entscheiden.

24 Eine **analoge Anwendung des § 6 Abs. 1 Satz 2 auf die Nutzung der Unterlagen** würde eine planwidrige Regelungslücke mit vergleichbarer Interes-

44 BVerwG 18.9.2019 – 20 F 4/18, juris Rn. 26; BVerwG 20.9.2019 – 20 F 12/17, juris Rn. 29.
45 BVerfG 13.6.2017 – 2 BvE 1/15, juris Rn. 135.
46 *Wagner* in Friis/Macrakis/Müller-Enbergs, S. 226, allein in den späten sechziger Jahren war der BND gezwungen, sein HUMINT Personal auszuwechseln und sich umzuorientieren auf transit- und Reisespione; *Wagner* in Friis/Macrakis/Müller-Enbergs, S. 227, zwischen 1970 und 1975 wurde eine völlig neue Klientel an potenziellen Informanten eingeführt, nämlich solche mit hoher Bewegungsfreiheit in der DDR, die zwar nicht direkt zum Militär gehörten, jedoch fähig waren militärische Informationen zu beschaffen.
47 BVerwG 28.2.2019 – 6 B 140/18, juris Rn. 23; BVerwG 11.12.2019 – 6 C 21/18, juris Rn. 45. BVerwG 30.1.2019 – 6 A 1/17, juris Rn. 27.

senlage voraussetzen. Selbst wenn die Interessenlage der Nutzung und der Anbietung der nachrichtendienstlichen Unterlagen vergleichbar wäre, was bereits zweifelhaft ist, fehlt eine planwidrige Regelungslücke. Eine solche Lücke läge vor, wenn nach dem Willen des Gesetzgebers erkennbar wäre, dass er den beurteilenden Fall gesetzlich regeln wollte.[48] Dies ist der Gesetzesbegründung jedoch nicht zu entnehmen. Vielmehr geht aus dieser eindeutig hervor, dass die Sonderrolle der Nachrichtendienste nur hinsichtlich der Anbietungspflicht gelten soll, nicht im Rahmen der Nutzung. Der erforderliche Schutz der Unterlagen wird durch die Vorschriften der §§ 10 ff. ausreichend gewährleistet.

25 Darüber hinaus ist eine solche Auslegung des § 6 Abs. 1 Satz 2 auch nicht mit dem Sinn und Zweck des BArchG vereinbar. Das Nutzungsrecht ist Ausdruck des Informationsanspruchs des Bürgers gegen die Bundesverwaltung aus Art. 5 Abs. 1 Satz 1 GG, das durch den Erlass des BArchG 1988 und des IFG des Bundes 2005 erstarkte.[49] Die im Bundesarchiv gelagerten historischen Quellen fördern das Verständnis der Bevölkerung für die Vergangenheit und die Gegenwart, denn „Archive sind das Gedächtnis des Staates".[50] Insofern ist nicht ersichtlich, inwiefern die Unterlagen der Nachrichtendienste eine Ausnahme zu anderen staatlichen Unterlagen bilden. Die **Unterlagen sind daher unabdingbare Grundlage des politischen Bildungsauftrags der Bundesrepublik Deutschland als Kulturstaates**, der nur mithilfe der Archive erfüllt werden kann.[51]

26 Eine umfassende und rechtspolitisch umstrittene **Bereichsausnahme für die Nachrichtendienste** die den Informationszugang ausschließt, ist bereits in § 3 Nr. 8 IFG ausdrücklich geregelt, unabhängig davon, ob der beantragte Zugang sicherheitsrelevante Informationen betrifft oder nicht.[52] Durch die Ausweitung der Anwendung des § 6 Abs. 1 Satz 2 auf die Nutzungsrechte wären die Nachrichtendienste selbst einer nachträglichen demokratischen Kontrolle vollständig entzogen.[53] Dies erscheint angesichts der Geschichte der Geheim- und Nachrichtendienste[54] in Deutschland und der Gründungsgeschichte von BND und Bundesamt für Verfassungsschutz[55] völlig unangemessen, zumal das Problem des „Vorschiebens der zwingenden Gründe" auch dem Parlamentarischen Kontrollgremium bekannt ist. Clemens Binninger, ehemaliger Chef des Parlamentarischen Kontrollgremiums, erklärte, die Nachrichtendienst „verstecken" sich häufig hinter dem Quellenschutz und verweigern den Zugang zu den Akten.[56] Selbst das BKA weist ausdrücklich darauf hin, dass die vorgeschlagene Regelung keinen allgemeinen Ausnahmebereich für die Nachrichtendienste schaffen sollte.[57] Eine solche Ausnahme wäre auch verfassungswidrig, da sie einen unge-

48 http://www.niederle-media.de/Methodenlehre.pdf.
49 *Becker/Oldenhage*, HK-BArchG, § 5 Rn. 2.
50 BT-Drs. 11/498, 7.
51 Vgl. BT-Drs. 11/498, 7.
52 *Schoch* IFG § 3 Rn. 335, 337 ff.
53 Zur Arbeit des Verfassungsschutzes s. a. *Aust*, S. 960 ff.
54 Vgl. *Nowack*, S. 57 ff.
55 Vgl. *Nowack*, S. 51 ff.
56 http://www.dw.com/de/geheimdienste-raus-aus-der-schmuddelecke/a-41685543.
57 non-paper, Stellungnahme BKA vom November 2016.

rechtfertigten Eingriff in Art. 5 Abs. 1 Satz 1 GG[58] und Art. 5 Abs. 3 GG (→ Rn. 35 ff.) darstellte und insoweit einer Abschaffung des Instituts des öffentlichen Archivs gleichkäme.[59] Daher ist die Norm verfassungskonform dahin auszulegen, dass sie lediglich eine **Ausnahme von der Anbietungspflicht** darstellt.

bb) Verstoß gegen das Zitiergebot aus Art. 19 Abs. 1 Satz 2 GG

27 Da die Interpretation des § 6 Abs. 1 Satz 2 als Bereichsausnahme eine weitere Einschränkung des grundrechtlichen Freiheitsbereichs innerhalb des BArchG begründet, stellt sich die Frage, ob ein Verstoß gegen das **Zitiergebot** gem. Art. 19 Abs. 1 Satz 2 GG vorliegt, denn das Verständnis des § 6 Abs. 1 Satz 2 BArchG als Bereichsausnahme greift über die ausdrücklich vorgesehenen Einschränkungen des archivrechtlichen Nutzungsanspruches in die Informations-, Presse, und Forschungsfreiheit ein. Die "allgemeinen Gesetze" iSd Art. 5 Abs. 2 GG fallen jedoch nach der Rspr. des BVerfG nicht unter das Zitiergebot.[60] Allgemeine Gesetze setzen dem Grundrecht der Meinungsfreiheit generell Schranken und bestimmen damit von vornherein den Inhalt des Grundrechts , wenn auch im Einzelfall erst nach Abwägung der sich gegenübertretenden geschützten Rechtsgüter.[61] Als allgemeine Gesetze sind „alle Gesetze zu verstehen (…), die ‚nicht eine Meinung als solche verbieten, die sich nicht gegen die Äußerung der Meinung als solche richten', die vielmehr dem Schutze eines schlechthin, ohne Rücksicht auf eine bestimmte Meinung, zu schützenden Rechtsguts dienen, dem Schutze eines Gemeinschaftswerts, der gegenüber der Betätigung der Meinungsfreiheit den Vorrang hat".[62] Die Schranke der allgemeinen Gesetze aus Abs. 2 bezieht sich auf alle in Art. 5 Abs. 1 GG normierten Grundrechte.[63] Da nach dem Vorgenannten das Zitiergebot für die Kommunikationsfreiheiten nicht gelten kann, liegt insoweit bezüglich des § 6 Abs. 1 Satz 2 BArchG kein Verstoß gegen das Zitiergebot vor.

28 Art. 5 Abs. 2 GG findet keine Anwendung auf Abs. 3.[64] Doch Art. 5 Abs. 3 GG ist nicht schrankenlos gewährt, sondern findet seine Schranken in der Verfassung selbst, durch andere oberste Grundwerte der Verfassung.[65] Da auch die schrankenlos gewährten Grundrechte laut BVerfG von der Zitierpflicht ausgenommen werden, soll Art. 19 Abs. 1 Satz 2 GG auch hier nicht anwendbar sein.[66] Daher liegt auch insoweit bezüglich § 6 Abs. 1 Satz 2 BArchG kein Verstoß gegen das Zitiergebot vor.

---

58 So bereits *Kloepfer/Michael*, S. 76.
59 Vgl. *Manegold*, S. 54.
60 BVerfG 26.5.1970 – 1 BvR 657/68, BVerfGE 28, 282, 289; BVerfG 25.4.1972 – 1 BvL 13/67, BVerfGE 33, 52, 77 f.; BVerfG 2.3.1977 – 2 BvR 1319/76, BVerfGE 44, 197, 201; *Enders* in Epping/Hillgruber GG Art. 19 Rn. 16.1; *Jarass* in Jarass/Pieroth GG Art. 19 Rn. 3 f.
61 BVerfG 26.5.1970 – 1 BvR 657/68, juris Rn. 27.
62 BVerfG 15.1.1958 – 1 BvR 400/51, juris Rn. 35.
63 *Bethge* in Sachs GG Art. 5 Rn. 57.
64 BVerfG 1.3.1978 – 1 BvR 333/75, 1 BvR 174/71, 1 BvR 178/71, 1 BvR 191/71, juris Rn. 156.
65 BVerfG 25.4.1972 – 1 BvL 13/67, juris Rn. 68.
66 *Jarass* in Jarass/Pieroth GG Art. 19 Rn. 3 f.

cc) Konsequenzen

29 Insbes. wegen der Erfahrungen mit der Aktenführung und Archivierung der nachrichtendienstlichen Unterlagen im Zusammenhang mit den NSU-Ermittlungen wird die Vorschrift heftig kritisiert.[67] Weitere Beispiele sind der Fall des Breitscheidplatz-Attentäters, Anis Amri, der die bedeutende Rolle der nachträglichen Kontrolle der Nachrichtendienste durch Presse und Öffentlichkeit aufzeigt.[68] Auch der NSA-Skandal ist hier anzuführen, in dem der BND in die ungesetzliche Massenausspähung deutscher Bürger verwickelt war.[69]

30 Die Gesetzesänderung zielt jedoch vorwiegend darauf ab, die Aufarbeitung der NS-Vergangenheiten zu beenden, deren Unterlagen anders als die Unterlagen der jüngsten Vergangenheit bereits in den Anwendungsbereich des BArchG fallen. Dies stellt einen Bruch der 1956 gegenüber den Alliierten eingegangenen Verpflichtung der Bundesregierung dar, das zurückgegebene deutsche Archivgut aus der NS-Zeit der in- und ausländischen Forschung zugänglich zu machen.[70] Diese lautet: „*Die Bundesregierung möchte bei dieser Gelegenheit noch einmal ihre wiederholt abgegebene Erklärung erneuern, daß sie die zurückgegebenen Akten in archivarisch ordnungsgemäßer Weise aufbewahren und in- und ausländischen Gelehrten jederzeit Einsicht in die Akten gewähren wird.*“[71] Durch die Auslegung des § 6 Abs. 1 Satz 2 gemäß der bisherigen Rechtsprechung des BVerwG und des OVG NRW würde dem Bürger und der Forschung der Informationszugang zu einem Großteil der zurückgegebenen Akten verwehrt. Die Verbindungen der Nachrichtendienste und. ihrer Mitarbeiter mit dem NS- Regime sind dadurch einer objektiven und sachlichen Aufarbeitung durch die Bevölkerung entzogen.

31 Die Nachrichtendienste rechtfertigen dies damit, dass die unabhängige Historikerkommission zur Erforschung der Geschichte des BND, die am 15.2.2011 vom BND berufen wurde, um die Geschichte des BND, seiner Vorläuferorganisationen sowie seines Personal- und Wirkungsprofils von 1945–1968 und des Umgangs mit dieser Vergangenheit aufzuarbeiten, diese Aufgabe bereits erfülle.[72] Das BVerwG ist dieser Argumentation bisher gefolgt, indem es Auskunftsansprüche mit der Begründung ablehnte, es bestehe keine Pflicht zur Recherche.[73]

32 Dies widerspricht dem **Grundsatz einer pluralistischen unabhängigen Forschung,**[74] die für eine Demokratie unabdingbar ist.[75] Eine unabhängige

67 So wurden bei der Operation „Konfetti“ alle Akten mit NSU-Bezug geschreddert. http://www.dw.com/de/geheimdienste-raus-aus-der-schmuddelecke/a-41685543.
68 Amri wurde laut Medien bereits seit 2015 von Nachrichtendiensten überwacht, die dadurch Erkenntnisse über Verbindungen zum IS und Anschlagspläne erkannten https://www.welt.de/politik/deutschland/article171657711/Anis-Amri-wurde-schon-2015-gezielt-ueberwacht.html.
69 http://www.dw.com/de/geheimdienste-raus-aus-der-schmuddelecke/a-41685543.
70 *Becker/Oldenhage*, HK-BArchG, § 5 Rn. 5; *Henke* VfZ 4/1982, 557 (593 f.).
71 *Henke* VfZ 4/1982, 557 (594).
72 http://www.uhk-bnd.de/.
73 BVerwG 20.2.2013 – 6 A 2/12.
74 *Carrier*, Information Philosophie, Heft 3/2016, 17.
75 *Nau*, S. 296.

Forschung stellt das erforderliche Informationsgleichgewicht zwischen Staat und Bevölkerung dar, sie ist eine Kontrollinstanz der staatlichen Verwaltung, die ausschließlich der Ermittlung der Wahrheit dient und keinen weiteren Geboten unterliegt.[76] Im Übrigen ist unter Berücksichtigung des Forschungsbegriffs des BVerfG[77] fraglich, ob die Tätigkeit der Historikerkommission überhaupt Forschung darstellt. Forschungsfreiheit setzt voraus, dass in methodischer, systematischer und nachprüfbarer Weise neue Erkenntnisse gewonnen werden. Die Erkenntnisse der Historikerkommission sind jedoch durch ihren alleinigen Zugang zu den betreffenden Unterlagen jeder wissenschaftlichen Nachprüfung entzogen.

Ein Problem der **staatsautoritären Forschung** ist nicht nur die finanzielle Abhängigkeit, sondern auch die persönlichen Verflechtungen und damit einhergehenden Empfehlungskartelle.[78] Die Beauftragung und Finanzierung des Projekts durch den BND selbst legt der Verdacht nahe, dass diese Aufarbeitung nicht objektiv und unabhängig erfolgt. Hinzukommen selbst in der unabhängigen Historikerkommission die persönlichen Verflechtungen und Anzeichen für Nepotismus, für die der BND berüchtigt ist.[79] Eine objektive und unverfälschte Aufarbeitung der NS-Vergangenheit der Nachrichtendienste ist daher faktisch ausgeschlossen. 33

Die Feststellung des BVerwG, dass die Möglichkeit einer Nutzung der Unterlagen in teilweise geschwärzter Form nicht bestehe, da auch dem Bundesarchiv als dem Gedächtnis des Staates keine teilweise geschwärzten Unterlagen angeboten werden können,[80] geht insofern fehl, als auch bei den nachrichtendienstlichen Unterlagen die **ungeschwärzte Aufbewahrung** in Nachrichtendienst-Archiven und eine **geschwärzte Herausgabe** an die Nutzer erfolgen kann und sollte. Dies entspricht der 30-jährigen Praxis des Bundesarchives und ist identisch mit der Verfahrensweise bei ebenso schutzwürdigen Verschlusssachen. 34

Darüber hinaus genügt die Anwendung des § 13 Abs. 1 Nr. 1 dem Interesse der Nachrichtendienste an **Quellen-, Methoden- und Identitätsschutz**. Dieser führt zwar zu einem eingeschränkten Nutzungsrecht des Bürgers, stellt jedoch einen Ausgleich zwischen dem Informationszugangsrecht des Bürgers und dem Schutz der Arbeitsweise der Nachrichtendienst dar. 35

Eine **absolute Zugangsverwehrung** durch eine entsprechende Anwendung des § 6 Abs. 1 Satz 2 im Rahmen der Zugangsrechte ist daher abzulehnen. Die Vorschrift ist insbes. aufgrund der bisherigen Praxis im Bundesarchiv überflüssig und ist Ausdruck des Misstrauens gegenüber einer Behörde, die sich in der Funktion eines Vermittlers zwischen dem Datenschutz und verschiedenen Interessen bewährt hat.[81] 36

76 *Nau*, S. 296.
77 BVerfG 29.5.1973 – 1 BvR 424/71, 1BvR 325/72, BVerfGE 35, 79 (112).
78 *Rüthers*, Deutsche Funktionseliten als Wende-Experten?, S. 34 ff.
79 *Müller R.-D.*, S. 1314; bspw. ist der Autor des Band 6 „Die Organisation Gehlen und die Neuformierung des Militärs in der Bundesrepublik" Agilolf Keßelring, dessen Vater Rudolf-Rainer Keßelring, Vizepräsident a.D. des Bundesnachrichtendienstes war und dessen Großvater Albert Kesselring, Generalfeldmarschall war.
80 BVerwG 12.9.2017 – 6 A 1/15.
81 *Berger H.* ZRP 2017, 1 (17).

dd) Ergebnis

37 Abschließend ist klarzustellen, dass § 6 Abs. 1 Satz 2 nur die Anbietungspflicht der Nachrichtendienste gegenüber dem Bundesarchiv regelt. **Nichtabgabepflichtige Unterlagen der Nachrichtendienst** dürfen dabei grds. nicht vernichtet werden.[82] Die Vernichtung der Akten kommt erst in Betracht, wenn mit Sicherheit feststeht, dass sie ihre Dokumentations- und Sicherungsfunktion nicht mehr erfüllen. Dies folgt aus dem **Prinzip der Gesetzmäßigkeit der Verwaltung** aus Art. 20 Abs. 3 GG, das eine wahrheitsgetreue und vollständige Aktenführung der Behörden voraussetzt (ausf. → § 1 Rn. 20 ff.).[83] Die Anbietungspflicht kann nur bei zwingenden Gründen entfallen, für die die Nachrichtendienste die Beweislast tragen und was gerichtlich voll überprüfbar ist.

c) Unterlagen der Nachrichtendienste

38 Da die Vorschrift in Anlehnung an das PKrGrG gefasst wurde, werden von beiden Vorschriften die Nachrichtendienste des Bundes erfasst. Dies sind entsprechend § 1 Abs. 1 PKrGrG: das Bundesamt für Verfassungsschutz, der MAD und der BND.

aa) Bundesamt für Verfassungsschutz

39 Das **Bundesamt für Verfassungsschutz** ist der deutsche Inlandsnachrichtendienst.[84] Nach § 3 BVerfSchG sammelt und wertet er ua Informationen, insbes. von sach- und personenbezogenen Auskünften, Nachrichten und Unterlagen, über Bestrebungen, die gegen die freiheitliche demokratische Grundordnung, den Bestand und die Sicherheit des Bundes oder eines Landes gerichtet sind, sicherheitsgefährdende oder geheimdienstliche Tätigkeiten, Anwendung von Gewalt oder darauf gerichtete Vorbereitungshandlungen auswärtige Belange der Bundesrepublik gefährden oder gegen den Gedanken der Völkerverständigung (Art. 9 Abs. 2 GG) gerichtet sind, aus. Die Informationsgewinnung erfolgt über allgemein zugängliche Quellen und nachrichtendienstliche Mittel wie V-Leute, Observation und Brief- und Telefonüberwachung.[85]

bb) Militärischer Abschirmdienst (MAD)

40 Der MAD wurde am 1.8.2017 dem Bundesministerium der Verteidigung unterstellt, ebenso das **Bundesamt für den Militärischen Abschirmdienst**, das den Auftrag hat, für den Geschäftsbereich des Bundesministeriums der Verteidigung die Aufgaben der Verfassungsschutzbehörde wahrzunehmen und zu Erhalt der Militärischen Sicherheit und der Einsatzbereitschaft der Bundeswehr beizutragen.[86] Nach § 1 MADG sammelt und wertet der Militärische Abschirmdienst des Bundesministeriums der Verteidigung Informationen, insbes. von sach- und personenbezogenen Auskünften, Nach-

---

82 Vgl. BVerwG 16.3.1988 – 1 B 153/87.
83 Vgl. VGH Baden-Württemberg 30.7.2014 – 1 S 1352/13.
84 https://www.verfassungsschutz.de/de/oeffentlichkeitsarbeit/publikationen/allgemeine-publikationen/flugblatt-2015-06-nachwuchsfuehrungskraft.
85 https://www.verfassungsschutz.de/de/das-bfv/aufgaben/was-genau-macht-der-verfassungsschutz.
86 http://mad.bundeswehr.de/portal/a/mad/start.

richten und Unterlagen, über Bestrebungen, die gegen die freiheitliche demokratische Grundordnung, den Bestand oder die Sicherheit des Bundes oder eines Landes gerichtet sind oder sicherheitsgefährdende oder geheimdienstliche Tätigkeiten im Geltungsbereich dieses Gesetzes über fremde Macht, aus, wenn sich die Bestrebungen oder Tätigkeiten gegen Personen, Dienststellen oder Errichtungen im Geschäftsbereich des Bundesministeriums der Verteidigung richten und von Personen ausgehen oder ausgehen sollen, die diesem Geschäftsbereich angehören oder in ihm tätig sind. Der MAD hat daher einen vergleichbaren Aufgabenbereich wie das Bundesamt für Verfassungsschutz, der des MAD ist jedoch auf den Geschäftsbereich des Bundesministeriums der Verteidigung begrenzt.

cc) Bundesnachrichtendienst (BND)

41 Der **BND** ist der Auslandsnachrichtendienst der Bundesrepublik Deutschland.[87] Er sammelt nach § 1 BNDG, die erforderlichen Informationen, die von außen- und sicherheitspolitischer Bedeutung für die Bundesrepublik Deutschland sind, und wertet sie aus. Die Informationsgewinnung erfolgt HUMINT, SIGINT, IMINT und OSINT.[88] **HUMINT** ist die Informationsgewinnung mittels menschlicher Quellen zB durch Informanten. **SIGINT** ist die Informationsgewinnung durch die Filterung und Untersuchung von Datenströmen.[89] **IMINT** ist die Informationsgewinnung durch Satelliten und Luftbilder.[90] Und **OSINT** ist die systematische und gezielte Beschaffung von frei verfügbaren Informationen.[91]

d) Verfügungsberechtigung der Nachrichtendienste

42 Die Nachrichtendienste haben die **Verfügungsberechtigung** über ihre eigenen von ihnen selbst erhobenen Informationen.[92] Ebenso über Informationen Dritter, anderer Behörden oder Einrichtungen kraft Gesetzes; unter Umständen können sie ein eigenes Verfügungsrecht auch kraft stillschweigender Vereinbarung über die Informationen erhalten.[93]

43 Informationen, die die Nachrichtendienste durch ausländische Stellen erhalten, sollen nur der Verfügungsberechtigung der Nachrichtendienst unterliegen, wenn die ausländische Stelle in die Weitergabe der Informationen eingewilligt hat.[94] Grds. sollen diese Informationen aufgrund zwischenstaatlicher Geheimschutzabkommen, behördlicher VS-Schutzabkommen und sicherheitspolitischer Erwägungen geheim gehalten werden.[95] An der Verfügungsberechtigung der Nachrichtendienste fehlt es hingegen nicht,

87 https://www.bnd.bund.de/DE/Der_BND/derbnd_node.html.
88 https://www.bnd.bund.de/DE/Die_Arbeit/Informationsgewinnung/informationsgewinnung_node.html.
89 https://www.bnd.bund.de/DE/Die_Arbeit/Informationsgewinnung/informationsgewinnung_node.html.
90 https://www.bnd.bund.de/DE/Die_Arbeit/Informationsgewinnung/informationsgewinnung_node.html.
91 https://www.bnd.bund.de/DE/Die_Arbeit/Informationsgewinnung/informationsgewinnung_node.html.
92 *Schoch* IFG § 7 Rn. 36.
93 *Schoch* IFG § 7 Rn. 36.
94 BT-Drs. 18/9633, 59.
95 BT-Drs. 18/9633, 59.

wenn die streitige Unterlage lediglich Informationen zu einem ausländischen Nachrichtengeber enthält.[96] Eine fehlende Verfügungsberechtigung ist auch nicht bereits dadurch plausibel dargelegt, dass es in der streitigen Unterlage um die Abgabe von Material an andere Stellen, vermutlich auch ausländische Dienste, geht.[97]

44 Dies entspricht angeblich der **„Third Party Rule"**,[98] die grds. auch vom BVerfG für das Auskunftsverweigerungsrecht gegenüber parlamentarischer Untersuchungsausschüsse anerkannt wird.[99] Diese „Third Party Rule" hat jedoch keine völkerrechtliche Grundlage und entfaltet keine Bindungswirkung; dementsprechend qualifiziert sie auch das BVerfG folgewidrig als „allgemein anerkannte Verhaltensregel, die den Umgang der Nachrichtendienste prägt".[100] Die völkerrechtliche Bindungswirkung würde zudem die Einhaltung der Reziprozität voraussetzen, dh die Vereinbarung müsste auf Gegenseitigkeit beruhen.[101] Allerdings halten sich die USA nicht an die „Third Party Rule" und veröffentlichen zahlreiche Unterlagen der deutschen Nachrichtendienste.[102]

45 Auch die deutschen Nachrichtendienste halten sich nach Gutdünken an diese angeblich fixe Regelung. So legte der BND das Gnadengesuch von Adolf Eichmann im Verfahren vor dem BVerwG ohne Rücksprache vor, das er zuvor aus Israel erhalten hatte.[103]

46 An der bundesarchivrechtlichen Vorschrift wird vor allem kritisiert, dass die Vorschrift keine Pflicht der Nachrichtendienst enthalte, eine **Einwilligung der ausländischen Stellen** einzuholen; dadurch werde der Zugang zu nachrichtendienstlichen Unterlagen nochmals erschwert.[104] Denn auch das BVerfG hat festgestellt, dass die Bundesregierung im Falle eines Konflikts über ein Auskunftsverweigerungsrecht gegenüber dem parlamentarischem Untersuchungsausschuss verpflichtet ist, sich um ein Einverständnis mit dem ausländischen Dienst zu bemühen.[105]

e) Zwingende Gründe

47 Im Rahmen des Gesetzgebungsverfahrens wurde die Vorschrift dahin gehend geändert, dass statt überwiegender Gründe des Nachrichtenzugangs nun **„zwingende Gründe des nachrichtendienstlichen Quellen- und Methodenschutzes"** der Abgabe entgegenstehen müssen.[106] Demnach wurde die

96 OVG NRW 28.4.2021 – 15 A 2538/14.
97 OVG NRW 28.4.2021 – 15 A 2538/14.
98 Die "Third-Party-Rule" soll eine allgemein anerkannte Verhaltensregel der internationalen Kooperation im Sicherheits- und Nachrichtenbereich sein, BT-Drs. 18/12297, 2.
99 BVerfG 13.10.2016 – 2 BvE 2/15.
100 *Möllers* JZ 2017, 271 (275 ff.).
101 *Kleinlein*, S. 339 f.
102 https://foia.state.gov/Search/results.aspx?searchText=bundesnachrichtendienst&beginDate=&endDate=&publishedBeginDate=&publishedEndDate=&caseNumber=.
103 BVerwG 2.8.2017 – 6 A 1.17 (unveröffentlicht).
104 Stellungnahme des netzwerk recherche eV zum Entwurf eines Gesetzes zur Neuregelung des Bundesarchivrechts vom 5.10.2016.
105 BVerfG 13.10.2016 – 2 BvE 2/15.
106 BT-Drs. 18/9633, 15.

Schwelle für das Entfallen der Anbietungspflicht der Nachrichtendienste wesentlich erhöht und an den Wortlaut des § 6 Abs. 2 PKGrG angepasst. Die Vorschrift ist als Ausnahmeregelung nach den üblichen Auslegungsregelungen eng auszulegen.[107] Die Vorschrift darf auch nicht ohne Grund paraphrasiert werden.[108] Die Formulierung „überwiegende Gründe“ überließ den Nachrichtendiensten noch einen größeren Beurteilungsspielraum, da damit vor allem Gründe gemeint sind, die ein stärkeres Gewicht bzw. die größere Bedeutung haben.[109] Die Anforderungen an „zwingend entgegenstehende Gründe“ sind wesentlich höher. Sie erfordern unwiderlegbare Gründe.[110] **Der sich auf § 6 Abs. 1 Satz 2 berufende Nachrichtendienst trägt damit die gerichtlich vollüberprüfbare Beweislast für das Vorliegen entgegenstehender Gründe.** Durch die Verbindung der Ausnahmegründe mit dem Wort „und“ hat der Gesetzgeber festgelegt, dass die **nachfolgenden Ausnahmegründe kumulativ vorliegen müssen.** Auch hier ist eine Auslegung gegen den klaren Wortlaut gerade bei einer Ausnahmevorschrift unzulässig. Es bleibt abzuwarten, ob das VG Berlin und das BVerwG ihre rechts- und verfassungswidrige Rechtsprechung *contra legem* zu § 3 Nr. 8 IFG zugunsten der Nachrichtendienste auch hier weiterverfolgt oder die methodisch fundierte Kritik der Literatur berücksichtigt.[111]

f) Quellen- und Methodenschutz

Man unterscheidet **3 Arten von Quellen:** menschliche Quellen, Dienste anderer Staaten und technische Aufklärung.[112] 48

Menschliche Quellen sind Personen, die zur Aufgabenerledigung im Bereich der Informationsgewinnung eingesetzt werden.[113] Nachrichtendienstliche Verbindung ist der Oberbegriff für dienstfremde Personen, die zu Zwecken der heimlichen Informationsbeschaffung eingesetzt werden.[114] Man unterscheidet zwischen gezielten und ungezielten Einsätzen der Informationsgewinnung. Pressesonderverbindungen werden nicht gezielt für die Informationsgewinnung eingesetzt, während nachrichtendienstliche Verbindungen gezielt eingesetzt werden.[115] 49

Menschliche Quellen genießen jedoch keinen unbegrenzten Schutz. Bei lange zurückliegenden, abgeschlossenen Fällen, muss festgestellt werden, dass die Nennung des Informanten die öffentliche Aufgabe der Nachrichten- 50

107 „Singularia non sunt extendenda“, ebenso BT-Drs. 15/4493, 9, zu §§ 3–6 IFG; *Möllers*, Juristische Methodenlehre, § 4 Rn. 94 mwN, Rn. 123.
108 So aber OVG NRW 5.7.2018 – 15 A 2147/13, Rn. 47, der von „hochgradig geheimschutzbedürftig“ spricht.
109 https://www.duden.de/suchen/dudenonline/%C3%BCberwiegend%20.
110 https://www.duden.de/suchen/dudenonline/zwingend.
111 VG Berlin 30.5.2013 – 2 K 57/12 – UA S. 12 ff.; bestätigt durch OVG Berlin-Brandenburg 6.11.2014 – 12 B 14/13, juris Rn. 25 und 29, BVerwG 22.5.2016 – 7 C 18/14, a. *Schoch* IFG Vorb § 3 Rn. 65 ff.; § 3 Rn. 349; BVerwG 13.1.2021 – 6 A 11/19, Verfahren bis zur Entscheidung des Großen Senates in den Verfahren 6 A 14/19 und 6 A 3/20 ausgesetzt.
112 *Bartodzije* in Dietrich/Eiffler, S. 1575.
113 BVerwG 21.9.2016 – 6 A 8/14.
114 *Dietrich* in Dietrich/Eiffler, S. 1036.
115 BVerwG 21.9.2016 – 6 A 8/14.

dienste ernstlich gefährdet und erheblich erschweren würde.[116] Auch *Clemens Binninger*, ehemaliger Chef des Parlamentarischen Kontrollgremiums, sprach sich für eine Beschränkung des Quellenschutzes aus. Dieser könne nicht mehr absolut gelten, wenn eine Quelle in die Nähe eines Verbrechens komme.[117]

51 **Dienste anderer Staaten** sind eine weitere Quellenart. Vor allem der BND ist international vernetzt und arbeitet weltweit mit Nachrichtendiensten anderer Staaten zusammen.[118] Das Bundesamt für Verfassungsschutz ist Mitglied der „Counter Terrorism Group", ein Zusammenschluss von 30 europäischen Nachrichten- und Sicherheitsdiensten der EU-Mitgliedstaaten, Norwegen und der Schweiz, in dem sich Verbindungsbeamte der Nachrichtendienste über eine Datenbank austauschen können.[119]

52 Im Rahmen der **technischen Aufklärung** erfolgt die Informationsgewinnung mittels SIGINT, IMINT und OSINT, dh durch Datenströme, Satelliten, Luftbilder oder frei verfügbare Informationen.[120]

53 Laut Gesetzesbegründung sollen die nachrichtendienstlichen Quellen und Methoden zum Erhalt der Funktionsfähigkeit der Nachrichtendienste längerfristig unter Verschluss bleiben; insoweit soll die Aktenanbietung im Wege der Verwaltungsvereinbarung mit dem Bundesarchiv geregelt werden.[121] Erst nach der Einstellung der Methodik und einer Einzelfallprüfung soll die Abgabe der Unterlagen an das Bundesarchiv in Betracht kommen.[122] In diesem Zusammenhang wird jedoch kritisiert, dass der Abschluss einer solchen Verwaltungsvereinbarung im Ermessen der Nachrichtendienste stehe; auch hier bestehe die große Gefahr, dass diese ihr Ermessen nicht ausübe und die Unterlagen nicht zum Archivgut gewidmet werden.[123]

54 Die Nachrichtendienste berufen sich auch bei seit langem abgeschlossenen Vorgängen darauf, dass die Offenlegung **Rückschlüsse auf die gegenwärtige Arbeitsweise der Nachrichtendienste** zulasse.[124] Auch das BVerwG zieht die Grenzen des Quellen- und Methodenschutzes weit und beschloss, dass Vorgangsblätter, Aktenzeichen, Organisationskennzeichen und Arbeitstitel, Verfügungen und namentliche Hinweise auf Bearbeiter, Aktenvermerke, Arbeitshinweise, Randbemerkungen und Querverweise sowie Hervorhebungen und Unterstreichungen zu Rückschlüssen auf die Arbeitsweise der Nachrichtendienste geeignet sind.[125] Damit werden faktisch alle nachrich-

---

116 BVerwG 21.9.2016 – 6 A 8/14.
117 http://www.dw.com/de/geheimdienste-raus-aus-der-schmuddelecke/a-41685543.
118 https://www.bnd.bund.de/DE/Die_Arbeit/Kooperationen/kooperationen_node.html.
119 https://www.bundestag.de/blob/508038/5a79b26ee2205e08171ee396ef87ae45/wd-3-072-17-pdf-data.pdf.
120 *Bartodzije* in Dietrich, S. 1575; https://www.bnd.bund.de/DE/Die_Arbeit/Informationsgewinnung/informationsgewinnung_node.html.
121 BT-Drs. 18/9633, 59.
122 BT-Drs. 18/9633, 59.
123 Stellungnahme *Andrea Voßhoff*, Bundesbeauftragte für Datenschutz und die Informationsfreiheit zur öffentlichen Anhörung des Ausschusses für Kultur und Medien des Deutschen Bundestages vom 13.10.2016.
124 BVerwG 20.12.2016 – 20 F 10/15; BVerwG 10.1.2012 – 20 F 1/11.
125 BVerwG 20.12.2016 – 20 F 10/15; BVerwG 23.3.2009 – 20 F 11.08.

tendienstlichen Unterlagen erfasst, da alle Rückschlüsse auf die Arbeitsweise der Nachrichtendienste ermöglichen.

55 Das Berufen der Nachrichtendienste auf den Quellen- und Methodenschutz ist gerichtlich voll überprüfbar. Für Klagen, denen Vorgänge im Geschäftsbereich des BND zugrunde liegen, ist das BVerwG zuständig, § 50 Abs. 1 Nr. 4 VwGO. Es kann die streitigen Unterlagen ungeschwärzt im Rahmen eines In-Camera-Verfahrens nach § 99 VwGO[126] einsehen und überprüfen, ob die Unterlagen noch schutzwürdig sind. Dazu wird zunächst untersucht, ob und in welchem Umfang die, nach Ansicht der Nachrichtendienste, schutzwürdige Quelle tätig war.[127] Sodann überprüft das Gericht bei lange zurückliegenden, abgeschlossenen Vorgängen und bereits verstorbenen Informanten, ob die Offenbarung der Unterlagen zu einer aktuellen **Beeinträchtigung der Aufgabenerfüllung der Nachrichtendienste** führt.[128] Kann das Todesdatum des Informanten nicht festgestellt werden, gilt die Vermutung, dass der Informant nicht mehr schutzwürdig ist, wenn seit seiner Geburt mehr als 90 Jahre vergangen sind und Maßnahmen zur Ermittlung des Todeszeitpunktes erfolglos waren.[129]

g) Schutz der Identität der beschäftigten Personen

56 Der **Schutz der Identität der bei den Nachrichtendiensten beschäftigten Personen** soll vor allem dazu dienen, die nachrichtendienstliche Einsetzbarkeit der Personen zu sichern.[130] Eine Veröffentlichung der Zugehörigkeit zu einem Nachrichtendienst soll für den Mitarbeiter immer seinen schutzwürdigen privaten Lebensbereich betreffen, weshalb auch die Dienst- und Fachaufsichtsbehörden auf diese Daten keinen Zugriff haben dürfen.[131] Die Abgabe von Unterlagen an das Bundesarchiv soll erst nach dem Tod des Mitarbeiters und nach einer Einzelfallprüfung in Betracht kommen.[132] Mit der Beschäftigung bei den Nachrichtendiensten seien unter Umständen Gefahren von Leib und Leben der Beschäftigten selbst und ihrer Angehörigen oder Verwandten verbunden; daher sei der Schutz der Identität auch nach dem Tod für die Angehörigen von Bedeutung.[133] Dem ist jedoch entgegen zu halten, dass dieser beabsichtigte Schutz bereits durch Verschlusssachen-Anweisungen (VSA) nach dem Sicherheitsüberprüfungsgesetz ge-

---

126 Ausf. *Partsch* in Berger/Partsch/Roth/Scheel IFG Rn. 223 ff.
127 BVerwG 28.2.2018 – 6 A 3/18.
128 BVerwG 3.12.2020 - 6 A 3/20, juris Rn. 16; BVerwG 28.2.2018 – 6 A 3/18.
129 BVerwG 2.12.2019 – 20 F 6/18, juris Rn. 16; BVerwG 22.11.2019 – 20 F 14/17, juris Rn. 22; BVerwG 12.9.2017 – 6 A 1/15.
130 BT-Drs. 18/9633, 59.
131 BT-Drs. 18/9633, 59.
132 BT-Drs. 18/9633, 59.
133 non-paper, Stellungnahme BKA vom November 2016; aA OVG NRW 28.4.2021 – 15 A 2538/14, wonach der Identitätsschutz einer Offenlegung idR nicht mehr entgegenstehe, wenn die betreffenden Personen verstorben sind; BVerwG 13.1.2021 – 6 A 11/19. Die Frage, ob Gründe des Staatswohls es rechtfertigen, den Schutz der Identität nachrichtendienstlicher Informanten bei vor Jahrzehnten abgeschlossenen Vorgängen regelhaft auf einen Zeitraum von 30 Jahren über den Tod der Person hinaus zu erstrecken, wenn solche Personen nicht zum Kreis von NS-Tätern gehören oder selbst keine schweren, insbes. terroristischen Straftaten begangen haben, ist dem Großen Senat zur Klärung vorgelegt; mwN zum Streitstand *Huber* NVwZ 10/2021, 739 (740).

währleistet wird.[134] Die Vorschrift zum Schutz der Identitäten der bei den Nachrichtendiensten beschäftigten Personen ist daher obsolet. Der Identitätsschutz nachrichtendienstlich Beschäftigter steht einer Offenlegung von Unterlagen jedenfalls dann nicht entgegen, wenn ihre Zugehörigkeit zu einem Nachrichtendienst bereits amtlich bestätigt worden ist.[135]

II. Ausnahmen von der Anbietungspflicht (Abs. 2)

57 Dieser Absatz regelt die **Ausnahmen der Anbietungspflicht der öffentlichen Stellen des Bundes.**

1. Schutz des Postgeheimnisses (Nr. 1)

58 Diese Vorschrift war bereits in § 2 Abs. 1 Satz 2 BArchG aF enthalten.[136] Sie hat nur Bedeutung für Unterlagen, die vor der Privatisierung der Bundespost am 1.1.1995 entstanden sind, da nur diese dem Anwendungsbereich des BArchG unterfallen.[137] Insoweit soll die Vorschrift klarstellen, dass diese Unterlagen nicht dem Bundesarchiv angeboten werden müssen.[138] Die Regelung hat lediglich einen deklaratorischen Charakter und wird als überflüssig betrachtet.[139]

59 Eine Missachtung des **Zitiergebots** aus Art. 19 Abs. 1 Satz 2 GG liegt jedoch nicht vor.[140] Entsprechend des Zitiergebots muss das Grundrecht, das durch das Gesetz eingeschränkt wird, im Gesetz unter Angabe des Artikels genannt werden,[141] ein Verstoß gegen das Zitiergebot führt zur Nichtigkeit der Regelung.[142] Dabei ist jedoch zu beachten, dass das Zitiergebot nur einzuhalten ist, wenn das Gesetz einen finalen Eingriff in das Grundrecht darstellt.[143] Daran fehlt es hier, da die Regelung des BArchG nicht unmittelbar auf eine Begrenzung des Art. 10 GG gerichtet ist. Daher muss das Grundrecht, das durch das Gesetz eingeschränkt wird nicht unter Angabe des Artikels genannt werden und es liegt kein Verstoß gegen das Zitiergebot vor.

60 Der Schutzbereich des Art. 10 GG wird nicht bei Briefen berührt, die an öffentliche Stellen adressiert oder vom Empfänger freiwillig übergeben oder rechtmäßig beschlagnahmt wurden.[144]

2. Löschungsvorschriften (Nr. 2)

61 Bereits in § 2 Abs. 7 BArchG aF war geregelt, dass die Rechtsvorschriften über die **Verpflichtung zur Vernichtung von Unterlagen** unberührt bleiben. Diese Vorschrift wurde nun weiterentwickelt und eine Ausnahme der An-

134 Stellungnahme des netzwerk recherche eV zum Entwurf eines Gesetzes zur Neuregelung des Bundesarchivrechts vom 5.10.2016.
135 OVG NRW 28.4.2021 – 15 A 2538/14.
136 BT-Drs. 18/9633, 59.
137 *Becker/Oldenhage*, HK-BArchG, § 2 Rn. 24.
138 *Becker/Oldenhage*, HK-BArchG, § 2 Rn. 24.
139 *Manegold*, S. 226.
140 *Becker/Oldenhage*, HK-BArchG, § 2 Rn. 24.
141 *Werkmeister* BRJ 2012, 41.
142 *Jarass* in Jarass/Pieroth GG Art. 19 Rn. 7.
143 *Werkmeister* BRJ 2012, 41; BVerfGE 13, 230 (233).
144 *Manegold*, S. 226.

bietungspflicht bei Löschungs- und Vernichtungsvorschriften geregelt. Nach der Gesetzesbegründung soll die Vorschrift vor allem für Unterlagen, die § 5 Abs. 3 Satz 5 unterfallen, relevant sein.[145] Danach sollen auch elektronische Aufzeichnungen, die einer laufenden Aktualisierung unterliegen, grds. **anbietungspflichtig** sein. Beispielhaft werden Register und vergleichbare Datenbanken genannt.[146] Im Falle der spezialgesetzlichen Löschungsvorschriften soll diese Anbietungspflicht entfallen.[147] Dies soll jedoch nur gelten, soweit die gesetzlichen Vorschriften eine ersatzweise Anbietung erlauben. Die Vorschrift setzt also voraus, dass die spezialgesetzlichen Löschungs- und Vernichtungsvorschriften ausdrücklich die ersatzweise Anbietung der Bundesbehörden normieren.

Dagegen normieren nahezu alle Landesarchivgesetze[148] oder Landesdatenschutzgesetze[149] das **Löschungssurrogat**, dh es bedarf einer ausdrücklichen Regelung, wenn die Löschung statt der Archivierung erfolgen soll.[150] Der durch die Löschung bezweckte Schutz der Betroffenen wird sodann durch die Aufbewahrung der Unterlagen als Archivgut gewährleistet.[151] Dementsprechend befürwortete der Bundesrat die Änderung der Vorschrift und die Regelung eines Löschungssurrogats zur Vereinheitlichung des Archivrechts des Bundes und der Länder.[152] 62

Die Bundesregierung lehnte eine Anpassung an die Regelungstechnik der Länder ab, da es sich um hochsensible Daten handele, die einer Regelung in dem bereichsspezifischen Fachgesetz bedürfen. Ob eine ersatzweise Anbietung dem Schutzzweck der Löschungsvorschrift gerecht werde, müsse daher im Einzelfall für das jeweilige Fachgesetz entschieden werden.[153] Problematisch ist, dass damit historische, kulturelle und wissenschaftliche Interessen an der Archivierung kaum berücksichtigt werden.[154] Zudem entsteht eine **Beweislastumkehr zulasten der Archivierungsnotwendigkeit.** Ohne generelles Löschungssurrogat muss die Archivierungsnotwendigkeit bei jedem Fachgesetz neu begründet werden.[155] 63

Daher ist die landesrechtliche Regelungsart vorzugswürdig. Zwar handelt es sich bei den Unterlagen, die Löschungs- oder Vernichtungspflichten unterliegen, regelmäßig um hochsensible personenbezogene Daten. Jedoch haben auch diese eine hohe zeithistorische Bedeutung für die Wissenschaft 64

145 BT-Drs. 18/9633, 60.
146 BT-Drs. 18/9633, 60.
147 BT-Drs. 18/9633, 60.
148 § 4 Abs. 2 BbgArchivG; § 3 Abs. 2 S. 1 Nr. 1 HmbArchG; § 8 Abs. 2 HessArchivG; § 6 Abs. 2 LArchG MV; § 4 Abs. 2 Nr. 1 ArchivG NRW; § 7 Abs. 2 LArchG RhPf; § 8 Abs. 2 SaarlArchG; § 5 Abs. 2 SächsArchivG, § 9 Abs. 2 ArchG LSA; § 6 Abs. 2 LArchG SchlH; § 11 Abs. 3 Nr. 2 ThürArchivG.
149 § 23 LandesdatenschutzG BW.
150 BT-Drs. 18/10890, 2 (18.1.2017).
151 *Hausmann*, S. 41; *Becker/Rehm*, S. 66.
152 BT-Drs. 18/9633, 90.
153 BT-Drs. 18/9633, 92.
154 Stellungnahme *Prof. Dr. Eric Steinhaus* zum Gesetzesentwurf, S. 4; *Jäckel* in Zeitgeschichte in den Schranken des Archivrechts 1995, S. 29, mit ausf. Kritik an der Löschung von Unterlagen aus Sicht der historischen Forschung.
155 *Rehm* in Becker/Rehm/Schäfer, S. 108.

und Gesellschaft. Entsprechend der Praxis der Landesgesetzgebung wäre alternativ auch die Verankerung des **Löschungssurrogats** im Bundesdatenschutzgesetz denkbar.[156] Auch die EU-DSGVO regelt in Art. 17 Abs. 3 lit. d EU-DSGVO die Anbietungsmöglichkeit von personenbezogenen Daten zu Archiv-, Wissenschafts-, Forschungs- oder Statistikzwecken, soweit das Löschungsrecht des Betroffenen die Verwirklichung der Ziele dieser Verarbeitung unmöglich macht oder ernsthaft beeinträchtigt.[157]

65 Problematisch ist zudem, dass eine **Vielzahl von Löschungs- und Vernichtungsvorschriften ohne Regelung eines Löschungssurrogats** existiert:[158]

66 Adoptionsvermittlungsgesetz,[159] Agrarstatistikgesetz,[160] Aufenthaltsgesetz,[161] Aufenthaltsverordnung,[162] Ausländerzentralregister,[163] Bundesnachrichtendienst-Gesetz,[164] Bundesbeamtengesetz,[165] Bundesdisziplinargesetz,[166] Bundeskriminalamtgesetz,[167] Bundesnotarordnung,[168] Bundespolizeigesetz,[169] Bundesrechtsanwaltsordnung,[170] Bundesstatistikgesetz,[171] Bundesverfassungsschutzgesetz,[172] Bundeswahlordnung,[173] Bundeszentralregistergesetz,[174] Europawahlordnung,[175] Fahrpersonalgesetz,[176] Fahrpersonalverordnung,[177] Gentechnikgesetz,[178] Gewerbeordnung,[179] Handwerksordnung,[180] Luftverkehrsgesetz,[181] Gesetz über den militärischen Ab-

156 Protokoll der 69. Sitzung des Ausschusses für Kultur und Medien vom 19.10.2016, S. 12.
157 BT-Drs. 18/9633, 60.
158 Kurzprotokoll der 74. Sitzung des Ausschusses für Kultur und Medien, S. 13.
159 §§ 2 a Abs. 6 S. 3, 9 b Abs. 1 S. 3.
160 §§ 97 Abs. 4 S. 1, S. 2, Abs. 5, 98.
161 § 91 a Abs. 8.
162 §§ 68, 69 Abs. 3.
163 §§ 5 Abs. 4 S. 4, 9 Abs. 2 S. 3, 13 Abs. 2 S. 2, 27 Abs. 2 S. 6, 36 Abs. 1, Abs. 2.
164 § 5 Abs. 1.
165 §§ 112, 113 Abs. 2 S. 3.
166 § 16 Abs. 3 S. 1.
167 §§ 11 Abs. 3 S. 2, Abs. 6, 16 Abs. 4, 20 i Abs. 5, 20 j Abs. 3 S. 1, 20 k Abs. 3 S. 3, 20 v. Abs. 6 S. 1, 25 Abs. 2 S. 1, 32 Abs. 2.
168 §§ 78 b Abs. 1 S. 2, 110 a Abs. 1 S. 2, Abs. 6 S. 1.
169 §§ 24 Abs. 2 S. 1, 26 Abs. 3 S. 1, S. 4, 27 S. 3, 28 S. 4, 28 a Abs. 5, 31 Abs. 5, 33 Abs. 2 S. 3, Abs. 8 S. 3, 35 Abs. 2.
170 §§ 31 a Abs. 2 S. 3, Abs. 3 S. 3, 205 a Abs. 1 S. 2.
171 §§ 6 Abs. 1 S. 4, Abs. 3 S. 3, 12, 13 a S. 4, 16 Abs. 8 S. 2.
172 §§ 6 Abs. 3 S. 5, 8 b Abs. 2 S. 5, 11 Abs. 2, 12 Abs. 2 S. 1, Abs. 3 S. 2, 13 Abs. 4 S. 7, 17 Abs. 3 S. 4, 18 Abs. 5 S. 2, 19 Abs. 4 S. 4.
173 §§ 86 Abs. 3 S. 4, 90 Abs. 1, Abs. 2.
174 §§ 12 Abs. 2 S. 2, 13 Abs. 2 S. 2, Abs. 3, 16 Abs. 2 S. 1, 3, 19 Abs. 1, 20 Abs. 5 S. 5, 20 a Abs. 3 S. 2, 24 Abs. 1 S. 1, Abs. 2, Abs. 3, 25 Abs. 1 S. 1, 29 Abs. 2, 42 S. 6, 42 c Abs. 2 S. 3, 45 Abs. 2 S. 1, 48, 49 Abs. 1 S. 1, 55 Abs. 2 S. 2, 60 Abs. 1 Nr. 3, 63 Abs. 1 und Abs. 3 S. 1, 64 b Abs. 1 S. 1, 69 Abs. 3 S. 1.
175 §§ 79 Abs. 3 S. 4, 83 Abs. 1 und Abs. 2.
176 §§ 4 Abs. 3 S. 7, 4 c Abs. 2 S. 2, 10 Abs. 6.
177 § 13.
178 § 16 a Abs. 6 S. 2.
179 §§ 11 a Abs. 1 a S. 2, Abs. 3 S. 2, Abs. 3 a S. 3, Abs. 3 b S. 2, S. 3, 14 Abs. 11 S. 6, 150 d Abs. 2 S. 3, S. 4.
180 § 13 Abs. 1, 28 Abs. 5, 29 Abs. 2.
181 §§ 27 c Abs. 3 S. 2, 64 Abs. 10, 65 Abs. 7, 65 a Abs. 6, 65 b Abs. 4, 66 Abs. 5, 68 Abs. 1 S. 3, S. 4, 70 Abs. 3 S. 1.

schirmdienst,[182] Passgesetz,[183] Verordnung über die Führung der Personalakten der Soldaten und der ehemaligen Soldaten,[184] Personalausweisgesetz,[185] Sicherheitsüberprüfungsgesetz,[186] Soldatengesetz,[187] Strafprozessordnung,[188] Straßenverkehrsgesetz,[189] Unternehmensregisterverordnung,[190] Vorsorgeregister-Verordnung[191] und Wehrpflichtgesetz.[192]

III. Anwendungspflichtige Vorschriften (Abs. 3)

Diese Regelung war sinngemäß bereits in § 2 Abs. 4 Satz 2 BArchG aF enthalten. Jedoch wurde in der Altfassung noch konkretisiert, dass das Bundesarchiv insbes. bei Unterlagen mit personenbezogenen Daten bei der Erfüllung seiner Aufgaben die Vorschriften über die Verarbeitung und Sicherung dieser Unterlagen zu beachten hat, die für die abgebende Stelle gelten. In die Neufassung wurden die Geheimhaltungsvorschriften sowie die Verschlusssachenanweisungen (**VSA**) und Allgemeinen Verwaltungsvorschriften des Bundesministeriums des Innern zur Ausführung des Gesetzes über die Voraussetzungen und das Verfahren von Sicherheitsüberprüfungen des Bundes (**SÜG-AVV**) aufgenommen. Die **Aufnahme der VSA und der SÜG-AVV** soll vorwiegend der Klarstellung dienen, da diese keine Rechtsvorschriften des Bundes sind.[193] 67

Durch die Regelung des Abs. 3 werden die Bundesarchive verpflichtet, die dort genannten Regelungen, die dem Schutz besonderer Interessen dienen, anzuwenden. Dies ist notwendig, da sie keine „Kettenwirkung" haben.[194] 68

1. Anwendung der Geheimhaltungsvorschriften

Zu den **Geheimhaltungsvorschriften** → Rn. 6 ff. Das Bundesarchiv hat die Geheimhaltungsvorschriften vom Zeitpunkt der Übernahme anzuwenden, dh, die Unterlagen sind zunächst weiterhin „geheim" und unterliegen regelmäßig einer längeren Schutzfrist gem. § 11 Abs. 3. 69

---

182 §§ 6 Abs. 2, 7 S. 2.
183 §§ 16 Abs. 2 S. 3, Abs. 3 S. 2, 16 a S. 3, 18 Abs. 4 S. 2, 21 Abs. 4 S. 1.
184 §§ 5 Abs. 3 S. 1, 5 Abs. 5 S. 1.
185 §§ 9 Abs. 4 S. 3, 17 Abs. 4, 19 Abs. 1 Nr. 2, 20 Abs. 4 S. 3, 23 Abs. 4 S. 1, 24 Abs. 3 S. 5, 26 Abs. 2, Abs. 3 S. 2.
186 §§ 18 Abs. 7 S. 3, 19 Abs. 2, Abs. 3, 22 Abs. 2.
187 §§ 29 Abs. 5 S. 2, 58 c Abs. 3, 58 d Abs. 3, 78 Abs. 2 S. 4, S. 6, Abs. 3 S. 2, Abs. 4.
188 §§ 11 d Abs. 5 Nr. 2 S. 3, 98 b Abs. 3 S. 2, 101 Abs. 8 S. 1, 101 a Abs. 4 S. 3, 163 d Abs. 4 S. 2, 293 Abs. 2 463 a Abs. 4 S. 5, 488 Abs. 3 S. 5, 489 Abs. 2 492 Abs. 4 a, 493 Abs. 3 S. 4, 494 Abs. 2.
189 §§ 2 Abs. 9 S. 1, 4 a Abs. 6 S. 1, S. 3, 29 Abs. 1, Abs. 3, Abs. 6, 30 a Abs. 3 S. 4, 35 Abs. 3 S. 3, 35 Abs. 6 S. 2, 36 Abs. 8 S. 2, 44 Abs. 1, Abs. 2, 48 Abs. 3, 53 Abs. 3 S. 3, Abs. 5 S. 2, 61 Abs. 1, Abs. 4, 62 Abs. 2, 65 Abs. 2 S. 2.
190 §§ 2 Abs. 2 S. 4, 12 Abs. 2 S. 2.
191 §§ 5 Abs. 3 S. 1, Abs. 4, 9 S. 3.
192 §§ 17 Abs. 9 S. 2, 24 b Abs. 2 S. 3, S. 5, Abs. 3, Abs. 4.
193 BT-Drs. 18/9633, 61.
194 *Hevers*, S. 299.

2. Anwendung der Allgemeinen Verwaltungsvorschrift des BMI zum materiellen und organisatorischen Schutz von Verschlusssachen (VSA)

70 Diese Verwaltungsvorschriften wirken nur verwaltungsintern und haben keine Außenwirkung. Sie dienen der Sicherung der einheitlichen Verfahrensweise mit schutzbedürftigen Sachen.[195] Im Gegensatz zu den Allgemeinen Verwaltungsvorschriften des Bundesministeriums des Innern zur Ausführung des Gesetzes über die Voraussetzungen und das Verfahren von Sicherheitsüberprüfungen des Bundes (SÜG-AVV), die den personellen Geheimschutz regelt, regelt die VSA den **materiellen Geheimschutz**. Die Bezugnahme auf die Verschlusssachenanweisung vom 31.3.2006 idF vom 26.4.2010 lief zwischen dem 1.9.2010 und dem 17.6.2021 leer,[196] da eine neue Verschlusssachenanweisung vom 10.8.2018 (GMBl. 2018, 826) und SÜG-Ausführungsvorschrift vom 15.2.2018 (GMBl. 2018, 270) am 1.9.2018[197] in Kraft getreten und die referenzierte Verschlusssachenanweisung vom 26.4.2010 ausdrücklich außer Kraft getreten ist. Erst mit Inkrafttreten der Änderung des BArchG am 17.6.2021 findet die VSA vom 10.8.2018 im BArchG Anwendung. Entscheidend bleibt weiterhin, dass der fachrechtlich vorgesehene Schutz von Amtsgeheimnissen gegenüber Informations- und Auskunftsansprüchen nicht lediglich eine formale Einstufung als Verschlusssache, sondern materielle Gründe, die eine solche Einstufung rechtfertigen, erfordert.[198] Informationsfreiheitsverkürzend wirkt die VSA vom 10.8.2018 insoweit, als dass nach dem neu gefassten § 17 Abs. 2 VSA die Verlängerung der 30jährigen Einstufungsfrist, von als VS-Vertraulich oder höher eingestuften Verschlusssachen, um „jeweils" weitere 30 Jahre möglich ist. In der Vorgängerregelung, § 9 Abs. 3 VSA aF, war hingegen noch festgelegt, dass die herausgebende Stelle oder deren Rechtsnachfolger „eine" Verlängerung der Frist verfügen darf, soweit eine fortdauernde Notwendig der Verschlusssacheneigenschaft gegeben ist. Durch das Einfügen des Wortes „jeweils" ist nunmehr klargestellt, dass eine Verlängerung der Einstufungsfrist unbegrenzt möglich ist. Auch die Begrenzung der Höhe der Einstufungsfrist auf 30 Jahre wurde mit der neuen VSA aufgeweicht. In der Vorgängerregelung des § 16 Abs. 2 VSA, dem § 8 Abs. 2 VSA aF, war noch festgelegt, dass die Regelfrist für als VS-Vertraulich oder höher eingestuften Verschlusssachen 30 Jahre betrage. In § 16 Abs. 2 VSA ist nunmehr geregelt, dass die Einstufungsfrist 30 Jahre nicht überschreiten „solle". Es handelt sich also neuerdings um eine **Ermessensvorschrift.** Zudem ist entgegen der Vorgängervorschrift die Option der Erweiterung der Einstufungsfrist über 30 Jahre hinaus ausdrücklich in § 16 Abs. 2 VSA genannt. Mit Inkrafttreten der Gesetzesänderung des BArchG am 17.6.2021 wird die VSA vom 10.8.2018 Eingang finden in das

195 *Manegold*, S. 243; *Gießler* FS Friedrich P. Kahlenberg, S. 375 ff., mit einer ausf. Darstellung zu den Erfahrungen der archivischen Praxis mit Verschlusssachen.

196 *Weber*, Auf ewig geheim, https://www.heise.de/tp/features/Ewig-Geheim-4889157.html.

197 § 67 VSA vom 10.8.2018.

198 BVerwG 29.10.2009 – 7 C 22.08; BVerwG 21.9.2016 – 6 A 10.14; BVerwG 10.1.2012 – 20 F 1/11, 7 A 15/10, juris Ls. 1; Parallelentscheidung BVerwG 23.11.2011 – 20 F 22/10; *Hevers*, S. 338.

BArchG. Es verstärkt sich der Eindruck, dass die als VS-Vertraulich oder höher eingestuften Verschlusssachen dem archivrechtlichen Nutzungsanspruch, wenn nicht gänzlich, so doch für mehr als 30 Jahre entzogen werden sollen.[199]

Für den Ausschlussgrund des § 3 Nr. 4 IFG, der im Tatbestand an die nach der VSA getroffenen Einstufung als Verschlusssache anknüpft, hat das BVerwG entschieden, dass dem Vorbehalt des Gesetzes genügte getan ist.[200] Es handele sich nämlich nicht um eine statische oder dynamische Verweisung auf eine Verwaltungsvorschrift. Eine **(dynamische) Verweisung** könne verfassungsrechtlich problematisch sein, da in diesem Fall Rechtssetzung außerhalb des Einflussbereichs des legitimierten Rechtsetzungsorgans drohe. Auch könne eine Verweisung auf Verwaltungsvorschriften gegen das Bestimmtheitsgebot verstoßen, insbes. wenn die Fundstelle nicht genannt werde und spätere Änderungen für den Normadressaten nicht ohne weiteres erkennbar seien.[201] Überträgt man die Ausführung des BVerwG auf die Ausnahme von der Anbietungspflicht nach § 6 Abs. 3 Nr. 1 BArchG, so ist auch für § 6 Abs. 3 Nr. 1 von einer **Verfassungsmäßigkeit der Inbezugnahme** auszugehen, insoweit, als dass es sich auch bei § 6 Abs. 3 Nr. 1 BArchG nicht um eine Verweisnorm auf die VSA handelt. § 6 Abs. 3 Nr. 1 trifft im Tatbestand keine unvollständige Regelung und verweist auf die VSA, sondern knüpft lediglich im Tatbestand an eine, nach der VSA getroffene Entscheidung an.

3. Anwendung der Allgemeinen Verwaltungsvorschriften des BMI zur Ausführung des Gesetzes über die Voraussetzungen und das Verfahren von Sicherheitsüberprüfungen des Bundes (SÜG-AVV)

Das Bundesarchiv hat die **SÜG-AVV** vom Zeitpunkt der Übernahme anzu- 71
wenden, dh die Personen, die eine sicherheitsempfindliche Tätigkeit iSd § 1 SÜG-AVV beim Bundesarchiv bzw. Geheimarchiv ausüben, müssen grds. überprüft werden.[202]

Die SÜG-AVV regelt den personellen Geheimschutz beim Zugang zu Verschlusssachen. Erfasst werden alle Personen, die mit Verschlusssachen in Berührung kommen. Die im Bundes- bzw. Geheimarchiv tätigen Personen werden gem. § 1 Abs. 1 überprüft, wenn sie mit einer sicherheitsempfindlichen Tätigkeit betraut werden sollen (**Sicherheitsüberprüfung**) oder bereits betraut worden sind (**Wiederholungsüberprüfung**).

4. Schutzwürdige Belange Betroffener

Laut Gesetzesbegründung ist diese Regelung Ausdruck des Volkszählungs- 72
urteils des BVerfG;[203] trotz der Anbietungs- und Abgabepflicht werden die

199 Zu den Vorgängerregelungen §§ 8, 9 VSA aF, GMBl 2010, 846.
200 BVerwG 29.10.2009 – 7 C 22/08, juris Rn. 41 ff.
201 BVerwG 29.10.2009 – 7 C 22/08, juris Rn. 44.
202 Hier gilt die Allgemeinen Verwaltungsvorschrift zum personellen Geheimschutz und zum vorbeugenden personellen Sabotageschutz-SÜG-Ausführungsvorschrift (SÜG-AVV) vom 15.2.2018.
203 BVerfG 15.12.1983 – 1 BvR 209/83, 1 BvR 269/83, 1 BvR 362/83, 1 BvR 420/83, 1 BvR 440/83 ua.

schutzwürdigen Belange der Betroffenen gewahrt und insbes. durch die Nutzungseinschränkungen der §§ 10–13 geschützt.[204] Die Vorschrift entspreche den Anforderungen des BVerfG aus dem **Volkszählungsurteil** an verfassungsmäßige Eingriffe in das Recht auf informationelle Selbstbestimmung. Danach sei das Recht auf informationelle Selbstbestimmung bei der Offenbarung sensibler Daten nur gewahrt, wenn die Offenbarung durch Gesetz, im überwiegenden Allgemeininteresse unter Beachtung des Grundsatzes der Verhältnismäßigkeit erfolge sowie organisatorische und verfahrensrechtliche Vorkehrungen getroffen werden, die der Gefahr der Verletzung von Persönlichkeitsrechten entgegenwirken.[205]

73 Das **Recht auf informationelle Selbstbestimmung** aus Art. 2 Abs. 1 iVm Art. 1 Abs. 1 GG schützt grds. das Recht des Einzelnen, selbst zu entscheiden, welche persönlichen Daten wann, wo und wie offenbart werden.[206] Durch die umfassende Anbietungs- und Abgabepflicht von Unterlagen, die unter Umständen auch persönliche Lebenssachverhalte enthalten, wird in den Schutzbereich des Grundrechts auf informationelle Selbstbestimmung eingegriffen. Dieser Eingriff erfolgt entsprechend der Rechtsprechung des BVerfG durch Gesetz, nämlich § 6 Abs. 1. Das überwiegende Allgemeininteresse liegt in der Sicherung der Unterlagen von bleibendem Wert für die historische, wissenschaftliche und sonstige Forschung, Gesetzgebung und Verwaltung sowie des Bürgers.[207] Die Vorschrift wahrt auch den **Grundsatz der Verhältnismäßigkeit**, da sie nur für Unterlagen von bleibendem Wert gilt und das Bundesarchiv gem. § 6 Abs. 3 Nr. 2 die schutzwürdigen Belange der Betroffenen in gleicher Weise zu beachten hat wie die abgebende Stelle.[208] Diese „Gleichschaltung" des Bundesarchivs mit der abgebenden Stelle dient der Sicherung der Rechtsposition von Betroffenen, die durch die Archivierung keinen Rechtsverlust erleiden soll.[209]

74 Betroffener ist derjenige, auf den sich Archivgut des Bundes bezieht, dh der das Objekt des jeweiligen Aktenvorgangs ist.[210] Eine **Anonymisierungs- bzw. Unkenntlichmachungspflicht zum Zwecke der Aufbewahrung der personenbezogenen Daten** beim Bundesarchiv besteht nicht.[211] Eine solche Pflicht wäre auch nicht mit dem Gedanken des Bundesarchivs als Gedächtnis der Zeitgeschichte vereinbar.

75 Die schutzwürdigen Belange Betroffener werden dargestellt in § 13 Abs. 3.

5. Geltung der Geheimhaltungsvorschriften der Amtsträger und für den öffentlichen Dienst besonders Verpflichtete in öffentlichen Archiven

76 Die Vorschrift war bereits in § 9 BArchG aF enthalten, der jedoch insbes. § 30 AO, § 203 Abs. 2 und § 355 StGB, § 32 BBankG und § 9 KWG

---

204 BT-Drs. 18/9633, 61.
205 BT-Drs. 18/9633, 61.
206 BVerfG 15.12.1983 – 1 BvR 209/83, 1 BvR 269/83, 1 BvR 362/83, 1 BvR 420/83, 1 BvR 440/83 ua.
207 *Becker/Oldenhage*, HK-BArchG, § 2 Rn. 52.
208 BT-Drs. 18/9633, 61.
209 *Freys*, S. 57.
210 *Nadler*, S. 33.
211 *Wyduckel* DVBl 1989, 327 (331).

umfasste. Dieser Zusatz wurde jedoch entsprechend zu § 6 Abs. 1 Satz 1 ersatzlos gestrichen.

Die Norm dient dem **Persönlichkeitsschutz der Betroffenen** und stellt klar, dass Geheimhaltungsvorschriften der Bediensteten der abgebenden Stellen ebenso für die Amtsträger und für den dem öffentlichen Dienst besonders Verpflichteten der öffentlichen Archive gelten.[212] 77

IV. Ermächtigung zur Anbietung (Abs. 4)

Die Vorschrift war bereits in § 8 Satz 1 und § 11 BArchG aF enthalten. Die 78
Neufassung der Vorschrift wurde nun dahingehend konkretisiert, dass Unterlagen, die Geheimhaltungsvorschriften, ein Steuergeheimnis nach § 30 AO oder Angaben über Verhältnisse eines Anderen oder fremde Betriebs- oder Geschäftsgeheimnisse enthalten, auch anderen Stellen als den öffentlichen Stellen des Bundes angeboten werden können. Nach der alten Regelung betraf dies lediglich Unterlagen, die dem Steuergeheimnis nach § 30 AO unterliegende Angaben über Verhältnisse eines anderen oder über fremde Betriebs- und Geschäftsgeheimnisse enthalten.

Betriebs- und Geschäftsgeheimnisse sind alle auf ein Unternehmen bezogene Tatsachen, Umstände und Vorgänge, die nicht offenkundig, sondern nur einem begrenzten Personenkreis zugänglich sind und an deren Nichtverbreitung der Rechtsträger ein berechtigtes Interesse hat.[213] 79

Andere öffentliche Stellen als öffentliche Stellen des Bundes sind insbes. 80
Gerichte und Behörden der Länder, der Kommunen und Gemeindeverbände sowie öffentlich-rechtliche Religionsgemeinschaften.[214] Die Vorschrift des § 30 Abs. 4 Nr. 4 AO setzt eine bundesgesetzliche Regelung für die Regelung der Offenbarungsbefugnis voraus,[215] schließlich fallen Unterlagen, die dem Steuergeheimnis unterfallen auch bei „anderen öffentlichen Stellen" an.[216]

Für Unterlagen, die der Geheimhaltungspflicht nach § 6 Abs. 4 unterliegen, 81
gilt die Schutzfrist des § 11 Abs. 3. Das Archivgut des Bundes darf erst 60 Jahre nach seiner Entstehung genutzt werden. Eine nach § 17 Abs. 2 Satz 2 VSA (2018) mögliche, darüber hinausgehende Verlängerung ist zu begründen und bedarf der Zustimmung der Bundesregierung. Die Begründung ist an den verfassungsrechtlichen Vorgaben des Art. 5 Abs. 3 GG zu messen. Die Einschätzung der Verwaltung ist daher voll richterlich überprüfbar. Ein strenger Maßstab ist anzulegen.

212 *Becker/Oldenhage*, HK-BArchG, § 9 Rn. 1.
213 BVerfGE 115, 205 (230); VG Berlin 12.10.2009 – 2 A 20.08, *Schoch* IFG § 6 Rn. 78.
214 BT-Drs. 18/9633, 62.
215 Vgl. Art. 30 GG.
216 BT-Drs. 18/9633, 62.

§ 7 Anbietung und Abgabe von Unterlagen an Landes- oder Kommunalarchive

Die öffentlichen Stellen des Bundes haben Unterlagen von nachgeordneten Stellen des Bundes, deren örtliche Zuständigkeit sich nicht auf den gesamten Geltungsbereich dieses Gesetzes erstreckt, auf Vorschlag des Bundesarchivs mit Zustimmung der zuständigen obersten Bundesbehörde dem zuständigen Landes- oder Kommunalarchiv zur Übernahme anzubieten und abzugeben, wenn die Vorgaben der §§ 6 und 10 bis 14 durch Landesgesetze oder kommunale Satzungen sichergestellt sind.

Literatur

Büttner, Siegfried, Die Abgabe von Akten der mittleren und unteren Bundesbehörden, Der Archivar 1974, 315 ff.; *Günther, Herbert*, Zur Übernahme fremden Archivguts durch staatliche Archive, Archivalische Zeitschrift 1996, 37; *Krämer, Walter*, Das Recht der kommunalen Archive, VBlBW 2005, 43 ff.; *Oldenhage, Klaus*, Bemerkungen zum Bundesarchivgesetz, Der Archivar 1988, 477 ff.; *Paul, Hans-Holger*, Verlängerter Arm der Verwaltung oder Häuser der Geschichte. Staatsarchive zwischen Kosten-Leistungsrechnung und Bürgerservice, Der Archivar 2003, Beiband 9, 345

I. Allgemeines

1 Grds. geht man davon aus, dass sich im Bundesarchiv Unterlagen zur Geschichte Gesamtdeutschlands befinden und in den Landes- oder Kommunalarchiven Schriftstücke, die das jeweilige Land oder die jeweilige Kommune betreffen. Die Archive des Bundes und der Länder nehmen also Schriftgut ihrer eigenen Rechtsträger an sich, und das BArchG oder die zuständigen Landesgesetze regeln das Erfassen, die Erschließung und den Gebrauch dieser Unterlagen. Jedoch gibt es in bestimmten Bereichen der Bundesverwaltung Strukturen, die bis in regionale und lokale Bereiche vordringen. Damit würden in das Bundesarchiv auch Schriftstücke überführt werden, die sich bspw. auf einen kleinen Bereich einer kleinen Behörde in einer Stadt beschränken. Für diese Fälle trifft § 7 eine Regelung zur **Übernahme von Bundesarchivgut durch regionale Archive.** § 7 regelt somit die Übernahme fremder Archivalien unter Fortbestand des Eigentumsrechts.[1]

1 *Nadler*, S. 32.

II. Bundesbehörden

1. Öffentliche Stellen

Die öffentlichen Stellen des Bundes sind legaldefiniert in § 1 Nr. 8. 2

2. Behörden

Bei den **obersten Bundesbehörden** handelt es sich zB um Bundesministerien, Bundeskanzleramt, Bundesrechnungshof, Bundespräsidialamt, Bundesbank, Präsidenten der Bundesgerichte, des Bundes, des Bundestags und Bundesrats. 3

Bundesoberbehörden und Bundeszentralstellen sind einer obersten Bundesbehörde unmittelbar nachgeordnet, zB Bundesverwaltungsamt, Statistisches Bundesamt, Bundesamt für Finanzen, Bundesamt für Verfassungsschutz, Bundesgesundheitsamt, Kraftfahrt-Bundesamt, Bundeskriminalamt, Bundesbeauftragter für die Unterlagen der Staatssicherheit der ehemaligen DDR.[2]

Es sind selbstständige und zentralisierte Behörden, die zwar aus den Ministerien ausgegliedert, ihnen aber noch unterstellt sind, und sie sind für das gesamte Bundesgebiet zuständig.[3]

Zu den **nachgeordneten Stellen des Bundes**, deren Zuständigkeit sich nicht auf den gesamten Geltungsbereich dieses Gesetzes erstreckt, gehören die **Bundesmittelbehörden**; sie besitzen nur einen begrenzten räumlichen Geschäftsbereich und stehen zwischen den Ministerialbehörden und den Unterbehörden.[4] Sie sind somit einer obersten oder oberen Bundesbehörde nachgeordnet, zB Oberfinanzdirektion, Oberpostdirektion, Bundeswehrverwaltung, Bundespolizeiverwaltung, Bundeswasserstraßenverwaltung, Bundesschifffahrtverwaltung und die Auslandsvertretungen des Auswärtigen Dienstes.[5] 4

Auf der **untersten Verwaltungsstufe** eines räumlich begrenzten Zuständigkeitsbereichs des Bundes stehen die **Bundesunterbehörden**. Sie sind der zuständigen Mittelbehörde unterstellt, zB Hauptzollämter und Kreiswehrersatzämter[6]

3. Abgebende Behörde als nachgeordnete Stelle des Bundes

Eine **nachgeordnete Stelle des Bundes**, deren Zuständigkeit sich nur auf einen Teil des Bundesgebietes erstreckt, bedeutet eine Behörde der bundeseigenen Verwaltung gem. Art. 86, 87 GG. Dabei sind die bundeseigenen Behörden hierarchisch aufgebaut. Eine eingeschränkte Zuständigkeit liegt also bei Bundesmittelbehörden und Bundesunterbehörden vor; ihre Zuständigkeit liegt in einem Teil des Bundesgebietes, der zu einer übergeordneten Behörde gehört, und sie ist auf diesen Teil begrenzt. 5

2 HK-BDSG/*Simitis* § 2 Rn. 27.
3 *Katz* § 21 Rn. 468.
4 *Katz* § 21 Rn. 468.
5 HK-BDSG/*Simitis* § 2 Rn. 27.
6 *Katz* § 21 Rn. 468.

III. Entstehung

1. Geschichte

6 Nach dem Ersten Weltkrieg strömte in großen Mengen Schriftgut in das neugegründete **Reichsarchiv.** Im Jahre 1931 regelte deshalb der Reichsminister des Inneren in einem Erlass die Aktenabgabe an das Reichsarchiv. Darin stand unter Punkt III.: „Ist begründeter Anlass zu der Annahme vorhanden, dass Akten, die das Reichsarchiv zur Vernichtung freigegeben hat, für die Landes- oder Ortsgeschichte von Wert sein könnten, so ist dem zuständigen Landes-, Provinzial- oder Stadtarchiv vor der Vernichtung Gelegenheit zur Einsicht in die Akten und zur Äußerung zu geben, ob das Landes-, Provinzial- oder Stadtarchiv Wert auf Überweisung der Akten legt. Tut es dies, so sind die Akten dem Landes-, Provinzial- oder Stadtarchiv zu überlassen".[7] Seit dieser Zeit und wieder seit 1936[8] wurden somit den Archiven der Länder die Unterlagen nachgeordneter Stellen der Reichsverwaltung überlassen.

7 Mit der Aufnahme der Arbeit durch das Bundesarchiv im Jahre 1952 stellte sich die Frage nach dem weiteren Bestehen der **Staatsarchive der Länder**[9] **für die Mittel- und Unterbehörden des Bundes.** Dabei wurde die bis dahin bestehende Regelung für praktikabel und bewährt erklärt.[10] Eine Fortsetzung dieser Regelung entstand im Jahr 1955 für die Geschäftsbereiche der Bundesminister der Finanzen, für Verkehr, für Arbeit und Sozialordnung und für das Post- und Fernmeldewesen.[11] Insgesamt erwies sich die Regelung nach allgM als so bewährt, dass die Bundesregierung sie ohne Beschränkung auf die nachgeordneten Behörden bestimmter Ressorts in die Gesetzesentwürfe übernommen hatte (§ 2 Abs. 2 aF und § 7 nF). Auch wurde sie während der Gesetzgebungsverfahren nicht kritisiert.[12]

2. Hintergrund

8 Bei den **untergeordneten Stellen des Bundes** mit örtlich begrenzter Zuständigkeit entstehen häufig Unterlagen mit lokalem Bezug. In diesem Fall sorgt das zuständige Landes- oder Kommunalarchiv dafür, dass diese Unterlagen für die landesgeschichtliche Forschung und für die Zukunft bewahrt werden.[13] Es handelt sich um eine geübte und bewährte Praxis, die sich als fachlich sinnvoll erwiesen hat. [14] Die jeweils betroffene oberste Bundesbehörde hat allerdings die Möglichkeit, einer Abgabe der Unterlagen an das Landes- oder Kommunalarchiv zu widersprechen und diese Unterlagen bei entsprechenden Bundesinteressen in das Bundesarchiv zu überführen.[15] Einer gerichtlichen Überprüfung ist dieser Widerspruch, von dem insbes. das Ministerium der Verteidigung Gebrauch gemacht hat, nicht zu-

7 *Büttner* Der Archivar 1974, 315 (330, dortige Anlage I).
8 *Büttner* Der Archivar 1974, 315 (331, dortige Anlage II).
9 Zu den Staatsarchiven s. a. *Paul, H.-H.* Der Archivar 2003, Beiband 9, 345.
10 *Büttner* Der Archivar 1974, 315 (319).
11 *Oldenhage* Der Archivar 1988, 477 (481).
12 *Becker/Oldenhage*, HK-BArchG, § 2 Rn. 34.
13 *Nadler*, S. 32.
14 BT-Drs. 11/498, 9.
15 BT-Drs. 11/498, 9.

gänglich, denn über seine Unterlagen bestimmt der Bund kraft Natur der Sache alleine.[16]

IV. Auf Vorschlag des Bundesarchivs mit Zustimmung der obersten Behörde

1. Vorschlagrecht des Bundesarchivs

§ 7 entspricht generell altem Recht (§ 2 Abs. 3 aF), mit Ausnahme des Vorschlagrechts des Bundesarchivs. Durch dieses Vorschlagrecht wird die fachgerechte Beteiligung des Bundesarchivs an einer entsprechenden Entscheidung sichergestellt. Diese Einbeziehung wäre ohne eine gesetzliche Regelung nicht möglich, da es sich bei diesen Unterlagen mangels einer alleinigen Verfügungsgewalt des Bundesarchivs nicht um Archivgut iSd § 1 Nr. 2 handelt.[17] 9

2. Zustimmung der obersten Behörde

Die Abgabe der Unterlagen erfolgt **auf Vorschlag des Bundesarchivs und mit Zustimmung der obersten Behörde** an das örtlich zuständige Landes- oder Kommunalarchiv. Diese Zustimmung ist notwendig, denn bei einem begründeten Interesse des Bundes können die Schriftstücke einer obersten Bundesbehörde auch an das Bundesarchiv übergeben werden. Ein begründetes Interesse besteht, wenn die Unterlagen für die Geschichte des gesamten Staates bedeutsam sind.[18] 10

V. Landes- und Kommunalarchive

Im aktuellen BArchG kann Archivgut des Bundes auch den Kommunalarchiven zur Übernahme bereitgestellt werden. Dies war in der Vergangenheit in der staatlichen Auftragsverwaltung, an der auch die Kommunen beteiligt sind, bereits ständige Praxis. Es wird ebenfalls sichergestellt, dass mit der Abgabe von Unterlagen an Landes- und Kommunalarchive ein Informationszugang, der zuvor durch das IFG gestattet wurde und jetzt durch Landesarchivrecht geregelt ist, nicht wesentlich eingegrenzt wird.[19] Die Landes- und Kommunalarchive erhalten damit eine **Kompetenz zur Bewertung von Bundesunterlagen.**[20] Ein Eigentumsübergang auf das Land oder die Kommune findet jedoch nicht statt.[21] 11

VI. Durch Landesgesetze oder kommunale Satzungen

Der Wortlaut „durch Landesgesetze oder kommunale Satzungen" stellt sicher, dass grds. entweder Landesrecht oder eine kommunale Satzung anzuwenden ist. Im Fall einer Übernahme der Unterlagen hat das zuständige Land oder die zuständige Kommune die Vorgaben der §§ 6, 10–14 zu beachten, dh, **schutzwürdige Belange Dritter** sind zu berücksichtigen. Die 12

16 *Nadler*, S. 32, 33.
17 BT-Drs.18/9633, 62.
18 *Oldenhage* Der Archivar 1988, 477 (482).
19 BT-Drs.18/9633, 62.
20 *Becker/Rehm*, S. 63; zur sonstigen Kompetenz der Kommunalarchive s. *Krämer* VBlBW 2005, 43.
21 *Nadler*, S. 32.

Normen des BArchG dürfen dabei materiell nicht bedeutend unterschritten werden.[22]

VII. Übernahme von Unterlagen

13 Die **Zulässigkeit der Übernahme von Unterlagen**, zumindest für die Landesarchive bzw. Staatsarchive, richtet sich nach den Landesarchivgesetzen. Problemlos geregelt ist die Übernahme in den Ländern Hamburg, Baden-Württemberg, Berlin, Brandenburg, Saarland, Bremen, Mecklenburg-Vorpommern, Nordrhein-Westfalen, Thüringen, Schleswig-Holstein, Sachsen und Rheinland-Pfalz.[23] Die Archivgesetze dieser Länder nehmen Bezug auf die Übernahme aus § 7. Das Landesgesetz Niedersachsen geht darauf ein, dass die Schutzfristen des BArchG bei übergebenem Archivgut einzuhalten sind.[24] Hessen und Bayern haben dagegen nur Regelungen zur Nutzung von Archivgut, das den Rechtsvorschriften des Bundes unterliegt.[25] Die Übernahme von Schriftstücken des Bundes ist damit in Bayern und Hessen ebenfalls zulässig.[26] Einzig in Sachsen-Anhalt findet sich im Landesarchivgesetz keine Bezugnahme auf Archivgut des Bundes. In der Praxis regelt Sachsen-Anhalt die Übernahme ohne gesetzliche Grundlage im Rahmen einer örtlichen Zuständigkeit, da nur Archivgut angeboten wird, welches das Land Sachsen-Anhalt betrifft.

VIII. Kein Überlassungsanspruch

14 Die öffentlichen Stellen des Bundes können den Landes- oder Kommunalarchiven ihre Schriftstücke anbieten. Das Bundesarchiv mit seinem Vorschlagsrecht entscheidet über den Wert von Schriftgut für die deutsche Geschichte, insbes. über dessen Erforschung und zukünftige Bedeutung. Ein **Überlassungsanspruch** für das einschlägige Bundesland lässt sich aus § 7 jedoch nicht ableiten. Die Norm regelt somit eine einseitige Anbietungspflicht ohne entsprechende Ansprüche der Länder, womit das Verfahren von einem Abgabe- und Entlastungsinteresse des Bundes dominiert werden kann.[27] Eine förmliche Beteiligung der Landesarchive sieht das BArchG nicht vor, aber es stellt den Landesarchiven die Beurteilung und Übernahme frei. Das Bundesarchiv bestimmt über die Archivwürdigkeit der Schriftstücke hinaus auch deren zukünftigen Standort und hat dabei sicher auch Bundesinteressen im Sinn.[28] Der Bundesrat sah jedoch bei der Entstehung des § 7 (§ 2 Abs. 3 aF) keinen Klärungsbedarf, ebenso wenig bei der Neufassung des BArchG.[29]

22 *Becker/Oldenhage*, HK-BArchG, § 2 Rn. 36.
23 § 6 a Abs. 1 LArchG BW; § 9 Abs. 12 LArchGBln; § 12 Abs. 1 BbgArchivG; § 13 BremArchivG; § 5 Abs. 6 HmbArchG; § 10 Abs. 5 LArchivG MV; § 4 Abs. 4 ArchivG NRW; § 3 Abs. 3 ThürArchivG; § 12 Abs. 1 LArchG SchlH;§ 4 Abs. 3 SächsArchivG; § 6 Abs. 2 LArchG RhPf.
24 § 5 Abs. 3 NdsArchG.
25 § 12 Abs. 3 HessArchG; Art. 10 Abs. 3 BayLArchivG.
26 *Nadler*, S. 118.
27 *Günther* Archivalische Zeitschrift 1996, 37 (39).
28 *Günther* Archivalische Zeitschrift 1996, 37 (39, 40).
29 BT-Drs. 11/498, 15.

IX. Das Militärarchiv

Die Archivzuständigkeit der Länder und Kommunen auf mittlerer und unterer Ebene gilt jedoch nicht für alle Zweige der Verwaltung, sie erstreckt sich bis jetzt nicht auf die Militärunterlagen Deutschlands.[30] Das **Militärarchiv in Freiburg** im Breisgau ist ein Ganzheitsarchiv für die Bundeswehr, mit der Begründung, dass sich der Auftrag der Streitkräfte auf das gesamte Gebiet Deutschlands beziehe.[31] Das Bundesministerium der Verteidigung hat besonders darauf bestanden, dass die potenziell archivwürdigen Unterlagen seines Geschäftsbereichs nicht über alle Landesarchive verstreut werden.[32] 15

30 *Granier*, Zur Problematik der Überlieferung militärischen Schriftguts in einem Ganzheitsarchiv, S. 133 (136).
31 *Granier*, Zur Problematik der Überlieferung militärischen Schriftguts in einem Ganzheitsarchiv, S. 133 (136).
32 BT-Drs. 11/498, 9.

§ 8 Zwischenarchiv und digitales Zwischenarchiv

(1) [1]Das Bundesarchiv unterhält das Zwischenarchiv für die nicht elektronischen Unterlagen der obersten Bundesbehörden und der Verfassungsorgane. [2]Das Bundesarchiv unterhält zudem das digitale Zwischenarchiv für die elektronischen Unterlagen aller Einrichtungen der Bundesverwaltung.

(2) [1]Das Bundesarchiv verwahrt das Zwischenarchivgut des Bundes im Auftrag der anbietenden öffentlichen Stelle des Bundes oder ihres Rechts- und Funktionsnachfolgers. [2]Bis zur Übernahme als Archivgut des Bundes beschränkt sich die Verantwortung des Bundesarchivs auf die notwendigen technischen und organisatorischen Maßnahmen zur Verwahrung und Sicherung der Unterlagen. [3]Die Bewertung des Zwischenarchivguts des Bundes nach Maßgabe von § 3 Absatz 2 Satz 2 durch das Bundesarchiv ist zulässig; § 5 Absatz 5 ist entsprechend anzuwenden.

(3) [1]Auf die Abgabe elektronischer Unterlagen an das digitale Zwischenarchiv sind die für die Bundesverwaltung verbindlich festgelegten Standards anzuwenden. [2]Sofern für die Form der Übermittlung und für das Datenformat kein Standard für die Bundesverwaltung verbindlich festgelegt wurde, sind diese im Einvernehmen mit der abgebenden öffentlichen Stelle festzulegen.

Literatur

Böhm, Henry, Das Dritte im Bunde. Aus der Arbeit des Militärischen Zwischenarchivs des Bundesarchivs, Forum 2015, 36 ff.; *Eder-Stein, Irmtraut/Johann, Gerhard,* Das Bundesarchiv – Zwischenarchiv, Aufgaben, Funktion und Unterbringung, Der Archivar 1979, 291 ff.; *Hänger, Andrea,* Die Zwischenarchive des Bundesarchivs. Ein Gewinn für Verwaltung und Archiv, Forum 2015, 47 ff.; *Kahlenberg, Friedrich P.,* Das Zwischenarchiv des Bundesarchivs, Institution zwischen Behörde und Archiv, Archivalische Zeitschrift 1968, Bd. 64, 27 (29); *Meiburg, Anette,* Die Zwischenarchive des Bundesarchivs. Ein Gewinn für Verwaltung und Archiv, Forum 2015, 20 ff.; *Rest, Matthias,* Die Zwischenarchive des Bundes im Spannungsfeld zwischen Sicherung und Nutzung, Der Archivar, Beiband 8, 2002, 205; *Schatz, Rudolf,* Niemandsland zwischen Behörden und Archiven, Archivalische Zeitschrift 1966, Bd. 62, 66 ff.; *Stockert, Harald,* Zwischenarchiv als strategische Chance für die archivische Zukunft im digitalen Zeitalter, Der Archivar, Beiband 9, 2003, 189 ff.; *Ucharim, Michael,* Das Digitale Zwischenarchiv des Bundes und seine Bedeutung für das Bundesarchiv, Forum 2015, 42 ff.

I. Zwischenarchiv (Abs. 1)

1. Bedeutung Zwischenarchiv

Ein **Zwischenarchiv** ist in erster Linie eine zentrale Altablage für die obersten Bundesbehörden, das diejenigen Akten übernimmt, die nicht mehr dauerhaft benötigt werden.[1] 1

Ein Zwischenarchiv wird vielfach auch anstelle einer Altregistratur in Anspruch genommen, indem die Unterlagen zwar schon vom Zwischenarchiv verwaltet werden, aber noch der Registratur zur Verfügung stehen.[2]

Das **Zwischenarchiv** gehört zum Bundesarchiv und nimmt vorübergehend Schriftgut der Verwaltung auf. Auch wenn keine einheitliche Definition des Zwischenarchivs vorliegt, stimmen die gebräuchlichen Definitionen doch inhaltlich überein. Die Zwischenarchive verknüpfen das Interesse der Behörde an einer bestmöglichen und ökonomischen Verwahrung und das Interesse des Bundesarchivs an einer frühzeitigen und gründlichen Erfassung der Unterlagen.[3] Das Verfahren, die Unterlagen über ein Zwischenarchiv zu überliefern, zu bewerten und zu sichern, hat sich in der Praxis bewährt.[4] 2

2. Entstehungsgeschichte der Zwischenarchive

a) Aktenverwaltung in den Behörden

Bundesministerien verfügen über eine mit hauptamtlichen Mitarbeitern besetzte **Registratur für Schriftgutverwaltung**, die eingehende Akten verwaltet und diese bei Bedarf wieder zur Verfügung stellt.[5] Akten, die nicht ständig benötigt werden, werden nach den gesetzlichen Vorschriften entweder aufgrund gesetzlicher Fristen, oder aber falls Mitarbeiter noch darauf zurückgreifen möchten, aufbewahrt und nach Ablauf der Aufbewahrungsfristen dem zuständigen Archiv zur Registrierung angeboten. Dabei handelt es sich um ein Regelverfahren zwischen Archiv und Behörden.[6] 3

b) Idee des Zwischenarchivs

1965 entstand in Bad Godesberg eine Außenstelle des Bundesarchivs als „Bundesarchiv-Zwischenarchiv", deren Planung in den 1950er Jahren begann. 4

Nach dem Zweiten Weltkrieg stand das Bundesarchiv vor dem Problem, sich gleichzeitig um die Nutzbarmachung der Akten aus der Reichszeit und um die Bewertung der ersten Akten aus der Nachkriegszeit kümmern zu

1 *Schatz* Archivalische Zeitschrift 1966, Bd. 62, 66 (83). S. a. § 1 Nr. 11 (I. Zwischenarchivgut).
2 https://www.regis.de/de/allgemeine_info, eingesehen am 14.3.2018.
3 *Rest* Der Archivar, Beiband 8, 2002, 205 (206).
4 *Stockert* Der Archivar, Beiband 9, 2003, 189 (190) mwN.
5 *Meiburg* Forum 2015, 20 (21).
6 *Meiburg* Forum 2015, 20 (21).

müssen.[7] Die Aktenbestände in den Behörden und die neu hinzukommenden Unterlagen wuchsen mit großer Geschwindigkeit, und die Behörden waren nicht mehr in der Lage, die Akten bis zur Entscheidung, ob sie archiviert oder vernichtet werden sollten, ordnungsgemäß zu verwalten und zu lagern. Die Archive wiederum waren nicht in der Lage, die Akten zu einem früheren Zeitpunkt in ihre Magazine zu überstellen.[8] Die damaligen Verhältnisse in den Ministeriumsverwaltungen verlangten nach einer schnellen Lösung, zumal dort – im Vergleich zur Vorkriegszeit – schlechte ausgebildetes Personal arbeitete.[9]

5 Somit entstand das Konzept für ein Zwischenarchiv, das auf Rudolf Schatz in den 1960ern zurückgeht, der es „im Niemandsland zwischen Archiv und Behörde“ angesiedelt sah.[10] Auf Grund der hohen Belastung durch Altakten wurde diese Lösung von den Ministerien schnell akzeptiert. Gleichzeitig wurde ihnen garantiert, dass die Akten nicht vernichtet würden – das Bundesarchiv hätte diese Garantie nicht geben können.[11] **1966** beschloss die damalige Bundesregierung eine **„Registraturanweisung zur Gemeinsamen Geschäftsordnung der Bundesministerien“** (GGO I) und regelte darin die Abgabe von Altakten an das Zwischenarchiv (§ 8) und deren Aussonderung, Verwertung oder Vernichtung (§ 9).[12] Damit ergriff „das Bundesarchiv Besitz von dem Niemandsland, noch bevor dieses richtig in Erscheinung treten konnte“.[13]

3. Zwischenarchiv und Digitales Zwischenarchiv

a) Zwischenarchiv

6 Zwischenarchive des Bundes gibt es in Hoppegarten bei Berlin, in St. Augustin-Hangelar bei Bonn, und für Akten des Ministeriums der Verteidigung und seiner nachgeordneten Stellen in Freiburg im Breisgau. Sie dienen ausschließlich den obersten Bundesbehörden als zentrale Altablage, indem sie die Behörden entlasten und die Aufgaben einer Altregistratur dadurch übernehmen, dass sie nicht mehr laufend benötigte Akten sachkundig verwalten und unter Archivbedingungen lagern. Ein Rückgriff der abgebenden Stellen auf diese Akten ist jederzeit möglich.[14] Bei § 8 Abs. 1 Satz 1 handelt es sich um die gesetzliche Verankerung einer fast 50jährigen Praxis.[15] Die Zwischenarchive sollen sicherstellen, dass keine Veränderungen an den Akten vorgenommen werden können, dass Akten nicht vorsätzlich oder zufällig vernichtet werden und dass eine Nutzung durch Dritte nur mit Zustimmung der Entstehungsstelle stattfinden kann.[16]

7 *Meiburg* Forum 2015, 20 (21).
8 *Schatz* Archivalische Zeitschrift 1966, Bd. 62, 66 (67).
9 *Kahlenberg* Archivalische Zeitschrift 1968, Bd. 64, 27 (29).
10 *Schatz* Archivalische Zeitschrift 1966, Bd. 62, 66.
11 *Schatz* Archivalische Zeitschrift 1966, Bd. 62, 66 (82).
12 *Meiburg* Forum 2015, 20 (22).
13 *Schatz* Archivalische Zeitschrift 1966, Bd. 62, 66 (83).
14 https://www.bundesarchiv.de/DE/Content/Downloads/Anbieten/zwarch-allginf-aufgaben-zwArch-september2017.pdf?_blob=publicationFile, eingesehen am 26.2.2018.
15 BT-Drs.18/9633, 62.
16 *Meiburg* Forum 2015, 20 (22).

Akten, deren Aufbewahrungsfristen abgelaufen sind, werden von Fachleuten bewertet und entweder kassiert oder an das Bundesarchiv als echtes Archivgut weitergeleitet. Eine weitere Hauptaufgabe eines Zwischenarchivs besteht in der Steuerung eines Ausgleichs zwischen Zu- und Abgang.[17] Die Zwischenarchive des Bundes stehen dem Bundeskanzleramt, den Bundesministerien, dem Bundespräsidialamt und den Beauftragten der Bundesregierung sowie dessen Presse- und Informationsamt offen.[18]

b) Digitales Zwischenarchiv

Das **digitale Zwischenarchiv des Bundes** (DZAB) ist ein zentraler Langzeitspeicher für eine rechtssichere Aufbewahrung elektronischer Unterlagen. Mit dem DZAB ist durch das Bundesarchiv ein für alle Bundesbehörden zugänglicher Basisdienst eingerichtet worden, der für eine sichere Aussonderung und digitale Langzeitspeicherung aktenrelevanter elektronischer Unterlagen sorgt.[19] Das Bundesarchiv bietet das digitale Zwischenarchiv allen ministeriellen und nichtministeriellen Stellen und somit allen Bundesbehörden und Bundesgerichten an.[20] Allerdings ist das DZBA technisch nicht im Bundesarchiv selbst, sondern bei der Bundesagentur für Arbeit integriert, die dabei als technischer Dienstleister des Bundesarchivs agiert, um die Effizienz der Bundes-IT zu steigern. Hauptverantwortlicher und Hauptansprechpartner bleibt jedoch das Bundesarchiv.[21] 7

Das digitale Zwischenarchiv soll wesentlicher Bestandteil einer digitalisierten Bundesverwaltung sein, damit behördeneigene Datensysteme von zu großen Datenmengen entlastet werden, gleichzeitig sollen die Aufbewahrungsfristen eingehalten und das nationale Kulturerbe gesichert werden.[22] Bundesbehörden und Bundesgerichte müssen somit keine eigenen Speicherkapazitäten mehr aufbauen und können vom Datenvolumen und vom Nachweis der Vollständigkeit und Integrität ihrer Unterlagen entlastet werden.[23] Die Behörden und Gerichte können beim DZAB jederzeit auf ihre Daten zugreifen. 8

Die **Archivierung digitaler Daten** ist mit besonderen Risiken verbunden. Sie können beabsichtigt oder unbeabsichtigt gelöscht werden oder irgendwann nicht mehr lesbar sein. Das Problembewusstsein für die Verwahrung dieser Daten ist in den letzten Jahren stark gewachsen. Das DZAB soll flüchtige elektronische Aufzeichnungen technisch so sichern und vorbereiten, dass nach Ablauf der Aufbewahrungsfristen eine sichere Übernahme in das digitale Endarchiv garantiert und eine meist lückenlose Überlieferung gewährleistet werden kann.[24] Zudem belasten Altdaten die Behörden, da sie über 9

17 *Eder-Stein/Johann* Der Archivar 1979, 291 (299).
18 https://www.bundesarchiv.de/DE/Content/Downloads/Anbieten/zwarch-allginf-aufgaben-zwArch-september2017.pdf?_blob=publicationFile, eingesehen am 26.2.2018.
19 BT-Drs.18/125/12, 39; s. a.: *Walberg* FS Friedrich P. Kahlenberg 192 ff.; *Stockert* Der Archivar 2003, Beiband 9, 189.
20 https://www.bundesarchiv.de/DE/Content/Artikel/Anbieten/Behoerden/Zwischenarchive/ digitales-zwischenarchiv.html, eingesehen am 26.2.2018.
21 *Ucharim* Forum 2015, 42 (44).
22 BT-Drs. 18/125/12, 39.
23 BT-Drs. 18/125/12, 40.
24 BT-Drs. 18/9633, 63.

einen längeren Zeitraum gespeichert und verkehrsfähig gehalten werden müssen; digitale Unterlagen können daher vom DZAB für das Bundesarchiv beizeiten technisch gesichert, bewertet und übernommen werden.[25] Es wird davon ausgegangen, dass der Anteil an beweiswerterhaltender Langzeitspeicherung stetig zunehmen wird, je mehr Behörden und Gerichte Dokumentenmanagement- und Vorgangsbearbeitungssysteme eingeführt haben.[26]

4. Geheimarchiv

10 Das Bundesarchiv hat auch den Auftrag, solche Akten zu übernehmen, die als Verschlusssache (VS) klassifiziert sind, damit frühzeitig die Erhaltung und Archivierung dieser Akten sichergestellt werden kann, auch wenn diese Akten noch über Jahrzehnte nicht zugänglich sein werden. Deshalb gibt es an den Standorten der Zwischenarchive seit 1968 bzw. 1971 **Geheimarchive**, in denen rund 18.000 zivile Akten und noch deutlich mehr militärische Verschlusssachen gelagert sind.[27] § 27 Abs. 1 Allgemeine Verwaltungsvorschrift des Bundesministeriums des Innern zum materiellen und organisatorischen Schutz von Verschlusssachen (VSA) bestimmt, dass die Stellen des Bundes ihre nicht mehr benötigten VS dem Geheimarchiv des Bundesarchivs gemäß der „Richtlinie für die Abgabe von VS an das Geheimarchiv des Bundesarchivs“ (VS-ArchR in der Anlage 8 der VSA) zur Archivierung anbieten müssen, und in § 27 Abs. 2 VSA, dass die Bundesbehörden, die das Zwischenarchiv des Bundesarchivs gem. § 20 der Registraturrichtlinie der Bundesregierung nutzen, ihre nicht mehr laufend benötigten VS dem Bundesarchiv (Geheimarchiv) zur weiteren Aufbewahrung gemäß der VS-Archivrichtlinie übergeben sollen.

5. Militärisches Zwischenarchiv

11 Das **Militärische Zwischenarchiv** (MZwA) befindet sich seit 1968 für die Abteilung Militärarchiv in Freiburg im Breisgau. Das MZwA übernimmt Unterlagen aus den Registraturen des Bundesministeriums der Verteidigung, die dort aktuell nicht mehr benötigt werden, und ebenso Unterlagen nachgeordneter Stellen.[28] Es werden Organisationsunterlagen wie Aufstellungs-, Umgliederungs- und Auflösungsbefehle, Stellen- und Geschäftsverteilungspläne, einsatzspezifische Befehle für das nationale Befehls- und Meldewesen und andere Grundsatzanweisungen eingelagert; ebenso die Übernahme und Verwaltung von Verschlusssachen des Militärs. Aufgrund nationaler, aber auch internationaler Normen unterliegen viele Militärunterlagen der Geheimhaltung und werden im MZwA verwaltet und zur Überprüfung den Herausgebern aufgrund von Offenlegungsfristen wieder zur Verfügung gestellt. In den Verschlusssachen enthalten sind auch sog. **Fremd-Verschlusssachen**, die Unterlagen der NATO, der EU oder alliierter

---

25 *Ucharim* Forum 2015, 42 (44).
26 BT-Drs.18/125/12, 41.
27 *Hänger* Forum 2015, 47.
28 *Böhm* Forum 2015, 36 (37).

Partner enthalten, was dazu führt, dass eine umfassende Offenlegung von Aktenbänden des MZwA mit großem Aufwand verbunden ist.[29]

6. Zwischenarchive der Länder

Baden-Württemberg war 1987 das erste Bundesland, das ein eigenes Archivgesetz verabschiedet hat. Mittlerweile haben alle 16 Bundesländer eigene Archivgesetze. Die **Zwischenarchive der Länder** sind gesetzlich untermauert in den Ländern Brandenburg, Hamburg, Hessen, Mecklenburg-Vorpommern, Nordrhein-Westfalen und Thüringen.[30] Die Länder Baden-Württemberg und Sachsen-Anhalt führen Zwischenarchive, ohne diese gesetzlich verankert zu haben. 12

7. Kommunale Zwischenarchive

Auf der **kommunalen Ebene** sind Zwischenarchive häufiger verbreitet. Historisch bedingt unterhalten die meisten Städte und Kreise in den neuen Bundesländern Verwaltungs- und Zwischenarchive. Sie gehen auf eine Anordnung aus dem Jahre 1951 zurück, die die Vereinigung des Schriftguts einer Behörde festschrieb; diese Praxis wurde bis in die 1990er beibehalten. Dem Charakter nach entsprachen die Verwaltungsarchive der DDR den Zwischenarchiven. Dementsprechend sind solche Verwaltungsarchive auch in den Archivsatzungen der meisten ostdeutschen Städte und Kreise enthalten. [31] Von den westdeutschen Kommunen unterhalten nur wenige ein Zwischenarchiv, das bekannteste ist das Stadtarchiv Mannheim. 13

8. Rechtsstellung

Das Vorhandensein der Zwischenarchive wird im BArchG nur festgestellt. Da die Verfügungsgewalt über die Unterlagen bis zum **Ablauf der Aufbewahrungsfristen** bei den zuständigen Behörden verbleibt, beanspruchen die Angebots- und Übergabeverfahren an das Zwischenarchiv keinen Gesetzesrang.[32] Der Ablauf der Aufbewahrungsfristen bewirkt und entspricht der „Übergabe" an das Bundesarchiv.[33] 14

9. Zugang zu Zwischenarchivgut

Zum Zugang zu Zwischenarchivgut → § 1 Rn. 68 ff. 15

II. Verwahren und Bewertung von Zwischenarchivgut (Abs. 2)

1. Verwahren von Zwischenarchivgut

Zwischenarchivgut kann im Auftrag der abgebenden Stelle und mit Zustimmung des maßgeblichen Archivs in diesem aufbewahrt werden; die Verantwortung dafür reduziert sich jedoch auf die notwendigen technischen und organisatorischen Maßnahmen zum **Aufbewahren** und **Sichern**. 16

29 *Böhm* Forum 2015, 36 (40).
30 § 14 Abs. 4 iVm § 5 Abs. 5 BbgArchivG; §§ 4 Abs. 5, 5 Abs. 7 HmbArchG; § 7 Abs. 2 HessArchivG; § 2 Abs. 4 LArchivG MV; § 2 Abs. 4 ArchivG NRW; § 14 Abs. 3 ThürArchivG.
31 *Stockert/Popp* in Becker/Rehm, III, 52.
32 *Becker/Oldenhagen*, HK-BArchG, § 2 Rn. 20.
33 *Rest* Der Archivar, Beiband 8, 2002, 205 (208).

Bis zum Ablauf der Aufbewahrungsfristen bleiben die abgebenden Stellen über ihre Akten verfügungsbefugt und haben kontinuierlich Zugang auf das von ihnen abgegebene Material. Die Verfügungsbefugnis endet, wenn die Fristen abgelaufen sind und das Material zu Archivgut des Bundes umgewidmet wurde.[34] Über die Benutzung des Archivguts entscheidet die abgebende Stelle nach dem Bundesarchivgesetz, der Zugang bestimmt sich nach den Informationsfreiheits- und Transparenzgesetzen.[35]

17 § 8 Abs. 2 Satz 3 bezieht § 5 Abs. 5 mit ein und stellt dadurch fest, dass die **automatisierte Verarbeitung personenbezogener Daten** für Archivzwecke auch schon in der Zwischenarchivierung erlaubt ist, wenn schutzwürdige Belange Betroffener nicht entgegenstehen. § 5 regelt das Verfahren des Anbietens und Abgebens von Akten an das Bundesarchiv, womit das Zwischenarchiv eine Zwischenstation in diesem Ablauf darstellt.[36]

2. Bewertung des Zwischenarchivguts

18 Das Zwischenarchivgut kann gem. § 8 Abs. 2 S. 3 vorzeitig vom Bundesarchiv bewertet werden, zumindest räumt die Norm eine Möglichkeit dazu ein. Der Vorteil soll darin liegen, dass die Umwidmung archivwürdiger Akten zu Archivgut des Bundes nach Ablauf der Aufbewahrungsfristen schneller bewerkstelligt werden kann, wovon auch die Nutzer profitieren sollen.[37]

III. Verwaltung und Sicherung des digitalen Archivguts (Abs. 3)

1. Verwalten des digitalen Zwischenarchivguts

19 Das DZAB soll es dem Bundesarchiv ermöglichen, die abgebenden Stellen bei der digitalen Schriftgutverwaltung zu beraten und beizeiten für eine fachkundige und anhaltende Bewahrung des späteren Archivguts zu sorgen. Flüchtige elektronische Aufzeichnungen sollen so gesichert, vorbereitet und möglichst vollständig in das digitale Archiv übernommen werden.[38] Zudem sind urheberrechtliche Vorschriften von den abgebenden Stellen und dem Bundesarchiv zu beachten, soweit die Akten davon betroffen sind.

2. Verbindlich festgelegte IT- Standards

20 § 8 BSI-Gesetz bestimmt einen **Mindeststandard für Informationstechnik,** der auch vom Zwischenarchiv eingehalten werden muss. Geregelt ist das Nähere in der technischen Richtlinie „BSI TR-03125 Beweiserhaltung kryptografisch signierter Dokumente". Das Format des Datenaustauschs zwischen IT-System der abgebenden Stelle und Zwischenarchiv richtet sich nach den Standards der Bundesverwaltung.[39]

34 BT-Drs. 18/9633, 63.
35 *Hausmann*, S. 36.
36 BT-Drs. 18/9633, 64.
37 BT-Drs. 18/9633, 64.
38 BT-Drs. 18/9633, 63.
39 BT-Drs. 18/9633, 64.

§ 9 Veräußerungsverbot

Archivgut des Bundes ist unveräußerlich.

Literatur

Ehlers, Dirk, Das öffentliche Sachenrecht – ein Trümmerhaufen, NWVBl 1993, 327; *Heydenreuter, Reinhard*, Der Rechtsfall, Der Archivar 1990, 472

I. Erklärung

1 § 9 ist in das BArchG neu eingefügt worden. Anlass war der von Leni Riefenstahl im Jahre 2002 mit Zustimmung der Regierung Schröder durchgeführte Verkauf der Leni-Riefenstahl-Olympiafilme aus Bundesmitbesitz an das Internationale Olympische Komitee. Das Bundesarchiv hatte dagegen keine rechtliche Handhabe, und erst im letzten Moment konnte das Recht der wissenschaftlichen Nutzung der Abteilung Filmarchiv des Bundesarchivs in den Kaufvertrag mit eingebracht werden.[1] Das nun in das BArchG aufgenommene **Veräußerungsverbot** soll die Stellung des Bundesarchivs stärken.

2 **Unveräußerlich** bedeutet unverkäuflich. Das Bundesarchiv ist zuständig, die Gesamtheit von Archivgut als öffentliches Kulturgut zu erhalten. Öffentliches Kulturgut wird von § 6 Abs. 1 Nr. 1–3 KGSG besonders geschützt. Auch das Veräußerungsverbot soll die bestimmungsgemäße kulturelle Funktion des Archivguts bewahren.[2] Ein Verkauf könnte dazu führen, dass dieses Kulturgut plötzlich nicht mehr öffentlich zugänglich ist, oder es könnte im Fall von Sammlungen zu Zerstückelungen kommen. Mit § 9 wird die Geschlossenheit des Archivguts sichergestellt, denn für Archivgut gilt der Grundsatz „quieta non movere".[3] Das Veräußerungsverbot soll somit der Zersplitterung und Veruntreuung entgegen wirken und soll zusätzlich als Privatisierungsverbot zu verstehen sein, außerdem soll es vor der Abwanderung in Archive anderer Hoheitsträger oder in das Ausland schützen.[4] Einmal in ein Archiv übernommenes Archivgut verbleibt dort auf Dauer, auch wenn das Archiv aus funktionalen oder geographischen Gründen nicht mehr geeignet oder nicht mehr zuständig ist.[5] Es sind aber nur Originalunterlagen vom Veräußerungsverbot umfasst, das Anfertigen und Abgeben von Kopien ist jederzeit erlaubt. [6]

II. Unveräußerlichkeit in den Ländern

3 Auch elf der sechzehn Bundesländer haben die **Unveräußerlichkeit** von Archivgut in ihren Landesarchivgesetzen geregelt, nämlich Berlin, Brandenburg, Bremen, Hessen, Mecklenburg-Vorpommern, Nordrhein-Westfalen,

1 https://www.welt.de/kultur/kino/article115484917/Wie-Gerhard-Schroeder-Leni-Riefenstahl-verkaufte.html, eingesehen am 12.3.2018.
2 *Hausmann*, S. 37.
3 = Ruhendes nicht bewegen.
4 BT-Drs. 18/9633, 65.
5 *Hausmann*, S. 37.
6 BT-Drs.18/9633, 65.

Rheinland-Pfalz, Saarland, Sachsen, Sachsen-Anhalt, und Thüringen.[7] Das Archivgesetz des Landes Hessen beinhaltet zudem Regelungen, die bestimmen, dass das Archivgut von Dritten nicht **gutgläubig** erworben werden kann.[8] Die Landesarchivgesetze der Länder Sachsen und Thüringen beinhalten Regelungen, die bestimmen, dass das Archivgut **zu öffentlichem Archivgut gewidmet** wird.[9]

III. Rechtsfolge

4 Ein gesetzliches Veräußerungsverbot ist ein **absolutes Verfügungsverbot**, das dem Schutz der Allgemeinheit dient und dessen Verletzung zur Unwirksamkeit der Verfügung nach § 134 BGB führt.[10] Das Veräußerungsverbot bewirkt außerdem, dass ein **gutgläubiger Erwerb** nach § 932 BGB nicht möglich ist.[11] Das veräußerte Archivgut wäre aufgrund des Verbots des § 9 eine abhanden gekommene Sache iSd § 935 Abs. 1 BGB,[12] was zu einem Ausschluss des gutgläubigen Erwerbs führt. Für eine **Ersitzung**, § 937 BGB, sind bewegliche Sachen, für die ein allgemeines Erwerbsverbot besteht, kein möglicher Gegenstand, denn wenn die Begründung einer Eigentumsposition rechtlich unmöglich oder sogar verboten ist, ist auch eine Ersitzung ausgeschlossen.[13] Hierdurch soll der wohl häufigste Fall, der Diebstahl von Archivgut mit nachfolgender Veräußerung, nicht mehr über die Ersitzung zum Eigentumsverlust führen. Allerdings sind damit ausländische Erwerbsinstitute nicht ausgenommen.[14] Grds. unterliegen in Deutschland gem. Art. 43 Abs. 1 EGBGB Rechte an einer Sache dem Recht des Staates, in dem sich die Sache befindet. Außerdem normiert Art. 43 Abs. 2 EGBGB: wenn eine Sache, an der Rechte begründet sind, in einen anderen Staat gelangt, so können diese Rechte nicht im Widerspruch zu der Rechtsordnung dieses Staates ausgeübt werden. Die EU hat zur Lösung dieses Problems eine Richtlinie erlassen, die besagt, dass die Mitgliedstaaten der Europäischen Union ausländische Verbringungsverbote zu beachten und unrechtmäßig aus einem Mitgliedstaat verbrachte Kulturgüter auf Verlangen zurückzugeben haben.[15] In Deutschland wurde die Richtlinie durch das **Kulturgüterrückgabegesetz** vom 15.10.1998 umgesetzt. Das Kulturgüterrückgabegesetz wurde am 31.7.2016 durch das Kulturgutschutzgesetz ersetzt.

---

7 § 8 Abs. 2 LArchGBln; § 6 Abs. 2 BbgArchivG; § 4 Abs. 1 BremArchivG; § 11 Abs. 4 HessArchivG; § 8 Abs. 5 LArchivG MV; § 5 Abs. 1 ArchivG NRW; § 1 Abs. 3 LArchG RhPf; § 2 Abs. 2 SaarlArchG; § 8 Abs. 4 SächsArchivG; § 8 Abs. 4 ArchG LSA; § 2 Abs. 4 ThürArchivG.

8 § 11 Abs. 4 HArchivG.

9 § 8 Abs. 2 SächsArchivG; § 2 Abs. 1 ThürArchivG; *Birk* in von der Decken/Fechner/Weller KGSG § 77 Rn. 11.

10 MüKoBGB/*Armbrüster* § 135 Rn. 6; *Kling* in von der Decken/Fechner/Weller KGSG § 40 Rn. 4.

11 Anders der Hamburger Stadtsiegel-Fall, BGH 5.10.1989 – IX ZR 265/88, NJW 1990, 899; s. a. *Ehlers* NWVBl 1993, 327.

12 S. a. *Heydenreuter* Der Archivar 1990, 472.

13 MüKoBGB/*Baldus* § 937 Rn. 30.

14 *Siehr*, S. 270 (279).

15 RL Nr. 93/7/EWG des Rates vom 15.3.1993.

§ 10 Nutzung von Archivgut des Bundes

(1) [1]Jeder Person steht nach Maßgabe dieses Gesetzes auf Antrag das Recht zu, Archivgut des Bundes zu nutzen. [2]Regelungen in anderen Rechtsvorschriften über die Nutzung von Unterlagen sowie besondere Vereinbarungen zugunsten von Eigentümern Archivguts privater Herkunft bleiben unberührt.

(2) Die Nutzung kann zum Schutz öffentlicher Belange und zur Wahrung schutzwürdiger Interessen Betroffener mit Auflagen verbunden oder unter dem Vorbehalt des Widerrufs genehmigt werden.

(3) Verlangen die Antragsteller eine bestimmte Art der Nutzung, so darf eine andere Art der Nutzung nur aus wichtigem Grund bestimmt werden.

Literatur

Buchmann, Wolf, Neue rechtliche Grundlagen des Archivwesens, Der Archivar 1990, 37; *Cornils, Matthias*, Der medienrechtliche Auskunftsanspruch in der Kompetenzordnung des Grundgesetzes, DÖV 2013, 657; *Granier, Gerhard*, Zur Benutzung von Archivgut des Bundes nach dem Bundesarchivgesetz, Der Archivar 1989, 387; *Henke, Josef*, Das Schicksal deutscher zeitgeschichtlicher Quellen in Kriegs- und Nachkriegszeit, Beschlagnahme-Rückforderung-Verbleib, VfZ 4/1982, 557; *Heydenreuter, Reinhard*, Der Rechtsfall, Der Archivar 1988, 667; *Kraft, Ingo*, Die Verantwortung des Verwaltungsrichter für Ermittlung und Auslegung nationalen sowie europäischen Rechts, NVwZ 2020, 1229 ff.; *Lepper, Manfred*, Die staatlichen Archive und ihre Benutzung, DVBl 1963, 315; *Masing, Johannes*, Transparente Verwaltung: Konturen eines Informationsverwaltungsrechts, VVDStRL 2004, 379; *Niedobitek, Matthias*, Rechtsbindung der Verwaltung und Effizienz des Verwaltungsverfahrens, DÖV 2000, 761; *Oebbecke, Janbernd/Nienkemper, Christian*, Archivbenutzung in verändertem Umfeld – Zum Verhältnis unterschiedlicher Zugangsregelungen zu Informationen im Archiv, DVBl 2004, 1509; *Oldenhage, Klaus*, Bemerkungen zum Bundesarchivgesetz, Der Archivar 1988, 477; *Partsch, Christoph*, Zum Entwurf eines Informationsfreiheitsgesetzes in der Bundesrepublik Deutschland, AJP 2002, 463; *Partsch, Christoph*, Der Auskunftsanspruch der Presse – Neujustierung durch das BVerwG, NJW 2013, 2858; *Partsch, Christoph/Koschmieder, Norman*, Der archivrechtliche Informationszugang nach der Novelle des BArchG, NJW 2017, 3416; *Schäfer, Udo*, Rechte auf Zugang zu Archivgut außerhalb der Archivgesetze, Der Archivar, 1999, 200; *Werner, Wolfram*, Vereinigte Staaten von Amerika, Der Archivar 1979, 375 ff.; *Wirtz, Sonja/Brink, Stefan*, Die verfassungsrechtliche Verankerung der Informationszugangsfreiheit, NVwZ 2015, 1166; *Wyduckel, Dieter*, Archivgesetzgebung im Spannungsfeld von Informationeller Selbstbestimmung und Forschungsfreiheit, DVBl 1989, 327

I. Allgemeines

1 § 10 ist die zentrale Anspruchsnorm für die Nutzung von Archivgut.[1] Mit der Norm kann eine sachgerechte Abwägung des Persönlichkeitsschutzes auf der einen und der Informations- bzw. Wissenschaftsfreiheit auf der anderen Seite stattfinden.[2] In Deutschland ist es erst 2006 durch das Informationsfreiheitsgesetz (IFG) vom 5.9.2005 zu einem berechtigten- und bereichsunspezifischen Anspruch auf Informationen gegen die Bundesverwaltung gekommen.[3] Mit dem BArchG bestand jedoch nahezu unbeachtet seit 1988 ein zeitbereichsspezifisches Zugangsrecht. Das **Recht auf Nutzung von Archivgut** gilt als ein subjektiv-öffentliches Recht.[4] Nach der Umwidmung der Unterlagen in Archivgut greift in der Regel der archivgesetzliche Zugang[5] (Ausnahmen → Rn. 24 ff.). Die **Umwidmung** ist zwar im Prinzip erforderlich, kann aber entbehrlich sein. So kann zB auch ein Zugang bestehen, wenn die abgebende Stelle Ihre Unterlagen noch nicht dem Bundesarchiv als Archivgut überlassen hat, aber die Unterlagen schon älter als

1 S. a.:*Schäfer* Der Archivar 1999, 20; *Granier* Der Archivar 1989, 387.
2 *Oldenhage* Der Archivar 1988, 477 (488).
3 *Partsch* AfP 2002, 463.
4 VGH BW 1.7.2015 – 1 S 802/15; auch *Kaiser*, Archiv und Recht, Handbuch Archiv, S. 110.
5 *Becker/Oldenhage*, HK-BArchG, § 5 Rn. 2.

dreißig Jahre sind. Allein dies war streitig und hat zu einer überschaubaren höchstrichterlichen Rechtsprechung geführt.[6]

Die Erfahrungen in der Zeit des Nationalsozialismus haben gezeigt, dass die **Meinungsfreiheit** des Art. 5 Abs. 1 GG eines der höchsten Güter unserer Verfassung ist. Das Recht auf freie Meinungsäußerung ist aber auch abhängig von der sicheren Möglichkeit, sich eine Meinung bilden zu können, was auch in den Schutzbereich des Art. 5 Abs. 1 GG fällt.[7] Ohne die Möglichkeit eines dauerhaften freien Zugangs zu Informationen, auch in Form von Archivgut, ist eine sachlich fundierte freie Meinungsäußerung nicht vorstellbar. 2

II. Zugangsanspruch (Abs. 1)

§ 10 bestimmt in Abs. 1 den Anspruchsberechtigten, den Anspruchsinhalt und die Anspruchsvoraussetzungen für einen Zugang zu Archivgut des Bundes. 3

1. Nutzung

Unter der **Nutzung von Archivgut** versteht man die Einsichtnahme und Auswertung des Archivguts.[8] Der Begriff des Archivguts ist legaldefiniert in § 1 Nr. 2. 4

2. Anspruch

Der Begriff des **Anspruchs** ist legaldefiniert in § 194 Abs. 1 BGB und ist das Recht, von einem anderen ein Tun oder Unterlassen zu verlangen. Er ist abzugrenzen von Offenbarungspflichten, die zwar rechtlich verbindlich die Offenlegung von Informationen bestimmen können, aber nicht unbedingt einhergehen mit dem Recht, sie zu verlangen.[9] Er ist ebenso abzugrenzen von freiwilligen Informationsmitteilungen, die von der Bereitschaft des Informationsgebers abhängen und aus denen vielleicht ein Anspruch, aber kein Recht auf die Information erwächst.[10] 5

In § 10 Abs. 1 (§ 5 Abs. 1 BArchG aF) befindet sich nun der **archivrechtliche Nutzungsanspruch**. Dieses Recht richtet sich gegen das Bundesarchiv und weitere gesetzlich zugelassene Sonderarchive.[11] Die Voraussetzungen des Anspruchs werden im BArchG abschließend beschrieben. Zusätzliche Anforderungen dürfen nicht hergeleitet oder übertragen werden.[12] Der Anspruch erstreckt sich auf Archivgut, also Akten und Dokumente, die sich im Besitz des Bundesarchivs befinden. Er erstreckt sich aber laut Rechtsprechung auch auf den **Zugang zu Findmitteln**, die zwar nicht zum Ar- 6

6 § 11 Abs. 6, § 5 Abs. 8 BArchG aF, dazu: BVerwG 27.11.2013 – 6A 5/13 – Uwe Barschel; BVerwG 27.6.2013 – 7 A 15/10 – Adolph Eichmann; BVerwG 21.9.2016 – 6 A 8/14 – Verbindungen des BND zu Journalisten; BVerwG 17.11.2016 – 6 A 1/15 – BND, Pressesonderverbindungen und Spiegel-Affäre.
7 BVerfG 3.10.1969 – 1 BvR 46/65, BVerfGE 27, 71 (78).
8 BVerwG 27.5.2013 – 7 B 43/12, juris Rn. 4; *Hausmann*, S. 57.
9 *Hevers*, S. 52.
10 *Hevers*, S. 52.
11 *Partsch/Koschmieder* NJW 2017, 3416.
12 *Günther* Veröffentlichungen der Archivschule Marburg 1991, 120 (132).

chivgut gehören, aber eine notwendige Voraussetzung des Archivzugangs sind.[13] Findmittel sind Unterlagen, die der Erschließung der Archivbestände dienen und die Suche nach Archivgut erleichtern. Dies sind ua Bestandsverzeichnisse, Findbücher, Ablieferungslisten, Karteien und Dateien.[14] Seit des Inkrafttretens des Informationsfreiheitsgesetzes ergibt sich der Anspruch auf Zugang zu Findmitteln auch aus dem IFG,[15] denn der Anspruch aus § 1 Abs. 1 IFG eröffnet den Zugang zu amtlichen Informationen, unabhängig von der Art ihrer Verkörperung, § 2 Nr. 1 Satz 1 IFG. Auch bestehen im Regelfall keine Zweifel an der **Amtlichkeit der Findmittel**, da Findmittel gerade dazu dienen den Umgang mit amtlichen Unterlagen zu erleichtern.[16] Wie die Akten einer Behörde verwaltet werden und wo sich amtliche Informationen befinden, stellen amtlichen Zwecken dienende Informationen dar. Sie unterscheiden sich dahingehend nicht von Organisationsplänen, Aktenplänen, Geschäftsverteilungsplänen oder Telefonverzeichnissen.[17] Da es sich bei Findmitteln schon begrifflich nicht um Entwürfe und Notizen handelt, greift auch nicht die Exemtion nach § 2 Nr. 1 Satz 2. Zudem zeichnen sich Entwürfe und Notizen durch Unverbindlichkeit und Vorläufigkeit aus, beides keine den Findmitteln inhärenten Wesensmerkmale.[18]

7 Der Zugang zu Unterlagen, die vom Bundesarchiv noch zu besorgen sind oder abgegeben wurden, soll laut BVerwG nicht darunterfallen, da das Archiv nur Zugang zu Archivgut gewähren könne, das ihm auch **vorliege**.[19] Vergleichbar ist diese Rechtsprechung mit der Rechtsprechung zum IFG.[20] Jedoch zeichnet sich eine Erweiterung ab. So hat das BVerfG in einem Beschluss vom 20.6.2017[21] entschieden, dass bei einer Übergabe an private Einrichtungen, amtliche Dokumente ihren offiziell rechtlichen Charakter nicht verlieren. Ein Eigentumsverlust des Bundes liege nicht vor und die Dokumente unterlägen weiterhin der Verfügung und Verantwortung des Staates, womit eine **Wiederbeschaffungspflicht** zumindest nicht von vornherein ausgeschlossen sei. Das BVerfG begründet dies mit der Zielsetzung

13 OVG Lüneburg 17.9.2002 – 11 LB 123/02, juris Rn. 64; OVG NRW 15.5.2018 – 15 A 25/17, UA S. 29; VG Berlin 26.5.2020 – 2 K 218/17, S. 16, im Verfahren Weber ./. Bundesrepublik Deutschland.

14 *Hausmann*, S. 59.

15 AA OVG Berlin- Brandenburg 7.5.2020- 12 B 4/19, juris Rn. 72, 74, im Verfahren Weber ./. Bundesrepublik Deutschland; VG Berlin 20.12.2018- 2 K 178/17, juris Rn. 4, 63, dabei wurde von der Beklagten darauf verwiesen, dass Findmittel nur Hilfsmittel seien um amtliche Informationen zu erfassen, es könne offenbleiben ob es sich überhaupt um amtliche Informationen handelt. Das VG Berlin hingegen stellt darauf ab, dass der Anspruch nach IFG nur auf Zugang zu Informationen und nicht auf Nutzung der sie enthaltenen Arbeitsmittel gerichtet ist.

16 *Schoch* IFG § 2 Rn. 50.

17 OVG Berlin-Brandenburg 7.5.2020 – 12 B 4/19, juris Rn. 73; vgl. BT-Drs. 15/4493, 16, für Organisationspläne, Aktenpläne und Geschäftsverteilungspläne; vgl. BVerwG 20.10.2016 – 7 C 20/15, juris Rn. 9; OVG Berlin-Brandenburg 20.8.2015 – 12 B 21/14, juris Rn. 16, für Telefonverzeichnisse.

18 *Schoch* IFG § 2 Rn. 65.

19 BVerwG 27.5.2013 – 7 B 43/12, juris Rn. 8; 27.11.2013 – 6 A 5/13, juris Rn. 14.

20 BVerwG 27.11.2014 – 7 C 20/12, NVwZ 2015, 669; VGH Kassel 30.7.2015 – 6 A 1998/13, DVBl 2015, 1318; OVG Berlin-Brandenburg 20.3.2012 – OVG 12 B 27/11.

21 BVerfG 20.6.2017 – 1 BvR 1978/13, juris Rn. 24, 25, mwN.

des Gesetzgebers zum BArchG, die darin bestehe, durch „Zugang zu Informationen und eine größere Transparenz behördlicher Entscheidungen die Voraussetzungen für die Wahrnehmung individueller Bürgerrechte zu befördern und die demokratische Meinungs- und Willensbildung zu unterstützen".[22] Da es sich beim BArchG um ein bereichsspezifisches Informationszugangsrecht handelt, ist diese Rechtsprechung auf das BArchG übertragbar, womit dann der Anspruch auf Einsichtnahme auch eine Wieder- und Beschaffungspflicht von ausgelagertem Archivgut enthält.[23] Dies greift auch dann, wenn eine Umwidmung der Unterlagen in Archivgut wegen widerrechtlicher Entwendung (zB Kanzlerakten) nicht möglich war.

§ 10 gestaltet einen gegen den Staat gerichteten gesetzlichen Anspruch auf 8 Zugang zu Informationen, ebenso wie nach IFG, UIG, VIG und anderen Informationszugangsansprüchen. § 10 steht in **Anspruchsnormenkonkurrenz** zu dem presserechtlichen Auskunftsanspruch nach Art. 5 Abs. 1 Satz 2 GG und dem Informationszugangsanspruch nach Art. 10 EMRK.[24] In diesen Fällen kann auch noch während des Prozesses eine andere Anspruchsgrundlage eingeführt werden, ohne dass damit eine Klageänderung erfolgt.[25] Beim Anspruch nach § 10 handelt es sich hier um eine „grundsätzliche Regelung über die allgemeine Zuständigkeit von Verwaltungshandeln".[26] Dieser archivrechtliche Anspruch aktiviert damit in seinem Anwendungsbereich auch das Recht auf Informationsfreiheit nach Art. 5 Abs. 1 Satz 1 GG und hat eine grundlegende Wirkung bezüglich der Offenlegung von Informationen, die in staatlicher Verantwortung liegen.[27]

Die Entscheidung, ob eine Einsichtnahme gewährt wird, ist ein Verwal- 9 tungsakt iSd § 35 Satz 1 VwVfG.[28] Ist ein Anspruch auf Nutzung von Archivgut einmal zuerkannt worden, kann er bei formeller Bestandskraft dieses Verwaltungsaktes nicht durch einen späteren Bescheid wieder abgelehnt werden.[29] Rücknahme und Widerruf bleiben dennoch möglich, §§ 48, 49 VwVfG.[30] Ein ablehnender Bescheid muss nach § 39 VwVfG begründet werden.

Vor der Umwidmung gelten die Akten und Dokumente als **Zwischenar-** 10 **chivgut**, dessen Zugang sich gegen den jeweiligen Träger des Zwischenarchivs richtet und sich aus den jeweiligen Informationszugangsansprüchen nach IFG, UIG, VIG etc oder berechtigtenspezifischen Ansprüchen nach zB PressG ableiten (zum Zugang zu Zwischenarchivgut → § 1 Rn. 68). Die

22 BVerfG 20.6.2017 – 1 BvR 1978/13, juris Rn. 28.
23 *Partsch/Koschmieder* NJW 2017, 3416 (3419).
24 *Kraft* NVwZ 2020, 1229 (1232).
25 BSGE 86, 78 = BeckRS 2000, 40784; *Eyermann/Rennert*, VwGO 13. Aufl. 2019, VwGO § 91 Rn. 10; *Kraft* NVwZ 2020, 1229 (1232).
26 *Manegold*, S. 346.
27 BVerfG 24.1.2001 – 1 BvR 2623/95 – 1 BvR 622/99, NJW 2001, 1633 (1634); zum IFG HK-IFG/*Rossi* Einl. Rn. 26.
28 BVerwG 27.11.2013 – 6 A 5/13, juris Rn. 10; ebenso *Manegold*, S. 356; ebenso *Polley*, Zeitgeschichte, S. 71 f.; ebenso: VG Köln 22.6.2017 – 13 K 6770/15, juris Rn. 33, bezieht sich auf eine Anfechtungsklage; OVG Münster 10.8.2015 – 8 A 2410, juris Rn. 40, bezieht sich auf eine Verpflichtungsklage; zu einer defensiven Konkurrentenklage s. VG Berlin 12.3.2015 – 27 K 183.12, juris Rn. 16.
29 VG Köln 22.6.2017 – 13 K 6770/15, juris Rn. 43.
30 VG Köln 22.6.2017 – 13 K 6770/15, juris Rn. 43.

Umwidmung kann aber entbehrlich sein. Dies ist zB der Fall bei der Nutzung von Personenstandsunterlagen[31] nach § 61 Abs. 2 PStG, die nach Ablauf der Fortführungsfristen archivrechtlich auch möglich ist, wenn die Unterlagen noch nicht an die Archive übergeben worden sind, sondern noch auf den Standesämtern lagern.[32]

3. Jede Person

11 Das Recht auf Nutzung von Bundesarchivgut steht jeder natürlichen und juristischen Person zu. Das Wort „Person" deutet dabei auf die **Rechtsfähigkeit des Nutzers** hin.

12 In den Landesgesetzen findet sich die Formulierung „jede Person" auch in den Ländern Berlin, Brandenburg, Hessen, Niedersachsen und Sachsen-Anhalt.[33] Weitere und ähnliche Formulierungen in den Landesgesetzen sind „jedermann"[34], „jeder"[35], „natürliche und juristische Personen"[36] und „alle Personen"[37].

a) Natürliche Personen

13 Jede Person bedeutet zunächst jede **natürliche Person.** Natürliche Personen sind rechtsfähig gem. § 1 BGB. Da das Bundesarchivgesetz keine Benutzungszwecke kennt, behandelt es alle Benutzer gleich, womit der Zugang auch ausländischen Staatsbürgern erlaubt ist, ebenso kommt es nicht auf den Wohnsitz oder Aufenthaltsort an.[38] Eine früher existierende Einschränkung auf deutsche Staatsbürger oder ein Gegenseitigkeitsvorbehalt sind in der Zwischenzeit verworfen worden.[39] Ein Grund dafür ist, dass ausländische Archive im Gegenzug auch Deutschen leichter zugänglich sein sollen.[40] Die Anspruchsberechtigung hängt auch nicht von einem Mindestalter ab, denn das Mindestalter ist keine Frage der materiellen Anspruchsberechtigung, sondern der prozessualen Handlungsfähigkeit.[41]

b) Juristische Personen des Privatrechts

14 Eine **juristische Person** ist eine rechtlich verselbständigte Organisation, die von den hinter ihr stehenden natürlichen Personen zu unterscheiden ist, und für die ihre gesetzlichen Vertreter handeln.[42] Die Anspruchsberechtigung einer juristischen Person des Privatrechts ist ebenfalls unproblema-

---

31 Dazu *Seggern v.* Veröffentlichungen der Archivschule Marburg Nr. 50, S. 79.
32 *Hausmann*, S. 58.
33 § 9 Abs. 1 LArchGBln; § 9 Abs. 1 BbgArchivG; § 12 Abs. 1 HessArchivG; § 5 Abs. 1 NdsArchG; § 10 Abs. 1 ArchG LSA.
34 § 6 Abs. 1 LArchivG BW; § 11 Abs. 1 SaarlArchG; § 9 Abs. 1 SächsArchivG.
35 § 7 Abs. 1 BremArchivG; § 5 Abs. 1 HmbArchG; § 9 Abs. 1 LArchivG MV; § 6 Abs. 1 ArchivG NRW; § 3 Abs. 1 LArchG RhPf; § 16 Abs. 1 ThürArchivG.
36 Art. 10 Abs. 1 BayArchG.
37 § 9 Abs. 1 LArchG SchlH.
38 BT-Drs. 15/4493, 7.
39 *Buchmann* Der Archivar 1990, 37 (42).
40 *Manegold*, S. 255.
41 HK-IFG/*Rossi* § 1 Rn. 10.
42 *Scheel* in Berger/Partsch/Roth/Scheel IFG § 1 Rn. 11.

tisch, was von der Rechtsprechung mitunter lediglich festgestellt wird.[43] Die juristische Person muss rechtsfähig sein. Dies ist zB der Fall bei eingetragenen Vereinen (§ 21 BGB), rechtsfähigen Stiftungen (§ 80 BGB), der GmbH (§ 13 GmbHG), der AG (§ 1 Abs. 1 Satz 1 AktG), eingetragenen Genossenschaften (§ 17 GenG) und Kommanditgesellschaften auf Aktien (§ 278 AktG).Wird von einer juristischen Person des Privatrechts ein Anspruch auf Nutzung von Archivgut gestellt, so reicht die knappe Feststellung, dass der Benutzer anspruchsberechtigt ist.[44] Ebenso wie bei den natürlichen Personen ist der Zugang auf Archivgut auch ausländischen juristischen Personen erlaubt, denn es bedarf keines rechtlichen oder territorialen Bezugs zur Bundesrepublik Deutschland.[45]

c) Teilrechtsfähige juristische Personen des Privatrechts, einschließlich Bürgerinitiativen und Verbänden

15 **Teilrechtsfähige Organisationen des Privatrechts** sind zB OHG, GbR und KG. Es ist unklar, ob sich diese auf einen Anspruch nach BArchG berufen können. Die Verneinung dieser Frage hätte zur Folge, dass auch politische Parteien, die in der Regel als nicht-rechtsfähige Vereine organisiert sind, keinen Anspruch auf die Sichtung von Archivgut hätten.[46]

16 Der Wortlaut des § 10 Abs. 1 „jede Person" ist **weit gefasst.** In der Gesetzesbegründung findet sich nichts für eine Einschränkung.[47] In der Begründung zu § 1 IFG wird ebenfalls nur festgestellt, dass Bürgerinitiativen und Verbände nicht anspruchsberechtigt seien, dafür habe aber jedes einzelne Mitglied ein eigenes voraussetzungsloses Zugangsrecht.[48] Diese Argumentation erscheint nach Sinn und Zweck nicht durchdacht, da hier einem nichtrechtsfähigen Verband ein Anspruch untersagt wird, während jedes einzelne Mitglied Zugang erlangen kann. Aus Sicht der Verfahrensökonomie ist dies unverständlich.[49] Dazu kommt, dass Bürgerinitiativen und Verbände sowohl in einer rechtsfähigen Form als auch in einer nichtrechtsfähigen Form bestehen können.[50]

17 Das BVerwG urteilt in einem Fall zum Umweltinformationsrecht (UIG), dass der Begriff des Antragsstellers nicht unbedingt auf natürliche und juristische Personen beschränkt sei. Es kämen auch **nicht rechtsfähige Personenvereinigungen** als Anspruchsberechtigte in Betracht, sofern sie organisatorisch hinreichend verfestigt seien, was sich in einer gewissen zeitlichen, personellen und thematischen Kontinuität ausdrückt.[51] Ebenfalls zum UIG bejaht das BVerwG, den freien Zugang zu Informationen für den **Ortsverband einer politischen Partei.**[52] Diese Grundsätze, die für das UIG ent-

---

43 So in VG Berlin 18.6.2015 – 2 K 176/14, juris Rn. 21; auch *Schoch* IFG § 1 Rn. 61, mwN.
44 *Schoch* IFG § 1 Rn. 61.
45 HK-IFG/*Rossi* § 1 Rn. 12.
46 HK-IFG/*Rossi* § 1 Rn. 13.
47 BT-Drs. 18/9633, 65 und für § 5 I aF BT-Drs.11/498, 11.
48 BT-Drs. 15/4493, 7.
49 *Schoch* IFG § 1 Rn. 68.
50 *Scheel* in Berger/Partsch/Roth/Scheel IFG § 1 Rn. 13.
51 BVerwG 21.2.2008 – 4 C 13/07, BVerwGE 130, 223 Rn. 22.
52 BVerwG 25.3.1999 – 7 C 21/98, JZ 1999, 1166 (1167).

wickelt wurden, verdienen auch im Bundesarchivrecht den Vorzug, da sie dem Wortlaut und Gesetzeszweck des BArchG gerecht werden.[53] Ebenso gilt dies für **teilrechtsfähige juristische Personen** wie die OHG, die gem. § 124 HGB Rechte erwerben kann und vor Gericht klagen und verklagt werden, genauso wie die KG, § 161 Abs. 2 HGB und die GbR, die Rechtsfähigkeit besitzt, soweit sie durch Teilnahme am Rechtsverkehr eigene Rechte und Pflichten begründet[54].

18 Die Einteilung in „rechtsfähig" einerseits und „nichtrechtsfähig" andererseits missversteht, dass die **Teilrechtsfähigkeit** ein Ergebnis der Rechtsordnung ist und als Normalfall gilt.[55] Rechtsfähige und teilrechtsfähige Personenvereinigungen sollten somit vorherrschend gleichwertig als Anspruchsberechtigte betrachtet werden, wenn eine organisatorische Verfestigung vorliegt.

d) Juristische Personen des öffentlichen Rechts

19 **Juristischen Personen des öffentlichen Rechts** haben grds. keinen Zugang nach § 10 Abs. 1, denn für sie existieren Amtshilfevorschriften, Auskunftsverschaffungsrechte, Übermittlungsbefugnisse und Übermittlungspflichten.[56] Das Bundesarchiv ist ein Teil der öffentlichen Verwaltung, und durch das Bundesarchivgesetz soll grds. nicht der Informationsaustausch zwischen Behörden, sondern das Verhältnis der Bürger zum Staat geregelt werden. Auch der Wille des Gesetzgebers war nicht darauf ausgerichtet, mit dem Archivrecht Informationen zwischen Behörden auszutauschen. So hieß es in der Gesetzesbegründung von 1987, dass Archive für die Bürger eines demokratischen Staates eine Vielzahl verschiedener Funktionen übernehmen, wie die historisch-wissenschaftliche Forschung und der Nachweis von personenbezogenen Daten.[57]

20 Anderes gesehen wird dies richtigerweise für **grundrechtsfähige Körperschaften** wie Kirchen, Universitäten und Rundfunkanstalten.[58] Gerade für Journalisten von öffentlich-rechtlichen Rundfunkanstalten und Forschern von Universitäten kann eine Zugangsverweigerung schwierig sein, weil ihnen auch Rechte nach Art. 5 GG zustehen. Öffentlich-rechtliche Rundfunkanstalten haben eine Informationspflicht der Allgemeinheit gegenüber, so dass es unbillig erscheint, sie neben privaten Rundfunkanstalten schlechter zu stellen.[59] Bei staatsfern organisierten juristischen Personen des öffentlichen Rechts besteht keine Amtshilfeberechtigung, so dass diese dem Staat wie Dritte gegenüberstehen.[60] Das Saarland hat diese Problematik erkannt und sie zumindest im Informationsfreiheitsgesetz, § 1 I SIFG, geregelt. Die Archivgesetze der Länder jedoch schließen, außer in Hamburg, die Benutzung von Archivgut durch die erwähnten öffentlich-rechtli-

53 *Scheel* in Berger/Partsch/Roth/Scheel IFG § 1 Rn. 16.
54 BGH 29.1.2001 – II ZR 331/00, juris Rn. 4.
55 *Schoch* IFG § 1 Rn. 71.
56 BT-Drs.15/4493, 7 für das IFG.
57 BT-Drs.11/498, 7.
58 BVerwG 21.2.2008 – 4 C 13/07, juris Rn. 25, 27; auch *Hevers*, S. 263; *Schoch* IFG § 1 Rn. 79.
59 *Schoch* IFG § 1 Rn. 79, mwN.
60 *Hevers*, S. 263.

chen Körperschaften aus.[61] Das BVerwG erkennt für das UIG eine juristische Person des öffentlichen Rechts als anspruchsberechtigt an, wenn diese sich in einer vergleichbaren Lage als „jedermann“ gegenüber der informationspflichtigen Stelle befindet.[62]

e) Beschlagnahmung

21 Für Gerichte und die Staatsanwaltschaft besteht die Möglichkeit, Archivgut im Zuge ihrer Ermittlungen zu beschlagnahmen. Der Bundesgerichtshof urteilte, dass einer **Beschlagnahmung** nicht entgegenstehe, dass sich Unterlagen im Gewahrsam einer Behörde befinden. Beweismittel, die für eine Untersuchung wichtig seien und vom Gewahrsamsinhaber nicht freiwillig herausgegeben würden, unterliegen der zentralen Bestimmung des § 94 StPO.[63]

4. Berechtigtes Interesse

22 Im Gesetzentwurf 1987 wurde die Nutzung noch eingeschränkt auf amtliche, wissenschaftliche und publizistische Zwecke oder zur Wahrnehmung berechtigter persönlicher Belange, später wurde die Einschränkung jedoch verworfen.[64] Das Verlangen eines **berechtigten Interesses** führte dazu, dass es Meinungen gab, die eine Abgabe an Privatpersonen aufgrund „persönlicher oder historischer Neugier“ verbieten wollte, selbst wenn das Interesse dieser Person auf die nationalsozialistische Zeit gerichtet war.[65] Durch das Wegfallen des berechtigten Interesses ist der Anspruch für das Bundesarchiv nun **voraussetzungslos**. In den Landesarchivgesetzen verlangen nur Rheinland-Pfalz, Bayern und Hamburg weitere Voraussetzungen.[66]

5. Nach Maßgabe dieses Gesetzes

23 Der Zugang zu Archivgut ist kein umfassend freier Zugang, sondern erfolgt nach Maßgabe dieses Gesetzes. Der Anspruch ist jedoch grundrechtlich begründet und abgesichert, so dass Anspruchsbegrenzungen eng auszulegen bzw. grundrechtskonform zu interpretieren sind. Dies bedeutet, dass der Zugang keinen materiellen Voraussetzungen unterliegt, dass aber **sachliche Voraussetzungen** beachtet werden müssen.[67] In erster Linie erfolgt der Zugang nur nach Antrag. Außerdem müssen öffentliche und private Belange berücksichtigt werden, durch die der Anspruch eingeschränkt

61 § 10 Abs. 2 LArchG BW; Art. 16 BayArchivG; § 1 Abs. 3 ArchGBln; § 1 Abs. 2 BbgArchivG; § 14 Abs. 1 BremArchivG; § 1 Abs. 3 HessArchG; § 1 Abs. 3 LArchivG M-V; § 7 Abs. 2 NdsArchG; § 1 Abs. 3 ArchivG NRW; § 12 LArchG Rh-Pf; § 1 Abs. 2 SaarlArchG; § 1 Abs. 2 SächsArchivG; § 1 Abs. 2 ArchG LSA; § 2 Abs. 2 LArchG SchlH; § 20 ThürArchivG; vom Anwendungsbereich des HmbArchG sind nur die öffentlich-rechtlichen Kreditinstitute ausgenommen, § 7 HmbArchG.
62 BVerwG 21.2.2008 – 4 C 13/07, juris Rn. 23.
63 BGH 18.3.1992 – 1 BGs 90/92, juris Rn. 4.
64 BT-Drs. 11/498, 5.
65 So *Lepper* DVBl 1963, 315 (319).
66 Vgl. § 3 Abs. 1 S. 1 LArchG Rh-Pf, es bedarf der Darlegung eines berechtigten Interesses; vgl. Art. 10 Abs. 1, 2 BayArchG, es bedarf der Glaubhaftmachung eines berechtigten Interesses; vgl. § 5 Abs. 1 HmbArchG, es bedarf der Wahrnehmung eines berechtigten persönlichen Interesses.
67 *Schoch* IFG § 1 Rn. 17.

werden kann, § 13. Zudem fallen Gebühren an, deren Höhe vom Personal- und Sachaufwand abhängt, der mit der Benutzung für das Bundesarchiv entsteht.[68]

6. Antrag

a) Allgemeines

24 Eine grundsätzliche Voraussetzung für die Nutzung von Bundesarchivgut ist ein **Antrag** beim Bundesarchiv. Mit der Genehmigung liegt ein öffentlich-rechtliches Benutzerverhältnis vor.[69] Nachdem der Antrag voraussetzungslos gewährt ist, muss weder der Zweck noch das Motiv für den beantragten Zugang genannt werden.[70] Es steht dem Antragsteller aber frei, Motiv und Zweck zu offenbaren.[71] Jedoch empfiehlt sich im Fall von entgegenstehenden Verfassungsrechten, den Antrag zu begründen, damit das Bundesarchiv einen Zugang abwägen kann. Die persönlichen Angaben, die Benutzende im Antrag machen müssen, sind beachtlich. So müssen Name, Adresse, Beruf, Staatsangehörigkeit, Mailadresse angegeben werden und auf Verlangen der Ausweis vorgelegt werden.[72] Das frei zugängliche digitalisierte Bundesarchivgut im Internet benötigt keinen Antrag, denn dort ist nur Archivgut verfügbar, das keinen rechtlichen Beschränkungen wie Urheberrechten, Persönlichkeitsschutz oder Schutzfristen unterliegt.[73]

b) Bestimmtheit des Antrags

25 Der Antrag muss erkennen lassen, zu welchen Informationen der Zugang gewünscht wird. Ein Antrag auf Informationszugang bzw. auf Nutzung amtlicher Unterlagen erweist sich als zu unbestimmt, wenn er einen Bezug zu näher bezeichneten Informationen oder Unterlagen nicht **hinreichend konkret** erkennen oder eine inhaltliche Begrenzung des Verfahrensgegenstandes (ggf. unter Bezugnahme auf einen konkreten Lebenssachverhalt) vermissen lässt (sog. Globalanträge).[74] Dies ist zB der Fall, wenn der Verfahrensgegenstand nur nach formalen Kriterien begrenzt wird, ohne eine inhaltliche oder thematische Bezugnahme bzw. Eingrenzung vorzunehmen.[75]

---

68 *Becker/Oldenhage*, HK-BArchG, § 6 Rn. 10.
69 *Becker/Oldenhage*, HK-BArchG, § 5 Rn. 13.
70 *Schoch* IFG § 1 Rn. 19.
71 *Scheel* in Berger/Partsch/Roth/Scheel IFG § 1 Rn. 4.
72 *Hausmann* in Becker/Rehm/Schäfer, S. 121, mwN.
73 BT-Drs. 18/9633, 65; vgl. bspw. die kürzlich geänderte Hessische Nutzungsordnung für das Landesarchiv vom 21.1.2020 nach der es für die Nutzung von nunmehr auch analogem Archivgut, welches ohne Einschränkungen eingesehen werden kann, keines Antrages mehr bedarf: https://landesarchiv.hessen.de/nutzungsordnung_2020, eingesehen am 5.8.2020.
74 VG Berlin 26.5.2020 – 2 K 218.17, juris Ls. 1.
75 VG Berlin 26.5.2020 – 2 K 218.17, juris Rn. 24; mitgeteilt von Thomas Rechtsanwälte, Berlin, Unbestimmter Akteneinsichtsanspruch gegenüber Bundeskanzleramt, AfP 6/2020, 544 (544).

c) Verpflichtungserklärung zum Antrag

Mit dem Antrag erhält der Antragsteller eine **Verpflichtungserklärung** gem. § 3 Abs. 2, 3 BArchBV, die noch auf § 6 Satz 1 Nr. 1 BArchG aF beruht.[76] Die Verpflichtungserklärung führt ua an, dass Archivalienreproduktionen nur mit Zustimmung des Bundesarchivs an Dritte weitergegeben werden dürfen. Die Verpflichtungserklärung kann je nach Situation modifiziert werden. So wird zB bei Einsichtnahme in Sachakten mit schutzwürdigen Belangen Dritter verlangt, dass diese Belange berücksichtigt werden müssen, der Nutzer von den vorliegenden Dokumenten keine Kopien erhält und Informationen aus dem privaten Lebensbereich nicht oder nur anonymisiert verwertet werden können.[77] Ebenso besteht eine Verpflichtung bei Benutzung im Namen und in Vollmacht eines Auftraggebers, Archivalienreproduktionen für eigene Zwecke nicht zu verwenden. Als Anspruchsgrundlage für die Auflagen des Bundesarchivs kommt nur § 3 Abs. 2 BArchBV iVm § 6 BArchG aF in Betracht. Nach § 3 Abs. 2 BArchBV kann das Bundesarchiv die **Genehmigung mit Auflagen** erteilen. Bei der Genehmigung handelt es sich um einen Verwaltungsakt, § 35 Satz 1 VwVfG. Die Genehmigung kann mit Auflagen nach § 36 Abs. 2 Nr. 4 VwVfG versehen werden, die dem Antragsteller der Genehmigung ein Tun, Dulden oder Unterlassen auferlegen. Die Auflagen müssen jedoch den Gesetzeswortlaut, den Gesetzeszweck und den grundrechtlich geschützten Kernbestand der Norm berücksichtigen, was zu einer Reduzierung des Ermessens führt. 26

Das Bundesarchiv verlangt ein **Pflichtexemplar jeder Veröffentlichung.** Obwohl es sich hier um einen Eingriff in die Eigentumsfreiheit aus Art. 14 Abs. 1 GG handelt, hat das BVerfG die Festlegung eines Pflichtexemplars grds. für rechtsgültig erklärt.[78] Die Entscheidung erging zwar nur im Hinblick auf die Abgabe an Bibliotheken, die Erwägungen des BVerfG lassen sich jedoch auch in Bezug auf die Abgabe an Archive anwenden. Der kulturpolitische Zweck, nicht literarisches, aber doch politisch und historisch wertvolles Schriftgut künftigen Generationen zu erhalten, stellt einen ebenso legitimen Zweck dar. Unter diesen Umständen kann eine **Pflichtexemplarregelung** zumutbar sein, wenn der damit verbundene wirtschaftliche Nachteil nicht wesentlich ins Gewicht fällt.[79] Die Pflichtexemplarregelung soll sich aus § 6 BArchG aF iVm § 3 Abs. 2 BArchBV iVm Nr. 5 der Verpflichtungserklärung ergeben. Da die Verpflichtung zur Abgabe eines Belegexemplars keine entgeltliche Ausgleichsmöglichkeit in Härtefällen enthält, ist diese Pflichtexemplarregelung verfassungswidrig , denn

76 BGBl. I. 62; BGBl. I. 1857; dass in der Eingangsformel der BArchBV noch das BMI als erlassendes Ministerium genannt ist, obwohl das Staatministerium Kultur und Medien nach § 6 BArchG aF, § 19 BArchG für Rechtsverordnungen zuständig ist, liegt daran, dass sich die BArchBV vom 29.19.1993 seither nicht geändert hat. Zum damaligen Zeitpunkt war jedoch das BMI das für Kultur und Medien zuständige Mitglied der Bundesregierung iSd § 6 BArchG aF, § 19 BArchG. Erst 1998, mit Gründung des Staatsministeriums für Kultur und Medien, wechselte die Zuständigkeit auf jenes Ministerium.

77 *Nestler* in Polley, Archivgesetzgebung, S. 80.

78 BVerfG 14.7.1981 – 1 BVL 24/78, BVerfGE 58, 137.

79 BVerfG 14.7.1981 – 1 BVL 24/78, juris Rn. 47.

sie ist mit der Eigentumsfreiheit unvereinbar, Art. 14 Abs. 1 Satz 1 GG.[80] Zudem liegt ein Verstoß gegen das Bestimmtheitsgebot vor, da die Ermächtigungsgrundlage auf der die Pflichtexemplarregelung beruht, § 6 BArchG aF, nicht mit genügender Deutlichkeit erkennen lässt, dass Eingriffe in das Eigentum möglich sind, Art. 80 Abs. 1 GG. Die Ermächtigung ist bestimmt genug, wenn der verfolgte Zweck mindestens durch Auslegung ermittelbar ist.[81] Jedoch muss das Konkretisierungspostulat beachtet werden. Je intensiver der Eingriff, desto höher die Anforderung an die Bestimmtheit.[82] Eine Pflichtexemplarregelung stellt einen äußerst intensiven Eingriff dar. Dies lässt sich bereits daran erkennen, dass das BVerfG klären musste, ob es sich bei einer solchen Regelung um eine Enteignung handelt.[83] Auch bei großzügiger Auslegung lässt sich indes aus § 6 BArchG aF keine Ermächtigung zum Erlass einer Pflichtexemplarregelung erkennen.[84] Auch de lege ferenda könnte eine neue Benutzungsverordnung, die sich dann auf § 19 BArchG stützen würde, keine Pflichtexemplarregelung rechtfertigen, da auch § 19 BArchG nicht mit hinreichender Deutlichkeit erkennen lässt, dass Eingriffe in das Eigentum möglich sein sollen. In den Ländern Baden-Württemberg, Brandenburg, Niedersachsen, Saarland, Schleswig- Holstein, Thüringen und Sachsen-Anhalt existieren verfassungsgemäße Pflichtexemplarregelungen, denn all diese Länder haben Härtefallregelungen getroffen und dem Bestimmtheitsgrundsatz entsprechende Ermächtigungsgrundlagen.[85] Für Berlin existiert weder im Archivgesetz, noch in der Benutzungsordnung eine Pflichtexemplarregelung. Anders als im Bundesarchiv erfolgt hier eine Abgabe nur auf freiwilliger Basis.[86] Die Ermächtigungsgrundlage im Archivgesetz des Landes Rheinland-Pfalz nennt zwar ausdrücklich die Belegexemplarpflicht, verlangt in der Benutzungsordnung jedoch nur eine bibliographische Anzeige.[87] Die Ermächtigungsgrundlagen von Bayern und Hessen erfüllen bereits nicht die Anforderungen an den Bestimmtheitsgrundsatz.[88] Alle anderen Länder haben keine Härtefallregelungen getroffen.[89]

27 Durch die Verpflichtungserklärung wird die Nutzung von Archivgut vor allem auch für die Presse erschwert. Deshalb muss eine weitere **Ermessensreduzierung bei Forschern und Journalisten** stattfinden. An die Zulässig-

80 BVerfG 14.7.1981 – 1 BVL 24/78, juris Rn. 51, 52; Kritik an der Pflichtexemplarregelung auch von *Polley*, Archivpflege in Westfalen- Lippe, 2012, (25) 26; *Nau*, S. 317.
81 BVerfG 20.10.1981 – 1 BVR 640/80, juris Rn. 62.
82 BVerfG 20.10.1981 – 1 BVR 640/80, juris Rn. 63; *Sannwald* in Schmidt-Bleibtreu/Hofmann/Henneke GG Art. 80 Rn. 73, 74.
83 BVerfG 14.7.1981 – 1 BVL 24/78, juris Rn. 30, 31.
84 Vgl. BVerfG 14.7.1981 – 1 BVL 24/78, juris Rn. 6, 35, 36, um dem Bestimmtheitsgebot gerecht zu werden, wird die Ermächtigungsgrundlage wohl eine Pflichtexemplarregelung wörtlich ansprechen müssen.
85 Vgl. § 6 Abs. 7 LArchG BW; § 9 Abs. 3 BbgArchivG; § 5 Abs. 1 NdsArchG; § 12 SArchG iVm § 11 ArchBO; § 13 Nr. 2 LArchG SchlH; § 16 Abs. 3 ThürArchivG; § 10 Abs. 1 S. 4 ArchG LSA.
86 *Polley*, Archivpflege in Westfalen-Lippe, 2012, (25) 27.
87 Vgl. § 9 Abs. 4 LArchG Rh-Pf iVm § 10 Abs. 2 LArchBVO.
88 Vgl. Art. 15 Nr. 1 BayArchivG iVm § 10 ArchivBO; § 21 Abs. 2 Nr. 2 HArchivG.
89 Vgl. § 9 Abs. 3 BremArchivG; § 5 Abs. 11 HmbArchG; § 14 LArchivG M-V iVm § 6 ArchivBenutzVO M-V; § 6 Abs. 5 ArchivG NRW; § 9 Abs. 3 SächsArchivG.

keit solcher Nutzungsbestimmungen sind stärkere Anforderungen zu stellen. Unzulässig dürften daher die Bestimmungen des Bundesamtes für Verfassungsschutz sein, wonach Informationen über Personen, die etwaige Beziehungen zum Verfassungsschutz unterhalten, nicht verwendet werden dürfen, und die Zustimmung des Bundesamtes für Verfassungsschutz bei einer Veröffentlichung der gewonnenen Informationen einzuholen ist. Zugangsbestimmungen, die den rechtlichen Zugangsanspruch aufheben sind somit unzulässig. [90]

7. Andere Rechtsvorschriften

§ 10 Abs. 1 Satz 2 entspricht der Regelung des § 5 Abs. 1 Satz 2 aF Grds. 28
soll es im Archivrecht keine höheren Zugangshürden geben, als es sie für Registraturgut gibt.[91] Die **Konkurrenzen öffentlich-rechtlicher Informationszugangsregelungen** sind ein komplexer und auch umstrittener Bereich, auch weil die wenigsten Zugangsnormkomplexe als abschließend angesehen werden.[92] Eine Vorrangigkeit kommt dann in Betracht, wenn zwei Normen die gleichen Anliegen verfolgen und/oder identische Zielgruppen erfassen, und somit den gleichen Sachverhalt regeln.[93]

a) Umweltinformationsgesetz (UIG)

Ansprüche nach **BArchG** und **UIG** stehen in **Normenkonkurrenz.** Das UIG 29
gilt allgemein und unterschiedslos für Umweltinformationen und beruht auf zwingenden europarechtlichen Vorgaben.[94] Das UIG kennt weder Schutzfristen, noch unterscheidet es zwischen Unterlagen und Archivgut, sondern gilt ganz allgemein für Umweltinformationen.[95] Der Zugang zu diesen Umweltinformationen bestimmt sich ausschließlich nach dem UIG. Dh, der Personenkreis, der die Informationen begehrt, kann identisch sein mit dem Kreis, der einen Anspruch nach BArchG hat, aber die Informationen beschränken sich auf den bestimmten Teilbereich der Umweltinformationen.[96] Die Definition der Umweltinformationen, § 2 Abs. 3 UIG, bestimmt die Reichweite des Anspruchs. Für sonstige Informationen kommt dann das BArchG in Betracht, denn § 3 Abs. 1 Satz 2 UIG stellt klar, dass andere Ansprüche neben § 3 Abs. 1 UIG unberührt bleiben.

b) Verbraucherinformationsgesetz (VIG)

Das Verhältnis zwischen **BArchG** und **VIG** entspricht dem zwischen 30
BArchG und UIG, sie stehen in **Normenkonkurrenz.** Das VIG ist einschlägig, wenn es um Zugang zu Verbraucherinformationen geht. Auch hier kann der Personenkreis, der die Information begehrt, identisch sein mit der

---

90 So aber Bundesamt für Verfassungsschutz zu Az. 13 K 6770/ 15, VG Köln.
91 *Hevers*, S. 291, mwN.
92 *Hevers*, S. 290.
93 Vgl. zum IFG: BVerwG 9.11.2010 – 7 B 43/10, juris Rn. 8; OVG Münster 19.6.2002 – 21 B 589/02, juris Rn. 20; OVG Münster 31.1.2005 – 21 E 1487/04, juris Rn. 14.
94 RL 2003/4/EG und Übereinkommen über den Zugang zu Informationen, die Öffentlichkeitsbeteiligung an Entscheidungsverfahren und den Zugang zu Gerichten in Umweltangelegenheiten (1998).
95 BT-Drs. 18/9633, 66.
96 Für das IFG *Scheel* in Berger/Partsch/Roth/Scheel IFG § 1 Rn. 131.

Person, die einen Anspruch nach BArchG hat. Die Informationen beschränken sich dann auf den Teilbereich der Verbraucherinformationen. Verbraucherinformationen sind Informationen über bestimmte Erzeugnisse und Verbraucherprodukte nach § 1 VIG. Der Anspruch nach § 2 Abs. 1 Satz 1 VIG ist wie der nach § 10 Abs. 1 unabhängig von materiellen Voraussetzungen und steht jeder Person zu.

c) Informationsfreiheitsgesetz (IFG)

31 Das **BArchG** genießt **Vorrang** gegenüber dem **IFG**, § 1 Abs. 3 IFG. Die Einstufung, welches Gesetz das einschlägige ist, hängt davon ab, ob es sich um Unterlagen oder Archivgut handelt.[97] Dh, das BArchG erfasst eine Teilmenge von Informationen des IFG, nämlich Archivgut des Bundes.

32 Eine **Ausnahme davon normiert § 11 Abs. 5 Nr. 2**, wonach die Schutzfristen des § 11 Abs. 1–3 nicht gelten, wenn das Archivgut vor der Übergabe an das Bundesarchiv bereits einem Informationszugang nach dem IFG offen gestanden hat. Das Bundesarchiv darf dabei für eine Information keinen strengeren Zugangsregeln anwenden, als sie vorher von der Verwaltung nach dem IFG für die Unterlagen ausgeübt wurden.[98] Bei einer Entscheidung dieser Art muss das Bundesarchiv die abgebende Stelle aus rechtlicher Sicht nicht beteiligen, aber eine Beteiligung ist auch nicht verboten.[99] Dabei handelt es sich allerdings nur um eine Bestimmung, die die Schutzfristen des Bundesarchivgesetzes anders gestaltet, denn der Zugang zu Archivgut wird ausschließlich im BArchG geregelt.[100]

33 **Unterlagen der Nachrichtendienste** können aufgrund § 3 Nr. 8 IFG dagegen erst nach Ablauf der Schutzfristen nach § 11 Nr. 6 bei der aktenführenden Behörde oder nach § 10 Abs. 1 nach der Umwidmung beim Bundesarchiv eingesehen werden.

d) Gesetz über die Unterlagen des Staatssicherheitsdienstes der ehemaligen Deutschen Demokratischen Republik (StUG)

34 Das **StUG** ist **lex specialis** zum **BArchG**, § 4 Abs. 1 Satz 1 StUG. § 4 Abs. 1 Satz 1 StUG normiert ein Zugangsverbot mit Erlaubnisvorbehalt, das besagt, dass die Verwendung der Akten der Staatssicherheit aufgrund anderer Gesetze nicht zugelassen ist.[101] Die Gesetzesbegründung führt dazu aus, dass Informationen in Unterlagen des Staatssicherheitsdienstes in der Regel unter Missachtung rechtsstaatlicher Grundsätze beschafft worden seien, und deshalb die Verwendung dieser Unterlagen im StUG abschließend zu regeln sei.[102]

35 Das BVerwG ist der Ansicht, dass sich Unterlagen der Staatssicherheit zu sehr von dem üblichen Archivgut nach Entstehung, Inhalt und Verwendung unterscheiden, dazu zähle insbes. die Erhebung zu rechtsstaatswidri-

97 *Partsch/Koschmieder* NJW 2017, 3416 (3417).
98 *Becker/Oldenhage*, HK-BArchG, § 5 Rn. 50.
99 *Schoch* IFG § 13 Rn. 33.
100 *Schoch* IFG § 1 Rn. 311.
101 *Schoch* IFG § 1 Rn. 313.
102 BT-Drs. 12/723, 19.

gen Zwecken und die Verwendung zu propagandistischen Zwecken.[103] Deshalb sei es nicht einmal zu Forschungszwecken erlaubt, einen Informationszugang über das Archivrecht zu gestatten. Diese Ansicht wird der Aktenwirklichkeit beim StUG nicht gerecht.[104] Der Anwendungsvorrang ist nach § 4 Abs. 1 StUG verfassungskonform einzugrenzen.

aa) Rechtswidrig erlangte Akten

Nachvollziehbar ist die Ansicht des BVerwG bei Akten, die tatsächlich 36
durch Abhören oder durch andere rechtswidrige Handlungen entstanden sind.

bb) Verwaltungsakten

Der Großteil der Akten des StUG besteht jedoch aus Verwaltungsakten, 37
wie sie in jeder Behörde entstehen. Diese Unterlagen unterliegen, je nach Alter, dem **BArchG** und dem **StUG** in **Idealkonkurrenz.**

cc) Bundesbeauftragte/r für Stasi-Unterlagen

Für die **Unterlagen des Bundesbeauftragten für Stasi-Unterlagen** (BStU) gilt 38
natürlich das BArchG. Der BStU ist kein Nachrichtendienst und kann sich daher auch nicht auf die Geheimhaltungsvorschriften der Nachrichtendienste berufen.[105]

dd) Unterlagen zum Nationalsozialismus

Besonders deutlich wird die Problematik der Ansicht des BVerwG bei Un- 39
terlagen zum Nationalsozialismus, welche auch von der Staatssicherheit gesammelt wurden. Diese unterliegen dem BArchG allein, denn das **Archivgut der Nationalsozialisten** aus dem ehemaligen Westdeutschland befindet sich ebenfalls im Bundesarchiv.

Zu Abgrenzungsproblemen kommt es bei **Stasi-Daten**, die Aufnahme in 40
andere Schriftstücke nach IFG gefunden haben.[106] Diese sog. Meta-Daten sind je nach Fall (a, b, c, d) nach BArchG oder StUG zu behandeln.

Das **Gesetz über Unterlagen des Staatssicherheitsdienstes** kennt im Gegen- 41
satz zum Bundesarchivgesetz einen **privilegierten Zugang für Betroffene.** Die Betroffenen haben sogar die Option, die Namen der informellen und hauptamtlichen Mitarbeiter der Staatssicherheit, die sie ausgespäht haben, zu erfahren und Teile von deren personenbezogenen Unterlagen einzusehen.[107]

e) Bundesdatenschutzgesetz (BDSG)

Gegenüber dem **BDSG** ist das **BArchG lex specialis.**[108] Das BDSG gibt 42
gem. § 57 Abs. 1 Nr. 1–8 dem Betroffenen auf Antrag Auskunft über:

---

103 BVerwG 23.6.2004 – 3C 41/03; NJW 2004, 2462 (2467).
104 So auch *Schoch* IFG Einl. Rn. 316, mwN.
105 VG Berlin 8.9.2009 – VG 2 A 8/07, AfP 2009, 621, Ls.
106 Vgl. dazu VG Berlin 8.9.2009 – 2 A 8/07, AJP 2009, 621.
107 *Weber* Archivalische Zeitschrift 2008, 119 (125).
108 So schon für das BArchG aF *Becker/Oldenhage*, HK-BArchG, § 4 Rn. 6.

- die zu seiner Person gespeicherten Daten
- die Herkunft dieser Daten
- die Empfänger oder Kategorien von Empfängern, an die die Daten weitergegeben werden
- den Zweck der Speicherung
- die für die Daten geltende Speicherdauer, oder zumindest die Kriterien für die Festlegung der Dauer
- das Bestehen eines Rechts auf Berichtigung, Löschung oder Einschränkung der Verarbeitung der Daten durch den Verantwortlichen
- das Recht nach § 60 den Bundesbeauftragten oder die Bundesbeauftragte anzurufen
- Angaben zur Erreichbarkeit der oder des Bundesbeauftragten.

Der BGH verneinte die Frage, ob ein Stipendiat einen Auskunftsanspruch über ihn geführte Personalakten gegen einen eingetragenen Verein als Stipendiengeber hat.[109] Das BDSG sei hier nicht anwendbar, da nach dem BDSG Akten und Aktensammlungen nicht unter dieses Gesetz fallen würden, wenn sie nicht durch automatisierte Verfahren umgeordnet und ausgewertet werden können.[110]

43 In den USA hat nach dem **Privacy Act von 1974** jeder Bürger das Recht, von den Dienststellen des Federal Governments Auskunft zu verlangen, ob Informationen über ihn vorliegen oder ob jemand dazu Zugang hat und hatte.[111] Außerdem kann der US-Bürger Kopien seiner Akte anfordern und Korrekturen verlangen; und damit diese Rechte auch wirklich wahrgenommen werden können, gibt es ein Handbuch, das dazu Informationen liefert. [112]

f) Informationsweiterverwendungsgesetz (IWG)

44 Das **IWG gewährt kein eigenes Zugangsrecht**, § 1 Abs. 2 a. IWG. Vielmehr knüpft es an ein bereits bestehendes Zugangsrecht an, § 10 Abs. 1 BArchG. Für die Nutzer hat es dennoch große Bedeutung, da unter gewissen Voraussetzungen die Weiterverwendung der Informationen aus einem Zugangsrecht ohne weiteres zuzulassen ist.[113] Da § 2 a IWG eine Konnexität zwischen Zugang und Weiterverwendung herstellt, lässt sich für den Zugangsanspruch aus § 10 Abs. 1 BArchG folgern, dass unbeschränkt zugängliche Informationen unbeschränkt weiterverwendbar sind.[114] Für die archivarische Praxis bietet dies einen guten Ansatz zur stärkeren Trennung der Genehmigungsanforderungen bei rechtebehaftetem und rechtefreiem Material.[115]

---

109 BGH 8.4.1981 – VIII ZR 98/80, juris Rn. 11.
110 Im vorliegenden Fall war damals auch noch kein Akteneinsichts- oder Auskunftsrecht des Klägers nach anderen Rechtsgrundlagen möglich.
111 *Werner* Der Archivar 1979, 379.
112 *Werner* Der Archivar 1979, 379 (379, 380).
113 BT-Drs. 18/4614, 10.
114 *Nestl* in Becker/Rehm/Schäfer, S. 199.
115 Podiumsdiskussion zum 22. Archivwissenschaftlichen Kolloquium der Archivschule Marburg 2019, Diskussionsbeitrag: *Andrea Hänger.*

g) Bundesverfassungsgerichtsgesetz (BVerfGG)

45 § 35 b Abs. 5 **BVerfGG** ist ebenfalls **lex specialis** zum **BArchG.** Die Akten des BVerfG sind in erster Linie für Verfahren vor dem BVerfG nutzbar und aufgrund der Geheimhaltungsinteressen von Betroffenen existiert auch keine allgemeine Aktenöffentlichkeit.[116] Die Akten werden nach zehn Jahren an das Bundesarchiv übermittelt.[117] Nach Ablauf der Schutzfrist von 30 Jahren gelten nach § 35 b Abs. 5 Satz 1 BVerfGG die archivgesetzlichen Regelungen. Für den Inhalt des Sonderheftes (Entwürfe von Urteilen, Beschlüssen und Verfügungen, Arbeiten zu ihrer Vorbereitung und Dokumente, die Abstimmungen) beträgt die Schutzfrist 60 Jahre gem. § 35 b Abs. 5 Satz 2 BVerfGG.

h) Verfassungsunmittelbarer Auskunftsanspruch aus der Pressefreiheit, Art. 5 Abs. 1 Satz 2 GG

46 Ursprünglich sah man den **Anspruch aus Art. 5 Abs. 1 Satz 2 GG** nur als ein **Abwehrrecht** an.[118] Die Rechtsprechung leitet aber aus Art. 5 Abs. 1 Satz 2 GG mittlerweile einen **grundrechtsunmittelbaren Leistungsanspruch** ab, der mit der höchst umstrittenen Entscheidung des BVerwG gegen Bundesbehörden begann.[119] Gesetzgebung, Rechtsprechung und Lehre haben diesen Anspruch entgegen der Verfassung auf einen stark reduzierten Auskunftsanspruch verengt.[120] Das BVerfG hat jedoch in einem Thüringer Urteilsfall einen grundrechtsunmittelbaren Anspruch festgestellt und diesen auf Übersendung von Gerichtsurteilen, und damit von Unterlagen erweitert.[121] Insgesamt ist die Erweiterung der Pressefreiheit von einem Abwehrrecht in ein Leistungsrecht zu begrüßen.[122]

47 Der **verfassungsunmittelbare Anspruch aus dem Presserecht bei Angehörigen der Presse** steht in **Idealkonkurrenz** zum **BArchG.**[123] Beide Ansprüche können gleichberechtigt nebeneinanderstehen. Der Auskunftsanspruch kann sich nach stRspr in einen Einsichtsanspruch und auch in einen Anspruch auf überlassen von Kopien umwandeln, wenn der Auskunftsanspruch nur auf diese Art und Weise verwirklicht werden kann.[124]

116 MSKB/*Ulsamer* BVerfGG § 35 b Rn. 1.
117 BeckOK BVerfGG/*Hammer* § 35 b Rn. 31, 32.
118 *Kloepfer*, Anm. zu BVerwG 20.2.2013 – 6 A 2/12, JZ 2013, 892 (893).
119 BVerwG 20.2.2013 – 6 A 2/12, BVerwGE 146, 56; abweichend *Partsch* NJW 2013, 2858; *Cornils* DÖV 2013, 657; *Huber*, Anm. zu BVerwG 20.2.2013 – 6 A 2/12, NVwZ 2013, 1010.
120 Krit. dazu *Partsch* NJW 2013, 2858 (2861).
121 BVerfG 14.9.2015 – 1 BvR 857/15, juris Rn. 15.
122 BVerwG 13.5.2020 – 6 A 3/20, juris Rn. 3; BVerwG 13.5.2020 – 6 A 14/19, juris Rn. 2; BVerwG 18.9.2019 – 6 A 7/19, juris Rn. 13.
123 Zu § 11 Abs. 6 OVG NRW 5.7.2018 – 15 A 2147/13, Rn. 70; zu § 5 Abs. 8 BArchG aF: BVerwG 17.11.2016 – 6 A 3/15, juris Rn. 8: OVG NRW 17.3.2017 – 15 B 1112/15, juris, Ls. zu § 5 Abs. 8 aF.
124 BVerwG 13.5.2020 – 6 A 3/20, juris Rn. 3; VG Mainz 14.9.2016 – 3 K 1021/15.MZ, juris Rn. 30; VGH BW 1.7.2015 – 1 S 802/15, juris Rn. 25; VG Cottbus 19.9.2013 – 1 L 219/13, juris Rn. 25; für den Einzelfall auch BVerfG 14.9.2015 – 1 BvR857/15, juris Rn. 18; aA OVG NRW 15.5.2018 – 15 A 25/17, UA S. 38. 6, das den Einsichtsanspruch aber in Ausnahmen zulassen will; ebenso OVG NRW 5.7.2018 – 15 A 2147/13, Rn. 72–75 mwN

48 Das BVerwG hatte zuerst nicht überzeugend und umstritten geurteilt, dass ein Zugangsrecht nach BArchG für die Presse ausreiche.[125] Für das IFG hat das BVerwG dann später entschieden, dass ein Anspruch nach IFG einen anderen Streitgegenstand enthalte als der presserechtliche Auskunftsanspruch[126], denn **Pressefreiheit** sei ein **berechtigtenspezifisches Recht**[127]. Dies überzeugt. Das BVerwG hat daher die alte Rechtsprechung aufgegeben und den presserechtlichen und den archivrechtlichen Zugangsanspruch konsequenterweise als getrennte Streitgegenstände behandelt.[128]

i) Informationsfreiheit nach Art. 5 Abs. 1 Satz 1 Hs. 2 GG

49 Die **Informationsfreiheit** steht als selbstständiges Grundrecht neben der Meinungs- und Pressefreiheit und ist das Recht, sich selbst zu informieren.[129] Gehalten hat sich jedoch die bis heute wohl hA, dass sich aus Art. 5 Abs. 1 Satz 1 Hs. 2 GG kein allgemeiner Zugangsanspruch zu den Informationen im Besitz der Behörden ableiten lasse. Der Zugangsanspruch sei nur dort gegeben, wo durch Gesetz oder den Staat oder auch nur den einzelnen Beamten der Zugangsanspruch eröffnet werde.[130] Diese Theorie vom **normgeprägten Grundrecht auf Informationsfreiheit** ist bis heute herrschend.[131]

50 Laut BVerfG gehört die **Informationsfreiheit** zu den „elementaren Bedürfnissen des Menschen, sich aus möglichst vielen Quellen zu unterrichten, das eigene Wissen zu erweitern und sich als Persönlichkeit zu entfalten"[132] mit der Einschränkung, dass die Informationsfreiheit aus Art. 5 Abs. 1 Satz 1 Hs. 2 GG nur den **Zugang zu allgemein zugänglichen Informationsquellen** sichert. Danach ist eine Informationsquelle allgemein zugänglich, wenn sie geeignet und bestimmt ist, der Allgemeinheit, also einem individuell nicht bestimmbaren Personenkreis, Informationen zu verschaffen.[133] Aus der Theorie vom normgeprägten Grundrecht folge, dass die Informationsfreiheit aus Art. 5 Abs. 1 Satz 1 Hs. 2 GG keinen verfassungsunmittelbaren Zugang zu amtlichen Informationen gewähre. Wäre dies der Fall, dann wäre eine Abwägung im Rahmen der praktischen Konkordanz zwischen dem Zugang nach der Informationsfreiheit und grundrechtlich verbürgter Rechte Dritter erforderlich.[134] Auch ergebe sich aus Art. 5 Abs. 1 Satz 1 Hs. 2 GG weder ein Gebot zur Informationsverschaffung der vom Staat bisher vorenthaltenen Informationen noch die Verpflichtung, bis dato nicht öffentlich zugängliche Informationsquellen als allgemein zugängliche einzustufen.[135] Lege aber der Gesetzgeber die grund-

125 BVerwG 20.2.2013 – 6 A 2/12, NVwZ 2013, 1006.
126 BVerwG 3.5.2016 – 7 C 7/15, juris Rn. 2.
127 BVerwG 20.2.2013 – 6 A 2/12, juris Rn. 29.
128 BVerwG 21.9.2016 – 6 A 8/14, ZD 2017, 483 Rn. 9; 21.9.2016 – 6 A 10/14, juris Rn. 7.
129 BVerfG 3.10.1969 – 1 BvR 46/65, BVerfGE 27, 71 (81).
130 BVerwG 27.11.2013 – 6 A 5/13, juris Rn. 20.
131 *Berger*, Öffentliche Archive und staatliches Wissen, S. 67 ff., ausf. Darstellung des Streitstandes.
132 BVerfG 3.10.1969 – 1 BvR 46/65, BVerfGE 27, 71 (81).
133 BVerfG 24.1.2001 – 1 BvR 2623/95, 1 BvR 622/99, juris Rn. 56.
134 *Wirtz/Brink* NVwZ 2015, 1166 (1167).
135 BVerfG 24.1.2001 – 1 BvR 2623/95, juris Rn. 56.

sätzliche Zugänglichkeit von staatlichen Vorgängen und damit zugleich deren Öffnung als Informationsquelle fest, werde in diesem Umfang auch der Schutzbereich der Informationsfreiheit eröffnet; dieser sei mithin normgeprägt.[136]

51 Mit dem Inkrafttreten des **Informationsfreiheitsgesetzes 2006** hat der Gesetzgeber über die öffentliche Zugänglichkeit in Ausübung seines Bestimmungsrechts entschieden[137] und damit den Schutzbereich des Art. 5 Abs. 1 Satz 1 Hs. 2 GG für das IFG eröffnet.[138] Dies muss dann auch für Archivgut gelten.[139] In Konsequenz der Rechtsprechung des BVerfG[140] hat der Gesetzgeber also bereits mit dem Archivgesetz für eine im staatlichen Verantwortungsbereich liegende Informationsquelle die Art der Zugänglichkeit durch das Archivrecht bestimmt. Somit ist das **Archivgesetz als Widmungsakt** zu sehen, womit archivwürdige Unterlagen, gleich ob sie bei der abgebenden Stelle oder dem Bundesarchiv aufbewahrt werden, als allgemein zugängliche Quelle anzusehen sind. Denn insoweit hat der Gesetzgeber über § 10 und § 11 Abs. 6 den Anwendungsbereich des Art. 5 Abs. 1 Satz 2 Hs. 2 GG aktiviert bzw. zumindest eröffnet. Damit steht der **Anspruch nach Art. 5 Abs. 1 Satz 1 Hs. 2 GG in Idealkonkurrenz zu § 10.**

j) Informationsfreiheit nach Art. 10 EMRK

52 Zwischen **Art. 10 Abs. 1 Satz 2 EMRK und BArchG** besteht **Idealkonkurrenz.** Die Europäische Menschenrechtskonvention ist ein völkerrechtlicher Vertrag, der innerstaatlich den Rang eines einfachen Bundesgesetzes nach Art. 59 Abs. 2 GG hat.[141] Bei der Auslegung der bestehenden Gesetze sind aufgrund der Völkerrechtsfreundlichkeit des Grundgesetzes die Wertentscheidungen der EMRK immer zu berücksichtigen.[142]

53 **Art. 10 Abs. 1 Satz 2 EMRK** normiert die Freiheit, Informationen und Ideen ohne behördliche Eingriffe und ohne Rücksicht auf Staatsgrenzen zu empfangen und weiterzugeben. Ähnlich wie in Art. 5 Abs. 1 Satz 1 GG ist hier das Recht auf ungehinderten Empfang von Informationen aus allgemein zugänglichen Quellen enthalten und das Recht, sich aktiv Informationen zu beschaffen.[143] Anfangs hat der **Europäische Gerichtshof für Menschenrechte** (EGMR) jeden Auskunftsanspruch auf der Grundlage von Art. 10 EMRK abgelehnt.[144] Diese Rechtsprechung hat der EGMR in der Zwischenzeit aufgegeben.[145] Dabei hat der Gerichtshof den Anspruch nach

136 Vgl. VGH Rheinland-Pfalz 27.10.2017 – VGH B 37/16, juris Rn. 13.
137 *Schoch* IFG Einl. Rn. 285; *Partsch* AfP 2012, 516 (517).
138 BVerfG 20.6.2017 – 1 BvR 1978/13, juris Rn. 21; *Berger, H.*, S. 73.
139 So: *Schoch* IFG Einl. Rn. 285; *Jarass* in Jarass/Pieroth GG Art. 5 Rn. 16 a; *Wyduckel* DVBl 1989, 327 (334); *Oebbecke/Nienkemper* DVBl 2004, 1509 (1514); *Berger, H.*, S. 73 f.
140 BVerfG 24.1.2001 – 1 BvR 2623/95, 1 BvR 622/99, NJW 2001, 1633 (1634).
141 BVerfG 14.10. 2004 – 2 BvR 1481/04, BVerfGE 111, 307.
142 BVerfG 4.5.2011 – 2 BvR 2333/08, 2 BvR 2365/09, 2 BvR 571/10, 2 BvR 740/10, 2 BvR 1152/10, juris Rn. 89.
143 *Schoch* IFG Einl. Rn. 189, mwN.
144 So in EGMR 19.2.1998 – 166/1996/735/932, NVwZ 1999, 57; EGMR 13.3.2012 – 44585/10; NJW 2013, 521 (522).
145 EGMR 17.2.2018 – 6987/07 – Guseva v. Bulgarien Rn. 38; 8.11.2016 – Magyar Helsinki Bizottag v. Ungarn, AfP 2017, 301.

Art. 10 EMRK nicht auf die Presse beschränkt, sondern als eine Voraussetzung genannt, dass der Anspruchsteller als **„public watchdog"** fungieren müsse, um Informationen von öffentlichem Interesse zu verlangen und um damit die Öffentlichkeit zu informieren.[146] Außer dem öffentlichen Interesse an den Informationen, müssten diese auch **„ready and available"** sein.[147] Seitdem ist es stRspr des EGMR, dass Art. 10 EMRK nicht nur ein Abwehrrecht enthält, sondern auch ein aktives Informationsrecht.

k) Anspruch aus völkerrechtlichen Verpflichtungen

54 Die Bundesrepublik Deutschland ist eine Reihe von Verpflichtungen eingegangen, die **Akten des Nationalsozialismus** öffentlich zugänglich zu lassen[148], darauf können sich nach allgA nur die beteiligten Völkerrechtssubjekte berufen, nicht jedoch der Einzelne. Auch aus den Akten zum ersten Frankfurter Ausschwitz-Verfahren, die von der UNESCO zum Weltkulturerben ernannt wurden, lässt sich nur eine **Erhaltungspflicht** jedoch **keine Zugangspflicht** für andere Dokumente ableiten.

8. Archivgut privater Herkunft

55 § 10 Abs. 1 Satz 2 lässt abweichende Benutzungsregelungen vom BArchG für **Anliegen privater Herkunft** zu. Das **Überlassen von Archivgut an das Bundesarchiv** kann durch einen privatrechtlichen Vertrag erfolgen, was die Möglichkeit eröffnet, wertvolle Unterlagen privater Herkunft für die Forschung zu sichern.[149] Dies gilt sowohl für **Deposita** (Archivgut, das auf Dauer oder für eine bestimmte Frist in Privateigentum bleiben soll) als auch für **Archivalien**, die Eigentum des Bundesarchivs werden.[150] Schon in der Zeit vor der Schaffung der Archivgesetze war eine Befugnis der Archive zur Übernahme rechtmäßig.[151] Laut der Gesetzesbegründung von 1987 sollte bei der Sicherung privaten Archivguts dem Bundesarchiv die Möglichkeit eingeräumt werden, den Eigentümern im Einzelfall besondere Nutzungsbedingungen zuzusagen.[152] Hierbei soll es sich um einen wichtigen Vorgang handeln, bei dem wertvolle Unterlagen privater Herkunft mit gesamtstaatlicher Bedeutung für die Forschung gesichert werden, zB Unterlagen von Personen der Zeitgeschichte und Verbandsschriftgut; § 10 Abs. 1 Satz 2 soll auch zu einer größeren Abgabefreudigkeit von Privaten führen, die historisch wertvolle Unterlagen ihr Eigentum nennen.[153] Die Norm umfasst Vereinbarungen mit Eigentümern, die ihr Archivgut beim Bundesarchiv nur deponiert haben und solche, die ihr Eigentum dem Bundesarchiv übereignet haben[154] Spezifische Angaben macht das Bundesarchivgesetz hierzu nicht, sondern überlässt die genaue Vertragsgestaltung dem Bundesarchiv.

---

146 EGMR 22.4.2010 – 40984/07 – Rosarote Panther v. Tschechien.
147 EGMR 14.4.2009 – 37374/05 – Tarsasag a Szabadsagjogokert v. Ungarn.
148 Vgl. Schreiben *Hallstein* vom 14.3.1956, sowie Annahme durch US Botschafter *Dowling*, abgedruckt in *Henke* VfZ 4/1982, 557 (594, 595).
149 *Oldenhage* Der Archivar 1988, 477 (485).
150 *Nadler*, S. 39.
151 *Günther* Archivalische Zeitschrift 1996, 37 (49).
152 BT-Drs.11/498, 11.
153 BT-Drs.11/498, 10.
154 *Nadler*, S. 39.

Die Archivgesetze der Länder entsprechen diesem Standard. So heißt es in § 2 Abs. 3 Landesarchivgesetz Baden-Württemberg: "Das Landesarchiv kann auch Archivgut anderer Stellen und Privater mit deren Einvernehmen erfassen, verwahren, erhalten, erschließen und allgemein nutzbar machen (...)". In allen Landesarchivgesetzen der Bundesländer finden sich ähnliche Formulierungen.[155] 56

a) Eigentumsübertragung

Werden private Unterlagen durch **Eigentumsübertragung** an das Bundesarchiv übergeben, dann wird es zu öffentlichem Archivgut umgewidmet, und der archivrechtliche Benutzungsanspruch gilt grds. unmittelbar. 57

b) Depositalgut

Es besteht außerdem die Möglichkeit, private Unterlagen als **Depositalgut** zu übernehmen. Dieses Vorgehen ist im BArchG nicht explizit geregelt. Auch in den Landesarchivgesetzen haben nur die Länder Sachsen und Sachsen-Anhalt eine spezielle Norm dafür eingefügt.[156] 58

Zwar gibt es für privates Archivgut im BGB keine direkt übertragbare Vertragsform, doch das BGB bildet die Grundlage für solche **Übernahmeverträge.** So urteilte der BGH, dass ein Archivvertrag Elemente aus Miete, Auftrag und Verwahrung enthalte.[157] Ansonsten gelten die archivgesetzlichen Nutzungsschranken, bei denen es nicht auf die private Eigentumslage ankommt.[158] Hat das Bundesarchiv ein großes Interesse daran, das Archivgut als dauerhafter Besitzer zu behalten, muss in den Archivvertrag eine zeitlich unbegrenzte Überlassung ohne Rückforderungsanspruch eingefügt werden, denn im Fall des Nachlasses des Schriftstellers Ödön von Horvath urteile der Bundesgerichtshof, dass der literarische Nachlass des Schriftstellers an dessen Erbin von der Berliner Akademie der Künste herauszugeben sei, nachdem die Akademie genügend Zeit gehabt hätte, die Archivalien auszuwerten.[159] Die Erbin beendete durch eine ordentliche Kündigung schlicht den Vertrag mit der Akademie, aufgrund „der nachlässigen Vertragsgestaltung“[160] 59

III. Auflagen und Widerspruchsvorbehalt (Abs. 2)

§ 10 Abs. 2 normiert, dass eine **Benutzung mit Auflagen** verbunden sein oder sie **unter dem Vorbehalt eines Widerspruchs** gewährt werden kann. Zweck der Vorschrift ist die Erleichterung des Zugangs bei vorherigen for- 60

155 § 6 Abs. 6 Nr. 5 LArchG BW; Art. 4 Abs. 4 BayArchivG; § 3 Abs. 2 ArchGBln; § 9 Abs. 1, § 11 Abs. 1 Nr. 6, § 14 Abs. 3 Nr. 3 BbgArchG; § 1 Abs. 2 Nr. 2, § 7 Abs. 1 BremArchivG; § 4 Abs. 3 HmbArchG; § 4 Abs. 4, § 12 Abs. 1 HessArchivG; § 5 Abs. 3, § 9 Abs. 2 Nr. 6 LArchivG MV; § 1 Abs. 4, § 3 Abs. 7 NdsArchG; § 6 Abs. 2 ArchivG NRW; § 3 Abs. 2 Nr. 5 LArchG RhPf; § 2 Abs. 1, § 7 Abs. 4, § 11 Abs. 2 SaarlArchG; § 2 Abs. 1, § 4 Abs. 4, 9 Abs. 2 Nr. 6 SächsArchivG; § 10 Abs. 1 ArchG LSA; § 4 Abs. 3, § 9 Abs. 2 Nr. 6 LArchG SchlH; § 7 Abs. 1, § 16 Abs. 1 ThürArchivG.

156 § 7 SächsArchivG; § 5 ArchG LSA.

157 BGH 7.5.1987 – I ZR 250/85, NJW 1988, 332 (334).

158 *Manegold*, S. 355.

159 BGH 7.5.1987 – I ZR 250/85, NJW 1988, 332 (334).

160 *Heydenreuter* Der Archivar 1988, 667.

malen Hindernissen. Die **Auflagen** sind benutzerfreundlich, denn sie sollen dem Antragsteller in erster Linie den Zugang trotz formaler Hürden ermöglichen. Daher kann § 10 Abs. 2 auch erst in zweiter Linie zu einer Begrenzung führen. Diese ist daran zu messen, dass ein Zugang zum begehrten Archivgut zwar beschränkt, aber nicht komplett versagt wird. Die Norm regelt somit **Nutzungsbeschränkungen** und soll dem Schutz öffentlicher Belange und den Interessen Betroffener unabhängig von der Schutzfrist des § 11 Abs. 2 dienen; andere Gründe sollen die Erhaltung des Archivguts und die Funktionsfähigkeit des Bundesarchivs sein, für die Auflagen und Widerspruch erforderlich werden können.[161] Verstößt ein Benutzer zB gröblich gegen Vorschriften des BArchG oder gegen die nach § 19 (bzw. nach § 6 BArchG aF) erlassenen Rechtsverordnungen, dann kann er gem. § 5 BArchBV von der Benutzung vom Bundesarchiv ausgeschlossen werden.

61 Die BArchBV gehört nach § 19 Nr. 1 zu den Rechtsverordnungen nach § 19 (§ 6 BArchG aF). Die Regelung von Auflagen richtet sich nach § 36 VwVfG, der eine **ausdrückliche Ermächtigungsgrundlage für Nebenbestimmungen** fordert. Ein gröblicher Verstoß liegt ua dann vor, wenn der Benutzer sich vorsätzlich über von ihm eingegangene schriftliche Verpflichtungen hinwegsetzt und es dafür keine Rechtfertigung gibt.[162] Ein **Rechtfertigungsgrund** kann aber das Informationsbedürfnis der Allgemeinheit, etwa der Presse, sein oder Informationen über grobe Missstände. Hier gibt es ein Recht zur Rüge.[163] Auch bei der Verkürzung von Schutzfristen nach § 12 kann es erforderlich sein, die Nutzung von Auflagen abhängig zu machen.[164]

62 Archivgut, das von vornherein zu einer Veröffentlichung bestimmt war, unterliegt keinen Nutzungsbeschränkungen, § 11 Abs. 5 Nr. 1. Dazu gehören vor allem Film- und Bildgut, sowie Tonaufzeichnungen.[165]

IV. Bestimmungsrecht des Antragstellers (Abs. 3)

63 § 10 Abs. 3 ist angelehnt an § 1 Abs. 2 Satz 2 IFG und soll dem Antragsteller die Möglichkeit geben, die von ihm gewünschte Art des Zugangs frei zu wählen.[166] Zielt der Antragsteller auf eine bestimmte **Art der Nutzung** ab, dann darf das Bundesarchiv eine andere Art der Nutzung nur aus wichtigem Grund bestimmen. Das Bundesarchiv hat nur ein beschränktes Ermessen, da der Antragsteller über die Art der Nutzung entscheidet. § 10 Abs. 1 beschränkt das inhaltliche Auswahlermessen der informationspflichtigen Stelle dahingehend, dass eine begehrte Zugangsart nur bei Vorliegen gewichtiger Gründe versagt werden darf.[167]

161 BT-Drs.18/9633, 66.
162 VG Koblenz 17.6.2004 – 6 K 3821/03.KO, S. 6.
163 BGH 8.11.1965 – 8 StE 1/65 – Pätsch-Urteil.
164 VG Koblenz 17.6.2004 – 6 K 3821/03.KO, S. 6, 7.
165 BT-Drs.11/498, 12.
166 BT-Drs.18/9633, 66.
167 AaO.

1. Art der Nutzung

Die **Art der Nutzung** umfasst die **Auskunftserteilung** und die **Archivguteinsicht** (Akteneinsicht).[168] Dies bedeutet aber nicht, dass der Antragsteller das Recht hat, Archivgut frei durchzusehen und zu kopieren.[169] § 10 Abs. 1 schließt jedoch die Gewährung von Akteneinsicht durch die Anfertigung und Übersendung von Kopien der begehrten Unterlagen nicht aus[170] (→ § 14 Rn. 21; → § 10 Rn. 74). Die Zugangsarten können auch kumulativ genutzt werden, ein Antragsteller kann nach einem Auskunftsbegehren auch noch in der gleichen Sache Einsicht verlangen.[171] Der Antragsteller kann aber auch für einen Teil des Archivguts Auskunft und für einen anderen Einsicht verlangen.[172] 64

a) Auskunftserteilung

Die **Auskunftserteilung** ist am unkompliziertesten und am schnellsten nutzbringend. Eine Auskunft ist die Wiedergabe des Inhalts eines Informationsträgers[173] und hat sich am Begehren des Antragstellers zu orientieren. Das Bundesarchiv gibt entsprechend dem Auskunftsbegehren den Inhalt wieder, der sich auf dem begehrten Archivgut befindet. Die Auskunftserteilung erfolgt für den Antragsteller nur mittelbar, im Unterschied zur Archivguteinsicht. Um dem Auskunftsanspruch im Einzelfall zu genügen, bedarf es einer zusammenfassenden aussagekräftigen Darstellung des wesentlichen Inhalts des einschlägigen Archivguts.[174] Mangels einer Definition der Auskunft im BArchG ist auf das allgemeine Verwaltungsrecht zurückzugreifen. Es ist zwischen der Bescheidung des Antrags und der Auskunftserteilung zu unterscheiden.[175] Eine vor der Auskunft ergangene Bescheidung ist ein Verwaltungsakt, § 35 Abs. 1 VwVfG. Die **Auskunft** selbst ist Realakt.[176] Einzig in dem Fall, dass keine gesonderte vorrangehende Bescheidung vorliegt stellt sich die Frage, ob die Auskunft einen insoweit konkludent positiven Bescheid enthält oder insgesamt kein Verwaltungsakt vorliegt. Da die Entscheidung auch Auswirkungen auf die Sachurteilsvoraussetzungen der verwaltungsgerichtlichen Klage hat, kann es nicht dahinstehen. Die Auskunftserteilung eines presserechtlichen Auskunftsanspruches ist nach wohl hA ein reiner Realakt.[177] Für die Auskunftserteilung nach § 10 Abs. 1 BArchG sprechen jedoch die besseren Gründe dafür, dass mit der Erteilung zugleich ein konkludent positiver Bescheid ergeht. So spricht zunächst der 64a

168 BT-Drs.18/9633, 66 iVm § 4 Abs. 2 S. 2 BArchG aF.
169 *Jastrow/Schlatmann* IFG § 1 Rn. 51; VG München 29.10.2020 – M 17 E 20.4617, juris Rn. 29.
170 Richterlicher Hinweis vom 3.12.2020 des VG Schleswig-Holstein, 6 D 4/20, S. 2.
171 *Schoch* IFG § 1 Rn. 254.
172 HK-IFG/*Rossi* § 1 Rn. 96.
173 HK-IFG/*Rossi* § 1 Rn. 83 mN.
174 VG Frankfurt 23.1.2008 – 7 E 3280/06, juris Rn. 93.
175 *Maurer/Waldhoff* AllgVerwR § 9 Rn. 63.
176 *Maurer/Waldhoff* AllgVerwR § 9 Rn. 63; *Ricker/Weberling* PresseR-HdB Kap. 22 Rn. 3; *Polley*, Zeitgeschichte, S. 72, mwN.
177 *Ricker/Weberling* PresseR-HdB 22. Kap. Rn. 2; *Soehring* in Soehring/Hoene PresseR § 4 Rn. 91; *Burkhardt* in Löffler § 4 Rn. 186; VG Hamburg 25.2.2009 – 7 K 2428/08, juris Rn. 22; VG München 28.7.2005 – M 22 K 04/4414, juris Rn. 43; OVG Berlin 25.7.1995 – 8 B 16/94; VG Saarland 12.10.2006 – 1 K 64/05, juris Rn. 41; OVG Nordrhein-Westfalen 23.5.1995 – 5 A 2875/92.

Wortlaut des § 10 Abs. 2 von der Genehmigung der Nutzung, die mit Auflagen und einem Widerrufsvorbehalt versehen werden kann. Auflage und Widerrufsvorbehalt sind Nebenbestimmungen zum Verwaltungsakt, § 36 Abs. 2 Nr. 3, 4 VwVfG. Wäre die Auskunftserteilung ohne vorhergehenden Bescheid kein Verwaltungsakt, dürfte keine Auflage oder Widerrufsvorbehalt bestimmt werden, da Realakte nicht vom Anwendungsbereich des § 9 VwVfG erfasst sind.[178] Auch nach dem actus contrarius Gedanken kann in der Auskunftserteilung nicht lediglich ein Realakt liegen. Wenn die Ablehnung eines Nutzungsantrags einen Verwaltungsakt darstellt,[179] kann die Genehmigung in Form der reinen Auskunftserteilung nicht nur einen Realakt enthalten.[180] Auch die Formfreiheit nach § 37 Abs. 2 VwVfG begünstigt einen konkludent positiven Bescheid in der Auskunftserteilung. Bevorzugt werden sollte im Interesse des Antragstellers die Auskunftserteilung auf schriftliche oder elektronische Weise.[181]

65 Von Seiten des Bundesarchivs ist ausschlaggebend, ob seine Funktionsfähigkeit durch den **Arbeitsaufwand** beeinträchtigt werden könnte und ob der Personalbestand und der Aufwand etwaiger Vorbereitungsmaßnahmen gesichert sind.[182] Die **Funktionsfähigkeit des Bundesarchivs** dürfte aber angesichts seiner Ausstattung und Mitarbeiterzahl kaum je gefährdet sein. Dabei ist auch zu berücksichtigen, ob sich das Bundesarchiv durch adäquate Automatisierung rechtzeitig auf einen höheren Aufwand hätte vorbereiten können. Hilfreich bei der Auskunftsbeantragung ist, wenn der Antragsteller genau weiß, welches Archivgut er benötigt.[183] Dies wird aber eher selten der Fall sein und darf dem Antragsteller nicht entgegengehalten werden. Ebenso förderlich ist die Auskunftserteilung, wenn nur ein Teilbereich eines größeren Vorgangs und nicht der Gesamtvorgang abgefragt werden soll.[184] Der Nachteil der Auskunftserteilung besteht darin, dass der Antragsteller nicht weiß, ob die Auskunft vollständig ist, obwohl das Bundesarchiv grds. bei der Auskunftserteilung zur **Wahrheit und Vollständigkeit** verpflichtet ist.[185]

b) Archivguteinsicht

66 In der Praxis ist der Anteil von Einsicht und Auskunftserteilung ungefähr ausgewogen.[186] Wie die **Einsicht** gewährt wird, entscheidet das Bundesar-

178 HK-VerwR/*Schwarz* VwVfG § 9 Rn. 28.
179 Vgl. *Ramsauer* in Kopp/Ramsauer VwVfG § 35 Rn. 90, denn bei der Ablehnung des Nutzungsantrags nach BArchG kommt ihr die, dem Verwaltungsakt typische Bindungswirkung zu.
180 Vgl. *Fetzer/Fischer* in Fluck/Fischer/Martini InfoFreiheitsR Band 2, § 7 Rn. 26, iErg derselben Ansicht für die Auskunftserteilung nach IFG, da dort wo ein subjektiv öffentliches Recht gewährt wird durch Verwaltungsakt entschieden werden muss. Dies trifft auch auf das BArchG zu; aA *Fluck* in Fluck/Fischer/Martini InfoFreiheitsR, Band 1, § 7 Rn. 72, *Fluck* lehnt jedoch nicht ausdrücklich ab, sondern hält lediglich die Konstruktion des konkludenten Verwaltungsaktes nicht für erforderlich und gekünstelt.
181 *Schoch* IFG § 7 Rn. 124.
182 *Partsch/Koschmieder* NJW 2017, 3416 (3421).
183 HK-IFG/*Rossi* § 1 Rn. 84.
184 *Scheel* in Berger/Partsch/Roth/Scheel IFG § 1 Rn. 93.
185 *Schoch* IFG § 1 Rn. 259.
186 *Schoch* IFG § 1 Rn. 260.

chiv.[187] Bei der Archivguteinsicht geschieht der Informationszugang unmittelbar, denn es erfolgt ein Zugang zu Archivgut als Informationsträger.[188] Dh, der Antragsteller muss sich aus dem Archivgut seine benötigten Informationen selbst erarbeiten, und kann das Archivgut ausführlich studieren und auswerten. Bei einer Einsichtnahme in Archivgut besteht eine gute Chance auf die Vollständigkeit der Informationen, und die Objektivität der Informationsaufnahme.[189] Der Nachteil besteht darin, dass ein Antragsteller, der kaum mit Archivgut vertraut ist, Schwierigkeiten haben könnte, die benötigten Informationen zu extrahieren.[190] In so einem Fall ist ein Archivmitarbeiter verpflichtet, Hilfe zu gewähren und zu beraten, allerdings in den Grenzen der Leistungsfähigkeit des Archivs.[191]

2. Wichtiger Grund

Grds. hat der **Antragsteller das Recht, die Art der Auskunft zu bestimmen.** 67
Von der verlangten Art der Nutzung kann das Archiv nur aus einem wichtigen Grund absehen. **Wichtige Gründe** sollen laut Gesetzesbegründung insbes. sein: ein unverhältnismäßiger Verwaltungsaufwand, die Gefährdung des Zustands von Archivgut und die Beeinträchtigung schutzwürdiger Belange Betroffener, die in der gleichen Unterlage genannt werden.[192] Diese Ausnahmen sind nach allgemeinen Auslegungsgrundsätzen **eng zu verstehen.**[193]

a) Unverhältnismäßiger Verwaltungsaufwand

Ein **unverhältnismäßiger Verwaltungsaufwand** soll nach der Rechtspre- 68
chung zum IFG vorliegen, wenn der technisch-organisatorische Aufwand in einem Missverhältnis zum erwartenden Erkenntnisgewinn steht.[194] Mit dem unverhältnismäßigen Verwaltungsaufwand hat die bevorzugte Ausrede der Verwaltung zum IFG nun auch Einzug in das BArchG gefunden. Tatsächlich dürfte dieses Argument kaum jemals überzeugen. Beim Bundesarchiv kommt hinzu, dass es sich um eine Behörde handelt, die allein für diesen beantragten Zweck geschaffen wurde und der der Stand der Technik[195] entgegengehalten werden kann. Ein anderer Maßstab soll nach VG Köln zum Anspruch nach § 5 Abs. 8 aF gelten, wenn der Anspruch sich gegen die abgabepflichtige Behörde richtet.[196] Dies verkehrt den Sinn

187 HK-IFG/*Rossi* § 1 Rn. 91.
188 *Schoch* IFG § 1 Rn. 258.
189 *Schoch* IFG § 1 Rn. 259.
190 *Schoch* IFG § 1 Rn. 259.
191 HK-IFG/*Rossi* § 1 Rn. 98 mwN.
192 BT-Drs.18/9633, 67.
193 Zum IFG *Berger/Partsch/Roth/Scheel* IFG Anh.1, S. 310.
194 BVerwG 10.4.2019 – 7 C 22/18, juris Rn. 33; BVerwG 17.3.2016 – 7 C 2/15, juris Rn. 24; VG Berlin 12.10.2009 – 2 A 20/08, juris Rn. 45.
195 So auch *Masing* VVDStRL 2004, 379 (428 f.).
196 *„Jedoch muss nach Auffassung des Gerichts hier bei der Anwendung des Versagungsgrundes des nicht vertretbaren Verwaltungsaufwandes berücksichtigt werden, dass anspruchsverpflichtet nicht das nach archivarischen Gesichtspunkten organisierte Bundesarchiv selbst, sondern das BfV ist. Auf dieses sind die Vorschriften über die Nutzung von Archivgut – wie dargelegt – nur entsprechend anwendbar. Das führt – jedenfalls derzeit noch – zu einer Herabsenkung der Anforderungen an die Annahme eines unvertretbaren Verwaltungsaufwandes im Sinne*

von § 5 Abs. 8 aF und § 11 Abs. 6 in sein Gegenteil, denn die Behörden sollten motiviert werden, archivwürdige Unterlagen gemäß ihrer Anbietungspflicht abzugeben. Bei einer Behörde, deren Aufgabe das Sammeln und Verwerten von Informationen ist, ist das Argument mangelnder Organisation noch weniger als beim Bundesarchiv zu akzeptieren. Darüber hinaus ist bekannt, dass der BND die Auswertungsmöglichkeiten durch AI (etwa die Software ZYoneLAB), nutzt, bei seinem eigenen Archiv aber eine händische Auswertung behauptet.

69 Für das Anwenden des Stands der Technik spricht das von Verfassungs wegen zu berücksichtigende Argument der **Verwaltungseffizienz**. Das Prinzip hat in den Regelungen der Art. 20 Abs. 2 und Art. 83 ff. GG seinen Niederschlag gefunden.[197] Art. 20 Abs. 2 GG verlangt nicht nur, dass die Organe der vollziehenden Gewalt als solche existieren, sondern auch, dass diese Organe leistungsfähig und zu einer raschen, wirksamen und rationellen Erfüllung ihrer Aufgaben imstande sind.[198] Das Interesse an effizienter Verwaltung verpflichtet diese, den neusten Stand der Technik einzusetzen. So kann das Programm ZyLAB umfangreiche Datenmaterialien jeglichen Formats auslesen[199] und wird schon von deutschen Behörden eingesetzt, ua vom Bundesnachrichtendienst.

70 Darüber hinaus wäre dem Bundesarchiv der **technische Fortschritt** entgegenzuhalten dessen Nichteinführung dem Bundesarchiv, nicht aber dem Antragsteller anzulasten ist. Es gibt neue Entwicklungen zum Thema **Effizienz-Management**, das aus künstlich intelligenten Software-Systemen besteht. [200] **Kira** wird in der klassischen Due-Diligence-Arbeit genutzt, sprich in der Sichtung von Unterlagen. Es kann sämtliche Dateiformate gegeneinander laufen lassen, einschließlich Scans und JPEGs. Damit können Dokumentenmassen maschinell aufgearbeitet, also auch geschwärzt werden.[201] Auch das Programm **RAVN** kann automatisch Unterlagen auffinden, zusammenfassen und vor allem organisieren.[202] Das Programm **ZYoneLab** eines niederländischen Anbieters wird vom BND bei der Aufklärung benutzt, nicht jedoch bei der Erfüllung seiner gesetzlichen Pflicht aus § 11 Abs. 6.

---

des § 5 Abs. 6 Nr. 4 BArchG." VG Köln 15.12.2016 – 13 K 6691/14, juris Rn. 42.

197 BVerwG 27.5.1983 – 4 C 40/81, BVerwGE 67, 206 Rn. 19.

198 *Niedobitek* DÖV 2000, 761 (763) mwN; zur Leistungsverwaltung s. a. *Erichsen* DVBl 1983, 289.

199 "Over the past three decades, ZyLAB has worked closely with … government agencies to assist with a variety of challences in the collection, search, redaction and production of documents within their organization. ZyLAB One eDiscovery provides these organizations with the ability to respond to … FOIA and Public Record requests …"
Ausf. erklärt unter: https://zylab.com/applications/foia-and-public-records-requests/, eingesehen am 30.4.2018.

200 So zB die Computerprogramme Kira oder RAVN, *Barth* in Hartung/Bues/Halbleib, S. 49.

201 S. Interview zu Legal Tech mit Dr. *Nils Krause*, Leiter der Corporate-Praxis bei DLA Piper:
https://www.juve.de/nachrichten/namenundnachrichten/2017/02/interview-zu-legal-tech-kira-rechnet-sich-von-anfang-an, eingesehen am 30.4.2018.

202 https://imanage.com/product/ravn/, eingesehen am 30.4.2018.

Abzulehnen sind daher die Wertungen, die zum IFG in dieser Sache erfolgten.[203] Insbes. da der Verwaltungsaufwand gegen den Erkenntnisgewinn abwogen werden soll. Dies birgt die Gefahr, dass das Recherchеziel bewertet wird und ist, außer in Extremsituationen, abzulehnen. Auch die nach dem **Leuna-Urteil** geschaffenen Erleichterungen[204] für die Verwaltung sind nicht auf Ansprüche nach BArchG anwendbar. „Ein Informationszugangsanspruch ist nur wegen unverhältnismäßigen Verwaltungsaufwands ausgeschlossen, wenn die Erfüllung des Anspruchs einen im Verhältnis zum Erkenntnisgewinn des Anspruchstellers oder der Allgemeinheit unvertretbaren Aufwand an Kosten oder Personal erfordern würde oder bei zumutbarer Personal- und Sachmittelausstattung sowie unter Ausschöpfung aller organisatorischen Möglichkeiten die Wahrnehmung der vorrangigen Sachaufgaben der Behörde erheblich behindern würde".[205] Entgegen dieser Ansicht des OVG NRW ist jedoch davon auszugehen, dass die Gewährung von Zugangsansprüchen nach BArchG zu den gleichrangigen Aufgaben einer Behörde gehört. Sie kann sich dieser nur durch Abgabe an das BArch entziehen. 71

Nach der Gesetzesbegründung zum IFG soll ein **unverhältnismäßiger Verwaltungsaufwand** bei **Massenverfahren** gegeben sein, in denen zahlreiche Personen gleichförmige Anträge stellen.[206] Andererseits sieht gerade das IFG Massenverfahren in § 8 IFG vor, und damit nicht grds. als unzulässig an. Auch steht es dem Gericht und der Verwaltung frei, Massenanträge zu verbinden. Für einen unverhältnismäßigen Verwaltungsaufwand zählt außerdem nicht der tatsächliche Aufwand, sondern der unvermeidbare.[207] 72

Geheimhaltungsgründe rechtfertigen es nicht, eine Einsicht aufgrund eines für unangemessen gehaltenen Verwaltungsaufwands komplett abzulehnen, sondern sie führen nur zu einer **Prüfung des Inhalts**; so sind nach Möglichkeit bestimmte Teile des Archivguts zu schwärzen oder zurückzubehalten.[208] Ebenso wenig rechtfertigt das **Erstellen von einer Vielzahl an Kopien** den unverhältnismäßigen Verwaltungsaufwand, denn dafür kann das Bundesarchiv erhöhte Gebühren erheben.[209] Eine Verweigerung der Einsichtnahme mit der Begründung eines unverhältnismäßigen Verwaltungsaufwands lässt den Verdacht des Missbrauchs aufkommen, denn der tatsächliche Verwaltungsaufwand kann vom Antragsteller kaum überprüft werden.[210] Es darf dabei nicht vergessen werden, dass es zu den **Kernaufgaben eines Archivs** gehört, die **Einsichtnahme in Archivgut zu ermöglichen**, auch wenn diese mit einem gewissen Zeitaufwand verbunden ist. Insbes. wenn Grundrechte betroffen sind oder der Antragsteller ein Strafver- 73

203 So zB VG Berlin 12.10.2009 – 2 A 20/08; VG Frankfurt 19.3.2008 – 7 E 4067/06; VG Berlin 30.5.2013 – 2 K 57/12; BVerwG 10.4.2019 – 7 C 22/18, juris Rn. 33; BVerwG 17.3.2016 – 7 C 2/15, juris Rn. 24
204 OVG Berlin-Brandenburg 16.1.2014 – OVG 12 B 50/09.
205 OVG NRW 15.5.2018 – 15 A 25/17, juris Rn. 45 unter Verweis auf BVerwG 17.3.2016 – 7 C 2.15, juris Rn. 24.
206 BT-Drs.15/4493, 8.
207 *Schoch* IFG § 1 Rn. 281 mwN.
208 BVerwG 19.4.2010 – 20 F 13/09; BVerwGE 136, 345 (358).
209 *Scheel* in Berger/Partsch/Roth/Scheel § 1 Rn. 103.
210 *Partsch/Koschmieder* NJW 2017, 3416 (3421).

fahren abwehren will, sollte im Rahmen des § 10 Abs. 3 der unverhältnismäßige Verwaltungsaufwand verfassungskonform eingegrenzt werden.[211]

b) Gefährdung des Erhaltungszustandes von Archivgut

74 Es ist dem Bundesarchiv erlaubt, **Kopien** anzufertigen und abzugeben.[212] Deshalb ist diesem Kriterium des Gesetzgebers als wichtigem Grund nur zu folgen, wenn Archivgut in so schlechtem Zustand ist, dass selbst eine Kopie nicht mehr angefertigt werden kann. In diesen Fällen wandelt sich das Recht auf Einsicht in ein Auskunftsrecht.

c) Schutzwürdige Belange Betroffener

75 Der **Schutz öffentlicher Belange** und die **Wahrung schutzwürdiger Interessen Betroffener** richten sich in erster Linie nach § 13. Die schutzwürdigen Belange Betroffener im Rahmen des § 10 Abs. 2 sollten zumindest nicht über den Schutzgehalt des § 13 hinausgehen. Aber der Gesetzgeber versucht hier eine doppelte Sicherung, weshalb im Rahmen des wichtigen Grundes des § 10 Abs. 2 den schutzwürdigen Belange Betroffener überhaupt kein eigener Schutzgehalt zukommen sollte.

---

211 *Partsch/Koschmieder* NJW 2017, 3416 (3421).
212 BT-Drs.18/9633, 65.

§ 11 Schutzfristen

(1) Die allgemeine Schutzfrist für Archivgut des Bundes beträgt 30 Jahre, sofern durch Rechtsvorschrift nicht anderes bestimmt ist. Sie beginnt mit der Entstehung der Unterlagen.

(2) Nach Ablauf der Schutzfristen des Absatz 1 darf Archivgut des Bundes, das sich seiner Zweckbestimmung oder seinem wesentlichen Inhalt nach auf eine oder mehrere natürliche Personen bezieht, frühestens zehn Jahre nach dem Tod der jeweiligen Person genutzt werden. Ist das Todesjahr nicht oder nur mit unverhältnismäßigem Aufwand festzustellen, endet die Schutzfrist 100 Jahre nach der Geburt der Personen. Kann auch der Geburtstag nicht oder nur mit unvertretbarem Aufwand festgestellt werden, endet die Schutzfrist 60 Jahre nach Entstehung der Unterlagen.

(3) Archivgut des Bundes, das aus Unterlagen besteht, die der Geheimhaltungspflicht nach § 6 Absatz 1 Satz 1 und Absatz 4 unterliegen, darf erst 60 Jahre nach seiner Entstehung genutzt werden.

(4) Die Schutzfristen nach Absatz 2 sind nicht auf Archivgut des Bundes anzuwenden das sich auf Amtsträger in Ausübung ihrer Ämter und auf Personen der Zeitgeschichte bezieht, es sei denn ihr schutzwürdiger privater Lebensbereich ist betroffen.

(5) Die Schutzfristen der Absätze 1 bis 3 sind nicht auf Archivgut des Bundes anzuwenden,

1. das aus Unterlagen besteht, die bereits bei ihrer Entstehung zur Veröffentlichung bestimmt waren, oder
2. soweit es aus Unterlagen besteht, die vor der Übergabe an das Bundesarchiv bereits einem Informationszugang nach einem Informationszugangsgesetz offen gestanden haben.

(6) Auf die Nutzung von Unterlagen, die älter als 30 Jahre sind und noch der Verfügungsgewalt der öffentlichen Stellen des Bundes unterliegen, sind die Absätze 1 bis 5 und die §§ 10, 12 und 13 entsprechend anzuwenden.

Literatur

Bizer, Johann, Postmortaler Persönlichkeitsschutz? – Rechtsgrund und Länge der Schutzfristen für personenbezogener Daten Verstorbener nach den Archivgesetzen des Bundes und der Länder, NVwZ 1993, 653; *Henke, Josef*, Das amerikanisch-deutsche OMGUS-Projekt, Erschließung und Verfilmung der amerikanischen Militärregierung in Deutschland 1945–1949, Der Archivar 1982, 149; *Kraft, Ingo*, Die Verantwortung des Verwaltungsrichters für Ermittlung und Auslegung nationalen sowie europäischen Rechts, NVwZ 2020, 1229 ff.; *Oldenhage, Klaus*, Bemerkungen zum Bundesarchivgesetz, Der Archivar 1988, 477 ff.; *Partsch, Christoph/Koschmieder, Norman*, Der archivrechtliche Informationszugang nach der Novelle des BArchG, NJW 2017, 3416; *Polley, Rainer*, Die Schutzfristverkürzung – Dogmatische Bemerkungen zu einem Alltagsproblem, Der Archivar, Beiband 8, 2002, 169; *Pretsch, Hans Jochen*, Die Rechtsstellung des Politischen Archivs, Der Archivar 1990, 597; *Schoch, Friedrich*, Modernisierung des Archivrechts, Die Verwaltung 2006, Bd. 39, 463; *Schreckenbach, Hans-Joachim*, Archivgesetze in den Bundesländern Brandenburg, Mecklenburg-Vorpommern, Sachsen, Sachsen-Anhalt und Thüringen, LKV 1998, 289; *Werner, Wolfram*, Vereinigte Staaten von Amerika, Der Archivar 1979, 375; *Wyduckel, Dieter*, Archivgesetzgebung im Spannungsfeld von Informationeller Selbstbestimmung und Forschungsfreiheit, DVBl 1989, 327

I. Allgemeines

1 Die Nutzung von Archivgut steht in einem Spannungsfeld zwischen Forschungs- und Informationsfreiheit auf der einen und dem Datenschutz auf der anderen Seite.[1] Dazu kommt das Interesse des Staates an einer funktionsfähigen Archivverwaltung, welches in dem Schutz der Verwaltung gemäß dem Rechtsstaatsprinzip eine verfassungsrechtliche Grundlage hat.[2] Auch die legitimen Sicherheitsinteressen des Staates wirken als Schranke etwa bei materiell geheimhaltungsbedürftigen Unterlagen. Anknüpfungspunkt für die Sicherheitsinteressen sollen Art. 12 a Abs. 1, Art. 24, Art. 73 Nr. 1 und 87 Abs. 1 GG sein.[3] Der gesetzgeberische Spielraum ist weit[4], aber angesichts der Forschungsfreiheit nicht uneingeschränkt. Solange die **Schutzfristen** des § 11 laufen, generieren sie ein generelles Benutzungsverbot, das aber über die gesetzlich mögliche Verkürzung der Schutzfrist des § 12 gemildert wird und somit einem Erlaubnisvorbehalt unterliegt.[5] Die Schutzfristen gelten für **drei Arten von Archivgut**, nämlich für das sachbezogene Archivgut, das personenbezogene Archivgut und das Archivgut, das Geheimhaltungsregelungen unterworfen ist.[6] Schutzfristen sollen der Überlieferungssicherheit dienen, dh der Bereitschaft von Behörden, ihre Akten an Archive abzugeben.[7] Die Schutzfristen beginnen mit der **Entstehung der Unterlagen.** Der Begriff der Entstehung war stark umstritten. Er wurde mittlerweile vom BVerwG in dem Verfahren auf Zugang zu den Unterlagen zu *Alois Brunner* beim BVerfSch geklärt. Die allgemeine archivrechtliche

1 *Günther* in Polley, Archivgesetzgebung, S. 120, 121.
2 *Schoch/Kloepfer/Garstka*, Archivgesetz (ArchiG-ProfE), 2007, Einleitung 16.
3 *Mayen*, S. 211.
4 Vgl. Ausarbeitung des wissenschaftlichen Dienstes WD 3-3000-249/16, S. 6 f.
5 *Polley* Der Archivar, Beiband 8, 2002, 169 (173).
6 *Polley*, Die historische Entwicklung der Schutzfristendiskussion mit dem Gedanken zur Dogmatik und Reform des Archivbenutzungsrechts in Schutzfristen – Festlegung und Verkürzung, S. 43.
7 *Manegold*, S. 269.

Schutzfrist von 30 Jahren nach § 11 Abs. 1 und 6 BArchG beginnt danach bei den geführten Akten nicht erst mit der letzten inhaltlichen Bearbeitung der Gesamtakte. Wird ein Schriftstück nach inhaltlicher Prüfung ohne weitere Bearbeitungsschritte in die Akte aufgenommen, ist bereits der Zeitpunkt der "zdA"-Verfügung als letzte inhaltliche Bearbeitung der Unterlagen eines abtrennbaren Vorgangs im Sinne der Bestimmung des Begriffs der Entstehung in § 1 Nr. 5 BArchG maßgeblich,[8] Der Begriff des Vorgangs ist materiell zu bestimmen. Er erfasst einzelne Unterlagen die als inhaltlich zusammengehörige Teile einer Gesamtakte abgetrennt werden können.[9]

Nach § 4 Abs. 3 sind die Schutzfristen des § 11 nicht auf die Bestände der Stiftung „Archiv der Parteien und Massenorganisationen der DDR“ anzuwenden. 2

Die Fristen werden schon bei der Erschließung der Unterlagen durch den Archivmitarbeiter kalkuliert und im Rahmen der Verzeichnung des Archivguts notiert.[10] Die **Darlegungslast** für das Eingreifen der archivgesetzlichen Schutzfrist liegt beim Bundesarchiv bzw. der abgebenden Stelle.[11] 3

Wer allerdings Archivgut aus mehreren Bundesländern und dem Bundesarchiv nutzen will, wird feststellen, dass die **Schutzfristen unterschiedlich lang** sind.[12] Nutzerfreundlicher wäre es, die Länder und der Bund hätten sich auf ein einheitliches Verfahren einigen können, doch dies ist nicht erfolgt. Jeder Träger eines Archivs setzt den Zugang und die Schutzfristen für das einschlägige Archivgut selbst fest; für den Bund gilt das Bundesarchivgesetz, für die Länder die Landesarchivgesetze. Kommunen und sonstige Körperschaften des öffentlichen Rechts erlassen Satzungen, müssen dabei aber die Vorgaben der Landesarchivgesetze beachten.[13] Für kirchliche Archive gilt das Kirchenrecht, private Archive müssen den Datenschutz und andere Persönlichkeitsrechte beachten, orientieren sich aber oft an den Schutzfristen der Archivgesetze, bzw. hinken bei Gesetzesänderungen in der Umsetzung hinterher, vgl. das Parteiarchiv der Konrad-Adenauer-Stiftung.[14] 4

Nachdem **Findmittel** auch vom Zugang nach § 10 Abs. 1 umfasst sind[15], müssten die Schutzfristen des § 11 auch dafür gelten.[16] Eine Einsichtnahme in Findmittel ist aber für die meisten Forschungsvorhaben im Vorfeld unerlässlich, so dass es sich als nicht überzeugend darstellt, den Zugang zu einem Findmittel genauso streng zu regeln, wie für einen Archivzugang, für den Findmittel Voraussetzung sind.[17] Deshalb sollte bei einer notwendigen 5

8 BVerwG 11.12.2019 – 6 C 21/18, juris Ls. Rn. 38; BVerwG 30.1.2019 – 6 A 1/17, juris Rn. 32; OVG NRW 5.7.2018 – 15 A 2147/13, juris Rn. 37, 38, 40; VG Berlin 20.12.2018 – 2 K 178/17, juris Rn. 24.
9 BVerwG 11.12.2019 – 6 C 21/18, juris Rn. 21.
10 *Hausmann*, S. 84.
11 BVerwG 2.8.2017 – 6 A 1/17.
12 Zur näheren Ausführung s. unter den einzelnen Absätzen.
13 *Vollmer* Veröffentlichungen der Archivschule Marburg 2011, 11 (14).
14 *Vollmer* Veröffentlichungen der Archivschule Marburg 2011, 11 (14).
15 OVG Lüneburg 17.9.2002 – 11 LB 123/02, juris Rn. 64; OVG NRW 15.5.2018 – 15 A 25/17, UA S. 29.
16 So zB *Vollmer* Veröffentlichungen der Archivschule Marburg 2011, 11 (18).
17 *Becker/Rehm*, S. 122.

Einsicht in Findmittel der gebundenen oder reduzierten Ermessensentscheidung, die einer **Schutzfristverkürzung** nach § 12 zugrunde liegt, erhebliches Gewicht zukommen.[18]

II. Allgemeine Schutzfrist (Abs. 1)

6 Nach der Gesetzesbegründung entspricht Abs. 1 „in der Sache" § 5 Abs. 1 Satz 1 aF[19] und bezieht sich auf sachbezogenes Archivgut. **Sachakten** enthalten nur wenige personenbezogene Daten, die nicht unbedingt das Schutzniveau des Abs. 2 erfordern (→ Rn. 11 f.).[20] Wegen der verschiedenen Schutzfristen müssten Sachakten und **Personenakten** eindeutig abgrenzbar sein.[21] Tatsächlich bestehen jedoch teils erhebliche Abgrenzungsschwierigkeiten, insbes. bei Personenakten, die ihrem wesentlichen Inhalt nach personenbezogen sind, und weniger bei zweckbestimmten Personenakten (→ Rn. 12, 13). Aus dem Zweck des § 11 Abs. 1, dem Wortlaut und der Systematik ergibt sich, dass für Archivgut eine Vermutung der Sachbezogenheit gilt. Die allgemeine Schutzfrist existiert gerade auch um der informationellen Selbstbestimmung Geltung zu verschaffen. Ist also ein gewisser Anteil an personenbezogenen Daten in der Akte vorhanden, soll dieser Anteil an personenbezogenen Daten nach dem Willen des Gesetzgebers durch die allgemeine Schutzfrist ausreichend geschützt sein.[22] Erst mit einem deutlichen Anstieg der personenbezogener Daten bedarf es einer Anpassung der Schutzfristen. Dies schafft einen gerechten Ausgleich zwischen Wissenschafts- und Forschungsfreiheit auf der einen und dem Recht auf informationelle Selbstbestimmung und dem allgemeinen Persönlichkeitsrecht auf der anderen Seite.[23] Wortlaut und Systematik deuten ebenfalls eine Vermutung für die Sachakte an. Im Zusammenspiel mit § 11 Abs. 2 stellt § 11 Abs. 1 eindeutig den Regelfall und § 11 Abs. 2 die Ausnahme dar. Auch das Wort „allgemein" stellt einen Verweis auf den Regelfall dar. Es liegt daher solange eine Sachakte vor, wie die personenbezogenen Daten nicht den wesentlichen Inhalt der Akte ausmachen.[24] In der Praxis muss eine Akte daher solange als Sachakte gelten, wie sich nach Datenart, Datendichte und Aktentyp noch nicht der überwiegende Personenbezug aufdrängt. Es verbleiben dennoch Definitionsprobleme, insbes. für das Merkmal „wesentlicher Inhalt" (→ Rn. 13).

Die **allgemeine Schutzfrist für sachbezogenes Archivgut** entspricht im BArchG und in elf der sechzehn Landesarchivgesetzen[25] einer Frist von dreißig Jahren, beginnend mit der Entstehung der Unterlagen. Die Entste-

---

18 *Becker/Rehm*, S. 122.
19 BT-Drs. 18/9633, 67.
20 BT-Drs. 18/9633, 68; BVerwG 30.1.2019 – 6 A 1/17, juris Rn. 37; BVerwG 11.12.2019 – 6 C 21/18, juris Rn. 40.
21 *Becker/Rehm*, S. 148.
22 BVerwG 30.1.2019 – 6 A 1/17, juris Rn. 37, Akten mit nur vereinzelt personenbezogenen Daten sind Sachakten.
23 *Becker/Rehm*, S. 148.
24 *Manegold*, S. 278, danach ist es gängige Archivpraxis selbst Personalakten zunächst als Sachakten im archivtheoretischen Sinn einzuordnen, was ebenfalls für ein Regel-Ausnahme Verhältnis spricht.
25 § 6 Abs. 2 LArchG BW; Art. 10 Abs. 3 BayArchivG; § 7 Abs. 2 BremArchivG; § 5 Abs. 2 HmbArchG; § 13Abs. 1 HessArchivG; § 5 Abs. 2 ArchG Nds; § 7 Abs. 1 Ar-

hung der Unterlagen ist legaldefiniert in § 1 Nr. 5 (→ Rn. 1). Durch die allgemeine Schutzfrist sollen öffentliche und private Interessen geschützt werden, die nicht unter die Abs. 2 und 3 fallen.

In den Ländern wählt das Saarland für die Schutzfrist für sachbezogenes Archivgut die unglückliche Formulierung von „mehr als 30 Jahre".[26] Wann genau dieses „Mehr" eintritt, wird im Gesetz nicht näher erläutert. Die Länder Berlin, Brandenburg und Schleswig-Holstein haben die Schutzfrist für sachbezogenes Archivgut nutzerfreundlich auf nur zehn Jahre herabgesetzt.[27] 7

Die **Normierung der allgemeinen Schutzfrist** ist umstritten. Es gab und gibt Stimmen, die eine flexiblere Lösung verlangen, und die durch die bisherige Praxis verursachte Behinderung und Verhinderung von Forschungsvorhaben kritisieren.[28] Auch gibt es Stimmen, die die allgemeine Schutzfrist für nicht personenbezogenes Archivgut ganz abschaffen wollen.[29] Es darf auch nicht vergessen werden, dass noch keine dreißig Jahre nach dem Zweiten Weltkrieg vergangen waren, als die USA als eine der vier Siegermächte, Einsicht in ungeordnete Akten der unmittelbar nach dem Krieg eingesetzten Besatzungsverwaltung beinahe ohne Vorbehalt erlaubte.[30] Die USA hatte den Mut, auch ihre umstrittenen oder fehlerhaften Entscheidungen während der Besatzungszeit durch dir Freigabe dieser Akten der Öffentlichkeit zugänglich zu machen.[31] Dem deutschen Gesetzgeber ist solche Souveränität bis heute fremd. 8

Die **allgemeine Schutzfrist** soll ein geeignetes Mittel sein, eine unkontrollierte Offenlegung auch zurückliegender interner Verwaltungsvorgänge zu vermeiden, denn auch wenn die konkreten Unterlagen aufgrund eines abgeschlossenen Vorgangs nicht mehr benötigt werden, können die Entscheidungsträger weiterhin tätig sein.[32] Daraus aber eine generelle Sperre von dreißig Jahren abzuleiten, ist nicht überzeugend, da immerhin vier der Bundesländer eine geringere Fristdauer für vertretbar ansehen.[33] Außerdem lässt es sich rechtsstaatlich nur schwer begründen, warum der, der einer öffentlichen Kontrolle unterliegt, weniger unabhängig sein soll, als der, der unkontrollierbar handeln kann.[34] 9

Auch die **Funktionsfähigkeit des Bundesarchivs** wäre mit einer kürzeren Schutzfrist nicht eingeschränkt. Zwar dauert die Erschließung des Materials seine Zeit und auch andere Archivaufgaben müssen erfüllt werden, je- 10

---

chivG NRW; § 3 Abs. 3 LArchG RhPf; § 10 Abs. 1 NR.1 SächsArchivG; § 10 Abs. 3 ArchG LSA, § 17 Abs. 1 ThürArchivG.

26 § 11 Abs. 1 SaarlArchG.

27 § 8 Abs. 2 ArchGB; § 10 Abs. 1 BbgArchivG; § 9 Abs. 3 LArchG SchlH.

28 *Schoch* Die Verwaltung 2006, 463 (488); *Manegold*, S. 274 ff., 325 ff.; *Schoch/Kloepfer/Garstka*, ArchG-ProfE, S. 196 ff.; *Wyduckel* DVBl 1989, 327 (332 f.); *Bizer* NVwZ 1993, 653 (654 f.); *Nadler*, S. 165 ff.

29 *Freys*, S. 98.

30 *Henke* Der Archivar 1982, 149 (158).

31 *Henke* Der Archivar 1982, 149 (158).

32 *Manegold*, S. 268 (269).

33 *Manegold*, S. 269.

34 *Freys*, S. 100.

doch gewinnt die allgemeine Schutzfrist so die Eigenschaft einer maximalen Bearbeitungsfrist.[35] Dreißig Jahre sind dafür aber nicht erforderlich.

III. Einschränkung bei personenbezogenem Archivgut (Abs. 2)

1. Allgemeines

11 Bei personenbezogenem Archivgut gilt das Archivrecht als bereichsspezifisches Datenschutzrecht.[36] Abs. 2 Satz 1 entspricht § 5 Abs. 2 Satz 1 aF, Satz 2 entspricht § 5 Abs. 2 Satz 2 aF und Satz 3 ist neu eingefügt im BArchG. **Personenbezogenes Archivgut** bezieht sich nach seiner Zweckbestimmung auf eine natürliche Person, die inzwischen verstorben ist.[37] Personenbezogenes Archivgut ist nicht gleichzusetzten mit dem Begriff der **personenbezogenen Daten**, denn Lebensdaten gelten nicht automatisch als personenbezogenes Archivgut und sind kein wesentlicher Bestandteil einer Akte.[38] Auch der Gesetzgeber behält die Unterscheidung von personenbezogenen Daten und personenbezogenem Archivgut in der Gesetzesänderung vom 17.6.2021 bei und stellt damit klar, dass auch die erforderlichen Anpassungen des BArchG an das aktuelle Datenschutzrecht keine Angleichung von personenbezogenen Daten und personenbezogenem Archivgut erfordern.[39]

12 Aufgrund der Einschränkung der Forschungsfreiheit durch die Schutzfristen sollte der Begriff des **personenbezogenen Archivguts** ein Mindestmaß an Klarheit aufweisen; leider gibt es keine allgemeine Definition.[40] Derartiges Archivgut sollte aber zumindest eine große Menge von persönlichen Einzelangaben enthalten, die zu einer besonderen Schutzbedürftigkeit führen.[41] Dies sind insbes. Personal-, Prozess-, Steuer- oder Kreditdaten[42], aber auch Sozial- und Krankenakten[43]. Nach der Rechtsprechung des BVerwG ist für eine Zweckbestimmung als **Personenakte**, der Wille der abgebenden Behörde maßgeblich, die Akte als Personenakte zu führen. Weiterhin ist entscheidend, dass die Behörde die Akte zu einer oder mehreren Personen angelegt hat.[44] Indiz dafür ist die Bezeichnung der Akte, in der sich der Wille der Behörde manifestiert, die Akte als Personenakte zu führen.[45] Eine Personenakte soll auch dann vorliegen, wenn ein hinreichender Schutz der personenbezogenen Daten nicht über § 13 gewährleistet werden

35 *Manegold*, S. 269.
36 *Schoch* Die Verwaltung 2006, Bd. 39, 463 (469).
37 *Schoch/Kloepfer/Garstka*, ArchG-ProfE, § 16 Rn. 18.
38 BT-Drs. 18/9633, 68; auch *Manegold*, S. 275.
39 BT-Drs. 19/23709, 3.
40 *Manegold*, S. 280; ein treffender Ansatz findet sich bei *Taddey*, Zeitgeschichte in den Schranken des Archivrechts 1995, S. 59: „Nach unserer Auffassung sind solche Unterlagen vor allem Personalakten, gerichtliche Verfahrensakten, Einbürgerungsakten, also solche, bei denen – um ein formales Kriterium zu nennen – der Name wesentlicher Teil der inhaltlichen Beschreibung, des Aktentitels, ist".
41 *Schoch/Kloepfer/Garstka*, ArchG-ProfE, § 16 Rn. 19.
42 BT-Drs. 11/498, 11.
43 *Schreckenbach* LKV 1998, 289 (293).
44 BVerwG 30.1.2019 – 6 A 1/17, juris Rn. 36; OVG Berlin-Brandenburg 7.5.2020 – 12 B 4/19, juris Rn. 55.
45 BVerwG 30.1.2019 – 6 A 1/17, juris Rn. 36; OVG Berlin-Brandenburg 7.5.2020 – 12 B 4/19, juris Rn. 55.

kann.[46] Der Schutz personenbezogener Daten in einzelnen Unterlagen kann regelmäßig über § 13 gewährleistet werden. Deshalb kommt es für die Anwendbarkeit des § 11 Abs. 2 auf eine Betrachtung der gesamten Akte an.[47]

2. Wesentlicher Inhalt

Das **Merkmal des „wesentlichen Inhalts"** soll einen gewissen Spielraum zulassen, dh, die Person muss namentlich genannt werden oder wesentlicher Gegenstand des Inhalts sein.[48] Für das BVerwG ist eine Akte ihrem wesentlichen Inhalt nach personenbezogen, wenn der Anteil der personenbezogenen Daten deutlich überwiegt und hierdurch der Sachbezug in den Hintergrund tritt.[49] Die Definition des Merkmals des „wesentlichen Inhalts" bereitet der Rechtsprechung Schwierigkeiten, denn die eingangs genannte Definition wird nur offensichtliche Fälle erfassen. Dass bei einer solchen Begriffsbestimmung Abgrenzungsschwierigkeiten entstehen ist nicht überraschend, da der Begriff des „wesentlichen Inhalts" erheblichen Auslegungsspielraum bietet. Hilfreich ist der Vergleich mit einer zweckbestimmten Personenakte. Hält die streitgegenständliche Akte inhaltlich einem Vergleich mit einer zweckbestimmten Personenakte stand, bedarf es des Schutzes nach § 11 Abs. 2.[50] 13

3. Todesdatum (Satz 1)

Sowohl das BArchG als auch fast alle Landesarchivgesetze legen die Schutzfrist von personenbezogenem Archivgut auf zehn Jahre nach dem Todesjahr fest. Nur in Sachsen-Anhalt beträgt diese Frist noch dreißig Jahre.[51] Das Abstellen auf den **Todeszeitpunkt** ist nach wie vor misslich und zwar bereits aus archivfachlicher Sicht. Hinweise auf das Geburtsdatum lassen sich personenbezogenem Archivgut leicht entnehmen, bspw. aus dem Aktentitel oder den ersten Blättern des Aktenbandes. Hinweise auf den Todeszeitpunkt finden sich dagegen nur selten, hauptsächlich in Fällen, in denen die personenbezogene Akte bis zum Todeszeitpunkt des Betroffenen geführt wurde.[52] § 11 Abs. 2 gibt nicht ausdrücklich vor, wer für die Feststellung des Todeszeitpunktes verpflichtet ist. Dennoch lässt sich anhand des Gesetzeszweckes[53], des Wortlautes von § 11 Abs. 2 und allgemeinen Verwaltungsgrundsätzen eine Ermittlungspflicht ableiten. Das Archivrecht ist besonderes Verwaltungsrecht, das Bundesarchiv ist Behörde und folgerichtig finden Verwaltungsgrundsätze auch im BArchG Anwendung. Der unverhältnismäßige Aufwand gem. § 11 Abs. 2 Satz 3 ist daher 14

46 BVerwG 30.1.2019 – 6 A 1/17, juris Rn. 34.
47 BVerwG 30.1.2019 – 6 A 1/17, juris Rn. 36; OVG Berlin-Brandenburg 7.5.2020 – 12 B 4/19, juris Rn. 55.
48 BT-Drs. 18/9633, 68.
49 BVerwG 30.1.2019 – 6 A 1/17, juris Rn. 36; OVG Berlin-Brandenburg 7.5.2020 – 12 B 4/19, juris Rn. 55.
50 BVerwG 30.1.2019 – 6 A 1/17, juris Rn. 36; OVG Berlin-Brandenburg 7.5.2020 – 12 B 4/19, juris Rn. 55.
51 § 10 Abs. 3 ArchG LSA.
52 *Polley*, Zeitgeschichte, S. 74.
53 BT-Drs. 18/9633, 67, der nutzerfreundliche Zugang lässt sich mit einer Ermittlungspflicht des Nutzungsberechtigten nicht vereinbaren.

dahingehend auszulegen, dass ein unverhältnismäßiger Verwaltungsaufwand gemeint ist (→ Rn. 16). Aus § 24 VwVfG lässt sich zudem ein allgemeiner Ermittlungsgrundsatz der zuständigen Behörde im Verwaltungsverfahren ableiten. Im Ergebnis trifft also das Bundesarchiv eine Ermittlungspflicht, die auch den praktischen Bedürfnissen der Beteiligten im Archivalltag am ehesten entspricht, weil nicht der Nutzer, sondern das Bundesarchiv am ehesten in der Lage ist, ohne erheblichen Aufwand Recherchen vorzunehmen.[54]

Obwohl das **Recht auf informationelle Selbstbestimmung** nach hA[55] mit dem Tod nicht mehr einschlägig ist, wird mit der Schutzfrist, die sich auf den Todestag bezieht, für personenbezogenes Archivgut eine zeitlich befristete Bereichsausnahme geschaffen, die weit über das IFG oder den **postmortalen Persönlichkeitsschutz** hinausgeht.[56] Dies überzeugt nicht. Dieser Schutz wird in dem Maße weniger, wie Zeit seit dem Todestag vergangen ist.[57] In Satz 1 hat eine Verkürzung der Schutzfrist bei verstorbenen Personen von dreißig auf zehn Jahre zum Vorteil des Nutzers stattgefunden.

4. Geburtsdatum (Satz 2)

15 § 11 Abs. 2 Satz 2 entspricht im Wesentlichen § 5 Abs. 2 Satz 2 aF. Allerdings wurde die Frist von hundertzehn auf **einhundert Jahre nach Geburt der Person** verkürzt. Diese Frist gilt als Ausweichfrist, wenn es nicht möglich ist, das Todesjahr zu ermitteln. Sie beträgt im BArchG hundert Jahre nach Geburt, in den Ländern entweder hundert[58] oder neunzig[59]. Einzige Ausnahme ist auch hier Sachsen-Anhalt, das noch hundertzehn Jahre Schutzfrist verlangt.[60] Thüringen begründet die Ausweitung dieser Frist mit der gestiegenen Lebenserwartung.[61] Dahinter dürfte aber eher ein weiterer Versuch stehen, die NSU-Akten unzugänglich zu halten. Die Verwendung des **Todesjahres statt des Todestages** wurzelt darin, dass in und nach dem Zweiten Weltkrieg oft zwar das Todesjahr bekannt war, aber nicht der genaue Todestag.[62] Der Hauptgrund für die Frist **ab Geburtsdatum** besteht darin, dass das Todesjahr bei Personen, die keine Personen der Zeitge-

54 *Polley*, Zeitgeschichte, S. 73 ff.
55 BVerfG 24.2.1971 – 1 BvR 435/68, BVerfGE 30, 173 (194); *Becker/Oldenhage*, HK-BArchG, § 5 Rn. 29; *Brüdegam* Veröffentlichungen der Archivschule Marburg 2011, Nr. 54, 61 (73); *Manegold*, S. 114.
56 *Brüdegam* Veröffentlichungen der Archivschule Marburg 2011, Nr. 54, 61 (73).
57 *Becker/Oldenhage*, HK-BArchG, § 5 Rn. 29; aA VG Darmstadt 15.10.2003 – 5 E 1395/97, juris Rn. 22, 23, nach Ansicht des VG Darmstadt trägt insbes. das Schutzfristenrecht bei Einschränkungen der informationellen Selbstbestimmung maßgeblich zur Verhältnismäßigkeit der Archivgesetze bei, im Falle des HessArchivG.
58 § 8 Abs. 3 ArchGB; § 7 Abs. 3 Brem ArchivG; § 13 HessArchivG; § 5 Abs. 3 Nds ArchG; § 7 ArchivG NRW; § 3 Abs. 3 LArchG RhPf; § 10 SächsArchivG, § 17 Abs. 1 ThürArchivG.
59 § 6 Abs. 2 BW LArchG; Art. 10 Abs. 3 BayArchivG; § 10 BbgArchivG; § 5 Abs. 2 HmbArchG; § 10 LArchivG MV; § 11 Abs. 3 SaarlArchG; § 9 Abs. 3 LArchG SchlH.
60 § 10 Abs. 3 ArchG LSA.
61 Thür LT-Drs. 6/4942.
62 *Becker/Oldenhage*, HK-BArchG, § 5 Rn. 35.

schichte sind, nur sehr schwierig, wenn überhaupt ermittelt werden kann.[63]

16 Satz 2 gilt, wenn das Todesjahr nicht oder nur mit unverhältnismäßigem Aufwand ermittelt werden kann. Leider wird der unverhältnismäßige Aufwand im Gesetz nirgends definiert. Aber es soll der **Grundsatz der Verhältnismäßigkeit der Verwaltung** gelten.[64] In der Begründung zum Hamburger Archivgesetz ist der Begriff so definiert, dass zusätzlich offensichtlich keine Angehörigen oder Nachkommen gefunden werden können.[65] Ein Richtwert ist ein Arbeitsaufwand von einem Tag.[66]

5. Keine Lebensdaten (Satz 3)

17 Satz 3 ist einschlägig, wenn nicht einmal der Geburtstag hinreichend sicher ermittelt werden kann. Mit dieser Frist von **sechzig Jahren nach Entstehen der Unterlage** soll die durchschnittliche Lebenserwartung eines Menschen und der postmortale Persönlichkeitsschutz berücksichtigt werden.[67]

18 Für **verstorbene Quellen der Nachrichtendienste** ist eine Begründung im Einzelfall gem. § 13 erforderlich, wenn die Unterlagen nicht zur Nutzung für die Öffentlichkeit geeignet sein sollten.[68]

19 Elf der sechzehn Bundesländer haben die Schutzfrist auch auf **sechzig Jahre nach Entstehen der Unterlage** festgesetzt.[69] Eine Frist von siebzig Jahren gibt es nur im Berliner Archivgesetz.[70] Die Bundesländer Baden-Württemberg, Bayern, Niedersachsen und Sachsen-Anhalt regeln die Frist, wenn keine Lebensdaten ermittelt werden können, gar nicht.

IV. Einschränkung bei Geheimhaltungspflichten (Abs. 3)

20 Abs. 3 entspricht § 5 Abs. 3 Satz 1 aF, die Schutzfrist wurde aber von 80 auf 60 Jahre herabgesetzt. Hierbei handelt es sich um Archivgut, das aus Unterlagen besteht, die der **Geheimhaltung** unterliegen nach § 6 Abs. 1 Satz 1 und Abs. 4. Nicht aufgehobene Verschlusssachen (VS) fallen so unter die Frist des § 11 Abs. 3. Für die Anwendbarkeit des § 11 Abs. 3 kommt es bei formell als VS-eingestuften Unterlagen darauf an, ob die Einstufung der Unterlagen als Verschlusssache im Zeitpunkt der Gerichtsentscheidung noch materiell gerechtfertigt ist.[71] Nur dann sperrt die Schutzfrist des § 11 Abs. 3 den Nutzungsanspruch für diese Dauer.[72] Die längere Frist des Abs. 3 soll vor allem juristische Personen gegen eine unvertretbar

63 *Becker/Oldenhage*, HK-BArchG, § 5 Rn. 34.
64 *Brüdegam* Veröffentlichungen der Archivschule Marburg 2011, Nr. 54, 61 (74).
65 Hamburg Drs. 13/7111, 9.
66 *Manegold*, S. 283 mwN.
67 BT-Drs. 18/9633, 69.
68 *Wolff* in Dietrich/Eiffler, VIII, § 1 Rn. 44.
69 § 10 Abs. 3 Bbg ArchivG; § 7 Abs. 3 Brem ArchivG; § 5 Abs. 2 HmbArchG; § 13 HessArchivG; § 10 LArchivG MV; § 7 ArchivG NRW; § 3 Abs. 3 LArchG RhPf; § 11 Abs. 3 SaarlArchG; § 10 SächsArchivG; § 9 Abs. 3 LArchG SchlH, § 17 Abs. 1 ThürArchivG.
70 § 8 Abs. 3 ArchGB.
71 OVG Berlin-Brandenburg 7.5.2020 – OVG 12 B 4.19,, juris Rn. 26, 28, 31.
72 BVerwG 19.4.2010 – 20 F 13/09, juris Rn. 23; OVG Berlin-Brandenburg 7.5.2020 – 12 B 4/19, juris Rn. 31.

frühe Offenlegung von Geschäftsgeheimnissen schützen. Das **Bankgeheimnis** selbst ist bis auf das BBankG keine echte Rechtsvorschrift.[73] Dennoch könnte es vom Schutzbereich des § 11 Abs. 3 erfasst sein, wenn es sich um eine **vorkonstitutionelle gewohnheitsrechtlich anerkannte Geheimhaltungsvorschrift** handelt.[74] Gewohnheitsrecht und Gesetzesrecht sind gleichwertige Rechtsquellen.[75] Vorkonstitutionelles Gewohnheitsrecht ist Bundesgesetzen gleichgestellt. Deshalb könnte das Bankgeheimnis unter die Rechtsvorschriften des Bundes zur Geheimhaltung § 6 Abs. 1 Satz 1, subsumiert werden.[76] Selbst, wenn es sich beim Bankgeheimnis um Gewohnheitsrecht handelt, wird das Bankgeheimnis jedoch nicht vom § 6 Abs. 1 Satz 1, Abs. 4 Alt. 1 erfasst.[77] Das Bankgeheimnis müsste nämlich durch lang dauernde Übung, getragen von der Rechtsüberzeugung der beteiligten Verkehrskreise, als Geheimhaltungsvorschrift des Bundes behandelt worden sein.[78] Dass dies nicht der Fall ist, zeigt die bis heute ungeklärte Frage der Rechtsnatur des Bankgeheimnisses. Zu den in § 6 Abs. 4 genannten Betriebs- und Geschäftsgeheimnissen zählt das Bankgeheimnis nur im Kreditgewerbe.[79] In Betracht kommt damit die Subsumption unter die: „Angaben über Verhältnisse eines anderen“, § 6 Abs. 4 Alt. 3, oder die Fälle des § 11 Abs. 1, 2. Die Abgrenzung dürfte nach Intensität der in den Unterlagen enthaltenen personenbezogenen Daten erfolgen.

21 Auch elf der sechzehn Bundesländer kennen in ihren Landesarchivgesetzen eine Schutzfrist von sechzig Jahren für Archivgut, das der Geheimhaltung unterliegt.[80] In Niedersachsen beträgt die Schutzfrist fünfzig Jahre.[81] Die Länder Berlin, Brandenburg, Mecklenburg-Vorpommern und Schleswig-Holstein haben eine noch kürzere, nutzerfreundliche Schutzfrist von nur

73 Vgl. § 32 BBankG, der eine echte Rechtsvorschrift des Bundes über die Geheimhaltung iSd § 6 Abs. 1 S. 1, Abs. 4 BArchG enthält.

74 *Merz/Büchel* in KMFS, juris 4. Absch. II, Nr. 2, Rn. 5, 6. Ob das Bankgeheimnis auf vertraglicher Grundlage oder auf Gewohnheitsrecht beruht, ist vom BGH noch nicht geklärt, es spricht jedoch für Gewohnheitsrecht, dass das Bankgeheimnis auch dann gilt, wenn die AGB-Banken zwischen Kunde und Bank nicht wirksam vereinbart worden sind; *Van Gemmeren* in Wieland/Steinmeyer/Grüninger, Compliance-Management HB, I, 1.6, Rn. 19; vgl. OLG Frankfurt 17.12.2004 – 2/21 O 96/02, juris Rn. 63; aA OLG Naumburg 15.3.2012 – 9 U 208/11, nach der das Bankgeheimnis als AGB-vertragliche Vereinbarung besteht; OLG Köln 15.9.2005 – 8 U 21/05, juris Rn. 26; LG Koblenz 25.11.2004 – 3 O 496/03, juris Rn. 50.

75 *Möllers*, S. 83.

76 Vgl. BVerfG 28.6.1967 – 2 BvR 143/61, juris Rn. 25, wonach vorkonstitutionelles Gewohnheitsrecht einer durch förmlichen Rechtsetzungsakt geschaffenen Rechtsnorm im Rahmen des Art. 12 Abs. 1 S. 2 GG gleichgestellt ist.

77 Vgl. OVG NRW 2.6.2015 – 15 A 1997/12, juris Rn. 70, Das Bankgeheimnis betrifft weder ausdrücklich noch konkludent das Bestehen eines Informationszugangsanspruchs gegenüber öffentlich-rechtlichen Kreditinstituten und ist damit keine Vorschrift iSd § 4 Abs. 2 S. 1 IFG NRW. Dies lässt sich auf vorliegenden Fall übertragen.

78 BGH 27.2.2007 – XI ZR 195/05, juris Rn. 24.

79 OLG Frankfurt 25.5.2004 – 8 U 84/04, juris Rn. 34.

80 § 6 Abs. 2 LArchG BW; Art. 10 Abs. 3 BayArchivG; § 7 Abs. 3 BremArchivG; § 5 Abs. 2 HmbArchG; § 13 Abs. 1 HessArchivG; § 7 Abs. 1 ArchivG NRW; § 3 Abs. 3 LArchG RhPf; § 11 Abs. 2 SaarlArchG; § 10 Abs. 1 Nr. 2 SächsArchivG; § 10 Abs. 3 ArchG LSA; § 17 Abs. 3 ThürArchivG.

81 § 5 Abs. 2 ArchG Nds.

dreißig Jahren.[82] Allerdings macht auch hier der Thüringer Gesetzesentwurf den Beginn der Laufzeit der Schutzfrist von der Schließung der Unterlagen abhängig[83] und hat außerdem als einziges Bundesland und abweichend vom BArchG Ausnahmen formuliert, für personenbezogenes Archivgut, das Geheimhaltungsvorschriften unterliegt.

Auch die **Verschlusssachen** (VS) fallen unter die Schutzfrist des Abs. 3. Aber aus der Sicht des Bundesarchivs werden diese VS nur zögerlich und viel zu spät herabgestuft, so dass ihre Nutzung immer später erfolgt.[84] Als Grund wird oft die Gefährdung des Wohls der Bundesrepublik Deutschland oder eines ihrer Länder, § 3 Nr. 1 VSA, genannt, das in der Benutzungspraxis eine eher geringe Rolle spielt und im Grunde nur der abgebenden Stelle als Argument dient, einer Herabstufung zu widersprechen.[85] 22

V. Keine Einschränkung bei Amtsträgern und Personen der Zeitgeschichte (Abs. 4)

Abs. 4 entspricht § 5 Abs. 5 aF. Der dort genannte Personenkreis soll außerhalb seines privaten Lebensbereichs weniger schutzbedürftig sein, sondern in besonderem Maße der Öffentlichkeit verpflichtet.[86] So sollen Dokumente und Bekanntgaben der amtlichen oder öffentlichen Tätigkeit nicht dem Selbstbestimmungsrecht der jeweiligen Person unterliegen.[87] **Personenbezogene Unterlagen von Amtsträgern in Ausübung ihres Amtes** und von **Personen der Zeitgeschichte** werden durch die Schutzfristverkürzung allgemein leichter zugänglich gemacht, als entsprechende Unterlagen von „Normalbürgern". [88] 23

In den Landesarchivgesetzen haben Brandenburg, Hessen, Sachsen und Sachsen-Anhalt die **Aussetzung der Schutzfrist für Amtsträger und Personen der Zeitgeschichte** normiert.[89] Berlin, Hamburg, Mecklenburg-Vorpommern und Schleswig-Holstein haben im Ergebnis vergleichbare Regelungen, nur der Wortlaut ist verwirrend abweichend.[90] Die Länder Baden-Württemberg, Bayern, Bremen, Niedersachsen, Nordrhein-Westfalen, Rheinland-Pfalz, Saarland und Thüringen verzichten ganz auf diese „Lo- 24

82 § 8 Abs. 2 ArchGB; § 10 Abs. 2 BbgArchivG; § 10 Abs. 1 LArchivG MV; § 9 Abs. 3 LArchivG SchlH.

83 Vgl. 17 Abs. 3 Thüring ArchG; zur Kritik daran vgl. Stellungnahme der Deutschen Gesellschaft für Informationsfreiheit, LT Drs. 6/1796.

84 S. bei *Manegold*, S. 338, Fn. 680: die Kabinettsprotokolle der Bundesregierung von 1954, die erst 1995 zugänglich wurden.

85 *Manegold*, S. 338.

86 BT-Drs. 18/9633, 70.

87 BT-Drs. 18/9633, 70.

88 Laut *Oldenhage* gilt dies auch für Datenschützer während des Gesetzgebungsverfahrens zum BArchG aF *Oldenhage* Der Archivar 1988, 477 (491).

89 § 10 Abs. 8 BbgArchivG; § 13 Abs. 7 HessArchivG; § 10 Abs. 2 SächsArchivG; § 10 Abs. 4 Nr. 3 ArchG LSA.

90 So spricht § 8 Abs. 4 ArchGB von „natürlichen Personen in Ausübung öffentlicher Ämter"; während § 5 Abs. 2 Nr. 5 HmbArchG; § 10 Abs. 3 Nr. 2 ArchivG M-V; § 9 Abs. 4 Nr. 4 LArchivG Schl-H sagen, dass die Schutzfristen nicht gelten für Archivgut, das die Tätigkeit von Personen dokumentiert, soweit sie in Ausübung eines öffentlichen Amtes gehandelt haben und nicht selbst Betroffene sind, bzw. ihre persönlichen Lebensverhältnisse nicht betroffen sind.

ckerung“ der Schutzfristen. Wieder ist die Vielfalt der unterschiedlichen Ausgestaltungen für den Nutzer verwirrend und nicht zielführend.

1. Amtsträger

25 **Amtsträger** ist, wer nach deutschem Recht Beamter oder Richter ist, in einem sonstigen öffentlich-rechtlichen Amtsverhältnis steht oder sonst dazu bestellt ist, bei einer Behörde oder bei einer sonstigen Stelle oder in deren Auftrag Aufgaben der öffentlichen Verwaltung unbeschadet der zur Aufgabenerfüllung gewählten Organisationsform wahrzunehmen, § 11 Abs. 1 Nr. 2 StGB. Ein Amtsträger ist nur dann nicht in die Anwendung der personenbezogenen Schutzfrist eingeschlossen, wenn er in den entsprechenden Unterlagen als Entscheidungsträger oder als Handelnder in dem jeweiligen Verwaltungsverfahren aufgeführt wird.[91] Im Rahmen einer Personal- oder Disziplinarakte oder als Privatperson unterliegen die Angaben auch im Falle eines Amtsträgers den gesetzlichen Schutzfristen des Abs. 1–3. Nach Ansicht des BVerwG ist der Amtsträger bezüglich des Rechts am gesprochenen Wort, der Privatsphäre und der informationellen Selbstbestimmung Grundrechtsträger und zwar selbst dann, wenn Informationen mit amtsbezogenem Inhalt vorliegen. Um den Sinn des BArchG nicht zu konterkarieren, kann aber nur in Ausnahmesituationen bei Unterlagen mit rein amtsbezogenem Inhalt die Schutzfrist des § 11 Abs. 2 gelten. Dies kann nur dann der Fall sein, wenn zugleich höchst private schutzwürdige Lebensbereiche betroffen sind.[92]Die Ausnahme für Amtsträger folgt aus der fehlenden Grundrechtsfähigkeit der öffentlichen Hand.[93] Die Klausel ist dabei deklaratorisch zu verstehen, da sie nur klarstellen soll, dass Amtsträger bei der Ausübung ihrer Ämter keine Betroffenen iSd Datenschutzgesetzes sind.[94]

26 Sind die **Personalakten bei Lebzeiten des Beamten** noch bei der abgebenden Stelle, dann bedarf es für die Einsicht seiner Einwilligung, § 90 d Abs. 2 BBG. **Nach dem Tod des Beamten** muss der Dienstherr abwägen, ob das postmortale Persönlichkeitsrecht oder die Forschungsfreiheit überwiegt. Zehn Jahre nach dem Tod ist Einsicht nach § 10 Abs. 1, § 11 Abs. 6 zu gewähren. Nach Übergabe an das Bundesarchiv greift das BArchG. Die Unterlagen unterliegen dann der allgemeinen Schutzfrist von dreißig Jahren nach § 11 Abs. 1.

27 Auch für die **Mitarbeiter der Nachrichtendienste** ist hier keine Ausnahme vorgesehen. Sollten die Nachrichtendienste dem aber nicht entsprechen wollen, soll eine Einzelfallbegründung nach § 13 möglich sein.[95]

---

91 *Vollmer* Veröffentlichungen der Archivschule Marburg 2011, 11 (34).
92 BVerwG 23.6.2004 – 3 C 41/03, juris Rn. 31; OVG Berlin-Brandenburg 7.5.2020 – 12 B 4/19, juris Rn. 55; BVerwG 30.1.2019 – 6 A 1/17, juris Rn. 38; VG Berlin 20.12.2018 – 2 K 178/17, juris Rn. 28.
93 *Manegold*, S. 289.
94 *Manegold*, S. 290.
95 *Wolff* in Dietrich/Eiffler, VIII, § 1 Rn. 44.

2. Personen der Zeitgeschichte

Personen der Zeitgeschichte sind solche des § 23 KUG. Danach ist ein Mensch eine Person der Zeitgeschichte, wenn er ständig oder vorübergehend im Blickfeld mindestens eines Teils der Öffentlichkeit steht und so der Zeitgeschichte angehört,[96] gleich aus welchem Anlass er für die Öffentlichkeit interessant ist.[97] Dabei ist der Begriff der Zeitgeschichte nicht nur auf Vorgänge von historischer oder politischer Bedeutung zu begrenzen, sondern er wird vom Informationsinteresse der Öffentlichkeit bestimmt.[98] Der Begriff der Person der Zeitgeschichte ist unglücklich gewählt, denn die Rechtsfigur der absoluten und relativen Person der Zeitgeschichte wurde von der europäischen Rechtsprechung in Bezug auf Privatpersonen abgelehnt. Sie findet überdies keine Entsprechung im Gesetz oder der Verfassung.[99] Der BGH hat in verfassungsrechtlich nicht zu beanstandender Weise ebenfalls auf die von ihm entwickelte Rechtsfigur der „Person der Zeitgeschichte" verzichtet.[100] Dennoch hat das BVerwG entschieden, dass es sich bei Adolf Eichmann um eine Person der Zeitgeschichte iSd § 11 Abs. 4 handelt, jedoch ohne sich näher mit dem Begriff der „Person der Zeitgeschichte" zu befassen.[101] Es kann jedoch davon ausgegangen werden, dass der Gesetzgeber mit dem Begriff der „Person der Zeitgeschichte" nicht auf die aufgegebene Rechtsfigur des BGH zurückgreifen wollte, denn in der Gesetzesbegründung nimmt der Gesetzgeber ausdrücklich Bezug auf die Rechtsprechung des EGMR.[102] 28

VI. Ausschluss der Schutzfrist (Abs. 5 Nr. 1 und 2)

Abs. 5 Nr. 1 entspricht § 5 Abs. 4 Satz 1 aF und Nr. 2 entspricht § 5 Abs. 4 Satz 2 aF. Vorarchivgut (→ § 1 Rn. 72), dh die vom Bundesarchiv endgültig übernommenen Unterlagen, deren Verwahrungsfrist noch nicht abgelaufen ist, ist vollgültiges Archivgut im Rechtssinne.[103] **Vorarchivgut** wird deshalb von § 11 Abs. 5 erfasst.[104] Für **Zwischenarchivgut**[105] gilt das allerdings nicht, da die Umwidmung der Unterlagen noch nicht stattgefunden hat und die abgebende Stelle die Verfügungsbefugnis noch innehat.[106] 29

1. Veröffentlichungsbestimmte Unterlagen (Nr. 1)

Mit Abs. 5 Nr. 1 kommt das archivgesetzliche Prinzip zum Ausdruck, dass möglichst keine zusätzlichen Zugangsbarrieren zu den Unterlagen errichtet 30

96 *Götting* in Schricker/Loewenheim KUG § 23 Rn. 6.
97 *Götting* in Schricker/Loewenheim KUG § 23 Rn. 6.
98 BVerfG 15.12.1999 – 1 BvR 653/96, BVerfGE 101, 361 (392).
99 EGMR 24.6.2004 – 59320/00, juris Rn. 72; BVerfG 15.12.1999 – 1 BvR 653/96, juris Rn. 104.
100 BVerfG 26.2.2008 – 1 BvR 1602/07, juris Rn. 78 f.; BGH 6.3.2007 – VI ZR 51/06, juris Rn. 11, 12.
101 BVerwG 30.1.2019 – 6 A 1/17, juris Rn. 38.
102 BT-Drs. 18/9633, 70; *Hoen* in Polley, Archivgesetzgebung, S. 94, für § 5 Abs. 5 BArchG aF war es in der archivischen Praxis noch üblich, zwischen absoluten und relativen Personen der Zeitgeschichte zu unterscheiden.
103 *Schoch/Kloepfer/Garstka*, ArchG-ProfE, § 9 Rn. 9.
104 So *Schoch* IFG § 13 Rn. 20 zu § 5 Abs. 4 aF.
105 S. § 1 Nr. 1.
106 *Becker/Oldenhage*, HK-BArchG, § 2 Rn. 20.

werden sollen.[107] Bei **Unterlagen, die bereits bei ihrer Entstehung zur Veröffentlichung bestimmt waren**, handelt es sich in erster Linie um Film- und Bildgut, sowie Tonaufzeichnungen.[108] Die Schutzfristen fallen auch dann weg, wenn das Material gar nicht veröffentlicht wird.[109] Auch alle Bundesländer führen eine Norm dieser Art in ihren Landesarchivgesetzen.[110]

2. Unterlagen, die nach IFG zugänglich waren (Nr. 2)

31 § 5 Abs. 4 Satz 2 aF galt nur für **Unterlagen, die einem Informationszugang nach dem IFG offen gestanden haben**. Es gab keine Möglichkeit des Zugangs nach UIG oder VIG. Gründe dafür waren nicht zu erkennen, so dass die Regelung zu Recht kritisiert wurde.[111] Oder ihr wurde nur eine deklaratorische Bedeutung zugesprochen, um diese Lösung zu vermeiden.[112] Nun sind auch ausdrücklich[113] UIG, VIG und GeoZG mit einbezogen.

32 Für § 5 Abs. 4 Satz 2 aF war umstritten, ob das Recht auf Informationszugang nach dem IFG tatsächlich ausgeübt worden sein musste oder ob es genügte, wenn die Möglichkeit bestand.[114] 2016 hat dann der Gesetzgeber eine Fassung des § 5 Abs. 4 Satz 2 eingebracht, nach der die Ausnahme nur gelten sollte, wenn die Unterlagen nach einem Informationszugangsgesetz tatsächlich zugänglich gemacht worden sind.[115] Die Begründung war, dass es maßgeblich sei, ob in der laufenden Verwaltung tatsächlich eine Einsichtnahme nach einem Informationszugangsgesetz erfolgt sei.[116] Doch dies wäre sinnwidrig, da sich zum einen der Vorgang nicht immer nachvollziehen lässt, denn nicht jede Information wird in der Verwaltung entsprechend markiert und Anträge auf Informationszugang verbleiben nicht automatisch bei den Unterlagen, die zu Archivgut werden.[117] Zum anderen wäre die Anwendung des § 11 Abs. 5 Nr. 2 dann vom Zufall abhängig, ob schon ein Antrag auf einen Zugang gestellt wurde. Der Entwurf wurde deshalb nicht so verabschiedet. Der Ausschuss für Kultur und Medien kam zu dem Schluss, dass eine Rückkehr zur alten Formulierung wünschenswert sei[118], was dann auch erfolgte.

33 Für ein Offenstehen nach den Informationsfreiheitsgesetzen dürfen keine Ausnahmegründe der jeweiligen Gesetze greifen.[119] Daher muss ein Infor-

---

107 *Manegold*, S. 273.
108 BT-Drs. 11/498, 12.
109 *Nadler*, S. 39.
110 § 6 Abs. 3 LArchG BW; Art. 10 Abs. 3 BayArchivG; § 8 Abs. 6 ArchGB; § 10 Abs. 7 BbgArchivG; § 7 Abs. 4 BremArchivG; § 5 Abs. 2 Nr. 1 HmbArchG; § 13 Abs. 3 HessArchivG; § 10 Abs. 3 Nr. 1 LArchivG MV; § 5 Abs. 6 NdsArchG; § 7 Abs. 3 ArchivG NRW; § 3 Abs. 3 LArchG RhPf; § 11 Abs. 4 SaarlArchG; § 10 Abs. 2 SächsArchivG; § 10 Abs. 3 ArchG LSA; § 9 Abs. 4 Nr. 1 LArchG SchlH; § 17 Abs. 2 ThürArchivG.
111 S. BeckOK InfoMedienR/*Schnabel* IFG § 13 Rn. 15.
112 So *Schoch* IFG § 13 Rn. 23.
113 BT-Drs. 18/9633, 70.
114 BeckOK InfoMedienR/*Schnabel* IFG § 13 Rn. 13.
115 BT-Drs. 18/9633.
116 BT-Drs. 18/9633, 71.
117 BeckOK InfoMedienR/*Schnabel* IFG § 13 Rn. 13.
118 BT-Drs. 18/10813, 10; richtig: BeckOK InfoMedienR/*Schnabel* IFG § 13 Rn. 16; falsch: *Partsch/Koschmieder* NJW 2017, 3416 (3418).
119 *Schoch* IFG § 13 Rn. 24.

mationszugang zumindest erfolgreich hätte beantragt werden können.[120] Für eine Entscheidung ist daher eine **eigene Beurteilung des Bundesarchivs** erforderlich, das sich nicht auf eine eventuelle Einschätzung der abgebenden Stelle verlassen darf.[121] Die abgebende Stelle hat mit der Abgabe an das Bundesarchiv die Verfügungsbefugnis verloren und damit die Einschätzung an das Bundesarchiv abgegeben.[122]

VII. Zugangsanspruch außerhalb des Bundesarchivs (Abs. 6)

1. Allgemeines

§ 11 Abs. 6[123] ist von zentraler Bedeutung für die Nutzung von Unterlagen, die älter als dreißig Jahre sind und noch der Verfügungsgewalt der abgebenden Stellen unterliegen und stellt damit eine allgemeine Aktenöffentlichkeit nach Ablauf der Schutzfrist her. § 11 Abs. 6 steht in **Anspruchsnormenkonkurrenz** zu dem presserechtlichen Auskunftsanspruch nach Art. 5 Abs. 1 Satz 2 GG und dem Informationszugangsanspruch nach Art. 10 EMRK.[124] Der Nutzungsanspruch ist unabhängig von der Verfügungsgewalt des Bundesarchivs.[125] 34

Die Regelung soll sogar eine **„Beschaffungspflicht"** des Bundesarchivs ersetzen.[126] Es gibt keine festen Fristen bei der Anbietung und Übergabe von Unterlagen nach § 5, um den unterschiedlichen Anforderungen der jeweiligen abgebenden Stellen gerecht zu werden. Ein weiterer Grund für den Zugang nach § 11 Abs. 6 ist, dass im Interesse der Forschung das Recht auf Nutzung der Unterlagen nicht vom Aufbewahrungsort abhängig gemacht werden kann.[127] Dies gilt auch für das politische Archiv des Auswärtigen Amtes.[128] Für Unterlagen, die das Bundesarchiv schon bewertet und als nicht archivwürdig eingestuft hat, gilt die Vorschrift nicht.[129] 35

§ 5 Abs. 8 BArchG aF entspricht dem heutigen § 11 Abs. 6 und war bei seiner Entstehung des BArchG innerhalb der Bundesregierung sehr umkämpft. Oldenhage führt dazu aus, *„die Tatsache, dass sie (die Vorschrift) durchgesetzt werden konnte, ist ein großer archivfachlicher Erfolg und lässt das Fehlen einer festen Abgabefrist nahezu vergessen"*.[130] § 5 Abs. 8 BArchG aF wurde erst sehr spät als Recherchemittel von Journalis- 36

120 BeckOK InfoMedienR/*Schnabel* IFG § 13 Rn. 16.
121 BeckOK InfoMedienR/*Schnabel* IFG § 13 Rn. 16 mwN.
122 BeckOK InfoMedienR/*Schnabel* IFG § 13 Rn. 16; *Axer* in Becker/Rehm/Schäfer, S. 147. In der archivarischen Praxis scheint es entgegen der eigenen Einschätzungsprärogative üblich zu sein, die Entscheidung, ob die Unterlagen bereits einem Informationszugang offenstanden, der abgebenden Behörde zu überlassen. Begründet wird dies mit verfahrensvereinfachenden Gründen.
123 Abs. 6 soll laut Gesetzesbegründung in der Sache dem § 5 Abs. 8 aF entsprechen.
124 *Kraft* NVwZ 2020, 1229 (1232).
125 *Becker/Oldenhage*, HK-BArchG, § 5 Rn. 122.
126 BVerwG 27.5.2013 – 7 B 43/12, juris Rn. 9.
127 *Oldenhage* Der Archivar 1988, 477 (493).
128 *Oldenhage* Der Archivar 1988, 477 (493); zur Rechtsstellung: *Pretsch* Der Archivar 1990, 597.
129 *Oldenhage* Der Archivar 1988, 477 (493).
130 *Oldenhage* Der Archivar 1988, 477 (493).

ten entdeckt und dann nur von wenigen genutzt.[131] Dies erstaunt, bot es doch die Möglichkeit, an Originalunterlagen der Nachrichtendienste zu kommen, für die sonst die Bereichsausnahme des § 3 Nr. 8 IFG gilt.[132]

37 Die **anbietungspflichtige Behörde** entscheidet über den Benutzungsantrag nach den Vorschriften des BArchG, die Benutzung erfolgt dann auch bei dieser Behörde.[133] Eine Nutzung zu verweigern ist der anbietungspflichtigen Stelle jedoch nur nach den Kriterien möglich, die auch das Bundesarchiv bei gleicher Sachlage angewandt hätte.[134] § 11 Abs. 6 ist auch auf Unterlagen anwendbar, die sich schon in der Verfügungsgewalt des Bundesarchivs befinden, aber noch keine Umwidmung erfahren haben. Der Anspruch richtet sich wie bei § 10 auf Unterlagen. **Unterlage** iSd § 11 Abs. 6 ist dabei das einzelne in einer Akte enthaltene Dokument bzw. Schriftstück (vgl. § 1 Nr. 9).[135] Das BVerwG hat zur entsprechenden Regelung des § 5 Abs. 8 BArchG aF entschieden, dass die Unterlagen älter als dreißig Jahre sein müssen, sonst sei eine Nutzung nicht möglich.[136] Damit hat es einen Anspruch auf ermessensfehlerfreie Entscheidung über eine Schutzfristverkürzung im Rahmen eines Verfahrens gegen die aufbewahrende Behörde abgelehnt. Das BVerwG hat diese Wertung ohne weitere Diskussion auf § 11 Abs. 6 übertragen.[137]

Anhaltspunkte für diese Auslegung lassen sich weder dem Wortlaut der Vorschrift noch der Gesetzesbegründung oder der Systematik entnehmen. Der Wortlaut des § 11 Abs. 6 verweist vollumfänglich auf § 12, so dass nach dem Wortlaut auch § 12 Abs. 1 entsprechend anzuwenden ist. Der Verweis auf § 12 Abs. 1 wäre überflüssig, wenn die Verkürzung der Frist ausgeschlossen wäre.

Auch der Sinn und Zweck der Vorschrift widerspricht der Entscheidung des BVerwG und des OVG. Die Gesetzesbegründung stellt klar, dass die Vorschrift einerseits dem Erfordernis der anbietungspflichtigen Behörde gerecht wird, Unterlagen, die älter als 30 Jahre alt sind und weiterhin in der Behörde verwendet werden, nicht an das Bundesarchiv abgegeben werden müssen. Andererseits dient die Vorschrift dem Interesse der Forschungs- und Informationsfreiheit und macht den Nutzungsanspruch vom Aufbewahrungsort der Unterlagen unabhängig:

„Es wäre aber insbesondere im Interesse der wissenschaftlichen Forschung unangemessen, das Recht auf Nutzung durch Dritte allein vom Aufbewah-

131 Im Wesentlichen von der freien Journalistin Gaby Weber und den beiden Bild-Journalisten Hans-Wilhelm Saure und Nikolaus Harbusch.

132 BVerwG 27.11.2013 – 6A 5/13 – Uwe Barschel; BVerwG 27.6.2013 – 7 A 15/10 – Adolph Eichmann; BVerwG 21.9.2016 – 6 A 8/14 – Verbindungen des BND zu Journalisten; BVerwG 17.11.2016 – 6 A 1/15 – BND, Pressesonderverbindungen und Spiegel-Affäre.

133 *Becker/Oldenhage*, HK-BArchG, § 5 Rn. 123.

134 *Becker/Oldenhage*, HK-BArchG, § 5 Rn. 123.

135 BVerwG 11.12.2019 – 6 C 21/18, juris Rn. 17; OVG NRW 5.7.2018 – 15 A 2147/13, Rn. 30; VG Berlin 20.12.2018 – 2 K 178/17, juris Rn. 24 unter Verweis auf § 1 Nr. 9 n.

136 BVerwG 27.11.2013 – 6 A 5/13, juris Rn. 17.

137 BVerwG 11.12. 2019 – 6 C 21/18, Rn. 19, juris; ebenso schon Vorinstanz OVG NRW 5.7.2018 – 15 A 2147/13, Rn. 66.

rungsort der Unterlagen abhängig zu machen; vielmehr sollen auch solche Unterlagen nach den Vorschriften dieses Gesetzes benutzt werden können."[138]

§ 11 Abs. 6 dient dem Gleichlauf des Nutzungsanspruchs. Die Unterlagen bei einer anbietungspflichtigen Behörde sind daher unter den gleichen Voraussetzungen nutzbar, wie die beim Bundesarchiv, dh es besteht auch ein **Anspruch auf Ermessensausübung zwecks Verkürzung der Schutzfristen.** Darüber hinaus sind auch die Unterlagen des Bundesarchivs grds. erst 30 Jahre nach deren Entstehung nach den Vorschriften des BArchG nutzbar. Gleichwohl kann diese Frist verkürzt werden. Wenn die Vorschrift zur Verkürzung der Schutzfristen nach BArchG erst wirksam würde nach Ablauf von 30 Jahren, wäre eine Verkürzung denklogisch nicht möglich. Gleiches gilt für die Unterlagen, die der Vorschrift des § 11 Abs. 6 unterfallen.

Auch die Systematik des § 11 spricht für eine Verkürzungsmöglichkeit der Frist des § 11 Abs. 6. Denn der Gesetzgeber hat die Vorschriften des § 11 Abs. 1 und des § 11 Abs. 6 in einen sachlichen Zusammenhang gestellt und gemeinsam unter der Überschrift „Schutzfristen" geregelt. Dieser Regelungszusammenhang ist nur vereinbar, wenn die Frist des § 11 Abs. 6 genauso verkürzt oder verlängert werden kann, wie die sonstigen Schutzfristen. Ein sachlicher Grund für die Ungleichbehandlung der Unterlagen beim Bundesarchiv und der Unterlagen bei der anbietungspflichtigen Stelle liegt nicht vor.

Daher kann auch die Frist für den Nutzungszugang zu Unterlagen bei den anbietungspflichtigen Stellen verkürzt werden.

Der Zugang über Abs. 6 gilt in erster Linie gegenüber Behörden, die ihrer Anbietungspflicht nicht nachkommen.[139] **Nutzungsansprüche gegen Behörden, die ihrer Anbietungspflicht nicht nachkommen**, haben seit dem **Eichmann-Verfahren**[140] von 2013 zugenommen.[141] Die Unterlagen sollen nur dann zugänglich sein, wenn sie auch tatsächlich bei der jeweiligen Behörde **vorhanden** sind.[142] Dies kann bewirken, dass eine Behörde, die nicht kooperieren will, einfach behaupten kann, die angefragten Unterlagen nicht bei sich zu führen. „Im Hinblick auf die Anbietungspflicht der öffentlichen Stellen des Bundes trägt § 5 Abs. 1 Satz 1 BArchG nF dem Bedürfnis, die Vollständigkeit der Akten zu erhalten, dadurch Rechnung, dass eine Anbietung von Unterlagen nur dann in Betracht kommt, wenn diese zur Erfüllung der öffentlichen Aufgaben einschließlich der Wahrung der Sicherheit der Bundesrepublik Deutschland oder eines ihrer Länder nicht mehr benötigt werden (Nr. 1) und wenn der Behörde ihre weitere Aufbewahrung nicht durch besondere Rechtsvorschriften gestattet ist (Nr. 2). Der Gesetzgeber hat aber darauf verzichtet, ein entsprechendes Erfordernis in die Voraussetzungen des Nutzungsanspruchs nach § 11 Abs. 6 BArchG iVm § 10 Abs. 1 BArchG nF zu integrieren. Damit kann es zu der Situation kommen, 38

138 BT-Drs. 11/498, 12.
139 So zum Eichmann-Fall BVerwG 27.6.2017 – 7 A 15/10; NVwZ 2013, 1285 Rn. 27.
140 BVerwG 27.6.2013 – 7 A 15/10, NVwZ 2013, 1285.
141 *Partsch/Koschmieder* NJW 2017, 3416 (3421).
142 OVG NRW 15.5.2018 – 15 A 25/17, UA S. 36.

dass Unterlagen, die älter als 30 Jahre sind, in der Behörde noch benötigt werden und daher dem Bundesarchiv nicht anzubieten sind, sie aber dennoch dem Nutzungsanspruch aus § 11 Abs. 6 iVm § 10 Abs. 1 BArchG nF unterliegen. Dies ist auch kein Widerspruch. Das **Bedürfnis der Aktenvollständigkeit** kommt beim Nutzungsanspruch nicht in gleicher Weise wie bei der Anbietungspflicht zum Tragen, denn die Behörde bleibt im Besitz der Unterlagen und kann über sie verfügen. Deshalb kann auch nicht argumentiert werden, die Gesetzesbegründung zum Bundesverfassungsschutzgesetz gehe davon aus, dass aus Gründen der Aktenvollständigkeit dem Bundesarchiv nur Gesamtakten angeboten oder vernichtet werden wollen. Vgl. BT-Drs. 18/4654, 29 f. Ein Gleichlauf der Voraussetzungen der Anbietungspflicht und des Nutzungsanspruchs ist nach dem gerade Gesagten nicht erforderlich".[143]

Der **Umfang des Nutzungsanspruches nach § 11 Abs. 6 iVm § 10 Abs. 1** entspricht grds. dem des § 10 Abs. 1 (→ § 10 Rn. 1 ff.). Hiernach sind **Findmittel** vom Anspruch aus § 10 Abs. 1 erfasst. Deshalb müssten auch die Findmittel der jeweiligen Behörde tauglicher Antragsgegenstand des § 11 Abs. 6 sein. Nach der gegenteiligen Auffassung soll dies nicht der Fall sein. Findmittel seien keine Unterlagen iSd § 1 Nr. 9 und deshalb nicht dem archivrechtlichen Nutzungsanspruch unterworfen. Zudem entstünden Findmittel bzw. Registraturmittel iSd § 1 Nr. 5 erst, wenn die Registratur abgeschlossen wird und ihre Mittel keine Verwendung mehr finden, da es sich bei der gesamten Registratur um einen Vorgang iSd § 1 Nr. 5 handele. Außerdem könne der Nutzungsanspruch nach § 11 Abs. 6 auch nicht die Möglichkeit der eigenen Recherche in Registraturmitteln eröffnen, da dies nicht von deren Widmungszweck erfasst sei.[144] Hiergegen spricht zunächst, dass ein Widerspruch entstünde, wenn Findmittel nicht als Unterlagen iSd § 1 Nr. 9 angesehen würden, denn auch Findmittel können „Aufzeichnungen jeder Art unabhängig von ihrer Speicherung" sein.[145] Die Annahme, Findmittel können nicht entstehen iSd § 1 Nr. 5 und deshalb sei ein Anspruch aus § 11 Abs. 6 nicht möglich, widerspricht der Rechtsprechung zu Findmitteln des BArch. Würde man einzelne Findmittel im BArch erst mit Abschluss entstehen lassen, also wenn sie keine Verwendung mehr finden, bestünde auch nach § 10 Abs. 1 nie ein Anspruch auf Nutzung der Findmittel des BArch. Denn ebenso wie behördliche Find- oder Registraturmittel, sind Findmittel des BArch bestandsbezogen und erreichen in der Regel nie den Zustand der Abgeschlossenheit. Da jedoch nach der Rechtsprechung der archivrechtliche Nutzungsanspruch unbestritten Findmittel erfasst, muss dies auch für behördliche Findmittel gelten.[146] Die fehlende Widmung behördlicher Findmittel zu Recherchezwecken spricht gerade für einen Anspruch auf Zugang zu Findmitteln. Die fehlende Widmung zeigt lediglich, dass die anbietungspflichtigen Behörden keinen archivrechtlich äquivalenten Zugang vorgesehen haben, weil eine Anbietungspflicht an das

143 OVG NRW 5.7.2018 – 15 A 2147/13, Rn. 42 ff.
144 OVG Berlin-Brandenburg 7.5.2020 – 12 B 4/19, juris Rn. 68, 69, 70, 71; VG Berlin 20.12.2018 – 2 K 178/17, juris Rn. 59, 60, 61.
145 OVG Berlin-Brandenburg 7.5.2020 – 12 B 4/19, juris Rn. 70.
146 VG Berlin 20.12.2018 – 2 K 178/17, juris Rn. 60; OVG Lüneburg 17.9.2002 – 11 LB 123/02, juris Rn. 64.

BArch besteht. Unter anderem für den Fall, dass die Behörden dieser Pflicht nicht nachkommen, besteht der Anspruch nach § 11 Abs. 6 iVm § 10 Abs. 1. Der Anspruch auf Nutzung der Findmittel ist demnach noch wichtiger als bei § 10 Abs. 1, da er gegen Behörden gerichtet ist, die nicht auf archivrechtlichen Zugang ausgerichtet sind. Der Findmittelanspruch hat damit im Bereich des § 11 Abs. 6 eine mitkonstituierende Wirkung auf den tatsächlichen Nutzungsanspruch.

2. Nachrichtendienste

Nach der Rechtsprechung des BVerwG sollen Unterlagen, die die Aus- 39
schlussgründe des § 6 Abs. 1 Satz 2 erfüllen, nicht dem Nutzungsanspruch aus § 11 Abs. 6 unterliegen.[147] Der Wirkbereich des Nutzungsanspruchs aus § 11 Abs. 6 sei im Vergleich mit demjenigen aus § 5 Abs. 8 BArchG aF dadurch eingeschränkt, dass **Unterlagen der Nachrichtendienste**, soweit und solange sie dem Bundesarchiv nach § 6 Abs. 1 Satz 2 nicht anzubieten seien, nicht zu Archivgut des Bundes werden könnten oder zum Gegenstand eines Nutzungsanspruchs aus § 10 Abs. 1 und deshalb auch einer Nutzung auf der Grundlage von § 11 Abs. 6 entzogen seien. Die Möglichkeit einer Nutzung der Unterlagen in teilweise geschwärzter Form bestehe in diesem Zusammenhang nicht, da auch dem Bundesarchiv keine teilweise geschwärzten Unterlagen angeboten werden könnten. Die Gesetzesbegründung[148] spreche dafür, dass der Anspruch aus § 11 Abs. 6 die gem. § 6 Abs. 1 Satz 2 nicht anbietungspflichtigen Unterlagen nicht erfassen soll. Dem kann nicht gefolgt werden, da auch bei den Nachrichtendienst-Archiven eine ungeschwärzte Aufbewahrung stattfindet und eine geschwärzte Herausgabe an einen Nutzer möglich ist oder sein sollte. Dies stimmt mit der dreißigjährigen Praxis des Bundesarchivs überein und ist wesensgleich mit dem Benehmen bei ebenso schutzwürdigen Verschlusssachen.

Der Wortlaut der Norm schließt geheimhaltungsbedürftiges Schriftgut als 40
solches somit nicht aus und lässt hier für die Nachrichtendienste keine **Bereichsausnahme** zu, im Gegensatz zu § 3 Nr. 8 IFG, der eine Bereichsausnahme[149] kennt. Unterlagen, die sich bei den Nachrichtendiensten befinden, sind nicht vom Zugang nach § 11 Abs. 6 ausgeschlossen, denn § 6 regelt nur eine Ausnahme von der Anbietungspflicht des § 5.[150] In § 11 Abs. 6 findet sich ein Nutzungsanspruch, der auch für die Nachrichtendienste gilt, wenn die Unterlagen dem Bundesarchiv noch nicht angeboten wurden, diese aber älter als 30 Jahre sind. Nach Ansicht des BVerwG handelt es sich bei der Zeitspanne von 30 Jahren um eine zwingende, nicht

147 BVerwG 12.9.2017 – 6 A 1/15, juris Rn. 2, 3, 6; ebenso: BVerwG 25.9.2017 – 6 A 4/15, juris Rn. 3; BVerwG 11.12.2019 – 6 C 21/18, juris Rn. 44, 45; BVerwG 30.1.2019 – 6 A 1/17, juris Rn. 27.

148 BT-Drs. 18/9633, 59.

149 OVG Bln-Bbg 6.11.2014 – OVG 12 B 14.13; zur zurückgewiesenen Revision s. a. BVerwG 22.3.2018 – 7 C 1/17.

150 *Partsch/Koschmieder* NJW 2017, 3416 (3421), s. a. Kommentierung zu § 6; aA OVG NRW 15.5.2018 – 15 A 25/17, UA S. 31, das den Wirkbereich des § 11 Abs. 6 durch eine Inzidenzprüfung von § 6 Abs. 1 S. 2 eingeschränkt sieht; OVG NRW 5.7.2018 – 15 A 2147/13, Rn. 47, verlangt dazu „hochgradig geheimschutzbedürftig zu qualifizierende Unterlagen".

veränderbare Anspruchsvoraussetzung.[151] Dies erstaunt, können doch die Schutzfristen verringert werden. Es dürfte sich um ein weiteres Beispiel einer Rechtsprechung handeln, die bereit ist, grundlegende rechtsstaatliche Auslegungsregeln zu verwerfen, wenn der Beklagte vom Nachrichtendienst ist.[152] Die Nachrichtendienste sollen dem Bundesarchiv bei **Nichtherausgabe von Unterlagen**, diese Nichtherausgabe zumindest **begründen.**[153] Eine zumindest nachträgliche demokratische Kontrolle der Nachrichtendienste ist wichtig und für eine funktionierende Demokratie mit ihren Prozessen der Selbstreflexion und der Sicherung der Erfahrung öffentlicher Institutionen unerlässlich.[154] Eine Bereichsausnahme, wie sie das BVerwG sieht, verstößt gegen Art. 5 Abs. 3 GG. Entscheidend ist bei dieser Problematik auch, dass sich ein Großteil der archivwürdigen Unterlagen noch bei den Nachrichtendiensten befinden soll.[155] Diese würden anderenfalls für den Verstoß gegen die Anbietungspflicht prämiert.

3. Private Archive

41 **Amtliche Unterlagen, die sich in privaten Archiven befinden**, waren nie private Unterlagen und durften nicht aus ihrem amtlichen Umfeld entfernt werden.[156] Helmut Kohl hat, wie andere Bundeskanzler vor ihm, bei seinem Ausscheiden aus dem Amt die während der Dienstzeit angefallenen Akten nicht dem Bundesarchiv, sondern der privaten Konrad-Adenauer-Stiftung übergeben. Da diese Akten nicht das Eigentum des Altkanzlers waren, ist diese Vorgehensweise nicht legal. Die **Verbringung der Akten an ein privates Archiv** führt zu einer Aushebelung des IFG und des Bundesarchivgesetzes. Für das IFG urteilte das BVerfG, „ob oder inwieweit das Informationsfreiheitsgesetz in solchen Fällen Informationszugang gewährt, ist fachgerichtlich noch nicht geklärt. Dass in solchen Fällen bei einer den Gesetzeszweck berücksichtigenden Auslegung ein Informationszugangsanspruch ggf. auch über eine **Wiederbeschaffungspflicht** begründet sein kann, ist nicht von vornherein ausgeschlossen".[157] Die Frage der Wiederbeschaffung ist aber zunächst von den Fachgerichten zu klären.[158]

4. Der Wiederbeschaffungsanspruch aus § 11 Abs. 6 iVm § 10 Abs. 1

42 Ein **Anspruch auf Wiederbeschaffung** könnte sich direkt aus § 11 Abs. 6 iVm § 10 BArchG ergeben. Der Wortlaut nennt als Adressat der Norm ausdrücklich öffentliche Stellen des Bundes, § 1 Nr. 8 BArchG. Damit aus dem Nutzungsanspruch mittelbar ein Anspruch gegen die öffentliche Stelle des Bundes auf Wiederbeschaffung von Unterlagen aus Privaträumen bestünde, müssten diese Unterlagen noch in der Verfügungsgewalt der öffent-

151 BVerwG 27.11.2013 – 6A 5/13 – Uwe Barschel; BVerwG 11.12.2019 – 6 C 21/18, juris Rn. 43; BVerwG 30.1.2019 – 6 A 1/17, juris Rn. 30, 31.
152 Im Fall hatte der Berichterstatter Richter Hecker zuvor beim BVerfSch gearbeitet und wurde unmittelbar nach dem Urteil ins Bundeskanzleramt berufen.
153 *Wolff* in Dietrich/Eiffler, VIII, § 1 Rn. 52.
154 *Frank Bösch/Eva Schlotheuber*, Darf der Staat seine Spuren löschen? FAZ vom 6.1.2017, S. 9.
155 *Wolff* in Dietrich/Eiffler, VIII, § 1 Rn. 51.
156 BT-Wortprotokoll der 69. Sitzung, Nr. 18/69, 28.
157 BVerfG 20.6.2017 – 1 BvR 1978/13, juris Rn. 25.
158 BVerfG 20.6.2017 – 1 BvR 1978/13, juris Rn. 31.

lichen Stelle sein. Die Annahme, ein Nutzungsanspruch käme nur dann in Betracht, wenn die Unterlagen bei der in Anspruch genommenen Behörde noch (körperlich) vorhanden sind, bedarf der Begründung. Eine solche Sichtweise wohnt zumindest nicht immanent dem Begriff der Unterlagen inne.[159] Unterlagen sind nach § 1 Nr. 9 Aufzeichnungen jeder Art, unabhängig von ihrer Speicherung. Daraus ergibt sich nicht, wo die Unterlagen sein müssen. Jedoch könnte der Begriff der **Verfügungsgewalt** eine solche Sichtweise zulassen.[160] Der Begriff der Verfügungsgewalt ist nicht legaldefiniert in § 1 BArchG. Demnach ist durch Auslegung zu ermitteln, wie die Verfügungsgewalt zu definieren ist. Konkret stellt sich die Frage, ob auch dann noch eine Verfügungsgewalt der öffentlichen Stelle über amtliche Unterlagen besteht, wenn diese in private Hände gelangt sind.

Der Begriff der Verfügungsgewalt lässt sich in eine tatsächliche und in eine rechtliche Verfügungsgewalt aufspalten.[161] Eine **tatsächliche Verfügungsgewalt** besteht dann nicht, wenn die öffentliche Stelle nicht (mehr) die tatsächliche Sachherrschaft über die Unterlagen ausübt. Fraglich ist, ob eine **rechtliche Verfügungsgewalt** für den Anwendungsbereich des § 11 Abs. 6 BArchG genügt. Die Frage stellt sich jedoch nur dann, wenn die in Privathände verbrachten amtlichen Unterlagen der rechtlichen Verfügungsgewalt der entsprechenden öffentlichen Stelle unterliegen. Durch Herstellung von Akten wird der Bund als Dienstherr der öffentlichen Stellen, bzw. der darin arbeitenden Beamten, Eigentümer iSd § 950 BGB.[162] Damit hat der Bund die rechtliche Verfügungsgewalt, vgl. § 903 BGB, die durch die öffentlichen Stellen ausgeübt wird. Dazu werden die öffentlichen Stellen ermächtigt, § 185 Abs. 1 BGB, um ihre Aufgaben zu erfüllen. Beispielsweise ist die Löschung von Akten eine Verfügung, durch die das bestehende Eigentumsrecht des Bundes aufgehoben wird. Öffentliche Stellen des Bundes haben also, bezüglich der bei ihnen entstandenen amtlichen Unterlagen, zumindest abgeleitete rechtliche Verfügungsgewalt. Ist die öffentliche Stelle des Bundes selbst juristische Person des öffentlichen Rechts, kann sie auch selbst Eigentümerin ihrer Akten sein und hat dann unmittelbare rechtliche Verfügungsgewalt über ihre Unterlagen. Ob eine rechtliche Verfügungsgewalt für das Merkmal der Verfügungsgewalt iSd § 11 Abs. 6 BArchG ausreicht ist durch Auslegung zu ermitteln. 43

Aus dem Telos des § 1 Nr. 9 BArchG sowie der Gesetzesbegründung ergibt sich, dass es nicht mehr auf die Speicherungsform ankommen soll, als Anpassung an das digitale Zeitalter. Nähme man jedoch an, der Begriff der **Verfügungsgewalt** wäre gleichbedeutend mit tatsächlicher Sachherrschaft, fielen alle diejenigen Unterlagen, die in Datenform unkörperlich vorliegen, nicht mehr unter die Verfügungsgewalt der öffentlichen Stelle. Denn Daten fällt mangels Körperlichkeit keine Sacheigenschaft zu und damit ist auch keine tatsächliche Sachherrschaft an ihnen möglich.[163] Für eine Analogie 44

159 VG Berlin 11.4.2019 – 2 K 198.17, juris Rn. 30, im Verfahren Weber ./. Bundesrepublik Deutschland.
160 OVG NRW 15.5.2018 – 15 A 25/17, juris Rn. 31.
161 *Nordemann* in Fromm/Nordemann UrhG § 98 Rn. 25, mwN; BGH 16.5.2017 – X ZR 120/15.
162 *Herrler* in Palandt BGB § 950 Rn. 7.
163 BGH 13.10.2015 – VI ZR 271/14, juris Rn. 20.

fehlt es sowohl an der planwidrigen Regelungslücke, als auch an der Vergleichbarkeit, da sich Daten wesentlich von körperlichen Sachen unterscheiden.[164] Es kann sich bei dem Begriff der Verfügungsbefugnis also nur um eine **weit zu verstehende (ggf. mittelbare) Funktionsherrschaft über die Unterlagen** handeln.[165] Andernfalls könnte der Normzweck, nämlich die Anpassung an das Informationszeitalter, durch Umfassen jeglicher Unterlagen unabhängig von der Form, nicht erreicht werden. Dies entspricht auch dem Zweck des BArchG selbst. Zum einen lässt sich so möglichst umfassend der Informationsbestand aller öffentlichen Stellen des Bundes schützen. Zum anderen wird so das Nutzungsrecht des Einzelnen möglichst umfassend gewährleistet.

45 Auch ein systematischer Vergleich mit anderen Vorschriften des BArchG ergibt, dass es nicht auf die **tatsächliche Sachherrschaft** ankommt. Denn nach § 5 Abs. 3 BArchG können dem Bundesarchiv elektronische Unterlagen angeboten werden an denen, in rein unkörperlicher Form, keine tatsächliche Sachherrschaft möglich ist. Es ist also auch hier davon auszugehen, dass das Archivgut bloß einer **Funktionsherrschaft des Bundesarchivs** unterliegen muss.

46 Auch der Wortlaut spricht gegen eine tatsächliche Sachherrschaft, da sie wie der Besitz eine seit langem allgemein anerkannte Rechtsfigur ist und problemlos hätte eingefügt werden können.

47 Ein **Wiederbeschaffungsanspruch** soll im Rahmen eines Informationsanspruches nach IFG nicht von vornherein ausgeschlossen sein.[166] Es handelt sich bei dem BArchG ebenso wie dem IFG um ein Informationszugangsgesetz. Ausweislich der Gesetzesbegründung ist § 11 Abs. 6 BArchG lex specialis zu § 1 Abs. 1 IFG, vgl. § 1 Abs. 3 IFG.[167] Damit sollte grds. die Möglichkeit eines Wiederbeschaffungsanspruchs aus § 11 Abs. 6 nicht von vornherein ausgeschlossen sein. Es bedarf einer fachgerichtlichen Klärung.[168]

48 Die Rechtsprechung unterstellt die **Notwendigkeit der tatsächlichen Sachherrschaft**, für das Vorliegen der Verfügungsbefugnis aus § 11 Abs. 6 BArchG. Argumentiert wird dabei ausschließlich mit Urteilen, die ihrerseits keine Begründung für die Notwendigkeit der tatsächlichen Sachherrschaft liefern.[169] Ein Wiederbeschaffungsanspruch wird letztlich abgelehnt mit dem Verweis, der Gesetzgeber hätte die Problematik amtlicher Unterlagen in Privatbesitz erkannt und dennoch nicht gehandelt und damit zulasten des Archivnutzungsanspruches entschieden. Die Kammer stützt diese Argumentation auf das Gesetzesverfahren zu § 1 Nr. 8 BArchG und § 3 Abs. 3 BArchG.[170] Dies überzeugt nicht, da die Kammer auf Fälle verweist, in de-

164 OLG Brandenburg 6.11.2019 – 4 U 123/19, juris Rn. 44.
165 Vgl. BGH 13.10.2015 – VI ZR 271/14, juris Rn. 20, zum Löschungsanspruch von Daten nach § 98 UrhG.
166 BVerfG 20.6.2017 – 1 BvR 1978/13, juris Rn. 25.
167 BT-Drs. 18/9633, Gesetzesbegründung zu § 11 Abs. 6.
168 BVerfG 20.6.2017 – 1 BvR 1978/13, juris Rn. 32.
169 Vgl. VG Berlin 26.5.2020 – 2 K 218/17, S. 15 f.; VG Berlin 11.4.2019 – 2 K 198/17, juris Rn. 30; OVG NRW 15.5.2018 – 15 A 25/17, juris Rn. 31; VG Berlin 20.12.2018 – 2 K 178/17, juris Rn. 51.
170 VG Berlin 26.5.2020 – 2 K 218/17, S. 15 f.

nen es um die Übergabe von Privatunterlagen an das BArch geht. Der Wiederbeschaffungsanspruch richtet sich jedoch auf amtliche Unterlagen, die der öffentlichen Stelle des Bundes gehören und anderweitig in Privatbesitz gelangt sind. Diese Fälle sind nicht vergleichbar.

Nach alledem ergibt sich, dass es sich bei dem Merkmal der **Verfügungsbefugnis** um eine **weit zu verstehende Funktionsherrschaft der öffentlichen Stelle des Bundes über ihre Unterlagen** handelt. 49

Im Sinne einer jederzeitigen Einwirkungsmöglichkeit kann sich eine solche aus der **VA-Befugnis auf Herausgabe amtlicher Unterlagen** ergeben. Eine VA-Befugnis muss sich nicht wörtlich aus der Norm ergeben, sondern kann auch konkludent verankert sein.[171] Für amtliche Unterlagen, die sich bei ehemaligen Beamten, deren Hinterbliebenen oder Erben befinden, existiert mit § 67 Abs. 4 BBG eine VA-Befugnis zur Herausgabe jener Unterlagen. Die Norm erfordert ein Verlangen des Dienstvorgesetzten auf Herausgabe der Unterlagen. Dies wird in der Verwaltung üblicherweise durch befehlenden Verwaltungsakt realisiert.[172] Es wäre widersinnig, wenn § 67 Abs. 4 berechtigt amtliche Dokumente herauszuverlangen, der ehemalige Dienstvorgesetzte aber mangels VA- Befugnis nicht handeln könnte.[173] Der Herausgabe-VA kann sodann mit den Mitteln der VwVG und der UZwG vollstreckt werden. Der VA ist materiell rechtmäßig, da der Diebstahl von öffentlich gewidmeten Unterlagen, oder deren Unterschlagung, und die Beeinträchtigung der Informationsfreiheit, Art. 5 Abs. 1 S. 1 Hs. 2 GG schwer wiegen, während dem privaten Besitzer keine Rechte an den Unterlagen zustehen. Die Möglichkeit eines Vorgehens nach § 67 Abs. 4 BBG wird auch explizit vom BVerfG im Rahmen eines **Wiederbeschaffungsanspruches** angesprochen.[174] Wenn bereits gegen ehemalige Beamte und deren Hinterbliebene die Möglichkeit besteht, amtliche Unterlagen herauszufordern, muss dies erst recht für sonstige Private gelten, bei denen amtliche Unterlagen rechtsgrundlos vorliegen. Eine Ermächtigung zur Rückforderung der Unterlagen ergibt sich durch Auslegung der für die jeweilige Behörde bestimmenden Gesetze iVm der öffentlichen Widmung der Unterlagen und dem Eigentum des Bundes an ihnen.[175] Sollten daher Unterlagen einer öffentlichen Stelle des Bundes bei Privaten vorliegen, liegt eine zumindest mittelbare Funktionsherrschaft aufgrund der VA-Befugnis vor. Der Wiederbeschaffungsanspruch könnte dann als gebundener Anspruch auf Erlass eines Herausgabe-VA gegen den besitzenden Dritten ausgestaltet sein. Der Gedanke des Grundsatzes „Keine Flucht ins Privatrecht" passt auch in dieser Konstellation.[176] Der Hoheitsträger darf sich seiner Aufgaben nicht durch Verschiebung in private Hände entledigen, bzw. wie in diesem Fall durch Duldung von Straftaten oder dem Unterlassen der Geltendmachung von Rückforderungsansprüchen auf Unterlagen, die zur Erfüllung seiner Aufgabe nach § 11 Abs. 6 iVm § 10 BArchG notwendig, wären. 50

171 BVerwG 22.11.1994 – 1 C 22/92, juris Rn. 18; BVerwG 26.1.1993 – 1 C 25/91, juris Rn. 15.
172 BVerwG 7.12.2011 – 6 C 39/10, juris Rn. 14.
173 *Maurer/Waldhoff* AllgVerwR § 10 Rn. 30.
174 BVerfG 20.6.2017 – 1 BvR 1978/13, juris Rn. 30.
175 BVerfG 20.6.2017 – 1 BvR 1978/13, juris Rn. 30.
176 BVerfG 22.2.2011 – 1 BvR 699/06, juris Rn. 21, 57.

Das BVerfG stützt seine Erwägungen im Rahmen der Möglichkeit eines Wiederbeschaffungsanspruches auf die Annahme, dass der jeweilige Hoheitsträger, dessen Unterlagen sich in Privathand befinden, diese herausfordern kann und deshalb zumindest mittelbar bestimmt, wer zu den Unterlagen Zugang erhalten kann.[177] Damit beschreibt es im Kern das, was im vorgenannten als Funktionsherrschaft beschrieben ist.

5. Sog. „Kanzlerakten"

51 Noch problematischer ist der Umgang mit den Unterlagen, die in privaten Räumen und Archiven von Spitzenpolitikern lagern und nur den Verwandten oder sonstigen einzelnen Personen zugänglich sind.[178] Hier handelt es sich durchaus auch um amtliches Schriftgut, das dem Bundesarchiv übergeben werden müsste. Die Archivare arbeiten nach dem Grundsatz der Provenienz; dh an der Stelle und in dem Zusammenhang, wo die Unterlagen entstanden sind;[179] Lücken führen zu Rechtsunsicherheit.[180] Die Unterlagen, die im Keller der Witwe Kohl lagern, sind noch immer nicht an das Bundesarchiv übergeben worden.[181] Das Bundesarchiv hatte im Juni 2017 Frau Kohl-Richter gebeten, die amtlichen Dokumente des Altkanzlers an das Bundesarchiv herauszugeben.[182] Bis heute erfolgte darauf keine Reaktion.[183]

52 In den USA gab es in den 1970er Jahren eine Diskussion um die Akten des damaligen Präsidenten Nixon und anderer hoher Beamter, die das Supreme Court dann 1977 dem National Archives zugesprochen hat.[184] Eine Kommission (Public Documents Commission) empfahl, künftige Akten der Präsidenten, Vizepräsidenten, der Kongressmitglieder und der Bundesgerichtsbarkeit als öffentlich einzustufen; die Zugangsfrist der abgebenden Stelle, somit eine Art Schutzfrist, betrug nur fünfzehn Jahre.[185]

6. Ergebnis

53 Die **Konsequenzen aus dem Fortschaffen oder Nichtherausgeben amtlicher Unterlagen** sind strafrechtlicher Natur. So erstattete die Journalistin Gaby Weber Strafanzeige gegen Frau Kohl-Richter wegen ua Verwahrungsbruch,

---

177 BVerfG 20.6.2017 – 1 BvR 1978/13, juris Rn. 30.
178 BT-Wortprotokoll der 69. Sitzung, Nr. 18/69, 28.
179 *Baresel-Brand u. a.*, Leitfaden Provenienzforschung 2019, ausf. Darstellung der Provenienz im Bereich der Archivalien; *Beck* FS Friedrich P. Kahlenberg, S. 76 ff., zum Grundsatz der Provenienz am Beispiel der Urkundenbestände im Brandenburgischen Landeshauptarchiv.
180 BT-Wortprotokoll der 69. Sitzung, Nr. 18/69, 28.
181 *Arne Semsrott*, Kanzleramtsakten schlummern in privaten Archiven, einsehbar unter: https://www.heise.de/meinung/Best-of-Informationsfreiheit-Kanzleramtsakten-schlummern-in-privaten-Archiven-4859980.html, eingesehen am 3.8.2020.
182 Nachzulesen zB unter: http://www.fr.de/politik/bundesarchiv-amtliche-akten-im-hause-kohl-a-1332489, eingesehen am 15.5.2018.
183 Stand April 2018, einsehbar unter: https://www.swr.de/swraktuell/rp/bundesarchiv-in-koblenz-warten-auf-die-kohl-akten/-/id=1682/did=21452802/nid=1682/2n10ef/index.html, eingesehen am 15.5.2018.
184 *Werner* Der Archivar 1979, 376.
185 *Werner* Der Archivar 1979, 376.

§ 133 StGB.[186] Die zuständige Staatsanwaltschaft wollte aber wegen „fehlenden Anfangsverdachts“ keine Ermittlungen aufnehmen, woraufhin Frau Weber ein Klageerzwingungsverfahren eingeleitet hat.[187] Die Scheu, einen Altkanzler oder seine Familie wegen unterschlagener Unterlagen strafrechtlich zu verfolgen, ist befremdlich. Dieses Verhalten ist eines Rechtsstaats nicht würdig. **Strafrechtliche Sanktionen** sind ein angemessenes Mittel, um rechtswidrige Praxis einzudämmen.[188]

Auch das Kanzleramt verwahrt eine große Menge von Unterlagen von 1949 bis heute, die es dem Bundesarchiv nicht anbietet, außer es wäre im Interesse der Regierung.[189] Der Journalist Peter Carstens führt in der FAZ dazu aus: „*… die bürokratischen Nachfahren der alten Bundesrepublik bewachen das Schrifttum ihrer Zeit wie ein Sprengstoffdepot*“.[190] 54

Der Gesetzgeber hat § 5 Abs. 8 Satz 2 BArchG aF nicht übernommen. Diese Vorschrift war im Lauf des Gesetzgebungsverfahrens geändert worden. Damit sollte wohl – recht unbeholfen – festgelegt werden, dass § 5 Abs. 8 Satz 2 sich nur auf archivwürdige Unterlagen beziehen soll.[191] Ohne eine Entscheidung des Bundesarchivs war jedoch gar nicht feststellbar, welche Unterlage Archivgut werden konnten und welche nicht. Eine solche Entscheidung konnte nur vorliegen, wenn das Bundesarchiv die Unterlagen bei der anbietungspflichtigen Stelle bewertet hätte oder nach Bewertung an diese Stelle zurückgegeben hätte. Beides war in der Praxis wohl selten der Fall. Daher hat sich der Gesetzgeber dazu entschlossen, § 5 Abs. 8 Satz 2 BArchG aF ersatzlos zu streichen. Für den raren Fall, dass das **Bundesarchiv Unterlagen an die anbietungspflichtige Stelle zurückgibt oder bei dieser die Unterlagen als nicht archivwürdig ansieht**, unterliegen die Unterlagen also wieder dem Nutzungsanspruch nach § 11 Abs. 6.[192] Angesichts der klaren Entscheidung des Gesetzgebers bleibt **kein Raum für eine Lückenfüllung oder einen Nutzungsausschluss.** Denn ein solcher Ausspruch bedürfte angesichts Art. 5 Abs. 3 GG einer gesetzlichen Grundlage und kann nicht im Wege der Auslegung herbeifabuliert werden. Sind die 55

186 https://www.gabyweber.com/index.php/de/prozesse/110-kohl-akten, eingesehen am 15.5.2018.

187 https://www.gabyweber.com/index.php/de/prozesse/110-kohl-akten, eingesehen am 15.5.2018.

188 *Hausmann* in Becker/Rehm/Schäfer, S. 57 ff., aus den Darstellungen von *Hausmann* ergibt sich, dass im Bereich der Aktenvernichtung- oder Verschleppung die Straftatbestände §§ 258, 258 a, 274, 133 StGB in Betracht kommen; *Günther* in Becker/Haffer/Hirsch/Uhde, Archiv – Recht – Geschichte, S. 227 ff., ausf. Darstellung der Strafbarkeit im Bereich des Archivrechts.

189 *Peter Carstens,* Kontinuität des Schweigens, FAZ vom 23.6.2009, S. 10: „1998 beispielsweise, als die Regierung Kohl kurz vor ihrer Abwahl ihre eigenen Leistungen dokumentieren wollte, wurde unter Umgehung der Fristen des Archivgesetzes und der Verschlusssachenanordnung mehr als 400 vertrauliche Akten aus den Jahren 1989/1990 für eine Sonderedition freigegeben.“.

190 *Peter Carstens,* Kontinuität des Schweigens, FAZ vom 23.6.2009, S. 10, im Speziellen führt er die NS-Vergangenheit der Geheimdienste und des BKA, den Wiedereinstieg der NS-Elite im Bonner Auswärtigen Amt, die heimliche Verbindung Bonner Politiker in den frühen siebziger Jahren zu palästinensischen Terrorristen und den Tod Uwe Barschels an.

191 *Becker/Oldenhage*, HK-BArchG, § 8 Abs. 2 Rn. 117.

192 OVG NRW 5.7.2018 – 15 A 2147/13, Rn. 42.

tatbestandlichen Voraussetzungen des § 11 Abs. 6 auch nur für einen Teil der Unterlagen erfüllt, sind auf diese die Vorschriften über den Nutzungsanspruch nach § 10 Abs. 1 und über die Schutzfristen sowie deren Verkürzung nach § 11 Abs. 1 und 2 sowie 12 Abs. 1 und 2 BArchG nF anzuwenden.[193]

193 OVG NRW 5.7.2018 – 15 A 2147/13, Rn. 54.

§ 12 Verkürzung und Verlängerung der Schutzfristen

(1) Das Bundesarchiv kann die Schutzfrist nach § 11 Absatz 1 verkürzen, soweit dem keine Einschränkungs- und Versagungsgründe gemäß § 13 entgegenstehen.

(2) Das Bundesarchiv kann die Schutzfristen nach § 11 Absatz 2 verkürzen, wenn die Einwilligung der betroffenen Personen vorliegt. Liegt keine Einwilligung vor, kann das Bundesarchiv die Schutzfristen nach § 11 Absatz 2 verkürzen, wenn

1. die Nutzung für ein wissenschaftliches Forschungs- oder Dokumentationsvorhaben oder zur Wahrnehmung berechtigter Belange unerlässlich ist, die im überwiegenden Interesse einer anderen Person oder Stelle liegen, und
2. eine Beeinträchtigung schutzwürdiger Belange Betroffener oder ihrer Angehörigen durch angemessene Maßnahmen wie die Vorlage anonymisierter Reproduktionen oder das Einholen von Verpflichtungserklärungen ausgeschlossen werden kann.

(3) Das Bundesarchiv kann die Schutzfrist nach § 11 Absatz 3 um höchstens 30 Jahre verkürzen oder verlängern, wenn dies im öffentlichen Interesse liegt.

(4) Ist das Archivgut des Bundes bei einer öffentlichen Stelle des Bundes entstanden, bedarf die Verkürzung oder Verlängerung der Schutzfristen nach den Absätzen 1 bis 3 der Einwilligung dieser Stelle. Die Einwilligung ist entbehrlich, soweit dies durch eine vorherige allgemeine Vereinbarung mit der abgebenden Stelle festgelegt worden ist.

Literatur

Dittrich, Lars, Reformiert die Archivgesetze – aber richtig! ZRP 2017, 183; *Kramer, Helmut*, Wer im Namen des Volkes spricht ..., Betrifft JUSTIZ, 98/2009, 81; *Oldenhage, Klaus*, Bemerkungen zum Bundesarchivgesetz, Der Archivar 1988, 477; *Polley, Rainer*, Die Schutzfristverkürzung – Dogmatische Bemerkungen zu einem Alltagsproblem, Der Archivar, Beiband 8, 2002, 169; *Schäfer, Udo*, Sackgasse – Zur Übermittlung personenbezogener Daten aus Archivgut vor Ablauf der Schutz- und Sperrfristen, Der Archivar, Beiband 8, 2002, 181

I. Allgemeines

1 Die Nutzung von Archivgut, das noch den Schutzfristen des § 11 unterliegt, soll nicht in jedem Fall ausgeschlossen sein. Das BArchG ermächtigt das Bundesarchiv, **Schutzfristverkürzungen** vorzunehmen. Bei der Schutzfristverkürzung handelt es sich um eine Genehmigung der Benutzung im Einzelfall trotz der noch nicht abgelaufenen Frist.[1] Die Schutzfrist des § 11 soll grds. die Regel sein, eine Verkürzung nach § 12 dagegen die Ausnahme. Eine **Verlängerung der Schutzfristen** ist im Gegensatz zur Verkürzung in der Praxis des Bundesarchivs bisher kaum aufgetreten.[2] Die dreißigjährige Schutzfrist des § 11 Abs. 1 beruht auf rechtlichen, wirtschaftlichen und verwaltungstechnischen Gründen und ist ein formaler Kompromiss.[3] Ihre Verkürzung steht im Ermessen des Bundesarchivs. Die Ausnahmen sollen genügend Spielraum geben, um die Presse- und Wissenschaftsfreiheit zu berücksichtigen.[4]

2 Nachdem **Findmittel**[5] notwendig sind, um ein Vorhaben mit Archivgut zu verwirklichen, ist die Verkürzung der Schutzfristen bei Findmitteln wohlwollend zu beurteilen. Findmittel gilt als Oberbegriff für Erschließungsinstrumente von Archivbeständen, wie zB Ablieferungslisten, Findkarteien, Findbücher, Inventare, Datenbanken und Beständeübersichten.[6] Eine Einsichtnahme in Findmittel ist für die meisten Forschungsvorhaben im Vorfeld unerlässlich, so dass es sich als unvernünftig darstellt, den Zugang zu einem Findmittel genauso streng zu regeln, wie für einen Archivalienzugang, für den Findmittel Voraussetzung sind.[7] Der Ermessensentscheidung, die einer Schutzfristverkürzung zugrunde liegt, sollte daher erhebliches Gewicht zukommen.[8]

3 Das Bundesarchiv prüft, welche Schutzfrist (allgemeine, personenbezogene, Geheimhaltungsregelung) grds. anzuwenden ist, indem Bezugsdaten ermittelt werden, und prüft den Kontext, nämlich den Benutzungsantrag und etwaige Einschränkungs- und Versagungsgründe.[9] Die Archivare und Archivarinnen sind dazu angehalten, das Verfahren der Verkürzung möglichst

1 *Vollmer* Veröffentlichungen der Archivschule Marburg 2011, 11 (35).
2 *Polley* Der Archivar, Beiband 8, 2002, 169 (173), anders dagegen bei einem Einsichtsbegehren nach hessischem Landespresserecht zu Unterlagen der NSU. Das Landesamt für Verfassungsschutz Hessen hat die Unterlagen bis 2134 (!) für unzugänglich erklärt, VG Wiesbaden 16.3.2018 – 5 L 5751/17.WI.
3 *Becker/Oldenhage*, HK-BArchG, § 5 Rn. 59.
4 BVerwG 27.6.2013 – 7 A 15/10, juris Rn. 27.
5 Zum Begriff sehr instruktiv *Brinkhus* in Becker/Rehm, S. 117 ff.
6 Vgl. https://www.ub.uni-frankfurt.de/archive/glossar.html (letzter Abruf: 21.12.2018).
7 So auch *Becker/Rehm*, S. 122.
8 So auch *Becker/Rehm*, S. 122.
9 *Hirsch* Veröffentlichungen der Archivschule Marburg 2011, 109 (110).

transparent zu gestalten, um jeden Argwohn auszuschließen, sie würden das Archivgut unter Verschluss halten.[10]

Alle Bundesländer haben in ihren Landesarchivgesetzen Reglungen zur Schutzfristverkürzung.[11] Diese sind allerding durch eine große Uneinheitlichkeit gekennzeichnet. So verlangen zB Bayern, Hamburg Rheinland-Pfalz ebenso wie das BArchG die Einwilligung der abgebenden Stelle. In Niedersachsen normiert § 5 Abs. 5 ArchG, dass die Benutzungsordnung für bestimmte Arten von Archivgut kürzere Schutzfristen festlegen kann. Bremen lässt eine Schutzfristverkürzung nicht nur bei einem öffentlichen Interesse, sondern auch bei einem „schwerwiegenden privaten Interesse" zu. 4

II. Schutzfristverkürzung

1. Ermessen des Bundesarchivs

Die Norm entspricht § 5 Abs. 5 Satz 1 aF. § 12 Abs. 1 ist eine **Ermessensnorm.** Das Bundesarchiv muss nach pflichtgemäßem Ermessen entscheiden. Es ist berechtigt, die Verkürzung gem. § 36 Abs. 2 VwVfG mit Nebenbestimmungen zu versehen.[12] Das Bundesarchiv muss bei der Ausübung des Ermessens eine **objektive Rechtsgüterabwägung** vornehmen und den **Gleichbehandlungsgrundsatz** beachten.[13] Ist eine Behörde berechtigt, eine Ermessensentscheidung zu treffen, hat der Einzelne einen Anspruch auf ermessensfehlerfreie Entscheidung.[14] Liegt also keiner der Versagungsgründe des Abs. 2 vor, ist der Ermessensspielraum in der Regel auf null reduziert, und die Ausnahme ist zu genehmigen.[15] 5

2. Versagungsgründe

Einschränkungs- und Versagungsgründe sind solche des § 13. Die Zustimmung zur Verkürzung der Schutzfrist darf das Bundesarchiv nur verweigern, wenn ein archivgesetzlicher Verweigerungsgrund vorliegt, der dann dem Antragsteller gegenüber erläutert werden muss.[16] Es muss im Einzelfall ermittelt werden, ob es sich um personenbezogenes oder geheimhaltungsbedürftiges Archivgut handelt, ansonsten ist die Nutzung zu erlauben.[17] 6

---

10 *Hirsch* Veröffentlichungen der Archivschule Marburg 2011, 109 (117).

11 § 6 Abs. 4 LArchG BW; Art. 10 Abs. 4 BayArchivG; § 8 Abs. 4 ArchGB; § 10 Abs. 5 Bbg ArchivG; § 7 Abs. 5 BremArchivG; § 5 Abs. 4 HmbArchG; § 13 Abs. 5, 6, 7 HessArchivG; § 10 Abs. 4 LArchivG MV; § 5 Abs. 5 NdsArchG; § 7 Abs. 6 ArchivG NRW; § 3 Abs. 4 LArchG RhPf; § 11 Abs. 6, 7 SaarlArchG; § 10 Abs. 5 SächsArchivG; § 10 Abs. 4 ArchG LSA; § 9 Abs. 5, 6 LArchG SchlH; § 17 Abs. 5, 6, 7 ThürArchivG.

12 Manegold, S. 313.

13 *Oldenhage* Der Archivar 1988, 477 (491).

14 *Ramsauer* in Kopp/Ramsauer VwVfG § 40 Rn. 53.

15 *Becker/Oldenhage*, HK-BArchG, § 5 Rn. 59.

16 *Manegold*, S. 272.

17 *Manegold*, S. 273.

III. Schutzfristverkürzung bei Einwilligung

1. Einwilligung des Betroffenen oder ihrer Angehörigen (Satz 1[18])

a) Einwilligung

7 Zunächst ist zu versuchen, die **Einwilligung des oder der Betroffenen** zu erhalten, soweit sich die Anfrage auf Archivgut erstreckt, das sich auf eine einzelne oder mehrere natürliche Personen bezieht.[19] Bei erteilter Einwilligung ist der Zweck der Schutzfrist weggefallen und es liegt ein Fall des tatbestandsausschließenden Einverständnisses und somit eine teleologische Reduktion vor, womit der Antragsteller einen Anspruch auf Nutzung hat.[20] Grds. Ist davon auszugehen, dass das Bundesarchiv und nicht der Antragsteller die Einwilligung einholen muss, zumal in vielen Fällen eine Angabe der Identität des Betroffenen einer Verletzung des geschützten Geheimnisses gleichkäme.[21]

8 Der Zugang ist auf ein **bestimmtes Forschungsvorhaben** beschränkt, denn „personenbezogenes Archivgut steht nicht auf Vorrat zur Verfügung".[22] Für ein anderes Forschungsvorhaben muss ein neuer Antrag gestellt werden. Die Informationen müssen zwingend aus den begehrten Archivalien gewonnen werden, sie dürfen nicht in anderen Quellen zugänglich sein.[23]

b) Angehörige

9 **Angehörige** sind gem. § 1 Nr. 1 der Ehegatte, Lebenspartner sowie Kinder, Enkelkinder, Großeltern, Eltern und Geschwister der Betroffenen. Liegt von einem Verstorbenen keine Einwilligung vor, kann diese von einem Angehörigen in bestimmter Reihenfolge eingeholt werden: Ehe- oder Lebenspartner, danach von den Kindern oder den Eltern des Betroffenen,[24] erst danach von Großeltern, Geschwistern oder Enkelkindern. Bei dieser Aufzählung handelt es sich um Personen, die zivilrechtlichen Erben gleichen, bei denen am ehesten eine datenschutzrechtliche Betroffenheit in Betracht kommt und die ohne allzu großen Aufwand ermittelt werden können.[25] Das Vorhandensein eines vorrangig Bezeichneten führt zum Ausschluss der Übrigen; mehrere Kinder oder Elternteile können nur gemeinsam zustimmen.[26]

2. Fehlende Einwilligung (Satz 2[27])

10 Wenn **keine Einwilligung** vorliegt, weil der Betroffene und die Angehörigen nicht zu ermitteln sind oder weil die Einwilligung verweigert wurde, dann greift der Tatbestand des Satz 2 Nr. 1 und 2. Für die Verkürzung der Schutzfrist bei personenbezogenen Daten sind aus dem **Volkzählungsurteil**

18 Entspricht § 5 Abs. 5 S. 2 aF.
19 *Oldenhage* Der Archivar 1988, 477 (491).
20 *Manegold*, S. 305.
21 *Manegold*, S. 306.
22 *Becker/Oldenhage*, HK-BArchG, § 5 Rn. 73.
23 *Nau*, S. 291.
24 *Becker/Oldenhage*, HK-BArchG, § 5 Rn. 64.
25 *Manegold*, S. 306.
26 *Kotte* in Becker/Rehm, S. 159.
27 Laut Gesetzesbegründung greifen § 12 Abs. 2 S. 2 Nr. 1, 2 den Regelungsgehalt des § 5 Abs. 5 S. 3 aF auf, BT-Drs. 18/9633, 72.

des BVerfG[28] folgende Grundsätze zu entnehmen: es gilt das Prinzip der Zweckbindung und das Verbot der Vorratshaltung von personenbezogenen Daten.[29] Bei der Zweckbindung sind in sachlicher Hinsicht die übermittelten Daten auf das eine Vorhaben beschränkt, und in personeller Hinsicht auf den einen Empfänger.[30]

a) Nutzungstatbestände (Nr. 1)

aa) Wissenschaftliche Forschungs- und Dokumentationsvorhaben

Der **Nutzungstatbestand** wird im Vergleich zum § 5 Abs. 5 Satz 3 aF um wissenschaftliche Dokumentationsvorhaben erweitert, denn auch diese können ein hochrangiges öffentliches Interesse an einer Verkürzung begründen.[31] Eine wissenschaftliche Tätigkeit ist nach dem BVerfG alles, was nach Inhalt und Form als ernsthafter planmäßiger Versuch zur Ermittlung der Wahrheit anzusehen ist.[32] Die Schutzfristen können für wissenschaftliche Vorhaben immer dann verkürzt werden, wenn durch eine angemessene Maßnahme die Beeinträchtigung schutzwürdiger Belange unterbunden werden kann.[33] 11

Die **wissenschaftliche Forschung** und die **wissenschaftlichen Dokumentationsvorhaben** sind durch Art. 5 Abs. 3 GG privilegiert, was in der Ermessensentscheidung des Bundesarchivs zum Ausdruck kommen und in vielen Fällen zu einer Ermessensreduzierung auf null führen muss.[34] 12

bb) Berechtigte Belange

Berechtigte Belange liegen vor, wenn berufliche oder persönliche Belange ohne die begehrte Archivgutnutzung verletzt oder schwer zumutbare Belastungen eintreten würden.[35] Die Gesetzesbegründung zum Landesarchivgesetz B-W nennt hier die „Behebung einer Beweisnot“, wobei der VGH B-W hierzu geurteilt hat, [36], dass sich ein Anhaltspunkt dafür, dass ein berechtigter Belang nur die Behebung einer Beweisnot sein könne, im Gesetzeswortlaut nicht finde. Man müsse die Gesetzesbegründung so zu verstehen haben, dass es sich um die Anführung eines typischen Beispielfalles handle und dass ein vergleichbar gewichtiges Interesse ebenfalls ein berechtigter Belang in diesem Sinne sein könne. Berechtigte Belange wären im Idealfall auch gegeben, wenn die Nutzung amtlichen, heimatkundlichen, familiengeschichtlichen oder publizistischen Zwecken oder für Zwecke des Unterrichts diente.[37] 13

---

28 BVerfG 15.12.1983 – 1 BvR 209. 269, 362, 420, 440, 484/83; BVerfGE 65, 1.
29 *Schäfer* Der Archivar, Beiband 8, 2002, 181 (183).
30 *Schäfer* Der Archivar, Beiband 8, 2002, 181 (183).
31 BT-Drs. 18/9633, 72.
32 BVerfG 29.5.1973 – 1 BvR 424/71, 1 BvR 325/72, BVerfGE 35, 71 (113).
33 *Oldenhage* Der Archivar 1988, 477 (491).
34 *Becker/Oldenhage*, HK-BArchG, § 5 Rn. 76.
35 *Becker/Oldenhage*, HK-BArchG, § 5 Rn. 77.
36 VGH B-W 1.7.2017 – 1 S 802/15, juris Rn. 29.
37 *Hausmann*, S. 90.

14 Der **Presse** sind auf Grund ihrer grundrechtlich abgesicherten Funktion grds. „berechtigte Belange“ einzuräumen.[38] Zwar gewährleistet die Pressefreiheit nicht nur die Freiheit der Verbreitung von Nachrichten und Meinungen, sondern schützt auch den gesamten Bereich publizistischer Vorbereitungstätigkeit, zu der insbes. die Beschaffung von Informationen gehört[39], ein grundsätzlicher Vorrang des journalistischen Offenbarungsinteresses vor anderen verfassungsrechtlich möglicherweise weniger gewichtigen Interessen lasse sich aus der Pressefreiheit laut BVerwG jedoch nicht herleiten. Die im BArchG (aF) vorgesehenen Ausnahmen von den Schutzfristen, bzw. die Möglichkeit zu deren Verkürzung würden der Presse genügend Spielraum lassen[40]. Dem ist jedoch nicht zuzustimmen. Gerade in Zeiten von „Fake News“ ist eine gut recherchierende Presse als vierte Gewalt[41] unverzichtbar. Die Pressefreiheit besitzt einen hohen Rang und ist konstituierend für die freiheitlich demokratische Grundordnung.[42] „Eine freie, nicht von der öffentlichen Gewalt gelenkte, keiner Zensur unterworfenen Presse ist Wesenselement des freiheitlichen Staates und für eine moderne Demokratie unentbehrlich“.[43] Aus diesen Gründen sind die Anforderungen an das Vorliegen berechtigter Belange bei der Presse verfassungskonform dahingehend auszulegen, dass diese grds. gegeben sind.[44]

cc) Unerlässlich

15 Das Gesetz verlangt zusätzlich, dass die **berechtigten Belange unerlässlich sein müssen.** Dieses Tatbestandsmerkmal wird restriktiv ausgelegt (→ Rn. 13). Laut dem VGH Mannheim liegt Unerlässlichkeit nur vor, wenn die Nutzung des Archivguts für die Verwirklichung eines besonders gewichtigen Belangs, vergleichbar der Behebung einer bestehenden Beweisnot, unabdingbar, in jeder Hinsicht unverzichtbar ist.[45] Auch der von der Presse wahrgenommene Informationsanspruch der Öffentlichkeit ist grds. unerlässlich. Nach der Gesetzesbegründung soll der Informationswert der Berichterstattung die im Rahmen der Interessenabwägung zwischen dem Informationsanspruch der Öffentlichkeit und dem allgemeinen Persönlichkeitsrecht der Betroffenen maßgeblich zu berücksichtigende Größe sein.[46] Dies ist aber nur verfassungskonform, wenn es nicht zu einer Bewertung der Berichterstattung kommt, da eine solche Bewertung unzulässig ist.

---

38 Zur Freiheit der Berichterstattung: BGH 5.11.2013 – VI ZR 304/12; VG Schleswig-Holstein 8.4.2013 – 8 B 10/13 unter Verweis auf BVerfG 28.8.2000 – 1 BvR 1307/91: „Soweit Presseorgane einen Informationsanspruch geltend machen, ist jede publizistisch geeignete Information zu einem öffentlichkeitsrelevanten Thema geeignet, ein „berechtigtes Interesse“ bei verfassungskonformer Auslegung des Begriffs im Lichte der Pressefreiheit, zu begründen“.

39 BVerfG 28.8.2000 – 1 BvR 1307/91, NJW 2001, 503 (504).

40 BVerwG 27.6.2013 – 7 A 15/10, juris Rn. 27.

41 So bezeichnet zB in: http://www.taz.de/!353972/, eingesehen am 17.5.2018.

42 BVerfG 12.3.2003 – 1 BvR 330/96, 1 BvR 348/99, BVerfGE 107, 299 (329).

43 BVerfG 5.8.1966 – 1 BvR 586/62, 1 BvR 610/63, 1 BvR 512/64, BVerfGE 20, 162 (174).

44 Vgl. zu der Anforderung eines berechtigten Interesses nach § 12 GBO: BVerfG 28.8.2000 – 1 BvR 1307/91, AfP 2000, 559.

45 VGH Mannheim 1.7.2015 – 1 S 802/15, juris Rn. 30.

46 BT-Drs. 18/9633, 72.

Die Praxis behilft sich mit dem „Umetikettieren“ des Antrags.[47] So hatte die Archivverwaltung im Fall des VGH Mannheim der Presse geraten, ihr Ansinnen als „wissenschaftlich“ zu deklarieren.[48] Von dieser Maßnahme berichten auch andere Archive, ein „Ausdruck legislativer Not“![49] Diese Notlösung ist nur erforderlich, wenn man die grundrechtlich verbürgten Rechte der Presse auf Recherche missachtet bzw. in verfassungsrechtlich unzulässiger Weise abwägt.[50] 16

dd) Überwiegendes Interesse

Ein **überwiegendes berechtigtes Interesse** liegt vor, wenn „existentielle berufliche oder persönliche Belange ohne die Benutzung der einschlägigen Archivalien verletzt würden oder unzumutbare Belastungen einträten“[51]. Und dies ist ebenfalls dann der Fall, wenn die personenbezogenen Angaben zur Behebung einer bestehenden Beweisnot benötigt werden.[52] Eine Verkürzung setzt also voraus, dass das Nutzungsinteresse das Schutzinteresse im Einzelfall überwiegt, ferner muss die Schutzfristverkürzung für das Nutzungsinteresse besonders wichtig sein.[53] Dies ist wiederum dann der Fall, wenn die Archivgutnutzung für die Verwirklichung eines besonders gewichtigen Belangs in jeder Hinsicht unverzichtbar ist.[54] 17

ee) Eine andere Person oder Stelle

Eine andere Person iSd § 12 Abs. 2 Satz 2 Nr. 1 kann sowohl eine natürliche als auch eine juristische Person sein.[55] Die andere Person kann auch der jeweilige Benutzer sein.[56] Bei einer anderen Stelle handelt es sich um eine andere Behörde als das Bundesarchiv oder die abgebende Stelle. 18

b) Angemessene Maßnahmen (Nr. 2)

Darunter sind alle Vorkehrungen zu verstehen, die tauglich sind, wissenschaftliche Forschungs- oder Dokumentationsvorhaben oder andere berechtigte Belange auf der einen und Persönlichkeitsschutz und staatliche Sicherheit auf der anderen Seite auszugleichen.[57] Außer den aufgeführten Maßnahmen – der Vorlage anonymisierter Reproduktionen oder dem Einholen von Verpflichtungserklärungen – sind noch eine Beschränkung des Nutzers auf einschlägige Ausschnitte oder Passagen, oder eine Auskunft zu einem Sachverhalt ohne Personenbezug vorstellbar.[58] 19

---

47 *Dittrich* ZRP 2017, 183 (185); vgl. auch die absurde Entscheidung des VG Stuttgart 20.1.2016 – 11 K 1508/15, UA S. 11, die einem Pressevertreter den Nutzungszugang nach LArchG und eine Sperrfristverkürzung verweigerte, da er sich entgegen anderer Pressevertreter nicht als Forscher ausgeben wollte.
48 *Dittrich* ZRP 2017, 183 (185).
49 *Dittrich* ZRP 2017, 183 (185).
50 So zB VG Stuttgart 20.6.2016 – 11 K 1508/15.
51 *Becker/Oldenhage*, HK-BArchG, § 5 Rn. 77.
52 *Nau*, S. 297.
53 VGH BW 1.7.2015 – 1 S 802/15, juris Rn. 30.
54 VGH BW 1.7.2015 – 1 S 802/15, juris Rn. 30.
55 BT-Drs. 18/9633, 72.
56 *Polley* Der Archivar, Beiband 8, 2002, 169 (177).
57 *Becker/Oldenhage*, HK-BArchG, § 5 Rn. 78.
58 *Becker/Oldenhage*, HK-BArchG, § 5 Rn. 78.

aa) Anonymisierte Reproduktionen

20 Das BVerfG verlangt nur eine **faktische Anonymisierung.**[59] Diese wird eingehalten, wenn der Archivgutnutzer personenbezogene Angaben nur mit einem unverhältnismäßig hohen Aufwand recherchieren kann, wie das bei Vorlage anonymisierter Reproduktionen der Fall ist.[60]

21 Die **schutzwürdigen Belange Betroffener** sollten umso enger ausgelegt werden, je bedeutender ein Forschungsprojekt ist, insbes. wenn die Untersuchung gravierender Unrechtstatbestände Gegenstand eines archivrechtlichen Zugangsanspruchs sind. In einem solchen Fall darf kein Recht darauf bestehen, dass Namen und Handlungen nicht offengelegt werden.[61] Die aus dem Archivgut empfangenen Reproduktionen sind nach Beendigung des Benutzungszwecks zu vernichten.[62]

bb) Einholen von Verpflichtungserklärungen

22 Die Einholung einer **Verpflichtungserklärung** ist ebenfalls eine angemessene Maßnahme.[63] Der Benutzer soll damit erklären, dass er bereit ist, die Rechte Dritter zu wahren, denn sowohl Nutzer als auch Archiv sollen mit schützenswerten Informationen vertrauensvoll umgehen.[64]

IV. Begrenzung der Schutzfristverkürzung (Abs. 3)

23 Abs. 3 entspricht inhaltlich § 5 Abs. 5 Satz 5 aF, wird aber um die Verkürzungsoption erweitert. Die **Verkürzung bzw. Verlängerung** werden auf höchstens dreißig Jahre beschränkt. Die Vorschrift soll dem Wohl der Bundesrepublik Deutschland und ihrer Länder dienen, insbes. dem Schutz öffentlicher Sicherheitsinteressen und den Belangen Dritter in jenen Fällen, in denen die Schutzfristen aus unterschiedlichen Gründen ausnahmsweise nicht ausreichen. Archivgut, das noch als Verschlusssache eingestuft ist, soll nur benutzt werden, soweit die Verschlusssachenanweisung dies zulässt.[65]

24 Bei einer **Verlängerung der Frist** spielt der Persönlichkeitsschutz keine Rolle, sondern es muss ein öffentliches Interesse an einer Verlängerung vorliegen.[66] Das öffentliche Interesse wird im Rahmen des § 16 erklärt (→ § 16 Rn. 7–10). In der Praxis spielt die Verlängerung auf Seiten des Bundesarchivs kaum eine Rolle. Wenn überhaupt, dann kommt der Wunsch nach einer Schutzfristverlängerung aus den Ministerien. Trotzdem ist es dann noch möglich, die Schutzfrist zu verkürzen.

25 Die Länder Bremen, Nordrhein-Westfalen, Sachsen und Schleswig-Holstein kennen in ihren Landesarchivgesetzen **keine Verlängerung der Schutzfrist.**

---

59 BVerfG 18.12.1987 – 1 BvR 962/87, juris Rn. 6.
60 *Becker/Oldenhage*, HK-BArchG, § 5 Rn. 81.
61 *Kramer* Betrifft JUSTIZ, 98, 2009, 81 (82): *Kramer* wollte Einsicht in die Personalakten der Nationalsozialisten Ebersburg und Dreher, die das Bundesministerium der Justiz zu der Zeit längst dem Bundesarchiv hätte übergeben müssen.
62 *Schäfer* Der Archivar Beiband 8, 2002, 181 (185).
63 BT-Drs. 18/9633, 72.
64 *Hirsch* Veröffentlichungen der Archivschule Marburg 2011, 109 (117).
65 BT-Drs. 11/498, 12, Gesetzesbegründung zu § 5 Abs. 5 aF.
66 *Oldenhage* Der Archivar 1988, 477 (491).

V. Einwilligung der betroffenen Stelle (Abs. 4)

1. Einwilligung (Satz 1)

Die **Einwilligung der abgebenden Stelle** einzuholen, führt in der Praxis zu einem **vermeidbaren bürokratischen Aufwand** und einer **vermeidbaren Einschränkung des Aktenzugangs.**[67] Es handelt sich hierbei sogar um ein Hindernis für die Erstellung wissenschaftlicher Qualifikationsarbeiten, bei denen Archivgut genutzt werden muss, da sich das Einholen der Einwilligung mehrere Monate hinziehen kann.[68] Wissenschaftliche Abschlussarbeiten, wie Bachelor- und Masterarbeiten, unterliegen in der Regel so knappen Fristen, dass eine mehrwöchige Wartezeit aufgrund der Einbeziehung der abgebenden Stelle die Forschung mit Archivgut stark erschwert oder sogar verhindert.[69] Auch die Ermittlung der für eine Einwilligung zuständigen Stelle kann sich als äußerst zeitaufwendig erweisen, besonders wenn es zu einer geänderter Zuständigkeit einer Behörde gekommen ist.[70] Dies entspricht nicht dem ursprünglichen Wunsch des Gesetzgebers, mit der Novellierung des Bundesarchivgesetzes eine **Verbesserung der Nutzer- und Wissenschaftsfreundlichkeit** zu verfolgen.[71] Außerdem erscheint es höchst fragwürdig, dass eine abgebende Stelle, die ihre Unterlagen dem Bundesarchiv angeboten hat, weil sie diese nicht mehr benötigt, im Nachhinein ein Kontrollrecht über den Zugang erhält.[72] Dazu sind von der Regelung auch Landes- und Kommunalarchive betroffen, die Archivgut des Bundes iSd § 7 übernehmen. 26

Bei Abs. 4 Satz 1 handelt es sich um eine **Ermessensklausel** in Verbindung mit der Zustimmung der abgebenden Stelle, die jedoch ihre Zustimmung nur beim Vorliegen eines archivgesetzlichen Versagungsgrundes verweigern darf.[73] In den Ländern halten nur noch Bayern und Hamburg an der **Zustimmungspflicht** der abgebenden Stelle fest.[74] Das Bundesarchiv als Fachbehörde wäre hier ausreichend gewesen zur Beurteilung. 27

2. Entbehrlichkeit der Einwilligung (Satz 2)

In Satz 2 ist die **Einwilligung** dann **entbehrlich**, soweit dies durch eine vorherige allgemeine Vereinbarung mit der abgebenden Stelle festgelegt worden ist. Damit soll sich der Verwaltungsaufwand deutlich reduzieren.[75] Dies überzeugt nicht. Zur Reduzierung des Verwaltungsaufwands hätte eine Streichung[76] des Abs. 4 wesentlich mehr beigetragen. 28

67 Ausschussdrs. 18(22)234, zu 5.
68 BT-Drs. 18/10890, 3.
69 BT-Drs. 18/10890, 3.
70 Ausschussdrs. 18(22)234, zu 5.
71 BT-Drs. 18/10813, 7.
72 Ausschussdrs. 18(22)209 b, 4.
73 *Kotte* in Becker/Rehm, S. 155.
74 § 5 Abs. 4 HmbArchG; Art. 10 Abs. 4 BayArchivG.
75 BT-Drs. 18/9633, 73.
76 Gleicher Ansicht Ausschuss für Kultur und Medien, Ausschussdrs. 18(22)234, 2; Ausschuss für Archive und Recht, Ausschussdrs. 18(22)209 b, 4.

§ 13 Einschränkungs- und Versagungsgründe

(1) [1]Das Bundesarchiv hat die Nutzung nach den §§ 10 bis 12 einzuschränken oder zu versagen, wenn
1. Grund zu der Annahme besteht, dass durch die Nutzung das Wohl der Bundesrepublik Deutschland oder eines ihrer Länder gefährdet würde,
2. Grund zu der Annahme besteht, dass der Nutzung schutzwürdige Interessen Betroffener oder ihrer Angehörigen entgegenstehen oder
3. durch die Nutzung Rechtsvorschriften des Bundes über die Geheimhaltung verletzt würden.

[2]Bei der Abwägung der in Satz 1 Nummer 2 genannten Belange ist insbesondere zu berücksichtigen, ob die Informationserhebung erkennbar auf einer Menschenrechtsverletzung beruht.

(2) Im Übrigen kann das Bundesarchiv die Nutzung einschränken oder versagen, wenn durch die Nutzung
1. der Erhaltungszustand des Archivguts des Bundes gefährdet würde oder
2. ein unverhältnismäßiger Verwaltungsaufwand entstünde.

(3) Die Nutzung von Archivgut des Bundes, das aus Unterlagen besteht, die der Geheimhaltungspflicht nach § 203 Absatz 1, 2 oder 4 des Strafgesetzbuches unterlagen, kann vom Bundesarchiv eingeschränkt oder versagt werden, soweit dies zur Wahrung schutzwürdiger Interessen Betroffener erforderlich ist.

Literatur

Partsch, Christoph/Koschmieder, Norman, Der archivrechtliche Informationszugang nach der Novelle des BArchG, NJW 2017, 3416 ff.

I. Interessenkollision

1 Bei einem Gesuch auf Akteneinsicht in Unterlagen des Bundesarchivs kommt es zu einer Kollisionslage: Es trifft das Einsichtsinteresse des Einzelnen auf Geheimhaltungsinteressen des Staates oder Dritter. Der Gesetzgeber ist dieser Interessenkollision mit der Aufnahme der **Schutzfristen in § 11** begegnet. Dies hat Bedeutung für **Abwägungsfragen:** Die Unterlagen

des Bundesarchivs dürfen grds. erst nach Ablauf der Schutzfristen des § 11 eingesehen werden. Insofern überwiegt vor diesem Zeitpunkt das Geheimhaltungsinteresse des Staates (bzw. ggf. betroffener Dritter). Danach überwiegt jedoch grds. das Einsichtnahmeinteresse des Einzelnen.[1]

§ 13 enthält Ausnahmegründe, nach denen die Einsichtnahme in Unterlagen des Bundesarchivs allerdings auch **nach Ablauf der Schutzfristen** des § 11 **eingeschränkt** oder gänzlich **versagt** werden kann. 2

II. Regelungsstruktur

Inhaltlich entsprechen die Einschränkungs- bzw. Versagungsgründe des im Jahr 2017 neu gefassten § 13 denen des § 5 Abs. 6, 7 aF. Die angeführten Einschränkungs- und Versagungsgründe sind allgemein anerkannt und finden sich (nahezu) wortgleich in verschiedenen Landesarchivgesetzen.[2] Die in § 13 Abs. 2 Nr. 1 und Nr. 2 enthaltenen Gründe sind dem Wesen der **Archivgutnutzung** und der **Hausordnung des Bundesarchivs immanent** und daher nur deklaratorischer Natur.[3] 3

Der Gesetzgeber hat der archivrechtlichen Regelung der Einschränkungs- und Versagungsgründe in § 13 eine neue Struktur gegeben. Der neu in den Wortlaut aufgenommene Hinweis auf die **Zugangsregelungen der §§ 10–12** klärt das Verhältnis dieser Regelungen zu § 13 in der Weise, dass das Bundesarchiv über eine nach den §§ 10–12 an sich zulässige Nutzung von Archivgut des Bundes möglicherweise neu befinden muss, wenn einer der oder mehrere Ausschlussgründe nach § 13 vorliegen.[4] 4

Die Neufassung verpflichtet außerdem zu einer strikten Anwendung des **Verhältnismäßigkeitsgrundsatzes.** Anders als in der Vorgängerregelung ist nicht nur die Versagung, sondern ausdrücklich auch die Einschränkung als milderes Mittel zu beachten.[5] Darüber hinaus gibt § 13 eine differenzierte Form der behördlichen **Ermessensausübung** vor. Die Neufassung ist zu begrüßen. Sie verdeutlicht die gesetzgeberische Intention, die Unterlagen des Bundesarchivs nach Ablauf der Schutzfristen grds. der Öffentlichkeit zugänglich zu machen. 5

1. Verhältnismäßigkeitsgrundsatz

Grds. ist bei jeder Entscheidung über die Einsichtnahme in Unterlagen des Archivguts der Grundsatz der Verhältnismäßigkeit zu beachten. Die Nutzung darf nur insoweit untersagt werden, als schutzwürdige Informationen betroffen sind – ein **teilweiser Zugang** zum Archivgut des Bundesarchivs muss immer geprüft werden. Dabei ist auch zu beachten, ob ggf. entgegenstehende Belange nicht anderweitig geschützt werden können. In Betracht kommen sowohl die Anordnung bestimmter **Auflagen** für die Nutzung des Archivguts wie zB eine Anonymisierung von Personenangaben oder die Unterzeichnung einer Verpflichtungserklärung als auch eine **Begrenzung** 6

1 *Manegold*, S. 127.
2 ZB in § 6 Abs. 2 ArchivG NRW oder § 9 Abs. 2 LArchG SchlH.
3 *Manegold*, S. 348.
4 BT-Drs. 18/9633, 73.
5 BT-Drs. 18/9633, 73 f.

der Nutzung des Archivguts auf bestimmte Unterlagen oder Teilabschnitte aus Unterlagen, zB durch die Vorlage anonymisierter Unterlagen, Teilvorlagen der Unterlagen oder eine ersatzweise Auskunftsgewährung anstelle der Einsichtnahme.[6]

2. Ermessensausübung

7 Bei Vorliegen der Gründe des § 13 Abs. 1 Satz 1 Nr. 1 und Nr. 2 ist das Bundesarchiv zur Einschränkung oder Versagung verpflichtet (gebundenes Ermessen). Liegen dagegen die Gründe des § 13 Abs. 2 Nr. 1 und Nr. 2 vor, stehen diese Entscheidungsbefugnisse im Ermessen der Behörde.[7]

8 Der frühere Wortlaut des § 5 Abs. 6 BArchG aF enthielt zwar grds. eine Pflicht, die Benutzung des Bundesarchivs zu versagen, soweit ein Versagungsgrund einschlägig war. Die Formulierung („*soweit*") ließ indes Spielraum für praktische Entscheidungen im Einzelfall.[8] Der Gesetzgeber hat mit der Novellierung des BArchG in § 13 ausdrücklich eine Differenzierung zwischen den einzelnen Gründen vorgenommen. Dem Bundesarchiv bleibt aber weiterhin insofern ein gewisser Spielraum, als es den Zugang zu Archivunterlagen entweder vollständig versagen oder lediglich einschränken kann. So können auch weiterhin Einzelfälle berücksichtigt werden; die Nutzung von Archivgut des Bundes wird flexibel ausgestaltet.

III. Formelle Anforderungen an die Begründung der Einschränkung und Versagung

9 Die Versagung der Einsichtnahme kann nur als ***ultima ratio*** erfolgen. Es handelt sich um einen ablehnenden Verwaltungsakt, der zu begründen ist, § 39 Abs. 1 Satz 1 VwVfG. An das Begründungserfordernis der Behörde sind hohe Anforderungen zu stellen: Bei Vorliegen einer **Verschlusssache (VS)** rechtfertigen die rein formale Einstufung als VS und der pauschale Verweis nicht die Versagung der Einsichtnahme. Vielmehr bedarf es einer schlüssigen und überprüfbaren Einzelfallbegründung, in der, falls einschlägig, anzugeben ist, aus welchen Gründen es der Behörde nicht möglich ist, die konkreten Gründe ihrer Weigerung zu offenbaren.[9] Ebenso wenig kann sich der BND in einer **Sperrerklärung** pauschal und unabhängig von der persönlichen Grundrechtsbetroffenheit des Informanten auf eine Beeinträchtigung seiner Aufgabenerfüllung berufen.[10] Erforderlich ist vielmehr eine Begründung, die eine hinreichende **Plausibilitätskontrolle** der ablehnenden Entscheidung ermöglicht.[11]

10 Bei lange zurückliegenden, abgeschlossenen (operativen) Vorgängen kommt ein über den Tod des Informanten hinausgehender Verweigerungsgrund nur dann in Betracht, wenn die bloße Nennung des Informantenna-

---

6 BT-Drs. 18/9633, 74; vgl. auch *Berger*, Öffentliche Archive und staatliches Wissen, S. 221.
7 BT-Drs. 18/9633, 75.
8 *Becker/Oldenhage*, HK-BArchG, § 5 Rn. 93.
9 *Manegold*, S. 349; *Becker/Oldenhage*, HK-BArchG, § 5 Rn. 97.
10 Hinweis des BVerwG 2.8.2017 – 6 A 1.17, S. 2 (unveröffentlicht).
11 BVerwG 20.12.2016 – 20 F 10/15, juris Rn. 10; VG Berlin 12.10.2009 –2 A 20/08, BeckRS 42119; VG Berlin 31.5.2007 – VG 2 A 93/06, BeckRS 2009, 42248.

mens die öffentliche Aufgabe trotz der verstrichenen Zeit noch immer ernstlich gefährden oder erheblich erschweren würde.[12] In jedem Fall muss sich die Behörde vergewissern, ob der Informant noch am Leben ist.[13] Die Behörden müssen ihre **Nachforschungspflichten** in dem ablehnenden Verwaltungsakt dokumentieren.[14] Das Bundesarchiv muss substantiiert die Art der Schriftstücke, die Natur der zurückgehaltenen Informationen, die Notwendigkeit der Geheimhaltung und den Grad des Geheimhaltungsinteresses bis an die Grenze der Offenbarung darlegen.[15]

IV. Materielle Anforderungen der Einschränkung und Versagung

§ 13 Abs. 1 Satz 1 Nr. 1, Nr. 2, Abs. 1 Satz 2 sowie § 13 Abs. 2 Nr. 1, Nr. 2 11
enthalten materielle Anforderungen für die Einschränkung und Versagung der Einsichtnahme. Es folgt bereits aus der gesetzgeberischen Grundentscheidung, wonach grds. von einem überwiegenden subjektiven Einsichtnahmeinteresse nach Ablauf der Schutzfristen (§ 11) auszugehen ist, dass die Einschränkungs- und Versagungsgründe des § 13 **restriktiv auszulegen** und anzuwenden sind. Insoweit besteht eine Parallele zu den teilweise vergleichbaren Regelungen im IFG[16]. Die Einschränkungs- und Versagungsgründe des § 13 sind gleichermaßen **abschließend und eng auszulegen.**[17] Die Rspr. geht folgerichtig davon aus, die Anforderungen an die Darlegung eines Ausnahmegrundes zu erhöhen, je älter die betroffenen Unterlagen sind.[18] Die **Darlegungslast** liegt bei der Behörde.

1. Gefährdung des Wohls des Bundes oder der Länder (Abs. 1 Satz 1 Nr. 1)

Der auslegungsbedürftige[19] Rechtsbegriff der **„Staatswohlklausel"** in 12
§ 13 Abs. 1 Satz 1 Nr. 1 ist unverändert aus § 5 Abs. 6 Nr. 1 aF übernommen worden. Die Regelung dient der Wahrung besonderer öffentlicher Interessen von Bund und Ländern, insbes. mit Blick auf sicherheitsrelevante Informationen oder außenpolitische Belange. Eine Gefährdung des Staatswohls kommt nur bei einer beabsichtigten Nutzung von Archivgut zu Vorgängen von erheblicher staatspolitischer Bedeutung in Betracht, welche die Funktionsfähigkeit des Staates, seiner Einrichtungen, die Sicherheit nach innen oder außen oder die Beziehung zu anderen Staaten betreffen.[20] Die international übliche Staatswohlklausel[21] zeigt, dass der Staat stets bei Gefährdung der eigenen Funktionsfähigkeit den Zugang zu Archivgut zu be-

12 BVerwG 21.9.2016 – 6 A 10.14, juris Rn. 17; Hinweis des BVerwG 2.8.2017 – 6 A 1.17, S. 2 (unveröffentlicht).
13 BVerwG 20.12.2016 – 20 F 10/15, juris Rn. 13.
14 BVerwG 20.12.2016 – 20 F 10/15, juris Rn. 14.
15 *Manegold*, S. 349.
16 ZB in §§ 5, 6, 7 IFG.
17 „Nach den üblichen Auslegungsregeln sind sie eng zu verstehen.", Entwurf des IFG vom 14.12.2006 (BT-Drs. 15/4493) zu §§ 3–6, S. 9, abgedruckt bei Berger/Partsch IFG 2. Aufl. Anhang 1.
18 BVerwG 21.9.2016 – 6 A 10.14, juris Rn. 17; so auch Hinweis des BVerwG 2.8.2017 – 6 A 1.17, S. 2 (unveröffentlicht).
19 BeckOK InfoMedienR/*Schnabel* IFG § 13 Rn. 8; *Partsch/Koschmieder* NJW 2017, 3416 (3420).
20 Vgl. *Berger*, Öffentliche Archive und staatliches Wissen, S. 215.
21 *Becker/Oldenhage*, HK-BArchG, § 5 Rn. 94.

schränken oder versagen hat. Eine vergleichbare Regelung findet sich für das allgemeine Verwaltungsrecht in § 29 Abs. 2 Var. 2 VwVfG und für das verwaltungsgerichtliche Verfahren in § 99 Abs. 1 Satz 2 VwGO. Hinsichtlich der insoweit unverändert übernommenen Vorgängerregelung (§ 5 Abs. 6 Nr. 1 aF) hat das BVerwG entschieden, dass der archivrechtliche Geheimhaltungsgrund einer Gefährdung des Wohles der Bundesrepublik Deutschland nicht weiter reicht als der materielle Gehalt der in § 99 Abs. 1 Satz 2 Alt. 1 VwGO enthaltenen Staatswohlklausel („Nachteilbereitens für das Wohl des Bundes").[22]

13 Die künftige Erfüllung der Aufgaben der Sicherheitsbehörden kann in Einzelfällen erschwert werden und damit dem Wohl des Bundes oder der Länder einen Nachteil bereiten, wenn sich aus einer vollständigen Offenlegung von Unterlagen, vor allem im Rahmen einer umfangreichen Zusammenschau, Rückschlüsse auf die gegenwärtige Organisation einer Behörde, die Art und Weise ihrer Informationsbeschaffung, aktuelle Ermittlungsmethoden oder Methoden der Zusammenarbeit mit anderen Stellen ableiten lassen.[23] Solche Rückschlüsse folgen ggf. aus Vorgangsblättern, Aktenzeichen, Verfügungen und namentlichen Hinweisen auf Bearbeiter, Randbemerkungen oder Hervorhebungen und Unterstreichungen.[24]

14 Nach der jüngeren Rspr. des BVerwG kommt eine Gefährdung des Wohls der Bundesrepublik Deutschland im archivrechtlichen Sinne in Betracht, wenn die Aufgabenerfüllung der Nachrichtendienste durch das Bekanntwerden quellenbezogener Informationen grundlegend beeinträchtigt wird. Dies kann zum einen der Fall sein, wenn es sich um Informationen handelt, die für die Arbeitsweise und Funktionsfähigkeit der Nachrichtendienste von hoher Bedeutung sind, insbes. wenn sie das Vorgehen der Behörden bei der Anwerbung, Anleitung und weiterer Kommunikation mit Informanten betreffen. Zum anderen kann eine Gefährdung von erheblicher Bedeutung bestehen, wenn das Bekanntwerden quellenbezogener Informationen dazu führt, dass die weitere Nutzung aktiver Quellen und die Gewinnung neuer Informationsquellen substantiell beeinträchtigt wird. Der Wahrung des Quellenschutzes (→ Rn. 18) und der Einhaltung von Vertraulichkeitszusagen[25] kommt insofern ein gesteigerter Schutz zu. Nach der Rspr. des BVerwG kann eine Gefährdung ausnahmsweise vorliegen, wenn die Offenlegung von Quellen bestehende und zukünftige Kooperationen mit anderen Nachrichtendiensten substantiell beeinträchtigt und zu einer nachträglichen Enttarnung der Erkenntnisziele und der Methodik des Bundesnachrichtendienstes führt.[26]

15 Die Schutzrichtung der Staatswohlklausel ist **zukunftsgerichtet**. Es soll die künftige Arbeit der Sicherheitsbehörden geschützt werden. Bei seit langem abgeschlossenen Vorgängen muss erkennbar sein, dass die vollständige Of-

22 Vgl. BVerwG 27.6.2013 – 7 A 15/10, NVwZ 2013, 1285, Rn. 24.
23 BVerwG 20.12.2016 – 20 F 10/15, juris Rn. 22.
24 BVerwG 23.3.2009 – 20 F 11.08, juris Rn. 9.
25 BVerwG 13.5.2020 – 6 A 14/19, juris Rn. 8, 9; BVerwG 13.5.2020 – 6 A 3/20, juris Rn. 10, 11; BVerwG 30.1.2019 – 6 A 1/17, juris Rn. 51.
26 BVerwG 30.1.2019 – 6 A 1/17, juris Rn. 51.

fenlegung auch heute noch Rückschlüsse auf die gegenwärtige Arbeitsweise zulässt.[27]

Die Formulierung „*Grund zu der Annahme*" einer Gefährdung setzt eine besondere Gefährdungslage voraus. Das Bundesarchiv darf sich insoweit auf eine **Prognosebewertung** aus der eigenen Sicht verlassen, die verwaltungsgerichtliche Kontrolle ist eingeschränkt. In die Bewertung sind Kriterien wie der Inhalt der Unterlagen, in die Einsicht begehrt wird, die beabsichtigte Verwendung oder aber die Person des Benutzers einzubeziehen. Das Bundesarchiv muss nicht darlegen, dass tatsächlich eine Gefährdung vorliegt.[28] Hinsichtlich der Beurteilung und Einschätzung der Wesentlichkeit der Beeinträchtigung und Gefährdung ist ein umso geringerer Maßstab anzusetzen, je größer das Ausmaß der befürchteten Beeinträchtigung mit Blick auf die betroffenen Rechtsgüter ist.[29] Gleichwohl ist das Bundesarchiv nicht von der Pflicht entbunden, den **Tatsachenverdacht** hinreichend **plausibel zu begründen.** Das Bundesarchiv muss die Betroffenheit eines Belangs von Verfassungsrang von einigem Gewicht und Rang darlegen.[30] 16

Das Wohl des Bundes oder der Länder umfasst wesentliche Beeinträchtigungen und Gefährdungen des Bestands und der Funktionsfähigkeit des Staates und seiner wesentlichen Einrichtungen. Zu den Schutzgütern gehören sowohl die innere als auch die äußere Sicherheit und die öffentliche Ordnung.[31] Eine Gefährdung für das Wohl des Bundes oder der Länder kann vorliegen, wenn und soweit die Bekanntgabe des Akteninhalts die künftigen Aufgaben der Sicherheitsbehörden sowie deren Zusammenarbeit mit anderen Behörden substantiell zu erschweren droht.[32] Das Wohl des Bundes oder der Länder ist bei der drohenden Offenlegung von Vorgängen im Bereich der Nachrichtendienste jedoch nur dann betroffen, wenn sich hieraus Rückschlüsse auf die gegenwärtige Organisation der Sicherheitsbehörden, die Art und Weise der Informationsbeschaffung, aktuelle Ermittlungsmethoden oder die praktizierten Methoden ihrer Zusammenarbeit mit anderen Stellen ableiten lassen. Dies erfordert bei abgeschlossenen Vorgängen, die bereits mehrere Jahrzehnte zurückliegen, einen erhöhten Begründungsaufwand und wird in der Regel nicht erfüllt sein.[33] Bei Sicherheitsbehörden kommt eine Gefährdung für das Wohl des Bundes oder der 17

27 BVerwG 20.12.2016 – 20 F 10/15, juris Rn. 23; BVerwG 10.1.2012 – 20 F 1.11, AfP 2012, 298 Rn. 29.

28 *Becker/Oldenhage*, HK-BArchG, § 5 Rn. 95.

29 BVerwG 20.9.2010 – 20 F 9/10, NVwZ-RR 2011, 135, Rn. 10 zu § 29 VwVfG Bund.

30 *Manegold*, S. 349; *Becker/Oldenhage*, HK-BArchG, § 5 Rn. 96. Vgl. zur Darlegungslast auch BVerwG 30.1.2019 – 6 A 1/17, juris Rn. 42.

31 BVerwG 20.9.2010 – 20 F 9/10, NVwZ-RR 2011, 135 Rn. 10 zu § 29 VwVfG; *Ramsauer* in Kopp/Ramsauer VwVfG § 29 Rn. 34.

32 BVerwG 7.1.2010 – 20 F 5/09, BVerwGE 75, 1 Rn. 77; BVerwG NVwZ 2010, 706, Rn. 4 zu § 29 VwVfG; OVG NRW 28.4.2021 – 15 A 2538/14, bzgl. der Namen von Mitarbeiterinnen und Mitarbeitern ausländischer Nachrichtendienste: „Ferner kommt eine Schwärzung nach § 13 Abs. 1 S. 1 Nr. 1 BArchG im Hinblick darauf in Betracht, dass die Offenlegung eine Beeinträchtigung der künftigen Aufgabenerfüllung des BfV bei der Zusammenarbeit mit ausländischen Stellen herbeiführen kann.".

33 BVerwG 17.11.2016 – 6 A 1/15, BeckRS 2016, 113715 Rn. 28; *Partsch/Koschmieder* NJW 2017, 3416 (3420).

Länder insbes. dann in Betracht, wenn durch die Herausgabe der Informationen die aktuelle oder zukünftige Zusammenarbeit mit anderen Sicherheitsdiensten gefährdet werden würde, da die Herausgabe eine Missachtung der versicherten oder vorausgesetzten Vertraulichkeit darstellen würde.[34]

18 Der Schutz der künftigen Aufgaben der Sicherheitsbehörden zum Wohl des Staates umfasst auch den prä- wie postmortalen **Quellenschutz.** Denn Sicherheitsbehörden wie etwa der Bundesnachrichtendienst sind bei der Erfüllung ihrer Aufgaben auf Informationen Dritter essentiell angewiesen und dürfen zum Schutz ihrer Informanten grds. deren Identität geheim halten. Insoweit entstünden Nachteile für das Wohl des Bundes, wenn Informationen, insbes. personenbezogene Daten der Informanten, unter Missachtung einer zugesagten oder vorausgesetzten Vertraulichkeit bekanntgegeben würden.[35] Der Quellenschutz betrifft nicht nur lebende Informanten, sondern besteht bei verstorbenen Informanten grds. fort. Die Rspr. verlangt jedoch in Bezug auf verstorbene Informanten eine **einzelfallbezogene Prognose**, ob und inwieweit die Offenlegung die aktuelle Aufgabenerfüllung der Sicherheitsdienste gefährdet.[36] In seiner jüngeren Rspr. hat der für das in camera-Verfahren nach § 99 Abs. 2 VwGO zuständige Fachsenat des BVerwG (§ 189 VwGO) den Schutz der nachrichtendienstlichen Aufgabenerfüllung im Rahmen von Vertraulichkeitszusagen gestärkt. Danach rechtfertige eine stillschweigend vorausgesetzte Vertraulichkeitszusage grds. den Schutz von Informanten über den Tod hinaus. Es bestehe eine Regelvermutung zugunsten des postmortalen Quellenschutzes von etwa 30 Jahren nach dem mutmaßlichen Tod des Informanten. Ausnahmen sollen nur für NS- Täter gelten, und Personen, die schwere, insbes. terroristische Straftaten begangen haben.[37] Diese Rspr. des Fachsenats hat der 6. Senat des BVerwG mit überzeugenden Argumenten abgelehnt.[38] Denn es besteht keine Notwendigkeit für eine solche Regelvermutung. Das vom Fachsenat geforderte Prüfprogramm lässt keinen Raum für die erforderliche rechtliche Einzelfallbewertung, ob Quellenschutz anhand kollidierender Interessenlagen grundrechtsfundiert ist.

Da der Fachsenat auf Anfrage mitgeteilt hat, an seiner gegenteiligen Rechtsauffassung festzuhalten,[39] hat der 6. Senat diese Rechtsfrage im Dezember 2020 gem. § 11 Abs. 2 VwGO dem Großen Senat zur Entscheidung vorgelegt.[40] Die Vorlagefrage lautet wie folgt: "Rechtfertigen Gründe

34 BVerwG 20.12.2016 – 20 F 10/15, BeckRS 2016, 111721 Rn. 7. Vgl. bereits Rn. 13 a.

35 BVerwG 13.5.2020 – 6 A 14/19, juris Rn. 8.

36 BVerwG 13.5.2020 – 6 A 14/19, juris Rn. 9; BVerwG 13.5.2020 – 6 A 3/20, juris Rn. 11; BVerwG 17.11.2016 – 6 A 1/15, BeckRS 2016, 113715 Rn. 22 ff.

37 Vgl. etwa BVerwGE 163, 271, Leitsatz 2 und Rn. 26 ff.; Beschluss v. 8.2.2019 – 20 F 2.17; Beschluss v. 3.1.2020 – 20 F 13.17.

38 BVerwG 13.5.2020 – 6 A 14/19, juris Rn. 12 f.; BVerwG 13.5.2020 – 6 A 3/20, juris Rn. 14 f.

39 BVerwG 4.11.2020 – 20 AV 1.20; BVerwG 4.11.2020 – 20 AV 2.20.

40 BVerwG 3.12.2020 - – 6 A 14/19; BVerwG 3.12.2020 – 6 A 3/20; auch ein weiteres Verfahren wurde bis zur Entscheidung des Großen Senats ausgesetzt, vgl. BVerwG 13.1.2021 – 6 A 9/19; mwN zum Streitstand *Huber* NVwZ 10/2021, 739 (740).

des Staatswohls, den Schutz der Identität nachrichtendienstlicher Informanten bei vor Jahrzehnten abgeschlossenen Vorgängen regelhaft auf einen Zeitraum von etwa 30 Jahren über deren Tod hinaus zu erstrecken, wenn solche Personen nicht zum Kreis von NS-Tätern gehören oder selbst keine schweren, insbes. terroristischen Straftaten begangen haben?".

Bei noch lebenden Informanten galt nach bisheriger Rspr. der Schutz ohne 19
zeitliche Einschränkung, um somit die zugesagte lebenslange Vertraulichkeit zu gewähren und damit das künftige Anwerben von Informanten zu gewährleisten.[41] Dieses Schutzniveau greift nach der überzeugenden jüngsten Rspr. bei lang zurückliegenden Vorgängen, insbes. im Anwendungsbereich des BArchG, nicht mehr. Stattdessen hat auch bei noch lebenden Informanten eine Einzelprüfung dahin gehend zu erfolgen, ob durch die Nutzung der Information das Wohl des Bundes oder der Länder gefährdet wird.[42] Eine schematische Unterscheidung zwischen lebenden und verstorbenen Quellen verbietet sich.[43] Entsprechendes gilt nach dem Sinn und Zweck des § 13 Abs. 1 Satz 1 Nr. 1 auch für Informationen, die Sicherheitsbehörden von anderen Sicherheitsbehörden erhalten.[44]

Auf **außenpolitischer Ebene** umfasst der Schutz der Staatswohlklausel das 20
diplomatische Vertrauensverhältnis zu anderen Staaten sowie zu supranationalen Organisationen, wenn dadurch die Bedrohung besteht, dass aktuelle Handlungsspielräume der Exekutive in schädlicher Weise eingeengt werden.[45] Im Hinblick auf außenpolitische Folgen steht der Bundesregierung eine Beurteilungs- und Einschätzungsprärogative zu, die nur eingeschränkt gerichtlich überprüfbar ist.[46] Dieser Beurteilungs- und Einschätzungsspielraum wird von verfassungsrechtlichen Anknüpfungen in Art. 24, 73 Abs. 1 Nr. 1 und 87 Abs. 1 Satz 1 Var. 1 GG flankiert. Die generelle Versagung der Einsichtnahme aus Staatsschutzgründen, nur weil es sich um rechtswidrige oder verfassungsfeindliche Aktivitäten handeln könnte, genügt diesen Anforderungen nicht. Trotz des insoweit herabzusenkenden Begründungsaufwands, hat das Bundesarchiv eine Ablehnung unter Berücksichtigung des Verhältnismäßigkeitsprinzips stets für den Einzelfall zu begründen.[47]

Eine verfassungsrechtliche Anknüpfung an den Schutz der **inneren Sicher-** 21
heit findet sich nicht ausdrücklich im Grundgesetz, sondern folgt aus dem

41 BVerwG 25.2.2010 – 2 C 22/09, BVerwGE, 136, 34 Rn. 17; BVerwG 17.11.2016 – 6 A 1/15, BeckRS 2016, 113715, Rn. 22, BVerwG 13.5.2020 – 6 A 14/19, juris Rn. 8; BVerwG 13.5.2020 – 6 A 3/20, juris Rn. 10, 11.

42 BVerwG 13.5.2020 – 6 A 14/19, juris Rn. 9; BVerwG 13.5.2020 – 6 A 3/20, juris Rn. 11; BVerwG 21.9.2016 – 6 A 10/14, juris Rn. 17; *Partsch/Koschmieder* NJW 2017, 3416 (3420).

43 BVerwG 13.5.2020 – 6 A 14/19, juris Rn. 9; BVerwG 13.5.2020 – 6 A 3/20, juris Rn. 11; vgl. BVerwG 30.1.2019 – 6 A 1/17, juris Rn. 52.

44 BVerwG 20.12.2016 – 20 F 10/15, BeckRS 2016, 111721 Rn. 24.

45 BVerwG 29.10.2009 – 7 C 22/08, NVwZ 2010, 321, Rn. 14 zu § 3 Nr. 1 lit. a) IFG Bund; *Manegold*, S. 128.

46 BVerwG 19.4.2010 – 20 F 13/09, BVerwGE 136, 345, Rn. 11; BVerwG 29.10.2009 – 7 C 22/08, NVwZ 2010, 321; *Partsch/Koschmieder* NJW 2017, 3416 (3420); aA VGH München 12.2.1990 – 5 C 89/198, NVwZ 1990, 778, Rn. 27 zu § 99 VwGO.

47 *Manegold*, S. 127 f.

grundrechtlichen Schutzauftrag des Staates.[48] Der Begründungsaufwand für das Bundesarchiv ist für Belange der inneren Sicherheit erheblich höher einzuschätzen. Das Interesse an der Nutzung gegen die Interessen der Informanten und der staatlichen Dienste sind gegeneinander abzuwägen.[49]

2. Entgegenstehen schutzwürdiger Interessen Betroffener (Abs. 1 Satz 1 Nr. 2)

22 Das Bundesarchiv hat die Nutzung einzuschränken oder zu versagen, wenn Grund zu der Annahme besteht, dass der Nutzung **schutzwürdige Interessen Betroffener oder ihrer Angehörigen** entgegenstehen, § 13 Abs. 1 Satz 1 Nr. 2. Schutzwürdige Interessen Betroffener können sich nach aktueller Rspr. des BVerwG aus dem **Schutz des Lebens, der körperlichen Unversehrtheit, der Freiheit und der freien Entfaltung der Persönlichkeit einschließlich des Rechts auf informationelle Selbstbestimmung** (Art. 2 Abs. 1 iVm Art. 1 Abs. 1 GG) ergeben, wenn ernsthaft zu befürchten ist, dass diese Rechtsgüter im Falle einer Offenlegung der persönlichen Angaben einer **Gefährdung** ausgesetzt sind.[50] In materieller Hinsicht setzt § 13 Abs. 1 Satz 1 Nr. 2 damit eine Gefährdung grundlegender Rechte höchsten Ranges voraus, insbes. des **Persönlichkeitsrechts** oder des Schutzes der **Privatsphäre im weiteren Sinne.** Im Umkehrschluss dürfte der rein wirtschaftlichen Interessen dienende Schutz von **Geschäfts- und Betriebsgeheimnissen** regelmäßig nicht zu den schutzwürdigen Interessen Betroffener iSv § 13 Abs. 1 Satz 1 Nr. 2 gehören. Dafür spricht auch, dass der grds. umfassende Informationsgewährleistungsauftrag des Bundesarchivs aus § 3 Abs. 1 Satz 2 (→ § 3 Rn. 15) und das durch Art. 5 Abs. 1 Satz 1 GG geschützte Grundrecht auf Informationsfreiheit (→ § 10 Rn. 2) im Bereich des Archivrechts ansonsten zu stark eingeengt wären. Selbiges dürfte für den Schutz **geistigen Eigentums**, insbes. des **Urheberrechts** gelten (zum Urheberrecht insbes. → Rn. 25 ff.). Denn auch diese Rechte dienen primär wirtschaftlichen Interessen des Betroffenen.

§ 13 Abs. 1 Satz 1 Nr. 2 stellt klar, dass der Schutz des Persönlichkeitsrechts eines Betroffenen auch über die Sperrfrist hinaus geboten sein kann. Dabei ist eine sachgerechte **Güterabwägung** zwischen dem Recht auf informationelle Selbstbestimmung des Betroffenen und dem subjektiven Interesse des Einsicht Begehrenden, geschützt durch Art. 5 Abs. 1 Satz 1, Abs. 3 GG[51], in Form der praktischen Konkordanz vorzunehmen, im Rahmen derer die Schutzfristen eine bedeutende Rolle spielen.[52] Vor Ablauf der Schutzfristen gehen die schutzwürdigen Interessen Dritter dem Interesse der Allgemeinheit auf Informationszugang im Zweifel vor, soweit es sich nicht nur um unwesentliche Beeinträchtigungen des Persönlichkeitsrechts handelt.[53] Nach Ablauf der Schutzfristen geht das Interesse der Allgemeinheit vor, wenn die schutzwürdigen Interessen Dritter nicht zweifelsfrei

48 *Manegold*, S. 128.
49 *Partsch/Koschmieder* NJW 2017, 3416 (3420).
50 BVerwG 30.1.2019 – 6 A 1/17, juris Rn. 45.
51 *Manegold*, S. 109.
52 Vgl. auch BVerwG 30.1.2019 – 6 A 1/17, juris Rn. 45.
53 *Manegold*, S. 123.

überwiegen.[54] Bei der vorzunehmenden Abwägung kommt es auf Seiten des Einsicht Begehrenden auf das Risiko eines Missbrauchs der erhaltenen Informationen und Daten an, das abhängig von seiner Person und der beabsichtigten Verwendungsart zu beurteilen ist. Weitere Indikatoren sind vor allem die hypothetischen Verwendungsmöglichkeiten der jeweiligen Informationsart.[55] Auf Seiten des Betroffenen steigt die Schutzwürdigkeit seines Geheimhaltungsinteresses mit der Sensibilität der Informationen.[56] Eine Einschränkung oder Versagung der Nutzung ist daher bspw. naheliegend, wenn das Archivgut vor allem aus Patientenakten öffentlich-rechtlicher Krankenhaus- oder Psychiatrieanstalten besteht.[57]

Die Annahme schutzwürdiger Interessen eines Betroffenen setzt nach der 23
Rspr. des BVerwG voraus, dass der **Betroffene noch lebt.**[58] Für Fälle, in denen trotz angemessener Aufklärungsbemühungen der Behörde oder des Gerichts nicht festgestellt werden kann, ob der Betroffene noch lebt, gilt die von der Rspr. entwickelte **Vermutungsregelung.** Danach sind Interessen eines Betroffenen jedenfalls dann nicht mehr als schutzwürdig anzusehen, wenn seit der Geburt des Betroffenen mehr als 90 Jahre vergangen sind.[59]

Die **Interessen** des noch lebenden Betroffenen müssen tatsächlich **noch** 24
schutzwürdig sein. Daran fehlt es nach der Rspr. des BVerwG, wenn es sich bei den Betroffenen um Personen der Zeitgeschichte handelt, auf die in den Archivunterlagen im Rahmen öffentlich bekannter Zusammenhänge Bezug genommen wird. Die Darlegung, die betroffene Person sei keine Person der Zeitgeschichte, ist ohne zugrunde liegende tatsächliche Anknüpfungspunkte und rechtliche Maßstäbe weder bezüglich der Bewertung noch bezüglich der Ergebnisrichtigkeit nachvollziehbar.[60] Die Schutzwürdigkeit entfällt zudem, wenn es sich um persönliche Daten eines Betroffenen handelt, die in allgemein zugänglichen Quellen, etwa in Zeitungsberichten oder sonstigen Publikationen veröffentlicht worden sind. Zudem darf die Einsichtnahme in diese Unterlagen nicht dazu führen, dass weiterführende Rückschlüsse über den Betroffenen gezogen werden können.[61]

Schutzwürdige Interessen Betroffener könnten sich ggf. auch aus Schutz- 25
rechten ergeben, allen voran aus **Urheberrechten.** Von dieser Schutzrechtskategorie kann Archivgut des Bundes betroffen sein, auch, wenn man in Behördenunterlagen nicht unbedingt urheberrechtlich geschützte Werke vermutet. Gleichwohl sind sie keineswegs selten, so zB wissenschaftliche Gutachten, Stellungnahmen, Aufsätze, Abhandlungen, Zeichnungen, Karten, Pläne, Tabellen oder Fotos, die Bestandteile von Behördenunterlagen

54 *Becker/Oldenhage*, HK-BArchG, § 5 Rn. 98.
55 *Manegold*, S. 121 f.
56 BVerwG 17.3.2016 – 7 C 2/15, NVwZ 2016, 1014, Rn. 26.
57 Vgl. *Berger*, Öffentliche Archive und staatliches Wissen, Die Modernisierung des deutschen Archivrechts, S. 216.
58 BVerwG 30.1.2019 – 6 A 1/17, juris Rn. 45.
59 BVerwG 30.1.2019 – 6 A 1/17, juris Rn. 46. Angemessene Aufklärungsbemühungen umfassen nach Ansicht des BVerwG grds. neben einer Melderegisterabfrage die Durchführung von Internet- und Datenbankrecherchen sowie Abfragen bei anderen Behörden im Wege der Amtshilfe.
60 OVG NRW 28.4.2021 – 15 A 2538/14.
61 BVerwG 30.1.2019 – 6 A 1/17, juris Rn. 45; OVG NRW 28.4.2021 – 15 A 2538/14.

sein können und denen grds. eine Werkqualität iSd § 2 UrhG zugesprochen werden kann. Nach Auffassung des OLG Köln unterlagen sogar militärische Lageberichte über Auslandseinsätze der Bundeswehr, die die Bundesregierung regelmäßig veröffentlicht, dem Schutz des Urheberrechtes (die sog. „Afghanistan-Papers").[62]

26 Der Gesetzgeber hat das Urheberrecht oder das Recht des geistigen Eigentums im BArchG nicht als expliziten Ausschlussgrund normiert. Darin unterscheidet sich das BArchG bereits von Informationszugangsrechten wie dem IFG oder dem UIG. Auch erscheint das Zusammenspiel von Urheberrecht und Archivrecht als komplex: einerseits sind die Anforderungen an das Entstehen des Urheberrechts gering, andererseits gewährt § 64 UrhG eine Schutzdauer – 70 Jahre *post mortem auctoris* – die die im BArchG genannten Schutzfristen weit überschreiten kann.[63]

27 Der Gesetzgeber hat die Behandlung von urheberrechtlich geschützten Werken in den sog. **„Gedächtnisinstitutionen"** (Bibliotheken, öffentliche Museen, Einrichtungen im Bereich des Film- und Tonerbes und Archive) im Jahre 2018 durch §§ 60 f und 60 e UrhG neu gefasst. Diese Vorschriften regeln zum einen das Verhältnis zwischen Urheber und Archiven, indem die Nutzung urheberrechtlich geschützter Werke durch Archive als sog. „Schranke des Urheberrechts" ausgestaltet ist, also eine Einschränkung des Rechtes eines Urhebers, die dieser im Rahmen der §§ 60 f., 60 e des UrhG hinzunehmen hat. So wird dort zum einen geregelt, in welchem Umfang ein Urheber Vervielfältigungen durch die Archive hinzunehmen hat: urheberrechtlich geschützte Werke dürfen von dem Archiv zB (nur) zum Zwecke der Indexierung, Katalogisierung, Erhaltung und Restaurierung vervielfältigt werden. Zum anderen formulieren die Vorschriften auch die Möglichkeiten und Einschränkungen, die Archivnutzern bei der Nutzung von solchem Archivgut haben, welches urheberrechtlichem Schutz unterliegt. So ist die Zugänglichmachung (nur) an eigens hierfür eingerichteten Terminals für Forschung oder private Studien zulässig (§ 60 e Abs. 4 UrhG). Erlaubt sind Vervielfältigungen von 10 % eines Werkes sowie von einzelnen Abbildungen, Beiträgen, sonstigen Werken geringen Umfangs und vergriffenen Werken zu nicht kommerziellen Zwecken (§ 60 e Abs. 4 UrhG).

28 Die im Jahre 2018 geschaffenen Vorschriften der **§§ 60 a–60 h UrhG** sind allerdings für solche sog. „Gedächtnisinstitutionen" (also Bibliotheken, Museen und Archive) geschaffen worden, denen primär die Aufbewahrung von urheberrechtlich geschützten Werken obliegt. So versteht die urheberrechtliche Lit. und Rspr. unter „Archiven" eine „nach sachlichen Gesichtspunkten geordnete Sammel- und Aufbewahrungsstelle für Geistesgut jeglicher Art, etwa für Bücher, Zeitungen und Zeitschriften, Bilder, Filme, Schallplatten, Ton- und Videobänder und dergleichen.[64] Der BGH führt

62 OLG Köln 12.6.2015 – 6 U 5/15; EUGH 29.7.2019 – C 469/17; zuletzt BGH 30.4.2020 – I ZR 139/15, der den urheberrechtlichen Schutz letztlich offen gelassen hat.

63 Vgl. *Loewenheim/Leistner* in Schricker/Loewenheim UrhG § 2 Rn. 61, Grundsatz der sog. „kleinen Münze".

64 *Loewenheim/Stieper* in Schricker/Loewenheim UrhG § 53 Rn. 39.

zur Vorgängervorschrift des § 53 Abs. 2 Nr. 2 UrhG aF aus, dass sich diese Vorschrift

„nur auf Archive, deren Zweck sich in einer, unter sachlichen Gesichtspunkten geordneten Sammlung vorhandener Werke zum internen Gebrauch erschöpft“,

beziehe. Der Gesetzgeber habe bei dieser Bestimmung insbes. an Fälle gedacht, in denen zB eine Bibliothek ihre Bestände auf Mikrofilm aufnimmt, um Raum zu sparen oder um die Filme an einem vor Katastrophen sicheren Ort unterzubringen.[65]

Der Gesetzgeber hatte somit auch bei Erlass der §§ 60 f, 60 e UrhG kaum behördliches Archivgut im Sinn, also Unterlagen, bei deren Entstehung eine Werkschöpfung iSd § 2 UrhG nicht im Vordergrund steht, sondern eher ein gelegentliches Mittel zum Zweck der behördlichen Aufgabenerfüllung darstellt. Damit stellt sich die Frage, ob die §§ 60 f und 60 e UrhG auf urheberrechtlich geschützte Werke, die sich im Archivgut des Bundes befinden können, anwendbar sind.

So gehen die §§ 60 a 60 h UrhG stillschweigend davon aus, dass die in den 29 dort genannten Gedächtnisinstitutionen aufbewahrten Werke zuvor bereits veröffentlicht wurden. Demgegenüber ist es bereits nicht zwingend, dass ein in einer behördlichen Unterlage befindliches Werk bereits iSd § 6 Abs. 1 UrhG „veröffentlicht“ ist, denn eine rein behördeninterne Nutzung – sofern nur eine solche erfolgt ist – bedeutet noch nicht, dass damit auch der Allgemeinheit die Möglichkeit gegeben wurde, ein Werk wahrzunehmen. Es dürfte die Absicht des BArchG jedoch unterlaufen, wollte man den Zugang zum Archivgut des Bundes der Einschränkung unterwerfen, dass nicht veröffentlichte Werke davon ausgenommen sind. Ferner erfolgt die Schaffung von urheberrechtlich geschützten Werken, die sich in behördlichen Unterlagen befinden, durch Mitarbeiter oder externe Auftragnehmer in Erfüllung einer dahingehenden Dienstverpflichtung oder eines Werkvertrages mit der Folge, dass entweder ausdrücklich (im Rahmen einer schriftlichen Vereinbarung) oder konkludent (im Rahmen der „Lehre vom Übertragungszweck“, § 31 Abs. 5 UrhG) die Nutzungsrechte auf die Behörde übertragen wurden, jedenfalls insoweit, als die Behörde diese Rechte zur Erfüllung ihrer Aufgabe benötigt. Zur behördlichen Aufgabenerfüllung gehört aber auch die Abgabe der Unterlagen an das Bundesarchiv, so dass eine Einschränkung des Zugangs zu diesen Unterlagen entsprechend den Vorschriften der §§ 60 f, 60 e UrhG die Nutzung des Archivgutes deutlich einschränken würde. Damit spricht vieles dafür, das BArchG gegenüber den Vorschriften der §§ 60 f, 60 e UrhG als das speziellere Gesetz anzusehen, mit der Folge, dass die Schrankenbestimmungen der §§ 60 f, 60 e UrhG auf Archivgut des Bundes keine Anwendung finden.

Ungeklärt ist auch die Frage, ob die Verweigerung eines Informationszu- 30 gangs, zB unter Berufung auf **„Geistiges Eigentum“** iSd § 6 IFG, während der Benutzung der Unterlagen durch die Behörde auch dazu führen könnte, dass eine möglicherweise Jahrzehnte später gewollte Nutzung der Unterla-

65 BGH 10.12.1998 – I ZR 100/96, juris Rn. 36, unter Berufung auf BGHZ 134, 250 (257).

gen als Archivgut ausgeschlossen ist. Die Schutzfristen des BArchG mögen abgelaufen sein – das Schutzrecht gem. § 64 UrhG kann indes noch andauern. Sinnvollerweise wird man hier die Zugangsrechte nach dem BArchG auch als Schranke des Urheberrechts begreifen müssen.

31 In jedem Fall ist zu beachten, dass ein urheberrechtlich geschütztes Werk durch eine etwaige Rechteübertragung an eine Behörde nicht gemeinfrei wird. Auch ist nicht zwingend von einer vollständigen und exklusiven Rechteübertragung an die jeweilige Behörde auszugehen.[66] Infolgedessen wird ein Nutzungszugang durch das Bundesarchiv keineswegs mit der Befugnis verbunden sein, dass der Nutzer das geschützte Werk frei nutzen kann. Der Umfang dessen, was dem Archivnutzer mit dem gewährten Zugang zu dem betreffenden Werk erlaubt ist, wird sich – einzelfallbezogen – nach den allgemeinen Bestimmungen des Urheberrechts zu richten haben. Das Bundearchiv weist in seinen Nutzungshinweise, die jeder Nutzer zur Kenntnis zu nehmen hat, ausdrücklich auf diesen Umstand hin.

32 Schutzwürdige Interessen Dritter können sich auch unter **datenschutzrechtlichen Gesichtspunkten** ergeben.[67] Personenbezogene Daten sind ihrem Wesen nach grds. geheimhaltungsbedürftig. Es besteht ein privates Interesse an der Geheimhaltung, das grundrechtlich durch das Grundrecht auf informationelle Selbstbestimmung geschützt wird.[68] So wie § 5 IFG greift auch § 13 Abs. 1 Satz 1 Nr. 2 den Konflikt zwischen Datenschutz und Informationszugangsfreiheit auf und sieht ebenfalls das Erfordernis einer Güterabwägung zwischen den Persönlichkeitsrechten des Betroffenen und dem Informationsinteresse der Allgemeinheit vor. Aufgrund des grds. überwiegenden Einsichtnahmeinteresses erscheint es sachgerecht, eine Versagung aufgrund datenschutzrechtlicher Erwägungen als ***ultima ratio*** allein dann anzuordnen, wenn die Unterlagen **besonders sensible Daten** über den Betroffenen enthalten.[69] Im Übrigen tritt der Datenschutz vollständig zurück, soweit sich der Einsichtnehmende auf einen die Verarbeitung rechtfertigenden Tatbestand stützen kann. Relevant wird dies etwa, wenn er Archivunterlagen für eigene Zwecke auswertet. Rechtfertigungsgründe ergeben sich insoweit aus Art. 6 Abs. 1 DSGVO und hinsichtlich besonderer Kategorien personenbezogener Daten vor allem aus Art. 9 Abs. 2 lit. j) DSGVO bzw. § 28 Abs. 1 BDSG („*für im öffentlichen Interesse liegende Archivzwecke, für wissenschaftliche oder historische Forschungszwecke*").

33 Ein (ggf. auch konkludentes) **Einverständnis** des Betroffenen schließt den Einschränkungs- und Versagungsgrund des § 13 Abs. 1 Satz 1 Nr. 2 aus.[70] Ein entgegenstehendes Interesse entfällt vornehmlich, wenn der Betroffene in die Einsichtnahme und damit in die Verarbeitung seiner personenbezogenen Daten eingewilligt hat, Art. 6 Abs. 1 Satz 1 lit. a) DSGVO bzw. Art. 9 Abs. 2 lit. a) DSGVO bei besonderen Kategorien personenbezogener Daten.

66 Vgl. OLG Köln 6.12.2017 – 6 U 8/17.
67 Vgl. zur ähnl. Vorschrift des § 5 IFG *Schoch* IFG § 5 Rn. 21 ff.
68 BVerwG 20.12.2016 – 20 F 10/15, juris Rn. 10.
69 Wohl auch *Manegold*, S. 348.
70 *Manegold*, S. 111.

Der Stellenwert schutzwürdiger Belange Dritter ist in der Neufassung reduziert worden. Als Grund für die Versagung bzw. Einschränkung der Nutzung von Archivgut finden nicht mehr sämtliche Belange Dritter, sondern neben den Interessen des Betroffenen nur noch die Belange seiner **Angehörigen iSd § 1 Nr. 1** Berücksichtigung. Wie im Falle Betroffener ist auch hinsichtlich der Schutzbedürftigkeit von Angehörigen stets eine **Abwägungsentscheidung** vorzunehmen, bei der die für den Schutz des Angehörigen streitenden schutzwürdigen Interessen, dh der **Bedrohung ihres Lebens, ihrer körperlichen Unversehrtheit, ihrer Freiheit und der freien Entfaltung ihrer Persönlichkeit durch Dritte**, den Nutzungsinteressen gegenüberzustellen und in Einklang zu bringen sind.[71] Auch der Schutz von Belangen Angehöriger ist grds. **restriktiver Natur**. Angesichts der jüngeren Rspr. des BVerwG[72] ist nicht mehr länger davon auszugehen, dass der von § 13 Abs. 1 Satz 1 Nr. 2 bewirkte Schutz der Interessen Angehöriger primär der Fortführung der Interessen des Betroffenen nach dessen Tod dient (so noch die Vorauflage). Das BVerwG hat ausdrücklich klargestellt, dass schutzwürdige Interessen eines Betroffenen gerade nicht aus dem postmortalen Persönlichkeitsschutz hergeleitet werden können.[73] Stattdessen müssen im Rahmen des Einschränkungs- und Versagungsgrunds des § 13 Abs. 1 Satz 1 Nr. 2 stets **eigene bzw. persönliche Interessen** eines Angehörigen betroffen sein. Erforderlich ist eine Gefährdung grundlegender Rechte der Angehörigen höchsten Ranges (vgl. bereits → Rn. 22). Eine persönliche Betroffenheit dürfte bspw. anzunehmen sein, wenn die Einsichtnahme in Archivgut über einen Betroffenen, der als V-Mann oder verdeckter Ermittler in der gewaltbereiten Szene aktiv ist, auch Auswirkungen auf dessen Angehörigen haben könnten, etwa in Form konkreter Bedrohungen der Angehörigen gegen ihr Leib und Leben. Bloße Unannehmlichkeiten, etwa durch Bekanntwerden einer kriminellen Vergangenheit Betroffener und eines damit ggf. einhergehenden Reputationsverlusts, können dagegen regelmäßig nicht zur Versagung bzw. Einschränkung der Nutzung von Archivgut auf Grundlage von § 13 Abs. 1 Satz 1 Nr. 2 führen. Wie im Falle von Betroffenen können auch Angehörige Ansprüche nach § 13 Abs. 1 Satz 1 Nr. 2 nur geltend machen, wenn diese **noch leben** und ihre **Interessen** tatsächlich **noch schutzwürdig** sind.[74] 34

Durch eine **Anonymisierung** der betroffenen Informationen lässt sich den schutzwürdigen Interessen Betroffener oder ihrer Angehörigen hinreichend Rechnung tragen. Wird eine Anonymisierung der Archivunterlagen vorgenommen, kommt eine Einschränkung oder Versagung der Informationsnutzung aus Gründen der Verhältnismäßigkeit nicht mehr in Betracht.[75] 35

71 BVerwG 30.1.2019 – 6 A 1/17, juris Rn. 48.
72 Vgl. BVerwG 30.1.2019 – 6 A 1/17, juris Rn. 45.
73 Vgl. BVerwG 30.1.2019 – 6 A 1/17, juris Rn. 45. So aber die Vorauflage unter Verweis auf *Manegold*, S. 119; *Schoch* IFG § 5 Rn. 27.
74 Vgl. BVerwG 30.1.2019 – 6 A 1/17, juris Rn. 48. Dazu vertiefend Rn. 20.
75 *Manegold*, S. 109.

3. Menschenrechtsverletzungen (Abs. 1 Satz 2)

36 Ähnlich wie in § 32 Abs. 1 Satz 2 StUG wird die menschrechtswidrige Informationsbeschaffung als ein den Schutzanspruch des Persönlichkeitsrechts der Betroffenen verstärkender Umstand iSd § 13 Abs. 1 Satz 2 Nr. 2 hervorgehoben. § 13 Abs. 1 Satz 2 ist damit nur deklaratorischer Natur. Der deutsche Gesetzgeber hat Sorge zu tragen, dass der **Menschenrechtsschutz** des Grundgesetzes, der Schutz der Europäischen Menschenrechtskonvention und der anderen internationalen Menschenrechtsverträge (vgl. Art. 1 Abs. 2 GG) durch eine Übermittlung der von deutschen Behörden erhobenen Daten ins Ausland und an internationale Organisationen nicht ausgehöhlt wird.[76]

37 Eine menschenrechtswidrige Informationsbeschaffung soll ua dann vorliegen, wenn der Staat die Information durch verbotene Verhörmethoden, Eindringen in die räumliche Privatsphäre oder aber unter Verletzung des Rechts am gesprochenen Wort durch unbefugtes Abhören oder unbefugte Überwachung des Brief- und Telekommunikationsverkehrs erlangt.[77]

4. Verletzung von Geheimhaltungspflichten (Abs. 1 Nr. 3)

38 § 13 Abs. 1 Satz 1 Nr. 3 dient dem **Geheimnisschutz.** Der Gesetzgeber hat getreu dem Grundsatz „so viel Information wie möglich, so viel Geheimnisschutz wie nötig“[78] einen Ausgleich zwischen Informationszugang und Geheimnisschutz vorzunehmen. Der Schutzzweck der Geheimhaltung staatlicher Unterlagen besteht in der Aufrechterhaltung bestimmter Geheimnisse, an deren Geheimhaltung die Öffentlichkeit ein besonderes Interesse hat.[79] Hierzu gehören öffentliche Geheimhaltungsinteressen, nicht aber der Schutz von Betriebs- und Geschäftsgeheimnissen. Dies folgt aus einem systematischen Umkehrschluss zu § 6 Abs. 4, der zwischen Rechtvorschriften des Bundes über die Geheimhaltung und Betriebs- und Geschäftsgeheimnissen ausdrücklich unterscheidet („oder“). § 13 Abs. 1 Nr. 3 adressiert seinem eindeutigen Wortlaut nach nur die „Rechtsvorschriften des Bundes über die Geheimhaltung“. Mit dem Fristablauf der Schutzfristen des § 11 entfallen grds. auch die Geheimhaltungsgründe[80], so dass § 13 Abs. 1 Satz 1 Nr. 3 restriktiv auszulegen ist. Selbst bei Vorliegen von Geheimhaltungsinteressen nach Fristablauf ist stets im Einzelfall zu prüfen, ob die Versagung ein taugliches und verhältnismäßiges Mittel ist. Als milderes Mittel kommt jedenfalls die beschränkte Einsichtnahme in Betracht.

39 Geheimhaltungspflichten müssen sich aus **Rechtsvorschriften des Bundes** über die Geheimhaltung ergeben. Der Begriff der Rechtsvorschriften erfordert **ein materielles Gesetz**, das Rechtsnormen über die Geheimhaltung enthält, denen Außenwirkung zukommt.[81] Gewohnheitsrecht (zB eine auf Gewohnheitsrecht beruhende Geheimhaltung bestimmter Unterlagen) genügt

76 Vgl. BVerfG 20.4.2016 – 1 BvR 966/09, 1 BvR 1140/09, NJW 2016, 1781, Rn. 336.
77 BT-Drs. 18/9633, 74.
78 BT-Drs. 15/4493, 11.
79 *Manegold*, S. 336.
80 *Manegold*, S. 328.
81 *Manegold*, S. 335, 345.

diesen Anforderungen nicht. Auch Verwaltungsvorschriften haben nur eine verwaltungsinterne Wirkung und können daher keine Geheimhaltungspflichten iSd § 13 Abs. 1 Satz 1 Nr. 3 begründen. Soweit Unterlagen durch eine Behörde als Verschlusssache (VS) „Geheim", „Streng geheim", „Vertraulich" oder „Nur für den Dienstgebrauch" gekennzeichnet werden (vgl. § 4 Abs. 2 SÜG), folgt daraus grds. keine Geheimhaltungspflicht, es sei denn, die Geheimhaltung beruht auf speziellen Gesetzen.[82] Die Einstufung einer VS durch die Behörde erfolgt nicht auf Grundlage eines Gesetzes, sondern auf Grundlage der Allgemeinen Verwaltungsvorschrift des Bundesministeriums des Innern zum materiellen und organisatorischen Schutz von Verschlusssachen (Verschlusssachen-Anweisung). In Betracht kommt hinsichtlich der VS daher allein das mögliche Vorliegen des Einschränkungs- und Versagungsgrundes der Staatsschutzklausel, § 13 Abs. 1 Satz 1 Nr. 1 BArchG.[83]

Es genügt nicht, dass eine gesetzlich angeordnete **Pflicht zur Verschwiegenheit** besteht. Maßgeblich ist vielmehr der besondere Schutzzweck der Vorschrift, der ausnahmsweise einen Geheimnisschutz aufgrund bestimmter Interessenlagen vermittelt.[84] Es muss sich um den Schutz eines verfassungs- oder grundrechtlich gesicherten **Lebensbereichs von hoher Bedeutung** handeln.[85] 40

Besonders wichtige Geheimnistatbestände stellen das **Statistik-, Sozial- und Steuergeheimnis** sowie **die ärztliche und anwaltliche Schweigepflicht** dar.[86] Nach der Gesetzesbegründung zur vergleichbaren Vorschrift des § 3 Abs. 4 IFG fallen unter „durch Rechtsvorschrift […] geregelte […] Geheimhaltungs- oder Vertraulichkeitspflicht" zB § 23 BVerfSchG, § 16 Abs. 5 Satz 2 BNDG, § 4 Abs. 3 Nr. 1 SÜG, §§ 46 Abs. 3, 47 j Abs. 1 GWB, § 9 Abs. 4 Satz 2 BBankG, § 9 KWG, § 21 WphG sowie Vorschriften aus dem OWiG und der StPO.[87] 41

Auch **§ 203 Abs. 1–3 StGB** stellt eine Geheimhaltungsvorschrift iSd § 13 (zum Verhältnis zu § 13 Abs. 3 → Rn. 50 ff.) dar, so auch bereits unter § 5 Abs. 6 Nr. 5 aF.[88] 42

Verweigert eine Behörde die Vorlage von Unterlagen aus Gründen der Geheimhaltung, ist im Streitfall vor dem OVG bzw. bei der Weigerung einer obersten Bundesbehörde vor dem BVerwG ein **gerichtliches Überprüfungsverfahren gem. § 99 Abs. 2 VwGO (sog. in camera-Verfahren)** durchzuführen.[89] Das zuständige Gericht prüft die Plausibilität der von der Behörde abgegebenen Sperrerklärung. 43

82 Vgl. auch *Manegold*, S. 339.
83 *Manegold*, S. 341.
84 So ausdr. für den strukturgleichen Versagungsgrund nach § 3 Nr. 4 IFG BVerwG 5.10.2011 – 20 F 24/10, juris Rn. 8; vgl. auch BeckOK VwGO/*Posser* VwGO § 99 Rn. 21.
85 BVerwG 5.10.2011 – 20 F 24/10, BeckRS 2011, 56302, Rn. 8.
86 BT-Drs. 15/4493, 11.
87 Vgl. BT-Drs. 15/4493, 11; *Schoch* IFG § 3 Rn. 212.
88 BT-Drs. 18/9633, 74.
89 Exemplarisch BVerwG 20.12.2016 – 20 F 10/15; zum Verfahren vgl. auch *Partsch/Koschmieder* NJW 2017, 3416 (3420).

5. Gefährdung des Erhaltungszustands (Abs. 2 Nr. 1)

44 Das Bundesarchiv hat primär die Aufgabe, das Archivgut auf Dauer zu sichern. Daher kann es die Einsichtnahme bei Gefährdung des Archivguts aufgrund einer konkreten Nutzungsart einschränken bzw. gänzlich versagen, § 13 Abs. 2 Nr. 1. Allerdings darf daraus kein allgemeiner Einschränkungs- bzw. Versagungsgrund geschlossen werden, vielmehr muss die **körperliche Unversehrtheit des Archivguts in seiner Substanz** gefährdet sein.[90] Denkbar wären allein Einsichtnahmen, bei denen die Archivunterlagen erheblichen substanzverletzenden Maßnahmen ausgesetzt wären, zB bei unverhältnismäßiger Belichtung oder Brandgefahr. Dies wird nur sehr selten der Fall sein.

45 Das Bundesarchiv kann seine Entscheidung nur auf die zum Zeitpunkt der Antragstellung verfügbaren Informationen über die konkrete Nutzung des Archivguts und Durchführung der Einsichtnahme stützen. Dabei sind insbes. Informationen über die Art und Dauer der Nutzung des Archivguts relevant. Mitunter kann auch relevant werden, wer den Antrag auf Nutzung stellt, sofern das Bundesarchiv mit dem jeweiligen Antragsteller bereits **negative Erfahrungen** in Bezug auf die bisherige Nutzung gemacht hat. Es kommt jedoch nicht auf die Person, sondern ausschließlich auf die konkrete Art der Nutzung an. Die Gesamtumstände müssen den Schluss zulassen, dass eine Wiederholung der negativen Erfahrungen mit überwiegender Wahrscheinlichkeit erfolgen könnte.

46 In jedem Fall muss das Bundesarchiv die Einschränkung bzw. Versagung der Nutzung **hinreichend begründen**; eine allgemein gehaltene Ablehnung des Begehrens genügt nicht, ebenso wenig die bloße Berufung auf den aus Sicht des Bundesarchivs relevanten Grund und die entsprechende Rechtsgrundlage. Außerdem muss das Bundesarchiv darauf hinwirken, dass die Benutzung nicht länger als zwingend erforderlich verzögert wird, da es zu den Kernaufgaben des Archivs gehört, das Archivgut für die Allgemeinheit nutzbar zu machen.[91]

6. Unverhältnismäßiger Verwaltungsaufwand (Abs. 2 Nr. 2)

47 Das Bundesarchiv kann die Nutzung gem. § 13 Abs. 2 Nr. 2 einschränken oder versagen, wenn dem Archiv durch das Einsichtnahmebegehren ein unverhältnismäßiger Verwaltungsaufwand (zum unverhältnismäßigen Verwaltungsaufwand ausf. → § 10 Rn. 66 ff.) entsteht. Hierdurch soll sichergestellt werden, dass die **Funktionsfähigkeit** des Bundesarchivs durch die Nutzung nicht gefährdet wird.[92] Der Ausschlussgrund der Unverhältnismäßigkeit zielt folglich darauf ab, die informationspflichtige Stelle **vor institutioneller Überforderung** und einer **Beeinträchtigung ihrer Funktionsfähigkeit zu schützen.** Insbes. darf die Nutzung von Archivgut nicht dazu führen, dass andere Archivaufgaben – etwa die Bewertung, Übernahme oder

90 Vgl. *Becker/Oldenhage*, HK-BArchG, § 5 Rn. 100.
91 *Partsch/Koschmieder* NJW 2017, 3416 (3421); *Becker/Oldenhage*, HK-BArchG, § 5 Rn. 100.
92 OVG NRW 15.5.2018 – 15 A 25/17, UA S. 15, 18; so schon für die alte Rechtslage VG Köln 15.12.2016 – 13 K 6691/14 unter Berufung auf BT-Drs. 11/498, 12.

die Erschließung neuer Unterlagen – zum Erliegen kommen.[93] Ausgeschlossen ist ein Informationszugang wegen unverhältnismäßigen Verwaltungsaufwands nur dann, wenn die Erfüllung des Anspruchs einen im Verhältnis zum Erkenntnisgewinn des Anspruchstellers und der Allgemeinheit unvertretbaren Aufwand an Kosten oder Personal erfordern würde oder aber auch bei zumutbarer Personal- und Sachmittelausstattung sowie unter Ausschöpfung aller organisatorischen Möglichkeiten die Wahrnehmung der vorrangigen Sachaufgaben der Behörde erheblich behindern würde. Nach der (auch auf das Archivrecht übertragbaren) Rspr. ist der mit der Aufbereitung der Akten verbundene **Verwaltungsaufwand**, der sich in erster Linie im Personalaufwand niederschlägt, nicht nach den faktischen Verhältnissen, sondern **normativ zu bestimmen.**[94] Die informationspflichtigen Behörden müssen deshalb Vorsorge dafür treffen, dass durch die Aufbereitung und Sichtung der Akten sowie Zusammenstellung der Unterlagen aus Anlass von Informationszugangsbegehren die ordnungsgemäße Wahrnehmung ihrer sonstigen Aufgaben nicht erheblich beeinträchtigt wird. Sie sind daher grds. gehalten, sich in ihrer Arbeitsorganisation und Aktenführung auf die mit der Erfüllung von Informationsanträgen verbundenen (Zusatz-)Aufgaben einzustellen.

Einen unverhältnismäßigen Verwaltungsaufwand hat das OVG Berlin-Brandenburg in entsprechender Anwendung von § 13 Abs. 2 Nr. 2 BArchG unlängst in einem Fall angenommen, in dem ca. 30.000 Aktenbände mit jeweils durchschnittlich sechs Verschlusssachen ab dem Geheimhaltungsgrad VS-Vertraulich und mit ca. 20 offenen bzw. VS-NfD eingestuften Dokumenten mit einem Gesamtumfang von etwa 780.000 Einzeldokumenten durchzusehen gewesen wären. Die Unverhältnismäßigkeit des damit verbundenen Aufwands ergab sich in diesem Fall aus Sicht des Gerichts auch daraus, dass die Einsichtnahme in Verschlusssachen ab der Einstufung „VS-Vertraulich“ jeweils aufwendige Aufzeichnungen über den Vorgang der Einsichtnahme erfordert und so zu einem enormen Personalaufwand führt.[95]

Darüber hinausgehende Maßstäbe zum Verständnis der Norm lassen sich 48
nach der Rspr. im Zuge einer Parallelwertung aus § 7 Abs. 2 Satz 1 Alt. 2 IFG gewinnen.[96] Nach der Rspr. zum IFG liegt ein unverhältnismäßiger Verwaltungsaufwand vor, wenn der technisch-organisatorische Aufwand im Missverhältnis zu dem zu erwartenden Erkenntnisgewinn der Allgemeinheit bzw. des Einzelnen liegt.[97] Die Rspr. stellt hohe Anforderungen an die Annahme eines unverhältnismäßigen Verwaltungsaufwands.[98] Ein unverhältnismäßiger Verwaltungsaufwand ist zB in der Forderung zu sehen, Nachforschungen nach dem Inhalt von Archivgut auch dann anzustellen, wenn diese dem Nutzer billigerweise selbst zuzumuten sind. Das

93 Vgl. *Berger*, Öffentliche Archive und staatliches Wissen, S. 220.
94 BVerwG 17.3.2016 – 7 C 2.15, juris Rn. 24; OVG NRW 7.10.2020 – 15 A 1519/16, juris Rn. 109.
95 OVG Berlin-Brandenburg 7.5.2020 – OVG 12 B 4/19, juris Rn. 65 f.
96 OVG NRW 15.5.2018 – 15 A 25/17, UA S. 19.
97 VG Berlin 12.10.2009 – 2 A 20/08, BeckRS 2009, 42119.
98 BVerwG 17.3.2016 – 7 C 2.15, juris Rn. 24 ff.

soll insbes. für aufwendige Personalrecherchen in Sachakten gelten.[99] Dabei ist stets eine Einzelfallabwägung vorzunehmen, die verschiedene Kriterien ausreichend berücksichtigt. Seitens der Behörde muss eine sachgerechte Aufgabenerledigung weiterhin möglich und die Funktionsfähigkeit der Behörde trotz des Arbeitsaufwands sichergestellt sein. Daneben sind der Umfang des Informationsbestands, zu dem Zugang begehrt wird, die Art der Speicherung der Information, der Personalbestand der Behörde und der Aufwand von Vorbereitungsmaßnahmen, zB in Form von erforderlichen Schwärzungen, in die Einzelfallbewertung einzustellen.[100]

49 Die Vorschrift ist eng auszulegen.[101] Bei der **Einzelfallbewertung** darf nicht übersehen werden, dass gerade die Bearbeitung von Nutzungsbegehren eine **originäre Kernaufgabe des Bundesarchivs** ist.[102] Die Erfüllung der Aufgaben des Bundesarchivs muss grds. auch bei aufwändigeren Begehren möglich sein; dies muss bei der Organisation und Personalausstattung des Archivs berücksichtigt werden. Die Behörde muss nach ihrer personellen und organisatorischen Struktur und Ausstattung dazu in der Lage sein, ggf. auch mehrere Einsichtnahmeersuchen parallel bearbeiten zu können.[103] Ein unverhältnismäßiger Verwaltungsaufwand kann daher nicht schon daraus hergeleitet werden, dass die Behörde mehrere Aktenordner Seite für Seite durchsehen müsste. Ansonsten wäre die Verweigerung wegen eines unverhältnismäßigen Verwaltungsaufwands missbrauchsanfällig.[104]

50 Diese Maßstäbe gelten auch für andere Behörden im Rahmen des Nutzungsanspruchs nach § 11 Abs. 6. Zwar ist es richtig, dass deren Aufgaben nicht zuvörderst die Verwaltung eines Archivs ist.[105] Doch gilt dieses Argument nach hier vertretener Ansicht entgegen der Rspr. des OVG NRW jedenfalls nicht bei Nachrichtendiensten, denen gerade die Sammlung und Auswertung von Informationen obliegt. Auch das Argument des OVG NRW, diese Behörden seien nicht das Gedächtnis des Staates, verfängt nicht. Denn gerade der Bundesverfassungsschutz sollte sich an Art. 20 Abs. 3 GG orientieren und entweder seiner Anbietungspflicht nach § 5 nachkommen oder selbst für angemessene Archivierung sorgen. Die Nachrichtendienste können zudem nicht sanktionslos neueste Technologie bei der (rechtswidrigen) Ausspionierung von Bürgern einsetzen, sich aber gleichzeitig auf die Überforderung durch händische Auswertung bei der Bearbeitung von Nutzungsansprüchen nach dem BArchG berufen.[106] Aber auch für alle anderen Behörden gilt, dass diese grds. gehalten sind, sich in ihrer Arbeitsorganisation und Aktenführung auf die mit der Erfüllung von

99 OVG NRW 15.5.2018 – 15 A 25/17, UA S. 18 mwN.
100 VG Berlin 12.10.2009 – 2 A 20/08, BeckRS 2009, 42119.
101 OVG NRW 15.5.2018 – 15 A 25/17, UA S. 19.
102 *Partsch/Koschmieder* NJW 2017, 3416 (3421); Gedanke auch in der Rspr. zum IFG, vgl. BVerwG 17.3.2016 – 7 C 2.15, juris Rn. 24; OVG NRW 7.10.2020 – 15 A 1519/16, juris Rn. 109.
103 OVG Hessen 30.4.2010 – 6 A 1341/09, juris Rn. 6.
104 OVG Hessen 30.4.2010 – 6 A 1341/09, juris Rn. 23, bzgl. des *„unverhältnismäßigen Aufwands“* iSv § 1 Abs. 2 S. 2 IFG.
105 Für den BVerfSch: OVG NRW 15.5.2018 – 15 A 25/17, UA S. 29.
106 AA OVG NRW 15.5.2018 – 15 A 25/17, UA S. 20 ff.

Informationsanträgen verbundenen (Zusatz-)Aufgaben einzustellen.[107] Insoweit ist den Behörden bei normativer Wertung vorzuhalten, dass sie ihre Aktenverwaltung ausreichend zu organisieren haben.[108] Diese normative Wertung ist umso strenger anzuwenden, als den Behörden immer die Möglichkeit bleibt, archivwürdige Unterlagen dem Bundesarchiv anzubieten.

Ein unverhältnismäßiger Verwaltungsaufwand kann nach all dem nur in Ausnahmefällen angenommen werden, etwa wenn die begehrten Nachforschungen dem Nutzer selbst zugemutet werden können (zB durch die Einholung von Informationen außerhalb des Archivguts, die denselben Informationsgrad aufweisen).[109] 51

Das Interesse, einen hohen Verwaltungsaufwand zu vermeiden, stellt nach Ansicht des BVerwG keinen Geheimhaltungsgrund dar.[110] Demzufolge dürfen sich weder das Bundesarchiv noch andere Behörden vorschnell auf einen unverhältnismäßigen Verwaltungsaufwand berufen, sondern sie müssen eine umfassende Abwägung mit den Interessen des Antragstellers vornehmen. Dies gilt umso mehr, wenn das Begehren des Antragstellers einen Zusammenhang zu besonders grundrechtssensiblen Bereichen aufweist. 52

7. § 203 StGB (Abs. 3)

Mit dem Ablauf der Schutzfrist für geheimhaltungsbedürftiges Archivgut nach 60 Jahren, (§ 11 Abs. 3) unterfällt das Archivgut nicht mehr dem **strafrechtlichen Geheimnisschutz nach § 203 StGB**. Der Ablauf der Schutzfrist ersetzt den strafrechtlichen Offenbarungsgrund.[111] § 13 Abs. 3 führt diesen Schutz nun auch nach Ablauf der Schutzfrist ausnahmsweise fort: Die Vorschrift enthält einen eigenen Einschränkungs- und Versagungstatbestand aus Gründen der Geheimhaltung auch für solche Unterlagen, die zuvor § 203 Abs. 1, 2 oder 4 StGB unterfielen („*die der Geheimhaltungspflicht ... unterlagen*"), dazu auch → Rn. 56. 53

§ 13 Abs. 3 nimmt außerdem Bezug auf die erloschenen Geheimhaltungspflichten der § 203 Abs. 2 und Abs. 4 StGB und nicht mehr nur auf die entsprechenden Pflichten gem. § 203 Abs. 1 und 3 StGB. Damit wird § 13 Abs. 3 ausweislich der Gesetzesbegründung an die Vorgaben des Einschränkungs- und Versagungsgrundes nach § 13 Abs. 1 Satz 1 Nr. 3 angeglichen, der die Geheimhaltungspflichten des § 203 Abs. 1–3 StGB seit jeher einbezieht.[112] 54

Die Schutzbedürftigkeit von Akten, die einer Geheimhaltungspflicht nach § 203 Abs. 2 unterlegen haben, kann ebenso wie in den Fällen von § 203 Abs. 1 und 3 StGB angesichts der jüngsten Rspr. des BVerwG nicht 55

---

107 BVerwG 17.3.2016 – 7 C 2.15, juris Rn. 24 zum IFG; OVG NRW 15.5.2018 – 15 A 25/17, UA S. 19 zum BArchG nF.

108 OVG NRW 15.5.2018 – 15 A 25/17, UA S. 28, das gleichwohl die falschen Schlüsse daraus zieht.

109 Die zT großzügige Rspr. ist krit. zu betrachten, dazu *Partsch/Koschmieder* NJW 2017, 3416 (3421).

110 BVerwG 19.4.2010 – 20 F 13/09, BVerwGE 136, 345 (358), NVwZ 2010, 905.

111 *Manegold*, S. 351.

112 BT-Drs. 18/9633, 75.

mehr fortbestehen, wenn die Geheimnisträger selbst verstorben sind (→ Rn. 22).

56 Die Einschränkung oder Versagung der Einsichtnahme steht im Ermessen des Bundesarchivs. Die Maßnahmen kommen in Betracht, wenn besonders sensible Daten, die der Schweigepflicht iSv § 203 Abs. 1, 2 oder 3 StGB unterlegen haben, nach Erlöschen der Geheimhaltungspflicht noch Informationen enthalten, deren Benutzung schutzwürdige Belange Betroffener entgegenstehen.[113] Zu beachten ist, dass Normen, die wie § 203 StGB dem Geheimnisschutz dienen, keine sog. „Kettenwirkung" verursachen.[114] Der Geheimnisschutz erstreckt sich nicht auf die behördliche Akte, in denen das jeweilige Geheimnis offenbart wurde. Fehlt eine gesetzliche Regelung, die eine Ausstrahlungswirkung des jeweils geschützten Geheimnisses auf das gesamte behördliche Verfahren und die in diesem Zusammenhang erstellten Verwaltungsvorgänge und -akten (die ggf. später zu Archivgut werden) normiert[115], handelt es sich bereits nicht um Unterlagen, die der Geheimhaltungspflicht nach § 203 Abs. 1, 2 oder 4 StGB unterliegen.[116] Obschon es sich bei ärztlichen Gutachten, die nach befugter Offenbarung durch einen Arzt Bestandteil von Behördenakten geworden sind, um **Gesundheitsdaten** handelt, die Art. 9 Abs. 1 DSGVO als besonders sensible Daten einstuft, müssen diese mithin nicht zwangsläufig in den Anwendungsbereich von § 13 Abs. 3 fallen. Euthanasiefälle, die im Archivgut dokumentiert sind, fallen nicht unter die ärztliche Schweigepflicht und damit mangels Geheimnischarakter von vornherein nicht unter den Tatbestand des § 203 StGB.[117]

---

113 So schon die Gesetzesbegründung zur § 5 Abs. 6 BArchG aF, BT-Drs. 11/498, 12.

114 *Schäfer* in Polley, Archivgesetzgebung in Deutschland, S. 39 (62 f.).

115 Vgl. zB § 192 Abs. 1 S. 2 Bundesentschädigungsgesetz.

116 Freilich schließt dies nicht aus, dass nicht auch die aktenführenden Behörden selbst eine Geheimhaltungspflicht unterworfen sind, etwa aus § 203 Abs. 2 StGB oder § 30 VwVfG.

117 *Becker/Oldenhage*, HK-BArchG, § 5 Rn. 106.

§ 14 Rechte der Betroffenen

(1) Das Recht der betroffenen Person auf Auskunft gemäß Artikel 15 der Verordnung (EU) 2016/679 besteht nicht, wenn das Archivgut des Bundes nicht durch den Namen der Person erschlossen ist oder keine Angaben gemacht werden, die das Auffinden des betreffenden Archivguts des Bundes mit vertretbarem Verwaltungsaufwand ermöglichen. Die betroffene Person hat ein Recht auf Einsichtnahme, auf das § 10 Absatz 3 entsprechend anzuwenden ist.

(2) Nach dem Tod der betroffenen Person steht das Recht auf Auskunft oder Einsichtnahme den Angehörigen zu, wenn diese ein berechtigtes Interesse geltend machen und die betroffene Person keine anderweitige Verfügung hinterlassen hat oder ihr entgegenstehender Wille sich nicht aus anderen Umständen eindeutig ergibt.

(3) Das Recht der betroffenen Person auf Auskunft gemäß Artikel 15 der Verordnung (EU) 2016/679 oder auf Einsichtnahme kann aus den in § 13 Absatz 1 genannten Gründen eingeschränkt werden. In diesem Fall ist dem Antrag in dem Umfang stattzugeben, in dem der Zugang ohne Preisgabe der nach Maßgabe des § 13 Absatz 1 zu schützenden Informationen und ohne unverhältnismäßigen Verwaltungsaufwand möglich ist.

(4) Das Recht der betroffenen Person auf Berichtigung gemäß Artikel 16 der Verordnung (EU) 2016/679 besteht nicht, wenn die personenbezogenen Daten zu Archivzwecken im öffentlichen Interesse verarbeitet werden. Bestreitet die betroffene Person die Richtigkeit der personenbezogenen Daten, ist ihr die Möglichkeit einer Gegendarstellung einzuräumen. Die Möglichkeit einer Gegendarstellung ist auch den Angehörigen einer verstorbenen betroffenen Person einzuräumen, wenn sie ein berechtigtes Interesse daran geltend machen. Das Bundesarchiv ist verpflichtet, die Gegendarstellung den Unterlagen hinzuzufügen.

(5) Die in Artikel 18 Absatz 1 Buchstabe a, b und d sowie in den Artikeln 19 bis 21 der Verordnung (EU) 2016/679 vorgesehenen Rechte bestehen nicht, soweit diese Rechte voraussichtlich die Verwirklichung der im öffentlichen Interesse liegenden Archivzwecke unmöglich machen oder ernsthaft beeinträchtigen und die Ausnahmen für die Erfüllung dieser Zwecke erforderlich sind.

Literatur

Mecking, Christoph, Zum Umfang des Rechts auf Einsichtnahme in ausgelegte Unterlagen, NVwZ 1992, 316 ff.; *Partsch, Christoph/Koschmieder, Norman*, Der archivrechtliche Informationszugang nach der Novelle des BArchG, NJW 2017, 3416 ff.; *Rossnagel, Alexander*, Datenschutz in der Forschung, ZD 2019, 157 ff.; *Weichert, Thilo*, Das Forschungsprivileg nach der DSGVO, DVBl 2020, 19 ff.; *Weichert, Thilo*, Der Datenschutzanspruch auf Negativauskunft, NVwZ 2007, 1004 ff.

I. Allgemeines

1 § 14 regelt die **Auskunfts-, Einsichtnahme- und Gegendarstellungsansprüche** der Betroffenen (sog. Betroffenenrechte), zu denen im Archivgut des Bundes Informationen enthalten sind. Die Betroffenenrechte bestehen **unabhängig von den Schutzfristen des § 11.** Der Betroffene kann dementsprechend auch vor Ablauf der Schutzfristen Auskunft erlangen und Einsicht in Archivgut des Bundes nehmen. Nach dem Tod der Betroffenen stehen diese Ansprüche den Angehörigen zu.

2 § 14 ist in Zusammenschau mit §§ 3 Abs. 1 Satz 2, 5 Abs. 5, 10 Abs. 2 und 16 Abs. 2 Nr. 2 zu betrachten, die einen umfassenden Schutz privater Belange bzw. schutzwürdiger Belange und Interessen Betroffener gewährleisten. Es handelt sich um bereichsspezifische Regelungen zur Datenverarbeitung (auch sensibler Daten) für Archivzwecke, die gem. § 1 Abs. 2 Satz 1 BDSG den Vorgaben des BDSG und zum Teil auch der DSGVO vorgehen.[1] Zu dem komplexen Verhältnis zwischen DSGVO, BDSG und BArchG → Rn. 6.

3 Das BArchG selbst kennt **kein Recht auf Löschung** von Informationen[2], die im Archivgut enthalten sind. Es verbleibt allein die Möglichkeit der **Gegendarstellung.** Dies lässt sich mit der Integrität und Authentizität der historischen Quellen rechtfertigen. **Art. 17 Abs. 1 DSGVO** sieht daneben zwar ein allgemeines Recht auf Löschung personenbezogener Daten vor, allerdings nur im Rahmen des Art. 17 Abs. 3 lit. d DSGVO. Das Recht zur Löschung nach Art. 17 Abs. 1 DSGVO gilt danach jedoch nicht, soweit eine Löschung die Verwirklichung der mit der Datenverarbeitung verfolgten Archivzwecke unmöglich macht oder diese ernsthaft beeinträchtigt.[3] Derartige Beeinträchtigungen sind regelmäßig zu befürchten, denn die zu schützenden Archivzwecke sind nach Erwägungsgrund 158 DSGVO weit zu verstehen; sie erstrecken sich ua auf den Erwerb und Erhalt, die Bewertung, Aufbereitung, Beschreibung, Mitteilung, Förderung und Zugangsbereitstellung zu Aufzeichnungen von bleibendem Wert für das allgemeine öffentliche Interesse.[4] Art. 17 DSGVO kann im Übrigen nicht durch nationales Recht verdrängt werden , da der Katalog der derogierbaren Vorschriften in Art. 89 Abs. 3 DSGVO, der speziell Verarbeitungen für im öffentlichen Interesse liegende Archivzwecke betrifft, Art. 17 DSGVO nicht nennt.

---

1 *Buchner/Tinnefeld* in Kühling/Buchner DSGVO § 28 Rn. 16. So auch *Rossnagel* ZD 2019, 157 (162).
2 Löschanträge, die das Bundesarchiv in der Vergangenheit stets ablehnte, betrafen vielfach im Archivgut dokumentierte, vom Betroffenen aber bestrittene Mitgliedschaften in der NSDAP, vgl. *Becker/Oldenhage*, HK-BArchG, § 4 Rn. 14.
3 *Buchner/Tinnefeld* in Kühling/Buchner DSGVO § 28 Rn. 11.
4 Vgl. vertiefend *Weichert* DVBl 2020, 19 (23, 25).

Das Recht auf Löschung aus Art. 17 DSGVO gilt damit grds. nur in einem sehr engen Anwendungsbereich für Archivgut.

3a Im Grundsatz stehen den Betroffenen die **Rechte auf Einschränkung der Verarbeitung** (Art. 18 DSGVO) sowie **auf Datenübertragbarkeit** (Art. 20 DSGVO) zu; dasselbe gilt für **das Widerspruchsrecht aus Art. 21 DSGVO.** Allerdings sind diese Betroffenenrechte nach § 28 Abs. 4 BDSG ausgeschlossen, soweit sie voraussichtlich die Verwirklichung der im öffentlichen Interesse liegenden Archivzwecke unmöglich machen oder ernsthaft beeinträchtigen und die Ausnahmen für die Erfüllung der vorbenannten Zwecke erforderlich sind. § 14 enthält insoweit auch keine spezielleren Regelungen.

4 Mit der Neufassung des § 14 wurde die Vorgängernorm des § 4 Abs. 2 BArchG aF „praxisrelevanten Neuerungen" unterzogen.[5] Ganz wesentlich ist der Übergang der Betroffenenrechte auf die Angehörigen nach dem Tod des Betroffenen. Auch stehen die Rechte auf Auskunft, Einsichtnahme und Gegendarstellung eindeutig nicht (mehr) im Ermessen der Behörde.[6] Das Ermessen ist vielmehr gebunden[7]: Liegen die Voraussetzungen des § 14 Abs. 1, Abs. 4 vor, hat der Betroffene bzw. dessen Angehöriger einen Anspruch auf Auskunft, Einsichtnahme oder Hinzufügung einer Gegendarstellung. Aus den in § 13 Abs. 1 genannten Gründen kann der Anspruch auf Auskunft oder Einsichtnahme aber ausnahmsweise eingeschränkt werden, § 14 Abs. 3.

5 Gleichwohl wurden die Betroffenenrechte in der Neufassung verkürzt. Weggefallen ist vor allem das Recht auf Vernichtung in Archivunterlagen enthaltener personenbezogener Angaben (vormals noch § 4 Abs. 1 BArchG aF). Der Wegfall dieses Anspruchs im nationalen Recht wird auch nicht hinreichend durch den Löschungsanspruch des Art. 17 Abs. 1 DSGVO kompensiert, (vgl. bereits → Rn. 3). Darüber hinaus kennt die Neufassung keinen von Amts wegen vorzunehmenden Vermerk, bei Feststellung der Unrichtigkeit personenbezogener Angaben (zuvor § 4 Abs. 3 Satz 1 BArchG aF).

II. Auskunftsanspruch Betroffener (Abs. 1 Satz 1)

6 Der Auskunftsanspruch nach § 14 Abs. 1 Satz 1 zielt auf die Einholung von Informationen über eine identifizierbare natürliche Person ab, dh **personenbezogener Daten**, die in Unterlagen des Bundesarchivs über einen Betroffenen enthalten sind. Insoweit ist das Recht auf Auskunft die konsequente, spezialgesetzliche Fortführung der datenschutzrechtlichen Auskunftsansprüche Betroffener (nunmehr maßgeblich verankert in Art. 15 DSGVO).

Datenschutzrechtliche Auskunftsansprüche, zu denen auch § 14 Abs. 1 Satz 1 gehört, sind Ausprägungen des aus Art. 2 Abs. 1 iVm Art. 1 Abs. 1 GG abgeleiteten Grundrechts auf informationelle Selbstbestimmung. Die-

5 BT-Drs. 18/9633, 75.
6 So noch vertreten für das Auskunftsrecht im BArchG aF von *Becker/Oldenhage*, HK-BArchG, § 4 Rn. 7.
7 Vgl. insofern die Parallele zu den Betroffenenrechten nach § 1 IFG, *Schoch* IFG § 1 Rn. 246.

ses Grundrecht umfasst nach der stRspr des BVerfG auch die aus dem Gedanken der Selbstbestimmung folgende Befugnis des Einzelnen, grds. selbst zu entscheiden, wann und innerhalb welcher Grenzen persönliche Lebenssachverhalte offenbart werden.[8]

Das **Verhältnis** der in Art. 15, 89 **DSGVO**, §§ 1 Abs. 2, 28 **BDSG** und § 14 **BArchG** geregelten datenschutzrechtlichen **Auskunftsansprüche** ist **komplex und umstritten.** Im Ergebnis geht § 14 BArchG als speziellere Regelung vor: Werden personenbezogene Daten verarbeitet, hält Art. 15 DSGVO einen allgemeinen Auskunftsanspruch bereit. Soweit personenbezogene Daten jedoch für im öffentlichen Interesse liegende Archivzwecke verarbeitet werden, können die Mitgliedstaaten nach Art. 89 Abs. 3 DSGVO **Bereichsausnahmen** im nationalen Recht vorsehen. Hiervon hat der deutsche Gesetzgeber mit § 28 BDSG Gebrauch gemacht. Nach § 28 Abs. 2 BDSG besteht das Auskunftsrecht nach Art. 15 DSGVO nicht, wenn das Archivgut nicht durch den Namen der Person erschlossen ist oder keine Angaben gemacht werden, die das Auffinden des betreffenden Archivguts mit vertretbarem Verwaltungsaufwand ermöglichen. Ihrem Wortlaut nach sind § 28 Abs. 2 BDSG und § 14 Abs. 1 Satz 1 damit weitestgehend identisch ausgestaltet. In § 1 Abs. 2 S. 1 BDSG hat der deutsche Gesetzgeber allerdings die Weichenstellung getroffen, dass andere Rechtsvorschriften des Bundes über den Datenschutz denen des BDSG vorgehen. Zu diesen Vorschriften muss daher auch das Auskunftsrecht nach § 14 Abs. 1 S. 1 als speziellere[9] und sachnähere Regelung zählen. § 14 geht daher aus dogmatischen Gründen sowohl Art. 15 DSGVO als auch § 28 Abs. 2 BDSG als **Sonderregelung** vor.[10] Der Vorrang von § 14 Abs. 1 Satz 1 ergibt sich zudem daraus, dass § 14 Abs. 3 zusätzliche Möglichkeiten der Einschränkung des Auskunftsrechts enthält und damit auch materiell über die in Art. 15 DSGVO und § 28 Abs. 2 BDSG geregelten Bestimmungen hinausgeht.

Europarechtlich dürfte die vom deutschen Gesetzgeber gewählte (wenn auch unnötig komplexe) Regelungskonstruktion nicht zu beanstanden sein, denn auch die noch weitergehenden Einschränkungen des Auskunftsrechts in § 14 Abs. 3 bewegen sich im Rahmen der Bereichsausnahme nach

8 BVerfGE 65, 1 (41 f.), mwN zur Rspr.

9 So schon für das BArchG aF *Becker/Oldenhage*, HK-BArchG, § 4 Rn. 6.

10 Ähnlich *Weichert* in Däubler ua, EU-DSGVO u. BDSG, § 28 BDSG Rn. 8, der § 14 Abs. 1 als das gegenüber § 28 Abs. 2 BDSG „spezifischere" Recht betrachtet. Einschränkend dagegen *Berger*, S. 94 ff., 102 ff., der die Anwendbarkeit der DSGVO auf öffentliche Archivtätigkeiten von vornherein nur für spezifische Fallgruppen bejaht, ua bei einer Archivierung im Rahmen der Ausübung von Europarecht oder europarechtlich normierten Archivtätigkeiten. *Berger* stützt seine Ausführungen auf ein restriktives Verständnis von Art. 2 Abs. 2 lit. a DSGVO, wonach die DSGVO keine Anwendung auf die Verarbeitung personenbezogener Daten im Rahmen von Tätigkeiten findet, die nicht in den Anwendungsbereich des Unionsrechts fallen. Diese Auffassung übersieht jedoch, dass der Anwendungsbereich der DSGVO angesichts des klaren Regelungsanliegen des europäischen Gesetzgebers, einen harmonisierten Datenschutz zu schaffen, weit zu verstehen ist (so auch *Bäcker* in BeckOK Datenschutzrecht, DSGVO Art. 2 Rn. 7, 9; *Sydow G.* in Sydow, Europäische Datenschutzgrundverordnung, Einleitung Rn. 53). Ohne inhaltliche Auseinandersetzung mit § 14 *Hänger* in Becker/Rehm/Schäfer, S. 41, 53.

Art. 89 Abs. 3 DSGVO.[11] Zurecht wird jedoch kritisiert, dass der Gesetzgeber die archivrechtlichen Betroffenenrechte in § 14 und § 28 BDSG nicht vollständig harmonisiert hat.[12] Auch überrascht es, dass der deutsche Gesetzgeber die Öffnungsklausel des Art. 89 Abs. 3 DSGVO explizit nur in der Gesetzesbegründung zum BDSG erwähnt[13], während die Gesetzesmaterialien zu der nur wenige Monate vorher erfolgten Novellierung des BArchG eine Auseinandersetzung mit der Bereichsausnahme vermissen lassen.[14]

Eine spezifische Regelung, auf welche Art und Weise die Auskunft zu erteilen ist, kennt das BArchG nicht. In Anlehnung an § 7 Abs. 3 Satz 1 IFG kann eine Auskunft **mündlich**, **schriftlich** oder **elektronisch** erteilt werden. 7

1. Anspruchsberechtigung

Nach § 14 Abs. 1 Satz 1 steht der Auskunftsanspruch dem **Betroffenen** zu. 8
Gem. § 1 Nr. 3 handelt es sich hierbei um „bestimmte oder bestimmbare natürliche Personen, zu denen Informationen vorliegen". Der Auskunftsanspruch setzt nicht voraus, dass die Betroffeneneigenschaft bei der Antragstellung darzulegen ist. § 14 Abs. 1 Satz 1 Alt. 2 erfasst gerade auch Fälle, in denen das Archivgut nicht schon eindeutig durch den Namen der betroffenen Person als solches erschlossen ist, sondern Unterlagen zu der Person durch entsprechende Angaben mit vertretbarem Verwaltungsaufwand ausfindig gemacht werden können.

2. Formelle Antragsvoraussetzungen

Um einen Auskunftsanspruch geltend zu machen, muss der Betroffene 9
einen Antrag stellen (§ 14 Abs. 1 Satz 1). Ausweislich der Gesetzesbegründung kann dies **formlos** geschehen; es ist aber möglich, dass im Verlauf der weiteren Bearbeitung durch das Bundesarchiv eine schriftliche Präzisierung des Antrags erforderlich wird.[15] Dies ist interessens- und sachgerecht: Es liegt regelmäßig im Interesse des Antragsstellers an einer effizienten Bearbeitung, dass insbes. die Angaben iSd § 14 Abs. 1 Satz 1 Hs. 2 Alt. 2 schriftlich erfolgen. Dies bedeutet kein Schriftformerfordernis iSd § 126 BGB, sondern es genügt die **Textform**. Auf diese Weise wird einerseits ein leichter Zugang des Betroffenen zum Bundesarchiv gewährleistet, der nicht durch Formvorgaben erschwert wird. Andererseits ist eine Kooperation des Betroffenen durch schriftliche Angaben in der Sache dem Antragsbegehren dienlich.

Das Auskunftsbegehren beinhaltet eine – vom Gesetzgeber in Kauf genom- 10
mene – Unsicherheit in Bezug auf die Frage, ob tatsächlich personenbezogene Informationen über den Betroffenen vorliegen. Wie die Vorgänger-

11 Vgl. *Buchner/Tinnefeld* in Kühling/Buchner, DSGVO BDSG, DSGVO Art. 89 Rn. 31, die iÜ *sämtliche* im BArchG und den Landesarchivgesetzen vorgesehenen Ausnahmen zu den Betroffenenrechten der DSGVO als von Art. 89 Abs. 3 DSGVO erfasst betrachten. So auch *Weichert* in Däubler ua, EU-DSGVO u. BDSG, BDSG § 28 Rn. 8.

12 Vgl. *Weichert* DVBl 2020, 19 (24 f.).

13 Vgl. BT-Drs. 18/11325, 100.

14 Vgl. BT-Drs. 18/9633, 75 ff.

15 BT-Drs. 18/9633, 76.

norm enthält auch § 14 Abs. 1 keine weiteren Tatbestandsvoraussetzungen, etwa ein besonderes rechtliches Interesse[16], so dass die Antragstellung auch auf **Vermutungen** gestützt werden kann. Ein extensives Verständnis des Auskunftsbegehrens entspricht dem Sinn und Zweck des Auskunftsanspruchs, der das verfassungsrechtlich geschützte Grundrecht auf informationelle Selbstbestimmung konkretisiert und infolgedessen auch die Wahrnehmung des Rechts auf Gegendarstellung (§ 14 Abs. 4) als Ausprägung des Schutzes der informationellen Selbstbestimmung sicherstellt.[17] Für die Darlegung eines Auskunftsbegehrens nach dem StUG hat es der Gesetzgeber sogar bereits ausreichen lassen, dass eine Person vom Staatssicherheitsdienst bespitzelt worden ist.[18] Gleichermaßen kann auch der Auskunftsanspruch nach dem BArchG darauf gestützt werden, dass der Betroffene schon alleine wegen der umfassenden Zugänglichkeit des Bundesarchivs über sein Auftauchen in den Unterlagen Bescheid wissen muss.

11 Eine **Begründung** des Antrags ist **nicht erforderlich.** Das BArchG enthält keine weiteren Vorschriften über das Verfahren der Auskunftserteilung. Indes sollte darauf geachtet werden, die Vermutungen für das persönliche Betroffensein möglichst stichhaltig und genau zu begründen, damit ein Auffinden möglich ist.

3. Materielle Antragsvoraussetzungen

a) Archivgut, durch den Namen des Betroffenen erschlossen

12 Ein Auskunftsrecht besteht gem. § 14 Abs. 1 Satz 1 Alt. 1, soweit das Archivgut des Bundes durch den **Namen der Person** erschlossen ist. Die Anspruchsvoraussetzung der Erschließung konkretisiert das BArchG nicht näher.[19] Zentrale Bedeutung kommt allerdings dem Namen des Betroffenen zu: Anhand des Namens einer Person muss das Archivgut auffindbar sein. Ist das Archivgut des Bundes durch den Namen des Betroffenen nur zum Teil erschlossen, beschränkt sich die Pflicht zur Auskunft lediglich auf die erschlossenen Informationen.

13 Für diese Deutung spricht neben der Gesetzesbegründung[20] auch der systematische Umkehrschluss zur 2. Alt. des § 14 Abs. 1 Satz 1, der (sonstige) Angaben und gerade nicht allein den Namen zum ausschließlichen Suchkriterium erhebt. Bei der 2. Alt. handelt es sich laut Gesetzesbegründung um das „anderweitige Auffinden des Archivguts".[21]

b) Angaben, die das Auffinden ermöglichen

14 Die 2. Alt. des Auskunftsanspruchs erfasst alle sonstigen Fälle, in denen Informationen über die betroffene Person begehrt werden, die nicht durch

16 Vgl. zur Vorgängernorm *Becker/Oldenhage*, HK-BArchG, § 4 Rn. 5.
17 BVerfG 15.12.1983 – 1 BvR 209. 269, 362, 420, 440, 484/83, BVerfGE 65, 1 (43 ff.); Schoch/Schneider/*Rudisile* VwGO § 100 Rn. 42.
18 *Stoltenberg/Bossack* StUG § 13 Rn. 3.
19 Anhaltspunkte für die Auslegung der Tatbestandsmerkmale des § 14 Abs. 1 S. 1 Alt. 1, insbes. der Erschließung des Archivguts durch den Namen des Betroffenen, können sich allerdings aus der Rspr. und Lit. zu § 28 Abs. 2 DSGVO ergeben, denn die Vorschrift knüpft in fast gleicher Wortwahl an dieselben Merkmale an.
20 BT-Drs. 18/9633, 76.
21 BT-Drs. 18/9633, 76.

dessen Namen erschlossen sind. Eine vergleichbare Vorschrift findet sich in § 28 Abs. 2 Alt. 2 BDSG sowie § 13 Abs. 7 StUG.[22] Es genügt, wenn Angaben gemacht werden, die das Auffinden des betreffenden Archivguts des Bundes mit vertretbarem Verwaltungsaufwand ermöglichen. Durch diese extensive Anspruchsvoraussetzung wurde die Vorgängernorm erweitert. Nach der Intention des Gesetzgebers sollen „sämtliche denkbare Möglichkeiten" für den Betroffenen ausgeschöpft werden, „um an die begehrte Auskunft zu gelangen".[23]

Die Grenze des nicht mehr vertretbaren Verwaltungsaufwands bestimmt 15
sich nach den Umständen des jeweiligen Einzelfalls. Unter entsprechendem Rückgriff auf die Rspr. zum IFG muss der technisch-organisatorische Aufwand in einem Missverhältnis zu dem zu erwartenden Erkenntnisgewinn der Allgemeinheit bzw. des Einzelnen stehen, um einen unverhältnismäßigen Verwaltungsaufwand überhaupt erst zu begründen.[24] Der Gesetzgeber wollte das Bundesarchiv vor „pauschalen oder wiederholten Auskunftsersuchen"[25] schützen. Mithin ging es ihm vor allem um die Funktionsfähigkeit des Bundesarchivs, die neben dem Umfang des Informationsbestands, der Art der Speicherung der Information (elektronisch oder in Papierform), dem Personalbestand der Behörde und dem Aufwand etwaiger Vorbereitungsmaßnahmen ein Kriterium für die Verhältnismäßigkeit darstellt.[26] Gleichwohl dürfen die Anforderungen eines nicht mehr vertretbaren Verwaltungsaufwands (zum unverhältnismäßigen Verwaltungsaufwand → § 13 Rn. 46 ff., → § 10 Rn. 68 ff.) nicht vorschnell angenommen werden. Im Gegenteil: Es darf nicht übersehen werden, dass die Bearbeitung von Auskunftsbegehren gerade auch eine originäre Aufgabe des Bundesarchivs ist.[27]

4. Umfang der Auskunft

Das Bundesarchiv hat dem Betroffenen „Auskunft über die im Archivgut 16
des Bundes zu ihrer Person enthaltenen Unterlagen" zu erteilen. Anders als bei der Einsichtnahme handelt es sich bei der Auskunft nur um einen **mittelbaren Informationszugang.**[28] Zum Inhalt der Auskunft macht § 14 keine Vorgaben. Der notwendige Inhalt muss im konkreten Einzelfall unter Berücksichtigung des Informationsbegehrens ermittelt werden.[29] Zu einer vollständigen Auskunft gehört daher nicht bloß die Mitteilung über das Vorhandensein von Unterlagen, die Informationen über den Betroffenen beinhalten. Vielmehr muss das Bundesarchiv auch darüber informieren, welchen Inhalt die entsprechenden Unterlagen haben. Es muss jedenfalls eine Beschreibung der zu der Person des Betroffenen vorhandenen und erschlossenen Unterlagen und eine Wiedergabe ihres wesentlichen Inhaltes

22 BT-Drs. 18/9633, 76.
23 BT-Drs. 18/9633, 76.
24 VG Berlin 12.10.2009 – 2 A 20/08, BeckRS 2009, 42119.
25 BT-Drs. 18/9633, 76.
26 *Partsch/Koschmieder* NJW 2017, 3416 (3421).
27 *Partsch/Koschmieder* NJW 2017, 3416 (3421).
28 Vgl. *Schoch* IFG § 1 Rn. 255.
29 Vgl. auch zum IFG *Schoch* IFG § 1 Rn. 255.

erfolgen (Rechtsgedanke des Auskunftsrechts nach § 13 Abs. 2 Satz 2 StUG).

17 Zum Umfang der Auskunft gehören ferner Angaben über die Kategorien der in den konkreten Dokumenten enthaltenen Daten über den Betroffenen, die Dokumentart, das Sachgebiet und den Kontext, in dem die personenbezogenen Daten auftauchen. Die Nennung von Details oder das Vorlesen der einzelnen Passagen ist zulässig, aber nicht zwingend erforderlich, insbes. wenn dies aus Praktikabilitätsgründen (zB aufgrund des Umfangs der Unterlagen) ungeeignet ist. Etwas anderes dürfte für solche Dokumente gelten, deren Inhalt überschaubar ist und dem Auskunftspetenten ohne größeren Verwaltungsaufwand mitgeteilt werden kann. In den übrigen Fällen wird das Auskunftsrecht um das Recht auf Einsichtnahme in § 14 Abs. 1 Satz 2 ergänzt. Jedenfalls hier müssen dem Betroffenen die Informationen umfassend zugänglich gemacht werden, nicht zuletzt damit er ggf. von seinem Recht auf Gegendarstellung nach § 14 Abs. 4 Gebrauch machen kann.

18 Sofern sich in Folge der Antragsstellung ergibt, dass der Auskunftspetent kein Betroffener ist, wird der Antrag aufgrund des Nichtvorhandenseins von Unterlagen, über die Auskunft erteilt werden könnte, negativ beschieden (sog. **Negativauskunft**[30]). Das Bundesarchiv darf ein Auskunftsersuchen nicht einfach unbeantwortet lassen. Das gilt auch dann, wenn es keine gespeicherten Daten über den Betroffenen ausfindig machen kann.

III. Einsichtnahmeanspruch Betroffener (Abs. 1 Satz 2)

19 Neben dem Auskunftsrecht steht dem Betroffenen ein **Einsichtnahmerecht** nach § 14 Abs. 1 Satz 2 iVm § 10 zu. Es handelt sich um eine eigene Anspruchsgrundlage für den Betroffenen. Das Auskunfts- und das Einsichtnahmerecht stehen in keinem Stufenverhältnis, wonach zunächst eine Auskunft eingeholt werden müsste.

20 Einsichtnahme ist das Prüfen der Unterlagen durch Inaugenscheinnahme. Zum Recht auf Einsichtnahme gehören aber auch die Möglichkeit zur Anfertigung von Notizen, Abschriften und Ablichtungen.[31] Dies zeigt sich ua auch in den strukturell ähnlichen Einsichtnahmeansprüchen Betroffener nach § 13 Abs. 4 StUG und Art. 15 Abs. 3 DSGVO, die das Recht auf Duplikate und Zurverfügungstellung von Kopien explizit regeln. Es handelt sich nicht zuletzt um Ausflüsse des allgemeinen Persönlichkeitsrechts.

21 Auf die Einsichtnahme findet § 10 Abs. 3 entsprechende Anwendung. Der Einsichtnahme muss ein Einsichtnahmebegehren, regelmäßig in Form eines **Antrags**, vorausgehen. Eine begehrte Nutzung darf nur aus wichtigem Grund durch eine andere Nutzungsart ersetzt werden. Der Auskunftsanspruch kann sich nach stRspr in einen Einsichtsnahmeanspruch und auch in einen Anspruch auf das **Überlassen von Kopien** umwandeln, wenn der

30 Allgemeiner datenschutzrechtlicher Gedanke, vgl. BeckOK DatenschutzR/*Worms* BDSG § 19 Rn. 18; *Weichert* NVwZ 2007, 1004 ff.

31 Vgl. auch *Mecking* NVwZ 1992, 316 (319 ff.) am Bsp. ausliegender Planunterlagen.

Auskunftsanspruch nur auf diese Art und Weise verwirklicht werden kann.[32]

22 Das Einsichtnahmerecht besteht für den Betroffenen bereits vor Ablauf der Schutzfristen des § 11. Der Betroffene ist gegenüber Jedermann-Interessen privilegiert. § 14 Abs. 1 Satz 2 sieht ein Einsichtnahmerecht des Betroffenen ausdrücklich vor und ordnet insoweit allein die entsprechende Anwendung von § 10 Abs. 3 an. Im systematischen Umkehrschluss folgt daraus, dass die Einschränkungsgründe des § 10 Abs. 2 gerade nicht auf das Einsichtnahmerecht des Betroffenen anzuwenden sind. Dies ist auch konsequent, da das Einsichtnahmerecht neben dem Auskunftsrecht besteht und beide Rechte unter denselben (privilegierten) Voraussetzungen zu realisieren sind.

IV. Ansprüche Angehöriger (Abs. 2)

23 § 14 Abs. 2 erstreckt die Betroffenenrechte auf die Angehörigen eines Betroffenen nach dessen Tod. Die Regelung ist an § 15 Abs. 1 und 5 StUG angelehnt.[33] Angehörige sind **Ehegatten**, **Lebenspartner** sowie **Kinder**, **Enkelkinder**, **Großeltern**, **Eltern** und **Geschwister** der Betroffenen (§ 1 Nr. 1). Die Aufzählung ist zwar abschließend, soll aber keine Rangfolge der Auskunftsansprüche festlegen, so dass alle Auskunftsberechtigten gleichwertige Zugangsrechte haben, die nebeneinander und unabhängig voneinander geltend gemacht werden können.[34]

24 Durch die Regelung wird dem postmortalen Persönlichkeitsrecht des Betroffenen Rechnung getragen.[35] Bei der Antragstellung ist nicht erforderlich, die Betroffeneneigenschaft des Verstorbenen darzulegen, sondern es genügen Vermutungen, die ein Auffinden mit vertretbarem Verwaltungsaufwand ermöglichen.

25 Angehörige müssen ein **berechtigtes Interesse** geltend machen. Der Begriff des berechtigten Interesses ist – wie bei datenschutzrechtlichen Vorschriften, zB bei Art. 6 Abs. 1 lit. f) DSGVO[36], üblich – weit auszulegen. Er umfasst neben rechtlichen auch ideelle oder wirtschaftliche Belange. Demnach besteht ein berechtigtes Interesse etwa bei der Klärung des Schicksals eines Verstorbenen oder bei der eigenen Identitätsklärung eines Angehörigen.[37]

26 Dem Auskunfts- und Einsichtnahmerecht der Angehörigen dürfen **keine Ausschlussgründe** entgegenstehen. Insbes. darf sich kein entgegenstehender Wille des Betroffenen aus einer Verfügung oder aus anderen Umständen ergeben, die dieser hinterlassen hat. Der Begriff der **Verfügung** ist entsprechend seiner spezifisch **erbrechtlichen Bedeutung auszulegen.** Mit dem Begriff der Verfügung, wie er im Allgemeinen bürgerlich-rechtlichen Sprachgebrauch außerhalb des Erbrechts anzutreffen ist, hat die Verfügung von Todes wegen nichts zu tun. Eine Verfügung von Todes wegen ist vielmehr

32 VG Mainz 14.9.2016 – 3 K 1021/15.MZ, juris Rn. 30; VGH BW 1.7.2015 – 1 S 802/15, juris Rn. 25; VG Cottbus 19.9.2013 – 1 L 219/13, juris Rn. 25.
33 BT-Drs. 18/9633, 76.
34 BT-Drs. 18/9633, 77.
35 *Becker/Oldenhage*, HK-BArchG, § 4 Rn. 15.
36 Vgl. *Frenzel* in Paal/Pauly DSGVO Art. 6 Rn. 28.
37 BT-Drs. 18/9633, 77.

eine rechtsgeschäftliche Anordnung des Erblassers, die erst mit dessen Tod Wirkung erlangt.[38] Es muss sich demnach um eine Willenserklärung handeln, die darauf ausgerichtet ist, die Auskunfts- und Einsichtnahmerechte der Angehörigen einzuschränken bzw. auszuschließen. In Betracht kommen ausschließlich ein Testament (§§ 2064 ff. BGB, auch ein gemeinschaftliches Testament iSd § 2265 BGB), sowie ein Erbvertrag (§§ 2274 ff. BGB). Derartige Erklärungen sind aus Gründen des postmortalen Persönlichkeitsschutzes als Einschränkungs- bzw. Ausschlussgrund wirksam, der auch bei der Offenbarung sensibler Informationen des Betroffenen im Angehörigenkreis Bedeutung erlangt.[39] Eine Verfügung entfaltet Wirkung bis zum Ablauf der Schutzfrist und der damit einhergehenden Verblassung des postmortalen Persönlichkeitsschutzes nach frühestens 10 Jahren (vgl. § 11 Abs. 2).

27 Ein entgegenstehender Wille des Betroffenen kann sich darüber hinaus auch aus anderen Umständen ergeben, § 14 Abs. 2 aE. Die damit einhergehende Möglichkeit zur Einschränkung bzw. Versagung des Auskunfts- bzw. Einsichtnahmerechts ist ausweislich der Gesetzesbegründung eine eng auszulegende Ausnahmeregelung.[40] Die Gesetzesbegründung lässt insoweit allein „ganz evidente Umstände“ zu, aus denen hervorgeht, dass die Angehörigen und der Betroffene in einem so schlechten Verhältnis standen, dass ein Nutzungsrecht durch diese unter keinen Umständen den Willen des Betroffenen entsprochen hätte.[41] Es kommt hierbei auf die Gesamtumstände des Einzelfalls an.

V. Einschränkungen und Versagungsgründe (Abs. 3)

28 Für die Auskunfts- und Einsichtnahmerechte der Betroffenen und ihrer Angehörigen gelten die Einschränkungsgründe des § 13 Abs. 1 entsprechend. Ausweislich des insoweit eindeutigen Wortlauts können die Rechte nicht aus Gründen des § 13 Abs. 2 eingeschränkt werden.

29 § 14 Abs. 3 verweist ausschließlich zu Zwecken der Einschränkung auf die Gründe des § 13 Abs. 1. Eine Versagung des Auskunfts- und Einsichtnahmerechts ist hiermit nicht begründbar.

30 Die Einschränkung bzw. Versagung der Betroffenenrechte gem. § 14 Abs. 3 Satz 2 steht unter dem Vorbehalt der Verhältnismäßigkeit. Der Einwand des unverhältnismäßigen Verwaltungsaufwands (§ 13 Abs. 2 Nr. 2) ist im Rahmen der Abwägung zu berücksichtigen. Es ist möglich, dass die Einsichtnahme unter Berufung auf § 13 verwehrt wird, während die Möglichkeit einer Auskunftserteilung bestehen bleibt.[42] Eine Einsichtnahme kann dann nicht verwehrt werden, wenn die Möglichkeit besteht, die Informationen durch geschwärzte Kopien oder auf ähnliche Weise zugänglich zu machen.

38 BeckOK BGB/*Müller-Christmann* BGB § 1937 Rn. 3 f.
39 BT-Drs. 18/9633, 77.
40 BT-Drs. 18/9633, 77.
41 BT-Drs. 18/9633, 77.
42 BT-Drs. 18/9633, 77.

VI. Gegendarstellungsanspruch (Abs. 4)

Bestreitet der Betroffene oder sein Angehöriger die Richtigkeit von Unterlagen, steht ihm nach § 14 Abs. 4 ein Gegendarstellungsanspruch zu.[43] Neben dem Schutz der Interessen des Betroffenen dient § 14 Abs. 4 dem öffentlichen Interesse: Durch eine Gegendarstellung wird die Quellenbasis für die Forschung erweitert[44] und eine Beleuchtung historischer Ereignisse aus verschiedenen Blickwinkeln ermöglicht. Ihr Vorhandensein im Archiv liefert der Forschung einen Hinweis auf das Vorliegen eines Interessenkonflikts.[45] 31

§ 14 Abs. 4 entspricht weitgehend **§ 4 Abs. 3 BArchG aF.**[46] Bemerkenswert ist allerdings der ersatzlose Wegfall des vormaligen § 4 Abs. 3 Satz 1 BArchG aF. Dieser sah einen vom Bundesarchiv von Amts wegen vorzunehmenden Vermerk der Unrichtigkeit der Information für solche Fälle vor, in denen das Bundesarchiv von der Unrichtigkeit Kenntnis erlangte.[47] Die Reduktion auf den Gegendarstellungsanspruch beschneidet die Betroffenenrechte. Eine Korrektur unrichtiger Archivdokumente kann nach geltendem Recht nur noch durch ein Gegendarstellungsbegehren des Betroffenen oder dessen Angehörigen erfolgen, wobei das Bundesarchiv in jedem Fall zur Aufnahme der Gegendarstellung verpflichtet ist (§ 14 Abs. 4 Satz 3). 32

Der Betroffene muss die Richtigkeit der Unterlagen bestreiten. Das Bestreiten kann sich allein auf Tatsachenbehauptungen beziehen. 33

Inhaltlich ist der archivrechtliche Gegendarstellungsanspruch den Gegendarstellungsansprüchen der (Landes)Pressegesetze nachgebildet.[48] Die Gegendarstellung muss die bestrittenen Tatsachenbehauptungen bezeichnen. Sie muss aus sich heraus verständlich sein. Den wesentlichen Teil der Gegendarstellung bildet die sog. **Entgegnung**, unter der die eigene Behauptung des Anspruchsberechtigten zu verstehen ist.[49] Die Pressegesetze sehen regelmäßig vor, dass der Umfang der Gegendarstellung angemessen sein muss.[50] Grds. gibt es aber keine starre Obergrenze, sondern der Umfang der Entgegnung bemisst sich nach den Umständen des Einzelfalls. Anders als bei der Veröffentlichung von Gegendarstellungen in Medien verdrängt die archivrechtliche Gegendarstellung, die den Unterlagen hinzuzufügen ist, keine sonstigen kommerziellen Angebote. Insofern ist der Maßstab des Umfangs der archivrechtlichen Gegendarstellung noch großzügiger anzusetzen. 34

---

43 Ein inhaltsgleicher Anspruch ergibt sich auch aus § 28 Abs. 3 S. 2, 3 BDSG, gegenüber dem § 14 Abs. 4 allerdings aus Spezialitätsgründen vorrangig ist (vgl. hierzu → Rn. 6). Dasselbe gilt für das Verhältnis von § 14 zum durch § 28 Abs. 3 S. 1 BDSG als Bereichsausnahme geregelten Rechts auf Berichtigung aus Art. 16 DSGVO.
44 *Becker/Oldenhage*, HK-BArchG, § 4 Rn. 12.
45 *Manegold*, S. 321 (zur aF).
46 BT-Drs. 18/9633, 78.
47 Vgl. zum § 4 Abs. 3 S. 1 aF *Becker/Oldenhage*, HK-BArchG, § 4 Rn. 10.
48 *Manegold*, S. 321; ausf. zu den materiellen Anforderungen von Gegendarstellungsansprüchen *Seitz*, Der Gegendarstellungsanspruch, S. 84 ff.
49 *Seitz*, S. 88.
50 *Seitz*, S. 88.

35 Im Unterschied zu den meisten presserechtlichen Gegendarstellungsansprüchen statuiert § 14 Abs. 4 Satz 1 kein Erfordernis eines berechtigten Interesses des Betroffenen für die Gegendarstellung. Für Angehörige ordnet § 14 Abs. 4 Satz 2 dagegen ein berechtigtes Interesse ausdrücklich an. Gleichwohl ergibt sich auch für den Gegendarstellungsanspruch des Betroffenen eine **Rechtsmissbrauchsgrenze.** Dies folgt aus einem allgemeinen Rechtsgedanken, der auch im Rahmen der Rspr. zu Pressegesetzen Anwendung findet, wenn diese Gesetze ein berechtigtes Interesse zwar nicht verlangen[51], eine unzulässige Rechtsausübung aber dennoch eindeutig festzustellen ist.[52] Ein berechtigtes Interesse wird regelmäßig bereits allein aufgrund der Tatsache anzunehmen sein, dass die Unterlagen Informationen über den Betroffenen enthalten.[53] Die Darlegungs- und Beweislast trägt der Betroffene bzw. der Angehörige als Antragsteller. Es gilt der allgemeine Grundsatz, wonach der Antragsteller die für ihn günstigen tatbestandlichen Voraussetzungen dartun und ggf. glaubhaft machen muss. Das Bundesarchiv trägt als Anspruchsgegner dagegen die Darlegungslast für Einwendungen und Einreden. Das Fehlen eines berechtigten Interesses ist als Einwendung in diesem Sinne zu verstehen.[54]

36 Eine Gegendarstellung kann auch nach dem Tod des Betroffenen von den **Angehörigen** zur Wahrnehmung postmortaler Persönlichkeitsrechte geltend gemacht werden, wenn diese ein berechtigtes Interesse nachweisen. Die Neufassung des BArchG korrigiert insoweit zutreffend die frühere Systemwidrigkeit, wonach allein die Erben ein Gegendarstellungsrecht besaßen. Nach der Rechtsprechung des BGH ist aber nur die Wahrnehmung fortwirkender Persönlichkeitsrechte durch nahe Angehörige anerkannt.[55] Jeder Angehörige ist für sich dazu berechtigt, eine Gegendarstellung zu verfassen. Eine vorherige Herbeiführung einer Einigung bedarf es ausweislich der Gesetzesbegründung nicht.[56]

37 Das Bundesarchiv ist verpflichtet, die **Gegendarstellung** den Unterlagen **hinzuzufügen** (§ 14 Abs. 4 Satz 3). Hierzu ist die erforderliche sachliche Verknüpfung zwischen der angegriffenen Tatsachenbehauptung und der dazu ergangenen Gegendarstellung herzustellen. Die Verknüpfung erlangt eine dahin gehende Gestaltung, dass die angegriffene Unterlage nur zusammen mit der Gegendarstellung wahrnehmbar ist.[57] Die Gegendarstellung erfolgt **kostenfrei.**

---

51 OLG München 20.9.1976, ArchPR 1976, 45; OLG München 13.3.1998, AfP 1998, 515 (517); OLG München 20.1.1999, NJW-RR 2000, 319 (320); *Seitz*, S. 101.

52 So für die pressrechtlichen Gegendarstellungsansprüche OLG München 17.11.2000, AfP 2001, 132.

53 *Seitz*, S. 102.

54 So für die presserechtlichen Gegendarstellungsansprüche OLG München 13.3.1998, AfP 1998, 515; OLG Naumburg 25.1.2006, AfP 2006, 464.

55 BGH 20.3.1968 – I ZR 44/66, BGHZ 50, 133, (140); BGH 20.3.1992 – V ZB 7/92, 117, 384 (390).

56 BT-Drs. 18/9633, 78.

57 Allg. Gedanke, vgl. zB § 56 Abs. 1 S. 2 RStV; *Seitz*, S. 217 am Bsp. von Online-Gegendarstellungen.

VII. Anwendbarkeit der Betroffenenrechte auf Unterlagen iSd § 11 Abs. 6

Anders als bei §§ 10, 12 und 13 sieht § 11 Abs. 6 die entsprechende Anwendung von § 14 für Unterlagen, die älter als 30 Jahre sind und noch der Verfügungsgewalt der öffentlichen Stellen des Bundes unterliegen, nicht ausdrücklich vor. Ein Ausschluss der Betroffenenrechte erscheint jedoch systemwidrig. Unterlagen iSd § 11 Abs. 6 wurden bislang lediglich noch nicht dem Bundesarchiv übermittelt. Deshalb ist nicht ersichtlich, warum die Betroffenenrechte in dieser Konstellation weniger schützenswert sein sollen. Die entsprechende Anwendung des Einsichtsrechts nach § 10, das für Jedermann gilt, wird in § 11 Abs. 6 ausdrücklich angeordnet. Die Betroffenenrechte sind eigens in § 14 normiert und damit aber gegenüber den für Jedermann geltenden Rechten privilegiert. Diese Privilegierung wird untergraben, wenn § 14 im Gegensatz zu § 10 nicht auf Unterlagen iSd § 11 Abs. 6 Anwendung findet. Auch kann ein Ausschluss des § 14 aus datenschutzrechtlichen Erwägungen nicht überzeugen. Der Betroffene muss einen Anspruch auf Auskunft und Einsichtnahme in seine personenbezogenen Daten auch für solche Unterlagen haben, die sich noch nicht im Archivgut befinden, aber für welche der archivrechtliche Einsichtnahmeanspruch aus § 10 entsprechend gilt. Um die privilegierte Stellung des Betroffenen, die das Grundrecht auf informationelle Selbstbestimmung auch in seiner einfach-rechtlichen Ausprägung in § 14 schützt, gleichermaßen für Unterlagen iSd § 11 Abs. 6 sicherzustellen, erscheint es sachgerecht, § 14 jedenfalls entsprechend auf Unterlagen des § 11 Abs. 6 anzuwenden oder ggf. die Auskunfts- und Einsichtnahmerechte aus allgemeinen datenschutzrechtlichen Bestimmungen dort, wo sie hinter den archivrechtlichen Anforderungen zurückbleiben, im Lichte des § 14 auszulegen und anzuwenden. 38

§ 15 Nutzung von Archivgut des Bundes durch die abgebenden Stellen

(1) [1]Die abgebenden Stellen und ihre Rechts- oder Funktionsnachfolger haben gegen Ersatz der Auslagen im Bundesarchiv jederzeit gebührenfreien Zugang zu Archivgut des Bundes, das sie abgegeben haben, wenn sie dieses zur Erfüllung ihrer Aufgaben benötigen. [2]In Ausnahmefällen wird der Zugang bei der abgebenden Stelle gewährt.

(2) [1]Das Nutzungsrecht nach Absatz 1 ist nicht auf Unterlagen mit personenbezogenen Informationen anzuwenden, die vor einer Vernichtung oder Löschung an das Bundesarchiv abgegeben worden sind. [2]In diesen Fällen besteht das Zugangsrecht nur nach Maßgabe der §§ 10 bis 13, jedoch nicht zu dem Zweck, zu welchem die personenbezogenen Daten ursprünglich gespeichert worden sind.

Literatur

Granier, Gerhard, Zur Abhandlung von A. Freys, Das Recht der Nutzung und des Unterhalts von Archiven, Der Archivar 1991, 353; *Heydenreuter, Reinhard*, Literaturbericht zu Alexander F.J. Freys „Das Recht der Nutzung und des Unterhalts von Archiven", 1989, Der Archivar 1990, 445; *Jaroschka, Walter*, Die Aufgaben der Archive in unserer Zeit, Der Archivar 1987, 21

I. Allgemeines

1 § 15 ist neu im BArchG. Er ist zum einen der weitere Versuch, die abgebenden Stellen zur Abgabe zu motivieren und zum anderen, den Anforderungen der Datenschutzgrundverordnung (DSGVO) gerecht zu werden. In einem früheren Entwurf des Gesetzes gab es schon einmal den Versuch, einen Rückgriff der abgebenden Stelle auf ihr Schriftgut normativ festzulegen, was dann aber wieder gestrichen wurde.[1] Dagegen sahen schon alle Landesarchivgesetze vor der Novellierung des BArchG Sondervorschriften für die **Nutzung von Archivgut durch die abgebende Stelle** vor.[2] Diese Vorschriften erscheinen zweckmäßig, da die Behörden sonst vor dem Problem stünden, dass alle Akten, die nicht mehr aktuell benötigt werden und die sie selbst aus Platzgründen nicht aufbewahren können, an die Zwischenar-

1 *Granier* Der Archivar 1991, 353 (355).
2 § 6 Abs. 5 LArchG BW; Art. 10 Abs. 5 BayArchG; § 8 Abs. 7 ArchGBln; § 7 BbgArchivG; § 6 BremArchivG; § 5 Abs. 8 HmbArchG; § 13 Abs. 4 HessArchivG; § 10 Abs. 2 LArchivG MV; § 5 Abs. 7 NdsArchG; § 6 Abs. 4 ArchivG NRW; § 3 Abs. 5 LArchG RhPf; § 10 SaarlArchG; § 10 Abs. 3 SächsArchivG; § 10 Abs. 6 ArchG LSA; § 9 Abs. 4 Nr. 2 LArchG ShlH; § 17 Abs. 4 ThürArchivG.

chive abgegeben werden müssten, um eine Rückgriffsmöglichkeit zu gewährleisten.[3]

II. Zugangsanspruch der abgebenden Stelle (Abs. 1)

1. Erklärung

Es handelt sich hier um eine Vorschrift, die die Nutzung von Archivgut 2 durch diejenige Stelle bestimmt, bei der es entstanden ist (abgebende Stelle). Auf **Zwischenarchivgut** ist ein Rückgriff der abgebenden Stelle jederzeit möglich.[4] Damit ist eine Anwendung des § 15 für Zwischenarchivgut nicht notwendig. Die Nutzungsmöglichkeit von Archivgut für die abgebenden Stellen soll die Kontinuität der Verwaltung garantieren und es den Behörden erleichtern, die Unterlagen regelmäßig und rechtzeitig abzugeben. [5]

Der **Nutzungszugang der abgebenden Behörde** zu ihren ehemaligen Schrift- 3 stücken stellt sich nicht einfach als eine Entnahme aus der Registratur dar, sondern es handelt sich im Lichte der informationellen Selbstbestimmung um einen rechtlich beachtenswerten Vorgang, bei dem ein Transfer von Informationen zwischen unterschiedlichen Verwaltungsträgern stattfindet.[6] Das BVerfG hat geurteilt, dass es einen amtshilfefesten Schutz für die Weitergabe und Verwertung von personenbezogenen Daten geben muss, der sich allerdings nur gegen die Zweckentfremdung der personenbezogenen Daten richtet. [7] Damit ist eine Nutzung von Archivgut, das personenbezogene Daten beinhaltet, durch die abgebende Stelle grds. möglich, denn dort wurden die Angaben zur Durchführung der Aufgaben der jeweiligen abgebenden Stelle ursprünglich erhoben.[8] Auch wenn die abgebende Stelle vielleicht voreilig gehandelt hat, indem sie die Schriftstücke zu früh dem zuständigen Archiv übergeben hat, kann auch bei Einsicht eine zweckentsprechende Nutzung stattfinden.[9]

Es gab Stimmen, die die Aufbewahrung in Archiven als einen simplen Er- 4 satz einer Registraturverwahrung angesehen haben.[10] Aber die **Aufgaben eines Archivs und einer Registratur** unterscheiden sich wesentlich voneinander. So können die Schriftstücke zB zwar dauerhaft in einem Archiv, aber nicht in einer Behördenregistratur verwahrt werden.[11] Auch stellen die Archive gegenüber den Behördenregistraturen ein „aliud" dar, denn das Archivgut erfährt eine Aufwertung durch die Umwidmung in Kulturgut, die sich auf die datenschutzrechtliche Beurteilung auswirkt.[12]

---

3 *Granier* Der Archivar 1991, 353 (355).
4 https://www.bundesarchiv.de/DE/Content/Downloads/Anbieten/zwarch-allginf-aufgaben-zwArch-september2017.pdf?_blob=publicationFile, eingesehen am 9.4.2018.
5 *Nadler*, S. 161.
6 *Nadler*, S. 163.
7 BVerfG 15.12.1983 – 1 BvR 209/83, 1 BvR 269/83, 1 BvR 362/83, 1 BvR 420/83, 1 BvR 440/83, 1 BvR 484/83, BVerfGE 65, 1 (46).
8 *Nadler*, S. 164.
9 *Nadler*, S. 164.
10 *Granier* Der Archivar 1991, 353 (354).
11 *Nadler*, S. 163.
12 *Jaroschka* Der Archivar 1987, 19 (22).

5 Vor der Entstehung des § 15 wurde dieses Verfahren der Amtshilfe auf der Grundlage von Art. 35 Abs. 1 GG gewährt. Dies war umstritten.[13] Durch die Einfügung des § 15 in das BArchG ist diese Problematik nicht mehr gegeben. Jedoch darf die abgebende Stelle an dem Archivgut keine nachträglichen Änderungen vornehmen und sie darf die Unterlagen auch nicht wieder in ihre Behörde eingliedern.[14]

2. Voraussetzungen

6 Für die Nutzung von Archivgut nach § 15 Abs. 1 gibt es nur eine Voraussetzung, nämlich die **Nutzung muss zur Aufgabenerfüllung der abgebenden Stelle erforderlich sein.** Ansonsten sind keine Zugangsbeschränkungen vorhanden. Die Nutzung durch die abgebende Stelle erfolgt grds. im Bundesarchiv, damit das Archivgut im vorhandenen Zustand erhalten bleibt.[15]

7 Zu **elektronischem Archivgut** soll den abgebenden Stellen durch das Bundesarchiv die Gelegenheit eines **„lesenden Zugriffs“** gewährt werden.[16]

3. Auslagen

8 Der Zugang nach § 15 ist für die abgebende Stelle **gebührenfrei**, jedoch müssen anfallende Auslagen ersetzt werden.[17]

4. Rechts- und Funktionsnachfolger

9 Das **Recht zur Nutzung wird hier erweitert auf die Rechts- und Funktionsnachfolger.** Es gibt praxisrelevante Fälle, bei denen sich die Zuständigkeit einzelner Ressorts verschiebt oder sich die Rechtsform der abgebenden Stelle ändert.

a) Funktionsnachfolger

10 Eine **Funktionsnachfolge** bedeutet, dass ein Ressort einem bestimmten Tätigkeitsbereich zugeordnet war und während dieser Zeit Unterlagen an das Bundesarchiv abgegeben hat, dieser Tätigkeitsbereich aber dann von einem anderen Ressort übernommen wird. Auch das neu zuständige Ressort soll die Möglichkeit haben, die Unterlagen bei Bedarf einzusehen, wenn die Aufgabe dies verlangt, die Nutzung soll nicht vereitelt werden dürfen, nur weil ein anderes Ressort einmal abgebende Stelle war.[18]

b) Rechtsnachfolger

11 Ein Beispiel für einen **Rechtsnachfolger** ist die Privatisierung der Deutschen Bundespost. In diesem Fall wurde die Rechtsform geändert, jedoch sollen auch die Unternehmen Deutsche Post AG, Deutsche Telekom AG und

13 So *Heydenreuter* Der Archivar 1990, 445, mit Bezugnahme auf *A. Freys*, Das Recht der Nutzung und des Unterhalts von Archiven.
14 BT-Drs. 18/9633, 79.
15 BT-Drs. 18/9633, 79.
16 BT-Drs. 18/9633, 79.
17 BT-Drs. 18/9633, 80.
18 BT-Drs. 18/9633, 81.

Deutsche Postbank AG auf die Unterlagen ihrer Rechtsvorgängerin beim Bundesarchiv zurückgreifen können.[19]

5. Ausnahmefälle (Satz 2)

Eine **Aushändigung des Archivguts** ist nicht wünschenswert, denn die Erhaltung könnte gefährdet sein oder das Archivgut könnte anderen Nutzern zu lange entzogen werden; eine **Einsichtnahme vor Ort** im Bundesarchiv ist in der Regel die Lösung.[20] § 15 Abs. 1 Satz 2 erlaubt Ausnahmefälle in engem Umfang in Form einer **zeitlich befristeten Rückausleihe** in folgenden Fällen: 12

- für das Prüfverfahren bei Verschlusssachen im Rahmen der Umsetzung von § 9 VSA (Verschlusssachenanweisung)
- im Prüfverfahren auf Ermöglichung einer Schutzfristverkürzung
- in „historischen Sonderfällen“, sofern Archivgut betroffen ist, das aus den Unterlagen hervorgegangen ist, die zum Zeitpunkt der Abgabe an das Bundesarchiv in der laufenden Verwaltung nicht mehr benötigt wurden, aufgrund unvorhersehbarer politischer Entwicklungen und sich daraus ergebender neuer Aufgabenwahrnehmung jedoch wieder in gerichtliche oder verwaltungsinterne Entscheidungsprozesse eingebunden werden müssen.

Die Möglichkeit der Rückausleihe ist in diesen Fällen begrenzt auf den Zeitpunkt des endgültigen Abschlusses der betreffenden Aufgabenwahrnehmung.[21]

III. Ausnahme bei personenbezogenen Daten (Abs. 2)

Mit § 15 Abs. 2 soll vermieden werden, dass die abgebende Stelle über den Umweg des Bundesarchivs einen **gesetzeswidrigen Zugriff auf Archivgut mit personenbezogenen Daten** erhält, das vor seiner Kassierung aufgrund gesetzlicher Vorschriften ersatzweise an das Bundesarchiv übergeben werden durfte.[22] Die **ersatzweise Übergabe der personenbezogenen Daten**, die eigentlich gelöscht bzw. vernichtet werden müssten, ist möglich, wenn den Unterlagen **bleibender Wert** nach § 1 Nr. 10 zukommt. Im datenschutzrechtlichen Zusammenhang ist dabei auf Art. 17 Abs. 3 lit. d) EU-Datenschutzverordnung zu verweisen, wonach es in der Sache möglich ist, personenbezogene Daten, die eigentlich gelöscht werden sollten, dem Bundesarchiv anzubieten und, bei vorhandenem bleibendem Wert, zu übergeben. Ohne die Archivierung stünden diese Schriftstücke den abgebenden Stellen ohnehin nicht mehr zur Verfügung. 13

19 BT-Drs. 18/9633, 79.
20 BT-Drs. 18/9633, 79.
21 BT-Drs. 18/9633, 80.
22 BT-Drs. 18/9633, 80.

§ 16 Übermittlung von Vervielfältigungen von Archivgut des Bundes vor Ablauf der Schutzfristen

(1) Das Bundesarchiv kann Archiven, Bibliotheken und Museen sowie Forschungs- und Dokumentationsstellen Vervielfältigungen von Archivgut des Bundes vor Ablauf der Schutzfristen übermitteln, wenn ein besonderes öffentliches Interesse besteht, dass ihnen dieses Archivgut zur Wahrnehmung ihrer jeweiligen Aufgaben zur Verfügung steht; § 12 Absatz 4 ist entsprechend anzuwenden.

(2) Die Vervielfältigung und die Übermittlung von Unterlagen mit personenbezogenen Informationen sind nur zulässig, wenn

1. die empfangende Stelle ausreichend Gewähr für die Wahrung schutzwürdiger Interessen Betroffener und der Ausübung der damit verbundenen Rechte bietet und
2. die empfangende Stelle sich in einer schriftlichen Vereinbarung mit dem Bundesarchiv verpflichtet, § 6 Absatz 3 und die §§ 11 bis 14 entsprechend anzuwenden und die Unterlagen nur für eigene Zwecke zu nutzen.

(3) Der Vervielfältigung und Übermittlung dürfen andere Rechtsvorschriften nicht entgegenstehen.

Literatur

Henke, Josef, Das Schicksal deutscher zeitgeschichtlicher Quellen in Kriegs- und Nachkriegszeit, Beschlagnahme-Rückforderung-Verbleib, VfZ 4/1982, 557; *Heydenreuther, Reinhard*, Urheberrecht und Archivwesen, Der Archivar 1988, 397; *Wiech, Martina*, Vom Archivgesetz bis zur Lesesaalordnung. Neue Archiv- und Nutzungsrechtliche Bestimmungen im Landesarchiv NRW, Der Archivar 2011, 110

I. Allgemeines

1 § 16 wurde neu ins BArchG eingefügt. Im BArchG aF gab es keine Regelung, um die **Vervielfältigungen umfassender Archivgutbestände an andere Einrichtungen abzugeben.** Der Grund für die Einfügung ist, dass damit die wissenschaftliche Forschung anderer Einrichtungen unterstützt und ermöglicht werden soll.[1] Gerade weil **Archivgut auch Kulturgut** ist, dient die Norm dazu, den Kulturauftrag der Bundesrepublik zu bedienen und das Ansehen Deutschlands im Ausland zu stärken.

2 Im Besonderen erfährt **Archivgut aus der nationalsozialistischen Zeit Deutschlands** auch im Ausland Interesse. So sind in der Praxis schon Reproduktionen zur nationalsozialistischen Geschichte für Einrichtungen zur Verfügung gestellt worden, die der Erforschung des Holocaust in besonde-

1 BT-Drs. 18/9633, 81.

rer Weise dienen, wie zB der **Gedenkstätte Yad Vashem in Israel** oder dem **United States Holocaust Memorial Museum in Washington.**[2] Mit § 16 wird somit auch die „Wichtigkeit des interkulturellen Austauschs und der Aufarbeitung gemeinsamer Geschichte“[3] zum Ausdruck gebracht. Damit kommt Deutschland teilweise seiner völkerrechtlichen Verpflichtung gegenüber den USA nach.[4] Die nach dem Krieg von den Siegermächten beschlagnahmten Akten, die zum Teil schon in amerikanische Archive eingegliedert worden waren, wurden von den USA nur unter der Bedingung an die damalige Bundesrepublik herausgegeben, dass sie der Öffentlichkeit zugänglich blieben.[5] In einem Brief des damaligen Staatssekretärs des Auswärtigen Amtes *Walter Hallstein* heißt es: „Die Bundesregierung möchte bei dieser Gelegenheit ihre wiederholt abgegebene Erklärung erneuern, dass sie die zurückgegebenen Akten in archivarisch ordnungsgemäßer Weise aufbewahren und in- und ausländischen Gelehrten jederzeit Einsicht in die Akten gewähren wird“.[6]

Es handelt sich um die gesetzliche Ausgestaltung der sog. **„Yad-Vashem Regelung“** für das Bundesarchiv.[7] Das Land Nordrhein-Westfalen hatte 2004 eine Vereinbarung mit der Gedenkstätte Yad Vashem in Jerusalem, in deren Rahmen Kopien von Mikrofilmen zum Schicksal verfolgter Personen während des NS-Regimes weitergegeben wurden, was den Anlass schuf, den § 7 Abs. 7 in das ArchivG NRW einzugliedern[8], der dem § 16 gleicht. 3

Bei der Übermittlung an die oben genannten Einrichtungen handelt es sich ausschließlich um **Reproduktionen**, da **Archivgut des Bundes** gem. § 9 **unveräußerlich** ist. 4

In den Landesarchivgesetzen haben nur die Länder Bremen, Hessen, Nordrhein-Westfalen und Sachsen ähnliche Regelungen.[9] Es bleibt abzuwarten, ob die Regelung angesichts des durch die DSGVO verabsolutierten Datenschutz tatsächlich hilft. Dies wird erst dann der Fall sein, wenn Beamte und Archivare von Personen, die dem NS- oder SED-Regime geholfen haben, als nicht vom Datenschutz erfasst ansehen. Die hat hier wegweisende Urteile gefällt.[10] 5

2 BT-Drs. 18/9633, 81.
3 *Hoeren/Dreyer*, Interkultureller Austausch von Archivgut, https://www.uni-muenster.de/Jura.itm/hoeren/itm/wp-content/uploads/Hoeren-Dreyer-Interkultureller-Austausch-von-Archivgut.pdf, eingesehen am 10.4.2018.
4 *Henke* VfZ 4/1982, 557 (601).
5 *Henke* VfZ 4/1982, 557 (593).
6 Schreiben des Staatssekretärs *Hallstein* vom 14.3.1956, sowie Annahme durch US Botschafter *Dowling*, abgedruckt in *Henke* VfZ 4/1982, 557 (594, 595).
7 *Wiech* Der Archivar 2011, 110 (116).
8 *Hoeren/Dreyer*, Interkultureller Austausch von Archivgut, https://www.uni-muenster.de/Jura.itm/hoeren/itm/wp-content/uploads/Hoeren-Dreyer-Interkultureller-Austausch-von-Archivgut.pdf, eingesehen am 10.4.2018.
9 § 8 BremArchivG; § 16 HessArchivG; § 7 Abs. 7 ArchivG NRW; § 11 SächsArchivG.
10 BVerfG 21.9.2016 – 6 A 8/14, Rn. 15 (Verbindung d. BND zu Journalisten); OVG NRW 5.5.2017 – 15 A 1578/15, Rn. 131 ff. (Akte Mundlos beim BMVG); BVerfG 29.6.2017 – 7 C 24/15, Rn. 53 (Nazis beim BMVEL).

II. Ermächtigung zur Herstellung von Vervielfältigungen (Abs. 1)

1. Anwendungsbereich

6 Die Norm bezieht sich nicht auf die Reprografie für normale Benutzer, sondern schränkt den Anwendungsbereich konkret auf **Archive, Bibliotheken, Museen, Forschungs- und Dokumentationsstellen** ein. Hierbei handelt es sich um **Kultur- und Bildungseinrichtungen**, die auch in anderen Gesetzen häufig zusammen genannt werden.[11] Die Übermittlung von Vervielfältigungen muss zur Wahrnehmung der Aufgaben der jeweiligen Einrichtung dienen.

2. Besonderes öffentliches Interesse

7 Der Begriff des **öffentlichen Interesses** ist ein von der Rechtsprechung auszufüllender unbestimmter Rechtsbegriff.[12] Dieser lässt sich nicht in allgemeingültiger Weise erklären, denn wie jede Generalklausel ist er dem Wandel der Zeit unterworfen.[13] Dh, er ist im jeweiligen Rechtsgebiet nach dem materiellen Recht zu beurteilen und auszulegen. Im „pluralistischen Staatswesen der Gegenwart" wird dabei immer wieder kontrovers diskutiert, was zum öffentlichen Interesse gehört.[14] Ausschlaggebend ist dabei in erster Linie das Grundgesetz, außerdem sind aufgrund der Menschenwürde, Art. 1 Abs. 1 GG, bei der Verfolgung öffentlicher Interessen, auch die Interessen Einzelner zu beachten.[15]

8 Eine Definition, allerdings dort des überwiegenden öffentlichen Interesses, ist in § 9 Abs. 5 ArchG Berlin zu finden. Gemäß diesem besteht ein **überwiegendes öffentliches Interesse** an der Nutzung von Archivgut vor Ablauf der Schutzfristen, wenn die Person oder der historische Vorgang, auf die oder den in dem geschützten Archivgut Bezug genommen wird, von besonderer oder exemplarischer Bedeutung für die Erforschung der Geschichte oder das Verständnis der Gegenwart ist.

9 Nach dem Wirtschaftslexikon handelt sich um einen vor allem im Verwaltungsrecht und auch im Strafrecht gebrauchten Begriff, der die Belange der Allgemeinheit gegenüber Individualinteressen kennzeichnen soll. Die Voraussetzungen des öffentlichen Interesses im Einzelfall lassen sich nur aus einer Gesamtschau von Sinn und Zweck der jeweiligen gesetzlichen Regelung gewinnen. Das öffentliche Interesse ist ein unbestimmter Rechtsbegriff, dessen Voraussetzungen im Streitfall **gerichtlich überprüft** werden können.[16]

10 Im Rahmen des § 16 besteht das öffentliche Interesse darin, die **Forschungsfreiheit** aus Art. 5 Abs. 3 GG zu gewährleisten. Ebenso ist die **Informationsfreiheit** aus Art. 5 Abs. 1 Satz 1 Hs. 2 GG vom öffentlichen Interesse erfasst. Denn die Zugänglichkeit von Informationen zur öffentlichen Meinungsbildung entspringt dem Demokratieprinzip aus Art. 20 Abs. 2

---

11 S. zB § 60 f. UrhG; § 1 Abs. 2 Nr. 7 IWG.
12 Für das PatG BGH 5.12.1995 – X ZR 26/92, juris Rn. 44.
13 Für das PatG BGH 5.12.1995 – X ZR 26/92, juris Rn. 45.
14 *Maurer/Waldhoff* AllgVerwR § 1 Rn. 10.
15 *Maurer/Waldhoff* AllgVerwR § 1 Rn. 10.
16 https://wirtschaftslexikon.gabler.de/definition/oeffentliches-interesse-43298, eingesehen am 11.4.2018.

GG.[17] Im Falle der Gedenkstätten im Ausland besteht das öffentliche Interesse in der Aufarbeitung der NS-Vergangenheit und in der Kooperationsbereitschaft Deutschlands, daran mitzuwirken.

3. Einwilligung der abgebenden Stelle

Außerdem ist § 12 Abs. 4 zu beachten, nachdem bei einer Verkürzung der Schutzfrist die **Einwilligung der abgebenden Stelle** einzuholen ist. Entbehrlich ist die Einwilligung nach § 12 Abs. 4, soweit dies durch eine vorherige allgemeine Vereinbarung mit der abgebenden Stelle festgelegt worden ist. Auf die Einwilligung der abgebenden Stelle hätte hier durchaus verzichtet werden können, um dem Bundesarchiv die Abwägung zu überlassen[18], zumal die empfangende Stelle Gewähr für die Wahrung schutzwürdiger Interessen Betroffener bieten muss, § 16 Abs. 2 Nr. 1, und sich verpflichten muss, § 6 Abs. 3 und §§ 11–14 anzuwenden und die Unterlagen nur für eigene Zwecke zu benutzen, § 16 Abs. 2 Nr. 2. 11

III. Einwilligung der anderen Stelle (Abs. 2)

§ 16 Abs. 2 schafft eine gesetzliche Regelung für den Fall, dass **durch Vervielfältigung die Übermittlung und die Benutzung personenbezogener Daten vor Ablauf der Schutzfristen** an die in Abs. 1 genannten Stellen erfolgen soll. Diese hat bisher gefehlt. Die Vervielfältigung und die Übermittlung sind dabei an eng definierte Umstände gebunden. 12

Eine Voraussetzung für die Überlassung von Reproduktionen vor Ablauf der Schutzfristen ist eine **schriftliche Vereinbarung mit dem Bundesarchiv**. Der Begriff der Betroffenen ist geregelt in § 1 Nr. 3. Schutzwürdige Interessen sind solche iSd § 13 Abs. 1 Nr. 2. 13

Da § 16 die starren Schutzfristen des § 11 aufweicht, ist bei Archivgut mit personenbezogenen Daten zu garantieren, dass bei einer Benutzung in den Einrichtungen durch Dritte § 6 Abs. 3 und die §§ 11–14 beachtet werden. Außerdem sollen sich die empfangenden Stellen verpflichten, die betreffenden Unterlagen nicht an andere Stellen weiterzugeben.[19] 14

Verträge mit dem Ausland könnten **datenschutzrechtlich bedenklich** sein. Im Fall der Gedenkstätte Yad Vashem in Jerusalem war dies unproblematisch, da Israels Datenschutz europäischem Standard entspricht; genauso unproblematisch waren 2012 die Vereinbarungen mit der Fondazione Museo della Shoa in Rom und der Mauthausen-Gedenkstätte in Wien, bei denen es sich um EU-Mitgliedstaaten handelt.[20] Auch Museen und Gedenkstätten der USA versuchen immer wieder, an Überlassung von Reproduktionen von Archivgut der NS-Zeit zu kommen, aber Verträge mit den USA sind datenschutzrechtlich problematischer, da dort der Datenschutz nicht 15

17 BVerfG 24.1.2001 – 1 BvR 2623/95 – 1 BvR 622/99, juris Rn. 72.
18 So auch Entschließungsantrag, BT-Drs. 18/10890, 3.
19 BT-Drs. 18/9633, 81.
20 *Hoeren/Dreyer,* Interkultureller Austausch von Archivgut, https://www.uni-muenster.de/Jura.itm/hoeren/itm/wp-content/uploads/Hoeren-Dreyer-Interkultureller-Austausch-von-Archivgut.pdf, eingesehen am 10.4.2018.

dem europäische Standard entspricht.[21] Dies könnte durch Vereinbarung mit dem US-Archiv erreicht werde, wurde aber bisher unterlassen. Trotzdem erfolgten schon Weitergaben an Stellen in den USA, wie in Washington.[22] Akten werden in den USA als Korrelat zur Steuerzahlungspflicht als grds. öffentlich zugänglich angesehen.[23]

IV. Vorbehalt anderer Vorschriften (Abs. 3)

16 Durch Abs. 3 soll vor allem eine Verletzung möglicher entgegenstehenden **Urheberrechte** vermieden werden.[24] Grds. kann die Nutzung von Archivalien im Rahmen des § 16 erlaubt werden, wenn es sich nicht um Werke iSd Urheberrechts handelt, wenn durch Zeitablauf Urheber- oder verwandte Schutzrechte nicht mehr bestehen, und wenn das Bundesarchiv die Nutzungsrechte an den Archivalien besitzt.[25]

17 Mit der Einschränkung durch Abs. 3 versucht der Gesetzgeber, das Bundesarchiv gegen eventuelle **urheberrechtliche Verstöße** auf Seiten des Benutzers zu schützen, jedoch ist es bei wiederholten Verstößen eines Benutzers gegen das Urheberschutzgesetz trotzdem möglich, auch das Archiv haftbar zu machen.[26] Vom Urheberecht[27] umfasst sind alle Werke nach § 2 UrhG, nicht erfasst sind sog. amtliche Werke nach § 5 UrhG. Bildnisse, sog. Werke der bildenden Künste und der Photographie, sind geregelt im KUG. Sowohl in den §§ 44 a–63 a UrhG als auch in § 23 KUG befinden sich aber wiederum Schranken des Urheberrechts.[28] Allerdings spielen in der Praxis der Archive urheberrechtliche Fragen kaum eine Rolle, da die Verwertung von Archivalien in finanzieller Hinsicht im Allgemeinen nicht besonders interessant ist.[29] Die Verletzung des Urheberrechts kann nur dann zu einer erfolgreichen Klage führen, wenn der Verletzer auch wirklich auf Schadensersatz oder Herausgabe des Gewinns verklagt werden kann.[30]

---

21 *Hoeren/Dreyer*, Interkultureller Austausch von Archivgut, https://www.uni-muenster.de/Jura.itm/hoeren/itm/wp-content/uploads/Hoeren-Dreyer-Interkultureller-Austausch-von-Archivgut.pdf, eingesehen am 10.4.2018.
22 BT-Drs. 18/9633, 81.
23 *Partsch*, Die Freiheit des Zugangs zu Verwaltungsinformationen, S. 104.
24 BT-Drs. 18/9633, 81.
25 *Steiner* in Becker/Rehm, S. 190.
26 *Pickert/Schumann*, Der Archivar im Dschungel der Gesetze, http://docplayer.org/14490708-Der-archivar-im-dschungel-der-gesetze.html, eingesehen am 9.4.2018.
27 S. a. *Hofmann/Rail* FS Hans Booms 1996, 318 ff.
28 *Steinhauer* in Becker/Rehm/Schäfer, S. 221 ff., mwN, seit Novellierung des UrhG durch das UrhWissG werden Archive als schrankenbegünstigte Institution in § 60 f UrhG normiert.
29 *Heydenreuter* Der Archivar 1988, 397 (407).
30 *Heydenreuter* Der Archivar 1988, 397 (407).

§ 17 Pflichtregistrierung für deutsche Kinofilme

(1) [1]Die Hersteller und Mithersteller deutscher Kinofilme haben diese Filme in einer Datenbank beim Bundesarchiv nach Satz 2 zu registrieren. [2]Die Registrierung ist binnen zwölf Monaten nach der ersten öffentlichen Aufführung in einem Kino, auf einem national oder international bedeutsamen Festival, bei einer national oder international bedeutsamen Preisverleihung oder nach einer öffentlichen Auszeichnung bei einer solchen national oder international bedeutsamen Veranstaltung vorzunehmen.

(2) [1]Die Hersteller und Mithersteller von Kinofilmen im Sinne des Absatzes 1 haben bei der Registrierung, spätestens jedoch binnen zwölf Monaten danach beim Bundesarchiv bekannt zu machen, an welchem Ort sich eine technisch einwandfreie archivfähige Kopie des Kinofilms befindet. [2]Änderungen in Bezug auf den Lagerungsort einer Kinofilmkopie sind dem Bundesarchiv unverzüglich mitzuteilen.

(3) Nicht programmfüllende Kinofilme, die eine Vorführdauer von weniger als 79 Minuten oder bei Kinderfilmen von weniger als 59 Minuten haben, sind nur dann zu registrieren, wenn sie entweder öffentlich aufgeführt oder mit öffentlichen Mitteln gefördert worden sind oder eine öffentliche Auszeichnung auf einem national oder international bedeutsamen Festival oder bei einer national oder international bedeutsamen Preisverleihung erhalten haben.

Literatur

Bucher, Peter, Der Film als Quelle, Audiovisuelle Medien in der deutschen Archiv- und Geschichtswissenschaft, Der Archivar 1988, 497; *Heustenberg, Babette,* Die Rolle des Bundesarchivs als Teil der kulturellen Filmförderung. Versuch einer Standortbestimmung, in: Das Bundesarchiv, Forum Ausgabe 2016, 34 ff.; *Hollmann, Michael,* Deutschland in zwei Nachkriegszeiten. Der Einstieg in das Online-Archiv des Bundesarchivs, Der Archivar 2016, 5 ff.; *Horak, Jan-Christopher*, Filmarchive in den Vereinigten Staaten unter Berücksichtigung ihrer deutschen Überlieferung, Der Archivar 1979, 187

I. Regelungsgegenstand

1 § 17 regelt die Pflichtregistrierung für deutsche Kinofilme. Hierbei handelt es sich um eine **Sonderaufgabe** des Bundesarchivs, die ihm kraft Gesetzes im Jahr 2013 erstmals übertragen wurde. Die Registrierungspflicht mag als **Fremdkörper** im BArchG erscheinen. Gleichwohl war der Gesetzgeber bestrebt, das Bundesarchiv im Zuge der Überantwortung der Registrierungsaufgabe zu einem **zentralen deutschen Filmarchiv** zu machen.[1] Ein solches zentrales Filmarchiv sollte als „**Versicherung**" gewährleisten, dass künftig keine Filmwerke verloren gehen. Zutreffend ist, dass die Produktion und

1 BT-Drs. 17/12012, 8.

der Vertrieb von Kinofilmen nicht nur wirtschaftlich zu betrachten sind, sondern Kinofilme zugleich Kulturgüter sind (→ Rn. 2). Vor diesem Hintergrund ist eine Archivierung sinnvoll. Gleichwohl unterscheidet sich die gesetzgeberische Vorstellung des „Filmarchivs" von der Archivierung von Unterlagen nach § 3: Filmhersteller übersenden keine physische Filmkopie an das Bundesarchiv, sondern müssen gem. § 17 Abs. 2 lediglich angeben, an welchem Ort sich eine archivfähige Kopie ihres Films befindet. Das beim Bundesarchiv angesiedelte Filmarchiv besteht daher maßgeblich allein aus der dort geführten **Datenbank** über den Lagerungsort von Filmen, nicht aber aus einem Magazin.[2] Die Datenbank des Filmarchivs wird vom Bundesarchiv redaktionell betreut. Interessierten Besuchern stehen die wesentlichen Informationen zu jedem registrierten Film für eine Suche ohne Anmeldung zur Verfügung.[3]

II. Geschichte

2 Auch Filmquellen sind Zeugnisse menschlichen Lebens, auf denen Forschung aufbaut. Schon kurze Zeit nach der Erfindung des Films zu Beginn des 20. Jahrhunderts gab es vereinzelt Stimmen, die den Film als Quelle einstuften, um den Ablauf historischer Ereignisse widerzuspiegeln und die Menschen in ihrem Handeln zu zeigen.[4] Der Großteil der Historiker in Deutschland lehnte diese Einstellung jedoch ab und sah keine „Erkenntnisfähigkeit" in Filmen.[5] In den USA[6] dagegen wurden Inhaltsangaben von Filmen schon zwischen 1912 und 1942 archiviert[7] und seit den 1980er Jahren hat der Film einen festen Platz im akademischen Bereich. In Deutschland verstanden sich Archive im frühen zwanzigsten Jahrhundert noch als Behördenarchive und lehnten die Registrierung nichtstaatlicher oder gar nichtschriftlicher Quellen konsequent ab.[8] In Westdeutschland wurden vornehmlich in den 1950er Jahren filmische Quellen in den Aufgabenbereich des Bundesarchivs aufgrund archiv- und geschichtswissenschaftlicher Ansprüche miteinbezogen; in der ehemaligen DDR arbeitete das Staatliche Filmarchiv dagegen eher aufgrund künstlerischer Grundlagen. In unserer heutigen Quellenvielfalt kommt dem Medium Film die gleiche Bedeutung zu wie jeder anderen Quelle, unabhängig davon, ob es sich um Dokumentationen, die Wochenschau/Nachrichten oder um Spielfilme handelt.[9]

3 Eine Pflichtregistrierung für deutsche Kinofilme wurde im Jahr 2013 mit § 7 a BArchG aF verabschiedet. Heute ist das Filmarchiv des Bundesarchivs

2 Teilweise sehen allerdings die Filmfördergesetze und -richtlinie des Bundes und der Länder die Abgabe einer Belegkopie an das Bundesarchiv vor.
3 https://pflichtregistrierung-film.bundesarchiv.de/index.htm.
4 *Bucher* Der Archivar 1988, 497 (499) mwN.
5 *Bucher* Der Archivar 1988, 497 (499) mwN.
6 Die bedeutendsten Filmsammlungen finden sich in der „Library of Congress", dem „International Museum of Photography at George Eastman House" und dem „Museum of Modern Art". *Horak* Der Archivar 1979, 187.
7 *Horak* Der Archivar 1979, 187 (187, 188).
8 *Bucher* Der Archivar 1988, 497 (500) mwN.
9 *Bucher* Der Archivar 1988, 497 (524).

eines der größten Filmarchive der Welt.[10] Zuvor gab es in Deutschland lediglich eine **Pflichthinterlegung** für öffentlich geförderte Filme im Rahmen freiwilliger Selbstverpflichtungserklärungen. Hersteller oder Verleiher nach dem FFG geförderter Kinofilme sind (auch heute) gem. **§ 49 FFG** im Grundsatz verpflichtet, der Bundesrepublik Deutschland eine technisch einwandfreie analoge oder unkomprimierte digitale Kopie des Films in einem archivfähigen Format unentgeltlich zu übereignen. Die Pflicht, eine archivfähige Kopie des geförderten Films abzuliefern, dient zum einen als Beleg für den Abschluss des Förderungsverfahrens, zum anderen soll das Archivmaterial als Vergleichsgrundlage für spätere Verfahren dienen. Zudem sollen die Kopien ggf. für wissenschaftlich-filmkundliche Zwecke zur Verfügung gestellt werden.[11] Die grundsätzliche Pflicht der unmittelbaren Übersendung einer Filmkopie ist indes mit Inkrafttreten des neuen BArchG entfallen. Gem. § 49 Abs. 1 Satz 1 FFG kann diese Verpflichtung nunmehr auch anderweitig begründet oder erfüllt werden, insbes. in Form der Pflichtregistrierung nach § 17. § 49 Abs. 1 Satz 3 FFG verweist zur näheren Regelung auf das BArchG.

Die Beschränkung auf das Kriterium der „öffentlichen Förderung" fiel mit Verabschiedung der §§ 7 a, 7 b BArchG aF (heute §§ 17, 18) weg und wurde in diesem Zuge durch die alternativen Voraussetzungen der „öffentlichen Aufführung" (zur begrifflichen Ungenauigkeit → § 1 Rn. 4, 5) bzw. der „Teilnahme an bedeutsamen Festivals bzw. Preisverleihungen" ersetzt (→ § 1 Rn. 15, 24 ff., 29). Die heutige Vorschrift des § 17 entspricht weitestgehend der Struktur der Vorgängernorm. 4

Ausweislich der ursprünglichen Gesetzesbegründung bestand die Zielsetzung für den Aufbau eines Filmarchivs in der „Einführung einer gesetzlichen Regelung zur Sicherung des nationalen Filmerbes".[12] Die politische Forderung nach einer Ausweitung des Schutzniveaus von Filmgut geht bereits auf einen Antrag der Fraktionen CDU/CSU, SPD, FDP und BÜNDNIS 90/DIE GRÜNEN aus der 16. Legislaturperiode zurück[13], in den anschließenden Koalitionsvertrag zwischen CDU/CSU und FDP aus der 17. Legislaturperiode fand die Forderung erneut Eingang[14]. 5

III. Gesetzgebungskompetenzen

Der Bundesgesetzgeber hat seine Regelungskompetenz auf die konkurrierende Gesetzgebungsnorm zur „wissenschaftlichen Forschung" aus **Art. 74 Abs. 1 Nr. 13 GG** gestützt[15] und mit dem hohen öffentlichen Interesse begründet, das deutsche Filmerbe lückenlos zu sichern und dauerhaft für nachfolgende Generationen zu erhalten.[16] Durch den Kompetenztitel 6

---

10 https://www.bundesarchiv.de/DE/Content/Artikel/Anbieten/Film/uebernahme-von-filmen.html.
11 BT-Drs. 8/2108, 27; Nomos-BR/Hertel/Müller/Schapiro FFG § 21 Rn. 2.
12 BT-Drs. 17/12012, 6; zum Umfang des nationalen Filmerbes vgl. *Hollmann* Forum 2016, 5 ff.
13 Vgl. BT-Drs. 16/8504.
14 Koalitionsvertrag zwischen CDU, CSU und FDP, 17. Legislaturperiode, 2009, S. 96.
15 BT-Drs. 17/12012, 6.
16 BT-Drs. 17/12012, 8.

der „wissenschaftlichen Forschung“ kann der Bund ausnahmsweise im kulturellen Bereich zuständig werden, wenngleich hieraus keine Zuständigkeit des Bundes schlechthin für die wissenschaftliche Forschung entspringt.[17] Die Kompetenz ist mehrfach begrenzt: sie darf sich allein auf Vorschriften zur Gesetzgebung über die Förderung der Forschung beziehen. Der Aufbau eines deutschen Filmarchivs in Form einer zentralen Datenbank leistet zum einen einen Beitrag zu wissenschaftlicher Forschung und ist daher grds. vom Kompetenztitel des Art. 74 Abs. 1 Nr. 13 GG erfasst.

7 Nach Art. 74 Abs. 1 Nr. 13 GG iVm Art. 72 Abs. 2 GG bedarf es zum anderen eines zwingenden Erforderlichkeitsnachweises für den Erlass eines Bundesgesetzes. Der Gesetzgeber hat die Erforderlichkeit einer bundesweiten Regelung damit begründet, dass Selbstverpflichtungserklärungen bislang allein für die Filmförderungseinrichtungen von Bund und Ländern bestanden und hier nur für öffentlich geförderte Filme. Deshalb sei eine lückenlose Sicherung des nationalen Filmerbes bisher nicht möglich gewesen. Wegen der hohen kulturellen und gesellschaftlichen Bedeutung des nationalen Filmerbes habe jedoch eine lückenlose Erfassung aller deutschen Kinofilme zu erfolgen, dh auch für Filme, die ohne staatliche Förderung entstehen.[18] Da die Art. 70 ff. GG grds. von der föderalen Rechtsvielfalt ausgehen[19], kommt die Wahrung der Rechtseinheit, dh das Gelten gleicher Rechtsnormen für den gleichen Sachverhalt im gesamten Bundesgebiet, nach der Rechtsprechung des BVerfG[20] allerdings nur dann in Betracht, wenn eine unterschiedliche rechtliche Behandlung erhebliche Rechtsunsicherheiten und damit unzumutbare Behinderungen für den länderübergreifenden Rechtsverkehr erzeugen würde. Hinzu kommt, dass eine bundesweite Regelung im gesamtstaatlichen Interesse zu erfolgen hat. Für diese gelten ebenfalls strenge Anforderungen: Ein gesamtstaatliches Interesse ist einzig dann anzunehmen, wenn es darum geht, die Ordnungs-, Befriedungs- und Steuerungsfunktion des Rechts überhaupt zu gewährleisten oder die Handlungsfähigkeit des Gesamtstaats zu erhalten, weil anderenfalls eine unzumutbare Rechtszersplitterung droht.[21]

8 Die Begründung des Bundesgesetzgebers, eine bundesgesetzliche Regelung sei zur Wahrung der Rechtseinheit im gesamtstaatlichen Interesse iSd Art. 72 Abs. 2 GG erforderlich, da eine Regelungsvielfalt auf der Länderebene eine Rechtszersplitterung zur Folge hätte und daher nicht hingenommen werden könne[22], begegnet **verfassungsrechtlichen Bedenken**. Sie genügt bei genauer Betrachtung nicht den strengen Anforderungen der Erforderlichkeitsklausel, denn durch die Einführung einer Pflichtregistrierung auf Länderebene droht grds. keine unzumutbare Rechtszersplitterung. Jedes Bundesland unterhält ein eigenes Archiv, so dass bereits durch die jeweiligen Landesarchive eine lückenlose Dokumentation sichergestellt wer-

17 Maunz/Dürig GG Art. 74 Rn. 183.
18 BT-Drs. 17/12012, 8.
19 HK-GG/*Schnapauff* GG Art. 72 Rn. 3.
20 BVerfGE 106, 146; 111, 254.
21 HK-GG/*Schnapauff* GG Art. 72 Rn. 3.
22 BT-Drs. 17/12012, 6.

den kann. Nicht-öffentlich geförderte Kinofilme in die Registrierungspflicht einzubeziehen, stellt im Übrigen eine rechtspolitische Entscheidung dar, die ihrerseits in die Ländergesetze Eingang finden kann und nicht im BArchG geregelt werden muss. Anzeichen dafür, dass in den Bundesländern keine lückenlose Erfassung stattfindet, hat der Bundesgesetzgeber nicht dargelegt. Es fehlt zudem an hinreichenden Erfahrungswerten, da eine solche Erfassung in der Vergangenheit nicht angestrebt wurde. Auch können Bund und Länder gem. Art. 91 b Abs. 1 GG ausnahmsweise im Bereich der Förderung der Wissenschaft zusammenwirken, so dass sich über diese Kooperationsmöglichkeit ein zentrales Register umsetzen ließe, das den Gedanken der Rechtsvielfalt nach Art. 70 ff. GG wahrt und zugleich das nationale Filmerbe sichert.

IV. Registrierung (Abs. 1)

1. Hersteller und Mithersteller deutscher Kinofilme

§ 17 Abs. 1 Satz 1 sieht eine Registrierungspflicht ausschließlich für die **Hersteller und Mithersteller** deutscher Kinofilme vor. Zum Begriff des deutschen Kinofilms vgl. die Legaldefinition in § 1 Nr. 4. § 17 Abs. 1 erfasst im Umkehrschluss zu § 17 Abs. 3 programmfüllende Kinofilme mit einer Spiellänge von mindestens 79 Minuten bzw. bei Kinderfilmen von mindestens 59 Minuten. 9

Hersteller ist der Produzent eines Kinofilms, der neben einer natürlichen Person auch eine juristische Person sein kann.[23] An den Begriff des Herstellers werden in § 1 Nr. 4 Hs. 1 nähere Anforderungen aufgestellt. Danach richtet sich die Regelung an Hersteller deutscher Kinofilme mit Wohnsitz, Sitz oder Niederlassung in Deutschland. 10

Mithersteller ist im Falle einer Koproduktion derjenige Hersteller, der seinen Wohnsitz, Sitz oder eine Niederlassung in Deutschland hat, vgl. § 1 Nr. 4 Hs. 2. 11

2. Registrierungsverfahren

Die Pflichtregistrierung erfolgt beim Bundesarchiv. Der Vorgang kann auf der **Homepage des Bundesarchivs**[24] erfolgen. Nach Eröffnung eines Benutzerkontos können die erforderlichen Auskünfte in ein Registrierungsformular eingegeben und dem Bundesarchiv übermittelt werden. Die Angaben müssen eine eindeutige Identifizierung eines Filmwerkes entsprechend des Standards **DIN EN 15907** erlauben. 12

Die Registrierung hat innerhalb von 12 Monaten nach der ersten öffentlichen Aufführung oder nach einer öffentlichen Auszeichnung zu erfolgen. Zum Merkmal der öffentlichen Aufführung in einem Kino, bei einer national oder international bedeutsamen Preisverleihung oder nach einer öffentlichen Auszeichnung bei einer solchen Veranstaltung (→ § 1 Rn. 23 ff.). Im Zuge der Covid 19-Pandemie kam es vor, dass Filme, die ursprünglich zur erstmaligen Aufführung in einem Kino bestimmt waren, ihre Premiere stattdessen in virtuellen Kinos oder bei Streaming-Diensten hatten. Auch 13

---

23 BT-Drs. 17/12012, 8.
24 www.pflichtregistrierung-film.bundesarchiv.de/index.htm.

diese Form der öffentlichen Aufführung dürfte eine Registrierungspflicht auslösen. Für die Berechnung der Frist gelten die §§ 187 ff. BGB entsprechend.

V. Bekanntmachung (Abs. 2)

14 Von der Registrierungspflicht des § 17 Abs. 1 zu unterscheiden ist die Pflicht zur Bekanntmachung des Lagerungsorts einer technisch einwandfreien archivfähigen Kopie des registrierten Kinofilms in § 17 Abs. 2.

15 Die Bekanntmachung sollte idealerweise im Rahmen der Registrierung erfolgen, spätestens muss sie jedoch innerhalb von 12 Monaten nach dem Zeitpunkt der Registrierung (für die Fristberechnung gelten die §§ 187 ff. BGB entsprechend) nachgeholt werden.

16 Daten zur Bekanntmachung können innerhalb des Registriervorgangs auf der Homepage des Bundesarchivs[25] jederzeit nachgetragen und verwaltet werden. Änderungen in Bezug auf den Lagerungsort sind dem Bundesarchiv unverzüglich, dh ohne schuldhaftes Zögern, vgl. § 121 BGB, mitzuteilen.

17 Das Bundesarchiv definiert die Archivformate nach dem jeweiligen Stand der Technik. Nur diese werden von ihm als archivfähige Kopie akzeptiert.[26]

VI. Sonderregelung für nicht-programmfüllende Kinofilme (Abs. 3)

18 § 17 Abs. 3 regelt die Pflichtregistrierung für nicht-programmfüllende Kinofilme, die eine **Vorführdauer** von weniger als **79 Minuten** bzw. bei Kinderfilmen von weniger als **59 Minuten** haben. Registrieren müssen sich damit also ausnahmsweise solche Kurzfilme[27], die öffentlich aufgeführt oder eine öffentliche Auszeichnung auf einem nationalen oder international bedeutsamen Festival oder bei einer solchen Preisverleihung erhalten haben[28]. Auch hier gelten die Fristen des § 17 Abs. 1, da der Gesetzgeber sich auf die Registrierungspflicht aus § 17 Abs. 1 systematisch bezieht.

19 Im Unterschied zu programmfüllenden Kinofilmen iSd § 17 Abs. 1 müssen sich auch solche Kurzfilme registrieren, die **mit öffentlichen Mitteln gefördert** wurden. In Betracht kommt auf Bundesebene vor allem eine **Förderung durch die Filmförderungsanstalt (FFA)** nach Maßgabe des FFG, insbes. nach § 41 FFG. Weitere Filmförderungseinrichtungen auf Bundesebene sind die Filmförderung durch die Beauftragte der Bundesregierung für Kultur und Medien oder das Kuratorium junger deutscher Film. Auch auf Landesebene gibt es verschiedene Filmförderungseinrichtungen, zB die Film- und Medienstiftung NRW, der FilmFernsehFonds Bayern oder Nordmedia, die Fördermittel meist auf Grundlage von Förderrichtlinien vergeben.

---

25 www.pflichtregistrierung-film.bundesarchiv.de/index.htm.
26 *Heusterberg* Forum 2016, 34 (41).
27 Vgl. auch die Gesetzesbegründung BT-Drs. 17/12012, 9.
28 Zu den Begriffen vgl. § 1 Nr. 6, 7.

§ 18 Bußgeldvorschriften

(1) Ordnungswidrig handelt, wer

1. entgegen § 17 Absatz 1 einen Kinofilm nicht, nicht richtig oder nicht rechtzeitig registriert oder
2. entgegen § 17 Absatz 2 eine Bekanntmachung nicht oder nicht rechtzeitig vornimmt.

(2) Ordnungswidrig handelt, wer eine in Absatz 1 bezeichnete Handlung als gewerblich tätige registrierungspflichtige Person fahrlässig begeht.

(3) Die Ordnungswidrigkeit kann mit einer Geldbuße bis zu zehntausend Euro geahndet werden.

(4) Verwaltungsbehörde im Sinne des § 36 Absatz 1 Nummer 1 des Gesetzes über Ordnungswidrigkeiten ist das Bundesarchiv.

I. Allgemeines

1 Zum Zwecke der langfristigen Sicherung des deutschen Filmerbes enthält § 18 Bußgeldvorschriften, die Verstöße gegen die Registrierungspflichten aus § 17 sanktionieren. Die Vorschrift ist gleichlautend mit der bereits im Jahr 2013 verabschiedeten Vorgängervorschrift des § 7 b BArchG aF.

2 Sonstige Verstöße gegen Pflichten aus dem BArchG werden durch das Gesetz nicht als Ordnungswidrigkeit sanktioniert. Allerdings sieht § 5 BArchBV, der aufgrund der Verordnungsermächtigung nach § 19 ergangen ist, jedenfalls einen Ausschluss von der Benutzung des Bundesarchivs im Falle der gröblichen Verletzung von Vorschriften des BArchG vor. Im Rahmen der Einsichtnahme beim Bundesarchiv können sich ggf. auch besondere Sorgfalts- und Rücksichtnahmepflichten aus dem Verhältnis einer **öffentlich-rechtlichen Sonderbeziehung** (§§ 280, 241 Abs. 1 BGB analog) ergeben.

II. Ordnungswidrigkeitentatbestände (Abs. 1)

3 § 18 Abs. 1 enthält Bußgeldvorschriften, welche vorsätzliche Verstöße gegen Pflichten aus § 17 Abs. 1 und Abs. 2 sanktionieren. § 18 Abs. 1 Nr. 1 stuft drei Verhaltensweisen, nämlich fehlende Registrierung, nicht richtige Registrierung und nicht rechtzeitige Registrierung, als ordnungswidrig ein. Eine Registrierung ist unrichtig, wenn vorsätzlich falsche Angaben über den zu registrierenden Kinofilm im Registrierungsverfahren erfolgen. Nicht rechtzeitig ist eine Registrierung, wenn sie vorsätzlich hinausgezögert wird.

4 § 18 Abs. 1 Nr. 2 sieht hingegen allein wegen des Unterlassens oder der nichtrechtzeitigen Bekanntgabe des Ortes, an dem sich eine Kopie des Kinofilms befindet, ein Bußgeld vor.

III. Gewerblich tätige Personen (Abs. 2)

5 § 18 Abs. 2 sanktioniert fahrlässiges Handeln gewerblich tätiger Adressaten der Regelung. Gewerblich tätig sind Personen, die ein Handelsgeschäft oder ein sonstiges Gewerbe iSd GewO führen. Die Sanktionierung erfolgt vor dem Hintergrund, dass von gewerblich Tätigen eine **besondere Fachkenntnis** ihrer Pflichten erwartet wird.[1]

IV. Geldbuße und zuständige Behörde (Abs. 3 und 4)

6 Rechtsfolge einer ordnungswidrigen Handlung kann gem. § 18 Abs. 3 die Zahlung einer Geldbuße sein. Die Höhe der Geldbuße, die **maximal 10.000 Euro** betragen kann, ist vom **Bundesarchiv** als nach § 18 Abs. 4 sachlich zuständige Behörde iSd § 36 Abs. 1 Nr. 1 OWiG je nach Einzelfall festzulegen. Sie richtet sich nach dem Ausmaß des Verschuldens, der Nachhaltigkeit der Pflichtverletzung und der Leistungsfähigkeit der Verpflichteten.[2]

1 BT-Drs. 17/1202, 19.
2 BT-Drs. 17/12012, 10.

§ 19 Verordnungsermächtigung

Das für Kultur und Medien zuständige Mitglied der Bundesregierung wird ermächtigt, durch Rechtsverordnung ohne Zustimmung des Bundesrates
1. **nähere Einzelheiten der Nutzung von Archiv- und Bibliotheksgut des Bundesarchivs zu regeln und**
2. **Verfahren und Form der Pflichtregistrierung von Kinofilmen festzulegen.**

I. Vorbemerkung

Die Vorschrift entspricht dem Gesetzentwurf der Bundesregierung. 1

II. Für Nutzungsordnung (Nr. 1)

Nr. 1 entspricht im Wesentlichen dem bisher geltenden § 6 Nr. 1 BArchG 2
aF. Der Wortlaut der **Verordnungsermächtigung** in Nr. 1 nimmt aber nunmehr Bezug auf Archiv- und Bibliotheksgut des Bundesarchivs, wohingegen § 6 Nr. 1 aF sich auf Archivgut beim Bundesarchiv bezog. Einbezogen wird damit ausdrücklich auch der Bibliotheksbestand, den die Stiftung Archiv der Parteien und Massenorganisationen der DDR im Rahmen der Übernahme von Unterlagen der SED und der Blockparteien und Massenorganisationen der DDR, insbes. zur Geschichte der deutschen und internationalen Arbeiterbewegung, übernommen hat.[1] Von der bisher gelten Verordnungsermächtigung hat der Bundesminister des Innern mit der Verordnung[2] über die Benutzung von Archivgut beim Bundesarchiv Gebrauch gemacht. Der weit formulierte Begriff der „näheren Einzelheiten der Nutzung von Archiv- und Bibliotheksgut des Bundesarchivs" führt in der Praxis dazu, dass in der Benutzungsordnung und der Verpflichtungserklärung **weitreichende Forderungen an den Nutzer** gestellt werden. So besteht zum einen eine Pflichtexemplarregelung (Näheres dazu → § 10 Rn. 25). Weiterhin muss eine nicht unerhebliche Menge an personenbezogenen Daten zur Verfügung gestellt werden.[3] Dem Nutzer wird zugleich auch die Pflicht zur Beachtung von allen möglichen schutzwürdigen Belangen auferlegt, bei gleichzeitiger Verpflichtung zur Haftungsfreistellung des Bundesarchivs im Falle einer Schädigung.[4] Die Verordnungsermächtigung betrifft nur den **Kompetenzbereich des für Kultur und Medien zuständigen Mitglieds der Bundesregierung**, nicht also die Regelungsbefugnis der Archive anderer Ministerien oder von Bundesbehörden in deren Zuständigkeitsbereich. Dort, wie etwa dem BVerfSch, finden sich teils sehr weitgehende Verwertungsbeschränkungen, die insbes. gegen die Pressefreiheit verstoßen.

---

1 BT-Drs. 18/9633, 82.

2 Bundesarchiv-Benutzungsverordnung (BArchBV) vom 29.10.1993 (BGBl. 1993 I 1857).

3 *Bundesarchiv Benutzungsantrag*, einsehbar unter: https://www.bundesarchiv.de/DE/Content/Downloads/Rechtliches/benutzungsantrag.pdf?__blob=publicationFile, eingesehen am 10.9.2020.

4 *Bundesarchiv Verpflichtungserklärung*, einsehbar unter: https://www.bundesarchiv.de/DE/Content/Downloads/Rechtliches/benutzungsantrag.pdf?__blob=publicationFile, eingesehen am 10.9.2020.

Wünschenswert wäre gewesen, der Gesetzgeber hätte sich bei der Verordnungsermächtigung für eine abschließende, oder wenigstens beispielhafte Aufzählung möglicher Verordnungs- und Verpflichtungsinhalte entschieden. So bestehen in der Praxis **erhebliche Rechtsunsicherheiten** sowohl auf Seiten der archivarischen Praxis, als auch auf der der Nutzer. Insbes. besteht kein Argument für eine grundsätzliche Beschränkung des Zugangs. Im Gegenteil, sollten Antrag, Benutzungsordnung und Verpflichtungserklärung möglichst schlank und auf das nötigste beschränkt sein, um dem Gedanken der Informationsfreiheit, und dem Prinzip des freien Zugangs zu Informationen gerecht zu werden.[5]

III. Zur Pflichtregistrierung von Kinofilmen (Nr. 2)

3 Nr. 2 enthält eine neue **Verordnungsermächtigung in Bezug auf die Pflichtregistrierung von Kinofilmen**. Eine Ermächtigung für den Erlass einer Verordnung zur Regelung von Kosten- und Auslagenerstattung enthält das Gesetz nicht mehr. Eine entsprechende allgemeine Verordnungsermächtigung enthält nunmehr § 22 Abs. 4 BGebG. Die Kosten- und Auslagenerstattung ist geregelt durch **Verordnung**[6] **über Kosten beim Bundesarchiv**, die zuletzt durch Art. 4 Abs. 36 des Gesetzes vom 18.7.2016[7] geändert worden ist. Die **Gebührenverordnung** sieht eine Gebührenbefreiung für mündliche und einfache schriftliche Auskünfte und für die Benutzung zu wissenschaftlichen Zwecken vor. Anders als die Gebührenverordnung für das IFG ist weder eine Gebührendeckelung, noch eine Gebührenbefreiung für Ablehnungsbescheide vorgesehen. Unter dem Gesichtspunkt der möglichst einheitlichen Regelung der Gebühren- und Auslagenerstattung für das BArchG als spezielle Informationszugangsregelung, wäre eine einheitliche und möglichst transparenzfreundliche Gebührenregelung wünschenswert.

5 *Axer* in Becker/Rehm/Schäfer, S. 141, 142.
6 Bundesarchiv-Kostenverordnung (BArchKostV) vom 29.9.1997 (BGBl. 1997 I 2380).
7 BGBl. 2016 I 1666.

Anlage 1
Rotteck/Welcker: Staatslexikon oder Enzyklopädie der Staatswissenschaften zur „Oeffentlichkeit“

Staats-Lexikon oder Enzyklopädie der Staatswissenschaften in Verbindung mit vielen der angesehensten Publicisten Deutschlands, Herausgegeben von Carl von Rotteck und Carl Welcker, Altona, 1841, Band 12, 252 ff.

Oeffentlichkeit; Oeffentlichkeit der Gesetzgebung, der Regierung, der Ständeverhandlung und der Verwaltung; Oeffentlichkeit des Civil- und Criminalprocesses. Oeffentliche Meinung und Zeitgeist und deren staatsrechtliche Theorie, Staatscontrole, System der oeffentlichen und der Geheimregierung. –

I. Einleitung. Die civilisierten Völker des neuen Europa haben eine merkwürdige Erfahrung gemacht. Diese Völker besaßen eins, ebenso wie die Griechen und Römer in der Zeit ihrer Freiheit, Oeffentlichkeit, Oeffentlichkeit der Gesetzgebung, der Regierung, der Gerichte, und die mit ihr verbundene Freiheit der oeffentlichen Meinung. Der fortschreitende Genius der Menschheit erfand dann die Buchdruckpresse und mit ihr die Mittel, die Oeffentlichkeit und Meinungsfreiheit außerordentlich zu vervollkommnen und zu vermehren. Allein merkwürdiger Weise verloren bald nach der Verbreitung der Buchdruckerkunst die meisten Staaten mit der neuen Preßfreiheit zugleich mehr oder minder selbst die frühere Oeffentlichkeit. Je mehr nun aber beide verschwanden, desto mehr verschwanden auch bei diesen Völkern, verschwanden in Portugal und Spanien, in Frankreich, Italien und Deutschland Freiheit und Gemeingeist, oeffentliche Tugend und Gerechtigkeit, die Blüte des Gewerbes und des Handels, der Wohlstand und die Kraft. Staaten welche früher unüberwindlich waren, welche glorreich an der Spitze der Nationen standen, wie Deutschland, oder halbe Welten beherrschten, wie Spanien, sanken in Elend und Verarmung, oder wurden durch schmachvolle Niederlagen oder durch Revolutionen an den Rand des Untergangs gebracht. Und nur in der erstrebten und vollständigen oder unvollständiger, vorübergehend oder dauernd wieder hergestellten Oeffentlichkeit und Meinungsfreiheit, und je nach dem Umgang oder der Dauer dieser Wiederherstellung fanden sie, fanden neuerdings auch die Norweger und Belgier Rettung oder Minderung der Uebel, neuen Aufschwung des Gemeingeistes und der Freiheit, des Gewerbes und des Handels, des Wohlstandes und der Kraft. Nur ein europäisches Land, das früher verhältnismäßig wenig bedeutende, durch fremde Eroberungen und Bürgerkriege vielfach und schwer bedrückte, aber stets an den alten Freiheitsgrundsätzen mutig festhaltende Volk der Engländer, verband mit der alten Oeffentlichkeit auch noch die Freiheit der Presse und wurde in dem Maße, als es dieses that, vollends also seit 1688 von Jahr zu Jahr mächtiger und blühender. Während die damals so große, reiche und mächtige deutsche Nation mit ihren Geheimregierungen und all‘ ihren geheimen Hof- und Justiz- und Regierungsräten, ebenso wie Spanien, Portugal, Italien, zugleich mit der politischen Ehre und Macht auch Handel, Gewerbe und Wohlstand schwinden sah, ja während sie allein unter den Nationen aller ihrer einst so glorreichen Seemacht ja fast alles Seehandels *) sich berauben und sich in Beziehung auf Handel und Industrie selbst von allen mindermächtigen Völkern mißhandeln, ihre Handelswege, ihre Flüsse und Häfen sperren ließ, wurden die Engländer bei ihrer öffentlichen Nationalregierung und Meinungsfreiheit die Herren des Handels, der Industrie, der Schifffahrt, die reichste, mächtigste Nation der Erde. Als in Frankfurt der Despotismus der Geheimregierung endlich alle Volkskräfte zum Verzweiflungskampfe herausgefordert hatte, da blieb in allen Revolutionsstürmen und später in der allgemeinen Knechtung der übrigen europäischen Länder das freie England allein unerschüttert und rettete im standhaften Kampfe gegen Napoleon'sche Welttyrannei die Freiheit der Welt. Auch seitdem wächst es an Bildung, Freiheit und Kraft von Jahr zu Jahr, von Tag zu Tag. Noch nie sah die Welt eine größere und zugleich der Kultur und Freiheit günstigere Macht. In allen Welttheilen, an allen Küsten der Länder, in allen Theilen des Weltmeers sieht sich der freie und stolze Brite durch die britische Fahne und Flagge begrüßt und geschützt.

Ist es nun die Oeffentlichkeit und die Freiheit der öffentlichen Meinung, deren Unterdrückung dort Schmach und Elend der Völker, deren siegreiches Walten hier solche staunenswerthe politische Größe und Macht bewirkten, gewiß so verdienen beide die sorgfältigste Beachtung der Staatsmänner.

Doch sind Untersuchungen und besondere Erörterungen über die Oeffentlichkeit und die öffentliche Meinung und ihre Freiheit unserer neueren Zeit und besonders uns heutigen Deutschen eigenthümlich.

Die freien Griechen und Römer und unsere freien germanischen Vorfahren stritten nicht über die Oeffentlichkeit und die Freiheit der öffentlichen Meinung. Auch die heutigen freien Völker, die Briten, die Franzosen, die Schweden und Norweger, die Amerikaner und jetzt auch die Niederländer, Belgier und Schweizer stellen darüber wenig Erörterungen an. Das ganze politische Leben freier Völker bewegt sich in der Oeffentlichkeit, wie man athmet in der Luft. Sie genießen ihrer wie der Gesundheit, ohne über ihren Werth zu streiten. Man genießt und bedarf ihrer jeden Augenblick, ohne daß es Einem einfällt, ihre Nothwendigkeit zu bezweifeln oder zu beweisen. Jedes freie Volk fühlt schon, was jede historische Vergleichung ihm bestätigt, daß mit entgegengesetzten Zuständen sein höchstes Lebensgut, die Freiheit, unvereinbar ist. Vor der Preßfreiheit vollends war mit demokratisch freien Verfassungen alle damals mögliche Oeffentlichkeit schon von selbst unvermeidlich verknüpft, so wie umgekehrt von wahrer Oeffentlichkeit ohne Preßfreiheit in blos monarchisch regierten Staaten nicht die Rede sein konnte. Gerade aber, weil es die Oeffentlichkeit durch die Presse nicht gab, war auch die allgemeine Ansicht der Alten, daß ohne Republik gar keine wahre Freiheit der Völker möglich sei, eine Ansicht, welche noch Tacitus in den ersten Zeilen seiner Annalen ausspricht *), doppelt erklärlich. Erst die vollkommenste Oeffentlichkeit vermittelst der Preßfreiheit macht freie Repräsentativverfassungen, macht das Königthum auch bei Freien Nationen möglich, weshalb auch billig die Könige dieselbe nicht hassen, sondern lieben sollten. Uns Deutschen aber ist jetzt das Bedürfniß einer Untersuchung der Fragen über Wesen und Werth der Oeffentlichkeit und Meinungsfreiheit überhaupt nahe genug gelegt. Wir besitzen weder sie, noch die politische Freiheit. Aber wir besaßen Oeffentlichkeit und Meinungsfreiheit und auch politische Freiheiten in früheren rühmlicheren Zeiten und verloren zugleich mit ihnen unseren früheren Rang unter den Völkern, unsere Freiheit, Nationalität und Integrität, unsere Macht und unseren Wohlstand. Die Unerträglichkeit des Elends und der Schmach, der Blick in unsere Vergangenheit und auf das freie England trieben uns in den rettenden Verzweiflungskampf, und die von der Regierung damals neu zugesicherte, ja schon vorübergehend wieder verstattete Oeffentlichkeit und Meinungsfreit gaben der Nation die Begeisterung und die Kraft zum Siege **). Sie fühlte wieder die Unentbehrlichkeit der verlorenen Heiligthümer des Nationallebens und das tiefe Bedürfniß, ihre Ehre wieder zu gewinnen unter den freien Völkern der Erde. Wir befinden uns jetzt mitten in dem friedlicheren, aber schwierigeren Kampfe zwischen den natürlichen Hinneigungen zu den bisherigen verdorbenen Zuständen und Gewohnheiten und zwischen dem Streben nach Ausbildung und Sicherung der Ehre und Kraft des Vaterlandes.

Die hohe Bedeutung der Oeffentlichkeit und Meinungsfreiheit in diesem Kampfe verkennt Niemand. Aber bei der durch eine lange Unterdrückung verlorenen praktischen Uebung der Freiheit, wegen der Neuheit theoretischer Erörterungen über dieselbe und wegen der verschiedenen Standpuncte und Einseitigkeiten der Kämpfenden, sind selbst die Begriffe der Oeffentlichkeit und Meinungsfreiheit noch schwankend und bestritten.

Die frühere griechische und römische und altdeutsche Oeffentlichkeit, welche heute nur noch in den demokratischen Landesgemeinden der Schweiz, in der Versammlung der spanischen Basken unter der Eiche zu Guernica, in manchen Gemeinversammlungen und sonst hier und da noch in Ruinen, so z.B. bei der Eröffnung des mecklenburgischen Landtags im Freien, sich erhielt; eine solche Oeffentlichkeit, vermöge deren die politische Gewalt auf Markt und Straßen und unter freiem Himmel verhandelt, dieses liegt bei unseren heutigen Staatsverhältnissen nur noch in den Forderungen einiger überspannter Liberalen. Dagegen finden sich in der guten deutschen Nation manche bequeme Gelehrte, die bei der neuerlich zum Theil wieder wachsenden Unterdrückung der Oeffentlichkeit auch dann noch eine genügende und wirkliche Oeffentlichkeit der politischen und richterlichen Verhandlungen finden wollen, wenn diese Verhandlungen in unzugänglichen geheimen Cabinetten und Zimmern vor sich gehen, auch nicht einmal in vollständigen, verbürgten, treuen Darstellungen und Protocollen dem Publicum mitgetheilt werden, ja wenn selbst den verhandelnden Beamten und, so weit sie etwa davon unvollkommene Kenntniß erhalten, den persönlich Betheiligten beliebige öffentliche Mittheilungen untersagt, vielleicht unter dem Eide des Geheimnisses oder bei schweren Strafen verboten sind. Jene Gelehrsamkeit, welche Alles, was die Macht wünscht, selbst bis zur Umkehrung aller gesunden Begriffe philosophisch und juristisch vertheidigt, sie findet auch hier noch die genügende Oeffentlichkeit, wenn nur etwa beliebig ausgewählte und zurecht gestellte fragmentarische Nachrichten über die Verhandlungen, oder auch nur einzelne Hauptresultate, z.B. die Strafen, öffentlich verkündet, ja sogar wenn letztere nur öffentlich vollzogen werden *). Selbst eine unvermeidliche Folge und ein treues Abbild unserer der Oeffentlichkeit beraumten Zustände, zeigt solche mitleidswerthe deutsche Gelehrsamkeit, zugleich wie die Beraubung der Oeffentlichkeit die Nation, ihre Beamten und ihre Schriftsteller entadelt, sie einfältig oder unwahr, unmännlich und niederträchtig macht. Die Gelehrsamkeit wird zur lügnerischen Sklavin des Worts, desselben Worts, welches selbst schon gefesselt und zur Lüge gemacht wurde.

Welche widersprechende Vorstellungen aber herrschen nicht ollends über die öffentliche Meinung. Heute und bei den Einen gilt sie als unfehlbar und heilig, wie ein Götterspruch (vox pouli vox Dei). Sie wird als Hauptquelle in den staatsrechtlichen Handbüchern aufgeführt. Sie hat (nach Talleyrand) „mehr Verstand, als Voltaire, mehr „Verstand und Macht, als Buonaparte, mehr Verstand, als alle „Minister, die da waren, sind und sein werden." Sie gilt als eine regierende, als eine unwiderstehliche Macht, als „die Königin der Könige." Selbst jene merkwürdige Urkunde, in welcher von Kalisch aus die Monarchen der Welt die Herstellung des Rechtszustandes der deutschen Nation und die Bedingungen und Aufforderungen für die allgemeine Nationalerhebung verkündeten, und deren von der Nation mit jubelvollem Zuruf angenommene Grundsätze noch die Wiener Congreßverhandlungen über die National= und Landesverfassung ausdrücklich als deren Grundlagen anerkannten, überhaupt die officiellen Erklärungen vor und während der Freiheitskriege, so wie noch in den ersten Bundesverhandlungen, stellen die öffentliche Meinung auf diese hohe Stufe, nennen sie den Leitstern der Regierungen und ihrer Beschlüsse ...

II. Der Begriff, die Bedingungen und Organe der Oeffentlichkeit und der öffentlichen Meinung. Zunächst 1) Oeffentlichkeit. – Wie so oftmals in moralischen und politischen Dingen, so gibt auch hier die Betrachtung des sprachlichen Sinns der Worte nicht unwichtige Hindeutungen und Aufschlüsse.

Das eine deutsche Wort „öffentliche“ bezeichnet, wie das lateinische publicum, drei verschiedene Begriffe. Für's Erste bezeichnet es das Politische oder das, was den Staat, das Gemeinwesen angeht. Cicero (de republ. I, 25) sagt publicum, ursprünglich populicum und von populus abstammend, bezeichne das, was dem populus, der societas populi, der res populica oder publica, also was dem Staate angehört. Für's Zweite bezeichnet es das, was alle einzelne Bürger, alle Theilnehmer der Societas oder Genossenschaft, angeht, was ihnen Allen gemeinschaftlich ist als Gut und Recht, oder als Last und Pflicht. Für's Dritte endlich bezeichnet es das Nichtgeheime. Schon die Verbindung des zweiten und dritten Begriffs mit dem ersten in einem und demselben Worte deutet nun auf zwei große Wahrheiten hin.

Sie deutet für's Erste darauf hin, dass der richtige Sinn des römischen und des deutschen Volks davon ausging, daß – wie es in der That schon aus dem Griffe eines Gemeinwesens, einer res populica, einer altdeutschen Gesammtbürgschaft (Arimannie) und einer neueren Staatsgesellschaft mit Nothwendigkeit folgt – die Vortheile und Lasten, die Rechte und Pflichten, daß alle Angelegenheiten des vaterländischen Gemeinwesens alle Bürger angehen, allen Bürgern, als Gliedern des Populus oder nationalen Publicums, gemeinschaftlich seien, und daß diese an ihnen Theil zu nehmen, berechtigt wie verpflichtet sind.

Die zweite große Wahrheit, die auch hier der tiefere Volkssinn schon in die Sprache niederlegte, und welche mit der ersten unzertrennlich verbunden ist, ist die, daß alle diese gemeinschaftlichen oder politischen Angelegenheiten aller Mitglieder des Gemeinwesens nicht geheim für die selbst bleiben dürfen, dass sie vielmehr auch in diesem Sinne als Sachen des Populus oder nationalen Publicums be= und verhandelt, daß sie also so öffentlich, als es der Natur der Sache nach thunlich ist, vorgenommen, dass sie höchstens nur ohne Oeffentlichkeit vorbereitet werden und nur ausnahmsweise und aus dringenden Gründen des öffentlichen Wohls und nur vorübergehend geheim seien, daß mithin nie öffentliche Angelegenhweiten, als ein ausschließliches oder Privatgeheimniß Einzelner, hinter dem Rücken der betheiligten Genossen vorgenommen werden und der Kenntniß und Theilnahme derselben entzogen bleiben.

So liegt es in der That nicht blos tief in der Natur eines wahren rechtlichen und politischen vaterländischen Gemeinwesens, in der Natur jedes wahren freien Staats und eines wahren Staatsbürgerrechts: so liegt es auch in der Geschichte und Anerkennung aller wahrhaft freien Völker, der Griechen, der Römer, unserer deutschen Vorfahren, der Engländer und aller neueren freien Völker. Bei den Griechen und Römern und den alten Germanen wurde alles Gesetzgeben, Regieren und Richten vollkommen öffentlich vorgenommen, meist sogar unter freiem Himmel, auf freien Plätzen und Märkten. Bei den Engländern geht, einige Vorbereitungsgeschäfte ausgenommen, auch Alles öffentlich vor sich. Nur die noch laufende diplomatische Verhandlung, die übrigens bei den Alten ebenfalls in der Volksversammlung instruiert und abgemacht wurde, ist in England theilweise und vorübergehend geheim, muß aber ebenfalls so bald wie möglich und jedenfalls nach beendigter Unterhandlung zur öffentlichen Kenntnißnahme und Beurtheilung vorgelegt werden.

Nach dem Bisherigen besteht also die vollständige Oeffentlichkeit im Politischen darin, daß alle Staatsangelegenheiten als dem ganzen Staate und allen seinen Bürgern gemeinschaftlich angesehen, mithin durch möglichste Zulassung ihres Zusehens und Zuhörens, durch öffentliche Darlegung und durch die Freiheit aller Organe der öffentlichen Meinung allgemein bekannt gemacht, und so weit dieses ausnahmsweise und vorübergehend unmöglich ist, doch nie dauernd der öffentlichen Kenntnißnahme entzogen werden.

Die Oeffentlichkeit ist dem Gegenstande nach eine dreifache, weil alle Thätigkeit für das Gemeinwesen selbst eine dreifache ist: 1) Die der Gesetzgebung, 2) die der Regung und 3) die der Justizverwaltung. Der Art der Bekanntmachung nach hat die Oeffentlichkeit nicht sowohl drei selbstständige, vollkommene Hauptarten, als vielmehr drei verschiedene Bestandtheile. Es besteht nämlich 1) die wichtigste und vollständigste Oeffentlichkeit in der öffentlichen Vornahme der Verhandlung vor den Ohren und Augen des ganzen Volks, so weit die Natur der Sache dessen unmittelbares Zusehen und Zuhören gestattet. 2) Eine zweite, freilich wichtige, aber schon ihrer Natur nach viel unvollkommnere und unsicherere Oeffentlichkeit findet Statt durch möglichst vollständige, officielle, gedruckte Bekanntmachung der Protocolle und Actenstücke. (S. oben „Acten" und Bd. IX, S. 25 ff. und S. 41 ff.) 3) Die dritte findet Statt durch die vollkommene Freiheit der Privatmittheilung der Verhandlungen und Actenstücke vermittelst aller nachher anzugebenden Organe freie Mitteilung. Insbesondere muß es auch den Theilnehmern an öffentlichen Verhandlungen, den Ständemitgliedern, Beamten u.s.w. erlaubt sein, wahre Mittheilungen über öffentliche Dinge zu machen. Der Regel nach sind dieselben, als öffentliche oder gemeinschaftliche oder alle Bürger angehende Angelegenheiten, durchaus nicht als Geheimniß zu betrachten. Es ist eine bedauernswürdige Krankheit oder ein trauriges Symptom eines kranken Zustandes und bösen Gewissens und einer Benutzung des Oeffentlichen für Privatzwecke, wenn allen Beachten über alle Amtsangelegenheiten mündliche und gedruckte Mittheilungen verboten, als Verbrechen des verletzten Amtsgeheimnisses bei Strafe verboten sind, wenn zuletzt selbst, auf früher unerhörte Weise, den Advocaten und Parteien Mittheilungen der Acten versagt und verboten, ja die Bürger eingekerkert und verurtheilt werden, ohne dass die Mitbürger, die dieses sämmtlich höchst nahe angeht, Hergang und Gründe vollständig erfahren! Nur ausnahmsweise und vorübergehend kann ausdrückliche Bestimmung oder die klar erkennbare Natur der Sache den Beamten einzelne öffentliche Angelegenheiten zum Dienstgeheimisse machen. (...)

Keine der drei Arten oder Bestandtheile der Oeffentlichkeit aber ist vollständig, ja nicht einmal sicher ohne die andere. Erst in ihrer gegenseitigen Ergänzung, Controle und Wechselwirkung besteht die wahre, zuverlässige Oeffentlichkeit. Erst so beseitigen sich die irrigen und falschen Mittheilungen auf dem einen Wege durch die Mittheilungen auf dem anderen. Ja, bei dem lebendigen Ineinandergreifen aller Theile des Staatslebens fordert die vollständige und sichere Oeffentlichkeit und Kenntnißnahme von den gemeinschaftlichen Dingen, daß auch dem Gegenstande nach alle Theile des öffentlichen Lebens, der Gesetzgebung, der Regierung, des Richtens, wirklich auf die angegebene Weise öffentlich werden. So ist es in England, dort kann deshalb auch jeder Bürger, wenn er will, sich zuverlässige, genügende Kenntniß aller gemeinschaftlichen Angelegenheiten seines Vaterlandes verschaffen. Alles Andere – das blose Mittheilen von Resultaten, Urtheilen und Entscheidungsgründen, vollends censirte und unvollständig und einseitig zusammengestellte öffentliche Mittheilungen, Zulassungen nur der unmittelbaren Parteien zu den Verhandlungen, oder des Publicums nur zu der Schlußverhandlung, ja, jede der drei zuvorgenannten Hauptarten öffentlicher Bekanntmachung für sich allein – alles dieses mag noch besser sein, als eine völlig kimmerische Nacht der öffentlichen Angelegenheiten und Verhandlungen: aber den Namen wahrer Oeffentlichkeit verdient es nicht, verdienen am Wenigsten die erstgenannten dürften und unsicheren Fragmente. Nur die in despotischen Zuständen officiöse und schmeichlerische Täuschung oder Lüge kann ihnen denselben geben. Nur die Vereinigung der Oeffentlichkeit aller Gegenstände und aller Arten und Organe ihrer Veröffentlichung verdient den Namen der wahren, vollständigen Oeffentlichkeit.

(…)

VIII. Die einzelnen Hauptgründe für das System der vollen Oeffentichkeit. 1) Auf diese Oeffentlichkeit hat nach dem oben II. und VI. Ausgeführte für's Erste ein jeder Bürger einen heiligen Rechtsanspruch. Das Gemeinwesen ist seine Angelegenheit, es bestimmt seine und der Seinigen Lebensschicksale, fordert seine freien Opfer von Gut und Blut. Er hat das Recht, davon Kenntniß zu nehmen und seine Einsichten und Ansichten, Wünsche und Bedürfnisse in Beziehung auf seine Bestimmung und Leitung auszusprechen und mit seinen Meinungen auszutauschen.

(…)

XII. Die Oeffentlichkeit der Regierung und Verwaltung fordert für's Erste, daß, so wie in England, alle höhere oder eigentliche Regierungshandlungen nur von den constitutionellen Ministern ausgehen und nach der Vorlage ihrer Gründe, wie ihrer ganzen Beschaffenheit, entweder der mittelbaren oder unmittelbaren Zustimmung, oder doch der Controle des völlig öffentlichen Parlaments und dadurch der übrigen freien Meinungsäußerung unterworfen seien.

Es müssen aber auch zweitens alle untergeordnete Verwaltungstätigkeiten, so wie in England, so weit nur immer möglich, vollständig öffentlich vor dem Volke verhandelt werden. Bekanntlich hat es der preußische Minister Herr von Vincke in seiner „Staatsverwaltung von Großbritannien, herausgegeben von Niebuhr“ nach genauer eigener Beobachtung vortrefflich dargestellt, wie musterhaft in dieser Hinsicht die englische Verwaltung eingerichtet ist, wie durch die unbezahlten Friedensrichter der Grafschaften und durch ihre vierteljährigen Versammlungen, durch die vielen freien Corporationen und Associationen und ihre stets öffentliche Verhandlung, Verwaltung und Rechnungsablegung, unter beliebiger Mitwirkung der Betheiligten, so wie der allgemeinen öffentlichen Meinung, unsere Tausend von hoch bezahlten, viel und geheim schreibenden, aufsehenden, controlierenden, revidirenden und referirendenJustiz=, Verwaltungs=, Finanz= und Polizeibeamten und Beamtencollegien erspart werden, und die Verwaltung ungleich wohlfeiler, kürzer, leichter, zweckmäßiger geführt und besser controlirt ist, als bei uns. Zu vergleichen sind auch hier die Artikel „Actenmäßigkeit“, „Garantieen“ und „Oberaufsehende Gewalt“. Durch die öffentliche Meinung wachsender gesunder Menschenverstand wird uns ja hoffentlich auch noch einmal von jenem im Dunkel der Geheimnißkrämerei wachsenden Chinesenthum unserer Mandarinen befreien.

(…)

C.Th. Welcker

Anlage 2
Errichtungsbeschluss eines Bundesarchivs durch die Bundesregierung

Punkt 7 der Tagesordnung vom 24.3.5o — BK 976/5o

Vorschlag des Bundesinnenministers.

DBMdI — Bonn, den März 1950
Akz.: 3275 - 108 II/50

Beschluss der Bundesregierung.

Die Bundesregierung errichtet ein Bundesarchiv.

Das Bundesarchiv untersteht dem Bundesminister des Innern, der den Sitz des Archivs bestimmt.

Das Bundesarchiv ist zur Sammlung, Ordnung und wissenschaftlichen Verwertung des bei der Bundesregierung und ihren Dienststellen anfallenden Archivgutes bestimmt. Es hat auch zu bearbeiten das Material aus den Beständen des ehemaligen Reichsarchivs und des Preussischen Geheimen Staatsarchivs, die Materialien aus der Tätigkeit der ehem. deutschen Reichsbehörden und der deutschen Wehrmacht, der zonalen und bizonalen Verwaltungen des früheren vereinigten Wirtschaftsgebiets und der französischen Besatzungszone. Zu seiner Aufgabe gehört auch die Betreuung der beschlagnahmten und wieder zurückgeführten Akten sowie anderer Akten aus Bundes- und früherer Reichszuständigkeit nach der Bestimmung des Ministers des Innern.

Vermerk des Referenten:

Nach der Auffassung des Bundesinnenministers ist es nicht nötig, daß das Bundesarchiv eine eigene Rechtspersönlichkeit besitzt. Es soll eine sogenannte unselbständige Anstalt sein. Dies hat zur Folge, daß für die Errichtung kein Gesetz notwendig ist. Gegen die Auffassung des Bundesinnenministeriums habe ich nichts zu erinnern.

Bonn, den 23. März 195o. — (Gumbel)

Z. d. A. Gu 27/3.

DER BUNDESMINISTER DES INNERN

Gesch.-Z.: 3275 - 108 I/50.

Bonn, den 15. März 1950.
Rheindorfer Straße 198
Fernruf 8541

Bundeskanzleramt BONN
Eing.: 17. MRZ. 1950
Tgb. Nr.: BK 976/50
Anlagen: 1

An den

Herrn Bundeskanzler

in Bonn

Betrifft: Errichtung eines Bundesarchivs durch die Bundesregierung.

1 Anlage.

Die Archive des Deutschen Reichs und Preussens sind 1945 zum grossen Teil in die Hände der Besatzungsmächte gefallen. So sind das ehemalige Reichsarchiv in Potsdam und die jenseits der Ostzonengrenze liegenden ehemals Preussischen Archive für die Bundesrepublik nicht mehr erreichbar. Es muß also für die sachgemässe Sammlung, Ordnung und Auswertung der noch vorhandenen früheren und der neu hinzukommenden Archivalien gesorgt werden. Zu den wichtigsten Aufgaben eines neuen Bundesarchivs werden ausser der laufenden Übernahme der Urkunden und Akten der neuen Bundesverwaltung gehören: die Sammlung der Reste der Reichsakten, d.h. der Akten der ehemaligen Reichsbehörden, der Wehrmacht und der NSDAP; die Sammlung und Bearbeitung der Bestände der ehemaligen zonalen und überzonalen Verwaltungen; die archivalische Betreuung der von den alliierten Mächten beschlagnahmten und demnächst zurückgelangenden Akten; die Übernahme der früheren Reichsarchivabteilung in Frankfurt aus der treuhänderischen Verwaltung der Hessischen Staatsregierung.

Nach meiner Meinung ist für die Errichtung des Bundesarchivs kein Bundesgesetz notwendig. Das künftige Bundesarchiv soll nicht als Behörde, sondern als Anstalt im verwaltungsrechtlichen Sinn und zwar als unselbständige Anstalt tätig werden. Hierfür ist nach Art. 87 GG ein Bundesgesetz nicht erforderlich, vielmehr genügt ein Beschluß der Bundesregierung. Der beiliegende Entwurf soll dafür die Unterlage bilden.

Im Einzelnen ist dazu noch zu bemerken:

Die Akten des Vereinigten Wirtschaftsgebiets einschließlich der ehemaligen zonalen Dienststellen der

200 30

- 2 -

- 2 -

britischen Zone fallen dem Bund nach Art.133 GG. ohne weiteres zu. Für die französische Zone gibt Art.130 GG die Rechtsgrundlage.

Die Übernahme der Akten des parlamentarischen Rats, des Bundestags und des Bundesrats wird nach besonderen Abmachungen mit diesen Stellen möglich sein.

Bei den Materialien, die nach der Bestimmung des Ministers des Innern dem Bundesarchiv zur Bearbeitung zuzuweisen sein werden, ist u.a. gedacht an das Material der NSDAP., ihrer Gliederungen und Verbände und der von ihr eingerichteten zentralen Dienststellen wie der Reichsbauernschaft, des Reichsjägermeisters, des Reichsluftschutzbundes, des Reichsbundes Deutsche Familie usw. Auch Akten der Kriegsverbrecherprozesse kommen hiernach in Betracht.

Die Aufgaben des ehemaligen Preussischen Geheimen Staatsarchivs werden schon wegen der zentralen Bedeutung dieses Archivs dem Bundesarchiv zufallen müssen.

Das Bundesarchiv wird voraussichtlich in einem Teil der Abtei in Siegburg untergebracht werden können.

Ich bitte, die Beratung des im Entwurf beigefügten Beschlusses in eine der nächsten Tagesordnungen des Kabinetts aufzunehmen.

Heinemann

Anlage 3
Organisationsplan des Bundesarchivs

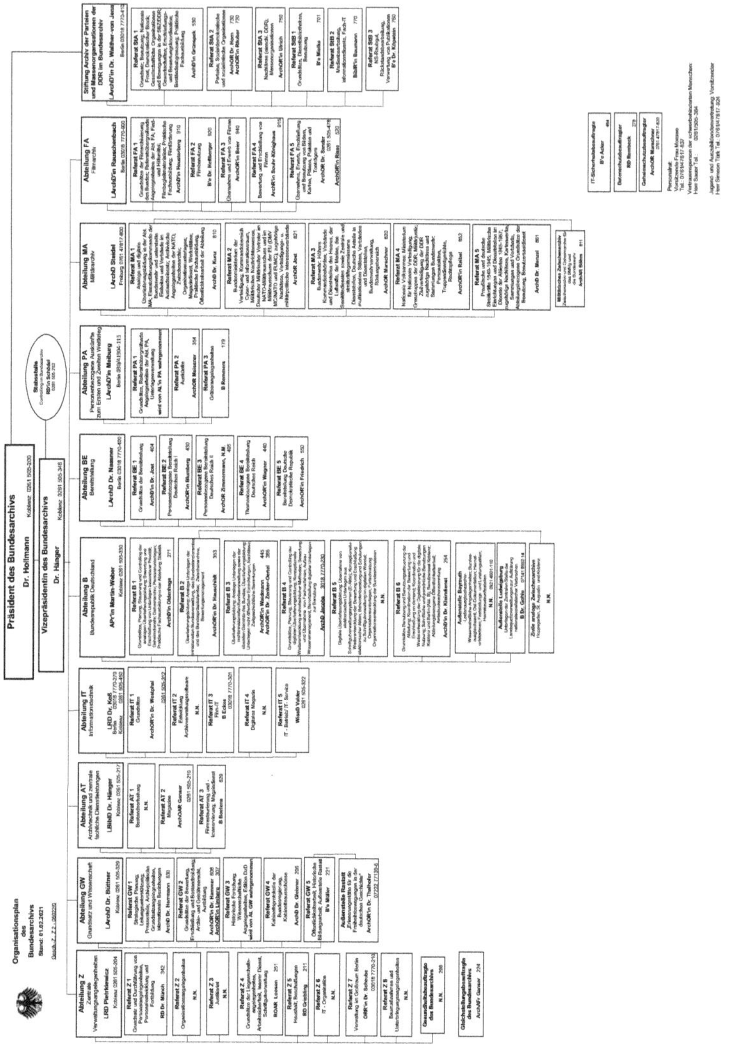

Anlage 4
Gesetz über die Unterlagen des Staatssicherheitsdienstes der ehemaligen Deutschen Demokratischen Republik (Stasi-Unterlagen-Gesetz – StUG)

In der Fassung der Bekanntmachung vom 18. Februar 2007 (BGBl. I S. 162)
(FNA 252-1)

zuletzt geändert durch Art. 2 G zur Änd. des BundesarchivG, des Stasi-Unterlagen-G und zur Einrichtung einer oder eines SED-Opferbeauftragten
vom 9. April 2021 (BGBl. I S. 750)

Erster Abschnitt Allgemeine und grundsätzliche Vorschriften

§ 1 Zweck und Anwendungsbereich des Gesetzes

(1) Dieses Gesetz regelt die Erfassung, Erschließung, Verwaltung und Verwendung der Unterlagen des Ministeriums für Staatssicherheit und seiner Vorläufer- und Nachfolgeorganisationen (Staatssicherheitsdienst) der ehemaligen Deutschen Demokratischen Republik, um

1. dem einzelnen Zugang zu den vom Staatssicherheitsdienst zu seiner Person gespeicherten Informationen zu ermöglichen, damit er die Einflussnahme des Staatssicherheitsdienstes auf sein persönliches Schicksal aufklären kann,
2. den einzelnen davor zu schützen, dass er durch den Umgang mit den vom Staatssicherheitsdienst zu seiner Person gespeicherten Informationen in seinem Persönlichkeitsrecht beeinträchtigt wird,
3. die historische, politische und juristische Aufarbeitung der Tätigkeit des Staatssicherheitsdienstes zu gewährleisten und zu fördern,
4. öffentlichen und nichtöffentlichen Stellen die erforderlichen Informationen für die in diesem Gesetz genannten Zwecke zur Verfügung zu stellen.

(2) Dieses Gesetz gilt für Unterlagen des Staatssicherheitsdienstes, die sich bei öffentlichen Stellen des Bundes oder der Länder, bei natürlichen Personen oder sonstigen nichtöffentlichen Stellen befinden.

§ 2 Erfassung, Verwahrung und Verwaltung der Unterlagen des Staatssicherheitsdienstes

(1) [1]Die Stasi-Unterlagen werden in Berlin und an regionalen Standorten in Erfurt, Frankfurt (Oder), Halle (Saale), Leipzig und Rostock gemäß ihrer Herkunft verwahrt. [2]Es werden zudem Außenstellen in Chemnitz, Cottbus, Dresden, Gera, Magdeburg, Neubrandenburg, Schwerin und Suhl gebildet. [3]Außenstellen sind Standorte des Bundesarchivs in den ostdeutschen Ländern, die Aufgaben nach diesem Gesetz erfüllen. [4]Sie arbeiten inhaltlich und organisatorisch mit dem jeweiligen Archivstandort des Landes zusammen. [5]Zu den Aufgaben gehören die Information und Beratung von natürlichen Personen, die Bearbeitung von Anträgen, die Unterrichtung der Öffentlichkeit über Struktur, Methoden und Wirkungsweise des Staatssicherheitsdienstes in Form von partizipativen Dokumentations-, Ausstellungs- und anderen Bildungsprojekten in der Region. [6]Die Standorte und Außenstellen sind in die regionale Gedenkstättenlandschaft eingebunden.

(2) Das Bundesarchiv hat nach Maßgabe dieses Gesetzes folgende Aufgaben und Befugnisse:

1. Erfassung der Unterlagen des Staatssicherheitsdienstes,
2. nach archivischen Grundsätzen Bewertung, Ordnung, Erschließung, Verwahrung und Verwaltung der Unterlagen,
3. gesonderte Verwahrung von
   a) dem Staatssicherheitsdienst überlassenen Akten von Gerichten und Staatsanwaltschaften,
   b) Duplikaten nach § 11 Absatz 2 Satz 2,
   c) Unterlagen über Mitarbeiter von Nachrichtendiensten des Bundes, der Länder und der Verbündeten,
   d) Unterlagen
      – über Mitarbeiter anderer Nachrichtendienste,
      – mit technischen oder sonstigen fachlichen Anweisungen oder Beschreibungen über Einsatzmöglichkeiten von Mitteln und Methoden auf den Gebieten der Spionage, Spionageabwehr oder des Terrorismus,

   wenn das Bundesministerium des Innern, für Bau und Heimat im Einzelfall erklärt, dass das Bekanntwerden der Unterlagen die öffentliche Sicherheit gefährden oder sonst dem Wohl des Bundes oder eines Landes Nachteile bereiten würde;

   für die gesonderte Verwahrung nach Buchstabe b bis d gelten die Vorschriften über den Umgang mit Verschlusssachen der Geheimhaltungsgrade VS-Vertraulich und höher,
4. Erteilung von Auskünften, Mitteilungen aus Unterlagen, Gewährung von Einsicht in Unterlagen, Herausgabe von Unterlagen,
5. Aufarbeitung der Tätigkeit des Staatssicherheitsdienstes durch Unterrichtung der Öffentlichkeit über Struktur, Methoden und Wirkungsweise des Staatssicherheitsdienstes; für die Veröffentlichung personenbezogener Informationen gilt § 32 Absatz 3; die Veröffentlichung kann auch durch ein elektronisches Informations- und Kommunikationssystem erfolgen,
6. Unterstützung der Forschung und der politischen Bildung bei der historischen und politischen Aufarbeitung der Tätigkeit des Staatssicherheitsdienstes durch Gewährung von Einsicht in Unterlagen und Herausgabe von Duplikaten von Unterlagen sowie Unterstützung von Einrichtungen und Gedenkstätten zur Aufarbeitung der Geschichte der ehemaligen Deutschen Demokratischen Republik oder der ehemaligen Sowjetischen Besatzungszone bei der Dokumentation der Tätigkeit des Staatssicherheitsdienstes und quellenkundliche Forschung zur Erschließung der Bestände des Stasi-Unterlagen-Archivs,
7. Information und Beratung von natürlichen Personen, anderen nichtöffentlichen Stellen und öffentlichen Stellen; die Information und Beratung kann an allen Standorten oder in digitaler Form erfolgen,
8. Einrichtung und Unterhaltung von Dokumentations- und Ausstellungszentren zum Thema Staatssicherheitsdienst,
9. Vermittlung des besonderen Charakters und des Symbolwertes des Stasi-Unterlagen-Archivs durch hierauf bezogene Bildungs- und Informationsangebote an den historischen Orten sowie in Medien und Internet,
10. Rekonstruktion und Erschließung von zerrissenen Unterlagen des Staatssicherheitsdienstes,
11. Vorlage eines schriftlichen Berichtes an den Deutschen Bundestag alle zwei Jahre über die in § 2 genannten Aufgaben.

(3) [1]Das Bundesarchiv kann zur Erfüllung seiner Aufgaben nach diesem Gesetz folgende Informationen aus dem Zentralen Einwohnerregister der ehemaligen Deutschen Demokratischen Republik verwenden:
1. Familienname, Vorname,
2. Geburtsname, sonstige Namen,
3. Geburtsort,
4. Personenkennzeichen,
5. letzte Anschrift,
6. Merkmal „verstorben“.

[2]Diese Informationen sind auf Ersuchen den Gerichten und Strafverfolgungsbehörden zur Erfüllung ihrer gesetzlichen Aufgaben zu übermitteln.

§ 3 Rechte des einzelnen

(1) [1]Jeder einzelne hat das Recht, vom Bundesarchiv Auskunft darüber zu verlangen, ob in den erschlossenen Unterlagen Informationen zu seiner Person enthalten sind. [2]Ist das der Fall, hat der einzelne das Recht auf Auskunft, Einsicht in Unterlagen und Herausgabe von Unterlagen nach Maßgabe dieses Gesetzes.

(2) Jeder einzelne hat das Recht, die Informationen und Unterlagen, die er auf Grundlage dieses Gesetzes erhalten hat, im Rahmen der allgemeinen Gesetze zu verwenden.

(3) Durch die Auskunftserteilung, Gewährung von Einsicht in Unterlagen oder Herausgabe von Unterlagen dürfen überwiegende schutzwürdige Interessen anderer Personen nicht beeinträchtigt werden.

§ 4 Zulässigkeit der Verwendung der Unterlagen des Staatssicherheitsdienstes durch öffentliche und nichtöffentliche Stellen

(1) [1]Öffentliche und nichtöffentliche Stellen haben nur Zugang zu den Unterlagen und dürfen sie nur verwenden, soweit dieses Gesetz es erlaubt oder anordnet. [2]Legen Betroffene, Dritte, nahe Angehörige Vermisster oder Verstorbener, Mitarbeiter oder Begünstigte des Staatssicherheitsdienstes Unterlagen mit Informationen über ihre Person von sich aus vor, dürfen diese auch für die Zwecke verwendet werden, für die sie vorgelegt worden sind.

(2) Stellt das Bundesarchiv fest oder wird ihm mitgeteilt, dass personenbezogene Informationen in Unterlagen unrichtig sind, oder wird die Richtigkeit von der Person, auf die sie sich beziehen, bestritten, so ist dies auf einem gesonderten Blatt zu vermerken und den Unterlagen beizufügen.

(3) Sind personenbezogene Informationen aufgrund eines Ersuchens nach den §§ 20 bis 25 übermittelt worden und erweisen sie sich hinsichtlich der Person, auf die sich das Ersuchen bezog, nach ihrer Übermittlung als unrichtig, so sind sie gegenüber dem Empfänger zu berichtigen, es sei denn, dass dies für die Beurteilung eines Sachverhaltes ohne Bedeutung ist.

(4) Durch die Verwendung der Unterlagen dürfen überwiegende schutzwürdige Interessen anderer Personen nicht beeinträchtigt werden.

§ 5 Besondere Verwendungsverbote

(1) [1]Die Verwendung personenbezogener Informationen über Betroffene oder Dritte, die im Rahmen der zielgerichteten Informationserhebung oder Ausspähung des Betroffenen einschließlich heimlicher Informationserhebung gewonnen worden sind, zum Nachteil dieser Personen ist unzulässig. [2]Dies gilt nicht in den

Fällen des § 21 Abs. 1 Nr. 1 und 2, wenn Angaben des Betroffenen oder Dritten sich aufgrund der Informationen ganz oder teilweise als unzutreffend erweisen.

(2) [1]Die Verwendung von Unterlagen ist für einen begrenzten Zeitraum unzulässig, wenn die zuständige Staatsanwaltschaft oder das Gericht gegenüber dem Bundesarchiv erklärt, dass für einen bestimmten Zeitraum die Verwendung die Durchführung eines Strafverfahrens beeinträchtigen würde. [2]Dies gilt nicht, wenn dadurch Personen in der Wahrnehmung ihrer Rechte in unzumutbarer Weise beschränkt würden. [3]In diesem Fall erfolgt die Verwendung im Einvernehmen mit der Staatsanwaltschaft oder dem Gericht.

§ 6 Begriffsbestimmungen

(1) Unterlagen des Staatssicherheitsdienstes sind

1. sämtliche Informationsträger unabhängig von der Form der Speicherung, insbesondere
   a) Akten, Dateien, Schriftstücke, Karten, Pläne, Filme, Bild-, Ton- und sonstige Aufzeichnungen,
   b) deren Kopien, Abschriften und sonstige Duplikate sowie
   c) die zur Auswertung erforderlichen Hilfsmittel, insbesondere Programme für die automatisierte Datenverarbeitung,

   soweit sie beim Staatssicherheitsdienst oder beim Arbeitsgebiet 1 der Kriminalpolizei der Volkspolizei entstanden, in deren Besitz gelangt oder ihnen zur Verwendung überlassen worden sind,
2. dem Staatssicherheitsdienst überlassene Akten von Gerichten und Staatsanwaltschaften.

(2) Nicht zu den Unterlagen gehören

1. Schreiben des Staatssicherheitsdienstes nebst Anlagen, die er anderen öffentlichen oder nichtöffentlichen Stellen zugesandt hat, soweit diese Stellen ihm gegenüber nicht rechtlich oder faktisch weisungsbefugt waren,
2. Unterlagen, die an andere Stellen aus Gründen der Zuständigkeit weiter- oder zurückgegeben worden sind und in denen sich keine Anhaltspunkte befinden, dass der Staatssicherheitsdienst Maßnahmen getroffen oder veranlasst hat,
3. Unterlagen, deren Bearbeitung vor dem 8. Mai 1945 abgeschlossen war und in denen sich keine Anhaltspunkte befinden, dass der Staatssicherheitsdienst sie über die archivische Erschließung hinaus genutzt hat,
4. Gegenstände und Unterlagen, die Betroffenen oder Dritten vom Staatssicherheitsdienst widerrechtlich weggenommen oder vorenthalten worden sind. Soweit es sich um Schriftstücke handelt, kann das Bundesarchiv Duplikate zu seinen Unterlagen nehmen.

(3) [1]Betroffene im Sinne dieses Gesetzes sind Personen, zu denen der Staatssicherheitsdienst aufgrund zielgerichteter Informationserhebung oder Ausspähung einschließlich heimlicher Informationserhebung Informationen gesammelt hat. [2]Satz 1 gilt nicht

1. für Mitarbeiter des Staatssicherheitsdienstes, soweit die Sammlung der Informationen nur der Anbahnung und Werbung oder nur der Kontrolle ihrer Tätigkeit für den Staatssicherheitsdienst gedient hat, und
2. für Begünstigte, soweit die Sammlung der Informationen nur der Anbahnung oder nur der Kontrolle ihres Verhaltens im Hinblick auf die Begünstigung gedient hat.

(4) Mitarbeiter des Staatssicherheitsdienstes sind hauptamtliche und inoffizielle Mitarbeiter.

1. Hauptamtliche Mitarbeiter sind Personen, die in einem offiziellen Arbeits- oder Dienstverhältnis des Staatssicherheitsdienstes gestanden haben und Offiziere des Staatssicherheitsdienstes im besonderen Einsatz.
2. Inoffizielle Mitarbeiter sind Personen, die sich zur Lieferung von Informationen an den Staatssicherheitsdienst bereiterklärt haben.

(5) Die Vorschriften über Mitarbeiter des Staatssicherheitsdienstes gelten entsprechend für

1. Personen, die gegenüber Mitarbeitern des Staatssicherheitsdienstes hinsichtlich deren Tätigkeit für den Staatssicherheitsdienst rechtlich oder faktisch weisungsbefugt waren,
2. inoffizielle Mitarbeiter des Arbeitsgebietes 1 der Kriminalpolizei der Volkspolizei.

(6) Begünstigte sind Personen, die

1. vom Staatssicherheitsdienst wesentlich gefördert worden sind, insbesondere durch Verschaffung beruflicher oder sonstiger wirtschaftlicher Vorteile,
2. vom Staatssicherheitsdienst oder auf seine Veranlassung bei der Strafverfolgung geschont worden sind,
3. mit Wissen, Duldung oder Unterstützung des Staatssicherheitsdienstes Straftaten gefördert, vorbereitet oder begangen haben.

(7) Dritte sind sonstige Personen, über die der Staatssicherheitsdienst Informationen gesammelt hat.

(8) [1]Ob Personen Mitarbeiter des Staatssicherheitsdienstes, Begünstigte, Betroffene oder Dritte sind, ist für jede Information gesondert festzustellen. [2]Für die Feststellung ist maßgebend, mit welcher Zielrichtung die Informationen in die Unterlagen aufgenommen worden sind.

(9) [1]Die Verwendung von Unterlagen umfasst die Weitergabe von Unterlagen, die Übermittlung von Informationen aus den Unterlagen sowie die sonstige Verarbeitung und die Nutzung von Informationen. [2]Soweit in dieser Vorschrift nichts anderes bestimmt ist, gelten die Begriffsbestimmungen des § 2 des Bundesdatenschutzgesetzes mit der Maßgabe, dass zu den nichtöffentlichen Stellen auch die Religionsgesellschaften gehören.

(10) Personenbezogene Informationen im Sinne dieses Gesetzes sind Einzelangaben über persönliche oder sachliche Verhältnisse einer bestimmten oder bestimmbaren lebenden oder verstorbenen Person.

(11) Anonymisieren ist das Verändern personenbezogener Informationen derart, dass die Einzelangaben über persönliche oder sachliche Verhältnisse nicht mehr oder nur mit einem unverhältnismäßigen Aufwand an Zeit, Kosten und Arbeitskraft einer bestimmten oder bestimmbaren natürlichen Person zugeordnet werden können.

Zweiter Abschnitt Erfassung der Unterlagen des Staatssicherheitsdienstes

§ 7 Auffinden von Unterlagen des Staatssicherheitsdienstes, Anzeigepflichten

(1) [1]Alle öffentlichen Stellen unterstützen das Bundesarchiv bei seinen Ermittlungen zum Auffinden der Unterlagen des Staatssicherheitsdienstes und bei deren Übernahme. [2]Ist ihnen bekannt oder stellen sie gelegentlich der Erfüllung ihrer Aufgaben fest, dass sich bei ihnen Unterlagen des Staatssicherheitsdienstes oder

Kopien, Abschriften oder sonstige Duplikate solcher Unterlagen befinden, so haben sie dies dem Bundesarchiv unverzüglich anzuzeigen.

(2) Das Bundesarchiv kann im Einvernehmen mit einer öffentlichen Stelle in deren Registraturen, Archiven und sonstigen Informationssammlungen Einsicht nehmen, wenn hinreichende Anhaltspunkte für das Vorhandensein von Unterlagen des Staatssicherheitsdienstes vorliegen.

(3) Natürliche Personen und sonstige nichtöffentliche Stellen sind verpflichtet, dem Bundesarchiv unverzüglich anzuzeigen, dass sich bei ihnen Unterlagen des Staatssicherheitsdienstes oder Kopien, Abschriften oder sonstige Duplikate solcher Unterlagen befinden, sobald ihnen dies bekannt wird.

§ 8 Herausgabepflicht öffentlicher Stellen

(1) Jede öffentliche Stelle hat dem Bundesarchiv auf dessen Verlangen unverzüglich bei ihr befindliche Unterlagen des Staatssicherheitsdienstes einschließlich Kopien, Abschriften und sonstigen Duplikaten herauszugeben.

(2) [1]Benötigt die öffentliche Stelle Unterlagen zur Erfüllung ihrer Aufgaben im Rahmen der Zweckbindung nach den §§ 20 bis 23 und 25, kann sie Duplikate zu ihren Unterlagen nehmen. [2]Originalunterlagen dürfen nur zu den Unterlagen genommen werden, soweit dies im Einzelfall zur Aufgabenerfüllung unerlässlich ist. [3]In diesem Fall sind dem Bundesarchiv auf Verlangen Duplikate herauszugeben.

(3) Unterlagen über Betroffene sind von den Nachrichtendiensten des Bundes und der Länder ersatzlos und vollständig an das Bundesarchiv herauszugeben.

§ 9 Herausgabepflicht nichtöffentlicher Stellen

(1) [1]Jede natürliche Person und jede sonstige nichtöffentliche Stelle hat dem Bundesarchiv auf dessen Verlangen unverzüglich Unterlagen des Staatssicherheitsdienstes herauszugeben, soweit diese nicht Eigentum der natürlichen Person oder der sonstigen nichtöffentlichen Stelle sind. [2]Der Nachweis des Eigentumserwerbs obliegt der natürlichen Person oder sonstigen nichtöffentlichen Stelle. [3]Vom Eigentum der natürlichen Person oder sonstigen nichtöffentlichen Stelle kann ausgegangen werden bei Unterlagen nach § 10 Abs. 4, die sie selbst angefertigt hat.

(2) Soweit Unterlagen an das Bundesarchiv herauszugeben sind, sind ihm auch Kopien und sonstige Duplikate herauszugeben.

(3) Jede natürliche Person und jede sonstige nichtöffentliche Stelle hat dem Bundesarchiv auf dessen Verlangen Unterlagen des Staatssicherheitsdienstes, die ihr Eigentum sind, zur Anfertigung von Kopien, Abschriften oder sonstigen Duplikaten zu überlassen.

§ 10 Unterlagen der Sozialistischen Einheitspartei Deutschlands, anderer mit ihr verbundener Parteien und Massenorganisationen sowie sonstige Unterlagen im Zusammenhang mit dem Staatssicherheitsdienst

(1) Das Bundesarchiv kann zur Erfüllung seiner Aufgaben nach diesem Gesetz von den zuständigen Stellen Auskunft über Art, Inhalt und Aufbewahrungsort der Unterlagen der Sozialistischen Einheitspartei Deutschlands, anderer mit ihr verbundener Parteien und Massenorganisationen der ehemaligen Deutschen Demokratischen Republik verlangen.

(2) [1]Das Bundesarchiv kann Einsicht in die Unterlagen verlangen. [2]Bei der Suche nach den benötigten Unterlagen ist es zu unterstützen.

(3) [1]Dem Bundesarchiv sind auf sein Verlangen Duplikate von solchen Unterlagen herauszugeben, die im Zusammenhang mit der Tätigkeit des Staatssicherheitsdienstes stehen und die es zur Wahrnehmung seiner Aufgaben nach diesem Gesetz benötigt. [2]Die Duplikate werden Bestandteil der Unterlagen nach § 6 Abs. 1.

(4) Die Absätze 1 bis 3 gelten entsprechend für Unterlagen, die erkennbar im Zusammenwirken anderer öffentlicher oder nichtöffentlicher Stellen der ehemaligen Deutschen Demokratischen Republik mit dem Staatssicherheitsdienst, auf seine Veranlassung oder zur Umsetzung seiner Anordnungen oder Hinweise entstanden sind.

§ 11 Rückgabe und Herausgabe von Unterlagen anderer Behörden durch das Bundesarchiv

(1) [1]Das Bundesarchiv hat Unterlagen anderer Behörden, die es nach diesem Gesetz verwahrt und in denen sich keine Anhaltspunkte dafür befinden, dass der Staatssicherheitsdienst Maßnahmen getroffen oder veranlasst hat,
1. auf Anforderung oder
2. wenn es gelegentlich der Erfüllung seiner Aufgaben das Vorhandensein solcher Unterlagen feststellt,

an die zuständigen Stellen zurückzugeben. [2]Das Bundesarchiv kann Duplikate zu seinen Unterlagen nehmen.

(2) [1]Das Bundesarchiv hat in die Geheimhaltungsgrade Geheim und höher eingestufte Unterlagen des Bundes, der Länder sowie Unterlagen ihrer Nachrichtendienste, die es nach diesem Gesetz verwahrt, an den Bundesminister des Innern, für Bau und Heimat oder die zuständigen Landesbehörden herauszugeben. [2]Es kann Duplikate zu seinen Unterlagen nehmen. [3]Unterlagen zwischen- oder überstaatlicher Organisationen und ausländischer Staaten, die in die Geheimhaltungsgrade VS-Vertraulich und höher eingestuft sind und zu deren Schutz vor unbefugter Kenntnisnahme die Bundesrepublik Deutschland aufgrund völkerrechtlicher Verträge verpflichtet ist, sind an den Bundesminister des Innern, für Bau und Heimat als Nationale Sicherheitsbehörde für den Geheimschutz herauszugeben.

(3) [1]Unterlagen, die das Bundesarchiv nach diesem Gesetz verwahrt, über Betriebseinrichtungen, technische Verfahren und Umweltbelastungen des Betriebsgeländes von Wirtschaftsunternehmen, die dem Staatssicherheitsdienst ganz oder teilweise ein- oder angegliedert waren, sind auf Anforderung an den jetzigen Verfügungsberechtigten herauszugeben. [2]Das Bundesarchiv kann Duplikate zu seinen Unterlagen nehmen.

(4) [1]Das Bundesarchiv hat Unterlagen, die es nach diesem Gesetz verwahrt, über Objekte und andere Gegenstände, insbesondere Grundrisspläne, Pläne über Versorgungsleitungen und Telefonleitungen, an den jetzigen Verfügungsberechtigten herauszugeben. [2]Es kann Duplikate zu seinen Unterlagen nehmen.

(5) [1]Werden hauptamtliche Mitarbeiter des Staatssicherheitsdienstes in den öffentlichen Dienst eingestellt oder im öffentlichen Dienst weiterbeschäftigt, sind die zu ihrer Person geführten Personalunterlagen, die das Bundesarchiv nach diesem Gesetz verwahrt, im erforderlichen Umfang an die zuständige personalaktenführende Stelle herauszugeben. [2]Das Bundesarchiv kann Duplikate zu seinen Unterlagen nehmen.

(6) [1]Soweit ehemalige Mitarbeiter des Staatssicherheitsdienstes Empfänger von Renten sind, sind die zu ihrer Person geführten Personalunterlagen, die das Bundesarchiv nach diesem Gesetz verwahrt, im erforderlichen Umfang an den Versorgungsträger herauszugeben. [2]Das Bundesarchiv kann Duplikate zu seinen Unterlagen nehmen.

(7) Die Vorschriften zur Anbietung und Abgabe von Unterlagen gemäß den §§ 5 bis 7 des Bundesarchivgesetzes bleiben unberührt.

Dritter Abschnitt Verwendung der Unterlagen des Staatssicherheitsdienstes

Erster Unterabschnitt Rechte von Betroffenen, Dritten, Mitarbeitern des Staatssicherheitsdienstes und Begünstigten

§ 12 Verfahrensvorschriften für Betroffene, Dritte, Mitarbeiter und Begünstigte des Staatssicherheitsdienstes

(1) [1]Der Antrag auf Auskunft, Einsicht in Unterlagen oder Herausgabe von Unterlagen ist schriftlich zu stellen. [2]Der Antragsteller hat durch eine behördliche oder notarielle Bestätigung seine Identität und, wenn er als gesetzlicher Vertreter handelt, seine Vertretungsmacht nachzuweisen. [3]Zum Nachweis der Identität dient insbesondere die Vorlage eines gültigen Personalausweises oder Passes oder die Übersendung einer amtlich oder notariell beglaubigten Kopie dieser Dokumente. [4]Wird der Antrag durch einen Bevollmächtigten mit Nachweis seiner Vollmacht gestellt, wird Auskunft erteilt, Einsicht in Unterlagen gewährt oder werden Unterlagen herausgegeben
1. Betroffenen, Dritten, Mitarbeitern, Begünstigten oder
2. ihrem Rechtsanwalt, wenn er dazu ausdrücklich ermächtigt ist.

[5]Ist ein Einsichtsberechtigter bei der Einsicht in die Unterlagen auf fremde Hilfe angewiesen, kann er sich durch eine Person seines Vertrauens begleiten lassen. [6]Die Hilfsbedürftigkeit ist glaubhaft zu machen. [7]Das Bundesarchiv kann die Begleitperson zurückweisen, wenn besondere Gründe dies rechtfertigen.

(2) [1]Auskünfte werden vom Bundesarchiv schriftlich erteilt, sofern nicht im Einzelfall eine andere Form der Auskunft angemessen ist. [2]Die Entscheidung trifft es nach pflichtgemäßem Ermessen.

(3) [1]Soll ein Antrag auf Auskunft mit Vorrang behandelt werden, ist die besondere Eilbedürftigkeit begründet darzulegen. [2]Von der Eilbedürftigkeit kann ausgegangen werden, wenn die Auskunft zu Zwecken der Rehabilitierung, Wiedergutmachung, Abwehr einer Gefährdung des Persönlichkeitsrechts oder zur Entlastung vom Vorwurf einer Zusammenarbeit mit dem Staatssicherheitsdienst benötigt wird.

(4) [1]Einsicht wird in Originalunterlagen oder in Duplikate gewährt. [2]Enthalten Unterlagen außer den personenbezogenen Informationen über den Antragsteller auch solche über andere Betroffene oder Dritte, wird Einsicht in Originalunterlagen nur gewährt, wenn
1. andere Betroffene oder Dritte eingewilligt haben oder
2. eine Trennung der Informationen über andere Betroffene oder Dritte nicht oder nur mit unvertretbarem Aufwand möglich ist und kein Grund zu der Annahme besteht, dass schutzwürdige Interessen anderer Betroffener oder Dritter an der Geheimhaltung überwiegen.

[3]Im Übrigen wird Einsicht in Duplikate gewährt, in denen die personenbezogenen Informationen über andere Betroffene oder Dritte anonymisiert worden sind. [4]Die Einsichtnahme erfolgt an allen Standorten oder in digitaler Form.

(5) Unterlagen werden nur als Duplikate herausgegeben, in denen die personenbezogenen Informationen über andere Betroffene oder Dritte anonymisiert worden sind.

(6) [1]Das Recht auf Einsicht und Herausgabe gilt nicht für die zur Auswertung erforderlichen Hilfsmittel (§ 6 Abs. 1 Nr. 1 Buchstabe c). [2]Sind andere Unterlagen nicht oder nur mit unverhältnismäßigem Aufwand auffindbar, erstreckt sich das Recht auf Einsicht und Herausgabe auf Duplikate von Karteikarten, die der Auswertung der Unterlagen dienen und in denen personenbezogene Informationen über den Antragsteller enthalten sind.

§ 13 Recht von Betroffenen und Dritten auf Auskunft, Einsicht und Herausgabe

(1) [1]Betroffenen ist auf Antrag Auskunft über die zu ihrer Person vorhandenen und erschlossenen Unterlagen zu erteilen. [2]In dem Antrag sollen Angaben gemacht werden, die das Auffinden der Unterlagen ermöglichen. [3]Der Zweck, zu dem die Auskunft eingeholt wird, muss nicht angegeben werden.

(2) [1]Die Auskunft umfasst eine Beschreibung der zu der Person des Betroffenen vorhandenen und erschlossenen Unterlagen und eine Wiedergabe ihres wesentlichen Inhaltes. [2]Die Auskunft kann zunächst auf die Mitteilung beschränkt werden, dass Unterlagen vorhanden sind und der Betroffene Einsicht in diese Unterlagen nehmen kann.

(3) Dem Betroffenen ist auf Antrag Einsicht in die zu seiner Person vorhandenen und erschlossenen Unterlagen zu gewähren.

(4) [1]Dem Betroffenen sind auf Antrag Duplikate von Unterlagen herauszugeben. [2]In den Duplikaten sind die personenbezogenen Informationen über andere Betroffene oder Dritte zu anonymisieren.

(5) [1]Sind in den zur Person des Betroffenen vorhandenen und erschlossenen Unterlagen, in die der Betroffene Einsicht genommen oder von denen er Duplikate erhalten hat, Decknamen von Mitarbeitern des Staatssicherheitsdienstes, die Informationen über ihn gesammelt oder verwertet oder die diese Mitarbeiter geführt haben, enthalten, so sind ihm auf Verlangen die Namen der Mitarbeiter und weitere Identifizierungsangaben bekannt zu geben, soweit sie sich aus den Unterlagen des Staatssicherheitsdienstes eindeutig entnehmen lassen. [2]Satz 1 gilt auch für andere Personen, die den Betroffenen schriftlich denunziert haben, wenn der Inhalt der Denunziation geeignet war, dem Betroffenen Nachteile zu bereiten. [3]Interessen von Mitarbeitern und Denunzianten an der Geheimhaltung ihrer Namen stehen der Bekanntgabe der Namen nicht entgegen.

(6) Absatz 5 Satz 1 und 2 gilt nicht, wenn der Mitarbeiter des Staatssicherheitsdienstes oder der Denunziant im Zeitpunkt seiner Tätigkeit gegen den Betroffenen das 18. Lebensjahr noch nicht vollendet hatte.

(7) [1]Für Dritte gelten die Absätze 1 bis 6 entsprechend mit der Maßgabe, dass der Antragsteller Angaben zu machen hat, die das Auffinden der Informationen ermöglichen. [2]Die Auskunft wird nur erteilt, wenn der dafür erforderliche Aufwand nicht außer Verhältnis zu dem vom Antragsteller geltend gemachten Informationsinteresse steht.

§ 14 (weggefallen)

§ 15 Recht von nahen Angehörigen Vermisster oder Verstorbener auf Auskunft, Einsicht und Herausgabe

(1) [1]Nahen Angehörigen ist auf Antrag Auskunft zu erteilen
1. zur Rehabilitierung Vermisster oder Verstorbener,
2. zum Schutze des Persönlichkeitsrechts Vermisster oder Verstorbener, insbesondere zur Klärung des Vorwurfs der Zusammenarbeit mit dem Staatssicherheitsdienst,
3. zur Aufklärung des Schicksals Vermisster oder Verstorbener.

[2]Nahen Angehörigen im Sinne des Absatzes 3 ist auf Antrag Auskunft zu erteilen, wenn und soweit sie sonstige berechtigte Interessen im Sinne von § 1 Absatz 1 Nummer 1 glaubhaft machen und keine überwiegenden schutzwürdigen Interessen beeinträchtigt werden. [3]In dem Antrag nach Satz 1 oder Satz 2 sind der Zweck, zu dem die Auskunft eingeholt wird, glaubhaft zu machen und das Verwandtschaftsverhältnis zu der vermissten oder verstorbenen Person nachzuweisen.

(2) § 13 Abs. 1 Satz 2 und Abs. 2 bis 6 gilt entsprechend.

(3) [1]Nahe Angehörige sind Ehegatten, Lebenspartner, Kinder, Enkelkinder, Eltern und Geschwister. [2]Als nahe Angehörige gelten hinsichtlich der leiblichen Eltern auch adoptierte Kinder sowie die leiblichen Eltern adoptierter Kinder, wenn nicht auszuschließen ist, dass der Staatssicherheitsdienst auf die Adoption oder auf das Schicksal der leiblichen Eltern Einfluss genommen hat.

(4) Als nahe Angehörige gelten auch Verwandte bis zum dritten Grad, wenn sie glaubhaft machen, dass keine nahen Angehörigen im Sinne von Absatz 3 vorhanden sind.

(5) Absatz 1 gilt nicht, wenn der Vermisste oder Verstorbene eine andere Verfügung hinterlassen hat oder sein entgegenstehender Wille sich aus anderen Umständen eindeutig ergibt.

§ 16 Recht von Mitarbeitern des Staatssicherheitsdienstes auf Auskunft, Einsicht und Herausgabe

(1) Mitarbeitern des Staatssicherheitsdienstes ist auf Antrag Auskunft über ihre personenbezogenen Informationen zu erteilen, die in den zu ihrer Person geführten Unterlagen enthalten sind.

(2) Die Auskunft kann außerdem eine Umschreibung von Art und Umfang der Tätigkeit, des Personenkreises, über den berichtet worden ist, sowie der Häufigkeit der Berichterstattung umfassen.

(3) [1]Dem Mitarbeiter ist auf Antrag Einsicht in die zu seiner Person geführten Unterlagen zu gewähren. [2]§ 12 Abs. 4 Satz 2 Nr. 2 gilt nicht.

(4) [1]Dem Mitarbeiter kann auf Antrag Auskunft aus den von ihm erstellten Berichten erteilt und Einsicht in diese gewährt werden, wenn er glaubhaft macht, dass er hieran ein rechtliches Interesse hat. [2]Dies gilt nicht, wenn das berechtigte Interesse Betroffener oder Dritter an der Geheimhaltung überwiegt.

(5) [1]Dem Mitarbeiter sind auf Antrag Duplikate der zu seiner Person geführten Unterlagen herauszugeben. [2]In den Duplikaten sind die personenbezogenen Informationen über Betroffene oder Dritte zu anonymisieren.

§ 17 Recht von Begünstigten auf Auskunft, Einsicht und Herausgabe

(1) Für das Recht von Begünstigten auf Auskunft, Einsicht in Unterlagen und Herausgabe von Unterlagen gilt § 16 Abs. 1, 3 und 5 entsprechend.

(2) Der Begünstigte hat Angaben zu machen, die das Auffinden der Informationen ermöglichen.

(3) Absatz 1 gilt nicht, wenn die zuständige oberste Bundesbehörde oder die zuständige Landesbehörde gegenüber dem Bundesarchiv erklärt, dass eine Auskunft, Gewährung von Einsicht in Unterlagen oder Herausgabe von Unterlagen wegen eines überwiegenden öffentlichen Interesses unterbleiben muss.

§ 18 Recht auf Auskunft, Einsicht und Herausgabe bei dem Staatssicherheitsdienst überlassenen Akten von Gerichten und Staatsanwaltschaften

Bei Akten von Gerichten und Staatsanwaltschaften, die das Bundesarchiv nach diesem Gesetz verwahrt, gelten für das Recht auf Auskunft, Einsicht in Akten und Herausgabe von Akten anstelle des § 12 Abs. 4 bis 6 und der §§ 13, 15 bis 17 und 43 die jeweiligen gesetzlichen Verfahrensordnungen.

Zweiter Unterabschnitt Verwendung der Unterlagen des Staatssicherheitsdienstes durch öffentliche und nichtöffentliche Stellen

§ 19 Zugang zu den Unterlagen durch öffentliche und nichtöffentliche Stellen, Verfahrensvorschriften

(1) [1]Das Bundesarchiv macht Mitteilungen an öffentliche und nichtöffentliche Stellen, gewährt ihnen Einsicht in Unterlagen und gibt ihnen Unterlagen heraus, soweit deren Verwendung nach den §§ 20 bis 23, 25 und 26 zulässig ist. [2]In den Fällen des § 20 Abs. 1 Nr. 6 Buchstabe c bis h, Nr. 7 Buchstabe b bis f und des § 21 Abs. 1 Nr. 6 Buchstabe c bis h und Nr. 7 Buchstabe b bis f unterbleibt eine Mitteilung, Einsichtgewährung und Herausgabe, wenn keine Hinweise vorhanden sind, dass nach dem 31. Dezember 1975 eine inoffizielle Tätigkeit für den Staatssicherheitsdienst oder einen ausländischen Nachrichtendienst vorgelegen hat. [3]Satz 2 gilt nicht, wenn sich aus den Unterlagen Anhaltspunkte dafür ergeben, dass ein Mitarbeiter im Zusammenhang mit seiner inoffiziellen Tätigkeit ein Verbrechen begangen oder gegen Grundsätze der Menschlichkeit oder Rechtsstaatlichkeit verstoßen hat.

(2) [1]Ersuchen können von der zur Erfüllung der jeweiligen Aufgabe zuständigen öffentlichen Stelle an das Bundesarchiv gerichtet werden. [2]Wer für eine nichtöffentliche Stelle ein Ersuchen stellt, hat seine Berechtigung hierzu schriftlich unter Hinweis auf die Rechtsgrundlage nachzuweisen.

(3) [1]Das Bundesarchiv prüft, ob sich ein Ersuchen um Mitteilung, Einsichtnahme oder Herausgabe auf einen zulässigen Verwendungszweck bezieht, im Rahmen der Aufgaben des Empfängers liegt und inwieweit die Verwendung für den angegebenen Zweck erforderlich ist. [2]Bei Ersuchen von Gerichten, Staatsanwaltschaften und Polizeibehörden, soweit sie als Hilfsorgane der Staatsanwaltschaften handeln, prüft das Bundesarchiv die Zulässigkeit nur, soweit dazu Anlass besteht.

(4) [1]Mitteilungen werden vom Bundesarchiv schriftlich gemacht, sofern nicht im Einzelfall eine andere Form der Mitteilung angemessen ist. [2]Die Entscheidung trifft es nach pflichtgemäßem Ermessen.

(5) [1]Soll ein Ersuchen um Mitteilung mit Vorrang behandelt werden, ist die besondere Eilbedürftigkeit begründet darzulegen. [2]Von der Eilbedürftigkeit kann ausgegangen werden,

1. wenn die Mitteilung zu Zwecken der Rehabilitierung, Wiedergutmachung, Abwehr einer Gefährdung des Persönlichkeitsrechts oder zur Entlastung vom Vorwurf einer Zusammenarbeit mit dem Staatssicherheitsdienst benötigt wird,
2. bei der Aufklärung, Erfassung und Sicherung des Vermögens der ehemaligen Deutschen Demokratischen Republik und der ehemaligen Rechtsträger mit Sitz in ihrem Gebiet sowie des Vermögens, das dem Bereich der Kommerziellen Koordinierung zugeordnet war,
3. bei der Überprüfung von Personen in den Fällen des § 20 Absatz 1 Nummer 6, 7, 11 und 12 und des § 21 Absatz 1 Nummer 6 bis 9,
4. bei der Strafverfolgung und Gefahrenabwehr in den Fällen des § 23 Abs. 1 Satz 1 Nr. 1 Buchstabe a und b und Nr. 2.

(6) [1]Einsicht wird gewährt, wenn Mitteilungen nicht ausreichen. [2]§ 12 Abs. 4 gilt entsprechend mit der Maßgabe, dass an die Stelle des Antragstellers die Person tritt, auf die sich das Ersuchen bezieht.

(7) [1]Unterlagen sind herauszugeben, wenn die ersuchende Stelle begründet darlegt, dass Mitteilungen und Einsichtnahme nicht ausreichen oder die Einsichtnahme mit unvertretbarem Aufwand verbunden wäre. [2]Originalunterlagen werden nur herausgegeben, wenn dies insbesondere für Beweiszwecke unerlässlich ist. [3]Sie sind an das Bundesarchiv unverzüglich zurückzugeben, sobald sie für den Verwendungszweck nicht mehr benötigt werden. [4]Enthalten die Unterlagen außer den personenbezogenen Informationen über Personen, auf die sich das Ersuchen bezieht, auch solche über andere Betroffene oder Dritte, gilt § 12 Abs. 4 Satz 2 und 3 entsprechend.

(8) [1]In den Fällen des § 20 Absatz 1 Nummer 6, 7, 11 und 12 und des § 21 Absatz 1 Nummer 6 bis 9 unterbleibt eine Mitteilung, Einsichtgewährung und Herausgabe, wenn

1. sich die Informationen auf eine Tätigkeit während der Ableistung des gesetzlich vorgeschriebenen Wehrdienstes in den Streitkräften der ehemaligen DDR oder eines dem Wehrdienst entsprechenden Dienstes außerhalb des Ministeriums für Staatssicherheit beziehen, dabei keine personenbezogenen Informationen geliefert worden sind und die Tätigkeit nach Ablauf des Dienstes nicht fortgesetzt worden ist oder
2. nach dem Inhalt der erschlossenen Unterlagen feststeht, dass trotz einer Verpflichtung zur Mitarbeit keine Informationen geliefert worden sind.

[2]Absatz 3 Satz 1 bleibt unberührt.

§ 20 Verwendung von Unterlagen, die keine personenbezogenen Informationen über Betroffene oder Dritte enthalten, durch öffentliche und nichtöffentliche Stellen

(1) Unterlagen, soweit sie keine personenbezogenen Informationen über Betroffene oder Dritte enthalten, dürfen durch öffentliche und nichtöffentliche Stellen in dem erforderlichen Umfang für folgende Zwecke verwendet werden:

1. Rehabilitierung von Betroffenen, Vermissten und Verstorbenen, Wiedergutmachung, Leistungen nach dem Häftlingshilfegesetz,
2. Schutz des Persönlichkeitsrechts,
3. Aufklärung des Schicksals Vermisster und ungeklärter Todesfälle,

4. Ruhen von Versorgungsleistungen nach dem Versorgungsruhensgesetz sowie Kürzung oder Aberkennung oder Ruhen von Leistungen, auf die das Versorgungsruhensgesetz entsprechende Anwendung findet,
5. Aufklärung, Erfassung und Sicherung des Vermögens der ehemaligen Deutschen Demokratischen Republik und der ehemaligen Rechtsträger mit Sitz in ihrem Gebiet sowie des Vermögens, das dem Bereich der Kommerziellen Koordinierung zugeordnet war,
6. Überprüfung der folgenden Personen nach Maßgabe der dafür geltenden Vorschriften und mit ihrer Kenntnis zur Feststellung, ob sie hauptamtlich oder inoffiziell für den Staatssicherheitsdienst tätig waren, soweit es sich nicht um Tätigkeiten für den Staatssicherheitsdienst vor Vollendung des 18. Lebensjahres gehandelt hat:
   a) Mitglieder der Bundesregierung oder einer Landesregierung sowie sonstige in einem öffentlich-rechtlichen Amtsverhältnis stehende Personen,
   b) Abgeordnete, Mitglieder kommunaler Vertretungen, kommunale Wahlbeamte sowie ehrenamtliche Bürgermeister und entsprechende Vertreter für einen Gemeindeteil,
   c) Beamte, die jederzeit in den einstweiligen Ruhestand versetzt werden können, und Angestellte in entsprechender Funktion,
   d) Beschäftigte öffentlicher Stellen auf mit der Besoldungsgruppe A 9, der Entgeltgruppe E 9 oder einer höheren Besoldungs- oder Entgeltgruppe bewerteten Dienstposten, die unbeschadet der in Nummer 7 genannten Fälle eine leitende Funktion ausüben, sowie von der öffentlichen Hand bestellte Mitglieder der Vertretungs- und Aufsichtsorgane in Einrichtungen, bei denen sich die absolute Mehrheit der Anteile oder die absolute Mehrheit der öffentlichen Stimmen in öffentlicher Hand befindet; darüber hinaus können alle Beschäftigten im öffentlichen Dienst überprüft werden, wenn Tatsachen den Verdacht einer hauptamtlichen oder inoffiziellen Tätigkeit für das Ministerium für Staatssicherheit der ehemaligen Deutschen Demokratischen Republik rechtfertigen,
   e) Berufsrichter und ehrenamtliche Richter,
   f) Soldaten auf mit der Besoldungsgruppe A 13 oder höher bewerteten Dienstposten, die eine leitende Funktion ausüben, sowie Stabsoffiziere, die auf Dienstposten mit erheblicher Außenwirkung im integrierten Bereich (In- oder Ausland), im Attachédienst oder bei sonstigen Dienststellen im Ausland eingesetzt sind,
   g) Mitglieder des Präsidiums und des Vorstandes sowie leitende Angestellte des Deutschen Olympischen Sportbundes, seiner Spitzenverbände und der Olympiastützpunkte, Repräsentanten des deutschen Sports in internationalen Gremien sowie Trainer und verantwortliche Betreuer von Mitgliedern der deutschen Nationalmannschaften,
   h) Personen, die sich in den Fällen der Buchstaben a bis g um das Amt, die Funktion oder die Einstellung bewerben;

   die Feststellung kann sich auch auf die Tätigkeit für einen ausländischen Nachrichtendienst beziehen,
7. Überprüfung der folgenden Personen nach Maßgabe der dafür geltenden Vorschriften und mit ihrer Kenntnis zur Feststellung, ob sie hauptamtlich oder inoffiziell für den Staatssicherheitsdienst tätig waren, soweit es sich nicht um Tätigkeiten für den Staatssicherheitsdienst vor Vollendung des 18. Lebensjahres gehandelt hat:
   a) die oder der Bundesbeauftragte für die Opfer der SED-Diktatur beim Deutschen Bundestag und die Beschäftigten der oder des Bundesbeauftragten für die Opfer der SED-Diktatur beim Deutschen Bundestag,

b) die Landesbeauftragten zur Aufarbeitung der SED-Diktatur und der Folgen der kommunistischen Diktatur und ihre Beschäftigten,
c) Mitglieder des Beratungsgremiums nach § 39 und die Beschäftigten des Bundesarchivs, soweit die Beschäftigten im Rahmen ihrer Aufgabenzuweisung oder der von ihnen tatsächlich ausgeübten Tätigkeit mit Unterlagen des Staatssicherheitsdienstes befasst sind,
d) diejenigen Beschäftigten öffentlicher Stellen, die mit der Bearbeitung von Anträgen nach dem Strafrechtlichen, Verwaltungsrechtlichen oder Beruflichen Rehabilitierungsgesetz befasst sind,
e) Beschäftigte und ehrenamtliche Mitarbeiter sowie Gremienmitglieder derjenigen sonstigen Einrichtungen, die mit der Aufarbeitung der Tätigkeit des Staatssicherheitsdienstes oder der Herrschaftsmechanismen der ehemaligen Deutschen Demokratischen Republik oder der ehemaligen Sowjetischen Besatzungszone befasst sind,
f) Personen, die sich in den vorgenannten Fällen um das Amt, die Funktion oder die Einstellung bewerben;

die Feststellung kann sich auch auf die Tätigkeit für einen ausländischen Nachrichtendienst beziehen,

8. Verfahren zur Erteilung oder zum Entzug einer Erlaubnis nach dem Waffengesetz, dem Bundesjagdgesetz, dem Sprengstoffgesetz, dem Kriegswaffenkontrollgesetz und dem Außenwirtschaftsgesetz, soweit sich aus den Unterlagen Hinweise auf die persönliche Zuverlässigkeit ehemaliger Mitarbeiter des Staatssicherheitsdienstes ergeben,
9. Anerkennung von Beschäftigungszeiten, Zahlung und Überführung der Renten ehemaliger Angehöriger des Staatssicherheitsdienstes,
10. Ordensangelegenheiten,
11. Sicherheitsüberprüfungen von Personen mit ihrer Kenntnis gemäß den Sicherheitsüberprüfungsgesetzen des Bundes und der Länder zur Feststellung, ob sie hauptamtlich oder inoffiziell für den Staatssicherheitsdienst tätig waren, soweit es sich nicht um Tätigkeiten für den Staatssicherheitsdienst vor Vollendung des 18. Lebensjahres gehandelt hat; die Feststellung kann sich auch auf die Tätigkeit für einen ausländischen Nachrichtendienst beziehen,
12. Zuverlässigkeitsüberprüfungen von Personen mit ihrer Kenntnis gemäß § 7 des Luftsicherheitsgesetzes und § 12 b Absatz 2 Satz 3 des Atomgesetzes sowie § 5 Absatz 1 Nummer 6, § 7 Absatz 3 Nummer 3 der Atomrechtlichen Zuverlässigkeitsüberprüfungs-Verordnung zur Feststellung, ob sie hauptamtlich oder inoffiziell für den Staatssicherheitsdienst tätig waren, soweit es sich nicht um Tätigkeiten für den Staatssicherheitsdienst vor Vollendung des 18. Lebensjahres gehandelt hat; die Feststellung kann sich auch auf die Tätigkeit für einen ausländischen Nachrichtendienst beziehen.

(2) § 26 bleibt unberührt.

(3) [1]Die Verwendung für die in Absatz 1 Nr. 6 genannten Zwecke ist nach dem 31. Dezember 2030 unzulässig. [2]Unterlagen zu Auskünften und Mitteilungen, die im Zusammenhang mit früheren Überprüfungen bei den anfordernden Stellen angefallen sind, sind dem Bundesarchiv, dem zuständigen Landesarchiv oder kommunalen Archiv oder, bei Mitgliedern des Deutschen Bundestages, dem Archiv des Deutschen Bundestages anzubieten.

§ 21 Verwendung von Unterlagen, die personenbezogene Informationen über Betroffene oder Dritte enthalten, durch öffentliche und nichtöffentliche Stellen

(1) Unterlagen, soweit sie personenbezogene Informationen über Betroffene oder Dritte enthalten, dürfen durch öffentliche und nichtöffentliche Stellen in dem erforderlichen Umfang für folgende Zwecke verwendet werden:

1. Rehabilitierung von Betroffenen, Vermissten und Verstorbenen, Wiedergutmachung, Leistungen nach dem Häftlingshilfegesetz,
2. Schutz des Persönlichkeitsrechts,
3. Aufklärung des Schicksals Vermisster und ungeklärter Todesfälle,
4. Ruhen von Versorgungsleistungen nach dem Versorgungsruhensgesetz sowie Kürzung oder Aberkennung oder Ruhen von Leistungen, auf die das Versorgungsruhensgesetz entsprechende Anwendung findet,
5. Aufklärung, Erfassung und Sicherung des Vermögens der ehemaligen Deutschen Demokratischen Republik und der ehemaligen Rechtsträger mit Sitz in ihrem Gebiet sowie des Vermögens, das dem Bereich der Kommerziellen Koordinierung zugeordnet war,
6. Überprüfung der folgenden Personen nach Maßgabe der dafür geltenden Vorschriften und mit ihrer Kenntnis zur Feststellung, ob sie hauptamtlich oder inoffiziell für den Staatssicherheitsdienst tätig waren, soweit die Feststellung nicht mit den in § 20 genannten Unterlagen getroffen werden kann und es sich nicht um Tätigkeiten für den Staatssicherheitsdienst vor Vollendung des 18. Lebensjahres gehandelt hat:
   a) Mitglieder der Bundesregierung oder einer Landesregierung sowie sonstige in einem öffentlich-rechtlichen Amtsverhältnis stehende Personen,
   b) Abgeordnete, Mitglieder kommunaler Vertretungen, kommunale Wahlbeamte sowie ehrenamtliche Bürgermeister und entsprechende Vertreter für einen Gemeindeteil,
   c) Beamte, die jederzeit in den einstweiligen Ruhestand versetzt werden können, und Angestellte in entsprechender Funktion,
   d) Beschäftigte öffentlicher Stellen auf mit der Besoldungsgruppe A 9, der Entgeltgruppe E 9 oder einer höheren Besoldungs- oder Entgeltgruppe bewerteten Dienstposten, die unbeschadet der in Nummer 7 genannten Fälle eine leitende Funktion ausüben, sowie von der öffentlichen Hand bestellte Mitglieder der Vertretungs- und Aufsichtsorgane in Einrichtungen, bei denen sich die absolute Mehrheit der Anteile oder die absolute Mehrheit der öffentlichen Stimmen in öffentlicher Hand befindet; darüber hinaus können alle Beschäftigten im öffentlichen Dienst überprüft werden, wenn Tatsachen den Verdacht einer hauptamtlichen oder inoffiziellen Tätigkeit für das Ministerium für Staatssicherheit der ehemaligen Deutschen Demokratischen Republik rechtfertigen,
   e) Berufsrichter und ehrenamtliche Richter,
   f) Soldaten auf mit der Besoldungsgruppe A 13 oder höher bewerteten Dienstposten, die eine leitende Funktion ausüben, sowie Stabsoffiziere, die auf Dienstposten mit erheblicher Außenwirkung im integrierten Bereich (In- oder Ausland), im Attachédienst oder bei sonstigen Dienststellen im Ausland eingesetzt sind,
   g) Mitglieder des Präsidiums und des Vorstandes sowie leitende Angestellte des Deutschen Olympischen Sportbundes, seiner Spitzenverbände und der Olympiastützpunkte, Repräsentanten des deutschen Sports in internatio-

nalen Gremien sowie Trainer und verantwortliche Betreuer von Mitgliedern der deutschen Nationalmannschaften,
h) Personen, die sich in den Fällen der Buchstaben a bis g um das Amt, die Funktion oder die Einstellung bewerben;

die Feststellung kann sich auch auf die Tätigkeit für einen ausländischen Nachrichtendienst beziehen,

7. Überprüfung der folgenden Personen nach Maßgabe der dafür geltenden Vorschriften und mit ihrer Kenntnis zur Feststellung, ob sie hauptamtlich oder inoffiziell für den Staatssicherheitsdienst tätig waren, soweit die Feststellung nicht mit den in § 20 genannten Unterlagen getroffen werden kann und es sich nicht um Tätigkeiten für den Staatssicherheitsdienst vor Vollendung des 18. Lebensjahres gehandelt hat:
   a) die oder der Bundesbeauftragte für die Opfer der SED-Diktatur beim Deutschen Bundestag und die Beschäftigten der oder des Bundesbeauftragten für die Opfer der SED-Diktatur beim Deutschen Bundestag,
   b) die Landesbeauftragten zur Aufarbeitung der SED-Diktatur und der Folgen der kommunistischen Diktatur und ihre Beschäftigten,
   c) Mitglieder des Beratungsgremiums nach § 39 und die Beschäftigten des Bundesarchivs, soweit die Beschäftigten im Rahmen ihrer Aufgabenzuweisung oder der von ihnen tatsächlich ausgeübten Tätigkeit mit Unterlagen des Staatssicherheitsdienstes befasst sind,
   d) diejenigen Beschäftigten öffentlicher Stellen, die mit der Bearbeitung von Anträgen nach dem Strafrechtlichen, Verwaltungsrechtlichen oder Beruflichen Rehabilitierungsgesetz befasst sind,
   e) Beschäftigte und ehrenamtliche Mitarbeiter sowie Gremienmitglieder derjenigen sonstigen Einrichtungen, die mit der Aufarbeitung der Tätigkeit des Staatssicherheitsdienstes oder der Herrschaftsmechanismen der ehemaligen Deutschen Demokratischen Republik oder der ehemaligen Sowjetischen Besatzungszone befasst sind,
   f) Personen, die sich in den vorgenannten Fällen um das Amt, die Funktion oder die Einstellung bewerben;

   die Feststellung kann sich auch auf die Tätigkeit für einen ausländischen Nachrichtendienst beziehen,
8. Sicherheitsüberprüfungen von Personen mit ihrer Kenntnis gemäß den Sicherheitsüberprüfungsgesetzen des Bundes und der Länder zur Feststellung, ob sie hauptamtlich oder inoffiziell für den Staatssicherheitsdienst tätig waren, soweit es sich nicht um Tätigkeiten für den Staatssicherheitsdienst vor Vollendung des 18. Lebensjahres gehandelt hat; die Feststellung kann sich auch auf die Tätigkeit für einen ausländischen Nachrichtendienst beziehen,
9. Zuverlässigkeitsüberprüfungen von Personen mit ihrer Kenntnis gemäß § 7 des Luftsicherheitsgesetzes und § 12 b Absatz 2 Satz 3 des Atomgesetzes sowie § 5 Absatz 1 Nummer 6, § 7 Absatz 3 Nummer 3 der Atomrechtlichen Zuverlässigkeitsüberprüfungs-Verordnung zur Feststellung, ob sie hauptamtlich oder inoffiziell für den Staatssicherheitsdienst tätig waren, soweit es sich nicht um Tätigkeiten für den Staatssicherheitsdienst vor Vollendung des 18. Lebensjahres gehandelt hat; die Feststellung kann sich auch auf die Tätigkeit für einen ausländischen Nachrichtendienst beziehen.

(2) Das besondere Verwendungsverbot nach § 5 Abs. 1 bleibt unberührt.

(3) [1]Die Verwendung für die in Absatz 1 Nr. 6 genannten Zwecke ist nach dem 31. Dezember 2030 unzulässig. [2]Unterlagen zu Auskünften und Mitteilungen, die im Zusammenhang mit früheren Überprüfungen bei den anfordernden Stellen angefallen sind, sind dem Bundesarchiv, dem zuständigen Landesarchiv oder kom-

munalen Archiv oder, bei Mitgliedern des Deutschen Bundestages, dem Archiv des Deutschen Bundestages anzubieten.

§ 22 Verwendung von Unterlagen für Zwecke parlamentarischer Untersuchungsausschüsse

(1) Das Recht auf Beweiserhebung durch parlamentarische Untersuchungsausschüsse nach Artikel 44 Abs. 1 und 2 des Grundgesetzes erstreckt sich auch auf Unterlagen des Staatssicherheitsdienstes.

(2) Absatz 1 gilt entsprechend für parlamentarische Untersuchungsausschüsse der Länder.

§ 23 Verwendung von Unterlagen für Zwecke der Strafverfolgung und Gefahrenabwehr

(1) [1]Unterlagen, soweit sie personenbezogene Informationen über Betroffene oder Dritte enthalten, dürfen in dem erforderlichen Umfang verwendet werden

1. zur Verfolgung von
   a) Straftaten im Zusammenhang mit dem Regime der ehemaligen Deutschen Demokratischen Republik, insbesondere Straftaten im Zusammenhang mit der Tätigkeit des Staatssicherheitsdienstes, anderer Sicherheits-, Strafverfolgungs- und Strafvollzugsbehörden sowie der Gerichte,
   b) Verbrechen in den Fällen der §§ 211, 212, 239 a, 239 b, 306 bis 306 c, 307 bis 309, 313, 314 und 316 c des Strafgesetzbuches sowie von Straftaten nach
      aa) § 6 des Völkerstrafgesetzbuches,
      bb) §§ 51, 52 Abs. 1 Nr. 1, 2 Buchstabe c und d sowie Abs. 5 und 6 des Waffengesetzes,
      cc) § 19 Abs. 1 bis 3, § 20 Abs. 1 und 2, jeweils in Verbindung mit § 21, und § 22 a Abs. 1 bis 3 des Gesetzes über die Kontrolle von Kriegswaffen,
      dd) § 29 Abs. 3 Satz 2 Nr. 1, § 29 a Abs. 1 Nr. 2 sowie § 30 Abs. 1 Nr. 1 und 2 des Betäubungsmittelgesetzes,
      ee) § 30 Abs. 1 Nr. 4 des Betäubungsmittelgesetzes, sofern der Täter gewerbsmäßig oder als Mitglied einer Bande gehandelt hat,
   c) Straftaten im Zusammenhang mit dem nationalsozialistischen Regime,
   d) Straftaten nach § 44 dieses Gesetzes,
2. zur Abwehr einer drohenden erheblichen Gefahr für die öffentliche Sicherheit, insbesondere zur Verhütung von drohenden Straftaten.

[2]§ 5 Abs. 1 ist nicht anzuwenden. [3]Verwertungsverbote nach den Vorschriften der Strafprozessordnung bleiben unberührt.

(2) Andere Unterlagen dürfen auch verwendet werden, soweit dies zur Verfolgung anderer Straftaten einschließlich der Rechtshilfe in Strafsachen sowie der Abwehr einer erheblichen Gefahr für die öffentliche Sicherheit, insbesondere zur Verhütung von Straftaten, erforderlich ist.

§ 24 Verwendung der dem Staatssicherheitsdienst überlassenen Akten von Gerichten und Staatsanwaltschaften

(1) [1]Für die Verwendung der Akten von Gerichten und Staatsanwaltschaften, die das Bundesarchiv nach diesem Gesetz verwahrt, gelten anstelle der §§ 19 bis 21, 23, 25 bis 30 und 43 die jeweiligen gesetzlichen Verfahrensordnungen. [2]§ 5 Abs. 1 ist nicht anzuwenden, soweit es sich um Straftaten nach § 23 Abs. 1 Nr. 1 handelt.

(2) [1]Das Bundesarchiv gibt auf Anforderung die in Absatz 1 Satz 1 genannten Unterlagen an Gerichte, Staatsanwaltschaften und Polizeibehörden, soweit sie als Hilfsorgane der Staatsanwaltschaft handeln, heraus. [2]Die Unterlagen sind unverzüglich zurückzugeben, sobald sie für den Verwendungszweck nicht mehr benötigt werden.

§ 25 Verwendung von Unterlagen für Zwecke der Nachrichtendienste

(1) [1]Unterlagen, soweit sie personenbezogene Informationen über Betroffene oder Dritte enthalten, dürfen nicht durch oder für Nachrichtendienste verwendet werden. [2]Ausgenommen sind Unterlagen, soweit sie personenbezogene Informationen enthalten über

1. Mitarbeiter der Nachrichtendienste des Bundes, der Länder oder der Verbündeten und die Verwendung zum Schutze dieser Mitarbeiter oder der Nachrichtendienste erforderlich ist, oder
2. Mitarbeiter anderer Nachrichtendienste und die Verwendung zur Spionageabwehr erforderlich ist.

(2) Unterlagen, soweit sie keine personenbezogenen Informationen über Betroffene oder Dritte enthalten, dürfen durch oder für Nachrichtendienste des Bundes und der Länder im Rahmen ihrer gesetzlichen Aufgaben sowie durch oder für Nachrichtendienste der Verbündeten verwendet werden, wenn sie Informationen enthalten, die

1. die Spionage oder Spionageabwehr,
2. den Bereich des gewalttätigen Extremismus oder des Terrorismus

im Sinne des Bundesverfassungsschutzgesetzes betreffen.

(3) In den Fällen des Absatzes 1 Satz 2 bleibt § 5 Abs. 1 unberührt.

(4) [1]In den Fällen des Absatzes 1 Satz 2 und des Absatzes 2 kann der Bundesminister des Innern, für Bau und Heimat die ersatzlose Herausgabe von Unterlagen anordnen, wenn das Verbleiben der Unterlagen beim Bundesarchiv dem Wohl des Bundes oder eines Landes Nachteile bereiten würde. [2]Die Anordnung bedarf der Zustimmung des Parlamentarischen Kontrollgremiums nach dem Gesetz über die parlamentarische Kontrolle nachrichtendienstlicher Tätigkeit des Bundes.

(5) Außerdem dürfen durch oder für Nachrichtendienste im Rahmen ihrer gesetzlichen Aufgaben die in § 26 genannten Unterlagen verwendet werden.

§ 26 Verwendung von Dienstanweisungen, Organisationsplänen und weiteren Unterlagen

(1) [1]Richtlinien, Dienstanweisungen, Organisationspläne und Stellenpläne des Staatssicherheitsdienstes, soweit sie keine personenbezogenen Informationen über Betroffene oder Dritte enthalten, dürfen auch für andere Zwecke verwendet werden. [2]Das Gleiche gilt für Pläne und Verzeichnisse von Objekten und anderen Gegenständen des Staatssicherheitsdienstes, insbesondere Grundrisspläne, Pläne über Versorgungsleitungen und Telefonleitungen.

(2) Unterlagen, die nicht gezielt zu natürlichen Personen angelegt worden sind, dürfen auch für andere Zwecke verwendet werden, soweit sie keine überwiegend schutzwürdigen personenbezogenen Informationen enthalten.

§ 27 Mitteilungen ohne Ersuchen an öffentliche Stellen

(1) Stellt das Bundesarchiv gelegentlich der Erfüllung seiner Aufgaben nach diesem Gesetz eine hauptamtliche oder inoffizielle Tätigkeit für den Staatssicherheitsdienst fest von

1. Personen, die ein Amt oder eine Funktion nach § 20 Abs. 1 Nr. 6 Buchstabe a oder b ausüben,
2. Personen, die ein Amt nach § 20 Abs. 1 Nr. 7 Buchstabe a ausüben,
3. bis 7. (weggefallen)
8. Personen, wegen deren Tätigkeit die Verwendung von Unterlagen nach § 20 Abs. 1 Nr. 4 oder § 21 Abs. 1 Nr. 4 zulässig ist,

so hat es dies von sich aus der zuständigen Stelle mitzuteilen.

(2) Stellt das Bundesarchiv gelegentlich der Erfüllung seiner Aufgaben nach diesem Gesetz fest, dass sich aus den Unterlagen Anhaltspunkte ergeben für
1. eine Straftat im Zusammenhang mit der Tätigkeit des Staatssicherheitsdienstes,
2. eine der in § 23 Abs. 1 Nr. 1 Buchstabe b genannten Straftaten,
3. eine erhebliche Gefahr für die öffentliche Sicherheit,
4. das Vorhandensein von Vermögen im Sinne des § 20 Abs. 1 Nr. 5 und § 21 Abs. 1 Nr. 5,

so hat es dies von sich aus der zuständigen Stelle mitzuteilen.

(3) Stellt das Bundesarchiv gelegentlich der Erfüllung seiner Aufgaben nach diesem Gesetz fest, dass sich in den Unterlagen Informationen über Spionage, Spionageabwehr, gewalttätigen Extremismus oder Terrorismus im Sinne des Bundesverfassungsschutzgesetzes befinden, so hat es dies von sich aus dem Bundesminister des Innern, für Bau und Heimat mitzuteilen.

(4) Mitteilungen nach den Absätzen 1 bis 3 sind nur zulässig, soweit sie auch auf Ersuchen erfolgen dürfen.

§ 28 (weggefallen)

§ 29 Zweckbindung

(1) [1]Nach den §§ 19 bis 23, 25 und 27 übermittelte personenbezogene Informationen dürfen nur für die Zwecke verarbeitet und genutzt werden, für die sie übermittelt worden sind. [2]Für andere Zwecke dürfen sie nur verarbeitet oder genutzt werden, soweit die Voraussetzungen der §§ 20 bis 23 und 25 vorliegen.

(2) Sollen personenbezogene Informationen über Betroffene oder Dritte nach Absatz 1 Satz 2 für einen anderen Zweck verarbeitet oder genutzt werden, ist die Zustimmung des Bundesarchivs erforderlich.

(3) Die Absätze 1 und 2 gelten entsprechend für personenbezogene Informationen in den Unterlagen, die nach § 8 Abs. 2 bei öffentlichen Stellen verbleiben.

§ 30 Benachrichtigung von der Übermittlung

(1) Werden vom Bundesarchiv personenbezogene Informationen über einen Betroffenen nach den §§ 21 und 27 Abs. 1 übermittelt, sind dem Betroffenen die Art der übermittelten Informationen und deren Empfänger mitzuteilen.

(2) Eine Pflicht zur Benachrichtigung besteht nicht, wenn der Betroffene auf andere Weise Kenntnis von der Übermittlung erlangt hat oder die Benachrichtigung nur mit unvertretbarem Aufwand möglich wäre.

(3) Eine Benachrichtigung unterbleibt während des Zeitraums, für den die zuständige oberste Bundes- oder Landesbehörde gegenüber dem Bundesarchiv festgestellt hat, dass das Bekanntwerden der Übermittlung die öffentliche Sicherheit gefährden oder sonst dem Wohle des Bundes oder eines Landes Nachteile bereiten würde.

§ 31 Gerichtliche Überprüfung von Entscheidungen des Bundesarchivs auf Antrag von Behörden

(1) [1]Lehnt das Bundesarchiv ein Ersuchen einer Behörde um Mitteilung, Einsichtnahme oder Herausgabe ab, entscheidet über die Rechtmäßigkeit dieser Ablehnung auf Antrag der betroffenen Behörde das Oberverwaltungsgericht nach mündlicher Verhandlung durch Beschluss. [2]Der Beschluss ist unanfechtbar. [3]Ein Vorverfahren findet nicht statt. [4]Zuständig ist das Oberverwaltungsgericht Berlin-Brandenburg.

(2) [1]Der Vorsitzende kann aus besonderen Gründen die Einsicht in die Akten oder in Aktenteile sowie die Fertigung oder Erteilung von Auszügen und Abschriften versagen oder beschränken. [2]Dieser Beschluss und der Beschluss des Oberverwaltungsgerichts über die Verpflichtung zur Vorlage von Urkunden nach § 99 Abs. 2 der Verwaltungsgerichtsordnung sind nicht anfechtbar. [3]Im Übrigen sind die Beteiligten zur Geheimhaltung von Tatsachen verpflichtet, die ihnen durch Akteneinsicht zur Kenntnis gelangt sind.

Dritter Unterabschnitt Verwendung der Unterlagen des Staatssicherheitsdienstes für die politische und historische Aufarbeitung sowie durch Presse und Rundfunk

§ 32 Verwendung von Unterlagen für die politische und historische Aufarbeitung

(1) [1]Für die Forschung zum Zwecke der politischen und historischen Aufarbeitung der Tätigkeit des Staatssicherheitsdienstes oder der Herrschaftsmechanismen der ehemaligen Deutschen Demokratischen Republik oder der ehemaligen Sowjetischen Besatzungszone sowie für Zwecke der politischen Bildung stellt das Bundesarchiv auf Antrag folgende Unterlagen zur Verfügung:

1. Unterlagen, die keine personenbezogenen Informationen enthalten,
2. Duplikate von Unterlagen, in denen die personenbezogenen Informationen anonymisiert worden sind, es sei denn, die Informationen sind offenkundig,
3. Unterlagen mit personenbezogenen Informationen über
   - Mitarbeiter des Staatssicherheitsdienstes, soweit es sich nicht um Tätigkeiten für den Staatssicherheitsdienst vor Vollendung des 18. Lebensjahres gehandelt hat, oder
   - Begünstigte des Staatssicherheitsdienstes,
4. Unterlagen mit personenbezogenen Informationen über Personen der Zeitgeschichte, Inhaber politischer Funktionen oder Amtsträger, soweit es sich um Informationen handelt, die ihre zeitgeschichtliche Rolle, Funktions- oder Amtsausübung betreffen,
5. Unterlagen mit anderen personenbezogenen Informationen, wenn die schriftlichen Einwilligungen der betreffenden Personen vorgelegt werden; die Einwilligungen müssen den Antragsteller, das Vorhaben und die durchführenden Personen bezeichnen,
6. Unterlagen mit personenbezogenen Informationen zu Verstorbenen, deren Tod 30 Jahre zurückliegt; diese Schutzfrist kann auf zehn Jahre verkürzt werden, wenn die Benutzung für ein wissenschaftliches Forschungsvorhaben oder zur Wahrnehmung berechtigter Belange erforderlich ist und überwiegende schutzwürdige Belange nicht beeinträchtigt werden; ist das Todesjahr nicht oder nur mit unvertretbarem Aufwand festzustellen, endet die Schutzfrist 110 Jahre nach der Geburt; die Nummern 1 bis 5 bleiben unberührt,

7. Unterlagen mit personenbezogenen Informationen darüber hinaus, soweit
   a) dies erforderlich ist für die Durchführung der wissenschaftlichen Forschungsarbeit an Hochschulen, an anderen Forschungseinrichtungen und bei den Landesbeauftragten zur Aufarbeitung der SED-Diktatur und der Folgen der kommunistischen Diktatur oder für die Erstellung von Gutachten, Berichten und Stellungnahmen im Auftrag des Deutschen Bundestages durch die Bundesbeauftragte oder den Bundesbeauftragten für die Opfer der SED-Diktatur beim Deutschen Bundestag,
   b) eine Nutzung anonymisierter Informationen zu diesem Zweck nicht möglich oder die Anonymisierung mit einem unverhältnismäßigen Aufwand verbunden ist und
   c) der Empfänger der Informationen Amtsträger oder nach dem Verpflichtungsgesetz förmlich verpflichtet worden ist.

[2]Unterlagen mit personenbezogenen Informationen nach Satz 1 Nr. 3, 4 und 7 dürfen nur zur Verfügung gestellt werden, soweit durch deren Verwendung keine überwiegenden schutzwürdigen Interessen der dort genannten Personen beeinträchtigt werden. [3]Bei der Abwägung ist insbesondere zu berücksichtigen, ob die Informationserhebung erkennbar auf einer Menschenrechtsverletzung beruht.

(2) Unterlagen, die sich nach § 2 Abs. 1 Nr. 3 Buchstabe b bis d in besonderer Verwahrung befinden, dürfen nur mit Einwilligung des Bundesministers des Innern, für Bau und Heimat verwendet werden.

(3) [1]Personenbezogene Informationen dürfen nur veröffentlicht werden, wenn
1. diese offenkundig sind,
2. es sich um Informationen handelt über
   - Mitarbeiter des Staatssicherheitsdienstes, soweit diese nicht Tätigkeiten für den Staatssicherheitsdienst vor Vollendung des 18. Lebensjahres betreffen, oder
   - Begünstigte des Staatssicherheitsdienstes,
3. es sich um Informationen handelt über Personen der Zeitgeschichte, Inhaber politischer Funktionen oder Amtsträger, soweit diese ihre zeitgeschichtliche Rolle, Funktions- oder Amtsausübung betreffen, oder
4. die Personen, über die personenbezogene Informationen veröffentlicht werden sollen, eingewilligt haben,
5. es sich um Informationen über Verstorbene handelt, deren Tod 30 Jahre zurückliegt; diese Schutzfrist kann auf zehn Jahre verkürzt werden, wenn die Benutzung für ein wissenschaftliches Forschungsvorhaben oder zur Wahrnehmung berechtigter Belange erforderlich ist und überwiegende schutzwürdige Belange nicht beeinträchtigt werden; ist das Todesjahr nicht oder nur mit unvertretbarem Aufwand festzustellen, endet die Schutzfrist 110 Jahre nach der Geburt; die Nummern 1 bis 4 bleiben unberührt.

[2]Durch die Veröffentlichung der in Satz 1 Nr. 2 und 3 genannten personenbezogenen Informationen dürfen keine überwiegenden schutzwürdigen Interessen der genannten Personen beeinträchtigt werden. [3]Bei der Abwägung ist insbesondere zu berücksichtigen, ob die Informationserhebung erkennbar auf einer Menschenrechtsverletzung beruht. [4]Personenbezogene Informationen nach Satz 1 Nr. 5 dürfen nur veröffentlicht werden, soweit durch die Veröffentlichung keine überwiegenden schutzwürdigen Interessen anderer Personen beeinträchtigt werden.

(4) Die Absätze 1 und 3 gelten sinngemäß auch für Zwecke der politischen und historischen Aufarbeitung der nationalsozialistischen Vergangenheit.

§ 32a Benachrichtigung

(1) [1]Sollen Unterlagen nach § 32 Abs. 1 Satz 1 Nr. 4 zur Verfügung gestellt werden, sind die hiervon betroffenen Personen zuvor rechtzeitig darüber und über den Inhalt der Information zu benachrichtigen, damit Einwände gegen ein Zugänglichmachen solcher Unterlagen vorgebracht werden können. [2]Das Bundesarchiv berücksichtigt diese Einwände bei der nach § 32 Abs. 1 vorzunehmenden Interessenabwägung. [3]Soweit kein Einvernehmen erzielt wird, dürfen Unterlagen erst zwei Wochen nach Mitteilung des Ergebnisses der Abwägung zugänglich gemacht werden.

(2) Eine Benachrichtigung kann entfallen, wenn die Beeinträchtigung schutzwürdiger Interessen der betreffenden Person nicht zu befürchten ist, die Benachrichtigung nicht möglich ist oder diese nur mit unverhältnismäßigem Aufwand möglich wäre.

§ 33 Verfahren

(1) Für Zwecke der Forschung und der politischen Bildung kann an allen Standorten oder in digitaler Form Einsicht in Unterlagen genommen werden.

(2) Die Einsichtnahme kann wegen der Bedeutung oder des Erhaltungszustandes der Unterlagen auf die Einsichtnahme in Duplikate beschränkt werden.

(3) Soweit die Einsichtnahme in Unterlagen gestattet ist, können auf Verlangen Duplikate der Unterlagen herausgegeben werden; dies gilt nicht im Falle des § 32 Abs. 1 Satz 1 Nr. 7.

(4) Duplikate, die nach Absatz 3 herausgegeben worden sind, dürfen von dem Empfänger weder für andere Zwecke verwendet noch an andere Stellen weitergegeben werden.

(5) Die Einsichtnahme in noch nicht erschlossene Unterlagen ist nicht zulässig.

§ 34 Verwendung von Unterlagen durch Presse, Rundfunk und Film

(1) Für die Verwendung von Unterlagen durch Presse, Rundfunk, Film, deren Hilfsunternehmen und die für sie journalistisch-redaktionell tätigen Personen gelten die §§ 32 bis 33 entsprechend.

(2) [1]Führt die Veröffentlichung personenbezogener Informationen durch Rundfunkanstalten des Bundesrechts zu Gegendarstellungen von Personen, die in der Veröffentlichung genannt sind, so sind diese Gegendarstellungen den personenbezogenen Informationen beizufügen und mit ihnen aufzubewahren. [2]Die Informationen dürfen nur zusammen mit den Gegendarstellungen erneut veröffentlicht werden.

Vierter Abschnitt Besondere Vorschriften

§§ 35–37 *[aufgehoben]*

§ 37a Beschäftigung von Mitarbeitern des Staatssicherheitsdienstes

[1]Eine Beschäftigung von ehemaligen Mitarbeitern des Staatssicherheitsdienstes beim Bundesarchiv ist vorbehaltlich des Satzes 2 unzulässig, soweit sie im Rahmen ihrer Aufgabenzuweisung oder der von ihnen tatsächlich ausgeübten Tätigkeit mit Unterlagen des Staatssicherheitsdienstes befasst sind. [2]Ehemalige Mitarbeiter des Staatssicherheitsdienstes, die am 31. Dezember 2011 beim Bundesbeauftragten für die Unterlagen des Staatssicherheitsdienstes der ehemaligen Deut-

schen Demokratischen Republik beschäftigt waren, sind ihren Fähigkeiten entsprechend und unter Berücksichtigung sozialer Belange auf einen gleichwertigen Arbeitsplatz innerhalb der Bundesverwaltung zu versetzen, wenn ihnen dies im Einzelfall zumutbar ist; dies gilt nicht, falls sie bei ihrer Einstellung auf Befragen eine Tätigkeit für den Staatssicherheitsdienst verschwiegen haben. [3]Bei der Beurteilung der Zumutbarkeit sind insbesondere das Interesse des Beschäftigten an einer gleichwertigen Arbeitssituation sowie seine persönlichen und familiären Umstände zu berücksichtigen.

§ 38 [1]Landesbeauftragte

(1) Das Bundesarchiv gibt den Landesbeauftragten zur Aufarbeitung der SED-Diktatur und der Folgen der kommunistischen Diktatur Gelegenheit, zu landesspezifischen Besonderheiten bei der Verwendung der Unterlagen nach dem Dritten Abschnitt dieses Gesetzes Stellung zu nehmen.

(2) [1]Landesrecht kann bestimmen, dass die Landesbeauftragten zur Aufarbeitung der SED-Diktatur und der Folgen der kommunistischen Diktatur die Beteiligten bei der Wahrnehmung ihrer Rechte nach den §§ 13 bis 17 beraten. [2]Diese Tätigkeit kann sich auch auf die psycho-soziale Beratung nach Abschluss der Verfahren nach § 12 erstrecken.

§ 39 Beratungsgremium

(1) [1]Zur Begleitung des Transformationsprozesses des Stasi-Unterlagen-Archivs in das Bundesarchiv und zur Beratung des Bundesarchivs in die Unterlagen des Staatssicherheitsdienstes berührenden Belangen wird ein Beratungsgremium gebildet, das bis zum Ablauf von fünf Jahren nach der konstituierenden Sitzung des Beratungsgremiums besteht. [2]Das Beratungsgremium besteht aus

1. sechs Mitgliedern, die von den Landesregierungen der Länder Berlin, Brandenburg, Mecklenburg-Vorpommern, Sachsen, Sachsen-Anhalt und Thüringen benannt werden,
2. drei Mitgliedern, die vom Deutschen Bundestag benannt werden, und
3. drei Mitgliedern, die von der für Kultur und Medien zuständigen obersten Bundesbehörde benannt werden und von denen ein Mitglied einem Verband der Opfer kommunistischer Gewaltherrschaft oder einer Vereinigung oder Interessengemeinschaft von Betroffenen staatlicher Repressionen der ehemaligen Deutschen Demokratischen Republik angehört.

(2) Das Bundesarchiv unterrichtet das Beratungsgremium über grundsätzliche oder andere wichtige, die Unterlagen des Staatssicherheitsdienstes berührende Angelegenheiten und erörtert sie mit ihm.

(3) [1]Mitglieder des Beratungsgremiums sind bei ihrer Bestellung zur Verschwiegenheit über nicht offenkundige personenbezogene Informationen und sonstige vertrauliche Informationen, die ihnen bei ihrer Tätigkeit bekannt werden, zu verpflichten. [2]Die Verschwiegenheitspflicht besteht auch nach Beendigung ihrer Mitgliedschaft im Beratungsgremium fort.

(4) Das Beratungsgremium gibt sich eine Geschäftsordnung, die der Zustimmung des Bundesarchivs bedarf.

---

1 Siehe zur Ausführung in Sachsen-Anhalt das Gesetz über die Beauftragte des Landes Sachsen-Anhalt zur Aufarbeitung der SED-Diktatur (AufarbBG LSA).

§ 39 a *[aufgehoben]*

§ 40 Maßnahmen zur Sicherung der Unterlagen

(1) Das Bundesarchiv trifft die organisatorischen und technischen Maßnahmen, die erforderlich sind, um die Unterlagen gegen unbefugten Zugriff zu sichern.

(2) Es ist insbesondere sicherzustellen, dass
1. die Mitarbeiter des Bundesarchivs auf Unterlagen und Datenverarbeitungssysteme ausschließlich im Rahmen ihrer Aufgabenzuweisung zugreifen können und jeder Zugriff auf Unterlagen unter Angabe des Anlasses protokolliert wird,
2. die unbefugte Erstellung von archivischen Findmitteln und die unbefugte Eingabe von Informationen sowie die unbefugte Kenntnisnahme, Veränderung oder Löschung gespeicherter Informationen verhindert wird,
3. mindestens bis zum Ablauf von zehn Jahren nach Abschluss der Bearbeitung dokumentiert wird, welche Unterlagen oder Informationen aus Unterlagen zu welcher Zeit an wen herausgegeben oder übermittelt worden sind,
4. nachträglich feststell- und überprüfbar ist, welche Informationen zu welcher Zeit in Datenverarbeitungssysteme eingegeben worden sind,
5. Gebäude, in denen die Unterlagen des Staatssicherheitsdienstes untergebracht sind, gegen unbefugtes Eindringen geschützt sind,
6. Unbefugte keinen Zugang zu den Archiven und zu Datenverarbeitungssystemen, mit denen Informationen aus den Unterlagen verarbeitet werden, erhalten,
7. Unterlagen nicht unbefugt gelesen, kopiert, verändert, vernichtet oder entfernt werden können,
8. Unterlagen und Datenträger beim Transport nicht unbefugt gelesen, kopiert, verändert, gelöscht oder vernichtet werden können,
9. die innerbehördliche Organisation insgesamt so gestaltet ist, dass sie den besonderen Anforderungen des Datenschutzes gerecht wird.

§ 41 Automatisierte Verfahren, Informationsverarbeitung im Auftrag

(1) Personenbezogene Informationen aus Unterlagen des Staatssicherheitsdienstes darf das Bundesarchiv nur insoweit automatisiert verarbeiten, als dies zur Erfüllung seiner Aufgaben erforderlich ist.

(2) [1]Die Einrichtung automatisierter Abrufverfahren zum Zwecke der Übermittlung ist unzulässig. [2]§ 2 Abs. 1 Nr. 5 bleibt unberührt.

(3) Die Erteilung eines Auftrags zur Verarbeitung von Informationen aus den Unterlagen ist nur dann zulässig, wenn die Verarbeitung beim Bundesarchiv mit eigenen Mitteln nicht oder nur mit unverhältnismäßigem Aufwand möglich ist, der Auftragsverarbeiter unter besonderer Berücksichtigung der Eignung gerade für den Umgang mit diesen Informationen ausgewählt worden ist und er die Informationen ausschließlich entsprechend den Weisungen des Bundesarchivs verarbeitet.

Fünfter Abschnitt Schlussvorschriften

§ 42 Gebühren und Auslagen

(1) [1]Für individuell zurechenbare öffentliche Leistungen nach den §§ 13 und 15 bis 17 gegenüber nichtöffentlichen Stellen nach § 19 in Verbindung mit den §§ 20, 21 und 26 sowie nach den §§ 32 und 34 sind zur Deckung des Verwaltungsaufwands Gebühren und Auslagen zu erheben. [2]In den Fällen des Widerrufs oder der Rücknahme eines Verwaltungsaktes, der Ablehnung oder Zurücknahme eines An-

trags auf Vornahme einer individuell zurechenbaren öffentlichen Leistung sowie der Zurückweisung oder Zurücknahme eines Widerspruchs sind ebenfalls Gebühren zu erheben. [3]Für Auskünfte an Betroffene, Dritte und nahe Angehörige Vermisster oder Verstorbener sowie für die ihnen gewährte Einsicht in die Unterlagen werden Gebühren und Auslagen nicht erhoben.

(2) [1]Das für Kultur und Medien zuständige Mitglied der Bundesregierung hat durch Rechtsverordnung ohne Zustimmung des Bundesrates die gebührenpflichtigen Tatbestände und die Gebührensätze zu bestimmen und hat in der Rechtsverordnung feste Sätze oder Rahmengebühren vorzusehen. [2]In der Rechtsverordnung kann die Erstattung von Auslagen abweichend von den Regelungen des Bundesgebührengesetzes bestimmt werden.

§ 42 a Gerichtsstand

Gerichtsstand ist Berlin.

§ 43 Vorrang dieses Gesetzes

(1) [1]Die Regelungen dieses Gesetzes gehen Vorschriften über die Zulässigkeit der Übermittlung personenbezogener Informationen in anderen Gesetzen vor. [2]Das Bundesdatenschutzgesetz findet mit Ausnahme der §§ 14 bis 16 des Bundesdatenschutzgesetzes keine Anwendung, soweit nicht in § 6 Abs. 9 dieses Gesetzes etwas anderes bestimmt ist.

(2) Die Rechte betroffener Personen nach Artikel 15, 16, 18 Absatz 1 Buchstabe a, b und d sowie den Artikeln 19 bis 21 der Verordnung (EU) 2016/679 des Europäischen Parlaments und des Rates vom 27. April 2016 zum Schutz natürlicher Personen bei der Verarbeitung personenbezogener Daten, zum freien Datenverkehr und zur Aufhebung der Richtlinie 95/46/EG (Datenschutz-Grundverordnung) (ABl. L 119 vom 4.5.2016, S. 1; L 314 vom 22.11.2016, S. 72; L 127 vom 23.5.2018, S. 2) werden nur nach Maßgabe dieses Gesetzes gewährt.

§ 44 Strafvorschriften

[1]Wer von diesem Gesetz geschützte Originalunterlagen oder Duplikate von Originalunterlagen mit personenbezogenen Informationen über Betroffene oder Dritte ganz oder in wesentlichen Teilen im Wortlaut öffentlich mitteilt, wird mit Freiheitsstrafe bis zu drei Jahren oder mit Geldstrafe bestraft. [2]Dies gilt nicht, wenn der Betroffene oder Dritte eingewilligt hat.

§ 45 Bußgeldvorschriften

(1) Ordnungswidrig handelt, wer vorsätzlich oder fahrlässig

1. entgegen § 7 Abs. 3 eine Anzeige nicht oder nicht rechtzeitig erstattet,
2. entgegen § 9 Abs. 1 Satz 1 und Abs. 2 Unterlagen oder Kopien und sonstige Duplikate von Unterlagen nicht oder nicht rechtzeitig auf Verlangen des Bundesarchivs herausgibt oder
3. entgegen § 9 Abs. 3 Unterlagen dem Bundesarchiv nicht überlässt.

(2) Die Ordnungswidrigkeit kann mit einer Geldbuße bis zu zweihundertfünfzigtausend Euro geahndet werden.

(3) Verwaltungsbehörde im Sinne des § 36 Abs. 1 Nr. 1 des Gesetzes über Ordnungswidrigkeiten ist das Bundesarchiv.

§ 46 *[aufgehoben]*

§ 46 a Einschränkung von Grundrechten

Das Brief-, Post- und Fernmeldegeheimnis (Artikel 10 des Grundgesetzes) wird nach Maßgabe dieses Gesetzes eingeschränkt.

§ 47 Übergangsregelung

Für die Rechtsverhältnisse der bisherigen Bundesbeauftragten für die Unterlagen des Staatssicherheitsdienstes der ehemaligen Deutschen Demokratischen Republik und des bei Inkrafttreten dieses Gesetzes aufgrund der Regelungen in Anlage I Kapitel II Sachgebiet B Abschnitt II Nummer 2 Buchstabe b des Einigungsvertrages vom 31. August 1990 (BGBl. 1990 II S. 885, 912) vorhandenen Amtsinhabers ist § 36 Absatz 4 bis 6 in der Fassung der Bekanntmachung vom 18. Februar 2007 (BGBl. I S. 162), das zuletzt durch Artikel 164 der Verordnung vom 19. Juni 2020 (BGBl. I S. 1328) geändert worden ist, weiter anzuwenden.

§ 48 Evaluierung

[1]Die für Kultur und Medien zuständige oberste Bundesbehörde legt dem Deutschen Bundestag nach Ablauf von fünf Jahren nach Inkrafttreten[1] des Gesetzes vom 9. April 2021 (BGBl. I S. 750) einen Evaluierungsbericht zum Transformationsprozess des Stasi-Unterlagen-Archivs in das Bundesarchiv vor. [2]Im Zuge der Evaluierung wird geprüft, ob das Bestehen des Beratungsgremiums nach § 39 Absatz 1 für weitere fünf Jahre erforderlich ist.

1 In Kraft getreten am 17.6.2021.

Anlage 5
Benutzungsantrag Bundesarchiv

BENUTZUNGSANTRAG
*(Bitte **deutlich lesbar** ausfüllen)*

1. Vor- und Zuname: ☐
   ggf. zusätzlich Name des Recherchedienstes: ☐
2. Adresse (Straße, Wohnort): ☐
3. Beruf: ☐
4. Staatsangehörigkeit: ☐
5. E-Mail: ☐

6. Benutzungsthema (mit Angabe des Zeitraums): ☐

7. Benutzungszweck:

wissenschaftlich	☐ Habilitation	☐ Dissertation	☐ Edition	☐ Aufsatz
	andere wissenschaftliche Veröffentlichung: ☐			
	☐ Magister/ Master/Bachelor	☐ Staatsexamen	☐ Diplom	☐ Seminararbeit
publizistisch	☐ Presse	☐ Fernsehen	☐ Film	☐ Bildband
	Sonstiges: ☐			
privat (keine Veröffentlichung)	☐ Beweismittel	☐ Genealogie	☐ Heimatkunde	☐ Facharbeit
	Sonstiges: ☐			
amtlich	☐ Parlament	☐ Gericht	☐ Behörde	☐ Sonstige Stelle
historische Bildungsarbeit		☐ Ausstellung	☐ Publikation	☐ Sonstiges

8. Auftraggeber (Name und Adresse), wenn Benutzung nicht ausschließlich in eigener Sache erfolgt (Auftraggeber von Recherchediensten müssen zusätzlich einen Antrag stellen): ☐

9. Name des die Arbeit betreuenden Dozenten (bei Prüfungsarbeiten): ☐

10. Name und Adresse von Hilfskräften: ☐

11. Ich habe bereits im Bundesarchiv gearbeitet: ja ☐ nein ☐
12. Mit der Bekanntgabe des Arbeitsthemas und meines Namens an andere Benutzer bin ich einverstanden: ja ☐ nein ☐
13. Ich möchte vierteljährlich per E-Mail mit dem Newsletter über Neuigkeiten aus dem Bundesarchiv informiert werden: ja ☐ nein ☐
14. Ich habe zur Kenntnis genommen, dass die personenbezogenen Angaben dieses Benutzungsantrages und die Informationen über meine Benutzung und die von mir bestellten Unterlagen dauerhaft in der Datenbank des Bundesarchivs gespeichert werden.

bitte wenden

Verpflichtungserklärung

gemäß § 3 Abs. 3 Bundesarchiv-Benutzungsverordnung

1. Das Bundesarchivgesetz, die Bundesarchiv-Benutzungsverordnung, die Bundesarchiv-Kostenverordnung, die Benutzersaalordnung sowie das Merkblatt über die Privatisierung reprographischer Arbeiten habe ich zur Kenntnis genommen und verpflichte mich, die Vorschriften zu beachten.
2. Mir ist bekannt, dass bei der Recherche in Erschließungsinformationen sowie der Auswertung von mir benutzter Archivalien des Bundesarchivs **Urheber-** und **Persönlichkeitsrechte** sowie anderweitige **schutzwürdige Belange** berührt werden können. Ich werde diese Rechte beachten und erkenne an, dass ich gegebenenfalls Verletzungen solcher Rechte gegenüber dem Berechtigten selbst zu vertreten habe. Ich stelle das Bundesarchiv bei Verstößen von der Haftung frei.
3. Ich verpflichte mich, mit den Archivalien gemäß § 4 der Bundesarchiv-Benutzungsverordnung sorgfältig umzugehen (ist durch Auftraggeber von Recherchediensten zu streichen).
4. Mir ist bekannt, dass Archivalienreproduktionen nur mit Zustimmung des Bundesarchivs an Dritte weitergegeben werden dürfen. Weitergehende rechtliche Regelungen bleiben unberührt. Ich verpflichte mich, bei Benutzungen im Namen und in Vollmacht eines Auftraggebers Archivalienreproduktionen für eigene Zwecke nicht zu verwenden.
5. Ich verpflichte mich, von jeder Veröffentlichung (Druck oder sonstige Vervielfältigung), für die Archivalien des Bundesarchivs benutzt worden sind, ein Belegstück sogleich nach Erscheinen unaufgefordert und kostenlos an das Bundesarchiv abzugeben.

____________, den	________	....
(Ort)	(Datum)	(eigenhändige Unterschrift)
		....
		(Unterschrift(en) der Hilfskraft/-kräfte)

(Nicht vom Benutzer auszufüllen)

Az.:	Benutzung genehmigt:
Benutzungsnummer:	☐ wissenschaftlich ☐ publizistisch ☐ privat
Vormerkkarte Belegexemplar: ja ☐ nein ☐	☐ amtlich ☐ historische Bildungsarbeit
	Referate Federführung: .... Mitwirkung: ....
Bundesarchiv ...., den	Benutzungsauflagen nach § 3 (2) BArchBV: ....
(Benutzersaalaufsicht)	

Stand: 16.03.2017

Anlage 6
Verordnung über Kosten beim Bundesarchiv (Bundesarchiv-Kostenverordnung – BArchKostV)[1]

Vom 29. September 1997 (BGBl. I S. 2380)
(FNA 224-8-2)

zuletzt geändert durch Art. 4 Abs. 36 G zur Aktualisierung der Strukturreform des Gebührenrechts des Bundes vom 18. Juli 2016 (BGBl. I S. 1666)

Auf Grund des § 6 Satz 1 Nr. 2 des Bundesarchivgesetzes vom 6. Januar 1988 (BGBl. I S. 62) verordnet das Bundesministerium des Innern:

§ 1 Geltungsbereich

Für die Benutzung von Archivgut beim Bundesarchiv werden Gebühren und Auslagen nach dieser Verordnung erhoben.

§ 2 Gebühren und Auslagen

Die Gebühren und Auslagen bestimmen sich nach dem anliegenden Gebühren- und Auslagenverzeichnis.

§ 3 Pflichten des Gebührenschuldners

Auf Verlangen des Bundesarchivs hat der Benutzer die für die Gebührenfestsetzung nötigen Angaben zu machen.

§ 4 Sachliche Gebührenfreiheit, Gebührenbefreiung

(1) Gebühren werden nicht erhoben für mündliche und einfache schriftliche Auskünfte.

(2) Gebührenbefreiung besteht ferner für Benutzungen zu wissenschaftlichen Zwecken nach dem Gebühren- und Auslagenverzeichnis

1. den Nummern 1.1 und 1.2,
2. der Nummer 3.1, wenn nicht mehr als eine Stunde Arbeitszeit aufgewendet werden muß.

(3) Auf die Gebühr nach Nummer 4.11 des Gebühren- und Auslagenverzeichnisses kann das Bundesarchiv bei einer Auflage bis zu 500 Exemplaren verzichten.

§ 5 (aufgehoben)

§ 6 Inkrafttreten

Diese Verordnung tritt am Tage nach der Verkündung in Kraft.

1 **Aufgehoben mit Ablauf des 30.9.2021** durch Art. 4 Abs. 36 G v. 18.7.2016 (BGBl. I S. 1666).

Anlage (zu § 2)

Gebühren- und Auslagenverzeichnis

A. Gebühren[1]

Nummer		Gebührentatbestand	Gebührenbetrag in Deutscher Mark
	I.	Benutzung von Archivgut im Bundesarchiv	
1.1		1. Karten, Plakate, Bild- oder anderes Archivgut, dessen Benutzung besonderen Aufwand voraussetzt, je angefangenem Tag	55,00
1.2		2. Kinofilme auf Projektionstischen, Videofilme oder Tonträger je angefangener Stunde	30,00
1.3		3. Kinofilme in der Vorführung je angefangener Stunde	40,00
2	II.	Benutzung von Archivgut außerhalb des Bundesarchivs je Aufbewahrungseinheit	15,00
	III.	Bearbeitung von Anfragen	
3		Schriftliche Auskünfte oder Ermittlung von Archiv- und Bibliotheksgut je angefangener halben Stunde	30,00
	IV.	Wiedergabe von Archivgut	
		1. Publikationen im Druck oder auf elektronischen Speichermedien je Reproduktion bei einer Auflage	
4.11		a) bis 3 000 Exemplare	30,00
4.12		b) bis 5 000 Exemplare	50,00
4.13		c) bis 25 000 Exemplare	70,00
4.14		d) bis 50 000 Exemplare	90,00
4.15		e) bis 100 000 Exemplare	120,00
4.16		f) bis 150 000 Exemplare	180,00
4.17		g) bis 300 000 Exemplare	240,00
4.18		h) über 300 000 Exemplare	350,00
		Neuauflagen, Nachdrucke, Übersetzungen oder Lizenzausgaben werden wie neue Publikationen behandelt. Bei gleichzeitiger Publikation im Druck und auf CD-ROM wird für die CD-ROM-Ausgabe ein Nachlass von 50 % auf die Gebühr für die gedruckte Ausgabe gewährt.	
		2. Fernsehsendungen, Videoproduktionen oder Kinofilme je zur Verfügung gestellter Reproduktion	

1 Der Betrag wurde amtlich noch nicht auf Euro umgestellt; 1 Euro = 1,95583 DM.

Nummer			Gebührentatbestand	Gebührenbetrag in Deutscher Mark
4.21		a)	lokal	10,00
4.22		b)	regional	30,00
4.23		c)	national	50,00
4.24		d)	europaweit	80,00
4.25		e)	weltweit	150,00
	3.	Einblendung in Onlinedienste je Reproduktion		
4.31		a)	eine Woche	50,00
4.32		b)	ein Monat	75,00
4.33		c)	drei Monate	150,00
4.34		d)	sechs Monate	225,00
4.35		e)	ein Jahr	375,00
4.4	4.	Akteneditionen auf CD-ROM oder Mikrofiches je Reproduktion		0,05
4.5	5.	Tonträger je angefangener Wiedergabeminute		50,00

B. Auslagen[2]

Nummer			Auslagentatbestand		Höhe
	I.	Ausführung reprographischer Arbeiten			
		1.	Elektro-/Xerokopien je Stück		
01.1			von Archivgut	DIN A 4	0,80 DM
01.2				DIN A 3	0,90 DM
01.3			von Bibliotheksgut	DIN A 4	0,40 DM
01.4				DIN A 3	0,45 DM
		2.	Kopien über Reader Printer oder Computerausdrucke je Stück oder je Blatt		
02.1			DIN A 4		0,30 DM
02.2			DIN A 3		0,40 DM
		3.	Farbkopien je Stück		
03.1			DIN A 4		10,50 DM
03.2			DIN A 3		14,50 DM
04		4.	Aufnahmen auf Dokumenten-Mikrorollfilm (35 mm) oder Mikrofiche je Stück (insgesamt mindestens 6,00 DM)		0,90 DM
		5.	Duplizierung von Mikrofilmen (Diazo) 35 mm je Meter (insgesamt mindestens 6,00 DM)		
05.1			unter 30 m		2,00 DM
05.2			ab 30 m		1,70 DM

2 Der Betrag wurde amtlich noch nicht auf Euro umgestellt; 1 Euro = 1,95583 DM.

Nummer	Auslagentatbestand	Höhe
	6. Aufnahmen auf Bildfilm je Stück	
06.1	24 x 36 mm	4,50 DM
06.2	6 x 7 cm	5,50 DM
06.3	9 x 12 cm	9,00 DM
06.4	13 x 18 cm	12,00 DM
07	7. Aufnahmen auf Dokumenten-Mikroplanfilm (DIN A 5) je Stück	7,50 DM
08	8. Duplizierung von Mikrofiches (DIN A 6) je Stück	3,00 DM
	9. Aufnahmen auf Farbfilm je Stück (insgesamt mindestens 15,00 DM)	
	a) Color-Negativfilm	
09.1	24 x 36 mm	5,50 DM
09.2	6 x 7/6 x 9 cm	7,00 DM
09.3	9 x 12 cm	15,00 DM
	b) Color-Diapositiv	
09.4	24 x 36 mm	7,00 DM
09.5	6 x 7/6 x 9 cm	10,00 DM
09.6	9 x 12 cm	16,00 DM
	10. Fotografische Rückvergrößerungen auf Dokumentenpapier je Stück	
10.1	DIN A 4	3,00 DM
10.2	DIN A 3	4,00 DM
10.3	DIN A 2	9,00 DM
10.4	DIN A 1	14,00 DM
10.5	DIN A 0	31,00 DM
	11. Schwarz-weiß-Rückvergrößerungen auf klischeefähigem Bildpapier (Bildreproduktionen) je Stück	
11.1	10,5 x 14,8 cm (WPK)	3,50 DM
11.2	13 x 18 cm	4,00 DM
11.3	18 x 24 cm	8,50 DM
11.4	24 x 30 cm	13,00 DM
11.5	30 x 40 cm	19,00 DM
11.6	40 x 50 cm	28,00 DM
	II. Kopierung auf elektronische Speichermedien	
	1. Dateien je Stück	
12.1	a) Magnetband, DAT-Kassette oder CD	80,00 DM
12.2	b) Diskette	11,00 DM
	2. Tonträger je Stück	
13.1	a) Kassette	30,00 DM
13.2	b) DAT-Kassette	40,00 DM
	c) Magnetband	
13.3	bis zu 15 Minuten Spieldauer	30,00 DM
13.4	jede weitere Minute	2,00 DM
	III. Benutzungskopien bei Kinofilmen und Videomaterialien	
	1. Duplizierung von Kinofilmen je Meter	

Nummer				Auslagentatbestand	Höhe
			a)	Teile von Filmrollen (Abklammerung)	
14.1				Schwarz/weiß	4,20 DM
14.2				Farbe	6,30 DM
			b)	Ganze Filmrollen	
14.3				Schwarz/weiß	2,10 DM
14.4				Farbe	3,15 DM
		2.	je Vorführung		
			a)	Kinofilme je Meter	
15.1				Schwarz/weiß	0,08 DM
15.2				Farbe	0,12 DM
15.3			b)	Videomaterialien je Minute	0,40 DM
16	IV.	Sonderleistungen (z.B. Aufwand für besondere Verpackung und Beförderung)			in voller Höhe, mindestens 5,00 DM (Pauschale)
17	V.	Kosten für die Ausführung reprographischer Arbeiten durch Dritte			in voller Höhe

Anlage 7 a
Gesetz über die Pflege und Nutzung von Archivgut (Landesarchivgesetz – LArchG)

Vom 27. Juli 1987 (GBl. S. 230)
(BWGültV Sachgebiet 116)

zuletzt geändert durch Art. 2 G zur Einführung der Informationsfreiheit vom 17. Dezember 2015 (GBl. S. 1201)

1. Abschnitt: Staatliches Archivgut

§ 1 Organisation der staatlichen Archivverwaltung

(1) Zuständige Fachbehörde für alle Aufgaben des staatlichen Archivwesens einschließlich der Ausbildung ist das Landesarchiv Baden-Württemberg mit seinen Standorten Staatsarchiv Freiburg, Generallandesarchiv Karlsruhe, Staatsarchiv Ludwigsburg, Staatsarchiv Sigmaringen, Hauptstaatsarchiv Stuttgart und Staatsarchiv Wertheim.

(2) Den Sitz der Leitung des Landesarchivs und die Verteilung der Aufgaben regelt ein Organisationsstatut.

§ 2 Zuständigkeit und Aufgaben

(1) [1]Das Landesarchiv verwahrt, erhält und erschließt als Archivgut alle Unterlagen, die von den Behörden, Gerichten und sonstigen Stellen des Landes, deren Funktionsvorgängern oder von Rechtsvorgängern des Landes übernommen worden sind und die bleibenden Wert haben; es macht das Archivgut allgemein nutzbar. [2]Das Landesarchiv erfasst die Unterlagen bei den Behörden, Gerichten und sonstigen Stellen des Landes und kann diese bei der Verwaltung von Schriftgut und anderen Unterlagen beraten.

(2) [1]Unterlagen im Sinne von Absatz 2[1] sind insbesondere Schriftstücke, Akten, Karteien, Karten, Pläne, Bild-, Film- und Tonmaterialien sowie sonstige Informationsträger und maschinenlesbar auf diesen gespeicherte Informationen und Programme. [2]Bleibenden Wert haben Unterlagen, denen historischer Wert zukommt oder die auf Grund von Rechtsvorschriften oder von Verwaltungsvorschriften der jeweils zuständigen obersten Landesbehörde zur Sicherung berechtigter Belange der Bürger oder zur Bereitstellung von Informationen für Gesetzgebung, Verwaltung oder Rechtspflege dauernd aufzubewahren sind. [3]Der bleibende Wert von Unterlagen, die nicht aufgrund von Rechtsvorschriften oder von Verwaltungsvorschriften der jeweils zuständigen obersten Landesbehörde dauernd aufzubewahren sind, wird durch die Archivare festgestellt.

(3) Das Landesarchiv kann auch Archivgut anderer Stellen und Privater mit deren Einvernehmen erfassen, verwahren, erhalten, erschließen und allgemein nutzbar machen sowie andere Stellen und Private bei der Wahrnehmung dieser Aufgaben unterstützen, soweit daran ein öffentliches Interesse besteht.

(4) Die Landesregierung kann dem Landesarchiv durch Rechtsverordnung weitere Aufgaben übertragen, die mit dem Archivwesen zusammenhängen; sie kann insbesondere bestimmen, daß das Landesarchiv im Auftrag der in Absatz 1 genannten Stellen von diesen noch nicht gemäß § 3 Abs. 1 Sätze 1 und 2 anzubietende Unterlagen verwahren.

---

1 Wohl richtig: „Absatz 1“.

§ 3 Übernahme des Archivguts

(1) [1]Die Behörden, Gerichte und sonstigen Stellen des Landes bieten alle Unterlagen, die sie zur Erfüllung ihrer Aufgaben nicht mehr benötigen, dem Landesarchiv an. [2]Unabhängig davon sind alle Unterlagen jedoch spätestens 30 Jahre nach ihrer Entstehung dem Landesarchiv anzubieten, sofern durch Rechtsvorschriften oder durch Verwaltungsvorschriften der obersten Landesbehörden nicht längere Aufbewahrungsfristen vorgesehen sind. [3]Anzubieten sind auch Unterlagen, die durch Rechtsvorschriften über Geheimhaltung geschützt sind, wenn die abgebende Stelle im Benehmen mit dem Landesarchiv festgestellt hat, daß schutzwürdige Belange des Betroffenen durch geeignete Maßnahmen unter Abwägung aller Umstände des Einzelfalls angemessen berücksichtigt werden. [4]Die erforderlichen Maßnahmen müssen bereits vor der Übergabe durchgeführt oder festgelegt werden. [5]Unterlagen, die durch § 203 Abs. 1 Nr. 4 und 4 a des Strafgesetzbuches geschützt sind, dürfen nur in anonymisierter Form übergeben werden.

(2) [1]Das Landesarchiv entscheidet im Benehmen mit der anbietenden Stelle über die Übernahme von Unterlagen, denen historischer Wert zukommt. [2]Auswahl und Form der Übernahme maschinenlesbar gespeicherter Informationen und Programme vereinbart das Landesarchiv mit der anbietenden Stelle. [3]Wenn das Landesarchiv die Übernahme ablehnt oder nicht innerhalb eines Jahres über die Übernahme entschieden hat, sind die Unterlagen zu vernichten, wenn kein Grund zu der Annahme besteht, daß durch die Vernichtung schutzwürdige Belange des Betroffenen beeinträchtigt werden. [4]Vorher dürfen Unterlagen nur mit Zustimmung des Landesarchivs vernichtet werden.

(3) [1]In Ausnahmefällen können im Einvernehmen mit dem Landesarchiv Unterlagen einem anderen Archiv übergeben werden, solange die Einhaltung der in den §§ 4 bis 6 getroffenen Bestimmungen gewährleistet ist und die archivfachlichen Ansprüche hierfür insbesondere in personeller, baulicher und einrichtungsmäßiger Hinsicht erfüllt sind. [2]Unter den Voraussetzungen des Satzes 1 sollen die Landratsämter als untere Verwaltungsbehörden Unterlagen dem Archiv des Landkreises anbieten und übergeben.

§ 4 Sicherung des Archivguts

[1]Das Archivgut ist durch die erforderlichen technischen und organisatorischen Maßnahmen vor unbefugter Nutzung, vor Beschädigung oder Vernichtung zu schützen. [2]Die Verknüpfung personenbezogener Daten ist innerhalb der in § 6 genannten Sperrfristen nur zulässig, wenn die schutzwürdigen Belange des Betroffenen angemessen berücksichtigt sind. [3]Unterlagen, denen kein bleibender Wert zukommt, sind zu vernichten.

§ 5 Recht auf Auskunft und Gegendarstellung

(1) [1]Das Auskunftsrecht gemäß § 12[1] des Landesdatenschutzgesetzes bleibt unberührt. [2]§ 12[2] Landesdatenschutzgesetz gilt entsprechend für personenbezogene Daten, die nicht in Dateien gespeichert sind, soweit sie mit vertretbarem Aufwand zu ermitteln sind; statt einer Auskunft kann Einsicht in das Archivgut gewährt werden.

(2) [1]Wer die Richtigkeit von Angaben zu seiner Person bestreitet, kann verlangen, daß dem Archivgut seine Gegendarstellung beigefügt wird, wenn er ein berechtig-

1 Jetzt geregelt in § 21 LDSG.
2 Jetzt geregelt in § 21 LDSG.

tes Interesse daran glaubhaft macht. [2]Nach seinem Tod steht dieses Recht dem Ehegatten, dem Lebenspartner, den Kindern oder den Eltern zu.

(3) [1]Rechtsansprüche auf Berichtigung personenbezogener Angaben bleiben unberührt, richten sich jedoch gegen die Stelle, bei der die Unterlagen entstanden sind. [2]Löschungsansprüche gemäß § 13 Abs. 3[3] des Landesdatenschutzgesetzes sind nach Übergabe der Unterlagen an das Landesarchiv ausgeschlossen.

§ 6 Nutzung des Archivguts

(1) Jedermann hat nach Maßgabe der Benutzungsordnung das Recht, das Archivgut nach Ablauf der Sperrfristen zu nutzen, soweit sich aus Rechtsvorschriften oder Vereinbarungen mit derzeitigen oder früheren Eigentümern des Archivguts nichts anderes ergibt.

(2) [1]Archivgut darf nicht vor Ablauf von 30 Jahren seit Entstehung der Unterlagen genutzt werden. [2]Unterlag Archivgut Rechtsvorschriften über Geheimhaltung, darf es frühestens 60 Jahre nach Entstehung der Unterlagen genutzt werden. [3]Bezieht es sich nach seiner Zweckbestimmung auf eine natürliche Person, so darf es frühestens 10 Jahre nach deren Tod genutzt werden; kann der Todestag nicht oder nur mit unvertretbarem Aufwand festgestellt werden, endet die Sperrfrist 90 Jahre nach der Geburt.

(3) Die Sperrfristen nach Absatz 2 gelten nicht für solche Unterlagen, die schon bei ihrer Entstehung zur Veröffentlichung bestimmt oder der Öffentlichkeit zugänglich waren.

(4) [1]Das Landesarchiv kann Sperrfristen um höchstens 20 Jahre verlängern, wenn dies im öffentlichen Interesse liegt oder wenn schutzwürdige Belange des Betroffenen dies erfordern. [2]Das Landesarchiv kann Sperrfristen verkürzen, wenn schutzwürdige Belange des Betroffenen nicht entgegenstehen. [3]Eine Verkürzung der Sperrfrist nach Absatz 2 Satz 3 ist nur zulässig, wenn die Person, auf die sich das Archivgut bezieht, oder im Falle ihres Todes ihr Ehegatte, ihr Lebenspartner, ihre Kinder oder ihre Eltern eingewilligt haben oder wenn die Nutzung zu wissenschaftlichen Zwecken oder zur Wahrnehmung berechtigter Belange, die im überwiegenden Interesse einer anderen Person oder Stelle liegen, unerläßlich ist und durch Anonymisierung oder durch andere Maßnahmen die schutzwürdigen Belange des Betroffenen angemessen berücksichtigt werden. [4]Bei einer Nutzung zu wissenschaftlichen Zwecken kann von einer Anonymisierung abgesehen werden, wenn das wissenschaftliche Interesse an der Offenbarung wegen der Bedeutung des Forschungsvorhabens die schutzwürdigen Belange des Betroffenen erheblich überwiegt und das Forschungsvorhaben sonst nicht durchgeführt werden könnte.

(5) [1]Für die Nutzung von Archivgut durch Behörden, Gerichte und sonstige Stellen des Landes, bei denen es entstanden ist oder die es abgegeben haben, gelten die Sperrfristen der Absätze 2 und 4 nicht, es sei denn, daß das Archivgut durch diese Stellen auf Grund von Rechtsvorschriften *hätten* gesperrt oder vernichtet werden müssen. [2]§ 13 Abs. 2 Satz 3 Halbsatz 2[1] des Landesdatenschutzgesetzes bleibt unberührt.

3 Jetzt geregelt in § 23 Abs. 1 LDSG.

1 Die Nutzung gesperrter personenbezogener Daten ist jetzt in § 24 Abs. 4 LDSG geregelt.

(6) [1]Die Nutzung ist einzuschränken oder zu versagen, soweit
1. Grund zu der Annahme besteht, daß das Wohl der Bundesrepublik Deutschland oder eines ihrer Länder gefährdet würde oder
2. Grund zu der Annahme besteht, daß schutzwürdige Belange Dritter entgegenstehen oder
3. der Erhaltungszustand des Archivguts gefährdet würde oder
4. ein nicht vertretbarer Verwaltungaufwand entstehen würde oder
5. Vereinbarungen mit derzeitigen oder früheren Eigentümern entgegenstehen.

[2]Die Nutzung kann aus anderen wichtigen Gründen eingeschränkt oder versagt werden. [3]Die Entscheidung über die Einschränkung oder Versagung der Nutzung trifft das Landesarchiv. [4]Das Nähere über die Nutzung des Archivguts, insbesondere über das Antrags- und Genehmigungsverfahren, über die Sorgfaltspflichten bei der Nutzung, über die Versendung von Archivgut, über die Ablieferung von Belegexemplaren und über die Herstellung von Kopien und Reproduktionen, regelt die Landesregierung durch Rechtsverordnung (Benutzungsordnung).

(7) [1]Der Nutzer ist verpflichtet, von einem Druckwerk im Sinne von § 2 Abs. 1 des Pflichtexemplargesetzes, das er unter wesentlicher Verwendung von Archivgut des Landesarchivs verfaßt oder erstellt hat, nach Erscheinen des Druckwerkes der Archivverwaltung unaufgefordert ein Belegexemplar unentgeltlich abzuliefern. [2]Ist dem Nutzer die unentgeltliche Ablieferung eines Belegexemplares insbesondere wegen der niedrigen Auflage oder der hohen Kosten des Druckwerkes nicht zumutbar, kann er der Archivverwaltung entweder ein Exemplar des Druckwerkes zur Herstellung einer Vervielfältigung für einen angemessenen Zeitraum überlassen oder eine Entschädigung bis zur Höhe des halben Ladenpreises verlangen. [3]Wenn ein Ladenpreis nicht besteht, kann der Nutzer eine Entschädigung bis zur Höhe der halben Herstellungskosten des Belegexemplars verlangen. [4]Sätze 1 bis 3 gelten entsprechend für Veröffentlichungen des Nutzers in Sammelwerken oder Zeitschriften sowie für Schriftwerke, die nicht veröffentlicht sind. [5]Ohne Zustimmung des Nutzers dürfen nichtveröffentlichte Schriftwerke von der Archivverwaltung nur zur Erschließung von Archivgut verwendet werden; anderen Personen darf keine Einsicht in nichtveröffentlichte Schriftwerke gewährt werden. [6]Satz 5 findet keine Anwendung, wenn das Urheberrecht erloschen ist.

§ 6 a Unterlagen von Stellen des Bundes, bundesrechtliche Geheimhaltungsvorschriften

(1) Für Archivgut, das gemäß § 2 Abs. 3 Satz 1 des Bundesarchivgesetzes von Stellen des Bundes dem Staatsarchiv übergeben worden ist, gelten § 2 Abs. 4 Satz 2 sowie §§ 4 und 5 Abs. 1 bis 7 und 9 des Bundesarchivgesetzes entsprechend.

(2) Für Archivgut, das Rechtsvorschriften des Bundes über die Geheimhaltung im Sinne der §§ 10 oder 11 des Bundesarchivgesetzes unterliegt und das von anderen als den in § 2 Abs. 1 des Bundesarchivgesetzes genannten Stellen öffentlichen Archiven übergeben woden ist, gelten § 2 Abs. 4 Satz 2 und § 5 Abs. 1 bis 7 und 9 des Bundesarchivgesetzes entsprechend.

2. Abschnitt: Kommunales und sonstiges öffentliches Archivgut

§ 7 Kommunales Archivgut

(1) [1]Die Gemeinden und Landkreise verwahren, erhalten und erschließen Unterlagen von bleibendem Wert im Sinne von § 2 Abs. 3 mit den entsprechenden Amtsdrucksachen als Archivgut in eigenen Archiven; sie sollen das Archivgut nutzbar

machen. [2]Dies gilt auch für Unterlagen, die gemäß § 3 Abs. 3 Satz 2 vom Archiv des Landkreises übernommen worden sind.

(2) [1]Die Gemeinden und Landkreise überprüfen alle Unterlagen, die sie zur Aufgabenerfüllung nicht mehr benötigen. [2]Sind die überprüften Unterlagen von bleibendem Wert, so sind sie in das Archiv zu übernehmen; anderenfalls sind sie zu vernichten, wenn kein Grund zu der Annahme besteht, daß durch die Vernichtung schutzwürdige Belange des Betroffenen beeinträchtigt werden. [3]§ 3 Abs. 1 Sätze 3 bis 5 gelten entsprechend; anstelle des Landesarchivs entscheiden die Gemeinden und Landkreise.

(3) [1]Die Gemeinden und Landkreise erlassen eine Archivordnung als Satzung. [2]In der Satzung kann eine Verpflichtung zur Ablieferung von Belegexemplaren bestimmt werden; § 6 Abs. 7 gilt entsprechend. [3]Beruht das Druckwerk oder nichtveröffentlichte Schriftwerk nur zum Teil auf der Verwendung von Archivgut des kommunalen Archivs, kann bestimmt werden, daß eine Vervielfältigung der entsprechenden Seiten dem kommunalen Archiv zu überlassen ist. [4]§§ 4, 5, 6 Abs. 2 bis 5 und Abs. 6 Satz 1 und 2 sowie § 6 a Abs. 2 gelten entsprechend. [5]Über die Verlängerung oder Verkürzung von Sperrfristen (§ 6 Abs. 4, § 6 a Abs. 2) sowie über die Einschränkung oder Versagung der Nutzung (§ 6 Abs. 6 Satz 1 und 2, § 6 a Abs. 2) entscheiden die Gemeinden und Landkreise. [6]Rechtsansprüche auf Einsichtnahme, die sich aus kommunalrechtlichen Bestimmungen ergeben, bleiben unberührt.

(4) Absätze 1 bis 3 gelten für Gemeindeverwaltungsverbände, Zweckverbände, Nachbarschaftsverbände und kommunale Stiftungen entsprechend.

§ 8 Sonstiges öffentliches Archivgut

(1) [1]Körperschaften, Anstalten und Stiftungen des öffentlichen Rechts, die der Aufsicht des Landes unterstehen und über kein eigenes Archiv verfügen, das archivfachlichen Ansprüchen genügt, haben Unterlagen, die sie zur Erfüllung ihrer Aufgaben nicht mehr benötigen, dem Landesarchiv anzubieten. [2]Eine Anbietungspflicht gegenüber dem Landesarchiv besteht nicht, wenn die Unterlagen einer für Archivierungszwecke geschaffenen Gemeinschaftseinrichtung oder einem anderen Archiv angeboten und übergeben werden, solange diese archivfachlichen Ansprüchen genügen und die Einhaltung der in §§ 4 bis 6 getroffenen Bestimmungen gewährleistet ist. [3]Das Landesarchiv stellt fest, ob ein Archiv archivfachlichen Ansprüchen im Sinne von § 3 Abs. 3 genügt. [4]Das Landesarchiv kann das angebotene Archivgut übernehmen, verwahren, erhalten, erschließen und allgemein nutzbar machen. [5]Die übergebende Stelle hat ein Rücknahmerecht für den Fall, daß sie selbst ein Archiv im Sinne des Satzes 1 einrichtet und unterhält. [6]§ 3 Abs. 1 Sätze 3 bis 5 und Absätze 2 und 3 sowie § 6 Abs. 5 gelten entsprechend.

(2) [1]Für die in Absatz 1 genannten Stellen, die eigene Archive unterhalten und für die keine besonderen gesetzlichen Regelungen bestehen, gelten § 2 Abs. 2 und 3, § 3 Abs. 1 und 2, §§ 4, 5, 6 und 6 a Abs. 2 entsprechend. [2]Über die Verlängerung oder Verkürzung von Sperrfristen (§ 6 Abs. 4, § 6 a Abs. 2) sowie über die Einschränkung oder Versagung der Nutzung (§ 6 Abs. 6 Satz 1 und 2, § 6 a Abs. 2) entscheidet der Träger des Archivs; dieser erläßt auch die Benutzungsordnung (§ 6 Abs. 6 Satz 4).

3. Abschnitt: Schlußbestimmungen

§ 9 Änderung des Denkmalschutzgesetzes

(hier nicht wiedergegeben)

§ 10 Ausnahmen vom Geltungsbereich

(1) Der Landtag entscheidet in eigener Zuständigkeit, ob Unterlagen, die zur Erfüllung der Aufgaben nicht mehr benötigt werden, dem Landesarchiv angeboten werden.

(2) Dieses Gesetz gilt nicht für die öffentlich-rechtlichen Rundfunkanstalten und für öffentlich-rechtliche Unternehmen mit eigener Rechtspersönlichkeit, die am Wettbewerb teilnehmen, und deren Zusammenschlüsse, mit Ausnahme von Zweckverbänden.

(3) Bestehende Eigentums- und sonstige Rechtsverhältnisse am Archivgut werden durch dieses Gesetz nicht berührt.

§ 11 Inkrafttreten

(1) Dieses Gesetz tritt am Tage nach seiner Verkündung in Kraft.

(2) (nicht wiedergegebene Aufhebungsvorschrift)

Anlage 7 b
Bayerisches Archivgesetz
(BayArchivG)

Vom 22. Dezember 1989 (GVBl. S. 710)
(BayRS 2241-1-WK)

zuletzt geändert durch § 16 a G zur Ausführung des Gesetzes zur Abschaffung des Bayerischen Senates vom 16. Dezember 1999 (GVBl. S. 521)

Abschnitt I Allgemeines

Artikel 1 Geltungsbereich

Dieses Gesetz gilt für die Archivierung von Unterlagen in den staatlichen Archiven und in Archiven sonstiger öffentlicher Stellen in Bayern.

Artikel 2 Begriffsbestimmungen

(1) [1]Archivgut sind alle archivwürdigen Unterlagen einschließlich der Hilfsmittel zu ihrer Nutzung, die bei Behörden, Gerichten und sonstigen öffentlichen Stellen oder bei natürlichen Personen oder bei juristischen Personen des Privatrechts erwachsen sind. [2]Unterlagen sind vor allem Akten, Urkunden und andere Einzelschriftstücke, Karten, Pläne, Bild-, Film- und Tonmaterial und sonstige Datenträger sowie Dateien einschließlich der zu ihrer Auswertung erforderlichen Programme. [3]Zum Archivgut gehört auch Dokumentationsmaterial, das von den Archiven ergänzend gesammelt wird.

(2) Archivwürdig sind Unterlagen, die für die wissenschaftliche Forschung, zur Sicherung berechtigter Belange Betroffener oder Dritter oder für Zwecke der Gesetzgebung, Rechtsprechung oder Verwaltung von bleibendem Wert sind.

(3) Archivierung umfaßt die Aufgabe, das Archivgut zu erfassen, zu übernehmen, auf Dauer zu verwahren und zu sichern, zu erhalten, zu erschließen, nutzbar zu machen und auszuwerten.

Artikel 3 Abgrenzung zu sonstigen gesetzlichen Rechten

Gesetzliche Einsichts-, Mitteilungs- und Vorlagerechte bleiben unberührt.

Abschnitt II Staatliche Archive

Artikel 4 Aufgaben der staatlichen Archive

(1) Die staatlichen Archive sind die staatlichen Fachbehörden für alle Fragen des Archivwesens.

(2) [1]Die staatlichen Archive haben die Aufgabe, das Archivgut der Behörden, Gerichte und sonstigen öffentlichen Stellen des Freistaates Bayern nach Maßgabe dieses Gesetzes zu archivieren. [2]Diese Aufgabe erstreckt sich auch auf Archivgut der Rechtsvorgänger des Freistaates Bayern und der Funktionsvorgänger der in Satz 1 genannten Stellen, das diese oder die staatlichen Archive übernommen haben.

(3) [1]Die staatlichen Archive archivieren in den in diesem Gesetz vorgesehenen Fällen auch Archivgut sonstiger öffentlicher Stellen. [2]Sie können ferner Archivgut weiterer öffentlicher Stellen auf Grund von Vereinbarungen übernehmen; Art. 6

bis 11 gelten, soweit die Vereinbarungen oder Rechtsvorschriften nichts anderes bestimmen.

(4) [1]Die staatlichen Archive können auf Grund von Vereinbarungen oder letztwilligen Verfügungen auch privates Archivgut archivieren, soweit daran ein öffentliches Interesse besteht. [2]Für dieses Archivgut gelten nur Art. 9 und 10 mit der Maßgabe, daß besondere Vereinbarungen mit den Eigentümern oder besondere Festlegungen in den letztwilligen Verfügungen unberührt bleiben. [3]Soweit dem Betroffenen Schutzrechte gegenüber der bisher speichernden Stelle zustehen, richten sich diese nunmehr auch gegen die staatlichen Archive.

(5) [1]Die staatlichen Archive beraten die Behörden, Gerichte und sonstigen öffentlichen Stellen des Freistaates Bayern bei der Verwaltung und Sicherung ihrer Unterlagen. [2]Sie beraten die Rechts- und Stiftungsaufsichtsbehörden bei allen Archivgut betreffenden rechts- und stiftungsaufsichtlichen Entscheidungen. [3]Sie beraten und unterstützen außerdem nichtstaatliche Archiveigentümer bei der Sicherung und Nutzbarmachung ihres Archivguts, soweit daran ein öffentliches Interesse besteht (Archivpflege).

Artikel 5 Ehrenamtliche Archivpfleger

(1) Die staatlichen Archive werden bei der Erfüllung ihrer Aufgaben nach Art. 4 Abs. 5 Sätze 2 und 3 von ehrenamtlichen Archivpflegern unterstützt.

(2) [1]Sie haben über die ihnen bekanntgewordenen Angelegenheiten Verschwiegenheit zu bewahren; das gilt nicht für Mitteilungen im amtlichen Verkehr und über Tatsachen, die offenkundig sind oder ihrer Bedeutung nach keiner Geheimhaltung bedürfen. [2]Sie dürfen die Kenntnis der nach Satz 1 geheimzuhaltenden Angelegenheiten nicht unbefugt verwerten. [3]Sie haben auf Verlangen des staatlichen Archivs amtliche Schriftstücke, Zeichnungen, bildliche Darstellungen und Aufzeichnungen jeder Art über dienstliche Vorgänge herauszugeben, auch soweit es sich um Wiedergaben handelt. [4]Diese Verpflichtungen bestehen auch nach Beendigung des Ehrenamts fort. [5]Die Herausgabepflicht trifft auch die Hinterbliebenen und die Erben.

Artikel 6 Anbietung

(1) [1]Alle Behörden, Gerichte und sonstigen öffentlichen Stellen des Freistaates Bayern haben dem zuständigen staatlichen Archiv die Unterlagen zur Übernahme anzubieten, die sie zur Erfüllung ihrer Aufgaben nicht mehr benötigen. [2]Dies ist in der Regel 30 Jahre nach Entstehung der Unterlagen anzunehmen, soweit durch Rechtsvorschriften oder Verwaltungsvorschriften der obersten Staatsbehörden nichts anderes bestimmt ist. [3]Anzubieten sind auch Unterlagen, die

1. personenbezogene Daten enthalten, einschließlich datenschutzrechtlich gesperrter Daten,
2. unter einem besonderen gesetzlichen Geheimnisschutz stehen oder sonstigen Geheimhaltungsvorschriften unterliegen.

[4]Von der Anbietungspflicht ausgenommen sind Unterlagen, deren Offenbarung gegen das Brief-, Post- oder Fernmeldegeheimnis verstoßen würde.

(2) Durch Vereinbarung zwischen den staatlichen Archiven und der anbietenden Stelle oder dem für die anbietende Stelle zuständigen Staatsministerium kann

1. auf die Anbietung von Unterlagen von offensichtlich geringer Bedeutung verzichtet werden,
2. der Umfang der anzubietenden gleichförmigen Unterlagen, die in großer Zahl erwachsen, im einzelnen festgelegt werden und

3. die Auswahl der anzubietenden maschinenlesbar gespeicherten Informationen einschließlich der Form der Datenübermittlung im einzelnen festgesetzt werden.

(3) Den Vertretern der staatlichen Archive ist Einsicht in die angebotenen Unterlagen und in die Findmittel der Registraturen zu gewähren.

(4) Entscheidet das zuständige staatliche Archiv nicht innerhalb von sechs Monaten über die Übernahme angebotener Unterlagen, ist die anbietende Stelle zu deren weiterer Aufbewahrung nicht verpflichtet.

Artikel 7 Übernahme

(1) [1]Das zuständige staatliche Archiv übernimmt die von ihm im Benehmen mit der anbietenden Stelle als archivwürdig bestimmten Unterlagen. [2]Unterlagen, deren Archivwürdigkeit verneint worden ist, sollen von der anbietenden Stelle vernichtet werden.

(2) Vor der Übernahme von Unterlagen im Sinn von Art. 6 Abs. 1 Satz 3 muß das zuständige staatliche Archiv durch geeignete Maßnahmen oder entsprechende Festlegungen sicherstellen, daß schutzwürdige Belange Betroffener oder Dritter und überwiegende Interessen des Gemeinwohls auch nach der Archivierung angemessen berücksichtigt werden.

(3) [1]Das zuständige staatliche Archiv kann archivwürdige Unterlagen bereits vor Ablauf besonderer Aufbewahrungsfristen endgültig übernehmen, wenn sie älter als 30 Jahre sind. [2]Die Aufbewahrungsfristen werden in diesem Fall durch die Aufbewahrung im Archiv gewahrt.

Artikel 8 Auftragsarchivierung

(1) [1]Das zuständige staatliche Archiv kann auch Unterlagen übernehmen, deren besondere Aufbewahrungsfristen noch nicht abgelaufen sind und bei denen das Verfügungsrecht den abgebenden Stellen vorbehalten bleibt (Auftragsarchivierung). [2]Für die Unterlagen gelten die bisher für sie maßgebenden Rechtsvorschriften fort. [3]Die Verantwortung des zuständigen staatlichen Archivs beschränkt sich auf die in Art. 9 Abs. 1 Satz 1 bestimmten Maßnahmen.

(2) Für die Anbietung, die Entscheidung über die Archivwürdigkeit und die Übernahme der Unterlagen nach Ablauf der Aufbewahrungsfristen gelten Art. 6 und 7 entsprechend.

Artikel 9 Verwaltung und Sicherung des Archivguts

(1) [1]Die staatlichen Archive haben die ordnungs- und sachgemäße dauernde Aufbewahrung und Benützbarkeit des Archivguts und seinen Schutz vor unbefugter Benützung oder Vernichtung durch geeignete technische, personelle und organisatorische Maßnahmen sicherzustellen. [2]Die staatlichen Archive haben das Verfügungsrecht über das Archivgut und sind befugt, das Archivgut nach archivwissenschaftlichen Gesichtspunkten zu ordnen, durch Findmittel zu erschließen sowie Unterlagen, deren Archivwürdigkeit nicht mehr gegeben ist, zu vernichten. [3]Sollen solche Unterlagen in größerem Umfang vernichtet werden, muß das Benehmen mit der abgebenden Stelle hergestellt werden. [4]Die staatlichen Archive können, soweit dies unter archivischen Gesichtspunkten vertretbar oder geboten ist, mit Zustimmung der abgebenden Stelle die im Archivgut enthaltenen Informationen in anderer Form archivieren und die Originalunterlagen vernichten.

(2) Die Verknüpfung personenbezogener Daten durch das Archiv ist nur zulässig, wenn schutzwürdige Belange Betroffener oder Dritter nicht beeinträchtigt werden.

Artikel 10 Benützung der staatlichen Archive

(1) Das in den staatlichen Archiven verwahrte Archivgut steht nach Maßgabe der folgenden Absätze und der Benützungsordnung Behörden, Gerichten und sonstigen öffentlichen Stellen, natürlichen und juristischen Personen auf Antrag für die Benützung zur Verfügung.

(2) [1]Das in den staatlichen Archiven verwahrte Archivgut kann benützt werden, soweit ein berechtigtes Interesse an der Benützung glaubhaft gemacht wird und nicht Schutzfristen entgegenstehen. [2]Ein berechtigtes Interesse ist insbesondere gegeben, wenn die Benützung zu amtlichen, wissenschaftlichen, heimatkundlichen, familiengeschichtlichen, rechtlichen, unterrichtlichen oder publizistischen Zwecken oder zur Wahrnehmung von berechtigten persönlichen Belangen erfolgt. [3]Die Zulassung zur Benützung ist zu versagen oder von Auflagen abhängig zu machen, wenn und soweit

1. Grund zu der Annahme besteht, daß Interessen der Bundesrepublik Deutschland oder eines ihrer Länder gefährdet würden,
2. Grund zu der Annahme besteht, daß schutzwürdige Belange Betroffener oder Dritter entgegenstehen,
3. Gründe des Geheimnisschutzes es erfordern,
4. der Erhaltungszustand des Archivguts gefährdet würde oder
5. durch die Benützung ein nicht vertretbarer Verwaltungsaufwand entstünde.

(3) [1]Soweit durch Rechtsvorschriften oder nach Maßgabe des Absatzes 4 nichts anderes bestimmt ist, bleibt Archivgut, mit Ausnahme bereits bei ihrer Entstehung zur Veröffentlichung bestimmter Unterlagen, für die Dauer von 30 Jahren seit seiner Entstehung von der Benützung ausgeschlossen. [2]Archivgut, das sich auf natürliche Personen bezieht (personenbezogenes Archivgut), darf erst 10 Jahre nach dem Tod des Betroffenen benützt werden. [3]Ist der Todestag nicht oder nur mit unvertretbarem Aufwand festzustellen, endet die Schutzfrist 90 Jahre nach der Geburt des Betroffenen. [4]Archivgut, das besonderen Geheimhaltungsvorschriften unterliegt, darf frühestens 60 Jahre nach seiner Entstehung benützt werden; das gleiche gilt für die Entschädigungsakten des Landesentschädigungsamts und die Rückerstattungsakten der Wiedergutmachungsbehörde Bayern. [5]Für Archivgut, das Rechtsvorschriften des Bundes über Geheimhaltung im Sinn der §§ 8, 10 und 11 des Bundesarchivgesetzes unterliegt, gelten die Schutzfristen des § 5 des Bundesarchivgesetzes. [6]Die Schutzfristen gelten nicht für Maßnahmen nach Art. 9 Abs. 1 Sätze 2 und 4.

(4) [1]Mit Zustimmung der abgebenden Stelle können die Schutzfristen im einzelnen Benützungsfall oder für bestimmte Archivgutgruppen verkürzt werden, wenn durch Rechtsvorschriften nichts anderes bestimmt ist und kein Grund zu der Annahme besteht, daß schutzwürdige Belange Betroffener oder Dritter entgegenstehen. [2]Bei personenbezogenem Archivgut ist eine Verkürzung nur zulässig, wenn der Betroffene eingewilligt hat oder wenn die Benützung zur Erreichung des beabsichtigten wissenschaftlichen Zwecks, zur Behebung einer bestehenden Beweisnot oder aus sonstigen im überwiegenden Interesse der abgebenden Stelle oder eines Dritten liegenden Gründen unerläßlich ist und sichergestellt ist, daß schutzwürdige Belange des Betroffenen oder Dritter nicht beeinträchtigt werden. [3]Die Schutzfristen können mit Zustimmung der abgebenden Stelle um höchstens 30 Jahre verlängert werden, wenn dies im öffentlichen Interesse liegt.

(5) [1]Die Benützung von Archivgut durch Stellen, bei denen es erwachsen ist oder die es abgegeben haben, ist auch innerhalb der Schutzfristen der Absätze 3 und 4 zulässig. [2]Diese Schutzfristen gelten jedoch, wenn das Archivgut hätte gesperrt werden müssen.

Artikel 11 Schutzrechte

(1) [1]Vorschriften des Datenschutzrechts über den Auskunftsanspruch des Betroffenen bleiben unberührt. [2]An Stelle der Auskunft kann das Archiv Einsicht in die Unterlagen gewähren.

(2) [1]Rechtsansprüche Betroffener auf Berichtigung sind in der Weise zu erfüllen, daß zu berichtigende Unterlagen um eine Richtigstellung ergänzt werden. [2]Ist dies nicht möglich, sind die Unterlagen besonders zu kennzeichnen.

(3) [1]Der Betroffene kann verlangen, daß Unterlagen, die sich auf seine Person beziehen, eine Gegendarstellung beigefügt wird, wenn er glaubhaft macht, durch eine falsche Tatsachenbehauptung beeinträchtigt zu sein. [2]Dies gilt nicht für Feststellungen, die in einer rechtskräftigen gerichtlichen oder in einer bestandskräftigen behördlichen Entscheidung enthalten sind. [3]Nach dem Tod des Betroffenen kann die Beifügung einer Gegendarstellung von den Erben sowie von dem Ehegatten, den Kindern oder den Eltern verlangt werden, wenn sie ein berechtigtes Interesse daran geltend machen können.

(4) [1]Unterlagen sind zu vernichten, wenn sie zum Zeitpunkt der Abgabe an das Archiv von der abgebenden Stelle hätten vernichtet werden müssen. [2]Unterlagen sind nicht zu vernichten, wenn die sich aus anderen Vorschriften ergebenden Vernichtungspflichten erst nach der Abgabe an das Archiv entstehen. [3]Bis 60 Jahre nach ihrer Entstehung dürfen diese Unterlagen nur benützt werden, wenn die Benützung dem Vorteil des Betroffenen zu dienen bestimmt ist oder der Betroffene eingewilligt hat.

Abschnitt III Archive sonstiger öffentlicher Stellen

Artikel 12 Archiv des Bayerischen Landtags

(1) [1]Für das Archiv des Landtags gelten die Bestimmungen des Abschnitts II sinngemäß. [2]Der Landtag regelt die Einzelheiten der Benützung.

(2) Sofern der Landtag kein eigenes Archiv unterhält, hat er Unterlagen, die er zur Erfüllung seiner Aufgaben nicht mehr benötigt, dem zuständigen staatlichen Archiv zur Übernahme anzubieten.

Artikel 13 Kommunale Archive

(1) Die Gemeinden, Landkreise und Bezirke und die sonstigen kommunalen Körperschaften, Anstalten und Stiftungen des öffentlichen Rechts und ihre Vereinigungen regeln die Archivierung der bei ihnen erwachsenen Unterlagen in eigener Zuständigkeit.

(2) Für Unterlagen, die unter einem besonderen gesetzlichen Geheimnisschutz stehen oder sonstigen Geheimhaltungsvorschriften unterliegen, sowie für personenbezogene Daten einschließlich datenschutzrechtlich gesperrter Daten gelten Art. 6 Abs. 1 Satz 3, Art. 7 Abs. 1 Satz 2 und Abs. 2, Art. 9 Abs. 1 Satz 1 und Abs. 2, Art. 10 Abs. 2 Sätze 1 bis 3 Nrn. 1 bis 3, Abs. 3 Sätze 2 bis 6, Abs. 4 und 5 sowie Art. 11 sinngemäß.

(3) [1]Landkreise und Bezirke, die keine eigenen Archive unterhalten, haben Unterlagen, die sie zur Erfüllung ihrer Aufgaben nicht mehr benötigen, dem zuständigen staatlichen Archiv zur Übernahme anzubieten. [2]Das Eigentum am Archivgut bleibt unberührt.

Artikel 14 Andere öffentliche Archive

(1) [1]Soweit die staatlichen Hochschulen und die der Aufsicht des Staates unterstehenden sonstigen Körperschaften, Anstalten und Stiftungen des öffentlichen Rechts sowie ihre Vereinigungen die bei ihnen erwachsenen Unterlagen in einem eigenen Archiv, in einem als Gemeinschaftseinrichtung betriebenen öffentlichen Archiv oder in einem Archiv einer sonstigen öffentlichen Stelle im Sinn dieses Abschnitts archivieren, regeln sie die Einzelheiten der Archivierung in eigener Zuständigkeit. [2]Sie erlassen Benützungsordnungen. [3]Art. 13 Abs. 2 gilt entsprechend.

(2) [1]Die staatlichen Hochschulen, Körperschaften, Anstalten, Stiftungen des öffentlichen Rechts und ihre Vereinigungen, die nicht nach Absatz 1 archivieren, haben Unterlagen, die sie zur Erfüllung ihrer Aufgaben nicht mehr benötigen, dem zuständigen staatlichen Archiv zur Übernahme anzubieten. [2]Das Eigentum am Archivgut bleibt unberührt.

Abschnitt IV Schlußbestimmungen

Artikel 15 Ermächtigungen

Die Staatsregierung wird ermächtigt, durch Rechtsverordnung

1. die Benützung der staatlichen Archive, vor allem die Zulassung, den Ausschluß und das Verhalten in den Archiven zu regeln und
2. die Maßnahmen zur Sicherung der in Art. 10 Abs. 2 Satz 3 Nrn. 1 bis 5 aufgezählten Belange im einzelnen festzulegen.

Artikel 16 Ausnahmen vom Geltungsbereich

Dieses Gesetz gilt nicht für die öffentlich-rechtlichen Religionsgemeinschaften, für den Bayerischen Rundfunk, für die Anstalt des öffentlichen Rechts „Zweites Deutsches Fernsehen" und für die Bayerische Landeszentrale für neue Medien sowie für öffentlich-rechtliche Unternehmen mit eigener Rechtspersönlichkeit, die am Wettbewerb teilnehmen, und deren Zusammenschlüsse mit Ausnahme von Zweckverbänden.

Artikel 17 Inkrafttreten

Dieses Gesetz tritt am 1. Januar 1990 in Kraft.

Anlage 7 c
Gesetz über die Sicherung und Benutzung von Archivgut des Landes Berlin (Archivgesetz des Landes Berlin – ArchGB)

Vom 14. März 2016 (GVBl. S. 96)
(BRV 224-3)

zuletzt geändert durch Art. 36 Berliner Datenschutz-AnpassungsG EU vom 12. Oktober 2020 (GVBl. S. 807)

Das Abgeordnetenhaus hat das folgende Gesetz beschlossen:

§ 1 Anwendungsbereich

(1) Dieses Gesetz regelt die Sicherung und Benutzung von öffentlichem Archivgut und die Tätigkeit der öffentlichen Archive im Land Berlin.

(2) Soweit nach Berliner Landesrecht verfasste Stellen eigene Archive unterhalten und für diese Stellen keine besonderen Rechtsvorschriften gelten, sind die Bestimmungen dieses Gesetzes entsprechend anzuwenden.

(3) Dieses Gesetz gilt nicht für die öffentlich-rechtlichen Religions- und Weltanschauungsgemeinschaften, für die öffentlich-rechtlichen Rundfunkanstalten und für öffentlich-rechtliche Unternehmen mit eigener Rechtspersönlichkeit, die am wirtschaftlichen Wettbewerb teilnehmen, und deren Zusammenschlüsse.

(4) Dieses Gesetz trifft sowohl ergänzende als auch abweichende Regelungen zur Durchführung der Verordnung (EU) 2016/679 des Europäischen Parlaments und des Rates vom 27. April 2016 zum Schutz natürlicher Personen bei der Verarbeitung personenbezogener Daten, zum freien Datenverkehr und zur Aufhebung der Richtlinie 95/46/EG (Datenschutz-Grundverordnung) (ABl. L 119 vom 4.5.2016, S. 1; L 314 vom 22.11.2016, S. 72, L 127 vom 23.5.2018, S. 2).

§ 2 Organisation und Zuständigkeit im Archivwesen des Landes Berlin

(1) Die für kulturelle Angelegenheiten zuständige Senatsverwaltung ist verantwortlich für alle Grundsatzfragen der Archive des Landes Berlin.

(2) [1]Das Landesarchiv Berlin ist das zentrale Staatsarchiv des Landes Berlin. [2]Das Landesarchiv Berlin ist der für kulturelle Angelegenheiten zuständigen Senatsverwaltung als nichtrechtsfähige Anstalt nachgeordnet.

(3) [1]Die Bezirke können Heimatarchive für die Geschichte des Bezirkes einrichten. [2]Die Aufgaben des Landesarchivs Berlin nach § 3 sowie das Recht zur Übernahme von archivwürdigen Unterlagen auch der Bezirke durch das Landesarchiv Berlin nach den §§ 5 und 6 dieses Gesetzes bleiben davon unberührt.

(4) [1]Das Abgeordnetenhaus von Berlin und die juristischen Personen des öffentlichen Rechts, die der Aufsicht des Landes Berlin unterstehen, können entweder eigene Archive unterhalten, sofern diese den anerkannten Grundsätzen des Archivwesens entsprechen, oder Archivgut entsprechend § 5 Absatz 1 dem Landesarchiv Berlin zur Verfügung stellen. [2]Das Abgeordnetenhaus von Berlin ist berechtigt, durch eine Vereinbarung mit dem Landesarchiv Berlin die Übernahme und Benutzung archivwürdiger Unterlagen zu regeln.

§ 3 Aufgaben des Landesarchivs Berlin

(1) [1]Das Landesarchiv Berlin hat die Aufgabe, Unterlagen zu erfassen, zu bewerten und als Archivgut zu sichern und auf Dauer zu bewahren sowie die Erschließung zu gewährleisten und es für die Benutzung allgemein zugänglich zu machen.

[2]Das Landesarchiv Berlin fördert die wissenschaftliche Forschung und die Öffentlichkeitsarbeit und wirkt an der Erforschung und der Vermittlung der Landesgeschichte mit.

(2) [1]Das Landesarchiv Berlin archiviert das aus den Geschäftsgängen aller Behörden, Gerichte und sonstigen Stellen des Landes Berlin sowie von deren Rechts- und Funktionsvorgängern hervorgegangene Archivgut. [2]Das Landesarchiv Berlin kann Archivgut privater Institutionen und natürlicher Personen archivieren oder sie bei der Wahrnehmung dieser Aufgaben unterstützen. [3]Das Landesarchiv Berlin ergänzt seine Bestände durch alles sonstige archivwürdige Material, an dessen Verwahrung und Erschließung ein öffentliches Interesse besteht.

(3) [1]Das Landesarchiv Berlin berät die Behörden, Gerichte und sonstigen Stellen des Landes Berlin bei der Verwaltung und Sicherung ihrer Unterlagen im Hinblick auf die spätere Archivierung. [2]Diese Stellen beteiligen das Landesarchiv Berlin bei der Einführung und Änderung technischer Systeme zur Erstellung und Speicherung elektronischer Unterlagen. [3]Die Beratungstätigkeit nach Satz 1 erstreckt sich auch auf die nichtöffentlichen Archive.

(4) [1]Das Landesarchiv Berlin führt die Stadtchronik Berlins. [2]Es führt die Aufgaben der audiovisuellen Stadtdokumentation und der Berlin-Information im Einvernehmen mit dem Presse- und Informationsamt des Landes Berlin fort. [3]Durch Editionen, sonstige Publikationen, Ausstellungen, Führungen und andere geeignete Veranstaltungen fördert das Landesarchiv Berlin das Verständnis für die Geschichte Berlins.

(5) Das Landesarchiv Berlin ist berechtigt, zum Zwecke der Erfüllung seiner Aufgaben personenbezogene Daten zu verarbeiten.

§ 4 Archivgut

(1) Archivgut sind alle archivwürdigen Unterlagen wie Urkunden, Akten, Amtsbücher, Einzelschriftstücke, Film-, Bild- und Tonmaterial, Karten, Pläne, Karteien oder Teile davon und alle elektronischen Unterlagen, unabhängig von ihrer Speicherungsform sowie alle Hilfsmittel oder ergänzenden Daten, die für die Erhaltung oder das Verständnis dieser Informationen oder deren Benutzung notwendig sind.

(2) Archivwürdig sind Unterlagen, die für die wissenschaftliche Forschung, die Aufklärung und das Verständnis von Geschichte und Gegenwart bleibenden Wert haben, sowie solche, deren Aufbewahrung zur Sicherung berechtigter Belange oder zur Bereitstellung von Informationen für die Gesetzgebung, Rechtsprechung oder Verwaltung unerlässlich sind.

(3) Über die Archivwürdigkeit entscheidet das Landesarchiv Berlin.

§ 5 Aussonderung und Anbietung von Unterlagen

(1) [1]Alle Behörden, Gerichte und sonstigen Stellen des Landes Berlin sind verpflichtet, sämtliche Unterlagen, die zur Erfüllung ihrer Aufgaben nicht mehr benötigt werden, in der Regel spätestens 30 Jahre nach ihrer Entstehung auszusondern und unverändert anzubieten, soweit nicht Rechtsvorschriften andere Fristen bestimmen. [2]Entstehung bezeichnet den Zeitpunkt der Vervollständigung einer Unterlage oder die letzte inhaltliche Bearbeitung einer Unterlage. [3]Die Verpflichtung nach Satz 1 gilt auch für diejenigen Unterlagen von ehemals öffentlichen oder diesen gleichgestellten Stellen, die bis zum Zeitpunkt des Übergangs in eine Rechtsform des Privatrechts entstanden sind. [4]Als Stellen des Landes im Sinne von Satz 1 gelten auch juristische Personen des Privatrechts, die nicht am wirtschaftli-

chen Wettbewerb teilnehmen und bei denen dem Land Berlin mehr als die Hälfte der Anteile oder der Stimmen zustehen. [5]Diese Verpflichtung bezieht sich auch auf Unterlagen mit personenbezogenen Daten.

(2) Soweit gleichförmige Unterlagen, die in großer Zahl anfallen, archivwürdig sind, sind Art und Umfang des dem Landesarchiv Berlin zu übergebenden Archivgutes durch Vereinbarung der anbietenden Stelle mit dem Landesarchiv Berlin im Grundsatz festzulegen.

(3) Bei elektronischen Unterlagen sind das Format von Primär- und Metadaten sowie die Form der Übermittlung vorab zu vereinbaren.

(4) [1]Anzubieten sind auch Unterlagen, die besondere Kategorien personenbezogener Daten im Sinne von Artikel 9 Absatz 1 der Verordnung (EU) 2016/679 enthalten. [2]Ihre Verarbeitung ist nur unter Beachtung der im Archivgesetz des Landes Berlin genannten Voraussetzungen zur Verarbeitung und Benutzung gestattet.

(5) Von der Anbietungspflicht ausgenommen sind Unterlagen, deren Offenbarung gegen das Brief-, Post- oder Fernmeldegeheimnis verstoßen würde.

§ 6 Übernahme des Archivgutes

(1) [1]Das Landesarchiv Berlin übernimmt das Archivgut. [2]Entscheidet es nicht innerhalb von zwölf Monaten über die Übernahme angebotener Unterlagen, so ist die anbietende Stelle zu deren weiterer Aufbewahrung nicht verpflichtet.

(2) [1]Das Landesarchiv Berlin kann in Ausnahmefällen im Auftrag öffentlicher Stellen Unterlagen aufbewahren. [2]Speichernde Stelle für diese Unterlagen bleibt die abgebende Stelle. [3]Die Regelungen zur Anbietungspflicht und zur Entscheidung über die Archivwürdigkeit und Übernahme der Unterlagen bleiben unberührt.

(3) Den Vertreterinnen und Vertretern des Landesarchivs Berlin ist zur Erfüllung ihrer Aufgaben Zutritt zu den Registraturen der Behörden, Gerichte und sonstigen Stellen des Landes Berlin und Einsicht in die angebotenen Unterlagen und die diesbezüglichen Findmittel der Registraturen zu gewähren.

(4) Das Landesarchiv Berlin darf das ihm gemäß § 7 des Bundesarchivgesetzes vom 10. März 2017 (BGBl. I S. 410), das zuletzt durch Artikel 2 des Gesetzes vom 4. Dezember 2018 (BGBl. I S. 2257; 2019 I S. 496) geändert worden ist, in der jeweils geltenden Fassung, von Behörden und sonstigen Stellen des Bundes, bundesunmittelbaren Körperschaften, Anstalten und Stiftungen angebotene Archivgut übernehmen.

§ 7 Sicherung des Archivgutes

(1) [1]Das Landesarchiv Berlin hat die erforderlichen technischen und organisatorischen Maßnahmen zu treffen, um die ordnungsgemäße und sachgemäße dauernde Aufbewahrung und Benutzbarkeit des übernommenen Archivgutes sowie seinen Schutz vor unbefugter Benutzung oder vor Vernichtung sicherzustellen. [2]Gleiches gilt für die im Auftrag verwahrten Unterlagen. [3]Bei der Aufbewahrung der Unterlagen sind auch die Regelungen zur Sicherung geheimhaltungsbedürftiger Unterlagen zu beachten. [4]Die Verknüpfung personenbezogener Daten durch das Landesarchiv Berlin ist innerhalb der in § 8 genannten Schutzfristen nur zulässig, wenn schutzwürdige Belange betroffener Personen oder Dritter nicht beeinträchtigt werden.

(2) [1]Die öffentlichen Archive des Landes Berlin können untereinander sowie mit Archiven des Bundes und bundesunmittelbarer juristischer Personen des öffentlichen Rechts und anderer Bundesländer Archivgut austauschen, wenn dies im öf-

fentlichen Interesse liegt, archivwissenschaftlichen Grundsätzen entspricht und schutzwürdige Belange betroffener Personen und Dritter nicht beeinträchtigt werden. [2]In allen anderen Fällen ist übernommenes Archivgut, das im Eigentum des Landes Berlin steht, unveräußerlich.

(3) [1]Archivgut, dessen Archivwürdigkeit nicht mehr gegeben ist, ist zu vernichten oder zu löschen. [2]Über die Vernichtung ist ein Nachweis zu fertigen und dauernd aufzubewahren.

§ 8 Benutzung des Archivgutes

(1) Jede Person hat auf Antrag das Recht, Archivgut nach Maßgabe dieses Gesetzes und der aufgrund dieses Gesetzes erlassenen Verwaltungsvorschriften zu benutzen.

(2) [1]Grundsätzlich darf Archivgut nach seiner Entstehung nicht vor Ablauf von zehn Jahren durch Dritte benutzt werden. [2]Archivgut, das bundesrechtlichen oder besonderen Geheimhaltungsvorschriften unterliegt, darf frühestens 30 Jahre nach seiner Entstehung und nur dann zur Benutzung freigegeben werden, wenn ein öffentliches Interesse an der Geheimhaltung nicht entgegensteht.

(3) [1]Archivgut, das sich seinem wesentlichen Inhalt nach auf eine natürliche Person bezieht (personenbezogenes Archivgut), darf unbeschadet des Absatzes 2 Dritten nur mit der Einwilligung der betroffenen Personen zugänglich gemacht werden. [2]Nach dem Tode der betroffenen Personen bedarf die Benutzung des Archivgutes bis zum Ablauf von zehn Jahren der Einwilligung der Angehörigen. [3]Das Zustimmungsrecht wird von der überlebenden Ehegattin oder vom überlebenden Ehegatten oder der überlebenden Lebenspartnerin oder dem überlebenden Lebenspartner, falls eine solche oder ein solcher nicht vorhanden ist, wird es von den Abkömmlingen ersten Grades und, falls weder Ehegattin, Ehegatte, Lebenspartnerin oder Lebenspartner noch Abkömmlinge ersten Grades vorhanden sind, von den Eltern der Betroffenen ausgeübt. [4]Ist das Todesjahr der betroffenen Personen dem Landesarchiv Berlin nicht bekannt, so endet die Schutzfrist hundert Jahre nach der Geburt. [5]Ist auch das Geburtsjahr dem Landesarchiv Berlin nicht bekannt, so endet die Schutzfrist siebzig Jahre nach der Entstehung der Unterlage. [6]Die Schutzfrist gilt nicht für die Benutzung durch die betroffenen Personen oder ihre Angehörigen.

(4) [1]Die Schutzfristen können vom Landesarchiv Berlin verkürzt werden, wenn und soweit dies im überwiegenden öffentlichen Interesse liegt. [2]Bei personenbezogenem Archivgut ist eine Verkürzung auch ohne Vorliegen eines überwiegenden öffentlichen Interesses zulässig, wenn die betroffenen Personen oder im Falle ihres Todes ihre Angehörigen im Sinne des Absatzes 3 Satz 3 eingewilligt haben. [3]Kann die Einwilligung nicht eingeholt werden, so ist eine Verkürzung nur zulässig, wenn durch geeignete Maßnahmen gegenüber der Benutzerin oder dem Benutzer sichergestellt ist, dass die schutzwürdigen Belange der betroffenen Personen nicht beeinträchtigt werden. [4]Für Personen der Zeitgeschichte können die Schutzfristen nach Absatz 2 Satz 1 und Absatz 3 im Hinblick auf Ereignisse von zeitgeschichtlicher Relevanz verkürzt werden, wenn die schutzwürdigen Belange der betroffenen Person angemessen berücksichtigt werden. [5]Das Gleiche gilt für Archivgut, das sich auf die Tätigkeit natürlicher Personen in Ausübung öffentlicher Ämter bezieht.

(5) Ein überwiegendes öffentliches Interesse an der Benutzung von Archivgut vor Ablauf der Schutzfristen ist in der Regel dann gegeben, wenn die Person oder der historische Vorgang, auf die oder den in dem geschützten Archivgut Bezug ge-

nommen wird, von besonderer oder exemplarischer Bedeutung für die Erforschung der Geschichte oder das Verständnis der Gegenwart ist.

(6) [1]Die Schutzfristen nach Absatz 2 Satz 1 und Absatz 3 gelten nicht für Unterlagen, die bereits bei ihrer Entstehung zur Veröffentlichung bestimmt waren. [2]Gleiches gilt für Archivgut, das bereits vor der Übergabe an das Landesarchiv Berlin einem Informationszugang nach dem Berliner Informationsfreiheitsgesetz vom 15. Oktober 1999 (GVBl. S. 561), das zuletzt durch Gesetz vom 23. Juni 2015 (GVBl. S. 285) geändert worden ist, in der jeweils geltenden Fassung, tatsächlich offen gestanden hat.

(7) [1]Die anbietende Stelle sowie deren Rechts- und Funktionsnachfolger sind befugt, Archivgut, das aus ihren Unterlagen ausgewählt worden ist, zu benutzen, wenn sie es zur Erfüllung ihrer Aufgaben wieder benötigen. [2]Dies gilt nicht für personenbezogene Daten, die, wenn sie nicht übernommen worden wären, aufgrund einer Rechtsvorschrift hätten gesperrt oder gelöscht werden müssen; in diesen Fällen besteht die Benutzungsbefugnis nur nach Maßgabe der Absätze 3 bis 5.

(8) [1]Die Benutzung von Film-, Bild- und Tonmaterial, das im Landesarchiv Berlin verwahrt ist, unterliegt den Schutzfristen der Absätze 2 und 3 nur, soweit und solange daran Rechte betroffener Personen nach Maßgabe der §§ 22 und 23 des Gesetzes betreffend das Urheberrecht an Werken der bildenden Künste und der Photographie in der im Bundesgesetzblatt Teil III, Gliederungsnummer 440-3, veröffentlichten bereinigten Fassung, das zuletzt durch Artikel 3 § 31 des Gesetzes vom 16. Februar 2001 (BGBl. I S. 266) geändert worden ist, in der jeweils geltenden Fassung bestehen. [2]Alles Weitere regelt die aufgrund des Absatzes 13 zu erlassende Benutzungsordnung.

(9) Die Benutzung ist zu versagen oder einzuschränken, soweit

1. Grund zu der Annahme besteht, dass das Wohl der Bundesrepublik Deutschland oder eines ihrer Länder gefährdet würde,
2. Grund zu der Annahme besteht, dass schutzwürdige Belange Dritter entgegenstehen,
3. der Erhaltungszustand des Archivgutes gefährdet würde,
4. Vereinbarungen mit derzeitigen oder früheren Eigentümerinnen oder Eigentümern entgegenstehen,
5. Berufs- oder besondere Amtsgeheimnisse im Sinne des § 203 Absatz 1 bis 3 des Strafgesetzbuchs oder andere Rechtsvorschriften über Geheimhaltung verletzt würden,
6. ein nicht vertretbarer Verwaltungsaufwand entstehen würde.

(10) [1]Die Entscheidung über die Versagung oder Einschränkung der Benutzung trifft das Landesarchiv Berlin. [2]Die Entscheidung ist zu begründen.

(11) Die Benutzung von Unterlagen, die der Geheimhaltungspflicht nach § 203 Absatz 1 oder 3 des Strafgesetzbuchs zu einem früheren Zeitpunkt unterlegen haben, kann eingeschränkt oder versagt werden, soweit dies zur Wahrung schutzwürdiger Belange betroffener Personen erforderlich ist.

(12) Archivgut von Bundesbehörden beziehungsweise deren Rechts- und Funktionsvorgängern, das das Landesarchiv Berlin vom Bundesarchiv übernommen hat, unterliegt bei der Benutzung weiterhin den Vorschriften des Bundesarchivgesetzes in der jeweils geltenden Fassung.

(13) Die für kulturelle Angelegenheiten zuständige Senatsverwaltung wird ermächtigt, die Benutzung von Archivgut im Landesarchiv Berlin durch Ausführungsvorschriften zu regeln.

§ 9 Recht auf Auskunft und Gegendarstellung

(1) [1]Betroffenen Personen ist auf ihren Antrag Auskunft über die im übernommenen Archivgut zu ihrer Person enthaltenen Daten zu erteilen, soweit diese nach archivfachlichen Kriterien verzeichnet sind. [2]Die Auskunftserteilung unterbleibt, soweit die Daten nach einer Rechtsvorschrift oder wegen der überwiegenden berechtigten Interessen Dritter geheim gehalten werden müssen. [3]In Zweifelsfällen ist vor Ablauf der Schutzfristen nach § 8 Absatz 2 das Benehmen mit der anbietenden Stelle herzustellen. [4]Neben der Auskunft ist vom Landesarchiv Berlin auf Verlangen Akteneinsicht zu gewähren. [5]Ein darüber hinausgehender Auskunftsanspruch betroffener Personen gemäß Artikel 15 der Verordnung (EU) 2016/679 besteht nicht, ebenso kein Recht aus Artikel 20 der Verordnung (EU) 2016/679 auf Datenübertragbarkeit. [6]Ein Widerspruchsrecht gemäß Artikel 21 Absatz 1 der Verordnung (EU) 2016/679 gegen die Archivierung rechtmäßig gespeicherter personenbezogener Daten besteht nicht.

(2) [1]Auf Verlangen von betroffenen Personen, die die Richtigkeit von Tatsachenangaben in auf ihre Person bezogenem übernommenem Archivgut bestreiten, hat das Landesarchiv Berlin eine Gegendarstellung den Unterlagen hinzuzufügen; § 10 Absatz 2 und 3 des Berliner Pressegesetzes vom 15. Juni 1965 (GVBl. S. 744), das zuletzt durch Artikel 37 des Gesetzes vom 12. Oktober 2020 (GVBl. S. 807) geändert worden ist, in der jeweils geltenden Fassung gilt entsprechend. [2]Weitergehende Ansprüche aus Artikel 16 der Verordnung (EU) 2016/679 bestehen nicht. [3]Nach dem Tode der betroffenen Personen steht dieses Recht ihren Angehörigen zu; § 8 Absatz 3 Satz 3 gilt entsprechend. [4]Ein Recht auf Einschränkung der Verarbeitung gemäß Artikel 18 der Verordnung (EU) 2016/679 wird ausgeschlossen. [5]Eine Mitteilungspflicht gemäß Artikel 19 der Verordnung (EU) 2016/679 besteht für das Landesarchiv Berlin nicht.

(3) Aufgrund besonderer Rechtsvorschriften zu berichtigendes Archivgut ist um eine Richtigstellung zu ergänzen.

§ 10 Inkrafttreten, Außerkrafttreten

[1]Dieses Gesetz tritt am Tage nach der Verkündung[1] im Gesetz- und Verordnungsblatt für Berlin in Kraft. [2]Gleichzeitig tritt das Archivgesetz des Landes Berlin vom 29. November 1993 (GVBl. S. 576), das zuletzt durch Artikel I § 19 des Gesetzes vom 15. Oktober 2001 (GVBl. S. 540) geändert worden ist, außer Kraft.

1 Verkündet am 24.3.2016.

Anlage 7 d
Gesetz über die Sicherung und Nutzung von öffentlichem Archivgut im Land Brandenburg
(Brandenburgisches Archivgesetz – BbgArchivG)

Vom 7. April 1994 (GVBl. I S. 94)
(Sa BbgLR 557-5)

zuletzt geändert durch Art. 25 G zur Anpassung des bereichsspezifischen Datenschutzrechts an die VO (EU) 2016/679 vom 8. Mai 2018 (GVBl. I Nr. 8)

Abschnitt 1 Allgemeines

§ 1 Anwendungsbereich

(1) Dieses Gesetz regelt die Sicherung und Nutzung von öffentlichem Archivgut und die Tätigkeit der öffentlichen Archive im Land Brandenburg.

(2) Dieses Gesetz gilt nicht für die öffentlich-rechtlichen Religions- und Weltanschauungsgemeinschaften, für die öffentlich-rechtlichen Rundfunkanstalten und für öffentlich-rechtliche Unternehmen mit eigener Rechtspersönlichkeit, die am Wettbewerb teilnehmen, und deren Zusammenschlüsse.

§ 2 Begriffsbestimmungen

(1) [1]Öffentliches Archivgut ist Archivgut des Landes, Archivgut des Bundes, sofern und soweit es von einem öffentlichen Archiv übernommen wird, und kommunales Archivgut. [2]Öffentliches Archivgut sind auch archivwürdige Unterlagen, die die öffentlichen Archive zur Ergänzung ihres Archivgutes erwerben oder übernehmen.

(2) Archivgut des Landes sind alle archivwürdigen Unterlagen, die bei Verfassungsorganen, Behörden, Gerichten, juristischen Personen des öffentlichen Rechts oder deren Vereinigungen, bei deren Rechts- und Funktionsvorgängern oder sonstigen Stellen des Landes (Stellen des Landes) entstanden sind und zur dauernden Aufbewahrung von dem Brandenburgischen Landeshauptarchiv oder einem anderen öffentlichen Archiv übernommen oder diesem zur Nutzung überlassen werden.

(3) Kommunales Archivgut sind alle archivwürdigen Unterlagen, die bei Gemeinden oder Gemeindeverbänden, bei juristischen Personen des öffentlichen Rechts, die deren Aufsicht unterstehen, sowie bei deren Rechts- und Funktionsvorgängern (kommunale Stellen) entstanden sind und zur dauernden Aufbewahrung von einem kommunalen oder einem anderen öffentlichen Archiv übernommen oder diesem zur Nutzung überlassen werden.

(4) Zwischenarchivgut sind die von einem öffentlichen Archiv zur vorläufigen Aufbewahrung in ein Zwischenarchiv übernommenen Unterlagen, deren Aufbewahrungsfrist noch nicht abgelaufen und aus denen das Archivgut noch nicht ausgewählt worden ist.

(5) Unterlagen sind insbesondere Akten, Amtsbücher, Urkunden, Handschriften und andere Schriftstücke, Dateien, amtliche Druckschriften, Pläne, Karten, Plakate, Siegel, Petschafte, Bild-, Film-, Tondokumente, maschinenlesbare sowie sonstige Informationsträger einschließlich der zu ihrer Auswertung, Sicherung und Nutzung erforderlichen Hilfsmittel und Programme.

(6) Archivwürdig sind Unterlagen, die aufgrund ihrer rechtlichen, politischen, wirtschaftlichen, sozialen oder kulturellen Bedeutung für die Erforschung und das

Verständnis von Geschichte und Gegenwart, für Gesetzgebung, Rechtsprechung und Verwaltung oder für die Sicherung berechtigter Belange Betroffener oder Dritter von bleibendem Wert sind.

(7) Öffentliche Archive sind alle Archive im Land Brandenburg, die von Stellen des Landes oder von Gemeinden und Gemeindeverbänden unterhalten werden und öffentliches Archivgut übernehmen.

(8) Archivfachliche Voraussetzungen für die Einrichtung und Unterhaltung eines öffentlichen Archivs sind:

1. die Betreuung durch hauptamtlich oder hauptberuflich tätiges Archivpersonal, das eine achivfachliche Ausbildung besitzt oder in sonstiger Weise fachlich geeignet ist, oder durch anderes geeignetes Personal, wenn eine fachliche Beratung durch ein öffentliches Archiv, in dem Archivfachpersonal vorhanden ist, erfolgt, und
2. das Vorhandensein geeigneter und ausreichender Magazin- und Diensträume, die den Brandschutz-, Datenschutz- und Sicherheitsvorschriften entsprechen.

Abschnitt 2 Erfassung, Übernahme, Verwahrung und Sicherung

§ 3 Aufgaben der öffentlichen Archive

(1) Die öffentlichen Archive haben die Aufgabe, das öffentliche Archivgut festzustellen, zu erfassen, zu übernehmen, auf Dauer zu verwahren, zu sichern und zu erhalten, zu erschließen, allgemein nutzbar zu machen, für die Benutzung bereitzustellen und auszuwerten.

(2) Die öffentlichen Archive beraten die anbietungspflichtigen Stellen bei der Verwaltung und Sicherung der Unterlagen.

(3) Die öffentlichen Archive nehmen Aufgaben im Rahmen der archivarischen Aus- und Fortbildung wahr.

(4) Die öffentlichen Archive wirken an der Auswertung des von ihnen verwahrten Archivgutes sowie an der Erforschung und Vermittlung insbesondere der brandenburgischen und deutschen Geschichte, der Heimat- und Ortsgeschichte mit und leiten dazu eigene Beiträge.

§ 4 Erfassung

(1) Die Stellen des Landes und die kommunalen Stellen sind verpflichtet, alle Unterlagen, die zur Erfüllung ihrer Aufgaben nicht mehr benötigt werden, dem zuständigen öffentlichen Archiv unverändert anzubieten und, soweit sie archivwürdig sind, zu übergeben. [2]Unterlagen sind spätestens dreißig Jahre nach ihrer Entstehung anzubieten, soweit nicht Rechtsvorschriften oder Verwaltungsvorschriften oberster Landesbehörden längere Aufbewahrungsfristen festlegen.

(2) [1]Zur Übernahme anzubieten und abzuliefern sind auch Unterlagen, die

1. personenbezogene Daten enthalten, welche nach einer Rechtsvorschrift des Landes gelöscht oder vernichtet werden müßten oder nach Rechtsvorschriften des Bundes oder des Landes gelöscht werden könnten, sofern die Speicherung der Daten nicht unzulässig war oder
2. personenbezogene Daten im Sinne des Artikels 9 Absatz 1 der Verordnung (EU) 2016/679 des Europäischen Parlaments und des Rates vom 27. April 2016 zum Schutz natürlicher Personen bei der Verarbeitung personenbezogener Daten, zum freien Datenverkehr und zur Aufhebung der Richtlinie 95/46/EG (Datenschutz-Grundverordnung) (ABl. L 119 vom 4.5.2016, S. 1; L 314 vom 22.11.2016, S. 72) enthalten oder

3. einem Berufs- oder Amtsgeheimnis oder sonstigen Rechtsvorschriften über die Geheimhaltung unterliegen. Die nach § 203 Abs. 1 Nr. 1, 4 und 4 a des Strafgesetzbuches geschützten Unterlagen einer Beratungsstelle dürfen nur in anonymisierter Form angeboten und übergeben werden.

(3) Von der Anbietungspflicht ausgenommen sind Unterlagen, deren Offenbarung gegen das Brief-, Post- oder Fernmeldegeheimnis verstoßen würde.

(4) [1]Juristische Personen des öffentlichen Rechts, die der Aufsicht des Landes unterstehen, und ihre Vereinigungen sind von der Anbietungspflicht befreit, wenn sie ein eigenes öffentliches Archiv unterhalten, das archivfachlichen Voraussetzungen im Sinne des § 2 Abs. 8 genügt, oder wenn die Unterlagen bei einer entsprechenden archivischen Gemeinschaftseinrichtung archiviert werden. [2]Ob dieses öffentliche Archiv den archivfachlichen Voraussetzungen genügt, entscheidet die oberste Archivbehörde im Benehmen mit dem Archivträger.

(5) Die Landräte und die Oberbürgermeister sollen die Unterlagen, die im Rahmen ihrer Funktion als allgemeine untere Landesbehörde entstanden sind, dem zuständigen Kreis- oder Stadtarchiv anbieten und übergeben.

(6) Durch Vereinbarung zwischen dem zuständigen öffentlichen Archiv und der anbietenden Stelle oder, im Falle von Behörden, Gerichten und Stellen des Landes, der jeweils zuständigen obersten Landesbehörde kann

1. Art und Umfang der anzubietenden Unterlagen vorab festgelegt werden,
2. auf die Anbietung von Unterlagen von offensichtlich geringer Bedeutung verzichtet werden,
3. der Umfang der anzubietenden gleichförmigen Unterlagen, die in großer Zahl erwachsen, im einzelnen festgelegt werden.

(7) [1]Für maschinenlesbare Datenbestände sind Art und Umfang sowie die Form der Übermittlung der anzubietenden Daten vorab zwischen der anbietenden Stelle und dem zuständigen öffentlichen Archiv festzulegen. [2]Datenbestände, die aus verarbeitungstechnischen Gründen vorübergehend vorgehalten werden, sind nicht anzubieten.

(8) Die anbietenden Stellen haben dem zuständigen öffentlichen Archiv auch Exemplare aller von ihnen herausgegebenen oder in ihrem Auftrag erscheinenden amtlichen Drucksachen und anderen Veröffentlichungen zur Übernahme anzubieten.

§ 5 Bewertung und Übernahme

(1) Das zuständige öffentliche Archiv entscheidet über die Archivwürdigkeit der angebotenen Unterlagen und über deren Übernahme in das Archiv.

(2) Dem zuständigen öffentlichen Archiv ist von der anbietenden Stelle Einsicht in alle vorhandenen Unterlagen sowie in die zugehörigen Findmittel und Programme zu gewähren.

(3) [1]Wenn das zuständige öffentliche Archiv die Archivwürdigkeit verneint oder innerhalb eines halben Jahres nach Anbietung nicht über die Archivwürdigkeit der angebotenen Unterlagen entscheidet, können die Unterlagen durch die anbietende Stelle vernichtet werden, wenn durch die Vernichtung schutzwürdige Belange Betroffener nicht beeinträchtigt werden. [2]Vor einer Entscheidung des zuständigen öffentlichen Archivs oder vor Ablauf dieser Frist dürfen Unterlagen von der anbietenden Stelle ohne Zustimmung des zuständigen öffentlichen Archivs nicht vernichtet werden.

(4) Unterlagen nach § 4 Abs. 2 Nr. 2, die nicht von einem öffentlichen Archiv übernommen werden, sind zu löschen, wenn keine Notwendigkeit mehr besteht, die Daten im Interesse von Betroffenen weiter aufzubewahren.

(5) [1]Das zuständige öffentliche Archiv kann auch Zwischenarchivgut übernehmen. [2]Die Aufbewahrung des Zwischenarchivgutes im zuständigen öffentlichen Archiv erfolgt im Auftrag der anbietenden Stelle oder ihres Rechts- oder Funktionsnachfolgers. [3]Diese Stelle bleibt für die Unterlagen weiterhin verantwortlich und entscheidet über die Benutzung durch Dritte. [4]Die Verantwortung des zuständigen öffentlichen Archivs beschränkt sich bis zur endgültigen Übernahme auf die notwendigen technischen und organisatorischen Maßnahmen zur Verwahrung und Sicherung dieser Unterlagen.

§ 6 Verwahrung und Sicherung

(1) [1]Öffentliches Archivgut ist im zuständigen öffentlichen Archiv aufzubewahren. [2]In Ausnahmefällen kann mit Genehmigung der obersten Archivbehörde Archivgut des Landes aufgrund einer Vereinbarung in einem anderen als dem zuständigen öffentlichen Archiv aufbewahrt oder einem anderen als dem zuständigen öffentlichen Archiv übergeben werden, wenn dafür ein besonderer fachlicher Grund besteht, die archivfachlichen Voraussetzungen im Sinne des § 2 Abs. 8 gegeben sind und sichergestellt ist, daß schutzwürdige Belange Betroffener nicht und die Benutzung durch Betroffene und Dritte nicht erheblich beeinträchtigt werden.

(2) [1]Öffentliches Archivgut ist unveräußerlich. [2]Unterlagen, bei denen keine Archivwürdigkeit besteht, sind vom zuständigen öffentlichen Archiv zu vernichten.

(3) [1]Die öffentlichen Archive haben die notwendigen organisatorischen, technischen und personellen Maßnahmen zu treffen, um die dauernde Aufbewahrung, Erhaltung und Benutzbarkeit des Archivgutes zu gewährleisten sowie seinen Schutz vor unbefugter Benutzung, vor Beschädigung oder Vernichtung sicherzustellen. [2]Inbesondere sind geeignete Maßnahmen zu treffen, um vom Zeitpunkt der Übernahme an solche Unterlagen zu sichern, die personenbezogene Daten enthalten oder Rechtsvorschriften über Geheimhaltung unterliegen.

(4) [1]Für die Erfüllung der Aufgaben der öffentlichen Archive darf das Archivgut mittels maschinenlesbarer Datenträger erfaßt und gespeichert werden. [2]Die Auswertung der gespeicherten Inforamtionen ist nur zur Erfüllung der in diesem Gesetz genannten Zwecke zulässig.

(5) Die Verknüpfung personenbezogener Daten durch das zuständige öffentliche Archiv ist innerhalb der in § 10 genannten Schutzfristen nur zulässig, wenn die schutzwürdigen Belange Betroffener oder Dritter angemessen berücksichtigt werden.

Abschnitt 3 Benutzung

§ 7 Benutzung durch die abgebende Stelle

(1) Die abgebende Stelle hat das Recht, Archivgut, das aus ihren Unterlagen ausgewählt worden ist, jederzeit zu benutzen, wenn sie es zur Erfüllung ihrer Aufgaben benötigt.

(2) [1]Das gilt nicht für personenbezogene Daten, die aufgrund einer Rechtsvorschrift hätten gesperrt oder gelöscht werden müssen. [2]In diesen Fällen besteht das Recht auf Benutzung nur nach Maßgabe des § 10, jedoch nicht zu dem Zweck, zu welchem die personenbezogenen Daten gespeichert worden sind.

§ 8 Benutzung durch Betroffene

(1) [1]Betroffenen ist auf Antrag Auskunft über die im Archivgut zu ihrer Person enthaltenen Daten zu erteilen, soweit das Archivgut durch Namen der Personen erschlossen ist. [2]Ein weitergehender Auskunftsanspruch betroffener Personen nach Artikel 15 der Verordnung (EU) 2016/679 besteht nicht. [3]Die Entscheidung über das bei der Auskunftserteilung zu verwendende Format trifft abweichend von Artikel 15 Absatz 3 Satz 3 der Verordnung (EU) 2016/679 das zuständige öffentliche Archiv. [4]Anstelle der Auskunft ist durch das öffentliche Archiv Einsicht in die Unterlagen zu gewähren, soweit schutzwürdige Belange Dritter angemessen berücksichtigt werden können und keine Gründe für eine Einschränkung oder Versagung der Benutzung nach Maßgabe des § 11 bestehen. [5]Die Versagung oder Einschränkung der Einsicht in die Unterlagen ist dem Antragsteller gegenüber schriftlich zu begründen.

(2) [1]Das öffentliche Archiv ist verpflichtet, den zum Archivgut gehörigen Unterlagen eine Gegendarstellung der betroffenen Person auf deren Verlangen beizufügen, wenn diese durch eine in den Unterlagen enthaltene Tatsachenbehauptung betroffen ist und ein berechtigtes Interesse an der Gegendarstellung glaubhaft macht. [2]Nach ihrem Tod steht das Gegendarstellungsrecht deren Kindern, Eltern und der mit ihr durch Ehe, eingetragene Lebenspartnerschaft oder auf Dauer angelegte Lebensgemeinschaft verbunden gewesenen Person zu.

(3) [1]Die Gegendarstellung bedarf der Schriftform und muß von der betroffenen Person oder einer der in Absatz 2 Satz 2 genannten Personen unterzeichnet sein. [2]Sie muß sich auf Angaben über Tatsachen beschränken und darf keinen strafbaren Inhalt haben.

(4) [1]Ein durch Rechtsvorschriften geregelter Anspruch auf nachträgliche Berichtigung von Unterlagen wird durch die Übernahme der Unterlagen in ein öffentliches Archiv nicht eingeschränkt. [2]Die Berichtigung hat in Form einer Gegendarstellung zu erfolgen. [3]Weitergehende Ansprüche Betroffener aus Artikel 16 der Verordnung (EU) 2016/679 bestehen nicht. [4]Die Artikel 18, 19 und 21 der Verordnung (EU) 2016/679 finden keine Anwendung. [5]Abweichend von Artikel 20 der Verordnung (EU) 2016/679 entscheidet das zuständige Archiv über das Format, in dem die Daten bereitgestellt werden.

(5) Das Gegendarstellungsrecht gemäß der Absätze 2 und 4 gilt nicht für amtliche Niederschriften und Berichte über öffentliche Sitzungen der gesetzgebenden oder beschließenden Organe des Bundes, der Länder, Gemeinden und Gemeindeverbände und anderer juristischer Personen des öffentlichen Rechts sowie für Niederschriften und Urteile der Gerichte.

§ 9 Benutzung durch Dritte

(1) [1]Jede Person, die ein berechtigtes Interesse glaubhaft macht, hat das Recht, öffentliches Archivgut nach Maßgabe der Absätze 2 bis 3 sowie der §§ 10 und 11 zu benutzen, sofern durch dieses Gesetz oder durch Rechtsvorschrift nichts anderes bestimmt ist. [2]Besondere Vereinbarungen mit Eigentümern von privatem Archivgut und testamentarische Bestimmungen bleiben unberührt.

(2) Ein berechtigtes Interesse ist insbesondere gegeben, wenn die Benutzung zu amtlichen, wissenschaftlichen, heimatkundlichen, familiengeschichtlichen, publizistischen, unterrichtlichen oder Bildungszwecken sowie zur Wahrnehmung berechtigter persönlicher Belange beantragt wird und schutzwürdige Belange betroffener Personen oder Dritter nicht beeinträchtigt werden oder der Zweck der Benutzung schutzwürdige Belange erheblich überwiegt.

(3) [1]Der Benutzer ist verpflichtet, von einem im Druck, maschinenschriftlich oder in anderer Weise vervielfältigten Werk, das er unter Verwendung von Archivgut eines öffentlichen Archivs verfaßt oder erstellt hat, nach Erscheinen des Werks unaufgefordert ein Belegexemplar unentgeltlich abzuliefern. [2]Ist dem Benutzer die unentgeltliche Ablieferung eines Belegexemplars, insbesondere wegen der niedrigen Auflage oder der hohen Herstellungskosten, nicht zumutbar, kann er dem jeweiligen öffentlichen Archiv entweder ein Exemplar des Werks zur Herstellung einer Vervielfältigung für einen angemessenen Zeitraum überlassen oder eine Entschädigung bis zur Höhe des halben Ladenpreises verlangen. [3]Wenn ein Ladenpreis nicht besteht, kann der Benutzer eine Entschädigung bis zur Höhe der halben Herstellungskosten des Belegexemplars verlangen.

§ 10 Schutzfristen

(1) Archivgut darf frühestens nach Ablauf von zehn Jahren nach Entstehung der Unterlagen benutzt werden.

(2) Achivgut, das besonderen Rechtsvorschriften über Geheimhaltung unterliegt, darf erst dreißig Jahre nach Entstehung der Unterlagen benutzt werden.

(3) [1]Archivgut, das sich nach seiner Zweckbestimmung oder nach seinem wesentlichen Inhalt auf eine natürliche Person bezieht (personenbezogenes Archivgut), darf frühestens zehn Jahre nach dem Tod der betroffenen Person benutzt werden. [2]Ist das Todesjahr nicht oder nur mit unvertretbarem Aufwand feststellbar, endet die Schutzfrist neunzig Jahre nach der Geburt. [3]Ist auch das Geburtsjahr dem Archiv nicht bekannt, endet die Schutzfrist für personenbezogenes Archivgut sechzig Jahre nach Entstehung der Unterlagen.

(4) Für die Benutzung von Archivgut, das dem Sozialgeheimnis unterliegende Daten enthält, gelten die Schutzfristen des § 5 des Bundesarchivgesetzes vom 6. Januar 1988 (BGBl. I S. 62), zuletzt geändert durch Gesetz vom 13. März 1992 (BGBl. I S. 506).

(5) [1]Die Schutzfristen nach den Absätzen 1 und 2 können im Einzelfall auf Antrag verkürzt werden, soweit das öffentliche Interesse und die §§ 11 und 12 dem nicht entgegenstehen. [2]Die Benutzung kann dabei an Bedingungen und Auflagen gebunden werden.

(6) Die in den Absätzen 1 und 2 festgelegten Schutzfristen gelten nicht für Unterlagen und Archivgut von Stellen sowie von Parteien und Massenorganisationen der Deutschen Demokratischen Republik.

(7) Die in den Absätzen 1 bis 3 festgelegten Schutzfristen gelten nicht für Unterlagen, die bereits bei ihrer Entstehung zur Veröffentlichung bestimmt oder der Öffentlichkeit zugänglich waren.

(8) [1]Die in Absatz 3 festgelegten Schutzfristen gelten nicht für Archivgut, das die Tätigkeit von Personen der Zeitgeschichte und von Amtsträgern dokumentiert, soweit sie in Ausübung eines öffentlichen Amtes oder einer öffentlichen Funktion gehandelt haben und sofern sie nicht selbst Betroffene sind. [2]Die schutzwürdigen Interessen Dritter sind angemessen zu berücksichtigen.

(9) Die Schutzfristen nach Absatz 3 können verkürzt werden, wenn

1. die betroffene Person oder nach ihrem Tod deren Kinder, Eltern oder die mit ihr durch Ehe, eingetragene Lebenspartnerschaft oder auf Dauer angelegte Lebensgemeinschaft verbunden gewesene Person in die Benutzung eingewilligt haben oder
2. die Benutzung zur Behebung einer bestehenden Beweisnot oder aus sonstigen im rechtlichen Interesse eines Dritten liegenden Gründen unerläßlich ist oder

3. die Benutzung für die Durchführung eines wissenschaftlichen Vorhabens erforderlich ist und wenn sichergestellt ist, daß schutzwürdige Belange der betroffenen Person und Dritter nicht beeinträchtigt werden, oder wenn das öffentliche Interesse an der Durchführung des wissenschaftlichen Vorhabens die schutzwürdigen Belange erheblich überwiegt.

(10) Vor Ablauf von Schutzfristen können die öffentlichen Archive Auskünfte aus dem Archivgut erteilen, soweit die §§ 11 und 12 dem nicht entgegenstehen.

(11) Die Schutzfristen können längstens um zwanzig Jahre verlängert werden, wenn dies im öffentlichen Interesse geboten ist.

§ 11 Einschränkung und Ausschluß der Benutzung

(1) Die Benutzung ist einzuschränken oder zu versagen, soweit
1. Grund zu der Annahme besteht, daß dem Wohl der Bundesrepublik Deutschland oder eines Landes wesentliche Nachteile entstehen,
2. schutzwürdige Belange Dritter entgegenstehen,
3. Rechtsvorschriften über Geheimhaltung verletzt würden,
4. der Erhaltungszustand des Archivgutes beeinträchtigt würde oder einer Benutzung entgegensteht,
5. durch die Benutzung ein nicht vertretbarer Verwaltungsaufwand entstehen würde oder
6. Vereinbarungen entgegenstehen, die mit Eigentümern aus Anlaß der Übernahme getroffen wurden.

(2) Nach § 203 Abs. 1 und 3 des Strafgesetzbuches geschützte Unterlagen aus einer Beratertätigkeit, die als Archivgut übernommen worden sind, dürfen vor Ablauf der Schutzfristen nur in anonymisierter Form benutzt werden.

(3) Die Benutzung kann an Bedingungen und Auflagen gebunden werden.

§ 12 Benutzung von Archivgut von Stellen des Bundes

(1) Für Archivgut, das gemäß § 2 Abs. 3 Satz 1 des Bundesarchivgesetzes von Stellen des Bundes dem Brandenburgischen Landeshauptarchiv oder einem anderen öffentlichen Archiv übergeben wurde, gelten § 2 Abs. 4 Satz 2 sowie die §§ 4 und 5 des Bundesarchivgesetzes entsprechend.

(2) Für Archivgut, das Rechtsvorschriften des Bundes über die Geheimhaltung im Sinne der §§ 8 bis 11 des Bundesarchivgesetzes unterliegt und das von anderen als den in § 2 Abs. 1 des Bundesarchivgesetzes genannten Stellen öffentlichen Archiven übergeben wurde, gelten § 2 Abs. 4 Satz 2 und § 5 des Bundesarchivgesetzes.

Abschnitt 4 Organisation und Zuständigkeiten

§ 13 Oberste Archivbehörde des Landes

(1) Oberste Archivbehörde ist das für das Archivwesen zuständige Landesministerium.

(2) Die oberste Archivbehörde übt die Dienst- und Fachaufsicht über das Brandenburgische Landeshauptarchiv aus.

§ 14 Brandenburgisches Landeshauptarchiv

(1) [1]Das Brandenburgische Landeshauptarchiv ist eine Einrichtung im Sinne von § 12 Abs. 1 des Landesorganisationsgesetzes vom 25. April 1991 (GVBl. S. 148)[1] im Geschäftsbereich des für das Archivwesen zuständigen Landesministeriums. [2]Es ist zuständig für das Archivgut des Landes.

(2) Das Brandenburgische Landeshauptarchiv ist auch zuständig für Unterlagen von Stellen des Bundes im Sinne von § 2 Abs. 3, 8 und 9 des Bundesarchivgesetzes.

(3) Das Brandenburgische Landeshauptarchiv übernimmt auch Archivgut anderer Herkunft, insbesondere

1. Unterlagen von Stellen gemäß § 1 Abs. 2, sofern diese kein eigenes Archiv unterhalten und die Unterlagen zur Übernahme anbieten,
2. Unterlagen von kommunalen Stellen, sofern diese kein eigenes Archiv unterhalten und die Unterlagen zur Übernahme anbieten,
3. Unterlagen natürlicher oder juristischer Personen des Privatrechts nach Einvernehmen mit den Eigentümern,
4. Unterlagen aufgrund letztwilliger Verfügungen oder Schenkungen.

(4) Das Brandenburgische Landeshauptarchiv kann für die obersten Landesbehörden Zwischenarchive gemäß § 2 Abs. 4 einrichten und unterhalten.

(5) [1]Das Brandenburgische Landeshauptarchiv nimmt Aufgaben der Archivberatung und Archivpflege wahr. [2]Es berät und unterstützt

1. juristische Personen des öffentlichen Rechts, die der Aufsicht des Landes unterstehen, und ihre gemäß § 4 Abs. 4 eingerichteten Archive,
2. kommunale Stellen und ihre Archive und
3. natürliche und juristische Personen des Privatrechts und ihre Archive

bei der Sicherung und Nutzbarmachung ihres Archivgutes sowie bei der Aus- und Weiterbildung des in diesen Archiven tätigen Archivpersonals.

§ 15 Archivgut des Landtages

Der Landtag entscheidet in eigener Zuständigkeit, ob bei ihm entstandene Unterlagen, die zur Erfüllung der Aufgaben nicht mehr benötigt werden, von ihm selbst archiviert oder dem Brandenburgischen Landeshauptarchiv gemäß § 4 zur Übernahme angeboten werden.

§ 16 Kommunale Archive

(1) Die Gemeinden und Gemeindeverbände regeln die Archivierung ihres Archivgutes nach Maßgabe dieses Gesetzes in eigener Zuständigkeit.

(2) Sie erfüllen diese Aufgabe durch

1. die Errichtung und Unterhaltung eigener Archive oder
2. die Errichtung und Unterhaltung einer für Archivierungszwecke geschaffenen archivischen Gemeinschaftseinrichtung oder
3. die Übergabe ihres Archivgutes an ein anderes öffentliches Archiv.

(3) [1]Die kommunalen Archive und archivischen Gemeinschaftseinrichtungen sollen den archivfachlichen Anforderungen im Sinne des § 2 Abs. 8 genügen. [2]Unterhalten Gemeinden und Gemeindeverbände keine eigenen Archive oder archivischen Gemeinschaftseinrichtungen, bieten sie ihre Unterlagen einem anderen öffentlichen Archiv zur Übernahme an. [3]Ist kein öffentliches Archiv zur Übernahme

1 S. nunmehr: LOG vom 24.5.2004 (GVBl. I S. 186).

bereit, sind die Unterlagen vom Archiv des zuständigen Landkreises zu übernehmen. [4]Das Eigentum am Archivgut bleibt unberührt.

(4) Über die Verlängerung oder Verkürzung von Schutzfristen, über die Benutzung, deren Einschränkung oder Ausschluß sowie über den Erlaß einer Benutzungsordnung und die Erhebung von Gebühren entscheiden die Gemeinden und Gemeindeverbände in eigener Zuständigkeit.

(5) Die Gemeinden und Gemeindeverbände erlassen Archivordnungen durch Satzung.

Abschnitt 5 Schlußvorschriften

§ 17 Regelungsbefugnisse

(1) Das für das Archivwesen zuständige Mitglied der Landesregierung regelt durch Rechtsverordnung

1. die Benutzung der Archive des Landes (Benutzungsordnung),
2. die Erhebung von Gebühren bei der Benutzung der Archive des Landes (Gebührenordnung).

(2) Das für das Archivwesen zuständige Mitglied der Landesregierung regelt durch Runderlaß die Auslegung einzelner Regelungen dieses Gesetzes, insbesondere in organisatorischer Hinsicht.

(3) Das für das Archivwesen zuständige Mitglied der Landesregierung kann durch Rechtsverordnung dem Brandenburgischen Landeshauptarchiv andere, in sachlichem Zusammenhang mit dem Archivwesen stehende Aufgaben übertragen.

§ 18 Inkrafttreten, Außerkrafttreten

(1) Dieses Gesetz tritt am Tage nach der Verkündung in Kraft.

(2) (nicht wiedergegebene Aufhebungsvorschrift)

Anhang 7 e
Gesetz über die Sicherung und Nutzung öffentlichen Archivguts im Lande Bremen
(Bremisches Archivgesetz – BremArchivG)

Vom 7. Mai 1991 (Brem.GBl. S. 159)
(Sa BremR 224–c–1)

zuletzt geändert durch Art. 1 ÄndG vom 2. April 2019 (Brem.GBl. S. 133)

Der Senat verkündet das nachstehende von der Bürgerschaft (Landtag) beschlossene Gesetz:

Abschnitt I Archivgut des Landes und der Stadtgemeinde Bremen

§ 1 Aufgaben des Staatsarchiv

(1) [1]Das Staatsarchiv hat die Aufgabe, Unterlagen von Behörden, Gerichten und sonstigen Stellen des Landes und der Stadtgemeinde Bremen auf ihre Archivwürdigkeit hin zu werten und die als archivwürdig erkannten Teile als Archivgut zu übernehmen, zu verwahren und zu ergänzen, zu erhalten und instand zu setzen, zu erschließen und für die Benutzung bereitzustellen sowie zu erforschen und zu veröffentlichen. [2]Diese Aufgabe erstreckt sich auch auf Unterlagen der Rechtsvorgänger des Landes und der Stadtgemeinde Bremen und der Funktionsvorgänger der in Satz 1 genannten Stellen.

(2) [1]Das Staatsarchiv archiviert auch archivwürdige Unterlagen anderer Herkunft, soweit sie der Ergänzung des nach Absatz 1 archivierten Archivguts dienen, insbesondere

1. nach Maßgabe des Bundesarchivgesetzes Unterlagen des Bundes,
2. im Einvernehmen mit den Eigentümern Unterlagen natürlicher oder juristischer Personen des Privatrechts.

[2]Entsprechend Satz 1 sammelt es auch archivwürdige Unterlagen.

(3) Das Staatsarchiv berät die Behörden, Gerichte und sonstigen Stellen des Landes und der Stadtgemeinde Bremen im Rahmen seiner Zuständigkeit bei der Verwaltung und Sicherung ihrer Unterlagen sowie bei der Führung elektronischer Akten gemäß §§ 6 und 7 des Gesetzes zur Förderung der elektronischen Verwaltung in Bremen.

(4) Das Staatsarchiv nimmt Aufgaben im Rahmen der archivarischen Aus- und Fortbildung wahr.

(5) [1]Das Staatsarchiv muß hauptamtlich von Personal betreut werden, das die Befähigung für eine Laufbahn des Archivdienstes besitzt oder sonst fachlich geeignet ist. [2]Der Leiter oder die Leiterin muß die Befähigung für die Laufbahn des höheren Archivdienstes besitzen.

§ 2 Archivgut

(1) [1]Archivgut sind alle im Staatsarchiv befindlichen Unterlagen, die bei den im § 1 Abs. 1 genannten Stellen entstanden und archivwürdig sind. [2]Unterlagen sind Aufzeichnungen unabhängig von ihrer Speicherform. [3]Dazu gehören insbesondere Urkunden, Amtsbücher, Akten, Schriftstücke, amtliche Publikationen, Drucksachen, Karteien, Karten, Risse, Pläne, Plakate, Siegel, Bild-, Film- und Tondokumente. [4]Unterlagen sind auch elektronische Aufzeichnungen sowie alle Hilfsmittel und ergänzenden Daten, die für die Erhaltung, das Verständnis dieser Informationen und deren Nutzung notwendig sind.

(2) [1]Archivwürdig sind Unterlagen, die für die Erforschung und das Verständnis der Geschichte, insbesondere der bremischen Geschichte, die Sicherung berechtigter Belange der Bürger und Bürgerinnen oder die Bereitstellung von Informationen für Gesetzgebung, Verwaltung oder Rechtsprechung von bleibendem Wert sind. [2]Über die Archivwürdigkeit entscheidet das Staatsarchiv unter fachlichen Gesichtspunkten.

(3) Archivgut sind auch die nach § 1 Abs. 2 archivierten Unterlagen.

§ 3 Anbietung und Ablieferung von Unterlagen

(1) [1]Die Behörden, Gerichte und sonstigen Stellen des Landes und der Stadtgemeinde Bremen (anbietungspflichtige Stellen) haben alle Unterlagen, die zur Erfüllung ihrer Aufgaben nicht mehr benötigt werden, dem Staatsarchiv zur Übernahme anzubieten und die als archivwürdig bewerteten Unterlagen abzuliefern. [2]Die Anbietung der Unterlagen erfolgt in der Regel nach Ablauf der Aufbewahrungsfristen. [3]Alle Unterlagen sind dem Staatsarchiv spätestens dreißig Jahre nach ihrer Entstehung anzubieten, soweit keine anderen Rechtsvorschriften längere Aufbewahrungsfristen bei den anbietungspflichtigen Stellen festlegen. [4]In besonderen Fällen können als archivwürdig bewertete Unterlagen auch vorzeitig als Archivgut übernommen werden.

(2) Als anbietungspflichtige Stellen des Landes und der Stadtgemeinde Bremen gelten auch

1. Stiftungen des Privatrechts, wenn das Land oder die Stadtgemeinde Bremen oder ein Rechtsvorgänger die Stiftung errichtet oder überwiegend das Stiftungsvermögen bereitgestellt hat, und
2. andere juristische Personen des Privatrechts, die nicht am wirtschaftlichen Wettbewerb teilnehmen und bei denen dem Land oder der Stadtgemeinde Bremen mehr als die Hälfte der Anteile oder der Stimmen zusteht.

[2]Der Pflicht zur Anbietung und Ablieferung unterliegen auch alle Unterlagen von ehemals öffentlichen oder diesen gleichgestellten Stellen, sofern die Unterlagen bis zum Zeitpunkt des Übergangs in eine Rechtsform des Privatrechts entstanden sind.

(3) Zur Übernahme anzubieten und abzuliefern sind auch Unterlagen, die

1. personenbezogene Daten im Sinne des Artikels 4 der Verordnung (EU) 2016/679 des Europäischen Parlaments und des Rates vom 27. April 2016 zum Schutz natürlicher Personen bei der Verarbeitung personenbezogener Daten, zum freien Datenverkehr und zur Aufhebung der Richtlinie 95/46/EG (Datenschutz-Grundverordnung) (ABl. L 119 vom 4. Mai 2016, S. 1, L 314 vom 22. November 2016, S. 72) enthalten, welche nach einer Rechtsvorschrift des Landes gelöscht werden müssten oder nach Rechtsvorschriften des Bundes oder des Landes gelöscht werden könnten, sofern die Speicherung der Daten nicht unzulässig war,
2. einem Berufs- oder Amtsgeheimnis oder sonstigen Rechtsvorschriften über Geheimhaltung unterliegen,
3. elektronische Daten enthalten, die einer laufenden Aktualisierung unterliegen, oder
4. besondere Kategorien personenbezogener Daten im Sinne des Artikels 9 Absatz 1 der Verordnung (EU) 2016/679 enthalten.

(4) Die Pflicht zur Anbietung und Ablieferung gilt auch für alle amtlichen Veröffentlichungen in jeder Erscheinungsform, die die anbietungspflichtigen Stellen herausgegeben haben oder die in ihrem Auftrag erschienen sind.

(5) [1]Durch Vereinbarung zwischen dem Staatsarchiv und der anbietungspflichtigen Stelle kann
1. auf die Anbietung bestimmter offensichtlich nicht archivwürdiger Unterlagen verzichtet werden,
2. der Umfang der anzubietenden und abzuliefernden gleichförmigen Unterlagen, die in großer Zahl entstehen, im Einzelnen festgelegt werden,
3. die Auswahl der anzubietenden elektronischen Aufzeichnungen einschließlich der Form der Datenübermittlung im Einzelnen festgesetzt werden.

Elektronische Aufzeichnungen, die aus verarbeitungstechnischen Gründen vorübergehend vorgehalten werden müssen, sind nicht anzubieten.

(6) Einzelheiten der Archivierung von Verschlusssachen, insbesondere die erforderlichen besonderen technischen und organisatorischen Maßnahmen, regelt der Senat durch Verwaltungsvorschrift.

(7) [1]Ab dem Zeitpunkt der Anbietung dürfen die angebotenen Unterlagen nicht mehr verändert werden. [2]Zur Feststellung der Archivwürdigkeit ist dem Staatsarchiv auf Verlangen Einsicht in die angebotenen Unterlagen und die dazugehörigen Hilfsmittel zu gewähren. [3]Entscheidet das Staatsarchiv nicht innerhalb eines halben Jahres über die Übernahme der angebotenen Unterlagen, erlischt deren Ablieferungspflicht.

(8) [1]Die übrigen juristischen Personen des öffentlichen Rechts, die der Aufsicht des Landes unterstehen, mit Ausnahme der Stadtgemeinde Bremerhaven, und für ihr Archivgut nicht entsprechend § 12 Absatz 1 Satz 1 Nummer 2 anderweitig Sorge tragen, bieten Unterlagen, die zur Erfüllung ihrer Aufgaben nicht mehr benötigt werden, dem Staatsarchiv zur Übernahme an. [2]Absatz 1 Satz 2, 3 und 4, Absatz 2 Satz 2, Absätze 3 bis 6 und Absatz 7 Satz 3 gelten entsprechend.

§ 4 Verwahrung

(1) [1]Archivgut nach Maßgabe dieses Gesetzes ist auf Dauer sicher im Staatsarchiv zu verwahren; es ist in seiner Entstehungsform zu erhalten, sofern keine archivfachlichen Belange entgegenstehen. [2]Archivgut ist vorbehaltlich des Absatzes 2 Satz 3 unveräußerlich.

(2) [1]Archivgut kann in einem anderen hauptamtlich oder hauptberuflich fachlich betreuten Archiv verwahrt werden, wenn dafür ein fachlicher Grund gegeben und sichergestellt ist, dass schutzwürdige Belange betroffener Personen nicht beeinträchtigt werden. [2]Hierüber ist ein schriftlicher Vertrag abzuschließen. [3]In begründeten Ausnahmefällen und unter den Voraussetzungen von Satz 1 kann Archivgut an andere öffentliche Archive unentgeltlich übereignet werden.

(3) [1]Das Staatsarchiv stellt die dauerhafte Erhaltung und Benutzbarkeit des Archivguts sowie seinen Schutz vor unbefugter Nutzung oder Vernichtung sicher. [2]Es hat insbesondere technische und organisatorische Maßnahmen zur Sicherung solchen Archivguts zu treffen, das personenbezogene Daten enthält oder Geheimhaltungsvorschriften unterliegt (§ 3 Absatz 3).

§ 5 Rechte betroffener Personen bei der Verarbeitung personenbezogener Daten im Archivgut

(1) [1]Für personenbezogene Daten, die als Archivgut in das Staatsarchiv Bremen übernommen worden sind, ist das Staatsarchiv Bremen der Verantwortliche im Sinne der Verordnung (EU) 2016/679. [2]Die Regelungen der Absätze 2 bis 11 gelten nicht für personenbezogene Daten, die das Staatsarchiv Bremen außerhalb des Archivguts verarbeitet.

(2) [1]Die Rechte einer betroffenen Person nach den Absätzen 3 bis 11 gelten, soweit das Archivgut durch Namen der Person erschlossen ist oder die betroffene Person Angaben macht, die das Auffinden des einschlägigen Archivguts mit vertretbarem Verwaltungsaufwand ermöglichen. [2]Bei Archivgut im Sinne des § 1 Absatz 2 Satz 1 Nummer 2, das vor seiner Übernahme durch das Staatsarchiv nicht dem sachlichen Anwendungsbereich gemäß Artikel 2 der Verordnung (EU) 2016/679 angehört hat, kann durch Vereinbarung mit dem Eigentümer die Ausübung der Rechte nach den Absätzen 3 bis 11 anderer betroffener Personen als des Eigentümers vom Ablauf einer angemessenen Schutzfrist abhängig gemacht werden, wenn dies für die Übernahme als Archivgut unerlässlich ist.

(3) [1]Jeder Person ist auf Antrag eine Bestätigung darüber zu erteilen, ob von ihr personenbezogene Daten nach § 3 Absatz 3 Nummer 1 und 4 als Archivgut übernommen worden sind. [2]Anstelle der Auskunft nach Artikel 15 Absatz 1 der Verordnung (EU) 2016/679 ist der betroffenen Person eine persönliche Einsichtnahme ihrer personenbezogenen Daten im Archivgut zu gewähren. [3]Nimmt eine betroffene Person ihr Recht auf Einsichtnahme wahr, sind die §§ 8, 11 und 12 Absatz 2 der Bremischen Archivbenutzungsverordnung entsprechend anzuwenden. [4]Unberührt von Satz 2 und Satz 3 bleibt das Recht auf Auskunft zur Verarbeitung personenbezogener Daten über Archivgut durch das Staatsarchiv Bremen.

(4) [1]Das Staatsarchiv kann zum Schutz berechtigter Belange Dritter oder wenn der Erhaltungszustand des Archivguts gefährdet erscheint oder aus anderen wichtigen Gründen der betroffenen Person eine andere Art der Benutzung des Archivguts als die Einsichtnahme ermöglichen, um eine Kenntnis ihrer personenbezogenen Daten zu gewährleisten. [2]Einsichtsgewährung oder Einräumung einer anderen Benutzungsart unterbleiben, soweit und solange

1. die öffentliche Sicherheit gefährdet oder dem Wohl des Bundes oder eines Landes ein Nachteil bereitet würde oder
2. die personenbezogenen Daten nach einer Rechtsvorschrift oder zum Schutz der Rechte Dritter geheim zu halten sind und deswegen das Interesse der betroffenen Person an der Kenntnis der personenbezogenen Daten zurücktreten muss.

[3]§ 9 Absatz 3 des Bremischen Ausführungsgesetzes zur EU-Datenschutz-Grundverordnung ist entsprechend anzuwenden.

(5) Die betroffene Person hat das Recht, eine Kopie des Archivguts, soweit es ihre personenbezogenen Daten enthält, anfertigen zu lassen, sofern das Archivgut hierfür geeignet ist und die Aufgabenerfüllung des Staatsarchivs nicht beeinträchtigt wird.

(6) [1]Die betroffene Person hat das Recht, über die geeigneten Garantien gemäß Artikel 46 der Verordnung (EU) 2016/679, insbesondere über die mit einer Archivgutnutzung nach § 7 verbundenen Bedingungen und Auflagen, unterrichtet zu werden. [2]Abweichend von Artikel 15 Absatz 2 der Verordnung (EU) 2016/679 gilt diese Unterrichtung nur für personenbezogenes Archivgut, das vor Ablauf der Schutzfristen gemäß § 7 Absatz 3 und 4 übermittelt worden ist.

(7) [1]Zu unrichtigen, in der Richtigkeit bestrittenen oder unvollständigen personenbezogenen Daten im Archivgut hat eine betroffene Person das Recht, eine Gegendarstellung oder eine ergänzende Erklärung zu erstellen. [2]Die Gegendarstellung oder die ergänzende Erklärung werden dem Archivgut in geeigneter Weise beigefügt. [3]Weitergehende Ansprüche auf Berichtung oder Vervollständigung personenbezogener Daten nach Artikel 16 der Verordnung (EU) 2016/679 bestehen nicht.

(8) [1]Die betroffene Person kann abweichend von Artikel 18 Absatz 1 Buchstabe a der Verordnung (EU) 2016/679 beantragen, eine Nutzung dieses Archivguts durch Dritte nach § 7 für vier Wochen auszusetzen, um während dieses Zeitraums die Gegendarstellung oder die ergänzende Erklärung zu erstellen. [2]Im Übrigen bleibt Artikel 18 der Verordnung (EU) 2016/679 unberührt.

(9) Die Rechte nach den Absätzen 7 und 8 gelten nach dem Tod einer betroffenen Person auch für deren Ehegatten, eingetragene Lebenspartner, Kinder und Eltern, wenn diese ein berechtigtes Interesse geltend machen.

(10) Das Recht auf Datenübertragbarkeit nach Artikel 20 der Verordnung (EU) 2016/679 ist für Archivgut gemäß § 1 Absatz 2 Satz 1 Nummer 2 ausgeschlossen.

(11) [1]Anstelle des Widerspruchsrechts nach Artikel 21 Absatz 1 der Verordnung (EU) 2016/679 hat eine betroffene Person das Recht, aus Gründen, die sich aus ihrer besonderen Situation ergeben, einen Antrag zu stellen, die Schutzfrist für bestimmtes, sie betreffendes personenbezogenes Archivgut um höchstens 20 Jahre zu verlängern. [2]Diesen Antrag kann eine betroffene Person auch für sie betreffendes personenbezogenes Archivgut stellen, das genetische oder biometrische Daten oder Daten zum Sexualleben im Sinne von Artikel 9 Absatz 1 der Verordnung (EU) 2016/679 enthält. [3]Wenn zwingende schutzwürdige Gründe für eine Verarbeitung der Daten in Form einer Nutzung durch Dritte nicht die schutzwürdigen Belange der betroffenen Person erheblich überwiegen, hat das Staatsarchiv diesem Antrag stattzugeben. [4]Im Fall von personenbezogenem Archivgut, das genetische Daten enthält, sind auch leibliche Kinder und Kindeskinder betroffener Personen zur Antragstellung befugt.

§ 6 Nutzung durch die abliefernde Stelle

(1) [1]Die abliefernde Stelle ist befugt, Archivgut, das aus ihren Unterlagen übernommen worden ist, zu nutzen, wenn sie es zur Erfüllung ihrer Aufgaben wieder benötigt. [2]Dies gilt entsprechend für Archivgut, das aus Unterlagen von Rechts- und Funktionsvorgängern übernommen ist.

(2) [1]Die Art und Weise der Nutzung nach Absatz 1 wird zwischen der abliefernden Stelle und dem Staatsarchiv vereinbart. [2]Dabei ist sicherzustellen, dass das Archivgut gegen Verlust, Beschädigung und unbefugte Benutzung geschützt wird sowie innerhalb eines angemessenen Zeitraums dem Staatsarchiv zurückgegeben wird.

(3) [1]Die Nutzungsbefugnis nach Absatz 1 und 2 gilt nicht für personenbezogene Daten, die anstelle der Übernahme aufgrund einer Rechtsvorschrift hätten gesperrt oder gelöscht werden müssen. [2]In diesen Fällen besteht die Nutzungsbefugnis nur nach Maßgabe des § 7.

§ 7 Nutzung durch Dritte

(1) [1]Jeder, der ein berechtigtes Interesse glaubhaft macht, hat nach Maßgabe dieses Gesetzes das Recht, Archivgut, Reproduktionen und Findmittel auf Antrag zu nutzen, soweit aufgrund anderer Rechtsvorschriften nichts anderes bestimmt ist. [2]Nutzungsrechte aufgrund anderer Rechtsvorschriften sowie besondere Vereinbarungen mit Eigentümern bei der Archivierung von Unterlagen natürlicher und juristischer Personen des Privatrechts bleiben unberührt.

(2) [1]Die Nutzung ist einzuschränken oder zu versagen, wenn

1. Grund zu der Annahme besteht, dass dem Wohl der Bundesrepublik Deutschland oder eines ihrer Länder wesentliche Nachteile entstehen,

2. Grund zu der Annahme besteht, dass schutzwürdige Belange betroffener Personen oder Dritter beeinträchtigt werden,
3. der Erhaltungszustand des Archivguts gefährdet erscheint,
4. ein nicht vertretbarer Verwaltungsaufwand zu erwarten ist oder
5. Rechtsvorschriften, insbesondere über Geheimhaltung, verletzt würden.

[2]Die Nutzung kann aus anderen wichtigen Gründen eingeschränkt oder versagt werden.

(3) [1]Archivgut darf regelmäßig nach Ablauf von 30 Jahren seit Entstehung der Unterlagen genutzt werden. [2]Die Schutzfrist beträgt 60 Jahre seit Entstehung der Unterlagen für Archivgut, das besonderen Geheimhaltungsvorschriften unterliegt. [3]Bezieht das Archivgut sich nach seiner Zweckbestimmung oder nach seinem wesentlichen Inhalt auf eine oder mehrere natürliche Personen (personenbezogenes Archivgut), so darf es unbeschadet der Sätze 1 und 2 frühestens 10 Jahre nach dem Tod der betroffenen Person oder der letztverstorbenen von mehreren betroffenen Personen genutzt werden; ist das Todesjahr dem Archiv nicht bekannt, endet die Schutzfrist 100 Jahre nach der Geburt der betroffenen Person oder der letztgeborenen von mehreren Personen. [4]Ist dem Archiv auch das Geburtsjahr nicht bekannt, gilt eine Schutzfrist von 60 Jahren seit Entstehung der Unterlagen. [5]Die festgelegten Schutzfristen können um höchstens 20 Jahre verlängert werden, wenn dies im öffentlichen Interesse geboten ist oder wenn schutzwürdige Belange des Betroffenen dies erfordern.

(4) [1]Die Schutzfristen nach Absatz 3 gelten nicht für solches Archivgut, das bereits bei der Entstehung der Unterlagen zur Veröffentlichung bestimmt oder das bereits vor der Übergabe an das Staatsarchiv der Öffentlichkeit rechtmäßigerweise tatsächlich zugänglich gemacht worden ist. [2]Die Schutzfristen für personenbezogenes Archivgut gelten nicht für Amtsträger in Ausübung ihrer Ämter und Personen der Zeitgeschichte, es sei denn, ihr schutzwürdiger Lebensbereich ist betroffen.

(5) [1]Die Schutzfristen können im Einzelfall auf sachlich begründeten Antrag verkürzt werden, wenn dies im öffentlichen oder in einem schwer wiegenden privaten Interesse liegt. [2]Ist personenbezogenes Archivgut vor Ablauf der Schutzfristen betroffen, ist darüber hinaus erforderlich, dass

1. die betroffenen Personen oder nach deren Tod ihre Angehörigen eingewilligt haben, es sei denn eine betroffene Person hat zu Lebzeiten der Nutzung nachweislich widersprochen. Die Einwilligung ist von dem überlebenden Ehegatten oder eingetragenen Lebenspartner, nach dessen Tod von seinen volljährigen Kindern, oder, wenn weder ein Ehegatte oder eingetragener Lebenspartner noch volljährige Kinder vorhanden sind, von den Eltern der betroffenen Person einzuholen,
2. die Nutzung zur Behebung einer bestehenden Beweisnot oder aus sonstigen im rechtlichen Interesse eines Dritten liegenden Gründen unerlässlich ist oder
3. die Nutzung für die Durchführung eines bestimmten Forschungsvorhabens erforderlich ist und sichergestellt ist, dass die schutzwürdigen Belange betroffener Personen nicht beeinträchtigt werden, oder das öffentliche Interesse an der Durchführung des Forschungsvorhabens die schutzwürdigen Belange der betroffenen Personen erheblich überwiegt. Soweit der Zweck und die Methode des Forschungsvorhabens dies zulassen, sind die Forschungsergebnisse ohne personenbezogene Angaben aus dem Archivgut zu veröffentlichen.

(6) Nach § 203 Absatz 1 und 3 des Strafgesetzbuchs geschützte Unterlagen aus einer Beratungstätigkeit, die als Archivgut übernommen worden sind, dürfen vor

Ablauf der Schutzfristen für personenbezogenes Archivgut nach Absatz 3 Satz 3 und 4 nur in anonymisierter Form genutzt werden.

(7) [1]Um die Rechte betroffener Personen, Dritter oder öffentliche Belange zu schützen, und in anderen geeigneten Fällen kann die Nutzung von Archivgut an Bedingungen und Auflagen gebunden werden, insbesondere an eine Verpflichtung zur anonymisierten Verwertung. [2]Personenbezogenes Archivgut, das besondere Kategorien personenbezogener Daten nach Artikel 9 Absatz 1 der Verordnung (EU) 2016/679 enthält, kann durch Dritte in der Regel vor Ablauf der Schutzfristen nur genutzt werden, wenn die Verpflich-tung der anonymisierten Verwertung vorgesehen ist.

(8) Die Verknüpfung personenbezogener Daten durch das Archiv ist innerhalb der Schutzfristen nur zulässig, wenn schutzwürdige Belange betroffener Personen Betroffener[1] angemessen berücksichtigt werden.

§ 8 Veröffentlichung und Weitergabe von Archivalien sowie Findmitteln

(1) [1]Um der Öffentlichkeit den Zugang zu historischen und familienkundlichen Unterlagen zu ermöglichen oder zu erleichtern, ist das Staatsarchiv berechtigt, Archivgut, Reproduktionen von Archivgut und die dazu gehörigen Findmittel im Rahmen seiner gesetzlichen Aufgaben zu veröffentlichen. [2]Durch die Veröffentlichung dürfen keine überwiegenden schutzwürdigen Belange betroffener Personen oder Dritter beeinträchtigt werden; insoweit sind insbesondere auch die Art, die Form und die Zugänglichkeit der Publikation zu berücksichtigen. [3]Biometrische oder genetische Daten im Sinne von Artikel 9 Absatz 1 der Verordnung (EU) 2016/679 dürfen nicht veröffentlicht werden, wenn Belange betroffener Personen berührt sein könnten. [4]Im Fall genetischer Daten gilt dies auch für die Belange von leiblichen Kindern oder Kindeskindern betroffener Personen. [5]§ 7 gilt entsprechend.

(2) [1]Der Senator für Kultur kann auf begründeten Antrag nach Anhörung der Landesbeauftragten für den Datenschutz gestatten, dass Archiven, Museen und Forschungsstellen Vervielfältigungen von öffentlichem Archivgut nach § 2 Absatz 1 zur Geschichte von Opfergruppen der nationalsozialistischen Herrschaft sowie zu deren Aufarbeitung in der Nachkriegszeit zur Benutzung gemäß § 7 Absatz 1 überlassen werden. [2]Eine Überlassung ist nur zulässig, wenn sichergestellt ist, dass bei der Benutzung der Vervielfältigungen § 7 sinngemäße Anwendung findet. [3]Für die Überlassung von Kopien personenbezogenen Schriftguts an Stellen außerhalb der Europäischen Union gelten im Übrigen die Maßgaben des Kapitels V der Verordnung (EU) 2016/679.

§ 9 Befugnisse

(1) Der Senator für Kultur wird ermächtigt, durch Rechtsverordnung Einzelheiten der Nutzung des Archivguts, der Reproduktionen und der Findmittel des Staatsarchivs zu regeln, insbesondere das Antrags- und Genehmigungsverfahren und die Führung der entsprechenden Unterlagen, die Sorgfaltspflichten bei der Nutzung und die entsprechende Verpflichtung der Benutzer, die Versendung und Ausleihe von Archivgut und die Herstellung von Kopien und Reproduktionen.

(2) [1]Das Staatsarchiv erhebt Kosten. [2]Die Höhe und Art der Kosten regelt die Kostenverordnung der Kulturverwaltung.

1 Richtig wohl: „betroffener Personen“.

(3) Dem Staatsarchiv steht ein kostenloses Belegexemplar von Druckwerken, Publikationen und sonstigen Arbeiten zu, die unter wesentlicher Verwendung von Archivalien verfasst worden sind.

(4) [1]Abweichend von Artikel 9 Absatz 1 der Verordnung (EU) 2016/679 ist die Verarbeitung besonderer Kategorien personenbezogener Daten im Archivgut durch das Staatsarchiv zulässig, soweit dies für im öffentlichen Interesse liegende Archivzwecke erforderlich ist. [2]Neben den Regelungen von § 4 Absatz 3 und § 7 Absatz 7 werden, falls nötig, weitere angemessene und spezifische Maßnahmen zum Schutz der Interessen der betroffenen Person getroffen.

Abschnitt II Sonstiges öffentliches Archivgut

§ 10 Bremische Bürgerschaft

(1) Die Bürgerschaft entscheidet in eigener Zuständigkeit, ob bei ihr entstandene Unterlagen, die zur Erfüllung ihrer Aufgaben nicht mehr benötigt werden, von ihr selbst archiviert oder dem Staatsarchiv zur Übernahme angeboten werden (§ 3 Absatz 1 bis 6 und Absatz 7 Satz 3).

(2) [1]Sofern die Bürgerschaft ein eigenes Archiv unterhält, gelten die §§ 4 bis 7 entsprechend. [2]Im Übrigen regelt sie die Einzelheiten der Benutzung in eigener Zuständigkeit.

§ 11 Archivgut der Stadtgemeinde Bremerhaven

(1) Die Stadtgemeinde Bremerhaven trägt für ihr Archivgut in eigener Zuständigkeit Sorge, indem sie es insbesondere verwahrt, erhält, erschließt, nutzbar macht und erforscht.

(2) [1]Sie erfüllt diese Aufgaben durch Errichtung und Unterhaltung eines eigenen Archivs. [2]§ 1 Abs. 5 gilt entsprechend.

(3) [1]Archivwürdige Unterlagen, die zur Aufgabenerfüllung nicht mehr benötigt werden, sind in das Archiv zu übernehmen. [2]§§ 2, 3, 4 Absatz 3, §§ 5 bis 7, 8 Absatz 1 und § 9 Absatz 3 und 4 sowie § 13 gelten entsprechend. [3]Über den Erlass einer Benutzungsordnung und die Erhebung von Kosten entscheidet die Stadtgemeinde Bremerhaven in eigener Zuständigkeit.

§ 12 Sonstiges öffentliches Archivgut

(1) [1]Die sonstigen der Aufsicht des Landes unterstehenden juristischen Personen des öffentlichen Rechts tragen für ihr Archivgut entsprechend § 11 Absatz 1 dadurch Sorge, daß sie

1. eigene Archive einrichten und unterhalten, die den archivfachlichen Anforderungen des § 1 Abs. 5 Satz 1 genügen,
2. das Archivgut einem anderen Archiv zur Übernahme anbieten, das die Verwahrung nach § 4 Abs. 3, die Rechte betroffener Personen nach § 5 und die Nutzung nach §§ 6 und 7 gewährleistet und hauptamtlich oder hauptberuflich von Personal betreut wird, das die Befähigung für eine Laufbahn des Archivdienstes besitzt oder sonst fachlich geeignet ist, oder
3. das Archivgut dem Staatsarchiv zur Übernahme anbieten (§ 3 Absatz 8).

[2]Der Senator für Kultur stellt im Einvernehmen mit den Aufsichtsbehörden fest, ob in den Fällen des Satzes 1 Nr. 1 und 2 die Archive den Anforderungen genügen.

(2) [1]Im Falle des Absatzes 1 Satz 1 Nummer 1 sind archivwürdige Unterlagen, die zur Aufgabenerfüllung nicht mehr benötigt werden, in diese Archive zu überneh-

men. [2]Im Übrigen gelten für diese Archive §§ 2, 3, 4 Absatz 3, §§ 5 bis 7, 8 Absatz 1 und § 9 Absatz 3 und 4 sowie § 13 entsprechend. [3]Über den Erlass einer Benutzungsordnung und die Erhebung von Kosten entscheidet der Träger des Archivs.

Abschnitt III Übergangs- und Schlußvorschriften

§ 13 Archivgut von Stellen des Bundes, bundesrechtliche Geheimhaltungsvorschriften

[1]Für Unterlagen, die das Staatsarchiv nach § 1 Absatz 2 Satz 1 Nummer 1 von Stellen des Bundes übernommen hat, gelten die entsprechenden Regelungen und Schutzfristen des Bundesarchivgesetzes. [2]Dies gilt auch für solches Archivgut, das Rechtsvorschriften des Bundes über Geheimhaltung unterliegt.

§ 14 Ausnahmen vom Anwendungsbereich

(1) Dieses Gesetz gilt nicht für die öffentlich-rechtlichen Religions- und Weltanschauungsgemeinschaften, für die öffentlich-rechtlichen Rundfunkanstalten sowie für öffentlich-rechtliche Unternehmen mit eigener Rechtspersönlichkeit, die am Wettbewerb teilnehmen, und deren Zusammenschlüsse.

(2) Bestehende Eigentums- und sonstige Rechtsverhältnisse am Archivgut werden durch dieses Gesetz nicht berührt.

§ 15 Inkrafttreten

(1) Dieses Gesetz tritt, soweit Absatz 2 nicht etwas anderes bestimmt, am Tage nach seiner Verkündung in Kraft.

(2) § 3 Abs. 5 und 6 und § 10 treten zwei Jahre nach der Verkündung in Kraft.

Anlage 7 f
Hamburgisches Archivgesetz (HmbArchG)

Vom 21. Januar 1991 (HmbGVBl. S. 7)
(BS Hbg 224-8)

zuletzt geändert durch Art. 4 SicherheitsverbesserungsG vom 16. Juni 2005 (HmbGVBl. S. 233)

§ 1 Aufgaben des Staatsarchivs

(1) [1]Das Staatsarchiv hat die Aufgaben, Unterlagen der Verfassungsorgane, Gerichte, Behörden und sonstigen Stellen der Freien und Hansestadt Hamburg und der ihrer Aufsicht unterstehenden juristischen Personen des öffentlichen Rechts auf ihre Archivwürdigkeit zu bewerten und die als archivwürdig festgestellten Teile als Archivgut zu übernehmen, zu verwahren, zu erhalten, zu erschließen und für die Benutzung bereitzustellen (Archivierung) sowie auszuwerten. [2]Diese Aufgaben erstrecken sich auch auf Unterlagen der Rechts- und Funktionsvorgänger der in Satz 1 genannten Stellen.

(2) Das Staatsarchiv kann auch Archivgut anderer Stellen archivieren, soweit daran ein öffentliches Interesse besteht.

(3) Das Staatsarchiv sammelt sonstiges Dokumentationsmaterial, soweit es als Ergänzung des Archivgutes dient.

(4) Das Staatsarchiv berät die in Absatz 1 genannten Stellen bei der Verwaltung und Sicherung ihrer Unterlagen im Hinblick auf die Archivierung nach Absatz 1 (Archivpflege) und kann diese Aufgabe auch gegenüber anderen Stellen (Absatz 2) wahrnehmen.

(5) Das Staatsarchiv wirkt durch eigene Beiträge an der Erforschung und Vermittlung der hamburgischen Geschichte mit.

§ 2 Archivgut

(1) [1]Archivgut sind alle archivwürdigen Unterlagen, die bei den in § 1 Absätze 1 und 2 genannten Stellen entstanden sind oder sich in ihrer Verfügungsbefugnis befinden. [2]Unterlagen sind alle Informationsträger wie Akten, Schriftstücke, Karteien, Dateien, Karten, Pläne, Bild-, Film-, Ton-, maschinenlesbare Datenträger und sonstige Aufzeichnungen, Drucksachen, Siegelstempel und sonstiges Dokumentationsgut einschließlich der Hilfsmittel zu ihrer Erschließung und Benutzung.

(2) [1]Archivwürdig sind Unterlagen, denen bleibender Wert für Gesetzgebung, Rechtsprechung, Verwaltung, Wissenschaft oder Forschung oder für die Sicherung berechtigter Belange von Einzelpersonen zukommt. [2]Über die Archivwürdigkeit von Unterlagen entscheidet das Staatsarchiv. [3]Die in § 1 Absatz 1 genannten Stellen unterstützen das Staatsarchiv bei dieser Entscheidung und machen ihm hierzu ihre Unterlagen zugänglich. [4]Archivwürdig sind auch Unterlagen, die aufgrund von anderen Rechtsvorschriften oder zur Rechtswahrung dauernd aufbewahrt werden müssen.

(3) Zwischenarchivgut sind die vom Staatsarchiv zur vorläufigen Aufbewahrung übernommenen Unterlagen, aus denen die archivwürdigen Teile noch nicht ausgewählt worden sind.

§ 3 Anbietung und Ablieferung

(1) [1]Die in § 1 Absatz 1 genannten Stellen sind verpflichtet, alle Unterlagen, die sie zur Erfüllung ihrer Aufgaben nicht mehr benötigen, fortlaufend auszusondern, dem Staatsarchiv anzubieten und ihm nach Feststellung der Archivwürdigkeit abzuliefern. [2]Unterlagen sollen spätestens 30 Jahre nach ihrer endgültigen Entstehung ausgesondert und angeboten werden, soweit sie nicht noch nachweislich im Geschäftsgang erforderlich sind oder soweit nicht Rechtsvorschriften andere Fristen bestimmen.

(2) [1]Anzubieten und bei festgestellter Archivwürdigkeit abzuliefern sind auch Unterlagen, die
1. personenbezogene Daten enthalten, die gesperrt sind oder die nach einer Rechtsvorschrift gelöscht werden müssten oder gelöscht werden könnten,
2. einem Berufs- oder besonderen Amtsgeheimnis oder sonstigen Rechtsvorschriften über Geheimhaltung unterliegen.

[2]Von der Anbietungspflicht ausgenommen bleiben Unterlagen, deren Offenbarung gegen das Brief-, Post- oder Fernmeldegeheimnis oder die Unverletzlichkeit der Wohnung verstoßen würde, sowie personenbezogene Daten, deren Speicherung unzulässig war oder die nach dienst- oder arbeitsrechtlichen Vorschriften zu löschen oder zu tilgen sind.

(3) Daten verarbeitende Stellen und Staatsarchiv haben bei der Anbietung, Auswahl und Übernahme von Unterlagen mit personenbezogenen Daten, insbesondere solchen, die besonderen Geheimhaltungsvorschriften unterliegen, die schutzwürdigen Interessen Dritter zu berücksichtigen und die Datensicherung zu gewährleisten.

(4) Durch Vereinbarung zwischen dem Staatsarchiv und den in § 1 Absatz 1 genannten Stellen kann
1. auf die Anbietung von Unterlagen von offensichtlich geringer Bedeutung verzichtet werden,
2. der Umfang der anzubietenden gleichförmigen Unterlagen, die in großer Zahl anfallen, im Einzelnen festgelegt werden

und muss

3. die Auswahl der anzubietenden maschinenlesbar gespeicherten Informationen einschließlich der Form der Datenübermittlung im Einzelnen festgesetzt werden.

(5) [1]Eine Vernichtung oder Löschung von Unterlagen ist nur nach der Verneinung der Archivwürdigkeit zulässig; Absatz 2 Satz 2 bleibt unberührt. [2]Entscheidet das Staatsarchiv nicht innerhalb von sechs Monaten über die Archivwürdigkeit angebotener Unterlagen, können sie vernichtet oder gelöscht werden. [3]Für maschinenlesbare Unterlagen gilt eine Frist von vier Monaten.

(6) [1]Archivwürdige Unterlagen können bereits vor Ablauf der durch Rechts- oder Verwaltungsvorschriften bestimmten Aufbewahrungsfristen vom Staatsarchiv übernommen werden. [2]Die Pflicht zur Aufbewahrung wird durch das Staatsarchiv erfüllt. [3]Bis zum Ablauf der Aufbewahrungsfrist bleibt die abgebende Stelle Daten verarbeitende Stelle im Sinne des Hamburgischen Datenschutzgesetzes (HmbDSG) vom 5. Juli 1990 (Hamburgisches Gesetz- und Verordnungsblatt Seiten 133, 165, 226), zuletzt geändert am 30. Januar 2001 (Hamburgisches Gesetz- und Verordnungsblatt Seite 9).

(7) Für juristische Personen des öffentlichen Rechts, die der Aufsicht der Freien und Hansestadt Hamburg unterstehen, besteht die Pflicht zur Anbietung und Ab-

lieferung an das Staatsarchiv nur dann, wenn sie kein eigenes Archiv unterhalten, das archivfachlichen Anforderungen genügt.

(8) Die Bürgerschaft entscheidet in eigener Zuständigkeit, ob bei ihr entstandene Unterlagen, die zur Erfüllung der Aufgaben nicht mehr benötigt werden, von ihr selbst archiviert oder dem Staatsarchiv zur Übernahme angeboten werden.

§ 4 Verwaltung des Archivguts

(1) [1]Das Staatsarchiv stellt die ordnungs- und sachgemäße Aufbewahrung und Benutzbarkeit des Archivguts und seinen Schutz vor Beschädigung, Vernichtung und unbefugter Benutzung sicher. [2]Es hat von der Übernahme an ebenso wie die abgebende Stelle die schutzwürdigen Interessen Dritter zu berücksichtigen; insbesondere hat es bei Unterlagen mit personenbezogenen Daten, die Vorschriften über die Verarbeitung und Sicherung dieser Unterlagen zu beachten, die für die abgebende Stelle gelten.

(2) Aufgrund einer schriftlichen Vereinbarung mit dem Staatsarchiv kann staatliches Archivgut bei einer anderen Stelle verwahrt werden, wenn dafür ein fachlicher Grund gegeben ist, den archivfachlichen Anforderungen genügt wird und die Einhaltung bestehender Rechtsvorschriften, insbesondere des Datenschutzes, gewährleistet ist.

(3) Soweit das Staatsarchiv gemäß § 1 Absatz 2 Archivgut privater Herkunft archiviert, kann es mit den Eigentümern Vereinbarungen treffen, die einen besonderen Umgang mit dem Archivgut entsprechend den Interessen der Eigentümer regeln.

(4) Die Verknüpfung personenbezogener Daten durch das Staatsarchiv ist vor Ablauf der in § 5 genannten Schutzfristen zulässig, wenn schutzwürdige Interessen Betroffener nicht beeinträchtigt werden.

(5) Soweit nicht Rechtsvorschriften über Löschung und Vernichtung personenbezogener Unterlagen zur Anwendung kommen, sind die nichtarchivwürdigen Unterlagen staatlichen Zwischenarchivguts so lange aufzubewahren, bis die abgebende Stelle oder deren Rechtsnachfolger sie zur Vernichtung freigegeben hat; erfolgt die Freigabe zur Vernichtung nicht innerhalb von 20 Jahren nach Übernahme, so können sie zurückgegeben werden.

§ 5 Benutzung des Archivguts

(1) Jeder hat das Recht, staatliches Archivgut auf Antrag zu amtlichen, wissenschaftlichen, heimatkundlichen oder publizistischen Zwecken sowie zur Wahrnehmung berechtigter persönlicher Interessen zu benutzen, soweit in diesem Gesetz oder aufgrund dieses Gesetzes nichts anderes bestimmt wird und andere Gesetze nicht entgegenstehen.

(2) [1]Für die Benutzung gelten folgende Schutzvorschriften:

1. Soweit durch Rechtsvorschriften keine anderen Fristen bestimmt sind, ist die Benutzung des Archivguts mit Ablauf des 30. Jahres nach seiner endgültigen Entstehung zulässig. Diese Schutzfrist gilt nicht für Archivgut, das von vornherein zur Veröffentlichung bestimmt war.
2. Archivgut, das sich nach seiner Zweckbestimmung oder nach seinem wesentlichen Inhalt auf eine natürliche Person bezieht (personenbezogenes Archivgut), darf erst 10 Jahre nach dem Tod der Betroffenen benutzt werden. Ist das Todesjahr nicht oder nur mit unvertretbarem Aufwand festzustellen, endet die Schutzfrist 90 Jahre nach der Geburt der Betroffenen. Sind weder Todesjahr noch Geburtsjahr mit vertretbarem Aufwand festzustellen, endet die Schutz-

frist für personenbezogenes Archivgut 60 Jahre nach seiner endgültigen Entstehung.
3. Unterliegt Archivgut besonderen Geheimhaltungsvorschriften, ist die Benutzung erst mit Ablauf des 60. Jahres nach seiner endgültigen Entstehung zulässig.
4. Für Archivgut, das Rechtsvorschriften des Bundes über Geheimhaltung im Sinne der §§ 8, 10 und 11 des Bundesarchivgesetzes unterliegt, gelten die Schutzfristen des § 5 des Bundesarchivgesetzes.
5. Die Schutzfristen für personenbezogenes Archivgut gelten nicht für Archivgut, das die Tätigkeit von Personen dokumentiert, soweit sie in Ausübung eines öffentlichen Amtes gehandelt haben und nicht selbst Betroffene sind. Hat die Tätigkeit in personenbezogenem Archivgut ihren Niederschlag gefunden, sind die schutzwürdigen Interessen Dritter angemessen zu berücksichtigen.

[2]Vor Ablauf von Schutzfristen kann das Staatsarchiv Auskunft aus dem Archivgut erteilen, soweit Absatz 5 im Übrigen nicht entgegensteht.

(3) Die in § 1 Absatz 1 genannten Stellen können die Schutzfristen für bestimmtes, bei ihnen entstandenes Archivgut um höchstens 20 Jahre verlängern, soweit dies aus Gründen des Gemeinwohls geboten ist.

(4) [1]Für einzelne Benutzungen oder Teile von Archivgut können die Schutzfristen verkürzt werden, soweit Absatz 5 im Übrigen nicht entgegensteht. [2]Die Verkürzung bedarf im Falle des Absatzes 3 der Zustimmung der Stelle, bei der das Archivgut entstanden ist. [3]Die Verkürzung der Schutzfristen für personenbezogenes Archivgut ist nur mit Einwilligung der Betroffenen oder ihrer Rechtsnachfolger zulässig oder wenn die Benutzung für ein wissenschaftliches Forschungsvorhaben oder zur Wahrnehmung berechtigter Belange von Personen oder Stellen notwendig ist und die schutzwürdigen Interessen Betroffener oder Dritter durch geeignete Maßnahmen angemessen berücksichtigt werden.

(5) [1]Die Benutzung ist durch das Staatsarchiv einzuschränken oder zu versagen, wenn
1. Grund zu der Annahme besteht, dass dem Wohl der Bundesrepublik Deutschland oder eines ihrer Länder wesentliche Nachteile erwachsen, oder
2. Grund zu der Annahme besteht, dass schutzwürdige Interessen Dritter beeinträchtigt werden, oder
3. der Erhaltungszustand des Archivguts entgegensteht oder
4. ein unverhältnismäßiger Verwaltungsaufwand entsteht oder
5. die Geheimhaltungspflicht nach § 203 Absätze 1 bis 3 des Strafgesetzbuches oder anderer Rechtsvorschriften über Geheimhaltung verletzt würden.

[2]Gesetzliche Informationsrechte und Vereinbarungen mit Eigentümern privaten Archivguts bleiben unberührt.

(6) Die Benutzung von Archivgut, das gemäß § 2 Absatz 3 Satz 1 des Bundesarchivgesetzes dem Staatsarchiv von Stellen des Bundes übergeben worden ist, richtet sich nach den Bestimmungen des Bundesarchivgesetzes.

(7) [1]Für Zwischenarchivgut bleibt die abgebende Stelle bis zum Ende der vorläufigen Aufbewahrung Daten verarbeitende Stelle im Sinne des Hamburgischen Datenschutzgesetzes. [2]Im Übrigen richtet sich die Benutzung von Zwischenarchivgut nach den Bestimmungen dieses Gesetzes.

(8) [1]Einer Benutzung durch die Stellen, bei denen das Archivgut entstanden ist, stehen die Schutzfristen nur entgegen, wenn die Aufbewahrung im Staatsarchiv gesetzlich vorgeschriebene Sperrung, Vernichtung oder Löschung ersetzt. [2]Ansonsten haben abgebende Stellen das Recht, Archivgut, das aus ihren Unterlagen ins Staatsarchiv gelangt ist, zu benutzen und auszuleihen.

(9) Das Staatsarchiv wird ermächtigt, durch Verwaltungsvorschrift (Benutzungsordnung) das Nähere über die Benutzung des Archivguts, insbesondere über das Antrags- und Genehmigungsverfahren, über die Vorlage von Archivgut, über die Sorgfaltspflicht bei der Benutzung und über die Herstellung von Reproduktionen zu regeln.

(10) Sofern die Bürgerschaft und die in § 3 Absatz 7 genannten Stellen eigene Archive unterhalten, regeln sie die Einzelheiten der Benutzung in eigener Zuständigkeit unter Beachtung der dafür anwendbaren Bestimmungen dieses Gesetzes.

(11) Die Freie und Hansestadt Hamburg hat Anspruch auf ein dem Staatsarchiv unentgeltlich und unaufgefordert zu überlassendes Belegexemplar von jeder im Druck, maschinenschriftlich oder auf andere Weise vervielfältigten Arbeit, für die die Auswertung des vom Staatsarchiv verwahrten Archivgutes von substantieller Bedeutung war.

§ 6 Auskunft und Gegendarstellung

(1) Das Recht des Betroffenen auf Auskunft (§ 18 HmbDSG) kann auch durch Gewährung von Einsicht in Archivgut erfüllt werden.

(2) Wird die Unrichtigkeit personenbezogener Angaben festgestellt, so ist dies berichtigend im Archivgut zu vermerken oder auf sonstige Weise so festzuhalten, dass der Hinweis bei einer Benutzung des Archivgutes nicht übersehen werden kann.

(3) Das Staatsarchiv ist verpflichtet, dem Archivgut eine Gegendarstellung des Betroffenen oder eines Hinterbliebenen hinzuzufügen, wenn die Richtigkeit von Angaben zur Person des Betroffenen bestritten und ein berechtigtes Interesse an der Gegendarstellung glaubhaft gemacht wird.

(4) Die Bestimmungen der Absätze 1 bis 3 gelten nur für Archivgut, für das das Staatsarchiv Daten verarbeitende Stelle im Sinne des Hamburgischen Datenschutzgesetzes ist.

§ 7 Ausnahmen vom Geltungsbereich

Dieses Gesetz gilt nicht für die öffentlich-rechtlichen Kreditinstitute.

Anlage 7g
Hessisches Archivgesetz
(HArchivG)[1]

Vom 26. November 2012 (GVBl. S. 458)
(FFN 76-13)

zuletzt geändert durch Art. 14 Elftes G zur Verlängerung der Geltungsdauer und Änd. von Rechtsvorschriften vom 5. Oktober 2017 (GVBl. S. 294)

Teil 1
Allgemeine Bestimmungen

§ 1 Geltungsbereich

(1) [1]Dieses Gesetz regelt den Umgang mit öffentlichem Archivgut. [2]Es soll das öffentliche Archivgut vor Beschädigung, Verlust, Vernichtung und Zersplitterung schützen, verfügbar halten und unter Anwendung moderner Technologien für die öffentliche Nutzung zugänglich machen. [3]Es regelt den Datenschutz für das öffentliche Archivgut.

(2) Dieses Gesetz regelt auch die Archivierung der Unterlagen von ehemals öffentlichen oder diesen gleichgestellten Stellen, sofern die Unterlagen bis zum Zeitpunkt des Übergangs in eine Rechtsform des Privatrechts entstanden sind.

(3) [1]Dieses Gesetz gilt nicht für die Kirchen und andere öffentlich-rechtliche Religions- und Weltanschauungsgemeinschaften und deren Vereinigungen. [2]Es gilt ferner nicht für die öffentlich-rechtlichen Rundfunkanstalten und für öffentlich-rechtliche Unternehmen mit eigener Rechtspersönlichkeit, die am wirtschaftlichen Wettbewerb teilnehmen, und deren Zusammenschlüsse und solche Zweckverbände, deren Zweck der Betrieb eines öffentlich-rechtlichen Unternehmens mit eigener Rechtspersönlichkeit ist, das am wirtschaftlichen Wettbewerb teilnimmt.

§ 2 Begriffsbestimmungen

(1) Archivwürdig im Sinne dieses Gesetzes sind Unterlagen, die aufgrund ihrer politischen, rechtlichen, wirtschaftlichen, sozialen oder kulturellen Bedeutung für die Erforschung und das Verständnis von Geschichte und Gegenwart von bleibendem Wert sind.

(2) [1]Unterlagen im Sinne dieses Gesetzes sind Urkunden, Amtsbücher, Akten, Schriftstücke, amtliche Publikationen, Karteien, Karten, Pläne, Plakate, Siegel, Stempel, Bild-, Film- und Tonaufzeichnungen sowie alle anderen Informationsobjekte, auch digitale Aufzeichnungen, unabhängig von ihrer Speicherungsform. [2]Dazu zählen auch alle Hilfsmittel und ergänzenden Daten, die für die Erhaltung, das Verständnis dieser Informationen und deren Nutzung notwendig sind.

(3) Öffentliches Archivgut sind alle archivwürdigen Unterlagen der Verfassungsorgane, Behörden, Gerichte, des Landtags und der sonstigen öffentlichen Stellen des Landes, der Städte, Gemeinden, Landkreise und kommunalen Verbände, ihrer Rechts- und Funktionsvorgänger sowie der sonstigen der Aufsicht des Landes unterstehenden juristischen Personen des öffentlichen Rechts und ihrer Vereinigungen einschließlich der Hochschulen, die zur dauernden Aufbewahrung von einem öffentlichen Archiv übernommen werden.

---

1 Das G tritt am 1.1.2013 in Kraft, mit Ausnahme des § 21, der bereits am 6.12.2012 in Kraft getreten ist. Gem § 22 Satz 2 **tritt das G mit Ablauf des 31.12.2022 außer Kraft.**

(4) Als öffentliches Archivgut gelten auch archivwürdige Unterlagen, die die öffentlichen Archive zur Ergänzung ihres Archivguts gesammelt, erworben oder übernommen haben.

(5) Öffentliche Archive im Sinne dieses Gesetzes sind die Archive, die für das Archivgut der in Abs. 3 und 6 genannten Stellen sowie ihrer Rechtsvorgänger zuständig sind und dieses nach Maßgabe dieses Gesetzes übernehmen, auf Dauer aufbewahren, sichern, erschließen und nutzbar machen.

(6) Als öffentliche Stellen des Landes gelten auch:

1. Stiftungen des Privatrechts, wenn das Land oder ein Rechtsvorgänger überwiegend das Stiftungsvermögen bereitgestellt hat, und
2. andere juristische Personen des Privatrechts, wenn sie nicht am wirtschaftlichen Wettbewerb teilnehmen und dem Land mehr als die Hälfte der Anteile oder der Stimmen zusteht.

(7) Die Archivierung umfasst die Aufgaben, Unterlagen zu erfassen, deren Archivwürdigkeit festzustellen, die archivwürdigen Unterlagen zu übernehmen und sachgemäß aufzubewahren, zu sichern, deren Integrität und Authentizität zu bewahren sowie sie zu erhalten, instand zu setzen, zu erschließen, verfügbar zu machen und für die Nutzung bereitzustellen.

Teil 2
Organisation und Aufgaben des Hessischen Landesarchivs

§ 3 Organisation des Hessischen Landesarchivs

(1) [1]Das Hessische Landesarchiv besteht aus dem Hauptstaatsarchiv Wiesbaden, dem Staatsarchiv Darmstadt und dem Staatsarchiv Marburg. [2]Es bündelt zentrale archivfachliche und administrative Aufgaben. [3]Das für das Archivwesen zuständige Ministerium übt die Rechts- und Fachaufsicht über das Hessische Landesarchiv aus.

(2) Kooperationspartner des Hessischen Landesarchivs sind der Landesbetrieb Archivschule Marburg – Hochschule für Archivwissenschaft (§ 5) und das Hessische Landesamt für geschichtliche Landeskunde (§ 6).

(3) Die vom Hessischen Landesarchiv zu erreichenden standortübergreifenden archivfachlichen Ziele werden zwischen dem für das Archivwesen zuständigen Ministerium und der Leiterin oder dem Leiter des Hessischen Landesarchivs im Rahmen einer Zielvereinbarung gemeinsam festgelegt.

§ 4 Aufgaben des Hessischen Landesarchivs

(1) [1]Das Hessische Landesarchiv hat die Aufgabe, die archivwürdigen Unterlagen des Landes zu archivieren. [2]Es nimmt standortübergreifende Aufgaben des Archivwesens des Landes und der Archivverwaltung wahr.

(2) Aufgaben der Archivierung werden von Personen wahrgenommen, die eine archivfachliche Ausbildung besitzen oder in sonstiger Weise fachlich geeignet sind.

(3) [1]Das Hessische Landesarchiv berät die in § 2 Abs. 3 und 6 genannten Stellen im Rahmen seiner Zuständigkeit bei der Verwaltung und Sicherung ihrer Unterlagen im Hinblick auf die spätere Archivierung. [2]Diese Stellen beteiligen das Hessische Landesarchiv bei der Einführung und Änderung technischer Systeme zur Erstellung und Speicherung digitaler Unterlagen. [3]Die Beratungstätigkeit erstreckt sich auch auf die nicht staatlichen Archive im Rahmen der Archivpflege.

(4) Die Leiterin oder der Leiter des Hessischen Landesarchivs kann Verträge über die Archivierung von Unterlagen privater oder kommunaler Herkunft im Namen des Landes abschließen.

(5) Das Hessische Landesarchiv nimmt Aufgaben im Rahmen der Aus- und Fortbildung des archivarischen Fachpersonals wahr.

(6) Das Hessische Landesarchiv wirkt als Haus der Geschichte an der wissenschaftlichen Auswertung der von ihm aufbewahrten Unterlagen sowie an der Erforschung und Vermittlung der Geschichte des Landes mit.

Teil 3
Kooperationspartner des Hessischen Landesarchivs

§ 5 Archivschule Marburg – Hochschule für Archivwissenschaft

(1) [1]Das Land ist Träger der Archivschule Marburg – Hochschule für Archivwissenschaft. [2]Sie ist ein Landesbetrieb nach § 26 der Hessischen Landeshaushaltsordnung in der Fassung der Bekanntmachung vom 15. März 1999 (GVBl. I S. 248), zuletzt geändert durch Gesetz vom 26. Juni 2013 (GVBl. S. 447), im Geschäftsbereich des für das Archivwesen zuständigen Ministeriums. [3]Die Archivschule Marburg – Hochschule für Archivwissenschaft hat die Aufgabe, Archivarinnen und Archivare des gehobenen und höheren Dienstes für Bund und Länder nach hessischem Recht auszubilden. [4]Sie führt Fortbildungsveranstaltungen und Weiterbildungsstudiengänge durch und betreibt archivwissenschaftliche Forschung.

(2) [1]Die Archivschule Marburg – Hochschule für Archivwissenschaft arbeitet mit dem Hessischen Landesarchiv auf der Grundlage von Kooperationsvereinbarungen zusammen. [2]Die Qualität der Leistungen der Archivschule Marburg – Hochschule für Archivwissenschaft wird nach Maßgabe des für das Archivwesen zuständigen Ministeriums regelmäßig evaluiert.

§ 6 Hessisches Landesamt für geschichtliche Landeskunde

(1) [1]Das Land unterhält ein Hessisches Landesamt für geschichtliche Landeskunde mit Sitz in Marburg. [2]Es hat die Aufgabe, Grundlagen der hessischen Geschichte zu erschließen und im Kontext überregionaler Forschung wissenschaftlich zu vermitteln. [3]Es gibt eigene Schriften heraus und betreibt ein digitales landesgeschichtliches Informationssystem. [4]Arbeitsgebiete sind insbesondere der Hessische Städteatlas und das Historische Ortslexikon.

(2) [1]Das Hessische Landesamt für geschichtliche Landeskunde arbeitet mit dem Hessischen Landesarchiv auf der Grundlage von Kooperationsvereinbarungen zusammen. [2]Die wissenschaftliche Qualität der Leistungen wird nach Maßgabe des für das Archivwesen zuständigen Ministeriums regelmäßig evaluiert.

Teil 4
Archivische Verfahren

§ 7 Aufbewahrung im Rahmen laufender Fristen

(1) [1]Archivwürdige Unterlagen können vor Ablauf der festgelegten Aufbewahrungsfristen vom zuständigen Archiv übernommen werden. [2]Das Verfügungsrecht liegt beim zuständigen Archiv.

(2) [1]Unabhängig von der Archivwürdigkeit können Unterlagen vor Ablauf der Aufbewahrungsfristen dem zuständigen Archiv zur befristeten Aufbewahrung als Zwischenarchivgut übergeben werden. [2]Die abgebende Stelle bleibt weiterhin für die Unterlagen verantwortlich und entscheidet über die Benutzung durch Dritte.

(3) [1]Unterlagen, die allein zur Rechtssicherung aufgrund von Rechtsvorschriften dauernd aufzubewahren sind, können bei der aktenführenden Stelle verbleiben oder an das zuständige Archiv abgegeben werden. [2]Die Einzelheiten werden in einer Vereinbarung geregelt.

§ 8 Anbietung von Unterlagen

(1) [1]Die in § 2 Abs. 3 und 6 genannten Stellen sind verpflichtet, alle Unterlagen, die zur Erfüllung ihrer Aufgaben nicht mehr benötigt werden und deren Aufbewahrungsfrist abgelaufen ist, unverzüglich auszusondern und dem zuständigen Archiv zur Archivierung anzubieten. [2]Dies hat spätestens 30 Jahre nach Entstehung der Unterlagen zu erfolgen, soweit nicht Rechtsvorschriften andere Aufbewahrungsfristen bestimmen. [3]Das zuständige Archiv hat binnen sechs Monaten über die Archivwürdigkeit angebotener Unterlagen zu entscheiden.

(2) Anzubieten sind auch Unterlagen, die besonderen Rechtsvorschriften über Geheimhaltung oder des Datenschutzes unterworfen sind oder die aufgrund besonderer Vorschriften hätten gelöscht oder vernichtet werden müssen.

(3) Die in § 2 Abs. 3 und 6 genannten Stellen dürfen nach Ablauf der Aufbewahrungsfristen Unterlagen nur vernichten oder Daten nur löschen, die das zuständige Archiv zur Vernichtung oder Löschung freigegeben hat oder wenn es nicht binnen sechs Monaten über die Archivwürdigkeit angebotener Unterlagen entschieden hat, und sofern kein Grund zur Annahme besteht, dass durch die Vernichtung oder Löschung schutzwürdige Belange von Betroffenen beeinträchtigt werden.

(4) Auf die Anbietung von offensichtlich nicht archivwürdigen Unterlagen und Daten wird im Einvernehmen mit dem zuständigen Archiv verzichtet.

(5) Die in § 2 Abs. 3 und 6 genannten Stellen bieten jeweils ein Exemplar der von ihnen herausgegebenen Veröffentlichungen, auch solcher in elektronischer Form, dem zuständigen Archiv zur Übernahme an.

(6) Die in § 2 Abs. 3 und 6 genannten Stellen können Unterlagen einem anderen öffentlichen Archiv anstelle des zuständigen Archivs mit dessen Einvernehmen zur Archivierung anbieten, wenn es im öffentlichen Interesse liegt.

§ 9 Digitales Archivgut

(1) Bei der Übernahme von digitalen Unterlagen sind Auswahlkriterien und technische Kriterien, insbesondere das Format von Primär- und Metadaten und die Form der Übermittlung, von dem zuständigen Archiv mit Zustimmung der abgebenden Stelle vorab festzulegen.

(2) Bei digitalen Unterlagen, die einer laufenden Aktualisierung unterliegen, legt das zuständige Archiv die Form der Anbietung und die Zeitabstände der Übergabe mit Zustimmung der abgebenden Stelle vorab fest.

§ 10 Feststellung der Archivwürdigkeit und Übernahme des Archivguts

(1) [1]Über die Archivwürdigkeit der angebotenen Unterlagen entscheidet das zuständige Archiv nach § 2 Abs. 1 unter Mitwirkung der anbietenden Stelle sowie unter den Gesichtspunkten der Zweckmäßigkeit und Wirtschaftlichkeit. [2]Über die Archivwürdigkeit und Auswahl von gleichförmigen oder wiederkehrenden Unter-

lagen, die in großer Zahl anfallen, können schriftliche Vereinbarungen getroffen werden.

(2) Dem zuständigen Archiv ist Einsicht in anzubietende Unterlagen und die dazugehörigen Ordnungssysteme zu gewähren.

§ 11 Sicherung und Erschließung

(1) [1]Die öffentlichen Archive haben die notwendigen Maßnahmen zu treffen, um die dauernde Aufbewahrung, Erhaltung und Nutzbarkeit des Archivgutes sowie seinen Schutz vor unbefugter Nutzung oder vor Vernichtung sicherzustellen. [2]Ausnahmsweise kann Archivgut in öffentlichen Archiven vernichtet oder gelöscht werden, wenn es für die Rechtssicherung und für die wissenschaftliche Forschung keine Bedeutung mehr hat.

(2) [1]Sofern es unter archivfachlichen Gesichtspunkten gerechtfertigt ist, können die öffentlichen Archive die im Archivgut enthaltenen Informationen auch in anderer Form archivieren und die Originalunterlagen ausnahmsweise löschen oder vernichten. [2]Darüber ist ein Nachweis zu führen.

(3) [1]Die öffentlichen Archive sind verpflichtet, das Archivgut nach archivfachlichen Gesichtspunkten zu ordnen und durch Findmittel zu erschließen. [2]Die Verknüpfung personenbezogener Daten durch das öffentliche Archiv ist innerhalb der in § 13 Abs. 1 und 2 genannten Schutzfristen nur zulässig, wenn schutzwürdige Belange betroffener Personen oder Dritter nicht beeinträchtigt werden.

(4) [1]Öffentliches Archivgut ist unveräußerlich und kann von Dritten nicht gutgläubig erworben werden. [2]Eine Abgabe an andere öffentliche Archive ist ausnahmsweise zulässig, wenn sie im öffentlichen Interesse liegt und die Einhaltung der in diesem Gesetz für die Aufbewahrung und Nutzung von öffentlichem Archivgut getroffenen Bestimmungen gewährleistet ist.

Teil 5
Nutzung von Archivgut

§ 12 Recht auf Nutzung des öffentlichen Archivguts

(1) [1]Das Recht, öffentliches Archivgut zu nutzen, steht jeder Person zu, soweit durch Rechtsvorschriften nichts anderes bestimmt ist. [2]Vereinbarungen zugunsten von Eigentümerinnen und Eigentümern privaten Archivguts bleiben unberührt.

(2) Der Zweck der Nutzung, der persönlicher, amtlicher, wissenschaftlicher, pädagogischer, publizistischer oder gewerblicher Art sein kann, muss dargelegt werden.

(3) Die Nutzung von archivierten Unterlagen, die Rechtsvorschriften des Bundes über Geheimhaltung unterliegen, richtet sich nach den Vorschriften des Bundesarchivgesetzes vom 10. März 2017 (BGBl. I S. 410).

(4) [1]Nutzer der öffentlichen Archive sind verpflichtet, von einem Werk, das unter wesentlicher Verwendung von Archivgut entstanden ist, unaufgefordert nach der Veröffentlichung ein Belegexemplar abzuliefern. [2]Ist eine kostenfreie Ablieferung nicht zumutbar, kann entweder dem Archiv ein Exemplar des Werkes zur Erstellung einer Vervielfältigung überlassen oder eine Entschädigung bis zur Hälfte des Ladenpreises oder, wenn ein solcher Preis nicht besteht, bis zur Hälfte der Kosten des Belegexemplars verlangt werden.

§ 13 Schutzfristen

(1) [1]Für öffentliches Archivgut gilt im Regelfall eine Schutzfrist von 30 Jahren nach Entstehung der Unterlagen. [2]Archivgut, das bei der Übernahme durch das öffentliche Archiv besonderen Geheimhaltungsvorschriften unterlegen hat, darf im Regelfall erst 60 Jahre nach Entstehung der Unterlagen genutzt werden. [3]Dies gilt auch für Unterlagen, die aufgrund besonderer Vorschriften hätten gelöscht oder vernichtet werden müssen.

(2) [1]Unbeschadet der generellen Schutzfristen darf Archivgut, das sich seiner Zweckbestimmung oder seinem wesentlichen Inhalt nach auf eine oder mehrere natürliche Personen bezieht (personenbezogenes Archivgut), im Regelfall erst zehn Jahre nach dem Tod der betroffenen Person oder der letztverstorbenen von mehreren betroffenen Personen durch Dritte genutzt werden. [2]Ist das Todesjahr nicht festzustellen, endet die Schutzfrist 100 Jahre nach der Geburt der betroffenen Person oder der Geburt der letztgeborenen von mehreren Personen, deren Todesjahr nicht festzustellen ist. [3]Ist weder Geburts- noch Todesjahr der betroffenen Person oder einer der betroffenen Personen mit vertretbarem Aufwand festzustellen, so endet die Schutzfrist 60 Jahre nach Entstehung der Unterlagen.

(3) Die Schutzfristen nach Abs. 1 und 2 gelten nicht für solches Archivgut, das bereits bei seiner Entstehung zur Veröffentlichung bestimmt war.

(4) [1]Die Schutzfristen nach Abs. 1 und 2 gelten auch bei der Nutzung durch öffentliche Stellen. [2]Für die abgebenden Stellen gelten die Schutzfristen der Abs. 1 und 2 nur für Unterlagen, die bei ihnen aufgrund besonderer Vorschriften hätten gesperrt, gelöscht oder vernichtet werden müssen.

(5) [1]Die Schutzfristen können vom öffentlichen Archiv im Einzelfall auf Antrag der Nutzer verkürzt werden, wenn es im öffentlichen Interesse liegt. [2]Bei personenbezogenem Archivgut ist dem Antrag auf Nutzung des Archivguts vor Ablauf der Schutzfristen stattzugeben, wenn

1. die Nutzung für ein bestimmtes Forschungsvorhaben erforderlich und sichergestellt ist, dass schutzwürdige Belange der betroffenen Personen oder Dritter nicht beeinträchtigt werden oder
2. das öffentliche Interesse an der Durchführung des Forschungsvorhabens die schutzwürdigen Belange erheblich überwiegt oder
3. die Nutzung zur Wahrnehmung berechtigter Belange im überwiegenden Interesse einer anderen Person oder Stelle unerlässlich ist und eine Beeinträchtigung schutzwürdiger Belange durch angemessene Maßnahmen ausgeschlossen wird.

(6) [1]Eine Nutzung personenbezogenen Archivguts ist unabhängig von den in Abs. 1 und 2 genannten Schutzfristen auch zulässig, wenn die Person, auf die sich das Archivgut bezieht, oder im Falle ihres Todes ihre Angehörigen zugestimmt haben. [2]Die Einwilligung ist von dem überlebenden Ehegatten, der überlebenden Ehegattin, von dem eingetragenen Lebenspartner oder von der eingetragenen Lebenspartnerin, nach dem Tod der genannten Personen von den Kindern und, wenn weder Ehegatte, Ehegattin, eingetragener Lebenspartner oder eingetragene Lebenspartnerin noch Kinder vorhanden sind, von den Eltern der betroffenen Person einzuholen.

(7) [1]Vor Ablauf der Schutzfristen dürfen personenbezogene Angaben nur veröffentlicht werden, wenn die betroffenen Personen, im Falle ihres Todes ihre Angehörigen nach Abs. 6 eingewilligt haben oder dies für die Darstellung der Ergebnisse des bestimmten Forschungsvorhabens unerlässlich ist. [2]Bei Amtspersonen in Ausübung ihres Amtes und bei Personen der Zeitgeschichte ist die Veröffentli-

chung zulässig, soweit diese einer angemessenen Berücksichtigung schutzwürdiger Belange nicht zuwiderläuft.

§ 14 Einschränkung der Nutzung von Archivgut in besonderen Fällen

(1) Die Nutzung von Archivgut ist einzuschränken oder zu versagen, wenn Grund zu der Annahme besteht, dass

1. dem Wohl der Bundesrepublik Deutschland oder dem Wohl eines ihrer Länder wesentliche Nachteile erwachsen,
2. schutzwürdige Belange Dritter beeinträchtigt werden,
3. der Erhaltungszustand des Archivguts gefährdet wird oder
4. durch die Nutzung ein nicht vertretbarer Verwaltungsaufwand entsteht.

(2) [1]Das für das Archivwesen zuständige Ministerium entscheidet über die Einschränkung oder Versagung der Nutzung des Archivguts des Hessischen Landesarchivs in den Fällen nach Abs. 1 Nr. 1. [2]Das Hessische Landesarchiv entscheidet über die Einschränkung oder Versagung in den Fällen nach Abs. 1 Nr. 2 bis 4.

§ 15 Auskunfts- und Gegendarstellungsrecht

(1) [1]Einer betroffenen Person im Sinne von § 2 Abs. 1 des Hessischen Datenschutzgesetzes ist ohne Rücksicht auf die in § 13 Abs. 1 und 2 festgelegten Schutzfristen auf Antrag Auskunft über die im Archivgut zu ihrer Person enthaltenen Daten zu erteilen. [2]Statt einer Auskunft kann das öffentliche Archiv Einsicht in die Unterlagen gewähren.

(2) [1]Das öffentliche Archiv ist verpflichtet, den zum öffentlichen Archivgut gehörigen Unterlagen eine Gegendarstellung der betroffenen Person beizufügen, wenn diese durch eine in den Unterlagen enthaltene Tatsachenbehauptung betroffen ist und ein berechtigtes Interesse an der Gegendarstellung glaubhaft macht. [2]Nach ihrem Tod steht dieses Recht den Angehörigen nach § 13 Abs. 6 zu. [3]Weitergehende Pflichten nach Bundesrecht bleiben unberührt.

(3) [1]Die Gegendarstellung nach Abs. 2 bedarf der Schriftform und muss von der betroffenen Person oder ihren Angehörigen unterzeichnet sein. [2]Sie muss sich auf Angaben über Tatsachen beschränken und darf keinen strafbaren Inhalt haben.

(4) Das Gegendarstellungsrecht nach Abs. 2 gilt nicht für amtliche Niederschriften und Berichte über öffentliche Sitzungen der gesetzgebenden oder beschließenden Organe des Bundes, der Länder, der Gemeinden und Gemeindeverbände und anderer juristischer Personen des öffentlichen Rechts sowie der Gerichte.

§ 16 Weitergabe von Vervielfältigungen öffentlichen Archivguts in besonderen Fällen

(1) Das für das Archivwesen zuständige Ministerium kann nach Anhörung des Hessischen Datenschutzbeauftragten gestatten, dass Archiven, Museen und Forschungsstellen des Auslandes Vervielfältigungen von öffentlichem Archivgut zur Geschichte der Juden unter der nationalsozialistischen Herrschaft, zur nationalsozialistischen Judenverfolgung und zu deren Aufarbeitung in der Nachkriegszeit sowie zur Geschichte des Schicksals einer Gruppe natürlicher Personen unter staatlicher Gewaltherrschaft zu archivischer Nutzung und wissenschaftlicher Forschung überlassen werden.

(2) [1]Die Gestattung ist nur zulässig, wenn sichergestellt ist, dass § 15 sowie bei der Nutzung der Vervielfältigungen die §§ 13 und 14 sinngemäße Anwendung finden. [2]§ 17 des Hessischen Datenschutzgesetzes ist entsprechend anzuwenden.

(3) Im Einvernehmen mit der zuständigen obersten Bundesbehörde und dem Bundesarchiv dürfen Vervielfältigungen von Unterlagen nachgeordneter Stellen des Bundes überlassen werden.

(4) Ansprüche auf die Gestattung und Überlassung bestehen nicht.

Teil 6
Archivgut des Landtags, des Bundes, kommunales und sonstiges öffentliches Archivgut

§ 17 Archivgut des Landtags

(1) Der Hessische Landtag entscheidet, ob bei ihm entstandene archivwürdige Unterlagen von ihm selbst archiviert werden oder dem Hessischen Landesarchiv zur Übernahme angeboten werden.

(2) Sofern der Hessische Landtag ein eigenes Archiv unterhält, regelt er die Einzelheiten der Archivierung nach Maßgabe dieses Gesetzes.

§ 18 Archivgut des Bundes

[1]Werden vom Hessischen Landesarchiv archivwürdige Unterlagen nachgeordneter Stellen des Bundes übernommen, so gelten sie als öffentliches Archivgut des Landes im Sinne dieses Gesetzes, soweit bundesrechtlich nichts anderes bestimmt ist. [2]Für die Nutzung solcher Unterlagen gelten die Vorschriften des Bundesarchivgesetzes entsprechend.

§ 19 Kommunales Archivgut

Die Träger der kommunalen Selbstverwaltung, deren Verbände sowie kommunale Stiftungen regeln die Archivierung ihrer Unterlagen im Rahmen ihrer wirtschaftlichen Leistungsfähigkeit in eigener Zuständigkeit durch Satzung.

§ 20 Sonstiges öffentliches Archivgut

(1) Die in § 2 Abs. 3 genannten sonstigen der Aufsicht des Landes unterstehenden juristischen Personen des öffentlichen Rechts und ihre Vereinigungen einschließlich der Hochschulen und die in § 2 Abs. 6 genannten Stellen regeln die Archivierung der bei ihnen entstandenen Unterlagen in eigener Zuständigkeit in eigenen oder gemeinschaftlich getragenen fachlich geleiteten öffentlichen Archiven.

(2) Unterhalten die in Abs. 1 genannten Stellen eigene öffentliche Archive, so regeln sie die Archivierung ihres Archivgutes nach den in diesem Gesetz vorgegebenen Grundsätzen durch Satzung.

(3) [1]Nur sofern die Voraussetzungen des Abs. 1 nicht sichergestellt werden können und Vernichtung oder Zersplitterung der archivwürdigen Unterlagen drohen, sind die nicht mehr benötigten Unterlagen dieser Stellen dem Hessischen Landesarchiv anzubieten. [2]In diesem Fall werden die archivwürdigen Unterlagen dieser Stellen als staatliches Archivgut behandelt.

Teil 7
Regelungsbefugnisse

§ 21 Ermächtigung zum Erlass von Rechtsverordnungen

(1) Die Landesregierung regelt durch Rechtsverordnung die Kostentragungspflicht
1. für Unterlagen, die aufgrund von Rechtsvorschriften dauernd aufzubewahren sind und an das Hessische Landesarchiv abgegeben werden,
2. für Zwischenarchivgut, das dem Hessischen Landesarchiv übergeben wird,
3. für die Übernahme von archivwürdigen digitalen Unterlagen durch das Hessische Landesarchiv, sofern diese nicht vorab archivtauglich konvertiert und aufbereitet sind,
4. bei Inanspruchnahme ressortspezifischer Dienstleistungen.

(2) Die für das Archivwesen zuständige Ministerin oder der hierfür zuständige Minister regelt durch Rechtsverordnung
1. die Zuständigkeit des Hessischen Landesarchivs, des Hauptstaatsarchivs und der Staatsarchive,
2. die Nutzung des Archivguts des Hauptstaatsarchivs und der Staatsarchive, insbesondere das Verfahren, die Sorgfaltspflichten bei der Nutzung, die Ausleihe von Archivgut, die Herstellung von Kopien und Reproduktionen und die Einräumung von Nutzungsrechten.

Teil 8
Schlussbestimmungen

§ 22 Inkrafttreten, Außerkrafttreten

[1]Dieses Gesetz tritt am 1. Januar 2013 in Kraft. [2]Es tritt mit Ablauf des 31. Dezember 2022 außer Kraft. [3]Abweichend von Satz 1 tritt § 21 am Tage nach der Verkündung in Kraft.

Anlage 7 h
Archivgesetz für das Land Mecklenburg-Vorpommern (Landesarchivgesetz – LArchivG M-V)

Vom 7. Juli 1997 (GVOBl. M-V S. 282)
(GS Meckl.-Vorp. Gl. Nr. 224-5)

zuletzt geändert durch Art. 1 G zur Anpassung datenschutzrechtlicher Vorschriften im Zuständigkeitsbereich des Ministeriums für Bildung, Wissenschaft und Kultur an die VO (EU) 2016/679 vom 8. Mai 2018 (GVOBl. M-V S. 172)

§ 1 Grundsatz und Geltungsbereich

(1) Dieses Gesetz regelt die Archivierung und Nutzung von Unterlagen in den öffentlichen Archiven in Mecklenburg-Vorpommern.

(2) [1]Öffentliche Archive dienen der Forschung und Bildung, der Verwaltung und Rechtssicherung. [2]Sie schützen das öffentliche Archivgut vor Vernichtung und Zersplitterung und sind der Öffentlichkeit für die Nutzung zugänglich.

(3) Dieses Gesetz gilt nicht für
1. öffentlich-rechtliche Religionsgemeinschaften und deren Vereinigungen,
2. öffentlich-rechtliche Rundfunkanstalten und die Medienanstalt Mecklenburg-Vorpommern,
3. öffentlich-rechtliche Unternehmen mit eigener Rechtspersönlichkeit, die am wirtschaftlichen Wettbewerb teilnehmen, und deren Zusammenschlüsse.

§ 2 Öffentliches Archivgut

(1) [1]Öffentliches Archivgut sind alle archivwürdigen Unterlagen, die zur dauernden Aufbewahrung von einem öffentlichen Archiv übernommen wurden und werden. [2]Dazu zählt auch Dokumentationsmaterial, das von einem öffentlichen Archiv ergänzend gesammelt wird.

(2) [1]Öffentliches Archivgut des Landes sind alle archivwürdigen Unterlagen, die bei Verfassungsorganen, Behörden, Gerichten und sonstigen Stellen des Landes, bei juristischen Personen des öffentlichen Rechts und ihren Vereinigungen, die der Aufsicht des Landes unterstehen, entstanden sind und zur dauernden Aufbewahrung in ein mecklenburg-vorpommersches staatliches Archiv übernommen worden sind, soweit es nicht in Archiven nach § 12 und § 13 archiviert ist. [2]Archivgut des Landes ist auch das Archivgut der Funktionsvorgänger der in Satz 1 genannten Stellen. [3]Archivgut des Landes ist auch das Archivgut der ehemaligen staatlichen und wirtschaftsleitenden Organe, Kombinate, Betriebe, Genossenschaften und Einrichtungen auf dem Gebiet des jetzigen Landes Mecklenburg-Vorpommern aus der Zeit vom 8. Mai 1945 bis zum 2. Oktober 1990, soweit es in einem staatlichen Archiv archiviert ist.

(3) Unterlagen der SED, der übrigen Parteien und Massenorganisationen der ehemaligen Deutschen Demokratischen Republik sowie der mit ihnen verbundenen Organisationen und juristischen Personen, soweit sie bei einem Organisationsteil angefallen sind, der auf staatlicher Ebene Funktionsvorgänger des Landes oder einer kleineren Einheit war, werden wie Archivgut des Landes behandelt, soweit sie in den staatlichen Archiven des Landes archiviert sind.

(4) [1]Zwischenarchivgut sind die von einem öffentlichen Archiv zur vorläufigen Aufbewahrung übernommenen Unterlagen, deren Aufbewahrungsfrist (§ 6 Abs. 1 Satz 2) noch nicht abgelaufen und aus denen das Archivgut noch nicht ausgewählt worden ist. [2]Zwischenarchivgut sind insbesondere die von einem öffentlichen Archiv übernommenen Unterlagen, die nach anderen Rechtsvorschriften dauernd

aufzubewahren sind. [3]Auf personenbezogene Daten in Zwischenarchivgut finden die jeweiligen datenschutzrechtlichen Vorschriften und Regelungen des Geheimnisschutzes Anwendung. [4]Durch Feststellung der Archivwürdigkeit wird Zwischenarchivgut zu öffentlichem Archivgut im Sinne dieses Gesetzes.

§ 3 Begriffsbestimmungen

(1) Öffentliche Archive im Land Mecklenburg-Vorpommern sind das Landesamt für Kultur und Denkmalpflege, die kommunalen Archive nach § 12 und die sonstigen öffentlichen Archive nach § 13.

(2) [1]Unterlagen im Sinne des Gesetzes sind insbesondere Akten, Urkunden, Schriftstücke, Karten, Pläne, Karteien, Siegel und Stempel, Bild-, Film- und Tonmaterial und Dateien sowie sonstige Informationsträger und die zu ihrer Erschließung und Nutzung erforderlichen Hilfsmittel. [2]Dies umfasst auch Unterlagen, die Daten im Sinne des Artikels 9 Absatz 1 der Verordnung (EU) 2016/679 des Europäischen Parlaments und des Rates vom 27. April 2016 zum Schutz natürlicher Personen bei der Verarbeitung personenbezogener Daten, zum freien Datenverkehr und zur Aufhebung der Richtlinie 95/46/EG (Datenschutz-Grundverordnung) (ABl. L 119 vom 04.05.2016, S. 1, L 314, S. 72) enthalten.

(3) Archivwürdig sind Unterlagen, die nach Feststellung des zuständigen Archivs aufgrund ihrer rechtlichen, politischen, wirtschaftlichen, sozialen oder kulturellen Bedeutung für Wissenschaft und Forschung, für das Verständnis von Geschichte und Gegenwart, für die Gesetzgebung, Rechtsprechung und Verwaltung von bleibendem Wert sind.

(4) Personenbezogenes Archivgut sind Unterlagen, die sich nach ihrer Zweckbestimmung oder ihrem wesentlichen Inhalt auf eine natürliche Person (betroffene Person) beziehen.

(5) Entstehung im Sinne dieses Gesetzes bezeichnet den Zeitpunkt der letzten inhaltlichen Bearbeitung der Unterlagen.

§ 4 Organisation des staatlichen Archivwesens

[1]Das Land unterhält für die Erfüllung der staatlichen Archivaufgaben im Sinne dieses Gesetzes das Landesamt für Kultur und Denkmalpflege als Landesoberbehörde. [2]Oberste Archivbehörde ist das Ministerium für Bildung, Wissenschaft und Kultur.

§ 5 Aufgaben des staatlichen Archivs

(1) Das staatliche Archiv hat die Aufgabe, die archivwürdigen Unterlagen des Landes nach fachlichen Gesichtspunkten zu erfassen, zu übernehmen, dauerhaft zu sichern, durch Findmittel zu erschließen, aufzubereiten und für die Benutzung bereitzustellen (Archivierung).

(2) Das staatliche Archiv kann die ihm gemäß § 7 des Bundesarchivgesetzes, angebotenen archivwürdigen Unterlagen nachgeordneter Stellen des Bundes archivieren.

(3) Das staatliche Archiv kann auch andere als die in den Absätzen 1 und 2 genannten archivwürdigen Unterlagen von anderen öffentlichen Stellen sowie von privaten Stellen und Personen aufgrund von Vereinbarungen oder letztwilligen Verfügungen archivieren, wenn hierfür ein öffentliches Interesse besteht.

(4) [1]Das staatliche Archiv berät die in § 2 Abs. 2 Satz 1 genannten Stellen bei der Verwaltung und Sicherung ihrer Unterlagen im Hinblick auf die spätere Archivierung. [2]Den Vertretern des staatlichen Archivs ist von der anbietenden Stelle Ein-

sicht in alle vorhandenen Unterlagen sowie die dazugehörigen Findmittel und Programme zu gewähren, soweit dieses zum Zwecke der Feststellung der Archivwürdigkeit erforderlich ist. [3]Das staatliche Archiv berät die kommunalen Archive (§ 12) und die sonstigen Archive (§ 13) bei der archivfachlichen Erfüllung ihrer Aufgaben.

(5) [1]Das Archiv erbringt aus dem von ihm verwahrten Archivgut Dienstleistungen für Forschung und Bildung. [2]Es erteilt Auskünfte, berät und unterstützt Benutzer.

(6) Das staatliche Archiv wirkt an der Auswertung des von ihm verwahrten Archivgutes sowie an der Erforschung und Vermittlung insbesondere der mecklenburgisch-vorpommerschen Geschichte, der Heimat- und Ortsgeschichte mit und leistet dazu eigene Beiträge.

§ 6 Anbietung von Unterlagen

(1) [1]Die in § 2 Abs. 2 Satz 1 genannten Stellen des Landes bieten alle Unterlagen, die sie zur Erfüllung ihrer Aufgaben nicht mehr benötigen, dem staatlichen Archiv zur Übernahme an. [2]Unabhängig davon sind alle Unterlagen 30 Jahre nach ihrer Entstehung anzubieten, soweit nicht Rechtsvorschriften andere Fristen bestimmen.

(2) [1]Die Pflicht zur Anbietung erstreckt sich auch auf Unterlagen, die

1. personenbezogene Daten enthalten, welche nach Artikel 17 Absatz 1 der Datenschutz-Grundverordnung oder nach einer Rechtsvorschrift des Landes gelöscht werden müßten oder nach Rechtsvorschriften des Bundes oder des Landes gelöscht werden könnten, sofern die Speicherung der Daten nicht unzulässig war, oder
2. einem Berufs- oder Amtsgeheimnis oder sonstigen Rechtsvorschriften über Geheimhaltung unterliegen.

[2]Die gemäß § 203 Abs. 1 des Strafgesetzbuches geschützten Unterlagen einer Beratungsstelle dürfen nur in anonymisierter Form angeboten und übergeben werden. [3]Von der Anbietungspflicht ausgenommen sind Unterlagen, deren Offenbarung gegen das Brief-, Post- oder Fernmeldegeheimnis verstoßen würde. [4]Sieht die anbietungspflichtige Stelle im Einzelfall durch die Archivierung und Nutzung von Unterlagen nach Maßgabe dieses Gesetzes die Sicherheit des Bundes oder eines Landes gefährdet, so führt sie die Entscheidung der jeweiligen obersten Landesbehörde herbei. [5]Diese kann für die Dauer der Gefährdung von der Anbietungspflicht befreien.

(3) Anzubieten und zu übergeben sind auch Unterlagen, die Daten im Sinne des Artikels 9 Absatz 1 der Datenschutz-Grundverordnung enthalten.

(4) Die in § 2 Abs. 2 Satz 1 genannten Stellen des Landes haben dem staatlichen Archiv auch ein Exemplar aller von ihnen herausgegebenen oder in ihrem Auftrag erscheinenden amtlichen Publikationen zur Übernahme anzubieten.

(5) Die in § 2 Abs. 2 Satz 1 genannten Stellen des Landes dürfen nur dann Unterlagen vernichten oder Daten löschen, wenn das staatliche Archiv die Übernahme abgelehnt oder nicht innerhalb von sechs Monaten über die Archivwürdigkeit angebotener Unterlagen entschieden hat.

(6) Von der Anbietung und von der Übergabe von Unterlagen kann nur im Einvernehmen mit dem staatlichen Archiv abgesehen werden, wenn diese wegen ihres offensichtlich geringen Quellenwertes nicht archivwürdig sind.

§ 7 Übernahme von Archivgut

(1) [1]Das staatliche Archiv übernimmt die von ihm als archivwürdig bestimmten Unterlagen von der anbietenden Stelle. [2]Die Übernahme erfolgt anhand von Aussonderungsnachweisen, die von den anbietenden Stellen gefertigt werden.

(2) Lehnt das staatliche Archiv die Übernahme ab oder übernimmt es die angebotenen Unterlagen nicht innerhalb von sechs Monaten, so ist die anbietende Stelle zu deren weiterer Aufbewahrung nicht verpflichtet, sofern weder Rechtsvorschriften noch schutzwürdige Belange der betroffenen Personen dies verlangen.

(3) [1]Das staatliche Archiv kann archivwürdige Unterlagen bereits vor Ablauf der durch Rechtsvorschriften bestimmten Aufbewahrungsfristen im Einvernehmen mit der anbietenden Stelle übernehmen. [2]Die Aufbewahrungsfristen werden in diesem Fall durch die Aufbewahrung im Archiv gewahrt.

(4) Werden maschinell lesbare Datenträger archiviert, so sind vor ihrer Übergabe von der anbietenden Stelle alle zur Verarbeitung und Nutzung der Daten notwendigen Informationen zu dokumentieren und dem Archiv zu übergeben.

§ 8 Verwaltung und Sicherung des Archivgutes

(1) [1]Das staatliche Archiv hat seine Aufgaben nach archivfachlichen Gesichtspunkten zu erfüllen. [2]Es ist verpflichtet, das Archivgut durch angemessene Maßnahmen wirksam gegen unbefugte Nutzung zu sichern und den Schutz personenbezogener Daten oder solcher Unterlagen, die einem besonderen gesetzlichen Geheimnisschutz unterliegen, sicherzustellen. [3]Es hat dabei die für die abgebenden Stellen geltenden Vorschriften einzuhalten und die notwendigen Maßnahmen zu treffen, um das Archivgut vor Beschädigung, Verlusten und Vernichtung zu schützen und seine Erhaltung, dauernde Aufbewahrung und Benutzbarkeit zu gewährleisten.

(2) [1]Soweit es unter archivfachlichen Gesichtspunkten vertretbar oder geboten ist, kann das Archiv die im Archivgut enthaltenen Informationen auch in anderer Form archivieren. [2]Diese Verarbeitung und Nutzung darf nur zur Erfüllung der in diesem Gesetz genannten Zwecke erfolgen. [3]Die Originalunterlagen können vernichtet werden. [4]Darüber ist ein Nachweis zu führen.

(3) [1]Das staatliche Archiv ist befugt, Unterlagen, deren Archivwürdigkeit nicht mehr gegeben ist, auszusondern, sofern Aufbewahrungsfristen oder schutzwürdige Belange von betroffenen Personen oder Dritten nicht entgegenstehen. [2]Über die Aussonderung ist ein Nachweis zu führen.

(4) Öffentliches Archivgut des Landes ist unveräußerlich.

§ 9 Nutzung des Archivgutes

(1) Jeder hat auf Antrag das Recht, das Archivgut nach Maßgabe dieses Gesetzes und der aufgrund dieses Gesetzes erlassenen Rechtsvorschriften zu nutzen.

(2) Die Nutzung nach Absatz 1 ist einzuschränken oder zu versagen, soweit

1. Grund zu der Annahme besteht, daß dem Wohl der Bundesrepublik Deutschland oder eines ihrer Länder wesentliche Nachteile erwachsen,
2. die Geheimhaltungspflicht nach § 203 Abs. 1 bis 3 des Strafgesetzbuches oder anderer Rechtsvorschriften verletzt würden,
3. Grund zu der Annahme besteht, daß schutzwürdige Belange betroffener Personen oder Dritter erheblich beeinträchtigt werden und das Interesse an der Nutzung nicht im Einzelfall überwiegt,
4. der Erhaltungszustand des Archivguts gefährdet würde,

5. durch die Nutzung ein nicht vertretbarer Verwaltungsaufwand entstehen würde,
6. Vereinbarungen mit gegenwärtigen oder früheren Eigentümern entgegenstehen.

§ 10 Schutzfristen

(1) [1]Unterliegt das Archivgut einem besonderen Amtsgeheimnis oder besonderen Rechtsvorschriften über die Geheimhaltung, darf es erst 30 Jahre nach Entstehung der Unterlagen genutzt werden. [2]Personenbezogenes Archivgut darf erst zehn Jahre nach dem Tod der betroffenen Person oder, wenn das Todesdatum nicht bekannt ist, 90 Jahre nach dessen Geburt genutzt werden. [3]Wenn beides nicht mehr feststellbar ist, darf das Archivgut erst 60 Jahre nach Entstehung der Unterlagen genutzt werden.

(2) Die Benutzung von Archivgut durch öffentliche Stellen, bei denen es entstanden ist oder die es abgegeben haben, ist auch innerhalb der Schutzfristen möglich; die Schutzfristen sind jedoch zu beachten, wenn das Archivgut hätte gesperrt, gelöscht oder vernichtet werden müssen.

(3) Die Schutzfristen nach Absatz 1 gelten nicht für

1. Unterlagen, die bei ihrer Entstehung zur Veröffentlichung bestimmt oder der Öffentlichkeit zugänglich waren,
2. personenbezogenes Archivgut, das die Tätigkeit von Personen dokumentiert, soweit sie in Ausübung eines öffentlichen Amtes gehandelt haben und ihre persönlichen Lebensverhältnisse nicht betroffen sind.

(4) [1]Die Schutzfristen können im Einzelfall oder für bestimmte Teile von Archivgut verkürzt werden, wenn Rechtsvorschriften nicht entgegenstehen. [2]Bei personenbezogenem Archivgut nach Absatz 1 Satz 2 ist im Einzelfall eine Verkürzung nur zulässig, wenn

1. die betroffene Person oder nach deren Tod der überlebende Ehegatte oder Lebenspartner, nach dessen Tod die Kinder oder, wenn keine Kinder vorhanden sind, die Eltern der betroffenen Person oder nach deren Tod der Partner einer auf Dauer angelegten Lebensgemeinschaft der betroffenen Person eingewilligt haben oder
2. die Nutzung zu wissenschaftlichen Zwecken unter den Voraussetzungen des § 9 des Landesdatenschutzgesetzes erfolgt oder
3. die Nutzung zur Wahrnehmung von Belangen, die im überwiegenden Interesse einer betroffenen Person oder Dritter liegen, unerlässlich ist und die Wahrung der schutzwürdigen Belange der betroffenen Person oder Dritter durch geeignete Maßnahmen sichergestellt ist.

(5) Für Archivgut, das nach § 6 Absatz 4 oder § 7 des Bundesarchivgesetzes von Stellen des Bundes dem staatlichen Archiv übergeben worden ist, gelten § 6 sowie die §§ 10 bis 14 des Bundesarchivgesetzes entsprechend.

§ 11 Rechtsansprüche der betroffenen Person

(1) [1]Der betroffenen Person ist auf Antrag ohne Rücksicht auf die in § 10 festgelegten Schutzfristen Auskunft über die im Archivgut zu ihrer Person enthaltenen Daten nach Artikel 15 der Datenschutz-Grundverordnung zu erteilen oder Einsicht in das auf sie bezogene Archivgut zu gewähren, soweit das Archivgut durch den Namen der Person erschlossen ist oder Angaben gemacht werden, die das Auffinden des Archivgutes oder der Angaben ermöglichen. [2]Dieses gilt nicht, soweit Geheimhaltungspflichten nach § 203 Abs. 1 bis 3 des Strafgesetzbuches oder

anderer Rechtsvorschriften verletzt würden oder besondere Vereinbarungen mit gegenwärtigen oder früheren Eigentümern entgegenstehen.

(2) [1]Wer die Richtigkeit von Angaben zu seiner Person bestreitet, hat einen Anspruch darauf, daß den Unterlagen eine Gegendarstellung beigefügt wird, wenn er ein berechtigtes Interesse daran glaubhaft macht. [2]Nach dem Tod der betroffenen Person steht dieses Recht den Angehörigen nach § 10 Abs. 4 Nr. 1 in der dort genannten Folge zu. [3]Die Gegendarstellung bedarf der Schriftform und muß sich auf Angaben über Tatsachen beschränken. [4]Die Sätze 1 und 2 gelten nicht für Angaben, die in einer amtlichen Niederschrift über eine öffentliche Sitzung eines beschließenden Organs einer juristischen Person des öffentlichen Rechts oder eines Gerichts enthalten sind. [5]Ein weitergehendes Recht auf Berichtigung der Daten nach Artikel 16 der Datenschutz-Grundverordnung oder Einschränkung der Verarbeitung nach Artikel 18 der Datenschutz-Grundverordnung bestehen nicht.

§ 12 Kommunale Archive

(1) [1]Die kommunalen Körperschaften archivieren die bei ihnen sowie bei ihren Funktions- und Rechtsvorgängern entstandenen Unterlagen als pflichtige Selbstverwaltungsaufgabe. [2]Sie archivieren auch Unterlagen, die bei ihnen oder ihren Organen im übertragenen Wirkungskreis oder als untere staatliche Verwaltungsbehörde entstanden sind. [3]Die kommunalen Körperschaften regeln die Übernahme, Sicherung, Erschließung und Nutzung ihres Archivgutes nach archivfachlichen Gesichtspunkten im Sinne dieses Gesetzes in eigener Zuständigkeit. [4]§ 10 Abs. 1, 2 und 3 Satz 1 sowie Absatz 4 und § 11 gelten unmittelbar.

(2) [1]Sie erfüllen diese Aufgabe durch
1. die Unterhaltung eigener Archive oder
2. die Schaffung von oder die Beteiligung an Gemeinschaftsarchiven oder
3. das Anbieten und die Übergabe ihrer archivwürdigen Unterlagen an das staatliche Archiv, sofern dieses zur Übernahme bereit ist.

[2]Unterhalten kreisangehörige kommunale Körperschaften keine eigenen Archive oder sind sie nicht an Gemeinschaftsarchiven beteiligt und ist auch kein anderes öffentliches Archiv zur Übernahme bereit, so sind die archivwürdigen Unterlagen vom Archiv des zuständigen Landkreises zu übernehmen. [3]Die abgebende Körperschaft ist zu einer angemessenen Kostenbeteiligung verpflichtet.

(3) Die anbietenden kommunalen Körperschaften haben an den von dem staatlichen Archiv übernommenen archivwürdigen Unterlagen einen Anspruch auf Rückgabe für den Fall, daß ein eigenes Archiv nach Absatz 2 Nr. 1 oder ein Gemeinschaftsarchiv nach Absatz 2 Nr. 2 errichtet wird oder das staatliche Archiv das Archivgut nach § 8 Absatz 2 und 3 vernichten oder aussondern wollen.

(4) Durch Satzung kann die Verpflichtung zur Ablieferung eines Belegexemplars entsprechend § 14 Nr. 2 vorgesehen werden.

§ 13 Sonstige öffentliche Archive

[1]Die staatlichen Hochschulen und die sonstigen der Aufsicht des Landes unterstehenden selbstverwaltungsberechtigten Körperschaften, Anstalten und Stiftungen des öffentlichen Rechts regeln die Archivierung der bei ihnen entstandenen Unterlagen in eigener Zuständigkeit und Verantwortung nach archivfachlichen Gesichtspunkten im Sinne dieses Gesetzes. [2]§ 12 Abs. 1 Satz 4 und Absatz 2 bis 4 gelten entsprechend.

§ 14 Verordnungsermächtigung

[1]Das Ministerium für Bildung, Wissenschaft und Kultur regelt durch Rechtsverordnung[1] die Einzelheiten der Benutzung des staatlichen Archivs. [2]Dabei kann auch vorgesehen werden, daß Nutzer dem staatlichen Archiv kostenlos ein Belegexemplar von Publikationen, die unter Nutzung seines Archivguts entstanden sind, zum dauernden Verbleib oder zur Herstellung einer Vervielfältigung zu überlassen haben.

1 Siehe die ArchivzuständigkeitsVO und die ArchivbenutzungsVO.

Anlage 7 i
Gesetz über die Sicherung und Nutzung von Archivgut in Niedersachsen (Niedersächsisches Archivgesetz – NArchG)

Vom 25. Mai 1993 (Nds. GVBl. S. 129)
(GVBl. Sb 22560)

zuletzt geändert durch Art. 3 G zur Neuordnung des niedersächsischen Datenschutzrechts vom 16. Mai 2018 (Nds. GVBl. S. 66)

§ 1 Aufgaben des Niedersächsischen Landesarchivs

(1) [1]Die Aufgabe, aus dem Schriftgut der Behörden, Gerichte und sonstigen Stellen des Landes das Archivgut zu ermitteln, zu übernehmen, zu verwahren, zu erhalten, instand zu setzen, zu erschließen und nutzbar zu machen, obliegt dem Niedersächsischen Landesarchiv mit Sitz in Hannover und weiteren Standorten in Aurich, Bückeburg, Oldenburg, Osnabrück, Stade und Wolfenbüttel (Landesarchiv). [2]Es nimmt an der Veröffentlichung und wissenschaftlichen Auswertung des Archivgutes teil.

(2) Die Aufgabe nach Absatz 1 betrifft auch das Schriftgut

1. der Stiftungen privaten Rechts, wenn das Land oder einer seiner Rechtsvorgänger überwiegend das Stiftungsvermögen bereitgestellt hat, und
2. anderer juristischer Personen des Privatrechts, wenn sie nicht am Wettbewerb teilnehmen und dem Land mehr als die Hälfte der Anteile oder der Stimmen zusteht.

(3) § 7 Abs. 1 bleibt unberührt.

(4) [1]Das Landesarchiv nimmt auch Schriftgut anderer Herkunft an, soweit dies im öffentlichen Interesse liegt. [2]Es sammelt sonstige Unterlagen zur Ergänzung des Archivgutes.

§ 2 Begriffsbestimmungen

(1) Schriftgut sind schriftlich geführte oder auf maschinenlesbaren Datenträgern gespeicherte Akten mit Anlagen, Urkunden und andere Einzelschriftstücke, Karten, Pläne, Zeichnungen, Risse und Plakate, zudem Siegel und Stempel, Bild-, Film- und Tonaufzeichnungen, Karteien sowie Dateien einschließlich der Ordnungen und Verfahren, um das Schriftgut auswerten zu können.

(2) Archivgut ist das Schriftgut, das von bleibendem Wert für die Erfüllung öffentlicher Aufgaben, für die Sicherung berechtigter privater Interessen oder für die Forschung ist.

§ 3 Ermittlung und Übernahme des Archivgutes

(1) [1]Die in § 1 Abs. 1 Satz 1 und Abs. 2 genannten Stellen haben sämtliches Schriftgut, dessen Aufbewahrungsfrist abgelaufen ist oder das aus sonstigen Gründen ausgesondert werden soll, dem Landesarchiv in regelmäßigen Abständen im Originalzustand zur Übernahme anzubieten. [2]Dazu gehört auch Schriftgut, das nach Rechtsvorschriften des Bundes der Geheimhaltung unterliegt, und Schriftgut, das besondere Kategorien personenbezogener Daten im Sinne des Artikels 9 Abs. 1 der Verordnung (EU) 2016/679 (Datenschutz-Grundverordnung) enthält. [3]Spätestens 30 Jahre nach der letzten inhaltlichen Bearbeitung ist jegliches Schriftgut zur Übernahme anzubieten. [4]Satz 1 gilt nicht für den Landtag.

(2) [1]Daten in automatisierten Dateien sind in Form einer Abbildung zur Übernahme anzubieten. [2]Der Zeitpunkt der Herstellung, die Form der Datenübermittlung

und eine etwaige Auswahl der Daten sind vorab zwischen dem Landesarchiv und der dateiführenden Stelle zu vereinbaren.

(3) [1]Daten, die unzulässig gespeichert sind, dürfen nicht angeboten werden. [2]Sind solche Daten dem Landesarchiv übermittelt worden, so sind sie dort auf Ersuchen der übermittelnden Stelle zu löschen.

(4) [1]Das Landesarchiv stellt fest, welches Schriftgut Archivgut nach § 2 Abs. 2 ist. [2]Es kann die Pflicht, Schriftgut anzubieten, einschränken.

(5) Das Landesarchiv kann bereits aus Schriftgut, dessen Aufbewahrungsfrist noch nicht abgelaufen ist, das Archivgut ermitteln.

(6) [1]Die in § 7 Abs. 1 Satz 1 genannten Einrichtungen können ihr Schriftgut dem Landesarchiv zur Übernahme anbieten. [2]Die §§ 3 a, 3 b und 4 Satz 2 sowie die §§ 5 bis 6 a sind anzuwenden. [3]Die Einrichtungen regeln ihre Rechte und Pflichten hinsichtlich des Archivguts durch Vereinbarung mit dem Landesarchiv.

(7) [1]Private sowie Religionsgemeinschaften, die als Körperschaft des öffentlichen Rechts anerkannt sind, können ihr Schriftgut dem Landesarchiv anbieten. [2]In Vereinbarungen dieser Personen und Religionsgemeinschaften mit dem Landesarchiv kann von den §§ 5 und 6 abgewichen werden.

§ 3 a Löschung personenbezogener Daten in Schriftgut

Der im öffentlichen Interesse liegende Archivzweck (Artikel 17 Abs. 3 Buchst. d der Datenschutz-Grundverordnung) steht einer Löschung von in Schriftgut enthaltenen personenbezogenen Daten nach Artikel 17 Abs. 1 Buchst. a der Datenschutz-Grundverordnung nicht mehr entgegen, wenn

1. die in § 1 Abs. 1 Satz 1 und Abs. 2 genannten Stellen das Schriftgut dem Landesarchiv angeboten haben und das Landesarchiv
   a) festgestellt hat, dass es sich nicht um Archivgut handelt, oder
   b) die Feststellung, ob es sich um Archivgut handelt, nicht innerhalb von sechs Monaten nach dem Angebot getroffen hat

   oder
2. das Landesarchiv entschieden hat, dass dieses Schriftgut nicht anzubieten ist (§ 3 Abs. 4 Satz 2).

§ 3 b Verarbeitung besonderer Kategorien personenbezogener Daten

[1]Die Verarbeitung besonderer Kategorien personenbezogener Daten im Sinne des Artikels 9 Abs. 1 der Datenschutz-Grundverordnung ist zulässig. [2]Sie berührt stets schutzwürdige Interessen der betroffenen Person im Sinne des § 5 Abs. 2 Satz 5.

§ 4 Sicherung des Archivgutes

[1]Archivgut ist auf Dauer und sicher zu verwahren, zu erhalten und vor unbefugter Nutzung, vor Beschädigung oder Vernichtung zu schützen. [2]Archivgut, dem ein bleibender Wert nach § 2 Abs. 2 nicht mehr zukommt, ist zu vernichten, sofern Aufbewahrungsfristen sowie Rechte von Personen oder Religionsgemeinschaften nach § 3 Abs. 7 Satz 1 nicht entgegenstehen.

§ 5 Nutzung des Archivgutes

(1) [1]Jede Person hat nach Maßgabe dieser Vorschrift und im Rahmen der Benutzungsordnung das Recht, auf Antrag Archivgut im Landesarchiv zu wissenschaftlichen Zwecken oder bei sonst berechtigtem Interesse zu nutzen. [2]Die Nutzerinnen und Nutzer sind verpflichtet, von Werken, die sie unter wesentlicher Verwendung von Archivgut verfaßt haben, dem Landesarchiv, welches das Archivgut ver-

wahrt, ein Exemplar kostenfrei abzuliefern. [3]§ 12 Abs. 2 bis 5 des Niedersächsischen Pressegesetzes gilt entsprechend.

(2) [1]Archivgut darf erst 30 Jahre nach der letzten inhaltlichen Bearbeitung des Schriftgutes genutzt werden. [2]Archivgut, das besonderen gesetzlichen Geheimhaltungs-, Sperrungs-, Löschungs- oder Vernichtungsvorschriften des Landes unterlegen hat, darf erst 50 Jahre nach der letzten inhaltlichen Bearbeitung des Schriftgutes genutzt werden. [3]Archivierte Niederschriften von Sitzungen der Landesregierung oder Verschlußsachen dürfen nur genutzt werden, wenn die Vertraulichkeit oder Geheimhaltung aufgehoben worden ist. [4]Ist das nach den Sätzen 1 bis 3 geschützte Archivgut zu einer betroffenen Person geführt und ist deren Geburts- oder Sterbedatum bekannt oder mit vertretbarem Aufwand aus diesem Archivgut zu ermitteln, so darf es frühestens 10 Jahre nach dem Tode dieser Person oder, falls das Sterbedatum nicht feststellbar ist, 100 Jahre nach deren Geburt genutzt werden. [5]Im übrigen sind schutzwürdige Interessen betroffener Personen, soweit sie ohne besonderen Aufwand erkennbar sind, angemessen zu berücksichtigen.

(3) [1]Für die Nutzung von Archivgut, das dem Sozialgeheimnis unterliegende Daten enthält, gelten die Schutzfristen nach den §§ 11 und 12 des Bundesarchivgesetzes. [2]Für die Nutzung von Archivgut, das nach anderen Rechtsvorschriften des Bundes der Geheimhaltung unterliegt oder das Stellen des Bundes dem Landesarchiv nach § 7 des Bundesarchivgesetzes oder entsprechenden archivrechtlichen Vorschriften des Bundes übergeben haben, gelten die Fristen des Absatzes 2.

(4) Das Landesarchiv kann die Nutzung von Archivgut auch nach Ablauf der Schutzfristen aus wichtigem Grund einschränken oder versagen, insbesondere wenn

1. Grund zu der Annahme besteht, daß dem Wohle des Bundes oder eines Landes Nachteile bereitet würden,
2. der Erhaltungszustand des Archivgutes dies erfordert.

(5) [1]Die Benutzungsordnung kann für bestimmte Arten von Archivgut abweichend von Absatz 2 Satz 1 kürzere Schutzfristen festlegen, wenn öffentliche Interessen oder schutzwürdige Interessen betroffener Personen nicht entgegenstehen. [2]Das Landesarchiv kann im Einzelfall eine Nutzung von Archivgut vor Ablauf der Schutzfristen zulassen, wenn

1. kein Grund zu der Annahme besteht, daß Interessen nach Satz 1 entgegenstehen, oder
2. die Nutzung zur Durchführung eines wissenschaftlichen Forschungsvorhabens oder zur Erfüllung der öffentlichen Aufgaben von Presse und Rundfunk erforderlich ist und schutzwürdige Interessen betroffener Personen durch geeignete Maßnahmen hinreichend gewahrt werden.

(6) Archivgut, das schon bei seiner Entstehung als Schriftgut zur Veröffentlichung bestimmt war, unterliegt keinen Schutzfristen.

(7) [1]Weitergehende gesetzliche Rechte auf Nutzung bleiben unberührt. [2]Die Nutzung von Archivgut durch die Einrichtungen oder Stellen, von denen es übernommen worden ist, unterliegt keinen Einschränkungen nach diesem Gesetz; dies gilt entsprechend in den Fällen des § 3 Abs. 7.

§ 6 Recht auf Auskunft und Gegendarstellung

(1) [1]Die Erteilung einer Auskunft nach Artikel 15 der Datenschutz-Grundverordnung ist abzulehnen, soweit und solange

1. das Archivgut nicht erschlossen ist,
2. die betroffene Person keine Angaben macht, die das Auffinden der Daten ermöglichen,
3. der für die Erteilung der Auskunft erforderliche Aufwand außer Verhältnis zu dem geltend gemachten Informationsinteresse steht,
4. Grund zu der Annahme besteht, dass die Auskunft die öffentliche Sicherheit gefährden oder sonst dem Wohl des Bundes oder eines Landes Nachteile bereiten würde, oder
5. die Auskunft dazu führen würde, dass ein Sachverhalt, der nach einer Rechtsvorschrift oder wegen der Rechte und Freiheiten einer anderen Person geheim zu halten ist, aufgedeckt wird.

[2]Die Ablehnung ist zu begründen. [3]Die Ablehnung nach Satz 1 Nr. 4 oder 5 muss nicht begründet werden, soweit durch die Mitteilung der Gründe der mit der Auskunftsverweigerung verfolgte Zweck gefährdet würde. [4]Soweit die Ablehnung nach Satz 3 nicht begründet wird, sind die Gründe dafür aktenkundig zu machen. [5]Wird die Auskunft nach Satz 1 Nr. 1, 2 oder 3 abgelehnt, so ist § 9 Abs. 4 des Niedersächsischen Datenschutzgesetzes nicht anwendbar. [6]Weitergehende Ansprüche nach Artikel 15 der Datenschutz-Grundverordnung bestehen nicht.

(2) [1]Besteht nach Artikel 15 der Datenschutz-Grundverordnung ein Anspruch auf Auskunft, so kann anstelle der Auskunft Einsichtnahme in das Archivgut gewährt werden, wenn der Erhaltungszustand des Archivgutes dies erlaubt. [2]Ist das Archivgut in maschinenlesbaren Dateien gespeichert, so wird die Einsichtnahme in das Archivgut nur in eine Abbildung gewährt.

(3) [1]Macht eine betroffene Person glaubhaft, daß das Archivgut eine falsche Tatsachenbehauptung enthält, die sie nicht nur unerheblich in ihren Rechten beeinträchtigt, so kann die betroffene Person verlangen, daß dem sie betreffenden, erschlossenen Archivgut eine von ihr eingereichte Gegendarstellung beigefügt wird. [2]Die Gegendarstellung muss sich auf Tatsachen beschränken und soll die Beweismittel aufführen. [3]Kann die betroffene Person die Beeinträchtigung ihrer Rechte nicht ausreichend glaubhaft machen, so ist bei dem Archivgut zu vermerken, daß sie die Tatsachenbehauptung bestreitet.

§ 6 a Ausschluss von Rechten und Pflichten nach der Datenschutz-Grundverordnung

Neben den Rechten aus § 6 bestehen Rechte betroffener Personen nach Artikel 16 Satz 1 (Berichtigung) und den Artikeln 18 (Einschränkung der Verarbeitung), 20 (Datenübertragbarkeit) und 21 (Widerspruch) sowie die Mitteilungspflicht nach Artikel 19 (über Berichtigung oder Löschung personenbezogener Daten oder eine Einschränkung der Verarbeitung) der Datenschutz-Grundverordnung bezüglich des Archivguts nicht.

§ 7 Archivgut des Landtages, der kommunalen Körperschaften und sonstiger Einrichtungen

(1) [1]Der Landtag, die kommunalen Körperschaften sowie die sonstigen der Aufsicht des Landes unterstehenden juristischen Personen des öffentlichen Rechts und deren Vereinigungen sind verpflichtet, ihr Archivgut zu sichern. [2]Dazu unterhält der Landtag ein eigenes Archiv oder bietet sein Schriftgut nach § 3 Abs. 6 dem Landesarchiv zur Übernahme an. [3]Im übrigen können die in Satz 1 genannten Einrichtungen zur Sicherung ihres Archivgutes eigene oder gemeinsame Archive unterhalten oder ihr Schriftgut dem Archiv einer anderen in Satz 1 genannten Einrichtung oder nach § 3 Abs. 6 dem Landesarchiv zur Übernahme anbieten.

(2) Dieses Gesetz gilt nicht für öffentlich-rechtliche Rundfunkanstalten sowie für öffentlich-rechtliche Unternehmen, die am Wettbewerb teilnehmen.

(3) [1]Soweit die in Absatz 1 Satz 1 genannten Einrichtungen Archive unterhalten oder die Abgabe ihres Archivgutes an Archive einer anderen in Absatz 1 Satz 1 genannten Einrichtung geregelt haben, haben sie ihr Schriftgut diesen Archiven zur Übernahme anzubieten. [2]Die §§ 3 a, 3 b und 4 Satz 1 sowie die §§ 5 bis 6 a gelten entsprechend. [3]Soweit Hochschulen des Landes Archive unterhalten, gelten auch § 3 Abs. 1 bis 5 und § 4 Satz 2 entsprechend mit der Maßgabe, daß an die Stelle des Landesarchivs das Hochschularchiv tritt. [4]Im übrigen regeln die in Absatz 1 Satz 1 genannten Einrichtungen die Angelegenheiten ihrer Archive in eigener Zuständigkeit.

§ 8 Inkrafttreten

(1) Dieses Gesetz tritt vierzehn Tage nach seiner Verkündung in Kraft.

(2) (nicht wiedergegebene Aufhebungsvorschrift)

Anlage 7j
Gesetz über die Sicherung und Nutzung öffentlichen Archivguts im Lande Nordrhein-Westfalen
(Archivgesetz Nordrhein-Westfalen – ArchivG NRW)

Vom 16. März 2010 (GV. NRW. S. 188)
(SGV. NRW. 221)
zuletzt geändert durch Art. 1 ÄndG vom 16. September 2014 (GV. NRW. S. 603)

Erster Teil
Allgemeines

§ 1 Geltungsbereich

(1) Dieses Gesetz gilt für die Archivierung von Unterlagen
1. des Landes Nordrhein-Westfalen,
2. der Träger der kommunalen Selbstverwaltung, deren Verbände sowie kommunalen Stiftungen nach Maßgabe des § 10,
3. anderer der Aufsicht des Landes unterstehenden juristischen Personen des öffentlichen Rechts nach Maßgabe des § 11.

(2) [1]Dieses Gesetz gilt auch für die Archivierung der Unterlagen von ehemals öffentlichen bzw. diesen gleichgestellten Stellen, sofern die Unterlagen bis zum Zeitpunkt des Übergangs in eine Rechtsform des Privatrechts entstanden sind. [2]Ebenso gilt es für Unterlagen anderer Stellen oder Unterlagen von natürlichen oder juristischen Personen, an deren Archivierung ein öffentliches Interesse besteht.

(3) Dieses Gesetz gilt nicht für die öffentlich-rechtlichen Religions- und Weltanschauungsgemeinschaften, öffentlich-rechtliche Rundfunkanstalten, die Landesanstalt für Medien sowie für öffentlich-rechtliche Unternehmen, die am wirtschaftlichen Wettbewerb teilnehmen, und deren Zusammenschlüsse.

§ 2 Begriffsbestimmungen

(1) Unterlagen nach § 1 sind Urkunden, Amtsbücher, Akten, Schriftstücke, amtliche Publikationen, Karteien, Karten, Risse, Pläne, Plakate, Siegel, Bild-, Film- und Tondokumente und alle anderen, auch elektronischen Aufzeichnungen, unabhängig von ihrer Speicherungsform, sowie alle Hilfsmittel und ergänzenden Daten, die für die Erhaltung, das Verständnis dieser Informationen und deren Nutzung notwendig sind.

(2) Öffentliche Archive im Sinne dieses Gesetzes sind alle Archive im Land Nordrhein-Westfalen, die von den in § 1 Absatz 1 genannten Stellen unterhalten werden und die mit der Archivierung der dort entstandenen Unterlagen sowie der Unterlagen ihrer Rechtsvorgänger betraut sind.

(3) Archivgut sind alle, gegebenenfalls nach Ablauf der Verwahrungs- bzw. Aufbewahrungsfristen in das Archiv übernommenen archivwürdigen Unterlagen im Sinne des § 1 Absatz 1 und Absatz 2.

(4) [1]Zwischenarchivgut sind Unterlagen, deren Verwahrungs- bzw. Aufbewahrungsfristen noch nicht abgelaufen sind, deren Archivwürdigkeit noch nicht festgestellt wurde und die vom zuständigen Archiv vorläufig übernommen wurden. [2]Das Verfügungsrecht verbleibt bei der abliefernden Stelle.

(5) [1]Vorarchivgut sind Unterlagen, die dauerhaft aufzubewahren sind, oder deren Verwahrungs- bzw. Aufbewahrungsfristen noch nicht abgelaufen sind und die als

archivwürdig bewertet und übernommen worden sind. [2]Das Verfügungsrecht liegt bei dem zuständigen Archiv. [3]Es gelten die Normen des Archivgesetzes.

(6) [1]Archivwürdig sind Unterlagen, denen ein bleibender Wert für Wissenschaft und Forschung, historisch-politische Bildung, Gesetzgebung, Rechtsprechung, Institutionen oder Dritte zukommt. [2]Über die Archivwürdigkeit entscheidet das zuständige Archiv unter Zugrundelegung fachlicher Kriterien.

(7) Archivierung umfasst die Aufgaben Unterlagen zu erfassen, zu bewerten, zu übernehmen und das übernommene Archivgut sachgemäß zu verwahren, zu ergänzen, zu sichern, zu erhalten, instand zu setzen, zu erschließen, zu erforschen, für die Nutzung bereitzustellen sowie zu veröffentlichen.

Zweiter Teil
Staatliches Archivwesen

§ 3 Organisation und Aufgaben des Landesarchivs Nordrhein-Westfalen

(1) Das Landesarchiv Nordrhein-Westfalen ist eine Einrichtung des Landes im Geschäftsbereich der für das Archivwesen zuständigen obersten Landesbehörde.

(2) [1]Das Landesarchiv hat die Aufgabe, das Archivgut von Behörden, Gerichten und sonstigen öffentlichen Stellen des Landes nach Maßgabe dieses Gesetzes zu archivieren. [2]Diese Aufgabe erstreckt sich auch auf Archivgut der Rechtsvorgänger des Landes Nordrhein-Westfalen und der Funktionsvorgänger der in Satz 1 genannten Stellen.

(3) [1]Das Landesarchiv kann auch Archivgut anderer Herkunft übernehmen, an dessen Archivierung ein öffentliches Interesse besteht. [2]Dies gilt insbesondere für Archivgut von privatrechtlich organisierten, ganz oder mehrheitlich der öffentlichen Hand gehörenden Einrichtungen, die nicht am wirtschaftlichen Wettbewerb teilnehmen.

(4) [1]Im Rahmen der elektronischen Archivierung kann das Landesarchiv Serviceleistungen für andere staatliche und kommunale Kultur- und Gedächtniseinrichtungen in Nordrhein-Westfalen übernehmen. [2]§§ 9 Absatz 1, 10 Absatz 2 und 11 Absatz 1 bleiben unberührt.

(5) Das Landesarchiv wirkt bei der Festlegung von landesweit gültigen Austauschformaten zur Archivierung elektronischer Dokumente mit.

(6) [1]Im Rahmen seiner Zuständigkeit berät das Landesarchiv die Behörden, Gerichte und sonstigen öffentlichen Stellen des Landes bei der Verwaltung, Aufbewahrung und Sicherung ihrer Unterlagen. [2]Die obersten Landesbehörden stellen sicher, dass die anbietenden Stellen in ihrem Geschäftsbereich die in Absatz 4 genannten Austauschformate beachten. [3]Das gilt sowohl bei der Planung, vor der Einführung und bei wesentlichen Änderungen von IT-Systemen, die zu nach § 2 Absatz 1 i.V.m. § 4 Absatz 1 anzubietenden elektronischen Dokumenten führen. [4]Soweit hiervon ausnahmsweise abgewichen werden soll, ist bereits vor der geplanten Nutzung anderer Formate und Techniken Einvernehmen mit dem Landesarchiv zu erzielen, um die spätere Übernahme des Archivgutes sicherzustellen. [5]Dies entfällt, wenn Formate oder Techniken eingesetzt werden, die nach einem Verfahren nach Artikel 91c Absatz 2 GG (Länderübergreifende Standards) abgestimmt sind.

(7) Das Landesarchiv nimmt Aufgaben im Rahmen der archivarischen Aus- und Fortbildung wahr.

§ 4 Anbietung und Übernahme

(1) [1]Die Behörden, Gerichte und sonstigen Stellen des Landes haben dem Landesarchiv alle Unterlagen zur Übernahme anzubieten, die sie zur Erfüllung ihrer Aufgaben nicht mehr benötigen. [2]Die Anbietung erfolgt grundsätzlich nach Ablauf der Verwahrungs- bzw. Aufbewahrungsfristen. [3]Unabhängig davon sind alle Unterlagen spätestens dreißig Jahre nach ihrer Entstehung dem Landesarchiv anzubieten, sofern keine anderen Rechtsvorschriften längere Aufbewahrungsfristen bei den anbietungspflichtigen Stellen festlegen. [4]Dem Landesarchiv ist auf Verlangen zur Feststellung der Archivwürdigkeit Einsicht in die Unterlagen und die dazu gehörigen Hilfsmittel und ergänzenden Daten, die für das Verständnis dieser Information und deren Nutzung notwendig sind, zu gewähren. [5]Elektronische Unterlagen, die einer laufenden Aktualisierung unterliegen, sind ebenfalls zur Archivierung anzubieten.

(2) Anzubieten und zu übergeben sind auch Unterlagen, die

1. personenbezogene Daten enthalten, die nach einer Vorschrift des Landes- oder Bundesrechts gelöscht werden müssten oder gelöscht werden könnten, sofern die Speicherung der Daten nicht unzulässig war,
2. einem Berufs- oder besonderen Amtsgeheimnis oder sonstigen Rechtsvorschriften über die Geheimhaltung unterliegen. Die nach § 203 Absatz 1 Nummer 1, 2, 4 oder 4 a des Strafgesetzbuchs geschützten Unterlagen der Beratungsstellen dürfen nur in anonymisierter Form angeboten und übergeben werden.

(3) Das Landesarchiv regelt die Anbietung und Übernahme von Unterlagen im Benehmen mit den anbietungspflichtigen Stellen.

(4) Das Landesarchiv kann Unterlagen von Stellen des Bundes übernehmen, soweit das Bundesarchivgesetz dies zulässt und ein öffentliches Interesse des Landes hieran vorhanden ist.

(5) [1]Wird über angebotene Unterlagen nicht innerhalb von sechs Monaten vom Landesarchiv entschieden, entfällt die Verpflichtung zur weiteren Aufbewahrung. [2]Die als archivwürdig bewerteten Unterlagen sind innerhalb eines Jahres zu übergeben. [3]Nicht archivwürdige Unterlagen sind vorbehaltlich Satz 4 durch die anbietende Stelle zu vernichten, wenn weder Rechtsvorschriften noch schutzwürdige Belange Betroffener entgegenstehen. [4]Die anbietende Stelle kann mit Zustimmung der für sie zuständigen obersten Landesbehörde Unterlagen, die vom Landesarchiv als nicht archivwürdig bewertet wurden, an andere öffentliche Archive abgeben. [5]Das Landesarchiv ist zuvor von der abliefernden Stelle zu unterrichten. [6]Diese Möglichkeit besteht nicht für die in § 4 Absatz 2 genannten Unterlagen.

§ 5 Verwahrung und Sicherung

(1) Archivgut ist unveräußerlich.

(2) [1]Archivgut ist auf Dauer sicher zu verwahren. [2]Es ist in seiner Entstehungsform zu erhalten, sofern keine archivfachlichen Belange entgegenstehen. [3]Es ist nach archivfachlichen Erkenntnissen zu bearbeiten und vor unbefugter Nutzung, vor Beschädigung oder Vernichtung zu schützen. [4]Das Landesarchiv hat geeignete technische und organisatorische Maßnahmen zur Sicherung solcher Unterlagen zu ergreifen, die personenbezogene Daten enthalten oder einem besonderen gesetzlichen Geheimnisschutz unterliegen. [5]In besonders begründeten Einzelfällen kann es Unterlagen, die als Archivgut übernommen wurden und deren Archivwürdigkeit nicht mehr gegeben ist, vernichten, wenn öffentliches Interesse oder berechtigte Interessen Betroffener nicht entgegenstehen.

(3) Rechtsansprüche Betroffener auf Löschung unzulässig gespeicherter personenbezogener Daten bleiben unberührt.

(4) [1]Bestreitet ein Betroffener die Richtigkeit personenbezogener Daten im Archivgut und wird die Unrichtigkeit festgestellt, hat er einen Berichtigungsanspruch. [2]Lässt sich weder die Richtigkeit noch die Unrichtigkeit der Daten feststellen, sind diese zu anonymisieren oder zu sperren; das Landesarchiv kann jedoch verlangen, dass an die Stelle der Anonymisierung oder Sperrung eine Gegendarstellung des Betroffenen tritt, soweit dadurch dessen schutzwürdige Belange angemessen berücksichtigt werden.

§ 6 Nutzung

(1) Jeder hat nach Maßgabe dieses Gesetzes und der hierzu ergangenen Benutzungsordnung das Recht, Archivgut auf Antrag zu nutzen, soweit aufgrund anderer Rechtsvorschriften nichts anderes bestimmt wird.

(2) [1]Die Nutzung ist ganz oder für Teile des Archivguts zu versagen, wenn
1. Grund zu der Annahme besteht, dass das Wohl der Bundesrepublik Deutschland oder eines ihrer Länder gefährdet würde,
2. es wegen überwiegenden berechtigten Interessen einer dritten Person geheim gehalten werden muss,
3. schutzwürdige Belange Betroffener oder Dritter beeinträchtigt würden,
4. die Geheimhaltungspflicht nach § 203 Absatz 1 Nummer 1, 2, 4 oder 4 a des Strafgesetzbuchs oder anderer Rechtsvorschriften über Geheimhaltung verletzt würden,
5. der Erhaltungszustand des Archivguts eine Nutzung nicht zulässt,
6. ein nicht vertretbarer Verwaltungsaufwand entstehen würde.

[2]Im Falle der nur teilweisen Nutzungsversagung, kann die Nutzung zusätzlich auch an Auflagen gebunden werden. [3]Die Nutzung kann auch im Übrigen aus wichtigem Grund an Auflagen gebunden werden. [4]Gesetzliche Zugangsrechte und Vereinbarungen mit Eigentümern privaten Archivguts bleiben unberührt. [5]Die Entscheidung zu Satz 1 Nummer 1 und Nummer 2 trifft das Landesarchiv im Einvernehmen mit der abliefernden Stelle.

(3) [1]Betroffenen ist auf Antrag nach Maßgabe des Absatzes 2 aus dem Archivgut Auskunft zu erteilen oder Einsicht in dieses zu gewähren, soweit es sich auf ihre Person bezieht. [2]Die Entscheidung hierüber trifft das Landesarchiv. [3]Die Sätze 1 und 2 gelten für Rechtsnachfolger mit der Maßgabe des § 7 Absatz 6 Nummer 2. [4]Rechtsnachfolger im Sinne dieses Gesetzes sind Ehegatten oder Partner einer eingetragenen Lebensgemeinschaft, nach deren Tod Kinder, ansonsten die Eltern des Betroffenen.

(4) [1]Die abliefernde Stelle bzw. ihre Funktions- und Rechtsnachfolger haben das Recht, Archivgut, das aus ihren Unterlagen gebildet wurde, jederzeit zu nutzen. [2]Dies gilt nicht für personenbezogene Daten, die aufgrund einer Rechtsvorschrift hätten gesperrt oder gelöscht werden müssen.

(5) Nutzer sind verpflichtet, von einem Medienwerk, das unter wesentlicher Verwendung von Archivgut des Landesarchivs verfasst oder erstellt wurde, nach Erscheinen dem Landesarchiv unaufgefordert ein Belegexemplar unentgeltlich abzuliefern.

§ 7 Schutzfristen

(1) [1]Die Nutzung des Archivguts (§ 6) ist zulässig nach Ablauf einer Schutzfrist von dreißig Jahren seit Entstehung der Unterlagen. [2]Die Schutzfrist beträgt sechzig Jahre seit Entstehung der Unterlagen, für Archivgut, das besonderen Geheim-

haltungsvorschriften unterliegt. [3]Für Archivgut, das sich nach seiner Zweckbestimmung oder nach seinem wesentlichen Inhalt auf eine oder mehrere natürliche Personen bezieht (personenbezogenes Archivgut) endet die Schutzfrist jedoch nicht vor Ablauf von

1. zehn Jahren nach dem Tod der betroffenen Person oder der letztverstorbenen von mehreren betroffenen Personen, deren Todesjahr dem Landesarchiv bekannt ist,
2. hundert Jahren nach der Geburt der betroffenen Person oder der Geburt der letztgeborenen von mehreren Personen, deren Todesjahr dem Landesarchiv nicht bekannt ist, und
3. sechzig Jahren nach Entstehung der Unterlagen, wenn weder das Todes- noch das Geburtsjahr der betroffenen Person oder einer der betroffenen Personen dem Landesarchiv bekannt sind.

(2) Die Verknüpfung personenbezogener Daten durch das Archiv ist innerhalb der Schutzfristen nur zulässig, wenn schutzwürdige Belange Betroffener angemessen berücksichtig werden.

(3) [1]Die Schutzfristen nach Absatz 1 gelten nicht für solche Unterlagen, die schon bei ihrer Entstehung zur Veröffentlichung bestimmt oder der Öffentlichkeit zugänglich waren. [2]Für personenbezogenes Archivgut betreffend Amtsträger in Ausübung ihrer Ämter sowie Personen der Zeitgeschichte gelten die Schutzfristen des Absatzes 1 nur, sofern deren schützenswerte Privatsphäre betroffen ist.

(4) [1]Für Unterlagen, die das Landesarchiv nach § 4 Absatz 4 dieses Gesetzes von Stellen des Bundes übernommen hat, gelten die entsprechenden Schutzfristen des Bundesarchivgesetzes in der jeweiligen gültigen Fassung. [2]Dies gilt auch für solches Archivgut, das Rechtsvorschriften des Bundes über Geheimhaltung unterliegt.

(5) [1]Die in Absatz 1 festgelegten Schutzfristen gelten auch bei der Nutzung durch öffentliche Stellen. [2]Für die abliefernden Stellen bzw. ihre Funktions- und Rechtsnachfolger gelten diese Schutzfristen nur für Unterlagen, bei denen die Ablieferung eine aufgrund Rechtsvorschrift gebotene Sperrung, Löschung oder Vernichtung ersetzt hat.

(6) [1]Die Nutzung von Archivgut, das Schutzfristen nach Absatz 1 und 4 unterliegt, kann vor deren Ablauf auf Antrag genehmigt werden. [2]Bei personenbezogenem Archivgut ist dies nur zulässig, wenn

1. die Betroffenen in die Nutzung eingewilligt haben,
2. im Falle des Todes der Betroffenen deren Rechtsnachfolger in die Nutzung eingewilligt haben, es sei denn, ein Betroffener hat zu Lebzeiten der Nutzung nachweislich widersprochen, oder die Erklärung der Einwilligung wäre nur höchstpersönlich durch die Betroffenen möglich gewesen.
3. die Nutzung zu benannten wissenschaftlichen Zwecken oder zur Wahrnehmung eines rechtlichen Interesses erfolgt und dabei sichergestellt wird, dass schutzwürdige Belange Betroffener nicht beeinträchtigt werden,
4. dies im überwiegenden öffentlichen Interesse liegt.

(7) [1]Das Landesarchiv kann in besonders begründeten Fällen auf Antrag nach Ablauf der Schutzfristen die Überlassung von Vervielfältigungen von Archivgut an Archive, Museen und Forschungsstellen zum Zwecke der archivischen Nutzung und wissenschaftlichen Forschung zulassen. [2]Vorher kann dies nur für Archive, Museen und Forschungsstellen zugelassen werden, wenn diese einen besonderen Auftrag zur Dokumentation des Schicksals einer Gruppe natürlicher Personen unter nationalsozialistischer Herrschaft haben. [3]Die Wahrung schutzwürdiger Belange der Betroffenen oder Dritter ist sicherzustellen. [4]Die Überlassung von Archiv-

gut nach den Sätzen 1 und 2 bedarf der Genehmigung der für das Archivwesen zuständigen obersten Landesbehörde. [5]Die Übermittlung ins Ausland ist nur zulässig, wenn ein angemessenes Datenschutzniveau gewährleistet ist. [6]Vor der Entscheidung über die Angemessenheit des Datenschutzniveaus ist die Landesbeauftragte für den Datenschutz und Informationsfreiheit zu hören. [7]Fehlt es an einem angemessenen Datenschutzniveau, so ist die Übermittlung nur zulässig, wenn die empfangende Stelle ausreichende Garantien hinsichtlich des Schutzes der informationellen Selbstbestimmung bietet.

§ 8 Veröffentlichung

[1]Das Landesarchiv ist berechtigt, Archivgut sowie die dazugehörigen Findmittel unter Wahrung der schutzwürdigen Belange Betroffener zu veröffentlichen. [2]§ 6 Absatz 2 sowie § 7 Absatz 1 bis 4 gelten entsprechend.

§ 9 Archivgut des Landtags

(1) Der Landtag entscheidet in eigener Zuständigkeit, ob bei ihm entstandene Unterlagen, die zur Erfüllung der Aufgaben nicht mehr benötigt werden, von ihm selbst archiviert oder dem Landesarchiv zur Übernahme angeboten werden.

(2) [1]Sofern der Landtag ein eigenes Archiv unterhält, regelt er die Einzelheiten der Benutzung in eigener Zuständigkeit. [2]Im Übrigen gelten die §§ 5 bis 8 entsprechend.

Dritter Teil
Archive sonstiger öffentlicher Stellen

§ 10 Kommunale Archive

(1) Die Träger der kommunalen Selbstverwaltung, deren Verbände sowie kommunale Stiftungen tragen dafür Sorge, ihr Archivgut in eigener Zuständigkeit zu archivieren.

(2) [1]Sie erfüllen diese Aufgaben durch
1. Errichtung und Unterhaltung eigener Archive oder Übertragung auf eine für Archivierungszwecke geschaffene Gemeinschaftseinrichtung oder
2. Übergabe ihres Archivguts zur Archivierung in einem anderen öffentlichen, nichtstaatlichen Archiv.

[2]Im Rahmen der elektronischen Archivierung ist die Nutzung von Serviceleistungen nach Maßgabe von § 3 Absatz 4 zulässig.

(3) Die Archive und Gemeinschaftseinrichtungen müssen archivfachlichen Anforderungen entsprechen, indem sie
1. hauptamtlich oder hauptberuflich von Personal betreut werden, das die Befähigung für eine Laufbahn des Archivdienstes besitzt oder sonst fachlich geeignet ist, oder
2. von einer Dienststelle fachlich beraten werden, bei der eine Archivarin oder ein Archivar mit der Befähigung für eine Laufbahn des Archivdienstes tätig ist.

(4) Unterlagen, die zur Aufgabenerfüllung nicht mehr benötigt werden, sind dem Archiv anzubieten.

(5) §§ 2 und 3 Absatz 5 und 6, § 4 Absatz 1 Satz 4 und 5 und Absatz 2 und §§ 5 bis 8 gelten entsprechend.

(6) Die kommunalen Archive können Unterlagen von anderen Stellen oder von natürlichen oder juristischen Personen übernehmen.

§ 11 Andere öffentliche Archive

(1) [1]Die anderen der Aufsicht des Landes unterstehenden juristischen Personen des öffentlichen Rechts regeln die Archivierung und Nutzung der bei ihnen entstandenen Unterlagen in eigener Zuständigkeit in eigenen, gemeinschaftlich getragenen oder fachlich geleiteten anderen Archiven. [2]Die für kommunale Archive in Bezug genommenen Regelungen dieses Gesetzes gelten entsprechend.

(2) [1]Nur sofern die Voraussetzungen des Absatzes 1 nicht sichergestellt werden können und eine Vernichtung oder Zersplitterung der archivwürdigen Unterlagen drohen, sind die nicht mehr benötigten Unterlagen dieser Stellen dem Landesarchiv anzubieten. [2]Archivwürdige Unterlagen dieser Stellen werden im Landesarchiv als staatliches Archivgut archiviert.

(3) § 4 Absatz 5 gilt entsprechend.

Vierter Teil
Schlussbestimmungen

§ 12 Ermächtigungen

Die zuständige oberste Landesbehörde regelt durch Rechtsverordnung Einzelheiten der Nutzung des Landesarchivs einschließlich der für die Nutzung des Archivguts zu erhebenden Gebühren und Auslagen in einer Benutzungs- und Gebührenverordnung.

§ 13 Inkrafttreten, Berichtspflicht

[1]Dieses Gesetz tritt am 1. Mai 2010 in Kraft. [2]Die Landesregierung berichtet dem Landtag bis zum 31. Dezember 2019 und danach alle fünf Jahre über die mit diesem Gesetz gemachten Erfahrungen.

Anlage 7 k
Landesarchivgesetz
(LArchG)

Vom 5. Oktober 1990 GVBl. S. 277

zuletzt geändert durch Art. 1 Zweites LandesG zur Änd. des LandesarchivG vom 11. Februar 2020 (GVBl. S. 42)

Erster Abschnitt Öffentliches Archivwesen

§ 1 Öffentliches Archivgut

(1) [1]Unterlagen der Behörden, Gerichte und sonstigen öffentlichen Stellen des Landes, der kommunalen Gebietskörperschaften und der sonstigen, der Aufsicht des Landes unterstehenden juristischen Personen des öffentlichen Rechts und ihrer Vereinigungen, die für deren Aufgaben nicht mehr benötigt werden, sind in öffentlichen Archiven auf Dauer als Archivgut aufzubewahren, zu sichern, zu erschließen, nutzbar zu machen und zu erhalten, wenn sie bleibenden Wert haben; dies gilt auch für Unterlagen von Funktions- oder Rechtsvorgängern. [2]Den in Satz 1 genannten Stellen stehen die von ihnen errichteten juristischen Personen des Privatrechts und ihre Vereinigungen gleich, die öffentliche Aufgaben erfüllen und nicht am Wettbewerb teilnehmen. [3]Bleibenden Wert haben Unterlagen, denen für Gesetzgebung, Verwaltung oder Rechtsprechung, für die Erforschung oder das Verständnis der Geschichte oder für die Sicherung berechtigter Belange der Bürger Bedeutung zukommt. [4]Soweit sie darüber hinaus einen besonderen kulturellen Wert haben, für die Wissenschaft von erheblicher Bedeutung sind oder wenn Rechts- oder Verwaltungsvorschriften dies bestimmen, sind Unterlagen unverändert aufzubewahren.

(2) Unterlagen sind unabhängig von ihrer Speicherungsform alle bei den in Absatz 1 genannten Stellen angefallenen Informationen, insbesondere Schriftstücke, Akten, Karten, Pläne, Siegel, Dateien, Bild-, Film- und Tonmaterialien, soweit sie Bestandteil des Vorgangs sind.

(3) [1]Archivgut kann nur an Träger anderer hauptamtlich und fachlich betreuter Archive übereignet werden, wenn dies wegen der Herkunft oder des Zusammenhanges geboten oder die Gegenseitigkeit gewährleistet ist. [2]Im Übrigen ist Archivgut unveräußerlich. [3]Eine widerrufliche Verwahrung in einem anderen hauptamtlich und fachlich betreuten öffentlichen Archiv ist zulässig, wenn ein fachlicher Grund besteht.

(4) Rechtsvorschriften, rechtskräftige Entscheidungen der Gerichte und bestandskräftige Entscheidungen der Behörden, nach denen Unterlagen zu vernichten oder zu löschen sind, bleiben nach Maßgabe von § 7 Abs. 2 unberührt.

§ 2 Öffentliche Archive

(1) [1]Das Land unterhält für die Erfüllung aller staatlichen Archivaufgaben die Landesarchivverwaltung. [2]Sie hat das Archivgut der öffentlichen Stellen des Landes und nach Maßgabe der Absätze 2 und 3 der kommunalen Gebietskörperschaften sowie der sonstigen in § 1 Abs. 1 Satz 1 und 2 genannten juristischen Personen zu archivieren.

(2) [1]Die kommunalen Gebietskörperschaften, deren Verbände und deren Stiftungen des öffentlichen Rechts regeln die Archivierung der bei ihnen anfallenden Un-

terlagen in eigener Zuständigkeit als Pflichtaufgabe der Selbstverwaltung nach den in diesem Gesetz vorgegebenen Grundsätzen. ²Sie können zu diesem Zweck

1. eigene oder gemeinsame Archive unterhalten,
2. ihr Archivgut der Landesarchivverwaltung mit dessen Zustimmung zu Eigentum übergeben oder
3. ihre Unterlagen der Landesarchivverwaltung zur Archivierung, Verwahrung und Verwaltung anbieten und gegen eine angemessene Kostenbeteiligung zu diesem Zwecke übergeben.

³Soweit eigene oder gemeinsame Archive nicht über hauptberufliches Personal verfügen, können ehrenamtliche Archivpfleger bestellt werden, die sich von der Landesarchivverwaltung laufend beraten lassen sollen; § 10 Abs. 2 gilt entsprechend.

(3) ¹Die sonstigen in § 1 Abs. 1 Satz 1 und 2 genannten juristischen Personen können mit Zustimmung des für das Archivwesen zuständigen Ministeriums eigene fachlich betreute Archive unterhalten; diese unterstehen der Fachaufsicht der Landesarchivverwaltung. ²Die §§ 7, 8, 8 a und 9 Abs. 1 bis 3 gelten für sie entsprechend. ³Die Freiheit der Wissenschaft und Forschung bleibt unberührt.

§ 3 Nutzung öffentlichen Archivguts

(1) ¹Jeder, der ein berechtigtes Interesse darlegt, hat das Recht, öffentliches Archivgut nach Maßgabe der Rechtsvorschriften und der Landesarchiv-Benutzungsverordnung zu nutzen. ²Die Darlegung eines berechtigten Interesses ist nicht erforderlich, soweit für Unterlagen vor Übergabe an das öffentliche Archiv bereits ein Zugang nach dem Landestransparenzgesetz vom 27. November 2015 (GVBl. S. 383, BS 2010-10) in der jeweils geltenden Fassung gewährt worden ist.

(2) Die Benutzung ist einzuschränken oder zu versagen, soweit

1. Grund zur Annahme besteht, dass das Wohl der Bundesrepublik Deutschland oder eines ihrer Länder gefährdet würde, oder
2. Grund zur Annahme besteht, dass schutzwürdige Belange Betroffener oder Dritter entgegenstehen, oder
3. der Erhaltungszustand des Archivguts gefährdet würde, oder
4. die Geheimhaltungspflicht nach § 203 Abs. 1 bis 3 des Strafgesetzbuches oder andere Rechtsvorschriften über Geheimhaltung verletzt würden, oder
5. Vereinbarungen entgegenstehen, die mit Eigentümern aus Anlass der Übernahme getroffen wurden.

(3) ¹Archivgut darf erst 30 Jahre nach Entstehen der Unterlagen benutzt werden. ²Soweit es sich auf natürliche Personen bezieht, darf es erst zehn Jahre nach deren Tod, oder, wenn das Todesjahr dem Archiv nicht bekannt ist, erst 100 Jahre nach der Geburt des Betroffenen benutzt werden; wenn weder das Jahr der Geburt noch das Jahr des Todes des Betroffenen bekannt ist, gilt eine Frist von 60 Jahren nach Entstehung der Unterlagen. ³Die Sperrfristen nach den Sätzen 1 und 2 gelten nicht für Unterlagen, die bereits bei ihrer Entstehung zur Veröffentlichung bestimmt waren oder für die die Voraussetzungen des Absatzes 1 Satz 2 vorliegen. ⁴Unterlagen, die aufgrund von Rechtsvorschriften geheim zu halten sind, dürfen erst 60 Jahre nach ihrer Entstehung benutzt werden. ⁵Die Sperrfristen nach den Sätzen 1, 2 und 4 können um höchstens 20 Jahre verlängert werden, wenn dies unter Anlegung strengster Maßstäbe im öffentlichen Interesse geboten ist.

(4) ¹Soweit Rechtsvorschriften nicht entgegenstehen, ist es zulässig, die Sperrfristen nach Absatz 3 auf Antrag verkürzt werden, wenn

1. die abgebende Stelle und bei personenbezogenem Archivgut der Betroffene oder nach dessen Tod sein Ehegatte oder Lebenspartner, seine Kinder oder sei-

ne Eltern eingewilligt haben, wobei die Existenz eines vorrangig Benannten alle anderen von der Entscheidung ausschließt, oder

2. die Benutzung zur Wahrnehmung der Aufgaben des Landtags, der Organe des Landtags und der Abgeordneten sowie der Landesregierung erforderlich ist und überwiegende schutzwürdige Interessen Betroffener und Dritter nicht entgegenstehen, oder
3. die Benutzung für ein wissenschaftliches Forschungs- oder Dokumentationsvorhaben einschließlich der Schaffung der wissenschaftlichen Infrastruktur oder zur Wahrnehmung berechtigter Belange unerlässlich ist und wichtige öffentliche Belange oder überwiegende schutzwürdige Interessen Betroffener und Dritter nicht entgegenstehen.

[2]Satz 1 gilt nicht für die Sperrfrist nach Absatz 3 Satz 4, soweit die Geheimhaltungpflicht auf Rechtsvorschriften des Bundes beruht.

(5) Die Regelungen der Absätze 3 und 4 gelten nicht für Stellen, die das Archivgut abgeliefert haben, wenn sie es zur Erfüllung ihrer Aufgaben wieder benötigen, soweit es sich nicht um Archivgut handelt, das vor der Ablieferung aufgrund besonderer Rechtsvorschriften hätte gesperrt, vernichtet oder gelöscht werden müssen.

(6) Die Verknüpfung personenbezogener Daten ist nur zulässig, wenn schutzwürdige Belange Betroffener oder Dritter nicht beeinträchtigt werden.

(7) Die Bestimmungen der Absätze 1 bis 4 und 6 sowie des § 4 gelten entsprechend für privates Archivgut in öffentlichen Archiven, unbeschadet besonderer Vereinbarungen zugunsten des Eigentümers.

(8) Die kommunalen Gebietskörperschaften und die sonstigen in § 1 Abs. 1 Satz 1 und 2 genannten juristischen Personen regeln die Benutzung ihrer Archive gemäß den Bestimmungen der §§ 1 bis 4 und § 9 Abs. 3 durch Satzung.

§ 4 Rechte des Betroffenen

(1) [1]Der Betroffene kann Auskunft oder Einsicht verlangen, soweit sich Archivgut auf ihn bezieht und § 3 Abs. 2 nicht entgegensteht. [2]Der Antragsteller hat glaubhaft darzulegen, dass er Betroffener ist, und Angaben zu machen, die das Auffinden des ihn betreffenden Archivguts ohne unangemessenen Aufwand ermöglichen. [3]Rechtsansprüche Betroffener auf Löschung der sie betreffenden personenbezogenen Daten bleiben unberührt. [4]Ein weitergehender Auskunftsanspruch nach Artikel 15 der Verordnung (EU) 2016/679 des Europäischen Parlaments und des Rates vom 27. April 2016 zum Schutz natürlicher Personen bei der Verarbeitung personenbezogener Daten, zum freien Datenverkehr und zur Aufhebung der Richtlinie 95/46/EG (Datenschutz-Grundverordnung) (ABl. EU Nr. L 119 S. 1) in der jeweils geltenden Fassung besteht nicht. [5]Ein Widerspruchsrecht nach Artikel 21 der Datenschutz-Grundverordnung gegen die Verarbeitung gespeicherter Daten besteht nicht.

(2) [1]Über den Anspruch auf Berichtigung oder Löschung personenbezogener Daten entscheidet die Stelle, bei der die archivierten Unterlagen entstanden sind. [2]Wird von dieser Stelle oder durch gerichtliche Entscheidung festgestellt, dass personenbezogene Angaben unrichtig sind, so wird diesen eine Berichtigung beigefügt. [3]Sie sind nur dann zu löschen, wenn ihre Speicherung unzulässig war. [4]Macht der Betroffene die Unrichtigkeit personenbezogener Angaben glaubhaft, so ist ihnen unbeschadet der Beachtung der Sperrfristen gemäß § 3 Abs. 3 seine Gegendarstellung beizufügen; dies ist ausgeschlossen bei rechtskräftigen gerichtlichen oder bestandskräftigen behördlichen Entscheidungen. [5]Weitergehende Ansprüche Betroffener aus den Artikeln 16 und 18 der Datenschutz-Grundverordnung bestehen nicht. [6]Eine Mitteilungspflicht der Landesarchivverwaltung nach

Artikel 19 der Datenschutz-Grundverordnung besteht nicht. [7]Ein Recht auf Datenübertragbarkeit nach Artikel 20 der Datenschutz-Grundverordnung besteht nicht.

(3) Nach dem Tod des Betroffenen stehen die Ansprüche nach den Absätzen 1 und 2 bei Nachweis eines berechtigten Interesses dem Ehegatten oder Lebenspartner, den Kindern oder den Eltern zu, wobei die Existenz eines vorrangig Benannten alle anderen von der Entscheidung ausschließt.

Zweiter Abschnitt Staatliche Archive

§ 5 Organisation und Zuständigkeit der Landesarchivverwaltung Rheinland-Pfalz

(1) Die Landesarchivverwaltung Rheinland-Pfalz besteht aus dem Landeshauptarchiv Koblenz und dem Landesarchiv Speyer.

(2) [1]Das Landeshauptarchiv Koblenz ist zuständig für die obersten Landesbehörden. [2]Die übrigen Zuständigkeiten der beiden Standorte werden von dem für das Archivwesen zuständigen Ministerium durch Organisationserlass festgelegt.

(3) Oberste Aufsichtsbehörde ist das für das Archivwesen zuständige Ministerium.

§ 6 Aufgaben der Landesarchivverwaltung

(1) Die Landesarchivverwaltung erfüllt ihre Aufgaben unter Beachtung der archivfachlichen Anforderungen.

(2) Die Landesarchivverwaltung kann, soweit das Bundesarchivgesetz dies zulässt, Archivgut des Bundes verwahren oder übernehmen, wenn hierfür ein öffentliches Interesse des Landes besteht.

(3) [1]Die Landesarchivverwaltung kann auf Antrag der zuständigen Stelle Archivgut der Kirchen und Religionsgemeinschaften, der öffentlich-rechtlichen Rundfunkanstalten, der Parteien und Verbände sowie Archivgut von natürlichen und juristischen Personen des Privatrechts verwahren oder übernehmen, wenn hierfür ein öffentliches Interesse besteht und die Deckung der Kosten des entstehenden Aufwands gesichert ist. [2]§ 1 Abs. 1 bleibt unberührt.

(4) Die Landesarchivverwaltung fördert die Erforschung und das Verständnis der deutschen Geschichte und der Landesgeschichte insbesondere durch Veröffentlichungen und Ausstellungen.

(5) [1]Die Landesarchivverwaltung berät die Behörden, Gerichte und sonstigen Stellen des Landes bei der Verwaltung und Sicherung ihrer Unterlagen und ist von diesen bei der Einführung neuer oder wesentlicher Änderung bestehender Speicherformen für elektronische Unterlagen zu beteiligen. [2]Sie soll die der Aufsicht des Landes unterstehenden juristischen Personen des öffentlichen Rechts und deren Archive beraten. [3]Sie kann auch Private bei der Verwaltung ihrer Archive unterstützen, soweit ein öffentliches Interesse besteht.

(6) Die für die Rechts- und Stiftungsaufsicht zuständigen Landesbehörden sind verpflichtet, alle öffentliches Archivgut betreffenden Entscheidungen im Benehmen mit derLandesarchivverwaltung zu treffen.

§ 7 Anbietungspflicht

(1) [1]Die öffentlichen Stellen des Landes haben alle Unterlagen, die sie zur Erfüllung ihrer Aufgaben einschließlich der Wahrung der Sicherheit der Bundesrepublik Deutschland oder eines ihrer Länder nicht mehr benötigen, in der Regel spä-

testens 30 Jahre nach ihrer Entstehung, der Landesarchivverwaltung unverändert und mit einem Aktenverzeichnis bzw. einem aussagekräftigen Verzeichnis aller angegebenen Vorgänge versehen anzubieten. [2]Gleiches gilt für die in § 1 Abs. 1 Satz 1 und 2 genannten kommunalen Gebietskörperschaften und sonstigen juristischen Personen, die keine eigenen Archive nach § 2 Abs. 2 oder 3 unterhalten. [3]Für Akten, die Gerichts- oder Verwaltungsverfahren sowie Dienstverhältnisse betreffen, beginnt die Ablieferungsfrist erst mit deren Beendigung, sofern nicht durch Rechts- oder Verwaltungsvorschriften längere Aufbewahrungsfristen vorgeschrieben sind.

(2) Anzubieten sind auch Unterlagen, die

1. nach den Bestimmungen des Landesdatenschutzgesetzes vernichtet oder gelöscht werden könnten oder müssten, sofern die Speicherung der Daten nicht unzulässig war, oder
2. nach gesetzlichen oder sonstigen Vorschriften geheim zu halten sind oder einem Amts- oder Berufsgeheimnis unterliegen oder
3. besondere Kategorien personenbezogener Daten im Sinne des Artikels 9 Abs. 1 der Datenschutz-Grundverordnung enthalten.

(3) Elektronische Unterlagen sind der Landesarchivverwaltung anzubieten.

(4) Durch Vereinbarung zwischen der Landesarchivverwaltung und der ablieferungspflichtigen Stelle können Unterlagen von offensichtlich geringer Bedeutung von der Anbietungspflicht ausgenommen oder gleichförmige Unterlagen, die in großer Zahl anfallen, nur in geringer Anzahl angeboten werden.

§ 8 Übernahme, Verwahrung

(1) Die Landesarchivverwaltung hat binnen sechs Monaten im Benehmen mit der anbietenden Stelle zu entscheiden, welche der angebotenen Unterlagen bleibenden Wert haben und deshalb zu übernehmen sind.

(2) [1]Die Landesarchivverwaltung kann auch Unterlagen in Verwahrung nehmen, die aufgrund von Rechts- oder Verwaltungsvorschriften noch unverändert aufzubewahren sind und besonderer Bestimmung durch die abgebende Stelle unterliegen. [2]Die Bestimmungen der §§ 3, 4, 8 a und 9 finden entsprechende Anwendung; über die Benutzung, Einsichtnahme und Auskunfterteilung entscheidet die Landesarchivverwaltung im Einvernehmen mit der abgebenden Stelle.

§ 8 a Verarbeitung besonderer Kategorien personenbezogener Daten

[1]Die Verarbeitung besonderer Kategorien personenbezogener Daten im Sinne des Artikels 9 Abs. 1 der Datenschutz-Grundverordnung ist für im öffentlichen Interesse liegende Archivzwecke zulässig. [2]Bei der Verarbeitung dieser Daten sind angemessene und spezifische Maßnahmen zur Wahrung der Interessen der betroffenen Person vorzusehen. [3]Diese Maßnahmen sind in dem Verzeichnis von Verarbeitungstätigkeiten nach Artikel 30 der Datenschutz-Grundverordnung darzustellen.

§ 9 Verwaltung

(1) [1]Das Archivgut im Sinne des § 1 Abs. 1 ist ordnungs- und sachgemäß auf Dauer aufzubewahren, zu erhalten und zu erschließen. [2]Die Landesarchivverwaltung soll Unterlagen ohne besonderen kulturellen oder urkundlichen Wert in Form von technischen Vervielfältigungen archivieren oder ihren gesamten Inhalt in geeigneter Weise speichern. [3]Sie ist befugt, Unterlagen, denen ein bleibender Wert nach § 1 Abs. 1 nicht mehr zukommt, im Einvernehmen mit der abgebenden Stelle zu

vernichten. [4]Über die Vernichtung ist ein Nachweis zu führen und dauernd aufzubewahren.

(2) Das Archivgut ist durch organisatorische, technische und personelle Maßnahmen vor unbefugter Benutzung, Beschädigung und Verlust zu schützen.

(3) Bei Unterlagen, die Rechtsvorschriften des Bundes über Geheimhaltung unterliegen, sind von der Übernahme an die schutzwürdigen Belange Betroffener zu berücksichtigen; insbesondere sind bei Unterlagen mit personenbezogenen Daten die Vorschriften über die Verarbeitung und Sicherung dieser Unterlagen zu beachten, die für die abgebende Stelle gelten.

(4) [1]Über die Verlängerung und die Verkürzung der Sperrfristen gemäß § 3 Abs. 3 Satz 5 und Abs. 4 entscheidet die Landesarchivverwaltung, in Fällen von grundsätzlicher Bedeutung im Einvernehmen mit dem für das Archivwesen zuständigen Ministerium. [2]Das Nähere über die Benutzung, insbesondere die Zulassung, die Sorgfaltspflichten, den Ausschluss, die Ausleihe und Versendung sowie die Vervielfältigungen von Archivgut und die Belegexemplarpflicht regelt das für das Archivwesen zuständige Ministerium durch Rechtsverordnung.

§ 10 Ehrenamtliche Archivpfleger

(1) Die Landesarchivverwaltung kann ehrenamtliche Archivpfleger zur Unterstützung ihrer Aufgaben bestellen.

(2) [1]Die ehrenamtlichen Archivpfleger sind verpflichtet, über die ihnen bei Wahrnehmung ihrer Aufgaben bekannt gewordenen Angelegenheiten gegenüber Dritten Verschwiegenheit zu bewahren und dürfen diese Kenntnisse nicht unbefugt verwerten. [2]Sie haben auf Verlangen Schriftstücke und sonstige Gegenstände, in deren Besitz sie durch ihre Tätigkeit gelangt sind, an die Landesarchivverwaltung herauszugeben. [3]Diese Verpflichtungen bestehen auch nach Beendigung des Ehrenamts fort.

§ 11 Archivgut des Landtags

(1) Das Archivgut des Landtags wird im Landtagsarchiv aufbewahrt; der Landtag kann dem Landeshauptarchiv Unterlagen zur Verwahrung übergeben oder zur Übernahme anbieten.

(2) Der Landtag regelt die Benutzung des Landtagsarchivs unter Berücksichtigung seiner verfassungsrechtlichen Stellung sowie der Grundsätze der §§ 1 bis 4 und des § 9 Abs. 3.

Dritter Abschnitt Schlussbestimmungen

§ 12 Ausnahmen vom Geltungsbereich

Dieses Gesetz gilt nicht für die Kirchen und die öffentlich-rechtlichen Religionsgemeinschaften, für die öffentlich-rechtlichen Rundfunkanstalten, die Anstalt des öffentlichen Rechts „Zweites Deutsches Fernsehen“ sowie für öffentlich-rechtliche Unternehmen mit eigener Rechtspersönlichkeit, die am Wettbewerb teilnehmen und für deren Zusammenschlüsse.

§ 13 Inkrafttreten

Dieses Gesetz tritt am 1. Januar 1991 in Kraft.

Anlage 7I
Saarländisches Archivgesetz
(SArchG)

Vom 23. September 1992 (Amtsbl. 1992 I 1094)
zuletzt geändert durch das Gesetz vom 22. August 2018 (Amtsbl. 2018 I 674)

Abschnitt I Allgemeine Vorschriften

§ 1 Geltungsbereich

(1) Dieses Gesetz regelt die Tätigkeit der Archive

1. des Landes,
2. der Gemeinden und Gemeindeverbände,
3. der sonstigen der Aufsicht des Landes unterstehenden juristischen Personen des öffentlichen Rechts.

(2) Dieses Gesetz gilt nicht für die öffentlich-rechtlichen Religionsgemeinschaften, Rundfunkanstalten und öffentlich-rechtliche Unternehmen, die am Wettbewerb teilnehmen.

§ 2 Archivgut

(1) Archivgut sind alle archivwürdigen Unterlagen einschließlich der Hilfsmittel zu ihrer Nutzung, die bei Verfassungsorganen, Behörden, Gerichten, Gemeinden und Gemeindeverbände und sonstigen öffentlichen Stellen sowie bei natürlichen oder juristischen Personen des privaten Rechts anfallen; hierzu zählen insbesondere Urkunden, Akten, Amtsbücher, Karten, Pläne, Plakate, Bild-, Film- und Tonmaterial, elektronische Informationsträger, auf diesen gespeicherte Informationen und Programme zu ihrer Auswertung sowie andere Träger von Informationen.

(2) Öffentliches Archivgut ist unveräußerlich. In Ausnahmefällen ist eine Abgabe an andere öffentliche Archive zulässig, wenn diese im öffentlichen Interesse liegt und die Einhaltung der in diesem Gesetz getroffenen Regelungen für die Archivierung gewährleistet ist.

(3) Archivwürdig sind Unterlagen, die auf Grund ihrer politischen, wirtschaftlichen, sozialen oder kulturellen Bedeutung für die Erforschung und das Verständnis von Geschichte und Gegenwart, für Gesetzgebung, Rechtsprechung und Verwaltung sowie für die berechtigten Belange der Öffentlichkeit von bleibendem Wert sind. Als archivwürdig gelten auch solche Unterlagen, deren Archivierung durch Rechtsvorschrift angeordnet ist. Über die Archivwürdigkeit der Unterlagen entscheiden die Archive, nachdem die unter § 2 Absatz 1 Satz 1 genannten Stellen diese dem jeweils zuständigen Archiv angeboten haben.

§ 3 Archivierung

(1) Archivierung beinhaltet die Aufgabe, das Archivgut auf Dauer zu übernehmen, instandzusetzen, sachgemäß zu verwahren, zu erfassen, zu erschließen und für die Bedürfnisse der Gesetzgebung, der Verwaltung, der Rechtspflege, der Forschung sowie für Informationsinteressen der Öffentlichkeit bereitzuhalten oder auszuwerten. Die Archive wirken an der Erforschung der Geschichte ihres Archivsprengels mit.

(2) Mit Zustimmung der abgebenden Stelle können Archive die im Archivgut enthaltenen Informationen in anderer Form archivieren und die Originalunterlagen vernichten, soweit dies unter archivarischen Gesichtspunkten vertretbar oder ge-

boten ist; für die neugeschaffenen Aufzeichnungen gelten dieselben Regelungen dieses Gesetzes, die auf die Originalunterlagen Anwendung finden würden.

(3) Archivgut, dessen Archivwürdigkeit nicht länger gegeben ist, da seine Bedeutung für die Rechtswahrung oder für die wissenschaftliche Forschung nicht mehr erkennbar ist, kann in öffentlichen Archiven vernichtet oder gelöscht werden. Über Vernichtung oder Löschung ist ein Nachweis zu führen.

§ 4 Speicherung, Datenschutz

(1) Durch geeignete technische und organisatorische Maßnahmen ist das Archivgut einschließlich der seiner Erschließung dienenden Hilfsmittel vor unbefugter Nutzung, Beschädigung oder Vernichtung zu sichern sowie der Schutz personenbezogener Daten oder solcher Unterlagen, die einem besonderen gesetzlichen Geheimnisschutz unterliegen, sicherzustellen.

(2) Zur besseren Erschließung darf das Archivgut mittels elektronischer Datenträger erfasst und gespeichert werden; die Verarbeitung der gespeicherten Informationen ist nur zur Erfüllung der in diesem Gesetz genannten Zwecke zulässig.

(3) Im Übrigen bleiben die Bestimmungen des Saarländischen Datenschutzgesetzes unberührt.

§ 5 (aufgehoben)

Abschnitt II Landesarchiv

§ 6 Organisation

Das Landesarchiv ist eine Einrichtung des Landes im Geschäftsbereich von Ministerpräsidentin/Ministerpräsident und Staatskanzlei.

§ 7 Aufgaben

(1) Dem Landesarchiv obliegt die Archivierung des Archivguts der Verfassungsorgane, Behörden, Gerichte und sonstigen öffentlichen Stellen des Landes einschließlich ihrer Rechts- und Funktionsvorgänger.

(2) Das Landesarchiv übernimmt gemäß § 2 Abs. 3 des Gesetzes über die Sicherung und Nutzung von Archivgut des Bundes vom 6. Januar 1988 die archivwürdigen Unterlagen von nachgeordneten Stellen des Bundes, die ihren Sitz im Saarland haben.

(3) Das Landesarchiv kann auf Grund von Vereinbarungen Archivgut weiterer öffentlicher Stellen des Bundes, anderer Länder, von Kommunen, Anstalten und Körperschaften des öffentlichen Rechts archivieren.

(4) Das Landesarchiv kann auf Grund von Vereinbarungen oder letztwilligen Verfügungen privates Archivgut archivieren, soweit daran ein öffentliches Interesse besteht. Dabei können hinsichtlich der Benutzung des Archivguts von den Bestimmungen dieses Gesetzes abweichende Regelungen getroffen werden.

(5) Das Landesarchiv wirkt an der Auswertung der von ihm aufbewahrten Quellen sowie an der Erforschung und öffentlichen Vermittlung der Geschichte des Saarlandes und der Nachbarregionen mit. Es fördert das Verständnis für die Landesgeschichte insbesondere durch Veröffentlichungen, Ausstellungen, Führungen und andere diesem Zweck dienende Veranstaltungen und Präsentationen.

(6) Das Landesarchiv berät die Träger anderer Archive im Land auf deren Wunsch bei der Erfüllung ihrer Aufgaben, soweit daran ein öffentliches Interesse besteht, und wirkt bei der Ausbildung öffentlicher Archivare mit.

§ 8 Aussonderung und Anbietung

(1) Die Verfassungsorgane, Behörden, Gerichte und die sonstigen öffentlichen Stellen des Landes haben, soweit sie nicht nach den Vorschriften dieses Gesetzes ein eigenes Archiv unterhalten, alle Unterlagen im Sinne von § 2 Absatz 1, die bei der Erfüllung ihrer Aufgaben oder der ihrer Rechts- und Funktionsvorgänger angefallen sind und die sie zur Erfüllung ihrer laufenden Dienstgeschäfte nicht mehr benötigen, auszusondern und dem Landesarchiv zur Übernahme anzubieten; Unterlagen sind spätestens 30 Jahre nach ihrer Entstehung auszusondern und anzubieten, soweit nicht eine längere Aufbewahrung durch gesetzliche Vorschriften zugelassen oder ausnahmsweise für die Wahrnehmung dienstlicher Aufgaben erforderlich ist. Die öffentlichen Stellen nach Satz 1 übergeben von allen von ihnen herausgegebenen Druckschriften nach Erscheinen kostenlos ein Belegexemplar dem Landesarchiv. Diese Verpflichtung gilt für elektronische Publikationen entsprechend. Bei Unterlagen, die in elektronischer Form gespeichert und laufend aktualisiert werden, steht dem Landesarchiv das Recht zu, die Anbietung jährlich zu verlangen.

(2) Anzubieten sind auch solche Unterlagen, die

1. personenbezogene Daten, einschließlich besonderer Kategorien personenbezogener Daten im Sinne des Artikel 9 Absatz 1 der Verordnung 2016/679, enthalten, die aufgrund einer Rechtsvorschrift gelöscht werden müssten oder gelöscht werden könnten, sofern die Verarbeitung der Daten nicht unrechtmäßig war,
2. einem Berufs- oder besonderen Amtsgeheimnis oder sonstigen Rechtsvorschriften über die Geheimhaltung unterliegen.

Die nach § 203 Abs. 1 Nr. 1, 4 oder 4 a des Strafgesetzbuchs geschützten Unterlagen der Gesundheitsbehörden und von Beratungsstellen dürfen nur in anonymisierter Form angeboten werden.

(3) Das Landesarchiv kann die ablieferungspflichtige Stelle von der Anbietung solcher Unterlagen, die im Hinblick auf ihre offensichtlich geringe Bedeutung für die Aufgaben des Landesarchivs ohne Belang sind, befreien.

§ 9 Übernahme

(1) Das Landesarchiv entscheidet binnen eines halben Jahres im Benehmen mit der anbietenden Stelle, ob es sich um archivwürdige Unterlagen handelt. Die anbietende Stelle hat dem Landesarchiv Einblick in die angebotenen Unterlagen sowie die sie erschließenden Hilfsmittel zu gewähren.

(2) Das Landesarchiv kann die Landesbehörden bei der Einrichtung und Organisation ihrer Registraturen beraten. Es berät die Behörden insbesondere bei der Sicherung ihrer elektronischen Akten in Hinblick auf deren spätere Archivierung. Bei der Einführung elektronischer Registraturen ist das Landesarchiv zu beteiligen.

(3) Bei umfangreichen Sammlungen von Unterlagen und bei gespeicherten maschinenlesbaren Informationen ist das Benehmen zwischen der anbietenden Stelle und dem Landesarchiv dadurch herzustellen, dass Art, Umfang und Form des zu übernehmenden Archivguts vorab im Grundsatz festgelegt werden.

(4) Archivwürdige Unterlagen sind vom Landesarchiv zu übernehmen; § 8 Abs. 2 gilt entsprechend. Unterlagen, die vom Landesarchiv nicht übernommen werden, sind von der anbietenden Stelle spätestens nach Ablauf der Frist des Absatzes 1 Satz 1 entsprechend den gesetzlichen Vorschriften zu löschen.

(5) Die abgebende Behörde oder Stelle hat darauf zu achten, dass die angebotenen Akten sich in einem geordneten Zustand befinden. Sie hat mit den abzugebenden Akten eine Auflistung mitzuliefern. Sie trägt die Kosten für Verpackung und Versand. Bei Archivierung elektronischer Unterlagen ist die abgebende Stelle verpflichtet, die zur Verarbeitung und Nutzung der Daten notwendigen Informationen zu dokumentieren und dem Landesarchiv zu übergeben.

(6) Stehen der Übernahme schutzwürdige Belange Betroffener entgegen, denen durch die Einschränkung der Nutzung nach § 11 Abs. 7 nicht hinreichend Rechnung getragen werden kann, sind die Unterlagen zu anonymisieren. Ergibt eine Prüfung der anbietenden Stelle und des Landesarchivs, dass diesen Belangen auch durch Anonymisierung der Daten nicht hinreichend Rechnung getragen werden kann oder kann in dieser Frage keine Einigung erzielt werden, so unterbleibt die Übernahme. Absatz 3 Satz 2 bleibt unberührt.

§ 10 Nutzung durch die abliefernde Stelle

(1) Die abliefernde Stelle hat das Recht, Archivgut aus ihren Beständen jederzeit zu nutzen.

(2) Das Nutzungsrecht erstreckt sich nicht auf personenbezogene Daten, die auf Grund einer Rechtsvorschrift hätten gesperrt oder gelöscht werden müssen. In diesen Fällen besteht das Nutzungsrecht nur nach Maßgabe des § 11, jedoch nicht zu dem Zweck, zu welchem die personenbezogenen Daten ursprünglich verarbeitet worden sind.

§ 11 Nutzung

(1) Jedermann ist berechtigt, Archivgut im Sinne des § 2 aus einer mehr als 30 Jahre zurückliegenden Zeit zu amtlichen, wissenschaftlichen oder publizistischen Zwecken sowie zur Wahrnehmung berechtigter persönlicher Belange zu nutzen, sofern durch dieses Gesetz oder aufgrund einer Rechtsvorschrift nichts anderes bestimmt ist. Besondere Vereinbarungen mit den Eigentümern von Archivgut, das nicht dem Saarland gehört, und testamentarische Bestimmungen bleiben hiervon unberührt.

(2) Archivgut, das besonderen Geheimhaltungs- und Schutzvorschriften unterliegt, darf erst 60 Jahre nach seiner Entstehung zur Nutzung durch Dritte freigegeben werden. Hierzu gehören insbesondere Verschlusssachen und Unterlagen, die dem Steuergeheimnis, dem Bankgeheimnis, dem Sozialgeheimnis oder der ärztlichen Schweigepflicht unterliegen.

(3) Unbeschadet der Schutzfrist nach Absatz 2 darf Archivgut, das sich auf eine natürliche Person bezieht (personenbezogenes Archivgut), ohne Einwilligung des Betroffenen erst zehn Jahre nach seinem Tode durch Dritte benutzt werden. Ist der Todestag nicht oder nur mit unvertretbarem Aufwand feststellbar, endet die Schutzfrist 90 Jahre nach der Geburt des Betroffenen. Kann auch das Geburtsdatum nicht ermittelt werden, endet die Schutzfrist 60 Jahre nach Schließung der Unterlagen.

(4) Die Schutzfristen nach den Absätzen 1 und 3 gelten nicht für Unterlagen, die bei ihrer Entstehung zur Veröffentlichung bestimmt waren.

(5) Ist das Archivgut aktenmäßig zusammengefasst, so bestimmen sich die Schutzfristen nach dem Datum des jüngsten Schriftstückes der Akte. § 24 Absatz 2 in Verbindung mit § 8 Absatz 2 des Saarländischen Datenschutzgesetzes vom 16. Mai 2018 (Amtsbl. I S. 254) ist zu berücksichtigen.

(6) Die festgelegten Schutzfristen können im Einverständnis mit der abgebenden Stelle für wissenschaftliche Forschungen im Einzelfall verkürzt werden. Beim Landesarchiv können die festgelegten Schutzfristen für wissenschaftliche Forschungen im Einzelfall im Einverständnis mit der Staatskanzlei verkürzt werden. Bei personenbezogenem Archivgut ist eine Verkürzung nur zulässig, wenn

1. die Betroffenen eingewilligt haben,
2. die Benutzung für die Durchführung eines bestimmten Forschungsvorhabens erforderlich ist und schutzwürdige Belange der Betroffenen nicht beeinträchtigt werden oder
3. das öffentliche Interesse an der Durchführung des Forschungsvorhabens die schutzwürdigen Belange des Betroffenen überwiegt.

Personenbezogene Daten dürfen in Forschungsergebnissen nur veröffentlicht werden, wenn

1. die Betroffenen eingewilligt haben oder
2. dies für die Darstellung von Forschungsergebnissen unerlässlich ist.

(7) Die festgelegten Schutzfristen können im Einvernehmen mit der abgebenden Stelle um höchstens 20 Jahre verlängert werden, wenn dies im öffentlichen Interesse liegt.

(8) Die Benutzung von Archivgut kann eingeschränkt oder versagt werden, soweit

1. es besonderen gesetzlichen Geheimhaltungsvorschriften unterliegt,
2. das Wohl der Bundesrepublik Deutschland oder eines ihrer Länder gefährdet wäre,
3. schutzwürdige Belange Dritter entgegenstehen,
4. die Erhaltung des Archivgutes gefährdet würde,
5. sie einen nicht vertretbaren Verwaltungsaufwand verursachen oder
6. die Aufgaben des Landesarchivs in einem unvertretbaren Maß erschweren würde.

(9) Für die Benutzung von bundeseigenem Archivmaterial gelten die bundesrechtlichen Vorschriften.

(10) Die Nutzung des Archivgutes erfolgt durch persönliche Einsichtnahme, durch schriftliche Auskunft oder auf elektronischem Weg.

(11) Vervielfältigungen von Archivgut nach § 2 Absatz 1 zur Geschichte der Juden unter der nationalsozialistischen Gewaltherrschaft, zur nationalsozialistischen Judenverfolgung sowie zu deren Aufarbeitung in der Nachkriegszeit können anderen Archiven, Museen oder Forschungsstellen zur archivischen Nutzung überlassen werden. Eine Überlassung ist nur zulässig, wenn sichergestellt ist, dass bei der Benutzung der Vervielfältigungen § 11 Absatz 1 bis 3, Absatz 6 und Absatz 8 Nr. 1 bis 3 sinngemäße Anwendung findet.

§ 12 Benutzungs- und Gebührenordnung

Die Ministerpräsidentin/der Ministerpräsident wird ermächtigt, durch Rechtsverordnung die Art der Benutzung des Archivguts im Einzelnen zu regeln sowie im Einvernehmen mit dem Ministerium für Finanzen und Europa Gebühren für die Benutzung festzusetzen; dabei kann auch bestimmt werden, dass Benutzer dem Landesarchiv kostenlos ein Belegexemplar von Druckwerken, die unter Nutzung seines Archivguts entstanden sind, zu überlassen haben.

§ 13 Weitere Aufgaben

Die Landesregierung kann dem Landesarchiv durch Verordnung weitere als in diesem oder anderen Gesetzen genannte Aufgaben des Landes übertragen, die in sachlichem Zusammenhang mit dem Archivwesen des Landes oder der Erforschung der Geschichte des Saarlandes und seiner Nachbarregionen stehen.

Abschnitt III Archive sonstiger öffentlicher Stellen des Landes

§ 14 Archiv des Landtags

(1) Das Landtagsarchiv ist ein Staatliches Archiv besonderer Art und dient der Verwahrung und Betreuung des Archivguts des Landtags. § 7 Abs. 4, §§ 10 und 11 gelten für das Archiv des Landtags sinngemäß. Das Landtagspräsidium regelt die Einzelheiten der Nutzung des Landtagsarchivs in einer Benutzungsordnung.

(2) Unterlagen, die der Landtag zur Erfüllung seiner Aufgaben nicht mehr benötigt, bietet das Landtagsarchiv dem Landesarchiv zur Übernahme an.

§ 15 Kommunale und sonstige öffentliche Archive

(1) Die Gemeinden, die Landkreise, der Regionalverband Saarbrücken und die Zweckverbände regeln die Archivierung der bei ihnen anfallenden Unterlagen in eigener Zuständigkeit durch Satzung (Archivsatzung). Sie tragen dabei durch eine angemessene personelle und sachliche Ausstattung der kommunalen Archive dafür Sorge, dass die Übernahme, Erhaltung und Erschließung des Archivmaterials nach archivfachlichen Gesichtspunkten im Sinne dieses Gesetzes gesichert ist. Ebenso ist zu gewährleisten, dass die Öffentlichkeit nach Maßgabe dieses Gesetzes angemessenen Zugang zum Archivgut erhält.

(2) § 7 Absatz 4, § 10 und § 11 gelten entsprechend.

(3) Soweit keine kommunalen Archive bestehen, sind Unterlagen, die zur Aufgabenerfüllung nicht mehr benötigt werden, dem Landesarchiv zur Übernahme anzubieten. Das Eigentum am Archivgut bleibt unberührt. Für Archivierung, Verwahrung und Verwaltung dieser Unterlagen wird dem Landesarchiv seitens der abgebenden Körperschaft eine angemessene Kostenbeteiligung gewährt.

(4) Hochschulen und Kammern sind nach Maßgabe der Absätze 1 bis 3 berechtigt, eigene Archive zu unterhalten.

(5) Sonstige Körperschaften, Anstalten und Stiftungen des öffentlichen Rechts können Archive errichten, wenn dies im öffentlichen Interesse liegt; die Errichtung bedarf der Genehmigung der Staatskanzlei. Die Absätze 1 bis 3 gelten entsprechend.

§ 16 (aufgehoben)

Abschnitt IV

§ 17 Inkrafttreten

Dieses Gesetz tritt am 1. Januar 1993 in Kraft.

Anlage 7 m
Archivgesetz für den Freistaat Sachsen (SächsArchivG)

Vom 17. Mai 1993 (SächsGVBl. S. 449)
(BS Sachsen 290-1)

zuletzt geändert durch Art. 25 Gesetz zur Anpassung landesrechtlicher Vorschriften an die Datenschutz-Grundverordnung vom 26. April 2018
(SächsGVBl. S. 198)

Erster Abschnitt Allgemeines

§ 1 Geltungsbereich

(1) Dieses Gesetz regelt die Archivierung von Unterlagen im Sächsischen Staatsarchiv und in den Archiven der der Aufsicht des Freistaates Sachsen unterstehenden juristischen Personen des öffentlichen Rechts sowie die Archivierung von Unterlagen im Archiv des Sächsischen Landtages nach Maßgabe des § 12 Abs. 2.

(2) Dieses Gesetz gilt nicht für die öffentlich-rechtlichen Religionsgemeinschaften, die öffentlich-rechtlichen Rundfunkanstalten und die öffentlich-rechtlichen Unternehmen, die am wirtschaftlichen Wettbewerb teilnehmen, sowie deren Zusammenschlüsse.

§ 2 Begriffsbestimmungen

(1) [1]Archivgut sind alle in das Archiv übernommenen archivwürdigen Unterlagen mit den zu ihrer Nutzung nötigen Hilfsmitteln. [2]Archivwürdige Unterlagen entstehen beim Landtag, bei Gerichten, Behörden und sonstigen öffentlichen Stellen, bei natürlichen Personen oder bei juristischen Personen des Privatrechts. [3]Zum Archivgut zählt auch Dokumentationsmaterial, das von den Archiven ergänzend gesammelt wird.

(2) Unterlagen sind unabhängig von ihrer Speicherungsform alle Aufzeichnungen, insbesondere Urkunden, Amtsbücher, Akten, Einzelschriftstücke, Karten, Risse, Pläne, Medaillen, Bilder, Filme, Tonaufzeichnungen.

(3) Archivwürdig sind Unterlagen, denen ein bleibender Wert für Gesetzgebung, Rechtsprechung, Regierung und Verwaltung, für Wissenschaft und Forschung oder für die Sicherung berechtigter Belange betroffener Personen und Institutionen oder Dritter zukommt.

(4) Das Archivieren beinhaltet das Erfassen und Bewerten von Unterlagen und das Übernehmen, Verwahren, Erhalten, Erschließen sowie Nutzbarmachen und Auswerten von Archivgut.

(5) Als Entstehung gilt der Zeitpunkt der letzten Bearbeitung der Unterlagen.

Zweiter Abschnitt Staatliches Archivwesen

§ 3 Organisation des staatlichen Archivwesens

(1) Der Freistaat Sachsen unterhält für die Erfüllung aller staatlichen Archivaufgaben das Sächsische Staatsarchiv.

(2) Oberste Aufsichtsbehörde für das staatliche Archivwesen ist das Staatsministerium des Innern.

(3) Die oberste Aufsichtsbehörde kann die Erfüllung einzelner Aufgaben des Sächsischen Staatsarchivs durch öffentlich-rechtliche Vereinbarung auf andere Archive öffentlich-rechtlicher Trägerschaft übertragen, wenn dies besonderen historischen Interessen entspricht.

§ 4 Aufgaben des Sächsischen Staatsarchivs

(1) Das Sächsische Staatsarchiv ist Fachbehörde für alle Aufgaben des Archivwesens.

(2) [1]Das Sächsische Staatsarchiv archiviert die Unterlagen der Gerichte, Behörden und sonstigen öffentlichen Stellen des Freistaates Sachsen nach Maßgabe dieses Gesetzes. [2]Diese Aufgabe erstreckt sich auch auf die Unterlagen der Rechtsvorgänger des Freistaates Sachsen und der Funktionsvorgänger der in Satz 1 genannten Stellen sowie aus der Zeit vom 8. Mai 1945 bis zum 2. Oktober 1990 auf die Unterlagen der ehemaligen staatlichen oder wirtschaftsleitenden Organe, der Kombinate, Betriebe, Genossenschaften, Einrichtungen und Parteien, gesellschaftlichen Organisationen und juristischen Personen, soweit diese Unterlagen nicht nach § 13 Abs. 1 Satz 2 durch kommunale Archive archiviert werden. [3]Es archiviert auch das Archivgut der ehemaligen Deutschen Zentralstelle für Genealogie.

(3) [1]Das Sächsische Staatsarchiv kann, soweit das Gesetz über die Sicherung und Nutzung von Archivgut des Bundes (Bundesarchivgesetz – BArchG) vom 6. Januar 1988 (BGBl. I S. 62), zuletzt geändert durch Gesetz vom 27. Juni 2013 (BGBl. I S. 1888), in der jeweils geltenden Fassung, es zulässt, Unterlagen von Stellen des Bundes und Archivgut des Bundes übernehmen, wenn hierfür ein öffentliches Interesse des Freistaates Sachsen besteht. [2]Die Benutzung des Archivgutes richtet sich nach den Bestimmungen dieses Gesetzes, soweit Rechtsvorschriften des Bundes nichts anderes bestimmen.

(4) [1]Das Sächsische Staatsarchiv kann auch von anderen als den in § 5 Abs. 1 genannten Stellen oder Personen Archivgut aufgrund von besonderen Rechtsvorschriften, Vereinbarungen oder letztwilligen Verfügungen übernehmen. [2]Die §§ 7 und 8 gelten in diesen Fällen sinngemäß, sofern die Rechtsvorschriften, Vereinbarungen oder letztwilligen Verfügungen nichts anderes bestimmen.

(5) [1]Im Rahmen seiner Zuständigkeit berät das Sächsische Staatsarchiv die Gerichte, Behörden und sonstigen öffentlichen Stellen des Freistaates Sachsen bei der Verwaltung und Sicherung ihrer Unterlagen. [2]Dieses ist bei der Einführung neuer oder wesentlicher Änderung bestehender Systeme der Informationstechnologie anzuhören, wenn diese Bezüge zur Archivierung elektronischer Unterlagen enthalten.

(6) [1]Das Sächsische Staatsarchiv berät nichtstaatliche Archive. [2]Wenn ein öffentliches Interesse gegeben ist, kann das Sächsische Staatsarchiv private Eigentümer von Archivgut beraten.

(7) Das Sächsische Staatsarchiv nimmt Aufgaben im Rahmen der archivarischen Aus- und Fortbildung wahr.

(8) Das Staatsministerium des Innern kann dem Sächsischen Staatsarchiv weitere Aufgaben übertragen, die in sachlichem Zusammenhang mit dem Archivwesen oder der wissenschaftlichen Forschung stehen.

§ 5 Anbietung und Übernahme

(1) [1]Die Gerichte, Behörden und sonstigen öffentlichen Stellen des Freistaates Sachsen (anbietungspflichtige Stellen) haben dem Sächsischen Staatsarchiv alle Unterlagen zur Übernahme anzubieten, die sie zur Erfüllung ihrer Aufgaben nicht

mehr benötigen. [2]Abweichend von Satz 1 sind die Unterlagen jedoch spätestens 30 Jahre nach ihrer Entstehung dem Sächsischen Staatsarchiv anzubieten, sofern nicht durch Bundes- oder Landesrecht oder Verwaltungsvorschriften der obersten Bundes- oder Staatsbehörden längere Aufbewahrungsfristen bestimmt werden. [3]Abweichend von Satz 1 sind elektronische Unterlagen, die einer laufenden Aktualisierung unterliegen, ebenfalls anzubieten. [4]Näheres regeln das Sächsische Staatsarchiv und die fachlich zuständige Behörde einvernehmlich.

(2) [1]Soweit Bundes- oder Landesrecht nichts anderes bestimmt, erstreckt sich die Anbietungspflicht auch auf Unterlagen, die dem Datenschutz oder dem Geheimschutz unterliegen und die Daten im Sinne des Artikels 9 Absatz 1 der Verordnung (EU) 2016/679 des europäischen Parlaments und des Rates vom 27. April 2016 zum Schutz natürlicher Personen bei der Verarbeitung personenbezogener Daten, zum freien Datenverkehr und zur Aufhebung der Richtlinie 95/46/EG ABl. L 119 vom 4.5.2016, S. 1, L 314 vom 2.11.2016, S. 72), in der jeweils geltenden Fassung, enthalten, und auf Unterlagen, die personenbezogene Daten enthalten, welche nach Bundes- oder Landesrecht oder der Verordnung (EU) 2016/679 gelöscht, vernichtet oder in der Verarbeitung eingeschränkt werden müssten oder könnten oder in der Verarbeitung eingeschränkt worden sind. [2]Soweit die Speicherung der Daten unzulässig war, ist dieses besonders zu kennzeichnen.

(3) [1]Werden gemäß Absatz 1 anbietungspflichtige Stellen in eine nichtstaatliche Trägerschaft überführt oder deren Aufgaben auf eine nichtstaatliche Stelle übertragen, haben sie alle Unterlagen, die zum Wirksamwerden der Änderung vorhanden sind, unverzüglich zu erfassen und dem Sächsischen Staatsarchiv ein Verzeichnis dieser Unterlagen zu übermitteln. [2]Die Unterlagen sind dem Sächsischen Staatsarchiv anzubieten, sobald sie zur Erfüllung der Aufgaben nicht mehr benötigt werden. [3]Absatz 1 Satz 3 und 4 sowie die Absätze 6 und 7 gelten entsprechend.

(4) Zur Anbietung sind auch alle Personen und Stellen im Freistaat Sachsen verpflichtet, die die tatsächliche Verfügungsgewalt über Unterlagen im Sinne von § 4 Abs. 2 Satz 2 besitzen.

(5) [1]Die anbietungspflichtigen Stellen sind verpflichtet, die von ihnen herausgegebenen Veröffentlichungen unmittelbar nach Erscheinen einfach an das Sächsische Staatsarchiv abzugeben.

(6) [1]Das Sächsische Staatsarchiv entscheidet in den Fällen des Absatzes 1 und 2 innerhalb von sechs Monaten über die Archivwürdigkeit der Unterlagen. [2]Zur Feststellung der Archivwürdigkeit ist den Bediensteten des Sächsischen Staatsarchivs Einsicht in die Unterlagen und die dazugehörigen Registraturhilfsmittel zu gewähren. [3]Nach Ablauf dieser Frist entfällt die Verpflichtung zur weiteren Aufbewahrung.

(7) [1]Wird die Archivwürdigkeit bejaht, hat die anbietende Stelle die Unterlagen anhand von Ablieferungsnachweisen innerhalb von sechs Monaten an das Sächsische Staatsarchiv zur Übernahme zu übergeben. [2]Wird die Archivwürdigkeit verneint, so hat die anbietende Stelle die Unterlagen zu vernichten, wenn weder Rechtsvorschriften noch schutzwürdige Belange betroffener Personen entgegenstehen. [3]Über die Vernichtung ist ein Nachweis zu fertigen, der 30 Jahre aufzubewahren ist.

(8) [1]Das Sächsische Staatsarchiv kann Unterlagen bereits vor Ablauf der für die abgebende Stelle jeweils geltenden Aufbewahrungsfrist übernehmen, soweit Rechtsvorschriften nicht entgegenstehen. [2]Die durch Rechts- oder Verwaltungs-

vorschriften festgelegten Aufbewahrungsfristen werden auch durch die Aufbewahrung im Archiv eingehalten.

(9) [1]Das Sächsische Staatsarchiv kann auf die Anbietung von Unterlagen ohne bleibenden Wert verzichten und für diese unbefristete Vernichtungsgenehmigungen erteilen. [2]Absatz 7 Satz 2 und 3 gilt entsprechend. [3]Das fachlich zuständige Staatsministerium kann im Einvernehmen mit dem Sächsischen Staatsarchiv durch Verwaltungsvorschrift Art und Umfang der anzubietenden Unterlagen bestimmen.

(10) Das Sächsische Staatsarchiv hat nach der Übernahme ebenso wie die abgebende Stelle die schutzwürdigen Belange betroffener Personen zu berücksichtigen; insbesondere hat es bei Unterlagen mit personenbezogenen Daten bei der Erfüllung seiner Aufgaben die Vorschriften über die Sicherung dieser Unterlagen zu beachten, die für die abgebende Stelle gelten.

§ 6 Rechtsansprüche betroffener Personen

(1) [1]Rechtsansprüche betroffener Personen gemäß Artikel 15 der Verordnung (EU) 2016/679 beschränken sich auf eine Auskunft über die im Archivgut zu ihrer Person enthaltenen Daten, wenn das Archivgut durch Namen der Personen erschlossen ist. [2]Die Auskunft kann auch in Form der Einsicht in das Archivgut oder durch Aushändigung einer Kopie gewährt werden.

(2) [1]Wird die Richtigkeit personenbezogener Daten von der betroffenen Person bestritten, hat sie das Recht zu verlangen, dass dem Archivgut ihre Gegendarstellung beigefügt wird, wenn die betroffene Person ein berechtigtes Interesse daran glaubhaft macht. [2]Nach ihrem Tod steht dieses Recht den Angehörigen nach § 10 Absatz 4 Satz 2 zu. [3]Weitergehende Rechte auf Berichtigung gemäß Artikel 16 der Verordnung (EU) 2016/679, auf Löschung gemäß Artikel 17 der Verordnung (EU) 2016/679 und auf Einschränkung der Verarbeitung gemäß Artikel 18 der Verordnung (EU) 2016/679 bestehen nicht. [4]Eine Mitteilungspflicht des Sächsischen Staatsarchivs gemäß Artikel 19 der Verordnung (EU) 2016/679 besteht nicht.

(3) Ein Recht auf Datenübertragbarkeit gemäß Artikel 20 der Verordnung (EU) 2016/679 und ein Widerspruchsrecht betroffener Personen gegen die Archivierung sie betreffender Daten gemäß Artikel 21 Absatz 1 der Verordnung (EU) 2016/679 bestehen nicht.

§ 7 Deposita

(1) [1]Die in § 13 aufgeführten Stellen können ihr Archivgut dem Sächsischen Staatsarchiv als Depositum unter Wahrung des Eigentums zur Übernahme anbieten. [2]Das gleiche gilt für öffentlich-rechtliche Religionsgemeinschaften und ihre Untergliederungen sowie für natürliche und juristische Personen des Privatrechts. [3]Zwischen dem Eigentümer des Archivgutes und dem Sächsischen Staatsarchiv ist ein Depositalvertrag abzuschließen.

(2) Das Sächsische Staatsarchiv ist zur Übernahme nicht verpflichtet.

(3) Depositalgut unterliegt den gleichen Bestimmungen wie das öffentliche Archivgut, sofern nicht durch Depositalverträge etwas anderes bestimmt wird.

§ 8 Verwaltung und Sicherung des Archivgutes

(1) Das Sächsische Staatsarchiv hat das Verfügungsrecht über das Archivgut und ist verpflichtet, das Archivgut nach archivwissenschaftlichen Erkenntnissen zu bearbeiten und einer ordnungsgemäßen Benutzung zugänglich zu machen.

(2) [1]Durch die Feststellung der Archivwürdigkeit und die Übernahme der Unterlagen gemäß § 5 Abs. 7 erfolgt ihre Widmung zu öffentlichem Archivgut. [2]Die Widmung begründet eine hoheitliche Sachherrschaft, die durch bürgerlich-rechtliche Verfügungen nicht berührt wird. [3]Das Sächsische Staatsarchiv kann von dem Besitzer die Herausgabe des öffentlichen Archivgutes verlangen.

(3) [1]Das Archivgut ist in seiner Entstehungsform zu erhalten, soweit nicht archivfachliche Belange entgegenstehen. [2]Es ist nachhaltig vor Schäden, Verlust, Vernichtung oder unbefugter Nutzung zu schützen.

(4) Archivgut ist ein Bestandteil des Landeskulturgutes; seine Veräußerung ist verboten.

§ 9 Benutzung des Archivgutes

(1) Jedermann hat vorbehaltlich der Rechte aus § 6 nach Maßgabe der aufgrund von § 16 Nr. 1 erlassenen Rechtsverordnungen das Recht, das Archivgut des Freistaates Sachsen zu nutzen.

(2) [1]Die Benutzung ist einzuschränken oder zu versagen, wenn
1. Grund zur Annahme besteht, daß das Wohl der Bundesrepublik Deutschland oder eines ihrer Länder gefährdet würde,
2. Grund zur Annahme besteht, daß schutzwürdige Belange betroffener Personen oder Dritter entgegenstehen,
3. Rechtsvorschriften über Geheimhaltung verletzt würden,
4. der Erhaltungszustand des Archivgutes entgegensteht,
5. ein nicht vertretbarer Arbeitsaufwand entstehen würde oder
6. Vereinbarungen mit gegenwärtigen oder früheren Eigentümern entgegenstehen.

[2]Die Nutzung kann aus anderen wichtigen Gründen eingeschränkt oder versagt werden. [3]Die Entscheidung trifft das Sächsische Staatsarchiv.

(3) Der Benutzer ist verpflichtet, ein Belegexemplar eines Werkes, das er unter wesentlicher Verwendung von Archivgut des Sächsischen Staatsarchivs verfasst oder erstellt hat, unentgeltlich an das Sächsische Staatsarchiv abzugeben.

§ 10 Schutzfristen

(1) [1]Die Benutzung von Archivgut ist unbeschadet § 9 Abs. 2 erst nach Ablauf von Fristen (Schutzfristen) zulässig. [2]Für die Benutzung von Archivgut gelten folgende Schutzfristen:
1. eine allgemeine Schutzfrist von 30 Jahren nach Entstehung der Unterlagen,
2. eine Schutzfrist von 60 Jahren nach Entstehung der Unterlagen, die sich nach ihrer Zweckbestimmung auf einen durch ein Berufsgeheimnis, ein besonderes Amtsgeheimnis oder einen durch sonstige Rechtsvorschrift über Geheimhaltung geschützten Lebenssachverhalt beziehen, und
3. eine Schutzfrist von
   a) 10 Jahren nach dem Tod der Person oder
   b) 100 Jahren nach der Geburt der Person, wenn das Todesjahr nur mit unverhältnismäßigem Aufwand feststellbar ist, oder
   c) 60 Jahren nach der Entstehung der Unterlagen, wenn weder das Todesjahr noch das Geburtsjahr feststellbar ist,

   für Archivgut, das sich seiner Zweckbestimmung oder seinem wesentlichen Inhalt nach auf eine oder mehrere natürliche Personen bezieht (personenbezogenes Archivgut).

[3]Für Archivgut, das Rechtsvorschriften des Bundes über die Geheimhaltung unterliegt, gelten § 11 Absatz 3 und § 12 Absatz 3 des Bundesarchivgesetzes entsprechend.

(2) [1]Die Schutzfristen nach Absatz 1 gelten nicht für solche Unterlagen, die bereits bei ihrer Entstehung zur Veröffentlichung bestimmt waren. [2]Die Schutzfristen nach Absatz 1 Satz 2 Nr. 1 und 2 gelten nicht für Archivgut nach § 4 Abs. 2 Satz 2. [3]Für Amtsträger in Ausübung ihrer Ämter und absolute Personen der Zeitgeschichte, soweit nicht ihr schutzwürdiger privater Lebensbereich betroffen ist, gilt die Schutzfrist des Absatzes 1 Satz 2 Nr. 3 nicht. [4]Entsprechendes gilt auch für Mitarbeiter der in § 4 Abs. 2 Satz 2 genannten Stellen.

(3) [1]Die in Absatz 1 festgelegten Schutzfristen gelten auch bei der Benutzung durch öffentliche Stellen. [2]Für die abgebenden öffentlichen Stellen gelten die Schutzfristen des Absatzes 1 nur für Unterlagen, die bei ihnen aufgrund besonderer Vorschriften hätten in der Verarbeitung eingeschränkt, gelöscht oder vernichtet werden müssen.

(4) [1]Eine Benutzung personenbezogenen Archivgutes ist unabhängig von den in Absatz 1 genannten Schutzfristen zulässig, wenn die Person, auf die sich das Archivgut bezieht, eingewilligt hat. [2]Nach dem Tod der Person ist die Einwilligung von dem überlebenden Ehegatten oder eingetragenen Lebenspartner, nach dessen Tod von den geschäftsfähigen Kindern der betroffenen Person und, wenn weder ein Ehegatte noch Kinder vorhanden sind, von den Eltern der betroffenen Person zu erklären.

(5) [1]Die Schutzfristen nach Absatz 1 Satz 2 Nr. 1 und 2 können im Einzelfall verkürzt werden, wenn es im öffentlichen Interesse liegt. [2]Bei personenbezogenem Archivgut ist eine Verkürzung nur zulässig, wenn die Benutzung für ein konkretes Forschungsvorhaben oder zur Wahrnehmung berechtigter Belange einer anderen Person oder öffentlichen Stelle erforderlich ist und wenn das öffentliche Interesse an der Durchführung des Forschungsvorhabens oder die berechtigten Belange einer anderen Person oder öffentlichen Stelle die schutzwürdigen Belange der Person, auf die sich das Archivgut bezieht, überwiegen. [3]Soweit der Forschungszweck es zulässt, sind die Forschungsergebnisse ohne personenbezogene Angaben aus dem Archivgut zu veröffentlichen.

§ 11 Übermittlung von Vervielfältigungen von Archivgut in besonderen Fällen

(1) [1]Das Sächsische Staatsarchiv kann Archiven, Museen und Forschungsstellen, die zu dem Zweck unterhalten werden, das Schicksal natürlicher Personen unter staatlicher Gewaltherrschaft darzustellen und zu erforschen, Vervielfältigungen von Archivgut vor Ablauf der Schutzfristen übermitteln, wenn ein besonderes öffentliches Interesse an der Übermittlung besteht. [2]Die Übermittlung ist nur zulässig, wenn die empfangende Stelle ausreichende Garantien hinsichtlich des Schutzes des Persönlichkeitsrechts und der Ausübung der damit verbundenen Rechte bietet und sich in einer schriftlichen Vereinbarung mit dem Sächsischen Staatsarchiv verpflichtet, die §§ 6 und 10 entsprechend anzuwenden.

(2) Die Übermittlung bedarf der Zustimmung des Sächsischen Staatsministeriums des Innern.

Dritter Abschnitt Archive sonstiger öffentlicher Stellen

§ 12 Archiv des Landtages

(1) [1]Der Sächsische Landtag unterhält ein eigenes Archiv. [2]Er ist für die Archivierung der Unterlagen des Landtages, seiner Ausschüsse und sonstigen Gremien sowie seiner Verwaltung zuständig. [3]§ 3 Abs. 2 gilt nicht. [4]Für die Unterlagen des Sächsischen Datenschutzbeauftragten gelten § 4 Abs. 2 und § 5 Abs. 1.

(2) [1]Für das Archiv des Sächsischen Landtages gelten § 5 Abs. 2 und 10, §§ 6, 8 bis 10 und § 11 Abs. 1 und 2 Satz 2 sinngemäß. [2]Die Einzelheiten der Archivierung und Benutzung regelt der Sächsische Landtag in eigener Zuständigkeit.

(3) Der Sächsische Landtag kann Archivgut und bei ihm entstandene Unterlagen, die er zur Erfüllung seiner Aufgaben nicht mehr benötigt, dem Sächsischen Staatsarchiv zur Übernahme anbieten.

§ 13 Kommunale Archive

(1) [1]Die kommunalen Träger der Selbstverwaltung, deren Verbände sowie kommunale Stiftungen archivieren ihr Archivgut im Sinne von § 2 einschließlich des von ihnen übernommenen Archivgutes nach § 4 Abs. 2 zur allgemeinen Nutzung in eigener Zuständigkeit. [2]Die Archive der Landkreise und Gemeinden sind auch zuständig für die Archivierung der vom 8. Mai 1945 bis zum 2. Oktober 1990 entstandenen Unterlagen der staatlichen oder wirtschaftsleitenden Organe, Kombinate, Betriebe, Genossenschaften und Einrichtungen der Kreise, Städte und Gemeinden.

(2) [1]Die kommunalen Träger der Selbstverwaltung, deren Verbände sowie kommunale Stiftungen unterhalten zu diesem Zweck eigene oder gemeinsame Archive in öffentlich-rechtlicher Form, die den archivfachlichen Anforderungen hinsichtlich Personal, Räumen und Ausstattung entsprechen müssen. [2]Die Archive sind durch Bedienstete mit einer archivfachlichen Ausbildung zu führen.

(3) [1]Unterhalten kreisangehörige kommunale Körperschaften keine eigenen oder gemeinsamen Archive, übernimmt das zuständige Archiv des Landkreises archivwürdige Unterlagen und Archivgut. [2]Die abgebende Körperschaft ist zum Kostenausgleich verpflichtet. [3]Das Eigentum am Archivgut bleibt unberührt.

(4) [1]§ 4 Abs. 4 und 5 Satz 2, § 5 Abs. 1 bis 3 und 5 bis 10 sowie §§ 6 bis 11 gelten entsprechend. [2]Die Rechtsträger der Archive erlassen eine Archivsatzung.

§ 14 Archive von Hochschulen und Akademien

(1) Die staatlichen Hochschulen und die Sächsische Akademie der Wissenschaften zu Leipzig verwahren, erhalten und erschließen ihr Archivgut im Sinne von § 2 zur allgemeinen Nutzung in eigener Zuständigkeit.

(2) § 13 Abs. 2 und 4 gilt entsprechend.

§ 15 Andere öffentliche Archive

(1) [1]Die sonstigen der Aufsicht des Freistaates Sachsen unterstehenden juristischen Personen des öffentlichen Rechts können mit Zustimmung des Staatsministeriums des Innern eigene fachlich geleitete Archive oder zusammen mit anderen juristischen Personen des öffentlichen Rechts oder anderen öffentlichen Archiven gemeinsame Archive unterhalten, die der Fachaufsicht des Sächsischen Staatsarchivs unterstehen. [2]Sofern sie keine eigenen oder gemeinsamen Archive unterhalten, haben sie die zur Erfüllung ihrer Aufgaben nicht mehr benötigten Unterlagen dem

Sächsischen Staatsarchiv nach Maßgabe des § 5 zur Übernahme anzubieten. [3]Das Eigentum am Archivgut bleibt unberührt.

(2) § 13 Abs. 2 und 4 gilt entsprechend

Vierter Abschnitt Schlußbestimmungen

§ 16 Verordnungsermächtigung

Das Staatsministerium des Innern regelt durch Rechtsverordnung

1. die Benutzung des Sächsischen Staatsarchivs einschließlich der dafür zu erhebenden Gebühren und Auslagen sowie
2. die Anbietung und Übernahme elektronischer Unterlagen sowie
3. eine Ablieferungspflicht von Belegexemplaren von im Freistaat Sachsen hergestellten oder herausgegebenen Medaillen an das Münzkabinett der staatlichen Kunstsammlungen in Dresden. Dabei ist vorzusehen, daß das Münzkabinett dem Ablieferungspflichtigen auf Antrag bis zur Hälfte des Ladenpreises oder mangels eines solchen der Herstellungskosten erstattet, wenn für ihn die unentgeltliche Abgabe insbesondere wegen der hohen Herstellungskosten und der geringen Auflage im Einzelfall unzumutbar ist.

§ 17 Besondere Kategorien personenbezogener Daten

Die §§ 5, 6 und 9 bis 11 finden auch Anwendung auf die besonderen Kategorien personenbezogener Daten gemäß Artikel 9 Absatz 1 der Verordnung (EU) 2016/679.

§ 18 Einschränkung eines Grundrechts

Das Recht auf informationelle Selbstbestimmung (Artikel 2 Abs. 1 in Verbindung mit Artikel 1 Abs. 1 des Grundgesetzes, Artikel 33 der Verfassung des Freistaates Sachsen) wird durch dieses Gesetz eingeschränkt.

§ 19 Inkrafttreten

(1) Dieses Gesetz tritt am Tage nach seiner Verkündung in Kraft.

(2) (Aufhebungsvorschrift nicht abgedruckt)

Anlage 7 n
Archivgesetz Sachsen-Anhalt (ArchG LSA)

Vom 28. Juni 1995 (GVBl. LSA S. 190)
(BS LSA 2243.1)
zuletzt geändert durch Art. 11 G zur Anpassung des Datenschutzrechts in LSA an das Recht der EU[1] vom 18. Februar 2020
(GVBl. LSA S. 25)

Abschnitt 1 Allgemeine Bestimmungen

§ 1 Zweck und Geltungsbereich

(1) [1]Dieses Gesetz regelt den Umgang mit öffentlichem Archivgut in Sachsen-Anhalt. [2]Es soll das öffentliche Archivgut vor Vernichtung und Zersplitterung schützen und seine öffentliche Benutzung gewährleisten.

(2) Dieses Gesetz gilt nicht für
1. die öffentlich-rechtlichen Religionsgemeinschaften und deren Vereinigungen,
2. die öffentlich-rechtlichen Rundfunkanstalten,
3. die öffentlich-rechtlichen Unternehmen mit eigener Rechtspersönlichkeit, die am wirtschaftlichen Wettbewerb teilnehmen, und deren Zusammenschlüsse,
4. solche Zweckverbände, deren Zweck der Betrieb eines öffentlich-rechtlichen Unternehmens mit eigener Rechtspersönlichkeit ist, das am wirtschaftlichen Wettbewerb teilnimmt.

§ 2 Begriffsbestimmungen

(1) [1]Öffentliches Archivgut sind alle archivwürdigen Unterlagen, die bei
1. den Verfassungsorganen, Behörden, Gerichten und sonstigen öffentlichen Stellen des Landes Sachsen-Anhalt,
2. den Gemeinden, Verbandsgemeinden und Landkreisen sowie bei sonstigen kommunalen Zusammenschlüssen oder
3. den sonstigen der Aufsicht des Landes unterstehenden juristischen Personen des öffentlichen Rechts und deren Zusammenschlüssen

sowie bei deren Rechts- und Funktionsvorgängern entstanden sind und zur dauernden Aufbewahrung von einem öffentlichen Archiv übernommen werden. [2]Den in Satz 1 genannten Stellen stehen die von ihnen errichteten juristischen Personen des Privatrechtes, die öffentliche Aufgaben erfüllen und nicht am Wettbewerb teilnehmen, gleich.

(2) Als öffentliches Archivgut gelten auch Unterlagen oder dokumentarische Materialien, die von öffentlichen Archiven zur Ergänzung ihres Archivgutes angelegt, erworben oder diesen zur dauernden Verwahrung und Nutzung überlassen worden sind.

(3) [1]Unterlagen im Sinne dieses Gesetzes sind unabhängig von ihrer Speicherungsform alle Aufzeichnungen und sonstigen Informationsobjekte. [2]Hierzu zählen ins-

---

1 **Amtl. Anm.:** Die Artikel 1, 5 Nr. 3 und Artikel 7 dieses Gesetzes dienen der Umsetzung der Artikel 32 bis 34, 41 bis 49 und 53 der Richtlinie (EU) 2016/680 des Europäischen Parlaments und des Rates vom 27. April 2016 zum Schutz natürlicher Personen bei der Verarbeitung personenbezogener Daten durch die zuständigen Behörden zum Zwecke der Verhütung, Ermittlung, Aufdeckung oder Verfolgung von Straftaten oder der Stafvollstreckung sowie zum freien Datenverkehr und zur Aufhebung des Rahmenbeschlusses 2008/977/JI des Rates (ABl. L 119 vom 4.5.2016, S. 89; L 127 vom 23.5.2018, S. 9).

besondere Akten, Dateien, Urkunden, Amtsbücher, Einzelschriftstücke, Druckschriften, Karten, Pläne, Zeichnungen, Risse, Plakate, Siegel, Stempel, Bild-, Film- und Tonaufzeichnungen sowie verfügbare Hilfsmittel und Programme, die zur Nutzung und dauerhaften Erhaltung der Unterlagen erforderlich sind.

(4) Archivwürdig sind Unterlagen, denen für die Gesetzgebung, Rechtsprechung, Regierung und Verwaltung, für die Wissenschaft und Forschung, für das Verständnis von Geschichte und Gegenwart, zur Rechtswahrung oder zur Sicherung berechtigter privater Interessen bleibender Wert zukommt.

(5) Archivieren ist das Ermitteln, Bewerten, Übernehmen, Verwahren auf Dauer, Sichern, Erhalten, Instandsetzen, Erschließen sowie Nutzbarmachen und Auswerten von Archivgut.

(6) Öffentliche Archive sind das Landesarchiv Sachsen-Anhalt, die Archive, die vom Landtag oder von Hochschulen errichtet sind, sowie die Kommunalarchive und die Archive von Stellen im Sinne des Absatzes 1 Satz 1 Nr. 3.

§ 3 Landesarchivgut

(1) [1]Öffentliches Archivgut ist Landesarchivgut, wenn es bei einer der in § 2 Abs. 1 Satz 1 Nr. 1 genannten Stellen entstanden ist, oder wenn es sich um archivwürdige Unterlagen handelt, die in deren Eigentum übergegangen oder diesen zur Nutzung überlassen worden sind. [2]Landesarchivgut ist auch sonstiges Archivgut, das in die Zuständigkeit des früheren Staatsarchivs Magdeburg fiel. [3]Landesarchivgut sind ferner archivwürdige Unterlagen, die das Landesarchiv Sachsen-Anhalt von anderen als den in Satz 1 genannten öffentlichen Stellen oder von natürlichen Personen oder von juristischen Personen des privaten Rechts übernommen oder erworben haben, sofern es sich nicht um Depositalgut handelt.

(2) [1]Die in Wahrnehmung staatlicher Aufgaben entstandenen archivwürdigen Unterlagen der SED, der übrigen Parteien und Massenorganisationen der Deutschen Demokratischen Republik sowie der mit diesen verbundenen Organisationen und juristischen Personen werden wie Landesarchivgut behandelt, soweit sie bei einem Organisationsteil anfielen oder archiviert wurden, der über die Orts- und Kreisebene, grundsätzlich aber nicht über die Ebene des heutigen Landes hinausging. [2]Satz 1 gilt, sobald die dort genannten Unterlagen im Landesarchiv Sachsen-Anhalt archiviert sind.

§ 4 Kommunales und sonstiges öffentliches Archivgut

(1) [1]Öffentliches Archivgut ist kommunales Archivgut, wenn es bei einer der in § 2 Abs. 1 Satz 1 Nr. 2 genannten Stellen entstanden ist. [2]Kommunales Archivgut ist auch Archivgut, das in die Zuständigkeit der früheren Kreis- und Stadtarchive fiel.

(2) Öffentliches Archivgut ist sonstiges öffentliches Archivgut, wenn es bei einer der in § 2 Abs. 1 Satz 1 Nr. 3 genannten Stelle entstanden ist.

§ 5 Depositalgut

(1) [1]Natürliche Personen sowie juristische Personen des öffentlichen oder privaten Rechts können ihr Archivgut einem öffentlichen Archiv als Depositum unter Wahrung des Eigentums anbieten. [2]Zwischen Eigentümern des Archivgutes und dem jeweiligen öffentlichen Archiv ist ein Depositalvertrag abzuschließen.

(2) Deposita unterliegen den gleichen Bestimmungen wie öffentliches Archivgut, sofern nicht durch den jeweiligen Depositalvertrag etwas anderes bestimmt wird.

§ 6 Rechtsansprüche betroffener Personen

(1) [1]Rechtsansprüche betroffener Personen gemäß Artikel 15 der Verordnung (EU) 2016/679 des Europäischen Parlaments und des Rates vom 27. April 2016 zum Schutz natürlicher Personen bei der Verarbeitung personenbezogener Daten, zum freien Datenverkehr und zur Aufhebung der Richtlinie 95/46/EG (Datenschutz-Grundverordnung) (ABl. L 119 vom 4.5.2016, S. 1; L 314 vom 22.11.2016, S. 72; L 127 vom 23.5.2018, S. 2) beschränken sich auf Auskunft über die im erschlossenen Archivgut enthaltenen, sie betreffenden personenbezogenen Daten. [2]Die Auskunft ist auf Antrag zu erteilen, soweit

1. das Archivgut personenbezogen erschlossen ist oder die betroffenen Personen Angaben machen, die das Auffinden der Daten ermöglichen, und
2. der für die Erteilung der Auskunft erforderliche Aufwand nicht außer Verhältnis zu dem geltend gemachten Informationsinteresse steht.

[3]Das öffentliche Archiv bestimmt das Verfahren, insbesondere die Form der Auskunftserteilung nach pflichtgemäßem Ermessen. [4]Anstelle der Auskunft kann Einsichtnahme in das Archivgut gewährt werden, wenn der Erhaltungszustand des Archivgutes dies erlaubt. [5]Ist das Archivgut in maschinenlesbaren Dateien gespeichert, so kann nur Einsicht in eine Abbildung gewährt werden.

(2) [1]Die Auskunft wird nicht gewährt, soweit

1. sie die öffentliche Sicherheit gefährden oder sonst dem Wohle der Bundesrepublik Deutschland oder eines ihrer Länder Nachteile bereiten würde oder
2. personenbezogene Daten oder die Tatsache ihrer Speicherung nach einer Rechtsvorschrift oder ihrem Wesen nach, insbesondere wegen der überwiegenden berechtigten Interessen Dritter, sofern diese der Auskunftserteilung nicht zugestimmt haben, geheim gehalten werden müssen.

[2]§ 11 Abs. 3 und 4 des Datenschutz-Grundverordnungs-Ausfüllungsgesetzes Sachsen-Anhalt findet entsprechende Anwendung.

(3) Weitergehende Rechtsansprüche betroffener Personen auf Auskunft gemäß Artikel 15 der Verordnung (EU) 2016/679 bestehen nicht.

(4) [1]Machen betroffene Personen glaubhaft, daß das Archivgut eine falsche Tatsachenbehauptung enthält, die sie nicht nur unerheblich in ihren Rechten beeinträchtigt, so können sie verlangen, daß dem sie betreffenden erschlossenen Archivgut eine von ihnen eingereichte Gegendarstellung beigefügt wird. [2]Ein Gegendarstellungsrecht besteht nicht für amtliche Niederschriften und Berichte über öffentliche Sitzungen rechtsetzender oder beschließender Kollegialorgane. [3]Gegendarstellungen müssen sich auf Tatsachen beschränken und sollen die Beweismittel anführen. [4]Im Übrigen bestehen weitergehende Rechte betroffener Personen auf Berichtigung gemäß Artikel 16 der Verordnung (EU) 2016/679 nicht.

(5) [1]Rechte betroffener Personen auf Löschung gemäß Artikel 17 der Verordnung (EU) 2016/679 oder auf Einschränkung der Verarbeitung gemäß Artikel 18 der Verordnung (EU) 2016/679 bestehen bei archivierten personenbezogenen Daten nicht. [2]Eine Mitteilungspflicht gemäß Artikel 19 der Verordnung (EU) 2016/679 besteht für öffentliche Archive nicht. [3]Das Recht auf Datenübertragbarkeit gemäß Artikel 20 der Verordnung (EU) 2016/679 und ein Widerspruchsrecht betroffener Personen gegen die Archivierung sie betreffender Daten gemäß Artikel 21 Abs. 1 der Verordnung (EU) 2016/679 bestehen nicht.

Abschnitt 2 Landesarchiv Sachsen-Anhalt

§ 7 Landesarchiv Sachsen-Anhalt

(1) [1]Das Landesarchiv Sachsen-Anhalt hat die Aufgabe, das Landesarchivgut zu archivieren. [2]Abweichend von Satz 1 können der Landtag sowie die Hochschulen ihr Archivgut in eigenen Archiven archivieren; diese Archive stehen, soweit keine entgegenstehenden Regelungen getroffen werden, dem Landesarchiv Sachsen-Anhalt gleich.

(2) [1]Das Landesarchiv Sachsen-Anhalt kann Archivgut anderer Herkunft annehmen, sofern das im öffentlichen Interesse liegt. [2]Es sammelt sonstige Unterlagen zur Ergänzung des Archivgutes.

(3) Das Landesarchiv Sachsen-Anhalt ist berechtigt, Veröffentlichungen und wissenschaftliche Auswertungen des Archivgutes selbst vorzunehmen.

(4) Das Landesarchiv Sachsen-Anhalt berät im Rahmen seiner Möglichkeiten Kommunalarchive und Archive sonstiger öffentlicher Stellen auf deren Anforderung.

Abschnitt 3 Archivgut

§ 8 Verwahrung und Sicherung

(1) [1]Das Landesarchiv Sachsen-Anhalt hat das Verfügungsrecht über das Landesarchivgut und ist verpflichtet, dieses nach archivwissenschaftlichen Erkenntnissen zu bearbeiten und der Benutzung zugänglich zu machen. [2]Die Zugänglichmachung kann unter Wahrung schutzwürdiger privater und öffentlicher Belange auch durch die Präsentation von digitalisiertem Archivgut und von Erschließungsdaten im Internet erfolgen.

(2) [1]Archivgut ist Kulturgut und als solches unveräußerlich. [2]Das Landesarchiv Sachsen-Anhalt hat es auf Dauer sicher zu verwahren und vor Schäden, Verlust, Vernichtung oder unbefugter Nutzung zu schützen.

(3) Landesarchivgut kann in Ausnahmefällen auf Grund eines widerruflichen Depositalvertrages in einem anderen öffentlichen Archiv verwahrt werden.

(4) Eine Übereignung von Landesarchivgut an Archive des Bundes und der Länder ist nur zulässig, wenn dieses fachlich geboten und Gegenseitigkeit gewährleistet ist.

§ 9 Grundsätze der Anbietung und Übernahme

(1) [1]Die in § 2 Abs. 1 Satz 1 Nr. 1 genannten Stellen haben alle Unterlagen, sobald sie diese zur Erfüllung ihrer öffentlichen Aufgaben nicht mehr benötigen, unverzüglich, spätestens 30 Jahre nach der letzten inhaltlichen Bearbeitung, dem Landesarchiv Sachsen-Anhalt im Originalzustand zur Übernahme anzubieten und, wenn es sich um archivwürdige Unterlagen handelt, als Archivgut zu übergeben. [2]Dateien sollen in einem Dateiformat übergeben werden, das das für Archivwesen zuständige Ministerium im Einvernehmen mit dem für Informations- und Kommunikationstechnologie zuständigen Ministerium bestimmt. [3]Ist durch Rechtsvorschriften oder durch Verwaltungsvorschriften oberster Landesbehörden eine längere als dreißigjährige oder eine dauernde Aufbewahrung bestimmt, wird der Zeitpunkt des Anbietens und der Übergabe durch Vereinbarung zwischen den in § 2 Abs. 1 Satz 1 Nr. 1 genannten Stellen und dem Landesarchiv Sachsen-Anhalt geregelt.

(2) [1]Anzubieten und zu übergeben sind auch Unterlagen, die
1. a) dem § 30 der Abgabenordnung oder dem § 35 des Ersten Buches Sozialgesetzbuch – Allgemeiner Teil – unterliegen,
   b) anderen als den in Buchstabe a genannten Rechtsvorschriften des Bundes oder des Landes über Geheimhaltung unterliegen oder gelöscht, vernichtet oder in der Verarbeitung eingeschränkt werden müssten oder könnten oder in der Verarbeitung eingeschränkt worden sind oder
   c) besondere Kategorien personenbezogener Daten im Sinne des Artikels 9 Abs. 1 der Verordnung (EU) 2016/679 enthalten;
2. personenbezogene Daten aus Einrichtungen der Deutschen Demokratischen Republik enthalten, deren Verarbeitung nicht zulässig ist und die bis zur Entscheidung über die Übernahme durch das Landesarchiv Sachsen-Anhalt von den anbietungspflichtigen Stellen weiterhin in der Verarbeitung einzuschränken sind.

[2]Das Landesarchiv Sachsen-Anhalt hat von der Übernahme an ebenso wie die abgebende Stelle die schutzwürdigen Belange betroffener Personen zu berücksichtigen.

§ 9 a Ausnahmen, Verfahren, Auskunft

(1) Von der Anbietungspflicht sind Unterlagen ausgenommen,
1. deren Speicherung, unzulässig gewesen ist,
2. deren Offenbarung gegen das Brief-, Post- oder Fernmeldegeheimnis verstoßen würde, es sei denn, es liegt ein Fall des § 9 Abs. 2 Satz 1 Nr. 2 vor,
3. die gelöscht oder vernichtet werden müssten und die
   a) ausschließlich zum Zwecke der Datenschutzkontrolle, der Datensicherung oder zur Sicherstellung des ordnungsgemäßen Betriebes einer Datenverarbeitungsanlage gespeichert wurden,
   b) im Rahmen optisch-elektronischer Beobachtung nur vorübergehend gespeichert wurden,
   c) den Kernbereich privater Lebensgestaltung betreffen oder
   d) in Ausübung von Befugnissen zur heimlichen Informationsbeschaffung entstanden sind und
      aa) bei denen sich nachträglich herausstellt, dass die Voraussetzungen für die Ausübung dieser Befugnisse nicht vorgelegen haben,
      bb) die für den damit verfolgten Zweck nicht mehr benötigt werden, sofern es sich um Bildaufzeichnungen oder Aufzeichnungen des nicht öffentlich gesprochenen Wortes handelt, oder
      cc) die im Rahmen von Maßnahmen nach den §§ 98 a, 99, 100 a, 100 c bis 100 i, 110 a sowie 163 d bis 163 f der Strafprozessordnung erhoben worden sind,
4. die dem Wahlgeheimnis unterliegen,
5. die nach statistikrechtlichen Vorschriften zu anonymisieren sind oder
6. für deren Archivierung besondere Rechtsvorschriften des Bundes oder des Landes etwas anderes bestimmen.

(2) [1]Sofern andere Rechtsvorschriften die Löschung personenbezogener Daten oder die Vernichtung von solchen Unterlagen vorsehen, die personenbezogene Daten enthalten, ist diese bei den anbietungspflichtigen Stellen auszusetzen, solange eine fristgerechte Entscheidung gemäß Absatz 4 über die Archivwürdigkeit aussteht. [2]In den Fällen des Satzes 1 dürfen personenbezogene Daten von den anbietungspflichtigen Stellen ohne Einwilligung der betroffenen Personen nur zu Zwecken der Anbietung oder Übergabe an das Landesarchiv Sachsen-Anhalt verarbeitet oder genutzt werden.

(3) [1]Das Landesarchiv Sachsen-Anhalt entscheidet im Benehmen mit der anbietenden Stelle, ob die angebotenen Unterlagen archivwürdig sind. [2]Wird die Archivwürdigkeit bejaht, so müssen die Unterlagen vom Archiv übernommen werden.

(4) Wird die Archivwürdigkeit verneint oder wird innerhalb von zwölf Monaten eine Entscheidung nicht getroffen, so kann die anbietende Stelle die Unterlagen nach Ablauf der Aufbewahrungsfristen vernichten.

(5) [1]Schon vor dem Zeitpunkt des Anbietens der Unterlagen ist Beschäftigten des Landesarchivs Sachsen-Anhalt zur Erfassung und Sicherung archivwürdiger Unterlagen Auskunft und Einsicht in alle Unterlagen und Hilfsmittel der Registraturen der in § 2 Abs. 1 Satz 1 Nr. 1 genannten Stellen zu gewähren, sofern nicht Belange des Geheim- oder Persönlichkeitsschutzes entgegenstehen. [2]Geheimhaltungsvorschriften des Landes stehen der Einsichtnahme insoweit nicht entgegen. [3]Das Landesarchiv Sachsen-Anhalt hat durch geeignete sachliche und personelle Maßnahmen sicherzustellen, dass Belange des Geheim- und Persönlichkeitsschutzes nicht beeinträchtigt werden.

§ 9 b Laufend aktualisierte Datenbestände in automatisierten Verfahren ohne Historisierungsfunktion

(1) An die Stelle der Anbietung und der Übergabe nach § 9 tritt bei Aufzeichnungen in solchen automatisierten Verfahren, die einer laufenden Aktualisierung unterliegen, die Pflicht, regelmäßig, jedoch höchstens jährlich einen aktuellen Datenbestand anzubieten und nach Feststellung der Archivwürdigkeit eine Kopie dieses Datenbestandes dem Landesarchiv Sachsen-Anhalt zu übergeben.

(2) Absatz 1 gilt nicht für Unterlagen

1. im Sinne des § 9 a Abs. 1 Nrn. 2 bis 6,
2. die anstelle von Akten geführt werden und eine vollständige Historisierung aufweisen, indem sie
   a) im Datenbestand selbst alle Änderungen nachweisen oder
   b) einen vollständigen Änderungsnachweis bis zu einer Übernahme durch das Landesarchiv Sachsen-Anhalt außerhalb des Datenbestandes führen,
3. die ausschließlich der Unterstützung der allgemeinen Bürotätigkeit, insbesondere der Textverarbeitung, Vorgangsverwaltung, Terminüberwachung und der Führung von Adress-, Telefon- oder vergleichbaren Verzeichnissen dienen, nur vorübergehend vorgehalten werden und bei denen offensichtlich ist, dass die verarbeiteten Daten nicht archivwürdig sind, oder
4. bei denen das Landesarchiv Sachsen-Anhalt allgemein oder im Einzelfall im Benehmen mit den in § 2 Abs. 1 Satz 1 Nr. 1 genannten Stellen von der Übergabe eines kopierten aktuellen Datenbestandes abgesehen hat.

(3) Ob und in welchen zeitlichen Abständen, zu welchem Zeitpunkt und in welcher Form kopierte aktuelle Datenbestände oder Änderungsnachweise übergeben werden, legt das Landesarchiv Sachsen-Anhalt im Benehmen mit den in § 2 Abs, 1 Satz 1 Nr. 1 genannten Stellen fest.

(4) Stellt sich erst nach Übergabe eines kopierten aktuellen Datenbestandes oder eines Änderungsnachweises an das Landesarchiv Sachsen-Anhalt heraus, dass personenbezogene Daten betroffener Personen unzulässig gespeichert wurden oder die Voraussetzungen für die Erhebung in Ausübung von Befugnissen zur heimlichen Informationsbeschaffung nicht vorlagen, müssen diese Daten auf Antrag betroffenen Personen oder auf Anzeige der abgebenden Stelle im Archivbestand gelöscht werden.

§ 9 c Evaluierung

(1) Die Auswirkungen des § 9 b für die Gemeinden, Verbandsgemeinden und Landkreise werden nach einem Erfahrungszeitraum von drei Jahren nach Inkrafttreten des § 9 b durch die Landesregierung unter Mitwirkung der Kommunalen Spitzenverbände auf ihre Kostenneutralität hin überprüft.

(2) Die Landesregierung unterrichtet den Landtag schriftlich über das Ergebnis der Überprüfung.

§ 10 Benutzung

(1) [1]Das Recht, öffentliches Archivgut nach Maßgabe dieses Gesetzes zu nutzen, steht jeder Person auf Antrag zu, soweit durch Rechtsvorschrift nichts anderes bestimmt ist. [2]Weitergehende gesetzliche Rechte und besondere Vereinbarungen zugunsten von Eigentümern privaten Archivguts bleiben unberührt. [3]Die Nutzer sind verpflichtet, von Werken, die sie unter wesentlicher Verwendung von Landesarchivgut verfassen, dem Landesarchiv Sachsen-Anhalt ein Exemplar kostenfrei abzuliefern; § 11 Abs. 3 bis 5 des Landespressegesetzes gilt entsprechend.

(2) Die Nutzung ist nicht zulässig, soweit

1. Grund zu der Annahme besteht, daß das Wohl der Bundesrepublik Deutschland oder eines ihrer Länder gefährdet würde, oder
2. Grund zu der Annahme besteht, daß schutzwürdige Belange betroffener Personen oder Dritter entgegenstehen, oder
3. der Erhaltungszustand des Archivgutes gefährdet würde oder
4. ein nicht vertretbarer Verwaltungsaufwand entstehen würde.

(3) [1]Öffentliches Archivgut darf durch Dritte regelmäßig erst nach Ablauf von 30 Jahren nach der letzten inhaltlichen Bearbeitung der Unterlagen genutzt werden. [2]Öffentliches Archivgut, das sich nach seiner Zweckbestimmung oder seinem wesentlichen Inhalt auf natürliche Personen bezieht, darf erst 30 Jahre nach dem Tode der betroffenen Personen durch Dritte genutzt werden; ist das Todesjahr nicht oder nur mit unvertretbarem Aufwand festzustellen, endet die Schutzfrist 110 Jahre nach der Geburt der betroffenen Personen. [3]Kann auch das Geburtsjahr nicht oder nur mit unvertretbarem Aufwand festgestellt werden, endet die Schutzfrist 60 Jahre nach der Entstehung der Unterlagen. [4]Archivgut nach § 9 Abs. 2 Satz 1 Nr. 1 darf erst 60 Jahre nach Entstehen genutzt werden. [5]Die Schutzfristen der Sätze 1 bis 4 entfallen für solche Unterlagen, die bereits bei ihrer Entstehung zur Veröffentlichung bestimmt waren. [6]Die Schutzfrist des Satzes 1 gilt nicht für die Unterlagen, die vor dem 3. Oktober 1990 entstanden sind.

(4) [1]Die Schutzfrist nach Absatz 3 Satz 1 kann verkürzt werden, sofern Absatz 2 dem nicht entgegensteht. [2]Die Schutzfristen nach Absatz 3 Satz 2 und 3 können verkürzt werden,

1. wenn die Einwilligung der betroffenen Personen vorliegt;
2. wenn die Benutzung des Archivgutes
   a) für ein benanntes wissenschaftliches Forschungsvorhaben oder
   b) zur Wahrung berechtigter Interessen, die im überwiegenden Interesse einer anderen Person oder Stelle liegen, unerläßlich ist und die schutzwürdigen Interessen betroffener Personen durch angemessene Maßnahmen hinreichend gewahrt werden;
3. für Archivgut über Personen der Zeitgeschichte und Amtsträger in Ausübung ihres Amtes, wenn die schutzwürdigen Interessen der betroffenen Personen angemessen berücksichtigt werden.

[3]Die Schutzfristen nach Absatz 3 Satz 1 und 4 können um höchstens 30 Jahre verlängert werden, soweit dies im öffentlichen Interesse liegt.

(4 a) [1]Schon vor Ablauf der Schutzfristen nach Absatz 3 Satz 1 bis 4 sind Unterlagen, die vor ihrer Übergabe an das Landesarchiv Sachsen-Anhalt bereits einem gesetzlichen Informationszugang offen gestanden haben, der Nutzung zugänglich zu machen, soweit dem besondere Verfahrensvorschriften nicht entgegenstehen. [2]Die Entscheidung über den Informationszugang nach Satz 1 trifft das Landesarchiv Sachsen-Anhalt im Benehmen mit der abgebenden Stelle.

(5) Die Verknüpfung personenbezogener Daten während der Schutzfristen nach Absatz 3 ist nur zulässig, wenn schutzwürdige Belange betroffener Personen angemessen berücksichtigt werden.

(6) [1]Die Nutzung von Archivgut durch die Stellen, von denen es übernommen worden ist, unterliegt keinen Einschränkungen nach diesem Gesetz. [2]Satz 1 gilt nicht für solche Unterlagen, die bei den abgabepflichtigen Stellen auf Grund gesetzlicher Vorschriften zu löschen oder zu vernichten waren. [3]Weitergehende gesetzliche Rechte auf Nutzung bleiben unberührt.

(7) [1]Das Landesarchiv Sachsen-Anhalt kann in begründeten Fällen auf Antrag vor Ablauf der Schutzfristen gemäß Absatz 3 an Archive, Bibliotheken und Museen sowie Forschungs- und Dokumentationsstellen Vervielfältigungen von Archivgut überlassen, wenn diese einen gesetzlichen Auftrag zur Dokumentation, wissenschaftlichen Erforschung und Darstellung des Schicksals einer Gruppe natürlicher Personen unter nationalsozialistischer Herrschaft wahrnehmen. [2]Bei der zweckgebundenen Nutzung der überlassenen Vervielfältigungen ist die Wahrung schutzwürdiger Belange betroffener Personen oder Dritter gemäß den Absätzen 2 bis 4 von der aufnehmenden Einrichtung oder Stelle zu gewährleisten.

Abschnitt 4 Kommunalarchive und Archive sonstiger öffentlicher Stellen

§ 11 Kommunale Archive

(1) [1]Die in § 2 Abs. 1 Satz 1 Nr. 2 genannten Stellen archivieren ihr Archivgut in eigener Verantwortung und Zuständigkeit. [2]Hierbei handelt es sich um eine Aufgabe des eigenen Wirkungskreises. [3]Sofern die in Satz 1 genannten Stellen kein eigenes Archiv unterhalten, bieten sie ihre Unterlagen gemeinsamen Archiven oder als Depositum anderen kommunalen Archiven oder dem Landesarchiv Sachsen-Anhalt zur Archivierung an.

(2) [1]Die in § 2 Abs. 1 Satz 1 Nr. 2 genannten Stellen regeln das Verfahren der Anbietung und Übernahme des kommunalen Archivgutes in eigener Zuständigkeit. [2]§ 8 Abs. 2, § 9 Abs. 2 sowie §§ 9 a und 9 b gelten entsprechend. [3]Für die Nutzung des kommunalen Archivgutes gilt § 10 entsprechend.

(3) Kommunale Archive können ihren Archivbestand durch notwendige Kopien aus dem Landesarchivgut (§ 3 Abs. 2) erweitern.

§ 12 Sonstige öffentliche Archive

(1) [1]Sonstiges öffentliches Archivgut kann von den in § 2 Abs. 1 Satz 1 Nr. 3 genannten Stellen in eigenen Archiven archiviert werden. [2]Sofern die in Satz 1 genannten Stellen kein eigenes Archiv unterhalten, bieten sie ihre Unterlagen gemeinsamen Archiven oder dem Landesarchiv Sachsen-Anhalt zur Archivierung an.

(2) § 11 Abs. 1 Satz 2 und Abs. 2 gelten entsprechend.

§ 13 Herausgabeverpflichtung

Befindet sich Archivgut in einem nicht zuständigen Archiv eines anderen Rechtsträgers, ist es an das zuständige Archiv auf Verlangen herauszugeben.

Abschnitt 5 Schlußvorschriften

§ 14 Einschränkung von Grundrechten

Durch dieses Gesetz wird das Recht auf Schutz personenbezogener Daten im Sinne des Artikels 6 Abs. 1 der Verfassung des Landes Sachsen-Anhalt und Artikel 2 Abs. 1 des Grundgesetzes und das Grundrecht des Brief-, Post- und Fernmeldegeheimnisses (Artikel 10 des Grundgesetzes) eingeschränkt.

§§ 15–16 *[aufgehoben]*

§ 17 Inkrafttreten

Dieses Gesetz tritt am Tage nach seiner Verkündung[1] in Kraft.

1 Verkündet am 4.7.1995.

Anlage 7 o
Gesetz über die Sicherung und Nutzung öffentlichen Archivgutes in Schleswig-Holstein
(Landesarchivgesetz – LArchG)

Vom 11. August 1992 GVOBl. Schl.-H. S. 444, ber. S. 498
(GS Schl.-H. II, Gl. Nr. 224-5)

zuletzt geändert durch Art. 8 G zur Anpassung des Datenschutzrechts an die VO (EU) 2016/679 und zur Umsetzung der RL (EU) 2016/680 vom 2. Mai 2018 (GVOBl. Schl.-H. S. 162)

Der Landtag hat das folgende Gesetz beschlossen:

Erster Teil
Allgemeine Bestimmungen

§ 1 Grundsatz

[1]Öffentliche Archive dienen der Forschung und Bildung, der Verwaltung und Rechtssicherung und ermöglichen die Auseinandersetzung mit Geschichte, Kultur und Politik. [2]Sie schützen das öffentliche Archivgut gegen Vernichtung und Zersplitterung und sind der Öffentlichkeit für die Nutzung zugänglich. [3]Sie bilden das öffentliche Gedächtnis eines Landes.

§ 2 Geltungsbereich

(1) [1]Die Archivierung ist Aufgabe
1. des Landes,
2. der Kreise,
3. der Gemeinden,
4. der Ämter,
5. der Zweckverbände mit Ausnahme der in Absatz 2 Nr. 3 genannten Zweckverbände sowie
6. aller sonstigen der Aufsicht des Landes unterstehenden Träger der öffentlichen Verwaltung.

[2]Die Kreise, Gemeinden, Ämter, Zweckverbände und die sonstigen der Aufsicht des Landes unterstehenden Träger der öffentlichen Verwaltung nehmen diese Aufgabe eigenverantwortlich wahr.

(2) Dieses Gesetz gilt nicht für
1. die öffentlich-rechtlichen Religions- und Weltanschauungsgemeinschaften und ihre Dienste, Werke und Einrichtungen,
2. die öffentlich-rechtlichen Rundfunkanstalten und die Unabhängige Landesanstalt für das Rundfunkwesen sowie
3. öffentlich-rechtliche Unternehmen mit eigener Rechtspersönlichkeit, die am Wettbewerb teilnehmen, und deren Zusammenschlüsse sowie Zweckverbände nach § 15 Abs. 3 des Gesetzes über kommunale Zusammenarbeit und nach dem Sparkassengesetz.

§ 3 Begriffsbestimmungen

(1) Archivgut sind alle archivwürdigen Unterlagen, die in ein Archiv übernommen sind, und sonstiges Dokumentationsmaterial, das von einem Archiv als Ergänzung seines Archivgutes gesammelt wird.

(2) Unterlagen im Sinne dieses Gesetzes sind insbesondere Akten, Urkunden, Schriftstücke, Karten, Pläne, Karteien, Bild-, Film- und Tonmaterial und sonstige Informationsträger einschließlich der darauf befindlichen Informationen und der zu ihrer Ordnung, Nutzung und Auswertung erforderlichen Hilfsmittel.

(3) [1]Archivwürdig sind Unterlagen, die nach Feststellung der zuständigen Archivbehörde für

1. Wissenschaft oder Forschung,
2. das Verständnis der Gegenwart und der Geschichte,
3. Zwecke der Gesetzgebung, Verwaltung oder Rechtsprechung oder
4. die Sicherung berechtigter Belange betroffener Personen oder Dritter

von bleibendem Wert sind. [2]Archivwürdig sind auch Unterlagen, die aufgrund von anderen Rechtsvorschriften oder zur Rechtswahrung dauernd aufbewahrt werden müssen.

(4) Archivierung umfaßt die Aufgabe, archivwürdige Unterlagen nach fachlichen Gesichtspunkten zu erfassen, zu übernehmen, als Archivgut dauernd zu verwahren, zu sichern, zu erschließen, aufzubereiten und für die Benutzung bereitzustellen.

(5) Entstehung im Sinne dieses Gesetzes bezeichnet den Zeitpunkt der Vervollständigung einer Unterlage oder des letzten organischen Zuwachses von Unterlagen.

Zweiter Teil
Landesarchiv

§ 4 Organisation und Aufgaben des Landesarchivs

(1) [1]Das bestehende Landesarchiv Schleswig-Holstein wird als Landesoberbehörde mit Sitz in Schleswig im Geschäftsbereich des für Kultur zuständigen Ministeriums des Landes Schleswig-Holstein errichtet. [2]Es führt die bisherige Bezeichnung „Landesarchiv Schleswig-Holstein“ (Landesarchiv). [3]Seine Zuständigkeit erstreckt sich auf das ganze Land.

(2) Das Landesarchiv hat die Aufgabe, die archivwürdigen Unterlagen der Behörden und Gerichte des Landes, ihrer besonderen Organisationseinheiten sowie ihrer Funktionsvorgänger und der Rechtsvorgänger des Landes zu archivieren.

(3) [1]Das Landesarchiv kann auch archivwürdige Unterlagen anderer Verfügungsberechtigter, insbesondere privater Personen, archivieren. [2]Die Beteiligten können durch Vertrag regeln, ob die Vorschriften dieses Gesetzes angewandt werden sollen oder ob andere Pflichten und Rechte für die Vertragsparteien gelten. [3]Schutzwürdige Belange betroffener Person[1] dürfen nicht beeinträchtigt werden.

(4) Soweit daran ein öffentliches Interesse besteht, ergänzt das Landesarchiv seine Bestände durch sonstiges Dokumentationsmaterial.

(5) [1]Das Landesarchiv erbringt aus seinen Quellenbeständen als Informationszentrum Dienstleistungen für Forschung und Bildung. [2]Es erteilt Auskünfte, berät und unterstützt Benutzerinnen und Benutzer.

(6) [1]Das Landesarchiv soll durch eigene Maßnahmen die Auseinandersetzung mit der Geschichte des Landes Schleswig-Holstein fördern. [2]Es kann zu diesem Zweck auch eigene Forschungsvorhaben durchführen oder sich an anderen Forschungsvorhaben beteiligen.

1 Wortlaut amtlich.

(7) Das Landesarchiv trägt zur Qualifizierung ehren-, neben- und hauptamtlicher Mitarbeiterinnen und Mitarbeiter von Archiven bei.

(8) Es erfüllt weitere Aufgaben, die in sachlichem Zusammenhang mit dem Archivwesen des Landes stehen.

§ 5 Beratung und Einsicht in Registraturen

(1) [1]Das Landesarchiv hat die in § 4 Abs. 2 genannten Stellen bei der Verwaltung und Sicherung ihrer Unterlagen im Hinblick auf die spätere Archivierung zu beraten. [2]Es kann den Landtag, die in § 2 Abs. 1 Nr. 2 bis 6 genannten Träger der öffentlichen Verwaltung und die in § 4 Abs. 3 genannten anderen Verfügungsberechtigten bei der Verwaltung und Sicherung ihrer Unterlagen im Hinblick auf die spätere Archivierung beraten.

(2) [1]Schon vor dem Zeitpunkt des Anbietens der Unterlagen nach § 6 Abs. 1 ist den Vertreterinnen und Vertretern des Landesarchivs zur Erfassung und Sicherung archivwürdiger Unterlagen Einsicht in alle Unterlagen und Hilfsmittel der Registraturen der in § 4 Abs. 2 genannten Stellen zu gewähren. [2]Geheimhaltungsvorschriften des Landes stehen der Einsichtnahme nicht entgegen. [3]Bei Unterlagen, die sich auf eine natürliche Person beziehen, besteht das Recht auf Einsicht nicht, soweit schutzwürdige Interessen einzelner entgegenstehen. [4]Die erforderlichen Auskünfte sind zu erteilen. [5]Das Landesarchiv hat durch geeignete sachliche und personelle Maßnahmen sicherzustellen, daß Gesichtspunkte des Geheimschutzes nicht beeinträchtigt werden.

§ 6 Anbietung

(1) [1]Die Behörden und Gerichte des Landes Schleswig-Holstein und ihre besonderen Organisationseinheiten haben dem Landesarchiv alle Unterlagen, die sie zur Erfüllung ihrer Aufgaben nicht mehr benötigen, unverzüglich zur Übernahme anzubieten. [2]Unterlagen sind spätestens 30 Jahre nach ihrer Entstehung anzubieten, soweit nicht Rechtsvorschriften andere Fristen bestimmen.

(2) [1]Anzubieten sind auch Unterlagen, die personenbezogene Daten, deren Verarbeitung eingeschränkt ist oder nach einer Rechtsvorschrift gelöscht werden müßten oder könnten, enthalten oder besonderen Geheimhaltungsvorschriften unterliegen sowie Schriftgut, das besondere Kategorien personenbezogener Daten im Sinne von Artikel 9 Absatz 1 der Verordnung (EU) 2016/679[1] enthält, soweit dies zur Erfüllung von Aufgaben nach diesem Gesetz erforderlich ist. [2]§ 12 des Landesdatenschutzgesetzes gilt entsprechend. [3]Ausgenommen sind Unterlagen, deren Offenbarung gegen das Brief-, Post- oder Fernmeldegeheimnis verstoßen würde. [4]Unberührt bleiben die Rechtsvorschriften über die Löschung unzulässig erhobener oder weiterverarbeiteter Daten oder Unterlagen.

(3) [1]Die Anbietungspflicht umfaßt auch die Akten, die die einzelnen Entnazifizierungsverfahren betreffen und nach § 15 Abs. 1 Satz 1 des Gesetzes zur Beendigung der Entnazifizierung vom 17. März 1951 (GVOBl. Schl.-H. S. 85) nach Weisung des Innenministers in Verwahrung zu nehmen waren. [2]§ 3 Abs. 3 des Gesetzes über die Sammlung des Schleswig-Holsteinischen Landesrechts vom 4. April 1961 (GVOBl. Schl.-H. S. 47) ist auf diese Akten nicht anzuwenden.

---

1 **Amtl. Anm.:** Verordnung (EU) 2016/679 des Europäischen Parlaments und des Rates vom 27. April 2016 zum Schutz natürlicher Personen bei der Verarbeitung personenbezogener Daten, zum freien Datenverkehr und zur Aufhebung der Richtlinie 95/46/EG (Datenschutz-Grundverordnung) (ABl. L 119 S. 1, ber. 2016 ABl. L 314 S. 72).

(4) Das Landesarchiv kann im Benehmen mit der anbietenden Stelle
1. die Auswahl und die Form der Übergabe maschinenlesbar gespeicherter Informationen festlegen,
2. den Umfang der anzubietenden gleichförmigen Unterlagen, die in großer Zahl erwachsen, festlegen und
3. auf das Anbieten von Unterlagen von offensichtlich geringer Bedeutung verzichten.

(5) Ausnahmsweise können im Einvernehmen mit dem Landesarchiv Unterlagen nach Maßgabe der Absätze 1, 2 und 4 einem sonstigen öffentlichen Archiv angeboten werden, wenn die Einhaltung der in den §§ 7, 8, 9 und 11 getroffenen Bestimmungen gewährleistet ist.

§ 7 Übernahme

(1) Das Landesarchiv übernimmt die von ihm als archivwürdig festgestellten Unterlagen.

(2) Lehnt das Landesarchiv die Übernahme ab oder übernimmt es angebotene Unterlagen nicht innerhalb eines Jahres, so ist die anbietende Stelle zu deren weiterer Aufbewahrung nicht verpflichtet.

(3) [1]Archivwürdige Unterlagen können bereits vor Ablauf der durch Rechtsvorschriften bestimmten Aufbewahrungsfristen vom Landesarchiv endgültig übernommen werden. [2]Die Aufbewahrungsfristen werden in diesem Fall durch die Aufbewahrung im Landesarchiv gewahrt.

(4) Das Landesarchiv kann im Einvernehmen mit der abgebenden Stelle auch Unterlagen übernehmen, für die noch keine Anbietungspflicht besteht und über deren Archivwürdigkeit noch keine Feststellung getroffen worden ist.

§ 8 Verwaltung des Archivguts

(1) [1]Das Landesarchiv hat die ordnungs- und sachgemäße Aufbewahrung und Benutzbarkeit seines Archivguts sowie dessen Schutz vor unbefugter Nutzung, Beschädigung oder Vernichtung durch geeignete organisatorische und personelle Maßnahmen sicherzustellen. [2]Es hat von der Übernahme an im Rahmen dieses Gesetzes die schutzwürdigen Belange betroffener Personen oder Dritter zu berücksichtigen.

(2) [1]Das Landesarchiv ist verpflichtet, das Archivgut nach archivfachlichen Gesichtspunkten zu ordnen und durch Findmittel zu erschließen. [2]Die Verknüpfung personenbezogener Daten durch das Landesarchiv ist nur zulässig, wenn schutzwürdige Belange betroffener Personen oder Dritter nicht beeinträchtigt werden.

(3) Soweit es unter archivfachlichen Gesichtspunkten vertretbar oder geboten ist, kann das Landesarchiv im Benehmen mit der abgebenden Stelle die im Archivgut enthaltenen Informationen auch in anderer Form archivieren und die Originalunterlagen vernichten.

(4) [1]Unterlagen, bei denen die Voraussetzungen für die Archivwürdigkeit nicht oder nicht mehr vorliegen, sind zu vernichten, soweit nicht die abgebende Stelle erklärt, daß die Voraussetzungen für eine Einschränkung der Verarbeitung an Stelle der Löschung vorliegen. [2]In diesem Falle sind die Unterlagen von der abgebenden Stelle auf ihre Kosten zurückzunehmen.

(5) Soweit Verfahrensakten der Gerichte und Staatsanwaltschaften betroffen sind, ist in den Fällen der Absätze 3 und 4 das Einvernehmen erforderlich.

(6) Das Landesarchiv kann Archivgut mit Ausnahme der Unterlagen nach § 6 Abs. 3 an andere öffentliche Archive abgeben, wenn dies fachlich geboten ist und wenn die Einhaltung der in den §§ 9 und 11 getroffenen Bestimmungen gewährleistet bleibt.

(7) [1]Bei Unterlagen nach § 7 Abs. 4 bleibt das Verfügungsrecht über die Unterlagen bei der abgebenden Stelle, die auch über die Nutzung entscheidet. [2]Die Verantwortung des Landesarchivs beschränkt sich auf die in Absatz 1 bestimmten Maßnahmen.

(8) [1]Die Verarbeitung besonderer Kategorien personenbezogener Daten im Sinne von Artikel 9 Absatz 1 Verordnung (EU) 2016/679 ist zulässig, soweit dies im Einzelfall zur Erfüllung von Aufgaben nach diesem Gesetz erforderlich ist. [2]§ 12 des Landesdatenschutzgesetzes gilt entsprechend.

§ 9 Nutzung des Archivguts

(1) [1]Alle Personen haben das Recht, das Archivgut nach Maßgabe dieses Gesetzes und der auf seiner Grundlage erlassenen Rechtsvorschriften zu nutzen. [2]Weitergehende gesetzliche Rechte bleiben unberührt.

(2) Die Nutzung des Archivgutes ist einzuschränken oder zu versagen, soweit

1. die Geheimhaltungspflicht nach § 203 Abs. 1 bis 3 des Strafgesetzbuches oder andere Rechtsvorschriften verletzt würden,
2. Grund zu der Annahme besteht, daß das Wohl der Bundesrepublik Deutschland oder eines ihrer Länder gefährdet wird,
3. Grund zu der Annahme besteht, daß schutzwürdige Belange betroffener Personen oder Dritter entgegenstehen,
4. dadurch der Erhaltungszustand des Archivguts gefährdet würde,
5. ein nicht vertretbarer Verwaltungsaufwand entstehen würde oder
6. besondere Vereinbarungen mit privaten Eigentümern getroffen werden.

(3) [1]Soweit durch Rechtsvorschriften nichts anderes bestimmt ist, bleibt Archivgut für die Dauer von zehn Jahren seit Entstehung der Unterlagen von der Nutzung ausgeschlossen. [2]Unterliegt das Archivgut einem besonderen Amtsgeheimnis oder besonderen Rechtsvorschriften über Geheimhaltung, darf es erst dreißig Jahre nach Entstehung der Unterlagen genutzt werden. [3]Archivgut, das sich nach seiner Zweckbestimmung oder seinem wesentlichen Inhalt auf eine natürliche Person bezieht (personenbezogenes Archivgut), darf in jedem Falle erst zehn Jahre nach deren Tod oder, wenn das Todesdatum nicht bekannt oder nur mit unvertretbarem Aufwand feststellbar ist, neunzig Jahre nach deren Geburt genutzt werden. [4]Ist weder ein Todes- noch ein Geburtsdatum feststellbar, endet die Schutzfrist für personenbezogenes Archivgut sechzig Jahre nach Entstehung der Unterlagen.

(4) [1]Schutzfristen nach Absatz 3 gelten nicht für

1. Unterlagen, die bei ihrer Entstehung zur Veröffentlichung bestimmt oder der Öffentlichkeit zugänglich waren, sowie
2. die Nutzung des Archivguts durch die Stellen, bei denen die Unterlagen entstanden sind oder die sie abgegeben haben, wenn sie das Archivgut für die Erfüllung ihrer Aufgaben wieder benötigen. Dies gilt nicht für Archivgut, das vor der Ablieferung hätte in der Verarbeitung eingeschränkt, vernichtet oder gelöscht werden müssen,
3. die Nutzung des Archivguts zu wissenschaftlichen Zwecken unter den Voraussetzungen und nach dem Verfahren des § 13 des Landesdatenschutzgesetzes,
4. personenbezogenes Archivgut, das die Tätigkeit von Personen dokumentiert, soweit sie in Ausübung eines öffentlichen Amtes gehandelt haben und ihre

persönlichen Lebensverhältnisse nicht betroffen sind. In diesem Fall endet die Schutzfrist zehn Jahre nach Entstehung der Unterlagen. Hat die Tätigkeit in personen-bezogenem Archivgut ihren Niederschlag gefunden, sind die schutzwürdigen Interessen Dritter angemessen zu berücksichtigen.

(5) Das Landesarchiv kann die Schutzfristen im Einzelfall oder für bestimmte Teile von Archivgut verkürzen, wenn Rechtsvorschriften nicht entgegenstehen.

(6) Bei personenbezogenem Archivgut ist im Einzelfall der Nutzung eine Verkürzung nur zulässig, wenn

1. die betroffenen Personen oder nach deren Tod die überlebende Ehegattin oder der überlebende Ehegatte, die überlebende eingetragene Lebenspartnerin oder der überlebende eingetragene Lebenspartner, nach deren oder dessen Tod die Kinder oder wenn weder eine Ehegattin oder ein Ehegatte, eine eingetragene Lebenspartnerin oder ein eingetragener Lebenspartner noch Kinder vorhanden sind, die Eltern eingewilligt haben oder
2. die Nutzung zu wissenschaftlichen Zwecken oder zur Wahrnehmung von Belangen, die im überwiegenden Interesse betroffener Personen oder Dritter liegen, unerläßlich ist und die Wahrung der schutzwürdigen Belange der betroffenen Personen oder Dritter durch geeignete Maßnahmen sichergestellt ist.

§ 10 Schiedsausschuß

(1) [1]Gegen die Entscheidung des Landesarchivs über die Nutzung von Archivgut kann binnen eines Monats beim Landesarchiv Widerspruch eingelegt werden. [2]Über den Widerspruch entscheidet ein Schiedsausschuß binnen drei Monaten. [3]Das Recht, durch Klage die Verweigerung der Nutzung des Archivguts anzufechten, bleibt unberührt.

(2) [1]Der Schiedsausschuß wird beim Landesarchiv gebildet und besteht aus drei Mitgliedern, die von dem für Kultur zuständige[1] Ministerium des Landes Schleswig-Holstein[2] für drei Jahre berufen werden. [2]Jeweils ein Mitglied soll über besondere Fachkenntnisse auf dem Gebiet des Archivwesens, des Datenschutzes und der wissenschaftlichen Forschung oder der Archivbenutzung zu wissenschaftlichen Zwecken verfügen. [3]Dem Schiedsausschuß gehört mindestens eine Frau an.

(3) Das für Kultur zuständigen[3] Ministerium des Landes Schleswig-Holstein[4] regelt das Nähere über die Zusammensetzung und das Verfahren des Schiedsausschusses durch Verordnung.

§ 11 Schutzrechte

(1) [1]Das Recht der betroffenen Person auf Auskunft gemäß Artikel 15 der Verordnung (EU) 2016/679 über die im Archivgut zu ihrer Person enthaltenen Daten oder auf Einsicht in das Archivgut, das sich auf sie bezieht, besteht nicht, soweit

1. eine Nutzung nach § 9 Absatz 2 Nummer 1, 2 oder 6 einzuschränken oder zu versagen wäre,
2. Grund zu der Annahme besteht, dass schutzwürdige Belange Dritter entgegenstehen,
3. das Archivgut nicht erschlossen ist,

1 Wortlaut amtlich.
2 Richtig wohl: „dem für Kultur zuständigen Ministerium des Landes Schleswig-Holstein".
3 Wortlaut amtlich.
4 Richtig wohl: „Das für Kultur zuständige Ministerium des Landes Schleswig-Holstein".

4. die betroffene Person keine Angaben macht, die das Auffinden der Daten ermöglichen,
5. der für die Erteilung der Information erforderliche Aufwand außer Verhältnis zu dem geltend gemachten Informationsinteresse steht,
6. Grund zu der Annahme besteht, dass die Erteilung der Information die öffentliche Sicherheit oder Ordnung gefährden oder sonst dem Wohl des Bundes oder eine[1] Landes schwere Nachteile bereiten würde und die Interessen des Verantwortlichen an der Nichterteilung der Information die Interessen der betroffenen Person überwiegen, oder
7. die personenbezogenen Daten oder die Tatsache ihrer Verarbeitung nach einer Rechtsvorschrift oder wegen der Rechte und Freiheiten anderer Personen geheim zu halten sind.

[2]Eine Ablehnung nach Satz 1 Nummer 6 oder 7 muss nicht begründet werden, soweit durch die Mitteilung der Gründe der mit der Auskunftsverweigerung verfolgte Zweck gefährdet würde. [3]Soweit die Ablehnung nach Satz 2 nicht begründet wird, sind die Gründe dafür aktenkundig zu machen. [4]Weitergehende Ansprüche nach Artikel 15 der Verordnung (EU) 2016/679 bestehen nicht. [5]Rechte betroffener Personen nach Artikel 16 Satz 1 und den Artikeln 18, 20 und 21 der Verordnung (EU) 2016/679 und die Mitteilungspflicht nach Artikel 19 der Verordnung (EU) 2016/679 bestehen nicht.

(2) [1]Wird festgestellt, daß personenbezogene Angaben unrichtig sind, so ist dies in den Unterlagen zu vermerken oder auf sonstige Weise festzuhalten. [2]Bestreiten betroffene Personen die Richtigkeit personenbezogener Angaben, so ist ihnen die Möglichkeit einer Gegendarstellung einzuräumen. [3]Das Landesarchiv ist verpflichtet, die Gegendarstellung den Unterlagen hinzuzufügen. [4]Nach dem Tode der betroffenen Personen steht dieses Recht dem Personenkreis nach § 9 Abs. 6 Satz 1 Nr. 1 zu.

(3) Rechtsansprüche betroffener Personen auf Löschung unzulässig gespeicherter personenbezogener Daten bleiben unberührt.

§ 12 Unterlagen von Stellen des Bundes, bundesrechtliche Geheimhaltungsvorschriften

(1) Für Unterlagen, die nach § 7 des Bundesarchivgesetzes vom 10. März 2017 (BGBl. I S. 410), geändert durch Artikel 10 Absatz 3 des Gesetzes vom 31. Oktober 2017 (BGBl. I S. 3618) von Stellen des Bundes dem Landesarchiv übergeben werden, gelten § 6 Absatz 3 Satz 1 sowie die §§ 10 bis 14 des Bundesarchivgesetzes entsprechend.

(2) Für Unterlagen, die den Rechtsvorschriften des Bundes über die Geheimhaltung im Sinne des § 6 des Bundesarchivgesetzes unterliegen, und die von anderen als den in öffentlichen Stellen des Bundes nach § 5 Absatz 1 Satz 1 des Bundesarchivgesetzes genannten Stellen dem Landesarchiv übergeben werden, gelten §§ 5 und 10 bis 13 des Bundesarchivgesetzes entsprechend.

§ 13 Rechtsverordnungen

Das für Kultur zuständige Ministerium des Landes Schleswig-Holstein regelt durch Verordnung

1. die Nutzung des Archivguts, insbesondere das Antrags- und Genehmigungsverfahren, die Sorgfaltspflichten bei der Nutzung und die Herstellung von Kopien und Reproduktionen, sowie

1 Wortlaut amtlich.

2. die unentgeltliche Abgabe eines Belegexemplares jeder unter maßgeblicher Benutzung von Archivgut des Landesarchivs hergestellten, vervielfältigten Arbeit. Hierbei sind die Belastung mindernde Ausgleichsleistungen oder Maßnahmen vorzusehen, wenn die unentgeltliche Abgabe für die oder den Verpflichteten nicht zumutbar ist.

Dritter Teil
Sonstige öffentliche Archive

§ 14 Archiv des Schleswig-Holsteinischen Landtags

(1) [1]Der Schleswig-Holsteinische Landtag entscheidet in eigener Zuständigkeit, ob bei ihm entstandene Unterlagen, die zur Erfüllung der Aufgaben nicht mehr benötigt werden, von ihm selbst archiviert oder dem Landesarchiv zur Archivierung angeboten werden. [2]Im Falle der Anbietung ist das Landesarchiv zur Übernahme der archivwürdigen Unterlagen verpflichtet.

(2) [1]Sofern der Schleswig-Holsteinische Landtag ein eigenes Archiv unterhält, gelten die §§ 8, 9 und 11 sinngemäß. [2]Die Präsidentin oder der Präsident des Landtags regelt die Einzelheiten der Benutzung durch Satzung.

§ 15 Kommunale Archive

(1) [1]Die Kreise, Gemeinden, Ämter und Zweckverbände regeln die Archivierung und Nutzbarmachung der bei ihnen entstandenen Unterlagen in eigener Verantwortung, insbesondere Antrags- und Genehmigungsverfahren sowie Zugangsbedingungen. [2]Sie können zu diesem Zweck
1. eigene Archive errichten und unterhalten oder
2. zusammen mit anderen kommunalen Körperschaften Gemeinschaftsarchive schaffen oder sich daran beteiligen oder
3. ihre Unterlagen dem Landesarchiv – sofern dieses zur Übernahme bereit ist – oder einem sonstigen öffentlichen Archiv anbieten und übergeben. Die Kreise mit eigenem Archiv sind zur Übernahme des ihnen von den Gemeinden und Ämtern angebotenen Archivguts verpflichtet. Einzelheiten der Archivierung und Rückgabe, insbesondere die Kostenbeteiligung der abgebenden kommunalen Körperschaft, werden durch öffentlich-rechtlichen Vertrag geregelt.

[3]Die anbietenden Kreise, Gemeinden, Ämter und die Zweckverbände haben an den von dem Landesarchiv übernommenen archivwürdigen Unterlagen einen Anspruch auf Rückgabe für den Fall, daß ein eigenes Archiv oder ein Gemeinschaftsarchiv nach Satz 2 Nr. 1 oder 2 errichtet wird.

(2) [1]Archivwürdige Unterlagen, die zur Aufgabenerfüllung nicht mehr benötigt werden, sind im Falle des Absatzes 1 Satz 2 Nr. 1 oder 2 in das Archiv zu übernehmen oder im Falle des Absatzes 1 Satz 2 Nr. 3 dem Landesarchiv oder dem sonstigen öffentlichen Archiv anzubieten und zu übergeben. [2]§ 6 Abs. 2 und 4 und § 7 Abs. 3 gelten entsprechend.

(3) [1]Für die Verwaltung und Sicherung von Archivgut in einem Archiv nach Absatz 1 Satz 2 Nr. 1 oder 2, die Geltendmachung von Schutzrechten und die Benutzung des Archivguts gelten § 8 Absatz 1, 2, 4, 5, 8 und 9, § 9 sowie die §§ 11 und 12 Abs. 2 entsprechend. [2]Durch Satzung kann eine Verpflichtung zur Ablieferung eines Belegexemplars bestimmt werden. [3]§ 13 Nr. 2 gilt entsprechend.

§ 16 Sonstige öffentliche Archive

(1) [1]Die sonstigen der Aufsicht des Landes unterstehenden Körperschaften ohne Gebietshoheit, Anstalten und Stiftungen des öffentlichen Rechts haben die bei ih-

nen entstandenen Unterlagen nach Maßgabe des § 6 Abs. 1, 2 und 4 dem Landesarchiv anzubieten. [2]Das Landesarchiv ist zur Übernahme der archivwürdigen Unterlagen verpflichtet. [3]Einzelheiten der Archivierung und Rückgabe, insbesondere die Kostenbeteiligung der anbietenden Körperschaft, Anstalt oder Stiftung, werden durch öffentlich-rechtlichen Vertrag geregelt.

(2) [1]Absatz 1 findet keine Anwendung, wenn die betreffenden Körperschaften, Anstalten und Stiftungen

1. eigene Archive errichten und unterhalten oder
2. zusammen mit anderen Körperschaften, Anstalten oder Stiftungen Gemeinschaftsarchive schaffen oder sich daran beteiligen oder
3. zusammen mit Privaten Gemeinschaftsarchive schaffen oder sich daran beteiligen und nach Feststellung des Landesarchivs das jeweilige Archiv archivfachlichen Anforderungen genügt oder
4. ihre Unterlagen einem sonstigen öffentlichen Archiv anbieten und übergeben.

[2]Die nach Absatz 1 anbietenden Stellen haben gegenüber dem Landesarchiv einen Anspruch auf Rückgabe der archivwürdigen Unterlagen für den Fall, daß die Unterlagen einem eigenen Archiv oder einem Gemeinschaftsarchiv nach Satz 1 Nr. 1 oder 2 übergeben werden.

(3) [1]Archivwürdige Unterlagen, die zur Aufgabenerfüllung nicht mehr benötigt werden, sind im Falle des Absatzes 2 Satz 1 Nr. 1 oder 2 in das Archiv zu übernehmen oder im Falle des Absatzes 2 Satz 1 Nr. 3 dem Landesarchiv oder einem sonstigen öffentlichen Archiv anzubieten und zu übergeben. [2]§ 6 Abs. 2 und 4 und § 7 Abs. 3 gelten entsprechend.

(4) [1]Für die Verwaltung und Sicherung von Archivgut in einem Archiv nach Absatz 2 Satz 1 Nr. 1, 2 oder 3, die Geltendmachung von Schutzrechten und die Benutzung des Archivguts gelten § 8 Abs. 1, 2, 4 und 5, § 9 sowie die §§ 11 und 12 Abs. 2 entsprechend. [2]Durch Satzung kann eine Verpflichtung zur Ablieferung eines Belegexemplars bestimmt werden. [3]§ 13 Nr. 2 gilt entsprechend.

§ 17 Aufsicht

Die Aufsicht über das Landesarchiv führt das für Kultur zuständige Ministerium des Landes Schleswig-Holstein als oberste Archivbehörde.

§ 18 Inkrafttreten

[1]Dieses Gesetz tritt mit Ausnahme der §§ 15 und 16 am Tage nach seiner Verkündung in Kraft. [2]§ 15 tritt am 1. Januar 2000, § 16 tritt am 1. Januar 1995 in Kraft.

Anlage 7 p
Thüringer Gesetz über die Sicherung und Nutzung von Archivgut (Thüringer Archivgesetz – ThürArchivG)

Vom 29. Juni 2018 (GVBl. S. 308)

Der Landtag hat das folgende Gesetz beschlossen:

§ 1 Geltungsbereich

Dieses Gesetz regelt den Umgang mit öffentlichem Archivgut in Thüringen.

§ 2 Öffentliches Archivgut

(1) [1]Öffentliches Archivgut sind alle archivwürdigen Unterlagen der in § 3 Abs. 1 und § 4 Abs. 1 genannten öffentlichen Stellen, die zur dauernden Aufbewahrung von einem öffentlichen Archiv übernommen werden. [2]Als öffentliches Archivgut gelten auch archivwürdige Unterlagen sowie dokumentarische Materialien, die von öffentlichen Archiven zur Ergänzung ihres Archivgutes angelegt, erworben oder übernommen worden sind. [3]Durch die Feststellung der Archivwürdigkeit und die Übernahme der Unterlagen gemäß § 7 Abs. 1 erfolgt ihre Widmung zu öffentlichem Archivgut. [4]Die Widmung begründet eine hoheitliche Sachherrschaft, die durch bürgerlich-rechtliche Verfügungen nicht berührt wird.

(2) Archivwürdig sind

1. Unterlagen, denen insbesondere aufgrund ihres rechtlichen, politischen, wirtschaftlichen, sozialen und kulturellen Wertes besondere Bedeutung zukommt
   a) als Quellen für die Erforschung oder das Verständnis von Geschichte und Gegenwart, auch im Hinblick auf künftige Entwicklungen, oder
   b) für die Sicherung berechtigter Belange der Bürger, Institutionen oder Dritter oder
   c) durch bleibenden Wert für die Gesetzgebung, Regierung, Verwaltung oder Rechtsprechung oder
2. Unterlagen, die nach der Richtlinie über die Aufbewahrung von Schriftgut in der Verwaltung des Freistaats Thüringen dauerhaft aufzubewahren sind,
3. Unterlagen der Strafverfolgungsbehörden, die Staatsschutzdelikte nach den §§ 81 bis 83, 84 bis 90, 90 a Abs. 3, den §§ 90 b, 91, 94, 96 Abs. 1, den §§ 97 a bis 100 a, 105, 106, 109 d bis 109 f, 129, 129 a des Strafgesetzbuches und § 20 des Vereinsgesetzes betreffen. Unterlagen nach § 2 Abs. 2 Nr. 3 sind dauerhaft im Landesarchiv aufzubewahren.

(3) [1]Unterlagen im Sinne dieses Gesetzes sind Aufzeichnungen jeder Art, unabhängig von der Art ihrer Speicherung. [2]Dazu zählen insbesondere Urkunden, Amtsbücher, Akten, Schriftstücke, Karten, Pläne, Plakate, Siegel, Petschafte, Stempel, Amtsdrucksachen, amtliche Veröffentlichungen, Daten-, Bild-, Film-, Tonaufzeichnungen, digitale Aufzeichnungen sowie alle anderen Informationsobjekte einschließlich der Hilfsmittel und ergänzenden Daten, die für die Erhaltung, Ordnung, Benutzung und Auswertung notwendig sind.

(4) [1]Öffentliches Archivgut ist unveräußerlicher Bestandteil des Landeskulturguts. [2]Eine Abgabe an andere öffentliche Archive ist zulässig, wenn sie im öffentlichen Interesse liegt und die Grundsätze dieses Gesetzes für die Aufbewahrung und Benutzung von öffentlichem Archivgut beachtet werden.

§ 3 Archivgut des Landes und des Bundes

(1) Als öffentliches Archivgut des Landes werden alle archivwürdigen Unterlagen bestimmt, die bei den Verfassungsorganen, Behörden, Gerichten und sonstigen Stellen des Landes, bei deren Funktions- und Rechtsvorgängern sowie bei sonstigen der Aufsicht des Landes unterstehenden juristischen Personen des öffentlichen Rechts und ihrer Vereinigungen entstanden sind und vom Landesarchiv nach Maßgabe dieses Gesetzes archiviert werden.

(2) [1]Die in Wahrnehmung staatlicher Aufgaben entstandenen Unterlagen der SED, der übrigen Parteien und Massenorganisationen der ehemaligen DDR sowie der mit ihnen verbundenen Organisationen und juristischen Personen, soweit sie bei einem Organisationsteil angefallen sind, der auf staatlicher Ebene Funktionsvorgänger des Landes oder einer kleineren Einheit war, werden wie Archivgut des Landes behandelt. [2]Dies gilt, sobald die in Satz 1 genannten Unterlagen im Landesarchiv archiviert werden.

(3) [1]Werden vom Landesarchiv Unterlagen nachgeordneter Stellen des Bundes übernommen, so gelten sie als öffentliches Archivgut des Landes im Sinne dieses Gesetzes, soweit bundesrechtlich nichts anderes bestimmt ist. [2]Für die Benutzung solcher Unterlagen gelten die Vorgaben der §§ 6 und 10 bis 14 des Bundesarchivgesetzes vom 10. März 2017 (BGBl. I S. 410) in der jeweils geltenden Fassung.

§ 4 Kommunales Archivgut, Kommunale Archive

(1) Als kommunales Archivgut werden alle archivwürdigen Unterlagen bestimmt, die bei Gemeinden, Landkreisen, bei juristischen Personen des öffentlichen Rechts, die deren Aufsicht unterstehen, sowie bei deren Funktions- und Rechtsvorgängern entstanden sind.

(2) [1]Die in Absatz 1 genannten Stellen regeln die Archivierung ihrer Unterlagen in eigener Verantwortung und Zuständigkeit. [2]Die Gemeinden und Landkreise nehmen diese Aufgaben als Pflichtaufgaben im eigenen Wirkungskreis wahr. [3]Die Aufgaben der kommunalen Archive werden unter Beachtung der Grundsätze dieses Gesetzes durch Satzung bestimmt.

(3) Die in Absatz 1 genannten Stellen tragen durch eine angemessene personelle und sachliche Ausstattung der kommunalen Archive dafür Sorge, dass sie archivfachlichen Anforderungen entsprechen und die Erhaltung des Archivguts und dessen öffentliche Nutzung gesichert sind.

(4) [1]Sofern Gemeinden kein öffentliches Archiv unterhalten, bieten sie ihre Unterlagen anderen kommunalen Archiven oder dem zuständigen Kreisarchiv zur Archivierung an. [2]Sind diese nicht zu einer Übernahme bereit, sind die Unterlagen vom Landesarchiv zu übernehmen. [3]Das Eigentum an dem Archivgut bleibt unberührt. [4]Die abgebende Körperschaft ist zum Kostenausgleich verpflichtet. [5]Ein Rücknahmerecht wird durch die Übergabe nicht berührt.

(5) [1]Unterlagen nach § 3 Abs. 2 werden kein kommunales Archivgut. [2]Sie sind vom Landesarchiv zu übernehmen.

§ 4 a Archivgut der Hochschulen

(1) [1]Die staatlichen Hochschulen des Landes können eigene öffentliche Archive unterhalten und zu diesem Zweck ihr Archivgut in eigener Verantwortung und Zuständigkeit archivieren. [2]Die Aufgaben werden nach den in diesem Gesetz vorgegebenen Grundsätzen durch Satzung bestimmt. [3]§ 3 Abs. 2 findet keine Anwendung.

(2) Sofern die staatlichen Hochschulen kein eigenes öffentliches Archiv unterhalten, bieten sie ihre Unterlagen dem Landesarchiv zur Archivierung an.

§ 5 Sonstiges öffentliches Archivgut

[1]Die sonstigen der Aufsicht des Landes unterstehenden juristischen Personen des öffentlichen Rechts und ihre Vereinigungen können ihr Archivgut in eigener Verantwortung und Zuständigkeit archivieren. [2]Die von ihnen zu diesem Zweck unterhaltenen öffentlichen Archive bestimmen ihre Aufgaben nach den in diesem Gesetz vorgegebenen Grundsätzen durch Satzung. [3]Sofern sie kein eigenes Archiv unterhalten, bieten sie ihre Unterlagen dem Landesarchiv zur Archivierung an. [4]In den Fällen des § 3 Abs. 2 findet § 5 keine Anwendung.

§ 6 Öffentliche Archive

Öffentliche Archive im Sinne dieses Gesetzes sind alle Archive, die für das Archivgut von öffentlichen Stellen des Landes, von sonstigen seiner Aufsicht unterstehenden öffentlichen Stellen sowie von Gemeinden und Landkreisen zuständig sind.

§ 7 Aufgaben öffentlicher Archive

(1) [1]Die öffentlichen Archive haben die Aufgabe, die archivwürdigen Unterlagen der in den §§ 3 und 4 Abs. 1 genannten öffentlichen Stellen zu übernehmen. [2]Sie erfassen, verwahren, erhalten und erschließen die von ihnen übernommenen archivwürdigen Unterlagen und stellen sie zur Benutzung bereit (Archivierung). [3]Zur Ergänzung der übernommenen archivwürdigen Unterlagen können sie auch archivwürdige Unterlagen anderer Herkunft und sonstiges Dokumentationsmaterial erwerben, soweit daran ein besonderes öffentliches Interesse besteht.

(2) [1]Im Rahmen ihrer Zuständigkeit beraten die öffentlichen Archive die öffentlichen Stellen bei der Verwaltung und Sicherung ihrer Unterlagen im Hinblick auf die spätere Archivierung. [2]Das Landesarchiv berät die Kommunalarchive, Archive sonstiger öffentlicher Stellen sowie nichtstaatliche Archive auf deren Anforderung (Archivberatungsstelle).

(3) [1]Die öffentlichen Archive wirken an der Erforschung und Vermittlung der von ihnen aufbewahrten archivalischen Quellen mit. [2]In diesem Sinne wird das Landesarchiv als Stätte landesgeschichtlicher Forschung wirksam. [3]Das Landesarchiv soll Vereine und Organisationen mit historischer oder kultureller Zielsetzung nach Maßgabe seiner Möglichkeiten unterstützen.

§ 8 Organisation des staatlichen Archivwesens, Zuständigkeit und Aufgaben

(1) [1]Das öffentliche Archiv des Landes ist das Landesarchiv. [2]Es besteht aus den Abteilungen Staatsarchiv Altenburg, Staatsarchiv Gotha, Staatsarchiv Greiz, Staatsarchiv Meiningen, Staatsarchiv Rudolstadt und Hauptstaatsarchiv Weimar.

(2) Der Thüringer Landtag unterhält ein eigenes Archiv und regelt die Archivierung und Benutzung der bei ihm entstandenen archivwürdigen Unterlagen eigenständig nach Maßgabe dieses Gesetzes.

(3) Das Landesarchiv ist zuständig für:

1. Archivgut von Behörden, Gerichten und sonstigen öffentlichen Stellen des Landes,
2. Archivgut von nachgeordneten Stellen des Landes und von sonstigen der Aufsicht des Landes unterstehenden juristischen Personen des öffentlichen Rechts und ihrer Vereinigungen,

3. Archivgut von nachgeordneten Stellen des Bundes sowie von Gemeinden, Landkreisen und kommunalen Verbänden, sofern es ihm angeboten und von ihm übernommen wird.

(4) Das Landesarchiv nimmt Aufgaben im Rahmen der Aus- und Fortbildung des archivarischen Fachpersonals wahr.

(5) Für die Archivierung elektronischer Unterlagen der nach § 3 Abs. 1 und 3 genannten öffentlichen Stellen unterhält das Landesarchiv ein Digitales Magazin.

(6) [1]Das Landesarchiv wirkt bei der Festlegung von landesweit gültigen Übernahme- und Austauschformaten zur Archivierung elektronischer Daten mit. [2]Die landesweit gültigen Übernahme- und Austauschformate werden in Form einer Rechts- und Verwaltungsvorschrift durch das für das zentrale E-Government und die Informationstechnik zuständige Ministerium unter Einbindung der für das staatliche Archivwesen zuständigen obersten Landesbehörde und im Benehmen mit dem Landesarchiv festgelegt.

(7) Bei der Planung, vor der Einführung und bei wesentlichen Änderungen von IT-Systemen, die zu nach § 2 Abs. 3 in Verbindung mit § 11 Abs. 1 anzubietenden elektronischen Dokumenten führen, ist rechtzeitig das Benehmen mit dem Landesarchiv herzustellen, insbesondere um sicherzustellen, dass die in der Verwaltungsvorschrift nach Absatz 6 genannten Formate beachtet und Schnittstellen zum Digitalen Magazin des Landesarchivs berücksichtigt werden.

(8) Die Kosten für die Übertragung digitaler Daten und die Erstellung von Schnittstellen tragen die abgebenden Stellen.

(9) Die Landesregierung kann dem Landesarchiv andere als die in diesem Gesetz oder in anderen Rechtsvorschriften genannten Aufgaben übertragen, wenn sie in sachlichem Zusammenhang mit dem Archivwesen des Landes und der Erforschung der Landesgeschichte stehen.

§ 9 Aufsicht

(1) [1]Oberste Archivbehörde des Landes ist die für das staatliche Archivwesen zuständige oberste Landesbehörde. [2]Das Landesarchiv ist ihr dienst- und fachaufsichtlich unmittelbar unterstellt.

(2) Die für das staatliche Archivwesen zuständige oberste Landesbehörde regelt durch Rechtsverordnung die Benutzung des Landesarchivs einschließlich der für die Nutzung des Archivguts zu erhebenden Gebühren und Auslagen in einer Gebührenverordnung.

(3) Bei den kommunalen Archiven regelt sich die Aufsicht nach den allgemeinen Bestimmungen über die Kommunalaufsicht.

§ 10 Archivpflege

[1]Die Archivpflege als verantwortliches Handeln zum Schutz der archivalischen Quellen für die Orts- und Landesgeschichte wird vom Freistaat Thüringen unterstützt. [2]Die öffentlichen Archive, insbesondere das Landesarchiv, können auch nichtstaatliche Archiveigentümer bei der Sicherung und Nutzbarmachung ihres Archivgutes beraten, soweit daran ein öffentliches Interesse besteht.

§ 11 Aussonderung und Anbietung von Unterlagen

(1) [1]Die in § 3 Abs. 1 und § 4 Abs. 1 genannten öffentlichen Stellen sind verpflichtet, alle Unterlagen, die zur Erfüllung ihrer Aufgaben nicht mehr erforderlich sind und deren Aufbewahrungsfristen abgelaufen sind, auszusondern und dem zustän-

digen öffentlichen Archiv zur Übernahme anzubieten. [2]Dies sollte im Regelfall unmittelbar nach Ablauf der Aufbewahrungsfristen, spätestens jedoch 30 Jahre nach Schließung der Unterlagen erfolgen. [3]Ist durch Rechtsvorschriften oder Verwaltungsvorschriften eine längere als eine dreißigjährige oder eine dauernde Aufbewahrung bestimmt, wird der Zeitpunkt des Anbietens und der Übergabe zwischen den in § 3 Abs. 1 und 3 und § 4 Abs. 1 genannten Stellen und dem öffentlichen Archiv vereinbart. [4]Die in § 3 Abs. 2 genannten Stellen sind verpflichtet, die dort genannten Unterlagen dem Landesarchiv unverzüglich vollständig anzubieten und sie auf Anforderung herauszugeben.

(2) [1]Bei elektronischen Unterlagen, die an das Landesarchiv übergeben werden sollen, legt das Landesarchiv unter den Voraussetzungen des Absatzes 1 in Verbindung mit § 8 Abs. 6 und 7 den Zeitpunkt und die Form der Übermittlung vorab fest. [2]Hat das Landesarchiv den bleibenden Wert dieser Unterlagen festgestellt, hat die aufbewahrende Stelle nach erfolgreicher und bestätigter Abgabe an das Landesarchiv sämtliche bei sich verbliebenen Kopien zu löschen. [3]Über die Löschung ist ein Nachweis zu fertigen, der 30 Jahre aufzubewahren ist. [4]Elektronische Unterlagen, die einer laufenden Aktualisierung unterliegen, sind im Benehmen mit der abgebenden Stelle zu bestimmten, vorab festzulegenden Stichtagen ebenfalls anzubieten. [5]Der Zeitabstand zwischen den Stichtagen soll ein Jahr nicht unterschreiten.

(3) [1]Anzubieten sind auch Unterlagen,

1. die besonderen Rechtsvorschriften über Geheimhaltung oder über den Datenschutz unterworfen sind,
2. die personenbezogene Daten enthalten, welche nach Rechtsvorschriften des Bundes oder des Landes oder nach Artikel 17 Abs. 1 der Verordnung (EU) 2016/679 des Europäischen Parlaments und des Rates vom 27. April 2016 zum Schutz natürlicher Personen bei der Verarbeitung personenbezogener Daten, zum freien Datenverkehr und zur Aufhebung der Richtlinie 95/46/EG (Datenschutz-Grundverordnung) (ABl. L 119 vom 4.5.2016, S. 1; L 314 vom 22.11.2016, S. 72) in der jeweils geltenden Fassung gesperrt, gelöscht oder vernichtet werden müssten oder könnten,
3. die Informationen enthalten, deren Verarbeitung nach Artikel 9 Abs. 1 der Verordnung (EU) 2016/679 untersagt ist.

[2]Die Anbietungspflicht gilt für § 11 Abs. 3 Satz 1 Nr. 2 3. Alternative nur, wenn die Voraussetzungen von Artikel 17 Abs. 3 Buchst. d der Verordnung (EU) 2016/679 und für § 11 Abs. 3 Satz 1 Nr. 3 nur, wenn die Voraussetzungen von Artikel 9 Abs. 2 Buchst. j der Verordnung (EU) 2016/679 vorliegen. [3]Ihre Verarbeitung ist vorbehaltlich den Bedingungen und Garantien des Artikels 89 Abs. 1 der Verordnung (EU) 2016/679 gestattet. [4]Unberührt bleiben gesetzliche Vorschriften über die Löschung oder Vernichtung unzulässig erhobener oder verarbeiteter Daten oder Unterlagen. [5]Soweit die Speicherung der Daten unzulässig war, ist dieses besonders zu kennzeichnen. [6]Unberührt bleiben gesetzliche Vorschriften über die Verarbeitung von Daten, die durch einen Eingriff in den Schutzbereich des Artikels 10 des Grundgesetzes erlangt wurden. [7]Soweit anzubietende Unterlagen Daten enthalten, die Verfügungsbeschränkungen unterliegen, ist die verpflichtete Stelle gehalten, die herausgebende Stelle um die Zustimmung zur Anbietung zu ersuchen.

(4) Die als archivwürdig bewerteten Unterlagen sind innerhalb eines Jahres an das zuständige öffentliche Archiv zu übergeben.

(5) Die in § 3 Abs. 1 und § 4 Abs. 1 genannten öffentlichen Stellen dürfen Unterlagen nur vernichten oder Daten nur löschen, wenn das zuständige öffentliche Ar-

chiv die Übernahme abgelehnt oder nicht innerhalb eines Jahres über die Archivwürdigkeit angebotener Unterlagen entschieden hat.

(6) Von dem Anbieten und Vorlegen von Unterlagen kann im Einvernehmen mit dem zuständigen öffentlichen Archiv abgesehen werden, wenn diese wegen ihres offensichtlich geringen Quellenwertes nicht archivwürdig sind.

(7) Ausgesonderte Unterlagen sind im Regelfall zu vernichten, sofern kein Grund zu der Annahme besteht, dass durch die Vernichtung schutzwürdige Belange von Betroffenen beeinträchtigt werden.

(8) [1]Die in § 3 Abs. 1 und § 4 Abs. 1 genannten öffentlichen Stellen sind verpflichtet, ein Exemplar der von ihnen herausgegebenen oder in ihrem Auftrag erscheinenden amtlichen Druckschriften und amtlichen Veröffentlichungen dem zuständigen öffentlichen Archiv unmittelbar nach Erscheinen zur Verfügung zu stellen. [2]Sofern die Veröffentlichung in elektronischer Form erscheint, erfolgt die Abgabe in dieser Form. [3]Die abgebende Stelle räumt dem öffentlichen Archiv das Recht ein, die Daten zu speichern, zu vervielfältigen und zu verändern, sofern dies zur dauerhaften Archivierung notwendig ist. [4]Ebenso wird das Recht zur öffentlichen Zugänglichmachung eingeräumt, sofern der Herausgeber dies nicht ausdrücklich einschränkt oder untersagt. [5]Von der Abgabepflicht nach unmittelbarem Erscheinen nach Satz 1 ausgeschlossen sind

1. Veröffentlichungen, die lediglich zur Information von Presse, Rundfunk und Fernsehen bestimmt sind,
2. Informationsmaterialien geringen Umfangs und von zeitlich begrenzter Dauer.

[6]Diese nach Satz 5 Nr. 1 und 2 ausgenommenen Unterlagen sind unter der Maßgabe des Absatzes 1 dem öffentlichen Archiv anzubieten.

§ 12 Feststellung der Archivwürdigkeit und Übernahme

(1) [1]Über die Archivwürdigkeit der angebotenen Unterlagen und über die Übernahme in das öffentliche Archiv entscheiden die öffentlichen Archive im Benehmen mit der anbietenden Stelle. [2]In den Fällen des § 3 Abs. 2 sowie den Fällen, in denen eine dauerhafte Aufbewahrung in Rechtsvorschriften oder Vereinbarungen geregelt ist, bedarf es der Feststellung der Archivwürdigkeit nicht. [3]Das öffentliche Archiv ist seinerseits berechtigt, Unterlagen mit offensichtlich geringem Quellenwert auszuscheiden, wenn öffentliche Interessen oder berechtigte Interessen Dritter nicht entgegenstehen.

(2) [1]Vertretern des zuständigen öffentlichen Archivs ist die Einsicht in die zur Archivierung angebotenen Unterlagen und in die Findmittel der Registraturen zu gewähren. [2]Bei digitalen Unterlagen ist ein lesender Zugriff ausschließlich auf die dem zuständigen öffentlichen Archiv zur Archivierung angebotenen Unterlagen mit Einblick in die fachliche und technische Dokumentation zu gewähren.

(3) Die Bewertungskriterien im Sinne des § 2 Abs. 2 sind in entsprechenden Verwaltungsvorschriften zu regeln.

(4) [1]Das öffentliche Archiv hat von der Übernahme an ebenso wie die abgebende Stelle die schutzwürdigen Belange Betroffener zu berücksichtigen und von der Anbietung an die maßgeblichen Rechtsvorschriften des Bundes und des Landes über die Geheimhaltung sowie die Regelungen des Thüringer Sicherheitsüberprüfungsgesetzes vom 17. März 2003 (GVBl. S. 185) in der jeweils geltenden Fassung und der Verschlusssachenanweisung für den Freistaat Thüringen vom 17. Juni 2011 in der Fassung vom 2. Dezember 2016 (ThürStAnz Nr. 52/2016 S. 1624) zu beachten. [2]Amtsträger und für den öffentlichen Dienst Verpflichtete in öffentlichen Archiven unterliegen allen für die Bediensteten der abgebenden Stellen geltenden Geheimhaltungsvorschriften.

(5) [1]Archivgut, dem nach archivfachlicher Prüfung ein bleibender Wert nach § 2 Abs. 2 nicht mehr zukommt, ist zu vernichten, sofern Rechtsvorschriften, Aufbewahrungsfristen oder Rechte Dritter nicht entgegenstehen. [2]Darüber ist ein Nachweis zu führen.

§ 13 Normierte Bewertungsverfahren

[1]Bei der Bewertung von Unterlagen kann durch Vereinbarung zwischen dem zuständigen öffentlichen Archiv und der anbietenden öffentlichen Stelle oder der jeweils zuständigen obersten Landesbehörde ein normiertes Bewertungsverfahren durchgeführt werden. [2]Dabei kann von gleichförmigen oder wiederkehrenden Unterlagen, die in großer Zahl anfallen, eine exemplarische Auswahl getroffen werden.

§ 14 Aufbewahrung im Rahmen laufender Fristen

(1) [1]Die in § 3 Abs. 1 und § 4 Abs. 1 genannten öffentlichen Stellen haben die bei ihnen entstehenden Unterlagen innerhalb der durch Rechts- oder Verwaltungsvorschriften vorgegebenen Aufbewahrungsfristen zu verwahren und zu sichern. [2]Darüber hinausgehende Festlegungen über die Aufbewahrung sind im Benehmen mit dem zuständigen öffentlichen Archiv zu treffen.

(2) [1]Archivwürdige Unterlagen können vor Ablauf entsprechender Fristen von dem zuständigen öffentlichen Archiv übernommen werden. [2]Dies gilt insbesondere für Unterlagen, die gemäß § 2 Abs. 2 Nr. 1 Buchst. c oder Nr. 2 dauernd aufzubewahren sind.

(3) [1]Archivwürdige Unterlagen, deren Aufbewahrungsfrist noch nicht abgelaufen ist, können dem zuständigen öffentlichen Archiv zur befristeten Aufbewahrung als Zwischenarchivgut angeboten werden. [2]Die Aufbewahrung des Zwischenarchivguts erfolgt im Auftrag der abgebenden Stellen oder ihrer Rechts- und Funktionsnachfolger. [3]Die abgebende Stelle oder deren Rechts- oder Funktionsnachfolger bleibt für die Unterlagen und die Entscheidungen über die Nutzung durch Dritte weiterhin verantwortlich.

(4) [1]Für die Abgabe elektronischer Unterlagen nach Absatz 3 gelten die Voraussetzungen nach § 8 Abs. 6 und 7. [2]Mit der erfolgreichen und bestätigten Abgabe an das öffentliche Archiv sind elektronische Unterlagen mit Ausnahme der zugehörigen Metadaten in den Systemen der abgebenden Stellen zu löschen. [3]Über die Löschung ist ein Nachweis zu fertigen, der 30 Jahre aufzubewahren ist.

§ 15 Datenschutz, Sicherung und Erschließung

(1) [1]Durch geeignete technische und organisatorische Maßnahmen ist das Archivgut einschließlich der seiner Erschließung dienenden Hilfsmittel vor unbefugter Nutzung zu sichern sowie der Schutz personenbezogener Daten oder solcher Unterlagen, die einem besonderen gesetzlichen Geheimnisschutz unterliegen, sicherzustellen. [2]Maßnahmen nach Satz 1 sind geeignet, wenn sie mindestens die Anforderungen der Artikel 32 und 89 der Verordnung (EU) 2016/679 erfüllen.

(2) Die öffentlichen Archive haben die notwendigen Maßnahmen zu treffen, um die dauernde Aufbewahrung, Erhaltung und Benutzbarkeit des Archivguts sowie seinen Schutz vor Beschädigung oder Vernichtung zu gewährleisten.

(3) Die öffentlichen Archive sind verpflichtet, die von ihnen archivierten Unterlagen als öffentliches Archivgut nach archivwissenschaftlichen Gesichtspunkten zu ordnen und durch Findmittel zu erschließen.

(4) Zur besseren Erschließung darf das Archivgut elektronisch erfasst und gespeichert werden; die Auswertung der gespeicherten Informationen ist nur zur Erfüllung der in diesem Gesetz genannten Zwecke zulässig.

(5) Die Verknüpfung personenbezogener Daten durch das öffentliche Archiv ist innerhalb der in § 17 genannten Schutzfristen nur zulässig, wenn schutzwürdige Belange betroffener Personen oder Dritter nicht beeinträchtigt werden.

(6) Der Zugang zu unzulässig erhobenen Daten wird ausschließlich gewährt, wenn die Benutzung der Rehabilitierung Betroffener, der Wiedergutmachung oder dem Zweck gemäß § 17 Abs. 5 Satz 2 Nr. 1 dient.

(7) Im Übrigen bleiben die Bestimmungen des Thüringer Datenschutzgesetzes unberührt.

(8) [1]Die öffentlichen Archive sind berechtigt, Archivgut sowie die dazugehörigen Findmittel unter Wahrung schutzwürdiger Belange betroffener Personen und Dritter zu veröffentlichen. [2]Sofern das Archivgut den Schutzfristenregelungen nach § 17 Abs. 1 Satz 2 bis 4, Abs. 3 und 6 oder den Beschränkungen nach § 18 unterliegt, sind diese bei der Veröffentlichung entsprechend zu berücksichtigen.

§ 16 Benutzung von Archivgut

(1) [1]Jeder hat nach Maßgabe dieses Gesetzes das Recht, Archivgut in öffentlichen Archiven auf Antrag zu nutzen, soweit nicht Schutzfristen, Einschränkungen in besonderen Fällen oder andere Rechtsvorschriften entgegenstehen. [2]Vereinbarungen zugunsten nichtöffentlicher Eigentümer von Archivgut bleiben unberührt.

(2) [1]Die Benutzung ist schriftlich zu beantragen. [2]Die Benutzungsgenehmigung erteilt das verwahrende öffentliche Archiv.

(3) [1]Der Nutzer ist verpflichtet, von einem Werk, das er unter wesentlicher Verwendung von Archivgut verfasst oder erstellt hat, nach Veröffentlichung des Werkes dem verwahrenden öffentlichen Archiv unaufgefordert einen Beleg in der veröffentlichten Form unentgeltlich abzuliefern. [2]Ist dem Nutzer die unentgeltliche Ablieferung eines Belegexemplares insbesondere wegen der niedrigen Auflage oder der hohen Herstellungskosten nicht zumutbar, kann er dem verwahrenden öffentlichen Archiv entweder ein Exemplar des Werkes zur Herstellung einer Vervielfältigung für einen angemessenen Zeitraum überlassen oder eine Entschädigung bis zur Höhe des halben Ladenpreises verlangen. [3]Wenn ein Ladenpreis nicht besteht, kann der Nutzer eine Entschädigung bis zur Höhe der halben Herstellungskosten des Belegexemplares verlangen. [4]Eine elektronische Ablieferung ist ebenfalls möglich.

(4) [1]Öffentliche Archive berücksichtigen bei der Ausgestaltung der Rechte von Nutzern und der Bereitstellung von öffentlichen Informationen über Archivgut die Belange von Menschen mit Behinderungen. [2]Sie gestalten die Zugänglichkeit zu Gebäuden und Archivgut schrittweise barrierefrei entsprechend den geltenden Vorschriften.

§ 17 Schutzfristen

(1) [1]Archivgut wird im Regelfall 30 Jahre nach Entstehung der Unterlagen für die Benutzung freigegeben. [2]Archivgut, das sich nach seiner Zweckbestimmung oder nach seinem wesentlichen Inhalt auf eine oder mehrere natürliche Personen bezieht oder die schützenswerte Privatsphäre berührt (personenbezogenes Archivgut), darf erst zehn Jahre nach dem Tod der betreffenden Person benutzt werden. [3]Ist das Todesjahr nicht oder nur mit hohem Aufwand feststellbar, endet die Schutzfrist 100 Jahre nach der Geburt der betroffenen Person. [4]Kann auch deren

Geburtsjahr nicht oder nur mit unvertretbarem Aufwand festgestellt werden, endet der Schutz 60 Jahre nach Entstehung der Unterlagen.

(2) [1]Die Schutzfrist nach Absatz 1 Satz 1 gilt nicht für solche Unterlagen, die bereits bei ihrer Entstehung zur Veröffentlichung bestimmt waren oder für Unterlagen, für die vor der Übergabe an das Landesarchiv bereits ein Zugang oder eine Veröffentlichung nach anderen gesetzlichen Vorschriften vorlag. [2]Außerdem findet sie auf Unterlagen im Sinne des § 3 Abs. 2 sowie der staatlichen Verwaltungsbehörden der ehemaligen DDR, die nicht personenbezogen sind, keine Anwendung.

(3) [1]Archivgut, das besonderen Geheimhaltungsvorschriften unterliegt, darf erst 60 Jahre nach seiner Schließung benutzt werden. [2]Für personenbezogenes Archivgut, das besonderen Geheimhaltungs- und Schutzfristen unterliegt, beträgt die Schutzfrist, wenn das Todesjahr betroffener Personen feststellbar ist, 30 Jahre nach dem Tod beziehungsweise 130 Jahre nach der Geburt bei nicht zu ermittelndem Todesjahr. [3]Sind weder Geburts- noch Todesjahr zu ermitteln, darf das Archivgut erst 90 Jahre nach dessen Schließung benutzt werden.

(4) [1]Die in den Absätzen 1 und 3 festgesetzten Schutzfristen gelten auch für die Benutzung durch öffentliche Stellen. [2]Die Benutzung von Archivgut durch öffentliche Stellen nach § 3 Abs. 1 und § 4 Abs. 1, bei denen es entstanden ist, die es abgegeben haben oder die an deren Stelle fachlich oder aufgabenbezogen zuständig sind, ist auch innerhalb der Schutzfristen möglich; die Schutzfristen sind jedoch zu beachten, wenn das Archivgut aufgrund besonderer Vorschriften hätte gesperrt, gelöscht oder vernichtet werden müssen.

(5) [1]Die Schutzfristen können vom verwahrenden öffentlichen Archiv im Einzelfall auf Antrag des Nutzers verkürzt werden, wenn besondere schutzwürdige Belange nicht entgegenstehen. [2]Bei personenbezogenem Archivgut ist eine Verkürzung der Schutzfristen zulässig, wenn:

1. die Benutzung für ein bestimmtes Forschungsvorhaben erforderlich ist und schutzwürdige Belange der betroffenen Person oder Dritter nicht beeinträchtigt werden oder das öffentliche Interesse an der Durchführung des Forschungsvorhabens die schutzwürdigen Belange erheblich überwiegt;
2. die Benutzung zur Wahrnehmung berechtigter Belange wie zum Zweck der Strafverfolgung, der Rehabilitierung von Betroffenen, Vermissten und Verstorbenen, der Wiedergutmachung, der Hilfeleistung nach dem Häftlingshilfegesetz, dem Schutz des Persönlichkeitsrechtes, der Aufklärung von Verwaltungsakten oder der Aufklärung des Schicksals Vermisster und ungeklärter Todesfälle erforderlich ist.

[3]Die Forschungsergebnisse nach Satz 2 Nr. 1 sind ohne personenbezogene Angaben aus dem Archivgut zu veröffentlichen, es sei denn, es handelt sich um Amtsträger in Ausübung ihrer Ämter oder Personen der Zeitgeschichte, sofern deren schützenswerte Privatsphäre nicht betroffen ist. [4]Für Archivgut, welches besonderen Geheimhaltungsvorschriften unterliegt oder für das ein besonderes Schutzbedürfnis gegeben ist, ist zusätzlich das Einvernehmen mit der abgebenden Stelle herzustellen.

(6) [1]Eine Benutzung personenbezogenen Archivguts ist unabhängig von den festgelegten Schutzfristen auch zulässig, wenn es sich um den Betroffenen selbst handelt oder wenn die Person, auf die sich das Archivgut bezieht, oder im Falle ihres Todes, ihre Angehörigen zugestimmt haben. [2]Die Einwilligung ist durch den Benutzer von den Angehörigen einzuholen. [3]Für die Erteilung der Einwilligung befugte Angehörige sind:

1. der Ehegatte,
2. der eingetragene Lebenspartner,
3. sofern der Ehegatte oder eingetragene Lebenspartner verstorben ist oder ein solcher nicht vorhanden ist, die Kinder der betroffenen Person,
4. wenn weder Personen nach Nummer 1 oder 2 noch nach Nummer 3 vorhanden sind, die Eltern der betroffenen Person. Die Zustimmung der Angehörigen setzt die mutmaßliche Einwilligung der Betroffenen voraus.

[4]Sind überwiegende schutzwürdige Belange Dritter zu wahren, ist gemäß § 19 Abs. 1 Satz 1 zu verfahren. [5]Absatz 5 Satz 4 gilt entsprechend.

(7) Die festgelegten Schutzfristen können durch das verwahrende öffentliche Archiv um höchstens 20 Jahre verlängert werden, wenn dies im öffentlichen Interesse liegt; davon bleiben die in Absatz 3 festgelegten Schutzfristen unberührt.

§ 18 Einschränkung der Benutzung in besonderen Fällen

(1) Die Benutzung von Archivgut ist einzuschränken oder zu versagen, wenn Grund zu der Annahme besteht, dass

1. dem Wohl der Bundesrepublik Deutschland oder dem Wohl eines ihrer Länder wesentliche Nachteile erwachsen,
2. schutzwürdige Belange betroffener Personen oder Dritter beeinträchtigt werden,
3. Rechtsvorschriften über Geheimhaltung verletzt würden,
4. der Erhaltungszustand des Archivgutes beeinträchtigt würde,
5. durch die Benutzung ein nicht vertretbarer Verwaltungsaufwand entstünde,
6. Vereinbarungen mit gegenwärtigen oder früheren Eigentümern entgegenstehen oder
7. aus anderen wichtigen Gründen, insbesondere aufgrund der Verfolgung sachwidriger Interessen.

(2) Die Benutzung von archivierten Unterlagen, die Rechtsvorschriften des Bundes über Geheimhaltung unterliegen, richtet sich nach den Regelungen des Bundesarchivgesetzes in der jeweils geltenden Fassung.

(3) Die für das staatliche Archivwesen zuständige oberste Landesbehörde entscheidet über die Einschränkung oder Versagung der Benutzung des Archivguts des Landesarchivs in den Fällen nach Absatz 1 Nr. 1. Das Landesarchiv entscheidet über die Einschränkung oder Versagung in den Fällen nach Absatz 1 Nr. 2 bis 7.

§ 19 Auskunfts- und Berichtigungsrecht

(1) [1]Einer betroffenen Person ist, ohne Rücksicht auf die in § 17 Abs. 1 festgelegten Schutzfristen, auf Antrag Auskunft über die im Archivgut zu ihrer Person enthaltenen Daten zu erteilen, soweit diese erschlossen sind. [2]Ein Auskunftsanspruch nach Artikel 15 der Verordnung (EU) 2016/679 besteht nicht. [3]Die Entscheidung hierüber und über das dabei zu verwendende Format trifft das öffentliche Archiv. [4]Artikel 20 der Verordnung (EU) 2016/679 gilt insoweit nicht. [5]Statt einer Auskunft kann das Archiv Einsicht in die Unterlagen gewähren. [6]Für die Sätze 1 und 5 gilt § 17 Abs. 5 Satz 4 entsprechend.

(2) [1]Das öffentliche Archiv ist verpflichtet, den zum Archivgut gehörigen Unterlagen eine Gegendarstellung der betroffenen Person auf deren Verlangen beizufügen, wenn diese durch eine in den Unterlagen enthaltene Tatsachenbehauptung betroffen ist und ein berechtigtes Interesse an der Gegendarstellung glaubhaft macht. [2]Weitergehende Ansprüche der betroffenen Person aus Artikel 16 der Verordnung (EU) 2016/679 und aus Artikel 17 der Verordnung (EU) 2016/697, ins-

besondere auf Löschung von Daten, sowie aus Artikel 18 der Verordnung (EU) 2016/679 auf Einschränkung der Verarbeitung der Daten, bestehen nicht. [3]Nach ihrem Tod steht das Gegendarstellungsrecht den Angehörigen gemäß § 17 Abs. 6 zu. [4]Weitergehende Pflichten nach Bundesrecht bleiben unberührt.

(3) [1]Die Gegendarstellung nach Absatz 2 bedarf der Schriftform und muss von der betroffenen Person oder ihren Angehörigen unterzeichnet sein. [2]Sie muss sich auf Angaben über Tatsachen beschränken und darf keinen strafbaren Inhalt haben.

(4) [1]Ein durch besondere Rechtsvorschriften geregelter Anspruch auf nachträgliche Berichtigung von Unterlagen oder Löschung wegen unzulässiger Datenverarbeitung wird durch die Übernahme der Unterlagen in ein öffentliches Archiv nicht berührt. [2]Ein Widerspruchsrecht nach Artikel 21 Abs. 1 der Verordnung (EU) 2016/679 gegen die Archivierung rechtmäßig gespeicherter personenbezogener Daten besteht nicht.

(5) Das Gegendarstellungsrecht gemäß Absatz 2 gilt nicht für amtliche Niederschriften und Berichte über öffentliche Sitzungen der gesetzgebenden oder beschließenden Organe des Bundes, der Länder, Gemeinden und Gemeindeverbände und anderer juristischer Personen des öffentlichen Rechts sowie der Gerichte.

(6) Eine Mitteilungspflicht des öffentlichen Archivs nach Artikel 19 der Verordnung (EU) 2016/679 gegenüber allen Empfängern, denen personenbezogene Daten offengelegt wurden, besteht nicht.

§ 20 Ausnahmen vom Geltungsbereich

Dieses Gesetz gilt nicht für:
1. öffentlich-rechtliche Religionsgemeinschaften und deren Vereinigungen;
2. öffentlich-rechtliche Rundfunkanstalten;
3. öffentlich-rechtliche Unternehmen mit eigener Rechtspersönlichkeit, die am wirtschaftlichen Wettbewerb teilnehmen, und deren Zusammenschlüsse;
4. solche Zweckverbände, deren Zweck der Betrieb eines öffentlich-rechtlichen Unternehmens mit eigener Rechtspersönlichkeit ist, das am wirtschaftlichen Wettbewerb teilnimmt.

§ 21 Gleichstellungsbestimmung

Status- und Funktionsbezeichnungen in diesem Gesetz gelten jeweils in männlicher und weiblicher Form.

§ 22 Inkrafttreten[1], Außerkrafttreten

[1]Dieses Gesetz tritt mit dem 14. Tag nach Ablauf des Tages in Kraft, an dem es im Gesetz- und Verordnungsblatt für den Freistaat Thüringen verkündet worden ist. [2]Gleichzeitig treten außer Kraft:
1. das Thüringer Archivgesetz vom 23. April 1992 (GVBl. S. 139), zuletzt geändert durch Gesetz vom 2. Juli 2016 (GVBl. S. 228), und
2. die Thüringer Verordnung über das Antragsrecht nach dem Gesetz zum Schutz deutschen Kulturgutes gegen Abwanderung vom 30. März 1995 (GVBl. S. 164).

1 **Amtl. Anm.:** Gemäß Artikel 85 Abs. 2 der Verfassung des Freistaats Thüringen

Anlage 8
Verordnung über die Benutzung von Archivgut beim Bundesarchiv (Bundesarchiv–Benutzungsverordnung – BArchBV)

Vom 29. Oktober 1993 (BGBl. I S. 1857)
(BGBl. III / FNA 224–8–1)

§ 1 Benutzungsrecht

Archivgut beim Bundesarchiv steht jedermann auf Antrag nach den Vorschriften des Bundesarchivgesetzes und dieser Verordnung zur Benutzung offen.

§ 2 Benutzungsart

(1) [1]Archivgut wird zur Benutzung im Original oder in Kopie vorgelegt, als Kopie abgegeben, oder es werden Auskünfte über seinen Inhalt erteilt. [2]Über die Art der Benutzung entscheidet das Bundesarchiv.

(2) [1]Archivgut wird im Original grundsätzlich nur im Bundesarchiv vorgelegt. [2]Über Ausnahmen entscheidet der Präsident.

§ 3 Benutzungsvoraussetzungen

(1) Der Benutzungsantrag ist unter genauer Angabe von Thema und Zweck der Nachforschung schriftlich zu stellen.

(2) [1]Über den Benutzungsantrag entscheidet das Bundesarchiv. [2]Es kann die Genehmigung mit Auflagen erteilen.

(3) Der Antragsteller hat sich auf Verlangen des Bundesarchivs schriftlich zu verpflichten, bei der Verwertung von Erkenntnissen aus Archivgut Persönlichkeits- und Urheberrechte sowie schutzwürdige Belange Dritter zu beachten und bei Verstößen das Bundesarchiv von der Haftung freizustellen.

(4) [1]Die Mitwirkung von Hilfskräften bei der Benutzung ist besonders zu beantragen. [2]Die Namen der Hilfskräfte sind im Benutzungsantrag anzugeben; Absatz 3 gilt entsprechend.

(5) Sollen aus dem Archivgut gewonnene Erkenntnisse für andere als im Benutzungsantrag genannte Themen oder Zwecke verwendet werden, ist ein neuer Antrag erforderlich.

§ 4 Sorgfaltspflicht des Benutzers

Der Benutzer ist verpflichtet, das Archivgut in den Benutzerräumen zu belassen, die innere Ordnung des Archivgutes zu bewahren, es nicht zu beschädigen, zu verändern oder in seinem Erhaltungszustand zu gefährden.

§ 5 Ausschluß von der Benutzung

Verstößt ein Benutzer gröblich gegen Vorschriften des Bundesarchivgesetzes oder gegen die nach § 6 des Bundesarchivgesetzes erlassenen Rechtsverordnungen, wird er von Benutzungen beim Bundesarchiv ausgeschlossen.

§ 6 Nutzung durch Stellen des Bundes

[1]Eine der in § 2 Abs. 1 Satz 1 des Bundesarchivgesetzes oder der in § 1 Abs. 2 und § 2 des Gesetzes über die zentrale Archivierung der Unterlagen aus dem Bereich des Kriegsfolgenrechts vom 6. Januar 1988 (BGBl. I S. 65) bezeichneten Stellen kann jederzeit auf das bei ihr oder ihrem Rechtsvorgänger entstandene Archivgut für die Zwecke zurückgreifen, für die diese Unterlagen vor Abgabe an das Bun-

desarchiv verwendet werden durften. [2]Die §§ 1 bis 5 dieser Verordnung finden insoweit keine Anwendung.

§ 7 Inkrafttreten

Diese Verordnung tritt am Tage nach der Verkündung in Kraft.

Anlage 9 a
Verordnung der Landesregierung über die Benutzung des Landesarchivs Baden-Württemberg
(Landesarchivbenutzungsordnung – LArchBO)

Vom 10. April 2006 (GBl. S. 110)

§ 1 Art der Nutzung

(1) Archivgut wird grundsätzlich durch Einsichtnahme genutzt.

(2) [1]Das Landesarchiv kann die Nutzung auch durch Beantwortung von schriftlichen oder mündlichen Anfragen, durch Vorlage oder Abgabe von Reproduktionen, durch Versendung oder durch Ausleihe von Archivgut ermöglichen. [2]Die Beantwortung von schriftlichen oder mündlichen Anfragen beschränkt sich grundsätzlich auf Hinweise zu einschlägigem Archivgut.

(3) Die für die Nutzung von Archivgut getroffenen Bestimmungen gelten für die Nutzung von nicht publizierten Findmitteln, sonstigen Hilfsmitteln und Reproduktionen entsprechend.

§ 2 Nutzungsvoraussetzungen

(1) Für die Nutzung des Archivguts im Landesarchiv ist ein gültiger Nutzerausweis erforderlich, der bei jeder Nutzung vorzulegen ist.

(2) Abweichend von Absatz 1 kann bei Nutzungen nach § 1 Abs. 2 und 3, insbesondere bei schriftlichen oder mündlichen Anfragen, auf die Ausstellung eines Nutzerausweises verzichtet werden.

(3) [1]Der Nutzerausweis ist schriftlich bei einer Archivgut verwahrenden Abteilung des Landesarchivs für das gesamte Landesarchiv zu beantragen. [2]Im Antrag sind Name, Vorname und Anschrift des Antragstellers anzugeben. [3]Auf Verlangen hat sich der Antragsteller auszuweisen.

(4) Der Nutzerausweis wird fünf Jahre nach der letzten Nutzung in einem Lesesaal des Landesarchivs ungültig.

(5) [1]Der Nutzerausweis ist nicht übertragbar. [2]Sein Verlust ist dem Landesarchiv unverzüglich anzuzeigen.

(6) Vor der Bestellung von Archivgut zur Einsichtnahme ist einmalig für jedes Nutzungsvorhaben Folgendes anzugeben:

1. Nutzungsvorhaben (Thema der Arbeit) mit möglichst präziser zeitlicher und sachlicher Eingrenzung,
2. Name, Vorname und Anschrift des Auftraggebers, wenn die Nutzung im Auftrag eines Dritten erfolgt, und
3. Nutzungszweck.

(7) Der Nutzer ist verpflichtet, Urheberrechte, Persönlichkeitsrechte sowie schutzwürdige Belange Dritter zu beachten.

§ 3 Verkürzung der Sperrfristen

[1]Eine Verkürzung der Sperrfristen wird vom Nutzer bei der das betreffende Archivgut verwahrenden Abteilung des Landesarchivs schriftlich beantragt. [2]Die Entscheidung über den Antrag trifft deren Abteilungsleiter. [3]Über die in § 2 genannten Angaben hinaus hat der Antragsteller dem Antrag auf Nutzung von Unterlagen, die sich nach ihrer Zweckbestimmung auf eine natürliche Person beziehen, entweder die schriftliche Einwilligung des Betroffenen oder seiner Angehöri-

gen im Sinne von § 6 Abs. 4 Satz 3 des Landesarchivgesetzes beizufügen oder im Antrag eingehend zu begründen, warum eine Verkürzung der Sperrfrist unerlässlich ist. [4]Soll bei einer Nutzung zu wissenschaftlichen Zwecken von der Anonymisierung personenbezogener Angaben abgesehen werden, so hat der Antragsteller außerdem zu begründen, warum das wissenschaftliche Interesse an der Offenbarung wegen der Bedeutung des Forschungsvorhabens die schutzwürdigen Belange des Betroffenen erheblich überwiegt und das Forschungsvorhaben sonst nicht durchgeführt werden kann. [5]Auf Verlangen der das Archivgut verwahrenden Abteilung des Landesarchivs sind dem Antrag ergänzende Angaben und Unterlagen, bei Hochschularbeiten insbesondere Stellungnahmen der akademischen Lehrer, beizufügen.

§ 4 Einschränkung, Versagung und Entzug des Rechts auf Nutzung

(1) Das Landesarchiv kann außer aus den in § 6 Abs. 6 Satz 1 des Landesarchivgesetzes genannten Gründen die Nutzung des Archivguts aus anderen wichtigen Gründen einschränken oder versagen, insbesondere wenn

1. der Nutzer wiederholt oder schwerwiegend gegen diese Benutzungsordnung oder gegen die Lesesaalordnung (§ 5 Abs. 1 Satz 2) verstößt oder ihm erteilte Auflagen nicht einhält,
2. der Erhaltungszustand oder der Ordnungszustand des Archivguts eine Nutzung nicht zulässt,
3. Archivalien aus dienstlichen Gründen oder wegen gleichzeitiger amtlicher oder anderweitiger Nutzung nicht verfügbar sind oder
4. der Nutzungszweck anderweitig, insbesondere durch Einsichtnahme in Druckwerke oder in Reproduktionen, hinlänglich erreicht werden kann.

(2) Das Landesarchiv kann den Nutzerausweis einziehen oder für ungültig erklären, wenn

1. nachträgliche Gründe bekannt werden, die zur Versagung der Nutzung geführt hätten,
2. der Nutzer wiederholt oder schwerwiegend gegen diese Benutzungsordnung oder gegen die Lesesaalordnung verstößt oder ihm erteilte Auflagen nicht einhält oder
3. der Nutzer Urheber- und Persönlichkeitsrechte sowie schutzwürdige Belange Dritter nicht beachtet.

§ 5 Nutzung des Archivguts im Lesesaal

(1) [1]Archivgut wird grundsätzlich in den Lesesälen des Landesarchivs zur Nutzung vorgelegt. [2]Regelungen, die dem Schutz des Archivguts und einem geordneten Ablauf der Nutzung dienen, werden in einer Verwaltungsvorschrift des Landesarchivs (Lesesaalordnung) bestimmt.

(2) [1]Das vorgelegte Archivgut, die vorgelegten Reproduktionen sowie Findmittel und sonstige Hilfsmittel sind mit aller Sorgfalt zu behandeln. [2]Insbesondere ist es nicht gestattet,

1. den Ordnungszustand des Archivguts zu verändern,
2. Bestandteile des Archivguts wie insbesondere Blätter, Zettel, Umschläge, Siegel, Stempelabdrucke und Briefmarken zu entfernen,
3. Vermerke im Archivgut anzubringen oder vorhandene zu tilgen oder
4. Archivgut als Schreib- oder Durchzeichnungsunterlage zu verwenden.

(3) [1]Das Landesarchiv kann auch die Nutzung von Archivgut ermöglichen, das von anderen Archiven oder sonstigen Stellen zur Nutzung durch Dritte übersandt

wurde. [2]Soweit die versendende Stelle nichts anderes verfügt hat, gelten die Vorschriften dieser Benutzungsordnung und der Lesesaalordnung entsprechend.

§ 6 Versendung und Ausleihe von Archivgut

(1) [1]Auf die Versendung von Archivgut zur Einsichtnahme außerhalb des Lesesaals der das betreffende Archivgut verwahrenden Abteilung des Landesarchivs besteht kein Anspruch. [2]Die Versendung kann nur in begründeten Ausnahmefällen und nur in sehr beschränktem Umfang zur Nutzung in hauptamtlich verwalteten Archiven in der Bundesrepublik Deutschland erfolgen, sofern sich diese verpflichten, das Archivgut in den Diensträumen unter ständiger fachlicher Aufsicht nur dem Antragsteller vorzulegen, es diebstahl- und feuersicher zu verwahren, keine Kopien oder Reproduktionen anzufertigen und das Archivgut nach Ablauf der vom Landesarchiv bestimmten Ausleihfrist, die zwei Monate nicht überschreiten soll, in der von diesem bestimmten Versendungsart zurückzusenden.

(2) [1]Zur Begrenzung des Versendungsrisikos soll der Antragsteller das in Frage kommende Archivgut im Lesesaal der das Archivgut verwahrenden Abteilung des Landesarchivs durchsehen und auf die Archivalieneinheiten reduzieren, deren Nutzung in der verwahrenden Abteilung des Landesarchivs nicht zumutbar erscheint. [2]Vor der Versendung ist zu prüfen, ob der Nutzungszweck nicht durch die Übersendung von Reproduktionen erreicht werden kann. [3]Eine Sendung soll höchstens zehn Archivalieneinheiten umfassen.

(3) [1]Auf die Ausleihe von Archivalien zu Ausstellungszwecken besteht kein Anspruch. [2]Eine Ausleihe ist nur möglich, wenn gewährleistet ist, dass das ausgeliehene Archivgut wirksam vor Verlust, Beschädigung und unbefugter Nutzung geschützt wird und der Ausstellungszweck nicht durch Reproduktionen oder Nachbildungen erreicht werden kann. [3]Das Landesarchiv stellt die Sicherheit und Erhaltung des zu Ausstellungszwecken ausgeliehenen Archivguts durch die erforderlichen Auflagen sicher. [4]Die Herstellung von Reproduktionen von ausgestelltem Archivgut durch Dritte bedarf der Zustimmung der verwahrenden Abteilung des Landesarchivs.

§ 7 Reproduktionen und Nachbildungen von Archivgut

(1) [1]Reproduktionen aller Art von Archivgut werden im Rahmen der bestehenden Möglichkeiten von den im Landesarchiv bestehenden Werkstätten grundsätzlich selbst hergestellt. [2]Sind diese dazu technisch nicht in der Lage, dürfen Reproduktionen in begründeten Ausnahmefällen mit Zustimmung der das Archivgut verwahrenden Abteilung des Landesarchivs bei einer von dieser benannten Stelle hergestellt werden, wenn sich der Nutzer verpflichtet, dem Landesarchiv die Vervielfältigungsträger zu überlassen. [3]Das Landesarchiv kann außerdem verlangen, dass die Reproduktionen unter seiner Aufsicht hergestellt werden, und es kann dem Auftraggeber die dadurch entstehenden Kosten in Rechnung stellen.

(2) Reproduktionen dürfen nur mit Zustimmung der das betreffende Archivgut verwahrenden Abteilung des Landesarchivs, nur zu dem angegebenen Zweck und nur unter Angabe der verwahrenden Abteilung und der von dieser festgelegten Signatur sowie unter Hinweis auf die dem Landesarchiv zustehenden Veröffentlichungs- und Vervielfältigungsrechte vervielfältigt oder an Dritte weitergegeben werden.

(3) [1]Reproduktionen von Archivgut werden nur hergestellt, soweit dabei eine Gefährdung oder Schädigung des Archivguts ausgeschlossen werden kann. [2]Über die jeweils geeigneten Reproduktionsverfahren entscheidet die das Archivgut verwahrende Abteilung des Landesarchivs. [3]Aufnahmefilme und sonstige Reproduktions-

vorlagen mit Ausnahme der zur unmittelbaren Abgabe bestimmten Bildträger wie Mikrofilme oder Diapositive verbleiben dem Landesarchiv. [4]Die Herstellung oder Abgabe von Reproduktionen kann auch versagt oder eingeschränkt werden, wenn sich Archivgut wegen seines Formats nicht zur Reproduktion eignet.

(4) Für Siegelabgüsse, Siegelabdrücke, Faksimiles und sonstige Nachbildungen aller Art von Archivgut gelten die Absätze 1 bis 3 entsprechend.

§ 8 Nutzung durch abgebende Stellen

[1]Für die Nutzung von Archivgut durch Behörden, Gerichte und sonstige Stellen des Landes, bei denen es entstanden ist oder die es abgegeben haben, finden die Vorschriften dieser Benutzungsordnung keine Anwendung. [2]Die Art und Weise der Nutzung wird zwischen der abgebenden Stelle und der das Archivgut verwahrenden Abteilung des Landesarchivs im Einzelfall vereinbart. [3]Dabei ist sicherzustellen, dass das Archivgut gegen Verlust, Beschädigung und unbefugte Nutzung geschützt und innerhalb eines angemessenen Zeitraums zurückgegeben wird.

§ 9 Gebühren

Die Erhebung von Gebühren richtet sich nach der Verordnung des Ministeriums für Wissenschaft, Forschung und Kunst über die Gebühren des Landesarchivs (Gebührenverordnung Landesarchiv – GebVOLArch) in der jeweils geltenden Fassung.

§ 10 Inkrafttreten

[1]Diese Verordnung tritt am Tage nach ihrer Verkündung in Kraft. [2]Gleichzeitig tritt die Archivbenutzungsordnung vom 29. August 1988 (GBl. S. 250) außer Kraft.

Anlage 9 b
Benützungsordnung für die staatlichen Archive Bayerns (Archivbenützungsordnung – ArchivBO)

Vom 16. Januar 1990 (GVBl. S. 6)
(BayRS 2241-1-1-WK)

zuletzt geändert durch § 10 V zur Anpassung von Verordnungen an den Euro im Geschäftsbereich des Bayerischen Staatsministeriums für Wissenschaft, Forschung und Kunst (EuroAnpV-WFK) vom 6. Juli 2001 (GVBl. S. 371)

Abschnitt I Allgemeines

§ 1 Geltungsbereich

(1) Diese Verordnung gilt für die Benützung des in den staatlichen Archiven verwahrten Archivguts.

(2) Für die Stelle, bei der das Archivgut erwachsen ist oder die es abgegeben hat, und deren Funktionsnachfolger gilt Abschnitt II dieser Verordnung nur dann, wenn das Archivgut hätte gesperrt werden müssen oder wenn seine Vernichtung auf Grund des Art. 11 Abs. 4 Satz 2 BayArchivG unterblieben ist.

(3) [1]Bei der Benützung nichtstaatlichen Archivguts gehen Vereinbarungen mit Eigentümern und von diesen getroffene Festlegungen den Regelungen dieser Verordnung vor. [2]Für die Benützung des Geheimen Hausarchivs gilt § 11 des Übereinkommens zwischen dem Bayerischen Staate und dem vormaligen Bayerischen Königshaus vom 24. Januar 1923 (Beilagen Band XI zu Landtagsverhandlungen 1922/1923 S. 498 bis 503, Nr. 3298).

(4) Die für die Benützung von Archivgut getroffenen Bestimmungen gelten für die Benützung von Findmitteln, sonstigen Hilfsmitteln und Reproduktionen entsprechend.

Abschnitt II Benützung

§ 2 Benützungsberechtigte

(1) Das Archivgut steht nach Maßgabe des Bayerischen Archivgesetzes und dieser Benützungsordnung Behörden, Gerichten und sonstigen öffentlichen Stellen sowie natürlichen und juristischen Personen für die Benützung zur Verfügung.

(2) Minderjährige können zur Benützung zugelassen werden, wenn die Zustimmung des gesetzlichen Vertreters vorliegt.

§ 3 Benützungszweck

[1]Das Archivgut kann benützt werden, soweit ein berechtigtes Interesse an der Benützung glaubhaft gemacht wird. [2]Ein berechtigtes Interesse ist insbesondere gegeben, wenn die Benützung zu amtlichen, wissenschaftlichen, heimatkundlichen, familiengeschichtlichen, rechtlichen, unterrichtlichen oder publizistischen Zwecken oder zur Wahrnehmung von berechtigten persönlichen Belangen erfolgt.

§ 4 Benützungsantrag

(1) Die Benützung ist beim staatlichen Archiv schriftlich zu beantragen.

(2) [1]Im Benützungsantrag sind der Name, der Vorname und die Anschrift des Benützers, gegebenenfalls der Name und die Anschrift des Auftraggebers, sowie das

Benützungsvorhaben, der überwiegende Benützungszweck und die Art der Auswertung anzugeben. [2]Ist der Benützer minderjährig, hat er dies anzuzeigen. [3]Für jedes Benützungsvorhaben ist ein eigener Benützungsantrag zu stellen.

(3) Der Benützer hat sich zur Beachtung der Benützungsordnung zu verpflichten.

(4) Der Benützer hat sich auf Verlangen auszuweisen.

(5) Bei schriftlichen oder mündlichen Anfragen kann auf einen schriftlichen Benützungsantrag verzichtet werden.

§ 5 Benützungsgenehmigung

(1) [1]Die Benützungsgenehmigung erteilt das staatliche Archiv. [2]Sie gilt nur für das laufende und das darauffolgende Kalenderjahr, für das im Benützungsantrag angegebene Benützungsvorhaben und für den angegebenen Benützungszweck.

(2) [1]Die Benützungsgenehmigung ist zu versagen oder von Auflagen abhängig zu machen, wenn und soweit

1. Grund zu der Annahme besteht, daß Interessen der Bundesrepublik Deutschland oder eines ihrer Länder gefährdet würden,
2. Grund zu der Annahme besteht, daß schutzwürdige Belange Betroffener oder Dritter entgegenstehen,
3. Gründe des Geheimnisschutzes es erfordern,
4. der Erhaltungszustand des Archivguts gefährdet würde,
5. durch die Benützung ein nicht vertretbarer Verwaltungsaufwand entstünde.

[2]Im Fall von Satz 1 Nr. 1 holt das staatliche Archiv vor der Erteilung der Benützungsgenehmigung die Zustimmung der Generaldirektion der Staatlichen Archive Bayerns ein, die im Einvernehmen mit der abgebenden Stelle oder deren Funktionsnachfolger entscheidet.

(3) Die Benützungsgenehmigung kann ganz oder teilweise versagt oder mit Auflagen versehen werden, wenn

1. der Zweck der Benützung auf andere Weise erreicht werden kann, insbesondere durch Einsicht in Druckwerke oder Reproduktionen, und eine Benützung des Originals aus wissenschaftlichen oder rechtlichen Gründen nicht zwingend erforderlich ist,
2. das Archivgut zu amtlichen Zwecken, im Rahmen von Erschließungsarbeiten oder wegen einer gleichzeitigen anderweitigen Benützung benötigt wird,
3. der Benützer nicht die Gewähr für die Einhaltung der Benützungsordnung bietet.

(4) Wird die Benützung von Unterlagen nach Art. 11 Abs. 4 Satz 3 BayArchivG beantragt, so hat der Benützer die Einwilligung des Betroffenen beizubringen oder nachzuweisen, daß die Benützung dem Vorteil des Betroffenen zu dienen bestimmt ist.

(5) [1]Die Benützung kann auch auf Teile von Archivgut, auf anonymisierte Reproduktionen, auf die Erteilung von Auskünften oder auf besondere Zwecke, wie quantifizierende medizinische Forschung oder statistische Auswertung, beschränkt werden. [2]Als Auflagen kommen insbesondere die Verpflichtung zur Anonymisierung von Namen bei einer Veröffentlichung und zur Beachtung schutzwürdiger Belange Betroffener oder Dritter sowie das Verbot der Weitergabe von Abschriften an Dritte in Betracht.

(6) Archivgut ist von der Benützung ausgeschlossen, solange es einer Schutzfrist unterliegt und eine Verkürzung der Schutzfrist nicht erfolgt ist.

(7) [1]Die Benützungsgenehmigung kann auch dann widerrufen werden, wenn Angaben im Benützungsantrag nicht mehr zutreffen oder die Benützungsordnung nicht eingehalten wird. [2]Sie kann nachträglich mit Auflagen versehen werden.

§ 6 Verkürzung und Verlängerung von Schutzfristen

(1) [1]Der Antrag auf Verkürzung von Schutzfristen ist vom Benützer schriftlich bei dem das Archivgut verwahrenden staatlichen Archiv zu stellen. [2]Bei personenbezogenem Archivgut nach Art. 10 Abs. 4 Satz 2 BayArchivG hat der Benützer die Einwilligung des Betroffenen beizubringen oder nachzuweisen, daß die Benützung zur Erreichung des beabsichtigten wissenschaftlichen Zwecks, zur Behebung einer bestehenden Beweisnot oder aus sonstigen im überwiegenden Interesse der abgebenden Stelle oder eines Dritten liegenden Gründen unerläßlich ist.

(2) [1]Über die Verkürzung und die Verlängerung von Schutzfristen entscheidet die Generaldirektion der Staatlichen Archive Bayerns. [2]Diese holt die Zustimmung der abgebenden Stelle oder ihres Funktionsnachfolgers ein.

§ 7 Benützung in den staatlichen Archiven

(1) [1]Die Benützung erfolgt durch die Einsichtnahme in Findmittel, Archivgut und Reproduktionen in den dafür vorgesehenen Räumen der staatlichen Archive. [2]Diese können die Benützung auch durch Beantwortung von schriftlichen oder mündlichen Anfragen, durch Abgabe von Reproduktionen oder durch Versendung von Archivgut ermöglichen.

(2) Mündliche oder schriftliche Auskünfte können sich auf Hinweise auf einschlägiges Archivgut beschränken.

(3) [1]Das Archivgut, die Reproduktionen, die Findmittel und die sonstigen Hilfsmittel sind mit größter Sorgfalt zu behandeln. [2]Eine Änderung des Ordnungszustands, die Entfernung von Bestandteilen und die Anbringung oder Tilgung von Vermerken sind unzulässig.

(4) [1]Das eigenmächtige Entfernen von Archivgut aus den für die Benützung vorgesehenen Räumen ist untersagt. [2]Das staatliche Archiv ist berechtigt, Kontrollen durchzuführen.

(5) [1]Die Verwendung von technischen Geräten bei der Benützung, wie Schreibmaschine, Diktiergerät, Computer oder beleuchtete Leselupe, bedarf besonderer Genehmigung. [2]Diese kann nur erteilt werden, wenn durch die Verwendung der Geräte weder Archivgut gefährdet noch der geordnete Ablauf der Benützung gestört wird.

§ 8 Reproduktionen

(1) [1]Die Anfertigung von Reproduktionen kann nur nach Maßgabe des § 5 erfolgen. [2]Reproduktionen werden durch die staatlichen Archive oder eine von diesen beauftragte Stelle hergestellt.

(2) Eine Veröffentlichung, Weitergabe oder Vervielfältigung von Reproduktionen ist nur mit vorheriger Zustimmung des staatlichen Archivs zulässig.

(3) Bei einer Veröffentlichung von Reproduktionen sind das verwahrende staatliche Archiv und die dort verwendete Archivsignatur anzugeben.

§ 9 Versendung von Archivgut

(1) [1]Auf die Versendung von Archivgut zur Benützung außerhalb des verwahrenden Archivs besteht kein Anspruch. [2]Sie kann in begründeten Ausnahmefällen erfolgen, insbesondere wenn das Archivgut zu amtlichen Zwecken bei öffentlichen

Stellen oder für Ausstellungszwecke benötigt wird. [3]Die Versendung kann von Auflagen abhängig gemacht werden.

(2) Archivgut kann zu nichtamtlichen Zwecken nur an hauptamtlich verwaltete Archive versandt werden, sofern sich diese verpflichten, das Archivgut in den Benützerräumen unter Aufsicht nur dem Antragsteller vorzulegen, es archivfachlich einwandfrei zu verwahren, keine Reproduktionen anzufertigen und das Archivgut nach Ablauf der Ausleihfrist zurückzusenden.

(3) Eine Versendung von Archivgut für Ausstellungen ist nur möglich, wenn sichergestellt ist, daß das Archivgut wirksam vor Verlust und Beschädigung geschützt wird und der Ausstellungszweck nicht durch Reproduktionen oder Nachbildungen erreicht werden kann.

§ 10 Belegexemplar

[1]Von jeder Veröffentlichung, die zu einem erheblichen Teil unter Verwendung von Archivgut eines staatlichen Archivs angefertigt worden ist, ist diesem ein Exemplar kostenlos zu überlassen. [2]Entsprechendes gilt für die Veröffentlichung von Reproduktionen. [3]Auf die Abgabe kann in Ausnahmefällen verzichtet werden.

Abschnitt III Benützungsgebühren

§ 11 Gebühren und Auslagen

(1) Für die Inanspruchnahme der staatlichen Archive werden Gebühren und Auslagen (Benützungsgebühren) erhoben.

(2) [1]Schuldner der Benützungsgebühren sind der Benützer und derjenige, in dessen Interesse die Inanspruchnahme erfolgt sowie derjenige, der die Schuld gegenüber dem Archiv schriftlich übernimmt. [2]Mehrere Schuldner haften als Gesamtschuldner.

§ 12 Höhe der Benützungsgebühren, Auslagen

(1) [1]Für die Vorlage oder Versendung von Archivgut, die Erteilung mündlicher oder schriftlicher Fachauskünfte, die Erstellung von Gutachten und für sonstige Tätigkeiten betragen die Gebühren bei Beanspruchung

1.	eines Beamten des höheren Archivdienstes	neunundzwanzig €
2.	eines Beamten des gehobenen Archivdienstes	einundzwanzig €
3.	eines Beamten des mittleren Archivdienstes	sechzehn €
4.	eines Beamten des einfachen Dienstes	fünfzehn €

je Halbstunde Zeitaufwand. [2]Die letzte angefangene Halbstunde des Zeitaufwands jeder Personengruppe wird als volle Halbstunde gerechnet. [3]Das gleiche gilt, wenn der Zeitaufwand einer Gruppe eine Halbstunde nicht erreicht. [4]Die Halbstundensätze gelten für andere, vergleichbare Archivbedienstete entsprechend.

(2) Für die Anfertigung von Reproduktionen werden Gebühren entsprechend den ortsüblichen gewerblichen Preisen erhoben.

(3) Neben den Gebühren nach den Absätzen 1 und 2 werden als Auslagen erhoben

1. die Postgebühren, die Kosten einer Versendung (z.B. für Verpackung und Versicherung) sowie die Fernsprechgebühren im Fernverkehr,
2. die Reisekosten nach den Reisekostenvorschriften und sonstige Aufwendungen bei Ausführung von Dienstgeschäften außerhalb der Dienststelle,
3. die anderen Behörden oder anderen Personen für ihre Tätigkeit zustehenden Beträge.

§ 13 Gebührenbefreiung

Gebühren nach § 12 Abs. 1 werden nicht erhoben bei Benützungen

1. durch Behörden des Freistaates Bayern,
2. von Archivgut durch Stellen, die dieses Archivgut abgegeben haben, oder deren Funktionsnachfolger,
3. für nachweisbar wissenschaftliche, heimatkundliche, familiengeschichtliche und unterrichtliche Zwecke,
4. in Amts- und Rechtshilfesachen für den Bund und die Länder der Bundesrepublik Deutschland,
5. für rechtliche Forschungen durch zentrale Stellen der öffentlich-rechtlichen Religionsgemeinschaften sowie der Anstalten und Stiftungen des öffentlichen Rechts, soweit die Benützung in eigener Sache erfolgt und Gegenseitigkeit gewährt wird.

§ 14 Fälligkeit, Vorschüsse

(1) Die Gebühren und Auslagen werden mit dem Tätigwerden der Archive fällig.

(2) Die Archive können einen angemessenen Vorschuß auf die Gebühren und Auslagen verlangen und von dessen Bezahlung ihre Tätigkeit abhängig machen.

Abschnitt IV Schlußbestimmungen

§ 15 Inkrafttreten, Außerkrafttreten

(1) Diese Verordnung tritt am 1. Februar 1990 in Kraft.

(2) Gleichzeitig treten außer Kraft:

1. die Verordnung über die Erhebung von Benutzungsgebühren durch die Staatlichen Archive Bayerns – Archivgebührenordnung – ArchGebO – (BayRS 2241-3-K), geändert durch Verordnung vom 15. Juni 1987 (GVBl S. 236),
2. die Bekanntmachung des Bayerischen Staatsministeriums für Unterricht und Kultus über die Benützung der staatlichen Archive Bayerns (Benützungsordnung) vom 25. April 1955 (BayBSVK S. 1493).

Anlage 9 c
Ordnung für die Benutzung von Archivgut im Landesarchiv Berlin (Landesarchiv-Benutzungsordnung – LArchBO)

Vom 4. März 2008

Auf Grund des § 8 Abs. 10 des Archivgesetzes des Landes Berlin (ArchGB) vom 29. November 1993 (GVBl. S. 576), zuletzt geändert durch § 19 des Gesetzes vom 15. Oktober 2001 (GVBl. S. 540), wird bestimmt:

§ 1 Benutzungsberechtigung, Benutzungsverhältnis

(1) Das Archivgut des Landesarchivs Berlin steht für jedermann auf Antrag und nach Maßgabe dieser Benutzungsordnung zur Benutzung bereit.

(2) Für die Benutzung von Archivgut, das von nachgeordneten Stellen des Bundes gemäß § 2 Abs. 3 und 4 des Bundesarchivgesetzes (BArchG) dem Landesarchiv Berlin übergeben worden ist, finden die §§ 4 und 5 BArchG Anwendung.

(3) Bei Benutzung von Archivgut privater Institutionen und natürlicher Personen gehen Vereinbarungen mit der Eigentümerin oder dem Eigentümer dieser Benutzungsordnung vor.

(4) Zwischen dem Landesarchiv Berlin und der Benutzerin oder dem Benutzer wird ein öffentlich-rechtliches Benutzungsverhältnis begründet.

§ 2 Benutzungsvoraussetzungen

(1) Die Benutzung von Archivgut des Landesarchivs Berlin erfolgt auf Antrag und nach Einwilligung des Landesarchivs Berlin. Voraussetzung für die Benutzung von Archivgut ist die Anerkennung der Benutzungsordnung. Die Anerkennung erfolgt durch die Unterschrift der Benutzerin oder des Benutzers auf dem Benutzungsantrag.

(2) Der schriftliche Benutzungsantrag ist unter Verwendung des Formulars des Landesarchivs Berlin zu stellen. Der Antrag ist vollständig und sorgfältig auszufüllen.

(3) Bei schriftlichen und mündlichen Anfragen wird auf einen schriftlichen Benutzungsantrag verzichtet.

(4) Das Landesarchiv Berlin kann die Benutzerin oder den Benutzer auffordern, den amtlichen Personalausweis oder Reisepass vorzulegen.

(5) Die Einwilligung des Landesarchivs Berlin wird der Benutzerin oder dem Benutzer mündlich oder schriftlich mitgeteilt. Sie gilt für den angegebenen Benutzungszweck und das Benutzungsthema sowie für das laufende Kalenderjahr. Sie kann mit Auflagen erteilt werden.

(6) Die Benutzerin oder der Benutzer ist verpflichtet, bei der Benutzung die geltenden Vorschriften des Urheberund Persönlichkeitsschutzes sowie die schutzwürdigen Belange Dritter zu beachten.

(7) Die Einwilligung kann versagt oder eingeschränkt werden, wenn

1. der Zweck der Benutzung durch die Einsichtnahme in Druckwerke oder Reproduktionen oder auf andere Weise erreicht werden kann oder
2. bei einer früheren Benutzung von Archivgut wiederholt oder schwerwiegend gegen Benutzungsbestimmungen verstoßen wurde.

(8) Unbeschadet der Regelungen gemäß §§ 48 und 49 des Verwaltungsverfahrensgesetzes (VwVfG) kann die Einwilligung auch widerrufen werden, wenn

1. die Angaben im Benutzungsantrag nicht oder nicht mehr zutreffen,
2. nachträglich Gründe bekannt werden, die zur Versagung oder Einschränkung der Benutzung geführt hätten,
3. wiederholt oder schwerwiegend gegen die Benutzungsbestimmungen verstoßen wird oder
4. das Urheber- oder Persönlichkeitsrecht verletzt oder sonstige schutzwürdige Belange Dritter nicht beachtet werden.

(9) Für die Mitwirkung anderer Personen als Beauftragte oder Hilfskräfte der Antragstellerin oder des Antragstellers ist von diesen ein gesonderter Benutzungsantrag zu stellen.

§ 3 Benutzung

(1) Das Archivgut wird zur Benutzung im Original oder in Kopie im Landesarchiv Berlin vorgelegt oder als Kopie abgegeben. Zum Schutz des Archivgutes oder zur Wahrung schutzwürdiger Belange Dritter können ausschließlich Auskünfte über seinen Inhalt erteilt werden. Über die Art der Benutzung entscheidet das Landesarchiv Berlin.

(2) Die Verkürzung von Schutzfristen gemäß § 8 Abs. 4 ArchGB ist von der Benutzerin oder dem Benutzer schriftlich zu beantragen und zu begründen. Bei personenbezogenem Archivgut sollen die Einverständniserklärungen der Betroffenen oder ihrer Angehörigen für die Einsichtnahme, die Abgabe von Reproduktionen und zur Veröffentlichung von der Antragstellerin oder dem Antragsteller vorgelegt werden.

(3) Die Benutzerin oder der Benutzer ist verpflichtet, das Archivgut in den Benutzungsräumen zu belassen, die innere Ordnung des Archivgutes zu bewahren, es nicht zu beschädigen, zu verändern oder in seinem Erhaltungszustand zu gefährden. Näheres regelt die Lesesaalordnung des Landesarchivs Berlin.

(4) Das Personal des Landesarchivs Berlin ist berechtigt, der Benutzerin oder dem Benutzer Weisungen zur Einhaltung der Benutzungsordnung zu erteilen, denen Folge zu leisten ist.

§ 4 Ausschluss von der Benutzung

Eine Benutzerin oder ein Benutzer, die oder der fällige Gebühren oder Auslagen nicht bezahlt, Archivgut widerrechtlich beschädigt, aus dem Landesarchiv Berlin entfernt oder sonst in grober Weise oder wiederholt gegen archivrechtliche Vorschriften oder die Benutzungsbestimmungen verstößt, kann zeitweise oder auf Dauer von der Benutzung ausgeschlossen werden.

§ 5 Reproduktionen

(1) Das Landesarchiv Berlin kann auf schriftlichen Antrag Reproduktionen von Archivgut anfertigen oder durch eine beauftragte Stelle anfertigen lassen. Ein Anspruch auf Anfertigung, insbesondere von Reproduktionen in größerem Umfang, besteht nicht. Näheres regelt die Lesesaalordnung.

(2) Reproduktionen werden nur angefertigt, soweit konservatorische oder rechtliche Gründe nicht entgegenstehen. Über das geeignete Reproduktionsverfahren entscheidet das Landesarchiv Berlin.

(3) Reproduktionen dürfen nur mit schriftlicher Einwilligung des Landesarchivs Berlin und nur zu dem genehmigten Zweck veröffentlicht, vervielfältigt, an Dritte weitergegeben oder in sonstiger Weise genutzt werden. Bei Veröffentlichungen

von Reproduktionen sind als Quelle das Landesarchiv Berlin und die Archivsignatur anzugeben.

(4) Die Benutzerin oder der Benutzer hat die für die Erteilung der Einwilligung nach Absatz 3 und die Festsetzung der Gebühren nach § 7 erforderlichen Angaben zu machen und Nachweise vorzulegen.

§ 6 Ausleihe

(1) Das Landesarchiv Berlin kann in begründeten Fällen und in beschränktem Umfang Archivgut an andere hauptamtlich verwaltete Archive ausleihen. Für die Einsichtnahme in dem auswärtigen Archiv findet § 2 Abs. 1 und 2 Anwendung. Im Übrigen unterliegt das Archivgut den Benutzungsbestimmungen des auswärtigen Archivs; ergänzend gilt die Benutzungsordnung des Landesarchivs Berlin.

(2) Die Weitergabe ausgeliehenen Archivgutes an Dritte ist nicht gestattet.

(3) Das Landesarchiv Berlin kann auf Antrag Reproduktionen von Filmen und Fotos an jedermann ausleihen.

(4) Archivgut kann für Ausstellungen an Einrichtungen ausgeliehen werden, die die Gewähr dafür bieten, dass das ausgeliehene Archivgut entsprechend den Anforderungen des Landesarchivs Berlin benutzt und geschützt wird.

(5) Die Leihfrist beträgt in der Regel vier Wochen. Sie kann in begründeten Fällen verlängert werden. Archivgut kann aus dienstlichen Gründen jederzeit zurückgefordert werden.

(6) Die Benutzerin oder der Benutzer ist verpflichtet, den Verlust oder die Beschädigung des ausgeliehenen Archivgutes unverzüglich dem Landesarchiv Berlin mitzuteilen. Für den Verlust oder die Beschädigung des ausgeliehenen Archivgutes haftet die Benutzerin oder der Benutzer, die oder der den Ausleihantrag gestellt hat.

(7) In den Fällen des Absatzes 1, 3 und 4 ist eine schriftliche Vereinbarung über die Einzelheiten der Ausleihe einschließlich der Gebührenerhebung zu schließen.

(8) Archivgut kann in begründeten Fällen an Behörden und sonstige öffentliche Stellen ausgeliehen werden.

(9) Spätestens mit Ablauf der Leihfrist ist das entliehene Archivgut unaufgefordert zurückzugeben oder die Verlängerung der Leihfrist schriftlich zu beantragen. Die Entscheidung über den Verlängerungsantrag wird der Benutzerin oder dem Benutzer schriftlich mitgeteilt. Die Verpflichtung zur Rückgabe des Archivgutes besteht auch, wenn die schriftliche Benachrichtigung bis zum Ablauf der Leihfrist nicht vorliegt.

(10) Bei Überschreitung der Leihfrist wird die Rückgabe des Archivgutes schriftlich angemahnt. Die Mahnungen sind nach Maßgabe des anliegenden Gebührenverzeichnisses kostenpflichtig.

(11) Die Kosten der Restaurierung von beschädigtem Archivgut sind nach den geltenden gesetzlichen Vorschriften zu leisten. Darüber hinaus werden Bearbeitungsgebühren nach Maßgabe des anliegenden Gebührenverzeichnisses erhoben.

§ 7 Gebühren und Auslagen

(1) Das Landesarchiv Berlin erhebt für die Benutzung von Archivgut, die von ihm erbrachten Leistungen und die Einräumung von Nutzungsrechten Gebühren und Auslagen gemäß dem anliegenden Gebührenverzeichnis zu dieser Benutzungsordnung in der jeweils geltenden Fassung.

(2) Auslagen werden zusätzlich zu den Gebühren und auch dann erhoben, wenn die Leistung gebührenfrei erfolgt.

(3) Gebühren werden nicht erhoben für einfache mündliche oder schriftliche Auskünfte.

(4) Die Gebühren nach Nummer 1 und Nummer 3 des Gebührenverzeichnisses werden nicht erhoben, wenn die Benutzung wissenschaftlichen und heimatkundlichen Zwecken, dem Unterricht oder der Klärung versorgungsrechtlicher Angelegenheiten dient und nicht in überwiegend privatem oder gewerblichem Interesse liegt. Für die Gebühren nach Nummer 1.2 und Nummer 4.1 des Gebührenverzeichnisses gilt dies nur, wenn der Ermittlungsaufwand den Zeitraum von zwei Stunden nicht überschreitet.

§ 8 Inkrafttreten, Außerkrafttreten

Diese Benutzungsordnung tritt am 1. Mai 2008 in Kraft. Gleichzeitig tritt die Ordnung für die Benutzung von Archivgut des Landesarchivs Berlin (Landesarchiv-Benutzungsordnung – LArchBO) vom 7. Juli 1997 (ABl. S. 2817) außer Kraft.

Anlage

Gebühren- und Auslagenverzeichnis (hier nicht wiedergegeben)

Anlage 9 d
Verordnung über die Benutzung von Archivgut im Brandenburgischen Landeshauptarchiv
(Brandenburgische Landeshauptarchiv-Benutzungsordnung – LHABenO)

Vom 17. Februar 2000 (GVBl. II S. 59)
(Sa BbgLR 557-6)

zuletzt geändert durch Art. 25 Elektronischer Rechtsverkehr-AnpassungsG vom 17. Dezember 2003 (GVBl. I S. 298)

§ 1 Arten der Benutzung

(1) Die Benutzung von Archivgut erfolgt in der Regel durch persönliche Einsichtnahme im Brandenburgischen Landeshauptarchiv.

(2) [1]An die Stelle der persönlichen Einsichtnahme kann auch die mündliche, schriftliche oder elektronische Auskunftserteilung sowie die Abgabe von Reproduktionen treten. [2]Auskünfte können sich auf Hinweise zu einschlägigem Archivgut beschränken.

§ 2 Benutzungsgenehmigung

(1) [1]Die Benutzung von Archivgut erfolgt auf Antrag und nach Genehmigung des Brandenburgischen Landeshauptarchivs. [2]Das Benutzungsverhältnis ist öffentlichrechtlicher Natur.

(2) [1]Die Benutzungsgenehmigung ist schriftlich unter Verwendung der dafür vorgesehenen Formulare zu beantragen. [2]Dabei hat der Antragsteller seinen Namen und seine Anschrift sowie den Benutzungszweck anzugeben und den Gegenstand der Nachforschungen möglichst genau zu bezeichnen. [3]Er kann freiwillig seinen Beruf angeben. [4]Handelt der Antragsteller im Auftrage Dritter, so hat er zusätzlich Namen und Anschrift dieser Person oder Stelle anzugeben.

(3) Der Antragsteller hat sich auf Verlangen auszuweisen.

(4) [1]Bei der Verwertung von Erkenntnissen aus Archivgut sind Persönlichkeits- und Urheberrechte sowie sonstige schutzwürdige Belange Betroffener und Dritter gemäß § 11 des Brandenburgischen Archivgesetzes zu berücksichtigen. [2]Im Falle der Verletzung dieser Rechte und Belange haftet der Benutzer. [3]Hierüber hat der Antragsteller eine schriftliche Erklärung abzugeben.

(5) [1]Das Brandenburgische Landeshauptarchiv darf die in Absatz 2 Satz 2 bis 4 genannten personenbezogenen Daten verarbeiten. [2]Nach Ablauf des auf die Benutzung folgenden Kalenderjahres werden die jeweiligen Daten gelöscht, es sei denn, die jeweilige Sachlage lässt nach der Art der Benutzernachfrage eine Nutzung der betreffenden personenbezogenen Daten auch noch nach diesem Zeitpunkt erwarten, oder es liegt einer der in § 8 oder § 9 des Brandenburgischen Archivgesetzes genannten Fälle vor. [3]Diese Datensätze sind zu kennzeichnen; die jeweils betroffenen Benutzer sind auf die verlängerten Fristen für die Zulässigkeit der Verarbeitung hinzuweisen.

(6) [1]Das Brandenburgische Landeshauptarchiv entscheidet nach Maßgabe der §§ 7 bis 9 des Brandenburgischen Archivgesetzes über den Antrag. [2]Die Entscheidung wird dem Antragsteller mündlich, schriftlich oder elektronisch mitgeteilt. [3]Die Einwilligung gilt nur für den angegebenen Benutzungszweck, den angegebenen Gegenstand der Nachforschungen und jeweils für das laufende Kalenderjahr; sie kann mit Nebenbestimmungen gemäß den §§ 10 Abs. 5 und 11 Abs. 3 des

Brandenburgischen Archivgesetzes erteilt werden. [4]§ 8 Abs. 1 Satz 3 des Brandenburgischen Archivgesetzes bleibt unberührt.

(7) Die Mitwirkung von Hilfskräften bei der Benutzung von Archivgut ist gesondert zu beantragen.

§ 3 Benutzung

(1) [1]Das Archivgut wird nach vorangegangener Beratung im Original oder als Reproduktion im Lesesaal des Brandenburgischen Landeshauptarchivs vorgelegt oder als Reproduktion ausgehändigt. [2]Zum Schutz des Archivguts oder zur Wahrung schutzwürdiger Belange Dritter können auch ausschließlich Auskünfte über seinen Inhalt erteilt werden. [3]Über die Art und Weise der Benutzung entscheidet das Brandenburgische Landeshauptarchiv unter Berücksichtigung der §§ 7 bis 12 des Brandenburgischen Archivgesetzes im Einzelfall.

(2) [1]Die Vorlage des Archivguts erfolgt im Rahmen der gegebenen Möglichkeiten des Brandenburgischen Landeshauptarchivs. [2]Ein Anspruch auf Vorlage bestimmten Archivguts zu einem bestimmten Zeitpunkt besteht nicht.

(3) [1]Die Benutzer sind verpflichtet, das Archivgut in den Benutzungsräumen des Brandenburgischen Landeshauptarchivs zu belassen, seine innere Ordnung zu bewahren, es nicht zu beschädigen, zu verändern oder in seinem Erhaltungszustand zu gefährden. [2]Insbesondere ist es untersagt, in dem Archivgut Stellen an- oder auszustreichen, Randbemerkungen oder andere Eintragungen zu machen oder Unterlagen durchzupausen.

(4) [1]Das Archiv unterstützt die Benutzer bei der Ermittlung des Archivguts und legt es vor. [2]Ein Anspruch auf Unterstützung beim Lesen oder Übersetzen des Archivguts besteht nicht.

(5) [1]Die Verwendung technischer Geräte bei der Benutzung bedarf der Genehmigung. [2]Diese kann versagt werden, wenn Grund zu der Annahme besteht, dass dadurch das Archivgut gefährdet würde, andere Benutzer gestört würden oder ein unvertretbarer Aufwand verursacht würde.

(6) Das Personal des Brandenburgischen Landeshauptarchivs ist berechtigt, den Benutzern Anweisungen zur Einhaltung der Benutzungs- und der Lesesaalordnung zu erteilen, denen Folge zu leisten ist.

(7) Näheres regelt die jeweils geltende Lesesaalordnung des Brandenburgischen Landeshauptarchivs.

§ 4 Verkürzung von Schutzfristen

(1) [1]Die Verkürzung von Schutzfristen gemäß den §§ 10 und 12 des Brandenburgischen Archivgesetzes ist schriftlich und unter Angabe von Gründen zu beantragen. [2]Sie kann lediglich für einzelne Archivalieneinheiten oder fest umgrenzte Gruppen beantragt werden.

(2) [1]Über die Verkürzung entscheidet der Direktor des Brandenburgischen Landeshauptarchivs. [2]Die Entscheidung ist dem Antragsteller schriftlich, bei Ablehnung unter Angabe der Gründe, mitzuteilen.

(3) Wird im Falle des § 10 Abs. 9 Nr. 1 des Brandenburgischen Archivgesetzes die schriftliche Einwilligung einer der zur Einwilligung berechtigten Personen vorgelegt, so kann auf die Schriftform des Antrages und bei positiver Entscheidung auch des Bescheides verzichtet werden.

§ 5 Reproduktionen

(1) Reproduktionen werden im Rahmen der gegebenen Möglichkeiten vom Brandenburgischen Landeshauptarchiv oder von einer von ihm beauftragten Stelle angefertigt, soweit konservatorische und urheberrechtliche Gründe nicht entgegenstehen und sichergestellt ist, dass schutzwürdige Belange Betroffener oder Dritter nicht beeinträchtigt werden.

(2) [1]Über das geeignete Reproduktionsverfahren entscheidet im Zweifelsfall das Brandenburgische Landeshauptarchiv. [2]Ein Anspruch auf Anfertigung von Reproduktionen besteht nicht.

(3) Die Veröffentlichung von Reproduktionen von Archivgut aus dem Brandenburgischen Landeshauptarchiv bedarf der Genehmigung des Archivs.

§ 6 Ausleihe von Archivgut

[1]In begründeten Ausnahmefällen kann zu amtlichen oder zu Ausstellungszwecken eine Benutzung durch Ausleihe von Archivgut stattfinden. [2]Die Ausleihe bedarf einer besonderen Vereinbarung zwischen dem Brandenburgischen Landeshauptarchiv und dem Ausleiher.

§ 7 Gebühren

Die Berechnung von Gebühren und Auslagen für die Inanspruchnahme des Brandenburgischen Landeshauptarchivs richtet sich nach der Gebührenordnung für das Brandenburgische Landeshauptarchiv in der jeweils geltenden Fassung.

§ 8 Ausschluss von der Benutzung

Benutzer, die fällige Entgelte nicht zahlen, Archivgut beschädigen, aus dem Brandenburgischen Landeshauptarchiv entfernen oder sonst in grober Weise gegen Vorschriften des Brandenburgischen Archivgesetzes, der Benutzungs- oder der Lesesaalordnung verstoßen, können zeitweise oder auf Dauer von der Benutzung ausgeschlossen werden.

§ 9 In-Kraft-Treten

Diese Verordnung tritt am Tage nach der Verkündung in Kraft.

Anlage 9 e
Verordnung über die Benutzung des Staatsarchivs Bremen (Bremische Archivbenutzungsverordnung – BremArchivV)

Vom 30. Oktober 2013 (Brem.ABl. S. 1266)

Abschnitt 1 Allgemeines

§ 1 Geltungsbereich

[1]Diese Verordnung gilt für das Staatsarchiv Bremen. [2]Sie regelt die Benutzung von Archivgut, von Reproduktionen des Archivguts, von Findmitteln und von Bibliotheksgut.

§ 2 Nutzungsrecht

Nach Maßgabe des Bremischen Archivgesetzes und dieser Verordnung stehen Archivgut, Reproduktionen des Archivguts und Findmittel auf Antrag für die Benutzung zur Verfügung.

§ 3 Benutzungsarten

(1) Die Benutzung erfolgt

1. durch persönliche Einsichtnahme im Staatsarchiv,
2. durch persönliche, telefonische oder schriftliche Anfragen,
3. durch Anforderung von Reproduktionen von Archivgut,
4. durch Versendung von Archivgut zur Einsichtnahme an einem anderen Ort oder
5. durch Ausleihe von Archivgut für Ausstellungen und zu anderen Zwecken der Öffentlichkeitsarbeit.

(2) Die übliche Benutzungsart ist die persönliche Einsichtnahme im Staatsarchiv.

(3) [1]Über die Benutzungsart entscheidet das Staatsarchiv unter fachlichen Gesichtspunkten. [2]Es besteht kein Rechtsanspruch auf eine bestimmte Benutzungsart.

§ 4 Benutzungsantrag

(1) [1]Der Benutzungsantrag ist in der Regel schriftlich zu stellen. [2]Dabei sind Angaben zur Person zu machen und der Benutzungszweck sowie der Gegenstand der Nachforschungen möglichst genau anzugeben. [3]Bei persönlicher Einsichtnahme ist für die schriftliche Antragstellung ein Vordruck zu verwenden.

(2) Wer Archivgut benutzen will, hat sich auf Verlangen auszuweisen.

(3) Für jeden Benutzungszweck und für jeden Gegenstand der Nachforschungen ist in der Regel ein gesonderter Antrag nach Absatz 1 zu stellen.

(4) Sollen andere Personen als Hilfskräfte oder Beauftragte zu den Arbeiten herangezogen werden, so haben diese eigene Anträge zu stellen.

§ 5 Benutzungsgenehmigung

(1) [1]Über den Benutzungsantrag entscheidet das Staatsarchiv nach Maßgabe von § 7 des Bremischen Archivgesetzes. [2]Die Genehmigung ist beschränkt auf das Benutzungsvorhaben und den Benutzungszweck. [3]Das Benutzungsverhältnis ist öffentlich-rechtlicher Natur.

(2) Die Benutzungsgenehmigung kann widerrufen werden, wenn

1. wiederholt oder schwerwiegend gegen das Bremische Archivgesetz, diese Verordnung oder ergänzende Bestimmungen (§ 16) verstoßen wird,
2. festgelegte Benutzungsbedingungen oder -auflagen nicht eingehalten werden oder
3. nachträglich Gründe bekannt werden, die zur Versagung geführt hätten.

(3) Bei Einschränkung, Versagung und Widerruf der Benutzungsgenehmigung sind die Gründe, auf Wunsch schriftlich, mitzuteilen.

(4) Zur weiteren Bearbeitung genehmigter Benutzungsanträge können auch Daten über den Ablauf der Benutzung, insbesondere über das benutzte Archivgut, verarbeitet werden.

§ 6 Benutzung von Archivgut unter Schutzfristen und von Verschlusssachen

(1) [1]Anträge nach § 7 Absatz 5 des Bremischen Archivgesetzes sind mit genauer Bezeichnung des Gegenstands der Nachforschungen, detaillierter Angabe des in Frage kommenden Archivguts und ausführlicher Begründung schriftlich an das Staatsarchiv zu richten. [2]Bei der Antragstellung ist ein Vordruck des Staatsarchivs zu verwenden.

(2) [1]Liegt bei personenbezogenem Archivgut keine Einwilligung nach § 7 Absatz 5 Satz 2 Nummer 1 des Bremischen Archivgesetzes vor, hat der Antragsteller das Vorliegen der Voraussetzungen nach § 7 Absatz 5 Satz 2 Nummer 2 oder 3 des Bremischen Archivgesetzes darzulegen. [2]Bei Forschungsvorhaben ist zu erläutern, warum schutzwürdige Belange der betroffenen Personen nicht beeinträchtigt werden oder warum das öffentliche Interesse an der Durchführung des Forschungsvorhabens die schutzwürdigen Belange erheblich überwiegt. [3]Hierzu können ergänzende Angaben und Unterlagen verlangt werden. [4]Bei Studien- und Prüfungsarbeiten ist eine Stellungnahme des betreuenden Hochschullehrenden beizufügen.

(3) [1]Für den Umgang mit Verschlusssachen gilt die Verschlusssachenanweisung für das Land Bremen in der jeweils geltenden Fassung. [2]Darüber hinaus dürfen im Staatsarchiv archivierte Verschlusssachen nur mit Zustimmung der abliefernden Stelle Dritten zugänglich gemacht werden.

§ 7 Rechtsschutzbestimmungen

(1) [1]Bei der Verwertung der aus dem Archivgut gewonnenen Erkenntnisse sind Urheber- und Persönlichkeitsrechte, insbesondere das Datenschutzrecht und andere schutzwürdige Belange, zu wahren. [2]Dies gilt insbesondere für die Fälle des § 7 Absatz 5 des Bremischen Archivgesetzes. [3]Auf Verlangen sind schriftliche Erklärungen darüber abzugeben, dass die Urheber- und Persönlichkeitsrechte gewahrt bleiben.

(2) Absatz 1 gilt auch für die Verwertung lediglich aus Findmitteln gewonnener Erkenntnisse.

Abschnitt 2 Benutzung im Staatsarchiv

§ 8 Benutzung von Archivgut und Findmitteln

(1) [1]Archivgut darf nur in den dafür bestimmten Räumen des Staatsarchivs während der Öffnungszeiten benutzt werden. [2]Im Interesse eines ungestörten Arbeitens soll im Lesesaal Ruhe herrschen.

(2) [1]Archivgut und Findmittel sind mit größter Sorgfalt zu behandeln. [2]Sie dürfen in ihrem Zustand nicht verändert werden. [3]Insbesondere ist es nicht gestattet, den Ordnungszustand des Archivguts zu verändern, Bestandteile des Archivguts zu entfernen, Vermerke im Archivgut anzubringen oder vorhandene zu tilgen sowie Archivgut als Schreib- oder Durchzeichnungsunterlage zu verwenden. [4]Den Anweisungen des Archivpersonals im Umgang mit dem Archivgut ist Folge zu leisten.

(3) [1]Das Archivpersonal kann die Verwendung technischer Geräte untersagen, wenn diese den Lesesaalbetrieb beeinträchtigen. [2]Das selbständige Herstellen von Reproduktionen jeglicher Art durch den Einsatz benutzereigener technischer Geräte ist grundsätzlich nicht zulässig. [3]Ausnahmen bedürfen der Genehmigung durch das Archivpersonal.

(4) Archivgut kann, sofern dies aus konservatorischen Gründen notwendig ist, als Reproduktion vorgelegt werden.

(5) [1]Die Benutzungszeiten und die Zeiten, zu denen Archivgut und Bibliotheksgut aus dem Magazin ausgehoben wird (Aushebezeiten), werden durch das Staatsarchiv bekannt gegeben. [2]In der Regel wird nur eine begrenzte Anzahl von Archivalien und Büchern gleichzeitig vorgelegt. [3]Weitere Einzelheiten regelt das Staatsarchiv.

§ 9 Benutzung der Bibliothek

Für die Benutzung der Bibliothek des Staatsarchivs gilt § 8 entsprechend.

§ 10 Benutzung fremden Archivguts

[1]Für die Benutzung von Archivgut, das von anderen Archiven übersandt wird, gelten die gleichen Bedingungen wie für das Archivgut des Staatsarchivs, sofern das übersendende Archiv nicht anderslautende Auflagen macht. [2]Gebühren und Auslagen tragen diejenigen, die die Versendung veranlasst haben.

§ 11 Beratung

(1) Während der Öffnungszeiten und nach den Möglichkeiten des Dienstbetriebs steht Fachpersonal zur Beratung zur Verfügung.

(2) Die Beratung erstreckt sich vornehmlich auf Hinweise auf das einschlägige Archivgut und die Literatur sowie auf die Vorlage der einschlägigen Findmittel.

(3) Ein Anspruch auf Unterstützung beim Lesen des Archivguts, der Findmittel und der Bücher besteht nicht.

§ 12 Anfertigung und Verwendung von Reproduktionen

(1) [1]Die Anfertigung von Reproduktionen zur Abgabe an Benutzerinnen und Benutzer ist nur in beschränktem Umfang möglich. [2]Ein Anspruch auf Anfertigung von Reproduktionen besteht nicht.

(2) [1]Über die Eignung von Archivgut, Findmitteln und Büchern für bestimmte Reproduktionsverfahren entscheidet das Archivpersonal. [2]Für die Qualität von Reproduktionen übernimmt das Staatsarchiv keine Gewährleistung.

(3) [1]Die Reproduktionen dürfen von Benutzerinnen und Benutzern nur mit schriftlicher Genehmigung des Staatsarchivs veröffentlicht, vervielfältigt, an Dritte weitergegeben oder zu gewerblichen oder geschäftlichen Zwecken verwendet werden. [2]Bei Veröffentlichung und Vervielfältigung von Reproduktionen sind das Staatsarchiv als Aufbewahrungsort und die Signatur des Archivguts anzugeben.

Abschnitt 3 Benutzung außerhalb des Staatsarchivs

§ 13 Schriftliche Auskünfte

(1) Bei schriftlichen Anfragen sind Benutzungszweck und Gegenstand der Nachforschungen genau anzugeben.

(2) Die schriftlichen Auskünfte des Staatsarchivs beschränken sich in der Regel auf Hinweise zu einschlägigen Findmitteln und einschlägigem Archivgut.

(3) Ein Anspruch auf Auskünfte, die eine beträchtliche Arbeitszeit erfordern, oder auf Beantwortung von wiederholten Anfragen innerhalb eines kürzeren Zeitraumes besteht nicht.

§ 14 Versendung von Archivgut

(1) [1]Auf Antrag kann in Ausnahmefällen Archivgut zur Benutzung an auswärtige Archive versandt werden. [2]Ein Anspruch auf Versendung von Archivgut besteht nicht. [3]Gebühren und Auslagen tragen diejenigen, die die Versendung veranlasst haben.

(2) [1]Die Versendung von Archivgut ist nur in beschränktem Umfang möglich und erfolgt stets befristet. [2]Die Frist kann auf Antrag verlängert werden.

(3) Die Benutzung des versandten Archivguts richtet sich nach den Vorschriften des Bremischen Archivgesetzes und dieser Verordnun.

§ 15 Ausleihe von Archivgut

(1) [1]Die Ausleihe von Archivgut für Ausstellungen und zu anderen Zwecken der Öffentlichkeitsarbeit ist unter bestimmten Bedingungen und Auflagen möglich, wenn der Ausleihezweck nicht durch Reproduktionen oder Nachbildungen erreicht werden kann. [2]Ein Anspruch auf Ausleihe von Archivgut besteht nicht.

(2) Über die Ausleihe ist in der Regel mit dem Entleiher ein Leihvertrag abzuschließen.

Abschnitt 4 Schlussbestimmungen

§ 16 Ergänzende Bestimmungen des Staatsarchivs

[1]Das Staatsarchiv kann zu dieser Verordnung ergänzende Bestimmungen treffen. [2]Insbesondere regelt es die Öffnungszeiten und das Hausrecht.

§ 17 Inkrafttreten, Außerkrafttreten

(1) Diese Verordnung tritt am Tage nach ihrer Verkündung in Kraft.

(2) Gleichzeitig tritt die Bremische Archivbenutzungsverordnung vom 1. März 1993 (Brem.GBl. S. 99 – 224-c-2), die durch Artikel 16 des Gesetzes vom 16. Mai 2006 (Brem.GBl. S. 271) geändert worden ist, außer Kraft.

Anlage 9 f
Verwaltungsvorschrift über die Benutzung von Archivgut im Staatsarchiv der Freien und Hansestadt Hamburg (Benutzungsordnung)

vom 1. Juni 2004

1. Geltungsbereich

Diese Benutzungsordnung regelt die Benutzung des vom Staatsarchiv der Freien und Hansestadt Hamburg (Staatsarchiv) verwalteten Archivguts (§ 2 Abs. 1 HmbArchG). Sie gilt auch für die Benutzung von Reproduktionen des Archivguts und entsprechend für die Benutzung der Unterlagen nach § 2 Abs. 3 HmbArchG (Zwischenarchivgut) und § 3 Abs. 6 HmbArchG (Vorarchivgut), der Findhilfsmittel und des Bibliotheksguts aus der Bibliothek des Staatsarchivs.

2. Arten der Benutzung

(1) Die Benutzung erfolgt grundsätzlich durch persönliche Einsichtnahme im Lesesaal des Staatsarchivs (Ziffer 6).

(2) Die Benutzung kann außerdem erfolgen durch
- die Abgabe von Reproduktionen des Archivguts (Ziffer 7),
- die Versendung des Archivgutes zur Einsichtnahme an ein anderes hauptamtlich geführtes Archiv im Inland (Ziffer 8),
- durch Ausleihe zu Ausstellungszwecken (Ziffer 9),
- die Ausleihe an öffentliche Stellen (Ziffer 10).

Über die Art der Benutzung entscheidet das Staatsarchiv.

3. Archivfachliche Beratung

Die Benutzenden werden archivfachlich beraten. Die Beratung bezieht sich vornehmlich auf die Möglichkeiten des Zugangs zum Archivgut. Ein Anspruch auf weitergehende Unterstützung (z.B. Auswertung von Findhilfsmitteln und Archivgut, Hilfe beim Lesen älterer Texte) besteht nicht.

4. Genehmigung der Benutzung

(1) Zwischen dem Staatsarchiv und den Benutzenden wird ein öffentlich-rechtliches Benutzungsverhältnis begründet.

(2) Die Benutzung ist beim Staatsarchiv grundsätzlich schriftlich unter Verwendung des hierfür bestimmten Vordruckes (Anlage 1) zu beantragen. Dabei sind insbesondere das Benutzungsvorhaben und der Benutzungszweck anzugeben. Im Falle der Vertretung einer anderen Person oder einer Einrichtung ist der schriftliche Nachweis der Vertretungsmacht beizufügen.

(3) Vor Einsichtnahme in Archivgut müssen minderjährige Antragstellerinnen und Antragsteller die Einwilligungserklärung ihres gesetzlichen Vertreters vorlegen. Für Schülergruppen stellt die betreuende Lehrkraft einen Sammelantrag.

(4) Der Antrag gilt nur für das angegebene Benutzungsvorhaben und den angegebenen Benutzungszweck.

(5) Über den Antrag entscheidet das Staatsarchiv. Die Genehmigung des Antrags kann mit Nebenbestimmungen verbunden werden (§ 5 Abs. 5 HmbArchG, § 36 Hamburgisches Verwaltungsverfahrensgesetz [HmbVwVfG]).

5. Benutzung vor Ablauf der Schutzfristen

(1) Für Archivgut, das den Schutzfristen nach § 5 HmbArchG unterliegt, ist die Benutzung gesondert schriftlich unter Verwendung des hierfür bestimmten Vordruckes zu beantragen (Anlage 2).

(2) Über die im Benutzungsantrag (Ziffer 4) genannten Angaben hinaus hat die Antragstellerin bzw. der Antragsteller entweder die schriftliche Einwilligungserklärung der Personen, auf die sich die Unterlagen beziehen, oder ihrer Rechtsnachfolger beizufügen oder im Antrag zu begründen, warum die Einsichtnahme für ein wissenschaftliches Forschungsvorhaben oder zur Wahrnehmung berechtigter Belange notwendig ist (§ 5 Abs. 4 HmbArchG).

Wird die Benutzung von Archivgut, das gemäß § 2 Abs. 3 Satz 1 Bundesarchivgesetz (BArchG) von Stellen des Bundes dem Staatsarchiv abgeliefert worden ist, beantragt, hat die Antragstellerin bzw. der Antragsteller entweder die schriftliche Einwilligungserklärung der Personen, auf die sich die Unterlagen beziehen, beizufügen oder im Antrag zu begründen, warum die Benutzung für ein wissenschaftliches Forschungsvorhaben oder zur Wahrnehmung berechtigter Belange unerlässlich ist (§ 5 Abs. 5 BArchG).

Auf Verlangen des Staatsarchivs sind dem Antrag ergänzende Angaben und Unterlagen, bei Hochschularbeiten insbesondere Stellungnahmen der wissenschaftlich Betreuenden, beizufügen.

(3) Über den Antrag entscheidet das Staatsarchiv. Die Genehmigung des Antrags kann mit Nebenbestimmungen verbunden werden (§ 36 HmbVwVfG).

(4) Findhilfsmittel, die selbst den Schutzfristen nach § 5 HmbArchG unterliegen, können Benutzenden ohne einen besonderen Antrag (Absatz 1) vorgelegt werden, wenn die Einsichtnahme für ein wissenschaftliches Forschungsvorhaben notwendig ist. Um die schutzwürdigen Interessen Betroffener und Dritter angemessen zu berücksichtigen, müssen die Benutzenden die aus den Findhilfsmitteln erhobenen Einzelangaben zu natürlichen Personen anonymisieren, sobald es nach dem Zweck der Benutzung möglich ist. Die Benutzenden dürfen die erhobenen Einzelangaben nicht an Dritte weitergeben und müssen sie vor unbefugter Einnahme durch Dritte schützen

6. Benutzung in den Räumen des Staatsarchivs

(1) Das Archivgut wird grundsätzlich im Lesesaal während der Öffnungszeiten vorgelegt. Es ist den Benutzenden untersagt, Archivgut aus dem Lesesaal zu entfernen. Die Öffnungszeiten des Lesesaals sowie die Bestell- und Ausgabezeiten werden durch Aushang und auf andere geeignete Weise bekannt gegeben. Das Staatsarchiv kann die Anzahl der vorzulegenden Archivguteinheiten begrenzen.

(2) Die Benutzenden melden sich an jedem Benutzungstag bei der Aufsicht an und auch wieder ab.

(3) Das vorgelegte Archivgut ist mit größter Sorgfalt zu behandeln. Insbesondere ist es nicht gestattet,

- den Ordnungszustand zu verändern,
- Bestandteile zu entfernen,
- Markierungen und Anmerkungen anzubringen oder vorhandene zu tilgen,
- Archivgut als Schreib- oder Durchzeichnungsunterlage zu verwenden oder sich darauf zu stützen.

Die Anweisungen der Aufsicht müssen beachtet werden.

(4) Das Archivgut kann in Form von Reproduktionen vorgelegt werden, wenn dies zu seinem Schutz erforderlich ist und der Zweck der Benutzung durch die

Auswertung der Reproduktionen zu erreichen ist. Über die Art der Vorlage entscheidet das Staatsarchiv.

(5) Die Verwendung technischer Geräte bedarf der Genehmigung durch die Lesesaalaufsicht. Diese Genehmigung kann widerrufen werden, insbesondere wenn Archivgut gefährdet oder der Lesesaalbetrieb beeinträchtigt wird.

(6) Mäntel, Taschen, Schirme u.ä. dürfen nicht mit in den Lesesaal gebracht werden.

(7) Das Staatsarchiv kann auch die Benutzung von Archivgut ermöglichen, das von anderen Archiven oder sonstigen Stellen zur Benutzung durch Dritte übersandt wurde. Soweit die versendende Stelle nichts anderes verfügt hat, gelten die Bestimmungen dieser Benutzungsordnung entsprechend.

7. Reproduktionen

(1) Auf Reproduktionen besteht kein Anspruch.

(2) Reproduktionen können auf Antrag und auf Kosten der Benutzenden vom Staatsarchiv oder einer von ihm beauftragten Stelle angefertigt werden. Das Staatsarchiv kann den Benutzenden genehmigen, die Reproduktionen in den Räumen des Staatsarchivs selbst herzustellen.

(3) Reproduktionen von Archivgut dürfen nur hergestellt werden, wenn das Staatsarchiv eine Gefährdung oder Beschädigung des Archivguts ausschließt. Es entscheidet über die jeweils geeigneten Reproduktionsverfahren.

(4) Reproduktionen dürfen nur unter Angabe der Herkunft aus dem Staatsarchiv und der von ihm festgelegten Signatur veröffentlicht, vervielfältigt oder an Dritte weitergegeben werden. Soweit das Staatsarchiv über Nutzungsrechte verfügt, dürfen Reproduktionen nur mit vorheriger Zustimmung des Staatsarchivs, nur zu dem angegebenen Zweck und unter Angabe der Herkunft aus dem Staatsarchiv und der von ihm festgelegten Signatur veröffentlicht, vervielfältigt oder an Dritte weitergegeben werden.

(5) Werden Reproduktionen von Archivgut, das noch den Schutzfristen unterliegt, beantragt, müssen die Benutzenden dem Antrag eine Liste der zu reproduzierenden Schriftstücke beifügen. Sofern die Schutzfristen für das in Rede stehende Archivgut noch nicht verkürzt wurden, ist auch der Antrag i.S.d. Ziffer 5 (1) zu stellen.

Die Genehmigung des Antrags kann mit Nebenbestimmungen verbunden werden (§ 36 HmbVwVfG).

8. Versendung von Archivgut

Auf die Versendung von Archivgut besteht kein Anspruch. Die Versendung erfolgt nur in begründeten Ausnahmefällen, wenn der Benutzungszweck nicht durch Reproduktionen erreicht werden kann und die Benutzung in einem hauptamtlich verwalteten Archiv in der Bundesrepublik Deutschland erfolgt und dieses sich verpflichtet,

- das Archivgut der Antragstellerin oder dem Antragsteller nur in den Diensträumen unter ständiger fachlicher Aufsicht vorzulegen,
- es diebstahl- und feuersicher zu verwahren,
- keine Kopien oder Reproduktionen ohne vorherige Zustimmung des Staatsarchivs anzufertigen,
- das Archivgut nach Ablauf der vom Staatsarchiv bestimmten Ausleihfrist in der von ihm bestimmten Versendungsart zurückzusenden.

Archivgut, das Schutzfristen unterliegt, wird nicht versandt.

9. Ausleihe zu Ausstellungszwecken

Archivgut, das noch den Schutzfristen unterliegt, darf nicht ausgeliehen werden. Eine Ausleihe ist zudem nur möglich, wenn gewährleistet ist, dass das ausgeliehene Archivgut wirksam vor Verlust, Beschädigung und unbefugter Nutzung geschützt wird und der Ausstellungszweck nicht durch Reproduktionen erreicht werden kann. Das Staatsarchiv kann zur Sicherung des Archivguts Auflagen erteilen.

10. Benutzung durch eine öffentliche Stelle

(1) Soweit die Ausleihe ihre Grundlage nicht in einer gesetzlichen Bestimmung findet, besteht kein Anspruch auf Ausleihe.

(2) Wird das Archivgut einer öffentlichen Stelle ausgeliehen, ist diese verpflichtet, es vor Verlust, Beschädigung und unbefugter Nutzung zu schützen und es innerhalb eines angemessenen Zeitraums zurückzugeben. Die abgebende Stelle hat zudem sicherzustellen, dass der Ordnungszustand des Archivguts nicht verändert und insbesondere keine Unterlagen entfernt oder hinzugefügt werden.

11. Schlussbestimmungen

Diese Benutzungsordnung tritt am 1. Juni 2004 in Kraft. Die Benutzungsordnung vom 10. September 1993 wird aufgehoben.

Anlage 9 g
Nutzungsordnung des Hessischen Staatsarchivs

Vom 20. Dezember 2020 (StAnz. 2020 S. 89 ff.)

Aufgrund des § 21 Abs. 2 Nr. 2 des Hessischen Archivgesetzes (HArchivG) vom 26. November 2021 (GVBl. S. 458), geändert durch Gesetz vom 5. Oktober 2017 (GVBl. S. 294), verordnet die Ministerin für Wissenschaft und Kunst:

§ 1 Geltungsbereich

(1) [1]Diese Nutzungsordnung regelt die Nutzung des im Hessischen aufbewahrten Archivguts. [2]Sie gilt auch für die Nutzung von Archivgut, das dem Landesarchiv von Dritten zur allgemeinen Nutzung übergeben wurde. [3]Sie gilt entsprechend für Archivgut, das von anderen Archiven oder sonstigen Stellen zur Nutzung übersandt wird, soweit die versendende Stelle nichts anderes verfügt hat.

(2) Weitergehende Rechtsvorschriften und besondere Vereinbarungen zugunsten von Eigentümern privaten Archivguts bleiben unberührt.

§ 2 Nutzung

[1]Die Nutzung von Archivgut erfolgt je nach seiner Überlieferungsform als analoge oder digitale Repräsentation über das Archivinformationssystem und dessen Funktionalitäten eines Virtuellen Lesesaals gemäß § 7 oder in den Lesesälen der Hessischen Staatsarchive (Hessisches Hauptstaatsarchiv Wiesbaden, Hessisches Staatsarchiv Darmstadt und Hessisches Staatsarchiv Marburg). [2]Für die Weiterverwendung der Informationen gelten im Übrigen die Bestimmungen des Informationsweiterverwendungsgesetzes (IWG) vom 13. Dezember 2006 (BGBl. I S. 2913), geändert durch Art. 1 des Gesetzes vom 8. Juli 20

215 (BGBl. I S. 1162).

(2) Archivgut, das nicht digital vorliegt (analoges Archivgut), wird grundsätzlich nur durch persönliche Einsichtnahme in dem Staatsarchiv genutzt, in dem das Archivgut aufbewahrt wird.

(3) Das Landesarchiv kann die Nutzung auch durch Vorlage und Überlassung von Reproduktionen von Archivgut oder durch Ausleihe von Archivgut zu Ausstellungszwecken ermöglichen.

(4) Ein Anspruch auf Vorlage von Archivgut in ursprünglicher Überlieferungsform besteht grundsätzlich nicht.

§ 3 Registrierung und Pflichtangaben

(1) [1]Für die Registrierung im Archivinformationssystem ist die Angabe folgender Daten erforderlich: Vorname, Nachname und Geburtsdatum der Anwenderin oder des Anwenders sowie die E-Mail-Adresse. [2]Die Hinweise zum Datenschutz sind dabei zur Kenntnis zu nehmen.

(2) Voraussetzung für die Bereitstellung von Archivgut eines Staatsarchivs ist darüber hinaus die Angabe der Adresse der Nutzerin oder des Nutzers sowie die Anerkennung der Nutzungsordnung und die erneute Kenntnisnahme der Hinweise zum Datenschutz.

(3) Die Einsichtnahme online veröffentlichten Archivguts ist ohne vorherige Registrierung möglich.

(4) Die Nutzerin oder der Nutzer hat sich auf Verlangen auszuweisen.

§ 4 Nutzungsantrag

(1) [1]Die Nutzung kann durch das aufbewahrende Staatsarchiv mit Bedingungen und Auflagen versehen werden. [2]Dies gilt insbesondere, wenn gesetzliche Schutzfristen nach § 5 Abs. 2 verkürzt werden oder wenn eine Vereinbarung mit der Eigentümerin oder dem Eigentümer privaten Archivguts vorliegt.

(2) [1]Bei der Verwertung der aus Archivgut gewonnenen Erkenntnisse sind die rechte und schutzwürdigen Belange Betroffener und Dritter zu wahren. [2]Im Falle der Verletzung dieser Rechte und Belange haftet die Nutzerin oder der Nutzer.

(3) In begründeten Ausnahmefällen kann die Nutzung durch die Erteilung von Auskünften erfolgen.

(4) Das Staatsarchiv kann die Nutzung versagen, widerrufen oder nachträglich mit Auflagen versehen, wenn die Nutzerin oder der Nutzer
1. wiederholt oder schwerwiegend gegen archivrechtliche Bestimmungen verstoßen hat;
2. erteilte Auflagen nicht eingehalten hat.

§ 5 Verkürzung von Schutzfristen und Aufhebung der Nutzungseinschränkungen

(1) Die Nutzung des mit Auflagen versehenen oder eingeschränkt zugänglichen Archivguts kann durch besondere Regelungen ermöglicht werden.

(2) [1]Das jeweilige Staatsarchiv teilt der Nutzerin oder dem Nutzer das Bestehen von Schutzfristen gemäß § 13 HArchivG unverzüglich mit. [2]Eine Verkürzung dieser Schutzfristen ist von der Nutzerin oder dem Nutzer bei dem aufbewahrenden Staatsarchiv unter Erläuterung der im Gesetz genannten Gründe mit genauen Angaben zum Forschungsvorhaben zu beantragen.

(3) Die Nutzung des mit besonderen Auflagen versehenen nicht staatlichen Archivguts wird im Rahmen der jeweiligen vertraglichen Regelungen mit den Depositaren ermöglicht.

§ 6 Nutzung im Lesesaal

(1) Bei der Nutzung von Archivgut im Lesesaal des aufbewahrenden Staatsarchivs ist den Anweisungen der Aufsicht zu folgen.

(2) Die Öffnungszeiten sowie sonstige Regelungen, die dem Schutz des Archivguts und einem geordneten Ablauf der Nutzung dienen, werden auf der Homepage des Hessischen Landesarchivs veröffentlicht.

(3) Das Staatsarchiv berät die Nutzerin oder den Nutzer bei der Recherche nach Archivgut im Rahmen seiner personellen und organisatorischen Möglichkeiten.

(4) [1]Archivgut ist uniklaes Kulturgut. [2]Die Nutzerin oder der Nutzer ist im Umgang damit zu äußerster Sorgfalt verpflichtet und haftet für jede Fahrlässigkeit. [3]Insbesondere ist es nicht gestattet, Archivalien sowie ihre Reihenfolge und Ordnung ihrer Dokumente und Informationen zu verändern, Bestandteile des Archivguts zu entfernen, Vermerke im Archivgut anzubringen oder vorhandene zu tilgen sowie Archivgut als Schreib- oder Durchzeichnungsunterlage zu verwenden.

(5) Wird das Archivgut durch Verwendung technischer Geräte gefährdet oder werden andere Nutzerinnen oder Nutzer dadurch gestört, kann der Einsatz dieser Geräte versagt werden.

(6) [1]Die Nutzungsräume können von Menschen mit Behinderungen barrierefrei erreicht werden. [2]Andernfalls stellt das jeweilige Staatsarchiv die Möglichkeit der Nutzung mit organisatorischen Maßnahmen sicher.

§ 7 Virtueller Lesesaal

[1]Der Virtuelle Lesesaal ist die Bündelung jener Funktionen des Archivinformationssystems, die eine internetbasierte Nutzung des Archivguts ermöglichen, ohne dass die Nutzerin oder der Nutzer im Archivgebäude anwesend sein muss. [2]Im Virtuellen Lesesaal kann das Hessische Landesarchiv Nutzerinnen und Nutzer digitales Archivgut auch gezielt und individuell bereitstellen. [3]Das Hessische Landesarchiv kann zusätzliche Maßnahmen einführen, die zur sicheren Identifizierung und Authentisierung der Nutzerinnen und Nutzer im Rahmen der virtuellen Nutzung erforderlich sind.

§ 8 Versendung und Ausleihe

(1) [1]Die Versendung von Archivgut zur amtlichen Nutzung erfolgt im Rahmen der Amtshilfe. [2]Die ausleihende Behörde ist zu einem sachgemäßen Umgang, zur sicheren Aufbewahrung sowie zur fristgerechten Rückgabe des Archivguts verpflichtet.

(2) [1]Archivgut kann zu Ausstellungszwecken ausgeliehen werden, wenn gewährleistet ist, dass es wirksam vor Verlust, Beschädigung und unbefugter Nutzung geschützt wird. [2]Hierüber ist ein Leihvertrag abzuschließen.

§ 9 Reproduktionen

(1) [1]Reproduktionen von Archivgut dürfen nur hergestellt werden, soweit dabei eine Gefährdung oder Schädigung des Archivguts ausgeschlossen werden kann. [2]Über die jeweils geeigneten Reproduktionsverfahren entscheidet das aufbewahrende Staatsarchiv.

(2) [1]Nutzerinnen und Nutzer können in den Lesesälen der Staatsarchive selbst unter Aufsicht Fotografien von Archivgut anfertigen. [2]Ausgenommen sind:

1. Archivgut, das archivrechtlichen Schutzfristen unterliegt oder durch dessen Nutzung die Rechte noch lebender Betroffener oder Dritter beeinträchtigt werden;
2. Dokumente, die nicht Eigentum des Landes Hessen sind (z. B. Deposita), sofern der Eigentümer keine Fotografieerlaubnis erteilt hat;
3. Werke, die Einschränkungen nach dem Urheberrechtsgesetz oder dem Kunsturhebergesetz unterliegen (z. B. Fotografien, Postkarten, Werke der bildenden Kunst);
4. Archivgut, bei dem durch die Anfertigung von Reprografien ein besonderes Schadensrisiko besteht. Das gilt insbesondere für Archivgut aus Pergament oder Transparentpapier

(3) [1]Um zu verhindern, das andere Nutzerinnen und Nutzer durch das Fotografieren gestört werden, darf nur geräuschlos und ohne Verwendung weiterer Hilfsmittel fotografiert werden. [2]Um den Erhaltungszustand nicht zu beeinträchtigen, darf weder mit Blitzlicht fotografiert werden noch bei gebundenem Archivgut der Falz zusätzlich beschwert werden.

(4) Die Anfertigung der Reproduktionen von Archivgut kann von der Nutzerin oder dem Nutzer nach Hinterlegung ihrer oder seiner Daten gemäß § 3 der Nutzungsordnung auch beim aufbewahrenden Staatsarchiv in Auftrag gegeben werden.

(5) [1]Die Weiterverwendung von Reproduktionen ist nur unter Angabe der Quelle zulässig. [2]Die Quellenangabe besteht mindestens aus der Angabe zum aufbewahrenden Staatsarchiv sowie der Signatur, Veränderungen, Bearbeitungen und sons-

tige Abwandlungen bereitgestellter Daten sind mit einem Veränderungshinweis in der Quellenangabe zu versehen.

(6) [1]Von Archivgut, das schutzwürdige Belange Betroffener oder Dritter berührt oder noch der Schutzfrist unterliegt, kann das Hessische Landesarchiv ausnahmsweise die Herstellung von Reproduktionen gestatten. [2]Die Weitergabe an Dritte ist nur zulässig, wenn diesen ebenfalls ein Schutzverkürzungsantrag genehmigt wurde und sie die Nutzungsordnung anerkannt haben. [3]Das Hessische Landesarchiv kann die Auflage machen, dass die Reproduktionen nach Abschluss des Nutzungsvorhabens zu vernichten oder ihm zurückzugeben sind.

§ 10 Ausschließlichkeitsrecht

Gewährt das Hessische Landesarchiv einer Vertragspartnerin oder einem Vertragspartner ausschließliche Rechte nach § 3 a Abs. 3 IWG für die Weiterverwendung von Informationen, dürfen diese von Dritten innerhalb der Ausschließlichkeitsfrist nicht oder nur in der zwischen dem Hessischen Landesarchiv und der Vertragspartnerin oder dem Vertragspartner vereinbarten Weise weiterverwendet werden.

§ 11 Nutzung durch abgebende Stellen

[1]Für die Nutzung von Archivgut durch diejenigen Stellen, bei denen es entstanden ist oder die es abgegeben haben, finden die Vorschriften der §§ 2 bis 6, des § 8 Abs. 2 und des § 9 dieser Nutzungsordnung keine Anwendung, sofern es sich nicht um Unterlagen handelt, die bei ihnen aufgrund besonderer Vorschriften hätten gesperrt, gelöscht oder vernichtet werden müssen. [2]Art und Weise der Nutzung werden im Einzelfall vereinbart.

§ 12 Aufhebung bisherigen Rechts

Die Nutzungsordnung für die Hessischen Staatsarchive vom 13. Dezember 2013 (StAnz. 2021 S. 49) wird aufgehoben.

§ 13 Inkrafttreten

Diese Verordnung tritt am Tage nach der Verkündung in Kraft.

Anlage 9 h
Verordnung über die Benutzung des staatlichen Archivs in Mecklenburg-Vorpommern (Archivbenutzungsverordnung – ArchivBenutzVO M-V)

Vom 21. August 2006 (GVOBl. M-V S. 698)

zuletzt geändert durch Art. 1 2. ÄndVO vom 28. Februar 2019 (GVOBl. M-V S. 120)

Aufgrund des § 14 Satz 1 des Landesarchivgesetzes vom 7. Juli 1997 (GVOBl. M-V S. 282), das durch Artikel 2 des Gesetzes vom 28. November 2005 (GVOBl. M-V S. 574) geändert worden ist, verordnet das Ministerium für Bildung, Wissenschaft und Kultur:

§ 1 Anwendungsbereich

[1]Die Verordnung regelt die Benutzung des staatlichen Archivs im Landesamt für Kultur und Denkmalpflege. [2]Das staatliche Archiv unterhält zwei Standorte in Schwerin und Greifswald.

§ 2 Benutzungsarten

(1) Die Benutzung des staatlichen Archivs erfolgt durch

1. persönliche Einsichtnahme (Direktbenutzung),
2. schriftliche Anfragen,
3. Anforderung von Reproduktionen von Archivgut,
4. Versendung von Archivgut zur Einsichtnahme an einem anderen Ort,
5. die Ausleihe von Archivgut zu Ausstellungszwecken.

(2) Die übliche Benutzungsart ist die persönliche Einsichtnahme in einem der Lesesäle des staatlichen Archivs.

(3) Über die Benutzungsart entscheidet das staatliche Archiv nach fachlichen Gesichtspunkten.

§ 3 Benutzungsantrag

(1) [1]Die Benutzung ist schriftlich zu beantragen. [2]Die Antragstellung kann auch elektronisch erfolgen. [3]Dabei sind Angaben zur Person (Name, Vorname, Anschrift) zu machen.

(2) Bei Beantragung der Nutzung von Akten, die einer Schutzfrist unterliegen (§ 10 Landesarchivgesetz) oder bei denen aus anderen Gründen die Zugänglichkeit eingeschränkt ist (§ 9 Absatz 2 Landesarchivgesetz), sind möglichst genaue Angaben zum Benutzungszweck und zum Gegensmnd der Nachforschungen zu machen. Für jeden Gegenstand der Nachforschungen und jeden Benutzungszweck ist ein gesonderter Antrag zu stellen.

(3) Auf Verlangen hat sich der Benutzer auszuweisen.

§ 4 Benutzungsgenehmigung

(1) Über den Benutzungsantrag entscheidet das staatliche Archiv.

(2) Die Benutzungsgenehmigung kann unter Bedingungen und mit Auflagen erteilt werden.

(3) Die Benutzungsgenehmigung kann außer aus den in § 9 Abs. 2 des Landesarchivgesetzes genannten Gründen aus anderen wichtigen Gründen eingeschränkt oder versagt werden, insbesondere wenn

1. bei früherer Benutzung von Archivgut schwerwiegend gegen die Archivbenutzungsverordnung oder andere einschlägige Bestimmungen des staatlichen Archivs verstoßen worden ist,
2. der Ordnungszustand des Archivguts eine Nutzung nicht zulässt,
3. Archivalien aus dienstlichen Gründen oder wegen gleichzeitiger amtlicher oder anderweitiger Benutzung nicht verfügbar sind,
4. der mit der Nutzung des staatlichen Archivs erfolgte Zweck anderweitig, insbesondere durch Einsichtnahme in Druckwerke oder in Reproduktionen, hinlänglich erreicht werden kann,
5. ordnungsgemäß erhobene Gebühren nicht bezahlt wurden.

(4) Die Benutzungsgenehmigung kann widerrufen oder nachträglich mit Auflagen versehen werden, wenn
1. die Angaben im Benutzungsantrag nicht oder nicht mehr zutreffen,
2. Gründe bekannt werden, die zur Versagung der Benutzung geführt hätten,
3. der Benutzer wiederholt oder schwerwiegend gegen die Archivbenutzungsverordnung verstoßen hat,
4. Benutzungsbedingungen oder -auflagen nicht eingehalten wurden, Urheber- oder Persönlichkeitsschutzrechte oder andere schutzwürdige Belange Dritter nicht beachtet wurden.

§ 5 Antrag auf Verkürzung der Schutzfristen

(1) [1]Eine Verkürzung der Schutzfristen nach § 10 Abs. 4 des Landesarchivgesetzes ist schriftlich zu beantragen. [2]Die Entscheidung über den Antrag trifft das staatliche Archiv.

(2) [1]Wird eine Verkürzung der Schutzfristen von Unterlagen beantragt, die sich auf eine natürliche Person beziehen (personenbezogenes Archivgut), so hat der Antragsteller über die in § 4 Abs. 2 genannten Angaben hinaus entweder die schriftliche Einwilligung des Betroffenen oder seiner Angehörigen beizufügen oder im Antrag eingehend zu begründen, warum eine Verkürzung der Schutzfrist unerlässlich ist und wie er die schutzwürdigen Belange der betroffenen Person und Dritter, zum Beispiel durch Anonymisierung, wahren wird. [2]Der Benutzer hat eine Erklärung zur Wahrung von Persönlichkeitsrechten zu unterzeichnen.

(3) Auf Verlangen sind dem Antrag ergänzende Angaben und Unterlagen, bei Hochschulprüfungsarbeiten, insbesondere Stellungnahmen der akademischen Lehrer, gegebenenfalls Bürgschaften für den Benutzer, beizufügen.

§ 6 Belegexemplare

Von Arbeiten, die unter wesentlicher Verwendung von Archivgut des staatlichen Archivs verfasst worden sind, steht dem staatlichen Archiv ein kostenloses Belegexemplar zu.

§ 7 Arbeit im Benutzerraum

(1) Archivgut, Findhilfsmittel und Literatur aus der Dienstbibliothek dürfen nur im Benutzersaal während der Öffnungszeiten des jeweiligen Archivs benutzt werden.

(2) Für das Verhalten in den Benutzerräumen gelten die Vorschriften der Haus- und Benutzersaalordnungen des jeweiligen Archivs.

§ 8 Behandlung des Archivgutes

(1) [1]Das Archivgut ist mit größtmöglicher Sorgfalt zu behandeln. [2]Es ist insbesondere nicht gestattet, auf Archivalien und Findhilfsmitteln Vermerke, Striche oder Zeichen anzubringen, Handpausen anzufertigen oder sonst irgend etwas zu tun, was ihren Überlieferungszustand verändern könnte.

(2) [1]An der Reihenfolge und Ordnung des Archivgutes sowie an ihrer Signierung und Verpackung darf nichts geändert werden. [2]Auf Störungen in der Reihenfolge der Schriftstücke innerhalb einer Archivalieneinheit oder sonstige Unstimmigkeiten sowie auf Schäden und Verluste ist das Archivpersonal aufmerksam zu machen.

§ 9 Bestellung von Archivgut

(1) [1]Die Bestellung von Archivgut erfolgt auf den dafür vorgesehenen Bestellzetteln. [2]Auf ihnen sind die Signaturen richtig und vollständig anzugeben.

(2) Es besteht kein Anspruch darauf, Archivalien in einer bestimmten Zeit oder größere Mengen von Archivgut gleichzeitig vorgelegt zu bekommen.

(3) [1]Anstelle von originalem Archivgut können, sofern dies aus konservatorischen oder organisatorischen Gründen notwendig ist, Reproduktionen vorgelegt werden. [2]Die Entscheidung hierüber trifft das jeweilige Archiv.

(4) Vorbestellungen von Archivgut zur späteren Benutzung sind möglich.

(5) Das jeweilige Archiv kann Einzelheiten der Ausführung von Bestellungen durch Hausverfügung regeln.

§ 10 Rückgabe des Archivgutes

Beim Verlassen des jeweiligen Archivs sind alle benutzten Archivalien und Findhilfsmittel der Aufsicht im Benutzersaal zurückzugeben.

§ 11 Benutzung der Bibliothek

[1]Die Hand- und Dienstbibliotheken des staatlichen Archivs können nur innerhalb des jeweiligen Archivs benutzt werden. [2]Die §§ 12, 13 und 14 gelten entsprechend.

§ 12 Benutzung fremden Archivgutes

[1]Für die Benutzung von Archivgut, das von anderen Archiven und Institutionen übersandt wird, gelten dieselben Bedingungen wie für das Archivgut des staatlichen Archivs, sofern die übersendende Stelle nicht anderslautende Auflagen erteilt. [2]Kosten und anfallende Gebühren tragen die Benutzer, die die Versendung veranlasst haben.

§ 13 Benutzung von technischen Hilfsmitteln

(1) Die Verwendung technischer Hilfsmittel ist im Zusammenhang mit der Benutzung von Archivgut grundsätzlich gestattet.

(2) Die Verwendung benutzereigener Geräte bedarf der Genehmigung durch das jeweilige Archiv und kann unter Angabe von Gründen versagt werden.

(3) [1]Archiveigene Lesegeräte stehen den Benutzern im Rahmen der Möglichkeiten zur Verfügung. [2]Ein Anspruch auf ihre Benutzung besteht nicht.

§ 14 Anfertigung von Reproduktionen

(1) [1]Der Benutzer kann auf Antrag und auf eigene Kosten Reproduktionen durch das staatliche Archiv oder eine vom staatlichen Archiv beauftragte Stelle herstellen lassen, soweit das Archivgut keinen Schutzfristen unterliegt und schutzwürdige Belange von Betroffenen und Dritten nicht berührt werden. [2]Ein Rechtsanspruch auf Reproduktionen besteht nicht.

(2) [1]Die Herstellung von Reproduktionen kann versagt oder eingeschränkt werden, wenn sich das Archivgut wegen seines Erhaltungszustandes oder seines Formats nicht zu Reproduktionen eignet. [2]Über das jeweils geeignete Reproduktionsverfahren entscheidet das jeweilige Archiv.

(3) Eine Veröffentlichung, Weitergabe oder Vervielfältigung von Reproduktionen ist nur mit vorheriger Zustimmung des jeweiligen Archivs zulässig.

(4) Die Versandkosten für Reproduktionen trägt der Antragsteller.

§ 15 Beratung

(1) Das staatliche Archiv ist behilflich bei der Ermittlung der Archivalien und berät im Rahmen der personellen Möglichkeiten den Benutzer.

(2) Der Benutzer hat keinen Anspruch, beim Lesen oder Übersetzen der Archivalien unterstützt zu werden.

§ 16 Schriftliche Auskünfte

(1) Bei schriftlichen Anfragen sind Zweck und Gegenstand genau anzugeben.

(2) Die schriftlichen Auskünfte des staatlichen Archivs beschränken sich in der Regel auf Hinweise über Art, Umfang, Zustand und Benutzbarkeit des benötigten Archivgutes.

(3) Ein Anspruch auf Auskünfte, die einen beträchtlichen Arbeitszeitaufwand erfordern, oder auf Beantwortung von wiederholten Anfragen innerhalb eines kürzeren Zeitraums besteht nicht.

§ 17 Versendung von Archivgut

(1) [1]In begründeten Ausnahmefällen kann auf schriftlichen Antrag Archivgut zur nichtamtlichen Benutzung an andere Archive versandt werden. [2]Ein Anspruch auf Versendung von Archivgut besteht nicht.

(2) Archivgut, das Benutzungsbeschränkungen unterliegt oder wegen seines hohen Wertes, seines Ordnungs- und Erhaltungszustandes, seines Formats oder aus anderen Sicherheits- oder konservatorischen Gründen versendungsunfähig ist, ist von der Versendung ausgeschlossen.

(3) Die Versendung setzt voraus, dass

1. der Benutzungszweck nicht durch Versendung von Reproduktionen erreicht werden kann,
2. das jeweilige Archiv gewährleistet, dass das Archivgut sicher verwahrt und die Benutzung durch den Antragsteller in seinen Benutzungsräumen nach Maßgabe dieser Archivbenutzungsverordnung erfolgt.

(4) [1]Die Versendung von Archivgut ist nur in beschränktem Umfang möglich und erfolgt stets befristet. [2]Die Frist beträgt in der Regel vier Wochen. [3]Sie kann auf Antrag verlängert werden.

(5) Aus dienstlichen Gründen kann versandtes Archivgut jederzeit zurückgefordert werden.

(6) Die Versand- und Versicherungskosten trägt der Antragsteller.

§ 18 Ausleihe von Archivgut

(1) [1]Auf die Ausleihe von Archivgut zu Zwecken der Öffentlichkeitsarbeit besteht kein Anspruch. [2]Die Entscheidung über die Ausleihe wird vom Zustand und vom Wert des Archivguts abhängig gemacht. [3]Sie ist darüber hinaus nur möglich, wenn gewährleistet ist, dass das ausgeliehene Archivgut wirksam vor Verlust. [4]Beschädigung und unbefugter Benutzung geschützt wird und der Zweck der Leihe nicht durch Reproduktionen oder Nachbildungen erreicht werden kann. [5]Das staatliche Archiv kann Auflagen erteilen, um die Sicherheit und Erhaltung des ausgeliehenen Archivguts zu gewährleisten. [6]Die Herstellung von Reproduktionen von dem ausgeliehenen Archivgut durch den Entleiher oder Dritte bedarf der Zustimmung des jeweiligen Archivs.

(2) Über die Ausleihe ist mit dem Entleiher ein Leihvertrag abzuschließen.

§ 19 In-Kraft-Treten, Außer-Kraft-Treten

[1]Diese Verordnung tritt am Tag nach ihrer Verkündung[1] in Kraft. [2]Mit dem In-Kraft-Treten dieser Verordnung tritt die Archivbenutzungsverordnung Mecklenburg-Vorpommern vom 3. August 1998 (GVOBl. M-V S. 789) außer Kraft.

1 Verkündet am 15.9.2006.

Anlage 9 i
Benutzungsordnung für das Niedersächsische Landesarchiv

Erl. d. StK v. 23.6.2008 – 201-56222/1 –
(Nds. MBl. S. 674)

Bezug:

Bek. v. 1. 8. 2003 (Nds. MBl. S. 558)

– VORIS 22560 –

1. Grundlagen, Geltungsbereich

1.1 Diese Ordnung regelt auf der Grundlage des NArchG vom 25. 5. 1993 (Nds. GVBl. S. 129), geändert durch Artikel 1 des Gesetzes vom 5. 11. 2004 (Nds. GVBl. S. 402), die Benutzung des im Niedersächsischen Landesarchiv verwahrten und erschlossenen Archivgutes (siehe Nummern 2 und 3) durch

1.1.1 persönliche Einsichtnahme in das originale oder in Reproduktion vorgelegte Archivgut einschließlich der Findmittel und sonstigen archivischen Hilfsmittel, die das Archivgut erschließen (siehe Nummer 3),

1.1.2 Anfertigung von Kopien oder fotografischen oder digitalen Reproduktionen des Archivgutes (siehe Nummer 4) einschließlich der Einräumung von Nutzungsrechten daran,

1.1.3 Versendung von Archivgut zur Einsichtnahme in einem anderen Archiv (siehe Nummer 5),

1.1.4 Ausleihe von Archivgut zu Ausstellungszwecken (siehe Nummer 6) oder

1.1.5 schriftliche Auskünfte zu Archivgut (siehe Nummer 7).

1.2 Für die Benutzung von Archivgut, das von anderen Archiven oder Instituten übersandt wurde, gelten die gleichen Bedingungen wie für das Archivgut des Landesarchivs, sofern die übersendende Stelle nicht anderslautende Auflagen macht.

2. Benutzung

2.1 Wer Archivgut benutzen will, hat hierzu schriftlich, im Fall von Nummer 1.1.1 unter Verwendung eines dafür vorgesehenen Vordrucks, Angaben

2.1.1 zur Person, ggf. auch zur Person einer Auftraggeberin oder eines Auftraggebers oder Beauftragten oder Hilfskräften, die hinzugezogen werden sollen,

2.1.2 zum jeweiligen Thema und Zweck der Nachforschungen,

2.1.3 ggf. zur Begründung einer Verkürzung der Schutzfristen (§ 5 Abs. 5 Satz 2 NArchG)

zu machen und auf Verlangen sich und Beauftragte oder Hilfskräfte auszuweisen.

2.2 [1]Über die Benutzung entscheidet das im Landesarchiv jeweils zuständige Staatsarchiv unter Beachtung der gesetzlichen Pflichten zur Sicherung und Erhaltung des Archivgutes (§ 4 Satz 1 NArchG) und zur Wahrung schutzwürdiger Belange Betroffener (§ 5 Abs. 2 Sätze 4 und 5 sowie Abs. 5 Satz 2 Nr. 2 NArchG).

[2]Die Benutzung kann unter Bedingungen und mit Auflagen zugelassen werden. [3]Die Genehmigung ist auf das jeweilige Kalenderjahr beschränkt.

2.3 Die Benutzung erfolgt in Abhängigkeit von den personellen und sächlichen Kapazitäten des Landesarchivs; auf eine bestimmte Art, Form oder einen bestimmten Umfang der Benutzung besteht kein Rechtsanspruch.

2.4 Jede Benutzerin und jeder Benutzer wird zur Ermittlung einschlägiger Archivbestände und Findmittel von einer zugewiesenen archivischen Fachkraft beraten.

2.5 [1]Archivgut ist mit größter Sorgfalt zu behandeln. [2]Es ist deshalb nicht zulässig,

2.5.1 auf dem Archivgut und in den Findmitteln Notizen oder Zeichen irgendwelcher Art anzubringen,

2.5.2 sonstige Veränderungen an dem Archivgut und den Findmitteln vorzunehmen,

2.5.3 Handpausen zu fertigen,

2.5.4 an der Ordnung des Archivgutes, insbesondere an der Reihenfolge der Schriftstücke innerhalb einer Archivalieneinheit, sowie an der Signierung und Verpackung oder an sonstigen Bestandteilen etwas zu verändern,

2.5.5 Archivgut, Findmittel oder sonstige archivische Hilfsmittel aus den für die Einsichtnahme oder zur Nutzung von archiveigenen technischen Geräten bestimmten Räumen des jeweiligen Staatsarchivs (Benutzerräume) zu entfernen,

2.5.6 Archivgut als Schreibunterlage oder zu sonstigen Zwecken zu verwenden.

2.6 [1]Wer gegen die Benutzungsordnung verstößt, kann von der weiteren Benutzung ausgeschlossen werden. [2]Weitergehende Ansprüche wegen missbräuchlichen Verhaltens bleiben unberührt.

3. Persönliche Einsichtsnahme

3.1 [1]Archivgut, Findmittel sowie sonstige archivische Hilfsmittel zur Erschließung von Archivgut sind jeweils unter Angabe der Signaturen zu bestellen. [2]Sie dürfen nur in den jeweiligen Benutzungsräumen benutzt werden.

3.2 Findmittel werden nur insoweit vorgelegt, wie sie Archivgut nachweisen, das uneingeschränkt zugänglich ist oder bei dem unterstellt werden kann, dass die gesetzlichen Schutzfristen auf Antrag verkürzt werden können.

3.3 [1]Benutzereigene technische Geräte dürfen nur mit Zustimmung des im Landesarchiv jeweils zuständigen Staatsarchivs benutzt werden. [2]Für die Herstellung von Archivgutreproduktionen ist ihr Einsatz unzulässig.

3.4 [1]In den Benutzungsräumen hat die Unterhaltung zu unterbleiben; Essen, Trinken, Rauchen und die Benutzung von Mobiltelefonen sind dort nicht gestattet. [2]Garderobe, Taschen und andere Behältnisse sind außerhalb der Benutzungsräume in den dafür vorgesehenen Räumen oder Schließfächern zu verwahren.

3.5 [1]Vor dem Verlassen des jeweiligen Staatsarchivs sind das benutzte Archivgut sowie die sonstigen Arbeitsmittel des jeweiligen Staatsarchivs der Aufsicht in den Benutzungsräumen zurückzugeben. [2]Auf Verlangen ist dieser Einsicht in mitgebrachte Taschen, andere Behältnisse oder Unterlagen zu gewähren. [3]Benutztes Archivgut und sonstige Arbeitsmittel können für die Dauer von höchstens zwei Wochen zur weiteren Benutzung bereitgehalten werden.

4. Kopien und Reproduktionen von Archivgut

4.1 [1]Kopien und fotografische oder digitale Reproduktionen von Archivgut sowie Siegelabgüsse, Siegelabdrucke, Faksimiles und sonstige Nachbildungen zum persönlichen Gebrauch der Benutzerin oder des Benutzers können auf Antrag vom jeweiligen Staatsarchiv hergestellt werden. [2]Die Herstellung kann versagt oder eingeschränkt werden, insbesondere wenn das Archivgut aufgrund seines Erhaltungszustandes oder seines Formats für das zur Verfügung stehende Kopier- oder Reproduktionsverfahren (§ 4 Satz 1 NArchG) nicht geeignet ist oder wenn andernfalls schutzwürdige Interessen Betroffener nicht gewahrt werden können (§ 5 Abs. 2 Sätze 4 und 5 sowie Abs. 5 Satz 2 Nr. 2 NArchG).

4.2 Kopien und fotografische oder digitale Reproduktionen von Findmitteln werden nur hergestellt und abgegeben, wenn das darin erschlossene Archivgut abschließend geordnet und verzeichnet sowie uneingeschränkt zugänglich ist.

4.3 [1]Kopien und sonstige Reproduktionen von Archivgut können grundsätzlich nur den Anforderungen als Arbeits- oder Gebrauchskopie genügen. [2]Sollen sie in digitaler Form geliefert werden, ist das gewünschte Format anzugeben. [3]Ein Online-Versand ist ausgeschlossen. [4]Die Kompatibilität der gelieferten Datenträger und Daten mit der individuellen IT-Ausstattung einer Bestellerin oder eines Bestellers kann nicht garantiert werden.

4.4 [1]Jede bildliche Veröffentlichung oder Vervielfältigung von Kopien oder Reproduktionen nach Nummer 4.1 bedarf der schriftlichen Erlaubnis des im Landesarchiv jeweils zuständigen Staatsarchivs. [2]Bei der Publikation sind das im Landesarchiv jeweils verwahrende Staatsarchiv und die vollständige Archivsignatur anzugeben.

5. Versendung von Archivgut zur Einsichtnahme in einem anderen Archiv

5.1 Archivgut kann im begründeten Ausnahmefall auf schriftlichen Antrag zur privaten Benutzung an hauptamtlich geführte öffentliche Archive des Inlandes befristet versandt werden, wenn

5.1.1 der Benutzungszweck nicht auf andere Weise, z.B. durch die Herstellung und Abgabe von Reproduktionen, erreicht werden kann,

5.1.2 das Archivgut versendungsfähig hergerichtet ist,

5.1.3 das aufnehmende Archiv bereit ist, das Archivgut sicher zu verwahren, die Benutzung in seinen Benutzungsräumen nach Maßgabe dieser Benutzungsordnung zuzulassen und das Archivgut unter denselben Sicherheitsvorkehrungen und auf dem gleichen Weg wie bei der Übersendung zurückzuschicken und

5.1.4 die Benutzerin oder der Benutzer die Kosten der vom Landesarchiv für erforderlich gehaltenen Art der Versendung, ggf. unter Wertangabe nach dem aktuellen Wert des Archivgutes, einschließlich der zur Herrichtung des Archivguts notwendigen Kosten vorweg erstattet.

5.2 Von der Versendung ausgeschlossen ist

5.2.1 Archivgut, das Benutzungsbeschränkungen unterliegt,

5.2.2 Archivgut, das wegen seines hohen Wertes, seines Ordnungs- und Erhaltungszustandes, seines Formats oder aus anderen Sicherheits- oder konservatorischen Gründen versendungsunfähig ist, oder

5.2.3 Archivgut, das noch nicht abschließend verzeichnet ist, sowie

5.2.4 Findmittel.

5.3 [1]Die Herstellung von Reproduktionen aus versandtem Archivgut ist nicht zulässig. [2]Das versandte Archivgut kann jederzeit zurückgefordert werden.

6. Ausleihe von Archivgut zu Ausstellungszwecken

[1]Archivgut kann zu Ausstellungszwecken ausgeliehen werden, soweit nicht der Ausstellungszweck bereits durch die Herstellung und Abgabe von Reproduktionen oder Nachbildungen des Archivgutes erreicht werden kann. [2]Über die Ausleihe ist zwischen dem verwahrenden Staatsarchiv und der oder dem Entleihenden ein Leihvertrag abzuschließen.

7. Schriftliche Auskünfte

Schriftliche Auskünfte auf Anfragen beschränken sich in der Regel auf Hinweise über einschlägiges Archivgut.

8. Gebühren, Auslagen, Entgelte

Ergänzend zu den in der AllGO festgelegten Gebühren und Auslagen für Amtshandlungen und Leistungen nach den Nummern 2 bis 7 sind für weitergehende Leistungen des Landesarchivs Entgelte nach der **Anlage** zu entrichten.

9. Schlussbestimmungen

[1]Dieser Erl. tritt am 1. 7. 2008 in Kraft. [2]Gleichzeitig wird die Bezugsbekanntmachung aufgehoben.

Anlage

Entgeltordnung für das Niedersächsische Landesarchiv (nicht abgedruckt)

Anlage 9 j
Verordnung über die Nutzung und die Gebührenerhebung des Landesarchivs Nordrhein-Westfalen (Archivnutzungs- und Gebührenordnung Nordrhein-Westfalen – ArchivNGO NRW)

Vom 29. Mai 2015 (GV. NRW. S. 620)
(SGV. NRW. 221)

§ 1 Geltungsbereich

Diese Verordnung gilt für das Landesarchiv Nordrhein-Westfalen.

§ 2 Nutzungsrecht

Nach Maßgabe des Archivgesetzes Nordrhein-Westfalen vom 16. März 2010 (GV. NRW. S. 188), das zuletzt durch Gesetz vom 16. September 2014 (**GV. NRW. S. 603**) geändert worden ist, und dieser Verordnung stehen Archivgut, Vervielfältigungen und Findmittel auf Antrag jedermann für die Nutzung zur Verfügung.

§ 3 Nutzungsarten

(1) Die Nutzung erfolgt grundsätzlich durch die persönliche Einsichtnahme im verwahrenden Archiv.

(2) Das Landesarchiv Nordrhein-Westfalen kann auf Antrag abweichend von Absatz 1 unter fachlichen Gesichtspunkten folgende Nutzungsarten zulassen:
1. schriftliche Anfragen,
2. Anforderung von Vervielfältigungen von Archivgut,
3. Versendung von Archivgut zur Einsichtnahme an einem anderen Ort,
4. Ausleihe von Archivgut zu Ausstellungszwecken und
5. Zugriff auf digitale Archivalien über Rechnernetzwerke.

§ 4 Nutzung von Archivgut, Vervielfältigungen und Findmitteln

(1) Die Nutzung richtet sich nach den §§ 6 und 7 des Archivgesetzes Nordrhein-Westfalen.

(2) [1]Anträge nach § 7 Absatz 6 des Archivgesetzes Nordrhein-Westfalen sind mit genauer Bezeichnung des Themas der Arbeit, detaillierter Angabe des in Frage kommenden Archivguts und ausführlicher Begründung schriftlich an die zuständige Abteilung des Landesarchivs zu richten. [2]Von der antragstellenden Person können Empfehlungen angefordert werden, die geeignet sind, den Antrag zu begründen.

(3) [1]Für den Umgang mit Verschlusssachen (VS) gilt der Runderlass des Innenministeriums „VS-Anweisung" vom 9. April 2001 (MBl. NRW. S. 666), der durch Runderlass vom 13. Juni 2004 (MBl. NRW. S. 610) geändert worden ist. [2]Darüber hinaus dürfen im Landesarchiv archivierte Verschlusssachen nur mit Zustimmung der abliefernden Stelle Dritten zugänglich gemacht werden.

§ 5 Nutzungsvoraussetzungen

(1) [1]Die Genehmigung der Nutzung erfolgt auf Antrag, der schriftlich beim Landesarchiv zu stellen ist. [2]Hierbei ist separat für jedes Nutzungsvorhaben Folgendes anzugeben:

1. der Zweck und der Gegenstand der Nutzung in möglichst präziser zeitlicher und sachlicher Eingrenzung,
2. der Name, der Vorname und die Anschrift der antragstellenden Person oder der beauftragenden Person, wenn die Nutzung im Auftrag einer oder eines Dritten erfolgt, oder
3. im Falle der Vertretung der Name, der Vorname und die Anschrift der Vertreterin oder des Vertreters unter Nachweis der Vertretungsvollmacht. Im Falle der Antragstellung durch juristische Personen, Vereinigungen und Behörden gilt § 12 Absatz 1 Nummer 3 und 4 Verwaltungsverfahrensgesetz für das Land Nordrhein-Westfalen in der Fassung der Bekanntmachung vom 12. November 1999 (GV. NRW. S. 602), das zuletzt durch Artikel 1 des Gesetzes vom 20. Mai 2014 (GV. NRW. S. 294) geändert worden ist, für die Leitungen, Vertretungen und Beauftragten entsprechend.

[3]Die antragstellende Person ist verpflichtet, diese Angaben in zutreffender Art und Weise und der Wahrheit entsprechend zu machen und sich auf Verlangen auszuweisen. [4]Ansonsten kann die Genehmigung widerrufen werden. [5]Vor Einsichtnahme in Archivgut müssen minderjährige antragstellende Personen die Einwilligungserklärung ihres gesetzlichen Vertreters oder ihrer gesetzlichen Vertreterin vorlegen. [6]Für Schülergruppen stellt die betreuende Lehrkraft einen Sammelantrag.

(2) Das Landesarchiv ist berechtigt, die Nutzung von Archivgut von der Vorlage eines auf die Nutzerin oder den Nutzer ausgestellten Nutzungsausweises abhängig zu machen.

(3) Abweichend von Absatz 2 kann bei Nutzungen nach § 3 Absatz 2, insbesondere bei schriftlichen Anfragen, auf die Ausstellung eines Nutzungsausweises verzichtet werden.

(4) [1]Über den Nutzungsantrag entscheidet das Landesarchiv, das die Genehmigung an Bedingungen knüpfen und mit Auflagen versehen kann. [2]Auf eine bestimmte Art, Form oder einen bestimmten Umfang der Nutzung besteht kein Anspruch. [3]Nutzungsgenehmigungen sind fünf Kalenderjahre ab Erteilung der Genehmigung gültig.

(5) [1]Die Nutzungsgenehmigung kann außer aus den in § 6 Absatz 2 des Archivgesetzes Nordrhein-Westfalen genannten Gründen eingeschränkt oder versagt werden, wenn

1. die antragstellende Person bei früherer Nutzung von Archivgut schwerwiegend gegen die Archivnutzungsordnung verstoßen oder festgelegte Nutzungsbedingungen oder -auflagen nicht eingehalten hat,
2. der Ordnungszustand des Archivguts oder Vereinbarungen mit Eigentümerinnen oder Eigentümern von Archivgut dies erfordern,
3. Archivgut aus dienstlichen Gründen oder wegen gleichzeitiger anderweitiger Nutzung nicht verfügbar ist,
4. die personellen und sachlichen Kapazitäten des Landesarchivs vorübergehend eine Nutzung nicht zulassen oder
5. der mit der Nutzung verfolgte Zweck anderweitig, insbesondere durch Einsichtnahme in Druckwerke oder andere Veröffentlichungen oder in Reproduktionen erreicht werden kann.

[2]Bei Versagung der Nutzungsgenehmigung sind die Gründe – auf Antrag schriftlich – mitzuteilen.

(6) [1]Die nutzende Person ist zu verpflichten, alle Bestimmungen des Landesarchivs zu beachten und Nutzungsbedingungen oder Nutzungsauflagen einzuhalten. [2]Zudem ist sie verpflichtet, Urheber- oder Persönlichkeitsrechte sowie andere schutz-

würdige Belange Dritter zu beachten. [3]Auf Verlangen hat sie darüber eine schriftliche Erklärung abzugeben.

§ 6 Einsichtnahme im Lesesaal

(1) Für das Verhalten während der Arbeit in den Lesesälen, die Behandlung der Archivalien, Vervielfältigungen und Findmittel sowie die Bestellung und Rückgabe von Archivalien gelten die Vorschriften der Lesesaalordnung des Landesarchivs.

(2) Die Hand- und die Dienstbibliothek des Landesarchivs können nur innerhalb des Lesesaals genutzt werden, wobei Einzelheiten der Nutzung der Dienstbibliothek vom Landesarchiv geregelt werden.

(3) [1]Für die Nutzung von Archivalien, die von anderen Archiven oder Instituten übersandt werden, gelten die gleichen Bedingungen wie für die Archivalien des Landesarchivs Nordrhein-Westfalen, sofern die übersendende Stelle nicht anderslautende Auflagen macht. [2]Kosten und anfallende Gebühren tragen diejenigen, die die Versendung veranlasst haben.

(4) Die Verwendung nutzereigener Geräte bedarf der Genehmigung durch das Landesarchiv und darf nicht zur Störung anderer Personen führen.

§ 7 Beratung

[1]Zur Beratung steht während der Dienststunden Fachpersonal zur Verfügung. [2]Die Beratung bezieht sich auf nutzungsrelevante Abläufe, Bestände, Findmittel sowie den Umgang mit Archivgut. [3]Ein Anspruch auf weitergehende Unterstützung (zum Beispiel beim Lesen und Auswerten der Findmittel und Archivalien) besteht nicht.

§ 8 Schriftliche Auskünfte

(1) Bei schriftlichen Anfragen sind Zweck und Gegenstand der Anfrage genau anzugeben.

(2) Die schriftlichen Auskünfte des Landesarchivs beschränken sich in der Regel auf Hinweise auf einschlägige Findmittel und Bestände.

(3) Ein Anspruch auf Auskünfte, die eine beträchtliche Arbeitszeit erfordern, oder auf Beantwortung von wiederholten Anfragen besteht nicht.

§ 9 Versendung

(1) [1]Auf die Versendung von Archivgut zur Einsichtnahme außerhalb des Lesesaals der das betreffende Archivgut verwahrenden Abteilung des Landesarchivs besteht kein Rechtsanspruch. [2]Die Entscheidung über die Versendung liegt beim Landesarchiv.

(2) [1]Die Versendung kann auf begründeten Antrag hin in Ausnahmefällen und nur in sehr beschränktem Umfang zur Nutzung in hauptamtlich verwaltete Archive des Inlands erfolgen, sofern diese sich verpflichten, das Archivgut in den Diensträumen unter ständiger fachlicher Aufsicht nur der antragstellenden Person vorzulegen, es diebstahl- und feuersicher zu verwahren, keine Kopien oder Reproduktionen anzufertigen und das Archivgut nach Ablauf der vom Landesarchiv bestimmten Ausleihfrist, die vier Wochen nicht überschreiten soll, in der von diesem bestimmten Versendungsart zurücksenden. [2]Die Ausleihfrist kann auf Antrag verlängert werden.

(3) [1]Über die Art der Versendung entscheidet das Landesarchiv, wobei eine Sendung höchstens zehn Archivalieneinheiten umfassen soll. [2]Die Kosten tragen diejenigen, die die Versendung veranlasst haben.

(4) [1]Abweichend von Absatz 2 ist die Versendung an die Eigentümerin oder den Eigentümer des Archivguts zulässig. [2]Eigentümer im Sinne von Satz 1 ist auch jeder Miteigentümer zum Bruchteil oder zur gesamten Hand.

(5) Aus wichtigen Gründen können versandte Archivalien jederzeit zurückgefordert werden.

(6) Das Landesarchiv hat bei Versendung von Archivgut die Empfängerin oder den Empfänger zur Beachtung der Vorschriften dieser Verordnung zu verpflichten.

(7) Von der Versendung ausgeschlossen sind
1. Archivalien, die
   a) Nutzungsbeschränkungen unterliegen,
   b) wegen ihres hohen Wertes, ihres Ordnungs- und Erhaltungszustandes, wegen ihres Formates oder aus anderen Sicherheits- oder konservatorischen Gründen versendungsunfähig sind,
   c) häufig genutzt werden oder
   d) noch nicht ausreichend verzeichnet sind, und
2. Findmittel.

§ 10 Ausleihe

(1) [1]Auf die Ausleihe von Archivalien zu Zwecken der Öffentlichkeitsarbeit, insbesondere für Ausstellungen, besteht kein Rechtsanspruch. [2]Die Entscheidung über die Ausleihe trifft das Landesarchiv, das für die Sicherheit des ausgestellten Archivguts notwendige Auflagen und Bedingungen festlegt. [3]Eine Ausleihe ist nur zulässig, sofern der Ausstellungszweck nicht durch Vervielfältigungen erfüllt werden kann. [4]§ 4 gilt entsprechend. [5]Für die Versendung von Archivalien zur Ausleihe gelten die Bestimmungen des § 9.

(2) Der Antrag auf Genehmigung zur Ausleihe ist zu begründen.

(3) Über die Ausleihe ist zwischen dem Leihgeber und dem Entleiher ein Leihvertrag nach dem vom Landesarchiv vorgegebenen Muster abzuschließen.

§ 11 Vervielfältigungen

(1) Zur Nutzung außerhalb des Landesarchivs können nutzende Personen auf Antrag und auf eigene Kosten Vervielfältigungen von uneingeschränkt für die Nutzung freigegebenen Archivalien in den Werkstätten des Landesarchivs anfertigen lassen.

(2) [1]Ein Anspruch auf Herstellung von Vervielfältigungen besteht nicht. [2]Insbesondere besteht kein Anspruch auf Durchführung größerer Aufträge zu Lasten anderer Nutzer oder des Dienstbetriebes im Landesarchiv.

(3) Die Genehmigung für die Anfertigung einer Vervielfältigung in den Werkstätten des Landesarchivs kann versagt werden, wenn
1. Überformate entstehen,
2. das Interesse anderer nutzender Personen beeinträchtigt ist oder
3. der Dienstbetrieb im Landesarchiv beeinträchtigt ist.

(4) [1]Vervielfältigungen dürfen nur hergestellt werden, wenn dies ohne Beschädigung der Archivalien möglich ist. [2]Über das Reproduktionsverfahren, die Zielformate, die zu verwendenden Datenträger und den Versendungsweg entscheidet das Landesarchiv.

(5) [1]Vervielfältigungen dürfen nur mit schriftlicher Genehmigung des Landesarchivs weiter vervielfältigt, an Dritte weitergegeben oder veröffentlicht werden. [2]Dabei sind der Aufbewahrungsort und die Archivsignatur des Originals anzuge-

ben. [3]Auf die dem Landesarchiv zustehenden Vervielfältigungs-, Weitergabe und Veröffentlichungsrechte ist hinzuweisen.

§ 12 Gebühren und Auslagen

(1) Das Landesarchiv Nordrhein-Westfalen erhebt für die von ihm erbrachten Leistungen sowie für die Nutzung seiner Einrichtungen Verwaltungs- und Nutzungsgebühren sowie Auslagen nach dieser Verordnung.

(2) Die Verwaltungs- und Nutzungsgebühren werden nach den Sätzen des als Anlage beigefügten Gebührenverzeichnisses erhoben.

(3) [1]Von der Erhebung von Verwaltungs- und Nutzungsgebühren sowie von Auslagen kann auf formlosen Antrag abgesehen werden, wenn dies aus Gründen der Billigkeit, insbesondere zur Vermeidung sozialer Härten, geboten erscheint. [2]Dasselbe gilt für Amtshandlungen des Landesarchivs, wenn diese dem öffentlichen Interesse dienen.

(4) [1]Auslagen für die von der nutzenden Person beantragten oder sonst verursachten Leistungen, insbesondere für Verpackung, Wertversicherung, Einschreib- oder Eilsendungen, Porto (ausgenommen Standard- und Kompaktbriefe) und Vervielfältigungen sind zu erstatten. [2]Entstandene Auslagen sind auch dann zu erstatten, wenn Verwaltungs- und Nutzungsgebühren nach dieser Verordnung nicht zu entrichten sind.

§ 13 Ergänzende Bestimmungen des Landesarchivs

Das Landesarchiv kann zu dieser Verordnung ergänzende Bestimmungen treffen.

§ 14 Inkrafttreten

Diese Verordnung tritt am Tag nach der Verkündung in Kraft.

Anlage

Gebührenverzeichnis (nicht abgedruckt)

Anlage 9 k
Landesarchiv-Benutzungsverordnung (LArchBVO RhPf)

Vom 8. Dezember 2004 (GVBl. 2005 S. 1)
(BS Rh-Pf 224-10-1)
zuletzt geändert durch Verordnung vom 17. November 2020 (GVBl. S. 666)

Aufgrund des § 9 Abs. 4 Satz 2 des Landesarchivgesetzes vom 5. Oktober 1990 (GVBl. S. 277), zuletzt geändert durch Artikel 140 des Gesetzes vom 12. Oktober 1999 (GVBl. S. 325), BS 224-10, wird verordnet:

§ 1 Geltungsbereich

[1]Diese Verordnung regelt die Benutzung des in der Landesarchivverwaltung verwahrten, erschlossenen Archivguts. [2]Die Bestimmungen gelten für die Benutzung von Vervielfältigungen, Findmitteln und sonstigen Hilfsmitteln entsprechend.

§ 2 Benutzungsarten

(1) Archivgut kann auf folgende Arten benutzt werden:

1. persönliche Einsichtnahme im verwahrenden Landesarchiv (§ 4),
2. Einsichtnahme im oder Herunterladen aus dem Internet (§ 4 a Satz 2),
3. schriftliche oder in Textform gestellte Anfrage, auf die schriftlich oder in Textform Auskunft erteilt wird (§ 5),
4. Ausfertigung und Übereignung von Vervielfältigungen (§ 6),
5. Versendung von Archivgut (§ 7) und
6. Ausleihe von Archivgut (§ 8).

(2) Die Benutzung von Archivgut durch die abliefernde Stelle regelt § 13.

§ 3 Benutzungsgenehmigung

(1) [1]Die Benutzungsgenehmigung ist für jedes Vorhaben schriftlich beim verwahrenden Landesarchiv zu beantragen. [2]Dabei sind Name, Anschrift, Telefonnummer und E-Mail-Adresse der Antragstellerin oder des Antragstellers und, wenn die Benutzung im Auftrag Dritter erfolgen soll, auch der Auftraggeberin oder des Auftraggebers anzugeben; die erhobenen Daten werden automatisiert verarbeitet. [3]Darüber hinaus sind der Zweck der Benutzung und der Gegenstand der Nachforschungen möglichst genau zu bezeichnen. [4]Die Antragstellerin oder der Antragsteller hat sich auf Verlangen auszuweisen und gegebenenfalls die Bevollmächtigung der Auftraggeberin oder des Auftraggebers nachzuweisen. [5]Eine Benutzung von uneingeschränkt zur Benutzung freigegebenem Archivgut gemäß § 4 a Satz 2 ist genehmigungsfrei.

(2) [1]Über die Benutzungsgenehmigung entscheidet das verwahrende Landesarchiv. [2]Die Zuständigkeit des für das Archivwesen zuständigen Ministeriums nach § 9 Abs. 4 Satz 1 des Landesarchivgesetzes (LArchG) bleibt unberührt.

(3) (aufgehoben)

(4) Die Benutzungsgenehmigung ist einzuschränken oder zu versagen, wenn einer der in § 3 Abs. 2 LArchG genannten Gründe vorliegt; eine Entscheidung gemäß § 3 Abs. 2 Nr. 1 LArchG bedarf der Zustimmung des für das Archivwesen zuständigen Ministeriums.

(5) [1]Die Benutzungsgenehmigung ist zu versagen, wenn eine Sperrfrist nach § 3 Abs. 3 LArchG nicht abgelaufen ist und auch nicht gemäß § 3 Abs. 4 LArchG ver-

kürzt werden kann. [2]Ist der Ablauf einer Frist nach § 3 Abs. 3 Satz 2 LArchG der Landesarchivverwaltung nicht bekannt und auch nicht anhand der Find- und sonstigen Hilfsmittel der Landesarchivverwaltung feststellbar, hat die Antragstellerin oder der Antragsteller die ihr oder ihm bekannten Daten zur Ermittlung des Sachverhaltes beizubringen.

(6) Eine bereits erteilte Benutzungsgenehmigung kann widerrufen, zurückgenommen oder nachträglich eingeschränkt werden, wenn Gründe bekannt werden, die zu einer Versagung oder Einschränkung nach den Absätzen 3 bis 5 geführt hätten.

(7) Die Benutzungsgenehmigung kann versagt werden, wenn die Antragstellerin oder der Antragsteller zuvor gegen die Benutzungsverordnung oder das Landesarchivgesetz erheblich verstoßen hat oder aus anderen Gründen anzunehmen ist, dass für deren Einhaltung keine Gewähr geboten wird.

(8) Die Gründe für die Versagung oder Einschränkung der Benutzungsgenehmigung werden der oder dem Betroffenen schriftlich mitgeteilt.

§ 4 Benutzung im verwahrenden Landesarchiv

(1) Das verwahrende Landesarchiv berät die Benutzerin oder den Benutzer bei der Ermittlung des Archivguts.

(2) [1]Archivgut, Schutzmedien, archiveigene Find- und sonstige Hilfsmittel sowie Bücher und Zeitschriften dürfen grundsätzlich nur in den dafür bestimmten Räumen des verwahrenden Landesarchivs benutzt werden. [2]Die Interessen anderer Benutzerinnen und Benutzer sind angemessen zu berücksichtigen.

(3) Findmittel werden grundsätzlich nur insoweit vorgelegt, als sie Archivgut nachweisen, das uneingeschränkt zugänglich ist.

(4) Ist eine für die Benutzung bestimmte Vervielfältigung von Archivgut vorhanden, darf nur diese benutzt werden, wenn nicht die Vorlage des Originals für ein Forschungsvorhaben unentbehrlich ist.

(5) [1]Archivgut ist mit größter Sorgfalt zu behandeln. [2]Es ist insbesondere untersagt,

1. den Ordnungszustand des Archivguts selbständig zu verändern oder Teile zu entnehmen,
2. auf Archivgut, in Büchern und Findmitteln Striche oder Zeichen irgendwelcher Art anzubringen oder Tilgungen vorzunehmen,
3. Archivgut als Schreibunterlage zu verwenden oder Handpausen anzufertigen.

[3]Beschädigungen und Fehler in der Reihenfolge der Schriftstücke sollen dem Archivpersonal gemeldet werden.

(6) [1]Einzelheiten der Benutzung, insbesondere bezüglich der Bestellung von Archivgut, des Verhaltens im Benutzersaal und der Verwendung benutzereigener technischer Geräte, können durch eine Hausordnung (§ 12) geregelt werden. [2]Für die Benutzung fremden oder besonders wertvollen Archivguts können besondere Bestimmungen getroffen werden.

§ 4 a Einsichtnahme im oder Herunterladen aus dem Internet

[1]Die Landesarchivverwaltung stellt uneingeschränkt zur Benutzung freigegebenes Archivgut in ihrem Online-Angebot zur Benutzung zur Verfügung. [2]Im Falle einer solchen Benutzung durch Einsichtnahme im oder Herunterladen aus dem Internet wird ein berechtigtes Interesse der Benutzerin oder des Benutzers unwiderlegbar vermutet.

§ 5 Schriftliche oder in Textform erteilte Auskünfte

(1) [1]Auf eine schriftlich oder in Textform gestellte Anfrage wird schriftlich oder in Textform Auskunft erteilt, die in der Regel Hinweise auf das erschlossene einschlägige Archivgut sowie auf die entsprechenden Findmittel enthält. [2]Ist eine kurzfristige Beantwortung nicht möglich, wird ein Zwischenbescheid erteilt. [3]Ein Anspruch auf Auskünfte, die eine unverhältnismäßig lange Arbeitszeit erfordern, oder auf Beantwortung von wiederholten Anfragen innerhalb eines kürzeren Zeitraums besteht nicht.

(2) An Gerichte, Behörden und sonstige öffentlich-rechtliche Stellen werden schriftliche Auskünfte, sofern sie zur Klärung von Rechts- oder Verwaltungsangelegenheiten erbeten werden, im Rahmen der Amtshilfe erteilt.

§ 6 Vervielfältigungen

(1) Vervielfältigungen und digitalisierte oder fotografische Reproduktionen von für die Benutzung freigegebenem Archivgut werden, soweit dies der Dienstbetrieb zulässt, grundsätzlich durch Bedienstete der Landesarchivverwaltung angefertigt.

(2) Vervielfältigungen und digitalisierte oder fotografische Reproduktionen von uneingeschränkt zur Benutzung freigegebenem Archivgut können durch Benutzerinnen und Benutzer nach Maßgabe der Hausordnung (§ 12) selbst angefertigt werden.

(3) [1]Das verwahrende Landesarchiv entscheidet über das jeweils geeignete Reproduktionsverfahren unter Berücksichtigung der für das Archivgut schonendsten Art der Vervielfältigung sowie der Geräteausstattung. [2]Die Interessen anderer Benutzerinnen und Benutzer sind angemessen zu berücksichtigen.

(4) Die Herstellung von Fotokopien und digitalen oder fotografischen Reproduktionen ist zu versagen, wenn sich das Archivgut wegen seines Erhaltungszustands, seines Formats oder aus anderen Gründen nicht zur Reproduktion eignet.

§ 7 Versendung von Archivgut

(1) [1]Auf schriftlichen Antrag kann uneingeschränkt zur Benutzung freigegebenes Archivgut in begründeten Einzelfällen, in denen der Benutzungszweck weder durch persönliche Benutzung bei dem verwahrenden Landesarchiv noch durch Übersendung von Reproduktionen erreicht werden kann, zur Benutzung an hauptamtlich verwaltete auswärtige Archive oder, wenn solche am Ort nicht vorhanden sind, an wissenschaftliche Bibliotheken, an hauptamtlich verwaltete öffentliche Dienststellen oder an Gerichte versandt werden, sofern sich diese verpflichten,

1. das Archivgut in den Diensträumen unter ständiger fachlicher Aufsicht nur der Benutzerin oder dem Benutzer vorzulegen,
2. das Archivgut den üblichen konservatorischen Anforderungen entsprechend sowie diebstahl- und feuersicher zu verwahren,
3. das Archivgut nach Ablauf der vom verwahrenden Landesarchiv bestimmten Benutzungsfrist in der von diesem bestimmten Versendungsart zurückzusenden und
4. keine Kopien oder Reproduktionen von dem Archivgut anzufertigen.

[2]Die Benutzungsfrist soll sechs Wochen nicht überschreiten; sie kann auf Antrag verlängert werden. [3]Die Versendung von Archivgut an Privatpersonen – ausgenommen Eigentümerinnen und Eigentümer – ist nicht zulässig.

(2) Die Versendung von Archivgut ins Ausland ist nur mit Zustimmung des für das Archivwesen zuständigen Ministeriums zulässig.

(3) Von der Versendung ausgeschlossen sind

1. Archivgut, das wegen seines Erhaltungszustands, wegen seines Formats oder aus anderen Sicherheits- oder konservatorischen Gründen versendungsunfähig ist, sowie
2. archivalische Findmittel.

(4) Aus dienstlichen Gründen kann versandtes Archivgut jederzeit zurückgefordert werden.

(5) Das verwahrende Landesarchiv kann die Versendung mit Bedingungen oder Auflagen verbinden; insbesondere kann eine Versicherung wertvollen Archivguts gegen Beschädigung oder Verlust verlangt werden.

(6) Die Kosten der Versendung und gegebenenfalls der Versicherung trägt die Benutzerin oder der Benutzer.

(7) Die weitere Benutzung des versandten Archivguts richtet sich nach den Bestimmungen dieser Verordnung.

(8) Die Versendung von Archivgut zur amtlichen Benutzung erfolgt nach Maßgabe der Absätze 1 bis 7 im Rahmen der Amtshilfe.

§ 8 Ausleihe von Archivgut

(1) [1]Uneingeschränkt zur Benutzung freigegebenes Archivgut kann zu Zwecken der Öffentlichkeitsarbeit, insbesondere für Ausstellungen ausgeliehen werden, wenn der Ausstellungszweck nicht durch Reproduktionen oder Nachbildungen erreicht werden kann und gewährleistet ist, dass das ausgeliehene Archivgut wirksam vor Verlust, Beschädigung oder unbefugter Benutzung geschützt wird. [2]Auf die Ausleihe zu diesem Zweck besteht kein Anspruch. [3]Die Herstellung von Reproduktionen von ausgestelltem Archivgut bedarf der Zustimmung des verwahrenden Landesarchivs.

(2) Leihgaben aus Depositalbeständen bedürfen der Zustimmung der Eigentümerin oder des Eigentümers.

(3) Über die Ausleihe ist mit der Entleiherin oder dem Entleiher ein Leihvertrag abzuschließen.

(4) Im Übrigen gelten § 7 Abs. 2, 3 Nr. 2 und Abs. 5 bis 7 entsprechend; im Fall der Ausleihe durch Versendung gilt außerdem § 7 Abs. 3 Nr. 1 entsprechend.

§ 9 Verwendung zu anderen als privaten Zwecken

[1]Jede über den ausschließlich privaten Gebrauch hinausgehende Verwendung von Archivgut, insbesondere für Publikationen, geschäftliche und gewerbliche Zwecke, ist gesondert nach § 3 genehmigungspflichtig. [2]Uneingeschränkt zur Benutzung freigegebenes Archivgut ist davon ausgenommen.

§ 10 Veröffentlichungen

(1) Bei der Benutzung von Archivgut in Veröffentlichungen ist jeweils die Herkunft durch Angabe von verwahrendem Landesarchiv, Bestand, Nummer und Seite genau und eindeutig zu bezeichnen.

(2) Die Benutzerin oder der Benutzer ist verpflichtet, Veröffentlichungen, in denen Archivgut verwertet worden ist, dem verwahrenden Landesarchiv bibliographisch anzuzeigen.

§ 11 Gebühren und Auslagen

Verwaltungs- und Benutzungsgebühren sowie Auslagen für die Inanspruchnahme der Landesarchivverwaltung richten sich nach dem Landesgebührengesetz vom 3. Dezember 1974 (GVBl. S. 578, BS 2013-1) und der Landesverordnung über die Gebühren im Bereich der Landesarchivverwaltung (Besonderes Gebührenverzeichnis) vom 9. Mai 2003 (GVBl. S. 74, BS 2013-1-21) in den jeweils geltenden Fassungen.

§ 12 Hausordnung

Örtliche und organisatorische Besonderheiten können die Landesarchivverwaltungen ergänzend durch Hausordnung regeln.

§ 13 Benutzung durch die abliefernde Stelle

(1) [1]Die abliefernde Stelle hat das Recht, das von ihr selbst abgelieferte Archivgut jederzeit zu benutzen, wenn sie es zur Erfüllung ihrer Aufgaben benötigt; die Bestimmungen dieser Verordnung finden insoweit keine Anwendung. [2]Satz 1 gilt nicht, soweit es sich um Archivgut handelt, das vor der Ablieferung aufgrund besonderer Rechtsvorschriften hätte gesperrt, vernichtet oder gelöscht werden müssen.

(2) Absatz 1 gilt entsprechend für Archivgut, das vom Rechts- oder Funktionsvorgänger oder von der nachgeordneten Stelle einer die Benutzung ersuchenden Behörde abgeliefert wurde.

(3) [1]Die Art und Weise der Nutzung nach Absatz 1 wird zwischen der abliefernden Stelle und dem verwahrenden Landesarchiv im Einzelfall vereinbart. [2]Dabei ist sicherzustellen, dass das Archivgut gegen Verlust, Beschädigung und unbefugte Benutzung geschützt und innerhalb eines angemessenen Zeitraums unverändert zurückgegeben wird.

§ 14 [1]Inkrafttreten

(1) Diese Verordnung tritt am Tage nach der Verkündung in Kraft.

(2) Gleichzeitig wird die Benutzungsordnung für die Landesarchive in der Fassung vom 12. Dezember 1983 aufgehoben.

Der Minister für Wissenschaft, Weiterbildung, Forschung und Kultur

---

1 § 14 Abs. 1: Verkündet am 13.1.2005

Anlage 9 I
Verordnung über die Benutzung von Archivgut beim Landesarchiv (Archivbenutzungsverordnung – ArchBO Saar)

Vom 10. Dezember 2001 (Amtsbl. S. 43)
(BS Saar)

§ 1 Benutzungsberechtigung

Das Archivgut steht nach Maßgabe des Saarländischen Archivgesetzes und dieser Verordnung auf Antrag jedermann zur Benutzung zur Verfügung.

§ 2 Benutzungsarten

(1) Die Benutzung erfolgt
a) durch persönliche Einsichtnahme im Landesarchiv,
b) durch mündliche, fernmündliche oder schriftliche Anfragen,
c) durch Anforderung von Reproduktionen von Archivgut,
d) durch Versendung von Archivgut zur Einsichtnahme an einem anderen Ort,
e) durch Ausleihe von Archivgut für Ausstellungen.

(2) Die übliche Benutzungsart ist die persönliche Einsichtnahme im Landesarchiv.

§ 3 Benutzungsantrag

(1) [1]Die Benutzungsgenehmigung ist schriftlich beim Landesarchiv zu beantragen. [2]Im Antrag ist folgendes anzugeben:
1. Name, Vorname und Anschrift des Antragstellers oder der Antragstellerin,
2. Name, Vorname und Anschrift des Auftraggebers oder der Auftraggeberin, wenn die Benutzung im Auftrag eines oder einer Dritten erfolgt,
3. der Benutzungszweck, der Gegenstand der Nachforschungen und die beabsichtigte Auswertung; bei Benutzung zu wissenschaftlichen Zwecken ist die Art der geplanten Arbeit, bei Studien- und Prüfungsarbeiten die Hochschule anzugeben,
4. die Art der vorgesehenen Veröffentlichung.

[3]Weitere persönliche Angaben (Geburtsjahr, Beruf) können vom Benutzer oder der Benutzerin auf freiwilliger Basis erhoben werden. Bei persönlicher Einsichtnahme ist für die schriftliche Antragstellung ein Vordruck zu verwenden.

(2) Bei Nutzungen nach § 2 Abs. 1 Buchstabe b) bis e), insbesondere bei schriftlichen oder mündlichen Anfragen, kann auf einen schriftlichen Antrag gemäß Absatz 1 verzichtet werden.

(3) [1]Der Antrag gilt nur für das laufende Kalenderjahr, das angegebene Nutzungsvorhaben und den angegebenen Nutzungszweck. [2]Wechselt der Nutzer oder die Nutzerin Nutzungsvorhaben oder Nutzungszweck, ist ein erneuter Antrag zu stellen.

(4) Der Benutzer oder die Benutzerin hat sich auf Verlangen auszuweisen.

(5) Sollen andere Personen als Hilfskräfte oder Beauftragte zu den Arbeiten herangezogen werden, so ist jeweils ein eigener Antrag zu stellen.

(6) Mit dem Antrag verpflichtet sich der Benutzer oder die Benutzerin, die Vorschriften dieser Verordnung sowie ergänzende Bestimmungen des Landesarchivs (§ 12) einzuhalten.

(7) Die Angaben im Antrag und Daten über den Ablauf der Benutzung, besonders über das benutzte Archivgut, können für die Zwecke des Landesarchivs weiter verarbeitet werden.

§ 4 Benutzungsgenehmigung

(1) Über den Benutzungsantrag entscheidet der Leiter oder die Leiterin des Landesarchivs.

(2) Die Benutzungsgenehmigung kann mit Bedingungen und Auflagen erteilt werden.

(3) Die Benutzungsgenehmigung kann eingeschränkt oder versagt werden, wenn

a) bei früherer Benutzung von Archivgut wiederholt oder schwerwiegend gegen diese Verordnung oder ergänzende Bestimmungen des Landesarchivs (§ 12) verstoßen oder festgelegte Benutzungsbedingungen oder -auflagen nicht eingehalten worden sind,
b) der Erhaltungszustand des Archivguts oder Vereinbarungen mit Eigentümern von Archivgut dies erfordern,
c) Archivgut aus dienstlichen Gründen oder wegen gleichzeitiger amtlicher oder anderweitiger Nutzung nicht verfügbar ist,
d) der mit der Nutzung verfolgte Zweck anderweitig, insbesondere durch Einsichtnahme in Druckwerke oder andere Veröffentlichungen oder in Reproduktionen erreicht werden kann,
e) die Benutzung einen nicht vertretbaren Verwaltungsaufwand verursachen würde.

(4) Die Benutzungsgenehmigung kann widerrufen werden, wenn

a) wiederholt oder schwerwiegend gegen diese Verordnung oder ergänzende Bestimmungen des Landesarchivs (§ 12) verstoßen wird oder festgelegte Nutzungsbedingungen oder -auflagen nicht eingehalten werden,
b) nachträglich Gründe bekannt werden, die zur Versagung geführt hätten,
c) Urheber- oder Persönlichkeitsschutzrechte oder andere schutzwürdige Belange Dritter nicht beachtet werden.

(5) Bei Einschränkung, Versagung oder Widerruf der Benutzungsgenehmigung sind die Gründe – auf Wunsch schriftlich – mitzuteilen.

§ 5 Durchführung der Benutzung

(1) [1]Die Archivbenutzung findet grundsätzlich nur in dem hierfür bestimmten Arbeitsraum (Benutzersaal) unter fachlicher Aufsicht statt. [2]Für das Verhalten im Benutzersaal gelten die Vorschriften der Benutzersaalordnung des Landesarchivs (§ 12).

(2) [1]Der Benutzer oder die Benutzerin ist verpflichtet, das Archivgut im Benutzersaal zu belassen, die innere Ordnung des Archivguts zu bewahren, es nicht zu beschädigen, zu verändern oder in seinem Erhaltungszustand zu gefährden. [2]Das gleiche gilt entsprechend für Findmittel jeder Art und Bibliotheksgut.

(3) [1]Die Durchführung der Benutzung bleibt dem Benutzer oder der Benutzerin überlassen. [2]Die Beratung durch das Personal des Archivs beschränkt sich grundsätzlich auf den Nachweis der einschlägigen, im Landesarchiv vorhandenen Archivalien. [3]Der Benutzer oder die Benutzerin hat keinen Anspruch auf umfassende Hilfe beim Lesen oder Übersetzen der Archivalien.

(4) Der Benutzer oder die Benutzerin haftet für den Verlust oder jede vorsätzliche oder fahrlässige Beschädigung von Archivalien.

(5) [1]Die Archivbücherei steht Benutzern oder Benutzerinnen zur Verfügung, soweit dienstliche Interessen nicht entgegenstehen. [2]Sie ist eine Präsenzbibliothek.

(6) [1]Die Benutzung privater technischer Hilfsmittel im Zusammenhang mit der Archivalienbenutzung ist grundsätzlich gestattet, soweit die Archivalien nicht ge-

fährdet und die Ordnung im Benutzersaal nicht gestört wird. [2]Das Landesarchiv kann dazu auch eigene Räume oder Kabinen zur Verfügung stellen.

§ 6 Benutzung fremden Archivguts

[1]Für die Benutzung von Archivalien, die von anderen Archiven oder Instituten übersandt werden, gelten dieselben Bedingungen wie für das Archivgut des Landesarchivs, sofern die übersendende Stelle nicht anderslautende Auflagen macht. [2]Gebühren und Auslagen tragen diejenigen, die die Versendung veranlasst haben.

§ 7 Öffnungszeiten des Benutzersaales

(1) Die Öffnungszeiten werden durch das Landesarchiv gesondert festgesetzt und bekannt gegeben.

(2) Der Benutzersaal kann aus besonderem Anlass zeitweilig geschlossen werden.

§ 8 Anfertigung von Reproduktionen

(1) [1]Auf schriftlichen Antrag stellt das Landesarchiv oder eine von ihm beauftragte Stelle Reproduktionen von Archivalien her, sofern nicht fachliche Gründe entgegenstehen. [2]Über das jeweils geeignete Reproduktionsverfahren entscheidet das Landesarchiv. [3]Ein Anspruch auf die Anfertigung von Reproduktionen besteht nicht.

(2) Auf besonderen Antrag können einzelne fotografische Reproduktionen durch den Benutzer oder die Benutzerin selbst angefertigt werden, sofern nicht fachliche Gründe entgegenstehen.

(3) [1]Reproduktionen dürfen nur für den im Benutzungsantrag bezeichneten Zweck unter Angabe der Herkunft aus dem Landesarchiv verwendet werden. [2]Bestehende Urheberrechte, auch des Landesarchivs, sind zu wahren.

(4) Für die Veröffentlichung von Archivalienreproduktionen ist die vorherige Genehmigung des Landesarchivs erforderlich.

§ 9 Schriftliche Auskünfte

Schriftliche Auskünfte auf Anfragen beschränken sich grundsätzlich auf die Mitteilung von Art, Umfang, Zustand und Benutzbarkeit einschlägiger Archivalien im Landesarchiv.

§ 10 Versand und Ausleihe von Archivalien

(1) Zum Versand geeignete Archivalien können in Ausnahmefällen zur Benutzung ausgeliehen werden, wenn Benutzung und Aufbewahrung unter vergleichbaren Bedingungen wie im Landesarchiv erfolgen und der Nutzungszweck nicht durch Versendung von Reproduktionen erreicht werden kann.

(2) Zur Ausstellung geeignete Archivalien können ausgeliehen werden, wenn die Ausstellungsbedingungen fachlichen Anforderungen entsprechen und der Ausstellungszweck nicht durch Verfügungstellung von Reproduktionen erreicht werden kann.

(3) [1]Die Entscheidung über Versand und Ausleihe sowie über die jeweilige Dauer fällt der Leiter oder die Leiterin des Landesarchivs unter fachlichen Gesichtspunkten. [2]Ein Anspruch auf Versand oder Ausleihe besteht nicht.

(4) Über die Ausleihe ist zwischen dem Landesarchiv und dem Entleiher oder der Entleiherin ein Leihvertrag abzuschließen.

(5) Die Anfertigung von Reproduktionen am fremden Nutzungsort bedarf der vorherigen Einwilligung des Landesarchivs.

(6) Die jeweils anfallenden Kosten trägt der Besteller oder die Bestellerin.

§ 11 Ablieferungspflicht

[1]Von Veröffentlichungen, die unter Nutzung des Archivgutes des Landesarchivs entstanden sind, steht dem Landesarchiv ein kostenloses Belegexemplar zu. [2]Stellt dies im Einzelfall eine unzumutbare Härte dar, kann das Landesarchiv auf das Belegexemplar verzichten bzw. einvernehmlich einen Ankauf zu einem reduzierten Preis tätigen. [3]Ist für die Benutzung eines Depositums mit dem Eigentümer oder der Eigentümerin die Abgabe eines Belegexemplars vereinbart, steht diesem oder dieser das Exemplar zu.

§ 12 Ergänzende Bestimmungen

[1]Das Landesarchiv kann zu dieser Verordnung ergänzende Bestimmungen treffen. [2]Insbesondere regelt es die Öffnungszeiten sowie den Schutz des Archiv- und Bibliotheksguts bei der Benutzung und den Ablauf der Benutzung durch eine Benutzersaalordnung.

§ 13 Gebühren und Auslagen

Die Erhebung von Verwaltungs- und Benutzungsgebühren sowie von Auslagen für die Benutzung des Landesarchivs richtet sich nach der Gebührenordnung für die Benutzung des Landesarchivs in der jeweils geltenden Fassung.

§ 14 In-Kraft-Treten

(1) Diese Verordnung tritt am Tage nach ihrer Verkündung in Kraft.

(2) Gleichzeitig tritt die Benutzungsordnung für das Landesarchiv Saarbrücken vom 27. März 1986 (GMBl. Saar S. 225) außer Kraft.

Anlage 9 m
Verordnung des Sächsischen Staatsministeriums des Innern über die Benutzung der staatlichen Archive
(Sächsische Archivbenutzungsverordnung – SächsArchivBenVO)

Vom 24. Februar 2003

§ 1 Art der Benutzung

(1) Archivgut wird grundsätzlich durch persönliche Einsichtnahme im verwahrenden Archiv benutzt. Dem Anspruch auf Archivgutnutzung kann durch Vorlage von Reproduktionen entsprochen werden.

(2) Das Archiv kann auch mündliche oder schriftliche Auskünfte erteilen. Diese beschränken sich grundsätzlich auf Hinweise zu Art, Umfang und Benutzbarkeit des einschlägigen Archivgutes.

(3) Das Archiv kann die Benutzung auch durch persönliche Einsichtnahme außerhalb des Archivs, durch Ausleihe für Ausstellungen sowie durch Abgabe von Reproduktionen ermöglichen.

§ 2 Benutzungsverhältnis und Benutzungsgenehmigung

(1) Das Benutzungsverhältnis ist öffentlich-rechtlicher Natur.

(2) Die Benutzung des Archivs ist genehmigungsbedürftig. Die Benutzungsgenehmigung ist schriftlich bei dem Archiv zu beantragen. Im Antrag sind anzugeben:
1. der Name und der Vorname sowie die Anschrift des Antragstellers,
2. im Falle der Vertretung der Name und der Vorname sowie die Anschrift des Vertreters unter Nachweis der Vertretungsmacht; in den Fällen des § 12 Abs. 1 Nr. 3 und 4 des Verwaltungsverfahrensgesetzes (VwVfG) in der Fassung der Bekanntmachung vom 23. Januar 2003 (BGBl. I S. 102), in der jeweils geltenden Fassung, in Verbindung mit § 1 des Vorlaufigen Verwaltungsverfahrensgesetzes für den Freistaat Sachsen (SächsVwVfG) vom 21. Januar 1993 (SächsGVBI. S. 74), das zuletzt durch § 17 des Gesetzes vom 31. März 1999 (SächsGVBI. S. 161, 163) geändert wurde, in der jeweils geltenden Fassung (juristische Personen, Vereinigungen und Behörden) gilt Entsprechendes,
3. der Name und der Vorname von Personen, die den Antragsteller bei der persönlichen Einsichtnahme unterstützen,
4. das Benutzungsvorhaben mit zeitlicher und sachlicher Eingrenzung.

Änderungen, die zwischen der Antragstellung und dem Abschluss des Benutzungsvorhabens eintreten und welche Angaben nach Satz 3 sowie § 3 betreffen, hat der Antragsteller dem Archiv unverzüglich mitzuteilen.

(3) Wird der Zugang zu Unterlagen mit personenbezogenen Daten beantragt, für welche die Schutzfristen des § 10 Abs. 1 Satz 3 und 4 SächsArchivG noch nicht abgelaufen sind, haben sich die in Absatz 2 Satz 3 genannten Personen auszuweisen, in anderen Fällen besteht diese Verpflichtung auf Verlangen des Archivs. In den Fällen des § 6 Abs. 1 Satz 2, Abs. 3 Satz 2 SächsArchivG ist der Antrag schriftlich zu begründen.

(4) Unbeschadet der Regelungen gemäß § 1 des SächsVwVfG in Verbindung mit §§ 48 und 49 des VwVfG kann die Benutzungsgenehmigung auch widerrufen werden, wenn
1. die Angaben im Antrag auf Benutzungsgenehmigung nicht oder nicht mehr zutreffen,
2. nachträglich Gründe bekannt werden, die zur Versagung der Benutzungsgenehmigung geführt hätten,

3. wiederholt oder schwerwiegend gegen die Benutzungsbestimmungen verstoßen wird, oder
4. das Urheber- oder das Persönlichkeitsrecht verletzt oder sonst schutzwürdige Belange Dritter nicht beachtet werden.

§ 3 Verkürzung der Schutzfristen

Eine Verkürzung der Schutzfristen gemäß § 10 Abs. 4 und 5 SächsArchivG ist schriftlich beim Archiv zu beantragen. Der Antrag ist zu begründen, wobei das Forschungsvorhaben einschließlich seiner Träger und seine öffentliche, insbesondere wissenschaftliche, Bedeutung und die Art der benötigten personenbezogenen Daten darzulegen sind.

§ 4 Einsichtnahme im Archiv

(1) Zur persönlichen Einsichtnahme wird Archivgut grundsätzlich nur in den dafür vorgesehenen Räumen (Benutzerräume) des Archivs vorgelegt.

(2) Die Öffnungszeiten der Benutzerräume sowie Regelungen, die insbesondere einem geordneten Ablauf der Benutzung oder dem Schutz des Archivgutes dienen, legt das Archiv in Benutzerraum-Ordnungen näher fest.

(3) Das Archiv kann auch die Einsichtnahme in Archivgut ermöglichen, das von anderen Archiven übersandt wird. Soweit mit dem versendenden Archiv nichts anderes vereinbart wurde, gelten die Bestimmungen dieser Verordnung entsprechend.

§ 5 Einsichtnahme außerhalb des Archivs

(1) Das Archiv kann in begründeten Ausnahmefällen und in beschränktem Umfang die persönliche Einsichtnahme auch in anderen hauptamtlich geleiteten Archiven ermöglichen. Dort muss sichergestellt sein, dass das Archivgut nur in den Diensträumen, die den archivfachlichen Anforderungen entsprechen, verwahrt und nur unter archivfachlicher Aufsicht eingesehen wird. Reproduktionen dürfen nur mit Zustimmung des versendenden Archivs angefertigt werden.

(2) Über die Art der Versendung und der Rücksendung entscheidet das versendende Archiv.

(3) Aus wichtigen Gründen kann das versandte Archivgut jederzeit zurückgefordert werden.

(4) Das Archiv kann die Benutzung audiovisueller Medien wie Lauffilme und Tonträger abweichend von Absatz 1 an anderer geeigneter Stelle ermöglichen, wenn es über die technischen Mittel nicht selbst verfügt.

(5) Die Versendung von Archivgut an Behörden und sonstige öffentliche Stellen im Geltungsbereich des Grundgesetzes zur Einsichtnahme durch diese erfolgt nur in begründeten Ausnahmefällen. Die Absätze 2 und 3 gelten entsprechend.

§ 6 Ausleihe für Ausstellungen

(1) Auf die Ausleihe von Archivgut für Ausstellungen besteht kein Anspruch.

(2) Die Ausleihe ist nur möglich, wenn der Ausstellungszweck nicht durch Reproduktionen erreicht werden kann und wenn gesichert ist, dass das ausgeliehene Archivgut nach den Anforderungen des Archivs nachhaltig vor Schäden, Verlust, Vernichtung oder unbefugter Benutzung geschützt wird. Reproduktionen dürfen nur mit Zustimmung des verleihenden Archivs angefertigt werden.

(3) Die Einzelheiten sind in einem öffentlich-rechtlichen Leihvertrag zu regeln.

§ 7 Abgabe von Reproduktionen

(1) Das Archiv kann auf schriftlichen Antrag Reproduktionen von Archivgut herstellen, wie zum Beispiel Kopien, Filme, audiovisuelle und elektronische Medien. Über die geeigneten Reproduktionsverfahren entscheidet das Archiv.

(2) § 2 Abs. 2 und § 3 gelten entsprechend.

(3) Reproduktionen dürfen nur mit schriftlicher Zustimmung des Archivs und nur zu dem genehmigten Zweck veröffentlicht, vervielfältigt, an Dritte weitergegeben oder in sonstiger Weise genutzt werden. Bei Veröffentlichungen von Reproduktionen sind mindestens das Archiv und der Hersteller der Reproduktion anzugeben.

§ 8 In-Kraft-Treten

Diese Verordnung tritt am Tage nach ihrer Verkündung in Kraft.

Anlage 9 n
Landesverordnung über die Benutzung von Archivgut im Landesarchiv Schleswig-Holstein (Archivbenutzungsverordnung)

Vom 7. Januar 2020 (GVOBl. Schl.-H. S. 18)
(GS Schl.-H. II 224-5-2)

Aufgrund des § 13 des Landesarchivgesetzes (LArchG) vom 11. August 1992 (GVOBl. Schl.-H. S. 444, ber. S. 498), zuletzt geändert durch Artikel 8 des Gesetzes vom 2. Mai 2018 (GVOBl. Schl.-H. S. 162), verordnet das Ministerium für Bildung, Wissenschaft und Kultur:

§ 1 Geltungsbereich

[1]Diese Benutzungsverordnung regelt die Benutzung des vom Landesarchiv Schleswig-Holstein verwalteten Archivguts. [2]Sie gilt auch für die Benutzung von Reproduktionen des Archivguts und der Findhilfsmittel.

§ 2 Arten der Benutzung

(1) [1]Die Benutzung erfolgt durch persönliche Einsichtnahme im Lesesaal des Landesarchivs. [2]Eine Versendung von Archivgut zur Einsichtnahme an einem anderen Ort ist nicht vorgesehen.

(2) Die Benutzung kann abweichend von Absatz 1 außerdem erfolgen durch
1. die Abgabe von Reproduktionen des Archivguts,
2. die Ausleihe an öffentliche Stellen zu amtlichen Zwecken,
3. die Ausleihe zu Ausstellungszwecken.

§ 3 Archivfachliche Beratung

[1]Die Benutzenden werden archivfachlich beraten. [2]Die Beratung bezieht sich vornehmlich auf die Möglichkeiten des Zugangs zum Archivgut. [3]Ein Anspruch auf weitergehende Unterstützung besteht nicht.

§ 4 Nutzungsvoraussetzungen

(1) Zwischen dem Landesarchiv und den Benutzenden wird ein öffentlich-rechtliches Benutzungsverhältnis begründet.

(2) [1]Die Benutzung ist beim Landesarchiv unter Verwendung des vom Landesarchiv hierfür bestimmten elektronischen Formulars zu beantragen. [2]Der Antrag ist dabei mit Angaben zur Person (Name, Vorname, Anschrift) und zum Benutzungsvorhaben (Thema, Zweck) zu versehen.

(3) Für jedes Benutzungsvorhaben (Thema, Zweck) ist ein gesonderter Antrag zu stellen.

(4) [1]Sollen andere Personen als Beauftragte oder Hilfskräfte zu den Arbeiten herangezogen werden, ist von diesen jeweils ein eigener Antrag zu stellen. [2]Erfolgt die Benutzung im Auftrage, kann das Landesarchiv von der Auftraggeberin oder dem Auftraggeber eine Bestätigung über die Kenntnisnahme der Archivbenutzungsverordnung in Textform verlangen.

(5) [1]Die antragstellende Person ist verpflichtet, die Angaben im Antrag in zutreffender Art und Weise und der Wahrheit entsprechend zu machen und sich auf Verlangen auszuweisen. [2]Ansonsten kann die Genehmigung widerrufen werden. [3]Vor Einsichtnahme in das Archivgut müssen minderjährige antragstellende Personen die Einwilligungserklärung ihrer gesetzlichen Vertreterin oder ihres gesetzli-

chen Vertreters vorlegen. [4]Für Schülergruppen stellt die betreuende Lehrkraft einen Sammelantrag.

(6) [1]Über den Antrag entscheidet das Landesarchiv. [2]Die Genehmigung gilt nur für das laufende Kalenderjahr.

(7) [1]Die Genehmigung kann unter Bedingungen und mit Auflagen erteilt werden. [2]Die Kenntnisnahme der Nebenbestimmungen ist auf Verlangen des Landesarchivs in Textform zu bestätigen. [3]Das betrifft insbesondere die Wahrung schutzwürdiger Belange Betroffener oder Dritter sowie die eigenverantwortliche Einholung aller eventuell erforderlichen Genehmigungen Dritter. [4]Auf eine bestimmte Form oder einen bestimmten Umfang der Nutzung besteht kein Rechtsanspruch.

(8) Die Genehmigung kann außer den in § 9 Absatz 2 LArchG genannten Fällen auch eingeschränkt oder versagt werden, wenn

1. die antragstellende Person bei früherer Nutzung von Archivgut schwerwiegend gegen diese Verordnung verstoßen oder festgelegte Nutzungsbedingungen oder -auflagen nicht eingehalten hat,
2. die personellen und sachlichen Kapazitäten des Landesarchivs vorübergehend eine Nutzung nicht zulassen oder
3. das Archivgut aus dienstlichen Gründen, mangels Erschließung, wegen der Durchführung einer konservatorischen Behandlung oder wegen gleichzeitiger anderweitiger Nutzung nicht verfügbar oder nutzbar ist.

(9) [1]Von Arbeiten, die unter maßgeblicher Benutzung von Archivgut des Landesarchivs hergestellt und vervielfältigt werden, steht diesem nach § 13 Nummer 2 LArchG ein kostenloses Belegexemplar zu. [2]Stellt die unentgeltliche Abgabe im Einzelfall eine unzumutbare Härte für die Verpflichtete oder den Verpflichteten dar, ist dem Landesarchiv entweder ein Exemplar des Druckwerkes zur Herstellung einer Vervielfältigung für einen angemessenen Zeitraum zu überlassen oder das Landesarchiv kann einvernehmlich mit der oder dem Verpflichteten einen Ankauf zu einem reduzierten Preis vereinbaren.

§ 5 Antrag auf Verkürzung von Schutzfristen

(1) Eine Verkürzung der Schutzfristen nach § 9 Absatz 5 LArchG ist in Textform zu beantragen.

(2) [1]Über die im Benutzungsantrag genannten Angaben hinaus hat die Antragstellerin oder der Antragsteller im Falle einer gewünschten Fristverkürzung für personenbezogenes Archivgut entweder die schriftliche Einwilligungserklärung der Personen, auf die sich die Unterlagen beziehen oder ihrer Angehörigen beizufügen oder im Antrag zu begründen, warum die Einsichtnahme für ein wissenschaftliches Forschungsvorhaben oder zur Wahrnehmung von Belangen, die im überwiegenden Interesse Betroffener oder Dritter liegen, unerlässlich ist und auf welche Weise die Antragstellerin oder der Antragsteller die schutzwürdigen Belange der betroffenen Personen und Dritter wahren will (§ 9 Absatz 6 LArchG). [2]Für einen Antrag zu Archivgut ohne Personenbezug ist eine Begründung erforderlich, warum die Einsichtnahme für ein wissenschaftliches Forschungsvorhaben oder zur Wahrnehmung von Belangen, die im überwiegenden Interesse Betroffener oder Dritter liegen, unerlässlich ist. [3]Auf Verlangen des Landesarchivs sind dem Antrag ergänzende Angaben und Unterlagen, bei Hochschularbeiten insbesondere Stellungnahmen der wissenschaftlich Betreuenden, beizufügen.

(3) [1]Über den Antrag entscheidet das Landesarchiv auf Grundlage des § 9 Absatz 6 LArchG. [2]Bei Archivgut ohne Personenbezug gilt § 9 Absatz 6 Nummer 2, erster Halbsatz LArchG entsprechend. [3]Die Genehmigung des Antrags kann mit Nebenbestimmungen verbunden werden.

§ 6 Benutzung in den Räumen des Landesarchivs

(1) [1]Das Archivgut wird im Lesesaal während der Öffnungszeiten vorgelegt. [2]Es ist den Benutzenden untersagt, Archivgut aus dem Lesesaal zu entfernen. [3]Die Öffnungszeiten des Lesesaals sowie die Bestell- und Ausgabezeiten werden durch Aushang und auf andere geeignete Weise bekannt gegeben. [4]Das Landesarchiv kann die Anzahl der vorzulegenden Archivguteinheiten begrenzen.

(2) [1]Das vorgelegte Archivgut ist mit größter Sorgfalt zu behandeln. [2]Insbesondere ist es nicht gestattet,
1. den Ordnungszustand zu verändern,
2. Bestandteile zu entfernen,
3. Markierungen und Anmerkungen anzubringen oder vorhandene zu tilgen,
4. Archivgut als Schreib- oder Durchzeichnungsunterlage zu verwenden oder sich darauf zu stützen.

[3]Die Anweisungen des Lesesaalpersonals müssen beachtet werden.

(3) [1]Das Archivgut kann in Form von Reproduktionen vorgelegt werden, wenn dies zu seinem Schutz erforderlich ist und der Zweck der Benutzung durch die Auswertung der Reproduktionen zu erreichen ist. [2]Über die Art der Vorlage entscheidet das Landesarchiv.

(4) [1]Die Verwendung technischer Geräte bedarf der Genehmigung durch das Landesarchiv. [2]Diese Genehmigung kann insbesondere abgelehnt oder widerrufen werden, wenn durch die Verwendung technischer Geräte Archivgut gefährdet, der Lesesaalbetrieb beeinträchtigt wird oder wenn sie aus rechtlichen Gründen nicht zulässig ist.

(5) [1]Das Landesarchiv kann auch die Benutzung von Archivgut ermöglichen, das von anderen Archiven oder sonstigen Stellen zur Benutzung durch Dritte übersandt wurde. [2]Soweit die versendende Stelle nichts Anderes verfügt hat, gelten die Bestimmungen dieser Benutzungsverordnung entsprechend.

(6) Einzelheiten der Benutzung in den Räumen des Landesarchivs regelt die Lesesaalordnung.

§ 7 Reproduktionen

(1) Reproduktionen können auf Antrag und auf Kosten der Benutzenden vom Landesarchiv angefertigt werden.

(2) Das Landesarchiv entscheidet über die jeweils geeigneten Reproduktionsverfahren.

(3) Reproduktionen dürfen nur mit vorheriger Zustimmung des Landesarchivs in Textform, nur zu dem angegebenen Zweck und unter Angabe der Herkunft aus dem Landesarchiv und der von ihm festgelegten Signatur veröffentlicht, vervielfältigt oder an Dritte weitergegeben werden.

(4) Die Genehmigung einer Reproduktion kann außer in den Fällen des § 9 Absatz 2 LArchG und des § 4 Absatz 8 dieser Verordnung auch versagt werden, wenn andere Sachgründe dies in Abwägung mit dem Reproduktionsinteresse rechtfertigen.

(5) Die eigene Herstellung von Reproduktionen durch die Benutzenden mittels technischer Geräte unterliegt der Regelung des § 6 Absatz 4 dieser Verordnung sowie dazu getroffenen Regelungen in der Lesesaalordnung.

§ 8 Ausleihe von Archivgut an öffentliche Stellen zu amtlichen Zwecken

(1) Die Ausleihe von Archivgut an öffentliche Stellen ist zu amtlichen Zwecken möglich.

(2) Soweit die Ausleihe ihre Grundlage nicht in einer gesetzlichen Bestimmung findet, kann sie außer in den Fällen des § 9 Absatz 2 LArchG und des § 4 Absatz 8 dieser Verordnung auch versagt werden, wenn andere Sachgründe dies in Abwägung mit dem Ausleihinteresse rechtfertigen.

(3) [1]Die ausleihende öffentliche Stelle ist verpflichtet, das Archivgut vor Verlust, Beschädigung und unbefugter Nutzung zu schützen und es innerhalb eines angemessenen Zeitraums zurückzugeben. [2]Die ausleihende öffentliche Stelle hat zudem sicherzustellen, dass der Ordnungszustand des Archivguts nicht verändert wird und insbesondere keine Unterlagen entfernt oder hinzugefügt werden.

§ 9 Ausleihe zu Ausstellungszwecken

(1) Auf die Ausleihe von Archivalien zu Zwecken der Öffentlichkeitsarbeit, insbesondere für Ausstellungen, besteht kein Rechtsanspruch.

(2) Archivgut, das noch den Schutzfristen nach § 9 Absatz 3 LArchG unterliegt, darf nicht ausgeliehen werden.

(3) Eine Ausleihe ist nur möglich, wenn insbesondere Gründe des § 9 Absatz 2 LArchG oder des § 4 Absatz 8 dieser Verordnung nicht dagegensprechen, wenn gewährleistet ist, dass das ausgeliehene Archivgut wirksam vor Verlust, Beschädigung und unbefugter Nutzung geschützt wird und der Ausstellungszweck nicht durch Reproduktionen erreicht werden kann.

(4) Über die Ausleihe ist zwischen dem Leihgeber und der Entleiherin oder dem Entleiher ein Leihvertrag nach dem von dem Landesarchiv vorgegebenen Muster abzuschließen.

§ 10 Gebühren und Auslagen

Die Erhebung von Verwaltungs- und Benutzungsgebühren sowie von Auslagen für die Benutzung des Landesarchivs richtet sich nach der Gebührenordnung für das Landesarchiv Schleswig-Holstein in der jeweils geltenden Fassung.

§ 11 Inkrafttreten, Außerkrafttreten

[1]Diese Verordnung tritt am Tage nach ihrer Verkündung in Kraft. [2]Sie tritt mit Ablauf von fünf Jahren nach ihrem Inkrafttreten außer Kraft.

Die vorstehende Verordnung wird hiermit ausgefertigt und ist zu verkünden.

Anlage 9 o
Thüringer Verordnung über die Benutzung der Staatsarchive (Thüringer Archiv-Benutzungsordnung)

Vom 26. Februar 1993 ThGVBlGVBl. S. 225)
(BS Thueringen 224-2-1)

§ 1 Art der Benutzung

(1) Archivgut wird im Regelfall durch persönliche Einsichtnahme im verwahrenden Archiv benutzt (Direktbenutzung).

(2) An die Stelle der Direktbenutzung kann auch der Auskunftsdienst in Form von schriftlichen oder mündlichen Auskünften treten. Die Beantwortung von Anfragen kann sich auf Hinweise zu einschlägigem Archivgut beschränken.

(3) Die Staatsarchive können die Benutzung nach § 6 auch durch Versendung oder durch Ausleihe von Archivgut an andere öffentliche Stellen ermöglichen. Ein Rechtsanspruch auf Versendung und Ausleihe besteht nicht.

(4) Die Benutzung kann auch durch Vorlage von Reproduktionen erfolgen und durch die Abgabe von Kopien nach § 7 ergänzt werden. Ein Rechtsanspruch auf Abgabe von Kopien besteht nicht.

(5) Die für die Benutzung von Archivgut getroffenen Bestimmungen gelten für die Benutzung von Findmitteln, sonstigen Hilfsmitteln und Reproduktionen entsprechend.

§ 2 Benutzungsantrag

(1) Die Benutzungsgenehmigung ist schriftlich beim verwahrenden Staatsarchiv zu beantragen.

(2) Im Benutzungsantrag (Anlage 1) ist folgendes anzugeben:

1. Name, Vorname, Beruf, Staatsangehörigkeit und Anschrift des Antragstellers,
2. Name und Anschrift des Auftraggebers, wenn die Nutzung im Auftrag eines Dritten erfolgt,
3. Benutzungszweck (Thema der Arbeit) mit möglichst präziser zeitlicher und sachlicher Eingrenzung; bei wissenschaftlicher Benutzung ist die Art der wissenschaftlichen Arbeit anzugeben,
4. Art der vorgesehenen Veröffentlichung.

(3) Der Benutzer hat sich auf Verlangen auszuweisen.

(4) Der Benutzer hat sich zur Beachtung der Benutzungsordnung zu verpflichten und zu erklären, daß er bei der Verwertung von Erkenntnissen aus Archivalien die Persönlichkeits- und Urheberrechte sowie andere berechtigte Interessen Dritter beachten wird und daß er für die schuldhafte Verletzung dieser Rechte einsteht (Anlage 1).

(5) Der Antrag gilt nur für das laufende Kalenderjahr und den angegebenen Benutzungszweck. Bei Änderungen des Benutzungszweckes oder des Forschungsgegenstandes ist erneut ein Antrag zu stellen.

(6) Wünscht ein Benutzer andere Personen als Hilfskräfte oder Beauftragte zu seinen Arbeiten heranzuziehen, so ist von diesen jeweils ein Antrag entsprechend der Anlage 1 zu stellen.

(7) Der Benutzer ist nach der Bestimmung des § 16 Abs. 4 ThürArchivG zur Abgabe von Belegexemplaren verpflichtet.

§ 3 Benutzungsgenehmigung

(1) Die Benutzungsgenehmigung erteilt nach den Bestimmungen des § 16 Abs. 1 bis 3 ThürArchivG das verwahrende Staatsarchiv.

(2) Das Ministerium für Wissenschaft und Kunst kann nach § 9 Abs. 3 ThürArchivG außer aus den in § 18 Abs. 1 ThürArchivG genannten Gründen die Nutzung aus anderen wichtigen Gründen einschränken oder versagen, insbesondere wenn

1. der Benutzer wiederholt oder schwerwiegend gegen die Benutzungsordnung oder gegen die Lesesaalordnung verstoßen hat oder ihm erteilte Auflagen nicht einhält,
2. der Ordnungszustand des Archivguts eine Nutzung nicht zuläßt,
3. Archivalien aus dienstlichen Gründen oder wegen gleichzeitiger amtlicher oder anderweitiger Benutzung nicht verfügbar sind,
4. der Nutzungszweck anderweitig, insbesondere durch Einsichtnahme in Druckwerke oder in Reproduktionen hinlänglich erreicht werden kann.

(3) Die Benutzungsgenehmigung kann mit Nebenbestimmung versehen werden. Als Auflage kommen dabei insbesondere die Verpflichtung zur Anonymisierung von Namen bei einer Veröffentlichung und zur Beachtung schutzwürdiger Belange Betroffener oder Dritter in Betracht sowie die Verpflichtung, keine Kopien oder Abschriften an Dritte weiterzugeben.

(4) Die Benutzungsgenehmigung kann widerrufen oder nachträglich mit Auflagen versehen werden, wenn Gründe bekannt werden, die zur Versagung der Benutzung geführt hätten oder der Benutzer wiederholt oder schwerwiegend gegen die Benutzungsordnung verstoßen oder ihm erteilte Benutzungsauflagen nicht eingehalten hat.

§ 4 Antrag auf Verkürzung der Schutzfristen

(1) Eine Verkürzung der Schutzfristen nach § 17 Abs. 5 ThürArchivG wird vom Benutzer beim verwahrenden Staatsarchiv beantragt. Die Entscheidung über den Antrag trifft das Ministerium für Wissenschaft und Kunst.

(2) Wird eine Verkürzung der Schutzfristen von Unterlagen beantragt, die sich auf eine natürliche Person beziehen (personenbezogenes Archivgut), so hat der Antragsteller über die in § 2 Abs. 1 genannten Angaben hinaus entweder die schriftliche Einwilligung des Betroffenen oder seiner Angehörigen beizufügen oder im Antrag eingehend zu begründen, warum eine Verkürzung der Schutzfrist unerläßlich ist und wie er die schutzwürdigen Belange der betroffenen Person und Dritter, zum Beispiel durch Anonymisierung, wahren wird. Der Benutzer hat eine Erklärung zur Wahrung von Persönlichkeitsrechten zu unterzeichnen (Anlage 2).

(3) Soll bei einer Benutzung zu wissenschaftlichen Zwecken von der Anonymisierung personenbezogener Angaben abgesehen werden, so hat der Antragsteller anzugeben, welche Personen oder welchen Personenkreis er zu nennen beabsichtigt. Außerdem hat er zu begründen, worin das wissenschaftliche Interesse an der Namensnennung besteht und warum das Forschungsvorhaben sonst nicht durchgeführt werden kann.

(4) Auf Verlangen sind dem Antrag ergänzende Angaben und Unterlagen, bei Hochschulprüfungsarbeiten insbesondere Stellungnahmen der akademischen Lehrer gegebenenfalls Bürgschaften für den Benutzer, beizufügen.

§ 5 Benutzung des Archivguts in den Benutzerräumen

(1) Die Archivalien, Findbehelfe und Bücher dürfen nur in den dafür bestimmten Räumen der Archive benutzt werden. Das eigenmächtige Entfernen von Archivgut aus den Benutzerräumen ist verboten. Das Staatsarchiv ist berechtigt, Kontrollen durchzuführen.

(2) Öffnungszeiten der Benutzerräume sowie sonstige Regelungen, die dem Schutz des Archivguts und einem geordneten Ablauf der Benutzung dienen, werden unter Berücksichtigung der örtlichen Gegebenheiten in der Hausordnung des Staatsarchivs festgelegt.

(3) Das Archiv ist behilflich bei der Ermittlung und Vorlage der Archivalien und Findmittel und berät insoweit den Benutzer. Der Benutzer hat keinen Anspruch, beim Lesen oder Übersetzen der Archivalien unterstützt zu werden.

(4) Der Benutzer ist im Umgang mit den Archivalien und Findmitteln zu größtmöglicher Sorgfalt verpflichtet und haftet für jede Fahrlässigkeit. Insbesondere ist es nicht gestattet,

1. die Reihenfolge und Ordnung der Archivalien zu verändern; vor allem bei der Benutzung von losen Akten ist äußerste Sorgfalt geboten,
2. Bestandteile des Archivguts wie Blätter, Zettel, Umschläge, Siegel, Stempelabdrucke und Briefmarken zu entfernen,
3. Vermerke im Archivgut anzubringen oder vorhandene zu tilgen,
4. Archivgut als Schreib- oder Durchzeichnungsunterlage zu verwenden.

(5) Festgestellte Mängel im Ordnungs- und Erhaltungszustand der Archivalien sind dem Archivpersonal mitzuteilen.

(6) Die Verwendung technischer Geräte bei der Benutzung bedarf der Genehmigung. Diese kann versagt werden, wenn dadurch das Archivgut gefährdet oder andere Benutzer gestört werden.

(7) Das Staatsarchiv ermöglicht auch die Vorlage von Archivgut, das von anderen Archiven oder sonstigen Stellen zur Benutzung durch Dritte übersandt wird. Soweit die versendende Stelle nichts anderes verfügt hat, gelten die Bestimmungen dieser Verordnung entsprechend.

§ 6 Versendung und Ausleihe von Archivgut

(1) Auf die Versendung und Ausleihe von Archivgut zur Einsichtnahme außerhalb des Benutzerraumes des verwahrenden Staatsarchivs besteht kein Anspruch.

(2) Auf begründeten Antrag können in Ausnahmefällen Archivalien zu Forschungszwecken an hauptamtlich verwaltete auswärtige Archive versandt werden, sofern dort eine ordnungsgemäße Benutzung und Aufbewahrung gewährleistet sind. Diese sind verpflichtet, das Archivgut in den Diensträumen unter ständiger fachlicher Aufsicht nur dem Antragsteller vorzulegen, es diebstahl- und feuersicher zu verwahren sowie das Archivgut nach Ablauf der vom Staatsarchiv bestimmten Ausleihfrist, in der von diesem bestimmten Versendungsart zurückzusenden. Die Ausleihfrist soll sechs Wochen nicht überschreiten, kann aber auf Antrag auch verlängert werden.

(3) Vor der Versendung ist zu prüfen, ob der Benutzungszweck nicht durch die Übersendung von Reproduktionen erreicht werden kann.

(4) Die Versand- und Versicherungskosten trägt der Antragsteller.

(5) Die Versendung von Archivalien zur amtlichen Benutzung durch Landesbehörden erfolgt im Rahmen der Amtshilfe.

(6) Aus dienstlichen Gründen können versandte Archivalien jederzeit zurückgefordert werden.

(7) Auf die Ausleihe von Archivalien zu Ausstellungszwecken besteht kein Anspruch. Die Entscheidung über eine mögliche Ausleihe wird vom substantiellen Zustand der Archivalien abhängig gemacht. Sie ist darüber hinaus nur möglich, wenn gewährleistet ist, daß das ausgeliehene Archivgut wirksam vor Verlust, Beschädigung und unbefugter Benutzung geschützt wird und der Ausstellungszweck nicht durch Reproduktionen oder Nachbildungen erreicht werden kann. Die Staatsarchive können Auflagen erteilen, um die Sicherheit und Erhaltung des zu Ausstellungszwecken ausgeliehenen Archivguts zu gewährleisten. Die Herstellung von Reproduktionen von ausgestelltem Archivgut durch den Leihnehmer oder Dritte bedarf der Zustimmung des verwahrenden Staatsarchivs.

(8) Über die Ausleihe zu Ausstellungszwecken ist zwischen dem Leihgeber und dem Leihnehmer ein Leihvertrag abzuschließen.

§ 7 Reproduktionen und Nachbildungen von Archivgut

(1) Benutzer können auf Antrag und eigene Kosten Reproduktionen von Archivalien in den Werkstätten des Archivs herstellen lassen, soweit die Archivalien keinen Schutzfristen unterliegen und schutzwürdige Belange von Betroffenen und Dritten nicht berührt werden.

(2) Reproduktionen von Archivgut dürfen nur hergestellt werden, soweit dabei eine Gefährdung oder Schädigung des Archivguts ausgeschlossen werden kann. Dies gilt insbesondere für Siegelabgüsse und Siegelabdrücke sowie für Schnellkopien. Über die jeweils geeigneten Reproduktionsverfahren entscheidet das verwahrende Staatsarchiv. Aufnahmefilme und sonstige Reproduktionsvorlagen mit Ausnahme der zur unmittelbaren Abgabe bestimmten Bildträger verbleiben dem Staatsarchiv.

(3) Reproduktionen dürfen nur mit Zustimmung des verwahrenden Staatsarchivs, nur zu dem angegebenen Zweck und nur unter Angabe des verwahrenden Staatsarchivs und der von diesem festgelegten Signatur sowie unter Hinweis auf die dem Staatsarchiv zustehenden Veröffentlichungs- und Vervielfältigungsrechte vervielfältigt oder an Dritte weitergegeben werden.

§ 8 Benutzung durch abgebende Stellen

Für die Benutzung von Archivgut durch Behörden, Gerichte und sonstige Stellen des Landes, bei denen es entstanden ist oder die es abgegeben haben, finden die Bestimmungen dieser Benutzungsordnung keine Anwendung, sofern es sich nicht um Schriftgut handelt, das bei ihnen aufgrund besonderer Bestimmungen hätte gesperrt, gelöscht oder vernichtet werden müssen. Die Art und Weise der Benutzung wird zwischen der abgebenden Stelle und dem verwahrenden Staatsarchiv entsprechend den festgelegten Regelungen im Einzelfall vereinbart. Dabei ist si cherzustellen, daß das Archivgut gegen Verlust, Beschädigung und unbefugte Benutzung geschützt und innerhalb eines angemessenen Zeitraums zurückgegeben wird.

§ 9 Inkrafttreten

Diese Verordnung tritt am ersten Tage des auf die Verkündung folgenden Kalendermonats in Kraft.

Anlage 1 (zu § 2 Abs. 2 und 4)

(Name des Archivs)

Antrag auf Benutzungsgenehmigung

(Bitte in Blockschrift ausfüllen)

Name: .... Vorname: ....

Beruf: .... Staatsangehörigkeit: ....

Personalausweis-/Paßnummer: ....

Ausstellungsort: ....

Wohnanschrift: .... Telefon: ....

Arbeitsthema: ....

Zweck der Benutzung (Zutreffendes unter 1. und 2. ankreuzen):

1. amtlich wissenschaftlich	privat gewerblich/berufl.
2. Wahrung öffentlicher Rechte	Wahrung persönlicher Rechte
Habilitation	Dissertation
Hochschulprüfungsarbeit	Schülerarbeit
Forschung/Edition	Publizistik (Presse/Medien)
Heimatkunde/Ortschronik	Genealogie

Auftraggeber : ....

Ort einer geplanten Veröffentlichung (gegebenenfalls Reihe oder Zeitschriftentitel):

....

Ich erkläre hiermit, daß ich von der Thüringer Verordnung über die Benutzung der Staatsarchive, insbesondere der Verpflichtung zur kostenlosen Überlassung eines Belegstücks jeder Veröffentlichung oder Vervielfältigung, Kenntnis genommen habe. Ich verpflichte mich, entsprechend dieser Verordnung bei der Verwertung von Erkenntnissen aus Archivalien, für die nach dem Thüringer Archivgesetz besondere Schutzbestimmungen gelten, die Persönlichkeits- und Urheberrechte sowie andere berechtigte Interessen Dritter zu beachten. Für die schuldhafte Verletzung dieser Rechte stehe ich ein.

Ort, Datum: Unterschrift:

(Nicht vom Benutzer ausfüllen)	Gebührenpflicht:
Benutzerdienst:	Referent:
Genehmigung:	Benutzungsnummer:

Anlage 2 (zu § 4 Abs. 2)

Erklärung

Ich verpflichte mich, bei der Benutzung und Auswertung der mir vom

(Name des Archivs)

vorgelegten Akten

Abteilung/Signatur ....

nach § 4 Abs. 2 der Thüringer Verordnung über die Benutzung der Staatsarchive die Persönlichkeitsrechte vorkommender Personen zu beachten und Namen von Personen (ebenso fotografische Darstellungen von Personen), die nicht als Persönlichkeiten der Zeitgeschichte gelten können sowie alle weiteren Angaben, die einer nachträglichen Identifikation dienen können, in einer Veröffentlichung in geeigneter Weise unkenntlich zu machen oder zu anonymisieren, sofern nicht nach § 4 Abs. 3 der Thüringer Verordnung über die Benutzung der Staatsarchive ausdrücklich davon abgesehen werden soll.

....

Datum Unterschrift

Anlage 10
Gesetz über die Voraussetzungen und das Verfahren von Sicherheitsüberprüfungen des Bundes und den Schutz von Verschlusssachen (Sicherheitsüberprüfungsgesetz – SÜG)

Vom 20. April 1994 (BGBl. I S. 867)
(FNA 12-10)

zuletzt geändert durch Art. 7 G zur Änd. des BND-G zur Umsetzung der Vorgaben des Bundesverfassungsgerichts sowie des Bundesverwaltungsgerichts vom 19. April 2021 (BGBl. I S. 771)

Der Bundestag hat das folgende Gesetz beschlossen:

Erster Abschnitt Allgemeine Vorschriften

§ 1 Zweck und Anwendungsbereich des Gesetzes

(1) Dieses Gesetz regelt die Voraussetzungen und das Verfahren zur Überprüfung einer Person, die von der zuständigen Stelle mit einer sicherheitsempfindlichen Tätigkeit betraut werden soll (Sicherheitsüberprüfung) oder bereits betraut worden ist (Wiederholungsüberprüfung), sowie den Schutz von Verschlusssachen.

(2) Eine sicherheitsempfindliche Tätigkeit übt aus, wer

1. Zugang zu Verschlußsachen hat oder ihn sich verschaffen kann, die STRENG GEHEIM, GEHEIM oder VS-VERTRAULICH eingestuft sind,
2. Zugang zu Verschlußsachen über- oder zwischenstaatlicher Einrichtungen und Stellen hat oder ihn sich verschaffen kann, wenn die Bundesrepublik Deutschland verpflichtet ist, nur sicherheitsüberprüfte Personen hierzu zuzulassen,
3. in einer Behörde oder einer sonstigen öffentlichen Stelle des Bundes oder in einem Teil von ihr tätig ist, die auf Grund des Umfanges und der Bedeutung dort anfallender Verschlußsachen von der jeweils zuständigen obersten Bundesbehörde im Einvernehmen mit dem Bundesministerium des Innern, für Bau und Heimat als Nationale Sicherheitsbehörde zum Sicherheitsbereich erklärt worden ist,
4. nach anderen Vorschriften einer Sicherheitsüberprüfung unterliegt, soweit auf dieses Gesetz verwiesen wird.

(3) [1]Verpflichten sich Stellen der Bundesrepublik Deutschland gegenüber Stellen anderer Staaten durch Übereinkünfte, bei Personen, die Zugang zu Verschlußsachen ausländischer Staaten haben oder sich verschaffen können, zuvor Sicherheitsüberprüfungen nach deutschem Recht durchzuführen, ist in diesen Übereinkünften festzulegen, welche Verschlußsachengrade des Vertragspartners Verschlußsachengraden nach diesem Gesetz vergleichbar sind. [2]Derartige Festlegungen müssen sich im Rahmen der Bewertungen dieses Gesetzes halten und insbesondere den Maßstäben des § 4 entsprechen.

(4) [1]Eine sicherheitsempfindliche Tätigkeit übt auch aus, wer an einer sicherheitsempfindlichen Stelle innerhalb einer lebens- oder verteidigungswichtigen Einrichtung oder wer innerhalb einer besonders sicherheitsempfindlichen Stelle des Geschäftsbereiches des Bundesministeriums der Verteidigung („Militärischer Sicherheitsbereich") beschäftigt ist oder werden soll (vorbeugender personeller Sabotageschutz). [2]Ziel des vorbeugenden personellen Sabotageschutzes ist es, potenzielle Saboteure (Innentäter) von sicherheitsempfindlichen Stellen fernzuhalten, um den Schutz der in Absatz 5 Satz 1 und 2 genannten Schutzgüter sicherzustellen.

(5) [1]Lebenswichtig sind solche Einrichtungen,
1. deren Beeinträchtigung auf Grund der ihnen anhaftenden betrieblichen Eigengefahr die Gesundheit oder das Leben großer Teile der Bevölkerung erheblich gefährden kann oder
2. die für das Funktionieren des Gemeinwesens unverzichtbar sind und deren Beeinträchtigung erhebliche Unruhe in großen Teilen der Bevölkerung und somit Gefahren für die öffentliche Sicherheit oder Ordnung entstehen lassen würde.

[2]Verteidigungswichtig sind außerhalb des Geschäftsbereiches des Bundesministeriums der Verteidigung solche Einrichtungen, die der Herstellung oder Erhaltung der Verteidigungsbereitschaft dienen und deren Beeinträchtigung auf Grund
1. fehlender kurzfristiger Ersetzbarkeit die Funktionsfähigkeit, insbesondere die Ausrüstung, Führung und Unterstützung der Bundeswehr und verbündeter Streitkräfte sowie der Zivilen Verteidigung, oder
2. der ihnen anhaftenden betrieblichen Eigengefahr die Gesundheit oder das Leben großer Teile der Bevölkerung

erheblich gefährden kann. [3]Sicherheitsempfindliche Stelle ist die kleinste selbstständig handelnde Organisationseinheit innerhalb einer lebens- oder verteidigungswichtigen Einrichtung, die vor unberechtigtem Zugang geschützt ist und von der im Falle der Beeinträchtigung eine erhebliche Gefahr für die in den Sätzen 1 und 2 genannten Schutzgüter ausgeht.

§ 2 Betroffener Personenkreis

(1) [1]Eine Person, die mit einer sicherheitsempfindlichen Tätigkeit betraut werden soll (betroffene Person), ist vorher einer Sicherheitsüberprüfung zu unterziehen. [2]Die Sicherheitsüberprüfung bedarf der Zustimmung der betroffenen Person, soweit gesetzlich nichts anderes bestimmt ist. [3]Die Zustimmung ist schriftlich zu erteilen. [4]Eine sicherheitsempfindliche Tätigkeit darf erst nach Vollendung des 16. Lebensjahres übertragen werden. [5]Auf eine Sicherheitsüberprüfung kann verzichtet werden, wenn für die betroffene Person bereits vor weniger als fünf Jahren eine gleich- oder höherwertige Überprüfung abgeschlossen wurde, ohne dass ein Sicherheitsrisiko festgestellt worden ist.

(2) [1]In die Sicherheitsüberprüfung nach § 9 Absatz 1 Nummer 1 oder Nummer 2 oder nach § 10 soll einbezogen werden:
1. die volljährige Ehegattin oder der volljährige Ehegatte der betroffenen Person,
2. die Lebenspartnerin oder der Lebenspartner der betroffenen Person oder
3. die volljährige Partnerin oder der volljährige Partner, mit der oder dem die betroffene Person in einer auf Dauer angelegten Gemeinschaft lebt (Lebensgefährtin oder Lebensgefährte).

[2]Über Ausnahmen entscheidet die zuständige Stelle. [3]Die Einbeziehung bedarf der Zustimmung dieser Person. [4]Die Zustimmung ist schriftlich zu erteilen. [5]Sofern die Person im Sinne des Satzes 1 in die Sicherheitsüberprüfung einbezogen wird, ist sie mitbetroffene Person. [6]Geht die betroffene Person die Ehe während oder nach der Sicherheitsüberprüfung ein oder begründet sie die Lebenspartnerschaft oder die auf Dauer angelegte Gemeinschaft während oder nach der Sicherheitsüberprüfung, so hat die betroffene Person die zuständige Stelle unverzüglich zu unterrichten. [7]Das gleiche gilt, wenn die Volljährigkeit der Ehegattin, des Ehegatten, der Lebensgefährtin oder des Lebensgefährten während oder nach der Sicherheitsüberprüfung eintritt.

(3) [1]Eine Sicherheitsüberprüfung ist nicht durchzuführen für

1. die Mitglieder der Verfassungsorgane des Bundes,

1a. die in der Bundesrepublik Deutschland gewählten Mitglieder des Europäischen Parlaments,

2. Richterinnen und Richter, soweit sie Aufgaben der Rechtsprechung wahrnehmen,

3. ausländische Staatsangehörige, die in der Bundesrepublik Deutschland im Interesse über- oder zwischenstaatlicher Einrichtungen und Stellen eine sicherheitsempfindliche Tätigkeit nach § 1 Abs. 2 Nr. 2 ausüben sollen; Regelungen über- oder zwischenstaatlicher Einrichtungen und Stellen bleiben unberührt.

[2]Die in Satz 1 Nummer 1 bis 2 genannten Personen erhalten den Zugang zu Verschlusssachen kraft Amtes.

§ 3 Zuständigkeit

(1) [1]Zuständige Stelle für die Sicherheitsüberprüfung ist

1. die Behörde oder sonstige öffentliche Stelle des Bundes, die eine betroffene Person mit einer sicherheitsempfindlichen Tätigkeit betrauen will,
2. das Bundesministerium des Innern, für Bau und Heimat als Nationale Sicherheitsbehörde für deutsche Staatsangehörige, die mit einer sicherheitsempfindlichen Tätigkeit bei über- oder zwischenstaatlichen Einrichtungen und Stellen betraut werden sollen, soweit nichts anderes bestimmt ist,
3. die politische Partei nach Artikel 21 des Grundgesetzes, die eine betroffene Person mit einer sicherheitsempfindlichen Tätigkeit innerhalb der Partei oder ihrer Stiftung betrauen will,
4. die Behörde oder sonstige öffentliche Stelle des Bundes, die eine Verschlusssache an eine nichtöffentliche Stelle weitergeben will, für eine betroffene Person dieser nichtöffentlichen Stelle, sofern sich die Zuständigkeit nicht nach dem Fünften Abschnitt richtet,
5. bei der Durchführung von Bauangelegenheiten des Bundes im Wege der Organleihe
   a) im zivilen Bereich die Bundesanstalt für Immobilienaufgaben,
   b) im Geschäftsbereich des Bundesministeriums der Verteidigung die nutzende Verwaltung,

   für eine betroffene Person einer nichtöffentlichen Stelle, sofern sich die Zuständigkeit nicht nach dem Fünften Abschnitt richtet.

[2]In den Fällen des Satzes 1 Nummer 1 und 4 kann die oberste Bundesbehörde für ihren jeweiligen Geschäftsbereich abweichende Regelungen treffen. [3]Ist eine andere Bundesbehörde als die Bundesbehörde, die die Liegenschaft nutzt oder nutzen soll, nach Satz 1 Nummer 1 oder 5 zuständige Stelle, obliegt es der Bundesbehörde, die die Liegenschaft nutzt oder nutzen soll, die sicherheitsempfindliche Tätigkeit festzustellen und im Bedarfsfall die Art der Sicherheitsüberprüfung festzulegen.

(1 a) Die Aufgaben der zuständigen Stelle sind von einer von der Personalverwaltung, der oder dem Beauftragten für den Datenschutz und der Ansprechperson für Korruptionsprävention getrennten Organisationseinheit wahrzunehmen.

(2) Mitwirkende Behörde bei der Sicherheitsüberprüfung ist das Bundesamt für Verfassungsschutz nach § 3 Absatz 2 Satz 1 Nummer 1, 2 und 4 des Bundesverfassungsschutzgesetzes und im Geschäftsbereich des Bundesministeriums der Verteidigung der Militärische Abschirmdienst nach § 1 Absatz 3 Satz 1 Nummer 1 Buchstabe a bis c des MAD-Gesetzes, soweit nicht in Rechtsvorschriften über- oder zwischenstaatlicher Einrichtungen oder in völkerrechtlichen Verträgen, de-

nen die gesetzgebenden Körperschaften gemäß Artikel 59 Abs. 2 des Grundgesetzes zugestimmt haben, etwas anderes bestimmt ist.

(3) [1]Der Bundesnachrichtendienst, das Bundesamt für Verfassungsschutz und der Militärische Abschirmdienst sind

1. für Bewerberinnen und Bewerber sowie für Mitarbeiterinnen und Mitarbeiter des eigenen Nachrichtendienstes und
2. für andere betroffene Personen, wenn diese mit einer sicherheitsempfindlichen Tätigkeit nach § 1 Absatz 2 beim jeweiligen Nachrichtendienst betraut werden sollen,

jeweils zuständige Stelle für die Sicherheitsüberprüfung und mitwirkende Behörde zugleich. [2]Sie wenden hierbei die Vorschriften dieses Gesetzes an. [3]Satz 1 Nummer 2 gilt nicht, sofern der Bundesnachrichtendienst, das Bundesamt für Verfassungsschutz oder der Militärische Abschirmdienst ihre jeweils alleinige Zuständigkeit nach Art oder Dauer der sicherheitsempfindlichen Tätigkeit für entbehrlich halten.

§ 3 a Geheimschutzbeauftragte, Sabotageschutzbeauftragte

(1) [1]Die nach § 3 Absatz 1 Satz 1 Nummer 1, 4 und 5 für den Bereich des Geheimschutzes zuständigen Stellen sollen zur Erfüllung ihrer Aufgaben eine Geheimschutzbeauftragte oder einen Geheimschutzbeauftragten sowie eine zur Vertretung berechtigte Person bestellen. [2]Soweit eine Geheimschutzbeauftragte oder ein Geheimschutzbeauftragter nicht bestellt wird, nimmt die Dienststellenleitung die Aufgaben der oder des Geheimschutzbeauftragten wahr. [3]Die oder der Geheimschutzbeauftragte sorgt in ihrer oder seiner Behörde oder sonstigen öffentlichen Stelle des Bundes für die Durchführung dieses Gesetzes und der dazu ergangenen Regelungen.

(2) [1]Die nach § 3 Absatz 1 Satz 1 Nummer 1 und 5 für den Bereich des vorbeugenden personellen Sabotageschutzes zuständigen Stellen sollen zur Erfüllung ihrer Aufgaben eine Sabotageschutzbeauftragte oder einen Sabotageschutzbeauftragten sowie eine zur Vertretung berechtigte Person bestellen. [2]Absatz 1 Satz 2 und 3 gilt entsprechend.

(3) Das Bundesministerium der Verteidigung trifft für seinen Geschäftsbereich die organisatorischen Maßnahmen zur Einrichtung von Geheimschutzbeauftragten und Sabotageschutzbeauftragten.

(4) Die näheren Aufgaben der Geheimschutzbeauftragten und der Sabotageschutzbeauftragten regeln die allgemeinen Verwaltungsvorschriften im Sinne des § 35.

§ 4 Allgemeine Grundsätze zum Schutz von Verschlusssachen, Mitwirkung des Bundesamtes für Sicherheit in der Informationstechnik

(1) [1]Verschlusssachen sind im öffentlichen Interesse, insbesondere zum Schutz des Wohles des Bundes oder eines Landes, geheimhaltungsbedürftige Tatsachen, Gegenstände oder Erkenntnisse, unabhängig von ihrer Darstellungsform. [2]Verschlusssachen können auch Produkte und die dazugehörenden Dokumente sowie zugehörige Schlüsselmittel zur Entschlüsselung, Verschlüsselung und Übertragung von Informationen sein (Kryptomittel). [3]Geheimhaltungsbedürftig im öffentlichen Interesse können auch Geschäfts-, Betriebs-, Erfindungs-, Steuer- oder sonstige private Geheimnisse oder Umstände des persönlichen Lebensbereichs sein.

(1 a) [1]Von einer Verschlusssache dürfen nur Personen Kenntnis erhalten, die auf Grund ihrer Aufgabenerfüllung Kenntnis haben müssen. [2]Keine Person darf über

eine Verschlusssache umfassender oder eher unterrichtet werden, als dies aus Gründen der Aufgabenerfüllung notwendig ist.

(2) Verschlusssachen werden entsprechend ihrer Schutzbedürftigkeit von einer amtlichen Stelle des Bundes oder auf deren Veranlassung in folgende Geheimhaltungsgrade eingestuft:

1. STRENG GEHEIM, wenn die Kenntnisnahme durch Unbefugte den Bestand oder lebenswichtige Interessen der Bundesrepublik Deutschland oder eines ihrer Länder gefährden kann,
2. GEHEIM, wenn die Kenntnisnahme durch Unbefugte die Sicherheit der Bundesrepublik Deutschland oder eines ihrer Länder gefährden oder ihren Interessen schweren Schaden zufügen kann,
3. VS-VERTRAULICH, wenn die Kenntnisnahme durch Unbefugte für die Interessen der Bundesrepublik Deutschland oder eines ihrer Länder schädlich sein kann,
4. VS-NUR FÜR DEN DIENSTGEBRAUCH, wenn die Kenntnisnahme durch Unbefugte für die Interessen der Bundesrepublik Deutschland oder eines ihrer Länder nachteilig sein kann.

(3) Wer auf Grund dieses Gesetzes oder sonst in berechtigter Weise Zugang zu einer Verschlusssache erlangt,

1. ist zur Verschwiegenheit über die ihm dadurch zur Kenntnis gelangten Informationen verpflichtet und
2. hat durch Einhaltung der Schutzmaßnahmen, die auf Grund dieses Gesetzes erlassen worden sind, dafür Sorge zu tragen, dass keine unbefugte Person Kenntnis von der Verschlusssache erlangt.

(4) [1]Behörden und sonstige öffentliche Stellen des Bundes sind verpflichtet, Verschlusssachen durch Maßnahmen des materiellen Geheimschutzes nach der jeweils für sie geltenden allgemeinen Verwaltungsvorschrift, die nach § 35 zu erlassen ist, so zu schützen, dass Durchbrechungen ihrer Vertraulichkeit entgegengewirkt wird, und darauf hinzuwirken, dass solche Versuche erkannt und aufgeklärt werden können. [2]Dies gilt auch für die Weitergabe von Verschlusssachen an nichtöffentliche Stellen. [3]Die eine Verschlusssache herausgebende Stelle kann weitere Vorgaben zum Schutz der Verschlusssache treffen.

(5) [1]Bei der Durchführung der nach § 35 Absatz 1 erster Halbsatz zu erlassenden allgemeinen Verwaltungsvorschrift zum materiellen Geheimschutz wirkt das Bundesamt für Sicherheit in der Informationstechnik mit. [2]Bei der Durchführung der nach § 35 Absatz 3 zu erlassenden allgemeinen Verwaltungsvorschrift zum materiellen Geheimschutz wirkt der Militärische Abschirmdienst mit. [3]Bei der Betreuung der nichtöffentlichen Stellen im materiellen Geheimschutz sowie bei den Nachrichtendiensten des Bundes wirkt das Bundesamt für Sicherheit in der Informationstechnik auf Ersuchen der jeweils zuständigen Behörde mit.

(6) [1]Das Bundesamt für Verfassungsschutz, der Militärische Abschirmdienst und der Bundesnachrichtendienst teilen dem Bundesamt für Sicherheit in der Informationstechnik nichtpersonenbezogene Erkenntnisse, die für den Schutz von Verschlusssachen oder die Aufrechterhaltung des Geheimschutzes von Bedeutung sein können, unverzüglich mit. [2]Das gilt nicht, soweit die Erkenntnisse einem Weitergabeverbot unterliegen. [3]§ 23 des Bundesverfassungsschutzgesetzes gilt entsprechend.

§ 5 Sicherheitsrisiken, sicherheitserhebliche Erkenntnisse

(1) [1]Im Sinne dieses Gesetzes liegt ein Sicherheitsrisiko vor, wenn tatsächliche Anhaltspunkte Folgendes begründen:
1. Zweifel an der Zuverlässigkeit der betroffenen Person bei der Wahrnehmung einer sicherheitsempfindlichen Tätigkeit,
2. eine besondere Gefährdung der betroffenen Person, insbesondere die Besorgnis der Erpressbarkeit, bei möglichen Anbahnungs- oder Werbungsversuchen
   a) ausländischer Nachrichtendienste,
   b) von Vereinigungen im Sinne der §§ 129 bis 129 b des Strafgesetzbuches oder
   c) extremistischer Organisationen, die Bestrebungen im Sinne des § 3 Absatz 1 des Bundesverfassungsschutzgesetzes verfolgen,

   oder
3. Zweifel am Bekenntnis der betroffenen Person zur freiheitlichen demokratischen Grundordnung im Sinne des Grundgesetzes oder am jederzeitigen Eintreten für deren Erhaltung.

[2]Ein Sicherheitsrisiko kann auch auf Grund tatsächlicher Anhaltspunkte nach Satz 1 Nummer 1 bis 3 im Hinblick auf die mitbetroffene Person vorliegen.

(2) Eine Erkenntnis ist sicherheitserheblich, wenn sich aus ihr ein Anhaltspunkt für ein Sicherheitsrisiko ergibt.

§ 6 Rechte der betroffenen Person und der mitbetroffenen Person

(1) [1]Vor der Feststellung eines Sicherheitsrisikos ist der betroffenen Person Gelegenheit zu geben, sich persönlich zu den für die Entscheidung erheblichen Tatsachen zu äußern. [2]Die betroffene Person kann im Rahmen der Anhörung eine Rechtsanwältin oder einen Rechtsanwalt beiziehen. [3]Die Anhörung erfolgt in einer Weise, die den Quellenschutz gewährleistet und den schutzwürdigen Interessen von Personen, die im Rahmen einer Sicherheitsüberprüfung befragt wurden, Rechnung trägt. [4]Sie unterbleibt, wenn sie einen erheblichen Nachteil für die Sicherheit des Bundes oder eines Landes zur Folge hätte, insbesondere bei Sicherheitsüberprüfungen der Bewerberinnen und Bewerber bei den Nachrichtendiensten des Bundes.

(2) [1]Liegen im Hinblick auf die mitbetroffene Person tatsächliche Anhaltspunkte im Sinne des § 5 Absatz 1 Satz 1 Nummer 1 bis 3 vor, ist ihr Gelegenheit zu geben, sich vor der Feststellung eines Sicherheitsrisikos persönlich zu den für die Entscheidung erheblichen Tatsachen zu äußern. [2]Absatz 1 Satz 2 bis 4 gilt entsprechend.

(3) Die Absätze 1 und 2 sind auch im Falle der Ablehnung einer Weiterbeschäftigung in einer sicherheitsempfindlichen Tätigkeit anzuwenden.

Zweiter Abschnitt Überprüfungsarten und Durchführungsmaßnahmen

§ 7 Arten der Sicherheitsüberprüfung

(1) Entsprechend der vorgesehenen sicherheitsempfindlichen Tätigkeit wird entweder eine
1. einfache Sicherheitsüberprüfung oder
2. erweiterte Sicherheitsüberprüfung oder
3. erweiterte Sicherheitsüberprüfung mit Sicherheitsermittlungen

durchgeführt.

(2) [1]Ergeben sich bei der Sicherheitsüberprüfung sicherheitserhebliche Erkenntnisse, die nur durch Maßnahmen der nächsthöheren Art der Sicherheitsüberprüfung geklärt werden können, kann die zuständige Stelle mit Zustimmung der betroffenen Person die nächsthöhere Art der Sicherheitsüberprüfung anordnen. [2]§ 2 Absatz 2 Satz 1 bis 5 gilt entsprechend; § 12 Absatz 5 bleibt unberührt.

§ 8 Einfache Sicherheitsüberprüfung

(1) Die einfache Sicherheitsüberprüfung ist für Personen durchzuführen, die
1. Zugang zu VS-VERTRAULICH eingestuften Verschlußsachen erhalten sollen oder ihn sich verschaffen können,
2. Tätigkeiten in Bereichen nach § 1 Abs. 2 Nr. 3 wahrnehmen sollen,
3. Tätigkeiten in Bereichen nach § 1 Abs. 4 wahrnehmen sollen.

(2) [1]Die zuständige Stelle kann von der Sicherheitsüberprüfung absehen, wenn
1. in den Fällen des Absatzes 1 Nummer 1
   a) die Zuverlässigkeit der betroffenen Person durch eine Überprüfung nach dem Luftsicherheitsgesetz festgestellt wurde,
   b) die Betrauung mit der sicherheitsempfindlichen Tätigkeit unaufschiebbar ist,
   c) die Einstufung der Verschlusssache voraussichtlich vor Abschluss der Sicherheitsüberprüfung wieder aufgehoben wird und
   d) das Bundesministerium des Innern, für Bau und Heimat dem zugestimmt hat,
2. in den Fällen des Absatzes 1 Nummer 2 Art oder Dauer der Tätigkeit dies zulassen.

[2]§ 2 Absatz 1 Satz 5 bleibt unberührt.

§ 9 Erweiterte Sicherheitsüberprüfung

(1) Eine erweiterte Sicherheitsüberprüfung ist für Personen durchzuführen, die
1. Zugang zu GEHEIM eingestuften Verschlußsachen erhalten sollen oder ihn sich verschaffen können,
2. Zugang zu einer hohen Anzahl VS-VERTRAULICH eingestuften Verschlußsachen erhalten sollen oder ihn sich verschaffen können,
3. Tätigkeiten in Bereichen nach § 1 Absatz 4 wahrnehmen sollen,

soweit nicht die zuständige Stelle in den Fällen der Nummern 1 und 2 im Einzelfall nach Art und Dauer der Tätigkeit eine Sicherheitsüberprüfung nach § 8 für ausreichend hält.

(2) In den Fällen von Absatz 1 Nummer 3 kann die Sicherheitsüberprüfung unterbleiben, wenn
1. eine Person mit einer unaufschiebbaren sicherheitsempfindlichen Tätigkeit betraut werden soll, für die keine überprüften Personen zur Verfügung stehen, oder
2. eine Person nur kurzzeitig, höchstens vier Wochen, eine sicherheitsempfindliche Tätigkeit ausüben soll

und die nicht überprüfte Person durch eine überprüfte Person ständig begleitet wird.

(3) Sofern eine sicherheitsempfindliche Stelle im Sinne des § 1 Absatz 5 Satz 3 neu festgestellt wird, ist die Sicherheitsüberprüfung für eine dort tätige Person nach Absatz 1 Nummer 3 unverzüglich durchzuführen.

§ 10 Erweiterte Sicherheitsüberprüfung mit Sicherheitsermittlungen

Eine erweiterte Sicherheitsüberprüfung mit Sicherheitsermittlungen ist für Personen durchzuführen,

1. die Zugang zu STRENG GEHEIM eingestuften Verschlußsachen erhalten sollen oder ihn sich verschaffen können,
2. die Zugang zu einer hohen Anzahl GEHEIM eingestuften Verschlußsachen erhalten sollen oder ihn sich verschaffen können,
3. die bei einem Nachrichtendienst des Bundes oder einer Behörde oder sonstigen öffentlichen Stelle des Bundes tätig werden sollen, die nach Feststellung der Bundesregierung gemäß § 34 Aufgaben von vergleichbarer Sicherheitsempfindlichkeit wahrnimmt,

soweit nicht die zuständige Stelle im Einzelfall nach Art und Dauer der Tätigkeit eine Sicherheitsüberprüfung nach § 8 oder § 9 für ausreichend hält.

§ 11 Datenerhebung

(1) [1]Die zuständige Stelle und die mitwirkende Behörde dürfen die zur Erfüllung ihrer Aufgaben nach diesem Gesetz erforderlichen Daten erheben. [2]Die betroffene Person sowie die sonstigen zu befragenden Personen und nichtöffentlichen Stellen sind auf den Zweck der Erhebung, die Auskunftspflichten nach diesem Gesetz und auf eine dienst-, arbeitsrechtliche oder sonstige vertragliche Mitwirkungspflicht, ansonsten auf die Freiwilligkeit ihrer Angaben hinzuweisen. [3]Bei Sicherheitsüberprüfungen nach § 3 Absatz 3 Satz 1 kann die Angabe der erhebenden Stelle gegenüber den sonstigen zu befragenden Personen oder öffentlichen und nichtöffentlichen Stellen unterbleiben, wenn dies zum Schutz der betroffenen Person oder des Nachrichtendienstes erforderlich ist.

(2) [1]Die zuständige Stelle erhebt die personenbezogenen Daten bei der betroffenen Person oder bei der mitbetroffenen Person. [2]Reicht diese Erhebung nicht aus oder stehen ihr schutzwürdige Interessen der betroffenen Person oder der mitbetroffenen Person entgegen, können andere geeignete Personen oder Stellen befragt werden.

§ 12 Maßnahmen bei den einzelnen Überprüfungsarten, Überprüfungszeitraum

(1) Bei der Sicherheitsüberprüfung nach § 8 trifft die mitwirkende Behörde folgende Maßnahmen:

1. sicherheitsmäßige Bewertung der Angaben in der Sicherheitserklärung unter Berücksichtigung der Erkenntnisse der Verfassungsschutzbehörden des Bundes und der Länder,
2. Einholung einer unbeschränkten Auskunft aus dem Bundeszentralregister und dem Gewerbezentralregister und Ersuchen um eine Datenübermittlung aus dem Zentralen staatsanwaltschaftlichen Verfahrensregister,

2a. soweit im Einzelfall erforderlich, bei ausländischen betroffenen Personen, die keine freizügigkeitsberechtigten Unionsbürger sind, Ersuchen um eine Übermittlung der nach § 3 Absatz 1 und 2 Nummer 5, 6 und 9 des AZR-Gesetzes gespeicherten Daten,

3. Anfragen an das Bundeskriminalamt, die in der Rechtsverordnung nach § 58 Abs. 1 des Bundespolizeigesetzes bestimmte Bundespolizeibehörde und die Nachrichtendienste des Bundes,
4. Anfragen an ausländische Sicherheitsbehörden oder nach dortigem Recht für solche Anfragen zuständige öffentliche Stellen bei Auslandsaufenthalten von ununterbrochen längerer Dauer als sechs Monaten in den vergangenen fünf Jahren.

(1 a) [1]Eine Anfrage nach Absatz 1 Nummer 4 bedarf der gesonderten Zustimmung. [2]Bei einer Anfrage dürfen an die ausländischen Sicherheitsbehörden oder an die nach dortigem Recht für eine solche Anfrage zuständigen öffentlichen Stellen nur folgende Daten übermittelt werden:
1. Namen, auch frühere, Vornamen, auch frühere,
2. Geburtsdatum, -ort,
3. Staatsangehörigkeit, auch frühere und weitere Staatsangehörigkeiten,
4. Wohnsitze, Adressen des Aufenthalts in dem Staat, dessen Sicherheitsbehörde oder zuständige öffentliche Stelle angefragt werden soll,
5. aktueller Wohnsitz, sofern erforderlich,
6. Pass- oder Personalausweisnummer oder Kopie des Ausweisdokuments, sofern erforderlich,
7. Angaben zu den Eltern, sofern erforderlich, sowie
8. Anlass der Anfrage.

[3]Die Anfrage unterbleibt, wenn ihr entgegenstehen:
1. auswärtige Belange der Bundesrepublik Deutschland,
2. Sicherheitsinteressen der Bundesrepublik Deutschland oder
3. unter Berücksichtigung des besonderen öffentlichen Interesses der Anfrage überwiegende schutzwürdige Interessen der betroffenen Person oder der mitbetroffenen Person.

[4]Zu den schutzwürdigen Interessen der betroffenen Person oder der mitbetroffenen Person gehört auch das Vorhandensein eines angemessenen Datenschutzniveaus im angefragten Staat. [5]Wird eine Anfrage aus den in Satz 3 genannten Gründen nicht durchgeführt oder wurde sie nicht beantwortet, ist Absatz 5 entsprechend anzuwenden.

(2) Bei der Sicherheitsüberprüfung nach § 9 trifft die mitwirkende Behörde zusätzlich zu Absatz 1 folgende Maßnahmen:
1. Anfragen an die Polizeidienststellen der innegehabten Wohnsitze im Inland der betroffenen Person, in der Regel beschränkt auf die letzten fünf Jahre,
2. Prüfung der Identität der betroffenen Person.

(2 a) Für die mitbetroffene Person trifft die mitwirkende Behörde die in den Absätzen 1 bis 2 genannten Maßnahmen.

(3) [1]Bei der Sicherheitsüberprüfung nach § 10 befragt die mitwirkende Behörde zusätzlich von der betroffenen Person in ihrer Sicherheitserklärung angegebene Referenzpersonen und weitere geeignete Auskunftspersonen, um zu prüfen, ob die Angaben der betroffenen Person zutreffen und ob tatsächliche Anhaltspunkte vorliegen, die auf ein Sicherheitsrisiko schließen lassen. [2]In den Fällen des § 10 Nummer 3 sind diese Maßnahmen in der Regel auch im Hinblick auf die mitbetroffene Person durchzuführen. [3]Ist die betroffene Person Bewerberin oder Bewerber oder Mitarbeiterin oder Mitarbeiter eines Nachrichtendienstes, kann sie auch selbst befragt werden.

(3 a) [1]Bei der Sicherheitsüberprüfung nach den §§ 8, 9 und 10 kann zu der betroffenen Person in erforderlichem Maße Einsicht in öffentlich sichtbare Internetseiten genommen werden mit Ausnahme des öffentlich sichtbaren Teils sozialer Netzwerke. [2]Bei der Sicherheitsüberprüfung nach den §§ 9 und 10 kann zu der betroffenen Person zusätzlich in erforderlichem Maße in den öffentlich sichtbaren Teil sozialer Netzwerke Einsicht genommen werden. [3]Satz 2 gilt auch bei der Sicherheitsüberprüfung nach § 8, soweit die betroffene Person dem Geschäftsbereich des Bundesministeriums der Verteidigung angehört.

(4) [1]Die zuständige Stelle fragt zur Feststellung einer hauptamtlichen oder inoffiziellen Tätigkeit der betroffenen Person oder der mitbetroffenen Person für den

Staatssicherheitsdienst der Deutschen Demokratischen Republik bei dem Bundesbeauftragten für die Unterlagen des Staatssicherheitsdienstes der Deutschen Demokratischen Republik an, wenn die betroffene Person oder die mitbetroffene Person vor dem 1. Januar 1970 geboren wurde und in dem Gebiet der Deutschen Demokratischen Republik wohnhaft war oder Anhaltspunkte für eine Tätigkeit für den Staatssicherheitsdienst der Deutschen Demokratischen Republik vorliegen. 2Die Anfrage bezieht sich auch auf Hinweise über frühere Verbindungen zu einem ausländischen Nachrichtendienst. 3Ergibt die Anfrage sicherheitserhebliche Erkenntnisse, übermittelt sie die zuständige Stelle zur Bewertung an die mitwirkende Behörde. 4Die Regelung gilt nicht für die Sicherheitsüberprüfung nach § 9 Absatz 1 Nummer 3, es sei denn, die Überprüfung betrifft Angehörige des Geschäftsbereichs des Bundesministeriums der Verteidigung.

(5) 1Soweit es eine sicherheitserhebliche Erkenntnis erfordert, können die betroffene und die mitbetroffene Person selbst befragt werden. 2Reicht diese Befragung nicht aus, stehen ihr schutzwürdige Interessen entgegen oder erfordert es die Prüfung der Identität, kann die mitwirkende Behörde neben den Maßnahmen nach den Absätzen 1 bis 3 weitere geeignete Auskunftspersonen oder andere geeignete Stellen befragen oder Einzelmaßnahmen der nächsthöheren Art der Sicherheitsüberprüfung durchführen. 3Ferner kann die betroffene Person aufgefordert werden, für die Aufklärung der sicherheitserheblichen Erkenntnis geeignete Unterlagen beizubringen. 4Zusätzlich können von öffentlichen Stellen Akten beigezogen werden, von Gerichten, Staatsanwaltschaften oder Finanzbehörden auch über Strafverfahren wegen einer Steuerstraftat im Sinne des § 369 der Abgabenordnung.

(6) 1Die Überprüfung erstreckt sich in der Regel auf den Zeitraum der letzten fünf Jahre, bei den in § 3 Absatz 3 Nummer 1 genannten Personen auf den Zeitraum der letzten zehn Jahre. 2Internationale Vorschriften, die einen anderen Zeitraum vorsehen, bleiben unberührt.

Dritter Abschnitt Verfahren

§ 13 Sicherheitserklärung

(1) In der Sicherheitserklärung sind von der betroffenen Person anzugeben:

1. Namen, auch frühere, Vornamen, auch frühere,
2. Geburtsdatum, -ort,
2a. Geschlecht,
3. Staatsangehörigkeit, auch frühere und weitere Staatsangehörigkeiten,
4. Familienstand und das Bestehen einer auf Dauer angelegten Gemeinschaft,
5. Wohnsitze und Aufenthalte von längerer Dauer als zwei Monate, und zwar im Inland in den vergangenen fünf Jahren, im Ausland grundsätzlich ab dem 18. Lebensjahr, in jedem Fall aber in den vergangenen fünf Jahren,
6. ausgeübter Beruf,
7. Arbeitgeber und dessen Anschrift,
8. private und berufliche telefonische oder elektronische Erreichbarkeit,
9. im Haushalt lebende Personen über 18 Jahre (Namen, auch frühere, Vornamen, Geburtsdatum, Geburtsort, Staatsangehörigkeit, Geschlecht und Verhältnis zu dieser Person),
10. Eltern, Stief- oder Pflegeeltern (Namen, auch frühere, Vornamen, Geburtsdatum, Geburtsort, Staatsangehörigkeit und Wohnsitz),
11. Ausbildungs- und Beschäftigungszeiten, Wehr- oder Zivildienstzeiten mit Angabe der Ausbildungsstätten, Beschäftigungsstellen sowie deren Anschriften,

für Zeiten der Nichtbeschäftigung den Aufenthaltsort, sofern der jeweilige Zeitraum ununterbrochen mehr als drei Monate umfasst,
12. Nummer des Personalausweises oder Reisepasses sowie die ausstellende Behörde und das Ausstellungsdatum,
13. laufende oder in den vergangenen fünf Jahren abgeschlossene Insolvenzverfahren, in den vergangenen fünf Jahren gegen sie durchgeführte Zwangsvollstreckungsmaßnahmen und ob zurzeit die finanziellen Verpflichtungen erfüllt werden können,
14. Kontakte zu ausländischen Nachrichtendiensten oder zu Nachrichtendiensten der Deutschen Demokratischen Republik, die auf einen Anbahnungs- und Werbungsversuch hindeuten können,
15. Beziehungen zu verfassungsfeindlichen Organisationen,
16. anhängige Strafverfahren einschließlich Ermittlungsverfahren und Disziplinarverfahren,
16a. strafrechtliche Verurteilungen im Ausland,
17. Wohnsitze, Aufenthalte, Reisen, nahe Angehörige und sonstige Beziehungen in und zu Staaten, in denen nach Feststellung des Bundesministeriums des Innern, für Bau und Heimat besondere Sicherheitsrisiken für die mit sicherheitsempfindlicher Tätigkeit befassten Personen zu besorgen sind,
18. drei Referenzpersonen (Namen, Vornamen, Geburtsdatum, Geburtsort, Geschlecht, Beruf, berufliche und private Anschrift und telefonische oder elektronische Erreichbarkeit sowie zeitlicher Beginn der Bekanntschaft) nur bei einer Sicherheitsüberprüfung nach § 10,
19. frühere Sicherheitsüberprüfungen und Zuverlässigkeitsüberprüfungen,
20. die Adressen eigener Internetseiten und die Mitgliedschaften in sozialen Netzwerken im Internet nur bei einer Sicherheitsüberprüfung nach den §§ 9, 10 und bei einer Sicherheitsüberprüfung nach § 8 für Angehörige des Geschäftsbereichs des Bundesministeriums der Verteidigung.

(2) [1]Bei der Sicherheitsüberprüfung nach § 8 entfallen die Angaben zu Absatz 1 Nummer 11 und 12; Angaben zu Absatz 1 Nummer 12 dürfen nachträglich erhoben werden, soweit Maßnahmen nach § 12 Absatz 1 Nummer 4 zu treffen sind. [2]Angaben zu Absatz 1 Nummer 10 entfallen, soweit die dort genannten Personen nicht in einem Haushalt mit der betroffenen Person leben. [3]Zur Person der Ehegattin, des Ehegatten, der Lebenspartnerin, des Lebenspartners, der Lebensgefährtin oder des Lebensgefährten sind mit deren Einverständnis die in Absatz 1 Nummer 1 bis 4, 14 und 15 genannten Daten anzugeben.

(2 a) Für Angehörige des Geschäftsbereichs des Bundesministeriums der Verteidigung entfallen bei Sicherheitsüberprüfungen nach § 9 Absatz 1 Nummer 3 die Angaben zu Absatz 1 Nummer 4, 9 und 10, bei Sicherheitsüberprüfungen nach § 9 Absatz 1 Nummer 3 im Übrigen entfallen zusätzlich auch die Angaben zu Absatz 1 Nummer 11, 13, 14 und 17.

(3) Zur mitbetroffenen Person sind zusätzlich die in Absatz 1 Nummer 5 bis 7, 12, 13, 16, 16 a und 17 genannten Daten anzugeben.

(4) [1]Bei Sicherheitsüberprüfungen der in § 3 Absatz 3 Satz 1 Nummer 1 genannten Personen sind zusätzlich anzugeben:
1. die Wohnsitze seit der Geburt,
2. die Kinder,
3. die Geschwister,
4. abgeschlossene Strafverfahren einschließlich Ermittlungsverfahren und Disziplinarverfahren,
5. alle Kontakte zu ausländischen Nachrichtendiensten oder zu Nachrichtendiensten der Deutschen Demokratischen Republik,

6. zwei Auskunftspersonen (Namen, Vornamen, Geburtsdatum, Geburtsort, Anschrift, telefonische oder elektronische Erreichbarkeit und Verhältnis zur Person) zur Identitätsprüfung der betroffenen Person,
7. im Falle des Vorhandenseins einer mitbetroffenen Person zwei Auskunftspersonen (Namen, Vornamen, Geburtsdatum, Geburtsort, Anschrift, telefonische oder elektronische Erreichbarkeit und Verhältnis zur Person) zu deren Identitätsprüfung.

[2]Außerdem sind zwei aktuelle Lichtbilder der betroffenen Person mit der Angabe des Jahres der Aufnahme beizufügen.

(4 a) Von Angehörigen des Geschäftsbereichs des Bundesministeriums der Verteidigung sowie von Angehörigen der Behörden des Bundes mit Aufgaben von vergleichbarer Sicherheitsempfindlichkeit wie die der Nachrichtendienste des Bundes sind zusätzlich die Anzahl der Kinder anzugeben.

(5) [1]Die betroffene Person kann Angaben verweigern, die für sie, eine nahe Angehörige oder einen nahen Angehörigen im Sinne des § 52 Absatz 1 der Strafprozessordnung oder die Lebensgefährtin oder den Lebensgefährten die Gefahr strafrechtlicher oder disziplinarischer Verfolgung, der Entlassung oder Kündigung begründen könnten. [2]Dies gilt auch, soweit für eine nahe Angehörige oder einen nahen Angehörigen der mitbetroffenen Person eine solche Gefahr begründet werden könnte. [3]Über das Verweigerungsrecht ist die betroffene Person zu belehren.

(6) [1]Die Sicherheitserklärung ist von der betroffenen Person der zuständigen Stelle zuzuleiten. [2]Sie prüft die Angaben der betroffenen Person auf ihre Vollständigkeit und Richtigkeit. [3]Zu diesem Zweck kann die Personalakte eingesehen werden. [4]Die zuständige Stelle leitet die Sicherheitserklärung an die mitwirkende Behörde weiter und beauftragt diese, eine Sicherheitsüberprüfung durchzuführen, es sei denn, die zuständige Stelle hat bereits bei der Prüfung der Sicherheitserklärung festgestellt, daß ein Sicherheitsrisiko vorliegt, das einer sicherheitsempfindlichen Tätigkeit entgegensteht. [5]Die mitwirkende Behörde kann mit Zustimmung der zuständigen Stelle und der betroffenen Person in die Personalakte Einsicht nehmen, wenn dies zur Klärung oder Beurteilung sicherheitserheblicher Erkenntnisse unerläßlich ist.

§ 14 Abschluß der Sicherheitsüberprüfung

(1) [1]Kommt die mitwirkende Behörde zu dem Ergebnis, daß kein Sicherheitsrisiko nach § 5 Abs. 1 vorliegt, so teilt sie dies der zuständigen Stelle mit. [2]Fallen Erkenntnisse an, die kein Sicherheitsrisiko begründen, aber weiterhin sicherheitserheblich sind, so werden diese mitgeteilt.

(2) [1]Kommt die mitwirkende Behörde zu dem Ergebnis, daß ein Sicherheitsrisiko vorliegt, unterrichtet sie schriftlich oder elektronisch unter Darlegung der Gründe und ihrer Bewertung die zuständige Stelle. [2]Bei nachgeordneten Stellen erfolgt die Unterrichtung über deren oberste Bundesbehörde.

(2 a) [1]Kommt die mitwirkende Behörde zu dem Ergebnis, dass die Sicherheitsüberprüfung nicht abgeschlossen werden kann, unterrichtet sie unter Darlegung der Gründe die zuständige Stelle. [2]Kommt die mitwirkende Behörde zu dem Ergebnis, dass die Sicherheitsüberprüfung nicht abgeschlossen werden kann, weil die betroffene Person in Bezug auf den in § 12 Absatz 6 genannten Zeitraum nicht überprüfbar ist, teilt sie der zuständigen Stelle zusätzlich mit, welche Maßnahmen sie nach § 12 getroffen hat und welche sicherheitserheblichen Erkenntnisse sich hieraus ergeben haben. [3]Die Mitteilungen erfolgen schriftlich oder elektronisch.

(3) [1]Die zuständige Stelle entscheidet, ob ein Sicherheitsrisiko vorliegt, das der sicherheitsempfindlichen Tätigkeit der betroffenen Person entgegensteht. [2]Die Be-

wertung der übermittelten Erkenntnisse erfolgt auf Grund einer am Zweck der Sicherheitsüberprüfung orientierten Gesamtwürdigung des Einzelfalles, insbesondere im Hinblick auf die vorgesehene Tätigkeit. [3]Im Zweifel hat das Sicherheitsinteresse Vorrang vor anderen Belangen. [4]§ 6 Abs. 1 und 2 ist zu beachten.

(4) [1]Die zuständige Stelle unterrichtet die betroffene Person über das Ergebnis der Sicherheitsüberprüfung. [2]Die Unterrichtung unterbleibt für Bewerberinnen und Bewerber bei den Nachrichtendiensten des Bundes sowie für Personen im Sinne des § 3 Absatz 3 Satz 1 Nummer 2.

(5) [1]Die zuständige Stelle stellt die Sicherheitsüberprüfung ein, wenn die betroffene Person oder die mitbetroffene Person
1. der für den Abschluss der Sicherheitsüberprüfung erforderlichen Mitwirkung an der Sicherheitsüberprüfung nicht nachkommt oder
2. in Bezug auf den in § 12 Absatz 6 genannten Zeitraum nicht überprüfbar ist.

[2]Ohne eine abgeschlossene Sicherheitsüberprüfung, die zum Ergebnis hat, dass kein Sicherheitsrisiko vorliegt, darf die betroffene Person nicht mit einer sicherheitsempfindlichen Tätigkeit betraut werden. [3]§ 2 Absatz 1 Satz 5, § 8 Absatz 2, § 9 Absatz 2 und 3 und § 15 bleiben unberührt.

§ 15 Vorläufige Zuweisung einer sicherheitsempfindlichen Tätigkeit

Die zuständige Stelle kann in Ausnahmefällen abweichend von § 2 Absatz 1 die betroffene Person vor Abschluss der Sicherheitsüberprüfung mit einer sicherheitsempfindlichen Tätigkeit betrauen, wenn die mitwirkende Behörde
1. bei der einfachen Sicherheitsüberprüfung die Angaben in der Sicherheitserklärung unter Berücksichtigung der eigenen Erkenntnisse bewertet hat oder
2. bei der erweiterten Sicherheitsüberprüfung und bei der erweiterten Sicherheitsüberprüfung mit Sicherheitsermittlungen die Maßnahmen der nächstniederen Art der Sicherheitsüberprüfung abgeschlossen hat

und sich daraus keine tatsächlichen Anhaltspunkte für ein Sicherheitsrisiko ergeben haben.

§ 15 a Unterrichtung durch die personalverwaltende Stelle

[1]Die personalverwaltende Stelle unterrichtet die für die Sicherheitsüberprüfung zuständige Stelle unverzüglich über Veränderungen der persönlichen, dienstlichen und arbeitsrechtlichen Verhältnisse der Personen, die mit einer sicherheitsempfindlichen Tätigkeit betraut werden sollen oder bereits betraut sind. [2]Dazu zählen:
1. Umsetzung, Abordnung, Versetzung und Ausscheiden aus dem Dienst,
2. Änderungen des Familienstandes, des Namens, eines Wohnsitzes und der Staatsangehörigkeit,
3. Anhaltspunkte für Überschuldung, insbesondere Pfändungs- und Überweisungsbeschlüsse, Mitteilungen über abgeschlossene Insolvenzverfahren sowie Beschlüsse zur Eröffnung eines Insolvenzverfahrens und zur Restschuldbefreiung,
4. Strafverfahren und Disziplinarsachen sowie dienst- und arbeitsrechtliche Maßnahmen,
5. Nebentätigkeiten,
6. sonstige Erkenntnisse, die für die sicherheitsmäßige Beurteilung erheblich sein können.

§ 16 Sicherheitserhebliche Erkenntnisse nach Abschluß der Sicherheitsüberprüfung

(1) Die zuständige Stelle und die mitwirkende Behörde haben sich unverzüglich gegenseitig zu unterrichten, wenn sicherheitserhebliche Erkenntnisse über die betroffene Person oder die mitbetroffene Person bekanntwerden oder sich mitgeteilte Erkenntnisse als unrichtig erweisen.

(2) [1]Die mitwirkende Behörde prüft die sicherheitserheblichen Erkenntnisse und stellt fest, ob ein Sicherheitsrisiko nach § 5 Abs. 1 vorliegt und unterrichtet die zuständige Stelle über das Ergebnis der Prüfung. [2]Im übrigen ist § 14 Abs. 3 und 4 entsprechend anzuwenden.

(3) [1]Liegt eine sicherheitserhebliche Erkenntnis vor, kann die zuständige Stelle die weitere Betrauung der betroffenen Person mit der sicherheitsempfindlichen Tätigkeit bis zu einer endgültigen Entscheidung über das Vorliegen eines Sicherheitsrisikos untersagen, sofern die besondere Bedeutung der Erkenntnis und die Art der sicherheitsempfindlichen Tätigkeit dies erfordern und die Untersagung keinen Aufschub duldet. [2]§ 6 Absatz 1 und 2 bleibt unberührt.

§ 17 Aktualisierung und Wiederholungsüberprüfung

(1) [1]Die Sicherheitserklärung ist der betroffenen Person, die eine sicherheitsempfindliche Tätigkeit ausübt, in der Regel nach fünf Jahren erneut zuzuleiten und im Falle eingetretener Veränderungen von der betroffenen Person zu aktualisieren. [2]Die zuständige Stelle prüft die Aktualisierungen auf ihre Vollständigkeit und Richtigkeit; § 13 Absatz 6 Satz 3 gilt entsprechend. [3]Die zuständige Stelle beauftragt die mitwirkende Behörde, die Maßnahmen nach § 12 Absatz 1 im erforderlichen Umfang für die betroffene Person und für die mitbetroffene Person erneut durchzuführen und zu bewerten.

(2) [1]Im Abstand von in der Regel zehn Jahren ist eine Wiederholungsüberprüfung einzuleiten. [2]Im Übrigen kann die zuständige Stelle eine Wiederholungsüberprüfung einleiten, wenn sicherheitserhebliche Erkenntnisse dies nahelegen. [3]Die Maßnahmen bei der Wiederholungsüberprüfung entsprechen denen der Erstüberprüfung; bei der Sicherheitsüberprüfung nach den §§ 9 oder 10 kann die mitwirkende Behörde von einer erneuten Identitätsprüfung absehen. [4]Die Wiederholungsüberprüfung erfolgt nur mit Zustimmung

1. der betroffenen Person, soweit gesetzlich nichts anderes bestimmt ist, und
2. der mitbetroffenen Person.

[5]§ 14 Absatz 4 Satz 2 findet keine Anwendung.

(3) [1]Verweigert die betroffene Person oder die mitbetroffene Person die erforderliche Mitwirkung bei den Maßnahmen nach den Absätzen 1 und 2, ist die weitere Betrauung der betroffenen Person mit einer sicherheitsempfindlichen Tätigkeit unzulässig. [2]§ 14 Absatz 5 Satz 2 gilt entsprechend.

Vierter Abschnitt Akten über die Sicherheitsüberprüfung; Datenverarbeitung

§ 18 Sicherheitsakte und Sicherheitsüberprüfungsakte

(1) Die zuständige Stelle führt über die betroffene Person eine Sicherheitsakte, in die alle die Sicherheitsüberprüfung betreffenden Informationen aufzunehmen sind.

(2) [1]Informationen über die persönlichen, dienstlichen und arbeitsrechtlichen Verhältnisse der Personen, die mit einer sicherheitsempfindlichen Tätigkeit befaßt

sind, sind zur Sicherheitsakte zu nehmen, soweit sie für die sicherheitsmäßige Beurteilung erheblich sind. [2]Dazu zählen insbesondere:

1. Zuweisung, Übertragung einer sicherheitsempfindlichen Tätigkeit, die dazu erteilte Ermächtigung sowie deren Änderungen und Beendigung,
2. Umsetzung, Abordnung, Versetzung und Ausscheiden,
3. Änderungen des Namens, eines Wohnsitzes und der Staatsangehörigkeit,
4. Beginn oder Ende einer Ehe, einer Lebenspartnerschaft oder einer auf Dauer angelegten Gemeinschaft,
5. Anhaltspunkte für Überschuldung, insbesondere Pfändungs- und Überweisungsbeschlüsse, Mitteilungen über abgeschlossene Insolvenzverfahren sowie Beschlüsse zur Eröffnung eines Insolvenzverfahrens und zur Restschuldbefreiung sowie
6. Strafverfahren und Disziplinarsachen sowie dienst- und arbeitsrechtliche Maßnahmen.

(3) [1]Die Sicherheitsakte ist keine Personalakte. [2]Sie ist gesondert zu führen und darf weder der personalverwaltenden Stelle noch der betroffenen Person zugänglich gemacht werden; § 23 Abs. 6 bleibt unberührt. [3]Im Falle des Wechsels der Dienststelle oder des Dienstherrn ist die Sicherheitsakte nach dorthin abzugeben, wenn auch dort eine sicherheitsempfindliche Tätigkeit ausgeübt werden soll. [4]Zum Zwecke der Prüfung nach § 2 Absatz 1 Satz 5 kann der anfordernden Stelle die Sicherheitsakte zur Einsichtnahme übersandt werden.

(3 a) [1]Im Geschäftsbereich des Bundesministeriums der Verteidigung ist im Falle des Wechsels der Dienststelle die Sicherheitsakte stets an die neue Dienststelle abzugeben. [2]Die neue Dienststelle darf den Inhalt der Sicherheitsakte nur dann zur Kenntnis nehmen, wenn die betroffene Person dort mit einer sicherheitsempfindlichen Tätigkeit betraut werden soll. [3]Sofern keine Betrauung mit einer sicherheitsempfindlichen Tätigkeit erfolgen soll, ist die Sicherheitsakte dort bis zur Vernichtung aufzubewahren.

(4) [1]Die mitwirkende Behörde führt über die betroffene Person eine Sicherheitsüberprüfungsakte, in die aufzunehmen sind:

1. Informationen, die die Sicherheitsüberprüfung, die durchgeführten Maßnahmen und das Ergebnis betreffen,
2. das Ausscheiden aus oder die Nichtaufnahme der sicherheitsempfindlichen Tätigkeit,
3. Änderungen des Namens, eines Wohnsitzes und der Staatsangehörigkeit,
4. Beginn oder Ende einer Ehe, einer Lebenspartnerschaft oder einer auf Dauer angelegten Gemeinschaft.

[2]Die in Absatz 2 Nummer 5 und 6 genannten Daten sind zur Sicherheitsüberprüfungsakte zu nehmen, wenn sie sicherheitserheblich sind. [3]Absatz 3 Satz 1 und 2 gilt entsprechend. [4]Im Falle des Wechsels der Dienststelle oder des Dienstherrn ist die Sicherheitsüberprüfungsakte auf Anforderung an die zuständige mitwirkende Behörde abzugeben, wenn eine sicherheitsempfindliche Tätigkeit nicht nur vorübergehend ausgeübt werden soll.

(5) [1]Die zuständige Stelle ist verpflichtet, die in Absatz 4 Satz 1 Nummer 3 und 4 und Satz 2 genannten Daten mit Ausnahme der Änderung eines Wohnsitzes unverzüglich der mitwirkenden Behörde zu übermitteln. [2]Die Übermittlung der in Absatz 4 Satz 1 Nr. 2 genannten Daten erfolgt nach den in § 22 Abs. 2 Nr. 1 festgelegten Fristen. [3]Die in Absatz 4 Satz 1 Nummer 2 genannten Daten sind unverzüglich der mitwirkenden Behörde zu übermitteln, wenn sicherheitserhebliche Erkenntnisse oder Erkenntnisse, die ein Sicherheitsrisiko begründen, vorliegen.

(6) [1]Die Sicherheitsakte und die Sicherheitsüberprüfungsakte dürfen auch in elektronischer Form geführt werden. [2]Eine Abfrage personenbezogener Daten ist nur zulässig, wenn für die Daten die Voraussetzung der Speicherung nach § 20 vorliegt. [3]Der automatisierte Abgleich personenbezogener Daten ist unzulässig.

(7) [1]Bei jeder Abfrage einer Sicherheitsüberprüfungsakte nach Absatz 6 sind für Zwecke der Datenschutzkontrolle der Zeitpunkt, die Angaben, die die Feststellung der abgefragten Daten ermöglichen, sowie Angaben zur Feststellung des Abfragenden zu protokollieren. [2]Die protokollierten Daten dürfen nur für Zwecke der Datenschutzkontrolle, der Datensicherung oder zur Sicherstellung eines ordnungsgemäßen Betriebs der Datenverarbeitungsanlage verwendet werden. [3]Die Protokolldaten sind am Ende des Kalenderjahres, das dem Jahr der Protokollierung folgt, zu löschen.

(8) Der Bundesnachrichtendienst, das Bundesamt für Verfassungsschutz und der Militärische Abschirmdienst dürfen bei der Sicherheitsüberprüfung von Personen im Sinne des § 3 Absatz 3 die Sicherheitsakte zusammen mit der Sicherheitsüberprüfungsakte in einem gemeinsamen Aktenvorgang unter Beachtung der für die jeweiligen Akten geltenden unterschiedlichen Verwendungs- und Auskunftsregelungen führen.

§ 19 Aufbewahrung und Vernichtung der Unterlagen

(1) Die Unterlagen über die Sicherheitsüberprüfung sind gesondert aufzubewahren und gegen unbefugten Zugriff zu schützen.

(2) [1]Die Unterlagen über die Sicherheitsüberprüfung sind bei der zuständigen Stelle innerhalb eines Jahres zu vernichten, wenn bekannt wird, dass die betroffene Person keine sicherheitsempfindliche Tätigkeit aufgenommen hat. [2]Im Übrigen sind die Unterlagen über die Sicherheitsüberprüfung bei der zuständigen Stelle fünf Jahre nach dem Ausscheiden der betroffenen Person aus der sicherheitsempfindlichen Tätigkeit zu vernichten. [3]Eine Vernichtung unterbleibt, wenn
1. die betroffene Person in die weitere Aufbewahrung einwilligt,
2. ein Verwaltungsstreitverfahren oder ein Gerichtsverfahren anhängig ist, für das die Unterlagen über die Sicherheitsüberprüfung von Bedeutung sind,
3. beabsichtigt ist, die betroffene Person in absehbarer Zeit mit einer sicherheitsempfindlichen Tätigkeit zu betrauen oder
4. Grund zu der Annahme besteht, dass durch sie schutzwürdige Interessen der betroffenen Person beeinträchtigt würden.

[4]Im Falle des Satzes 3 Nummer 4 ist die Verarbeitung der Daten einzuschränken; die Akte ist mit einem entsprechenden Sperrvermerk zu versehen. [5]Die Daten dürfen nur noch mit Einwilligung der betroffenen Person gespeichert, genutzt, verändert, übermittelt und gelöscht werden.

(3) [1]Die Unterlagen über die Sicherheitsüberprüfung bei der mitwirkenden Behörde sind nach den in § 22 Abs. 2 Nr. 2 genannten Fristen zu vernichten. [2]Gleiches gilt bezüglich der Unterlagen zu den in § 3 Abs. 3 genannten Personen. [3]Absatz 2 Satz 3 bis 5 gilt entsprechend.

(4) Das Bundesarchivgesetz findet auf die Unterlagen der Sicherheitsüberprüfung keine Anwendung.

§ 20 Speichern, Verändern und Nutzen personenbezogener Daten in Dateien

(1) Die zuständige Stelle darf zur Erfüllung ihrer Aufgaben nach diesem Gesetz die in § 13 Abs. 1 Nr. 1 bis 6 genannten personenbezogenen Daten, ihre Aktenfundstelle und die der mitwirkenden Behörde sowie die Beschäftigungsstelle, Ver-

fügungen zur Bearbeitung des Vorganges und beteiligte Behörden in Dateien speichern, verändern und nutzen.

(2) [1]Die mitwirkende Behörde darf zur Erfüllung ihrer Aufgaben
1. die in § 13 Abs. 1 Nr. 1 bis 6 genannten personenbezogenen Daten der betroffenen Person und der mitbetroffenen Person und die Aktenfundstelle,
2. Verfügungen zur Bearbeitung des Vorgangs sowie
3. sicherheitserhebliche Erkenntnisse und Erkenntnisse, die ein Sicherheitsrisiko begründen,

in Dateien speichern, verändern und nutzen. [2]Die Daten nach Nummer 1 dürfen auch in die nach § 6 Absatz 2 des Bundesverfassungsschutzgesetzes zulässigen Verbunddateien gespeichert werden.

§ 21 Übermittlung und Zweckbindung

(1) [1]Die im Rahmen der Sicherheitsüberprüfung gespeicherten personenbezogenen Daten dürfen von der zuständigen Stelle oder mitwirkenden Behörde nur für
1. die mit der Sicherheitsüberprüfung verfolgten Zwecke,
2. die mit Zuverlässigkeitsüberprüfungen nach dem Luftsicherheitsgesetz und dem Atomgesetz verfolgten Zwecke,
3. die mit sonstigen gesetzlich geregelten Überprüfungsverfahren zur Feststellung der Zuverlässigkeit verfolgten Zwecke,
4. Zwecke der Verfolgung von Straftaten von erheblicher Bedeutung sowie
5. Zwecke parlamentarischer Untersuchungsausschüsse

genutzt und übermittelt werden. [2]Die Übermittlung und Nutzung nach Satz 1 Nummer 2 und 3 ist auf sicherheitserhebliche Erkenntnisse zu beschränken, die für die Bewertung der Zuverlässigkeit für die vorgesehene Verwendung von Bedeutung sein können. [3]Die Strafverfolgungsbehörden dürfen die ihnen nach Satz 1 Nummer 4 übermittelten Daten für Zwecke eines Strafverfahrens nur verwenden, wenn die Strafverfolgung auf andere Weise erheblich weniger erfolgversprechend oder wesentlich erschwert wäre. [4]Die zuständige Stelle darf die gespeicherten personenbezogenen Daten darüber hinaus für Zwecke der disziplinarrechtlichen Verfolgung sowie dienst- oder arbeitsrechtlicher Maßnahmen nutzen und übermitteln, wenn dies zu dem mit der Überprüfung verfolgten Zweck erforderlich ist. [5]Die mitwirkende Behörde darf die gespeicherten personenbezogenen Daten darüber hinaus im Rahmen des erforderlichen Umfangs nutzen und übermitteln zur Aufklärung von sicherheitsgefährdenden oder geheimdienstlichen Tätigkeiten für eine fremde Macht oder von Bestrebungen, die darauf gerichtet sind, Gewalt anzuwenden oder Gewaltanwendung vorzubereiten oder zur Aufklärung sonstiger Bestrebungen von erheblicher Bedeutung.

(2) [1]Die Übermittlung der nach § 20 in Dateien gespeicherten Daten ist nur zulässig, soweit sie für die Erfüllung der in Absatz 1 genannten Zwecke erforderlich ist. [2]Die nach § 20 Abs. 2 Nr. 1 gespeicherten Daten dürfen zur Erfüllung aller Zwecke des Verfassungsschutzes genutzt und übermittelt werden.

(3) Die mitwirkende Behörde darf personenbezogene Daten nach den Absätzen 1 und 2 nur an öffentliche Stellen übermitteln.

(4) Die Nutzung oder Übermittlung unterbleibt, soweit gesetzliche Verwendungsregelungen entgegenstehen.

(5) [1]Der Empfänger darf die übermittelten Daten nur für den Zweck speichern, nutzen, verändern und übermitteln, zu dessen Erfüllung sie ihm übermittelt werden, und zum Zweck der Strafverfolgung gemäß Absatz 1 Satz 1 Nummer 4. [2]Eine nichtöffentliche Stelle ist darauf hinzuweisen.

§ 22 Berichtigen, Löschen und Einschränken der Verarbeitung personenbezogener Daten

(1) [1]Die zuständige Stelle und die mitwirkende Behörde haben personenbezogene Daten zu berichtigen, wenn sie unrichtig sind. [2]Wird festgestellt, daß personenbezogene Daten unrichtig sind oder wird ihre Richtigkeit von der betroffenen Person bestritten, so ist dies, soweit sich die personenbezogenen Daten in Akten befinden, dort zu vermerken oder auf sonstige Weise festzuhalten.

(2) In Dateien gespeicherte personenbezogene Daten sind zu löschen

1. von der zuständigen Stelle
   a) innerhalb eines Jahres, wenn bekannt wird, dass die betroffene Person keine sicherheitsempfindliche Tätigkeit aufgenommen hat,
   b) nach Ablauf von fünf Jahren nach dem Ausscheiden der betroffenen Person aus der sicherheitsempfindlichen Tätigkeit,
2. von der mitwirkenden Behörde
   a) bei allen Überprüfungsarten innerhalb eines Jahres, im Geschäftsbereich des Bundesministeriums der Verteidigung innerhalb von fünf Jahren, wenn bekannt wird, dass die betroffene Person keine sicherheitsempfindliche Tätigkeit aufgenommen hat und keine sicherheitserheblichen Erkenntnisse angefallen sind,
   b) bei allen Überprüfungsarten nach Ablauf von fünf Jahren, wenn die betroffene Person keine sicherheitsempfindliche Tätigkeit aufgenommen hat und sicherheitserhebliche Erkenntnisse angefallen sind; in diesem Fall dürfen die personenbezogenen Daten nur nach Maßgabe des § 21 Absatz 1 und 2 genutzt und übermittelt werden,
   c) bei einfachen Sicherheitsüberprüfungen nach Ablauf von fünf Jahren nach dem Ausscheiden der betroffenen Person aus der sicherheitsempfindlichen Tätigkeit,
   d) bei erweiterten Sicherheitsüberprüfungen und erweiterten Sicherheitsüberprüfungen mit Sicherheitsermittlungen nach Ablauf von 15 Jahren, beim Bundesnachrichtendienst nach Ablauf von 30 Jahren nach dem Ausscheiden der betroffenen Person aus der sicherheitsempfindlichen Tätigkeit.

Die mitwirkende Behörde hat bei allen Überprüfungsarten in Dateien gespeicherte personenbezogene Daten im Sinne des § 20 Absatz 2 Satz 1 Nummer 3 unverzüglich zu löschen, wenn die betroffene Person keine sicherheitsempfindliche Tätigkeit aufnimmt oder aus ihr ausgeschieden ist. Im Übrigen sind in Dateien gespeicherte personenbezogene Daten zu löschen, wenn ihre Speicherung unzulässig ist.

(3) [1]Die Löschung nach Absatz 2 Satz 1 unterbleibt, wenn

1. die betroffene Person in die weitere Speicherung einwilligt,
2. ein Verwaltungsstreitverfahren oder ein Gerichtsverfahren anhängig ist, für das die gespeicherten personenbezogenen Daten von Bedeutung sind,
3. beabsichtigt ist, die betroffene Person in absehbarer Zeit mit einer sicherheitsempfindlichen Tätigkeit zu betrauen oder
4. Grund zu der Annahme besteht, dass durch sie schutzwürdige Interessen der betroffenen Person beeinträchtigt würden.

[2]Im Falle des Satzes 1 Nummer 4 ist die Verarbeitung der Daten einzuschränken. [3]Sie dürfen nur noch mit Einwilligung der betroffenen Person genutzt, verändert, übermittelt und gelöscht werden.

(4) Das Bundesarchivgesetz findet auf in Dateien gespeicherte personenbezogene Daten keine Anwendung.

§ 23 Auskunft über gespeicherte personenbezogene Daten

(1) Auf Antrag ist von der zuständigen Stelle oder mitwirkenden Behörde unentgeltlich Auskunft zu erteilen, welche Daten über die anfragende Person im Rahmen der Sicherheitsüberprüfung gespeichert wurden.

(2) [1]Bezieht sich die Auskunftserteilung auf die Übermittlung personenbezogener Daten an die mitwirkenden Behörden, ist sie nur mit deren Zustimmung zulässig. [2]Dies gilt auch für die Auskunftserteilung zu solchen Daten, die von der mitwirkenden Behörde an die zuständige Stelle übermittelt wurden. [3]Die Zustimmung nach den Sätzen 1 und 2 ist zu erteilen, soweit kein Ausschlussgrund nach Absatz 3 vorliegt.

(3) Die Auskunftserteilung unterbleibt, soweit

1. die Auskunft die ordnungsgemäße Erfüllung der in der Zuständigkeit der speichernden Stelle liegenden Aufgaben gefährden würde,
2. die Auskunft die öffentliche Sicherheit gefährden oder sonst dem Wohle des Bundes oder eines Landes Nachteile bereiten würde oder
3. die Daten oder die Tatsache ihrer Speicherung nach einer Rechtsvorschrift oder ihrem Wesen nach, insbesondere wegen der überwiegenden berechtigten Interessen eines Dritten, geheimgehalten werden müssen

und deswegen das Interesse der anfragenden Person an der Auskunftserteilung zurücktreten muß.

(4) [1]Die Ablehnung der Auskunftserteilung bedarf einer Begründung nicht, soweit durch die Mitteilung der tatsächlichen und rechtlichen Gründe, auf die die Entscheidung gestützt wird, der mit der Auskunftsverweigerung verfolgte Zweck gefährdet würde. [2]In diesem Fall sind die Gründe der Auskunftsverweigerung aktenkundig zu machen. [3]Die anfragende Person ist auf die Rechtsgrundlage für das Fehlen der Begründung und darauf hinzuweisen, daß sie sich an die Bundesbeauftragte oder den Bundesbeauftragten für den Datenschutz und die Informationsfreiheit wenden kann.

(5) [1]Wird der anfragenden Person keine Auskunft erteilt, so ist sie auf ihr Verlangen der oder dem Bundesbeauftragten für den Datenschutz und die Informationsfreiheit zu erteilen, soweit nicht die jeweils zuständige oberste Bundesbehörde im Einzelfall feststellt, daß dadurch die Sicherheit des Bundes oder eines Landes gefährdet würde. [2]Die Mitteilung der oder des Bundesbeauftragten für den Datenschutz und die Informationsfreiheit an die anfragende Person darf keine Rückschlüsse auf den Erkenntnisstand der speichernden Stelle zulassen, sofern diese nicht einer weitergehenden Auskunft zustimmt.

(6) [1]Die zuständige Stelle gewährt der anfragenden Person Einsicht in die Sicherheitsakte, soweit eine Auskunft für die Wahrnehmung ihrer rechtlichen Interessen nicht ausreicht und sie hierfür auf die Einsichtnahme angewiesen ist. [2]Die Regelungen der Absätze 2 bis 5 gelten entsprechend.

Fünfter Abschnitt Sonderregelungen für den nichtöffentlichen Bereich

§ 24 Anwendungsbereich

(1) Die Sonderregelungen dieses Abschnitts gelten bei Sicherheitsüberprüfungen von betroffenen Personen, die

1. von der zuständigen Stelle zu einer sicherheitsempfindlichen Tätigkeit nach § 1 Absatz 2 Nummer 1 und 2 in einer nichtöffentlichen Stelle ermächtigt werden sollen oder

2. von einer nichtöffentlichen Stelle mit einer sicherheitsempfindlichen Tätigkeit nach § 1 Absatz 2 Nummer 4 oder Absatz 4 betraut werden sollen.

(2) Sofern sicherheitsempfindliche Tätigkeiten im Sinne von § 1 Absatz 2 Nummer 1 bis 4 durch nichtöffentliche Stellen in öffentlichen Stellen durchgeführt werden, finden diese Sonderregelungen nur mit Zustimmung des Bundesministeriums für Wirtschaft und Energie Anwendung.

§ 25 Zuständigkeit

(1) Zuständige Stelle für sicherheitsempfindliche Tätigkeiten nach § 1 Absatz 2 Nummer 1 bis 4 ist das Bundesministerium für Wirtschaft und Energie, soweit gesetzlich nichts anderes bestimmt ist und nicht im Einvernehmen mit dem Bundesministerium für Wirtschaft und Energie eine andere Bundesbehörde die Aufgabe als zuständige Stelle wahrnimmt.

(2) [1]Zuständige Stelle für sicherheitsempfindliche Tätigkeiten nach § 1 Abs. 4 ist dasjenige Bundesministerium, dessen Zuständigkeit für die nichtöffentliche Stelle in einer Rechtsverordnung nach § 34 festgelegt ist. [2]Das zuständige Bundesministerium kann seine Befugnis auf eine von ihm bestimmte sonstige öffentliche Stelle des Bundes übertragen.

(3) Die Aufgaben der nichtöffentlichen Stelle nach diesem Gesetz übernimmt

1. für den Bereich des Geheimschutzes nach § 1 Absatz 2 Nummer 1, 2 und 3 eine Sicherheitsbevollmächtigte oder ein Sicherheitsbevollmächtigter,
2. für den Bereich des vorbeugenden personellen Sabotageschutzes nach § 1 Absatz 4 eine Sabotageschutzbeauftragte oder ein Sabotageschutzbeauftragter und
3. für Bereiche nach § 1 Absatz 2 Nummer 4 eine hierfür Beauftragte oder ein hierfür Beauftragter.

(4) [1]Für die Sicherheitsbevollmächtigte oder den Sicherheitsbevollmächtigten ist eine zur Vertretung berechtigte Person zu bestellen. [2]Für Bereiche außerhalb des Geheimschutzes soll eine zur Vertretung berechtigte Person bestellt werden.

(5) [1]§ 3 Absatz 1 a gilt für die nichtöffentliche Stelle entsprechend. [2]Die zuständige Stelle kann Ausnahmen von § 3 Absatz 1 a zulassen, wenn die nichtöffentliche Stelle sich verpflichtet, Informationen, die ihr im Rahmen der Sicherheitsüberprüfung bekannt werden, nur für solche Zwecke zu gebrauchen, die mit der Sicherheitsüberprüfung verfolgt werden.

§ 26 Sicherheitserklärung

[1]Abweichend von § 13 Absatz 6 Satz 1 leitet die betroffene Person ihre Sicherheitserklärung der nicht-öffentlichen Stelle zu, in der sie beschäftigt ist oder beschäftigt werden soll. [2]Die Sicherheitserklärung kann in den Fällen des Satzes 1 mit Zustimmung der zuständigen Stelle auch der nicht-öffentlichen Stelle zugeleitet werden, bei der die betroffene Person tätig werden soll. [3]Die Zustimmung der mitbetroffenen Person ist beizufügen. [4]Die nicht-öffentliche Stelle prüft die Vollständigkeit und Richtigkeit der Angaben und darf, soweit dies erforderlich ist, die Personalunterlagen beiziehen. [5]Sie gibt die Sicherheitserklärung an die zuständige Stelle weiter und teilt dieser vorhandene sicherheitserhebliche Erkenntnisse mit.

§ 27 Abschluß der Sicherheitsüberprüfung, Weitergabe sicherheitserheblicher Erkenntnisse

[1]Die zuständige Stelle unterrichtet die nichtöffentliche Stelle nur darüber, dass die betroffene Person

1. nach § 1 Absatz 2 Nummer 1 bis 3 zur sicherheitsempfindlichen Tätigkeit ermächtigt oder nicht ermächtigt wird oder
2. mit der sicherheitsempfindlichen Tätigkeit nach § 1 Absatz 2 Nummer 4 oder Absatz 4 betraut oder nicht betraut werden darf.

[2]Erkenntnisse, die die Ablehnung oder Aufhebung der Ermächtigung zur sicherheitsempfindlichen Tätigkeit oder der Betrauung mit der sicherheitsempfindlichen Tätigkeit betreffen, dürfen nicht mitgeteilt werden. [3]Sofern es zu dem mit der Überprüfung verfolgten Zweck zwingend erforderlich ist, können abweichend von Satz 2 sicherheitserhebliche Erkenntnisse an die nicht-öffentliche Stelle übermittelt werden und dürfen von ihr ausschließlich zu diesem Zweck genutzt werden. [4]Die nicht-öffentliche Stelle hat die zuständige Stelle unverzüglich zu unterrichten, wenn sicherheitserhebliche Erkenntnisse über die betroffene Person oder die mitbetroffene Person bekanntwerden.

§ 28 Aktualisierung

(1) Die nicht-öffentliche Stelle leitet der betroffenen Person, die eine sicherheitsempfindliche Tätigkeit ausübt, auf Anforderung der zuständigen Stelle die Sicherheitserklärung in der Regel nach fünf Jahren erneut zu.

(2) [1]Die betroffene Person hat die in der Sicherheitserklärung angegebenen Daten im Falle eingetretener Veränderungen zu aktualisieren. [2]Die nichtöffentliche Stelle prüft die Vollständigkeit und Richtigkeit der Aktualisierungen und darf, sofern dies erforderlich ist, die Personalunterlagen beiziehen. [3]Die zuständige Stelle beauftragt die mitwirkende Behörde, die Maßnahmen nach § 12 Absatz 1 im erforderlichen Umfang für die betroffene Person und für die mitbetroffene Person erneut durchzuführen und zu bewerten.

§ 29 Übermittlung von Informationen über persönliche und arbeitsrechtliche Verhältnisse

(1) Die nichtöffentliche Stelle hat der zuständigen Stelle unverzüglich mitzuteilen

1. das Ausscheiden aus oder die Nichtaufnahme der sicherheitsempfindlichen Tätigkeit,
2. Änderungen des Namens, eines Wohnsitzes oder der Staatsangehörigkeit,
3. Beginn oder Ende einer Ehe, einer Lebenspartnerschaft oder einer auf Dauer angelegten Gemeinschaft und
4. auf Anfrage der zuständigen Stelle weitere bei der nichtöffentlichen Stelle vorhandene Informationen zur Aufklärung sicherheitserheblicher Erkenntnisse.

(2) [1]§ 2 Absatz 2 Satz 6 und 7, § 14 Absatz 4 Satz 1 und § 15 a gelten mit der Maßgabe, dass an die Stelle der zuständigen Stelle die nichtöffentliche Stelle tritt. [2]Für Sicherheitsüberprüfungen nach § 9 Absatz 1 Nummer 3 gilt die Unterrichtungspflicht nach § 15 a nur für Veränderungen nach § 15 a Satz 2 Nummer 1, 2, 4 und 6.

§ 30 Sicherheitsakte der nicht-öffentlichen Stelle

Für die Sicherheitsakte in der nicht-öffentlichen Stelle gelten die Vorschriften dieses Gesetzes über die Sicherheitsakte entsprechend mit der Maßgabe, daß die Sicherheitsakte der nicht-öffentlichen Stelle bei einem Wechsel des Arbeitgebers nicht abgegeben wird.

§ 31 Datenverarbeitung in automatisierten Dateien

[1]Die nicht-öffentliche Stelle darf die nach diesem Gesetz zur Erfüllung ihrer Aufgaben erforderlichen personenbezogenen Daten der betroffenen Person in auto-

matisierten Dateien speichern, verändern und nutzen. [2]Die für die zuständige Stelle geltenden Vorschriften zur Berichtigung, Löschung und Sperrung finden Anwendung.

Sechster Abschnitt Reisebeschränkungen, Sicherheitsüberprüfungen auf Antrag ausländischer Dienststellen und Schlußvorschriften

§ 32 Reisebeschränkungen

(1) [1]Personen, die eine sicherheitsempfindliche Tätigkeit ausüben, die eine Sicherheitsüberprüfung nach den § 9 Absatz 1 Nummer 1 und 2 und § 10 erfordert, können verpflichtet werden, Dienst- und Privatreisen in und durch Staaten, für die besondere Sicherheitsregelungen gelten, der zuständigen Stelle oder der nichtöffentlichen Stelle rechtzeitig vorher anzuzeigen. [2]Die Verpflichtung kann auch für die Zeit nach dem Ausscheiden aus der sicherheitsempfindlichen Tätigkeit angeordnet werden.

(2) Die Reise kann von der zuständigen Stelle untersagt werden, wenn Anhaltspunkte zur Person oder eine besonders sicherheitsempfindliche Tätigkeit vorliegen, die eine erhebliche Gefährdung durch ausländische Nachrichtendienste erwarten lassen.

(3) Ergeben sich bei einer Reise in und durch Staaten, für die besondere Sicherheitsregelungen gelten, Anhaltspunkte, die auf einen Anbahnungs- und Werbungsversuch ausländischer Nachrichtendienste hindeuten können, so ist die zuständige Stelle nach Abschluß der Reise unverzüglich zu unterrichten.

§ 33 Sicherheitsüberprüfung auf Antrag ausländischer Dienststellen

(1) Ersucht eine ausländische Dienststelle die mitwirkenden Behörden um die Mitwirkung bei einer Sicherheitsüberprüfung, so richtet sie sich nach den Bestimmungen dieses Gesetzes, soweit nicht in Rechtsvorschriften über- oder zwischenstaatlicher Einrichtungen oder völkerrechtlichen Verträgen, denen die gesetzgebenden Körperschaften gemäß Artikel 59 Abs. 2 des Grundgesetzes zugestimmt haben, etwas anderes bestimmt ist.

(2) [1]Die Mitwirkung unterbleibt, wenn auswärtige Belange der Bundesrepublik Deutschland oder überwiegende schutzwürdige Interessen der betroffenen Person entgegenstehen. [2]Dies gilt auch bei der Übermittlung personenbezogener Daten an die ausländische Dienststelle.

(3) Die ausländische Dienststelle ist darauf hinzuweisen, daß die im Rahmen der Sicherheitsüberprüfung übermittelten personenbezogenen Daten nur für Zwecke der Sicherheitsüberprüfung verwendet werden dürfen und die mitwirkende Behörde sich vorbehält, um Auskunft über die vorgenommene Verwendung der Daten zu bitten.

§ 34 Verordnungsermächtigung

Die Bundesregierung wird ermächtigt, durch Rechtsverordnung ohne Zustimmung des Bundesrates festzustellen,

1. welche Behörden oder sonstigen öffentlichen Stellen des Bundes oder nichtöffentlichen Stellen oder Teile von ihnen lebens- oder verteidigungswichtige Einrichtungen mit sicherheitsempfindlichen Stellen im Sinne des § 1 Absatz 4 sind,

2. welches Bundesministerium für die nichtöffentliche Stelle zuständig ist und
3. welche Behörden oder sonstigen öffentlichen Stellen des Bundes Aufgaben im Sinne des § 10 Nummer 3 wahrnehmen.

§ 35 Allgemeine Verwaltungsvorschriften

(1) Die allgemeinen Verwaltungsvorschriften zur Ausführung dieses Gesetzes erläßt das Bundesministerium des Innern, für Bau und Heimat, soweit in den Absätzen 2 bis 4 nichts anderes bestimmt ist.

(2) Die allgemeinen Verwaltungsvorschriften zur Ausführung dieses Gesetzes im nichtöffentlichen Bereich erläßt das Bundesministerium für Wirtschaft und Energie im Einvernehmen mit dem Bundesministerium des Innern, für Bau und Heimat.

(3) Die allgemeinen Verwaltungsvorschriften zur Ausführung dieses Gesetzes im Geschäftsbereich des Bundesministeriums der Verteidigung erläßt das Bundesministerium der Verteidigung im Einvernehmen mit dem Bundesministerium des Innern, für Bau und Heimat.

(4) Die allgemeinen Verwaltungsvorschriften zur Ausführung dieses Gesetzes bei den Nachrichtendiensten des Bundes erläßt die jeweils zuständige oberste Bundesbehörde im Einvernehmen mit dem Bundesministerium des Innern, für Bau und Heimat.

§ 36 Anwendung des Bundesdatenschutzgesetzes, Bundesverfassungsschutzgesetzes, MAD-Gesetzes und BND-Gesetzes

(1) Die Vorschriften des Bundesdatenschutzgesetzes finden wie folgt Anwendung:
1. § 1 Absatz 8, § 16 Absatz 1 und 4 und die §§ 17 bis 21 sowie § 85 finden keine Anwendung,
2. die §§ 42, 46, 51 Absatz 1 und 3, die §§ 52, 53, 54 Absatz 1 und 2 sowie die §§ 62, 64, 83 sind entsprechend anzuwenden.

(2) Die Vorschriften des Ersten Abschnitts und die §§ 14 und 23 Nummer 3 des Bundesverfassungsschutzgesetzes auch in Verbindung mit § 12 des MAD-Gesetzes und § 31 des BND-Gesetzes sowie die §§ 1, 8 und § 10 Absatz 2 Satz 2 bis 6 des MAD-Gesetzes und § 21 des BND-Gesetzes finden Anwendung.

§ 36 a Unabhängige Datenschutzkontrolle

(1) Jede Person kann sich an die Bundesbeauftragte oder den Bundesbeauftragten für den Datenschutz und die Informationsfreiheit wenden, wenn sie der Ansicht ist, bei der Verarbeitung ihrer personenbezogenen Daten nach diesem Gesetz durch öffentliche oder nichtöffentliche Stellen in ihren Rechten verletzt worden zu sein.

(2) [1]Die oder der Bundesbeauftragte für den Datenschutz und die Informationsfreiheit kontrolliert bei den öffentlichen und den nichtöffentlichen Stellen die Einhaltung der anzuwendenden Vorschriften über den Datenschutz bei der Erfüllung der Aufgaben dieses Gesetzes. [2]Soweit die Einhaltung von Vorschriften der Kontrolle durch die G 10-Kommission unterliegt, unterliegt sie nicht der Kontrolle durch die Bundesbeauftragte oder den Bundesbeauftragten für den Datenschutz und die Informationsfreiheit, es sei denn, die G 10-Kommission ersucht die Bundesbeauftragte oder den Bundesbeauftragten für den Datenschutz und die Informationsfreiheit, sie bei bestimmten Vorgängen oder in bestimmten Bereichen zu kontrollieren und ausschließlich ihr darüber zu berichten. [3]Der Kontrolle durch die Bundesbeauftragte oder den Bundesbeauftragten für den Datenschutz und die

Informationsfreiheit unterliegen auch nicht personenbezogene Daten in Akten über die Sicherheitsüberprüfung, wenn der Betroffene der Kontrolle der auf ihn bezogenen Daten im Einzelfall gegenüber der oder dem Bundesbeauftragten für den Datenschutz und die Informationsfreiheit widerspricht.

(3) [1]Die öffentlichen und nichtöffentlichen Stellen sind verpflichtet, die Bundesbeauftragte oder den Bundesbeauftragten für den Datenschutz und die Informationsfreiheit und ihre oder seine schriftlich besonders Beauftragten bei der Erfüllung ihrer oder seiner Aufgaben zu unterstützen. [2]Den in Satz 1 genannten Personen ist dabei insbesondere

1. Auskunft zu ihren Fragen sowie Einsicht in alle Unterlagen, insbesondere in die gespeicherten Daten und in die Datenverarbeitungsprogramme, zu gewähren, die im Zusammenhang mit der Kontrolle nach Absatz 2 stehen,
2. jederzeit Zutritt in alle Diensträume zu gewähren.

[3]Dies gilt nicht, soweit die zuständige oberste Bundesbehörde im Einzelfall feststellt, dass die Auskunft oder Einsicht die Sicherheit des Bundes oder eines Landes gefährden würde.

§ 37 Strafvorschriften

(1) Wer unbefugt von diesem Gesetz geschützte personenbezogene Daten, die nicht offenkundig sind,

1. speichert, verändert oder übermittelt,
2. zum Abruf mittels automatisierten Verfahrens bereithält oder
3. abruft oder sich oder einem anderen aus Dateien verschafft,

wird mit Freiheitsstrafe bis zu einem Jahr oder mit Geldstrafe bestraft.

(2) Ebenso wird bestraft, wer

1. die Übermittlung von durch dieses Gesetz geschützten personenbezogenen Daten, die nicht offenkundig sind, durch unrichtige Angaben erschleicht oder
2. entgegen § 21 Abs. 1 oder § 27 Satz 3 Daten für andere Zwecke nutzt, indem er sie innerhalb der Stelle an einen anderen weitergibt.

(3) Handelt der Täter gegen Entgelt oder in der Absicht, sich oder einen anderen zu bereichern oder einen anderen zu schädigen, so ist die Strafe Freiheitsstrafe bis zu zwei Jahren oder Geldstrafe.

(4) Die Tat wird nur auf Antrag verfolgt.

§ 38 Übergangsregelung

Bei Sicherheitsüberprüfungsverfahren von betroffenen Personen, die vor dem 1. Januar 2007 mit einer sicherheitsempfindlichen Tätigkeit betraut wurden und für die in den vergangenen zehn Jahren vor dem 21. Juni 2017 keine Wiederholungsüberprüfung durchgeführt wurde, gilt bis zum 21. Juni 2022 § 17 Absatz 2 Satz 1 mit der Maßgabe, dass die Wiederholungsüberprüfung an die Stelle der nächsten regulären Aktualisierung tritt.

§ 38 a *[aufgehoben]*

§ 39 Inkrafttreten

Dieses Gesetz tritt am Tage nach der Verkündung in Kraft.

Anlage 11
Allgemeine Verwaltungsvorschrift zum materiellen Geheimschutz (Verschlusssachenanweisung – VSA)

Vom 10. August 2018 (GMBl S. 826)

Nach Artikel 86 Satz 1 des Grundgesetzes in Verbindung mit § 35 Absatz 1 des Sicherheitsüberprüfungsgesetzes vom 20. April 1994 (BGBl. I S. 867) in Verbindung mit § 1 Absatz 2 des Zuständigkeitsanpassungsgesetzes vom 16. August 2002 (BGBl. I S. 3165) und dem Organisationserlass vom 14. März 2018 (BGBl. I S. 374) erlässt das Bundesministerium des Innern, für Bau und Heimat folgende Allgemeine Verwaltungsvorschrift:

Abschnitt I: Allgemeine Bestimmungen

§ 1 Anwendungsbereich

(1) [1]Die Verschlusssachenanweisung richtet sich an Bundesbehörden und bundesunmittelbare öffentlich-rechtliche Einrichtungen (Dienststellen), die mit Verschlusssachen arbeiten, sowie an dort tätige Personen, die Zugang zu Verschlusssachen haben oder eine Tätigkeit ausüben, bei der sie sich Zugang zu Verschlusssachen verschaffen können. [2]Dienststellen wenden in der Zusammenarbeit mit dem Deutschen Bundestag und dem Bundesrat ausschließlich diese Verschlusssachenanweisung an.

(2) Die allgemeine Verwaltungsvorschrift zum materiellen Geheimschutz bei den Nachrichtendiensten des Bundes erlässt die jeweils zuständige oberste Bundesbehörde im Einvernehmen mit dem Bundesministerium des Innern, für Bau und Heimat.

(3) Die allgemeine Verwaltungsvorschrift zum materiellen Geheimschutz im nichtöffentlichen Bereich erlässt das Bundesministerium für Wirtschaft und Energie im Einvernehmen mit dem Bundesministerium des Innern, für Bau und Heimat.

(4) Die allgemeine Verwaltungsvorschrift zum materiellen Geheimschutz im Geschäftsbereich des Bundesministeriums der Verteidigung erlässt das Bundesministerium der Verteidigung als militärische Sicherheitsbehörde im Einvernehmen mit dem Bundesministerium des Innern, für Bau und Heimat.

§ 2 Begriff der Verschlusssache und Geheimhaltungsgrade

(1) [1]Verschlusssachen sind im öffentlichen Interesse, insbesondere zum Schutz des Wohles des Bundes oder eines Landes, geheimhaltungsbedürftige Tatsachen, Gegenstände oder Erkenntnisse, unabhängig von ihrer Darstellungsform (zum Beispiel Schriftstücke, Zeichnungen, Karten, Fotokopien, Lichtbildmaterial, elektronische Dateien und Datenträger, elektrische Signale, Geräte, technische Einrichtungen oder das gesprochene Wort). [2]Geheimhaltungsbedürftig im öffentlichen Interesse können auch Geschäfts-, Betriebs-, Erfindungs-, Steuer- oder sonstige private Geheimnisse oder Umstände des persönlichen Lebensbereichs sein.

(2) Verschlusssachen werden entsprechend ihrer Schutzbedürftigkeit von einer Dienststelle oder auf deren Veranlassung nach § 4 Absatz 2 Sicherheitsüberprüfungsgesetz in folgende Geheimhaltungsgrade eingestuft:

1. STRENG GEHEIM, wenn die Kenntnisnahme durch Unbefugte den Bestand oder lebenswichtige Interessen der Bundesrepublik Deutschland oder eines ihrer Länder gefährden kann,

2. GEHEIM, wenn die Kenntnisnahme durch Unbefugte die Sicherheit der Bundesrepublik Deutschland oder eines ihrer Länder gefährden oder ihren Interessen schweren Schaden zufügen kann,
3. VS-VERTRAULICH, wenn die Kenntnisnahme durch Unbefugte für die Interessen der Bundesrepublik Deutschland oder eines ihrer Länder schädlich sein kann,
4. VS-NUR FÜR DEN DIENSTGEBRAUCH, wenn die Kenntnisnahme durch Unbefugte für die Interessen der Bundesrepublik Deutschland oder eines ihrer Länder nachteilig sein kann.

(3) Der Geheimhaltungsgrad einer Verschlusssache bleibt auch bestehen, wenn sie unrechtmäßig bekannt geworden ist.

§ 3 Allgemeine Grundsätze

(1) [1]Von einer Verschlusssache dürfen nur Personen Kenntnis erhalten, die auf Grund ihrer Aufgabenerfüllung von ihr Kenntnis haben müssen. [2]Keine Person darf über eine Verschlusssache umfassender oder eher unterrichtet werden, als dies aus Gründen der Aufgabenerfüllung notwendig ist. [3]Es gilt der Grundsatz „Kenntnis nur, wenn nötig".

(2) Eine Person, die Zugang zu VS-VERTRAULICH oder höher eingestuften Verschlusssachen erhalten soll oder ihn sich verschaffen kann, ist zuvor einer Sicherheitsüberprüfung nach dem Sicherheitsüberprüfungsgesetz zu unterziehen, es sei denn, sie hat Zugang zu Verschlusssachen kraft Amtes nach § 2 Absatz 3 Satz 1 Nummer 1 oder 2 Sicherheitsüberprüfungsgesetz.

(3) Jeder, dem eine Verschlusssache anvertraut oder zugänglich gemacht worden ist, trägt ohne Rücksicht darauf, wie die Verschlusssache zu seiner Kenntnis oder in seinen Besitz gelangt ist, die persönliche Verantwortung für ihre vorschriftsmäßige Behandlung.

§ 4 Verpflichtung, Ermächtigung und Zulassung

(1) [1]Bevor eine Person Zugang zu Verschlusssachen des Geheimhaltungsgrades VS-NUR FÜR DEN DIENSTGEBRAUCH erhält, ist sie auf Anlage V zu verpflichten. [2]Dabei ist ihr gegen Empfangsbestätigung ein Exemplar der Anlage V zugänglich zu machen.

(2) [1]Bevor eine Person Zugang zu VS-VERTRAULICH oder höher eingestuften Verschlusssachen erhält, ist sie durch den Geheimschutzbeauftragten zu ermächtigen. [2]Dabei ist sie über die besonderen Bestimmungen des Geheimschutzes zu belehren, in erforderlichem Umfang auf den Geheimschutz zu verpflichten und über Anbahnungs- und Anwerbemethoden ausländischer Nachrichtendienste sowie die Möglichkeit straf- und disziplinarrechtlicher Ahndung oder arbeitsrechtlicher Maßnahmen bei Verstößen gegen die Geheimhaltungsvorschriften zu unterrichten. [3]Die Belehrung und Unterrichtung soll spätestens nach fünf Jahren erneut erfolgen.

(3) [1]Bevor einer Person, die nicht nach Absatz 2 ermächtigt ist, eine Tätigkeit übertragen wird, bei der sie sich Zugang zu VS-VERTRAULICH oder höher eingestuften Verschlusssachen verschaffen kann, ist sie durch den Geheimschutzbeauftragten hierfür zuzulassen. [2]Dabei ist sie über die besonderen Bestimmungen des Geheimschutzes zu belehren, in erforderlichem Umfang auf den Geheimschutz zu verpflichten und über Anbahnungs- und Anwerbemethoden ausländischer Nachrichtendienste sowie die Möglichkeit straf- und disziplinarrechtlicher Ahndung oder arbeitsrechtlicher Maßnahmen bei Verstößen gegen die Geheimhaltungsvorschriften zu unterrichten. [3]Die Belehrung und Unterrichtung soll spätes-

tens nach fünf Jahren erneut erfolgen. [4]Personen, die sich Zugang zu Verschlusssachen verschaffen können, können insbesondere Personen sein, die

1. als Boten oder Kuriere Verschlusssachen befördern (VS-Bote/VS-Kurier),
2. VS-Verwahrgelasse oder Sicherheitsbereiche bewachen,
3. Einbruch- oder Überfallmeldeanlagen zum Schutze von Verschlusssachen installieren, warten oder instand setzen,
4. Schlüssel oder Zahlenkombinationen zu VS-Verwahrgelassen, VS-Schlüsselbehältern, Einbruch- oder Überfallmeldeanlagen zum Schutze von Verschlusssachen verwalten,
5. als IT-Wartungspersonal oder Administratoren von VS-IT eingesetzt sind.

(4) [1]Ermächtigten und zugelassenen Personen sind gegen Empfangsbestätigung die einschlägigen Strafvorschriften und die für ihre Tätigkeit erforderlichen Vorschriften zum Schutz von Verschlusssachen zugänglich zu machen und gegebenenfalls ein VS-Quittungsbuch auszuhändigen. [2]Ermächtigungen, Zulassungen und ihre Befristung sind nach Muster der Anlage VIII zu dokumentieren.

(5) Ermächtigten Personen ist bei Bedarf eine Konferenzbescheinigung nach Muster der Anlage VIII über ihre Ermächtigung auszustellen.

(6) [1]Entfällt die dienstliche Notwendigkeit für eine Ermächtigung oder Zulassung, ist diese aufzuheben oder auf den notwendigen Umfang einzuschränken. [2]Ermächtigungen und Zulassungen sind aufzuheben, wenn ein Sicherheitsrisiko festgestellt wird. [3]Ermächtigungen und Zulassungen erlöschen spätestens bei Ausscheiden der betroffenen Person aus der Dienststelle. [4]Die VS-Registratur ist über Ermächtigungen und Zulassungen sowie deren Erweiterung, Einschränkung, Aufhebung oder Erlöschen zu unterrichten.

(7) [1]Personen, deren Ermächtigung oder Zulassung aufgehoben wird oder erlischt, sind verpflichtet, Verschlusssachen, die sich in ihrem Besitz befinden, und gegebenenfalls das VS-Quittungsbuch unaufgefordert abzugeben und darüber eine Erklärung nach Muster der Anlage VIII zu unterschreiben. [2]Dies gilt im Falle der Einschränkung der Ermächtigung oder Zulassung entsprechend.

(8) Bei Einschränkung, Aufhebung oder Erlöschen der Ermächtigung oder Zulassung ist die betroffene Person auf das Fortbestehen der Geheimschutzpflichten hinzuweisen.

§ 5 Mitwirkende Behörden

(1) Das Bundesamt für Sicherheit in der Informationstechnik

1. gibt zur Umsetzung dieser Verschlusssachenanweisung Technische Leitlinien heraus, die der Zustimmung des Bundesministeriums des Innern, für Bau und Heimat bedürfen, in ihrer jeweils gültigen Fassung zu beachten sind und von denen nur im Ausnahmefall im Einvernehmen mit dem Bundesamt für Sicherheit in der Informationstechnik abgewichen werden kann,
2. berät bei der Umsetzung dieser Verschlusssachenanweisung und der Technischen Leitlinien nach Nummer 1,
3. führt technische Prüfungen sowie Fortbildungen durch,
4. macht in Abstimmung mit dem Bundesministerium des Innern, für Bau und Heimat Vorgaben, welche technischen Mittel und Dienstleister vor dem Einsatz einer Eignungsprüfung zu unterziehen sind, und stellt Eignungsfeststellungen nach einem vom Bundesamt für Sicherheit in der Informationstechnik im Einvernehmen mit dem Bundesministerium des Innern, für Bau und Heimat festgelegten Verfahren aus,

5. erteilt Zulassungen für IT-Sicherheitsprodukte nach einem vom Bundesamt für Sicherheit in der Informationstechnik im Einvernehmen mit dem Bundesministerium des Innern, für Bau und Heimat festgelegten Verfahren,
6. berät bei der Auswahl von VS-IT und technischen Komponenten, sofern keine zugelassenen IT-Sicherheitsprodukte nach Nummer 5 verfügbar sind und
7. unterrichtet unverzüglich alle Dienststellen über Erkenntnisse, die für den Schutz von dort befindlichen Verschlusssachen oder die Aufrechterhaltung des dortigen Geheimschutzes von Bedeutung sein können.

(2) [1]Das Bundesamt für Sicherheit in der Informationstechnik kann zu seiner Aufgabenerfüllung andere Stellen einbeziehen. [2]Die Einbeziehung privater Stellen bedarf der vorherigen Billigung des Bundesministeriums des Innern. [3]Bei Einbeziehung öffentlicher Stellen ist das Bundesministerium des Innern, für Bau und Heimat über die Einbeziehung unverzüglich zu informieren. [4]Die Verantwortung des Bundesamtes für Sicherheit in der Informationstechnik für die ordnungsgemäße Aufgabenerfüllung bleibt von der Einbeziehung unberührt.

(3) [1]Das Bundesamt für Verfassungsschutz, das Bundesamt für den Militärischen Abschirmdienst und der Bundesnachrichtendienst teilen dem Bundesamt für Sicherheit in der Informationstechnik nichtpersonenbezogene Erkenntnisse, die für den Schutz von Verschlusssachen oder die Aufrechterhaltung des Geheimschutzes von Bedeutung sein können, unverzüglich mit. [2]Das gilt nicht, soweit die Erkenntnisse einem Weitergabeverbot unterliegen. [3]§ 23 des Bundesverfassungsschutzgesetzes gilt entsprechend. [4]Sofern sich die Erkenntnisse auf den Geheimschutz in der Wirtschaft beziehen, ist auch das Bundesministerium für Wirtschaft und Energie unverzüglich zu informieren.

§ 6 Mehrschichtige Sicherheit

[1]Bei der Handhabung von Verschlusssachen werden technische und organisatorische Maßnahmen getroffen, die in ihrem Zusammenwirken die Risiken eines Angriffs reduzieren und im Falle eines erfolgreichen Angriffs die negativen Folgen begrenzen sollen. [2]Die Sicherheitsmaßnahmen berücksichtigen die Aspekte Prävention, Detektion und Reaktion.

Abschnitt II: Geheimschutzorganisation

§ 7 Dienststellenleitung

[1]Die Dienststellenleitung ist innerhalb ihres Zuständigkeitsbereiches für die Umsetzung dieser Verschlusssachenanweisung verantwortlich und hat die Voraussetzungen zur Gewährleistung des materiellen Geheimschutzes zu schaffen. [2]Sie kann ihre Aufgaben ganz oder teilweise auf Mitarbeiter ihrer Dienststelle übertragen.

§ 8 Geheimschutzbeauftragte

(1) [1]Dienststellen, die VS-VERTRAULICH oder höher eingestufte Verschlusssachen handhaben, sollen Geheimschutzbeauftragte und zur Vertretung berechtigte Personen bestellen. [2]Andernfalls nehmen die Dienststellenleitungen die Aufgaben der Geheimschutzbeauftragten wahr.

(2) [1]Dienststellen, die ausschließlich VS-NUR FÜR DEN DIENSTGEBRAUCH eingestufte Verschlusssachen handhaben, können Geheimschutzbeauftragte und zur Vertretung berechtigte Personen bestellen. [2]Andernfalls nehmen die Dienststellenleitungen die Aufgaben der Geheimschutzbeauftragten wahr.

(3) [1]Geheimschutzbeauftragte sorgen für die Umsetzung dieser Verschlusssachenanweisung und beraten die Dienststellenleitungen in allen Fragen des Geheimschutzes. [2]Geheimschutzbeauftragte haben ein unmittelbares Vortragsrecht bei den Dienststellenleitungen. [3]Geheimschutzbeauftragte sind bei allen geheimschutzrelevanten Maßnahmen zu beteiligen. [4]Innerhalb der Dienststellen können besonders beauftragte Mitarbeiter (zum Beispiel Geheimschutzbeamte) zur Unterstützung der Geheimschutzbeauftragten bestellt werden.

(4) Geheimschutzbeauftragte oder besonders beauftragte Mitarbeiter haben die mit der Handhabung von Verschlusssachen betrauten Personen durch geeignete Maßnahmen mit den Vorschriften dieser Verschlusssachenanweisung sowie anderen einschlägigen Vorschriften zum Schutz von Verschlusssachen vertraut zu machen.

§ 9 IT-Sicherheitsbeauftragte

IT-Sicherheitsbeauftragte unterstützen und beraten die Geheimschutzbeauftragten in allen Fragen des Einsatzes von Informationstechnik zur Handhabung von Verschlusssachen (VS-IT).

§ 10 VS-Registratoren

Dienststellen, die VS-VERTRAULICH oder höher eingestufte Verschlusssachen handhaben, bestellen VS-Registratoren und zur Vertretung berechtigte Personen, die im Rahmen der Verschlusssachenanweisung für die ordnungsgemäße Verwaltung dieser Verschlusssachen Sorge tragen.

§ 11 Qualifikation

[1]Die in §§ 8 bis 10 genannten Personen müssen die zur Erfüllung ihrer Aufgaben erforderliche Fachkunde erwerben.
[2]Weiteres zu diesem Abschnitt ist der Anlage I zu entnehmen.

Abschnitt III: Geheimschutzdokumentation

§ 12 Erstellung der Geheimschutzdokumentation

(1) Jede Dienststelle, die nicht nur gelegentlich mit Verschlusssachen arbeitet, führt eine Geheimschutzdokumentation, die

1. Verweise auf alle in diesem Zusammenhang zu beachtenden Vorschriften,
2. eine Auflistung der Dienstposten, auf denen eine sicherheitsempfindliche Tätigkeit im Sinne des Sicherheitsüberprüfungsgesetzes ausgeübt wird,
3. eine Auflistung der ermächtigten und zugelassenen Personen,
4. die VS-Sicherungsdokumentation mit den sich aus Anlage II ergebenden Inhalten,
5. die VS-IT-Dokumentation, mit den sich aus Anlage II ergebenden Inhalten,
6. Nachweise über durchgeführte Kontrollen und Überprüfungen und
7. Berichte über Geheimschutzvorkommnisse

umfasst.

(2) Die Geheimschutzdokumentation ist bei allen geheimschutzrelevanten Änderungen zu aktualisieren, mindestens aber alle drei Jahre auf Aktualität, Vollständigkeit und Erforderlichkeit bestehender und noch zu treffender Geheimschutzmaßnahmen zu überprüfen.

(3) Die Geheimschutzbeauftragten geben den Mitarbeitern ihrer Dienststelle die für die Dienststelle getroffenen, für die Handhabung von Verschlusssachen relevanten Regelungen in geeigneter Weise bekannt.

§ 13 Einsatz von VS-IT

(1) [1]Voraussetzung für den Einsatz von VS-IT ist ein Informationssicherheitskonzept nach den Standards des IT-Grundschutzes des Bundesamtes für Sicherheit in der Informationstechnik in der jeweils geltenden Fassung, für das die IT-Sicherheitsbeauftragten zuständig sind. [2]Hinzu kommen die Anforderungen des Geheimschutzes, die über den IT-Grundschutz hinausgehen und durch die Geheimschutzbeauftragten festzulegen sind.

(2) [1]Sind an einem VS-IT-System mehrere Dienststellen beteiligt (zum Beispiel durch VS-IT-Netze, verteilte VS-Verarbeitung, zentrale VS-Datenregister), erstellt die fachlich zuständige Dienststelle das Informationssicherheitskonzept für das VS-IT-System als Ganzes, jeweils mit Unterstützung durch und in Abstimmung mit allen am VS-IT-System beteiligten Dienststellen. [2]Im Zweifel bestimmt das Bundesministerium des Innern, für Bau und Heimat als Nationale Sicherheitsbehörde für den Geheimschutz die hierfür zuständige Dienststelle. [3]Jede an einem VS-IT-System beteiligte Dienststelle stellt die Berücksichtigung der für den gemeinsamen Betrieb zwischen den beteiligten Dienststellen vereinbarten Maßnahmen in ihrem Informationssicherheitskonzept sicher.

(3) Bei VS-IT, die für VS-NUR FÜR DEN DIENSTGEBRAUCH eingestufte Verschlusssachen eingesetzt wird, ist das Bundesamt für Sicherheit in der Informationstechnik bei der Erstellung des Informationssicherheitskonzeptes dann beratend hinzuzuziehen, wenn

1. das Bundesamt für Sicherheit in der Informationstechnik im Einvernehmen mit der Dienststelle eine besondere Bedeutung der VS-IT feststellt,
2. die zuständige oberste Bundesbehörde eine besondere Bedeutung der VS-IT feststellt oder
3. die VS-IT durch eine Dienststelle nach § 42 betrieben wird.

(4) Bei VS-IT, die für VS-VERTRAULICH oder höher eingestufte Verschlusssachen eingesetzt werden soll, ist das Bundesamt für Sicherheit in der Informationstechnik bei der Erstellung des Informationssicherheitskonzeptes beratend hinzuzuziehen.

(5) [1]War das Bundesamt für Sicherheit in der Informationstechnik bei der Erstellung des Informationssicherheitskonzeptes nach Absatz 3 oder Absatz 4 beratend beteiligt, ist es ihm nach Fertigstellung und vor der Freigabe durch die Dienststellenleitung zur Prüfung vorzulegen. [2]Das Bundesamt für Sicherheit in der Informationstechnik erstellt ein Votum für die Freigabe des Informationssicherheitskonzeptes.

(6) [1]Das Informationssicherheitskonzept ist durch die Dienststellenleitung freizugeben. [2]Bei mehreren beteiligten Dienststellen erfolgt die Gesamtfreigabe durch die Dienststellenleitung der zuständigen Dienststelle nach Absatz 2 auf der Grundlage der Einzelfreigaben der beteiligten Dienststellen.

§ 14 Überprüfung der Umsetzung

[1]Vor der ersten Handhabung von Verschlusssachen und danach in angemessenen Abständen sowie anlassbezogen führen die Geheimschutzbeauftragten eine Überprüfung der wirksamen Umsetzung der in der Geheimschutzdokumentation beschriebenen Maßnahmen durch. [2]Soweit IT-Revisionen betroffen sind, obliegen

diese den IT-Sicherheitsbeauftragten. [3]Bei der Überprüfung kann er das Bundesamt für Sicherheit in der Informationstechnik hinzuziehen.
[4]Weiteres zu diesem Abschnitt ist der Anlage II zu entnehmen.

Abschnitt IV: Einstufung und Befristung

§ 15 Einstufung

(1) [1]Die Dienststelle, die eine Verschlusssache erstellt oder deren Erstellung veranlasst, oder der Rechtsnachfolger dieser Dienststelle ist der Herausgeber der Verschlusssache. [2]Der Herausgeber legt nach Maßgabe von § 4 Absatz 2 Sicherheitsüberprüfungsgesetz den Geheimhaltungsgrad der Verschlusssache fest. [3]Von einer Einstufung als Verschlusssache ist nur Gebrauch zu machen, soweit dies notwendig ist.

(2) Die Dienststelle kann Richtlinien zur Einstufung von Verschlusssachen für häufiger vorkommende Fälle festlegen.

(3) Weiteres ist der Anlage III zu entnehmen.

§ 16 Einstufungsfrist

(1) [1]Die Einstufung einer Verschlusssache des Geheimhaltungsgrades VS-NUR FÜR DEN DIENSTGEBRAUCH ist auf 30 Jahre befristet. [2]Der Herausgeber kann unter Berücksichtigung der Begründung für die Einstufung eine kürzere Einstufungsfrist bestimmen.

(2) [1]Der Herausgeber hat für VS-VERTRAULICH oder höher eingestufte Verschlusssachen den Zeitpunkt des Ablaufs der Einstufung zu bestimmen. [2]Die Einstufungsfrist hat sich hierbei an der aus der Begründung für die Einstufung resultierenden voraussichtlichen Dauer der Schutzbedürftigkeit der Verschlusssache zu orientieren. [3]Die Einstufungsfrist soll 30 Jahre nicht überschreiten. [4]Soweit die Begründung für die Einstufung eine Einstufungsfrist einzelner Verschlusssachen oder pauschal für die in einem bestimmten Bereich entstehenden Verschlusssachen über einen Zeitraum von 30 Jahren hinaus gebietet, ist dies zu begründen und so zu vermerken, dass dies jederzeit erkennbar ist. [5]Eine solche Abweichung bedarf der Zustimmung der zuständigen obersten Bundesbehörde.

(3) Die Einstufung endet mit Ablauf des Jahres, in welches das Fristende fällt.

(4) Die Dienststelle kann Richtlinien zur Bestimmung der Einstufungsfrist von Verschlusssachen für häufiger vorkommende Fälle festlegen.

§ 17 Verlängerung der Einstufungsfrist

(1) Die nach § 16 Absatz 1 festgelegte Einstufungsfrist von Verschlusssachen des Geheimhaltungsgrades VS-NUR FÜR DEN DIENSTGEBRAUCH kann nicht verlängert werden.

(2) [1]Soweit die Schutzbedürftigkeit einer Verschlusssache des Geheimhaltungsgrades VS-VERTRAULICH oder höher nach den Vorschriften des Sicherheitsüberprüfungsgesetzes über die nach § 16 Absatz 2 festgelegte Einstufungsfrist hinaus fortbesteht, hat der Herausgeber eine Verlängerung der Einstufungsfrist für einzelne Verschlusssachen oder pauschal für die in einem bestimmten Bereich entstandenen Verschlusssachen zu verfügen. [2]Die Verlängerung ist zu begründen und so zu vermerken, dass diese und die verfügende Stelle jederzeit erkennbar sind. [3]Die Verlängerung soll jeweils 30 Jahre nicht überschreiten. [4]Soweit die Begründung für die Einstufung die Verlängerung der Einstufungsfrist einzelner Verschlusssachen oder pauschal für die in einem bestimmten Bereich entstandenen Verschluss-

sachen über einen Zeitraum von 30 Jahren hinaus gebietet, ist dies zu begründen und so zu vermerken, dass dies und die verfügende Stelle jederzeit erkennbar sind. [5]Eine solche Abweichung bedarf der Zustimmung der zuständigen obersten Bundesbehörde.

(3) [1]Das Bundesarchiv betreibt eine Nachweisdatenbank für Verschlusssachen, deren Einstufungsfristen verlängert wurden. [2]Grundsätzlich ist jedem Empfänger von Verschlusssachen des Bundes lesender Zugriff auf diese Datenbank zu gewähren. [3]Die Verlängerung der Einstufungsfrist ist dem Bundesarchiv rechtzeitig vor Fristablauf zur Erfassung in der Nachweisdatenbank mitzuteilen. [4]Die Empfänger von Verschlusssachen, deren Einstufungsfrist abgelaufen ist, haben dort zu prüfen, ob die Einstufungsfrist verlängert wurde. [5]Verschlusssachen, die nicht in der Nachweisdatenbank erfasst sind, sind nach Ablauf der Einstufungsfrist offenes Schriftgut.

(4) [1]Nichtöffentliche Empfänger amtlich geheim gehaltener Verschlusssachen sind von dem Verfahren nach Absatz 3 Satz 2 bis 5 ausgenommen. [2]Sie sind als Empfänger von Verschlusssachen schriftlich über die Verlängerungen von Einstufungsfristen zu benachrichtigen. [3]Die Benachrichtigungen sind nachzuweisen.

(5) [1]Absatz 3 gilt nicht für die Verlängerung der Einstufungsfrist von auf amtliche Veranlassung geheim gehaltenen Verschlusssachen, für die eine Einstufungsfrist bestimmt ist. [2]Über die Verlängerungen der Einstufungsfristen dieser Verschlusssachen hat der Herausgeber alle Empfänger schriftlich zu benachrichtigen. [3]Die Benachrichtigungen sind nachzuweisen.

§ 18 Änderung der Einstufung

(1) [1]Ändert sich die Schutzbedürftigkeit einer Verschlusssache, hat der Herausgeber den Geheimhaltungsgrad dieser Verschlusssache entsprechend herauf- oder herabzusetzen. [2]Über die Änderung hat der Herausgeber alle Empfänger der Verschlusssache unverzüglich schriftlich zu benachrichtigen.

(2) [1]Eine nachträgliche Einstufung von nicht eingestuften Informationen sowie eine Heraufstufung von VS-NUR FÜR DEN DIENSTGEBRAUCH eingestuften Verschlusssachen ist grundsätzlich nicht zulässig. [2]Ausnahmen sind nur im Benehmen mit den Geheimschutzbeauftragten zulässig.

(3) Die Änderung des Geheimhaltungsgrades lässt die Einstufungsfrist nach § 16 unberührt.

(4) [1]Die Änderung des Geheimhaltungsgrades einer Verschlusssache ist so zu vermerken, dass die Änderung bei der Handhabung der Verschlusssache jederzeit erkennbar ist. [2]Sind Verschlusssachen des Geheimhaltungsgrades VS-VERTRAULICH oder höher betroffen, ist die Änderung im VS-Bestandsverzeichnis des Herausgebers und der Empfänger nachzuweisen.

§ 19 Aufhebung der Einstufung

(1) [1]Entfällt die Geheimhaltungsbedürftigkeit einer Verschlusssache vor Ablauf der Einstufungsfrist, hat der Herausgeber die Einstufung aufzuheben. [2]Die Aufhebung der Einstufung ist so zu vermerken, dass diese und die verfügende Stelle jederzeit erkennbar sind. [3]Im Falle von Verschlusssachen des Geheimhaltungsgrades VS-VERTRAULICH oder höher hat der Herausgeber alle Empfänger der Verschlusssache oder deren Rechtsnachfolger schriftlich zu benachrichtigen. [4]Die Aufhebung der Einstufung ist in diesem Falle zusätzlich im VS-Bestandsverzeichnis des Herausgebers und der Empfänger nachzuweisen.

(2) [1]Einstufungen sind aufgehoben, sofern auf der Verschlusssache keine längere oder kürzere Frist bestimmt ist (vergleiche §§ 16 und 17)
1. für die Vorgänge der Jahre 1949 bis 1959 mit Ablauf des 31. Dezember 2012,
2. für die Vorgänge der Jahre 1960 bis 1994 bis zum 1. Januar 2025 – dabei sind beginnend mit dem Ablauf des Jahres 2013 mindestens drei Jahrgänge je Kalenderjahr in chronologischer Reihenfolge auf Offenlegung zu prüfen,
3. für die Vorgänge der Jahre ab 1995 nach 30 Jahren.

[2]Für Empfänger von Verschlusssachen, die nach § 17 Absatz 3 in der VS-Nachweisdatenbank zu prüfen haben, ob es sich bei diesen um offenes Schriftgut handelt, ersetzt diese Prüfung Benachrichtigungen nach Absatz 1 Satz 3.
[3]Für nichtöffentliche Empfänger amtlich geheim gehaltener Verschlusssachen, die nach § 17 Absatz 4 als Empfänger von Verschlusssachen schriftlich über die Verlängerung der Fristen nach Satz 1 zu benachrichtigen sind, entfallen Benachrichtigungen nach Absatz 1 Satz 3.

(3) Ausgenommen von der Fristenregelung nach Absatz 2 sind auf amtliche Veranlassung geheim gehaltene Verschlusssachen.

Abschnitt V: Handhabung von Verschlusssachen

§ 20 Herstellung und Kennzeichnung

(1) Die Herstellung von VS-VERTRAULICH oder höher eingestuften Verschlusssachen ist nur an den hierfür bestimmten Stellen mit den dort vorgesehenen Mitteln zulässig.

(2) Bei der Herstellung ist eine Verschlusssache so zu kennzeichnen, dass bei ihrer Handhabung während der gesamten Dauer ihrer Einstufung jederzeit erkennbar sind:
1. der Geheimhaltungsgrad,
2. der Herausgeber,
3. das Datum der Verschlusssache,
4. bei VS-NUR FÜR DEN DIENSTGEBRAUCH eingestuften Verschlusssachen das bei der Herstellung festgelegte Ende der Einstufungsfrist, sofern dieses die Regelfrist von 30 Jahren nach § 16 Absatz 1 unterschreitet,
5. bei VS-VERTRAULICH oder höher eingestuften Verschlusssachen das bei der Herstellung festgelegte Ende der Einstufungsfrist mit dem Zusatz „Die Einstufung endet mit Ablauf des Jahres …“,
6. bei VS-VERTRAULICH oder höher eingestuften Verschlusssachen ein geeignetes individuelles Merkmal (zum Beispiel Geschäftszeichen und Tagebuchnummer), ergänzt um das Kürzel des Geheimhaltungsgrades nach Absatz 4, anhand dessen sich in Verbindung mit dem VS-Bestandsverzeichnis die Handhabung der Verschlusssache jederzeit lückenlos ermitteln lässt,
7. bei jeder Ausfertigung einer als VS-VERTRAULICH oder höher eingestuften Verschlusssache eine fortlaufende Nummer und der jeweilige Empfänger und
8. die Seiten- und Gesamtseitenzahl.

(3) Der Herausgeber kann weitere Vorgaben zum Schutz und zur Handhabung von Verschlusssachen durch Warn- und Sperrvermerke nach Anlage IV festlegen.

(4) [1]Geheimhaltungsgrade sind auszuschreiben, soweit in dieser Vorschrift nichts anderes bestimmt ist oder die Beschaffenheit einer Verschlusssache das nicht zulässt. [2]In diesen Fällen sind folgende Abkürzungen zu verwenden:

VS-NUR FÜR DEN DIENSTGEBRAUCH	VS-NfD
VS-VERTRAULICH	VS-Vertr.
GEHEIM	Geh.
STRENG GEHEIM	Str. Geh.

(5) Der Betreff einer Verschlusssache soll so formuliert werden, dass er für sich genommen nicht geheimhaltungsbedürftig ist.

(6) [1]Besteht eine Verschlusssache aus mehreren, unterschiedlich eingestuften Teilen (zum Beispiel Anlagen oder Komponenten), sind alle Teile mit ihrem jeweiligen Geheimhaltungsgrad und die Verschlusssache in ihrer Gesamtheit nach dem höchsten Geheimhaltungsgrad zu kennzeichnen. [2]Anfang und Ende der einzelnen Teile müssen erkennbar sein.

(7) [1]Datenträger, auf denen Verschlusssachen unverschlüsselt gespeichert sind, sind mit dem Geheimhaltungsgrad der höchsten Einstufung der darauf gespeicherten Verschlusssachen zu kennzeichnen. [2]Datenträger, auf denen Verschlusssachen ausschließlich vorschriftsgemäß verschlüsselt gespeichert sind, müssen nicht gekennzeichnet werden.

(8) [1]Die verbindliche Gestaltung der Kennzeichnung von Verschlusssachen, VS-Bestandsverzeichnissen sowie VS-Schriftgutbehältern und Behältern von VS-Datenträgern ist der Anlage IV sowie den Mustern der Anlage VIII zu entnehmen. [2]Die Kennzeichnung gilt auch für elektronische Verschlusssachen. [3]Von der Kennzeichnung sind VS-Transportbehälter ausgenommen. [4]Lässt die Beschaffenheit einer Verschlusssache eine solche Kennzeichnung nicht zu, ist sinngemäß zu verfahren. [5]Näheres zur zusätzlichen Kennzeichnung von elektronischen Verschlusssachen (zum Beispiel anhand von Metadaten) regelt eine Technische Leitlinie des Bundesamtes für Sicherheit in der Informationstechnik.

§ 21 Verwaltung und Nachweis von Verschlusssachen

(1) VS-NUR FÜR DEN DIENSTGEBRAUCH eingestufte Verschlusssachen können, soweit sie nicht Bestandteil höher eingestufter Verschlusssachen sind, unter Beachtung des Grundsatzes „Kenntnis nur, wenn nötig" in offenen Registraturen verwaltet werden.

(2) [1]VS-VERTRAULICH oder höher eingestufte Verschlusssachen sind in VS-Registraturen mittels geeigneter Verfahren so zu verwalten, dass ihre Existenz, ihre Einstufung einschließlich der Einstufungsfrist, ihr Verbleib, die Kenntnisnahmen, ihre Vervielfältigung und deren Verbleib sowie ihre Vernichtung nachvollziehbar sind (Nachweisführung). [2]Für Verschlusssachen ausländischer Staaten und über- oder zwischenstaatlicher Organisationen können andere Regelungen nach Anlage VII dieser Verschlusssachenanweisung gelten.

(3) [1]Die Nachweisführung von VS-VERTRAULICH oder höher eingestufter Verschlusssachen kann in Papier- oder in elektronischer Form erfolgen. [2]Sie muss Schutz vor unbemerkter Veränderung, Verlust und Verfälschung bieten. [3]Die papiergestützte Nachweisführung von Verschlusssachen erfolgt anhand von VS-Bestandsverzeichnissen, VS-Quittungsbüchern, VS-Begleitzetteln, VS-Empfangsscheinen, VS-Übergabeprotokollen und VS-Vernichtungsprotokollen. [4]Verbindliche Muster für diese Nachweise sind der Anlage VIII zu entnehmen. [5]Die elektronische Nachweisführung von Verschlusssachen erfolgt anhand von VS-Registratursystemen. [6]Diese unterliegen als VS-IT im Sinne des Abschnitts VIII den dortigen Bestimmungen.

(4) [1]VS-Datenträger, ihr Verbleib und ihre Vernichtung sind in einem gesonderten VS-Bestandsverzeichnis nachzuweisen. [2]Für die eindeutige Identifizierbarkeit genügt die Angabe eines Ordnungskriteriums (zum Beispiel laufende Nummer).

(5) [1]VS-Bestandsverzeichnisse sind gemäß dem höchsten Geheimhaltungsgrad der in ihnen nachgewiesenen Verschlusssachen einzustufen. [2]Der Zugriff auf das VS-Bestandsverzeichnis ist nur den Geheimschutzbeauftragten, den besonders beauftragten Mitarbeitern und den VS-Registratoren gestattet.

(6) Bei Wechsel eines VS-Registrators ist der Bestand zu überprüfen und ein Bestandsbericht (Übergabeprotokoll) zu fertigen.

(7) [1]VS-Nachweise sind mindestens fünf Jahre aufzubewahren. [2]Für VS-Quittungsbücher beginnt die Frist mit der letzten Eintragung, für VS-Empfangsscheine, VS-Begleitzettel, VS-Übergabeprotokolle und VS-Vernichtungsprotokolle mit der Ausstellung. [3]Für VS-Bestandsverzeichnisse beginnt die Frist, wenn alle in ihnen nachgewiesenen Verschlusssachen
1. auf den Geheimhaltungsgrad VS-NUR FÜR DEN DIENSTGEBRAUCH herabgestuft,
2. offengelegt (Aufhebung der Einstufung) oder
3. vernichtet

worden sind.
[4]Wenn in einem VS-Bestandsverzeichnis nur noch wenige Verschlusssachen nachgewiesen werden, können die Einträge unter Beibehaltung ihrer Tagebuchnummer in ein anderes VS-Bestandsverzeichnis übertragen werden und sind nur dort nachzuweisen. [5]In diesem Fall beginnt die Aufbewahrungsfrist für das abgeschlossene VS-Bestandsverzeichnis mit der Übertragung der Einträge. [6]Nach Ablauf der Frist sind VS-Nachweise zu vernichten.

(8) Weiteres ist der Anlage IV zu entnehmen.

§ 22 Vervielfältigung von Verschlusssachen

(1) Vervielfältigung von Verschlusssachen ist die absichtliche Herstellung von weiteren Exemplaren einer Ausfertigung einer Verschlusssache, unabhängig von der Darstellungsform (insbesondere durch fotomechanische Kopie, Scan, Abdruck einer elektronisch dargestellten Verschlusssache, elektronische Kopie von Dateien, elektronischer Versand, Auszug und Nachbau).

(2) [1]Jede Vervielfältigung von VS-VERTRAULICH oder höher eingestuften Verschlusssachen ist mit einer fortlaufenden Nummer und dem jeweiligen Empfänger so zu kennzeichnen, dass sie als weiteres Exemplar einer Verschlusssache (Kopie) eindeutig erkennbar ist und der Original-Verschlusssache zugeordnet werden kann. [2]Jede Vervielfältigung von VS-VERTRAULICH oder höher eingestuften Verschlusssachen ist als weiteres Exemplar zudem nach § 21 unverzüglich zu registrieren.

(3) [1]In Dienststellen, in denen VS-VERTRAULICH oder höher eingestufte Verschlusssachen hergestellt oder vervielfältigt werden, sollen hierfür bestimmte Stellen mit ermächtigtem Bedienungspersonal festgelegt werden. [2]Soweit dies nicht geschieht, sind Vervielfältigungen dieser Verschlusssachen durch die VS-Registratoren zu fertigen.

(4) [1]Die Vervielfältigung von STRENG GEHEIM eingestuften Verschlusssachen bedarf zusätzlich der schriftlichen Zustimmung des Herausgebers. [2]Die Zustimmung ist im VS-Bestandsverzeichnis zu vermerken.

(5) Werden in VS-IT Kopien von den dort registrierten Verschlusssachen als Backup-Daten zur Sicherung der Verfügbarkeit benötigt, sind diese in einem gesonder-

ten Bestandsverzeichnis in der Art nachzuweisen, dass jederzeit feststellbar ist, welche Verschlusssachen als Kopie darin gespeichert sind.

§ 23 Aufbewahrung von Verschlusssachen

(1) 1Die dauerhafte Aufbewahrung von VS-VERTRAULICH oder höher eingestuften Verschlusssachen hat in VS-Registraturen zu erfolgen. 2Die Aufbewahrung außerhalb der VS-Registratur ist nur für den Zeitraum zulässig, für den ein fortgesetzter Zugriff des Bearbeiters auf die Verschlusssache notwendig ist. 3Die VS-Registratoren erkundigen sich in angemessenen Zeitabständen, ob diese Voraussetzung weiter besteht. 4VS-NUR FÜR DEN DIENSTGEBRAUCH eingestufte Verschlusssachen können, soweit sie nicht Bestandteil höher eingestufter Verschlusssachen sind, unter Beachtung des Grundsatzes „Kenntnis nur, wenn nötig" in einer offenen Registratur dauerhaft aufbewahrt werden.

(2) 1VS-VERTRAULICH oder höher eingestufte Verschlusssachen sind bei Nichtgebrauch in einem VS-Verwahrgelass einzuschließen. 2Dies gilt für STRENG GEHEIM eingestufte Verschlusssachen bereits bei kurzer Abwesenheit der die Verschlusssache bearbeitenden oder verwaltenden Personen. 3VS-VERTRAULICH oder GEHEIM eingestufte Verschlusssachen können bei einer kurzen Abwesenheit der die Verschlusssache bearbeitenden oder verwaltenden Personen während der Arbeitszeit im VS-Arbeitsbereich verbleiben, sofern die Zimmertür mit einem Sicherheitsschloss verschlossen ist. 4VS-NUR FÜR DEN DIENSTGEBRAUCH eingestufte Verschlusssachen sind bei Nichtgebrauch in verschlossenen Behältern oder abgeschlossenen Räumen aufzubewahren.

(3) 1Außerhalb der Arbeitszeit sind VS-Verwahrgelasse zu bewachen oder durch eine Alarmanlage technisch zu überwachen. 2In beiden Fällen ist sicherzustellen, dass Unbefugte am Zugriff auf die darin gelagerten Verschlusssachen gehindert werden und dass ein Zugriff Unbefugter erkannt und hilfeleistenden Stellen gemeldet wird. 3Bei GEHEIM oder VS-VERTRAULICH eingestuften Verschlusssachen kann eine Bewachung beziehungsweise technische Überwachung des VS-Verwahrgelasses unterbleiben, wenn das Gebäude oder der Gebäudeteil, in dem sich das Verwahrgelass befindet, bewacht oder technisch überwacht ist. 4Näheres über Art und Umfang der Bewachung und technischen Überwachung legen die Geheimschutzbeauftragten unter Berücksichtigung des Schutzziels für die jeweiligen VS-Verwahrgelasse und Gebäude fest.

§ 24 Grundsätze zur Weitergabe von Verschlusssachen

(1) Weitergabe ist

1. die Weitergabe von Hand zu Hand,
2. die Beförderung durch Boten,
3. der Versand durch Kuriere,
4. der Versand durch private Zustelldienste,
5. die mündliche Mitteilung,
6. die Übertragung über technische Kommunikationsverbindungen oder
7. die Bereitstellung in einem Kommunikationsnetzwerk.

(2) Jeder hat sich vor der Weitergabe von Verschlusssachen zu vergewissern, dass der vorgesehene Empfänger zur Annahme oder Kenntnisnahme berechtigt ist.

(3) 1Die Weitergabe von VS-VERTRAULICH oder höher eingestuften Verschlusssachen soll über die VS-Registraturen erfolgen und ist nachzuweisen. 2Die Weitergabe von STRENG GEHEIM eingestuften Verschlusssachen bedarf der schriftlichen Zustimmung des Herausgebers.

(4) [1]Zwischen zwei getrennt liegenden Gebäuden, die nicht zu einer geschlossenen Gebäudegruppe gehören, sollen Verschlusssachen grundsätzlich mittels technischer Kommunikationsverbindungen nach § 55 übertragen werden. [2]Ist dies nicht möglich, sollen sie durch Kuriere versandt werden. [3]Ist auch dies nicht möglich können Verschlusssachen bis zum Geheimhaltungsgrad GEHEIM durch private Zustelldienste versandt werden.

(5) Die Geheimschutzbeauftragten können besondere Regelungen zur Weitergabe von Verschlusssachen innerhalb einer Gemeinschaft von Geheimnisträgern festlegen.

(6) Weiteres ist der Anlage IV zu entnehmen.

§ 25 Weitergabe an nichtöffentliche Stellen

[1]Die Weitergabe von Verschlusssachen an nichtöffentliche Stellen ist nur zulässig, wenn sie im staatlichen Interesse erforderlich ist (zum Beispiel zur Durchführung eines staatlichen Auftrages oder zur Analyse oder Abwehr von Gefahren für die Sicherheit in der Informationstechnik von Kritischen Infrastrukturen, von sonstigen Unternehmen im staatlichen Interesse oder einer Stelle des Bundes). [2]Für die Weitergabe von Verschlusssachen an nichtöffentliche Stellen gilt unter Beachtung von § 1 Absatz 3 Folgendes:

1. Vor Weitergabe von VS-VERTRAULICH oder höher eingestuften Verschlusssachen sind beim Bundesministerium für Wirtschaft und Energie Sicherheitsbescheide (Facility Security Clearance, FSC) über die beteiligten nichtöffentlichen Stellen anzufordern. Haben Beschäftigte dieser nichtöffentlichen Stellen ausschließlich in Dienststellen Zugang zu solchen Verschlusssachen gilt dies nur, wenn die Zustimmung des Bundesministeriums für Wirtschaft und Energie nach § 24 Absatz 2 Sicherheitsüberprüfungsgesetz vorliegt.
2. Bei der Weitergabe von VS-NUR FÜR DEN DIENSTGEBRAUCH eingestuften Verschlusssachen ist Anlage V (VS-NfD-Merkblatt) zu beachten.

§ 26 Weitergabe an den Deutschen Bundestag, den Bundesrat, Landesparlamente und -behörden

(1) Die Weitergabe von VS-VERTRAULICH oder höher eingestuften Verschlusssachen an den Deutschen Bundestag, den Bundesrat oder Landesparlamente erfolgt über die zuständige oberste Bundesbehörde grundsätzlich an die VS-Registratur des Empfängers.

(2) Die Weitergabe von Verschlusssachen an ein Land ist nur zulässig, sofern in diesem Land dieser Verschlusssachenanweisung entsprechende Regelungen zum Schutz von Verschlusssachen gelten oder sich das Land zum Schutz von Verschlusssachen entsprechend dieser Verschlusssachenanweisung verpflichtet.

§ 27 Empfang von Verschlusssachen

(1) Bei Empfang von Verschlusssachen des Geheimhaltungsgrades VS-VERTRAULICH oder höher sind

1. die Sendungen umgehend der VS-Registratur zuzuleiten und nach § 21 zu registrieren,
2. die Integrität, Authentizität und Vollständigkeit der Sendungen zu prüfen und
3. der Empfang mit dem Ergebnis der Prüfung gegenüber der VS-Verwaltung des Absenders unverzüglich zu bestätigen.

(2) Zeigen sich Hinweise auf unbefugte Kenntnisnahme, Unvollständigkeit oder Veränderung, so sind die Geheimschutzbeauftragten und die Absender unverzüglich zu benachrichtigen.

§ 28 Mitnahme von Verschlusssachen außerhalb des Dienstgebäudes

(1) [1]Innerhalb des Bundesgebiets sollen VS-VERTRAULICH oder höher eingestufte Verschlusssachen grundsätzlich im Voraus an eine Dienststelle am Zielort, die selbst Verschlusssachen verwaltet und aufbewahrt, mittels technischer Kommunikationsverbindungen nach § 55 übertragen werden. [2]Ist dies nicht möglich sind die folgenden Absätze bei der persönlichen Mitnahme zu beachten.

(2) [1]Verschlusssachen können außerhalb des Dienstgebäudes oder einer Liegenschaft nur auf Dienstreisen und zu Dienstbesprechungen mitgenommen werden, soweit dies dienstlich notwendig ist und sie angemessen gegen unbefugte Kenntnisnahme und unbefugten Zugriff gesichert werden. [2]Die Mitnahme von VS-VERTRAULICH oder höher eingestuften Verschlusssachen aus anderem Anlass (zum Beispiel zur Bearbeitung in der Privatwohnung) ist unzulässig. [3]In besonderen Fällen können die Geheimschutzbeauftragten Ausnahmen zulassen. [4]Die Mitnahme von VS-NUR FÜR DEN DIENSTGEBRAUCH eingestuften Verschlusssachen richtet sich nach Ziffer 7 der Anlage V.

(3) [1]Die Mitnahme von STRENG GEHEIM eingestuften Verschlusssachen bedarf der vorherigen Zustimmung durch die Geheimschutzbeauftragten. [2]Dies gilt ebenso bei der Mitnahme von VS-VERTRAULICH und GEHEIM eingestuften Verschlusssachen in das Ausland.

(4) [1]VS-VERTRAULICH oder höher eingestufte Verschlusssachen sind in einem äußerlich neutralen und verschlossenen VS-Transportbehälter mitzunehmen. [2]An verdeckter Stelle ist die Anschrift der Dienststelle anzubringen. [3]Werden STRENG GEHEIM oder GEHEIM eingestufte Verschlusssachen mitgenommen, soll ein Dienstwagen genutzt werden. [4]Ist dies nicht möglich, sind STRENG GEHEIM eingestufte Verschlusssachen mit mindestens zwei ausreichend ermächtigten oder zugelassenen Personen zu befördern. [5]Verschlusssachen in elektronischer Form sind auf hierfür zugelassener VS-IT oder mit einem zugelassenen Verfahren verschlüsselten Datenträgern mitzunehmen.

(5) [1]Nach außerhalb des Bundesgebiets sind VS-VERTRAULICH oder höher eingestufte Verschlusssachen nach Möglichkeit durch den Kurierdienst des Auswärtigen Amtes an die zuständige Auslandsvertretung voraus zu senden oder mittels technischer Kommunikationsverbindungen nach § 55 zu übertragen und nach Erledigung des Dienstgeschäftes auf demselben Weg zurückzusenden. [2]Ist dies nicht möglich, so versiegelt das Auswärtige Amt beziehungsweise die zuständige Auslandsvertretung die verpackten Verschlusssachen und stellt eine Bescheinigung aus, nach der ihr Inhaber zur Mitnahme des versiegelten Stückes als „Kuriergepäck" berechtigt ist. [3]Die persönliche Mitnahme von VS-VERTRAULICH oder GEHEIM eingestuften Verschlusssachen ist ohne Mitwirkung des Auswärtigen Amtes gestattet, wenn sich diese in elektronischer Form auf hierfür zugelassener VS-IT oder mit einem zugelassenen Verfahren verschlüsselt auf einem Datenträger befinden. [4]Die persönliche Mitnahme von STRENG GEHEIM eingestuften Verschlusssachen im grenzüberschreitenden Verkehr ist unzulässig.

(6) [1]Bei Mitnahme von Verschlusssachen sind diese ständig in persönlichem Gewahrsam zu halten oder nach § 23 aufzubewahren. [2]Die Aufbewahrung in Hotelzimmern bei persönlicher Abwesenheit, Hotelsafes, Gepäckschließfächern oder in unbesetzten Fahrzeugen ist grundsätzlich unzulässig.

§ 29 Erörterung von Verschlusssachen

(1) [1]Bei der Erörterung von geheimhaltungsbedürftigen Sachverhalten ist der Grundsatz „Kenntnis nur, wenn nötig" zu beachten. [2]Die Erörterung in der Öffentlichkeit ist zu unterlassen.

(2) Sollen Verschlusssachen in Dienstbesprechungen erörtert werden, so ist darauf bei der Einladung unter Angabe des Geheimhaltungsgrades hinzuweisen.

(3) Die entsendenden Dienststellen gewährleisten, dass nur ausreichend ermächtigte Teilnehmer entsandt werden und stellen bei VS-VERTRAULICH oder höher eingestuften Verschlusssachen über die Ermächtigung eine Konferenzbescheinigung nach Muster der Anlage VIII aus, soweit die einladende Stelle dies aus besonderen Gründen für erforderlich hält.

(4) Vor Beginn der Dienstbesprechung hat der Leiter der Veranstaltung auf die Geheimhaltungsbedürftigkeit der Erörterungen hinzuweisen und sich zu vergewissern, dass alle teilnehmenden Personen ausreichend ermächtigt sind.

(5) [1]Aufzeichnungen bedürfen der Zustimmung und sind als Verschlusssachen zu behandeln. [2]Über das Mitführen von Bild- und Tonaufzeichnungsgeräten, mobilen Telekommunikationsgeräten und sonstiger Informationstechnik soll der Leiter der Veranstaltung vor deren Beginn entscheiden.

(6) [1]Bei Erörterung von STRENG GEHEIM oder GEHEIM eingestuften Verschlusssachen, sollen abhörsichere oder abhörgeschützte Räume benutzt werden. [2]Vor Konferenzen auf hoher Ebene oder von besonderer Bedeutung ist bezüglich der notwendigen Abhörschutzmaßnahmen das Bundesamt für Sicherheit in der Informationstechnik rechtzeitig beratend hinzuzuziehen.

§ 30 Grundsätze der Aussonderung von Verschlusssachen

(1) [1]Als VS-NUR FÜR DEN DIENSTGEBRAUCH eingestufte Verschlusssachen werden wie nicht eingestuftes Material entsprechend dem Bundesarchivgesetz ausgesondert. [2]Die Vernichtung erfolgt nach § 32.

(2) Nicht mehr benötigte VS-VERTRAULICH oder höher eingestufte Verschlusssachen sind aus dem Bestand der Dienststelle zur Archivierung oder Vernichtung nach den §§ 31 und 32 auszusondern.

§ 31 Archivierung von Verschlusssachen

(1) Dienststellen bieten, soweit gesetzlich nichts anderes bestimmt, ihre nicht mehr benötigten Verschlusssachen der Geheimhaltungsgrade VS-VERTRAULICH oder höher dem Bundesarchiv (Geheimarchiv) nach der VS-Archivrichtlinie (Anlage VI) zur Archivierung an.

(2) Dienststellen, die das Zwischenarchiv des Bundesarchivs nach § 20 der Richtlinie für das Bearbeiten und Verwalten von Schriftgut (Akten und Dokumenten) in Bundesministerien nutzen, sollen ihre nicht mehr laufend benötigten Verschlusssachen dem Bundesarchiv (Geheimarchiv) zur weiteren Aufbewahrung nach der VS-Archivrichtlinie übergeben.

(3) [1]Nachgeordnete Dienststellen mit regionaler Zuständigkeit, für deren Unterlagen nach § 7 des Bundesarchivgesetzes ein Landesarchiv zuständig ist, bieten ihre nicht mehr benötigten Verschlusssachen dem Landesarchiv (Geheimarchiv) zur Archivierung an. [2]Die VS-Archivrichtlinie ist sinngemäß anzuwenden. [3]Soweit kein Geheimarchiv besteht, sind die Verschlusssachen bis zur Aufhebung der Einstufung bei der jeweiligen Dienststelle zu verwahren.

(4) [1]Elektronisch vorliegende Verschlusssachen sind dem zuständigen Archiv in entsprechender Anwendung der VS-Archivrichtlinie zur Übernahme anzubieten. [2]Das technische Verfahren der Übergabe ist zuvor mit dem Archiv abzusprechen. [3]Das Bundesarchiv stellt für die Aussonderung digitaler Unterlagen und deren Archivierung einen Leitfaden zur Verfügung.

§ 32 Vernichtung von Verschlusssachen

(1) [1]Verschlusssachen, die das zuständige Archiv nicht übernimmt, sind zu vernichten. [2]Verschlusssachen sind so zu vernichten, dass der Inhalt weder erkennbar ist, noch erkennbar gemacht werden kann.

(2) Für die Vernichtung dürfen nur Produkte oder Verfahren eingesetzt oder Dienstleister beauftragt werden, die die Anforderungen des Bundesamtes für Sicherheit in der Informationstechnik erfüllen.

(3) VS-NUR FÜR DEN DIENSTGEBRAUCH eingestufte Verschlusssachen können vom Bearbeiter an den dafür vorgesehenen Orten selbst vernichtet werden.

(4) [1]VS-VERTRAULICH oder höher eingestufte Verschlusssachen dürfen nur auf Weisung eines zeichnungsbefugten VS-Bearbeiters durch die VS-Registratoren vernichtet werden. [2]Die VS-Registratoren prüfen die Verschlusssachen vor der Vernichtung auf ihre Vollständigkeit. [3]Die Vernichtung wird mittels Vernichtungsprotokoll und Vermerk der Vernichtungsprotokollnummer im VS-Bestandsverzeichnis nachgewiesen. [4]Dabei ist zu vermerken, an welchem Tag welche Verschlusssachen oder welche Teile davon vernichtet wurden (mit Angabe der Ausfertigungsnummer und Seitenzahl) und wer die Weisung zur Vernichtung erteilt hat. [5]Das Vernichtungsprotokoll ist vom ausführenden VS-Registrator und von einem Zeugen zu unterschreiben.

(5) [1]Ist die Vernichtung von Verschlusssachen technisch nur für eine Zusammenstellung von Verschlusssachen möglich (zum Beispiel im Falle von Verschlusssachen, die auf einem Datenträger gespeichert sind), ist die Vernichtung grundsätzlich so lange auszusetzen, bis alle Verschlusssachen der Zusammenstellung vernichtet werden können. [2]Ist die vorherige Vernichtung einzelner Dokumente unabdingbar, können die noch benötigten Dateien vor Vernichtung der Zusammenstellung nach den Bestimmungen dieser Verschlusssachenanweisung vervielfältigt werden.

§ 33 VS-Zwischenmaterial

(1) [1]VS-Zwischenmaterial, das im Zusammenhang mit einer Verschlusssache anfällt (zum Beispiel Dateien, Vorentwürfe, Stenogramme, Tonträger, Folien oder Fehldrucke), gilt als Verschlusssache. [2]Für die Behandlung von VS-Zwischenmaterial sind Abweichungen bei der Kennzeichnung und beim Nachweis sowie bei der Vernichtung zugelassen.

(2) VS-Zwischenmaterial, das nicht an Dritte weitergegeben und das unverzüglich vernichtet wird, braucht nicht als Verschlusssache gekennzeichnet und nicht nachgewiesen zu werden.

(3) [1]VS-Zwischenmaterial, das nicht unverzüglich vernichtet wird, ist mit dem entsprechenden Geheimhaltungsgrad und dem Zusatz „VS-Zwischenmaterial" zu kennzeichnen. [2]Bei Weitergabe von VS-Zwischenmaterial von VS-VERTRAULICH oder höher eingestuften Verschlusssachen an Dritte ist ein Nachweis erforderlich; dies gilt nicht bei Weitergabe an die VS-Registratur.

(4) Die Vernichtung von VS-Zwischenmaterial richtet sich nach § 32 mit Ausnahme des Absatzes 4 Satz 2 bis 5, der keine Anwendung findet.

Abschnitt VI: Zusammenarbeit mit nichtdeutschen Stellen und nichtöffentlichen Stellen mit Sitz im Ausland

§ 34 Weitergabe von deutschen Verschlusssachen an nichtdeutsche Stellen und nichtöffentliche Stellen mit Sitz im Ausland

(1) [1]Die Weitergabe von deutschen Verschlusssachen an Dienststellen ausländischer Staaten sowie über- oder zwischenstaatlicher Organisationen (nichtdeutsche Stellen) setzt ein Regierungs- oder Ressortgeheimschutzabkommen oder ein entsprechendes internationales Abkommen voraus, welches die Bedingungen für die Weitergabe und weitere Handhabung regelt. [2]Die Weitergabe von Verschlusssachen an nichtöffentliche Stellen mit Sitz im Ausland setzt entsprechende Regelungen in einem solchen Abkommen voraus.

(2) Ein Regierungsgeheimschutzabkommen ermöglicht allen öffentlichen Stellen des Bundes den Verschlusssachenaustausch, ein Ressortgeheimschutzabkommen lediglich dem jeweiligen Ressort mit der weiteren Vertragspartei.

(3) [1]Wird die Notwendigkeit eines regelmäßigen VS-Austausches mit einem ausländischen Staat oder einer über- oder zwischenstaatlichen Organisation erkennbar, mit dem oder der kein Geheimschutzabkommen oder ein entsprechendes internationales Abkommen besteht, ist dem Bundesministerium des Innern, für Bau und Heimat in seiner Eigenschaft als Nationale Sicherheitsbehörde für den Geheimschutz die Notwendigkeit eines Regierungsgeheimschutzabkommens anzuzeigen. [2]Nur für den Fall, dass der Abschluss eines solchen aus politischen, rechtlichen oder anderen Gründen nicht möglich sein sollte, ist der Abschluss eines Ressortgeheimschutzabkommens anzustreben. [3]Die Erteilung einer Verhandlungsgenehmigung des Auswärtigen Amtes für ein Ressortgeheimschutzabkommen bedarf der Zustimmung des Bundesministeriums des Innern, für Bau und Heimat.

(4) Liegt kein Regierungs- oder Ressortgeheimschutzabkommen oder ein entsprechendes internationales Abkommen vor, können deutsche Verschlusssachen nur dann an nichtdeutsche Stellen oder nichtöffentliche Stellen nach Absatz 1 weitergegeben werden, wenn

1. dies zur Erfüllung der Aufgaben der deutschen Stelle erforderlich ist,
2. der Empfänger über die Geheimhaltungspflicht informiert wurde,
3. die nichtdeutsche Stelle der deutschen Stelle nach dem Muster der Anlage VIII schriftlich zusichert, die Verschlusssachen entsprechend der eigenen Geheimschutzvorschriften zu schützen,
4. im Falle von VS-VERTRAULICH oder höher eingestuften Verschlusssachen der Empfänger schriftlich erklärt, dass nur sicherheitsüberprüftes Personal Zugang zu den Verschlusssachen erhält und
5. die deutsche Stelle die Weitergabe dokumentiert.

(5) Soweit die Weitergabe zur Wahrung wesentlicher Sicherheitsinteressen dringend erforderlich ist, können die Voraussetzungen des Absatzes 4 Nummer 1 bis 5 nachgeholt werden.

(6) Soweit deutsche Stellen deutsche Verschlusssachen an nichtdeutsche Stellen nach Absatz 1 oder Absatz 4 weitergeben, teilt der Geheimschutzbeauftragte dies unter Nennung der Anzahl, des Geheimhaltungsgrades und des Empfängers dem Bundesministerium des Innern, für Bau und Heimat als Nationale Sicherheitsbehörde für den Geheimschutz jährlich mit.

(7) Deutsche Verschlusssachen sind vor der Weitergabe nach § 20 Absatz 2 hinsichtlich des Empfängers zu kennzeichnen.

(8) Vor der Weitergabe von Verschlusssachen an nichtdeutsche Stellen oder nichtöffentliche Stellen mit Sitz im Ausland ist die Zustimmung des Herausgebers einzuholen.

§ 35 Empfang und Handhabung nichtdeutscher Verschlusssachen

(1) [1]Nichtdeutsche Verschlusssachen, zu deren Schutz deutsche Dienststellen verpflichtet sind, sind nach dem deutschen Geheimhaltungsgrad, der dem Geheimhaltungsgrad der empfangenen Verschlusssache entspricht, und den getroffenen Vereinbarungen oder der Zusicherung nach Absatz 2 zu behandeln. [2]Über- oder zwischenstaatliche Regelungen bleiben unberührt.

(2) [1]Soweit kein Regierungs- oder Ressortgeheimschutzabkommen oder ein entsprechendes internationales Abkommen vorliegt, dürfen deutsche Stellen zum Empfang nichtdeutscher Verschlusssachen Zusicherungen entsprechend § 34 Absatz 4 gegenüber nichtdeutschen Stellen abgeben. [2]Das Bundesministerium des Innern, für Bau und Heimat als Nationale Sicherheitsbehörde für den Geheimschutz kann im Ausnahmefall abweichende Regelungen treffen.

(3) Alle Rechte des nichtdeutschen Herausgebers bleiben unberührt.

§ 36 Sicherheitsakkreditierung

(1) [1]IT-Systeme zur Handhabung von Verschlusssachen über- oder zwischenstaatlicher Organisationen (beispielsweise der EU oder der NATO) müssen einem Sicherheitsakkreditierungsverfahren unterzogen werden. [2]Dieses Verfahren dient dem Zweck, Gewissheit darüber zu erlangen, dass alle angemessenen Sicherheitsmaßnahmen durchgeführt worden sind und dass ein ausreichender Schutz der Verschlusssachen und des IT-Systems nach den anzuwendenden Regelungen der über- oder zwischenstaatlichen Organisationen erreicht wird.

(2) [1]Das Bundesministerium des Innern, für Bau und Heimat als Nationale Sicherheitsbehörde für den Geheimschutz ist im Sinne der nationalen Zuständigkeit Sicherheitsakkreditierungsstelle (SAA) für IT-Systeme zur Handhabung von Verschlusssachen über- oder zwischenstaatlicher Organisationen. [2]Es kann diese Rolle oder die damit verbundenen Aufgaben ganz oder teilweise an andere Stellen delegieren.

§ 37 Zentralregistraturen

(1) Für nichtdeutsche Verschlusssachen der NATO des Geheimhaltungsgrades COSMIC TOP SECRET oder mit dem Warnvermerk ATOMAL oder höher richtet die Nationale Sicherheitsbehörde für den Geheimschutz beim Bundesministerium der Verteidigung eine Zentralregistratur als zentrale Ein- und Ausgangsstelle für den Empfang und die Weitergabe der Verschlusssachen ein.

(2) [1]Für nichtdeutsche Verschlusssachen der EU des Geheimhaltungsgrades TRES SECRET UE/EU TOP SECRET richtet das Auswärtige Amt eine Zentralregistratur als zentrale Ein- und Ausgangsstelle für den Empfang und die Weitergabe der Verschlusssachen ein.
[2]Weiteres zu diesem Abschnitt ist der Anlage VII zu entnehmen.

Abschnitt VII: Materielle und technische Maßnahmen

§ 38 Planung und Durchführung

(1) [1]Bei der Planung und Durchführung von Baumaßnahmen sind rechtzeitig die notwendigen Geheimschutzvorkehrungen zu treffen. [2]Näheres bestimmen die Richtlinien für Sicherheitsmaßnahmen bei der Durchführung von Bauaufgaben.

(2) Bei der Planung von VS-Aktensicherungsräumen, VS-Arbeitsbereichen, VS-IT-Räumen und -Bereichen, Sicherheitsbereichen, Alarmanlagen zum Schutz von Verschlusssachen, Telekommunikationsanlagen und abhörsicheren oder abhörgeschützten Räumen ist das Bundesamt für Sicherheit in der Informationstechnik beratend hinzuzuziehen.

§ 39 Räumliche Sicherheitsmaßnahmen

(1) [1]VS-IT-Räume und alle anderen Räume, in denen VS-VERTRAULICH oder höher eingestufte Verschlusssachen gehandhabt werden (VS-Arbeitsbereiche) sind so zu schützen, dass Unbefugte am Zutritt gehindert werden. [2]Unberechtigte Zutrittsversuche sollen automatisiert aufgezeichnet werden.

(2) Mit der Handhabung von Verschlusssachen befasste Organisationseinheiten und Personen sind nach Möglichkeit räumlich zusammenzufassen.

(3) [1]Sofern Umfang und Bedeutung der dort anfallenden Verschlusssachen es erfordern, sind in einer Behörde oder sonstigen öffentlichen Stelle des Bundes oder in einem Teil von ihr von der jeweils zuständigen obersten Bundesbehörde im Einvernehmen mit dem Bundesministerium des Innern, für Bau und Heimat Sicherheitsbereiche zu bilden. [2]Diese sind durch personelle, organisatorische und technische Maßnahmen gegen den Zutritt durch Unbefugte zu schützen. [3]Zutritt zu diesen Bereichen darf nur an Stellen möglich sein, an denen eine zuverlässige Prüfung der Zutrittsberechtigung stattfindet. [4]Als Sicherheitsbereiche kommen sowohl einzelne oder mehrere Räume als auch Gebäude oder Gebäudegruppen in Betracht.

(4) [1]Die in einem Sicherheitsbereich tätigen Personen sind beim Betreten des Sicherheitsbereiches anhand des Dienstausweises oder auf andere geeignete Weise zu identifizieren. [2]Besucher und Fremdpersonal sind nach Identitätsfeststellung während des Aufenthalts im Sicherheitsbereich zu beaufsichtigen. [3]Bei Besuchern und Fremdpersonal, die/das nachweislich (zum Beispiel durch eine Konferenzbescheinigung nach Muster der Anlage VIII) nach dem Sicherheitsüberprüfungsgesetz und der Allgemeinen Verwaltungsvorschrift zum personellen Geheimschutz und zum vorbeugenden personellen Sabotageschutz überprüft sind/ist, kann die Beaufsichtigung entfallen.

(5) [1]Das Kontrollpersonal ist über alle Arten von Ausweisen, die zum Betreten des Sicherheitsbereichs berechtigen, zu unterrichten. [2]Die Aufgaben des Kontrollpersonals sind in einer Dienstanweisung festzulegen.

(6) [1]Personen, die zum Zugang zu Verschlusssachen ermächtigt sind oder die eine Tätigkeit ausüben, bei der sie sich Zugang zu Verschlusssachen des Geheimhaltungsgrades VS-VERTRAULICH oder höher verschaffen können, ist der Betrieb von privaten Bild- und Tonaufzeichnungsgeräten, privater Informationstechnik und mobilen Telekommunikations-Endgeräten (dies sind zum Beispiel Mobiltelefone, Datenträger, PDA usw.) am Arbeitsplatz grundsätzlich untersagt. [2]Die Geheimschutzbeauftragten – bei Konferenzen, Sitzungen und Besprechungen die verantwortlichen Leiter – können spezielle Regelungen festlegen, um den Betrieb zu erlauben oder das Mitbringen zu untersagen.

§ 40 Technische Sicherung von Verschlusssachen

(1) [1]Technische Mittel zur Sicherung von Verschlusssachen müssen die vom Bundesamt für Sicherheit in der Informationstechnik festgelegten Anforderungen erfüllen. [2]Dies gilt insbesondere für:

1. VS-Verwahrgelasse,
2. VS-Schlüsselbehälter,
3. Einbruch- und Überfallmeldeanlagen,
4. Zutrittskontrollanlagen,
5. VS-Transportbehälter,
6. VS-Verpackungen,
7. VS-Sicherheitstüren und -schlösser und
8. technische Mittel zur Vernichtung von Verschlusssachen.

(2) [1]Das Bundesamt für Sicherheit in der Informationstechnik führt Prüfungen technischer Mittel und Eignungsfeststellungen entweder auf der Grundlage eines festgestellten Bedarfs in der Bundesverwaltung oder auf Antrag einer Dienststelle durch. [2]Die abschließende Produktabnahme beinhaltet die Prüfung und Bewertung der technischen Mittel zur Sicherung von Verschlusssachen nach Maßgabe der besonderen Belange des Geheimschutzes. [3]Die entsprechend einzuhaltenden Normen und ergänzenden Anforderungen legt das Bundesamt für Sicherheit in der Informationstechnik in Technischen Leitlinien fest.

(3) Das Bundesamt für Sicherheit in der Informationstechnik gibt eine auf der Eignungsfeststellung basierende aktuelle Liste der geeigneten technischen Mittel als Technische Leitlinie heraus.

(4) Stehen keine technischen Mittel mit Eignungsfeststellung zur Verfügung, kann das Bundesamt für Sicherheit in der Informationstechnik im Einzelfall auch dem Einsatz anderer technischer Mittel zustimmen, soweit diese einen vergleichbaren Schutz bieten.

§ 41 Abhörschutzmaßnahmen

(1) Dienststellen haben Vorkehrungen zu treffen, damit ihre Telekommunikations- und Informationstechnik nicht dazu missbraucht werden kann, um Raum- und Telefongespräche abzuhören.

(2) Dienststellen richten Räume, in denen häufig oder regelmäßig Gespräche mit VS-VERTRAULICH oder höher eingestuftem Inhalt geführt werden, abhörgeschützt oder abhörsicher wie folgt ein:

1.	VS-VERTRAULICH	Abhörgeschützter Raum,
2.	GEHEIM	Abhörgeschützter Raum und
3.	STRENG GEHEIM	Abhörsicherer Raum.

(3) [1]Für Räume nach Absatz 2 gelten die folgenden grundsätzlichen Anforderungen:

1. Verfügt die Dienststelle über einen Sicherheitsbereich, sollen sie grundsätzlich innerhalb dieses Sicherheitsbereichs eingerichtet werden.
2. Sie sind gegen den unbemerkten Zutritt Unbefugter zu schützen. Art und Umfang des Schutzes legen die Geheimschutzbeauftragten unter Berücksichtigung der Lage und des bestehenden Umgebungsschutzes fest.
3. Sie müssen mindestens eine akustische Dämpfung aufweisen, die ein Mithören von außen hinreichend ausschließt.

4. Sie sind so ausgeführt und ausgestattet, dass Versteckmöglichkeiten für Abhöreinrichtungen nach Möglichkeit beschränkt sind und Manipulationsprüfungen wirksam und in angemessener Zeit durchgeführt werden können.
5. Abhörsichere Besprechungsräume sind so zu gestalten, dass auch eine unbefugte Übertragung von Gesprächen mittels technischer Hilfsmittel (Abhörgeräten) nach außen verhindert wird.

[2]Näheres regelt eine Technische Leitlinie des Bundesamtes für Sicherheit in der Informationstechnik.

(4) [1]Geräte, die geeignet sind Bild- und/oder Tonaufnahmen zu erstellen, zu speichern oder zu übertragen (zum Beispiel Mobiltelefone, Smartphones, Notebooks, Kameras, Diktiergeräte), dürfen in abhörgeschützten oder abhörsicheren Räumen nicht mitgeführt werden, wenn diese für Gespräche mit VS-VERTRAULICH oder höher eingestuftem Inhalt genutzt werden. [2]Ausnahmen bedürfen im Einzelfall der Zustimmung der Geheimschutzbeauftragten.

§ 42 Besondere Dienststellen

(1) Sofern Dienststellen in besonderem Maße Ziel von Angriffen auf Vertraulichkeit, Verfügbarkeit, Integrität und Authentizität von Verschlusssachen sind, legt das Bundesministerium des Innern, für Bau und Heimat diese als Dienststellen mit besonderem Geheimschutzbedarf fest.

(2) [1]Dienststellen nach Absatz 1 treffen in Zusammenarbeit mit dem Bundesamt für Sicherheit in der Informationstechnik weitere Sicherheitsvorkehrungen. [2]Insbesondere sind mindestens alle vier Jahre umfassende Beratungen und Prüfungen durch das Bundesamt für Sicherheit in der Informationstechnik in Anspruch zu nehmen.

§ 43 VS-Registraturen

(1) VS-Registraturen werden, sofern vorhanden, in Sicherheitsbereichen eingerichtet.

(2) [1]Außerhalb der Arbeitszeit sind sie zu bewachen oder durch eine Alarmanlage technisch zu überwachen. [2]In beiden Fällen ist sicherzustellen, dass Unbefugte am Zutritt gehindert werden und dass ein Eindringen Unbefugter erkannt und hilfeleistenden Stellen gemeldet wird.

(3) [1]Der Zutritt zu VS-Registraturen wird grundsätzlich nur den von den Geheimschutzbeauftragten festgelegten Mitarbeitern gewährt. [2]Alle anderen Personen sind, soweit ihnen ebenfalls Zutritt gewährt werden muss, von Mitarbeitern der VS-Verwaltung zu begleiten.

§ 44 VS-Verwahrgelasse

(1) VS-Verwahrgelasse sind besonders gesicherte Räume, Schränke oder sonstige Behältnisse zur Aufbewahrung von Verschlusssachen.

(2) Jede VS-Registratur verfügt über mindestens ein VS-Verwahrgelass.

(3) Ein VS-Verwahrgelass kann von mehreren Personen genutzt werden, soweit dem Grundsatz „Kenntnis nur, wenn nötig“ durch geeignete technische Maßnahmen Rechnung getragen wird, die die Geheimschutzbeauftragten in Abhängigkeit von den dort aufbewahrten Verschlusssachen und den zum Zugang berechtigten Personen festlegen und in der Geheimschutzdokumentation beschreiben.

(4) Unberechtigte Zugangsversuche zu VS-Verwahrgelassen sind, soweit technisch möglich, zu protokollieren.

§ 45 VS-IT-Räume und -Bereiche

(1) VS-IT-Räume und -Bereiche sind Räume und Bereiche, in denen VS-VERTRAULICH oder höher eingestufte Verschlusssachen mit IT be- oder verarbeitet werden.

(2) Sie sollen, sofern vorhanden, in Sicherheitsbereichen eingerichtet oder zu Sicherheitsbereichen im Sinne von § 39 Absatz 3 erklärt und entsprechend gegen unbefugten Zutritt geschützt werden.

(3) Die Sicherungsmaßnahmen für Räume und Bereiche, in denen ausschließlich VS-NUR FÜR DEN DIENSTGEBRAUCH eingestufte Verschlusssachen mit IT be- und verarbeitet werden, sind im Informationssicherheitskonzept festzulegen.

§ 46 Zutritts- und Zugangsmittel

(1) Zutritts- und Zugangsmittel zu VS-Arbeitsbereichen, Sicherheitsbereichen, VS-Verwahrgelassen, abhörgeschützten und abhörsicheren Räumen, VS-IT, mit der VS-VERTRAULICH oder höher eingestufte Verschlusssachen gehandhabt werden oder Systemen zur technischen Überwachung von Verschlusssachen sind so zu schützen, dass Unbefugte keinen Zugriff auf Verschlusssachen erhalten.

(2) [1]Gegenständliche Zutritts- und Zugangsmittel sind grundsätzlich während der Dienstzeit in persönlichem Gewahrsam zu halten. [2]Vor Verlassen des Dienstgebäudes sind sie grundsätzlich in einem VS-Verwahrgelass oder VS-Schlüsselbehälter zu verschließen. [3]VS-Schlüsselbehälter sind möglichst zu beaufsichtigen. [4]Der Verschluss von Zutritts- und Zugangsmitteln unterschiedlicher Nutzer erfolgt grundsätzlich getrennt. [5]Die Schlüssel zu den VS-Schlüsselbehältern verbleiben im persönlichen Gewahrsam des Nutzers des VS-Schlüsselbehälters.

(3) [1]Wissensbasierte Zutritts- und Zugangsmittel dürfen nur den Berechtigten bekannt sein. [2]Sie sind zu ändern:

1. vor der erstmaligen Nutzung,
2. bei einem Wechsel der Berechtigten,
3. nach deren Nutzung in Abwesenheit des Berechtigten,
4. bei einem Verdacht, dass sie bekannt geworden sind und
5. mindestens alle zwölf Monate.

(4) Zutritts- und Zugangsmittel nach Absatz 1 sind zentral zu verwalten und deren Ausgabe zu dokumentieren.

(5) Für Notfälle sollen gegenständliche und wissensbasierte Reservezutritts- und -zugangsmittel in beschrifteten und versiegelten Umschlägen voneinander und von den Originalzutritts- und -zugangsmitteln getrennt in VS-Verwahrgelassen aufbewahrt werden.

§ 47 Abnahmen und Wiederholungsprüfungen

(1) Dienststellen weisen die ordnungsgemäße Funktion und Ausführung von technischen Mitteln zur Sicherung von Verschlusssachen, von abhörgeschützten und abhörsicheren Räumen sowie die Einhaltung der Anforderungen der jeweiligen Technischen Leitlinien durch Abnahmeprüfungen des Bundesamtes für Sicherheit in der Informationstechnik und entsprechende Prüfprotokolle nach.

(2) Das Bundesamt für Sicherheit in der Informationstechnik ist über anstehende Prüfungen nach Absatz 1 rechtzeitig zu unterrichten.

(3) Nach wesentlichen Änderungen oder wenn eine Beeinträchtigung der Wirksamkeit (zum Beispiel durch Abnutzung oder Verschleiß) zu erwarten ist, sind die Überprüfungen zu wiederholen.

(4) Bei Auslandsvertretungen der Bundesrepublik Deutschland tritt der Bundesnachrichtendienst an die Stelle des Bundesamtes für Sicherheit in der Informationstechnik.

§ 48 Lauschabwehrprüfungen

(1) Lauschabwehrprüfungen werden vom Bundesamt für Sicherheit in der Informationstechnik durchgeführt.

(2) Abhörgeschützte und abhörsichere Räume sind auf Veranlassung der Geheimschutzbeauftragten vor der erstmaligen Nutzung für Verschlusssachen und danach stichprobenweise sowie anlassbezogen auf Manipulationen zu untersuchen, die die Sicherheit der Verschlusssachen gefährden können.

(3) [1]Die Geheimschutzbeauftragten legen die Häufigkeit der Stichproben in Abstimmung mit dem Bundesamt für Sicherheit in der Informationstechnik fest. [2]In Dienststellen nach § 42 soll die Prüfung ausgewählter Räume mindestens alle vier Jahre durchgeführt werden.

(4) Andere Räume sind bei Vorliegen eines Manipulationsverdachts oder aus Anlass von Konferenzen von besonderer Bedeutung zu prüfen.

(5) Die Dienststellen unterstützen das Bundesamt für Sicherheit in der Informationstechnik bei der Durchführung der Überprüfungen.

(6) Bei Auslandsvertretungen der Bundesrepublik Deutschland tritt der Bundesnachrichtendienst an die Stelle des Bundesamtes für Sicherheit in der Informationstechnik.

Abschnitt VIII: Einsatz von Informationstechnik

§ 49 Allgemeine Grundsätze

(1) Die Sicherheit von VS-IT ist während des gesamten Lebenszyklus ab dem Zeitpunkt, zu dem feststeht, dass sie zur VS-Verarbeitung eingesetzt werden soll, bis zur Aussonderung kontinuierlich zu gewährleisten.

(2) [1]Grundlage für die Absicherung von VS-IT ist die Umsetzung und regelmäßige Überprüfung des Informationssicherheitskonzeptes nach § 13. [2]Hierzu gehört insbesondere der bewusste Umgang mit IT-Sicherheitsrisiken im Rahmen eines Risikomanagements. [3]Risikomanagement wird als fortlaufender Prozess verstanden, in dem Planung, Umsetzung, Überwachung und Verbesserung kontinuierlich stattfinden. [4]Ziele des Risikomanagements sind die Reduzierung von Risiken durch Anwendung von angemessenen Sicherheitsmaßnahmen sowie die Identifikation von Restrisiken, die mit den getroffenen Maßnahmen nicht abgewehrt werden können. [5]Eine Sicherheitsmaßnahme ist angemessen, wenn der Aufwand zur Umsetzung der Maßnahme und das verbleibende Restrisiko in einem ausgewogenen Verhältnis stehen. [6]Die Bewertung der Angemessenheit erfolgt auf der Grundlage einer Risikoanalyse.

(3) Werden mit VS-IT VS-VERTRAULICH oder höher eingestufte Verschlusssachen verarbeitet, ist eine Risikoanalyse nach BSI-Standards in der jeweils gültigen Fassung durchzuführen.

§ 50 Freigabe des Betriebs von VS-IT

(1) Die Verarbeitung von Verschlusssachen ist nur mit VS-IT zulässig, die hierfür freigegeben ist.

(2) [1]Vor der Freigabe veranlassen die Geheimschutzbeauftragten eine Überprüfung der wirksamen Umsetzung der Geheimschutzmaßnahmen. [2]In den Fällen des § 13 Absatz 3 ist auf der Grundlage der Ergebnisse der Überprüfung zusätzlich ein Votum des Bundesamtes für Sicherheit in der Informationstechnik bezüglich der Freigabe der VS-IT einzuholen.

(3) [1]Die VS-IT ist durch die Dienststellenleitung freizugeben. [2]Bei mehreren beteiligten Dienststellen erfolgt die Gesamtfreigabe auf der Grundlage der Einzelprüfnachweise der beteiligten Dienststellen über die getroffenen Geheimschutzmaßnahmen und des Votums des Bundesamtes für Sicherheit in der Informationstechnik nach Absatz 2 durch das Bundesministerium des Innern, für Bau und Heimat. [3]Die Freigabe beziehungsweise die Gesamtfreigabe ist zu dokumentieren.

(3) [1][1]Dem Bundesamt für Sicherheit in der Informationstechnik ist die erfolgte Freigabe mitzuteilen. [2]Das Bundesamt für Sicherheit in der Informationstechnik führt eine Liste über die in den Dienststellen freigegebene VS-IT.

(4) [2][1]Geheimschutzrelevante Änderungen bei freigegebener VS-IT bedürfen der vorherigen Zustimmung der Geheimschutzbeauftragten. [2]In diesem Fällen ist das Informationssicherheitskonzept entsprechend zu aktualisieren und eine erneute Überprüfung der wirksamen Umsetzung der Geheimschutzmaßnahmen zu veranlassen.

(5) [3]Näheres regelt eine Technische Leitlinie des Bundesamtes für Sicherheit in der Informationstechnik.

§ 51 Zulassung

(1) Produkte, die innerhalb von VS-IT IT-Sicherheitsfunktionen übernehmen (IT-Sicherheitsprodukte), sind vor ihrem Einsatz vom Bundesamt für Sicherheit in der Informationstechnik zuzulassen.

(2) [1]Grundlage für die Zulassung ist das Zulassungskonzept des Bundesamtes für Sicherheit in der Informationstechnik. [2]Dieses wird im Einvernehmen zwischen dem Bundesministerium des Innern, für Bau und Heimat und dem Bundesamt für Sicherheit in der Informationstechnik festgelegt.

(3) [1]Die Zulassung wird durch einen Zulassungsnachweis des Bundesamtes für Sicherheit in der Informationstechnik bestätigt. [2]Dieser enthält auch Bestimmungen für den Einsatz und den Betrieb.

(4) Das Bundesamt für Sicherheit in der Informationstechnik führt Zulassungsverfahren entweder auf der Grundlage eines festgestellten Bedarfs in der Bundesverwaltung oder auf Antrag einer Dienststelle durch.

(5) [1]Sofern für bestimmte VS-IT keine zugelassenen IT-Sicherheitsprodukte zur Verfügung stehen oder eine Bereitstellung nicht zeitgerecht veranlasst werden kann, ist beim Bundesamt für Sicherheit in der Informationstechnik eine Freigabeempfehlung anderer Produkte zu beantragen. [2]Das Bundesamt für Sicherheit in der Informationstechnik kann eine Freigabeempfehlung befristen sowie besondere Auflagen und Einschränkungen hinsichtlich der Einsatz- und Betriebsbedingungen erteilen. [3]Nähere Einzelheiten regelt das Zulassungskonzept des Bundesamtes für Sicherheit in der Informationstechnik.

1 Absatznummerierung amtlich.
2 Absatznummerierung amtlich.
3 Absatznummerierung amtlich.

§ 52 IT-Sicherheitsfunktionen

(1) [1]IT-Sicherheitsfunktionen innerhalb von VS-IT, die eine Zulassung des Produktes durch das Bundesamt für Sicherheit in der Informationstechnik nach § 51 Absatz 1 erfordern, sind Funktionen:
1. zur Zugangs- und Zugriffskontrolle,
2. zur Identifikation und Authentisierung,
3. zur kryptographischen Unterstützung,
4. für das Sicherheitsmanagement,
5. zur Informationsflusskontrolle,
6. zum internen Schutz der Benutzerdaten,
7. zum Selbstschutz der Sicherheitsfunktionen und ihrer Daten,
8. zur Netzwerktrennung,
9. zum Schutz der Unversehrtheit,
10. zur Verfügbarkeitsüberwachung oder
11. zur Sicherheitsprotokollierung und Nachweisführung.

[2]Einzelheiten dazu und zum Zulassungskonzept werden in den Technischen Leitlinien des Bundesamtes für Sicherheit in der Informationstechnik geregelt.

(2) Das Bundesamt für Sicherheit in der Informationstechnik gibt einen auf diesen IT-Sicherheitsfunktionen und den sich hieraus ableitenden Produktklassen und -typen basierenden Katalog sowie eine aktuelle Liste zugelassener IT-Sicherheitsprodukte heraus.

§ 53 Schutz von VS-Übertragungseinrichtungen, -leitungen und -verteilern

(1) VS-Übertragungseinrichtungen, -leitungen und -verteiler, die Verschlusssachen unkryptiert führen, sind gegen unbefugten Zugriff zu schützen.

(2) Für VS-IT, die für VS-NUR FÜR DEN DIENSTGEBRAUCH eingestufte Verschlusssachen eingesetzt wird, gilt dieser Schutz innerhalb von Räumen und Bereichen, die gegen unkontrollierten Zutritt geschützt sind, grundsätzlich als gegeben.

(3) Für VS-IT, die für VS-VERTRAULICH oder höher eingestufte Verschlusssachen eingesetzt wird, gilt dieser Schutz innerhalb von VS-IT-Räumen und -Bereichen grundsätzlich als gegeben.

(4) [1]Außerhalb von Räumen und Bereichen nach den Absätzen 2 und 3 sind zusätzliche Maßnahmen zu treffen. [2]Näheres regeln der IT-Grundschutz und eine Technische Leitlinie des Bundesamtes für Sicherheit in der Informationstechnik.

§ 54 Handhabung von Datenträgern und IT-Produkten für unkryptierte Verschlusssachen

IT-Produkte, die keiner Zulassung bedürfen, Datenträger und mobile IT, auf denen jeweils elektronische Verschlusssachen unkryptiert gespeichert sind, sind so zu schützen wie es die Einstufung der darauf gespeicherten Information erfordert.

§ 55 Übertragung von Verschlusssachen über technische Kommunikationsverbindungen

(1) [1]Verschlusssachen müssen bei der Weitergabe über technische Kommunikationsverbindungen (elektronische Übertragung) grundsätzlich durch IT-Sicherheitsprodukte nach Vorgaben des Bundesamtes für Sicherheit in der Informationstechnik verschlüsselt werden. [2]Innerhalb einer Liegenschaft kann eine Verschlüsselung unterbleiben, wenn die Übertragung der Verschlusssachen ausschließlich leitungsgebunden erfolgt und die Übertragungseinrichtungen einschließlich Kabel und Verteiler gegen unbefugten Zugriff geschützt sind. [3]§ 57 bleibt unberührt.

(2) [1]Abweichend von Absatz 1 dürfen Verschlusssachen ausnahmsweise über andere technische Kommunikationsverbindungen übermittelt werden, wenn die Übermittlung über eine Kommunikationsverbindung nach Absatz 1 einen unvertretbaren Zeitverlust bedeuten würde. [2]In diesem Fall darf

1. für die Kommunikation von VS-NUR FÜR DEN DIENSTGEBRAUCH eingestuften Informationen eine nicht nach Absatz 1 geschützte Verbindung genutzt werden. Hierfür vorgesehene Verbindungen sind im Informationssicherheitskonzept unter Abwägung des Restrisikos festzulegen. Es sind Verbindungen auszuwählen, bei denen das Risiko des Mithörens durch Unbefugte weitestgehend reduziert wird.
2. für die Kommunikation von VS-VERTRAULICH eingestuften Informationen eine für VS-NUR FÜR DEN DIENSTGEBRAUCH freigegebene Verbindung genutzt werden.

(3) [1]Abweichend von Absatz 1 dürfen Verschlusssachen über andere technische Kommunikationsverbindungen übermittelt werden, wenn eine Verzögerung zu einem Schaden führen würde, der den mit einer Preisgabe der Verschlusssache verbundenen Schaden deutlich überwiegen würde. [2]In jedem Einzelfall ist die Einwilligung der Dienststellenleitung einzuholen und zu dokumentieren.

(4) In den Ausnahmefällen nach den Absätzen 2 und 3 sind folgende Vorsichtsmaßnahmen, die den Mitarbeitern zur Kenntnis zu geben sind, zu beachten, damit das Risiko eines Informationsabflusses weitgehend reduziert wird:

1. Die Identität des Kommunikationspartners soll vor Beginn der Kommunikation festgestellt werden,
2. die Kommunikation ist so zu führen, dass der Sachverhalt Dritten nicht verständlich wird und ein unmittelbarer Rückschluss auf den VS-Charakter nicht möglich ist,
3. die übermittelten Verschlusssachen dürfen keine Kennzeichnungen oder Hinweise aufweisen, die sie von einer nicht eingestuften Information unterscheiden. Die Kennzeichnungspflicht nach § 20 ist in diesem Fall aufgehoben und
4. die Kommunikationspartner sind auf anderem Wege (zum Beispiel über andere technische Kommunikationsverbindungen, durch Post oder Kurier) unverzüglich über die Einstufung der Verschlusssachen zu unterrichten, außer, dies ist im Einzelfall nicht möglich oder nicht zweckmäßig.

§ 56 Vernichtung und Aussonderung von Datenträgern und registrierten IT-Produkten

(1) [1]Bevor IT-Produkte, Datenträger und mobile IT im Sinne von § 54 ihre gesicherte Einsatzumgebung dauerhaft verlassen, ist sicherzustellen, dass alle auf ihnen gespeicherten Verschlusssachen gelöscht werden. [2]Die Löschung muss mittels vom Bundesamt für Sicherheit in der Informationstechnik nach § 51 dafür zugelassener beziehungsweise zur Freigabe empfohlener IT-Sicherheitsprodukte erfolgen.

(2) Ist eine Löschung nicht möglich, sind die Speichermedien physisch zu vernichten.

(3) Die Löschung beziehungsweise Vernichtung ist in der Geheimschutzdokumentation zu dokumentieren.

(4) Näheres regelt eine Technische Leitlinie des Bundesamtes für Sicherheit in der Informationstechnik.

§ 57 Abstrahlschutzmaßnahmen

[1]Bei VS-IT, die für VS-VERTRAULICH oder höher eingestufte Verschlusssachen eingesetzt wird, sind Abstrahlschutzmaßnahmen (zum Beispiel nach dem Zonenmodell) zu treffen und zu dokumentieren. [2]Einzelheiten sind einer Technischen Leitlinie des Bundesamtes für Sicherheit in der Informationstechnik zu entnehmen.

§ 58 Zusammenschaltung von VS-IT

(1) [1]Vor der Zusammenschaltung von VS-IT mit anderer VS-IT ist zu prüfen, ob und inwieweit Informationen zwischen diesen Systemen unter Berücksichtigung

1. des jeweiligen Schutzniveaus und
2. des Prinzips „Kenntnis nur, wenn nötig"

ausgetauscht werden dürfen. [2]In Abhängigkeit zum Ergebnis der Prüfung sind IT-Sicherheitsfunktionen nach § 52 zum Schutz der Systemübergänge zu implementieren.

(2) Die direkte oder kaskadierte Zusammenschaltung von bis zum Geheimhaltungsgrad STRENG GEHEIM freigegebener VS-IT mit offener oder ungeschützter IT ist nicht zulässig.

Abschnitt IX: Kryptopersonal und Handhabung von Kryptomitteln

§ 59 Kryptomittel

(1) [1]Nationale Kryptomittel im Sinne dieser Vorschrift sind Produkte, Geräte und die dazugehörigen Dokumente sowie zugehörige Schlüsselmittel zur Entschlüsselung, Verschlüsselung und Übertragung von Informationen, die vom Bundesamt für Sicherheit in der Informationstechnik oder für den Geschäftsbereich des Bundesministeriums der Verteidigung vom Bundesamt für Ausrüstung, Informationstechnik und Nutzung der Bundeswehr als solche festgelegt werden. [2]Internationale Kryptomittel werden nach den einschlägigen über- oder zwischenstaatlichen Vorschriften sowie den jeweiligen nationalen Vorschriften anderer Staaten festgelegt.

(2) [1]Eingestufte Kryptomittel erhalten einen der Warnvermerke „KRYPTO" (für „KRYPTOSICHERHEIT") oder „CRYPTO" (für „CRYPTOSECURITY"). [2]Nicht eingestufte Kryptogeräte sowie zugehörige kryptographische Komponenten und andere zugehörige Bauteile, die sicherheitsempfindliche Funktionen ausführen, erhalten den Warnvermerk „CCI" (für „Controlled COMSEC Item").

(3) [1]Alle Kryptomittel unterliegen einer Nachweisführung. [2]Die Nachweisführung erfolgt entsprechend der Nachweisführung für Verschlusssachen der Einstufung VS-VERTRAULICH oder höher. [3]Dazu sind eigene Bestandsverzeichnisse anzulegen.

§ 60 Nationale Verteilerstellen für Kryptomittel

(1) Das Bundesamt für Sicherheit in der Informationstechnik nimmt die Aufgaben der zentralen Nachweisführung, Verwaltung und Verteilung von Kryptomitteln als zivile nationale Verteilerstelle für Kryptomittel (Civil National Distribution Authority) wahr.

(2) Das Zentrum für Informationstechnik der Bundeswehr nimmt die Aufgaben der militärischen nationalen Verteilerstelle für Kryptomittel (Military National Distribution Authority) wahr.

§ 61 Kryptoverwaltung

(1) [1]Dienststellen, die Kryptomittel handhaben, bestellen mindestens einen Kryptoverwalter und eine zur Vertretung berechtigte Person (Kryptoverwaltung). [2]Große Kryptoverwaltungen, die mehrere Kryptoverwalter benötigen, bestimmen einen leitenden Kryptoverwalter. [3]Kryptoverwalter und die zur Vertretung berechtigten Personen müssen die zur Erfüllung ihrer Aufgaben erforderliche Fachkunde erwerben.

(2) Der Name des (leitenden) Kryptoverwalters, der zur Vertretung berechtigten Person und die Behördenanschrift sowie Änderungen sind der jeweils zuständigen nationalen Verteilerstelle für Kryptomittel mitzuteilen.

(3) [1]Haben sich während der Abwesenheit des Kryptoverwalters Veränderungen im Kryptobestand ergeben, so führt dieser unmittelbar nach Rückkehr eine Bestandsprüfung durch. [2]Beim Wechsel des Kryptoverwalters ist der Bestand zu überprüfen und ein Bestandsbericht (Übergabeprotokoll) zu fertigen.

(4) [1]Weitere Aufgaben der Kryptoverwaltung sind der Anlage I zu entnehmen. [2]Näheres zur Handhabung von Kryptomitteln regelt eine Technische Leitlinie des Bundesamtes für Sicherheit in der Informationstechnik.

§ 62 Kryptopersonal

[1]Personen, die Zugang zu Kryptomitteln erhalten (Kryptopersonal), sind vom Geheimschutzbeauftragten nach Muster der Anlage VIII zu belehren und zu berechtigen (Kryptoberechtigung). [2]Die Belehrung und die Berechtigung sind zu dokumentieren.

Abschnitt X: Aufrechterhaltung des Geheimschutzes

§ 63 Kontrollen

(1) [1]Die Geheimschutzbeauftragten sollen in ihrer Dienststelle in angemessenen Zeitabständen kontrollieren, ob die Einstufung, die Befristung und die Handhabung der Verschlusssachen den Vorschriften der Verschlusssachenanweisung entsprechen. [2]Die Kontrollen können auch durch besonders beauftragte Mitarbeiter durchgeführt werden. [3]Soweit die Bearbeitung von Verschlusssachen mit IT betroffen ist, werden die Geheimschutzbeauftragten hierbei von den IT-Sicherheitsbeauftragten unterstützt.

(2) Alle Bediensteten haben die Durchführung von Kontrollen zu unterstützen und hierfür auf Verlangen Zugang zu allen Verschlusssachen zu gewähren.

(3) Die obersten Bundesbehörden können in angemessenen Abständen bei den Behörden ihres jeweiligen Geschäftsbereichs kontrollieren, ob die dortigen Regelungen, Maßnahmen und Verfahren der Verschlusssachenanweisung entsprechen.

(4) Die Durchführung der Kontrollen und deren Ergebnisse sind in angemessener Weise zu dokumentieren.

§ 64 Behandlung von Geheimschutzvorkommnissen

(1) [1]Wird bekannt oder besteht der Verdacht, dass Geheimschutzvorschriften verletzt wurden oder Sicherheitsvorkehrungen den Geheimschutz nicht gewährleisten, sind die betroffenen Geheimschutzbeauftragten unverzüglich zu unterrichten. [2]Die Geheimschutzbeauftragten stellen in diesen Fällen den Sachverhalt fest und treffen die erforderlichen Maßnahmen.

(2) [1]Werden Dienststellen geheimschutzbezogene Vorkommnisse mit Bezug zu VS-VERTRAULICH oder höher eingestuften nationalen Verschlusssachen von wesentlicher Bedeutung bekannt, unterrichten sie unverzüglich das Bundesministerium des Innern, für Bau und Heimat, wenn die Besorgnis einer Bekanntgabe an Dritte besteht. [2]Gleiches gilt für nichtdeutsche Verschlusssachen, unabhängig von deren Geheimhaltungsgrad.

(3) Ist ein nachrichtendienstlicher Hintergrund oder eine Verratstätigkeit anderer Art nicht auszuschließen, so ist das Bundesamt für Verfassungsschutz, im Geschäftsbereich des Bundesministeriums der Verteidigung das Bundesamt für den Militärischen Abschirmdienst zu beteiligen.

(4) [1]Dienststellen, denen geheimschutzbezogene Vorkommnisse bekannt werden, die für die technische Sicherung von Verschlusssachen oder für die Sicherheit der Informations- und Kommunikationstechnik des Bundes von Bedeutung sind, unterrichten unverzüglich das Bundesamt für Sicherheit in der Informationstechnik. [2]Das Bundesamt für Sicherheit in der Informationstechnik unterrichtet im Anschluss unverzüglich das Bundesministerium des Innern, für Bau und Heimat.

§ 65 Verhalten in außergewöhnlichen Gefahrenlagen

(1) [1]Sofern im Katastrophen-, Alarm- oder Verteidigungsfall oder in vergleichbaren außergewöhnlichen Gefahrenlagen die Möglichkeit besteht, dass Unbefugte sich Zugang zu VS-VERTRAULICH oder höher eingestuften Verschlusssachen verschaffen können, und eine Aufbewahrung nach § 23 nicht möglich ist, sind die Verschlusssachen zu vernichten. [2]Die Dienststellen treffen in ihren Geheimschutzdokumentationen Handlungsanweisungen für die Vernichtung in diesen Fällen.

Abschnitt XI: Abschließende Regelungen

§ 66 Schlussbestimmungen

(1) Das Bundesministerium des Innern, für Bau und Heimat kann in besonderen Ausnahmefällen Abweichungen von dieser Verschlusssachenanweisung unter der Voraussetzung zulassen, dass der mit der Verschlusssachenanweisung beabsichtigte Schutz durch andere Sicherheitsvorkehrungen erreicht wird.

(2) Jede Dienststelle kann über die Verschlusssachenanweisung hinaus verschärfte Sicherheitsvorkehrungen treffen, soweit sie die notwendige einheitliche Behandlung der Verschlusssachen im gesamten VS-Verkehr nicht stören.

§ 67 Inkrafttreten

[1]Diese Allgemeine Verwaltungsvorschrift tritt am 1. September 2018 in Kraft. [2]Gleichzeitig tritt die Allgemeine Verwaltungsvorschrift des Bundesministeriums des Innern zum materiellen und organisatorischen Schutz von Verschlusssachen (VS-Anweisung – VSA) vom 31. März 2006 in der Fassung vom 26. April 2010 (GMBl 2010, S. 846) außer Kraft.

Verzeichnis der Anlagen

Es gelten folgende Anlagen zu dieser Vorschrift

Anlage I:	Hinweise zur Geheimschutzorganisation
Anlage II:	Hinweise zur Geheimschutzdokumentation
Anlage III:	Hinweise zur Einstufung
Anlage IV:	Hinweise zur Handhabung von Verschlusssachen

Anlage V:	Merkblatt zur Behandlung von Verschlusssachen des Geheimhaltungsgrades VS-NUR FÜR DEN DIENSTGEBRAUCH (VS-NfD-Merkblatt)
Anlage VI:	Richtlinie für die Abgabe von Verschlusssachen an das Geheimarchiv des Bundesarchivs (VS-Archivrichtlinie)
Anlage VII:	Hinweise zur Handhabung von Verschlusssachen ausländischer Staaten sowie über- oder zwischenstaatlicher Organisationen
Anlage VIII:	Muster

Anlage I

Verschlusssachenanweisung
Hinweise zur Geheimschutzorganisation

1 Geheimschutzbeauftragte

Geheimschutzbeauftragte oder besonders beauftragte Mitarbeiter (zum Beispiel Geheimschutzbeamte) nehmen insbesondere die nachfolgend beschriebenen Aufgaben wahr:

1.1 Geheimschutzorganisation

- die Einrichtung und den Betrieb einer VS-Registratur,
- die Einrichtung und den Betrieb einer Kryptoverwaltung,
- die Veranlassung der Bestellung von besonders beauftragten Mitarbeitern, VS-Registratoren und Kryptoverwaltern,
- die Gewährleistung der erforderlichen Fachkunde aller Mitarbeiter in der Geheimschutzorganisation und
- die Erstellung und Fortschreibung der Geheimschutzdokumentation.

1.2 Personeller Geheimschutz

- die Erfassung der Dienstposten, auf denen eine sicherheitsempfindliche Tätigkeit im Sinne des Sicherheitsüberprüfungsgesetzes ausgeübt wird,
- die Veranlassung von Sicherheitsüberprüfungen nach dem Sicherheitsüberprüfungsgesetz,
- die Durchführung des Sicherheitsüberprüfungsgesetzes als zuständige Stelle,
- die Verpflichtung, Ermächtigung und Zulassung von Personen zu sicherheitsempfindlichen Tätigkeiten sowie die Erweiterung, Einschränkung oder Aufhebung der Ermächtigung und Zulassung,
- die Unterrichtung der VS-Registratur über Ermächtigungen und Zulassungen sowie deren Erweiterung, Einschränkung, Aufhebung oder Erlöschen und
- die Sicherstellung der Begleitung von Fremdpersonal in Sicherheitsbereichen.

1.3 Materieller Geheimschutz

- die Festlegung und Einrichtung von Sicherheitsbereichen innerhalb der Dienststelle,
- die Festlegung und Einrichtung von abhörsicheren, abhörgeschützten und abstrahlsicheren Räumen,
- die Festlegung und Einrichtung von Räumen für die Handhabung von VS-VERTRAULICH und höher eingestuften Verschlusssachen, insbesondere
  - unter Abstrahlgesichtspunkten vermessene Räume (entsprechend dem BSI-Zonenmodell),
  - Räume zur Aufbewahrung von Verschlusssachen und
  - VS-IT-Räume und -Bereiche
- die Errichtung von Einbruch- und Überfallmeldeanlagen,
- die Errichtung von Zutrittskontrollen,
- die technischen Überprüfungen zur Abnahme und Revision von abhörgeschützten, abhörsicheren und abstrahlsicheren Räumen,
- die technischen Überprüfungen zur Abnahme von technischen Sicherungseinrichtungen,
- die Festlegung und Bereitstellung von Arbeitsmitteln für die Handhabung von Verschlusssachen,

- die Vorkehrungen gegen ein unbefugtes Vervielfältigen von VS-VERTRAULICH oder höher eingestuften Verschlusssachen,
- die Festlegung von Verfahren zur Vernichtung von Verschlusssachen,
- die Lauschabwehr- und sonstigen Manipulationsprüfungen.
- die Festlegung der Anforderungen des Geheimschutzes an VS-IT,
- die Durchführung von Kontrollen und
- die Behandlung von Geheimschutzvorkommnissen.

2 IT-Sicherheitsbeauftragte

IT-Sicherheitsbeauftragte nehmen insbesondere die nachfolgend beschriebenen Aufgaben wahr:
- Zuständigkeit für das Informationssicherheitskonzept,
- Unterstützung des Geheimschutzbeauftragten bei Kontrollen und der Behandlung von Geheimschutzvorkommnissen, soweit die Verarbeitung von Verschlusssachen mit IT betroffen ist,
- Unterstützung des Geheimschutzbeauftragten bei der Überprüfung der Umsetzung der Geheimschutzmaßnahmen, soweit die Verarbeitung von Verschlusssachen mit IT betroffen ist und
- Planung neuer und Änderung bestehender VS-IT-Verfahren.

3 VS-Registratur

Die Aufgaben der VS-Registratur umfassen insbesondere:
- den Empfang und Versand von Verschlusssachen einschließlich ihrer Überprüfung auf vorschriftsmäßige Verpackung, Beschädigungen und Vollständigkeit,
- die Registrierung von Verschlusssachen im VS-Bestandsverzeichnis sowie die Führung aller weiteren erforderlichen Nachweise,
- die Ausgabe von Verschlusssachen nur an entsprechend ermächtigtes oder zu deren Beförderung zugelassenes Personal,
- die Nachfrage, ob Verschlusssachen weiterhin beim Nutzer verbleiben müssen,
- als VS-Registratur der herausgebenden Dienststelle: die notwendigen Benachrichtigungen im Falle einer Verlängerung, Änderung oder Aufhebung der Einstufung einer Verschlusssache,
- als VS-Registratur der empfangenden Dienststelle: die Nachvollziehung entsprechend eingehender Benachrichtigungen,
- die Prüfung, ob die Einstufung von Verschlusssachen, deren Befristung abgelaufen ist, verlängert wurde durch Abfrage in der VS-Nachweisdatenbank und gegebenenfalls die Nachvollziehung von Verlängerungen oder Aufhebungen der entsprechenden VS-Einstufungen,
- die Sicherstellung der vollständigen Rückgabe von Verschlusssachen im Fall des Aufgabenwechsels von Mitarbeitern innerhalb der Dienststelle, der Aufhebung ihrer Ermächtigung sowie ihres Ausscheidens aus der Dienststelle,
- die jährliche Durchführung von Bestandsprüfungen und schriftliche Berichterstattung an den Geheimschutzbeauftragten,
- die Aussonderung von Verschlusssachen (Abgabe an das zuständige Archiv beziehungsweise Vernichtung) und
- die unverzügliche Mitteilung von Geheimschutzvorkommnissen an den Geheimschutzbeauftragten.

Die Muster für die vorgenannten Tätigkeiten befinden sich in Anlage VIII.

4 Kryptoverwaltung

Die Aufgaben der Kryptoverwaltung umfassen insbesondere
- den Empfang von Kryptomittelsendungen einschließlich ihrer Überprüfung auf vorschriftsmäßige Verpackung, Beschädigungen und Vollständigkeit,
- die Registrierung von Kryptomitteln sowie die Führung aller weiteren erforderlichen Nachweise,
- die Ausgabe von Kryptomitteln nur an Kryptopersonal,
- die Überprüfung der Notwendigkeit von Kryptomitteln beim Kryptopersonal und gegebenenfalls deren Abmeldung bei der zuständigen Kryptoverteilerstelle,
- die Sicherstellung der Rückgabe von Kryptomitteln im Fall des Aufgabenwechsels des zuständigen Kryptopersonals innerhalb der Dienststelle sowie dessen Ausscheiden aus der Dienststelle,
- die jährliche Durchführung von Bestandsprüfungen und schriftliche Berichterstattung an die Geheimschutzbeauftragten,
- die jährliche Durchführung der Seitenkontrollen bei Vorschriften und Dokumentationen,
- die Einarbeitung von Änderungen in Vorschriften,
- die Vernichtung von Kryptomitteln und
- die unverzügliche Mitteilung von Bloßstellungen oder vermutlichen Bloßstellungen von Kryptomitteln sowie von Verstößen gegen Bestimmungen zum Umgang mit Kryptomitteln an die Geheimschutzbeauftragten.

Anlage II

Verschlusssachenanweisung
Hinweise zur Geheimschutzdokumentation

1 Zuständigkeit

Die Geheimschutzdokumentationen werden von den Geheimschutzbeauftragten oder besonders beauftragten Mitarbeitern (zum Beispiel Geheimschutzbeamten) erstellt und fortgeschrieben. Bei der Erstellung der VS-IT-Dokumentationen, die Teil der Geheimschutzdokumentationen sind, werden sie von den IT-Sicherheitsbeauftragten unterstützt.

2 Inhalt der Geheimschutzdokumentation

Die Geheimschutzdokumentation umfasst

- alle Vorschriften, die in der jeweiligen Dienststelle bei der Handhabung von Verschlusssachen zu beachten sind. Dazu zählen insbesondere Dienstanweisungen, Erlasse und Rundschreiben, die den Umgang mit Verschlusssachen regeln,
- eine Auflistung aller sicherheitsempfindlichen Dienstposten der jeweiligen Dienststelle. Die Auflistung soll erkennen lassen, welche Art der Sicherheitsüberprüfung für den jeweiligen Dienstposten erforderlich ist,
- eine Auflistung der nach § 4 Absatz 2 ermächtigten und nach § 4 Absatz 3 zugelassenen Personen der jeweiligen Dienststelle. Die Auflistung soll erkennen lassen, wann und bis zu welchem Geheimhaltungsgrad die jeweiligen Personen ermächtigt beziehungsweise zugelassen sowie belehrt wurden,
- die VS-Sicherungsdokumentation (siehe 2.1),
- die VS-IT-Dokumentation (siehe 2.2),
- alle Nachweise über durchgeführte Überprüfungen nach § 14. Die Ergebnisse der durchgeführten Überprüfungen sind festzuhalten und zur Geheimschutzdokumentation zu nehmen. Werden bei den Überprüfungen Mängel an der Wirksamkeit der Geheimschutzmaßnahmen festgestellt, sind auch diese und die diesbezüglich ergriffenen Maßnahmen in der Geheimschutzdokumentation darzulegen,
- alle Prüfprotokolle über Abnahmen und Wiederholungsüberprüfungen nach § 47. Werden bei den Abnahmen und Wiederholungsüberprüfungen Mängel an der ordnungsgemäßen Funktion und Ausführung von technischen Mitteln zur Sicherung von Verschlusssachen oder von abhörgeschützten und abhörsicheren Räumen oder Mängel bei der Einhaltung der Anforderungen der jeweiligen Technischen Leitlinien des Bundesamtes für die Sicherheit in der Informationstechnik festgestellt, sind diese und die diesbezüglich ergriffenen Maßnahmen in der Geheimschutzdokumentation darzulegen,
- alle Nachweise über durchgeführte Lauschabwehrprüfungen nach § 48. Die Ergebnisse der durchgeführten Lauschabwehrprüfungen sind festzuhalten und zur Geheimschutzdokumentation zu nehmen. Werden bei den Lauschabwehrprüfungen Manipulationen festgestellt, sind auch diese und die diesbezüglich ergriffenen Maßnahmen in der Geheimschutzdokumentation darzulegen.
- alle Nachweise über durchgeführte Kontrollen nach § 63. Die Ergebnisse der durchgeführten Kontrollen sind festzuhalten und zur Geheimschutzdokumentation zu nehmen. Werden bei den Kontrollen Verstöße gegen die Verschlusssachenanweisung festgestellt, sind auch diese und die diesbezüglich ergriffenen Maßnahmen in der Geheimschutzdokumentation darzulegen,
- alle Berichte über Geheimschutzvorkommnisse nach § 64. Auch die Berichte über die diesbezüglich ergriffenen Maßnahmen und über gegebenenfalls er-

folgte Unterrichtungen und Beteiligungen nach § 64 Absatz 2 bis 4 sind zur Geheimschutzdokumentation zu nehmen,
- Handlungsanweisungen (Notfallpläne) für die Vernichtung von Verschlusssachen in außergewöhnlichen Gefahrenlagen nach § 65
- die Empfangsbestätigungen zu ausgegebenen VS-Bestandsverzeichnissen.

2.1 Inhalt der VS-Sicherungsdokumentation

Die VS-Sicherungsdokumentation umfasst
- eine Auflistung der Anzahl und Standorte
  - der VS-Aktensicherungsräume nach § 38 Absatz 2,
  - der VS-Arbeitsbereiche nach § 39 Absatz 1,
  - der Sicherheitsbereiche nach § 39 Absatz 3 sowie der hierzu Zutrittsberechtigten,
  - der abhörgeschützten und abhörsicheren Räume nach § 41 Absatz 2,
  - der VS-Registratur nach § 43 sowie der VS-Registratoren,
  - der VS-Verwahrgelasse nach § 44 sowie deren Nutzer,
  - der VS-IT-Räume und -Bereiche nach § 45,
  - der VS-Schlüsselbehälter nach § 46 Absatz 2 sowie deren Nutzer und
  - der Reservezutritts- und -zugangsmittel nach § 46 Absatz 5 sowie deren Verwalter.
- eine Beschreibung der Geheimschutzmaßnahmen für die bei der Dienststelle vorhandenen vorgenannten Bereiche, Räume, Behälter und Mittel, einschließlich der Regelungen zu deren Nutzung, Bewachung und technischen Überwachung unter Berücksichtigung der mehrschichtigen Sicherheit nach § 6.

2.2 Inhalt der VS-IT-Dokumentation

Die VS-IT-Dokumentation umfasst
- das Informationssicherheitskonzept nach § 13 einschließlich des Nachweises über dessen Freigabe,
- alle Nachweise über durchgeführte IT-Revisionen nach § 14,
- eine Auflistung der Art, Anzahl und Standorte der genutzten VS-IT und deren IT-Sicherheitsfunktionen nach § 52,
- eine Dokumentation der Freigabe des Betriebs von VS-IT nach § 50 und
- die Zulassungsnachweise nach § 51 Absatz 3 und Freigabeempfehlungen nach § 51 Absatz 5 für die eingesetzte VS-IT.

Anlage III

Verschlusssachenanweisung
Hinweise zur Einstufung

Tragen Sie durch eine sachgerechte Einstufung dazu bei, dass
- **tatsächlich geheimhaltungsbedürftige Informationen effektiv geschützt und**
- **Aufwand für unnötige Sicherheitsmaßnahmen vermieden wird.**

Beachten Sie deshalb Folgendes:

1 Prüfen Sie kritisch, ob eine Einstufung tatsächlich notwendig ist.

Eine Einstufung kommt nur im öffentlichen Interesse, insbesondere zum Schutz des Wohles des Bundes oder eines Landes in Betracht. Geschäfts-, Betriebs-, Erfindungs-, Steuer- oder sonstige private Geheimnisse oder Umstände des persönlichen Lebensbereichs sind nur dann einzustufen, wenn die Einstufung zumindest auch im öffentlichen Interesse liegt.

Ein öffentliches Interesse an einer Einstufung kann insbesondere bei Informationen vorliegen, die
- die innere Sicherheit,
- die äußere Sicherheit oder
- die auswärtigen Beziehungen
- des Bundes oder eines Landes betreffen.

Im Falle einer Einstufung muss vom Herausgeber der Verschlusssache schlüssig darzulegen sein, welche Schäden, Gefährdungen oder Nachteile für den Bestand, die Sicherheit oder die Interessen der Bundesrepublik Deutschland oder eines ihrer Länder bei Kenntnisnahme der Verschlusssache durch Unbefugte entstehen können.

Für Informationen, die die oben beschriebenen Anforderungen nicht erfüllen, kann eine Einstufung **nicht** erfolgen. Für diese Informationen bestehen möglicherweise andere (Spezial-)Regelungen, die zu beachten sind und den Schutz dieser Informationen sicherstellen (zum Beispiel das Datenschutzrecht oder das Bundesarchivgesetz).

2 Im Falle einer Einstufung müssen der gewählte Geheimhaltungsgrad und die damit verbundenen Schutzmaßnahmen dem konkreten Schutzbedürfnis entsprechen.

Eine Einstufung als Verschlusssache des Geheimhaltungsgrades VS-VERTRAULICH oder höher hat zur Folge, dass alle Personen, die Zugang zu der Verschlusssache haben oder ihn sich verschaffen können einer aufwendigen, in Persönlichkeitsrechte eingreifenden Sicherheitsüberprüfung unterzogen und kostenintensive materielle Schutzmaßnahmen getroffen werden müssen.

3 Beispiele für VS-Einstufungen:

3.1 STRENG GEHEIM

Eine Einstufung als Verschlusssache des Geheimhaltungsgrades STRENG GEHEIM kommt zum Beispiel in Betracht für:
- den (Gesamt-)Alarmplan der Bundeswehr,
- das (Gesamt-)Informationsaufkommen eines Nachrichtendienstes und
- Zusammenstellungen, deren einzelne Teile GEHEIM eingestuft sind, die jedoch in ihrer Gesamtheit STRENG GEHEIM einzustufen sind.

3.2 GEHEIM

Eine Einstufung als Verschlusssache des Geheimhaltungsgrades GEHEIM kommt zum Beispiel in Betracht für:

- Maßnahmen nach dem Gesetz zur Beschränkung des Brief-, Post- und Fernmeldegeheimnisses,
- Informationen zur „Elektronischen Kampfführung" der Bundeswehr,
- Teile des Alarmplanes der Bundeswehr,
- besondere Einsatzmittel und -verfahren von Spezialeinheiten der Polizei,
- Kryptodaten, die für die Verschlüsselung von VS-VERTRAULICH und höher eingestuften Verschlusssachen eingesetzt werden und
- Zusammenstellungen, deren einzelne Teile VS-VERTRAULICH eingestuft sind, die jedoch in ihrer Gesamtheit GEHEIM einzustufen sind.

3.3 VS-VERTRAULICH

Eine Einstufung als Verschlusssache des Geheimhaltungsgrades VS-VERTRAULICH kommt zum Beispiel in Betracht für:

- Ermittlungsberichte in Spionageverdachtsfällen,
- Erkenntnisse über die Arbeitsweise extremistischer/terroristischer Organisationen, deren Preisgabe die weitere Beobachtung/Aufklärung gefährden würde,
- außenpolitische Verhandlungspositionen, deren frühzeitige Bekanntgabe deutschen Interessen schaden würde und
- Zusammenstellungen, deren einzelne Teile VS-NUR FÜR DEN DIENSTGEBRAUCH eingestuft sind, die jedoch in ihrer Gesamtheit VS-VERTRAULICH einzustufen sind.

3.4 VS-NUR FÜR DEN DIENSTGEBRAUCH

Eine Einstufung als Verschlusssache des Geheimhaltungsgrades VS-NUR FÜR DEN DIENSTGEBRAUCH kommt zum Beispiel in Betracht für:

- Fahndungsunterlagen aus den Bereichen Terrorismus/Extremismus,
- Geheimschutzdokumentationen und
- Zusammenstellungen, deren einzelne Teile nicht eingestuft sind, die jedoch in ihrer Gesamtheit VS-NUR FÜR DEN DIENSTGEBRAUCH einzustufen sind.

Anlage IV

Verschlusssachenanweisung
Hinweise zur Handhabung von Verschlusssachen

1 Kennzeichnung von Verschlusssachen

1.1 Kennzeichnung von Schriftgut

Bei STRENG GEHEIM und GEHEIM eingestuften Verschlusssachen wird der Geheimhaltungsgrad mit dem Zusatz „amtlich geheim gehalten“ in roter Farbe durch Stempel oder Druck am oberen und unteren Rand jeder beschriebenen Seite angebracht.

Bei VS-VERTRAULICH eingestuften Verschlusssachen wird der Geheimhaltungsgrad mit dem Zusatz „amtlich geheim gehalten“ in schwarzer oder blauer Farbe durch Stempel oder Druck am oberen Rand jeder beschriebenen Seite angebracht.

Bei VS-NUR FÜR DEN DIENSTGEBRAUCH eingestuften Verschlusssachen wird der Geheimhaltungsgrad in schwarzer oder blauer Farbe durch Stempel oder Druck am oberen Rand jeder beschriebenen Seite angebracht.

1.2 Kennzeichnung von VS-Schriftgutbehältern, Behältern von VS-Datenträgern und VS-Bestandsverzeichnissen

Die äußeren Vorder- und Rückseiten sowie gegebenenfalls die Rücken von Schriftgutbehältern und Behältern von VS-Datenträgern (zum Beispiel Boxen, Ordner, Hefter, Hüllen, Lauf-, Klebe- oder Sammelmappen), in denen VS-VERTRAULICH oder höher eingestufte Verschlusssachen befördert oder verwahrt werden, sind wie folgt zu kennzeichnen:
1. Bei STRENG GEHEIM eingestuften Verschlusssachen mit einem gelben und einem roten Diagonalstreifen (überkreuzt).
2. Bei GEHEIM eingestuften Verschlusssachen mit einem roten Diagonalstreifen.
3. Bei VS-VERTRAULICH eingestuften Verschlusssachen mit einem blauen Diagonalstreifen.

VS-Bestandsverzeichnisse sind in derselben Weise zu kennzeichnen.

1.3 Warn- und Sperrvermerke

Warn- und Sperrvermerke begrenzen den zugangsberechtigten Empfängerkreis einer Verschlusssache. Eine Weitergabe einer mit Warn- oder Sperrvermerk gekennzeichneten Verschlusssache an andere als die entsprechend berechtigten Personen ist nur mit Zustimmung des Herausgebers zulässig. Zudem können Warn- und Sperrvermerke weitere Auflagen zur Handhabung der Verschlusssache regeln.

Für die Handhabung von Verschlusssachen, die mit einem Warnvermerk versehen sind, gibt es zusätzliche Handhabungsanweisungen, die den entsprechend berechtigten und ermächtigten Personen bekannt sind.

1.3.1 Warnvermerke

Es können insbesondere die nachfolgend aufgeführten Warnvermerke verwendet werden:
- „KRYPTOSICHERHEIT“ oder „KRYPTO“ oder „CRYPTOSECURITY“ oder „CRYPTO“
- „Controlled COMSEC Item“ oder „CCI“
- „Atomal“

- „Auswertesache (Schutzwort)“ oder „ANRECHT“ oder „Schutzwort-VS“ oder „SW-VS“
  Warnvermerke für nichtdeutsche Verschlusssachen regeln die jeweiligen über- oder zwischenstaatlichen Bestimmungen.

1.3.2 Sperrvermerke

Es können insbesondere die nachfolgend aufgeführten Sperrvermerke verwendet werden:
- „<jeweilige Behörde> intern“
- „Für Geheimschutzbeauftragte“
- „Nur Deutschen zur Kenntnis“ oder „GE eyes only“
- „Weitergabe an <jeweiliger Name>“
- „FÜR KRYPTOVERWALTER“ oder „for crypto custodian“
- „Nur zu ihrer Information“
- „Die Fertigung von Kopien dieser VS ist untersagt“

2 Nachweis von VS-VERTRAULICH oder höher eingestufter Verschlusssachen

Die papiergestützte Nachweisführung von Verschlusssachen erfolgt anhand von VS-Bestandsverzeichnissen, VS-Quittungsbüchern, VS-Begleitzetteln, VS-Empfangsscheinen, VS-Übergabeprotokollen und VS-Vernichtungsprotokollen.

Jede Eintragung, Änderung, nachträgliche Ergänzung und Streichung in papiergestützten VS-Nachweisen muss mit Datum versehen und der jeweils handelnden Person zuzuordnen sein. Bei Änderungen und Streichungen muss der ursprüngliche Text lesbar bleiben. Es ist unzulässig, Eintragungen zu löschen oder unkenntlich zu machen sowie Teile zu entfernen oder einzufügen.

Die elektronische Nachweisführung von Verschlusssachen erfolgt anhand von VS-Registratursystemen.

Jede Erstellung, Änderung, nachträgliche Ergänzung und Löschung eines Datensatzes in elektronischen VS-Nachweisen ist mit Datum, Uhrzeit und Namen des Nutzers zu protokollieren. Änderungen und Löschungen von bestehenden Datensätzen müssen so vorgenommen werden, dass der ursprüngliche Inhalt nachvollziehbar bleibt. Die Protokolldaten sind mindestens fünf Jahre nach Vernichtung, Abgabe oder Herabstufung der betroffenen Verschlusssache verfügbar zu halten.

2.1 VS-Bestandsverzeichnisse und VS-Registratursysteme

Die Registrierung von Verschlusssachen in VS-Bestandsverzeichnissen und VS-Registratursystemen erfolgt auf der Grundlage der aktuellen Grundsätze ordnungsgemäßer Aktenführung und der hierzu jeweils in den Dienststellen getroffenen Festlegungen. VS-Registratur und offene Registratur in der jeweiligen Dienststelle stimmen sich hierbei ab.

2.1.1 Papiergestützte VS-Bestandsverzeichnisse

Papiergestützte VS-Bestandsverzeichnisse werden von den Geheimschutzbeauftragten oder von besonders beauftragten Mitarbeitern an die VS-Registratoren herausgegeben. Diese bestätigen den Empfang. Die Empfangsbestätigungen sind zur Geheimschutzdokumentation zu nehmen.

VS-Bestandsverzeichnisse sind in gebundener Form zu führen. Die Doppelseiten sind fortlaufend zu nummerieren. Das Titelblatt wird nicht nummeriert. Auf dem Titelblatt eines VS-Bestandsverzeichnisses sind zu vermerken:

- die Behörde,
- welche Geheimhaltungsgrade nachgewiesen werden,
- von wem das VS-Bestandsverzeichnis geführt wird,
- die Nummer/der Band des VS-Bestandsverzeichnisses,
- die Anzahl der enthaltenen Doppelseiten,
- das Datum des ersten und letzten Eintrags sowie
- die Unterschrift des Geheimschutzbeauftragten und das Dienstsiegel.

Jede Verschlusssache ist im Bestandsverzeichnis unter einer eigenen, fortlaufenden Nummer (Tagebuchnummer) zu registrieren. Jede Anlage und jede Vervielfältigung einer Verschlusssache ist einzeln ebenfalls unter dieser Tagebuchnummer zu registrieren.

2.1.2 VS-Registratursysteme

VS-Registratursysteme sind gegen unbefugten Zugriff zu schützen. Sie sollen auf nicht vernetzten Einzelplatzrechnern oder in einem isolierten, ausschließlich für den Zweck der VS-Nachweisführung genutzten Netz betrieben werden.

In VS-Registratursystemen ist bei der Registrierung für jede Verschlusssache unter einer eigenen fortlaufenden Nummer (Tagebuchnummer) ein eigener Datensatz anzulegen. Für jede Anlage und jede Vervielfältigung einer Verschlusssache sind jeweils eigene Datensätze unter derselben Tagebuchnummer anzulegen.

VS-Registratursysteme stellen Funktionen bereit, die die Ausgabe aller für die VS-Nachweisführung relevanten Daten nach bestimmten Auswahl- und Sortierungskriterien ermöglichen.

Näheres regelt eine technische Leitlinie des Bundesamtes für Sicherheit in der Informationstechnik.

2.2 Nachweisführung bei elektronischer VS-Bearbeitung

Werden Verschlusssachen innerhalb von VS-IT hergestellt, bearbeitet, vervielfältigt, gespeichert, übertragen oder gelöscht, kann die Nachweisführung durch Prozesse innerhalb der VS-IT automatisiert vorgenommen werden.

Die Nachweisführung bei elektronischer VS-Bearbeitung hat nach den Nummern 2.1 und 2.1.2 zu erfolgen. Das Anlegen von Ordnungsstrukturen (zum Beispiel Akten und Vorgänge), das Ändern und Löschen von Datensätzen sowie die Aussonderung von Verschlusssachen sind ausschließlich auf Weisung eines zeichnungsbefugten VS-Bearbeiters durch VS-Registratoren vorzunehmen.

3. Weitergabe von Verschlusssachen

3.1 Beförderung durch Boten

Innerhalb einer geschlossenen Gebäudegruppe können Verschlusssachen durch Boten befördert werden.

VS-VERTRAULICH oder höher eingestufte Verschlusssachen sind dabei in Klebemappen oder Umschlägen zu verschließen. Bei STRENG-GEHEIM eingestuften Verschlusssachen sollen die Klebemappen oder Umschläge in verschlossenen VS-Transportbehältern mit Zählwerk oder in anderen Transportmitteln mit vergleichbarem Schutzniveau befördert werden.

Der Klebestreifen oder Umschlag muss neben der Unterschrift des Absenders die Aufschrift tragen:

STRENG GEHEIM/GEHEIM/VS-VERTRAULICH – diese Mappe/dieser Umschlag darf nur von [Name des Adressaten] oder dem STRENG GEHEIM/GEHEIM/VS-VERTRAULICH ermächtigten Vertreter geöffnet werden!.

Der Absender hat die erforderlichen Eintragungen im VS-Quittungsbuch vorzunehmen. Das VS-Quittungsbuch ist dem Boten mitzugeben.

Der Bote hat die Verschlusssache unverzüglich zu befördern und bis zu ihrer Ablieferung im persönlichen Gewahrsam zu halten. Kann eine STRENG GEHEIM eingestufte Verschlusssache nicht sofort zugestellt werden, so ist sie dem Absender oder der zuständigen VS-Registratur zur einstweiligen Aufbewahrung unmittelbar zurückzugeben.

Der Empfänger hat die Unversehrtheit des Verschlusses der Klebemappe oder des Umschlages zu prüfen und ihn persönlich zu öffnen. Er hat anhand der Eintragungen im VS-Quittungsbuch die für die Beförderung benötigte Zeit sowie bei VS-Transportbehältern den Zählwerkstand zu prüfen, das Datum, die Uhrzeit und bei VS-Transportbehältern den Zählwerkstand in das VS-Quittungsbuch einzutragen und den Erhalt der Verschlusssache durch Unterschrift zu quittieren.

Der Absender hat auf baldige Rückgabe des Quittungsbuches zu achten.

Verschlusssachen, die den Vermerk „Persönlich“ oder „Nicht durch die Registratur zu öffnen“ tragen, sind dem Empfänger ungeöffnet mit einem VS-Begleitzettel zuzuleiten. Der Empfänger kann eine solche Verschlusssache von der Weitergabe in den Geschäftsgang ausschließen, wenn es der Grundsatz „Kenntnis nur, wenn nötig“ erfordert. In diesem Falle wird der VS-Registratur nur der ausgefüllte VS-Begleitzettel zugeleitet.

Vorzimmerberechtigte sollen VS-VERTRAULICH oder höher eingestufte Verschlusssachen grundsätzlich persönlich entgegennehmen. Die Geheimschutzbeauftragten können mit Zustimmung der zuständigen obersten Bundesbehörde Ausnahmen zulassen, zum Beispiel bei hohem Aufkommen an Verschlusssachen, die Annahme durch Vorzimmerkräfte erlauben. Die Ausnahmeregelung ist in der Geheimschutzdokumentation nachzuweisen.

3.2 Versand durch VS-Kurier oder privaten Zustelldienst

Zwischen zwei getrennt liegenden Gebäuden, die nicht zu einer geschlossenen Gebäudegruppe gehören, können Verschlusssachen bis zum Geheimhaltungsgrad GEHEIM durch VS-Kurier oder privaten Zustelldienst versandt werden.

STRENG GEHEIM eingestufte Verschlusssachen sind durch VS-Kurier zu versenden.

3.2.1 Versand durch VS-Kurier

VS-VERTRAULICH oder höher eingestufte Verschlusssachen, die durch VS-Kurier versandt werden, sind in verschlossenen Umschlägen zu verpacken, die mit dem Geheimhaltungsgrad der enthaltenen Verschlusssache zu kennzeichnen sind. Die In-Empfangnahme der Verschlusssache ist von dem VS-Kurier im Quittungsbuch des Absenders zu quittieren. Der Verschlusssache ist ein ausgefüllter VS-Empfangsschein beizufügen.

VS-Kuriere haben für den Transport einen äußerlich neutralen, verschlossenen VS-Transportbehälter mit Zählwerkschloss zu nutzen. An verdeckter Stelle ist die Anschrift der Dienststelle anzubringen.

VS-Kuriere, die STRENG GEHEIM oder GEHEIM eingestufte Verschlusssachen befördern, sollen einen Dienstwagen nutzen. Ist dies nicht möglich, sind STRENG GEHEIM eingestufte Verschlusssachen mit mindestens zwei VS-Kurieren zu befördern.

VS-Kuriere haben die Verschlusssache ständig in persönlichen Gewahrsam zu halten. Ist dies nicht möglich, hat die Aufbewahrung nach § 23 zu erfolgen.

Als VS-Kurier kann jede ausreichend ermächtigte oder zugelassene Person eingesetzt werden.

Der Empfänger hat die Unversehrtheit des Verschlusses des Umschlages zu prüfen und ihn persönlich zu öffnen. Er hat den Zählwerkstand des VS-Transportbehälters zu prüfen, in den VS-Empfangsschein einzutragen und diesen an den Absender unterschrieben zurückzusenden. Geht der VS-Empfangsschein innerhalb einer angemessenen Frist (in der Regel eine Woche) nicht beim Absender ein, hat sich dieser beim Empfänger nach dem Verbleib zu erkundigen.

3.2.2 Versand an Auslandsvertretungen der Bundesrepublik Deutschland

An Auslandsvertretungen der Bundesrepublik Deutschland sind VS-VERTRAULICH oder höher eingestufte Verschlusssachen durch den Kurierdienst des Auswärtigen Amtes oder mittels technischer Kommunikationsverbindungen nach § 55 zu versenden.

3.2.3 Versand durch privaten Zustelldienst

Sollen VS-VERTRAULICH oder GEHEIM eingestufte Verschlusssachen, durch privaten Zustelldienst versandt werden, muss dieser gewährleisten, dass

1. die Zustellung der Sendung bis zum Mittag des folgenden Arbeitstages erfolgt,
2. die Annahme und Zustellung der Sendung nachgewiesen werden und
3. die Sendung lückenlos von der Annahme bis zur Zustellung nachverfolgt werden kann.

VS-VERTRAULICH oder GEHEIM eingestufte Verschlusssachen, die durch privaten Zustelldienst versandt werden, sind in doppelten Umschlägen zu verschließen. Der innere Umschlag enthält die Verschlusssache und darf nicht mehr als einen Vorgang enthalten.

Die inneren Umschläge sind mit folgenden Angaben zu versehen:

1. dem Empfänger und Absender,
2. der Bezeichnung des Empfangsberechtigten mit dem Zusatz „oder Vertreter im Amt (o.V.i.A.)“ oder „Persönlich“ sowie
3. die Aufschrift:
   GEHEIM/VS-VERTRAULICH – dieser Umschlag darf nur von [Name des Adressaten] oder dem GEHEIM/VS-VERTRAULICH ermächtigten Vertreter geöffnet werden!

Dem inneren Umschlag ist ein ausgefüllter VS-Empfangsschein beizufügen.

Der äußere Umschlag darf nur die für die Zustellung erforderlichen Angaben sowie den Absender enthalten. Er darf insbesondere keine Zusätze aufweisen, die Rückschluss auf den Inhalt zulassen oder in anderer Weise auf eine Sonderbehandlung der Sendung hindeuten.

Der Empfänger hat die Unversehrtheit der Verschlüsse der Umschläge zu prüfen, diese persönlich zu öffnen, den Empfangsschein auszufüllen und an den Absender zurückzusenden. Geht der VS-Empfangsschein innerhalb einer angemessenen Frist (in der Regel eine Woche) nicht beim Absender ein, hat sich dieser beim Empfänger nach dem Verbleib zu erkundigen.

Für den Versand von Paketen gelten die vorstehenden Bestimmungen entsprechend.

Anlage V

Verschlusssachenanweisung
Merkblatt zur Behandlung von Verschlusssachen des Geheimhaltungsgrades VS-NUR FÜR DEN DIENSTGEBRAUCH (VS-NfD-Merkblatt)

1 Allgemeines

1.1 Kenntnis nur, wenn nötig

Von einer Verschlusssache dürfen nur Personen Kenntnis erhalten, die aufgrund ihrer Aufgabenerfüllung von ihr Kenntnis haben müssen. Keine Person darf über eine Verschlusssache umfassender oder eher unterrichtet werden, als dies aus Gründen der Aufgabenerfüllung notwendig ist. Es gilt der Grundsatz „Kenntnis nur, wenn nötig".

1.2 Verstöße gegen die Geheimhaltungspflicht

Personen, die gegen die Vorschriften dieses VS-NfD-Merkblatts verstoßen, drohen disziplinar- oder arbeitsrechtliche Maßnahmen und eine strafrechtliche Ahndung des Verstoßes nach den §§ 93 bis 99, 203 Absatz 2 und 353 b StGB. Personen, die sich im Umgang mit Verschlusssachen als ungeeignet erwiesen haben, werden von der Bearbeitung von Verschlusssachen ausgeschlossen.

1.3 Mitteilungen an die Geheimschutzbeauftragten

Der Verlust und das Auffinden von Verschlusssachen sowie vermutete und festgestellte Verstöße gegen die Vorschriften dieses VS-NfD-Merkblatts sind unverzüglich den zuständigen Geheimschutzbeauftragten mitzuteilen, um einen eventuell entstandenen Schaden zu begrenzen und den Vorfall aufzuklären.

1.4 VS-IT

Die Verarbeitung von Verschlusssachen des Geheimhaltungsgrades VS-NUR FÜR DEN DIENSTGEBRAUCH ist nur mit VS-IT zulässig, die hierfür freigegeben ist. Dies betrifft unter anderem PCs, Notebooks und Mobiltelefone. Informationen zu freigegebener VS-IT erteilen die Geheimschutzbeauftragten beziehungsweise IT-Sicherheitsbeauftragten. Dabei sind die Vorgaben der Dienststelle zu Transport, Aufbewahrung und Betrieb zu beachten. Private IT, Software oder Datenträger dürfen nicht für die Verarbeitung von Verschlusssachen eingesetzt werden.

2 Einstufung

Die Dienststelle, die eine Verschlusssache erstellt oder deren Erstellung veranlasst, oder der Rechtsnachfolger dieser Dienststelle ist der Herausgeber der Verschlusssache.

Der Herausgeber stuft eine Verschlusssache in den Geheimhaltungsgrad VS-NUR FÜR DEN DIENSTGEBRAUCH ein, wenn deren Kenntnisnahme durch Unbefugte für die Interessen der Bundesrepublik Deutschland oder eines ihrer Länder nachteilig sein kann (§ 4 Absatz 2 Nummer 4 Sicherheitsüberprüfungsgesetz).

Von einer Einstufung als Verschlusssache ist nur Gebrauch zu machen, soweit dies notwendig ist.

3 Befristung und Aufhebung der Einstufung

Die Einstufung einer Verschlusssache des Geheimhaltungsgrades VS-NUR FÜR DEN DIENSTGEBRAUCH ist auf 30 Jahre befristet. Der Herausgeber kann unter Berücksichtigung der Begründung für die Einstufung eine kürzere Frist bestimmen. Die Einstufung endet mit Ablauf des Jahres, in welches das Fristende fällt. Die Frist kann nicht verlängert werden.

Fällt die Geheimhaltungsbedürftigkeit einer Verschlusssache weg, hat der Herausgeber die Einstufung aufzuheben. Die Aufhebung der Einstufung ist so zu vermerken, dass diese und die verfügende Stelle jederzeit erkennbar sind.

4 Kennzeichnung

Bei der Herstellung ist eine Verschlusssache des Geheimhaltungsgrades VS-NUR FÜR DEN DIENSTGEBRAUCH so zu kennzeichnen, dass bei ihrer Handhabung während der gesamten Dauer ihrer Einstufung jederzeit erkennbar sind:
1. der Geheimhaltungsgrad,
2. der Herausgeber,
3. das Datum der Verschlusssache und
4. das bei der Herstellung festgelegte Ende der Einstufungsfrist, sofern diese die Regelfrist von 30 Jahren unterschreitet.

Die verbindliche Gestaltung der Kennzeichnung von Verschlusssachen ist der Anlage IV sowie den Mustern der Anlage VIII zur Verschlusssachenanweisung zu entnehmen. Dies gilt auch für elektronische Verschlusssachen. Lässt die Beschaffenheit einer Verschlusssache eine solche Kennzeichnung nicht zu, ist sinngemäß zu verfahren. Geheimhaltungsgrade sind grundsätzlich auszuschreiben soweit die Beschaffenheit einer Verschlusssache dies zulässt. Ist dies nicht möglich, wird der Geheimhaltungsgrad VS-NUR FÜR DEN DIENSTGEBRAUCH mit VS-NfD abgekürzt.

Der Betreff einer Verschlusssache soll so formuliert werden, dass er für sich genommen nicht geheimhaltungsbedürftig ist.

5 Aufbewahrung und Verwaltung

Verschlusssachen des Geheimhaltungsgrades VS-NUR FÜR DEN DIENSTGEBRAUCH sind bei Nichtgebrauch in verschlossenen Behältern oder Räumen aufzubewahren. Sie können, soweit sie nicht Bestandteil höher eingestufter Verschlusssachen sind, unter Beachtung des Grundsatzes „Kenntnis nur, wenn nötig" in einer offenen Registratur dauerhaft aufbewahrt und in dieser verwaltet werden. Satz 1 gilt entsprechend für Datenträger und mobile IT, auf denen elektronische Verschlusssachen des Geheimhaltungsgrades VS-NUR FÜR DEN DIENSTGEBRAUCH unkryptiert gespeichert sind.

6 Weitergabe und Versand

6.1 Weitergabe innerhalb einer Dienststelle

Verschlusssachen des Geheimhaltungsgrades VS-NUR FÜR DEN DIENSTGEBRAUCH können innerhalb einer Dienststelle wie offenes Schriftgut weitergegeben werden.

Eine Quittierung der Weitergabe ist nicht vorgesehen. Bei der Weitergabe mittels VS-IT sind nachfolgende Regelungen unter 6.2 zu beachten.

6.2 Weitergabe über technische Kommunikationsverbindungen

Verschlusssachen des Geheimhaltungsgrades VS-NUR FÜR DEN DIENSTGEBRAUCH sind ausschließlich mittels hierfür freigegebener VS-IT über technische Kommunikationsverbindungen zu übertragen. Die Verschlusssachen müssen dabei grundsätzlich durch IT-Sicherheitsprodukte nach Vorgaben des Bundesamtes für

Sicherheit in der Informationstechnik verschlüsselt werden. Erfolgt die Versendung ausschließlich innerhalb hierfür freigegebener VS-IT-Netze (zum Beispiel freigegebenes Hausnetz des Absenders – Informationsverbund Berlin-Bonn – IVBB – freigegebenes Hausnetz des Empfängers), kann von einer Verschlüsselung abgesehen werden.

Abweichend von Absatz 1 dürfen Verschlusssachen des Geheimhaltungsgrades VS-NUR FÜR DEN DIENSTGEBRAUCH ausnahmsweise über andere technische Kommunikationsverbindungen versandt werden, wenn die Übermittlung über eine Kommunikationsverbindung nach Absatz 1 einen unvertretbaren Zeitverlust bedeuten würde. In diesem Fall sind folgende Vorsichtsmaßnahmen zu beachten:

1. Die Identität des Kommunikationspartners soll vor Beginn der Kommunikation festgestellt werden,
2. die Kommunikation ist so zu führen, dass der Sachverhalt Dritten nicht verständlich wird und ein unmittelbarer Rückschluss auf den VS-Charakter nicht möglich ist,
3. die übermittelten Verschlusssachen dürfen keine Kennzeichnungen oder Hinweise aufweisen, die sie von einer nicht eingestuften Information unterscheiden. Die Kennzeichnungspflicht ist in diesem Fall aufgehoben und
4. die Kommunikationspartner sind auf anderem Wege (zum Beispiel über andere technische Kommunikationsverbindungen, durch Post oder Kurier) unverzüglich über die Einstufung der Verschlusssachen zu unterrichten, außer, dies ist im Einzelfall nicht möglich oder nicht zweckmäßig.

Informationen zu den in Betracht kommenden Abweichungen bei der Auswahl von technischen Kommunikationsverbindungen erteilen die Geheimschutzbeauftragten.

6.3 Weitergabe durch private Zustelldienste

Verschlusssachen des Geheimhaltungsgrades VS-NUR FÜR DEN DIENSTGEBRAUCH können durch private Zustelldienste als gewöhnliche Briefbeziehungsweise Paketsendungen versandt werden. Der Umschlag beziehungsweise das Paket erhält keine VS-Kennzeichnung.

6.4 Grenzüberschreitende Weitergabe

Verschlusssachen des Geheimhaltungsgrades VS-NUR FÜR DEN DIENSTGEBRAUCH können auch ins Ausland durch private Zustelldienste als gewöhnliche Briefbeziehungsweise Paketsendungen versandt werden, es sei denn, der Herausgeber der Verschlusssache hat einer solchen Weitergabe widersprochen oder andere Modalitäten für den Auslandsversand festgelegt. Der Umschlag beziehungsweise das Paket erhält keine VS-Kennzeichnung.

6.5 Weitergabe an Parlamente und Landesbehörden

Die Weitergabe von Verschlusssachen des Geheimhaltungsgrades VS-NUR FÜR DEN DIENSTGEBRAUCH an den Deutschen Bundestag, den Bundesrat oder Landesparlamente erfolgt über die zuständige oberste Bundesbehörde.

Die Weitergabe von Verschlusssachen des Geheimhaltungsgrades VS-NUR FÜR DEN DIENSTGEBRAUCH an ein Land ist nur zulässig, sofern in diesem Land der Verschlusssachenanweisung entsprechende Regelungen zum Schutz von Verschlusssachen gelten oder sich das Land zum Schutz von Verschlusssachen entsprechend der Verschlusssachenanweisung verpflichtet.

6.6 Weitergabe an nichtöffentliche Stellen

Die Weitergabe von Verschlusssachen des Geheimhaltungsgrades VS-NUR FÜR DEN DIENSTGEBRAUCH an nichtöffentliche Stellen ist nur zulässig, wenn die Weitergabe im staatlichen Interesse erforderlich ist (z.B. zur Durchführung eines staatlichen Auftrages oder zur Analyse oder Abwehr von Gefahren für die Sicherheit in der Informationstechnik von Kritischen Infrastrukturen, von sonstigen Unternehmen im staatlichen Interesse oder einer Stelle des Bundes).

Vor der Weitergabe von Verschlusssachen des Geheimhaltungsgrades VS-NUR FÜR DEN DIENSTGEBRAUCH an nichtöffentliche Stellen muss mit diesen jeweils ein Vertrag geschlossen werden, in den die Bestimmungen des VS-NfD-Merkblattes des Handbuchs für den Geheimschutz in der Wirtschaft (Geheimschutzhandbuch) Eingang gefunden haben. Werden diese Unternehmen nicht durch das Bundesministerium für Wirtschaft und Energie geheimschutzbetreut, hat dies mit der Maßgabe zu erfolgen, dass die darin enthaltenen Kontrollrechte vom VS-Auftraggeber ausgeübt werden. Weitergehende Maßnahmen wie ein Geheimschutzverfahren des Bundesministeriums für Wirtschaft und Energie oder Sicherheitsüberprüfungen sind für eine Weitergabe von Verschlusssachen dieses Geheimhaltungsgrades nicht erforderlich.

6.7 Weitergabe an nichtdeutsche Stellen oder nichtöffentliche Stellen mit Sitz im Ausland

Die Weitergabe von deutschen Verschlusssachen des Geheimhaltungsgrades VS-NUR FÜR DEN DIENSTGEBRAUCH an Dienststellen ausländischer Staaten sowie über- oder zwischenstaatliche Organisationen (nichtdeutsche Stellen) setzt ein Regierungs- oder Ressortgeheimschutzabkommen oder ein entsprechendes internationales Abkommen voraus, welches die Bedingungen für die Weitergabe und weitere Handhabung regelt. Die Weitergabe von Verschlusssachen des Geheimhaltungsgrades VS-NUR FÜR DEN DIENSTGEBRAUCH an nichtöffentliche Stellen mit Sitz im Ausland setzt entsprechende Regelungen in einem solchen Abkommen voraus.

Vor der Weitergabe von Verschlusssachen an nichtdeutsche Stellen oder nichtöffentliche Stellen mit Sitz im Ausland ist die Zustimmung des Herausgebers einzuholen.

Liegt kein Regierungs- oder Ressortgeheimschutzabkommen oder ein entsprechendes internationales Abkommen vor, können deutsche Verschlusssachen des Geheimhaltungsgrades VS-NUR FÜR DEN DIENSTGEBRAUCH nur dann an nichtdeutsche Stellen oder nichtöffentliche Stellen mit Sitz im Ausland weitergegeben werden, wenn

1. dies zur Erfüllung der Aufgaben der deutschen Stelle erforderlich ist,
2. der Empfänger über die Geheimhaltungspflicht informiert wurde,
3. die nichtdeutsche Stelle der deutschen Stelle nach dem Muster der Anlage VIII schriftlich zusichert, die Verschlusssachen entsprechend der eigenen Geheimschutzvorschriften zu schützen und
4. die deutsche Stelle die Weitergabe dokumentiert.

Soweit die Weitergabe zur Wahrung wesentlicher Sicherheitsinteressen dringend erforderlich ist, können diese Voraussetzungen nachgeholt werden.

Bei einer grenzüberschreitenden Weitergabe an nichtdeutsche Stellen oder Unternehmen mit Sitz im Ausland mittels VS-IT müssen die Verschlüsselungsverfahren zwischen den beteiligten Staaten durch die Nationalen Sicherheitsbehörden für den Geheimschutz abgestimmt werden.

7 Mitnahme

Verschlusssachen des Geheimhaltungsgrades VS-NUR FÜR DEN DIENSTGEBRAUCH können außerhalb des Dienstgebäudes oder einer Liegenschaft nur auf Dienstreisen und zu Dienstbesprechungen mitgenommen werden, soweit dies dienstlich notwendig ist und sie angemessen gegen unbefugte Kenntnisnahme und unbefugten Zugriff gesichert werden. Sie können in diesem Fall in einem verschlossenen Umschlag unversiegelt und ohne Kurierausweis mitgeführt werden.

Ihre Mitnahme aus anderem Anlass (zum Beispiel zur Bearbeitung in der Privatwohnung) ist grundsätzlich unzulässig. Die Geheimschutzbeauftragten können Ausnahmeregelungen treffen.

Die ausschließlich elektronische Bearbeitung von Verschlusssachen des Geheimhaltungsgrades VS-NUR FÜR DEN DIENSTGEBRAUCH mit hierfür freigegebener VS-IT (zum Beispiel Notebooks) ist auch in der Privatwohnung zulässig.

8 Vernichtung

Verschlusssachen des Geheimhaltungsgrades VS-NUR FÜR DEN DIENSTGEBRAUCH sind von dem Bearbeiter nur an den dafür vorgesehenen Orten so zu vernichten, dass der Inhalt weder erkennbar ist, noch erkennbar gemacht werden kann.

Für die Vernichtung dürfen nur Produkte oder Verfahren eingesetzt oder Dienstleister beauftragt werden, die die Anforderungen des Bundesamtes für Sicherheit in der Informationstechnik erfüllen.

Anlage VI

Verschlusssachenanweisung
Richtlinie für die Abgabe von Verschlusssachen an das Geheimarchiv des Bundesarchivs (VS-Archivrichtlinie)

1 Allgemeines

Die öffentlichen Stellen des Bundes haben dem Bundesarchiv im Rahmen der Bestimmungen des § 6 Bundesarchivgesetz auch Unterlagen zur Übernahme anzubieten, die den Rechtsvorschriften des Bundes über die Geheimhaltung unterliegen. Unterlagen der Nachrichtendienste sind anzubieten, wenn sie deren Verfügungsberechtigung unterliegen und zwingende Gründe des nachrichtendienstlichen Quellen- und Methodenschutzes sowie der Schutz der Identität der bei ihnen beschäftigten Personen einer Abgabe nicht entgegenstehen. Ohne Zustimmung des Bundesarchivs dürfen daher anbietungspflichtige Verschlusssachen nicht vernichtet werden.

Das Geheimarchiv des Bundesarchivs hat die Aufgabe, STRENG GEHEIM, GEHEIM und VS-VERTRAULICH eingestufte Verschlusssachen, die für die Verwaltungsarbeit nicht mehr oder nicht mehr laufend benötigt werden zu verwahren. Die Übergabe an das Geheimarchiv ändert nichts an der Einstufung einer Verschlusssache.

An das Geheimarchiv sind vollständige Aufbewahrungseinheiten (zum Beispiel Hefter, Stehordner, Filme oder Bänder) abzugeben. Der Ordnungszustand ist nicht zu verändern (zum Beispiel keine Entnahme von Schriftstücken).

Die Aufbewahrungseinheiten sind vollständig in einem Abgabeverzeichnis aufzulisten. Neben dem Abgabeverzeichnis ist für jede Aufbewahrungseinheit ein Dokumentenverzeichnis zu erstellen, in dem sämtliche Verschlusssachen mit eindeutig identifizierbaren Formalangaben (Herausgeber, Tagebuchnummer, Datum und Geheimhaltungsgrad) zu erfassen sind. Inhaltsangaben im Abgabe- und im Dokumentenverzeichnis sind so zu formulieren, dass diese möglichst nicht geheimhaltungsbedürftig, keinesfalls aber höher als VS-NUR FÜR DEN DIENSTGEBRAUCH einzustufen sind. Vorlagen für das Abgabe- und das Dokumentenverzeichnis stellt das zuständige Fachreferat im Bundesarchiv zur Verfügung.

Das Abgabe- und das Dokumentenverzeichnis sind dem Bundesarchiv in elektronischer Form und in Papierform zuzuleiten. Das Geheimarchiv übersendet der abgebenden Stelle eine Kopie des Abgabeverzeichnisses mit den eingetragenen Archivnummern.

2 Festsetzung der Aufbewahrungsfrist

Vor einer Abgabe von Verschlusssachen hat die abgebende Stelle das Endjahr der Aufbewahrungsfrist je Aufbewahrungseinheit festzulegen.

Die Aufbewahrungsfrist ist so kurz wie möglich und unabhängig von der Einstufungsfrist festzulegen. § 19 der RegR ist anzuwenden.

3 Behandlung der Verschlusssachen im Archiv

Das Geheimarchiv weist die übernommenen Aufbewahrungseinheiten anhand der Abgabe- und Dokumentenverzeichnisse nach.

Das Geheimarchiv leitet der abgebenden Stelle oder deren Rechtsnachfolger ihre Verschlusssachen auf Anforderung wieder zu.

Das Geheimarchiv kann die ihm übergebenen Verschlusssachen für Archivzwecke bearbeiten, soweit diese nicht versiegelt oder auf andere Weise besonders gesichert sind.

Nach Aufhebung der Einstufung werden die archivwürdigen Unterlagen in die Archivbestände des Bundesarchivs übernommen. Nicht archivwürdige Unterlagen werden nach Ablauf der Aufbewahrungsfrist und der Prüffrist für die Verlängerungen von darin enthaltenen Verschlusssachen vernichtet.

Die Vernichtung wird im Abgabeverzeichnis nachgewiesen. Die Aufhebung der Einstufung wird von der aktenführenden Stelle oder dem Geheimarchiv auf dem Dokument kenntlich gemacht; soweit sie pauschal für die gesamte Aufbewahrungseinheit gilt, genügt es, wenn sie nur auf der Aufbewahrungseinheit kenntlich gemacht wird.

4 Einsichtnahme und Nutzung der Verschlusssachen durch Dritte

Werden Anträge Dritter auf Einsichtnahme in noch als Verschlusssachen eingestufte Unterlagen beim Bundesarchiv gestellt, leitet das Bundesarchiv diese Anträge an die abgebenden Stelle oder deren Rechtsnachfolger zur Prüfung weiter. Die Einsichtnahme bedarf der vorherigen Zustimmung der abgebenden Stelle oder deren Rechtsnachfolgers.

Eine Nutzung der Inhalte von Verschlusssachen durch Dritte (zum Beispiel Veröffentlichungen von Wissenschaftlern) kann nur nach Aufhebung der Einstufung der betreffenden Verschlusssachen durch die jeweiligen Herausgeber erfolgen.

In diesen Fällen prüft die abgebende Stelle oder deren Rechtsnachfolger die Aufhebung der Einstufung der eigenen Verschlusssachen und ersucht die Herausgeber etwaig in den Aufbewahrungseinheiten enthaltener Fremd-Verschlusssachen um die Prüfung der Aufhebung deren Einstufung.

Ist die Aufbewahrungsfrist der in Rede stehenden Aufbewahrungseinheiten abgelaufen, ersucht das Bundesarchiv die Herausgeber der enthaltenen Fremd-Verschlusssachen um Prüfung der Aufhebung deren Einstufung.

5 Schlussbestimmungen

Dem Geheimarchiv ist der Wechsel der Zuständigkeit für im Geheimarchiv verwahrte Verschlusssachen infolge von Aufgabenverlagerungen schriftlich mitzuteilen. Vor der Weitergabe von Verschlusssachen an die nunmehr zuständige Stelle nach § 23 RegR prüft die bislang zuständige Stelle, welche Verschlusssachen an das Geheimarchiv abgegeben werden können.

Das Auswärtige Amt kann für seinen Bereich in Übereinstimmung mit den Grundsätzen dieser Richtlinie eigene Bestimmungen erlassen.

Anlage VII

Verschlusssachenanweisung
Hinweise zur Handhabung von Verschlusssachen ausländischer Staaten sowie über- oder zwischenstaatlicher Organisationen

1 Grundsatz

Das Sicherheitsüberprüfungsgesetz sowie andere geheimschutzrechtliche Regelungen des Bundes zur Handhabung von Verschlusssachen finden auf Verschlusssachen anderer Staaten sowie über- oder zwischenstaatlicher Organisationen keine unmittelbare Anwendung.

Maßgeblich sind die jeweiligen Bestimmungen internationaler multi- oder bilateraler Abkommen zu Austausch, Schutz und Handhabung von Verschlusssachen. Diese können jedoch die Anwendbarkeit nationaler Bestimmungen vorschreiben beziehungsweise erlauben.

2 Handhabung nichtdeutscher Verschlusssachen

2.1 Handhabung von Verschlusssachen mit über- oder zwischenstaatlicher Organisationen auf Grundlage multilateraler Geheimschutzabkommen oder -bestimmungen

2.1.1 NATO

Die maßgeblichen Bestimmungen zu Austausch, Schutz und Handhabung von NATO-VS mit der NATO selbst sowie mit einem oder mehreren NATO-Mitgliedsstaaten sind in Dokument C-M(2002)49 in dessen gültiger Fassung festgeschrieben. Diese Bestimmungen sind in der Bundesrepublik Deutschland geltendes Recht.

NATO-Geheimhaltungsgrade (und ihre deutsche Entsprechung):

COSMIC TOP SECRET (CTS) – wird in Deutschland wie STRENG GEHEIM gehandhabt.

NATO SECRET (NS) – wird in Deutschland wie GEHEIM gehandhabt.

NATO CONFIDENTIAL (NC) – wird in Deutschland wie VS-VERTRAULICH gehandhabt.

NATO RESTRICTED (NR) – wird in Deutschland wie VS-NUR FÜR DEN DIENSTGEBRAUCH gehandhabt.

Nicht eingestufte NATO-Informationen sind als NATO UNCLASSIFIED (NU) gekennzeichnet. Dabei handelt es sich nicht um einen Geheimhaltungsgrad. Dennoch sind solche Informationen für die Öffentlichkeit nicht zugänglich. Anderes gilt nur, wenn unter der Kennzeichnung NATO UNCLASSIFIED ein RELEASABLE TO THE PUBLIC und/oder RELEASABLE TO INTERNET stehen. Weitere Informationen sind zu diesem Themenbereich sind den Dokumenten C-M(2002)60 und C-M(2007)0118 in ihrer gültigen Fassung zu entnehmen.

NATO-VS können zusätzlich zum Geheimhaltungsgrad auch mit Zusatzvermerken (Warn-/Sperrvermerke) versehen sein. Hierzu zählen auch Schutzworte, die der zusätzlichen Verbreitungsbeschränkung von Verschlusssachen dienen. Derart geschützte Informationen sind in einer Schutzwortregistratur aufzubewahren und dürfen nur Personen zugänglich gemacht werden, die entsprechend schutzwortverpflichtet sind. Die Schutzwortverpflichtung ist in der Sicherheitsakte zu protokollieren. Zusätzliche Überprüfungsmaßnahmen dieser Personen sind dazu in der Regel nicht notwendig.

Zugang zu NATO-VS

Zugang zu NATO-VS darf unter strikter Einhaltung des Grundsatzes „Kenntnis nur, wenn nötig“ gewährt werden und ab dem Geheimhaltungsgrad NATO CONFIDENTIAL nur erhalten, wer nach Maßgabe nationaler Rechtsvorschriften der Höhe des Geheimhaltungsgrades entsprechend sicherheitsüberprüft und entsprechend ermächtigt wurde. Dies wird, wo notwendig beziehungsweise verlangt, durch Ausstellung eines so genannten *Personnel Security Clearance Certificate (PSCC)* bestätigt. Das zu verwendende Muster ist Anlage VIII zu entnehmen.

Von der Pflicht zur Sicherheitsüberprüfung ausgenommen sind allein die in § 2 Absatz 3 Sicherheitsüberprüfungsgesetz genannten Personenkreise. Sie erhalten dennoch, nach Maßgabe des Grundsatzes „Kenntnis nur, wenn nötig“ und nach entsprechender Belehrung über ihre Rechte und Pflichten, Zugang zu NATO-VS (nach Nummer 38 der NATO Directive on Personnel Security – AC/35-D/2000 – in der gültigen Fassung).

Alle Personen, die Zugang zu NATO-VS erhalten beziehungsweise erhalten sollen, sind durch die Geheimschutzbeauftragten regelmäßig über ihre Rechte und Pflichten zu unterrichten. Die Unterrichtung muss durch die Betroffenen mit Unterschrift bestätigt werden.

2.1.2 Europäische Union

Zahlreiche Körperschaften, Institutionen und Agenturen der Europäischen Union haben Geheimschutzvorschriften für Verschlusssachen der Europäischen Union (EUVS; englisch: EUCI) erlassen, die sich punktuell voneinander unterscheiden können.

Soweit Schutzverpflichtungen deutscher Stellen für EUVS bestehen, sind die Geheimschutzvorschriften des Rates der Europäischen Union *(Council Security Rules – CSR)* von besonderer Bedeutung. Soweit Mitgliedstaaten der Europäischen Union in ihrer Eigenschaft als Mitglieder des Europäischen Rates tätig werden, finden die CSR auf die Mitgliedstaaten unmittelbare Anwendung.

In allen anderen Fällen finden in den Mitgliedstaaten der Europäischen Union weder die CSR (2013/488/EU), noch die Geheimschutzvorschriften der Europäischen Kommission (2015/444/EC) unmittelbare Anwendung. Die Mitgliedstaaten der Europäischen Union sind jedoch gehalten, diese Regeln zu respektieren, um ein gleichgeartetes Sicherheitsniveau für EUVS zu garantieren. Artikel 3 Absatz 2 des Übereinkommens zwischen den im Rat vereinigten Mitgliedstaaten der Europäischen Union über den Schutz von Verschlusssachen, die im Interesse der Europäischen Union ausgetauscht werden (2011/2 202/05) stellt diesbezüglich klar, dass keine Bestimmung der Europäischen Union Vorrang vor nationalen Vorschriften genießt.

EU-Geheimhaltungsgrade (und ihre deutsche Entsprechung)

TRÈS SECRET UE/EU TOP SECRET (TS-UE/EU-TS) – wird in Deutschland wie STRENG GEHEIM gehandhabt.

SECRET UE/EU SECRET (S-UE/EU-S) – wird in Deutschland wie GEHEIM gehandhabt.

CONFIDENTIEL UE/EU CONFIDENTIAL (C-UE/EU-C) – wird in Deutschland wie VS-VERTRAULICH gehandhabt.

RESTREINT UE/EU RESTRICTED (R-UE/EU-R) – wird in Deutschland wie VS-NUR FÜR DEN DIENSTGEBRAUCH gehandhabt.

Achtung:
EUVS des Rates der Europäischen Union, die vor dem 15. Oktober 2013 und EUVS der Europäischen Kommission, die vor dem 18. März 2015 entstanden sind, tragen lediglich französischsprachige Markierungen (Ausnahme: TRÈS SECRET UE/EU TOP SECRET). Diese EUVS gelten dennoch als richtig gekennzeichnet und damit als genuine EUVS und sind dementsprechend zu behandeln. Einige Agenturen des Rates und der Kommission verwenden nach wie vor Markierungen, die von den offiziellen beider Körperschaften abweichen. In Zweifelsfällen ist beim Bundesministerium des Innern, für Bau und Heimat in seiner Eigenschaft als Nationale Sicherheitsbehörde die Gültigkeit solcher Markierungen zu erfragen.

Nicht eingestufte Dokumente und Informationen der EU sind grundsätzlich nicht für die Öffentlichkeit bestimmt und unterliegen der Verpflichtung zur Amtsverschwiegenheit soweit sie die Kennzeichnung LIMITE tragen. Dabei handelt es sich nicht um einen weiteren Geheimhaltungsgrad, sondern um eine Verbreitungsbeschränkung inklusive minimaler Schutzvorschriften. Nicht eingestufte Dokumente ohne diese Markierung können der Öffentlichkeit zugänglich gemacht werden.

Zugang zu EUVS:

Zugang zu EUVS darf unter strikter Einhaltung des Grundsatzes „Kenntnis nur, wenn nötig“ gewährt werden und ab dem Geheimhaltungsgrad CONFIDENTIEL UE/EU CONFIDENTIAL nur erhalten, wer nach Maßgabe nationaler Rechtsvorschriften der Höhe des Geheimhaltungsgrades entsprechend sicherheitsüberprüft und entsprechend ermächtigt wurde. Dies wird, wo notwendig beziehungsweise verlangt, durch Ausstellung eines so genannten *Personnel Security Clearance Certificate (PSCC)* bestätigt. Das zu verwendende Muster ist Anlage VIII zu entnehmen.

Von der Pflicht zur Sicherheitsüberprüfung ausgenommen sind allein die in § 2 Absatz 3 Sicherheitsüberprüfungsgesetz genannten Personenkreise. Sie erhalten dennoch, nach Maßgabe des Grundsatzes „Kenntnis nur, wenn nötig“ und nach entsprechender Belehrung über ihre Rechte und Pflichten, Zugang zu EUVS (nach Artikel 7 Absatz 4 CSR).

Alle Personen, die Zugang zu EUVS erhalten beziehungsweise erhalten sollen, sind durch die Geheimschutzbeauftragten regelmäßig über ihre Rechte und Pflichten zu unterrichten. Die Unterrichtung muss durch die Betroffenen mit Unterschrift bestätigt werden.

Geheimschutzvorschriften des Europäischen Auswärtigen Dienstes (EAD):

Die Geheimschutzvorschriften des Europäischen Auswärtigen Dienstes (2013/C 190/01) richten sich primär an die Bediensteten des EAD. Europäischer Rat und Europäische Kommission haben diese als mit den jeweils eigenen gleichwertig anerkannt. Sicherheitsüberprüfungen zum Zugang zu EUVS des EAD sowie Maßnahmen zu deren Schutz richten sich in den Mitgliedstaaten nach nationalen Rechtsvorschriften.

Geheimschutzvorschriften des Europäischen Parlaments (EP):

Seit dem 1. April 2014 gelten auch für das Europäische Parlament eigene Geheimschutzvorschriften (2014/C 96/01). Sie richten sich ausschließlich an Abgeordnete, Beamte und Mitarbeiter des Europäischen Parlaments. Da sie sich teilweise erheblich von denen des Rates unterscheiden, gelten sie im Vergleich mit den CSR nicht als gleichwertig.

Der Austausch von EUVS zwischen Rat und Kommission und Parlament erfolgt daher auf Grundlage von bisher zwei eigenständigen Verwaltungsabkommen. Die Übermittlung von EUVS an das Parlament durch einen Mitgliedstaat bedarf der Zustimmung der Nationalen Sicherheitsbehörde.

Geheimschutzvorschriften des Europäischen Gerichtshofes (EuGH):

Seit dem 25. Dezember 2016 verfügt der Europäische Gerichtshof über eigene Geheimschutzvorschriften im Zusammenhang mit seiner Verfahrensordnung (Entscheidung (EU) 2016/2386 des Gerichtshofes). Nach diesen Vorschriften eingestufte Informationen tragen die Kennzeichnung FIDUCIA.

Alle so gekennzeichneten Informationen werden wie Informationen des Geheimhaltungsgrades SECRET UE/EU SECRET behandelt. Zugang zu diesen Informationen setzt eine Sicherheitsüberprüfung der Stufe Ü2 voraus.

Geheimschutzvorschriften europäischer Agenturen (wie zum Beispiel EUROPOL, EDA, EASO oder FRONTEX):

Die meisten Agenturen der EU, unabhängig davon, ob es Agenturen des Rates oder der Kommission sind, besitzen ihrerseits eigene Geheimschutzregeln. Während sich mittlerweile die meisten dieser Regeln an den Standards der CSR oder der Kommissionsregeln orientieren, gibt es nach wie vor Agenturen, deren Regeln davon abweichen. Das gilt insbesondere für die Kennzeichnung der Geheimhaltungsgrade.

Daher gilt: Verschlusssachen von EU-Agenturen, die nicht mit den oben dargestellten EU-Geheimhaltungsgraden markiert sind, gelten in Deutschland als nicht eingestuft und genießen daher auch keinen Schutzanspruch. Sollten solche Agenturen Verschlusssachen mit deutschen Stellen austauschen wollen, haben die deutschen Stellen die Agenturen darauf schriftlich aufmerksam zu machen. Im Zweifel ist das Bundesministerium des Innern, für Bau und Heimat in seiner Eigenschaft als Nationale Sicherheitsbehörde zu beteiligen.

Übereinkommen zwischen den im Rat vereinigten Mitgliedstaaten der Europäischen Union über den Schutz von Verschlusssachen, die im Interesse der Europäischen Union ausgetauscht werden:

Dieses Übereinkommen (2011/C 202/05) ist kein Geheimschutzabkommen der EU mit ihren Mitgliedstaaten und geht nationalen Vorschriften des Geheimschutzrechts nicht vor.

Ziel des Abkommens ist den Austausch von Verschlusssachen zwischen EU-Mitgliedstaaten zu ermöglichen, selbst wenn diese über kein bilaterales Geheimschutzabkommen verfügen. Die Besonderheit: liegt der Austausch der Verschlusssachen im Interesse der Europäischen Union, so können auf Grundlage dieses Abkommens nicht nur EUVS, sondern auch nationale Verschlusssachen ausgetauscht werden.

2.1.3 Europäische Weltraumagentur (ESA)

Die Europäische Weltraumagentur ist keine Agentur der Europäischen Union. Sie verfügt als eigenständige internationale Organisation über eigenständige Regeln zur Handhabung von ESA-VS (ESA/REG/004). Nach den Bestimmungen des Geheimschutzabkommens der ESA mit ihren Mitgliedstaaten von 2003 ist Deutschland verpflichtet, die Mindeststandards der ESA Geheimschutzvorschriften zu beachten. Diese Mindeststandards werden durch die deutsche Rechtslage abgedeckt.

ESA-Geheimhaltungsgrade (und ihre deutsche Entsprechung)

ESA TOP SECRET – wird in Deutschland wie STRENG GEHEIM gehandhabt.

ESA SECRET – wird in Deutschland wie GEHEIM gehandhabt.

ESA CONFIDENTIAL – wird in Deutschland wie VS-VERTRAULICH gehandhabt.

ESA RESTRICTED – wird in Deutschland wie VS-NUR FÜR DEN DIENSTGEBRAUCH gehandhabt.

Zugang zu ESA-VS

Zugang zu ESA-VS darf unter strikter Einhaltung des Grundsatzes „Kenntnis nur wenn nötig" gewährt werden und ab dem Geheimhaltungsgrad ESA CONFIDENTIAL nur erhalten, wer nach Maßgabe nationaler Rechtsvorschriften der Höhe des Geheimhaltungsgrades entsprechend sicherheitsüberprüft und entsprechend ermächtigt wurde. Dies wird, wo notwendig beziehungsweise verlangt, durch Ausstellung eines so genannten *Personnel Security Clearance Certificate (PSCC)* bestätigt. Ein solches PSCC ist auch beim Besuch von ESA Einrichtungen mitzuführen. Das zu verwendende Muster ist Anlage VIII zu entnehmen.

Alle Personen, die Zugang zu ESA VS erhalten beziehungsweise erhalten sollen, sind durch die Geheimschutzbeauftragten regelmäßig über ihre Rechte und Pflichten zu unterrichten. Die Unterrichtung muss durch die Betroffenen mit Unterschrift bestätigt werden.

2.1.4 Organisation Conjointe de Coopération en Matière d'Armement (OCCAR)

Die OCCAR ist keine Agentur der Europäischen Union. Sie verfügt als eigenständige internationale Organisation über eigene Regeln zur Handhabung von OCCAR-VS. Die Bestimmungen des Geheimschutzabkommens der OCCAR mit ihren Mitgliedstaaten von 2005 sind nach Maßgabe der Bestimmungen der OCCAR Konvention von 1998 in den OCCAR-Mitgliedstaaten geltendes Recht. Die OCCAR Geheimschutzvorschriften sind der OMP 11 (OCCAR Management Procedures 11) in ihrer gültigen Fassung zu entnehmen.

OCCAR-Geheimhaltungsgrade (und ihre deutsche Entsprechung)

OCCAR SECRET – wird in Deutschland wie GEHEIM gehandhabt.

OCCAR CONFIDETIAL – wird in Deutschland wie VS-VERTRAULICH gehandhabt.

OCCAR RESTRICTED – wird in Deutschland wie VS-NUR FÜR DEN DIENSTGEBTRAUCH gehandhabt.

Zugang zu OCCAR-VS

Zugang zu OCCAR-VS darf unter strikter Einhaltung des Grundsatzes „Kenntnis nur wenn nötig" gewährt werden und ab dem Geheimhaltungsgrad OCCAR CONFIDENTIAL nur erhalten, wer nach Maßgabe nationaler Rechtsvorschriften der Höhe des Geheimhaltungsgrades entsprechend sicherheitsüberprüft wurde. Dies wird, wo notwendig beziehungsweise verlangt, durch Ausstellung eines so genannten Personnel *Security Clearance Certificate (PSCC)* bestätigt. Ein solches PSCC ist auch beim Besuch von OC-CAR Einrichtungen mitzuführen.

Alle Personen, die Zugang zu OCCAR-VS erhalten beziehungsweise erhalten sollen, sind durch Geheimschutzbeauftragte regelmäßig über ihre Rechte und Pflichten zu unterrichten. Die Unterrichtung muss durch die Betroffenen mit Unterschrift bestätigt werden.

2.1.5 EUROKORPS (Eurocorps)

Das Eurokorps ist keine Agentur der Europäischen Union. Seine Aufgabe ist es, im Bedarfsfall Truppen für Einsätze der NATO und der EU zu stellen.

Das Eurokorps verfügt über eigene Vorschriften zur Handhabung von Eurokorps-Verschlusssachen (ECCI). Sie gelten in ihrer gültigen Fassung (derzeit: Version 3.1 aus 2010) auch in Deutschland.

Eurokorps-Verschlusssachengrade (und ihre deutsche Entsprechung)

EUROCOR TRÈS SECRET (ECTS) – wird in Deutschland wie STRENG GEHEIM gehandhabt.

EUROCOR SECRET (ECS) – wird in Deutschland wie GEHEIM gehandhabt.

EUROCOR CONFIDENTIEL (ECC) – wird in Deutschland wie VS-VERTRAULICH gehandhabt.

EUROCOR DIFFUSION RESTREINTE (ECDR) – wird in Deutschland wie VS-NUR FÜR DEN DIENSTGEBRAUCH gehandhabt.

Zugang zu Eurokorps-VS

Zugang zu Eurokorps VS darf unter strikter Einhaltung des Grundsatzes „Kenntnis nur wenn nötig“ gewährt werden und ab dem Geheimhaltungsgrad EUROCOR CONFIDENTIEL nur erhalten, wer nach Maßgabe der nationaler Rechtsvorschriften der Höhe des Geheimhaltungsgrades entsprechend sicherheitsüberprüft und entsprechend ermächtigt wurde. Dies wird, wo notwendig beziehungsweise verlangt, durch Ausstellung eines so genannten Personnel Security Clearance Certificate (PSCC) bestätigt. Ein solches PSCC ist auch beim Besuch von Eurokorps-Einrichtungen mitzuführen. Das zu verwendende Muster ist der Anlage VIII zu entnehmen.

Alle Personen, die Zugang zu Eurokorps Verschlusssachen erhalten beziehungsweise erhalten sollen, sind durch die Geheimschutzbeauftragten regelmäßig über ihre Rechte und Pflichten zu unterrichten. Die Unterrichtung muss durch die Betroffenen mit Unterschrift bestätigt werden.

2.1.6 Vereinte Nationen (VN)

Die Geheimschutzvorschriften der Vereinten Nationen finden sich im Bulletin des Generalsekretärs vom 12. Februar 2007.

Die Vereinten Nationen definieren darin „sensitive“ Informationen und weisen ihnen die Geheimhaltungsgrade „confidential“ beziehungsweise „strictly confidential“ zu. Diese Kennzeichnungen entfalten, wie die Gesamtheit der Regeln, keine Bindewirkung nach außen, bewirken also auch keine Schutzverpflichtungen für deutsche Stellen.

Da kein Geheimschutzabkommen zwischen den Vereinten Nationen und der Bundesrepublik Deutschland existiert dürfen grundsätzlich keine deutschen Verschlusssachen mit den Vereinten Nationen ausgetauscht werden. Im Ausnahmefall ist der Austausch bestimmter, höchstens VS-NUR FÜR DEN DIENSTGEBRAUCH eingestufter Informationen mit einzelnen Einrichtungen der VN auf Basis eines „Memorandum of Understanding" und mit Zustimmung des Bundesministeriums des Innern, für Bau und Heimat in seiner Eigenschaft als Nationale Sicherheitsbehörde möglich.

2.2 Handhabung von Verschlusssachen auf Grundlage bilateraler Abkommen

2.2.1 Regierungsgeheimschutzabkommen

Regierungsgeheimschutzabkommen *(Governmental Security Agreement – GSA)* sind zweiseitige völkerrechtliche Verträge zwischen der Regierung der Bundesrepublik Deutschland und der Regierung eines anderen Staates oder dem entsprechenden Exekutivorgan einer internationalen Organisation. Soweit Regierungsgeheimschutzabkommen von nationalen Vorschriften abweichende Regelungen vorsehen, so sind im bilateralen Verkehr erstere anzuwenden. Grundsätzlich ist jedoch darauf zu achten, dass nationale Geheimschutzvorschriften durch Regierungsgeheimschutzabkommen nicht geändert oder eingeschränkt werden.

Regierungsgeheimschutzabkommen binden die Bundesrepublik Deutschland als Völkerrechtssubjekt in ihrer Gesamtheit und ermöglichen den Austausch von Verschlusssachen mit dem jeweiligen Partnerstaat. Kein Regierungsgeheimschutzabkommen zwingt jedoch zum Austausch von Verschlusssachen.

Die aktuelle Liste in Kraft befindlicher Regierungsgeheimschutzabkommen ist beim Auswärtigen Amt (Referat 503) zu erfragen.

2.2.2 Ressortgeheimschutzabkommen

Ressortgeheimschutzabkommen werden zwischen einem Bundesressort und dessen Pendant in einem Partnerstaat geschlossen. Sie genießen dieselbe völkerrechtliche Stellung wie Regierungsgeheimschutzabkommen und binden ebenfalls die Bundesrepublik Deutschland als Völkerrechtssubjekt in ihrer Gesamtheit.

Allerdings können auf Grundlage von Ressortgeheimschutzabkommen nur Verschlusssachen der jeweils betreffenden Ressorts und Behörden ihres Geschäftsbereichs ausgetauscht werden.

Die aktuelle Liste in Kraft befindlicher Ressortgeheimschutzabkommen ist beim Auswärtigen Amt (Referat 503) zu erfragen

2.2.3 Memoranda of Understanding (MoU), Memoranda of Agreement (MoA) oder vergleichbare „Gentlemen's Agreements".

Obwohl nichtvertragliche Instrumente dieser Art Absprachen zur Handhabung von Verschlusssachen enthalten, fehlt ihnen die rechtliche Verbindlichkeit. Insbesondere sind sie nicht geeignet, die Prinzipien „originator's controll" und „originator's consent" zur Geltung zu bringen. Sie können daher genuine Regierungsbeziehungsweise Ressortgeheimschutzabkommen nicht ersetzen.

3 Hinweise zur Markierung nichtdeutscher VS

Nichtdeutsche Verschlusssachen sind zusätzlich mit dem korrespondierenden deutschen Geheimhaltungsgrad zu kennzeichnen, sofern dies in dem jeweils anwendbaren Regierungs- oder Ressortgeheimschutzabkommen oder entsprechenden internationalen Abkommen vorgesehen ist. Dies erfolgt jeweils unterhalb des Originalgeheimhaltungsgrades (siehe Muster in Anlage VIII). Bei zusammenhängenden Verschlusssachen reicht es aus, wenn diese zusätzliche Markierung nur auf der ersten Seite erfolgt.

Keinesfalls darf der Originalgeheimhaltungsgrad durchgestrichen, überschrieben oder durch die zusätzliche Kennzeichnung geändert werden.

Eine aktuelle Vergleichstabelle der mit den deutschen Geheimhaltungsgraden korrespondierenden Originalgeheimhaltungsgraden ist auf der Internetseite des Bundesministeriums des Innern, für Bau und Heimat unter der Rubrik „Sicherheit/Spionageabwehr, Wirtschafts- & Geheimschutz/Staatlicher Geheimschutz“ eingestellt.

Anlage VIII[1]

Verschlusssachenanweisung Muster

Für die Umsetzung der VSA werden die nachfolgenden Muster verbindlich festgelegt:

Muster 1	Nachweis über die Verpflichtung (zu § 4 Abs. 1 VSA)
Muster 2	Nachweis über die Ermächtigung (zu § 4 Abs. 2 VSA), Nachweis über die Zulassung (zu § 4 Abs. 3 VSA), Nachweis über die Verpflichtung (zu § 4 Abs. 2 und Abs. 3 VSA)
Muster 3	Nachweis über die Wiederholung der Belehrung und Unterrichtung (zu § 4 VSA)
Muster 4	Konferenzbescheinigung (zu § 4 VSA)
Muster 5	Nachweis über die Aufhebung/die Einschränkung/das Erlöschen der Ermächtigung/der Zulassung, Unterrichtung und Ablieferung der Verschlusssachen und des Quittungsbuchs (zu § 4 Abs. 6 und 7 VSA)
Muster 6	Ausfertigung einer Verschlusssache STRENG GEHEIM (zu § 20 VSA)
Muster 7	Ausfertigung einer Verschlusssache GEHEIM (zu § 20 VSA)
Muster 8	Anlage zu einer Verschlusssache am Beispiel einer Verschlusssache des Geheimhaltungsgrades GEHEIM (zu § 20 VSA)
Muster 9	Ausfertigung einer Verschlusssache VS-VERTRAULICH (zu § 20 VSA)
Muster 10	Ausfertigung einer Verschlusssache VS-NUR FÜR DEN DIENSTGEBRAUCH (zu § 20 VSA)
Muster 11	Entwurf einer E-Mail bei Übermittlung einer Verschlusssache VS-NUR FÜR DEN DIENSTGEBRAUCH (zu § 20 VSA)
Muster 12	Verschlusssache mit unterschiedlich eingestuften Teilen (zu § 20 VSA)
Muster 13	Kennzeichnung für VS-Datenträger (hier: CD-ROM) (zu § 20 VSA)
Muster 14	Kennzeichnung der Hülle für VS-Datenträger (hier: CD-ROM) (zu § 20 VSA)
Muster 15	Kennzeichnung für VS-Datenträger (hier: USB-Stick) (zu § 20 VSA)
Muster 16	VS-Empfangsschein (zu § 21 VSA)
Muster 17	VS-Bestandsverzeichnis (zu § 21 VSA)
Muster 18	VS-Quittungsbuch (zu § 21 VSA)
Muster 19	VS-Begleitzettel (zu § 21 VSA)
Muster 20	VS-Übergabeprotokoll (zu § 21 VSA)
Muster 21	VS-Vernichtungsprotokoll (zu § 21 VSA)
Muster 22	Umschläge für VS-Sendungen (zu § 24 VSA)
Muster 23	Vereinbarung zu Sicherheitsbestimmungen ausgetauschter Verschlusssachen (zu §§ 34, 35 VSA)
Muster 24	Deutscher VS-Versandschein (zu §§ 34, 35 VSA)
Muster 25	Internationaler Empfangsschein (zu §§ 34, 35 VSA)

1 Muster 1–34 (hier nicht wiedergegeben).

Muster 26	Nachweis über die Belehrung über die Behandlung von Kryptomaterial (zu § 62 VSA)
Muster 27	Nachweis über die Kryptoberechtigung, ihre Einschränkung, Aufhebung oder ihr Erlöschen (zu § 62 VSA)
Muster 28	Vorblatt zum Verzeichnis für die Abgabe von VS an das Geheimarchiv (zu Anlage VI VSA)
Muster 29	Abgabeverzeichnis (zu Anlage VI VSA)
Muster 30	Dokumentenverzeichnis (zu Anlage VI VSA)
Muster 31	PSCC NATO (zu Anlage VII VSA)
Muster 32	PSCC EU (zu Anlage VII VSA)
Muster 33	PSCC ESA (zu Anlage VII VSA)
Muster 34	Markierung nichtdeutscher VS (Beispiele) (zu Anlage VII VSA)

Hinweis zu den Mustern 6 bis 11:

Von Verschlusssachen dürfen nur **Personen** Kenntnis erhalten, die auf Grund ihrer Aufgabenerfüllung von ihr Kenntnis haben müssen. Für Verschlusssachen aller Geheimhaltungsgrade gilt der Grundsatz „Kenntnis nur, wenn nötig“ (vgl. § 3 Abs. 1 VSA). Soweit in den Mustern 6 bis 14 daher als Adressaten neutral „Empfänger“ bezeichnet sind, verstehen sich diese in allen Fällen als persönliche Adressierung zu Händen einer bestimmten Person („z. Hd. Herrn/Frau XY“) bzw. einer Person in einer bestimmten Funktion („z. Hd. des/der Geheimschutzbeauftragten“) sowie ggf. eines Vertreters im Amt („o.V.i.A.“). Hierbei ist insbesondere § 24 Abs. 2 VSA zu beachten.

Anlage 12
Hausanordnung: Verwaltung des Schriftguts im Bundesministerium des Inneren

1 Grundsätze

1.1 Geltungsbereich

Diese Hausanordnung regelt die Verwaltung des Schriftguts – mit Ausnahme der Personalakten und der Verschlusssachen der Geheimhaltungsgrade VS-VERTRAULICH und höher – im Bundesministerium des Innern (BMI).

Gemäß § 3 der Registraturrichtlinie für das Bearbeiten und Verwalten von Schriftgut in den Bundesministerien (RegR) sind Schriftgut alle bei der Erfüllung von Aufgaben des Bundes erstellten oder empfangenen Dokumente, unabhängig von der Art des Informationsträgers und der Form der Aufzeichnung. Demnach ist Schriftgut im Sinne dieser Hausanordnung sämtliche aus der Tätigkeit des BMI erwachsenden amtlichen Schriftstücke in papiergebundener und/oder in elektronischer Form.

Zweck der Schriftgutverwaltung ist das Ordnen, Registrieren, Bereitstellen, Aufbewahren und Aussondern von Schriftgut (§ 3 RegR). Insbesondere hat die Schriftgutverwaltung im BMI zum Ziel, die Bearbeitung von Vorgängen zu unterstützen, die Aufgabenerfüllung aktenkundig zu halten, den Schriftgutbestand zu sichern und eine geordnete Aussonderung von Schriftgut sicherzustellen.

Diese Hausanordnung ist maßgeblich für alle Mitarbeiter, die Schriftgut erstellen und bearbeiten (Bearbeiter) sowie die Schriftgutverwalter (Registraturkräfte). Sonderregelungen für den Umgang mit Schriftgut mit personalaktenrelevanten Inhalten, den Umgang mit Verschlusssachen der Geheimhaltungsgrade VS-VERTRAULICH und höher sowie Sonderregelungen für die Registraturkräfte der Personal- und der VS-Registratur sind in gesonderten Hausanordnungen und Anweisungen dargestellt.

Die Führung von Personalakten erfolgt ausschließlich durch das hierfür zuständige Personalreferat in der Personalregistratur. Die Veraktung von Schriftgut mit personalaktenrelevanten Inhalten in den Registraturen der Fachorganisationseinheiten ist unzulässig.- 2 - Stand: 11. April 2013

Neben dieser Hausanordnung gelten die Gemeinsame Geschäftsordnung der Bundesministerien (GGO) und die sie ergänzende Registraturrichtlinie für das Bearbeiten und Verwalten von Schriftgut in Bundesministerien (RegR) (siehe Kapitel 4, § 12 Absatz 2 GGO).

1.2 Grundsatz der Aktenführung in der elektronische Akte (E-Akte)

Die Aktenführung im BMI erfolgt grundsätzlich elektronisch im E-Akte-System. Die E-Akte ist somit die für alle Mitarbeiter des BMI die verbindliche Akte.

Von der E-Akte ausgenommen sind

- die Bundesakademie für öffentliche Verwaltung,
- der Bundesbeauftragte für den Datenschutz und die Informationsfreiheit und
- der Beauftragte für den Datenschutz im BMI.

Von der elektronischen Aktenführung ausgenommen sind zudem Personalakten und sonstige Akten mit personalaktenrelevanten Inhalten, die Sicherheitsakten nach dem Sicherheitsüberprüfungsgesetz (SÜG), Prozessakten sowie Akten, Dokumente und Vorgänge der Geheimhaltungsgrade „VS-VERTRAULICH" und höher sowie vergleichbare nichtdeutsche Verschlusssachen.

Schriftgut des Geheimhaltungsgrades „VS-NUR FÜR DEN DIENSTGEBRAUCH" (VS-NfD) sowie vergleichbare nichtdeutsche Verschlusssachen werden in der E-Akte unter Beachtung der in der Verschlusssachenanweisung (VSA) enthaltenen Regelungen zum Umgang mit Schriftgut des Geheimhaltungsgrades VS-NfD geführt (siehe hierzu insbesondere Hausanordnungen Gruppe 10 Blatt 3 „Ergänzende Vorschriften zum Schutze von Verschlusssachen (VS)" und Gruppe 3 Blatt 4.1 „Einsatz von Informationstechnik (IT)").

Die Notwendigkeit zur parallelen Aufbewahrung von Papierdokumenten aufgrund von Rechtsvorschriften bleibt durch die Nutzung der E-Akte unberührt.

Parallel in Papierform vorzuhalten sind

- zahlungsbegründende Unterlagen (Rechnungen, Zahlungsbelege etc.),
- Unterlagen, die gerichtsverwertbar sein müssen (z.B. Verträge, Prozessakten) sowie
- Dokumente, die aus sonstigen rechtlichen Gründen der Schriftform bedürfen.

1.3 Organisation der Schriftgutverwaltung

Die Schriftgutverwaltung wird grundsätzlich durch die hierfür zuständigen Registraturkräfte im BMI wahrgenommen.- 3 - Stand: 11. April 2013

Die Registraturkräfte sind dem Referat Innerer Dienst (Referat Z II 3) zugeordnet und unterstehen der Leitung des jeweiligen Sachgebiets. Ausgenommen hiervon sind die Registraturkräfte der Personalregistratur sowie der VS-Registratur in Berlin. Die Registraturkräfte der VS-Registratur in Bonn sind ebenfalls dem Referat Innerer Dienst zugeordnet.

Die Erarbeitung und die Umsetzung von Grundsätzen der Schriftgutverwaltung obliegt dem Referat Innerer Dienst.

1.3.1 Aufgaben der Registraturkräfte

Die für die Schriftgutverwaltung zuständigen Registraturkräfte haben insbesondere folgende Aufgaben:

- die Vergabe von Aktenzeichen und ggf. Vorgangszeichen, soweit erforderlich in Zusammenarbeit mit den Bearbeitern
- die Erfassung der Eingänge (elektronische Eingänge können im elektronischen Vorgang der E-Akte auch durch die Bearbeiter selbst erfasst werden); Schriftgut des Geheimhaltungsgrades VS-NfD ist dabei in den Metadaten der E-Akte ausdrücklich kenntlich zu machen
- die Bereitstellung und Pflege des Schriftgutes (Anlegen der Akte, der Vorgänge und der Bände, Pflege der Wiedervorlagen bei papiergebundenen Schriftgut)
- die regelmäßige Aktenaussonderung
- die Mitwirkung bei der Aktualisierung des Gesamtaktenplans

1.3.2 Aufgaben des Referats Innerer Dienst

Das Referat Innerer Dienst hat die Funktionsfähigkeit der Registraturbereiche sicherzustellen. Im Aufgabenbereich „Schriftgutverwaltung" ist u.a.

- auf die Einhaltung der für eine ordnungsgemäße Registratur maßgeblichen Regelungen und Vorschriften im Haus zu achten,
- auf einen ausgewogenen Personal- und Sachmitteleinsatz hinzuwirken,
- die Zusammenarbeit zwischen den Registraturkräften und den Bearbeitern zu fördern und zu unterstützen,

- an der Aktualisierung des Aktenplans mitzuwirken,
- die regelmäßige Aktenaussonderung zu organisieren und
- allgemeine Verfahrensverbesserungen anzuregen.

1.3.3 Aufgaben der Bearbeiter

Die Bearbeiter und die Schriftgutverwaltung unterstützen sich gegenseitig (§ 5 Absatz 2 RegR). Die Bearbeiter haben für die rechtzeitige Zuleitung von Eingängen an die zuständige Registratur sowie für die Weiterleitung von Schriftgut über die Registratur Sorge zu tragen (siehe Ziffer 2) und sind für das Schriftgut während der Bearbeitung verantwortlich. Die Bearbeiter entscheiden für selbst erstelltes Schriftgut über die Notwendigkeit der Einstufung. Schriftgut des Geheimhaltungsgrades VS-NfD ist auch in den Metadaten der E-Akte ausdrücklich kenntlich zu machen.

Sie unterstützen die Registraturen

- durch die Erarbeitung von Vorschlägen zur Aufstellung und Fortschreibung des Gesamtaktenplans (Anlage 2 Nr. 6 RegR),
- bei der Festlegung von Aufbewahrungsfristen sowie
- bei der Festlegung von schwer bestimmbaren Inhaltsbezeichnungen für Akten und Eingänge, die sich ohne eingehende Kenntnisse der Bearbeitung nicht zuordnen lassen.

Durch ihre Zuständigkeit für (Schluss-)Verfügungen gemäß § 9 RegR wirken die Bearbeiter maßgeblich bei der Verwaltung des Schriftguts mit. Mit ihrer Verfügung bestimmen sie abschließend, wie ein Vorgang zu behandeln ist.

Die Bearbeiter haben in der E-Akte Lesezugriff auf die Akten, Vorgänge und Dokumente ihrer Organisationseinheit.

Darüber hinaus haben sie – ungeachtet der grundsätzlichen Zuständigkeit der Registraturkräfte hierfür – in der E-Akte die Möglichkeit selbständig Vorgänge anzulegen und Wiedervorlagen einzurichten, sofern sie ein entsprechendes Schreibrecht besitzen. Hierbei haben sie darauf zu achten, dass alle benötigten Metadaten (einschließlich einer etwaigen Einstufung als VS-NfD) korrekt erfasst und die entsprechenden Dokumente den richtigen Vorgängen zugeordnet werden.

Sofern aktenrelevantes Schriftgut aus den unter Ziffer 1.2 genannten Gründen weiterhin in papiergebundener Form vorgehalten werden muss, ist die Registraturkraft durch den zuständigen Bearbeiter hierüber zu informieren. Das betroffene papiergebundene Schriftgut ist zusätzlich zu dem elektronischen Schriftgut in der E-Akte in einem Papierrestvorgang aufzubewahren (Hybridvorgang). In diesen Fällen ist das Schriftgut in papiergebundener Form räumlich zusammenhängend sowie in räumlicher Nähe der Registratur und Organisationseinheit unterzubringen, für die das Schriftgut verwaltet wird.- 5 - Stand: 11. April 2013

2 Bearbeiten von Geschäftsvorfällen

2.1 Eingänge

Alle aktenrelevanten Eingänge (in elektronischer oder in papiergebundener Form) sind unverzüglich zu registrieren, soweit dem keine datenschutzrechtlichen Regelungen entgegen stehen. Sie sind grundsätzlich vom Eingangsempfänger noch vor der Bearbeitung der Registratur zur Registrierung zuzuleiten (§ 7 Absatz 1 RegR).

In der E-Akte können Eingänge auch durch die Bearbeiter einem Vorgang zugeordnet werden. Dabei ist auf die lückenlose und korrekte Eintragung der Metadaten (einschließlich einer etwaigen Einstufung als VS-NfD) zum Dokument zu achten. Zur Sicherstellung der Qualität der Metadaten sollte im Zweifelsfall Rücksprache mit der Registraturkraft genommen werden.

Es ist darauf zu achten, dass automatisiert übernommene Metadaten mit den tatsächlichen Inhalten übereinstimmen.

Jedem aktenrelevanten Schriftstück (in elektronischer oder in papiergebundener Form) ist ein Geschäftszeichen zuzuordnen (§ 10 Absatz 1 RegR).

Müssen Eingänge an andere Organisationseinheiten oder an Stellen außerhalb des BMI weitergeleitet werden, so sind diese, um eine lückenlose Nachverfolgung des Schriftguts zu gewährleisten, über die Registratur und möglichst elektronisch weiter zu leiten.

Die elektronische Verarbeitung, Speicherung und Übermittlung von Informationen des Geheimhaltungsgrades „VS-NUR FÜR DEN DIENSTGEBRAUCH" (VS-NfD) und nicht eingestufter Informationen ist innerhalb des BMI und des IVBB ohne zusätzliche Sicherheitsmaßnahmen zulässig. Bei der Kommunikation mit externen Stellen außerhalb des IVBB ist zu beachten, dass VS-NfD-Dokumente nur mit besonderen, vom BSI dafür zugelassenen Schutzmaßnahmen übermittelt werden dürfen (siehe Ziffer 4.7 der Hausanordnung Gruppe 3 Blatt 4.1 „Einsatz von Informationstechnik (IT)").

Bei der papiergebundenen Weiterleitung von Schriftstücken des Geheimhaltungsgrades „VS-NUR FÜR DEN DIENSTGEBRAUCH" (VS-NfD) sind die Regelungen der Anlagen 6 und 7 zur VSA (siehe Hausanordnung Gruppe 10 Blatt 3 „Ergänzende Vorschriften zum Schutze von Verschlusssachen (VS)") zu beachten.

2.2 Verfügungen bei Dokumenten in papiergebundener Form

Die Bearbeitung eines Vorgangs wird durch förmliche und abschließend gezeichnete (Schluss-)Verfügungen eingeleitet, fortgeführt oder abgeschlossen (§ 9 Absatz 1 RegR).

Ergänzende Angaben zur Verfügung (z.B. Grund für die Wiedervorlage) sollen deutlich abgegrenzt werden.- 6 - Stand: 11. April 2013

Bei fehlenden oder undeutlichen Verfügungen leitet die Registratur die Akte bzw. das Schriftstück an den Bearbeiter mit der Bitte um Ergänzung zurück.

Zulässig sind folgende Verfügungen:

- ZdA = Zu den Akten
- Wv = Wiedervorlage
- Wgl = Weglegen
- ZVg = Zum Vorgang
- ZSg = Zur Sammlung.

Inhaltsbeschreibungen und ergänzende Hinweise zu den Verfügungen sind in der Anlage 1 aufgeführt.

2.3 Verfügungen bei der E-Akte

Verfügungen sind den Registraturkräften in der E-Mail, mit welcher die zu veraktenden Dokumente der Registratur zugeleitet werden, mitzuteilen. Eine mehrfache Verschachtelung von E-Mails (E-Mail mit Anlagen als Anlage einer E-Mail) ist nicht zulässig.

Bei zu scannenden Dokumenten sind die im Dokument angebrachten Verfügungen mit Datum und Paraphe des Verfügenden anzugeben.

3 Verwalten von Schriftgut

3.1 Ordnen und Registrieren

Zweck des Ordnens und Registrierens ist es, Eingang und Verbleib von Schriftgut nachzuweisen, die Bereitstellung von Schriftgut zu erleichtern und damit den Bearbeitungszusammenhang und die Verständigung zwischen Bearbeitern zu fördern, den schnellen sachbezogenen Zugriff auf Schriftgut zu ermöglichen sowie die Vollständigkeit der Bearbeitung zu kontrollieren und damit Störungen im Bearbeitungsablauf zu vermindern.

In der E-Akte werden die Dokumente den entsprechenden Vorgängen zugeordnet. Dabei ist die Verständigung zwischen Registraturkraft und Bearbeitern für die richtige Zuordnung von besonderer Bedeutung.

Jedem aktenrelevanten Schriftstück ist ein Geschäftszeichen zuzuordnen (§ 10 Absatz 1 RegR).- 7 - Stand: 11. April 2013

3.2 Scannen

Aktenrelevantes Papierschriftgut wird durch die Registraturkräfte gescannt und einem Vorgang in der E-Akte mit den entsprechenden Eintragungen in der Metadatenmaske zugeordnet.

Aktenrelevante Eingänge, deren Umfang oder Format sich nicht zum scannen eignet (z.B. ungebundenes Papierschriftgut mit mehr als 100 Seiten, Dokumente im Format ab DIN A 3, Broschüren, Bücher, Kartenmaterial, Pläne, Bauzeichnungen, Datenträger) werden in Abstimmung zwischen der jeweiligen Registraturkraft und dem Bearbeiter entweder teilweise (z.B. einzelne aktenrelevante Seiten einer Broschüre) oder gar nicht in die E-Akte übernommen, sondern im Papierrestvorgang aufbewahrt.

Das Nachscannen von Papierschriftgut, das vor dem 2. Juli 2012 in einer Organisationseinheit eingegangen ist, ist unzulässig. Eine nachträgliche Übernahme von Dateien, die sich seit mehr als drei Monaten unbearbeitet in den Speicherorten der Organisationseinheiten befinden (z.B. Referatslaufwerke), erfolgt nicht.

Elektronische Eingänge und während der Bearbeitung entstehende elektronische Dokumente sind ohne Medienbruch in die E-Akte zu übertragen. Das Ausdrucken von Dokumenten und das anschließende Scannen und Verakten in der E-Akte ist nicht zulässig, wenn das elektronische Dokument und das Papierdokument in Inhalt und Form identisch sind.

3.3 Aktenzeichen und Geschäftszeichen

Das Aktenzeichen besteht aus dem Kennzeichen des Aktenplans, der Ordnungsnummer der Sachakte und der Vorgangsnummer.

Das Geschäftszeichen besteht aus dem Aktenzeichen und unterscheidet sich von diesem lediglich durch die Voranstellung des Kurzzeichens einer jeweiligen Organisationseinheit.

Das Geschäftszeichen ist möglichst einheitlich und deutlich auf dem Dokument anzugeben, beim elektronischen Dokument ist es Bestandteil der Metadaten zum Dokument.

Zwischen der Kurzbezeichnung der Organisationseinheit und dem Aktenzeichen ist ein Trennstrich ohne Leerzeichen einzufügen.

Beispiel: O2-18002/1#1.

Der Aufbau eines Geschäftszeichens ist in Anlage 2 beschrieben.- 8 - Stand: 11. April 2013

3.4 Aktenplan

Schriftgut ist auf der Grundlage des Gesamtaktenplans des BMI zu ordnen und zu registrieren. Der Gesamtaktenplan ist eine aus den Aufgaben des BMI abgeleitete Gliederung als Ordnungsrahmen für die Schriftgutverwaltung.

Der Aktenplan steht im E-Akte-System zur Verfügung.

Für die Aufstellung, Aktualisierung und Fortschreibung des Aktenplans ist das Referat Innerer Dienst zuständig.

Näheres zum Aktenplan regelt die Anlage 3.

3.5 Sachakten

Schriftgut (in elektronischer oder in papiergebundener Form) ist in Vorgängen, die Sachakten untergeordnet sind, zu führen (§ 13 Absatz 1 RegR).

Eine Sachakte wird jeweils einer Betreffseinheit nach dem Gesamtaktenplan zugeordnet.

Einzelheiten zum Bilden von Sachakten sind in der Anlage 4 beschrieben.

3.6 Handakten

Handakten dürfen nur angelegt werden, wenn sie für die Durchführung der Aufgaben am Arbeitsplatz benötigt werden und die Vollständigkeit der Sachakten nach § 4 RegR hierdurch nicht beeinträchtigt wird. Handakten sind nicht in die Registratur zu geben.

3.7 Bereitstellen von Schriftgut

Das für die Bearbeitung benötigte Schriftgut ist von der Registratur vollständig zur Verfügung zu stellen. Wiedervorlagen sind auf geeignete Weise sicherzustellen (§ 15 RegR).

In der E-Akte werden Wiedervorlagen durch die Bearbeiter selbst vorgenommen.

3.8 Benutzungsrecht

Schriftgut steht grundsätzlich den Mitarbeitern der Organisationseinheit zur Verfügung, für die es verwaltet wird (aktenführende Stelle). Dies gilt sowohl für Schriftgut in elektronischer als auch in papiergebundener Form.

Die zuständige Organisationseinheit kann die Einsicht in Schriftgut im Einzelfall auch anderen Organisationseinheiten gewähren, wenn ein dienstliches Bedürfnis besteht. Die Aus- und Rückgabe ist von der Registratur zu überwachen.

Der Grundsatz „Kenntnis nur, wenn nötig" (§ 4 Absatz 1 Satz 3 VSA) ist zu beachten.

Für die E-Akte sind die Benutzungsrechte durch die zuständige Organisationseinheit über das Referat Innerer Dienst durch die Fachadministratoren festzulegen.- 9 - Stand: 11. April 2013

3.9 Aufbewahrung und Ablage

Schriftgut in papiergebundener Form darf außerhalb der Registratur nur für die Bearbeitung aufbewahrt werden. Wird papiergebundenes Schriftgut – ohne Unterbrechungszeiten – langfristig bearbeitet oder bei dem Bearbeiter für unmittelbare Zugriffe bereitgehalten, ist es mindestens vierteljährlich der Registratur zur Aktenpflege (Überprüfung der Ordnung und der Nachweisung, Abheften von Schriftstücken) vorzulegen.

Für die Ablagereife von Schriftstücken (in elektronischer oder in papiergebundener Form) sind die Bearbeiter verantwortlich (§ 9 Absatz 2 RegR).

Schriftstücke werden abgelegt, wenn

- durch einen Schlusszeichnenden eine Schlussverfügung (ZdA, ZVg, Wgl) verfügt worden ist,
- sämtliche Geschäftsgangvermerke beachtet worden sind,
- alle Organisationseinheiten, deren Mitzeichnung vorgesehen ist, mitgezeichnet haben und
- alle Teile einer Verfügung ausgeführt und mit Erledigungsvermerken versehen sind.

Fehlt die Schlussverfügung, ist diese von den Registraturkräften bei dem Bearbeiter einzuholen (§ 16 Absatz 1 RegR).

Vor dem Übertragen elektronischen Schriftguts in die E-Akte oder vor dem Ablegen des Papierschriftguts ist durch die Registratur Ordnung und inhaltliche Kennzeichnung des Schriftguts zu prüfen (§ 16 Absatz 2 RegR).

Papierschriftstücke werden im Regelfall in den Akten nach ihrem Ausstellungsdatum chronologisch hintereinander abgeheftet (Behördenheftung) § 16 Absatz 3 RegR.

Anlagen bleiben bei dem Übersendungsschreiben, auch wenn sie ein älteres Datum tragen.

Werden sie entsprechend ihrem Ausstellungsdatum geordnet, wird auf dem Übersendungsschreiben die Fundstelle angegeben.

Sammlungen von Papierschriftgut werden hinter das Rundschreiben geordnet, das sie veranlasst hat.

Auf Abweichungen, z.B. bei sperrigem Schriftgut oder bei der Entnahme einzelner Papierschriftstücke, ist deutlich hinzuweisen.

Berühren Schriftstücke inhaltlich mehrere Vorgänge, werden sie dem Vorgang beigefügt, zu der sie nach ihrem Hauptinhalt gehören. Bei verwandten Vorgängen wird die Zugehörigkeit durch eine entsprechende Referenz sichergestellt.- 10 - Stand: 11. April 2013

Wird die Vollständigkeit der tangierten Sachakten durch Kopien sichergestellt, ist bei umfangreichen Schriftstücken nur das erste Blatt mit Hinweis auf die Fundstelle zum Vorgang zu nehmen.

In dem E- Akte-System wird das Schriftstück dem entsprechenden Vorgang zugeordnet.

Ist elektronisches Schriftgut auch in Papier vorzuhalten, ist in dem betreffenden Vorgang über die Bandverwaltung ein entsprechender Schriftgutbehälter nachzuweisen.

3.10 Schriftgutbehälter

Abschließend bearbeitetes Schriftgut ist bis zur Aussonderung vollständig im Aktenbestand aufzubewahren, vor einem unbefugten Zugriff zu sichern und vor Beschädigung und Verfall zu schützen (§ 18 Absatz 1 RegR).

Zu diesem Zweck ist für jeden Vorgang mit Papierschriftgut möglichst ein eigener Schriftgutbehälter (Hefter, Ordner) anzulegen, der mit dem Kurzzeichen der zuständigen Organisationseinheit und mit dem/den Aktenzeichen ausreichend zu beschriften ist (§ 17 Absatz 1 RegR). Bei Bedarf werden Folgebehälter verwendet.

Beispiel der Beschriftung:

1. Bundesministerium des Innern
2. Kurzzeichen der Organisationseinheit, für die die Akten geführt werden
3. Aktenzeichen
4. bei Folgebehältern die laufende Nummer des Schriftgutbehälters, den Zeitraum und ggf. die laufende Nummer des Folgebehälters
5. Hinweis auf verwandte Akten.

3.11 Aufbewahrungsfristen

Nach Abschluss der Bearbeitung sind für das Schriftgut Aufbewahrungsfristen festzulegen (§ 19 RegR). Aufbewahrungsfristen können in elektronischen Systemen vorgegeben werden, und müssen zur nächsten Aussonderung nicht mehr nachgefragt werden.

Die Aufbewahrungsfrist ist maßgeblich für den Zeitraum, in dem das Schriftgut noch für einen Bearbeitungsrückgriff im Zwischenarchiv des Bundesarchivs bereitzuhalten ist. Die Aufbewahrungsfrist beginnt mit Ablauf des Kalenderjahres, in dem die Bearbeitung abgeschlossen worden ist und sie endet mit dem Ablauf eines Kalenderjahres.- 11 - Stand: 11. April 2013

Aufbewahrungsfristen sind möglichst kurz zu bemessen. Sie sollen sich an der rechtlichen und verwaltungspraktischen Bedeutung des Schriftguts sowie an wirtschaftlichen Gesichtspunkten orientieren. Aufbewahrungsfristen von mehr als 30 Jahren sind zu begründen.

Soweit die Aufbewahrungsdauer nicht bereits durch Rechts- oder Verwaltungsvorschrift bzw. durch vorherige Festsetzung festgelegt ist, sind die auszusondernden Akten dem zuständigen Bearbeiter zur Fristsetzung vorzulegen.

Einzelheiten regeln die Anlagen 5 und 6 RegR.

3.12 Aussonderung

Schriftgut in papiergebundener Form, das für die Verwaltungsarbeit nicht mehr laufend gebraucht wird, ist regelmäßig auszusondern (§ 20 RegR). Während der Laufzeit der Aufbewahrungsfrist bleibt das Schriftgut dem jederzeitigen Zugriff des BMI vorbehalten. Den Leihverkehr regelt die zuständige Registratur.

Schriftgut, das länger als drei Jahre ZdA verfügt ist, ist an das Zwischenarchiv des Bundesarchivs abzugeben.

Bei der Aussonderung von Mitwirkungsakten (M-Akten) ist zu beachten, dass diese grundsätzlich nicht dem Zwischenarchiv des Bundesarchivs zur Archivierung angeboten werden. Mit Zustimmung des Bundesarchivs werden sie im BMI vernichtet. Nach der Aktenplanrevision werden keine M-Akten und keine fachneutralen Akten (FN-Akten) mehr angelegt, so dass dieser Punkt nur für die noch vorhandenen M- und FN-Akten relevant ist.

Das auszusondernde Schriftgut (§§ 20 und 21 RegR) wird in einem Abgabeverzeichnis erfasst. Das Verfahren der Abgabe von offenem Papierschriftgut regeln die Anlagen 7, 7 a und 7 b der RegR.

Gemäß § 26 Absatz 3 VSA werden als „VS-NUR FÜR DEN DIENSTGEBRAUCH“ (VS-NfD) eingestufte Verschlusssachen wie nicht eingestuftes Material entsprechend dem Bundesarchivgesetz ausgesondert.

3.13 Abgabe von Schriftgut in elektronischer Form

Schriftgut in elektronischer Form ist gemäß Anlage 8 der RegR dem Bundesarchiv anzubieten.

In der E-Akte werden die Aufbewahrungsfristen, in Abstimmung mit dem Bundesarchiv, hinterlegt.

Nach der ZdA Verfügung beginnt die 3-jährige Transferfrist. - 12 - Stand: 11. April 2013

Wird diese nicht unterbrochen, beginnt die Aufbewahrungsfrist.

Nach der Aufbewahrungsfrist wird das elektronische Schriftgut je nach Bewertung im Aussonderungskatalog, welcher vorher mit dem Bundesarchiv abgestimmt wird, vernichtet bzw. dem Bundesarchiv in geeigneter Form zwecks Dauerarchivierung zur Verfügung gestellt.

Gemäß § 26 Absatz 3 VSA werden als „VS-NUR FÜR DEN DIENSTGEBRAUCH“ (VS-NfD) eingestufte Verschlusssachen wie nicht eingestuftes Material entsprechend dem Bundesarchivgesetz ausgesondert.

3.14 Abgabe von Schriftgut infolge Aufgabenverlagerung

Bei der Abgabe von Schriftgut an andere Behörden sind die Regelungen des § 23 RegR zu beachten.

3.15 Vernichten von Schriftgut

Das Vernichten von Schriftgut (in elektronischer oder in papiergebundener Form), dessen Aufbewahrungsfrist abgelaufen ist, bedarf der vorherigen Zustimmung des Bundesarchivs (§ 22 Absatz 1 RegR). Für „VS-NUR FÜR DEN DIENSTGEBRAUCH“ (VS-NfD) eingestuftes Schriftgut gilt § 28 VSA.

Anlagen

(hier nicht abgedruckt)

Stichwortverzeichnis

Fette Zahlen bezeichnen die Paragrafen, magere die Randnummern.

Kolibri 360 GmbH
Ferdinand-Jühlke-Straße 7
99095 Erfurt, Deutschland
produktsicherheit@kolibri360.de